Gregor Von Nyssa, Volumes 3-4...

Saint Gregory (of Nyssa), Franz Oehler

Nabu Public Domain Reprints:

You are holding a reproduction of an original work published before 1923 that is in the public domain in the United States of America, and possibly other countries. You may freely copy and distribute this work as no entity (individual or corporate) has a copyright on the body of the work. This book may contain prior copyright references, and library stamps (as most of these works were scanned from library copies). These have been scanned and retained as part of the historical artifact.

This book may have occasional imperfections such as missing or blurred pages, poor pictures, errant marks, etc. that were either part of the original artifact, or were introduced by the scanning process. We believe this work is culturally important, and despite the imperfections, have elected to bring it back into print as part of our continuing commitment to the preservation of printed works worldwide. We appreciate your understanding of the imperfections in the preservation process, and hope you enjoy this valuable book.

Bibliothek der Kirchenväter.

Eine Auswahl aus deren Werken.

Urschrift mit deutscher Uebersetzung.

Begründet und unter Mitwirkung Anderer herausgegeben

von

Dr. Franz Oehler.

I. Theil.

Gregor von Nyssa.

Dritter Band.

Leipzig,
Verlag von Wilhelm Engelmann.
1859.

Gregor's
Bischof's von Nyssa

Abhandlung

von der Erschaffung des Menschen

und

Fünf Reden auf das Gebet.

Griechisch und deutsch

von

Dr. Franz Oehler.

Leipzig,
Verlag von Wilhelm Engelmann.
1859.

56,771

TOY
EN ΑΓΙΟΙΣ ΠΑΤΡΟΣ ΗΜΩΝ
ΓΡΗΓΟΡΙΟΥ ΕΠΙΣΚΟΠΟΥ ΝΥΣΣΗΣ
ΠΕΡΙ
ΚΑΤΑΣΚΕΥΗΣ ΑΝΘΡΩΠΟΥ.

Unseres heiligen Vaters

Gregor Bischofs von Nyssa

Abhandlung

von der Erschaffung des Menschen.

ΤΩΙ ΑΔΕΛΦΩΙ ΔΟΥΛΩΙ ΘΕΟΥ
ΠΕΤΡΩΙ
ΓΡΗΓΟΡΙΟΣ ΕΠΙΣΚΟΠΟΣ ΝΥΣΣΗΣ.

Εἰ ταῖς διὰ τῶν χρημάτων τιμαῖς ἔδει γεραίρειν τοὺς κατ' ἀρετὴν διαφέροντας, μικρὸς ἄν, καθώς φησιν ὁ Σολομῶν, ὅλος ὁ κόσμος τῶν χρημάτων ἐφάνη πρὸς τὸ γενέσθαι τῆς σῆς ἀρετῆς ἰσοστάσιος. [1]Ἐπειδὴ δὲ κρείττων ἡ κατὰ πλούτου τιμὴν ἡ χρεωστουμένη τῇ σεμνότητί σου χάρις ἐστὶν, ἀπαιτεῖ δὲ τὸ ἅγιον πάσχα τὴν συνήθη τῆς ἀγάπης [2]δωροφορίαν, προσάγομέν σου τῇ μεγαλοφροσύνῃ δῶρον, ὦ ἄνθρωπε [3]τοῦ θεοῦ, μικρότερον μὲν ἢ ὡς ἄξιον εἶναί σοι προσκομίζεσθαι, τῆς γε μὴν δυνάμεως ἡμῶν οὐκ ἐνδεέστερον. Τὸ δὲ δῶρον λόγος ἐστὶν, οἷον ἱμάτιόν τι πενιχρὸν ἐκ τῆς πτωχῆς ἡμῶν διανοίας οὐκ ἀπόνως ἐξυφασμένον, ἡ δὲ τοῦ λόγου ὑπόθεσις τολμηρὰ μὲν ἴσως τοῖς πολλοῖς εἶναι δόξει, πλὴν οὐκ ἔξω τοῦ πρέποντος ἐνομίσθη. Μόνος [4]μὲν γὰρ ἀξίως τὴν κτίσιν τοῦ θεοῦ κατενόησεν ὁ κατὰ θεὸν κτισθεὶς ὄντως, καὶ ἐν εἰκόνι τοῦ κτίσαντος τὴν ψυχὴν μεμορφωμένος Βασίλειος, ὁ κοινὸς ἡμῶν πατὴρ καὶ διδάσκαλος, ὃς τὴν ὑψηλὴν τοῦ παντὸς διακόσμησιν εὔληπτον τοῖς πολλοῖς διὰ τῆς ἰδίας θεωρίας ἐποίησε, [5]τὸν ἐν τῇ ἀληθινῇ σοφίᾳ παρὰ τοῦ θεοῦ συ-

---
1) M. ἐπειδὴ κρεῖττον. — 2) M. δωροφορίαν, ἣν προσάγ. — 3) τοῦ fehlt bei M. — 4) μὲν fehlt bei M. — 5) M. καὶ τὸν.

Gregor Bischof von Nyssa

an

seinen Bruder Petrus den Knecht Gottes.

Wenn man mit Gaben an Geld und Gut die durch Tugend sich Auszeichnenden ehren müßte, so würde nicht einmal die ganze Welt von Schätzen, wie Salomo sagt, in gleichem Werthe mit Deiner Tugend erscheinen. Da nun aber der Deiner Heiligkeit schuldige Dank stärker ist als daß er nach Reichthum geschätzt zu werden vermöchte, und das heilige Osterfest die gewohnte Gabe der Liebe fordert, so bringen wir, o Mann Gottes, Deiner Großmuth ein Geschenk, welches, obgleich geringer als daß es würdig wäre Dir dargebracht zu werden, darum doch keineswegs hinter unsern Kräften zurücksteht. Das Geschenk ist eine Abhandlung, wie ein dürftiges Gewand nicht ohne Mühe von unserem Geiste zusammengewoben; der Stoff der Abhandlung wird der Menge vielleicht kühn und gewagt vorkommen, ist jedoch als ein nicht unangemessener Gegenstand erachtet worden. Denn allein Basilius, der in Wirklichkeit nach Gott geschaffene, und nach dem Bilde des Schöpfers in seiner Seele gestaltete, unser gemeinsamer Vater und Lehrer, hat in würdiger Weise die Schöpfung Gottes beobachtet, und die erhabene Ordnung des Weltalls durch seine Betrachtung der Menge faßlich gemacht, indem er die in der wahrhaftigen Weisheit Gottes bestehende

ςάντα κόσμον γνώριμον τοῖς διὰ τῆς συνέσεως αὐτοῦ τῇ θεωρίᾳ προςαγομένοις ποιήσας. Ἡμεῖς δὲ καὶ τοῦ θαυμάζειν αὐτὸν κατ' ἀξίαν ἐνδεῶς ἔχοντες ὅμως τὸ λεῖπον τοῖς τεθεωρημένοις τῷ μεγάλῳ προςθεῖναι διενοήθημεν, οὐχ ὡς νοθεύοντες δι' [6]ὑπερβολῆς τὸν ἐκείνου πόνον (οὐδὲ γὰρ θέμις τὸ ὑψηλὸν ἐκεῖνο καθυβρισθῆναι ςόμα τοῖς ἡμετέροις ἐπιφημιζόμενον λόγοις), ἀλλ' ὡς μὴ δοκεῖν ἐλλιπῆ τοῦ διδασκάλου τὴν δόξαν ἐν τοῖς μαθηταῖς αὐτοῦ εἶναι. Εἰ γὰρ λειπούσης [7]τῇ Ἑξαημέρῳ τῆς ἐς τὸν ἄνθρωπον θεωρίας μηδεὶς τῶν μαθητευσάντων αὐτῷ σπουδήν τινα πρὸς τὴν τοῦ λείποντος ἀναπλήρωσιν [8]εἰςηνέγκατο, ἔσχεν ἂν εἰκότως κατὰ τῆς μεγάλης αὐτοῦ δόξης ὁ μῶμος λαβήν, ὡς μὴ βουληθέντος ἕξιν τινὰ κατανοητικὴν τοῖς ἀκροαταῖς ἐνεργάσασθαι. Νυνὶ δὲ κατὰ δύναμιν ἡμῶν ἐπιτολμησάντων τῇ ἐξηγήσει τοῦ λείποντος, εἰ μέν τι τοιοῦτον ἐν τοῖς ἡμετέροις εὑρεθείη οἷον τῆς ἐκείνου διδασκαλίας μὴ ἀνάξιον εἶναι, εἰς τὸν διδάσκαλον πάντως τὴν ἀναφορὰν ἕξει· εἰ δὲ μὴ [9]καθικνοῖτο τῆς μεγαλοφυοῦς θεωρίας ὁ ἡμέτερος λόγος, ὁ μὲν ἔξω τῆς τοιαύτης ἔςαι κατηγορίας, τοῦ μὴ βούλεσθαι δοκεῖν τοῖς μαθηταῖς ἐγγενέσθαι τι δεξιὸν [10]ἐκφεύγων τὴν μέμψιν, ἡμεῖς δ' ἂν εἰκότως ὑπεύθυνοι [11]δόξαιμεν τοῖς μωμοσκοποῦσιν, ὡς οὐ χωρήσαντες ἐν τῷ μικροφυεῖ τῆς καρδίας ἡμῶν τοῦ καθηγητοῦ τὴν σοφίαν.

Ἔςι δὲ οὐ μικρὸς ὁ προχείμενος ἡμῖν εἰς θεωρίαν σκοπός, οὐδέ τινος τῶν ἐν [12]τῷ κόσμῳ θαυμάτων τὰ δεύτερα φερόμενος, τάχα δὲ καὶ μείζων ἑκάςου τῶν γινωσκομένων, διότι οὐδὲν ἕτερον θεῷ ἐκ τῶν ὄντων ὡμοίωται πλὴν τῆς κατὰ τὸν ἄνθρωπον κτίσεως. Ὥςε παρὰ τοῖς εὐγνώμοσι τῶν ἀκροατῶν πρόχειρον ἡμῖν τὴν ἐπὶ τοῖς λεγομένοις συγγνώμην εἶναι, κἂν πολὺ κατόπιν τῆς ἀξίας ὁ λόγος ἔλθοι. Δεῖ γὰρ, οἶμαι, τῶν περὶ τὸν ἄνθρωπον ἁπάντων, τῶν τε προγεγενῆσθαι [13]πεπιςευμένων καὶ τῶν

---

6) 𝔐. ὑποβολῆς. — 7) 𝔐. τῆς ἑξαημέρου. — 8) 𝔐. εἰσενέγκαιτο. — 9) 𝔐. καθίκοιτο. — 10) 𝔐. ἐκφυγών. — 11) 𝔐. δόξωμεν. — 12) τῷ

und von ihr geschaffene Welt denen zur Erkenntniß brachte welche
er durch seine Wissenschaft und Einsicht zur Betrachtung derselben
anleitete. Wir aber, obgleich wir ebenfalls ihn nicht genug nach
seinem Verdienste bewundern können, haben trotzdem den Gedanken
gefaßt die Betrachtungen des großen Mannes da wo es Noth thut
zu ergänzen, nicht um durch unangemessene Ueberladung seine Arbeit zu fälschen (denn frech wäre es den erhabenen Mund mit den
Worten die ihn feiern sollen zu verhöhnen), sondern damit der Ruhm
seiner Schüler nicht hinter dem des Lehrers zurückzubleiben scheine.
Denn wenn, da in dem Werke über die sechs Tage der Weltschöpfung
die Betrachtung über den Menschen fehlt, keiner seiner Schüler diese
Lücke zu ergänzen sich die Mühe nehmen würde, so dürfte der Tadel
eine passende Gelegenheit gewinnen können die Größe seines Ruh-
mes anzutasten, als ob er seine Zuhörer nicht geistig geschickt und
tüchtig habe machen wollen. Wenn nun, da wir nach unseren Kräften uns gegenwärtig an die Ausführung dessen was fehlt wagen,
in unseren Leistungen Etwas gefunden werden sollte was seiner Unterweisung nicht unwürdig ist, so wird dies ganz und gar dem Lehrer zuzuschreiben sein; sollte jedoch unser Wort an seine geistvolle
Betrachtung nicht hinanreichen, so wird er von dieser Anklage frei
sein daß es den Anschein habe als habe er seinen Schülern Geschick
und Tüchtigkeit mißgönnt, und wird so dem Tadel entgehen, während wir nach Gebühr dem Urtheil derer welche nach Tadel spähen
anheimfallen dürften, als solche die in der Beschränktheit ihres Geistes die Weisheit ihres Lehrers nicht erfaßt haben.

Der vorliegende Gegenstand unserer Betrachtung ist kein un-
bedeutender, noch steht er irgend einem Wunder der Welt nach, ja
er ist vielleicht großartiger als alle die wir kennen, weil außer der
menschlichen Kreatur kein ander Ding gottähnlich geschaffen ist.
Darum werden nachsichtige Zuhörer unserer Darstellung gern Verzeihung angedeihen lassen, wenn sie auch weit hinter dem ihres Gegenstandes würdigen Ziele zurückbleiben sollte. Denn nach meiner
Meinung darf Nichts von Allem was mit dem Menschen, wie wir

---

fehlt bei M. — 13) M. πεπις., καὶ τῶν εἰσύςερον ἐκβησ. προσδοκωμένων, καὶ τ. νῦν θεωρ. μηδέν.

νῦν θεωρουμένων καὶ τῶν εἰς ὕϛερον ἐκβήσεσθαι προςδοκωμένων, μηδὲν παραλιπεῖν ἀνεξέταϛον. Ἡ γὰρ ἂν ἐλλιπεϛέρα τοῦ ἐπαγγέλματος ἡ σπουδὴ διελέγχοιτο, εἰ τοῦ ἀνθρώπου προκειμένου τῇ θεωρίᾳ παρεθείη τι τῶν συντεινόντων πρὸς τὴν ὑπόθεσιν. Ἀλλὰ καὶ τὰ δοκοῦντα περὶ αὐτὸν ἐναντίως ἔχειν διὰ τὸ μὴ τὰ αὐτὰ τοῖς ἐξ ἀρχῆς γεγενημένοις καὶ νῦν περὶ τὴν φύσιν ὁρᾶσθαι διά τινος ἀναγκαίας ἀκολουθίας, ἔκ τε τῆς γραφικῆς ὑφηγήσεως καὶ ἐκ τῆς παρὰ τῶν λογισμῶν [14] εὑρισκομένης συναρτῆσαι προςήκει, ὡς ἂν συμβαίνοι πᾶσα [15] πρὸς ἑαυτὴν ἡ ὑπόθεσις εἱρμῷ καὶ τάξει τῶν ἐναντίως ἔχειν δοκούντων πρὸς ἓν καὶ τὸ αὐτὸ πέρας συμφερομένων, [16] οὕτω τῆς θείας δυνάμεως ἐλπίδα τοῖς ὑπὲρ ἐλπίδα καὶ πόρον τοῖς ἀμηχάνοις ἐφευρισκούσης. Σαφηνείας δὲ χάριν καλῶς ἔχειν ᾠήθην, ἐπὶ κεφαλαίων σοι προθεῖναι τὸν λόγον, ὡς ἂν ἔχοις πάσης τῆς πραγματείας ἐν ὀλίγῳ τῶν καθέκαϛον ἐπιχειρημάτων εἰδέναι τὴν [17] δύναμιν.

[1] Κεφ. α΄. Ἐν ᾧ τις ἔϛι μερικὴ περὶ τοῦ κόσμου φυσιολογία, καὶ τις ἁβροτέρα διήγησις περὶ τῶν προγεγονότων τῆς τοῦ ἀνθρώπου γενέσεως.

Κεφ. β΄. Διὰ τί [2] τελευταῖος μετὰ τὴν κτίσιν ὁ ἄνθρωπος.

Κεφ. γ΄. Ὅτι τιμιωτέρα πάσης τῆς φαινομένης κτίσεως ἡ τοῦ ἀνθρώπου φύσις.

Κεφ. δ΄. Ὅτι διὰ πάντων ἐπισημαίνει τὴν ἀρχικὴν ἐξουσίαν ἡ τοῦ ἀνθρώπου κατασκευή.

Κεφ. ε΄. Ὅτι ὁμοίωμα τῆς θείας βασιλείας ὁ ἄνθρωπος.

Κεφ. ϛ΄. Ἐξέτασις τῆς τοῦ νοῦ πρὸς τὴν φύσιν συγγενείας, ἐν ᾧ καὶ ἐκ παρόδου τὸ τῶν Ἀνομοίων διελέγχεται δόγμα.

---

14) M. εὑρισκομένης ἐπινοίας συναρτῆσαι. — 15) πρὸς ἑαυτὴν fehlt bei M. — 16) M. οὕτω καὶ τῆς. — 17) M. ὑπόθεσιν.

1) Nachfolgenden Kapitelüberschriften, welche schwerlich ächt sind, wollte ich der Uebersichtlichkeit wegen eher hier nebeneinander eine Stelle gönnen als

glauben, früher geschehen ist, und was wir jetzt an ihm beobachten, und was ihm, wie wir hoffen, später begegnen wird, von der Untersuchung ausgeschlossen bleiben. In der That nämlich würde unsere Leistung sich als eine solche nachweisen welche das was sie ankündigt nicht erfüllt, wenn, wo der Mensch zur Betrachtung vorliegt, etwas auf diese Vorlage Bezügliches übergangen würde. Im Gegentheil auch dasjenige was uns an ihm verschieden vorkommt, weil unsere jetzige Natur mit dem was im Anfang geschaffen worden ist in Widerspruch steht, muß in einer gewissen nothwendigen Folge aus der Erzählung der Schrift und aus Schlüssen des Verstandes in Zusammenhang gebracht werden, damit der gesammte Stoff durch Verbindung und Ordnung der anscheinenden Gegensätze, welche aber in einem einzigen und gemeinsamen Ziele zusammentreffen (denn die Macht Gottes erfindet so Hoffnung für das was über die Hoffnung hinausliegt und Möglichkeit für das Unmögliche), in richtigem Einklange stehe. Der Deutlichkeit halber hielt ich es aber für gut Dir das Buch in Hauptabschnitten vorzulegen, damit Du über Werth und Inhalt der einzelnen Untersuchungen der Gesammtabhandlung in kurzem Ueberblick Einsicht gewännest.

Kap. 1. Enthält eine besondere Untersuchung über die Welt und ihre Natur, und eine anmuthige Erzählung dessen was der Erschaffung des Menschen vorausgieng.

Kap. 2. Warum der Mensch den Beschluß der Schöpfung macht.

Kap. 3. Beweis daß die Natur des Menschen weit herrlicher ist als die gesammte uns vor Augen liegende Schöpfung.

Kap. 4. Daß die Einrichtung des Menschen in allen Stücken seine Herrschergewalt andeutet.

Kap. 5. Daß der Mensch das Bild der göttlichen Herrschaft ist.

Kap. 6. Untersuchung über die Verwandtschaft des Geistes mit der Natur, worin auch beiläufig die Behauptung der Anomoier widerlegt wird.

---

getrennt über den betreffenden einzelnen Kapiteln aufführen, wo man sie in der Morel'schen Ausgabe antrifft.

2) M. μετὰ τὴν κτίσιν τελευταῖος.

Κεφ. ζ'. Διὰ τί γυμνὸς τῶν ἐκ φύσεως ὅπλων τε καὶ προκαλυμμάτων ὁ ἄνθρωπος.

Κεφ. η'. Διὰ τί ὄρθιον τοῦ ἀνθρώπου τὸ σχῆμα, καὶ ὅτι διὰ τὸν λόγον αἱ χεῖρες· ἐν ᾧ τις καὶ περὶ διαφορᾶς ψυχῶν φιλοσοφία.

Κεφ. θ'. Ὅτι ὀργανικὸν κατεσκευάσθη τοῦ ἀνθρώπου τὸ σχῆμα πρὸς τὴν τοῦ λόγου χρείαν.

Κεφ. ι'. Ὅτι διὰ τῶν αἰσθήσεων ὁ νοῦς ἐνεργεῖ.

Κεφ. ια'. Ὅτι ἀθεώρητος ἡ [3]τοῦ νοῦ φύσις.

Κεφ. ιβ'. Ἐξέτασις ἐν τίνι τὸ ἡγεμονικὸν νομιστέον· ἐν ᾧ καὶ περὶ δακρύων καὶ περὶ γέλωτος φυσιολογία, καὶ θεώρημά τι φυσικὸν περὶ τῆς κατὰ τὴν ὕλην καὶ τὴν φύσιν καὶ τὸν νοῦν κοινωνίας.

Κεφ. ιγ'. Περὶ ὕπνου καὶ χάσμης καὶ ὀνείρων αἰτιολογία.

Κεφ. ιδ'. Ὅτι οὐκ ἐν μέρει τοῦ σώματος ὁ νοῦς· ἐν ᾧ καὶ διάκρισις τῶν τε σωματικῶν [4]καὶ τῶν ψυχικῶν κινημάτων.

Κεφ. ιε'. Ὅτι κυρίως ψυχὴ ἡ λογικὴ καὶ ἔστι καὶ λέγεται, αἱ δὲ ἄλλαι ὁμωνύμως κατονομάζονται· ἐν ᾧ καὶ τὸ διὰ παντὸς τοῦ σώματος διήκειν τὴν τοῦ νοῦ δύναμιν, καταλλήλως ἑκάστου μέρους προσαπτομένην.

Κεφ. ιϛ'. Θεωρία τοῦ θείου ῥητοῦ [5]τοῦ εἰπόντος, Ποιήσωμεν ἄνθρωπον κατ' εἰκόνα καὶ ὁμοίωσιν ἡμετέραν· ἐν ᾧ ἐξετάζεται τίς ὁ τῆς εἰκόνος λόγος, καὶ εἰ ὁμοιοῦται τῷ μακαρίῳ τε καὶ ἀπαθεῖ τὸ ἐμπαθὲς καὶ ἐπίκηρον, καὶ πῶς ἐν τῇ εἰκόνι τὸ ἄῤῥεν καὶ τὸ θῆλυ, ἐν τῷ πρωτοτύπῳ τούτων οὐκ ὄντων.

Κεφ. ιζ'. Τί χρὴ λέγειν πρὸς τοὺς ἐπαποροῦντας, εἰ μετὰ τὴν ἁμαρτίαν ἡ παιδοποιΐα, πῶς ἂν ἐγένοντο αἱ ψυχαί, εἰ ἀναμάρτητοι διέμειναν οἱ ἐξ ἀρχῆς ἄνθρωποι;

---

3) 𝔐. τοῦ ἀνθρώπου. — 4) 𝔐. καὶ ψυχικῶν. — 5) τοῦ fehlt bei 𝔐.

Kap. 7. Warum der Mensch der natürlichen Waffen und Bedeckungen entbehrt.

Kap. 8. Warum die Gestalt des Menschen aufrecht, und daß die Hände der Rede wegen da sind; worin auch eine Betrachtung über den Unterschied der Seelen.

Kap. 9. Daß der Mensch mit den für das Bedürfniß der Sprache nöthigen Werkzeugen ausgerüstet ist.

Kap. 10. Daß der Geist durch die Sinne thätig ist.

Kap. 11. Daß die Natur des Geistes sich der Betrachtung entziehe.

Kap. 12. Untersuchung darüber, wo man das Hauptvermögen der Seele aufzusuchen habe; worin zugleich auf die Ursachen von Weinen und Lachen erörternd eingegangen, und eine untersuchende Betrachtung über den Zusammenhang der Materie, der Natur und des Geistes angestellt wird.

Kap. 13. Ursache des Schlafs, des Gähnens und der Träume.

Kap. 14. Daß der Geist nicht in einem Theile des Körpers sich aufhalte; worin zugleich der Unterschied der Körper- und Seelenbewegungen bestimmt wird.

Kap. 15. Daß eigentlich die denkende Seele dem Namen wie der That nach Seele sei, die übrigen dagegen nur den gleichen Namen führen; worin zugleich darüber gehandelt wird daß die Kraft des Geistes den ganzen Körper durchdringe, indem sie in entsprechender Weise jedem einzelnen Theile anhaftet.

Kap. 16. Betrachtung des göttlichen Ausspruchs welcher sagt, Laßt uns einen Menschen machen der nach unserem Bilde und uns gleich sei; worin der Begriff von Bild in Untersuchung gezogen wird, und ob das dem Affect Unterworfene und Vergängliche mit dem Glückseligen und Affectlosen eine Aehnlichkeit eingehen, und welchergestalt in dem Abbilde ein Unterschied von Männlich und Weiblich stattfinden könne, während er in dem Urbilde nicht vorhanden ist.

Kap. 17. Was man denen zu antworten habe welche Anstoß nehmend fragen wie, wenn die Erzeugung von Kindern nach dem Sündenfalle eingetreten ist, für den Fall daß die ersten Menschen sündlos geblieben wären, hätten Seelen geboren werden können.

Κεφ. ιη'. Ὅτι τὰ ἄλογα ἐν ἡμῖν πάθη ἐκ τῆς πρὸς τὴν ἄλογον φύσιν συγγενείας τὰς ἀφορμὰς ἔχει.

Κεφ. ιθ'. Πρὸς τοὺς λέγοντας πάλιν ἐν βρώσει καὶ ἐν πόσει εἶναι τῶν ἐλπιζομένων ἀγαθῶν τὴν ἀπόλαυσιν, διὰ τὸ ἐξ ἀρχῆς ἐν τῷ παραδείσῳ γεγράφθαι διὰ τούτων τὸν ἄνθρωπον ζῆν.

Κεφ. κ'. Τίς ἡ ἐν τῷ παραδείσῳ ζωὴ, καὶ τί τὸ ἀπηγορευμένον ξύλον;

Κεφ. κα'. Ὅτι ἡ ἀνάστασις οὐ τοσοῦτον ἐκ τοῦ κηρύγματος τοῦ γραφικοῦ ὅσον ἐξ αὐτῆς τῆς ἀνάγκης τῶν πραγμάτων ἀκολούθως ἐλπίζεται.

Κεφ. κβ'. Πρὸς τοὺς λέγοντας, Εἰ καλόν τι καὶ ἀγαθὸν ἡ ἀνάστασις, τί οὐχὶ ἤδη γέγονεν, ἀλλὰ χρόνων τισὶ περιόδοις ἐλπίζεται;

Κεφ. κγ'. Ὅτι ὁ τὴν ἀρχὴν τῆς τοῦ κόσμου συστάσεως ὁμολογῶν ἀναγκαίως καὶ περὶ τοῦ τέλους συνθήσεται.

Κεφ. κδ'. Ἀντίρρησις πρὸς τοὺς λέγοντας συναΐδιον εἶναι τῷ θεῷ τὴν ὕλην.

Κεφ. κε'. Πῶς ἄν τις καὶ τῶν ἔξωθεν προσαχθείη πιστεῦσαι τῇ γραφῇ περὶ τῆς ἀναστάσεως διδασκούσῃ;

Κεφ. κς'. Ὅτι οὐκ ἔξω τοῦ εἰκότος ἡ ἀνάστασις.

Κεφ. κζ'. Ὅτι δυνατόν ἐστιν εἰς τὰ τοῦ παντὸς στοιχεῖα τοῦ ἀνθρωπίνου σώματος ἀναλυθέντος πάλιν ἐκ τοῦ κοινοῦ ἑκάστῳ τὸ ἴδιον ἀποσωθῆναι.

Κεφ. κη'. Πρὸς τοὺς λέγοντας προϋφεστάναι τὰς ψυχὰς τῶν σωμάτων, ἢ τὸ ἔμπαλιν, πρὸ τῶν ψυχῶν διαπεπλάσθαι τὰ σώματα· ἐν ᾧ τις καὶ ἀνατροπὴ τῆς κατὰ τὰς μετεμψυχώσεις μυθοποιίας.

Κεφ. κθ'. Κατασκευὴ τοῦ μίαν καὶ τὴν αὐτὴν ψυχῇ τε καὶ σώματι τὴν αἰτίαν τῆς ὑπάρξεως εἶναι.

Κεφ. λ'. Θεωρία τις ἰατρικωτέρα περὶ τῆς τοῦ σώματος ἡμῶν κατασκευῆς δι' ὀλίγων.

Kap. 18. Daß die unvernünftigen Leidenschaften in uns ihren Ursprung in der Verwandtschaft mit der unvernünftigen Natur haben.

Kap. 19. Gegen diejenigen welche sagen daß der Genuß der gehofften Güter wiederum in Speise und Trank bestehen werde, weil geschrieben stehe daß der Mensch von Anfang an im Paradiese davon gelebt habe.

Kap. 20. Welcher Art das Leben im Paradiese und der verbotene Baum sei.

Kap. 21. Daß wir auf die Auferstehung der Todten nicht sowohl auf Grund der Verheißung der Schrift als der Nothwendigkeit der Dinge selbst folgerichtig zu hoffen haben.

Kap. 22. Gegen diejenigen welche sagen, Wenn die Auferstehung etwas Schönes und Gutes ist, warum ist sie nicht bereits eingetreten, sondern läßt erst nach Verlauf der Zeiten sich erhoffen?

Kap. 23. Daß derjenige welcher an einen Anfang der Existenz der Welt glaubt, nothwendiger Weise auch ein Ende derselben zugestehen muß.

Kap. 24. Widerlegung derer welche behaupten daß die Materie gleich ewig mit Gott sei.

Kap. 25. Auf welche Weise auch ein Nichtchrist dazu gebracht werden könne, an die Lehre der Schrift über die Auferstehung zu glauben.

Kap. 26. Daß die Auferstehung nicht außerhalb der Wahrscheinlichkeit liege.

Kap. 27. Daß es möglich ist daß nach Auflösung des menschlichen Körpers in die Elemente des Alls einem Jeden das Seinige aus dem Allgemeinen erhalten und wieder zurückgegeben werde.

Kap. 28. Gegen diejenigen welche sagen daß die Seelen vor den Körpern existieren, oder umgekehrt, daß die Körper vor den Seelen gebildet worden seien; worin auch eine Widerlegung der Fabelei von den Seelenwanderungen.

Kap. 29. Beweis daß Seele und Körper eine und dieselbe Ursache ihres Daseins haben.

Kap. 30. Eine kurze, mehr von dem ärztlichen Standpunkt aus angestellte, Betrachtung über unseren Körperbau.

p. 47.
Gen. 2,4.

Κεφ. α'. *Αὕτη ἡ βίβλος γενέσεως οὐρανοῦ καὶ γῆς*, φησὶν ἡ γραφή. Ὅτε συνετελέσθη πᾶν τὸ φαινόμενον, καὶ πρὸς τὴν οἰκείαν θέσιν ἕκαςον τῶν ὄντων ἀποκριθὲν ἀνεχώρησεν, ὅτε περιέσχεν ἐν κύκλῳ τὰ πάντα τὸ οὐράνιον σῶμα, τὴν δὲ μέσην τοῦ παντὸς ἀπέλαβε χώραν τὰ βαρέα καὶ κατωφερῆ τῶν σωμάτων, γῆ τε καὶ ὕδωρ, ἐν ἀλλήλοις διακρατούμενα, σύνδεσμος δέ τις καὶ βεβαιότης τῶν γεγενημένων ἡ θεία τέχνη καὶ δύναμις τῇ φύσει τῶν ὄντων ἐναπετέθη, διπλαῖς ἐνεργείαις ἡνιοχοῦσα τὰ πάντα. Στάσει γὰρ καὶ κινήσει τὴν γένεσιν τοῖς μὴ οὖσι, καὶ τὴν διαμονὴν τοῖς οὖσιν ἐμηχανήσατο, περὶ τὸ [1]βαρύ τε καὶ ἀμετάθετον τῆς ἀκινήτου φύσεως, οἷον περί τινα πάγιον ἄξονα, τὴν ὀξυτάτην τοῦ πόλου κίνησιν τροχοῦ δίκην ἐν κύκλῳ περιελαύνουσα, καὶ δι' ἀλλήλων ἀμφοτέροις συντηροῦσα τὸ ἀδιάλυτον, τῆς τε κυκλοφορουμένης οὐσίας διὰ τῆς ὀξείας κινήσεως τὸ ναςὸν τῆς γῆς ἐν κύκλῳ περισφιγγούσης, τοῦ τε ςερροῦ καὶ ἀνενδότου διὰ τῆς ἀμεταθέτου παγιότητος ἀδιαλείπτως ἐπιτείνοντος τῶν περὶ αὐτὴν κυκλουμένων τὴν δίνησιν. Ἴση δὲ καθ' ἑκάτερον τῶν ταῖς [2]ἐνεργείαις διεςηκότων ἡ ὑπερβολὴ ἐναπειργάσθη, τῇ τε ςασίμῳ φύσει καὶ τῇ ἀςάτῳ περιφορᾷ. Οὔτε γὰρ ἡ γῆ τῆς ἰδίας βάσεως μετατίθεται, οὔτε ὁ οὐρανός ποτε τὸ σφοδρὸν ἐνδίδωσι καὶ ὑποχαλᾷ τῆς κινήσεως.

---

1) M. βαρὺ καὶ. — 2) Bei M. steht der aus der Baseler Ausg. mit herübergenommene Druckfehler ἐνεργείας.

Kap. 1. Dies ist das Buch der Schöpfung Himmels und der Erde, sagt die Schrift. Da Alles was wir sehen vollendet worden, und ein jegliches Ding abgeschieden nach dem ihm zugehörigen Ort zurückgewichen war, da der Himmelskörper das All rings umspannt, und die schweren und nach der Tiefe strebenden Körper, Erde und Wasser, in einander sich umschließend und zusammenhaltend, die Mitte eingenommen hatten, da ward als ein gemeinsames Band und Befestigung für das was geschaffen war die göttliche Kunst und Kraft in die Natur der Dinge gelegt, welche mit ihrer doppelten Thätigkeit das Ganze lenkt. Denn durch Stillstand und Bewegung hat sie für das was nicht war das Werden, und für das was war das Bestehen ins Werk gerichtet, indem sie um das Schwere und Unveränderliche der unbeweglichen Natur, wie um eine feste Axe, die Himmelskugel wie ein Rad in ihren reißend schnellen Kreislauf brachte, und beiden gegenseitig durch sich selbst ihr unauflösliches Zusammenhalten sicherte, indem die sich im Kreise bewegende Substanz durch die Schnelligkeit ihrer Bewegung die Dichtigkeit der Erde rings zusammenschnürt, und andererseits das Feste und Unnachgiebige durch seine unveränderliche Solidität den Kreislauf der sich um dasselbe bewegenden Körper ununterbrochen in Spannung erhält. Für beide durch ihre Thätigkeiten geschiedenen Kräfte ist die gleiche überreiche Fülle in die feste Natur und ihre unstäte Umgebung gelegt worden; denn weder verändert die Erde ihren festen Stand, noch läßt der Himmel jemals in der reißenden Schnelligkeit seiner Bewegung nach.

Ταῦτα δὲ καὶ πρῶτα κατὰ τὴν τοῦ πεποιηκότος σοφίαν οἷόν τις ἀρχὴ τοῦ παντὸς μηχανήματος προκατεσκευάσθη τῶν ὄντων, δεικνῦντος, οἶμαι, τοῦ μεγάλου Μωϋσέως διὰ τοῦ ἐν ἀρχῇ τὸν οὐρανὸν καὶ τὴν γῆν παρὰ τοῦ θεοῦ γεγενῆσθαι εἰπεῖν ὅτι κινήσεώς τε καὶ ςάσεως ἔκγονα τὰ ἐν τῇ κτίσει φαινόμενα πάντα, [3]κατὰ τὸ θεῖον βούλημα παραχθέντα εἰς γένεσιν. Τοῦ τοίνυν οὐρανοῦ καὶ τῆς γῆς ἐκ διαμέτρου πρὸς ἄλληλα κατὰ τὸ ἐναντίον [4]ταῖς ἐνεργείαις διεςηκότων, ἡ μεταξὺ τῶν ἐναντίων κτίσις ἐν μέρει τῶν παρακειμένων μετέχουσα δι' ἑαυτῆς μεσιτεύει τοῖς ἄκροις, ὡς ἂν ἐπίδηλον γενέσθαι τὴν πρὸς ἄλληλα τῶν ἐναντίων διὰ τοῦ μέσου συνάφειαν. Τὸ γὰρ ἀεικίνητον καὶ λεπτὸν τῆς πυρώδους οὐσίας μιμεῖται μέν πως ὁ ἀὴρ, ἔν τε τῷ κούφῳ τῆς φύσεως καὶ τῷ πρὸς τὴν κίνησιν ἐπιτηδείως ἔχειν. Οὐ μὴν τοιοῦτός ἐςιν οἷος τῆς πρὸς τὰ πάγια συγγενείας ἀλλοτριοῦσθαι, οὔτε ἀεὶ μένων ἀκίνητος, οὔτε διὰ παντὸς ῥέων καὶ σκεδαννύμενος, ἀλλὰ τῇ [5]πρὸς ἑκάτερον οἰκειότητι οἷόν τι μεθόριον τῆς τῶν ἐνεργειῶν ἐναντιότητος γίνεται, μιγνὺς ἅμα καὶ διαιρῶν ἐν αὑτῷ τὰ διεςῶτα τῇ φύσει. Κατὰ τὸν αὐτὸν λόγον καὶ ἡ ὑγρὰ οὐσία διπλαῖς ποιότησι πρὸς ἑκάτερον τῶν ἐναντίων ἁρμόζεται. Τῷ μὲν γὰρ βαρεῖά τε καὶ κατωφερὴς εἶναι πολλὴν πρὸς τὸ γεῶδες τὴν συγγένειαν ἔχει, τῷ δὲ μετέχειν ῥοώδους τινὸς καὶ πορευτικῆς ἐνεργείας οὐ πάντη τοῖς κινουμένης ἠλλοτρίωται φύσεως, ἀλλά τις ἔςι καὶ διὰ τούτου μίξις τῶν ἐναντίων καὶ σύνοδος, τῆς τε βαρύτητος εἰς κίνησιν μετατεθείσης, καὶ τῆς κινήσεως ἐν τῷ βάρει μὴ πεδηθείσης, ὥςε συμβαίνειν πρὸς ἄλληλα τὰ κατὰ τὸ ἀκρότατον τῇ φύσει διεςηκότα διὰ τῶν μεσιτευόντων ἀλλήλοις ἑνούμενα. Μᾶλλον δὲ κατὰ τὸν ἀκριβῆ λόγον οὐδὲ αὐτὴ τῶν ἀντικειμένων ἡ φύσις ἀμίκτως πάντη πρὸς τὴν ἑτέραν τοῖς ἰδιώμασιν ἔχει, ὡς ἂν, οἶμαι, πάντα πρὸς ἄλληλα νεύοι τὰ κατὰ τὸν κόσμον φαινόμενα, καὶ ξυμπνέοι πρὸς ἑαυτὴν ἡ κτίσις ἐν τοῖς τῶν ἀντικειμένων

---

3) M. τὰ κατά. — 4) M. τῆς ἐνεργείας. — 5) M. πρὸς ἕτερον.

Dies ward nach der Weisheit des Schöpfers als ein Anfang für das ganze Kunstwerk zuerst und vor allen Dingen geschaffen, und, meiner Meinung nach, will eben Moses durch die Worte, daß im Anfang Himmel und Erde von Gott geschaffen worden seien, andeuten daß Alles was in der Schöpfung zur Erscheinung kommt, und nach Gottes Rathschluß zur Existenz geführt worden ist, von Bewegung und Stillstand ausgegangen sei. Während sonach Himmel und Erde nach der Gegensätzlichkeit ihrer Kräfte von einander diametral geschieden sind, bildet die zwischen den Gegensätzen befindliche Schöpfung, indem sie auch an den Grenzen Theil hat, die Vermittlung zwischen den Extremen; hierdurch tritt der Zusammenhang der Gegensätze unter sich, vermöge dessen was ihre Mitte ausmacht, klar hervor. Denn die Luft ahmt gewissermaßen die state Beweglichkeit und Feinheit der Feuersubstanz nach, sowohl in der Leichtigkeit ihrer Natur, als in ihrer Beweglichkeit. Gleichwohl ist sie nicht derartig daß sie der Verwandtschaft mit dem Festen entfremdet wäre, indem sie weder stets unbeweglich, noch fortwährend im Fluß bleibt und sich ausbreitet, sondern sie wird durch ihre Verwandtschaft zu dem Einen und dem Anderen zu einer Art von Grenze der einander entgegengesetzten Kräfte, und vermischt zugleich durch sich und hält das seiner Natur nach Verschiedene aus einander. Auf dieselbe Weise verbindet sich auch die nasse Substanz durch eine zwiefache Eigenschaft mit beiden Gegensätzen. Dadurch nämlich daß sie schwer ist und nach Unten strebt hat sie eine große Verwandtschaft mit der Erde, und dadurch daß sie die Kraft des Flüssigen und Unstäten ebenfalls besitzt ist sie der bewegten Natur nicht ganz entfremdet, sondern auch hierdurch findet eine Vermischung und Vereinigung der Gegensätze statt, indem die Schwere sich in Bewegung wandelt, und die Bewegung durch die Schwere nicht gehindert wird, so daß auf diese Weise die strengsten Gegensätze der Natur durch ihre Mittelglieder vereint und mit einander versöhnt werden. Noch mehr, erwägt man die Sache genau, so bleibt nicht einmal die Natur der Gegensätze selbst die eine von der anderen in ihren Eigenschaften unberührt und unvermischt, damit, wie ich glaube, alles in der Welt zur Erscheinung Kommende in gegenseitiger Eintracht, und die Schöpfung, obgleich wir sie im Kampfe der Eigenthümlichkeiten ihrer Ge-

ἰδιώμασιν εὑρισκομένη. Τῆς γὰρ κινήσεως οὐ μόνον κατὰ τὴν τοπικὴν μετάβασιν νοουμένης, ἀλλὰ καὶ ἐν τροπῇ καὶ ἀλλοιώσει θεωρουμένης, πάλιν δ' αὖ τῆς ἀμεταθέτου φύσεως τὴν κατὰ τὸ ἀλλοιοῦσθαι κίνησιν οὐ προσιεμένης, ἐναλλάξασα τὰς ἰδιότητας ἡ τοῦ θεοῦ σοφία τῷ μὲν ἀεικινήτῳ τὸ ἄτρεπτον, τῷ δὲ ἀκινήτῳ τὴν τροπὴν ἐνεποίησε, προμηθείᾳ τινὶ τάχα τὸ τοιοῦτον οἰκονομήσασα ὡς ἂν μὴ τὸ τῆς [6] θείας φύσεως ἴδιον, ὅπερ ἐςὶ τὸ ἄτρεπτόν τε καὶ ἀμετάθετον, ἐπί τινος τῶν κατὰ τὴν κτίσιν [7] βλεπόμενον θεὸν νομίζεσθαι τὸ κτίσμα ποιήσειεν. Οὐ γὰρ [8] ἂν ἔτι θεότητος ὑπόληψιν σχοίη, ὅπερ ἂν κινούμενον ἢ ἀλλοιούμενον τύχῃ. Διὰ τοῦτο ἡ μὲν γῆ ςάσιμός ἐςι, καὶ οὐκ ἄτρεπτος, ὁ δὲ οὐρανὸς [9] ἐκ τοῦ ἐναντίου τὸ τρεπτὸν οὐκ ἔχων, οὐδὲ [10] τὸ ςάσιμον ἔχει, ἵνα τῇ μὲν [11] ἑςώσῃ φύσει τὴν τροπὴν, τῇ δὲ μὴ τρεπομένῃ τὴν κίνησιν ἡ θεία συμπλέξασα δύναμις καὶ ἀλλήλαις ἀμφοτέρας τῇ ἐναλλάξει τῶν ἰδιωμάτων προσοικειώσῃ, καὶ τῆς περὶ τὸ θεῖον ὑπολήψεως ἀλλοτριώσῃ. Οὐδέτερον γὰρ ἂν τούτων, καθὼς εἴρηται, τῆς θειοτέρας φύσεως νομισθείη, οὔτε τὸ ἄςατον, οὔτε τὸ ἀλλοιούμενον.

Ἤδη τοίνυν τὰ πάντα πρὸς τὸ ἴδιον ἔφθασε τέλος. Συνετελέσθη γὰρ, καθὼς φησι Μωϋσῆς, ὅ τε οὐρανὸς καὶ ἡ γῆ καὶ τὰ διὰ μέσου πάντα, καὶ τῷ καταλλήλῳ κάλλει τὰ καθέκαςον διεκοσμήθη, ὁ οὐρανὸς μὲν ταῖς τῶν φωςήρων αὐγαῖς, θάλαττα δὲ καὶ ἀὴρ τοῖς νηκτοῖς τε καὶ ἐναερίοις τῶν ζώων, γῆ δὲ ταῖς παντοίαις τῶν φυτῶν τε καὶ βοσκημάτων διαφοραῖς, ἅπερ ἀθρόως ἅπαντα θείῳ βουλήματι δυναμωθεῖσα κατὰ ταὐτὸν ἀπεκύησε. Καὶ πλήρης μὲν ἦν τῶν ὡραίων ἡ γῆ, ὁμοῦ τοῖς ἄνθεσι τοὺς καρποὺς ἐκβλαςήσασα, πλήρεις δὲ οἱ λειμῶνες τῶν ὅσα τοὺς λειμῶνας ἐπέρχεται, πᾶσαί τε ῥαχίαι καὶ ἀκρώρειαι, καὶ πᾶν ὅσον πλάγιόν τε καὶ ὕπτιον, καὶ ὅσον ἐν κοίλοις, τῇ νεοθαλεῖ πόᾳ καὶ τῇ ποικίλῃ τῶν δένδρων

---

6) θείας fehlt bei M. — 7) M. βλεπομένων. — 8) ἂν fehlt bei M. — 9) ἐκ fehlt bei M. — 10) τὸ fehlt bei M. — 11) M. φύσει ἑςώσῃ.

gensätze antreffen, mit sich selbst doch in Frieden stehe. Da nämlich die Bewegung nicht bloß in der örtlichen Veränderung beobachtet wird, sondern auch in Gestalt von Wechsel und Umwandlung auftritt, und da andrerseits wiederum die unveränderliche Natur die Bewegung durch Umwandlung nicht zuläßt, so hat Gottes Weisheit die Eigenschaften vertauscht und dem Ewigbeweglichen die Unveränderlichkeit und dem Unbeweglichen den Wechsel verliehen, und hat in weiser Vorsicht diese Anordnung wohl getroffen, damit die Eigenthümlichkeit der göttlichen Natur, das ist die Unwandelbarkeit und Unveränderlichkeit, an irgend einem Ding der Schöpfung hervortretend, die Kreatur nicht für Gott selbst gelten lasse. Denn schwerlich dürfte das noch fähig sein für Gott gehalten zu werden was bewegt oder verändert wird. Darum ist die Erde wohl fest, aber nicht unveränderlich, und der Himmel besitzt andrerseits, obgleich er keinem Wechsel unterworfen ist, dennoch keine Festigkeit, indem die göttliche Macht durch diese Verbindung des Wechsels mit der beständigen, und der Bewegung mit der unveränderlichen Natur, beide ebenso durch den Tausch ihrer Eigenschaften mit einander befreunden, als dem Scheine der Göttlichkeit fernstellen wollte. Denn keins von beiden, wie gesagt, kann für der göttlichen Natur angehörig gelten, weder das Unbeständige, noch das der Veränderung Unterworfene.

Es hatte also bereits Alles seine Vollendung empfangen. Denn es war, wie Moses sagt, der Himmel und die Erde und Alles was dazwischen liegt fertig, und ein Jegliches mit entsprechender Schönheit geschmückt, der Himmel durch den Glanz der Gestirne, Meer und Luft durch die schwimmenden und fliegenden Geschöpfe, die Erde aber durch allerlei Mannichfaltigkeit von Pflanzen und Thieren, welche sie allesammt mit einem Male, durch den göttlichen Willen dazu befähigt, erzeugt hatte. Und die Erde war voll von den Schönheiten, und trieb zugleich Blumen und Früchte, und die Wiesen waren voll von all dem was sich über die Wiesen dahin breitet, und alle Felsen und Bergeshöhen, und alle Seitenflächen und Hänge, und alle Thäler waren bekränzt mit dem jungen Gras und der bunten Pracht der Bäume, welche so eben erst aus der Erde sich

ὥρᾳ κατεςεφάνωτο, ἄρτι μὲν τῆς γῆς [12] ἀνασχόντων, εὐθὺς δὲ πρὸς τὸ τέλειον κάλλος ἀναδραμόντων. Ἐγεγήθει δὲ πάντα κατὰ τὸ εἰκὸς καὶ διεσκίρτα τὰ τῷ προςάγματι τοῦ θεοῦ ζωογονηθέντα βοτά, κατ᾽ ἀγέλας τε καὶ κατὰ

p. 50. γένη ταῖς λόχμαις ἐνδιαθέοντα, ταῖς δὲ τῶν μουσικῶν ὀρνίθων ᾠδαῖς ἁπανταχῆ περιηχεῖτο πᾶν ὅσον κατηρεφές τε καὶ σύσκιον, ἥ τε κατὰ θάλατταν ὄψις, ὡς εἰκός, ἄλλη τοιαύτη τις ἦν, ἄρτι πρὸς ἡσυχίαν τε καὶ γαλήνην ἐν ταῖς συναγωγαῖς τῶν κοίλων καθισαμένη, καθ᾽ ἣν ὅρμοι καὶ λιμένες θείᾳ βουλήσει ταῖς ἀκταῖς αὐτομάτως ἐγκοιλανθέντες, προςημέρουν τῇ ἠπείρῳ τὴν θάλατταν, αἵ τε ἠρεμαῖαι τῶν κυμάτων κινήσεις τῷ κάλλει τῶν λειμώνων ἀνθωραΐζοντο, ὑπὸ λεπταῖς [13]τε καὶ ἀπήμοσιν αὔραις κατ᾽ ἄκραν τὴν ἐπιφάνειαν γλαφυρῶς ἐπιφρίσσουσαι, καὶ ἅπας ὁ κατὰ τὴν κτίσιν πλοῦτος κατὰ γῆν τε καὶ θάλατταν ἕτοιμος ἦν, ἀλλ᾽ ὁ μετέχων οὐκ ἦν.

Κεφ. β΄. Οὔπω γὰρ τὸ μέγα τοῦτο καὶ τίμιον χρῆμα, ὁ ἄνθρωπος, τῷ κόσμῳ τῶν ὄντων ἐπεχωρίαζεν. Οὐδὲ γὰρ ἦν εἰκὸς τὸν ἄρχοντα πρὸ τῶν ἀρχομένων ἀναφανῆναι, ἀλλὰ τῆς ἀρχῆς πρότερον ἑτοιμασθείσης ἀκόλουθον ἦν ἀναδειχθῆναι τὸν βασιλεύοντα. Ἐπειδὴ τοίνυν οἷόν τινα βασίλειον καταγωγὴν τῷ μέλλοντι βασιλεύειν ὁ τοῦ παντὸς ποιητὴς προηυτρέπισεν, — αὕτη δὲ ἦν γῆ τε καὶ νῆσοι καὶ θάλαττα καὶ οὐρανὸς ὑπὲρ τούτων ὀρόφου δίκην ἐπικυρτούμενος, — πλοῦτος δὲ παντοδαπὸς τοῖς βασιλείοις τούτοις ἐναπετέθη, — πλοῦτον δὲ λέγω πᾶσαν τὴν κτίσιν, ὅσον ἐν φυτοῖς καὶ βλαςήμασι, καὶ ὅσον αἰσθητικόν τε καὶ ἔμπνουν καὶ ἔμψυχον, εἰ δὲ χρὴ καὶ τὰς ὕλας εἰς πλοῦτον καταριθμήσασθαι, ὅσαι διά τινος εὐχροίας τίμιαι τοῖς ἀνθρωπίνοις ὀφθαλμοῖς ἐνομίσθησαν, οἷον χρυσίον τε καὶ ἀργύριον, καὶ τῶν λίθων δὴ τούτων ἃς ἀγαπῶσιν οἱ ἄνθρωποι, καὶ τούτων πάντων τὴν ἀφθονίαν καθάπερ τισὶ βασιλικοῖς θησαυροῖς τοῖς τῆς γῆς κόλποις ἐγκατακρύψας, — οὕτως ἀναδείκνυσιν ἐν τῷ κό-

---

12) M. ἀνισχόντων. — 13) τε fehlt bei M.

erhoben hatten, und doch bereits zur vollendeten Schönheit empor=
gewachsen waren. Da war, wie begreiflich, alles Gethier in Lust
und Freude und hüpfte und sprang, weil es Gottes Befehl lebendig
gemacht hatte, und heerden- und artenweis lief es in dem Gebüsch
umher, und alle Laubdächer und schattigen Plätze tönten rings von
den Liedern der Singvögel; auch der Anblick des Meeres war, selbst=
verständlicher Weise, ein anderer, und es stand noch ruhig und still
in den Sammlungen seiner Höhlen, und die Häfen und Buchten,
durch Gottes Willen von selbst in die Ufer eingehöhlt, verbanden
gewöhnend und versöhnend das Meer mit dem Festland, und die
sanften Bewegungen der Wellen wetteiferten an Herrlichkeit mit der
Schönheit der Wiesen, indem sie unter leichten und unschädlichen
Lüftchen die Spitzen ihrer Fläche zierlich kräuselten, — kurz aller
Reichthum der Schöpfung zu Land und zu Wasser war vorhanden,
aber der welcher ihn genießt war nicht.

Kap. 2. Noch hatte nämlich nicht das großartige und ach=
tungswürdige Geschöpf, der Mensch, seinen Wohnsitz in der Welt
der Dinge aufgeschlagen. Denn begreiflicher Weise durfte der Herr=
scher nicht vor demjenigen über welches er herrschen soll zum Vor=
schein kommen, sondern dann erst, nachdem das Reich bereitet wor=
den war, war es an der Zeit den König zu ernennen. Nachdem also
der Schöpfer des Alls dem zukünftigen Könige vorher einen könig=
lichen Wohnsitz zurecht gemacht hatte, — das war die Erde, die In=
seln, das Meer, und der sich darüber wie eine Decke wölbende Him=
mel, — und nachdem allerlei Reichthum in dies Königshaus nieder=
gelegt worden war, — unter Reichthum verstehe ich die gesammte
Schöpfung in dem was wächst und sproßt, und was Gefühl, Leben
und Athem hat, und muß man auch alle die Stoffe mit unter den
Reichthum rechnen welche wegen ihres schönen Aussehens für die
menschlichen Augen Werth und Geltung gewonnen haben, als Gold
und Silber, und edle Steine, welche die Menschen lieben, auch von
diesem Allen barg er die Menge in dem Schoße der Erde wie in einer
königlichen Schatzkammer, — da bestimmte er in der Welt den Men=

2*

σμῷ τὸν ἄνθρωπον τῶν ἐν τούτῳ θαυμάτων τῶν μὲν θεατὴν ἐσόμενον, τῶν δὲ κύριον, ὡς διὰ μὲν τῆς ἀπολαύσεως τὴν σύνεσιν τοῦ χορηγοῦντος ἔχειν, διὰ δὲ τοῦ κάλλους τε καὶ μεγέθους τὴν ἄῤῥητόν τε καὶ ὑπὲρ λόγον τοῦ πεποιηκότος δύναμιν ἀνιχνεύειν. Διὰ ταῦτα τελευταῖος μετὰ τὴν κτίσιν εἰσήχθη ὁ ἄνθρωπος, οὐχ ὡς ἀπόβλητος ἐν ἐσχάτοις ἀποῤῥιφείς, ἀλλ᾽ ὡς ἅμα τῇ γενέσει βασιλεὺς εἶναι τῶν ὑποχειρίων προσήκων. Καὶ ὥσπερ τις ἀγαθὸς ἑστιάτωρ οὐ πρὸ τῆς παρασκευῆς τῶν ἐδωδίμων τὸν ἑστιώμενον εἰσοικίζεται, ἀλλ᾽ εὐπρεπῆ τὰ πάντα παρασκευάσας, καὶ φαιδρύνας τοῖς καθήκουσι κόσμοις τὸν οἶκον, τὴν κλισίαν, τὴν τράπεζαν, ἐφ᾽ ἑτοίμοις ἤδη τοῖς πρὸς τὴν τροφὴν ἐπιτηδείοις ἐφέστιον ποιεῖται τὸν δαιτυμόνα, κατὰ τὸν αὐτὸν τρόπον ὁ πλούσιός τε καὶ πολυτελὴς τῆς φύσεως ἡμῶν ἑστιάτωρ παντοίοις κάλλεσι κατακοσμήσας τὴν οἴκησιν, καὶ τὴν μεγάλην ταύτην καὶ παντοδαπῆ πανδαισίαν ἑτοιμασάμενος, οὕτως εἰσάγει τὸν ἄνθρωπον, ἔργον αὐτῷ δοὺς οὐ τὴν κτῆσιν τῶν μὴ προσόντων, ἀλλὰ τὴν ἀπόλαυσιν τῶν παρόντων. Καὶ διὰ τοῦτο διπλᾶς αὐτῷ τῆς κατασκευῆς τὰς ἀφορμὰς καταβάλλεται, τῷ γηΐνῳ τὸ θεῖον ἐγκαταμίξας, ἵνα δι᾽ ἀμφοτέρων συγγενῶς τε καὶ οἰκείως πρὸς ἑκατέραν ἀπόλαυσιν ἔχῃ, τοῦ θεοῦ μὲν διὰ τῆς θειοτέρας φύσεως, τῶν δὲ κατὰ τὴν γῆν ἀγαθῶν διὰ τῆς ὁμογενοῦς αἰσθήσεως ἀπολαύων.

Κεφ. γ΄. Ἄξιον δὲ μηδὲ τοῦτο παριδεῖν ἀθεώρητον, ὅτι τοῦ τηλικούτου κόσμου καὶ τῶν κατ᾽ αὐτὸν μερῶν στοιχειωδῶς πρὸς τὴν τοῦ παντὸς σύστασιν ὑποβληθέντων ἀποσχεδιάζεταί πως ἡ κτίσις ὑπὸ τῆς θείας δυνάμεως ὁμοῦ τῷ προστάγματι ὑφισταμένη, τῆς δὲ τοῦ ἀνθρώπου κατασκευῆς βουλὴ προηγεῖται, καὶ προτυποῦται παρὰ τοῦ τεχνιτεύοντος διὰ τῆς τοῦ λόγου γραφῆς τὸ ἐσόμενον, καὶ οἷον εἶναι προσήκει, καὶ πρὸς ποῖον ἀρχέτυπον τὴν ὁμοιότητα φέρειν, καὶ ἐπὶ τίνι γενήσεται, καὶ τί ἐνεργήσει γενόμενον, καὶ τίνων ἡγεμονεύσει, πάντα προδιασκοπεῖται ὁ λόγος, ὡς πρεσβυτέραν αὐτὸν τῆς γενέσεως τὴν ἀξίαν

schen theils zu einem künftigen Beschauer, theils zu einem Herrn ihrer Wunderwerke, damit er durch den Genuß Kenntniß von dem gewönne welcher ihn spendet, und durch die Schönheit und Größe dessen was er erblickt auf die Spur der unnennbaren und unbeschreiblichen Macht dessen der es gemacht hat hingeleitet würde. Darum macht der Mensch den Schluß der Schöpfung, nicht als ein Verächtliches unter das Letzte zurückgeschoben, sondern als einer der gleich mit seiner Geburt König über seine Unterthanen sein sollte. Wie ein guter Wirth nicht bevor er die Speisen angeschafft den Gast in sein Haus führt, sondern erst wenn er Alles herrlich hergerichtet und das Haus, die Speisepolster, den Tisch mit dem gehörigen Schmucke versehen hat, wenn das was zum Mahle gehört bereits fertig ist, den Gast in seine Wohnung bringt, eben so hat der reiche und fürstliche Bewirther unserer Natur das Haus mit allerlei Pracht und Herrlichkeit geschmückt, und hat dieses große und an allerlei Speise reiche Mahl hergerichtet, und dann führt er den Menschen hinein, und giebt ihm zu seinem Tagewerk nicht den Erwerb von dem Nichtvorhandenen, sondern den Genuß dessen was da ist. Darum legt er auch zwei Anlagen in seine Natur, indem er das Göttliche mit dem Irdischen vermischte, damit er kraft beider dem Genuß des Einen wie des Anderen nahe stände und dafür befähigt wäre, Gottes sich erfreue kraft seiner mehr göttlichen Natur, der Güter der Erde aber durch die ihnen je entsprechenden und gleichartigen Sinne.

Kap. 3. Auch das verdient bei unserer Betrachtung nicht außer Acht gelassen zu werden, daß, als dieser so große Weltkörper und seine Theile als Urstoffe zur Herstellung des Alls geschaffen wurden, die Schöpfung von der göttlichen Macht gewissermaßen aus dem Stegreif vollzogen wurde, und sofort mit dem Gebot ins Leben trat, der Erschaffung des Menschen dagegen ein Ueberlegen vorangeht, und nach den Worten der Schrift von dem Künstler erst ein Plan von dem was werden soll, entworfen wird, und wie es beschaffen sein, und mit welchem Urbilde es Aehnlichkeit haben, und wozu es werden, und was es, wenn es geworden, wirken und über welche es herrschen solle, — Alles überlegt das Wort vorher mit sich, damit der Mensch, ehe er zum Antritt der Herrschaft über die Dinge

λαχεῖν, πρὶν παρελθεῖν εἰς τὸ εἶναι τὴν τῶν ὄντων ἡγεμονίαν κτησάμενον. Εἶπε γὰρ, φησὶν, ὁ Θεὸς, Ποιήσωμεν ἄνθρωπον κατ' εἰκόνα ἡμετέραν καὶ ὁμοίωσιν, καὶ ἀρχέτωσαν τῶν ἰχθύων τῆς θαλάσσης, καὶ τῶν θηρίων τῆς γῆς, καὶ τῶν πετεινῶν τοῦ οὐρανοῦ, καὶ τῶν κτηνῶν, καὶ πάσης τῆς γῆς. Ὢ τοῦ θαύματος, ἥλιος κατασκευάζεται, καὶ οὐδεμία προηγεῖται βουλὴ, οὐρανὸς ὡσαύτως, ὧν οὐδέν τι τῶν κατὰ τὴν κτίσιν ἴσον ἐςὶ· ῥήματι μόνῳ τὸ τοιοῦτον θαῦμα συνίςαται, οὔτε ὅθεν, οὔτε ὅπως, οὔτε ἄλλο τι τοιοῦτον παρασημηναμένου τοῦ λόγου. Οὕτω καὶ τὰ καθ' ἕκαςον πάντα, αἰθὴρ, ἀςέρες, ὁ διὰ μέσου ἀὴρ, θάλαττα, γῆ, ζῶα, φυτὰ, πάντα λόγῳ πρὸς γένεσιν ἄγεται. Μόνῃ δὲ τοῦ ἀνθρώπου κατασκευῇ περιεσκεμμένως πρόσεισιν ὁ τοῦ παντὸς ποιητὴς, ὡς καὶ ὕλην αὐτῷ τῆς συςάσεως προετοιμάσαι, καὶ ἀρχετύπῳ τινὶ κάλλει τὴν μορφὴν ὁμοιῶσαι, καὶ προθέντα τὸν σκοπὸν οὗ χάριν γενήσεται, κατάλληλον αὐτῷ καὶ οἰκείαν ταῖς ἐνεργείαις δημιουργῆσαι τὴν φύσιν, ἐπιτηδείως πρὸς τὸ προκείμενον ἔχουσαν.

Κεφ. δ'. Καθάπερ γὰρ ἐν τῷ βίῳ τούτῳ καταλλήλως τῇ χρείᾳ σχηματίζεται παρὰ τῶν τεχνιτευόντων τὸ ὄργανον, οὕτως οἷόν τι σκεῦος εἰς βασιλείας ἐνέργειαν ἐπιτήδειον τὴν ἡμετέραν φύσιν ὁ ἀριςοτέχνης ἐδημιούργησε, τοῖς τε κατὰ τὴν ψυχὴν προτερήμασι καὶ αὐτῷ τῷ τοῦ σώματος σχήματι τοιοῦτον εἶναι παρασκευάσας οἷον ἐπιτηδείως πρὸς βασιλείαν ἔχειν. Ἡ μὲν γὰρ ψυχὴ τὸ βασιλικόν τε καὶ ἐπηρμένον αὐτόθεν δείκνυσι πόῤῥω τῆς ἰδιωτικῆς ταπεινότητος κεχωρισμένον, ἐκ τοῦ ἀδέσποτον αὐτὴν εἶναι καὶ αὐτεξούσιον, ἰδίοις θελήμασιν αὐτοκρατορικῶς διοικουμένην. Τίνος γὰρ ἄλλου τοῦτο καὶ οὐχὶ βασιλέως ἐςίν; καὶ ἔτι πρὸς τούτοις, τὸ τῆς δυναςευούσης τῶν πάντων φύσεως εἰκόνα γενέσθαι οὐδὲν ἕτερόν ἐςιν ἢ εὐθὺς βασιλίδα δημιουργηθῆναι τὴν φύσιν. Ὥσπερ γὰρ κατὰ τὴν ἀνθρωπίνην συνήθειαν οἱ τὰς εἰκόνας τῶν κρατούντων κατασκευάζοντες τόν τε χαρακτῆρα τῆς μορφῆς ἀναμάσσον-

in das Sein tritt, eine Würdestellung erlange welche älter als seine Erschaffung ist. Denn Gott, heißt es, sprach, Laßt uns Menschen machen, nach unserem Bilde und Gleichniß, und sie sollen herrschen über die Fische des Meeres, und über die Thiere der Erde, und über die Vögel des Himmels, und über das Vieh, und über die ganze Erde. O des Wunders! die Sonne wird erschaffen, und kein Berathen geht voraus, ebenso der Himmel, und doch ist diesen beiden in der Schöpfung Nichts an die Seite zu setzen! durch ein bloßes Wort tritt dieses Wunder in das Dasein, ohne daß die Erzählung angiebt woher, oder wie, oder sonst etwas Derartiges. So wird auch der Reihe nach Alles, Aether, Gestirne, die die Mitte einnehmende Luft, Meer, Erde, Thiere, Pflanzen, Alles durch das Wort ins Leben geführt. Bloß zur Erschaffung des Menschen schreitet der Schöpfer des Alls mit Ueberlegung, so daß er erst den Stoff zu seiner Herstellung zurichtet, dann die Gestalt nach einem Urbild der Schönheit formt, dann die ihm angemessene Bestimmung wozu er ins Leben treten soll darlegt, und nun die Natur seiner Thätigkeit entsprechend so einrichtet daß sie mit ihrer Bestimmung in Einklang steht.

Kap. 4. Wie nämlich im Leben von den Künstlern das Werkzeug so geformt wird daß es seinem Gebrauche entsprechend ist, so hat auch der Künstler aller Künstler unsere Natur gleichwie ein Geräth zur Ausübung der Königsgewalt geschaffen, und ihn sowohl durch geistige Vorzüge als schon durch die Körpergestalt als besonders geschickt für den Besitz dieses Herrscherthums ausgerüstet. Denn die Seele zeigt ihre jeder Niedrigkeit fern stehende königliche Würde und Erhabenheit darin daß sie unumschränkt ist, ihren eigenen Willen hat, und nach freien Entschlüssen unabhängig sich selbst leitet und lenkt. Ist dies etwas Anderes als Königliches? Und ferner, daß er das Ebenbild des über alle Dinge herrschenden Wesens ist, auch dies will nichts Anderes bedeuten als daß seine Natur gleich von Anfang an zur Königin bestimmt und hergestellt war. Denn wie nach menschlicher Gewohnheit diejenigen welche die Bilder der Mächtigen verfertigen den eigenthümlichen Ausdruck der Gestalt nachahmen, und durch den Umwurf des Purpurmantels die könig-

ται καὶ τῇ περιβολῇ τῆς πορφυρίδος τὴν βασιλικὴν ἀξίαν συμπαραγράφουσι, καὶ λέγεται κατὰ συνήθειαν καὶ ἡ εἰκὼν βασιλεύς, οὕτω καὶ ἡ ἀνθρωπίνη φύσις, ἐπειδὴ πρὸς ἀρχὴν τῶν ἄλλων κατεσκευάζετο, διὰ τῆς πρὸς τὸν βασιλέα τοῦ παντὸς ὁμοιότητος οἷόν τις ἔμψυχος εἰκὼν ἀνεςάθη, κοινωνοῦσα τῷ ἀρχετύπῳ καὶ τῆς ἀξίας καὶ τοῦ ὀνόματος, οὐ πορφυρίδα περικειμένη, οὐδὲ σκήπτρῳ καὶ διαδήματι τὴν ἀξίαν ἐπισημαίνουσα (οὐδὲ γὰρ τὸ ἀρχέτυπον ἐν τούτοις ἐςὶν), ἀλλ' ἀντὶ μὲν τῆς ἁλουργίδος τὴν ἀρετὴν ἠμφιεσμένη, ὃ δὴ πάντων βασιλικώτατον ἐσθημάτων ἐςίν, ἀντὶ δὲ τοῦ σκήπτρου τῇ μακαριότητι τῆς ἀθανασίας ἐρειδομένη, ἀντὶ δὲ τοῦ βασιλικοῦ διαδήματος τῷ τῆς δικαιοσύνης ςεφάνῳ κεκοσμημένη. Ὥςε διὰ πάντων ἐν τῷ τῆς βασιλείας ἀξιώματι δείκνυσθαι δι' ἀκριβείας πρὸς τὸ ἀρχέτυπον κάλλος ὁμοιωθεῖσαν.

Κεφ. ε'. Τὸ δὲ [1] δὴ θεῖον κάλλος οὐ σχήματί τινι, καὶ μορφῆς εὐμοιρίᾳ διά τινος εὐχροίας [2] ἐναγλαΐζεται, ἀλλ' ἐν ἀφράςῳ μακαριότητι κατ' ἀρετὴν θεωρεῖται. Ὥσπερ τοίνυν τὰς ἀνθρωπίνας μορφὰς διὰ χρωμάτων τινῶν ἐπὶ τοὺς πίνακας οἱ γραφεῖς μεταφέρουσι, τὰς οἰκείας τε καὶ καταλλήλους βαφὰς [3] ἐπαλείφοντες τῷ μιμήματι, ὡς ἂν δι' ἀκριβείας τὸ ἀρχέτυπον κάλλος μετενεχθείη πρὸς τὸ ὁμοίωμα, οὕτω μοι νόει καὶ τὸν ἡμέτερον πλάςην οἷόν τισι βαφαῖς τῇ τῶν ἀρετῶν ἐπιβολῇ πρὸς τὸ ἴδιον κάλλος τὴν εἰκόνα περιανθίσαντα ἐν ἡμῖν δεῖξαι τὴν ἰδίαν ἀρχήν. Πολυειδῆ δὲ καὶ ποικίλα τὰ οἱονεὶ χρώματα τῆς εἰκόνος, δι' ὧν ἡ ἀληθινὴ ἀναζωγραφεῖται μορφή, οὐκ [4] ἐρύθημα καὶ λαμπρότης, καὶ ἡ ποιὰ τούτων πρὸς ἄλληλα μίξις, οὐδέ τινος μέλανος ὑπογραφὴ ὀφρῦν τε καὶ [5] ὀφθαλμὸν ὑπαλείφουσα, καὶ κατά τινα κρᾶσιν τὰ κοῖλα τοῦ χαρακτῆρος ὑποσκιάζουσα, καὶ ὅσα τοιαῦτα ζωγράφων χεῖρες [6] ἐπετεχνάσαντο, ἀλλ' ἀντὶ τούτων καθαρότης,

---

1) δὴ fehlt bei M. — 2) M. ἀγλαΐζεται. — 3) M. ἀπαλείφοντες. — 4) M. ἐρύθρημα. — 5) M. ὀφθαλμοὺς. — 6) M. ἐπετεχνήσαντο.

liche Würde zugleich mit ausdrücken, und auch das Bild herkömmlicher Weise „König" genannt wird, so ist auch die menschliche Natur, nachdem sie zur Herrschaft über die Anderen geschaffen ward, wegen ihrer Aehnlichkeit mit dem König des Alls, gleichwie ein lebendiges Bild aufgestellt worden, und theilt mit seinem Urbild die Würde und den Namen. Zwar trägt sie kein Purpurkleid, hat kein Scepter und Diadem zum Abzeichen ihrer Würde, denn darin liegt nicht das Urbild: aber an Stelle des Purpurs trägt sie das Gewand der Tugend, und das ist doch das königlichste aller Gewänder, und anstatt des Scepters stützt sie sich auf das selige Glück der Unsterblichkeit, anstatt mit dem fürstlichen Diadem ist sie mit der Krone der Gerechtigkeit geschmückt. Sie führt also in allen Stücken der Würde ihres Königthums den Beweis daß sie die genaue Nachahmung der Schönheit ihres Urbildes ist.

Kap. 5. In der That prangt die göttliche Schönheit nicht in äußerer Anmuth und glücklicher Gestaltung durch ein liebliches Aussehen, sondern sie giebt sich in einer unbeschreiblichen Glückseligkeit innerer Vollkommenheit zu erkennen. Wie nun die Maler die menschlichen Gestalten mittelst einiger Farben auf die Gemälde übertragen, indem sie die passenden und entsprechenden Tinten ihrem Conterfei mit dem Pinsel auflegen, um so genau die Schönheit des Urbildes wiederzugeben, so denke dir auch daß unser Bildner die Tugenden gleichwie Farben in uns gelegt und das Abbild nach seiner eigenen Schönheit herrlich geschmückt habe, um dadurch seine eigene fürstliche Macht in uns nachzuweisen. Vielfach und mannichfaltig sind die Farben des Bildes, durch welches die Wahrheit des Urbildes wiedergegeben wird, nicht Roth und glänzendes Weiß, und die verhältnißmäßige Mischung beider, kein Untermalen der Brauen und des Auges mit Schwarz, welches in richtigem Verhältniß die tiefer liegenden Theile des Bildes düsterer schattirt, und was die Hände der Maler sonst Derartiges künstlich anzubringen pflegen, sondern Reinheit, Leidenschaftslosigkeit, Glückseligkeit, Freiheit von

ἀπάθεια, μακαριότης, κακοῦ παντὸς ἀλλοτρίωσις, καὶ ὅσα τοῦ τοιούτου γένους ἐςὶ, δι᾽ ὧν μορφοῦται τοῖς ἀνθρώποις ἡ πρὸς τὸ θεῖον ὁμοίωσις. Τοιούτοις ἄνθεσιν ὁ δημιουργὸς τῆς ἰδίας εἰκόνος τὴν ἡμετέραν διεχάραξε φύσιν. Εἰ δὲ καὶ τὰ ἄλλα συνεξετάζοις δι᾽ ὧν τὸ θεῖον κάλλος χαρακτηρίζεται, εὑρήσεις καὶ πρὸς ἐκεῖνα δι᾽ ἀκριβείας σωζομένην ἐν τῇ καθ᾽ ἡμᾶς εἰκόνι τὴν ὁμοιότητα. Νοῦς καὶ λόγος ἡ θειότης ἐςίν. Ἐν ἀρχῇ τε γὰρ ἦν ὁ λόγος, καὶ [7] οἱ κατὰ Παῦλον νοῦν Χριςοῦ ἔχουσι, τὸν ἐν αὐτοῖς λαλοῦντα. Οὐ πόρρω τούτων καὶ τὸ ἀνθρώπινον. Ὁρᾷς ἐν σεαυτῷ καὶ τὸν λόγον, καὶ [8] τὴν διάνοιαν, μίμημα τοῦ ὄντως νοῦ τε καὶ λόγου. Ἀγάπη πάλιν ὁ θεὸς, καὶ ἀγάπης πηγή· τοῦτο γάρ φησιν Ἰωάννης ὁ μέγας, ὅτι [9] ἡ ἀγάπη ἐκ τοῦ θεοῦ, καὶ ὁ θεὸς ἀγάπη ἐςί. Τοῦτο καὶ ἡμέτερον πεποίηται πρόςωπον ὁ τῆς φύσεως πλάςης. Ἐν τούτῳ γὰρ, φησὶ, γνώσονται πάντες ὅτι μαθηταί μού ἐςε, ἐὰν ἀγαπᾶτε ἀλλήλους. Οὐκοῦν μὴ παρούσης ταύτης ἅπας ὁ χαρακτὴρ τῆς εἰκόνος μεταπεποίηται. Πάντα ἐπιβλέπει, καὶ πάντα ἐπακούει τὸ θεῖον, καὶ πάντα διερευνᾶται. Ἔχεις καὶ σὺ τὴν δι᾽ ὄψεως καὶ ἀκοῆς τῶν ὄντων ἀντίληψιν, καὶ τὴν ζητητικήν τε καὶ διερευνητικὴν τῶν ὄντων διάνοιαν.

Κεφ. ς΄. Καί με μηδεὶς οἰέσθω καθ᾽ ὁμοιότητα τῆς ἀνθρωπίνης ἐνεργείας ἐν διαφόροις δυνάμεσι τὸ θεῖον λέγειν τῶν ὄντων ἐφάπτεσθαι. Οὐ γάρ ἐςι δυνατὸν ἐν τῇ ἁπλότητι τῆς [1] θεότητος τὸ ποικίλον τε καὶ πολυειδὲς τῆς ἀντιληπτικῆς ἐνεργείας κατανοῆσαι. Οὐδὲ γὰρ ἡμῖν πολλαί τινές εἰσιν αἱ ἀντιληπτικαὶ τῶν πραγμάτων δυνάμεις, εἰ καὶ πολυτρόπως διὰ τῶν αἰσθήσεων τῶν [2] κατὰ τὴν ζωὴν ἐφαπτόμεθα. Μία γάρ τίς ἐςι δύναμις, αὐτὸς ὁ ἐγκείμενος νοῦς, ὁ δι᾽ ἑκάςου τῶν αἰσθητηρίων διεξιὼν, καὶ τῶν ὄντων ἐπιδρασσόμενος. Οὗτος θεωρεῖ διὰ τῶν ὀφθαλμῶν τὸ φαινόμενον, οὗτος [3] συνίησι διὰ τῆς ἀκοῆς τὸ λεγόμενον, ἀγαπᾷ τε τὸ [4] καταθύμιον καὶ τὸ μὴ καθ᾽

---

7) οἱ προφῆται κατὰ hat M., προφῆται fehlt in der Baseler Ausg.

allem Uebel und alles andere Derartige ist es wodurch die Menschen Gott ähnlich gestaltet werden. Mit solcher Farbenpracht hat der Schöpfer seines Bildes unsere Natur gezeichnet. Forschest du aber auch nach den anderen Zügen der göttlichen Schönheit, so wirst du auch in Bezug auf sie die Aehnlichkeit unseres Bildes genau bewahrt finden. Verstand und Vernunft sind göttliches Wesen. Denn im Anfang war das Wort, das ist die Vernunft, und Paulus hat Christi Verstand, welcher in ihm redet. Nicht allzu verschieden davon steht es mit dem Menschen. Du bemerkst in Dir ebenfalls Vernunft und Denkkraft, eine Nachbildung des wahrhaften Verstandes und der Urvernunft. Gott ist ferner Liebe und Quelle der Liebe; denn das sagt der große Johannes, daß die Liebe aus Gott stammt, und Gott die Liebe ist. Das hat der Bildner unserer Natur auch in unser Antlitz gelegt. Denn an dem, sagt er, werden Alle erkennen daß Ihr meine Schüler seid, wenn Ihr Euch unter einander liebt. Ist also diese nicht vorhanden, so ist das ganze Gepräge des Bildes verändert. Alles überschaut und Alles hört die Gottheit, und Alles durchforscht sie. Auch Du hast vermittelst Deines Gesichts und Gehörs Verständniß von dem was ist, und hast die Denkkraft welche die Dinge untersucht und durchforscht.

Kap. 6. Niemand glaube aber daß ich damit die Behauptung aufstellen will daß die Gottheit nach Art der menschlichen Thätigkeit mit verschiedenen Kräften wirke. Denn es ist unmöglich bei der Einfachheit des göttlichen Wesens an eine Mannichfaltigkeit und Vielfachheit seines Wirkens zu denken. Sind doch auch wir nicht einmal bei unserem Handeln mit einer Vielheit der Geisteskräfte thätig, wenn gleich wir durch die Sinneswerkzeuge die Dinge im Leben auf vielfache Weise auffassen. Es giebt nämlich nur eine einzige Kraft, und diese ist eben das uns innewohnende Denkvermögen, welches jedes Sinneswerkzeug durchdringt und die Dinge erfaßt. Dieses schaut vermittelst der Augen was sich ihm darbietet, dieses vernimmt vermittelst des Gehörs was gesprochen wird, findet Gefallen an dem

---

8) τὴν fehlt bei M., in der Baseler Ausg. steht es. — 9) ἡ fehlt bei M. 1) M. θειότητος. — 2) M. κατὰ ζωὴν ἐφαπτώμεθα. — 3) M. συνιεῖ. — 4) M. κατευθύμιον.

ἡδονὴν ἀποςρέφεται, καὶ τῇ χειρὶ χρῆται ⁵πρὶς ὅ τι βούλεται, κρατῶν δι' αὐτῆς καὶ ⁶ἀπωθούμενος καθ' ὅπερ ἂν λυσιτελεῖν κρίνῃ, τῇ τοῦ ὀργάνου συνεργίᾳ εἰς τοῦτο συγχρώμενος. Εἰ τοίνυν ἐν τῷ ἀνθρώπῳ, κἂν διάφορα τύχῃ τὰ πρὸς αἴσθησιν κατεσκευασμένα παρὰ τῆς φύσεως ὄργανα, ὁ διὰ πάντων ἐνεργῶν καὶ κινούμενος, καὶ καταλλήλως ἑκάςῳ πρὸς τὸ προκείμενον κεχρημένος, εἷς ἐςι καὶ ὁ αὐτός, ταῖς διαφοραῖς τῶν ἐνεργειῶν οὐ συνεξαλλάσσων τὴν φύσιν, πῶς ἄν τις ἐπὶ τοῦ θεοῦ διὰ τῶν ποικίλων δυνάμεων τὸ πολυμερὲς τῆς οὐσίας ⁷καθυποπτεύσειεν; ὁ γὰρ πλάσας τὸν ὀφθαλμὸν, καθώς φησιν ὁ προφήτης, καὶ ὁ φυτεύσας τὸ οὖς, πρὸς τὰ ἐν αὐτῷ παραδείγματα τὰς ἐνεργείας ταύτας οἷόν τινας γνωριςικοὺς χαρακτῆρας τῇ φύσει τῶν ἀνθρώπων ἐνεσημήνατο. Ποιήσωμεν γὰρ, φησὶν, ἄνθρωπον κατ' εἰκόνα ἡμετέραν. Ἀλλὰ ποῦ μοι τῶν Ἀνομοίων ἡ αἵρεσις; τί πρὸς τὴν τοιαύτην ἐροῦσι φωνήν; πῶς διασώσουσιν ἐν τοῖς εἰρημένοις τοῦ δόγματος αὐτῶν τὴν κενότητα; ἆρα δυνατὸν εἶναι φήσουσι μίαν εἰκόνα διαφόροις ὁμοιωθῆναι μορφαῖς; εἰ ἀνόμοιος κατὰ τὴν φύσιν τῷ πατρὶ ὁ υἱὸς, πῶς μίαν κατασκευάζει τῶν διαφόρων φύσεων τὴν εἰκόνα; ὁ γὰρ, ⁸Ποιήσωμεν κατ' εἰκόνα ἡμετέραν, εἰπὼν καὶ διὰ τῆς πληθυντικῆς σημασίας τὴν ἁγίαν τριάδα δηλώσας οὐκ ἂν τῆς εἰκόνος μοναδικῶς ἐπεμνήσθη, εἴπερ ἀνομοίως ⁹εἶχε πρὸς ἄλληλα τὰ ἀρχέτυπα. ¹⁰Οὐδὲ γὰρ ἦν δυνατὸν τῶν ἀλλήλοις μὴ συμβαινόντων ¹¹ἐν ἀναδειχθῆναι ὁμοίωμα, ἀλλ' εἰ διάφοροι ἦσαν αἱ φύσεις, διαφόρους ¹²ἂν πάντως καὶ τὰς εἰκόνας αὐτῶν ἐνεςήσατο, τὴν κατάλληλον ἑκάςῃ δημιουργήσας. Ἀλλ' ἐπειδὴ μία μὲν ἡ εἰκών, οὐχ ἓν δὲ τὸ τῆς εἰκόνος ἀρχέτυπον, τίς οὕτως ἔξω διανοίας ἐςὶν ὡς ἀγνοεῖν ὅτι τὰ τῷ ἑνὶ ὁμοιούμενα καὶ πρὸς ἄλληλα πάντως ὁμοίως ἔχει; διὰ τοῦτό φησι τάχα τὴν κα-

---

5) M. πρὸς, τὸ ὅ, τι. — 6) M. ἀπωθούμενος ἅπερ. — 7) M. κατοπτεύσειεν. — 8) M. Ποιήσωμεν ἄνθρωπον κατ' εἰκόνα. — 9) M. ἔχοι. — 10) M. Οὐ γὰρ. — 11) M. εἰς ἕν. — 12) ἂν fehlt bei M.

Angenehmen, und verabscheut das Unangenehme, braucht die Hand wozu es will, indem sie damit ergreift oder zurückstößt, und bedient sich des Beistandes dieses Gliedes wozu es ihr nützlich erscheint. Wenn also bei dem Menschen, trotz der Verschiedenheit der ihm von der Natur bestellten Sinneswerkzeuge, es Einer und derselbe ist welcher durch alle wirkt und sich in Bewegung setzt, und ein jedes in der ihm angemessenen Weise für seine Absicht braucht, und welcher trotz der Verschiedenheit seiner Thätigkeiten seine Natur nicht mitverändert, wie sollte dann ob der Mannichfaltigkeit seiner Kräfte Jemand von Gott auch nur die leise Vermuthung einer Vieltheiligkeit seines Wesens fassen wollen? Der das Auge gebildet hat, wie der Prophet spricht, und das Ohr gepflanzt hat, der hat nach in ihm selber vorhandenen Mustern diese Kräfte gleichwie Erkennungszeichen in die Natur der Menschen eingedrückt. Denn er sagt, Laßt uns Menschen machen nach unserem Bilde. Wo bleibt hienach die Sonderlehre der Anomoier? Was wollen sie auf diese Rede sagen? Wie wollen sie nach dem was gesagt ist die Nichtigkeit ihrer Glaubensansicht aufrecht erhalten? Wollen sie vielleicht behaupten daß es möglich sei, daß verschiedene Gestalten einem einzigen Bilde ähnlich nachgebildet wurden? Wenn der Sohn seiner Natur nach dem Vater unähnlich ist, wie beweist er dann die Einheit des Bildes in den verschiedenen Personen? Denn der welcher gesagt hat, Laßt uns machen nach unserem Bilde, und dadurch daß er sich in der Mehrzahl ausdrückte die heilige Dreieinigkeit angedeutet hat, würde des Bildes nicht in der Einzahl Erwähnung gethan haben, wenn die Urbilder sich unähnlich zu einander verhalten hätten. Es war ein Ding der Unmöglichkeit, wenn sie nicht übereinstimmten, nach ihnen eine Nachbildung herzustellen; vielmehr, wenn die Naturen verschieden waren, so würde er jedenfalls auch wohl verschiedene Bilder von ihnen hergestellt, und für eine jede ein ihr entsprechendes angefertigt haben. Allein da das Bild nur ein einziges ist, das Urbild dagegen nicht bloß ein einziges, wer sollte da wohl so unvernünftig sein, zu verkennen daß die welche Einem gleichen auch sich selbst untereinander gleichen müssen? Darum sagt das Wort, vielleicht um schon bei der Erschaffung

κίαν ταύτην ἐν τῇ κατασκευῇ τῆς ἀνθρωπίνης ζωῆς ὁ λόγος ὑποτεμνόμενος, Ποιήσωμεν ἄνθρωπον κατ' εἰκόνα καὶ ὁμοίωσιν ἡμετέραν.

Κεφ. ζ'. Ἀλλὰ τί βούλεται τὸ τοῦ σχήματος ὄρθιον; τί δὲ οὐχὶ συμφυεῖς εἰσιν αἱ πρὸς τὸν βίον δυνάμεις τῷ σώματι, ἀλλὰ γυμνὸς μὲν τῶν φυσικῶν σκεπασμάτων, [1] ἄνοπλος δέ τις καὶ πένης ὁ ἄνθρωπος, καὶ τῶν πρὸς τὴν χρείαν ἐνδεὴς ἁπάντων ἐπὶ τὸν βίον παράγεται, ἐλεεῖσθαι μᾶλλον ἢ μακαρίζεσθαι κατὰ τὸ φαινόμενον ἄξιος; Οὐ προβολαῖς κεράτων καθωπλισμένος, οὐκ ὀνύχων ἀκμαῖς, οὐχ ὁπλαῖς, ἢ ὀδοῦσιν, ἤ τινι κέντρῳ θανατηφόρον ἰὸν ἐκ φύσεως ἔχοντι, οἷα δὴ τὰ πολλὰ τῶν ζώων ἐν ἑαυτοῖς πρὸς τὴν τῶν λυπούντων ἄμυναν κέκτηται, οὐ τῇ τῶν τριχῶν περιβολῇ τὸ σῶμα [2] κεκάλυπται. Καίτοιγε ἴσως τὸν εἰς ἀρχὴν τῶν ἄλλων προτεταγμένον οἰκείοις ὅπλοις ἔδει περιπεφράχθαι παρὰ τῆς φύσεως, ὡς ἂν μὴ τῆς παρ' ἑτέρων ἐπικουρίας πρὸς τὴν ἰδίαν ἀσφάλειαν δέοιτο. Νυνὶ δὲ λέων μέν, καὶ σῦς, καὶ τίγρις, καὶ πάρδαλις, καὶ εἴ τι τοιοῦτον ἕτερον, ἀρκοῦσαν ἔχει πρὸς σωτηρίαν τὴν ἐκ φύσεως δύναμιν, καὶ τῷ ταύρῳ μὲν τὸ κέρας, καὶ τῷ λαγωῷ τὸ τάχος. καὶ τῇ δορκάδι τὸ πήδημα καὶ τὸ [3] κατὰ τὸν ὀφθαλμὸν ἀσφαλές, καὶ ἄλλῳ τινὶ ζώῳ τὸ μέγεθος, καὶ ἑτέροις ἡ προνομαία, καὶ τοῖς πετεινοῖς τὸ πτερόν, καὶ τῇ μελίσσῃ τὸ κέντρον, καὶ πᾶσι πάντως ἕν τι εἰς σωτηρίαν παρὰ τῆς φύσεως ἐμπέφυκε. Μόνος δὲ πάντων ὁ ἄνθρωπος τῶν μὲν ταχυδρομούντων ἀργότερος, τῶν δὲ πολυσαρκούντων βραχύτερος, τῶν δὲ τοῖς συμφύτοις ὅπλοις ἠσφαλισμένων εὐαλωτότερος, καὶ πῶς, ἐρεῖ τις, ὁ τοιοῦτος τὴν ἀρχὴν τὴν κατὰ πάντων κεκλήρωται; Ἀλλ' οὐδέν, οἶμαι, χαλεπὸν δεῖξαι ὅτι τὸ δοκοῦν ἐπιδεὲς τῆς φύσεως ἡμῶν ἀφορμὴ πρὸς τὸ κρατεῖν τῶν ὑποχειρίων ἐςίν. Εἰ γὰρ οὕτω δυνάμεως εἶχεν ὁ ἄνθρωπος ὡς τῇ μὲν ὠκύτητι παρατρέχειν τὸν ἵππον,

p. 57. ἄτριπτον δὲ ὑπὸ ςερρότητος ἔχειν τὸν πόδα, ὁπλαῖς τισιν

---

1) M. ἄοπλος. Doch hat die Baſeler Ausg. richtig ἄνοπλος. — 2) M. καλύπτεται. — 3) M. κατ' ὀφθαλμὸν.

des Menschen diese Schmährede zu entkräften. Laßt uns Menschen machen nach unserem Bilde, und unserem Gleichniß.

Kap. 7. Was bedeutet aber die aufrechte Gestalt? und warum sind nicht mit dem Körper zugleich die für das Leben nöthigen Kräfte angeboren, sondern wird der Mensch entblößt der natürlichen Bedeckungen, wehrlos und arm, und aller zu seiner Nothdurft nöthigen Dinge entbehrend in das Leben eingeführt, dergestalt daß er dem Anscheine nach mehr bemitleidet als glücklich gepriesen zu werden verdient? Er ist weder durch hervortretende Hörner, noch mit spitzigen Krallen, Hufen, oder Zähnen, oder durch einen von Natur mit todbringendem Gifte versehenen Stachel gewaffnet, Dinge welche ja die Mehrzahl der Thiere zum Schutz gegen ihre Beleidiger besitzt; nicht einmal in ein Kleid von Haaren ist der Körper eingehüllt. Dennoch müßte vielleicht gerade der welcher von Vorne herein zur Herrschaft über die Anderen bestimmt ist von der Natur mit eigenen Waffen gerüstet sein, damit er zu seiner Sicherheit nicht fremden Beistandes bedürfte. So haben doch Löwe, Eber, Tiger, Panther, und alle andere Thiere dieser Art, von Natur aus eine zu ihrer Sicherung ausreichende Kraft, und dem Stiere ist das Horn, dem Hasen die Schnelligkeit, der Gazelle die elastische Sprungkraft und die Sicherheit des Auges, einem anderen Thiere die Größe, wieder anderen der Rüssel, den Vögeln das Gefieder, der Biene der Stachel, und überhaupt allen von der Natur Etwas zu ihrer Sicherheit verliehen worden. Allein der Mensch ist langsamer als alle die schnellfüßigen, kleiner als alle die gewaltigen und massenhaften, leichter zu besiegen als alle die durch angeborene Waffen geschützten Thiere. Und wie, fragt man, hat er in diesem Zustande die Herrschaft über Alle erhalten können? Ich glaube ohne Schwierigkeit zeigen zu können daß das was in unserer Natur anscheinend Mangel ist, den Grund zur Herrschaft über die anderen Geschöpfe bildet. Denn hätte der Mensch eine solche Kraft daß er an Schnelligkeit das Pferd überträfe, begabt mit einem durch seine Härte unverletzbaren Fuß, ge-

ἢ χηλαῖς ἐρειδόμενον, κέρατα δὲ καὶ κέντρα καὶ ὄνυχας ἐν ἑαυτῷ φέρειν, πρῶτον μὲν θηριώδης τις ἂν ἦν, καὶ δυσάντητος, τοιούτων αὐτοῦ τῷ σώματι συμπεφυκότων, ἔπειτα δὲ παρεῖδεν ἂν τὴν [4]κατὰ τῶν ἄλλων ἀρχήν, οὐδὲν τῆς συνεργίας τῶν ὑποχειρίων δεόμενος· νυνὶ δὲ τούτου χάριν ἐφ᾽ ἕκαςον τῶν ὑπεζευγμένων ἡμῖν αἱ τοῦ βίου χρεῖαι κατεμερίσθησαν, ὡς ἀναγκαίαν ποιεῖν τὴν κατ᾽ ἐκείνων ἀρχήν. Τὸ μὲν [5]γὰρ βραδὺ τοῦ σώματος [6]ἡμῶν καὶ δυσκίνητον τὸν ἵππον τῇ χρείᾳ προςήγαγέ τε καὶ ἐδαμάσατο, ἡ δὲ τῆς σαρκὸς γυμνότης ἀναγκαίαν τὴν τῶν προβάτων ἐπιξασίαν ἐποίησεν, ἐκ τῆς ἐτησίου τῶν ἐρίων φορᾶς τῆς ἡμετέρας φύσεως ἀναπληροῦσαν τὸ λεῖπον. Τὸ δὲ τὰς ἀφορμὰς ἡμῖν τὰς πρὸς τὸν βίον καὶ ἐξ ἑτέρων εἰσάγεσθαι τὰ ἀχθοφόρα τῶν ζώων ταῖς τοιαύταις ὑπηρεσίαις ὑπέζευξεν. Ἀλλὰ μὴν τὸ μὴ δύνασθαι καθ᾽ ὁμοιότητα τῶν βοσκημάτων ποηφαγεῖν ὑποχείριον τῷ βίῳ τὸν βοῦν ἀπειργάσατο, τοῖς ἰδίοις πόνοις τὴν ζωὴν ἡμῖν ἐξευμαρίζοντα. Ἐπεὶ δὲ καὶ ὀδόντων καὶ δήγματος ἦν [7]ἡμῖν χρεία πρὸς τὸ καταγωνίζεσθαί τινα τῶν ἄλλων ζώων διὰ τῆς τῶν ὀδόντων [8]λάβης, παρέσχεν ὁ κύων μετὰ τοῦ τάχους τὴν ἰδίαν γένυν τῇ ἡμετέρᾳ χρείᾳ, οἷόν τις ἔμψυχος μάχαιρα τῷ ἀνθρώπῳ [9]γινόμενος. Κεράτων δὲ προβολῆς καὶ ὀνύχων ἀκμῆς [10]ἰσχυρότερός τε καὶ τομώτερος ἐπινενόηται τοῖς ἀνθρώποις ὁ σίδηρος, οὐκ ἀεὶ συμπεφυκὼς ἡμῖν, ὥςπερ τοῖς θηρίοις ἐκεῖνα, ἀλλ᾽ ἐπὶ καιροῦ συμμαχήσας τὸ λοιπὸν ἐφ᾽ ἑαυτοῦ μένει. Καὶ ἀντὶ [11]τῆς κροκοδείλου φολίδος ἔςι μὲν καὶ αὐτὸν ἐκεῖνον ὅπλον ποιήσασθαι, κατὰ καιρὸν τὴν δορὰν περιθέμενον. Εἰ δὲ μὴ, σχηματίζεται καὶ πρὸς τοῦτο παρὰ τῆς τέχνης ὁ σίδηρος, ὃς ἐπὶ καιροῦ πρὸς τὸν πόλεμον ὑπηρετήσας πάλιν ἐλεύθερον τοῦ ἄχθους ἐπ᾽ εἰρήνης τὸν ὁπλίτην κατέλιπεν. Ὑπηρετεῖ δὲ τῷ βίῳ καὶ τὸ πτερὸν τῶν ὀρνέων, ὡς μηδὲ τοῦ πτηνοῦ τάχους δι᾽ ἐπινοίας ἡμᾶς ἀπολείπεσθαι. Τὰ

---

4) κατὰ fehlt bei M., steht aber in der Baseler Ausg. — 5) γὰρ fehlt bei M. — 6) ἡμῶν καὶ fehlt bei M. — 7) ἡμῖν fehlt bei M. —

schützt durch Hufe oder Klauen, und hätte dazu noch Hörner und Stachel und Krallen an sich, so würde er im natürlichen Besitz solcher körperlichen Waffen erstlich wie ein wildes und grausames Thier auftreten, ferner aber auch um die Herrschaft über die anderen sich gar nicht gekümmert haben, weil er des Beistandes der Untergebenen gar nicht bedurfte: so sind nun aber gerade um dessentwillen jedem einzelnen unserer Unterthanen gewisse Bedürfnisse von uns zur Befriedigung zuertheilt worden, wodurch wir die Herrschaft über sie zu einer Nothwendigkeit für uns gemacht haben. Die Langsamkeit und mindere Beweglichkeit unseres Körpers hat das Pferd unserem Gebrauche zugeführt und es gebändigt, die Blöße unseres Fleisches hat die Dienstbarkeit der Schafe nöthig gemacht, welche aus dem alljährlichen Ertrag der Wolle den Mangel unserer Natur ergänzt. Der Umstand daß die Mittel für unser Leben auch von anderswoher uns zugeführt werden, hat die lasttragenden Thiere diesen Dienstleistungen unterworfen. Daß wir nicht Gras wie das Vieh essen, hat den Ochsen unserem Dasein dienstbar gemacht, welcher durch seine Arbeit unser Leben erleichtert. Da wir nun auch Zähne und Gebiß zur Bekämpfung anderer Geschöpfe nöthig hatten, um sie zu erfassen, so hat der Hund mit seiner Schnelligkeit unserem Bedürfniß seine Kinnbacke geliehen, indem er für den Menschen zu einem lebendigen Messer wird. Als ein stärkeres und schärferes Vertheidigungsmittel als der Vorsprung der Hörner und die Schärfe der Krallen ist hat der Mensch sich das Eisen ersonnen, was uns nicht immer begleitet, wie jene Waffen die Thiere, sondern wenn es seiner Zeit uns seinen Beistand geliehen hat, im Weiteren für sich bleibt. Anstatt des Schuppenpanzers des Krokodils vermag er sich selbst die gleiche Rüstung herzustellen, und legt sich seiner Zeit das Lederwamms an, oder, wenn er das nicht will, wird von der Kunst das Eisen zu diesem Zwecke geformt, dient zeitweilig für den Krieg, und nimmt zur Zeit des Friedens dem damit Gewappneten wiederum seine Last ab. Auch das Gefieder der Vögel dient dem menschlichen Leben, so daß wir kraft unserer Erfindungsgabe nicht einmal hinter der Schnelligkeit dieser

---

8) M. βλάβης. — 9) M. γενόμενος. — 10) M. ἰσχυρώτερος. — 11) M. τῆς τοῦ κρ. φωλίδος.

μὲν γὰρ ἐξ αὐτῶν τιθασσὰ γίνεται καὶ συνεργεῖ τοῖς θηρεύουσι, τὰ δὲ δι᾽ ἐκείνων ταῖς χρείαις ἡμῶν δι᾽ ἐπινοίας ὑπάγεται, ἀλλὰ καὶ πτερόεντας ἡμῖν τοὺς ὀϊςοὺς ἡ τέχνη
p. 58. δι᾽ ἐπινοίας ποιησαμένη τὸ πτηνὸν τάχος ταῖς ἡμετέραις χρείαις διὰ τοῦ τόξου χαρίζεται. Τὸ δὲ εὐπαθεῖς καὶ εὐτρίπτους ἡμῖν πρὸς τὴν πορείαν εἶναι τὰς βάσεις ἀναγκαίαν ποιεῖ τὴν ἐκ τῶν ὑποχειρίων συνεργίαν· ἐκεῖθεν γὰρ ἔςι τοῖς ποσὶ περιαρμόσαι τὰ πέδιλα.

Κεφ. η'. Ὄρθιον δὲ τῷ ἀνθρώπῳ τὸ σχῆμα, καὶ πρὸς τὸν οὐρανὸν ἀνατείνεται, καὶ ἄνω βλέπει. Ἀρχικὰ καὶ ταῦτα, καὶ τὴν βασιλικὴν ἀξίαν ¹ἀποσημαίνοντα. Τὸ γὰρ μόνον ἐν τοῖς οὖσι τοιοῦτον εἶναι τὸν ἄνθρωπον, τοῖς δὲ ἄλλοις ἅπασι πρὸς τὸ κάτω νενευκέναι τὰ σώματα, σαφῶς δείκνυσι τὴν τῆς ἀξίας διαφορὰν τῶν τε ὑποκυπτόντων τῇ δυναςείᾳ καὶ τῆς ὑπερανεςώσης αὐτῶν ἐξουσίας. Τοῖς μὲν γὰρ ἄλλοις ἅπασι τὰ ἔμπροσθεν κῶλα τοῦ σώματος πόδες εἰσὶ, διότι τὸ κεκυφὸς ἐδεῖτο πάντως τοῦ ὑπερείδοντος, ἐπὶ δὲ τῆς τοῦ ἀνθρώπου κατασκευῆς χεῖρες τὰ κῶλα ἐγένοντο· τοῦ γὰρ ὀρθίου σχήματος αὐτάρκης ἦν πρὸς τὴν χρείαν μία βάσις, διπλοῖς ποσὶν ἐν ἀσφαλείᾳ τὴν ςάσιν ἐρείδουσα. Ἄλλως δὲ καὶ τῇ τοῦ λόγου χρείᾳ συνεργός ἐςιν ἡ τῶν χειρῶν ὑπουργία, καί τις ἴδιον τῆς λογικῆς φύσεως τὴν τῶν χειρῶν ὑπηρεσίαν εἰπὼν οὐ τοῦ παντὸς ἁμαρτήσεται, οὐ μόνον πρὸς τὸ κοινὸν τοῦτο καὶ πρόχειρον ἀποτρέχων τῇ διανοίᾳ, ὅτι γράμμασι τὸν λόγον διὰ τῆς τῶν χειρῶν εὐφυΐας ἐνσημαινόμεθα, — ἔςι μὲν γὰρ οὐδὲ τοῦτο λογικῆς χάριτος ἄμοιρον, τὸ φθέγγεσθαι διὰ γραμμάτων ἡμᾶς, καὶ τρόπον τινὰ διὰ χειρὸς διαλέγεσθαι, τοῖς τῶν ςοιχείων χαρακτῆρσι τὰς φωνὰς διασώζοντας, — ἀλλ᾽ ἐγὼ πρὸς ἕτερον βλέπων συνεργεῖν φημι τὰς χεῖρας τῇ ἐκφωνήσει τοῦ λόγου. Μᾶλλον δὲ, πρὶν περὶ ²τούτου διεξετάσαι, τὸν παρεθέντα λόγον κατανοήσωμεν (μικροῦ γὰρ ἡμᾶς τὸ κατὰ τὴν τάξιν τῶν γε-
p. 59. γονότων διέλαθεν), τίνος χάριν προηγεῖται μὲν ἡ βλάςη

---

1) M. ἐπισημαίνονται. — 2) M. τούτων.

Thiere zurückbleiben; denn ein Theil von ihnen wird gezähmt und giebt eine Hilfe für die Jäger ab, ein anderer wird durch sie geschickt unseren Bedürfnissen überliefert, ja es hat uns die Kunst sogar die befiederten Pfeile geschaffen, und verleiht vermittelst des Bogens unseren Wünschen die Schnelligkeit des Vogels. Daß aber unsere Fußsohlen für Märsche empfindlich sind und leicht sich aufreiben, macht ebenfalls den Beistand der Untergebenen nöthig; denn daher kommt es daß wir die Füße mit Sandalen umkleiden.

Kap. 8. Aufrecht aber ist die Gestalt des Menschen, und zum Himmel emporgerichtet, und hat den Blick nach Oben gekehrt. Auch das sind fürstliche Abzeichen und deuten auf die Königswürde. Denn daß von allen Wesen der Mensch allein so beschaffen ist, und bei allen übrigen der Leib der Tiefe sich zuneigt, beweist deutlich den Unterschied des Rangs zwischen den der Herrschaft sich Unterwerfenden und der sie überragenden Macht. Bei allen anderen Thieren sind die Vorderglieder der Körper Füße, weil der gebückte Zustand durchaus der Stütze bedarf, bei der Einrichtung des Menschen dagegen wurden aus diesen Gliedern Hände; denn für die aufrechte Gestalt gnügte ein Stützpunkt, welcher durch zwei Füße dem Tritt Sicherheit und Festigkeit giebt. Besonders aber hilft der Dienst der Hände der Rede, und wenn Jemand diese ihre Dienstleistung ein besonderes Eigenthum der sprachbegabten Natur nennen will, so wird er nicht so ganz Unrecht haben; wobei man nicht nöthig hat in seinen Gedanken nur auf den allgemein bekannten Umstand zurückzugehen, daß wir durch die Geschicklichkeit der Hände die Rede aufzeichnen, — denn auch dies ist ein Theil der Gnadengabe der Sprache und der Vernunft daß wir durch Schrift sprechen und so mit Hilfe der Hand uns unterreden können, indem wir durch die Buchstabenzeichen die Worte wiedergeben, — sondern ich meine etwas Anderes, wenn ich sage daß die Hände Helferinnen für das Wort und die Sprache seien. Doch wollen wir zunächst, bevor wir dies in Betrachtung ziehen, noch etwas Anderes was wir übergangen haben bedenken (denn beinahe hätten wir die Reihenfolge der Dinge außer Acht gelassen), nämlich warum das was der Erde seine Erzeugung

τῶν ἐκ τῆς γῆς φυομένων, ἐπιγίνεται δὲ τὰ ἄλογα τῶν ζώων, καὶ οὕτω μετὰ τὴν κατασκευὴν τούτων ὁ ἄνθρωπος. Τάχα γὰρ οὐ μόνον τὸ ἐκ τοῦ προχείρου νοούμενον διὰ [3]τούτων μανθάνομεν, ὅτι τῶν ζώων ἕνεκεν ἡ πία χρήσιμος ἐφάνη τῷ κτίσαντι, διὰ δὲ τὸν ἄνθρωπον τὰ βοτὰ, οὗ χάριν πρὸ μὲν τῶν βοσκημάτων ἡ ἐκείνων τροφή, πρὸ δὲ τοῦ ἀνθρώπου τὸ ὑπηρετεῖν μέλλον τῇ ἀνθρωπίνῃ ζωῇ, — ἀλλ' ἐμοὶ δοκεῖ δόγμά τι τῶν κεκρυμμένων παραδηλοῦν διὰ τούτων ὁ Μωϋσῆς, καὶ τὴν περὶ ψυχῆς φιλοσοφίαν δι' ἀποῤῥήτων παραδιδόναι, ἣν ἐφαντάσθη μὲν καὶ ἡ ἔξωθεν παίδευσις, οὐ μὴν τηλαυγῶς κατενόησε. Διδάσκει γὰρ, [4]οἶμαι, διὰ τούτων ὁ λόγος ἐν τρισὶ διαφοραῖς τὴν ζωτικὴν καὶ ψυχικὴν δύναμιν θεωρεῖσθαι. Ἡ μὲν γάρ τίς ἐστιν αὐξητική τε μόνον καὶ θρεπτική, τὸ κατάλληλον εἰς προσθήκην τῶν τρεφομένων προσάγουσα, ἡ φυσική [5]τε λέγεται καὶ περὶ τὰ φυτὰ θεωρεῖται. Ἔστι γὰρ καὶ ἐν τοῖς φυομένοις ζωτικήν τινα δύναμιν αἰσθήσεως ἄμοιρον κατανοῆσαι. Ἕτερον δὲ παρὰ τοῦτο ζωῆς εἶδός ἐστιν ὃ καὶ τοῦτο ἔχει καὶ τὸ κατ' αἴσθησιν [6]οἰκονομεῖσθαι προσείληφεν, ὅπερ ἐν τῇ φύσει τῶν ἀλόγων ἐστίν· οὐ γὰρ μόνον τρέφεται καὶ αὔξεται, ἀλλὰ καὶ τὴν αἰσθητικὴν ἐνέργειάν τε καὶ ἀντίληψιν ἔχει. Ἡ δὲ τελεία ἐν σώματι ζωὴ ἐν τῇ λογικῇ, τῇ ἀνθρωπίνῃ λέγω, καθορᾶται [7]φύσει, καὶ τρεφομένῃ, καὶ αἰσθανομένῃ, καὶ λόγου μετέχουσα, καὶ νῷ διοικουμένη. Γένοιτο δ' ἂν ἡμῖν τοιαύτη τις ἡ τοῦ λόγου διαίρεσις. Τῶν ὄντων τὸ μέν τι νοητόν, τὸ δὲ σωματικὸν πάντως ἐστίν. Ἀλλὰ τοῦ μὲν νοητοῦ παρείσθω νῦν ἡ πρὸς τὰ οἰκεῖα τομή· οὐ γὰρ τούτων ὁ λόγος. Τοῦ δὲ σωματικοῦ τὸ μὲν ἄμοιρον καθόλου ζωῆς, τὸ δὲ μετέχει ζωτικῆς ἐνεργείας. Πάλιν τοῦ ζωτικοῦ σώματος τὸ μὲν αἰσθήσει συζῇ, τὸ δὲ ἀμοιρεῖ τῆς αἰσθήσεως. Εἶτα τὸ αἰσθητικὸν τέμνεται πάλιν εἰς λογικόν τε καὶ ἄλογον. Διὰ τοῦτο πρῶτον μετὰ τὴν

---

3) M. τούτου. — 4) M. ἡμᾶς διὰ. — 5) τε fehlt bei M. —
6) M. οἰκονομῆσαι. — 7) M. φύσει, τρεφομένῃ τε καὶ.

verdankt zuerst hervorsproßt, dann die unvernünftigen Thiere folgen, und nun erst nach Erschaffung dieser der Mensch. Vielleicht lernen wir daraus nicht bloß das was Jedem gleich einfällt, nämlich daß das Gras dem Schöpfer der Thiere wegen nöthig schien, für den Menschen aber das Vieh, weßhalb vor jenen die ihnen gehörige Nahrung, und vor dem Menschen das was dem menschlichen Leben dienstbar sein sollte geschaffen wird, — sondern ich glaube daß Moses damit habe eine geheime Weisheit offenbaren, und in versteckter Rede die Lehre von der Seele behandeln wollen, über welche auch die heidnische Wissenschaft ihre trügerischen Forschungen angestellt hat, ohne indessen zu dem Resultat einer klaren Erkenntniß gelangt zu sein. Denn meiner Meinung nach lehrt die Schrift dadurch daß in der Vegetations- und Lebenskraft eine dreifache Abstufung sichtbar sei. Die eine derselben ist die des bloßen Wachsthums und der Ernährung, in welcher dem was ernährt wird die zu seiner Zunahme taugliche Nahrung zugeführt wird; diese Abstufung heißt die physische, oder natürliche, und kommt an den Pflanzen zur Erscheinung. Denn auch an den Pflanzen vermag man eine Lebenskraft, welche indessen der Gefühlsthätigkeit entbehrt, zu erkennen. Die zweite Art von Leben ist diejenige welche diese erste enthält und dazu noch die Gabe empfing, nach dem Gefühl geleitet zu werden, und ist der Natur der unvernünftigen Thiere eigen; denn diese nähren sich nicht bloß und nehmen zu, sondern sind auch im Besitz der Sinnesthätigkeit. Das vollkommene Körperleben endlich erblickt man an der vernünftigen, das heißt der menschlichen Natur; es nimmt Nahrung, ist mit Sinnen thätig, besitzt Vernunft und wird durch den Verstand geregelt. Nun wollen wir bei unserer Untersuchung diese Eintheilung aufstellen: ein Theil dessen was ist ist intellectual, der andere ist durchaus körperlich. Das Intellectuale in seine Unterabtheilungen zu zerlegen unterlassen wir; denn davon handeln wir hier nicht. Von dem Körperlichen aber ist ein Theil überhaupt leblos, der andere besitzt Lebensthätigkeit. Wiederum von den lebendigen Körpern lebt der eine Theil mit sinnlichem Gefühl, der andere entbehrt es. Das was mit sinnlichem Gefühl begabt ist zerfällt wiederum in das Vernünftige und das Unvernünftige. Darum sagt der Gesetzgeber daß nach der

ἄψυχον ὕλην οἷον ὑποβάθραν τινὰ τῆς τῶν ἐμψύχων ἰδέας τὴν φυσικὴν ταύτην ζωὴν συζῆναι λέγει ὁ νομοθέτης ἐν τῇ τῶν φυτῶν βλάςῃ προϋποςᾶσαν. Εἶθ᾽ οὕτως ἐπάγει τῶν κατ᾽ αἴσθησιν διοικουμένων τὴν γένεσιν, καὶ ἐπειδὴ κατὰ τὴν αὐτὴν ἀκολουθίαν τῶν διὰ σαρκὸς τὴν ζωὴν εἰληχότων τὰ μὲν αἰσθητικὰ, καὶ δίχα τῆς νοερᾶς φύσεως ἐφ᾽ ἑαυτῶν εἶναι δύναται, τὸ δὲ λογικὸν οὐκ ἂν ἑτέρως γένοιτο ἐν σώματι, εἰ μὴ τῷ αἰσθητῷ συγκραθείη, διὰ τοῦτο τελευταῖος μετὰ τὰ βλαςήματα καὶ τὰ βοτὰ κατεσκευάσθη ὁ ἄνθρωπος, ὁδῷ τινι πρὸς τὸ τέλειον ἀκολούθως προϊούσης τῆς φύσεως. Διὰ πάσης γὰρ ἰδέας τῶν ψυχῶν κατακιρνᾶται τὸ λογικὸν τοῦτο ζῶον, ὁ ἄνθρωπος. Τρέφεται μὲν γὰρ κατὰ τὸ φυσικὸν τῆς ψυχῆς εἶδος, τῇ δὲ αὐξητικῇ δυνάμει ἡ αἰσθητικὴ προςεφύη, μέσως ἔχουσα κατὰ τὴν ἰδίαν φύσιν τῆς τε νοερᾶς καὶ τῆς ὑλωδεςέρας οὐσίας, τοσούτῳ παχυμερεςέρα ταύτης ὅσῳ καθαρωτέρα ἐκείνης. Εἶτά τις γίνεται πρὸς τὸ λεπτὸν καὶ φωτοειδὲς τῆς αἰσθητικῆς φύσεως ἢ τῆς νοερᾶς οὐσίας οἰκείωσίς τε καὶ ἀνάκρασις, ὡς ἐν τρισὶ τούτοις τὸν ἄνθρωπον τὴν σύςασιν ἔχειν· καθὼς καὶ παρὰ τοῦ ἀποςόλου τὸ τοιοῦτον ἐμάθομεν ἐν οἷς πρὸς τοὺς Ἐφεσίους ἔφη, [8]ἐπευχόμενος αὐτοῖς τὴν ὁλοτελῆ χάριν τοῦ σώματος καὶ τῆς ψυχῆς καὶ τοῦ πνεύματος ἐν τῇ παρουσίᾳ τοῦ κυρίου φυλαχθῆναι, ἀντὶ τοῦ θρεπτικοῦ μέρους τὸ σῶμα λέγων, τὸ δὲ αἰσθητικὸν τῇ ψυχῇ διασημαίνων, τὸ νοερὸν δὲ τῷ πνεύματι. Ὡσαύτως καὶ τὸν γραμματέα διὰ τοῦ εὐαγγελίου παιδεύει ὁ κύριος πάσης ἐντολῆς προτιθέναι τὴν εἰς θεὸν ἀγάπην, τὴν ἐξ ὅλης καρδίας καὶ ψυχῆς καὶ διανοίας ἐνεργουμένην. Καὶ γὰρ ἐνταῦθα τὴν αὐτὴν δοκεῖ μοι διαφορὰν ἑρμηνεύειν ὁ λόγος, τὴν μὲν σωματικωτέραν κατάςασιν καρδίαν εἰπών, ψυχὴν δὲ τὴν μέσην, διάνοιαν δὲ τὴν ὑψηλοτέραν φύσιν, τὴν νοερὰν τε καὶ [9]διανοητικὴν δύναμιν.

---

8) M. προςευχόμενος. — 9) M. ποιητικὴν.

leblosen Materie zunächst als eine Grundlage der Gattung der belebten Geschöpfe dieses physische, das heißt natürliche, Leben, welches in dem Triebe der Pflanzen schon vor jener auftrat, erschaffen worden sei. Dann läßt er die Schöpfung der durch sinnliche Thätigkeit geleiteten Geschöpfe eintreten, und da ingleichen von den Geschöpfen welche ein fleischliches Leben erhalten haben ein Theil ohne geistige Natur, bloß mit einer sinnlichen Thätigkeit ausgerüstet, für sich wohl bestehen, die Vernunft dagegen in dem Körper auf keine andere Weise Wohnung aufschlagen kann als im innigen Verein mit dem sinnlichen Gefühl, darum ward der Mensch nach den Pflanzen und Thieren zuletzt geschaffen, indem die Natur in folgerechtem Entwicklungsgang der Vollendung entgegenschritt. Denn dieses vernünftige Geschöpf, der Mensch, setzt sich aus jeder Art von Leben zusammen. Erstlich ernährt er sich wie die physische Lebensgattung; dann verband sich mit der Fähigkeit zu wachsen auch noch die sinnliche Kraft, welche ihrer Natur nach in der Mitte zwischen der Denkkraft und der rohen Materie steht, und in dem Grade schwerfälliger und unempfindlicher gegenüber der einen dasteht als sie an Reinheit die andere übertrifft, und endlich tritt die innige Vermischung und Verschmelzung der denkkraftbegabten Substanz mit der feinen und lichten sinnlichen Natur ein. So trägt also der Mensch diese dreifache Zusammensetzung in sich; wie wir dies auch aus den Worten des Apostels welche er an die Ephesier richtet ersehen können, wo er bittet daß sie die volle Reinheit des Leibes und der Seele und des Geistes bis zur Ankunft des Herrn bewahren mögen. Hier nennt er nämlich den Theil der Ernährung Körper, und bezeichnet den sinnlichen durch Seele, den denkenden durch Geist. Ebenso lehrt der Herr im Evangelium die Schriftgelehrten höher als jedes Gebot die Liebe zu Gott zu achten, welche aus ganzem Herzen, aus ganzer Seele und aus ganzem Gemüthe wirksam sein solle. Denn auch hier scheint die Schrift denselben Unterschied klar zu machen, und die körperliche Verfassung mit Herz, die in der Mitte stehende mit Seele, und die höhere Natur, welche denkt und erkennt, mit Ge-

Ὅθεν καὶ τρεῖς διαφορὰς [10]προαιρέσεων ὁ ἀπόςολος οἶδε, τὴν μὲν σαρκικὴν κατονομάζων, ἣ περὶ γαςέρα καὶ τὰς περὶ ταύτην ἡδυπαθείας ἠσχόληται, τὴν δὲ ψυχικὴν, ἣ μέσως πρὸς ἀρετὴν καὶ κακίαν ἔχει, τῆς μὲν ὑπερανεςῶσα, τῆς δὲ καθαρῶς οὐ μετέχουσα, τὴν δὲ πνευματικὴν, ἣ τὸ τέλειον ἐνθεωρεῖ τῆς κατὰ Θεὸν πολιτείας. Διό φησι πρὸς Κορινθίους, τὸ ἀπολαυςικὸν αὐτῶν καὶ ἐμπαθὲς ὀνειδίζων, ὅτι, Σάρκινοί ἐςε, καὶ τῶν τελειοτέρων δογμάτων ἀχώρητοι· ἑτέρωθι δὲ σύγκρισίν τινα τοῦ μέσου πρὸς τὸ τέλειον ποιούμενος λέγει, Ψυχικὸς δὲ ἄνθρωπος οὐ δέχεται τὰ τοῦ πνεύματος, μωρία γὰρ αὐτῷ ἐςιν· ὁ δὲ πνευματικὸς ἀνακρίνει μὲν πάντα, αὐτὸς δὲ ὑπ' οὐδενὸς ἀνακρίνεται. Ὡς οὖν ἀναβέβηκεν ὁ ψυχικὸς τὸ σαρκικὸν, κατὰ τὴν αὐτὴν ἀναλογίαν καὶ ὁ πνευματικὸς τούτου ὑπερανέςηκεν. Εἰ οὖν τελευταῖον μετὰ πᾶν ἔμψυχον ἡ γραφὴ γεγενῆσθαι λέγει τὸν ἄνθρωπον, οὐδὲν ἕτερον ἢ φιλοσοφεῖ τὰ περὶ ψυχῆς ἡμῖν ὁ νομοθέτης, ἐπ' ἀναγκαίᾳ τινὶ τῇ [11]τῆς τάξεως ἀκολουθίᾳ τὸ τέλειον ἐν τελευταίοις βλέπων. Ἐν μὲν γὰρ τῷ λογικῷ καὶ τὰ λοιπὰ περιείληπται, ἐν δὲ τῷ αἰσθητικῷ καὶ τὸ φυσικὸν εἶδος πάντως ἐςίν· ἐκεῖνο δὲ περὶ τὸ ὑλικὸν θεωρεῖται μόνον. Οὐκοῦν εἰκότως, καθάπερ διὰ βαθμῶν ἡ φύσις, τῶν τῆς ζωῆς λέγω ἰδιωμάτων, ἀπὸ τῶν μικροτέρων ἐπὶ τὸ τέλειον ποιεῖται τὴν ἄνοδον. Ἐπειδὴ τοίνυν λογικόν τι ζῶόν ἐςιν ὁ ἄνθρωπος, κατάλληλον ἔδει τῇ χρείᾳ τοῦ λόγου κατασκευασθῆναι τὸ τοῦ σώματος ὄργανον. Καθάπερ τοὺς μουσικοὺς ἔςιν ἰδεῖν πρὸς τὸ τῶν ὀργάνων εἶδος τὴν μουσικὴν ἐκπονοῦντας, καὶ οὔτε διὰ βαρβίτων αὐλοῦντας, οὔτε ἐν αὐλοῖς κιθαρίζοντας, κατὰ τὸν αὐτὸν τρόπον ἔδει τῷ λόγῳ κατάλληλον εἶναι τὴν τῶν ὀργάνων κατασκευὴν, ὡς ἂν προσφυῶς ἐνηχοίη πρὸς τὴν τῶν ῥημάτων χρείαν ὑπὸ

---

10) M. προαιρέσεως. — 11) τῆς fehlt bei M.

müth zu bezeichnen. Daher kennt der Apostel auch drei Unterschiede der Art zu leben, deren eine er die fleischliche nennt, welche dem Bauch und seinem Genuß ergeben ist, die psychische oder natürliche, welche zwischen dem Guten und dem Bösen in der Mitte steht, das eine zwar überragend, des anderen jedoch nicht mit völliger Reinheit theilhaftig, und die geistliche, welche ihren Blick auf den vollendeten Wandel in Gott gerichtet hält. Darum spricht er zu den Corinthiern, indem er ihre Genußsucht und sinnliche Abhängigkeit ihnen vorrückt, **Fleischlich seid Ihr, und vermöget nicht die vollkommenere Lehre zu fassen;** und an einem anderen Orte stellt er einen Vergleich zwischen dem Mittelzustande mit dem der Vollkommenheit an, und sagt, **Der natürliche Mensch aber vernimmt Nichts von den Dingen Gottes, denn sie sind ihm eine Thorheit; der geistliche aber richtet Alles, er selbst aber wird von Niemand gerichtet.** Wie nun also das Natürliche über dem Fleischlichen steht, ebenso übertrifft der geistliche Mensch den fleischlichen. Erzählt demnach die Schrift daß der Mensch von allen lebenden Wesen zuletzt geschaffen worden sei, so ist dies eben nichts Anderes als ein tiefes Wort des Gesetzgebers an uns über das Wesen der Seele, in welchem er nach einem Gesetz der nothwendigen und folgerichtigen Entwicklung die Vollkommenheit in dem Letzten sieht. Denn in der vernunftbegabten Natur sind die übrigen zugleich mit vereint, sowie in der sinnlichen jedenfalls auch die natürliche oder physische enthalten ist, während diese in der Materie uns allein entgegentritt. Demnach macht die Natur in richtiger Weise, wie auf einer Stufenleiter, womit ich eben diese Lebenseigenthümlichkeiten meine, einen Fortschritt von dem Geringeren zu dem Vollkommenen. Da nun der Mensch ein vernünftiges und sprachbegabtes Wesen ist, so müßte der Organismus des Körpers entsprechend dem Bedürfniß der Vernunft und der Sprache erschaffen werden. Gleichwie wir die Musiker je nach der Art ihrer Instrumente ihre Kunst zur Ausführung bringen, und weder die Leier wie eine Flöte, noch die Flöte wie eine Zither gebrauchen sehen, ebenso mußte hier die Einrichtung der Werkzeuge der Sprache angemessen sein, damit sie von den redenden Theilen dem Gebrauche der Wörter entsprechend zum Ausdruck gebracht, in richtigen Klängen

τῶν φωνητικῶν μορίων τυπούμενος. Διὰ τοῦτο συνηρτήθησαν αἱ χεῖρες τῷ σώματι. Εἰ γὰρ καὶ μυρίας ἔςιν ἀπαριθμήσασθαι τὰς κατὰ τὸν βίον χρείας πρὸς ἃς τὰ εὐμήχανα ταῦτα καὶ πολυαρκῆ τῶν χειρῶν ὄργανα χρησίμως ἔχει πρὸς πᾶσαν τέχνην, καὶ πᾶσαν ἐνέργειαν [12]τῶν κατὰ πόλεμόν τε καὶ εἰρήνην εὐαφῶς μετιόντα, [13]ἀλλά γε πρὸ τῶν ἄλλων διαφερόντως τοῦ λόγου χάριν προσέθηκεν αὐτὰς ἡ φύσις τῷ σώματι. Εἰ γὰρ ἄμοιρος τῶν χειρῶν ὁ ἄνθρωπος ἦν, πάντως ἂν αὐτῷ καθ' ὁμοιότητα τῶν τετραπόδων καταλλήλως τῇ τῆς τροφῆς χρείᾳ διεσκεύαςο τοῦ προςώπου τὰ μόρια, ὥςε προμήκη τε τὴν μορφὴν εἶναι, καὶ ἐπὶ μυκτῆρας ἀπολεπτύνεσθαι, καὶ προβεβλῆσθαι τὰ χείλη τοῦ ςόματος [14]τυλώδη καὶ ςαθερὰ καὶ παχέα, πρὸς τὴν ἀναίρεσιν τῆς πόας ἐπιτηδείως ἔχοντα, ἐγκεῖσθαι δὲ τοῖς ὀδοῦσι τὴν γλῶσσαν ἄλλην τινὰ τοιαύτην, πολύσαρκον, καὶ ἀντιτυπῆ καὶ τραχεῖαν, καὶ συγκατεργαζομένην τοῖς ὀδοῦσι τὸ [15]ὑπ' ὀδόντα γινόμενον, ἢ ὑγράν τε καὶ διακεχυμένην κατὰ τὰ πλάγια, οἵα ἡ τῶν κυνῶν τε καὶ τῶν λοιπῶν τῶν ὠμοβόρων ἐςὶ, τῷ καρχάρῳ τῶν ὀδόντων μεταξὺ τῶν διαςημάτων ἐνδιαρρέουσα. Εἰ οὖν μὴ παρῆσαν αἱ χεῖρες τῷ σώματι, πῶς ἂν ἔναρθρος τούτῳ ἐνετυπώθη φωνή, τῆς κατασκευῆς τῶν κατὰ τὸ ςόμα μορίων οὐ συνδιασχηματιζομένης πρὸς τὴν χρείαν τοῦ φθόγγου; ὡς ἐπάναγκες εἶναι ἢ βληχᾶσθαι πάντως, ἢ μηκάζειν, ἢ ὑλακτεῖν, ἢ χρεμετίζειν τὸν ἄνθρωπον, ἢ βουσὶν, ἢ ὄνοις βοᾶν παραπλήσιον, ἤ τινα θηριώδη μυκηθμὸν ἀφιέναι. Νυνὶ δὲ τῆς χειρὸς ἐντεθείσης τῷ σώματι, εὔσχολόν ἐςι τὸ ςόμα τῇ ὑπηρεσίᾳ τοῦ λόγου. Οὐκοῦν ἴδιον τῆς λογικῆς φύσεως αἱ χεῖρες ἀναπεφήνασιν, οὕτω τοῦ πλάςου διὰ τούτων ἐπινοήσαντος τῷ λόγῳ τὴν εὐκολίαν.

Κεφ. θ'. Ἐπειδὴ τοίνυν θεοειδῆ τινα χάριν τῷ πλάσματι ἡμῶν ὁ ποιήσας δεδώρηται, τῶν ἰδίων ἀγαθῶν ἐνθεὶς τῇ εἰκόνι τὰς ὁμοιότητας, διὰ τοῦτο τὰ μὲν λοιπὰ

---

12) M. τὸν. — 13) M. ἀλλὰ καὶ. — 14) τυλλώδη. — 15) M. ὑπὸ τὸν ὀδόντα.

sich kund geben könnte. Darum sind die Hände dem Körper beigefügt worden. Denn wenngleich man zehntausenderlei Fälle ihres Dienstes für das Leben aufzuzählen vermöchte, wo dieses geschickte und vielfach brauchbare Werkzeug unserer Hände seinen Nutzen für jede Art von Kunst bewährt, und ebenso jeder Art von Thätigkeit des Krieges wie des Friedens sich mit Gewandtheit unterzieht, so hat die Natur vor Allem doch vorzugsweise um der Rede willen sie dem Körper beigegeben. Denn wenn der Mensch die Hände nicht hätte, so würden seine Gesichtstheile, wie es das Bedürfniß nach Nahrung verlangt, jedenfalls so eingerichtet worden sein wie es bei den Vierfüßlern der Fall ist, so daß seine Gestalt sich nach vorn strecken und sich in eine Schnauze zuspitzen, die Lippen des Mundes aber sich aufwerfen und schwielenartig, unbeweglich und dick werden würden, um zum Rupfen des Grases geschickt zu sein; es würden dann die Zähne auch eine andere Zunge einschließen, fleischig, fest und rauh, und derartig daß sie im Verein mit den Zähnen das unter das Gebiß Gekommene zu verarbeiten im Stande wäre, oder auch eine geschmeidige und nach den Seiten hin fügsame, wie die der Hunde und der anderen fleischfressenden Thiere, bei welchen sie sich zwischen dem scharfen Gebiß in der Mitte der Zahnreihen gelenksam dahinschmiegt. Fehlten also dem Körper die Hände, wie hätte dann seine Stimme sich artikuliert ausdrücken können, da ja die Theile des Mundes nicht die nach dem Bedürfniß des Lautes richtige Form zulassen würden? Sonach müßte der Mensch nothwendiger Weise entweder blöken, oder meckern, oder bellen, oder wiehern, oder wie Ochsen und Esel schreien, oder irgend welches andere thierische Gebrüll ausstoßen. Da nun aber Hände am Körper angebracht sind, hat der Mund Muße für den Dienst der Sprache. So haben sich uns die Hände als eine Eigenthümlichkeit der sprachbegabten Natur erwiesen, und so hat ihr Bildner durch sie der Sprache ihre Leichtigkeit verliehen.

Kap. 9. Es hat unser Schöpfer, als er seinem Gebilde göttliche Schönheit verlieh, weil er die Nachahmungen seiner Vollkommenheiten in sein Ebenbild legte, der menschlichen Natur die übri-

τῶν ἀγαθῶν ἔδωκεν ἐκ φιλοτιμίας τῇ ἀνθρωπίνῃ φύσει, νοῦ δὲ καὶ φρονήσεως οὐκ ἔςι κυρίως εἰπεῖν ὅτι δέδωκεν, ἀλλ᾽ ὅτι μετέδωκε, τὸν ἴδιον αὐτοῦ τῆς φύσεως κόσμον ἐπιβαλὼν τῇ εἰκόνι. Ἐπεὶ οὖν νοερόν τι χρῆμα καὶ ἀσώματόν ἐςιν ὁ νοῦς, ἀκοινώνητον ἂν ἔσχε τὴν χάριν καὶ ἄμικτον, μὴ διά τινος ἐπινοίας φανερουμένης αὐτοῦ τῆς

p. 63. κινήσεως. Τούτου χάριν τῆς ὀργανικῆς ταύτης προσεδεήθη κατασκευῆς, ἵνα πλήκτρου δίκην τῶν φωνητικῶν μορίων ἁπτόμενος διὰ τῆς ποιᾶς τῶν φθόγγων τυπώσεως ἑρμηνεύσῃ τὴν ἔνδοθεν κίνησιν. Καὶ ὥςπερ [1] εἴ τις μουσικῆς ἔμπειρος ὢν [2] ἰδίαν ἐκ πάθους μὴ ἔχοι φωνήν, βουλόμενος δὲ φανερὰν ποιῆσαι τὴν ἐπιςήμην, ἀλλοτρίαις ἐμμελῳδοίη φωναῖς, δι᾽ αὐλῶν ἢ λύρας δημοσιεύων τὴν τέχνην, οὕτω καὶ ὁ ἀνθρώπινος νοῦς παντοδαπῶν νοημάτων εὑρετὴς ὤν, τῷ μὴ δύνασθαι [3] τοῖς διὰ σωματικῶν αἰσθήσεων [4] ἐπαΐουσι γυμνῇ τῇ ψυχῇ δεικνύειν τὰς τῆς διανοίας ὁρμάς, καθάπερ τις ἁρμοςὴς ἔντεχνος τῶν ἐμψύχων τούτων ὀργάνων ἁπτόμενος διὰ τῆς ἐν τούτοις ἠχῆς φανερὰ ποιεῖ τὰ κεκρυμμένα νοήματα. Σύμμικτος δέ τις ἡ μουσικὴ περὶ τὸ ἀνθρώπινον ὄργανον αὐλοῦ καὶ λύρας, ὥςπερ ἐν συνῳδίᾳ τινὶ κατὰ ταὐτὸν ἀλλήλοις συμφθεγγομένων. Τὸ μὲν γὰρ πνεῦμα διὰ τῆς ἀρτηρίας ἀπὸ τῶν πνευματοδόχων ἀγγείων ἀνωθούμενον, ὅταν ἡ ὁρμὴ τοῦ φθεγγομένου πρὸς φωνὴν τονώσῃ τὸ μέρος, ταῖς ἔνδοθεν προσαρασσόμενον προσβολαῖς, αἳ κυκλοτέρως τὸν αὐλοειδῆ τοῦτον διειλήφασι πόρον, μιμεῖταί πως τὴν διὰ τοῦ αὐλοῦ γινομένην φωνήν, ταῖς ὑμενώδεσιν ἐξοχαῖς ἐν κύκλῳ περιδονούμενον. Ὑπερῷα δὲ τὸν κάτωθεν φθόγγον ἐκδέχεται τῷ κατ᾽ αὐτὴν κενώματι, διδύμοις αὐλοῖς τοῖς ἐπὶ τοὺς μυκτῆρας διήκουσι, καὶ οἷον λεπίδων τισὶν ἐξοχαῖς, τοῖς περὶ τὸν ἠθμὸν χόνδροις, τὴν φωνὴν περισχίζουσα γεγωνοτέραν τὴν ἠχὴν ἀπεργάζεται. Παρειὰ δέ, καὶ γλῶσσα, καὶ ἡ περὶ τὸν φάρυγγα διασκευή, καθ᾽ ἣν ὁ ἀνθερεὼν

---

1) εἰ fehlt bei M. — 2) M. ἂν ἰδίαν. — 3) Bei M. fehlt τοῖς. — 4) M. ἐπαϊούσῃ τῇ ψυχῇ.

gen dieser Vollkommenheiten in reiner Gnade seiner Freigebigkeit zuertheilt, von der Denkkraft aber und der Einsicht kann man nicht eigentlich sagen daß er sie zuertheilt als vielmehr daß er den Schmuck der eigenen Natur seinem Ebenbilde mitgetheilt und es damit bekleidet habe. Ist nun die Denkkraft ein intellectuales und körperloses Ding, so würde das Ebenbild im Besitze der Gnadengabe ohne die Möglichkeit der Mittheilung und des Austausches gewesen sein, wenn nicht ein Mittel gefunden war wodurch ihr lebendiges Schaffen sich offenbar machen könnte. Darum bedurfte sie dieser organischen Einrichtung, daß sie nach Art eines Plektrons sich mit den Stimmorganen in Verbindung setzend durch den so oder so beschaffenen Ausdruck und die Fassung der Töne ihre innere Thätigkeit kund zu geben vermöchte. Gleichwie ein Musikverständiger, wenn er in Folge eines Leidens keine eigene Stimme besitzt, und doch seine Kunst zeigen will, fremden Stimmen seine Lieder leiht und durch Flöten und Leier diese Kunst in die Oeffentlichkeit bringt, so setzt sich auch der menschliche Geist, der Erfinder von allerlei Gedanken, weil er nicht die Möglichkeit hat denen die bloß durch körperliche Empfindungen zu einem Verständniß gelangen durch die nackte Seele seine Gedanken kundzugeben, wie ein kunsterfahrener Spieler, mit diesen lebendigen Werkzeugen in Verbindung und macht durch ihren Klang die geheimen Gedanken offenbar. Die Musik des menschlichen Organs ist eine Mischung von Flöte und Leier, wenn sie harmonisch in einander klingen. Denn wenn der Wille des Sprechenden den durch die inneren Bewegungen, welche den wie bei der Flöte kreisförmig gewundenen Weg umspielen, angestoßenen Körpertheil zur Stimme anspannt, so wird Luft aus den den Athem haltenden Gefäßen durch die Luftröhre emporgestoßen, und gleicht einigermaßen dem Ton der Flöte, indem er durch eine Art von hervorspringenden Häutchen im Kreise herumgewirbelt wird. Der Gaumen nimmt nun den von Unten heraufdringenden Laut in seine Höhlung auf, in den doppelten zur Nase führenden Kanal, und indem er durch die hervorstehenden fast schuppenartigen Theile, nämlich den um das Sieb herumsitzenden Knorpel, die Stimme zertheilt, bewirkt er dadurch einen helleren Ton. Wange aber, und Zunge und der Bau der Kehle, bei welcher das Kinn in

ὑποχαλᾶται κοιλαινόμενος, καὶ ὀξυτονῶν ἐπιτείνεται, ταῦτα πάντα τὴν ἐν ταῖς νευραῖς τοῦ πλήκτρου κίνησιν ὑποκρίνεται ποικίλως καὶ πολυτρόπως, ἐπὶ καιροῦ σὺν πολλῷ τῷ τάχει μεθαρμόζοντα πρὸς τὴν χρείαν τοὺς τόνους. Χειλέων δὲ διαβολὴ καὶ ἐπίμυσις ταὐτὸν ποιεῖ τοῖς διὰ τῶν δακτύλων ἐπιλαμβάνουσι τοῦ αὐλοῦ τὸ πνεῦμα [5]κατὰ τὴν ἁρμονίαν τοῦ μέλους.

p. 64. Κεφ. ι'. Οὕτω τοίνυν τοῦ νοῦ διὰ τῆς ὀργανικῆς ταύτης κατασκευῆς ἐν ἡμῖν μουσουργοῦντος τὸν λόγον λογικοὶ γεγόναμεν, οὐκ ἄν, ὡς οἶμαι, ἔχοντες τὴν τοῦ λόγου χάριν, εἰ τὸ βαρύ τε καὶ ἐπίπονον τῆς κατὰ τὴν βρῶσιν [1]λατρείας χείλεσι τῇ χρείᾳ τοῦ σώματος ἐπορίζομεν. Νυνὶ δὲ τὴν τοιαύτην λειτουργίαν αἱ χεῖρες εἰς ἑαυτὰς μετενέγκασαι εὔθετον τῇ ὑπηρεσίᾳ τοῦ λόγου τὸ ςόμα κατέλιπον. Διπλῆ δὲ περὶ τὸ ὄργανον ἡ ἐνέργεια, ἡ μὲν πρὸς ἐργασίαν ἠχῆς, ἡ δὲ πρὸς ὑποδοχὴν τῶν ἔξωθεν νοημάτων. Καὶ οὐκ ἐπιμίγνυται πρὸς τὴν ἑτέραν ἡ ἄλλη, ἀλλὰ παραμένει τῇ ἐνεργείᾳ, ἐφ' ᾗ ἐτάχθη παρὰ τῆς φύσεως, οὐκ ἐνοχλοῦσα τῇ γείτονι, οὔτε τῆς ἀκοῆς λαλούσης, οὔτε τῆς φωνῆς ἀκουούσης. Ἡ μὲν γὰρ ἀεί τι πάντως προΐεται, ἡ δὲ ἀκοὴ δεχομένη διηνεκῶς οὐκ [2]ἐμπίπλαται, Eccles. καθώς φησί που Σολομῶν, ὅ μοι δοκεῖ καὶ μάλιςα τῶν ἐν 1, 8. ἡμῖν ἄξιον εἶναι καὶ θαυμάζεσθαι, τί τὸ πλάτος ἐκείνου τοῦ ἔνδοθεν χωρήματος, εἰς ὃ πάντα συρρεῖ τὰ διὰ τῆς ἀκοῆς εἰσχεόμενα, τίνες οἱ ὑπομνηματογράφοι τῶν εἰσαγομένων ἐν αὐτῇ λόγων, καὶ ποῖα δοχεῖα τῶν ἐντιθεμένων τῇ ἀκοῇ νοημάτων, καὶ πῶς, [3]πολλῶν τε καὶ παντοδαπῶν ἀλλήλοις ἐπεμβαλλομένων, σύγχυσις καὶ πλάνη κατὰ τὴν ἐπάλληλον θέσιν τῶν ἐγκειμένων οὐ γίνεται. Τὸ ἴσον δ' ἄν τις καὶ ἐπὶ τῆς τῶν ὄψεων ἐνεργείας θαυμάσειεν. Ὁμοίως γὰρ καὶ διὰ τούτων ὁ νοῦς τῶν ἔξω τοῦ σώματος ἐπιδράσσεται, καὶ πρὸς ἑαυτὸν ἕλκει τῶν φαινομένων τὰ

---

5) M. καὶ τήν.
1) M. λατρείας τοῖς χείλεσι πρὸς τὴν χρείαν. — 2) M. ἐμπίμπλαται. — 3) M. πολλῶν καὶ.

einer Wölbung sanft endigt und in scharfer Spannung sich anschließt, alle diese Theile ahmen in reicher Mannichfaltigkeit die durch das Plektron auf den Saiten hervorgebrachte Bewegung nach, und verändern rechtzeitig mit großer Schnelligkeit je nach dem Bedürfniß die Töne. Das Oeffnen und Schließen der Lippen aber bringt dieselbe Wirkung hervor wie wenn man mit den Fingern den Hauch der Flöte je nach der Harmonie des Stückes anhält.

Kap. 10. Indem nun durch diese organische Einrichtung der Geist in uns die Sprache nach Art einer Musik hervorbringt, sind wir in Besitz der Sprache gesetzt, und würden dieses Gnadengeschenkes entbehren, wie ich glaube, wenn wir das beschwerliche und mühevolle Geschäft des Gewinnens der Nahrung nach dem Bedürfniß des Körpers den Lippen übertragen wollten. So haben aber die Hände ihnen diese Leistung abgenommen und damit den Mund geschickt für den Dienst der Rede gelassen. Zwiefach jedoch ist die Thätigkeit dieser geistigen Werkstätte; einmal bewirkt sie die Hervorbringung des Tons, und zweitens dient sie zur Aufnahme der fremden Gedanken. Jede von ihnen hält sich streng gesondert von der anderen und bleibt, ohne Beeinträchtigung der Nachbarin, bei demjenigen Wirkungskreise für welchen sie die Natur angewiesen hat, so daß weder das Gehör redet, noch die Rede hört. Die erste von ihnen giebt immer nur Etwas von sich, das Gehör dagegen nimmt fortwährend auf, ohne voll zu werden, wie Salomo irgendwo sagt, und dieser Umstand erscheint an uns vorzugsweise bewunderungswürdig, wie groß nämlich die Weite unserer inneren Fassungsfähigkeit sein müsse, in welche alles durch das Gehör Einströmende sich ergießet, wer die Schreiber sein mögen welche die eingebrachten Worte anmerken, welches ferner die Behältnisse für die dem Gehör überlieferten Gedanken sind, und auf welche Weise, trotz der Menge und dem Allerlei dessen was dort niedergelegt wird, dennoch keine Vermengung und Verwechselung in der Lage der dicht zusammengehäuften Aufbewahrungsgegenstände entsteht. Die gleiche Bewunderung möchte man für die Thätigkeit des Gesichts hegen. Auch hierdurch nämlich erfaßt der Geist die außerhalb des Körpers liegenden Gegenstände, und zieht die Bilder dessen was er sieht an sich, um die

εἴδωλα, τοὺς χαρακτῆρας τῶν ὁρατῶν ἐν ἑαυτῷ καταγραφῶν. Καὶ ὥςπερ εἴ τις πολύχωρος εἴη πόλις ἐκ διαφόρων εἰςόδων τοὺς πρὸς αὐτὴν συμφοιτῶντας εἰςδεχομένη, οὐκ ἐπὶ τὸ αὐτὸ κατά τι τῶν ἐν τῇ πόλει [4] συνδραμοῦνται οἱ πάντες, ἀλλ᾽ οἱ μὲν κατὰ τὴν ἀγορὰν, οἱ δὲ κατὰ [5] τὰς οἰκήσεις, ἄλλοι κατὰ τὰς ἐκκλησίας, ἢ τὰς πλατείας, ἢ τοὺς ςενωποὺς, ἢ τὰ θέατρα, κατὰ τὴν ἰδίαν ἕκαςος γνώμην [6] μεταχωρήσουσι, τοιαύτην τινὰ βλέπω καὶ τὴν τοῦ νοῦ πόλιν τὴν ἔνδοθεν ἐν ἡμῖν συνῳκισμένην, ἣν διάφοροι μὲν
p. 65. αἱ διὰ τῶν αἰσθήσεων εἴςοδοι καταπληροῦσιν, ἕκαςον δὲ τῶν εἰςιόντων [7] φυλοκρινῶν τε καὶ διεξετάζων ὁ νοῦς τοῖς καταλλήλοις τῆς γνώσεως τόποις ἐναποτίθεται. Καὶ ὥςπερ ἐπὶ τοῦ κατὰ τὴν πόλιν ὑποδείγματος ἔςι πολλάκις ὁμοφύλους τινὰς ὄντας καὶ συγγενεῖς [8] μὴ διὰ τῆς αὐτῆς πύλης ἐντὸς γενέσθαι, ἄλλου κατ᾽ ἄλλην εἴσοδον κατὰ τὸ συμβὰν εἰςδραμόντος, οὐδὲν δὲ ἧττον ἐντὸς τῆς περιβολῆς τοῦ τείχους γενόμενοι πάλιν μετ᾽ ἀλλήλων εἰσὶ, πρὸς ἀλλήλους οἰκείως ἔχοντες, καὶ τὸ ἔμπαλιν ἔςιν εὑρεῖν γινόμενον, οἱ γὰρ ἀποξενωμένοι τε καὶ ἄγνωςοι ἀλλήλων μιᾷ χρῶνται πρὸς τὴν πόλιν εἰςόδῳ πολλάκις, ἀλλ᾽ οὐ συνάπτει τούτους ἀλλήλοις ἡ κατὰ τὴν εἴσοδον κοινωνία (δύνανται γὰρ καὶ ἐντὸς γενόμενοι διακριθῆναι πρὸς τὸ ὁμόφυλον), τοιοῦτόν τι βλέπω καὶ ἐπὶ τῆς κατὰ τὸν νοῦν εὐρυχωρίας. Πολλάκις γὰρ καὶ ἐκ διαφόρων αἰσθητηρίων μία γνῶσις ἡμῖν συναγείρεται, τοῦ αὐτοῦ πράγματος πολυμερῶς πρὸς τὰς αἰσθήσεις μεριζομένου. Πάλιν δ᾽ αὖ τὸ ἐναντίον ἔςιν ἐκ μιᾶς τινος τῶν αἰσθήσεων πολλὰ καὶ ποικίλα μαθεῖν, οὐδὲν ἀλλήλοις κατὰ τὴν φύσιν συμβαίνοντα. Οἷον (κρεῖττον γὰρ ἐν ὑποδείγματι διασαφηνίσαι τὸν λόγον), προκείσθω ζητεῖσθαί τι περὶ χυμῶν ἰδιότητος, τί μὲν ἡδὺ πρὸς τὴν αἴσθησιν, τί δὲ φευκτὸν τοῖς γευομένοις ἐςίν. Οὐκοῦν εὑρέθη διὰ τῆς

---

4) M. συνδραμόντες. — 5) τὰς stand in der Baseler Ausg., ist aber bei M. weggelassen. — 6) M. μεταχωροῦσι. — 7) M. φιλοκρινῶν. — 8) M. μηδὲ τῆς αὐτῆς.

Umrisse davon aufzuzeichnen. Und gleichwie in einer geräumigen Stadt, welche aus verschiedenen Zugängen her ihre Besucher aufnimmt, nicht Allesammt auf eine einzige irgend welche Stelle dieser Stadt zusammenlaufen, sondern die Einen nach dem Markt, die Anderen in die Häuser, noch Andere in die Kirchen, oder auf die Straßen und Gäßchen, oder nach den Theatern, ein Jeder nach Lust und eigenem Gutdünken, seinen Weg nehmen wird, für dieser ähnlich sehe ich auch die in uns aufgebaute Stadt unseres denkenden Geistes an, welche die verschiedenen Zugänge unserer Sinneswerkzeuge anfüllen, während der Geist einen jeden Eintretenden einer näheren Prüfung und Untersuchung nach ihrer Verwandtschaft unterwirft und dann an den der von ihm gewonnenen Kenntniß entsprechenden Oertlichkeiten unterbringt. Und wie, um an dem Beispiele von der Stadt festzuhalten, es oft der Fall ist daß Leute desselben Stammes und derselben Familie durch dasselbe Thor eintreten, und der Eine durch diesen, der Andere durch jenen Eingang, je nach Zufall, hineinläuft, und sie nichtsdestoweniger innerhalb der Ringmauer angekommen wiederum zusammen sind und ihren näheren Verkehr erneuern, und wie man andernseits auch Fälle findet daß Fremdlinge und einander Unbekannte oftmals sich des gleichen Weges zur Stadt bedienen, ohne daß die Gemeinsamkeit des Weges sie einander näher bringt (denn kommen sie in die Stadt, so können sie sich ja auch nach ihrer Verwandtschaft wieder trennen), etwas dem Aehnliches erblicke ich auch auf dem weiten Raume des Geistes. Oftmals wird auch von verschiedenen Sinnen zusammen uns eine Erkenntniß vermittelt, indem sich ein und dieselbe Sache auf vielfältige Weise nach den Sinnen vertheilt. Wiederum kann man im Gegentheil aus einem Sinneswerkzeug Viel und Mancherlei erfahren welches seiner Natur nach keine Verbindung mit einander hat. Setzen wir zum Beispiel den Fall (denn es ist besser durch Beispiele den Gegenstand klar zu machen), es handele sich um eine Untersuchung über Geschmackseigenthümlichkeit, darüber was dem Sinn der Kostenden schmeichele und was ihnen hingegen unangenehm sei,

πείρας ἥ τε τῆς χολῆς πικρότης, καὶ τὸ προςηνὲς κατὰ τὸ μέλι ποιότητος. ⁹Φανερῶν δὲ ὄντων τούτων, μίαν εἰςάγει γνῶσιν τὸ αὐτὸ πρᾶγμα πολυμερῶς τῇ διανοίᾳ ¹⁰εἰςοικιζόμενον, ἡ γεῦσις, ἡ ὄσφρησις, ἡ ἀκοὴ, πολλάκις δὲ καὶ ἡ ἀφὴ καὶ ἡ ὄψις. Καὶ γὰρ ἰδών τις τὸ μέλι, καὶ τοῦ ὀνόματος ἀκούσας, καὶ τῇ γεύσει λαβών, καὶ τὸν ἀτμὸν διὰ τῆς ὀσφρήσεως ἐπιγνοὺς, καὶ τῇ ἀφῇ δοκιμάσας, τὸ αὐτὸ πρᾶγμα δι' ἑκάςου τῶν αἰσθητηρίων ἐγνώρισε. Ποικίλα δὲ πάλιν καὶ πολυειδῆ διὰ μιᾶς τινος αἰσθήσεως διδασκόμεθα, τῆς τε ἀκοῆς παντοίας δεχομένης φωνὰς, τῆς τε διὰ τῶν ὀφθαλμῶν ἀντιλήψεως ἀδιάκριτον ἐχούσης τὴν ἐνέργειαν ἐπὶ τῆς τῶν ἑτερογενῶν θεωρίας. Ὁμοίως γὰρ λευκῷ τε προςπίπτει, καὶ μέλανι, καὶ πᾶσι τοῖς κατὰ τὸ ἐναντίον διεςῶσι τῷ χρώματι. Οὕτως ἡ γεῦσις, οὕτως ἡ ὄσφρησις, οὕτως ἡ διὰ τῆς ἀφῆς κατανόησις, παντοδαπῶν πραγμάτων ἑκάςῃ διὰ τῆς οἰκείας ἀντιλήψεως τὴν γνῶσιν ἐντίθησιν.

p. 66. Κεφ. ια'. Τί τοίνυν ἐςὶ κατὰ τὴν ἑαυτοῦ φύσιν ὁ νοῦς ὁ ἐν αἰσθητικαῖς δυνάμεσιν ἑαυτὸν ἐπιμερίζων, καὶ δι' ἑκάςης καταλλήλως τὴν τῶν ὄντων γνῶσιν ἀναλαμβάνων; ὅτι γὰρ ἄλλο τι παρὰ τὰς αἰσθήσεις ἐςὶν οὐκ ἂν οἶμαί τινα τῶν ἐμφρόνων ἀμφιβάλλειν. Εἰ γὰρ ταὐτὸν ἦν τῇ αἰσθήσει, πρὸς ἓν πάντως εἶχε τῶν κατ' αἴσθησιν ἐνεργουμένων τὴν οἰκειότητα, διὰ τὸ ἁπλοῦν μὲν αὐτὸν εἶναι, μηδὲν δὲ ποικίλον ἐν τῷ ἁπλῷ θεωρεῖσθαι. Νυνὶ δὲ πάντων συντιθεμένων ἄλλο μέν τι τὴν ἁφὴν εἶναι, ἄλλο δὲ τὴν ὄσφρησιν, καὶ τῶν ἄλλων ὡσαύτως ἀκοινωνήτως τε καὶ ἀμίκτως πρὸς ἄλληλα διακειμένων, ἐπειδὴ κατὰ τὸ ἴσον ἑκάςῃ καταλλήλως πάρεςιν, ἕτερόν ¹τινα χρὴ πάντως αὐτὸν παρὰ τὴν ²αἰσθητικὴν ὑποτίθεσθαι φύσιν, ὡς ἂν μή τις ποικιλία τῷ νοητῷ συμμιχθείη. Τίς ἔγνω νοῦν κυρίου; φησὶν ὁ ἀπόςολος. Ἐγὼ δὲ παρὰ τοῦτό φημι, Τίς

Rom. 11, 34.

---

9) M. διαφορῶν. — 10) M. εἰςοικιζόμενον, ἢ γεύσει, ἢ ὀσφρήσει, ἢ ἀκοῇ, πολλάκις δὲ καὶ τῇ ἀφῇ καὶ τῇ ὄψει.

so ist die Bitterkeit der Galle und die dem Honig eigenthümliche Lieblichkeit auf dem Wege des Versuchs entdeckt worden. Sind diese nun bekannt, so führt uns der Geschmack, der Geruch, das Gehör, oft auch der Tastsinn und das Gesicht, dasselbe Ding, welches sich so auf verschiedene Weise in den Geist Eingang verschafft, als eine einzige Erkenntniß zu. Denn sowohl wenn man den Honig sieht, als wenn man den Namen hört, oder davon schmeckt, oder seinen Duft durch die Nase merkt, oder ihn durch Betastung prüft, durch jedes Sinneswerkzeug erkennt man den gleichen Gegenstand. Umgekehrt lernen wir Mancherlei und Verschiedenartiges durch ein einziges Sinneswerkzeug kennen, insofern als das Gehör Allerlei aufnimmt, und die Erkenntniß vermittelst des Gesichts ihre Thätigkeit unterschiedslos über verschiedenartige Gegenstände ausübt. Denn der Blick trifft das Weiße sowohl als das Schwarze, und ebenso alle anderen Farbengegensätze. So führt uns der Geschmack, so der Geruch, so der Tastsinn, ein Jedes in der ihm eigenen Weise das Verständniß zu vermitteln, die Kenntniß von allerlei Dingen zu.

Kap. 11. Was ist nun seiner Natur nach der Geist welcher sich in sinnliche Kräfte vertheilt und durch eine jede in entsprechender Weise die Kenntniß der Dinge aufsammelt? Denn daß er etwas Anderes ist als die Sinne, wird, wie ich glaube, kein Verständiger bezweifeln. Wäre er nämlich eins mit der sinnlichen Empfindung, so würde er jedenfalls mit einer einzigen sinnlichen Thätigkeit verwandt sein müssen, da er einfacher Natur ist, und in dem Einfachen keine Mannichfaltigkeit sich wahrnehmen läßt. So aber stimmen Alle darin überein daß der Tastsinn etwas Anderes ist als der Geruch, und da auch die übrigen sich ebenso unvereinbar und verschieden zu einander verhalten, so muß man durchaus annehmen daß der Geist, da er einem jeden von ihnen in entsprechender Weise innewohnt, etwas von der sinnlichen Natur Verschiedenes sei, damit der Begriff der Mannichfaltigkeit in keine Gemeinschaft mit dem Intellectualen gebracht werde. „Wer hat den Sinn des Herrn erkannt?" sagt der Apostel. Ich aber sage dem ähnlich, Wer kennt

---

1) M. τινα πάντως αὐτὸν χρὴ παρά. — 2) M. αἰσθητήν.

τὸν ἴδιον νοῦν κατενόησεν; εἰπάτωσαν οἱ τοῦ θεοῦ τὴν φύσιν ἐντὸς ποιούμενοι τῆς ἑαυτῶν καταλήψεως, εἰ ἑαυτοὺς κατενόησαν, εἰ τοῦ ἰδίου νοῦ τὴν φύσιν ἐπέγνωσαν. Πολυμερής τίς ἐςι καὶ πολυσύνθετος; καὶ πῶς τὸ νοητὸν ἐν συνθέσει, ἢ τίς ὁ τῆς τῶν ἑτερογενῶν ἀνακράσεως τρόπος; ἀλλ' ἁπλοῦς καὶ ἀσύνθετος. Καὶ πῶς εἰς τὴν πολυμέρειαν τὴν αἰσθητικὴν διασπείρεται; πῶς ἐν μονότητι τὸ ποικίλον; πῶς ἐν ποικιλίᾳ τὸ ἕν; Ἀλλ' ἔγνων τῶν ἠπορημένων τὴν λύσιν, ἐπ' αὐτὴν ἀναδραμὼν τοῦ θεοῦ τὴν φωνήν. Ποιήσωμεν γὰρ, φησὶν, ἄνθρωπον κατ' εἰκόνα καὶ καθ' ὁμοίωσιν ἡμετέραν. Ἡ γὰρ εἰκὼν, ἕως ἂν ἐν μηδενὶ λείπηται τῶν κατὰ τὸ ἀρχέτυπον νοουμένων, κυρίως ἐςὶν εἰκών· καθ' ὃ δ' ἂν διαπέσῃ τῆς πρὸς τὸ πρωτότυπον ὁμοιότητος, κατ' ἐκεῖνο τὸ μέρος εἰκὼν οὐκ ἔςιν. Οὐκοῦν ἐπειδὴ ἓν τῶν περὶ τὴν θείαν φύσιν θεωρουμένων ἐςὶ τὸ ἀκατάληπτον τῆς οὐσίας, ἀνάγκη πᾶσα καὶ ἐν τούτῳ τὴν εἰκόνα πρὸς τὸ ἀρχέτυπον ἔχειν τὴν μίμησιν. Εἰ γὰρ ἡ μὲν τῆς εἰκόνος φύσις κατελαμβάνετο, τὸ δὲ πρωτότυπον ὑπὲρ κατάληψιν ἦν, ἡ ἐναντιότης τῶν ἐπιθεωρουμένων τὸ διημαρτημένον τῆς εἰκόνος διήλεγχεν. Ἐπειδὴ δὲ διαφεύγει τὴν γνῶσιν ἡ κατὰ τὸν νοῦν τὸν ἡμέτερον φύσις, ὅς ἐςι κατ' εἰκόνα τοῦ κτίσαντος, ἀκριβῆ πρὸς τὸ ὑπερκείμενον ἔχει τὴν ὁμοιότητα, τῷ καθ' ἑαυτὸν ἀγνώςῳ χαρακτηρίζων τὴν ἀκατάληπτον φύσιν.

Κεφ. ιβ'. Σιγάτω τοίνυν πᾶσα ςοχαςικὴ ματαιολογία τῶν μορίοις τισὶ σωματικοῖς τὴν νοητὴν ἐναποκλειόντων ἐνέργειαν. Ὧν οἱ μὲν ἐν καρδίᾳ τὸ ἡγεμονικὸν εἶναι τίθενται, οἱ δὲ τῷ ἐγκεφάλῳ τὸν νοῦν ἐνδιαιτᾶσθαι φασιν, ἐπιπολαίοις τισὶ πιθανότησι τὰς τοιαύτας ἐπινοίας κρατοῦντες. Ὁ μὲν γὰρ τῇ καρδίᾳ προςτιθεὶς τὴν ἡγεμονίαν τὴν κατὰ τόπον αὐτῆς θέσιν ποιεῖται τοῦ λόγου τεκμήριον, διὰ τὸ δοκεῖν πως τὴν μέσην τοῦ παντὸς σώματος ἐπέχειν χώραν αὐτὴν, ὡς τῆς προαιρετικῆς κινή-

seinen eigenen Sinn? Mögen diejenigen welche die Natur Gottes in die engen Grenzen ihres eigenen Erkenntnißvermögens bannen, antworten, ob sie sich selbst durchschaut, ob sie die Natur ihres eigenen Geistes erkannt haben. Ist er etwas Vieltheiliges und Zusammengesetztes, wie kann dann das Intellectuale in einer Zusammensetzung auftreten? oder welcher Beschaffenheit ist die Mischung des Verschiedenartigen? Ist er dagegen einfach und nicht zusammengesetzt, wie verbreitet er sich dann als solcher in die Mannichfaltigkeit der sinnlichen Empfindung? wie kann in der Einheit die Mannichfaltigkeit liegen? wie in der Mannichfaltigkeit die Einfachheit? Aber ich kenne die Lösung der Fragen, und gehe auf den Ausspruch Gottes selbst zurück. Denn er spricht, Laßt uns Menschen machen nach unserem Bilde, und uns ähnlich. Das Bild nämlich ist wirklich Bild nur so lange es keiner Eigenschaft ermangelt welche man an dem Urbilde wahrnehmen kann, in wie weit es sich dagegen von der Aehnlichkeit mit seinem Urbild entfernt, in so weit ist es nicht Bild. Da nun die Unbegreiflichkeit seines Wesens eins der Merkmale der Natur Gottes ist, so muß ganz nothwendiger Weise das Bild auch hierin seinem Urbilde gleichen. Denn würde die Natur des Bildes begriffen, und das Urbild stände dagegen über unserer Erkenntniß, so würde der Widerspruch in den Merkmalen den Beweis der Unähnlichkeit führen. Da indessen die Natur unseres Geistes, welcher nach dem Bilde des Schöpfers ist, sich unserer Erkenntniß entzieht, so hat er die genaueste Aehnlichkeit mit dem Allerhabenen, und kennzeichnet durch seine eigene Unbegreiflichkeit die unbegreifliche Natur Gottes.

Kap. 12. Schweige also jeder eitle Wahn und thörichtes Vermuthen derer welche die geistige Thätigkeit in gewisse Körpertheile einschließen. Einige von ihnen meinen, das Herz sei der Sitz des Hauptseelenvermögens, Andere sagen, der Geist halte sich in dem Gehirne auf, und suchen solche Ansichten mit gewissen oberflächlichen Wahrscheinlichkeitsgründen zu stützen. Wer dem Herzen den Vorrang einräumt, der macht seine örtliche Lage zum Beweis seiner Behauptung, weil es dem Anscheine nach den mittelsten Platz vom ganzen Körper einnehme, so daß die Willensbewegung sich mit Leich-

σεως εὐκόλως ἐκ τοῦ μέσου πρὸς ἅπαν μεριζομένης τὸ σῶμα, καὶ οὕτως εἰς ἐνέργειαν προϊούσης. Καὶ μαρτύριον ποιεῖται τοῦ λόγου τὴν λυπηράν τε καὶ θυμώδη τοῦ ἀνθρώπου διάθεσιν, ὅτι δοκεῖ πως τὰ τοιαῦτα πάθη συγκινεῖν τὸ μέρος τοῦτο πρὸς τὴν συμπάθειαν. Οἱ δὲ τὸν ἐγκέφαλον ἀφιεροῦντες τῷ λογισμῷ, ὥσπερ ἀκρόπολίν τινα τοῦ παντὸς σώματος τὴν κεφαλὴν δεδομῆσθαι παρὰ τῆς φύσεως λέγουσιν, ἐνοικεῖν δὲ ταύτῃ καθάπερ τινὰ βασιλέα τὸν νοῦν, οἷόν τισιν ἀγγελιαφόροις ἢ ὑπασπισταῖς τοῖς αἰσθητηρίοις ἐν κύκλῳ δορυφορούμενον. Σημεῖον δὲ καὶ οὗτοι τῆς τοιαύτης ὑπονοίας ποιοῦνται τὸ παράγεσθαι τοῦ [1] καθεσηκότος τὸν λογισμὸν τῶν κεκακωμένων τὰς μήνιγγας, καὶ τὸ ἐν ἀγνοίᾳ τοῦ πρέποντος γίνεσθαι τοὺς ἐν μέθῃ καρηβαρήσαντας. Προςτιθέασι δὲ καί τινας φυσικωτέρας αἰτίας τῆς τοιαύτης περὶ τὸ ἡγεμονικὸν ὑπονοίας ἑκάτερος τῶν ταύταις ταῖς δόξαις παρισαμένων. Ὁ μὲν γὰρ πρὸς τὸ πυρῶδες συγγενῶς ἔχειν τὴν ἐκ τῆς διανοίας κίνησιν λέγει, διὰ τὸ ἀεικίνητον εἶναι καὶ τὸ πῦρ καὶ τὴν διάνοιαν, καὶ ἐπειδὴ πηγάζειν ἐν τῷ μορίῳ τῆς καρδίας ἡ θερμότης ὁμολογεῖται, διὰ τοῦτο τῷ εὐκινήτῳ τῆς θερμότητος τὴν τοῦ νοῦ κίνησιν ἀνακεκρᾶσθαι λέγων δοχεῖον τῆς νοερᾶς φύσεως τὴν καρδίαν εἶναί φησιν, ἐν ᾗ τὸ θερμὸν περιείληπται. Ὁ δὲ ἕτερος πᾶσι τοῖς αἰσθητηρίοις οἷον ὑποβάθραν τινὰ καὶ ῥίζαν εἶναι λέγει τὴν μήνιγγα (οὕτω γὰρ ὀνομάζουσι τὸν περιεκτικὸν τοῦ ἐγκεφάλου ὑμένα), καὶ τούτῳ πιστοῦνται τὸν ἴδιον λόγον, ὡς οὐχ ἑτέρωθι τῆς νοητικῆς ἐνεργείας καθιδρυμένης, εἰ μὴ κατ' ἐκεῖνο τὸ μέρος, ᾧ καὶ τὸ οὖς ἐφηρμοσμένον τὰς ἐμπιπτούσας αὐτῷ φωνὰς προςαράσσει, καὶ ἡ ὄψις κατὰ τὸν πυθμένα τῆς τῶν ὀφθαλμῶν ἕδρας συμπεφυκυῖα διὰ τῶν ἐμπιπτόντων ταῖς κόραις εἰδώλων πρὸς τὸ ἔσω ποιεῖται τὴν τύπωσιν, καὶ τῶν ἀτμῶν αἱ ποιότητες διὰ τῆς τῶν ὀσφρήσεων ὁλκῆς ἐν αὐτῷ διακρίνονται, καὶ ἡ κατὰ τὴν γεῦσιν αἴσθησις τῇ ἐπι-

---

1) 𝔐. καθεςῶτος.

tigkeit aus der Mitte über den ganzen Körper vertheilen und so zur Thätigkeit vorschreiten könne. Als weiteres Zeugniß führt er den Affect des Schmerzes und des Zornes beim Menschen an, weil diese Leidenschaften jenen Theil gewissermaßen zur Mitleidenschaft zu bringen scheinen. Andere schreiben dem Gehirn das Denkvermögen zu, und sagen, die Natur habe den Kopf wie eine Burg für den ganzen Körper gebaut, und darin wohne die Vernunft wie ein König, rings umgeben von einer Boten- und Trabantendienste versehenden Schaar, den Sinneswerkzeugen. Diese geben als beweisendes Merkmal ihrer Behauptung das an, daß bei denjenigen welche eine Verletzung der Gehirnhäutchen davongetragen haben, eine Zerrüttung und Verrückung des Denkvermögens einzutreten pflege, und daß die welche sich durch Trunkenheit den Kopf beschwert haben alles Bewußtsein von dem was schicklich ist verlieren. Beide welche diesen Ansichten huldigen fügen dem noch einige mehr naturgemäße Begründungen dieser das Hauptseelenvermögen betreffenden Vermuthungen an. Der Eine sagt nämlich daß die Thätigkeit des Denkvermögens eine Verwandtschaft mit dem Feuerartigen habe, weil das Feuer und der Geist in steter Bewegung seien, und da nun in dem Herzen eingestandenermaßen die Quelle der Wärme ist, so stellt er die Behauptung auf daß die Regsamkeit des Geistes in einer Mischung mit der Beweglichkeit der Wärme stehe, und daß sonach das Herz, worin die Wärme enthalten ist, der Behälter der intellectualen Natur sei. Der Andere dagegen sagt daß das Gehirnhäutchen (so nennt man nämlich die das Gehirn umgebende hautähnliche Decke) gleichsam eine Grundlage und Wurzel für die Sinneswerkzeuge sei, und will dadurch die Wahrheit seiner Behauptung verbürgen, weil die Thätigkeit des Denkens ihren Platz nirgend wo anders haben könne als dort, wo sowohl das Ohr angebracht ist, und die hineinfallenden Stimmen durch Anschlagen kund giebt, als auch wo das Gesicht unter der Augenwurzel befindlich vermittelst der in die Pupillen hineinfallenden Bilder den Abdruck der Gegenstände nach Innen bewerkstelligt, wo die eigenthümlichen Beschaffenheiten der Düfte durch das Einziehen der Geruchswerkzeuge unterschieden werden, und der Geschmackssinn von dem Gehirnhäutchen sein Urtheil und seine

κρίσει τῆς μήνιγγος δοκιμάζεται, ἐκ τοῦ σύνεγγυς ἐκφύσεις τινὰς νευρώδεις ἀφ' ἑαυτῆς αἰσθητικὰς διὰ τῶν αὐχενίων σπονδύλων ἐπὶ τὸν ἠθμοειδῆ πόρον κατὰ τοὺς αὐτόθι μύας ἐγκαταμιξάσης. Ἐγὼ δὲ τὸ μὲν ἐπιταράσσεσθαι πολλάκις πρὸς τὰς τῶν παθημάτων ἐπικρατήσεις τὸ διανοητικὸν τῆς ψυχῆς, καὶ ἀμβλύνεσθαι τῆς κατὰ φύσιν ἐνεργείας τὸν λογισμὸν ἔκ τινος σωματικῆς περιςάσεως, ἀληθὲς εἶναί φημι, καὶ πηγήν τινα τοῦ κατὰ τὸ σῶμα πυρώδους τὴν καρδίαν εἶναι, πρὸς τὰς θυμώδεις ὁρμὰς συγκινουμένην, καὶ ἔτι πρὸς τούτοις, τὸ ὑποβεβλῆσθαι τοῖς αἰσθητηρίοις τὴν μήνιγγα, κατὰ τὸν λόγον τῶν τὰ τοιαῦτα φυσιολογούντων, περιπτυσσομένην ἐν ἑαυτῇ

p. 69. τὸν ἐγκέφαλον, καὶ τοῖς ἐκεῖθεν ἀτμοῖς ὑπαλειφομένην, τῶν ταῖς ἀνατομικαῖς θεωρίαις ἐσχολακότων τὸ τοιοῦτον ἀκούων, οὐκ ἀθετῶ τὸ λεγόμενον. Οὐ μὴν ἀπόδειξιν ποιοῦμαι ταύτην τοῦ τοπικαῖς τισι περιγραφαῖς ἐμπεριειλῆφθαι τὴν ἀσώματον φύσιν. Τάς τε γὰρ παραφορὰς οὐκ ἐκ μόνης καρηβαρείας γίνεσθαι μεμαθήκαμεν, ἀλλὰ καὶ τῶν τὰς πλευρὰς ὑπεζωκότων ὑμένων ἐμπαθῶς διατεθέντων ὁμοίως ἀῤῥωςεῖν τὸ διανοητικὸν διορίζονται οἱ τῆς ἰατρικῆς ἐπιςήμονες, φρενῖτιν τὸ πάθος καλοῦντες, ἐπειδὴ φρένες τοῖς ὑμέσι τούτοις ἐςὶ τὸ ὄνομα. Καὶ ἡ ἀπὸ τῆς λύπης ἐπὶ τὴν καρδίαν γινομένη συναίσθησις ἐσφαλμένως ὑπονοεῖται. Οὐ γὰρ τῆς καρδίας, ἀλλὰ τοῦ ςόματος τῆς κοιλίας δριμυσσομένου, εἰς τὴν καρδίαν τὸ πάθος ὑπ' ἀπειρίας ἀνάγουσι. Τοιοῦτον δέ τί φασιν οἱ ἐπεσκεμμένοι δι' ἀκριβείας τὰ πάθη, ὅτι συμπτώσεως τῶν πόρων καὶ μύσεως ἐν ταῖς λυπηραῖς διαθέσεσι φυσικῶς περὶ ἅπαν γινομένης τὸ σῶμα, πρὸς τὰς ἐν τῷ βάθει κοιλότητας συνωθεῖται πᾶν τὸ πρὸς τὴν διαπνοὴν κωλυόμενον. Ὅθεν καὶ τῶν ἀναπνευςικῶν σπλάγχνων ςενοχωρουμένων τῷ περιέχοντι βιαιοτέρα πολλάκις ἡ ὁλκὴ τοῦ πνεύματος ὑπὸ τῆς φύσεως γίνεται, πρὸς τὴν τῶν συμπεπτωκότων διαςολὴν τὸ ςενωθὲν εὐρυνούσης. Τὸ δὲ

Prüfungsfähigkeit empfängt, indem es gewisse nervenartige Ausläufer, welche von ihm ihre Gefühlsfähigkeit haben, durch die Rackenwirbel bis zu dem seiherartigen Durchgang in die daselbst befindlichen Muskeln einlaufen läßt. Ich gebe zu daß die Denkkraft der Seele in Folge überwiegenden Einflusses von Krankheiten vielfache Störungen erleide, und daß der Verstand aus irgend einer körperlichen Ursache in seiner natürlichen Thätigkeit abgestumpft werde, auch daß das Herz eine Art von Quelle des körperlichen Feuers sei, und in Folge von Gemüthsbewegungen miterregt werde; ich gebe ferner auch zu, daß den Sinneswerkzeugen das Gehirnhäutchen als Unterlage diene, wie diejenigen behaupten welche derartige Untersuchungen betreiben, indem es das Gehirn in sich einschließt, und von dem dort ausströmenden Duft angefeuchtet wird, ich höre dies von solchen welche anatomische Studien darin gemacht haben, und stelle die Wahrheit des Gesagten nicht in Abrede. Indessen mache ich daraus keinen Beweis dafür daß die körperlose Natur von gewissen örtlichen Schranken eingeschlossen sei. Wissen wir doch daß Verstandesverwirrungen nicht aus bloßer Beschwerung des Hauptes durch Trunkenheit entstehen, vielmehr erklären die Aerzte daß, wenn die die Seiten umschließenden Häute affiziert worden sind, das Denkvermögen in gleicher Weise in krankhaftem Zustande sich befindet, und nennen nach dem Namen jener Häute diese Krankheit Phrenitis. Auch die durch den Schmerz an dem Herzen verursachte Mitempfindung beruht auf einer irrthümlichen Ansicht. Nicht das Herz nämlich, sondern der Magenmund wird auf eine bittere Weise erregt und zusammengeschnürt, so daß sie aus Mangel an Einsicht die Affection auf das Herz zurückführen. Die welche über die Krankheiten sorgfältige Beobachtungen angestellt haben erklären dies daraus daß bei schmerzlichen Stimmungen im ganzen Körper eine Schließung und Zusammenziehung der Kanäle stattfindet und in Folge dessen alles in seiner Ausdünstung Gehinderte in die Tiefe der hohlen Theile des Körpers hinabgedrängt wird. Daher tritt auch in Folge der durch die Umgebung bewirkten Zusammenpressung der Respirationsorgane oft ein gewaltsamer Athemzug durch die Natur ein, indem sie zum Zweck der Ausdehnung der zusammengezogenen Theile die Gepreßtheit zu heben sucht.

τοιοῦτον ἆσθμα σύμπτωμα λύπης ποιούμεθα, ςεναγμὸν αὐτὸ καὶ ἀναποτνιασμὸν ὀνομάζοντες. Ἀλλὰ καὶ τὸ δοκοῦν ὑποθλίβειν τὸ περικάρδιον μέρος οὐ τῆς καρδίας, ἀλλὰ τοῦ ςόματός ἐςι τῆς γαςρὸς ἀηδία, διὰ τῆς αὐτῆς αἰτίας, λέγω δὴ τῆς κατὰ τὴν σύμπτωσιν τῶν πόρων, τοῦ χοληδόχου ἀγγείου τὸν δριμὺν ἐκεῖνον καὶ δακνώδη χυμὸν ὑπὸ ςενοχωρίας ἐπὶ τὸ ςόμα τῆς γαςρὸς παρεγχέοντος. Ἀπόδειξις δὲ τούτου τὸ ὕπωχρον γίνεσθαι καὶ ἰκτερώδη τοῖς λυπουμένοις τὴν ἐπιφάνειαν, ἀπὸ τῆς ἄγαν συνοχῆς ἐπὶ τὰς φλέβας τὸν ἴδιον χυμὸν τῆς χολῆς ἐπισπειρούσης. Ἀλλὰ καὶ τὸ ἐξ ἐναντίου γινόμενον πάθος, τὸ κατὰ τὴν εὐφροσύνην φημὶ, καὶ τὸν γέλωτα, μᾶλλον τὸν λόγον συνίςησι. Διαχέονται γάρ πως καὶ διαλύονται δι᾽ ἡδονῆς

70. οἱ τοῦ σώματος πόροι, τῶν ἔκ τινος ἀκοῆς ἡδείας διαχεθέντων. Ὡς γὰρ ἐκεῖ διὰ τῆς λύπης μύουσιν αἱ λεπταί τε καὶ ἄδηλοι τῶν πόρων διαπνοαί, καὶ διασφίγξασαι τὴν ἔνδοθεν τῶν σπλάγχνων διάθεσιν ἐπὶ τὴν κεφαλὴν καὶ τὰς μήνιγγας τὸν νοτερὸν ἀτμὸν ἀναθλίβουσιν, ὃς πολὺς ἐναποληφθεὶς ταῖς τοῦ ἐγκεφάλου κοιλότησι διὰ τῶν κατὰ τὴν βάσιν πόρων ἐπὶ τοὺς ὀφθαλμοὺς ἐξωθεῖται, τῆς τῶν ὀφρύων συμπτώσεως ἐξελκομένης διὰ ςαγόνων τὴν ὑγρασίαν (ἡ δὲ ²ςαγὼν δάκρυον λέγεται), οὕτω μοι νόησον, ἐκ τῆς ἐναντίας διαθέσεως πλέον τοῦ συνήθους εὐρυνομένων τῶν πόρων εἰσέλκεσθαί τι πνεῦμα δι᾽ αὐτῶν ἐπὶ τὸ βάθος, κἀκεῖθεν πάλιν ἐξωθεῖσθαι παρὰ τῆς φύσεως διὰ τοῦ κατὰ τὸ ςόμα πόρου, πάντων τῶν σπλάγχνων, καὶ μάλιςά γε τοῦ ἥπατος, ὥς φασι, διά τινος κλόνου καὶ βρασμώδους κινήσεως τὸ τοιοῦτον πνεῦμα συνεξωθούντων. Ὅθεν εὐκολίαν τινὰ τῇ διεξόδῳ τοῦ πνεύματος μηχανωμένη ἡ φύσις ἀνευρύνει τὸν περὶ τὸ ςόμα πόρον, ἑκατέρωθεν περὶ τὸ ἆσθμα τὰς παρειὰς διαςέλλουσα· ὄνομα δὲ τῷ γινομένῳ γέλως ἐςίν. Οὔτε οὖν διὰ τοῦτο τῷ ἥπατι τὸ ἡγεμονικὸν λογιςέον, οὔτε διὰ τὴν περικάρδιον ζέσιν τοῦ αἵματος ἐν ταῖς θυμικαῖς διαθέ-

---

2) Bei M. steht der Druckfehler γαςὼν.

Diese Athmungsbeeengung machen wir zu einem Symptome des Schmerzes, und nennen sie Seufzen und Stöhnen. Aber auch der Druck in der Herzgegend welchen wir zu fühlen meinen, ist nicht eine unangenehme Empfindung des Herzens, sondern des Magenmundes, aus derselben Veranlassung entstanden wie die Zusammenziehung der Kanäle, indem nämlich die Gallenblase in Folge der Zusammenpressung ihre scharfe und beißende Feuchtigkeit in den Magenmund ergießt. Beweis dafür ist das bei vom Schmerz getroffenen Menschen wie bei eigentlichen Gelbsüchtigen eintretende gelbliche Aussehen, in Folge des Umstandes daß die heftige Zusammenschnürung der Galle ihren Saft in die Adern einströmen läßt. Aber auch der entgegengesetzte Affect, nämlich der der Freude, und das Lachen, giebt unserer Ansicht noch stärkeren Halt. Es werden nämlich durch das Vergnügen die Kanäle des Körpers, wenn man durch eine angenehme Mittheilung erfreut wird, auch erweitert. Denn wie dort durch den Schmerz die feinen und unsichtbaren Ausdünstungen der Kanäle gestopft werden, und durch Einschnürung der in den Eingeweiden befindlichen Stimmung den feuchten Dunst nach dem Kopfe und nach den Gehirnhäutchen hinauftreiben, welcher nun in den Gehirnhöhlen sich in Menge ansammelt und durch die darunter liegenden Kanäle nach den Augen hinausgepreßt wird, wobei die vorher eingetretene Zusammenziehung der Augenwimpern die Feuchtigkeit in Form von Tropfen zur Absonderung bringt, (der Tropfen aber heißt Thräne): so mußt Du auch bemerken daß, wenn in Folge des entgegengesetzten Affects die Kanäle über das gewohnte Maß hinaus sich erweitern, durch sie eine Quantität Luft nach der Tiefe eingezogen, und von dort durch die Natur wiederum auf dem Wege des Mundes ausgestoßen wird, indem alle Eingeweide, und vorzugsweise, wie man sagt, die Leber durch eine erschütternde und heftige Bewegung diese Luft gewaltsam heraustreiben. Daher bewerkstelligt die Natur für den Durchgang derselben dadurch eine Erleichterung daß sie die Mundöffnung durch ein Auseinandertreiben der die Luft umschließenden Backen erweitert; dies nennt man Lachen. Es kann also darum weder der Leber das vorzugsweise geistige Vermögen zugesprochen werden, noch darf wegen der Wallung des Herzblutes bei gemüthlichen Affectionen darum der Sitz

σεσιν ἐν καρδίᾳ νομιςέον εἶναι τοῦ νοῦ τὴν καθίδρυσιν, ἀλλὰ ταῦτα μὲν εἰς τὰς ποιὰς τῶν σωμάτων κατασκευὰς ἀνακτέον, τὸν δὲ νοῦν ὁμοτίμως ἑκάςῳ τῶν μορίων κατὰ τὸν ἄφραςον τῆς ἀνακράσεως λόγον ἐφάπτεσθαι νομιςέον. Κἂν τὴν γραφὴν [3] ἡμῖν τινες πρὸς τοῦτο προτείνωνται, τῇ καρδίᾳ τὸ ἡγεμονικὸν μαρτυροῦσαν, οὐκ ἀνεξετάςως τὸν λόγον δεξόμεθα. Ὁ γὰρ [4] καρδίας μνησθεὶς καὶ νεφρῶν ἐμνημόνευσεν, εἰπὼν, Ἐτάζων καρδίας καὶ νεφροὺς ὁ θεός, ὥςε ἢ ἀμφοτέροις, ἢ οὐθετέρῳ τὸ νοερὸν κατακλείουσιν. Ἀμβλύνεσθαι δὲ τὰς νοητικὰς ἐνεργείας ἢ καὶ παντάπασιν ἀπρακτεῖν ἐν τῇ ποιᾷ διαθέσει τοῦ σώματος διδαχθεὶς οὐχ ἱκανὸν ποιοῦμαι τοῦτο τεκμήριον τοῦ τόπῳ τινὶ τὴν δύναμιν τοῦ νοῦ περιείργεσθαι, ὡς ταῖς ἐπιγινομέναις τοῖς μέρεσι φλεγμοναῖς τῆς οἰκείας εὐρυχωρίας [5] ἐξειργομένην. Σωματικὴ γὰρ ἡ τοιαύτη δόξα, τὸ μὴ δύνασθαι προκατειλημμένου τοῦ ἀγγείου διά τινος τῶν ἐμβεβλημένων ἕτερόν τι ἐν αὐτῷ χώραν εὑρεῖν. Ἡ γὰρ νοητὴ φύσις οὔτε ταῖς [6] κοιλότησιν ἐμφιλοχωρεῖ τῶν σωμάτων, οὔτε τῷ πλεονάζοντι τῆς σαρκὸς ἐξωθεῖται, ἀλλ' ἐπειδὴ καθάπερ τι μουσικὸν ὄργανον ἅπαν τὸ σῶμα δεδημιούργηται, ὥσπερ συμβαίνει πολλάκις ἐπὶ τῶν μελῳδεῖν μὲν ἐπιςαμένων, ἀδυνατούντων δὲ δεῖξαι τὴν ἐπιςήμην, τῆς τῶν ὀργάνων ἀχρησίας οὐ παραδεχομένης τὴν τέχνην (τὸ γὰρ ἢ χρόνῳ [7] διεφθορὸς, ἢ παρερρηγμένον ἐκ καταπτώσεως, ἢ ὑπό τινος ἰοῦ καὶ εὐρῶτος ἠχρειωμένον, ἄφθογγον μένει καὶ ἀνενέργητον, κἂν ὑπὸ τοῦ προέχειν δοκοῦντος κατὰ τὴν αὐλητικὴν τέχνην ἐμπνέηται), οὕτω καὶ ὁ νοῦς δι' ὅλου τοῦ ὀργάνου διήκων καὶ καταλλήλως ταῖς νοητικαῖς ἐνεργείαις, καθὸ πέφυκεν, [8] ἑκάςου τῶν μερῶν προσαπτόμενος ἐπὶ μὲν τῶν κατὰ φύσιν διακειμένων τὸ οἰκεῖον ἐνήργησεν, ἐπὶ δὲ τῶν ἀσθενούντων δέξασθαι τὴν τεχνικὴν αὐτοῦ κίνησιν ἄπρακτός τε καὶ

---

3) M. τινες ἡμῖν. — 4) Bei M. steht der Druckfehler καρδίαν. — 5) M. ἐξειργομένης. — 6) M. κενώσεσιν. — 7) M. φθαρὲν. — 8) M. ἑκάςῳ.

des Denkvermögens als im Herzen befindlich angenommen werden, sondern man muß diese Erscheinungen auf irgend welche Einrichtungen der Körper zurückführen, und von dem Denkvermögen glauben daß es nach unerklärlichem Plane der Mischung an einem jeglichen Körpertheile in dem seiner Bedeutung angemessenen Verhältniß hafte. Sollte man uns dagegen die heilige Schrift entgegenhalten, welche dem Herzen das vornehmlichste geistige Vermögen zuspricht, so werden wir nicht ohne nähere Prüfung auf diese Behauptung eingehen. Denn der welcher des Herzens Erwähnung thut, der gedenkt auch der Nieren, da wo er sagt, **Gott, der Herzen und Nieren prüft**, so daß man den Sitz des Denkens entweder in beide, oder in keins von beiden verlegen muß. Sagt man mir aber daß die Kräfte des Denkvermögens bei dieser oder jener Affection des Körpers sich abstumpfen, oder auch völlig in Unthätigkeit gerathen, so lasse ich dies nicht als ein gnügendes Zeugniß dafür gelten, daß die Denkkraft sich auf irgend einen Ort beschränke, dergestalt daß durch die die Theile befallenden Entzündungen sie aus ihrem gewohnten Aufenthaltsorte vertrieben werden könnte. Denn das ist eine auf körperliche Dinge anzuwendende Vorstellung, daß wenn das Gefäß durch irgend etwas Hineingefülltes schon in Besitz genommen ist, etwas Anderes in ihm keinen Platz finden könne. Die intellectuale Natur nimmt weder Platz in hohlen Theilen der Körper, noch läßt sie sich durch eine Ueberfülle von Fleisch vertreiben, sondern der ganze Körper gleicht in seiner Einrichtung einem musikalischen Instrumente, und wie es Musikverständigen oftmals begegnet, daß sie ihre Kunst nicht zeigen können, weil der unbrauchbare Zustand der Instrumente es verhindert (denn entweder ist es durch das Alter verdorben, oder durch einen Fall zerborsten, oder durch Rost oder Moder unbrauchbar geworden, und bleibt in Folge dessen stumm und ohne Wirkung, selbst wenn es von einem vorzüglichen Flötenkünstler geblasen werden sollte), — eben so durchdringt die Vernunft den ganzen Organismus, setzt sich in den Denkkräften entsprechender Weise, wie sie kann, mit einem jeden der einzelnen Theile in Verbindung, und versieht da wo Alles in naturgemäßem Zustande ist ihren gewöhnlichen Dienst, in Körpern dagegen welche ihr kunstvolles Spiel zu ertragen nicht die Kraft haben,

ἀνενέργητος ἔμεινε. Πέφυκε γάρ πως ὁ νοῦς πρὸς μὲν τὸ κατὰ φύσιν διακείμενον οἰκείως ἔχειν, πρὸς δὲ τὸ παρενεχθὲν ἀπὸ ταύτης ἀλλοτριοῦσθαι.

Καί μοι δοκεῖ φυσικώτερον εἶναί τι κατὰ τὸ μέρος τοῦτο θεώρημα, δι' οὗ μαθεῖν ἔςι τι τῶν ἀςειοτέρων δογμάτων. Ἐπειδὴ γὰρ τὸ κάλλιςον πάντων καὶ ἐξοχώτατον ἀγαθὸν αὐτὸ τὸ θεῖόν ἐςι, πρὸς ὃ πάντα νένευκεν ὅσα τοῦ καλοῦ τὴν ἔφεσιν ἔχει, διὰ τοῦτό φαμεν καὶ τὸν νοῦν, ἅτε κατ' εἰκόνα τοῦ καλλίςου γενόμενον, ἕως ἂν μετέχῃ τῆς πρὸς τὸ ἀρχέτυπον ὁμοιότητος καθόσον ἐνδέχεται, καὶ αὐτὸν ἐν τῷ καλῷ διαμένειν, εἰ δέ πως ἔξω γένοιτο τούτου, γυμνοῦσθαι τοῦ κάλλους ἐν ᾧ ἦν. Ὥσπερ δὲ ἔφαμεν τῇ ὁμοιώσει τοῦ πρωτοτύπου κάλλους κατακοσμεῖσθαι τὸν νοῦν, οἷόν τι κάτοπτρον τῷ χαρακτῆρι τοῦ ἐμφαινομένου μορφούμενον, κατὰ τὴν αὐτὴν ἀναλογίαν καὶ τὴν οἰκονομουμένην ὑπ' αὐτοῦ φύσιν ἔχεσθαι τοῦ νοῦ λογιζόμεθα, καὶ τῷ [9] παρ' ἐκείνου κάλλει καὶ αὐτὴν κοσμεῖσθαι, οἷόν τι κατόπτρου κάτοπτρον γινομένην, κρατεῖσθαι δὲ ὑπὸ ταύτης καὶ συνέχεσθαι τὸ ὑλικὸν τῆς ὑποςάσεως, περὶ ἣν θεωρεῖται ἡ φύσις. Ἕως ἂν οὖν ἔχηται τοῦ ἑτέρου τὸ ἕτερον, διὰ πάντων ἀναλόγως ἡ τοῦ ὄντως κάλλους κοινωνία διέξεισι, διὰ τοῦ ὑπερκειμένου τὸ προςεχὲς καλλωπίζουσα. Ἐπειδὰν δέ τις γένηται τῆς ἀγαθῆς ταύτης συμφυΐας διασπασμὸς, ἢ καὶ πρὸς τὸ ἔμπαλιν [10] ἀντακολουθήσῃ τῷ ὑποβεβηκότι τὸ ὑπερέχον, τότε αὐτῆς τε τῆς ὕλης, ὅταν μονωθῇ τῆς φύσεως, [11] διηλέγχθη τὸ ἄσχημον (ἄμορφον γάρ τι [12] χρῆμα καθ' ἑαυτὴν ἡ ὕλη καὶ ἀκατάσκευον) καὶ τῇ ἀμορφίᾳ ταύτῃ συνδιεφθάρη τὸ κάλλος τῆς φύσεως, [13] ᾧ διὰ τοῦ νοῦ καλλωπίζεται. Καὶ οὕτως ἐπ' αὐτὸν τὸν νοῦν τοῦ κατὰ τὴν ὕλην αἴσχους διὰ τῆς φύσεως ἡ διάδοσις γίνεται, ὡς μηκέτι τοῦ θεοῦ τὴν εἰκόνα ἐν τῷ χαρακτῆρι καθορᾶσθαι τοῦ πλάσματος. Οἷον γάρ τι κάτοπτρον κατὰ

---

9) M. παρακειμένῳ κάλλει. — 10) M. ἀντακολουθῇ. — 11) M. διηνέχθη. — 12) χρῆμα fehlt bei M. — 13) M. ἢ διὰ τοῦ.

bleibt sie unthätig und ohne Wirkung. Denn das ist der Denkkraft eigen daß sie mit dem im naturgemäßen Zustande Befindlichen ein freundliches Einvernehmen unterhält, sich dagegen dem was von der Natur abgewichen ist entfremdet.

Mir scheint bei dieser Gelegenheit eine noch mehr auf dem inneren Wesen der Dinge beruhende Betrachtung geboten zu sein, durch welche wir eine recht schöne Lehre gewinnen können. Da nämlich Gott selbst von allen das hervorragendste gute Wesen ist, auf welches sich Alles bezieht was nur immer das Verlangen des Guten in sich trägt, so behaupten wir daß der Geist, weil er eben nach dem Bilde des Besten geschaffen ist, darum, so lange er nach Möglichkeit die Aehnlichkeit mit seinem Urbilde bewahrt, auch selbst jene Vorzüge bewahre, daß er dagegen, wofern er einigermaßen von diesem abweicht, die vorherige Vollkommenheit einbüße. Wie wir aber sagten daß der Geist den Schmuck der Aehnlichkeit mit seinem Urbilde an sich trage, gleichwie ein Spiegel durch das Bild des in ihm Erscheinenden Gestalt gewinnt, in gleichem Verhältniß, meinen wir, steht auch die ihrer Leitung und Regierung untergebene Natur zu der Vernunft, und gewinnt durch ihre Schönheit und Vollkommenheit auch die eigene, indem sie gleichsam ein Spiegel vom Spiegel wird, und von ihr die Materie unserer Persönlichkeit, in welcher die Natur auftritt, beherrscht und zusammengehalten wird. So lange nun das Eine an dem Anderen festhält, durchdringt auch die Gemeinschaft der wahren Schönheit und Vollkommenheit nach richtigem Verhältniß alle Theile und trägt den Schmuck der göttlichen Allerhabenheit auch auf das damit Verbundene über. Tritt dagegen eine Trennung dieses schönen Einvernehmens ein, oder tritt umgekehrt das Erhabene in untergeordnetes Verhältniß zu dem Niedrigeren, dann zeigt sich auch das Unschöne der von der Natur verlassenen Materie (denn die Materie ist an sich etwas Ungestaltetes und Rohes), und durch dieses Unschöne ist auch zugleich jene Schönheit der Natur dem Untergange preisgegeben welche in der Vernunft sie schmückt. So geht das Unschöne der Materie durch die Natur auch auf den Geist selbst über, dergestalt daß die Aehnlichkeit mit Gott in dem Gepräge seines Gebildes nicht mehr zu sehen ist. Denn der Geist nimmt nun wie ein

νώτου τὴν τῶν ἀγαθῶν ἰδέαν ὁ νοῦς ποιησάμενος ἐκβάλλει μὲν τῆς [14] ἐλλάμψεως τοῦ ἀγαθοῦ τὰς ἐμφάσεις, [15] τὴν δὲ τῆς ὕλης ἀμορφίαν εἰς ἑαυτὸν ἀναμάσσεται, καὶ τούτῳ γίνεται τῷ τρόπῳ [16] ἡ τοῦ κακοῦ γένεσις, διὰ τῆς ὑπεξαιρέσεως τοῦ καλοῦ παρυφισαμένη. Καλὸν δὲ πᾶν ὅπερ ἂν τύχῃ πρὸς τὸ πρῶτον ἀγαθὸν οἰκείως ἔχον, ὅ τι δ᾽ ἂν ἔξω γένηται τῆς πρὸς τοῦτο σχέσεώς τε καὶ ὁμοιώσεως, ἄμοιρον τοῦ καλοῦ πάντως ἐςίν. Εἰ οὖν ἓν μὲν κατὰ τὸν θεωρηθέντα λόγον τὸ ὄντως ἀγαθὸν, ὁ δὲ νοῦς τῷ κατ᾽ εἰκόνα τοῦ καλοῦ γεγενῆσθαι καὶ αὐτὸς ἔχει τὸ καλὸς εἶναι, ἡ δὲ φύσις ἡ ὑπὸ τοῦ νοῦ συνεχομένη καθάπερ τις εἰκὼν εἰκόνος ἐςὶ, δείκνυται διὰ τούτων ὅτι τὸ ὑλικὸν ἡμῶν συνέςηκε μὲν καὶ περικρατεῖται ὅταν οἰκονομῆται ὑπὸ τῆς φύσεως, λύεται δὲ καὶ διαπίπτει πάλιν ὅταν χωρισθῇ τοῦ περικρατοῦντός τε καὶ συνέχοντος καὶ διασπασθῇ τῆς πρὸς τὸ καλὸν συμφυΐας. Τὸ δὲ τοιοῦτον οὐκ ἄλλως γίνεται ἢ ὅταν τῆς φύσεως πρὸς τὸ ἔμπαλιν γένηται ἡ ἐπιςροφὴ, μὴ πρὸς τὸ καλὸν τῆς ἐπιθυμίας νευούσης, ἀλλὰ πρὸς τὸ χρῇζον τοῦ καλλωπίζοντος. Ἀνάγκη γὰρ πᾶσα τῇ πτωχευούσῃ τῆς ἰδίας μορφῆς ὕλῃ κατὰ τὸ ἄσχημόν [17] τε καὶ ἀκαλλὲς συμμεταμορφοῦσθαι τὸ ὁμοιούμενον. Ἀλλὰ ταῦτα μὲν ἡμῖν ἐξ ἀκολουθίας τινὸς παρεξητάσθη, διὰ τῆς εἰς τὸ προκείμενον θεωρίας ἐπεισελθόντα. Τὸ γὰρ ζητούμενον ἦν, εἰ ἐν μέρει τινὶ τῶν ἐν ἡμῖν ἡ νοερὰ καθίδρυται δύναμις, ἢ διὰ πάντων κατὰ τὸ ἴσον διήκει. Τῶν γὰρ τοπικοῖς μέρεσι περιειργόντων τὸν νοῦν, καὶ εἰς σύςασιν τῆς τοιαύτης αὐτῶν ὑπολήψεως προφερόντων τὸ μὴ εὐοδοῦσθαι τὴν διάνοιαν ἐπὶ τῶν παρὰ φύσιν διακειμένων τὰς μήνιγγας, ἀπέδειξεν ὁ λόγος ὅτι κατὰ πᾶν μέρος τοῦ ἀνθρωπίνου συγκρίματος, καθ᾽ ὃ πέφυκεν [18] ἕκαςον ἐνεργεῖν, ἴσως ἡ τῆς ψυχῆς δύναμις ἀνενέργητος μένει, μὴ διαμένοντος ἐν τῇ φύσει τοῦ μέρους. Καὶ διὰ τοῦτο ἐξ ἀκολουθίας τὸ προτεθὲν

---

14) 𝔐. ἐκλάμψεως. — 15) 𝔐. τῆς δὲ ὕλης τὴν ἀμορφίαν. — 16) 𝔐. τοῦ κακοῦ ἡ γένεσις. — 17) 𝔐. τι καὶ. — 18) 𝔐. ἕκαςος.

Spiegel das Bild der Vollkommenheiten auf die Hinterseite auf, und
obschon er die Strahlen des Abglanzes von dem Guten zurückwirft,
überträgt er doch auch die Häßlichkeit der Materie auf sich selbst,
und auf diese Weise entsteht das Böse, dessen Existenz mit der Abnahme des Guten eintritt. Gut ist aber Alles was zu dem ursprüng-
lichen Guten im Verhältniß der Uebereinstimmung steht, Alles dagegen was außerhalb dieses Verhältnisses zu ihm und der Aehnlichkeit mit ihm steht, hat an dem Guten keinen Theil. Giebt es nun
nach unserer Untersuchung nur ein wirklich Gutes, und besitzt der
Geist daher daß er nach dem Bilde des Schönen geschaffen ist selbst
Schönheit, und ist die von dem Geiste zusammengehaltene Natur
gleichsam ein Bild von einem Bilde, so wird dadurch bewiesen daß
unser materialer Bestandtheil dann Bestehen und festen Halt hat
wenn er von der Natur geleitet und in Ordnung gehalten wird,
daß er dagegen der Auflösung und dem Verfall anheimgegeben ist,
wenn er von demjenigen was ihm Halt und Bestand giebt verlassen,
und aus seinem engen Zusammenhang mit dem Schönen gerissen
wird. Dies tritt aber nicht anders ein als wenn eine Verkehrung
der Natur nach dem Gegentheile hin stattfindet, so daß das Verlangen nicht mehr dem Schönen zugerichtet ist, sondern demjenigen was
verschönt zu werden Noth hat. Denn ganz nothwendiger Weise
muß das was der, eigener Gestaltung entbehrenden, Materie ähnlich
wird eine dieser Gestaltlosigkeit und Unschöne entsprechende Umän-
derung ebenfalls erleiden. Indessen, dies ist eine beiläufige Erörterung
welche sich bei unserer Abhandlung über den vorliegenden Hauptgegenstand mit eingemischt hat. Die Hauptfrage war, ob die Denkkraft in
einem bestimmten Theile in uns ihren Sitz habe, oder ob sie gleichmäßig alle durchdringe. Denn die Behauptung derer welche den
Geist in die Schranken örtlicher Theile bannen und zum Beweis für
diese Annahme anführen daß bei denjenigen deren Gehirnhäutchen
in nicht naturgemäßem Zustande sich befinden das Denken gestört
sei, hat gezeigt daß die Kraft der Seele in jedem Theile des menschlichen Körpers mit welchem dieser eine Thätigkeit auszuüben im
Stande ist in gleicher Weise unwirksam bleibt, sobald der Theil
nicht in seiner naturgemäßen Verfassung bleibt. Darum wob sich
mit einer gewissen Nothwendigkeit des Zusammenhangs die vorlie-

παρενέπεσε τῷ λόγῳ θεώρημα, δι' οὗ μανθάνομεν ἐν τῷ ἀνθρωπίνῳ συγκρίματι ὑπο θεοῦ μὲν διοικεῖσθαι τὸν νοῦν, ὑπ' ἐκείνου δὲ τὴν ὑλικὴν ἡμῶν ζωὴν, ὅταν ἐν τῇ φύσει μένῃ, εἰ δὲ παρατραπείη τῆς φύσεως, καὶ τῆς κατὰ τὸν νοῦν ἐνεργείας ἀλλοτριοῦσθαι. Ἀλλ' ἐπανέλθωμεν πάλιν ὅθεν ἐξέβημεν, ὅτι ἐπὶ τῶν μὴ παρατραπέντων ἐκ πάθους τινὸς τῆς φυσικῆς καταςάσεως τὴν οἰκείαν δύναμιν ὁ νοῦς ἐνεργεῖ, καὶ ἔῤῥωται μὲν ἐπὶ τῶν συνεςώτων, ἀδυνατεῖ δὲ πάλιν ἐπὶ τῶν μὴ χωρούντων αὐτοῦ τὴν ἐνέργειαν. Ἔςι γὰρ καὶ δι' ἑτέρων τὸ περὶ τούτων δόγμα πιςώσασθαι, καὶ εἰ μὴ βαρὺ τῇ ἀκοῇ τῶν προκεκμηκότων ἤδη τῷ λόγῳ, καὶ περὶ [19]τούτων δι' ὀλίγων, ὡς ἂν οἷοί τε ὦμεν, διαληψόμεθα.

Κεφ. ιγ'. Ἡ ὑλικὴ καὶ ῥοώδης αὕτη τῶν σωμάτων ζωή, πάντοτε διὰ κινήσεως προϊοῦσα, ἐν τούτῳ ἔχει τοῦ εἶναι τὴν δύναμιν, ἐν τῷ μὴ ςῆναί ποτε τῆς κινήσεως. Καθάπερ δέ τις ποταμὸς κατὰ τὴν ἰδίαν ῥέων ὁρμὴν πλήρη μὲν δείκνυσι τὴν κοιλότητα, δι' ἧς ἂν τύχῃ φερόμενος, οὐ μὴν ἐν τῷ αὐτῷ ὕδατι περὶ τὸν αὐτὸν ἀεὶ τόπον ὁρᾶται, ἀλλὰ τὸ μὲν ὑπέδραμεν αὐτοῦ, τὸ δὲ [1]ἐπεῤῥύη, οὕτω καὶ τὸ ὑλικὸν τῆς τῇδε ζωῆς διά τινος κινήσεως καὶ ῥοῆς τῇ συνεχείᾳ τῆς τῶν ἐναντίων διαδοχῆς [2]ἐναμείβεται, ὡς ἂν μηδέποτε ςῆναι δύνασθαι τῆς μεταβολῆς, ἀλλὰ [3]τῇ ἀδυναμίᾳ τοῦ ἀτρεμεῖν ἄπαυςον ἔχειν διὰ τῶν ὁμοίων ἐναμειβομένην τὴν κίνησιν. Εἰ δέ ποτε κινούμενον παύσοιτο, καὶ τοῦ εἶναι πάντως τὴν παῦλαν ἕξει. Οἷον διεδέξατο τὸ πλῆρες ἡ κένωσις, καὶ πάλιν ἀντεισῆλθεν ἡ πλήρωσις τῇ κενότητι, ὕπνος τὸ σύντονον τῆς ἐγρηγόρσεως ὑπεχάλασεν, εἶτα ἐγρήγορσις τὸ ἀνειμένον ἐτόνωσε· καὶ οὐδέτερον τούτων ἐν τῷ διηνεκεῖ συμμένει, ἀλλ' ὑποχωρεῖ ταῖς παρουσίαις ἀλλήλων ἀμφότερα, οὕτω τῆς φύσεως ἑαυτὴν ταῖς ὑπαλλαγαῖς ἀνακαινιζούσης,

---

19) 𝔐. τούτων, ὡς ἂν οἷοί τε ὦμεν, δι' ὀλίγων διαληψόμεθα.
1) 𝔐. ὑπεῤῥέει. — 2) 𝔐. ἀμείβεται. — 3) 𝔐. τῇ δυνάμει.

gende Betrachtung in die Verhandlung ein, durch welche wir lernen daß in dem Gesammtbau des menschlichen Körpers der Geist von Gott, von jenem aber wiederum das materiale Leben geleitet und gelenkt werde, sofern es in dem Geleise der Natur bleibt, daß andererseits aber, wenn es dieses verläßt, es auch seine vom Geist entlehnte Thätigkeit einbüße. Doch, kehren wir wiederum dahin zurück von wo wir ausgegangen sind, daß nämlich der Geist in solchen Theilen welche nicht in Folge einer Krankheit ihre natürliche Verfassung verloren haben mit seiner Kraft wirkt, und gesund ist, wenn sie in ihrer Ordnung bestehen, dagegen in denjenigen ohnmächtig ist welche seine Wirksamkeit nicht zu ertragen vermögen. Es läßt sich dieser Satz auch noch durch andere Beweise sichern, und ist es für die Ohren meiner Zuhörer, die durch das bisher Gesagte bereits ermüdet sind, nicht zu lästig, so wollen wir auch dies, so kurz es uns möglich ist, auseinandersetzen.

Kap. 13. Dieses materiale und vergängliche Leben, welches in fortwährender Bewegung vorwärtsschreitet, hat darin die Kraft seiner Existenz daß es seine Bewegung niemals einstellt. Gleichwie aber ein Fluß seinen Lauf verfolgend wohl ein volles Bett zeigt in welchem er dahinströmt, und doch nicht mit demselben Wasser an derselben Stelle immer erblickt wird, sondern das eine ist verlaufen, und das andere strömt herzu, ebenso erfüllt sich das Materiale des irdischen Lebens vermittelst Bewegung und Strömung in einem steten Wechsel der Gegensätze, so daß es niemals seine Veränderung aufgeben kann, sondern in der Unmöglichkeit zu einem Stillstand zu gelangen an eine unaufhörliche, sich im Wechsel von ähnlichen Dingen erfüllende, Bewegung gebunden ist. Hörte es jemals auf sich zu bewegen, so würde es jedenfalls auch aufhören zu existieren. Auf die Fülle zum Beispiel folgt Entleerung, und wiederum die Füllung auf die Leere; Schlaf löst die Anspannung des Wachens, dann tritt mit dem Wachen wiederum die Anspannung dessen was gelöst war ein; weder das Eine noch das Andere währt ewig, sondern beide weichen das Eine vor der Gegenwart des Anderen, indem sich die Natur so durch den Wechsel erneuert, daß

ὡς ἑκατέρων ἐν τῷ μέρει μεταλαγχάνουσαν ἀδιασπάςως ἀπὸ τοῦ ἑτέρου μεταβαίνειν ἐπὶ τὸ ἕτερον. Τό τε γὰρ διὰ παντὸς συντετάσθαι ταῖς ἐνεργείαις τὸ ζῶον ῥῆξίν τινα καὶ διασπασμὸν τῶν ὑπερτεινομένων ποιεῖται μερῶν, ἥ τε διηνεκὴς τοῦ σώματος ἄνεσις διάπτωσίν [4]τινα καὶ λύσιν τοῦ συνεςῶτος ἐργάζεται. Τὸ δὲ κατὰ καιρὸν μετρίως ἑκατέρων ἐπιθιγγάνειν δύναμις πρὸς διαμονήν ἐςι τῆς φύσεως, διὰ τῆς διηνεκοῦς πρὸς τὰ ἀντικείμενα μεταβάσεως ἐν ἑκατέροις ἑαυτὴν ἀπὸ τῶν ἑτέρων ἀναπαυούσης. Οὕτω τοίνυν τετονωμένον διὰ τῆς ἐγρηγόρσεως τὸ σῶμα λαβοῦσα λύσιν ἐμποιεῖ διὰ τοῦ ὕπνου τῷ τόνῳ, τὰς αἰσθητικὰς δυνάμεις πρὸς καιρὸν ἐκ τῶν ἐνεργειῶν [5]ἀναπαύουσα, οἷόν τινας ἵππους μετὰ τοὺς ἀγῶνας τῶν ἁρμάτων ἐκλύσασα. Ἀναγκαία δὲ τῇ συςάσει τοῦ σώματος ἡ εὔκαιρος ἄνεσις, ὡς ἂν ἀκωλύτως ἐφ᾽ ἅπαν τὸ σῶμα διὰ τῶν ἐν αὐτῷ πόρων ἡ τροφὴ διαχέοιτο, μηδενὸς τόνου τῇ διόδῳ παρεμποδίζοντος. Καθάπερ γὰρ ἐκ τῆς διαβρόχου γῆς, ὅταν ἐπιλάμψῃ θερμοτέραις ἀκτῖσιν ὁ ἥλιος, ἀτμοί τινες ὀμιχλώδεις ἀπὸ τοῦ βάθους ἀνέλκονται, ὅμοιόν τι γίνεται καὶ ἐν τῇ καθ᾽ ἡμᾶς γῇ, τῆς τροφῆς ἔσωθεν ὑπὸ τῆς φυσικῆς θερμότητος ἀναζεούσης. Ἀνωφερεῖς δὲ ὄντες οἱ ἀτμοὶ κατὰ φύσιν, καὶ ἀερώδεις, καὶ πρὸς τὸ ὑπερκείμενον ἀναπνέοντες, ἐν τοῖς κατὰ τὴν κεφαλὴν γίνονται χωρίοις, οἷόν τις καπνὸς εἰς ἁρμονίαν τοίχου διαδυόμενος· εἶτα ἐντεῦθεν ἐπὶ τοὺς τῶν αἰσθητηρίων πόρους ἐξατμιζόμενοι [6]διαφοροῦνται, δι᾽ ὧν ἀργεῖ κατ᾽ ἀνάγκην ἡ αἴσθησις, τῇ παρόδῳ τῶν ἀτμῶν ἐκείνων ὑπεξιοῦσα. Αἱ μὲν γὰρ ὄψεις τοῖς βλεφάροις ἐπιλαμβάνονται, οἷόν τινος μηχανῆς μολυβδίνης, τοῦ τοιούτου λέγω βάρους, τοῖς ὀφθαλμοῖς ἐπιχαλώσης τὸ βλέφαρον· παχυνθεῖσα δὲ τοῖς αὐτοῖς τούτοις ἀτμοῖς ἡ ἀκοή, καθάπερ θύρας τινὸς τοῖς ἀκουςικοῖς μορίοις ἐπιτεθείσης, ἡσυχίαν ἀπὸ τῆς κατὰ φύσιν ἐνεργείας ἄγει, καὶ τὸ τοιοῦτον πάθος ὕπνος ἐςὶν, ἀτρεμούσης ἐν τῷ σώματι τῆς αἰσθήσεως, καὶ παντάπα-

---

4) M. τινα τοῦ συνεςῶτος καὶ λύσιν. — 5) M. ἀναπαύσασα. — 6) M. διαφυροῦνται.

sie bald von diesem, bald von jenem Gebrauch macht und ohne ihre Einheit aufzugeben von dem Einen zu dem Anderen übergeht. Denn die fortwährende Kraftanspannung des lebenden Wesens führt zu einem Zerreißen und Zersprengen der übermüden angespannten Theile, wohingegen die dauernde Erschlaffung des Körpers den Untergang und die Auflösung des zu einer Existenz Verbundenen bewirkt. In dem rechtzeitigen und maßvollen Gebrauche beider liegt die Kraft zum Fortbestand der Natur, indem sie durch den immerwährenden Uebergang zu dem Entgegengesetzten in beiden sich von dem Einen wie von dem Anderen ausruht. So nimmt sie den durch das Wachen abgespannten Körper, löst die Abspannung durch den Schlaf, und läßt die Sinneskräfte eine Zeitlang von ihrer Thätigkeit ausruhen, indem sie sie gleichsam wie Pferde nach den Wagenkämpfen ausspannt. Für das Bestehen des Körpers ist das rechtzeitige Ausruhen nothwendig, damit die Nahrung sich im ganzen Körper durch die Kanäle ungehindert vertheilen kann, so daß keinerlei Spannung sich ihrer Verbreitung hindernd entgegenstellt. Denn wie, wenn die Sonne mit heißeren Strahlen auf die feuchte Erde herniederscheint, aus der Tiefe nebelartige Dünste emporgezogen werden, etwas dem Aehnliches geht auch in der Erde unseres Körpers vor sich, insofern die Nahrung in uns unter dem Einfluß der natürlichen Wärme in Wallung geräth. Da nun die Dünste ihrer Natur zufolge luftartig nach Oben streben und den höheren Theilen sich zuwenden, so gelangen sie in die Räume des Kopfes, ganz wie etwa Rauch durch die Fügung der Wand bringt; von hier bringen sie dann verdunstend nach den Kanälen der Sinneswerkzeuge vor, wodurch nothwendiger Weise die sinnliche Wahrnehmungskraft außer Thätigkeit geräth, weil sie vor jenen hereindringenden Dünsten zurückweicht. Denn das Gesicht wird von den Augenlidern hindernd so bedeckt, wie wenn ein Instrument von Blei, das heißt von solcher Schwere, das Lid über die Augen zöge. Das Gehör aber wird durch dieselben Dünste stumpf, indem sich gleichsam eine Thür über die Gehörtheile legt, und feiert von seiner natürlichen Wirksamkeit, und diese Affection ist der Schlaf, wobei in dem Körper die sinnliche Wahrnehmungskraft rastet und in jeder Weise

p. 75. σιν ἐκ τῆς κατὰ φύσιν κινήσεως ἀπρακτούσης, ὡς ἂν εὐπόρευτοι γένωνται τῆς τροφῆς αἱ ἀναδόσεις, δι᾿ ἑκάςου τῶν πόρων τοῖς ἀτμοῖς συνδιεξιούσης. Καὶ τούτου χάριν εἰ ςενοχωροῖτο μὲν ὑπὸ τῆς ἔνδοθεν ἀναθυμιάσεως ἡ περὶ τὰ αἰσθητήρια διασκευή, κωλύοιτο δὲ κατά τινα χρείαν ὁ ὕπνος, πλῆρες γενόμενον τῶν ἀτμῶν τὸ νευρῶδες, αὐτὸ ὑφ᾿ ἑαυτοῦ φυσικῶς διατείνεται, ὡς διὰ τῆς ἐκτάσεως τὸ παχυνθὲν ὑπὸ τῶν ἀτμῶν μέρος ἐκλεπτυνθῆναι· οἷόν τι ποιοῦσιν οἱ διὰ τῆς σφοδροτέρας ςρεβλώσεως τὸ ὕδωρ τῶν ἱματίων ἐκθλίβοντες. Καὶ ἐπειδὴ κυκλοτερῆ τὰ περὶ τὸν φάρυγγα μέρη, πλεονάζει δὲ τὸ νευρῶδες ἐν τούτοις, ὅταν καὶ ἀπὸ τούτων ἐξωσθῆναι [7] δέῃ τὴν τῶν ἀτμῶν παχυμέρειαν, ἐπειδὴ ἀμήχανόν ἐςι δι᾿ εὐθείας ἀποτεῖναι τὸ κυκλοειδὲς μέρος, εἰ μὴ κατὰ τὸ περιφερὲς σχῆμα διαταθείη, τούτου χάριν ἀποληφθέντος ἐν τῇ χάσμῃ τοῦ πνεύματος, ὅτε ὁ ἀνθερεὼν ἐπὶ τὶ κάτω τοῖς γαργαρεῶσιν ὑποκοιλαίνεται, καὶ τῶν ἐντὸς πάντων εἰς κύκλου σχῆμα διαταθέντων, ἡ λιγνυώδης ἐκείνη παχύτης ἡ ἐναπειλημμένη τοῖς μέρεσι συνδιαπνεῖται τῇ διεξόδῳ τοῦ πνεύματος. Πολλάκις δὲ καὶ μετὰ τὸν ὕπνον οἶδε τὸ τοιοῦτον συμβαίνειν, ὅταν τι τῶν ἀτμῶν ἐκείνων περιλειφθείη τοῖς τόποις ἄπεπτόν τε καὶ ἀδιάπνευσον. Ἐκ τούτων τοίνυν ὁ ἀνθρώπινος νοῦς δείκνυσιν ἐναργῶς ὅτι τῆς φύσεως ἔχεται, συνεςώσης μὲν καὶ ἐγρηγορυίας καὶ αὐτὸς συνεργῶν καὶ κινούμενος, παρεθείσης δὲ τῷ ὕπνῳ μένων ἀκίνητος. Εἰ μή τις ἄρα τὴν ὀνειρώδη φαντασίαν νοῦ κίνησιν ὑπολάβοι κατὰ τὸν ὕπνον ἐνεργουμένην. Ἡμεῖς δὲ φαμὲν μόνην δεῖν τὴν ἔμφρονά τε καὶ συνεςῶσαν τῆς διανοίας ἐνέργειαν ἐπὶ τὸν νοῦν ἀναφέρειν, τὰς δὲ κατὰ τὸν ὕπνον [8] φαντασιώδεις φλυαρίας ἰνδάλματά τινα τῆς κατὰ τὸν νοῦν ἐνεργείας οἰόμεθα τῷ ἀλογωτέρῳ τῆς ψυχῆς εἴδει κατὰ τὸ συμβὰν διαπλάττεσθαι. Τῶν γὰρ αἰσθήσεων τὴν ψυχὴν ἀπολυθεῖσαν διὰ τοῦ ὕπνου καὶ τῶν κατὰ νοῦν ἐνεργειῶν ἐκτὸς εἶναι κατ᾿ ἀνάγκην συμβαίνει·

---

7) 𝔐. δέοι. — 8) 𝔐. φαντασιώδης.

ihre natürliche Thätigkeit einstellt, damit die Vertheilung der Nahrung, welche zugleich mit den Dünsten durch alle Kanäle bringt, auf keinen Widerstand stoße. Darum erhalten auch, wenn von der inneren Ausdünstung der Sinnenorganismus verstopft, und der Schlaf somit nach einer gewissen Nothwendigkeit gehindert wird, die von den Dünsten nun gefüllten Nerven von selbst ihre natürliche Spannung wieder, dergestalt daß der unter dem Einflusse der Dünste dick und stumpf gewordene Theil durch die Ausdehnung seine ursprüngliche Feinheit und Dünne wieder erhält; etwa wie es der Fall ist, wenn wir durch recht heftiges Ausringen das Wasser aus den Gewändern entfernen. Sollen nun auch aus den rundlichen den Schlund umgebenden Theilen, in welchen ein Reichthum von Nerven liegt, die dicken und groben Dünste ausgetrieben werden, so wird, da es unmöglich ist den runden Theil gerade zu strecken, und er rings erweitert werden muß, zu diesem Zwecke beim Gähnen der Athem eingezogen, und dann, wenn sich die Kehle nach dem Schlunde hinab etwas ausgehöhlt, und drinnen sich Alles kreisförmig ausgedehnt hat, jener in den Theilen eingeschlossene qualmigdicke Dunst zugleich mit dem Athem ausgestoßen. Dies pflegt jedoch auch oftmals nicht unmittelbar nach dem Schlafe einzutreten, sobald nämlich Etwas von jenen Dünsten noch unverdaut und unverhaucht zurückgeblieben ist. Hieraus gewinnt also der menschliche Geist den deutlichen Beweis daß er insofern an die Natur gebunden ist daß, wenn diese in gesundem Zustande und wach ist, auch er selbst zugleich thätig und lebendig ist, dagegen, wenn sie sich dem Schlaf hingegeben hat, regungslos verharrt. Es wäre denn daß man das Weben und Schaffen der Träume für eine Thätigkeit des Geistes im Schlafe halten will. Unsere Behauptung geht jedoch dahin daß nur die bewußte und volle Thätigkeit des Denkens auf den Geist zurückzuführen sei, und wir meinen daß das tändelnde Spiel der Träume in unserem Schlafe gewissermaßen nur in Bildern unserer geistigen Thätigkeit bestehe, welche von dem mehr unvernünftigen Theil der Seele nach Zufall gestaltet werden. Denn da die Seele durch den Schlaf von den sinnlichen Empfindungen abgeschnitten ist, so tritt nothwendiger Weise auch der Fall ein daß sie den Thätigkeiten des Denkvermögens ferngerückt wird, weil durch jene die Verbin-

διὰ γὰρ τούτων πρὸς τὸν ἄνθρωπον ἡ τοῦ νοῦ συνανάκρασις γίνεται. Τῶν οὖν αἰσθήσεων παυσαμένων ἀργεῖν ἀνάγκη καὶ τὴν διάνοιαν. Τεκμήριον δὲ τὸ καὶ ἐν ἀτόποις καὶ ἐν ἀμηχάνοις πολλάκις δοκεῖν εἶναι τὸν φανταζόμενον, ὅπερ οὐκ ἂν ἐγένετο, λογισμῷ καὶ διανοίᾳ τῆς ψυχῆς τηνικαῦτα διοικουμένης. Ἀλλά μοι δοκεῖ ταῖς προτιμοτέραις τῶν δυνάμεων τῆς ψυχῆς ἠρεμούσης, φημὶ δὲ ταῖς κατὰ τὸν νοῦν καὶ τὴν αἴσθησιν ἐνεργείαις, μόνον τὸ θρεπτικὸν αὐτῆς μέρος ἐνεργὶν κατὰ τὸν ὕπνον εἶναι, ἐν δὲ τούτῳ τῶν καθ᾽ ὕπαρ γενομένων εἴδωλά τινα καὶ ἀπηχήματα τῶν τε κατ᾽ αἴσθησιν καὶ τῶν κατὰ διάνοιαν ἐνεργουμένων ἅπερ αὐτῷ διὰ τοῦ μνημονευτικοῦ τῆς ψυχῆς εἴδους ἐνετυπώθη, ταῦτα καθὼς ἔτυχεν ἀναζωγραφεῖσθαι, ἀπηχήματός τινος μνημονικοῦ τῷ τοιούτῳ εἴδει τῆς ψυχῆς παραμείναντος. Ἐν τούτοις οὖν φαντασιοῦται ὁ ἄνθρωπος, οὐχ εἱρμῷ τινι πρὸς τὴν τῶν φαινομένων ὁμιλίαν ἀγόμενος, ἀλλὰ πεφυρμέναις τισὶ καὶ ἀνακολούθοις ἀπάταις περιπλανώμενος. Καθάπερ δὲ κατὰ τὰς σωματικὰς ἐνεργείας ἑκάςου τῶν [9]μελῶν ἰδιαζόντως τι κατὰ τὴν ἐγκειμένην αὐτῷ φυσικῶς δύναμιν ἐνεργοῦντος γίνεταί τις καὶ τοῦ ἠρεμοῦντος [10]μέλους πρὸς τὸ κινούμενον συνδιάθεσις, ἀναλόγως καὶ ἐπὶ τῆς ψυχῆς, κἂν τὸ μὲν αὐτῆς ἠρεμοῦν, τὸ δὲ κινούμενον τύχῃ, τὸ ὅλον τῷ μέρει συνδιατίθεται. Οὐδὲ γὰρ ἐνδέχεται συνδιασπασθῆναι πάντῃ τὴν κατὰ φύσιν ἑνότητα, κρατούσης ἐν μέρει τινὸς τῶν κατ᾽ αὐτὴν δυνάμεων διὰ τῆς ἐνεργείας. Ἀλλ᾽ ὥσπερ ἐγρηγορότων τε καὶ σπουδαζόντων ἐπικρατεῖ μὲν ὁ νοῦς, ὑπηρετεῖ δὲ ἡ αἴσθησις, οὐκ ἀπολείπεται δὲ τούτων ἡ διοικητικὴ τοῦ σώματος δύναμις (ὁ μὲν γὰρ νοῦς πορίζει τὴν τροφὴν τῇ χρείᾳ, ἡ δὲ αἴσθησις τὸ πορισθὲν ὑπεδέξατο, ἡ δὲ θρεπτικὴ τοῦ σώματος δύναμις ἑαυτῇ τὸ δο-

---

9) M. μερῶν. — 10) M. μέρους.

dung des denkenden Geistes mit dem körperlichen Menschen bewerkstelligt wird. Wenn also die Sinne außer Wirksamkeit gesetzt sind, muß nothwendiger Weise auch der denkende Geist seine Thätigkeit einstellen. Ein Beweis dafür liegt in dem Umstand daß der Träumende oft sogar in Verkehrtheiten und Unmöglichkeiten sich zu bewegen glaubt, was wohl nicht geschehen würde, wenn die Seele zu der Zeit unter dem lenkenden Einfluß von Verstand und bewußtem Denken stände. Ich glaube vielmehr daß wenn die Seele mit ihren Hauptkräften, nämlich der Thätigkeit des Denkens und sinnlichen Empfindens, rastet, nur der ernährende Theil von ihr im Schlafe wirksam sei, und daß in diesem gewisse Bilder dessen was im wachenden Zustande geschehen ist, und Rückklänge aus der Wirksamkeit der sinnlichen Empfindung und des Denkens, welche ihm durch den das Gedächtniß vertretenden Theil der Seele eingeprägt wurden, je nach Zufall und Willkühr wieder vorgemalt werden, insofern ein Wiederhall des Gedächtnisses bei diesem, nämlich dem ernährenden, Theile der Seele zurückgeblieben ist. Hierin bestehen also die Traumgesichter des Menschen, und er wird keineswegs in einer bestimmten Reihenfolge in den Kreis der Erscheinungen eingeführt, sondern er schweift unter verwirrten und unzusammenhängenden Trugbildern umher. Wie nun aber bei den körperlichen Thätigkeiten ein jedes Glied nach der ihm von Natur innewohnenden Kraft etwas Besonderes wirkt, und dennoch eine Mitaffection des ruhenden Gliedes mit dem in Bewegung und Thätigkeit befindlichen stattfindet, ebenso hält auch bei der Seele, selbst wenn der eine Theil von ihr außer Thätigkeit, der andere dagegen in Thätigkeit ist, das Ganze seine Verbindung und sein Verhältniß zum Theile fest. Denn es ist unmöglich daß die natürliche Einheit gänzlich zerrissen wird, wenn auch bald dieses bald jenes ihrer Vermögen vorwaltend thätig und wirksam ist. Vielmehr wie, wenn wir in wachendem und thätigen Zustande uns befinden, das Denkvermögen Herrscher, die sinnliche Empfindung hingegen Dienerin ist, und das den Körper in seiner Ordnung erhaltende Vermögen sich von ihnen nicht ausschließt (denn der Verstand verschafft die Nahrung wenn das Bedürfniß dazu da ist, die sinnliche Empfindung nimmt das Verschaffte in Empfang, und die den Körper ernährende Kraft eignet sich das Ge-

θὲν προςῳκείωσεν), οὕτω καὶ κατὰ τὸν ὕπνον ἀντιμεθίςαταί πως ἐν ἡμῖν ἡ τῶν δυνάμεων τούτων ἡγεμονία, καὶ κρατοῦντος τοῦ ἀλογωτέρου, παύεται μὲν ἡ τῶν ἑτέρων ἐνέργεια, οὐ μὴν παντελῶς ἀποσβέννυται. Ἐπειγομένης δὲ τηνικαῦτα διὰ τοῦ ὕπνου πρὸς τὴν πέψιν τῆς θρεπτικῆς δυνάμεως, καὶ πᾶσαν τὴν φύσιν πρὸς ἑαυτὴν ἀσχολούσης, οὔτε παντελῶς διασπᾶται ταύτης ἡ κατ᾿ αἴσθησιν δύναμις (οὐ γὰρ ἐνδέχεται τὸ ἅπαξ συμπεφυκὸς διατέμνεσθαι), οὔτε ἀναλάμπειν [11] αὐτῆς ἡ ἐνέργεια δύναται, τῇ τῶν αἰσθητηρίων ἀργίᾳ κατὰ τὸν ὕπνον ἐμπεδηθεῖσα. Κατὰ τὸν αὐτὸν δὲ λόγον καὶ τοῦ νοῦ πρὸς τὸ αἰσθητικὸν [12] τῆς ψυχῆς εἶδος οἰκειουμένου ἀκόλουθον ἂν εἴη καὶ κινουμένου τούτου συγκινεῖσθαι λέγειν αὐτόν, καὶ ἠρεμοῦντος συγκαταπαύεσθαι. Οἷον δέ τι περὶ τὸ πῦρ γίνεσθαι πέφυκεν, ὅταν μὲν ὑποκρυφθῇ τοῖς ἀχύροις ἀπανταχόθεν, μηδεμιᾶς ἀναπνοῆς ἀναρριπιζούσης τὴν φλόγα, οὔτε τὰ προςπαρακείμενα νέμεται, οὔτε παντελῶς κατασβέννυται, ἀλλ᾿ ἀντὶ φλογὸς ἀτμός τις διὰ τῶν ἀχύρων ἐπὶ τὸν ἀέρα διέξεισιν, εἰ δέ τινος λάβοιτο διαπνοῆς, φλόγα τὸν καπνὸν ἀπεργάζεται, τὸν αὐτὸν τρόπον καὶ ὁ νοῦς τῇ ἀπραξίᾳ τῶν αἰσθήσεων κατὰ τὸν ὕπνον συγκαλυφθεὶς οὔτε ἐκλάμπειν δι᾿ αὐτῶν δυνατῶς ἔχει, οὔτε μὴν παντελῶς κατασβέννυται, ἀλλ᾿ οἷον καπνοειδῶς κινεῖται, τὸ μέν τι ἐνεργῶν, τὸ δὲ οὐ δυνάμενος. Καὶ ὥςπερ τις μουσικὸς κεχαλασμέναις ταῖς χορδαῖς τῆς λύρας ἐμβαλὼν τὸ πλῆκτρον οὐ κατὰ ῥυθμὸν προάγει τὸ μέλος (οὐ γὰρ ἂν τὸ μὴ συντεταμένον ἠχήσειεν, ἀλλ᾿ ἡ μὲν χεὶρ τεχνικῶς πολλάκις κινεῖται, πρὸς τὴν τοπικὴν θέσιν τῶν τόνων τὸ πλῆκτρον ἄγουσα, τὸ δὲ ἠχοῦν οὐκ ἔςιν, εἰ μὴ ὅσον ἄσημόν τινα καὶ ἀσύντακτον ἐν τῇ κινήσει τῶν χορδῶν [13] ὑπηχεῖν τὸν βόμβον), οὕτω διὰ τοῦ ὕπνου τῆς ὀργανικῆς τῶν αἰσθητηρίων κατασκευῆς χαλασθείσης ἢ καθόλου ἠρεμεῖ ὁ τεχ-

---

11) M. ἡ αὐτῆς ἐνέργεια. — 12) M. εἶδος τῆς ψυχῆς. — 13) M. ὑπηχεῖ.

gebene an), so tritt auch im Schlaf gewissermaßen ein Wechsel der überwiegenden Thätigkeit des einen Vermögens vor dem anderen ein, und weil der unvernünftige Theil im Uebergewicht ist, so hört die Thätigkeit der anderen auf, ohne indessen gänzlich zu erlöschen. Wenn demnach zu dieser Zeit unter Beihilfe des Schlafes der ernährende Theil eifrigst mit der Verdauung beschäftigt ist, und die ganze Natur in seine Thätigkeit zieht, so wird wohl einerseits das Vermögen der sinnlichen Empfindung nicht ganz von ihr losgerissen (denn es ist unmöglich das einmal für allemal fest Verbundene auseinanderzureißen), allein es kann ihre Thätigkeit auch nicht in den Vordergrund treten, da sie durch die während des Schlafes eintretende Unthätigkeit der Sinneswerkzeuge gehindert wird. Auf ebendieselbe Weise dürfte, bei der bestehenden Verwandtschaft des Denkvermögens und des sinnlich empfindenden Theiles der Seele, sich die Nothwendigkeit der Behauptung ergeben, daß wenn der eine in Thätigkeit ist, es auch zugleich der andere ist, und wenn der eine von ihnen feiert, auch der andere seine Thätigkeit einstellt. Was aber mit dem Feuer der Fall zu sein pflegt, nämlich daß, wenn es von allen Seiten durch Spreu verdeckt ist und kein Luftzug die Flamme aufbläst, es weder seine Umgebung verzehrt, noch auch völlig erlischt, sondern durch die Spreu hindurch Qualm in die Luft emporsteigt, hingegen wenn es ein Luftzug erfaßt, den Rauch in helle Flamme verwandelt, auf dieselbe Weise wird auch die Denkkraft durch die Unthätigkeit der Sinne im Schlafe verhüllt und vermag nicht durch sie emporzuleuchten, wird indessen keineswegs gänzlich ausgelöscht, sondern es ist eben ihre Thätigkeit etwa jenem Qualm ähnlich, und zum Theil wirksam, zum Theil ohnkräftig. Und gleichwie ein Künstler, welcher das Plektron auf die losgespannten Saiten niederfallen läßt, kein harmonisches Tonstück hervorbringt (denn schwerlich möchte was nicht gespannt ist einen Ton hervorbringen; wie oft auch sich die Hand mit künstlerischer Fertigkeit in Bewegung setzt, und das Plektron der örtlichen Lage der Töne nähert, der Klang fehlt, und nur ein undeutliches und ungeordnetes Geräusch bringt es durch die Bewegung der Saiten hervor), — so ist auch, wenn während des Schlafes der Organismus der Sinneswerkzeuge erschlafft ist, der Künstler entweder in völliger Unthä-

νίτης, εἴπερ τελείαν λύσιν ἐκ πληθώρας τινὸς καὶ βάρους πάθοι τὸ ὄργανον, ἢ ἀτόνως τε καὶ ἀμυδρῶς ἐνεργήσει, οὐχ ὑποδεχομένου τοῦ αἰσθητικοῦ ὀργάνου δι' ἀκριβείας τὴν τέχνην. Διὰ τοῦτο ἥ τε μνήμη συγκεχυμένη καὶ ἡ πρόγνωσις προκαλύμμασί τισιν ἀμφιβόλοις ἐπινυςάζουσα ἐν εἰδώλοις τῶν καθ' ὕπαρ σπουδαζομένων φαντασιοῦται, καί τι τῶν ἐκβαινόντων πολλάκις ἐμήνυσε. Τῷ γὰρ λεπτῷ τῆς φύσεως ἔχει τι πλέον παρὰ τὴν σωματικὴν παχυμέρειαν εἰς τὸ καθορᾶν τι τῶν ὄντων δύνασθαι. Οὐ μὴν δι' εὐθείας τινὸς δύναται διασαφεῖν τὸ λεγόμενον, ὡς τηλαυγῆ τε καὶ πρόδηλον εἶναι τὴν τῶν προκειμένων διδασκαλίαν, ἀλλὰ λοξῇ καὶ ἀμφίβολος τοῦ μέλλοντος ἡ δήλωσις γίνεται, ὅπερ αἴνιγμα λέγουσιν οἱ τὰ τοιαῦτα ὑποκρινόμενοι. Οὕτως ὁ οἰνοχόος ἐκθλίβει τὸν βότρυν τῇ κύλικι τοῦ Φαραώ, οὕτω κανηφορεῖν ὁ σιτοποιὸς ἐφαντάσθη, ἐν οἷς καθ' ὕπαρ ἑκάτερος τὴν σπουδὴν εἶχεν, ἐν τούτοις εἶναι καὶ διὰ τῶν ὀνείρων οἰόμενος. Τῶν γὰρ συνήθων αὐτοῖς ἐπιτηδευμάτων τὰ εἴδωλα τῷ προγνωςικῷ τῆς ψυχῆς ἐντυπωθέντα παρέσχεν ἐπὶ καιροῦ τῶν ἐκβησομένων διὰ τῆς τοιαύτης τοῦ νοῦ προφητείας καταμαντεύσασθαι. Εἰ δὲ Δανιήλ, καὶ Ἰωσήφ, καὶ οἱ κατ' ἐκείνους, θείᾳ δυνάμει, μηδεμιᾶς αὐτοὺς ἐπιθολούσης αἰσθήσεως, τὴν τῶν μελλόντων γνῶσιν προεπαιδεύοντο, οὐδὲν τοῦτο πρὸς τὸν προκείμενον λόγον. Οὐδὲ γὰρ ἄν τις ταῦτα τῇ δυνάμει τῶν ἐνυπνίων λογίσαιτο, ἐπεὶ πάντως ἐκ τοῦ ἀκολούθου καὶ τὰς καθ' ὕπαρ γινομένας θεοφανείας οὐκ ὀπτασίαν, ἀλλὰ φύσεως ἀκολουθίαν κατὰ τὸ αὐτόματον ἐνεργουμένην οἰήσεται. Ὥσπερ τοίνυν πάντων ἀνθρώπων κατὰ τὸν ἴδιον νοῦν διοικουμένων ὀλίγοι τινές εἰσιν οἱ τῆς θείας ὁμιλίας ἐκ τοῦ ἐμφανοῦς ἀξιούμενοι,

tigkeit, weil nämlich das Instrument in Folge von Ueberladung und Schwere eine vollständige Abspannung erleidet, oder er wird nur in matter und undeutlicher Weise seine Thätigkeit ausüben, weil eben das Instrument der Sinneswerkzeuge für seine Kunst keine volle Empfindlichkeit besitzt. So wird das verworrene Gedächtniß und die gleichsam wie durch halbdunkle Vorhänge eingeschläferte Voraussicht von Bildern dessen womit man sich im wachenden Zustande beschäftigt umgaukelt, und letztere hat auch schon öfters uns etwas verkündigt was eingetroffen ist. Denn bei der Feinheit ihrer Natur hat sie neben der Grobheit des Körpers etwas darin voraus daß sie das Eine oder Andere aus der Wirklichkeit erblicken kann. Freilich mit einiger Bestimmtheit zu verdeutlichen was sie verkündigt, so daß die Kunde von dem was bevorsteht eine klare und offene wäre, das vermag sie nicht, sondern die Offenbarung der Zukunft geschieht in einer dunklen und zweideutigen Weise, in einem Gleichniß, wie die sich ausdrücken welche sich mit Deutung solcher Orakel beschäftigen. So quetscht der Weinschenk die Traube aus für den Becher des Pharao, so träumte der Bäcker daß er Körbe trage, Dinge mit welchen sich Jeder von ihnen im wachenden Zustande beschäftigte, und sich darum mit ihnen auch im Traume abzugeben vermeinte. Denn die dem auf Erkenntniß der Zukunft gerichteten Theile der Seele eingeprägten Bilder der gewohnten Beschäftigungen lassen seiner Zeit durch diese Vorausverkündigung unseres denkenden Geistes einen Schluß auf die Zukunft machen. Wenn jedoch Daniel und Joseph und andere ihnen Aehnliche, ohne daß erst ein sinnliches Vermögen ihnen eine trübe Andeutung gegeben hätte, durch die Kraft Gottes sich auf die Kenntniß der Zukunft verstanden, so hat dies mit der gegenwärtigen Untersuchung Nichts zu schaffen. Denn es würde wohl auch kaum Jemand dies der Kraft der Träume zuschreiben wollen, weil er sonst folgerichtig auch die im Zustande des Wachens uns werdenden göttlichen Erscheinungen nicht für Gesichte, sondern für ein nach einem Gesetz der Nothwendigkeit ganz von selbst bewirktes Ereigniß halten müßte. Wie es also, während sonst alle Menschen unter dem lenkenden Einflusse ihres eigenen denkenden Geistes stehen, doch einige Wenige giebt welche des Umgangs mit Gott in offenbarer Weise gewürdigt

οὕτω κοινῶς πᾶσι καὶ ὁμοτίμως τῆς ἐν ὕπνοις φαντασίας κατὰ φύσιν ἐγγινομένης μετέχουσί τινες, οὐχὶ πάντες, θειοτέρας τινὸς διὰ τῶν ὀνείρων τῆς ἐμφανείας, τοῖς δ' ἄλλοις πᾶσι κἂν γένηταί τις ἐξ ἐνυπνίων περί τι πρόγνωσις, κατὰ τὸν εἰρημένον γίνεται τρόπον. Εἰ δὲ καὶ ὁ Αἰγύπτιος καὶ ὁ Ἀσσύριος τύραννος θεόθεν πρὸς τὴν τῶν μελλόντων [14] ὁδηγοῦνται γνῶσιν, ἕτερόν ἐςι τὸ διὰ τούτων οἰκονομούμενον. Φανερωθῆναι γὰρ ἔδει κεκρυμμένην τὴν τῶν ἁγίων σοφίαν, ὡς ἂν μὴ ἄχρηςος τῷ κοινῷ παραδράμῃ τὸν βίον. Πῶς γὰρ [15] ἂν ἐγνώσθη τοιοῦτος ὢν Δανιὴλ, μὴ τῶν ἐπαοιδῶν καὶ μάγων πρὸς τὴν εὕρεσιν τῆς φαντασίας ἀτονησάντων; πῶς δ' ἂν περιεσώθη τὸ Αἰγύπτιον, ἐν δεσμωτηρίῳ καθειργμένου τοῦ Ἰωσὴφ, εἰ μὴ παρήγαγεν εἰς [16] μέσον αὐτὸν ἡ τοῦ ἐνυπνίου κρίσις; Οὐκοῦν ἄλλο τι ταῦτα, καὶ [17] οὐ κατὰ τὰς κοινὰς φαντασίας λογίζεσθαι χρή. Ἡ δὲ συνήθης αὕτη τῶν ὀνείρων ὄψις κοινὴ πάντων ἐςὶ, πολυτρόπως καὶ πολυειδῶς ταῖς φαντασίαις ἐγγινομένη. Ἢ γὰρ παραμένει, καθὼς εἴρηται, τῷ μνημονικῷ τῆς ψυχῆς τῶν μεθημερινῶν ἐπιτηδευμάτων τὰ ἀπηχήματα, ἢ πολλάκις καὶ πρὸς τὰς ποιὰς τοῦ σώματος διαθέσεις ἡ τῶν ἐνυπνίων κατάςασις ἀνατυποῦται. Οὕτω γὰρ ὁ διψώδης ἐν πηγαῖς εἶναι δοκεῖ, καὶ ἐν εὐωχίαις ὁ τροφῆς προςδεόμενος, καὶ ὁ νέος σφριγώσης αὐτῷ τῆς ἡλικίας [18] καταλλήλως τῷ πάθει φαντασιοῦται. Ἔγνων δὲ καὶ ἄλλην ἐγὼ τῶν [19] καθ' ὕπνον αἰνιγμάτων αἰτίαν, θεραπεύων τινὰ τῶν ἐπιτηδείων ἑαλωκότα φρενίτιδι, ὃς βαρούμενος τῇ τροφῇ πλείονι τῆς δυνάμεως [20] αὐτῷ προςενεχθείσης ἐβόα τοὺς περιεςῶτας μεμφόμενος ὅτι ἔντερα κόπρου πληρώσαντες εἶεν ἐπιτεθεικότες αὐτῷ· καὶ ἤδη τοῦ σώματος αὐτῷ πρὸς ἱδρῶτα σπεύδοντος, ᾐτιᾶτο τοὺς παρόντας ὕδωρ ἔχειν ἡτοιμασμένον, ἐφ' ᾧ τε καταβρέξαι κείμενον, καὶ οὐκ ἐνεδίδου βο-

---

14) M. ὡδηγοῦντο. — 15) ἂν fehlt bei M. — 16) M. μέσους. — 17) M. οὐχὶ. — 18) M. καταλλήλῳ. — 19) M. καθ' ὕπνου γενομένων αἰτίαν. — 20) M. αὐτοῦ προςενεχθείσῃ.

werden, so werden auch, während einerseits Alle insgemein und
ohne Unterschied die Befähigung im Schlafe zu träumen von der
Natur empfangen, andererseits dennoch Einigen, keineswegs Allen,
Erscheinungen von mehr göttlicher Natur in ihren Träumen zu
Theil, und bei allen Anderen hat es, wenn sie ja aus ihren Traum-
bildern eine Kenntniß von der Zukunft gewinnen, damit die von uns
angegebene Bewandtniß. Wenn aber auch der Aegyptische und
der Assyrische Fürst durch Gott in der Kenntniß der Zukunft unterwiesen werden, so hat dies einen anderen Zweck. Denn die verborgene Weisheit der Heiligen mußte geoffenbart werden, damit sie
nicht nutzlos für das Allgemeine im Menschenleben vorübergienge.
Wie hätte wohl Daniel als ein solcher Mann erkannt werden können, wenn nicht die Beschwörer und Magier zur Erklärung des Gesichts unfähig gewesen wären? Wie hätte Aegypten seine Rettung
gefunden, wenn nicht, da Joseph in dem Gefängniß eingesperrt
worden war, die Deutung des Traumes ihn in die Oeffentlichkeit
geführt hätte? Es verhält sich also anders damit, und man darf
diese Fälle nicht wie die alltäglichen Traumbilder beurtheilen. Dies
gewöhnliche Traumgesicht haben Alle gemeinsam, und es tritt in
den vielfältigsten und vielgestaltigsten Erscheinungen auf. Entweder verbleiben, wie gesagt, bei dem das Gedächtniß vertretenden
Theile der Seele die Rückklänge der täglichen Beschäftigungen, oder,
was häufig der Fall ist, die Beschaffenheit der Träume gewinnt ihr
Gepräge nach den jemaligen Affectionen des Körpers. So meint
der Durstige neben Quellen, und der der Nahrung Bedürftige an
reichbesetzten Tafeln sich zu befinden, und der Jüngling in seinem
von Sinnlichkeit strotzenden Lebensalter hat seiner Leidenschaft entsprechende Träume. Ich habe jedoch auch noch eine andere Ursache
der in Bildern sprechenden Träume unseres Schlafes in Erfahrung
gebracht, als ich einen meiner Angehörigen, welcher von Fieber-
wahnsinn befallen war, pflegte. Der war mit mehr Speise beschwert als man ihm Kraft sie zu bezwingen zutrauen konnte, und
schrie und schalt die Umstehenden daß sie Därme mit Koth gefüllt
ihm aufgebürdet hätten, und als sein Körper bereits zu schwitzen
begann, da beschuldigte er die Anwesenden daß sie Wasser zur Hand
hätten, um ihn auf seinem Lager damit zu benetzen, und so ließ er

ὦν, ἕως ἡ ἔκβασις τῶν τοιούτων μέμψεων τὰς αἰτίας ἡρμήνευσεν. Ἀθρόως γὰρ ἱδρώς τε πολὺς ἐπεῤῥύη τῷ σώματι, καὶ ἡ γαςὴρ ὑποφθαρεῖσα τὴν ἐν τοῖς ἐντέροις βαρύτητα διεσήμανεν. Ὅπερ τοίνυν ἀμβλυνθείσης ὑπὸ τῆς νήψεως ἔπασχεν ἡ φύσις συνδιατιθεμένη τῷ πάθει τοῦ σώματος, τοῦ μὲν ὀχλοῦντος οὐκ ἀναισθήτως ἔχουσα, διασαφῆσαι δὲ τὸ λυποῦν ἐναργῶς διὰ τὴν ἐκ τῆς νόσου παραφορὰν οὐκ ἰσχύουσα, τοῦτο κατὰ τὸ εἰκὸς, εἰ μὴ ἐξ ἀῤῥωςίας, ἀλλὰ τῷ κατὰ φύσιν ὕπνῳ τὸ διανοητικὸν τῆς ψυχῆς κατηυνάσθη, ἐνύπνιον ἂν τῷ οὕτως διακειμένῳ ἐγίνετο, ὕδατι μὲν τῆς τοῦ ἱδρῶτος ἐπιῤῥοῆς, ἐντέρων δὲ βάρει τῆς κατὰ τὴν τροφὴν ἀχθηδόνος σημαινομένης. Τοῦτο καὶ πολλοῖς τῶν τὴν ἰατρικὴν πεπαιδευμένων δοκεῖ, παρὰ τὰς τῶν παθημάτων διαφορὰς καὶ τὰς τῶν ἐνυπνίων ὄψεις τοῖς κάμνουσι γίνεσθαι, ἄλλας μὲν τῶν ςομαχούντων, ἑτέρας δὲ τῶν κεκακωμένων τὰς μήνιγγας, καὶ τῶν ἐν πυρετοῖς πάλιν ἑτέρας, τῶν τε κατὰ χολὴν καὶ τῶν ἐν φλέγματι κακουμένων οὐ τὰς αὐτὰς, καὶ τῶν πληθωρικῶν καὶ τῶν ἐκτετηκότων πάλιν ἄλλας. Ἐξ ὧν ἔςιν ἰδεῖν ὅτι ἡ θρεπτική τε καὶ αὐξητικὴ δύναμις τῆς ψυχῆς [21] ἔχει τι καὶ τοῦ νοεροῦ συγκατεσπαρμένον αὐτῇ διὰ τῆς ἀνακράσεως, ὃ τῇ ποιᾷ διαθέσει τοῦ σώματος τρόπον τινὰ ἐξομοιοῦται, κατὰ τὸ ἐπικρατοῦν πάθος ταῖς φαντασίαις μεθαρμοζόμενον. Ἔτι δὲ καὶ πρὸς τὰς τῶν ἠθῶν καταςάσεις τυποῦται [22] τοῖς πολλοῖς τὰ ἐνύπνια. Ἄλλα τοῦ ἀνδρείου, καὶ ἄλλα τοῦ δειλοῦ τὰ φαντάσματα, ἄλλοι τοῦ ἀκολάςου ὄνειροι, καὶ ἄλλοι τοῦ σώφρονος, ἐν ἑτέροις ὁ μεταδοτικὸς, καὶ ἐν ἑτέροις φαντασιοῦται ὁ ἄπληςος, οὐδαμοῦ τῆς διανοίας, ἀλλὰ τῆς [23] ἀλογωτέρας ἐν τῇ ψυχῇ διαθέσεως τὰς τοιαύτας φαντασίας ἀνατυπούσης,

---

21) M. ἔχῃ. — 22) τοῖς fehlt bei M. — 23) M. ἀλογωτέρας διαθέσεως ἐν τῇ ψυχῇ.

nicht nach mit Schreien bis der Erfolg die Veranlassungen zu solchen Beschuldigungen ins Klare setzte. Denn plötzlich überströmte den Körper ein reichlicher Schweiß, und der allmälig sich lösende Unterleib machte die Beschwerung der Eingeweide offenbar. Was also in Folge der von der Krankheit getrübten Nüchternheit der krankhaft mitaffizierten Natur widerfuhr, daß sie nämlich nicht ohne Empfindung von dem war was sie beschwerte, jedoch den Gegenstand welcher den Schmerz verursachte wegen der durch die Krankheit hervorgerufenen Verstandesverwirrung nicht deutlich zu bezeichnen wußte, das würde wahrscheinlich, wenn das Denkvermögen der Seele nicht in Folge einer Krankheit, sondern unter dem Einflusse des natürlichen Schlafes eingeschlummert gewesen wäre, bei dem betreffenden Menschen in Gestalt eines Traumes sich vollziehen, so daß durch Wasser das Ueberströmen des Schweißes, durch die Belastung der Eingeweide die Beschwerung mit Speise angedeutet würde. Auch sind viele Aerzte der Ansicht daß je nach der Verschiedenheit der Leiden den Kranken auch verschiedene Traumgesichte zu Theil werden, und zwar andere denen die am Magen leiden, andere denen welche eine Verletzung der Gehirnhäutchen davongetragen haben, und wieder andere denen die am Fieber darniederliegen, daß ferner die an der Galle und die welche an Schleimsucht erkrankt sind nicht dieselben haben, und daß die der an Ueberfülle und der an Abmagerung Leidenden wiederum verschieden seien. Hieraus kann man ersehen daß dem das Ernähren und das Wachsthum befördernden Seelenvermögen auch Etwas von der Denkkraft beigemischt ist, welches mit dem jemaligen Zustande des Körpers gewissermaßen Aehnlichkeit annimmt und je nach dem vorwaltenden Einflusse der Krankheit sich mit den Traumgebilden in Harmonie setzt. Außerdem tragen bei der Mehrzahl die Träume das Gepräge der Charactereigenschaften. Anders sind die Phantasiegebilde des Mannhaften, und anders die des Feigen, anders die Träume des Wollüstlings, anders die des maßvollen Menschen, auf anderen Gebieten bewegt sich die Einbildungskraft des Mittheilsamen, auf anderen die des Habgierigen. Hier ruft nirgends das Denkvermögen, sondern die mehr unvernünftige Partie in der Seele solche Phantasiegestalten hervor, indem sie die Bilder von demjenigen was

οἷς προειθίσθη διὰ τῆς καθ᾽ ὕπαρ μελέτης, τούτων τὰς εἰκόνας καὶ ἐν τοῖς ἐνυπνίοις ἀναπλαττούσης.

Κεφ. ιδ΄. Ἀλλὰ πολὺ τῶν προκειμένων ἀπεπλανήθημεν. Δεῖξαι γὰρ ἡμῖν ὁ λόγος προέθετο τὸ μὴ μέρει τινὶ τοῦ σώματος ἐνδεδέσθαι τὸν νοῦν, ἀλλὰ παντὸς κατὰ τὸ ἴσον ἐφάπτεσθαι, καταλλήλως τῇ φύσει τοῦ ὑποκειμένου μέρους ἐνεργοῦντα τὴν κίνησιν. Ἔςι δὲ ὅπου καὶ ἐπακολουθεῖ ταῖς φυσικαῖς ὁρμαῖς ὁ νοῦς, οἷον ὑπηρέτης γενόμενος. Καθηγεῖται γὰρ πολλάκις ἡ τοῦ σώματος φύσις, καὶ τοῦ λυποῦντος αἴσθησιν ἐντιθεῖσα, καὶ τοῦ εὐφραίνοντος ἐπιθυμίαν, ὥςε ταύτην μὲν τὰς πρώτας παρέχειν ἀρχὰς, ἢ βρώσεως ὄρεξιν, ἢ τινος ὅλως τῶν καθ᾽ ἡδονὴν τὴν ὁρμὴν ἐμποιοῦσαν, τὸν δὲ νοῦν ἐκδεχόμενον τὰς τοιαύτας ὁρμὰς ταῖς οἰκείαις περινοίαις τὰς πρὸς τὸ ποθούμενον ἀφορμὰς συνεκπορίζειν τῷ σώματι. Τὸ δὲ τοιοῦτον οὐκ ἐπὶ πάντων ἐςὶν, ἀλλὰ μόνων τῶν ἀνδραποδωδέςερον διακειμένων,[1] οἳ δουλώσαντες τὸν λόγον ταῖς ὁρμαῖς τῆς φύσεως διὰ τῆς τοῦ νοῦ συμμαχίας τὸ κατὰ τὰς αἰσθήσεις ἡδὺ δουλοπρεπῶς κολακεύουσιν. Ἐπὶ δὲ τῶν τελειοτέρων οὐχ οὕτως γίνεται. Καθηγεῖται γὰρ ὁ νοῦς, λόγῳ, καὶ οὐχὶ πάθει, τὸ λυσιτελὲς προαιρούμενος· ἡ δὲ φύσις κατ᾽ ἴχνος ἕπεται τῷ προκαθηγουμένῳ. Ἐπειδὴ δὲ τρεῖς κατὰ τὴν ζωτικὴν δύναμιν διαφορὰς ὁ λόγος εὗρε, τὴν μὲν τρεφομένην χωρὶς αἰσθήσεως, τὴν δὲ τρεφομένην μὲν καὶ [2] αἰσθανομένην, ἀμοιροῦσαν δὲ τῆς λογικῆς ἐνεργείας, τὴν δὲ λογικὴν καὶ τελείαν δι᾽ ἁπάσης διήκουσαν τῆς δυνάμεως, ὡς καὶ ἐν ἐκείναις εἶναι καὶ τῆς νοερᾶς τὸ πλέον ἔχειν, μηδεὶς διὰ τούτων ὑπονοείτω τρεῖς συγκεκροτῆσθαι ψυχὰς ἐν τῷ ἀνθρωπίνῳ συγκρίματι, ἐν ἰδίαις περιγραφαῖς θεωρουμένας, ὥςε συγκρότημά τι πολλῶν ψυχῶν τὴν ἀνθρωπίνην φύσιν εἶναι νομίζειν. Ἀλλ᾽ ἡ μὲν ἀληθής τε καὶ τελεία

---

1) M. οἱ. — 2) M. αὐξανομένην.

ihr durch tägliche Beschäftigung damit im Zustande des Wachens zur Gewohnheit geworden ist aufs Neue auch in den Träumen ausführt.

Kap. 14. Allein wir sind weit von unserem Gegenstande abgeschweift. Unsere Untersuchung legte uns nämlich auf den Beweis zu führen daß der denkende Geist nicht an einen Theil des Körpers gebunden sei, sondern daß er in gleichmäßiger Weise mit dem Ganzen in Verbindung trete, und der Natur des betreffenden Theils entsprechend die Bewegung desselben bewirke. Es kommt aber auch zuweilen vor daß die Vernunft den natürlichen Gelüsten nachgiebt, und gleichsam ihre Dienerin wird. Denn in vielen Fällen thut die körperliche Natur den ersten Schritt, indem sie das Gefühl daß uns Etwas Schmerz oder Lust bringen werde in uns rege macht, so daß sie es also ist welche den ersten Anstoß giebt, und in uns entweder Begierde nach Essen, oder das Verlangen zu irgend welchem sonstigen Angenehmen hervorruft, der Verstand wiederum dieses Verlangen nun in seine Hand nimmt und durch seine erfinderische Umsicht dem Körper die Mittel es zu befriedigen angiebt. Dies ist jedoch nicht bei allen Menschen der Fall, sondern nur bei solchen die in einer mehr sklavenartigen Abhängigkeit leben, welche, weil sie die Vernunft in die Knechtschaft der natürlichen Begierden gegeben haben, unter dem Beistande des Verstandes dem was die Sinne vergnügt in sklavischer Weise ergeben sind. Bei vollkommeneren Menschen ist dies nicht so. Denn da steht der Verstand an der Spitze und dieser entscheidet sich nach Gründen, nicht nach Sinnenkitzel, für das was nützlich ist, und die Natur folgt der Spur ihres Führers. Nachdem nun unsere Untersuchung drei Unterschiede in der Lebensbefähigung entdeckt hatte, deren eine die des Vegetierens ohne Empfindung, die zweite die des Vegetierens mit Empfindung, welche jedoch der Thätigkeit der Vernunft entbehrt, und die dritte diejenige war welche mit Vernunft begabt und vollkommen ist und alle übrige Befähigung durchdringt, dergestalt daß sie ebenso ihnen innewohnt als in dem Umstande, daß sie denkt, vor ihnen den Vorrang einnimmt, so soll darum Niemand wähnen daß in dem Complex der menschlichen Natur drei Seelen vereinigt seien, deren jede innerhalb besonderer Grenzen sich beobachten lasse, so daß man zu der Ansicht gelangte, die menschliche Natur sei eine Vereinigung von mehreren

ψυχὴ μία τῇ φύσει ἐςὶν, ἡ νοερά τε καὶ ἄϋλος, ἡ διὰ τῶν αἰσθήσεων τῇ ὑλικῇ καταμιγνυμένη φύσει. Τὸ δὲ ὑλῶδες ἅπαν ἐν τροπῇ τε καὶ ἀλλοιώσει κείμενον, εἰ μὲν μετέχοι τῆς ψυχούσης δυνάμεως, κατὰ αὔξησιν κινηθήσεται. Εἰ δὲ ἀποπέσοι τῆς ζωτικῆς ἐνεργείας, εἰς φθορὰν ἀναλύσει τὴν κίνησιν. Οὔτε οὖν αἴσθησις χωρὶς ὑλικῆς οὐσίας, οὔτε τῆς νοερᾶς δυνάμεως χωρὶς αἰσθήσεως ἐνέργεια γίνεται.

Κεφ. ιε'. Εἰ δέ τινα τῆς κτίσεως τὴν θρεπτικὴν ἐνέργειαν ἔχει, ἢ πάλιν ἕτερα τῇ αἰσθητικῇ διοικεῖται δυνάμει, μήτε ἐκεῖνα αἰσθήσεως, μήτε ταῦτα τῆς νοερᾶς μετέχοντα φύσεως, καὶ διὰ τοῦτό τις ψυχῶν πλῆθος καθυποπτεύει, οὐ κατὰ τὸν διαιροῦντα λόγον ὁ τοιοῦτος τὴν τῶν ψυχῶν διαφορὰν δογματίσει. Διότι πᾶν τὸ ἐν τοῖς οὖσι νοούμενον, εἰ μὲν τελείως εἴη ὅπερ ἐςὶ, κυρίως καὶ ὀνομάζεται ὅπερ λέγεται, τὸ δὲ μὴ διὰ πάντων ὂν ἐκεῖνο ὃ κατωνόμαςαι ματαίαν καὶ τὴν προςηγορίαν ἔχει. Οἷον εἴ τις τὸν ἀληθῆ δείξειεν ἄρτον, φαμὲν τὸν τοιοῦτον κυρίως ἐπιλέγειν τῷ ὑποκειμένῳ τὸ ὄνομα, εἰ δέ τις τὸν ἀπὸ λίθου τεχνηθέντα τῷ κατὰ φύσιν ἀντιπαραδείξειεν, ᾧ σχῆμα μὲν τὸ αὐτὸ, καὶ τὸ μέγεθος ἴσον, καὶ ἡ τοῦ χρώματος ὁμοιότης, ὥςε διὰ τῶν πλείςων τὸν αὐτὸν εἶναι τῷ πρωτοτύπῳ δοκεῖν, ἐπιλείπει δὲ αὐτῷ τὸ καὶ τροφὴν δύνασθαι εἶναι, παρὰ τοῦτο οὐ κυρίως, ἀλλ' ἐκ καταχρήσεως τῆς ἐπωνυμίας τοῦ ἄρτου τετυχηκέναι τὸν λίθον λέγομεν. Καὶ [1]πάντα κατὰ τὸν αὐτὸν λόγον, ἃ μὴ δι' ὅλων ἐςὶν ὅπερ λέγεται, ἐκ καταχρήσεως ἔχει τὴν κλῆσιν. Οὕτω τοίνυν καὶ τῆς ψυχῆς ἐν τῷ νοερῷ τε καὶ λογικῷ τὸ τέλειον ἐχούσης, πᾶν ὃ μὴ τοῦτό ἐςιν, ὁμώνυμον μὲν εἶναι

---

[1] M. πάντα τὰ κατά.

Seelen. Im Gegentheil, die wahre und vollendete Seele ist ihrer Natur nach eine einzige, denkkräftig und immaterial, und doch vermittelst der sinnlichen Empfindungen mit der materialen Natur vereinigt. Alles Materiale, welches auf Wechsel und Veränderung beruht, wird, sobald es der belebenden Kraft theilhaftig ist, sich auf dem Wege des Wachsthums in Bewegung setzen, verliert es hingegen die Lebensfähigkeit, dann wird es diese Bewegung mit seinem Untergange einstellen. Sonach tritt weder sinnliche Empfindung ohne materiales Wesen, noch Thätigkeit der Denkkraft ohne sinnliches Empfinden ein.

Kap. 15. Hat aber ein Theil der Schöpfung die ihn ernährende Kraft, oder wird ein anderer wiederum von der sinnlichen Empfindung regiert, dergestalt daß weder jener die sinnliche Empfindung, noch dieser das Denkvermögen theilt, und es verfiele aus diesem Grunde Jemand auf den Gedanken einer Mehrheit von Seelen, der würde einen solchen Unterschied der Seelen nicht nach scharfer und klarer Begriffsbestimmung als Behauptung aufstellen können, deßhalb nämlich weil Alles was wir in der Welt sehen, sobald es vollkommen das ist was es ist, auch dann ganz eigentlich den Namen führt mit welchem es genannt wird, das hingegen was nicht in allen Stücken das ist was sein Name besagt, auch seinen Namen nur als einen inhaltslosen trägt. Zum Beispiel wenn Jemand das wirkliche Brot zeigt, so sagen wir daß er in eigentlicher Weise dem Gegenstande seinen Namen gebe, wollte aber Jemand dem natürlichen Brot künstlich von Stein gearbeitetes gegenüberstellen, welches wohl von gleicher Gestalt und gleicher Größe wäre, und jenem auch in der Farbe gliche, dergestalt daß es in den meisten Stücken dasselbe mit seinem Urbild zu sein schiene, da würden wir auf Grund dessen daß ihm die Befähigung als Nahrung dienen zu können fehlt erklären daß der Stein nicht in eigentlicher und richtiger Weise, sondern mißbräuchlich die Benennung Brot empfangen habe. Ebenso besitzt alles übrige Derartige was nicht in allen Stücken das ist was es heißt seine Benennung auf Grund mißbräuchlicher Anwendung. Da nun auch die Seele in dem Verstand und der Vernunft den eigenthümlichen Vorzug ihrer Vollkommenheiten besitzt, so kann wohl Alles auch was nicht diese Eigenschaften an sich trägt, den

δύναται τῇ ψυχῇ, οὐ μὴν καὶ ὄντως ψυχὴ, ἀλλά τις ἐνέργεια ζωτικὴ, τῇ τῆς ψυχῆς κλήσει συγκεκριμένη. Διὸ καὶ τὴν τῶν ἀλόγων φύσιν, ὡς οὐ πόῤῥω τῆς φυσικῆς ταύτης ζωῆς κειμένην, ὁμοίως ἔδωκε τῇ χρήσει τοῦ ἀνθρώπου, ὁ τὰ καθ᾽ ἕκαϛον νομοθετήσας, ὡς ἀντὶ λαχάνου τοῖς

Gen. 9, 3. μετέχουσιν εἶναι. Πάντα γὰρ, φησὶ, τὰ κρέα φάγεσθε, ὡς λάχανα χόρτου. Μικρὸν γάρ τι πλεονεκτεῖν δοκεῖ τῇ αἰσθητικῇ ἐνεργείᾳ τοῦ δίχα ταύτης τρεφομένου τε καὶ [2]αὐξομένου. Παιδευσάτω τοῦτο τοὺς φιλοσάρκους μὴ πολὺ τοῖς κατ᾽ αἴσθησιν φαινομένοις [3]προςδεσμεῖν τὴν διάνοιαν, ἀλλ᾽ ἐν τοῖς ψυχικοῖς προτερήμασι προσασχολεῖσθαι, ὡς τῆς ἀληθοῦς ψυχῆς ἐν τούτοις θεωρουμένης, τῆς δὲ αἰσθήσεως καὶ ἐν τοῖς ἀλόγοις τὸ ἴσον ἐχούσης. Ἀλλ᾽ ἐφ᾽ ἕτερον ἡ ἀκολουθία παρηνέχθη τοῦ λόγου. Οὐ γὰρ τοῦτο τῇ θεωρίᾳ προέκειτο, ὅτι [4]προτιμότερον τῶν ἐν τῷ ἀνθρώπῳ νοουμένων ἐϛὶν ἡ κατὰ νοῦν ἐνέργεια ἢ τὸ ὑλικὸν τῆς ὑποϛάσεως, ἀλλ᾽ ὅτι οὐχὶ μέρει τινὶ τῶν ἐν ἡμῖν ὁ νοῦς περιέχεται, ἀλλ᾽ ἐπίσης ἐν πᾶσι καὶ διὰ πάντων ἐϛὶν, οὔτε ἔξωθεν περιλαμβάνων, οὔτε ἔνδοθεν κρατούμενος· ταῦτα γὰρ ἐπὶ κάδων ἢ ἄλλων τινῶν σωμάτων ἀλλήλοις ἐντιθεμένων κυρίως λέγεται. Ἡ δὲ τοῦ νοῦ πρὸς τὸ σωματικὸν κοινωνία ἄφραϛόν τε καὶ ἀνεπινόητον τὴν συνάφειαν ἔχει, οὔτε ἐντὸς οὖσα ([5]οὐ γὰρ ἐγκρατεῖται σώματι τὸ ἀσώματον), οὔτε ἐκτὸς περιέχουσα (οὐ γὰρ περιλαμβάνει τι τὰ ἀσώματα), ἀλλὰ κατά τινα τρόπον ἀμήχανόν τε καὶ ἀκατανόητον ἐγγίζων ὁ νοῦς τῇ φύσει, καὶ προςαπτόμενος, καὶ ἐν αὐτῇ καὶ περὶ αὐτὴν θεωρεῖται, οὔτε ἐγκαθήμενος, οὔτε περιπτυσσόμενος, [6]ἀλλ᾽

p. 83. ὡς οὐκ ἔϛιν εἰπεῖν ἢ νοῆσαι, πλὴν ὅτι κατὰ τὸν ἴδιον

---

2) M. αὐξανομένου. — 3) M. προςδραμεῖν. — 4) M. προτιμώτερον. — 5) M. οὔτε γὰρ. — 6) M. ἀλλὰ.

gleichen Namen mit der Seele führen, allein in Wirklichkeit ist es nicht Seele, sondern bleibt eben nur eine Lebenskraft welche man mit der Benennung Seele in Verbindung gebracht hat. Deßhalb hat der welcher über alles Einzelne gesetzliche Bestimmungen gegeben hat, den Menschen gestattet sich auch der unvernünftigen Geschöpfe, ganz wie der Kräuter des Feldes zu bedienen, weil zwischen ihnen und dem natürlichen Leben dieser kein großer Abstand herrscht. Alles Fleisch, spricht er, sollt Ihr essen wie grünes Kraut! Denn nur Wenig scheint jene Natur durch ihre sinnliche Thätigkeit vor derjenigen welche ohne dieselbe Nahrung und Wachsthum gewinnt vorauszuhaben. Das mag den Fleischlichgesinnten zur Lehre dienen die Gedanken nicht viel an sinnliche Eindrücke zu ketten, sondern auf Erwerbung von Vorzügen der Seele bedacht zu sein, weil die wahre und ächte Seele nur in diesen uns entgegentritt, das gleiche Maß der sinnlichen Empfindung hingegen auch in den vernunftlosen Wesen vorhanden ist. Der Gang der Untersuchung ist indessen auf etwas Anderes abgeschweift. Denn nicht das hatten wir unserer Betrachtung zur Aufgabe gestellt daß von den Eigenschaften des Menschen die Thätigkeit des Denkens werthvoller sei als die materiale Existenz, sondern daß der Geist nicht auf die Schranken eines Theils an uns angewiesen, sondern in gleichem Verhältniß in allen und durch alle vertheilt ist, weder äußerlich Etwas umschließend, noch innerlich wie in einem Gewahrsam gehalten; denn so spricht man eigentlich und passend von Gefäßen oder anderen Körpern welche in einander enthalten sind. Das Verhältniß des Geistes zum Körper beruht auf einem unerklärlichen und unergründlichen Zusammenhang. Die Seele befindet sich weder drinnen (denn das Unkörperliche kann von einem Körper nicht eingeschlossen werden), noch umschließt sie von Außen (denn das Unkörperliche kann Nichts umschließen), sondern der Geist tritt mit der Natur auf eine unerklärbare und unerforschliche Weise in Zusammenhang und Verbindung, und läßt sich in ihr und an ihr beobachten, ohne daß er in ihr liegt, noch sie umschließt. Die Verbindung ist vielmehr derartig daß man sie weder zu beschreiben, noch zu erkennen vermag, außer insoweit daß nach dem bestehenden eigenthümlichen engen Zusammenhang der Geist, wenn die Natur in

αὐτῆς εἱρμὸν εὐοδουμένης τῆς φύσεως καὶ ὁ νοῦς ἐνεργὸς γίνεται, εἰ δέ τι πλημμέλημα περὶ ταύτην συμπέσοι, σκάζει κατ᾽ ἐκεῖνο καὶ τῆς διανοίας ἡ κίνησις.

Κεφ. ις'. Ἀλλ᾽ ἐπαναλάβωμεν πάλιν τὴν θείαν φωνὴν, Ποιήσωμεν ἄνθρωπον κατ᾽ εἰκόνα καὶ ὁμοίωσιν ἡμετέραν. Ὡς μικρά τε καὶ ἀνάξια τῆς τοῦ ἀνθρώπου μεγαλοφυΐας τῶν ἔξωθέν τινες ἐφαντάσθησαν, τῇ πρὸς τὸν κόσμον τοῦτον συγκρίσει μεγαλύνοντες, ὡς ᾤοντο, τὸ ἀνθρώπινον. Φασὶ γὰρ μικρὸν εἶναι κόσμον τὸν ἄνθρωπον, ἐκ τῶν αὐτῶν τῷ παντὶ ςοιχείων συνεςηκότα. Οἱ γὰρ τῷ κόμπῳ τοῦ ὀνόματος τοιοῦτον ἔπαινον τῇ ἀνθρωπίνῃ χαριζόμενοι φύσει λελήθασιν ἑαυτοὺς τοῖς περὶ τὸν κώνωπα καὶ τὸν μῦν ἰδιώμασι σεμνοποιοῦντες τὸν ἄνθρωπον. Καὶ γὰρ κἀκείνοις ἐκ τῶν τεσσάρων τούτων ἡ κρᾶσίς ἐςι, διότι πάντως ἑκάςου τῶν ὄντων ἢ πλείων ἢ ἐλάττων τις μοῖρα περὶ τὸ ἔμψυχον θεωρεῖται, ὧν ἄνευ συςῆναί τι τῶν αἰσθήσεως μετεχόντων φύσιν οὐκ ἔχει. Τί οὖν μέγα κόσμου χαρακτῆρα καὶ ὁμοίωμα νομισθῆναι τὸν ἄνθρωπον, οὐρανοῦ τοῦ περιερχομένου, γῆς τῆς ἀλλοιουμένης, πάντων τῶν ἐν τούτοις περικρατουμένων τῇ παρόδῳ τοῦ περιέχοντος συμπαρερχομένων; Ἀλλ᾽ ἐν τίνι κατὰ τὸν ἐκκλησιαςικὸν λόγον τὸ ἀνθρώπινον μέγεθος; Οὐκ ἐν τῇ πρὸς τὸν κτιςὸν κόσμον ὁμοιότητι, ἀλλ᾽ ἐν τῷ κατ᾽ εἰκόνα [1] γεγενῆσθαι τῆς τοῦ κτίσαντος φύσεως. Τίς οὖν ὁ τῆς εἰκόνος λόγος; Ἴσως ἐρεῖς, Πῶς ὡμοίωται [2] τῷ ἀσωμάτῳ τὸ ἐνσώματον; πῶς τῷ ἀϊδίῳ τὸ πρόςκαιρον; τῷ ἀναλλοιώτῳ τὸ διὰ τροπῆς ἀλλοιούμενον; τῷ ἀπαθεῖ τε καὶ ἀφθάρτῳ τὸ ἐμπαθὲς καὶ φθειρόμενον; τῷ ἀμιγεῖ πάσης κακίας τὸ πάντοτε συνοικοῦν ταύτῃ καὶ συντρεφόμενον; πολὺ γὰρ τὸ μέσον ἐςὶ τοῦ τε κατὰ τὸ ἀρχέτυπον νοουμένου καὶ τοῦ κατ᾽ εἰκόνα γεγενημένου. Ἡ γὰρ εἰκὼν εἰ

---

1) M. γενέσθαι. — 2) M. τῷ σώματι τὸ ἀσώματον.

gesundem Zustande sich befindet, seinerseits auch thätig und wirksam ist, dagegen, wenn ihr eine Beschädigung widerfährt, nach Verhältniß dessen dann auch die Thätigkeit des Denkvermögens erlahmt.

Kap. 16. Nehmen wir aber wiederum den göttlichen Ausspruch auf. Laßt uns Menschen machen nach unserem Bilde, und uns ähnlich: von wie kleinlicher und der Größe des Menschen unwürdiger Vorstellung sind einige Nichtchristen befangen gewesen, da sie den Menschen dadurch zu verherrlichen wähnten daß sie ihn mit dieser Welt verglichen! Sie behaupten nämlich der Mensch sei eine kleine Welt und bestehe aus denselben Elementen wie das All. Diejenigen welche mit diesem prahlenden Ausdruck der menschlichen Natur ein solches Lob zu spenden beabsichtigen, vergessen daß sie den Menschen mit keinen anderen Eigenschaften als denen der Mücke und der Maus zieren. Denn auch jene sind aus diesen vier Elementen zusammengesetzt, weil überhaupt ein größerer oder geringerer Theil von Materie an dem lebendigen Geschöpf wahrgenommen wird ohne welche irgend etwas mit sinnlicher Empfindung Begabtes seiner Natur nach nicht bestehen kann. Was ist's demnach Großes den Menschen für ein Bild und Conterfei der Welt zu halten, des Himmels welcher vergeht, der Erde welche sich verändert, da Alles was in diesen enthalten ist mit dem Untergange dessen wodurch es zusammengehalten wird mituntergehen wird? Worin besteht hingegen nach der Lehre der Kirche die Größe des Menschen? Nicht in der Aehnlichkeit mit der geschaffenen Welt, sondern darin daß er nach dem Bilde der Natur des Erschaffers entstanden ist. Wenn dem so ist, sagst' Du vielleicht, welchen Sinn hat dann der Ausdruck Bild? Wie hat das Körperliche Aehnlichkeit mit dem Unkörperlichen, wie hat das Zeitliche mit dem Ewigen, das durch Wechsel Veränderliche mit dem Unveränderlichen, das dem Einfluß von Außen und damit dem Verderben Preisgegebene mit dem jeder Affection und dem Untergang Fernstehenden, das durchweg mit dem Bösen Verbundene und Verwachsene mit dem was von allem Bösen rein ist Aehnlichkeit gewinnen können? Denn es ist ein großer Unterschied zwischen dem was wir uns dem Urbilde entsprechend vorstellen und dem was nach dem Bilde gemacht ist.

μὲν ἔχει τὴν πρὸς τὸ πρωτότυπον ὁμοιότητα, κυρίως τοῦτο κατονομάζεται, εἰ δὲ παρενεχθείη τοῦ προκειμένου ἡ μίμησις, ἄλλο τι, καὶ οὐκ εἰκὼν ἐκείνου τὸ τοιοῦτόν ἐςι. Πῶς οὖν ὁ ἄνθρωπος, τὸ θνητὸν τοῦτο καὶ ἐμπαθὲς καὶ ὠκύμορον, τῆς ἀκηράτου καὶ καθαρᾶς καὶ ἀεὶ οὔσης φύσεώς ἐςιν εἰκών; Ἀλλὰ τὸν μὲν ἀληθῆ περὶ τούτου λόγον μόνη ἂν εἰδείη σαφῶς ἡ ὄντως ἀλήθεια. Ἡμεῖς δὲ καθ᾿ ὅσον χωροῦμεν, ςοχασμοῖς τισι καὶ ὑπονοίαις τὸ ἀληθὲς ἀνιχνεύοντες ταῦτα περὶ τῶν ζητουμένων ὑπολαμβάνομεν. Οὔτε ὁ θεῖος ψεύδεται λόγος κατ᾿ εἰκόνα θεοῦ εἰπὼν γεγενῆσθαι τὸν ἄνθρωπον, οὔτε ἡ ἐλεεινὴ τῆς ἀνθρωπίνης φύσεως ταλαιπωρία τῇ μακαριότητι τῆς ἀπαθοῦς ζωῆς καθωμοίωται. Ἀνάγκη γὰρ τῶν δύο τὸ ἕτερον ὁμολογεῖσθαι, εἴ τις συγκρίνοι τῷ θεῷ τὸ ἡμέτερον, ἢ παθητὸν εἶναι τὸ θεῖον, ἢ ἀπαθὲς τὸ ἀνθρώπινον, ὡς ἂν διὰ τῶν ἴσων ὁ τῆς ὁμοιότητος λόγος ἐπ᾿ ἀμφοτέροις καταλαμβάνοιτο. Εἰ δὲ οὔτε τὸ θεῖον ἐμπαθές, οὔτε τὸ καθ᾿ ἡμᾶς ἔξω πάθους ἐςὶν, ἄρα τις ἕτερος ὑπολέλειπται λόγος, καθ᾿ ὃν ἀληθεύειν φαμὲν τὴν θείαν φωνὴν, τὴν ἐν εἰκόνι θεοῦ γεγενῆσθαι τὸν ἄνθρωπον λέγουσαν. Οὐκοῦν αὐτὴν ἐπαναληπτέον ἡμῖν τὴν θείαν γραφὴν, εἴ τις ἄρα γένοιτο διὰ τῶν γεγραμμένων πρὸς τὸ ζητούμενον [3]ἡμῖν χειραγωγία. Μετὰ τὸ εἰπεῖν ὅτι, Ποιήσωμεν ἄνθρωπον κατ᾿ εἰκόνα, καὶ ἐπὶ τίσι ποιήσωμεν, ἐπάγει τοῦτον τὸν λόγον ὅτι, Καὶ ἐποίησεν ὁ θεὸς τὸν ἄνθρωπον, καὶ κατ᾿ εἰκόνα θεοῦ ἐποίησεν αὐτόν· ἄρσεν καὶ θῆλυ ἐποίησεν αὐτούς. Εἴρηται μὲν οὖν ἤδη καὶ ἐν τοῖς ἔμπροσθεν ὅτι πρὸς καθαίρεσιν τῆς αἱρετικῆς ἀσεβείας ὁ τοιοῦτος προαναπεφώνηται λόγος, ἵνα διδαχθέντες ὅτι ἐποίησε τὸν ἄνθρωπον ὁ μονογενὴς θεὸς κατ᾿ εἰκόνα θεοῦ, μηδενὶ λόγῳ τὴν θεότητα τοῦ πατρὸς καὶ τοῦ υἱοῦ διακρίνωμεν, ἐπίσης τῆς ἁγίας γραφῆς θεὸν ἑκάτερον ὀνομαζούσης, τόν τε πεποιηκότα τὸν ἄνθρωπον, καὶ οὗ κατ᾿ εἰκόνα ἐγένετο. Ἀλλ᾿

---

3) Bei M. fehlt ἡμῖν.

Hat nämlich das Bild Aehnlichkeit mit dem Urbilde, so führt es
diesen Namen mit Recht und eigentlich; weicht dagegen die Nachahmung von ihrem Gegenstande ab, so ist diese etwas Anderes,
aber nicht das Bild von jenem. Wie ist also der Mensch, dieses
sterbliche, fremden Einflüssen preisgegebene und hinfällige Wesen,
ein Bild der lauteren und reinen und ewigen Natur? In der That,
das wahre Verhältniß davon dürfte allein die wirkliche und göttliche
Wahrheit selbst mit klarer Sicherheit wissen. Wir suchen nach unserer Fassungskraft durch Rathen und Vermuthen die Wahrheit zu
ergründen, und haben über die angeregte Frage folgende Ansicht.
Weder das göttliche Wort lügt, wenn es sagt, der Mensch sei nach
dem Bilde Gottes erschaffen, noch hat das erbarmungswürdige
Elend der menschlichen Natur eine Aehnlichkeit mit der Glückseligkeit des von jedem Affect und Leiden freien Lebens. Wollen wir
uns mit Gott vergleichen, so müssen wir uns für Eins von beiden
erklären, entweder dafür daß Gott dem Affecte unterworfen, oder
daß der Mensch ihm nicht unterworfen ist, damit durch die dadurch
bedingte Gleichheit der Begriff der Aehnlichkeit für beide Theile gesichert werde. Ist aber weder Gott dem Affecte unterworfen, noch
unsere Natur davon befreit, so bleibt noch ein Drittes, wodurch unserer Meinung nach die Wahrheit des göttlichen Ausspruchs, daß
der Mensch nach dem Bilde Gottes geschaffen sei, erwiesen wird.
Laßt uns also die heilige Schrift selbst wieder aufnehmen, ob vielleicht in dem was geschrieben steht für uns eine Anleitung zur Lösung der Frage enthalten ist. Nach den Worten, Laßt uns Menschen machen nach unserem Bilde, und nachdem auch gesagt,
weßhalb Gott ihn machen will, setzt sie hinzu, Und Gott schuf
den Menschen, und schuf ihn nach dem Bilde Gottes;
ein Männlein und ein Weiblein schuf er sie. Nun ist
bereits schon früher gesagt worden, daß diese Worte gesprochen sind
zur Vernichtung der ketzerischen Gottlosigkeit, damit sie, dahin belehrt
daß der eingeborene Gott den Menschen nach dem Bilde Gottes geschaffen hat, in keiner Weise die Gottheit des Vaters und die des
Sohnes von einander trennen, indem die heilige Schrift den einen
ebenso wie den anderen Gott nennt, den welcher den Menschen geschaffen hat, und den nach dessen Bild er geschaffen wurde. Doch

ὁ μὲν περὶ τούτων λόγος ἀφείσθω, πρὸς δὲ τὸ προκείμενον ἐπιςρεπτέον τὴν ζήτησιν, πῶς καὶ τὸ θεῖον μακάριον καὶ ἐλεεινὸν τὸ ἀνθρώπινον, καὶ ὅμοιον ἐκείνῳ τοῦτο παρὰ τῆς γραφῆς ὀνομάζεται. Οὐκοῦν ἐξετασέον μετ᾽ ἀκριβείας τὰ ῥήματα. [4]Εὑρίσκομεν γὰρ ὅτι ἕτερον μέν τι τὸ κατ᾽ εἰκόνα γενόμενον, ἕτερον δὲ τὸ νῦν ἐν ταλαιπωρίᾳ δεικνύμενον. Ἐποίησεν ὁ θεὸς, φησὶ, τὸν ἄνθρωπον, κατ᾽ εἰκόνα θεοῦ ἐποίησεν αὐτόν. Τέλος ἔχει ἡ τοῦ κατ᾽ εἰκόνα γεγενημένου κτίσις. Εἶτα ἐπανάληψιν ποιεῖται τοῦ κατὰ τὴν κατασκευὴν λόγου καί φησιν, Ἄρσεν καὶ θῆλυ ἐποίησεν αὐτούς. Παντὶ γὰρ οἶμαι γνώριμον εἶναι ὅτι ἔξω τοῦτο τοῦ πρωτοτύπου νοεῖται. Ἐν γὰρ Χριςῷ Ἰησοῦ, καθώς φησιν ὁ ἀπόςολος, οὔτε ἄρρεν οὔτε θῆλύ

Galat. 3, 28.

ἐςιν. Ἀλλὰ μὴν εἰς ταῦτα διῃρῆσθαι ὁ λόγος φησὶ τὸν ἄνθρωπον. Οὐκοῦν διπλῆ τίς ἐςιν ἡ τῆς φύσεως ἡμῶν κατασκευή, ἥ τε πρὸς τὸ θεῖον ὁμοιωμένη, ἥ τε πρὸς τὴν διαφορὰν ταύτην διῃρημένη. Τοιοῦτον γάρ τι ὁ λόγος ἐκ τῆς συντάξεως τῶν γεγραμμένων αἰνίττεται, πρῶτον μὲν εἰπὼν ὅτι, Ἐποίησεν ὁ θεὸς τὸν ἄνθρωπον, κατ᾽ εἰκόνα θεοῦ ἐποίησεν αὐτόν, πάλιν δὲ τοῖς εἰρημένοις ἐπαγαγὼν ὅτι, Ἄρσεν καὶ θῆλυ ἐποίησεν αὐτούς, ὅπερ ἀλλότριον τῶν περὶ θεοῦ νοουμένων ἐςίν. Οἶμαι γὰρ ἐγὼ δόγμά τι μέγα καὶ ὑψηλὸν διὰ τῶν εἰρημένων ὑπὸ τῆς θείας γραφῆς παραδίδοσθαι, τὸ δὲ δόγμα τοιοῦτόν ἐςι. Δύο τινῶν κατὰ τὸ ἀκρότατον πρὸς ἄλληλα διεςηκότων μέσον ἐςὶ τὸ ἀνθρώπινον, τῆς τε θείας καὶ ἀσωμάτου φύσεως, καὶ τῆς ἀλόγου καὶ κτηνώδους ζωῆς. Ἕξεςι γὰρ ἑκατέρου τῶν εἰρημένων ἐν τῷ ἀνθρωπίνῳ συγκρίματι θεωρῆσαι τὴν μοῖραν, τοῦ μὲν θείου τὸ λογικόν τε καὶ διανοητικόν,

p. 86.

ὃ τὴν κατὰ τὸ ἄρρεν καὶ θῆλυ διαφορὰν οὐ προσίεται, τοῦ δὲ ἀλόγου τὴν σωματικὴν κατασκευὴν καὶ διάπλασιν εἰς ἄρρεν τε καὶ θῆλυ μεμερισμένην (ἑκάτερον γὰρ τούτων ἐςὶ πάντως ἐν παντὶ τῷ μετέχοντι τῆς ἀνθρωπίνης

---

4) 𝔐. εὑρήσομεν.

lassen wir die weiteren Erörterungen hierüber, und führen wir die Untersuchung auf die Hauptfrage über, wie nämlich bei der einerseits bestehenden Glückseligkeit Gottes, und der andernseits vorhandenen Elendlichkeit des Menschen, von der heiligen Schrift eine Aehnlichkeit beider behauptet werden könne. Untersuchen wir demnach mit Genauigkeit die Worte. Wir finden nämlich daß das was nach dem Bilde geschaffen wurde und das was sich jetzt im Stande des Elends zeigt zwei verschiedene Dinge sind. **Gott machte, heißt es, den Menschen, nach dem Bilde Gottes machte er ihn.** Die Erschaffung dessen der nach dem Bilde gemacht ist bildet den Beschluß. Hierauf kommt die Schrift nochmals auf die Erzählung von der Erschaffung zurück, und sagt: **Ein Männlein und ein Weiblein schuf er sie.** Ich glaube daß es Jedem deutlich ist daß dies nicht mit Bezug auf das Urbild verstanden werden kann. Denn in Christo Jesu, wie der Apostel spricht, ist weder Mann, noch Weib. Nun erzählt aber doch die Schrift daß der Mensch nach diesen beiden Richtungen hin getheilt worden sei. Hienach ist die Einrichtung unserer Natur eine doppelte, eine Gott ähnlich gemachte, und eine nach jenem Unterschied getheilte. Nach dem Zusammenhang dessen was geschrieben steht scheint nämlich etwa Folgendes von der Schrift angedeutet zu werden durch die Worte, **Gott schuf den Menschen, nach dem Bilde Gottes schuf er ihn,** und dann durch den Zusatz, **Ein Männlein und ein Weiblein schuf er sie**; denn dies Letztere ist den Eigenschaften Gottes fremd. Es wird meiner Ansicht nach durch die Worte der göttlichen Schrift eine große und erhabene Lehre überliefert, und diese Lehre ist folgende. Der Mensch bildet die Mitte von zwei äußersten Gegensätzen, nämlich die Mitte zwischen der göttlichen und körperlosen Natur einerseits und dem vernunftlosen und thierischen Leben andernseits. Von beiden kann man in dem menschlichen Complex den Antheil erkennen, nämlich von dem Göttlichen die Gabe der Vernunft und des Verstandes, welche mit dem Unterschiede von Mann und Weib Nichts zu schaffen hat, von dem Vernunftlosen aber die körperliche Einrichtung und Bildung welche nach Mann und Weib unterschieden ist (in Allem nämlich was menschliches Leben hat ist dieses beides nothwendig vorhanden), aber zu-

ζωῆς), ἀλλὰ προτερεύειν τὸ νοερὸν, καθὼς παρὰ τοῦ τὴν ἀνθρωπογονίαν ἐν τάξει διεξελθόντος ἐμάθομεν, ἐπιγεννηματικὴν δὲ εἶναι τῷ ἀνθρώπῳ τὴν πρὸς τὸ ἄλογον κοινωνίαν τε καὶ συγγένειαν. Πρῶτον μὲν γάρ φησιν ὅτι, Ἐποίησεν ὁ θεὸς κατ' εἰκόνα τοῦ θεοῦ τὸν ἄνθρωπον, δεικνὺς διὰ τῶν εἰρημένων, καθώς φησιν ὁ ἀπόςολος, ὅτι ἐν τῷ τοιούτῳ ἄῤῥεν καὶ θῆλυ οὐκ ἔςιν· εἶτα ἐπάγει τῆς ἀνθρωπίνης φύσεως τὰ ἰδώματα ὅτι, Ἄῤῥεν καὶ θῆλυ ἐποίησεν αὐτούς. Τί οὖν διὰ τούτου μανθάνομεν; καί μοι μηδεὶς νεμεσάτω πόῤῥωθεν προςάγοντι τὸν λόγον τῷ προκειμένῳ νοήματι. Θεὸς τῇ ἑαυτοῦ φύσει πᾶν ὅτιπερ ἔςι κατ' ἔννοιαν λαβεῖν ἀγαθὸν ἐκεῖνό ἐςι, μᾶλλον δὲ παντὸς ἀγαθοῦ τοῦ νοουμένου τε καὶ καταλαμβανομένου ἐπέκεινα ὢν, οὐ δι' ἄλλο τι κτίζει τὴν ἀνθρωπίνην ζωὴν ἢ διὰ τὸ ἀγαθὸς εἶναι. Τοιοῦτος δὲ ὢν, καὶ διὰ τοῦτο πρὸς τὴν δημιουργίαν τῆς ἀνθρωπίνης φύσεως ὁρμήσας, οὐκ ἂν ἡμιτελῆ τὴν τῆς ἀγαθότητος ἐνεδείξατο δύναμιν, τὸ μέν τι δοὺς ἐκ τῶν προςόντων αὐτῷ, τοῦ δὲ φθονήσας τῆς μετουσίας, ἀλλὰ τὸ τέλειον τῆς ἀγαθότητος εἶδος ἐν τούτῳ ἐςὶν, ἐκ τοῦ καὶ παραγαγεῖν τὸν ἄνθρωπον ἐκ τοῦ μὴ ὄντος εἰς γένεσιν, καὶ ἀνενδεᾶ τῶν ἀγαθῶν ἀπεργάσασθαι. Ἐπεὶ δὲ πολὺς τῶν καθ' ἕκαςον ἀγαθῶν ὁ κατάλογος, οὐμενοῦν ἔςιν ἀριθμῷ ῥᾳδίως τοῦτον διαλαβεῖν. Διὰ τοῦτο περιληπτικῇ τῇ φωνῇ ἅπαντα συλλαβὼν ὁ λόγος ἐσήμανεν ἐν τῷ εἰπεῖν κατ' εἰκόνα θεοῦ γεγενῆσθαι τὸν ἄνθρωπον. Ἴσον γάρ ἐςι τοῦτο τῷ εἰπεῖν ὅτι παντὸς ἀγαθοῦ μέτοχον τὴν ἀνθρωπίνην φύσιν ἐποίησεν. Εἰ γὰρ πλήρωμα μὲν ἀγαθῶν τὸ θεῖον, ἐκείνου δὲ τοῦτο εἰκὼν, ἆρ' ἐν τῷ πλῆρες εἶναι παντὸς ἀγαθοῦ πρὸς τὸ ἀρχέτυπον ἡ εἰκὼν ἔχει τὴν ὁμοιότητα. Οὐκοῦν ἔςιν ἐν ἡμῖν παντὸς μὲν καλοῦ ἰδέα, πᾶσα δὲ ἀρετὴ καὶ σοφία, καὶ πᾶν ὅτιπέρ ἐςι πρὸς τὸ κρεῖττον νοούμενον. Ἓν δὲ τῶν πάντων καὶ τὸ ἐλεύθερον ἀνάγκης εἶναι, καὶ μὴ ὑπεζεῦχθαι τινὶ φυσικῇ δυναςείᾳ, ἀλλ' αὐτεξούσιον πρὸς τὸ δοκοῦν ἔχειν τὴν γνώμην. Ἀδέσποτον γάρ τι χρῆμα

p. 87.

gleich auch daß die Gabe des Denkens die erstverliehene ist, wie wir von dem vernahmen welcher die Erschaffung des Menschen ihrem Verlaufe nach erzählt hat, und daß die Gemeinschaft und Verwandtschaft mit dem Unvernünftigen dem Menschen erst später zufiel. Denn zuerst spricht er, Gott schuf den Menschen nach dem Bilde Gottes, und zeigt durch diese Worte daß, wie der Apostel sagt, in solchem Mann und Weib nicht ist; dann fügt er die menschlichen Eigenschaften hinzu mit den Worten, Er schuf sie ein Männlein und ein Weiblein. Was lernen wir also hieraus? Zürne mir Niemand, wenn ich mit meiner Rede weit aushole um auf gegenwärtige Erklärung der Worte der Schrift zu kommen. Gott ist durch seine Natur jene höchste für unser Denken begreifbare Güte, oder vielmehr, er steht noch über aller Güte welche für uns zu denken und zu fassen möglich ist, und er wird zum Schöpfer des Menschenlebens aus keinem anderen Grunde als weil er gut ist. Als solcher, und weil er eben darum sich das Werk der menschlichen Natur unternommen hat, bewies er die Macht seiner Güte schwerlich halb, so daß er ihm nur einen Theil seiner Güter zu eigen gegeben, und den Besitz des anderen neidisch vorenthalten hätte, vielmehr liegt seine vollendete Güte grade darin, daß er den Menschen aus dem Nichtsein in das Dasein rief und ihn reich mit Gütern ausstattete. Die Menge aller dieser Güter ist aber so groß daß man in der That sie nicht leicht durch eine Zahl bestimmen kann. Darum hat die Schrift Alles in dem inhaltsvollen Ausdruck zusammengefaßt bezeichnet, womit sie sagt daß der Mensch nach dem Bilde Gottes geschaffen sei. Denn das ist ebensoviel als wenn sie sagte daß er die menschliche Natur jedes Gutes theilhaftig gemacht habe. Ist nämlich Gott die Fülle aller Güter, und ist jene das Abbild von ihm, so beruht natürlich die Aehnlichkeit des Abbildes mit seinem Urbilde auf dem Vollbesitz jeglichen Gutes. Sonach liegt in uns die Idee alles Guten und Schönen, alle Tugend und Weisheit, und was der Gedanke nur Treffliches findet. Eins davon ist aber daß wir frei von Zwang, und keinem Joche physischer Gewaltherrschaft unterworfen sind, sondern einen selbstständigen Willen, welcher sich nach dem was ihm gut dünkt entschließt, besitzen. Denn die Tugend ist ein Ding was unter keiner Herrschaft steht, was

ἡ ἀρετὴ, καὶ ἑκούσιον, τὸ δὲ κατηναγκασμένον καὶ βεβιασμένον ἀρετὴ εἶναι οὐ δύναται. Ἐν πᾶσι τοίνυν τῆς εἰκόνος τοῦ πρωτοτύπου κάλλους τὸν χαρακτῆρα φερούσης, εἰ μὴ κατά τι τὴν διαφορὰν ἔχῃ, οὐκέτι ἂν εἴη πάντως ὁμοίωμα, ἀλλὰ ταὐτὸν ἐκεῖνο διὰ πάντων ἀναδειχθήσεται τὸ ἐν παντὶ ἀπαράλλακτον. Τίνα τοίνυν αὐτοῦ τε τοῦ θείου καὶ τοῦ πρὸς τὸ θεῖον ὁμοιωμένου τὴν διαφορὰν καθορῶμεν; Ἐν τῷ τὸ μὲν ἀκτίςως εἶναι, τὸ δὲ διὰ κτίσεως ὑποςῆναι. Ἡ δὲ τῆς τοιαύτης ἰδιότητος διαφορὰ πάλιν ἑτέρων ἰδιωμάτων ἀκολουθίαν ἐποίησε. Συνομολογεῖται γὰρ πάντῃ τε καὶ πάντως τὴν μὲν ἄκτιστον φύσιν καὶ ἄτρεπτον εἶναι καὶ ἀεὶ ὡςαύτως ἔχειν, τὴν δὲ κτιςὴν ἀδύνατον ἄνευ ἀλλοιώσεως συςῆναι. Αὐτὴ γὰρ ἡ ἐκ τοῦ μὴ ὄντος εἰς τὸ εἶναι πάροδος κίνησίς τίς ἐςι καὶ ἀλλοίωσις τοῦ μὴ ὄντος εἰς τὸ εἶναι κατὰ τὸ θεῖον βούλημα μεθιςαμένου. Καὶ ὥσπερ τὸν ἐπὶ τοῦ χαλκοῦ χαρακτῆρα Καίσαρος εἰκόνα λέγει τὸ εὐαγγέλιον, δι᾽ οὗ μανθάνομεν κατὰ μὲν τὸ [5] σχῆμα τὴν ὁμοίωσιν εἶναι τοῦ μεμορφωμένου πρὸς Καίσαρα, ἐν δὲ τῷ ὑποκειμένῳ τὴν διαφορὰν ἔχειν, οὕτω καὶ κατὰ τὸν παρόντα λόγον ἀντὶ χαρακτήρων τὰ ἐπιθεωρούμενα τῇ τε θείᾳ φύσει καὶ τῇ ἀνθρωπίνῃ κατανοήσαντες, ἐν οἷς ἡ ὁμοιότης ἐςὶν, ἐν τῷ ὑποκειμένῳ τὴν διαφορὰν ἐξευρίσκομεν, ἥ τις ἐν τῷ ἀκτίςῳ καὶ τῷ κτιςῷ καθορᾶται. Ἐπειδὴ τοίνυν τὸ μὲν ὡςαύτως [6] ἔχει ἀεὶ, τὸ δὲ διὰ κτίσεως γεγενημένον ἀπ᾽ ἀλλοιώσεως τοῦ εἶναι ἤρξατο, καὶ συγγενῶς πρὸς τὴν τοιαύτην ἔχει τροπὴν, διὰ τοῦτο ὁ εἰδὼς τὰ πάντα πρὶν γενέσεως αὐτῶν, καθώς φησιν ἡ προφητεία, ἐπακολουθήσας, μᾶλλον δὲ προκατανοήσας τῇ προγνωςικῇ δυνάμει πρὸς ὅ τι ῥέπει κατὰ τὸ αὐτοκρατές τε καὶ αὐτεξούσιον [7] ἡ τῆς ἀνθρωπίνης προαιρέσεως κίνησις, ἐπειδὴ τὸ ἐσόμενον εἶδεν, ἐπιτεχνᾶται τῇ εἰκόνι τὴν περὶ τὸ ἄρρεν καὶ θῆλυ διαφοράν. Ἥτις οὐκέτι πρὸς τὸ θεῖον ἀρχέτυπον βλέπει, ἀλλὰ, καθὼς

---

5) M. πρόσχημα. — 6) M. ἔχει, καὶ ἀεὶ. — 7) M. τῆς ἀνθρ. πρ. ἡ κίνησις.

eigenen, freien Willens ist, und etwas was durch Zwang und Gewalt hervorgebracht ist, kann unmöglich Tugend sein. Würde nun das Bild in allen Stücken das Gepräge der originalen Schönheit und ohne jeglichen Unterschied an sich tragen, so würde es schwerlich mehr ein Conterfei sein, sondern durch die völlige Unterschiedslosigkeit würde sich die völlige Identität erweisen. Was sehen wir also für einen Unterschied zwischen Gott selbst und dem was ihm ähnlich gemacht worden ist? Der Unterschied liegt darin daß des Einen Existenz eine unerschaffene, des Anderen eine erschaffene ist, und dieser auf diesen Eigenthümlichkeiten beruhende Unterschied hat wiederum andere Eigenthümlichkeiten zur Folge. Man wird allgemein und mit Entschiedenheit zugestehen daß die unerschaffene Natur auch eine unveränderliche ist, und daß sie immer dieselbe bleibt, daß dagegen die erschaffene unmöglich ohne Veränderung bestehen kann. Denn selbst der Uebergang aus dem Nichtsein in das Sein ist eine Bewegung und Veränderung dessen was bisher ohne Existenz war und nun nach dem göttlichen Willen in die Existenz übertritt. Und gleichwie das Evangelium das Gepräge auf dem Erzstücke des Kaisers Bild nennt, woraus wir lernen daß die Aehnlichkeit in der Nachbildung des Kaisers sich auf die äußere Gestaltung bezieht, der Unterschied dagegen in der Sache liegt, so finden wir auch bei gegenwärtiger Untersuchung, wenn wir an Stelle des Geprägs die Eigenschaften der göttlichen und menschlichen Natur, in welchen die Aehnlichkeit enthalten ist, unserer Betrachtung unterziehen, daß der Unterschied in jenen Naturen selbst liegt, wie er uns in dem Begriff von Unerschaffen und Erschaffen entgegentritt. Da nun das Unerschaffene sich immer gleich verhält, dagegen das mittelst Erschaffung ins Dasein Gelangte den Anfang seiner Existenz von einer Veränderung ableitet und mit dem Wechsel verwandt ist, darum richtet der welcher, nach dem Worte des Propheten, Alles wußte ehe es war, weil er erkannte, oder vielmehr in seiner providentialen Kraft im Voraus wußte, welche Richtung die Bewegung des menschlichen Willens nach der ihm eigenen Unabhängigkeit und Selbstständigkeit einschlagen würde, an dem Bilde den Unterschied von Mann und Weib ein. Dieser Unterschied hat Nichts mehr mit dem göttlichen Urbilde zu schaffen, sondern gehört, wie schon gesagt, der

p. 88. εἴρηται, τῇ ἀλογωτέρᾳ προςῳκείωται φύσει. Τὴν δὲ αἰτίαν τῆς τοιαύτης ἐπιτεχνήσεως μόνοι μὲν ἂν εἰδεῖεν οἱ τῆς ἀληθείας αὐτόπται καὶ ὑπηρέται τοῦ λόγου, ἡμεῖς δὲ, καθώς ἐςι δυνατὸν, διὰ ςοχασμῶν τινων καὶ εἰκόνων φαντασθέντες τὴν ἀλήθειαν τὸ ἐπὶ νοῦν ἐλθὸν οὐκ ἀποφαντικῶς ἐκτιθέμεθα, ἀλλ' ὡς ἐν γυμνασίας εἴδει τοῖς εὐγνώμοσι τῶν ἀκροωμένων προςθήσομεν. Τί τοίνυν ἐςὶν ὃ περὶ τούτων διενοήθημεν; Εἰπὼν ὁ λόγος ὅτι, Ἐποίησεν ὁ θεὸς τὸν ἄνθρωπον, τῷ ἀορίςῳ τῆς σημασίας ἅπαν ἐνδείκνυται τὸ ἀνθρώπινον. Οὐ γὰρ συνωνομάσθη τῷ κτίσματι νῦν ὁ Ἀδὰμ, καθὼς ἐν τοῖς ἐφεξῆς ἡ ἱςορία φησὶν, ἀλλ' ὄνομα τῷ κτισθέντι ἀνθρώπῳ οὐχ ὁ τὶς, ἀλλ' ὁ καθόλου ἐςίν. Οὐκοῦν τῇ καθολικῇ τῆς φύσεως κλήσει τοιοῦτόν τι ὑπονοεῖν ἐναγόμεθα ὅτι τῇ θείᾳ προγνώσει τε καὶ δυνάμει πᾶσα ἡ ἀνθρωπότης ἐν τῇ πρώτῃ κατασκευῇ περιείληπται· χρὴ γὰρ θεῷ μηδὲν ἀόριςον ἐν τοῖς γεγενημένοις παρ' αὐτοῦ νομίζειν, ἀλλ' ἑκάςου τῶν ὄντων εἶναί τι πέρας καὶ μέτρον, τῇ τοῦ πεποιηκότος σοφίᾳ περιμετρούμενον. Ὥσπερ τοίνυν ὁ τὶς ἄνθρωπος τῷ κατὰ τὸ σῶμα ποσῷ περιείργεται, καὶ μέτρον αὐτῷ τῆς ὑποςάσεως ἡ πηλικότης ἐςὶν, ἡ συναπαρτιζομένη τῇ ἐπιφανείᾳ τοῦ σώματος, οὕτως οἶμαι καθάπερ ἐν ἑνὶ σώματι ὅλον τὸ τῆς ἀνθρωπότητος πλήρωμα τῇ προγνωςικῇ δυνάμει παρὰ τοῦ θεοῦ τῶν ὅλων περισχεθῆναι, καὶ τοῦτο διδάσκειν τὸν λόγον τὸν εἰπόντα ὅτι, Καὶ ἐποίησεν ὁ θεὸς τὸν ἄνθρωπον, καὶ κατ' εἰκόνα θεοῦ ἐποίησεν αὐτόν. Οὐ γὰρ ἐν μέρει τῆς φύσεως ἡ εἰκὼν, οὐδὲ ἔν τινι τῶν καθ' [8] αὐτὴν θεωρουμένων ἡ χάρις, ἀλλ' ἐφ' ἅπαν τὸ γένος ἐπίσης ἡ τοιαύτη διήκει δύναμις. Σημεῖον δὲ ὅτι πᾶσιν ὡςαύτως ὁ νοῦς ἐγκαθίδρυται. Πάντες τοῦ διανοεῖσθαι καὶ προβουλεύειν τὴν δύναμιν ἔχουσι, καὶ τὰ ἄλλα πάντα δι' ὧν ἡ θεία φύσις ἐν τῷ κατ' αὐτὴν γεγο-

---

8) M. αὐτὸν.

mehr vernunftlosen Natur an. Die Ursache dieser künstlichen Einrichtung dürften allein die kennen welche die Wahrheit selbst von Angesicht zu Angesicht schauen und Diener des Wortes sind, wir hingegen wollen, nachdem wir durch Rathen und Schließen und durch Bilder nach Möglichkeit eine Vorstellung von der Wahrheit zu gewinnen bemüht gewesen sind, unsere Gedanken zwar offen aussprechen, aber keineswegs mit der Behauptung ihrer unumstößlichen Richtigkeit, sondern sie mehr in Gestalt eines Versuchs unseren nachsichtigen Zuhörern vorlegen. Welches sind also unsere Gedanken über diesen Gegenstand? Wenn die Schrift sagt, Gott schuf den Menschen, so bezeichnet sie durch die Unbestimmtheit des Ausdrucks das ganze Menschengeschlecht. Denn hier ist nicht der Name Adam, wie das die Erzählung im Folgenden thut, mit dem Geschöpfe in Verbindung gebracht, sondern der geschaffene Mensch führt seinen Namen nicht als eine gewisse Persönlichkeit, sondern ganz allgemein. So werden wir durch die allgemeine Benennung der Natur etwa auf die Vermuthung geführt, daß die göttliche Vorsicht und Macht die ganze Menschheit bei jener ersten Erschaffung und Einrichtung zusammenbegriffen hat. Denn Gott darf man keine Unbestimmtheit in seinen Werken beimessen, sondern muß den Glauben haben daß jedes Ding von der Weisheit des Schöpfers sein Ziel und sein Maß zugetheilt erhalten habe. Wie also der individuelle Mensch an ein körperliches Quantitätsverhältniß gebunden, und ihm in seiner Größe, welche sich nach der Fläche des Körpers bestimmt, das Maß seiner Persönlichkeit gegeben ist, so, meine ich, ist von dem Schöpfer aller Dinge in providentialer Macht die Gesammtheit der Menschen gleichsam in einem einzigen Körper zusammengefaßt worden, und dies lehrt uns die Schrift, wenn sie sagt, Und Gott schuf den Menschen, und nach dem Bilde Gottes schuf er ihn. Denn nicht in einem einzelnen Theile der menschlichen Natur ist der Sitz des Bildes, noch ruht die Gnadengabe auf irgend einer ihrer Eigenschaften, sondern die Kraft läuft gleichmäßig durch das ganze Geschlecht. Beweis ist daß das Denkvermögen Allen in gleicher Weise eingepflanzt ist. Alle haben die Fähigkeit zu denken und vorher zu überlegen, und alle übrigen Eigenschaften durch welche die göttliche Natur sich in ihrem Conterfei

7*

νότι ἀπεικονίζεται. Ὁμοίως ἔχει ὅ τε τῇ πρώτῃ τοῦ κόσμου κατασκευῇ συναναδειχθεὶς ἄνθρωπος καὶ ὁ μετὰ τὴν τοῦ παντὸς συντέλειαν γενησόμενος. Ἐπίσης ἐφ᾽ ἑαυτῶν φέρουσι τὴν θείαν εἰκόνα. Διὰ τοῦτο εἷς ἄνθρωπος κατωνομάσθη τὸ πᾶν ὅτι τῇ δυνάμει τοῦ θεοῦ οὔτε τι παρῴχηκεν, οὔτε μέλλει, ἀλλὰ καὶ τὸ προσδοκώμενον ἐπίσης τῷ παρόντι τῇ περιεκτικῇ τοῦ παντὸς ἐνεργείᾳ περικρατεῖται. Πᾶσα τοίνυν ἡ φύσις ἡ ἀπὸ τῶν πρώτων μέχρι τῶν ἐσχάτων διήκουσα μία τις τοῦ ὄντος ἐστὶν εἰκών. Ἡ δὲ πρὸς τὸ ἄῤῥεν καὶ θῆλυ τοῦ γένους διαφορὰ προσκατεσκευάσθη τελευταῖον τῷ πλάσματι, διὰ τὴν αἰτίαν, ὡς οἶμαι, ταύτην.

Κεφ. ιζ. Μᾶλλον δὲ, πρὶν τὸ προκείμενον διερευνῆσαι, κρεῖττον ἴσως τοῦ προφερομένου παρὰ τῶν μαχομένων ἡμῖν ἐπιζητῆσαι τὴν λύσιν. Λέγουσι γὰρ περὶ τῆς ἁμαρτίας μήτε τόκον ἱστορεῖσθαι, μήτε ὠδῖνα, μήτε τὴν πρὸς παιδοποιΐαν ὁρμήν. Ἀποικισθέντων δὲ τοῦ παραδείσου μετὰ τὴν ἁμαρτίαν, καὶ τῆς γυναικὸς τῇ τιμωρίᾳ τῶν ὠδίνων κατακριθείσης, οὕτως ἐλθεῖν τὸν Ἀδὰμ εἰς τὸ γνῶναι γαμικῶς τὴν ὁμόζυγον, καὶ τότε τῆς παιδοποιΐας τὴν ἀρχὴν γενέσθαι. Εἰ οὖν γάμος ἐν τῷ παραδείσῳ οὐκ ἦν, οὔτε ὠδὶς, οὔτε τόκος, ἀνάγκην εἶναί φασιν ἐκ τοῦ ἀκολούθου λογίζεσθαι, μὴ ἂν ἐν πλήθει γενέσθαι τὰς τῶν ἀνθρώπων ψυχὰς, εἰ μὴ πρὸς τὸ θνητὸν ἡ τῆς ἀθανασίας χάρις μετέπεσε, καὶ ὁ γάμος διὰ τῶν ἐπιγινομένων συνετήρει τὴν φύσιν, ἀντὶ τῶν ὑπεξιόντων τοὺς ἐξ αὐτῶν ἀντεισάγων. Ὥστε λυσιτελῆσαι τρόπον τινὰ τὴν ἁμαρτίαν ἐπεισελθοῦσαν τῇ ζωῇ τῶν ἀνθρώπων. Ἔμεινε γὰρ ἂν ἐν τῇ τῶν πρωτοπλάστων δυάδι τὸ ἀνθρώπινον γένος, μὴ τοῦ κατὰ τὸν θάνατον φόβου πρὸς διαδοχὴν τὴν φύσιν ἀνακινήσαντος. Ἀλλ᾽ ἐν τούτοις πάλιν ὁ μὲν ἀληθὴς λόγος, ὅστις ποτὲ ὢν τυγχάνει, μόνοις ἂν εἴη δῆλος τοῖς κατὰ Παῦλον τὰ τοῦ παραδείσου μυηθεῖ-

abbildet. Der Mensch welcher mit dem Weltanfang in das Leben trat und der welcher nach dem Untergang des Alls hervorgehen wird sind dieselben, und tragen in gleicher Weise das Bild Gottes an sich. Darum ward die Gesammtheit mit dem Namen eines Menschen belegt, weil für die Macht Gottes Nichts vergangen, noch zukünftig ist, und die Zukunft der wir entgegensehen wie die Gegenwart von der das All umschlingenden Kraft zusammengehalten wird. Die ganze menschliche Natur also, wie sie von den ersten Zeiten ausgehend bis in die letzten ausläuft, ist ein einziges Bild dessen der ist. Was jedoch den Unterschied des Geschlechts von Mann und Weib betrifft, so ward dieser nach meiner Meinung an dem fertigen Gebilde der Schöpfung aus folgendem Grunde angebracht.

Kap. 17. Ehe wir indessen zur Untersuchung dieser vorliegenden Frage schreiten, dürfte es vielleicht besser sein erst die Lösung eines von den Gegnern vorgebrachten Einwurfs zu bewerkstelligen. Sie sagen nämlich, vor dem Sündenfalle werde weder der Geburt, noch der Geburtswehen, noch des Begattungs- oder Zeugungstriebs Erwähnung gethan. Erst als sie nach dem Sündenfalle aus dem Paradiese vertrieben, und das Weib zur Strafe der Geburtswehen verurtheilt worden, sei Adam daran gegangen seine Genossin ehelich zu erkennen, und da sei der Anfang mit der Zeugung von Kindern gemacht worden. Fand nun im Paradiese kein eheliches Verhältniß statt, gab es daselbst keine Wehen und keine Geburt, so, meinen sie, müsse mit Nothwendigkeit hieraus gefolgert werden daß eine Vervielfältigung von Seelen nicht wohl habe eintreten können, wenn nicht das Gnadengeschenk der Unsterblichkeit in Sterblichkeit verwandelt worden wäre, und die Ehe durch den Zuwachs für die Erhaltung der menschlichen Natur sorgte, indem sie für die das Leben Verlassenden deren Nachkommen in dasselbe einführte. Daher habe die Sünde durch ihren Eintritt in das Leben der Menschen gewissermaßen Nutzen gebracht. Denn es wäre das Menschengeschlecht auf die Zweizahl der Ersterschaffenen beschränkt geblieben, wenn die Todesfurcht nicht die menschliche Natur zu ihrer Fortpflanzung angeregt hätte. Auch dieser Frage wahre Lösung dürfte indessen, welche sie auch sein mag, wiederum nur denen klar sein welche wie Paulus in die Geheimnisse des Paradieses eingeweiht

σιν ἀπόῤῥητα. Ὁ δὲ ἡμέτερος τοιοῦτός ἐςιν. Ἀντιλεγόντων ποτὲ τῶν Σαδδουκαίων τῷ κατὰ τὴν ἀνάςασιν λόγῳ, καὶ τὴν πολύγαμον ἐκείνην γυναῖκα, τὴν τοῖς ἑπτὰ γενομένην ἀδελφοῖς, εἰς σύςασιν τοῦ καθ᾿ ἑαυτοὺς δόγματος προφερόντων, εἶτα τίνος μετὰ τὴν ἀνάςασιν ἔςαι πυνθανομένων, ἀποκρίνεται πρὸς τὸν λόγον ὁ κύριος, οὐ μόνον τοὺς Σαδδουκαίους παιδεύων, ἀλλὰ καὶ πᾶσι τοῖς μετὰ ταῦτα τῆς ἐν τῇ ἀνάςασει ζωῆς φανερῶν τὸ μυςήριον. Ἐν γὰρ τῇ ἀνάςάσει, φησὶν, οὔτε γαμοῦσιν, οὔτε γαμίσκονται· οὔτε γὰρ ἀποθανεῖν ἔτι δύνανται· ἰσάγγελοι γάρ εἰσι καὶ υἱοὶ θεοῦ εἰσι, τῆς ἀναςάσεως υἱοὶ ὄντες. Ἡ δὲ τῆς ἀναςάσεως χάρις οὐδὲν ἕτερον ἡμῖν ἐπαγγέλλεται ἢ τὴν εἰς τὸ ἀρχαῖον τῶν πεπτωκότων ἀποκατάςασιν. Ἐπάνοδος γάρ τίς ἐςιν ἐπὶ τὴν πρώτην ζωὴν ἡ προσδοκωμένη χάρις, τὸν ἀποβληθέντα τοῦ παραδείσου πάλιν εἰς αὐτὸν ἐπανάγουσα. Εἰ τοίνυν ἡ τῶν ἀποκαθιςαμένων ζωὴ πρὸς τὴν τῶν ἀγγέλων οἰκείως ἔχει, δηλονότι ὁ πρὸ τῆς παραβάσεως βίος ἀγγελικός τις ἦν. Διὸ καὶ ἡ πρὸς τὸ ἀρχαῖον τῆς ζωῆς ἡμῶν ἐπάνοδος τοῖς ἀγγέλοις ὡμοίωται. Ἀλλὰ μὴν, καθὼς εἴρηται, γάμου παρ᾿ αὐτοῖς οὐκ ὄντος, ἐν μυριάσιν ἀπείροις αἱ ςρατιαὶ τῶν ἀγγέλων εἰσίν· οὕτω γὰρ ἐν ταῖς ὀπτασίαις ὁ Δανιὴλ διηγήσατο. Οὐκοῦν κατὰ τὸν αὐτὸν τρόπον, εἴπερ μηδεμία παρατροπή τε καὶ ἔκςασις ἀπὸ τῆς ἀγγελικῆς ὁμοτιμίας ἐξ ἁμαρτίας ἡμῖν ἐγένετο, οὐκ ἂν οὐδὲ ἡμεῖς τοῦ γάμου πρὸς τὸν πληθυσμὸν ἐδεήθημεν. Ἀλλ᾿ ὅςις ἐςὶν ἐν τῇ φύσει τῶν ἀγγέλων τοῦ πλεονασμοῦ τρόπος, ἄῤῥητος μὲν καὶ ἀνεπινόητος ςοχασμοῖς ἀνθρωπίνοις, πλὴν ἀλλὰ πάντως ἐςὶν, οὗτος ἂν καὶ ἐπὶ τῶν βραχύ τι παρ᾿ ἀγγέλους [1] ἐλαττωμένων ἐνήργησεν, εἰς τὸ ὡρισμένον ὑπὸ τῆς βουλῆς τοῦ πεποιηκότος μέτρον τὸ ἀνθρώπινον αὔξων. Εἰ δὲ ςενοχωρεῖται τις ἐπιζητῶν τὸν τῆς γενέσεως τῶν [2] ψυχῶν τρόπον, εἰ μὴ προςεδεήθη τῆς διὰ τοῦ γάμου [3] συνεργείας ὁ

---

1) M. ἐλαττωμένων ἀνθρώπων ἐνήργησεν. — 2) M. ἀνθρώπων. — 3) M. συνεργίας.

sind. Unsere Lösung ist diese. Als einmal die Sadducäer gegen die Lehre von der Auferstehung Widerspruch erhoben und zur Bekräftigung ihrer Behauptung das Beispiel von jenem vielverheiratheten Weibe, welche den sieben Brüdern angehört hatte, vorbrachten, und dann die Frage aufstellten, wessen Weib sie nach der Auferstehung sein werde, da giebt der Herr auf ihre Rede eine Antwort welche nicht bloß eine Lehre für die Sadducäer, sondern auch die Offenbarung des Geheimnisses des Lebens in der Auferstehung für alle später Lebenden enthält. Denn in der Auferstehung, sagt er, werden sie weder freien, noch sich freien lassen, sondern sie sind gleich den Engeln, und Kinder Gottes, weil sie Kinder der Auferstehung sind. Die Gnade der Auferstehung verkündigt uns nichts Anderes als die Wiederherstellung derer die gestorben sind in den alten Zustand. Denn die von uns gehoffte Gnade ist eine Art von Rückkehr in das erste Leben, welche den aus dem Paradiese Verbannten wiederum in dasselbe zurückführt. Wenn nun das Leben der Wiederhergestellten Aehnlichkeit mit dem der Engel hat, so war offenbar das Leben vor dem Sündenfall auch ein engelisches Leben. Darum auch der Vergleich der Rückkehr unseres Lebens in den alten Zustand mit den Engeln. Obgleich nun, wie gesagt, eine Ehe bei den Engeln nicht stattfindet, so sind doch ihrer Schaaren eine unendliche Zahl; denn so hat Daniel in seinen Gesichten erzählt. Auf dieselbe Weise also hätten auch wir wohl nicht der Ehe zur Vermehrung nöthig gehabt, wofern nur eben nicht aus der Sünde für uns eine Abweichung und Entartung unseres den Engeln gleichen Standes erwachsen wäre. Mag die Art der Vermehrung in der Natur der Engel sein welche sie will — ein Geheimniß und für den menschlichen Scharfsinn unergründliches Räthsel bis auf den einzigen Punct daß wir wissen daß sie stattfindet —, diese Vermehrungsweise würde auch bei den nur ein Wenig unter den Engeln erniedrigten Menschen ihre Thätigkeit behauptet und das Menschengeschlecht bis auf das von dem Willen des Schöpfers bestimmte Maß haben anwachsen lassen. Macht sich aber Jemand allzugroße Scrupel über die Entstehungsweise der Seelen, für den Fall daß der Mensch die Vermittlung durch die Ehe dazu nicht nöthig gehabt hätte, an den wollen wir die

ἄνθρωπος, ἀντερωτήσομεν καὶ ἡμεῖς τὸν τῆς ἀγγελικῆς ὑποςάσεως τρόπον πῶς ἐν ἀπείροις μυριάσιν ἐκεῖνοι, καὶ μία οὐσία ὄντες, καὶ ἐν πολλοῖς ἀριθμούμενοι. Τοῦτο γὰρ προςφόρως ἀποκρινούμεθα τῷ προφέροντι πῶς ἂν ἦν δίχα τοῦ γάμου ὁ ἄνθρωπος, εἰπόντες ὅτι καθώς εἰσι [4] χωρὶς γάμου οἱ ἄγγελοι. Τὸ γὰρ ὅμοιον ἐκείνοις τὸν ἄνθρωπον εἶναι πρὸ τῆς παραβάσεως δείκνυσιν ἡ εἰς ἐκεῖνο πάλιν ἀποκατάςασις. Τούτων οὖν ἡμῖν οὕτω διευκρινηθέντων, ἐπανιτέον ἐπὶ τὸν πρότερον λόγον, πῶς μετὰ τὴν κατασκευὴν τῆς εἰκόνος τὴν κατὰ τὸ ἄῤῥεν καὶ θῆλυ διαφορὰν ὁ θεὸς ἐπιτεχνᾶται τῷ πλάσματι. Πρὸς τοῦτο γὰρ φημι χρήσιμον εἶναι τὸ προδιηνυσμένον ἡμῖν θεώρημα. Ὁ γὰρ τὰ πάντα παραγαγὼν εἰς τὸ εἶναι, καὶ ὅλον ἐν τῷ ἰδίῳ θελήματι τὸν ἄνθρωπον πρὸς τὴν θείαν εἰκόνα διαμορφώσας, οὐ ταῖς κατ᾽ ὀλίγον προςθήκαις τῶν ἐπιγινομένων ἀνέμεινεν ἰδεῖν ἐπὶ τὸ ἴδιον πλήρωμα τὸν ἀριθμὸν τῶν ψυχῶν τελειούμενον, ἀλλ᾽ ἀθρόως αὐτῷ πληρώματι πᾶσαν τὴν ἀνθρωπίνην φύσιν διὰ τῆς προγνωςικῆς ἐνεργείας κατανοήσας, καὶ τῇ ὑψηλῇ τε καὶ ἰσαγγέλῳ λήξει τιμήσας, ἐπειδὴ προεῖδε τῇ ὁρατικῇ δυνάμει μὴ εὐθυποροῦσαν πρὸς τὸ καλὸν τὴν προαίρεσιν, καὶ διὰ τοῦτο τῆς ἀγγελικῆς ζωῆς ἀποπίπτουσαν, ὡς ἂν μὴ κολοβωθείη τὸ τᾶν ψυχῶν τῶν ἀνθρωπίνων πλῆθος, ἐκπεσὸν ἐκείνου τοῦ τρόπου καθ᾽ ὃν οἱ ἄγγελοι πρὸς τὸ πλῆθος ηὐξήθησαν, διὰ τοῦτο τὴν κατάλληλον τοῖς εἰς ἁμαρτίαν κατολισθήσασι τῆς αὐξήσεως ἐπίνοιαν ἐγκατασκευάζει τῇ φύσει, ἀντὶ τῆς ἀγγελικῆς μεγαλοφυΐας τὸν κτηνώδη τε καὶ ἄλογον τῆς ἐξ ἀλλήλων διαδοχῆς τρόπον ἐμφυτεύσας τῇ ἀνθρωπότητι. Ἐντεῦθέν μοι δοκεῖ καὶ ὁ μέγας Δαβὶδ κατοικτιζόμενος τοῦ ἀνθρώπου τὴν ἀθλιότητα, τοιούτοις λόγοις καταθρηνῆσαι τὴν φύσιν ὅτι, Ἄνθρωπος ἐν τιμῇ ὢν οὐ συνῆκε, τιμὴν λέγων τὴν πρὸς τοὺς ἀγγέλους ὁμοτιμίαν. Διὰ τοῦτο, φησὶ, παρασυνεβλήθη τοῖς κτήνεσι τοῖς ἀνοήτοις, καὶ ὁμοιώθη αὐτοῖς. Ὄντως γὰρ κτη-

---

4) M. γάμου χωρίς.

Gegenfrage nach der Art der engelischen Existenz richten, wie jene in unendlichen Legionen vorhanden sein können, ein einziges Wesen, und dennoch in einer Vielheit auftretend. Denn auf die Frage, Wie hätte der Mensch ohne die Ehe sein können, wäre dies die passende Antwort, Ebenso wie die Engel ohne Ehe sind. Denn die Aehnlichkeit des Menschen mit jenen vor dem Sündenfall wird durch ihre Wiederherstellung in jenen Zustand bewiesen. Nachdem wir dies so zur Entscheidung gebracht haben, kehren wir wiederum zu unserer früheren Untersuchung zurück, weßhalb nämlich Gott nach der Erschaffung seines Bildes den Unterschied von Mann und Weib angebracht habe. Für Lösung dieser Frage scheint mir die eben geschlossene Betrachtung nützlich. Denn der welcher das All in das Sein gerufen und den ganzen Menschen in seinem Willen nach dem göttlichen Bilde gestaltet hat, wollte die Zahl der Seelen keineswegs durch einen allmäligen Zuwachs der Geburten sich zu ihrer Vollständigkeit entwickeln sehen; allein als er vermöge seiner providentialen Kraft die menschliche Natur sofort und mit einem Male in ihrer Gesammtheit erblickt und ihr die erhabene und ehrenreiche Stellung welche sie den Engeln gleich macht angewiesen hatte, nun aber mit der Schärfe seines Blickes voraussah daß der Wille des Menschen nicht auf dem Pfade des Rechten und Guten bleiben und in Folge dessen von dem engelischen Leben abweichen werde, darum legt er, damit die Menge der menschlichen Seelen durch den Verlust der Fähigkeit sich so wie die Engel fortzupflanzen nicht gekürzt werde, in die menschliche Natur das den in Sünde Gefallenen entsprechende Verfahren der Vermehrung, und pflanzt an Stelle der engelischen Herrlichkeit die thierische und keineswegs dem vernunftbegabten Geschöpfe angehörige Weise der gegenseitigen Fortpflanzung ein. Aus diesem Grunde scheint mir auch der große David das Elend des Menschen bejammernd seine Natur in diesen Worten beweint zu haben: Da der Mensch in Würde war, hat er es nicht verstanden; hier nennt er Würde die uns den Engeln gleichmachende Ehrenstellung. **Darum, fügt er hinzu, ward er dem unvernünftigen Vieh ähnlich und ihm gleich gemacht.** Denn in der That ward er dem Vieh ähnlich, nachdem er durch seine Hin-

νώδης ἐγένετο ὁ τὴν ῥοώδη ταύτην γένεσιν τῇ φύσει παραδεξάμενος διὰ τὴν πρὸς τὸ ὑλῶδες ῥοπήν.

p. 92. Κεφ. ιη΄. Οἶμαι γὰρ ἐκ τῆς ἀρχῆς ταύτης καὶ τὰ καθ᾽ ἕκαςον πάθη, οἷον ἔκ τινος πηγῆς συνδοθέντα πλημμυρεῖν ἐν τῇ ἀνθρωπίνῃ ζωῇ. [1]Τεκμηριοῖ δὲ τὸν λόγον ἡ τῶν παθημάτων συγγένεια, κατὰ τὸ ἴσον ἡμῖν τε καὶ τοῖς ἀλόγοις ἐμφαινομένη. Οὐ γὰρ δὴ θέμις τῇ ἀνθρωπίνῃ φύσει, τῇ κατὰ τὸ θεῖον εἶδος μεμορφωμένῃ, τῆς ἐμπαθοῦς διαθέσεως προςμαρτυρεῖν τὰς πρώτας ἀρχάς· ἀλλ᾽ ἐπειδὴ προεισῆλθεν εἰς τὸν κόσμον τοῦτον ἡ τῶν ἀλόγων ζωή, ἔσχε δέ τι διὰ τὴν εἰρημένην αἰτίαν τῆς ἐκεῖθεν φύσεως καὶ ὁ ἄνθρωπος, τὸ κατὰ τὴν γένεσιν λέγω, συμμετέσχε διὰ τούτου καὶ τῶν λοιπῶν τῶν ἐν ἐκείνῃ θεωρουμένων τῇ φύσει. Οὐ γὰρ κατὰ τὸν θυμόν ἐςι τοῦ ἀνθρώπου ἡ πρὸς τὸ θεῖον ὁμοίωσις, οὔτε διὰ τῆς ἡδονῆς ἡ ὑπερέχουσα χαρακτηρίζεται φύσις, δειλία τε καὶ θράσος, καὶ ἡ τοῦ πλείονος ἔφεσις, καὶ τὸ πρὸς τὸ ἐλαττοῦσθαι μῖσος, καὶ πάντα τὰ τοιαῦτα πόρρω τοῦ θεοπρεποῦς χαρακτῆρός ἐςι. Ταῦτα τοίνυν ἐκ τοῦ ἀλόγου μέρους ἡ ἀνθρωπίνη φύσις πρὸς ἑαυτὴν ἐφειλκύσατο. Οἷς γὰρ ἡ ἄλογος ζωὴ πρὸς συντήρησιν ἑαυτῆς ἠσφαλίσθη, ταῦτα πρὸς τὸν ἀνθρώπινον μετενεχθέντα βίον πάθη ἐγένετο. Θυμῷ μὲν γὰρ συντηρεῖται τὰ ὠμοβόρα, φιληδονία δὲ τὰ πολυγονοῦντα τῶν ζώων σώζει, τὸν ἄναλκιν ἡ δειλία, καὶ τὸν εὐάλωτον τοῖς ἰσχυροτέροις ὁ φόβος, τὸν δὲ πολύσαρκον ἡ λαιμαργία, καὶ τὸ διαμαρτεῖν οὑτινοςοῦν τῶν καθ᾽ ἡδονὴν λύπης ὑπόθεσις ἐν τοῖς ἀλόγοις ἐςί. Ταῦτα πάντα καὶ τὰ τοιαῦτα διὰ τῆς κτηνώδους γενέσεως συνειςῆλθε τῇ τοῦ ἀνθρώπου κατασκευῇ. Καί μοι συγκεχωρήσθω κατά τινα πλαςικὴν θαυματοποιΐαν διαγράψαι τῷ λόγῳ τὴν ἀνθρωπίνην εἰκόνα. Καθάπερ γὰρ ἔςιν ἰδεῖν ἐν τοῖς πλάσμασι τὰς διγλύφους μορφάς,
p. 93. ἃς μηχανῶνται πρὸς ἔκπληξιν τῶν ἐντυγχανόντων οἱ τὰ

---

[1]) 𝔐. τεκμήριον δὲ τῶν λόγων.

gabe an die Materie diese in wilder Hast sich vollziehende Weise seiner Erzeugung in seine Natur aufgenommen hatte.

Kap. 18. Meiner Meinung nach haben auch der Reihe nach alle Leidenschaften diesen Ursprung, fließen wie aus einer Quelle um das Menschenleben zu überfluthen. Den Beweis für diese Behauptung liefert die Verwandtschaft der Affecte welche an uns und an den vernunftlosen Thieren zur Erscheinung kommen. Denn in der That dürfen wir nicht der menschlichen Natur, welche nach dem Bilde Gottes gestaltet ist, die ersten Anfänge der Krankheit der Affecte zuschreiben: vielmehr, da das Leben der vernunftlosen Thiere eher auf diese Welt gelangt war, und aus der angegebenen Ursache auch der Mensch Etwas von jener Natur erhalten hatte, nämlich die Art seiner Entstehung, so bekam er in Folge dessen auch noch einige andere der thierischen Natur gehörende Eigenschaften zum gemeinsamen Eigenthum mit ihr. Denn die Aehnlichkeit des Menschen mit Gott fällt bezüglich des Zorns ganz aus; auch kennzeichnet sich die allerhabene Natur Gottes nicht durch die Lust, noch durch Furchtsamkeit, Kühnheit, Habgier, Abneigung gegen Verlust und Herabsetzung, und alles Derartige liegt dem Wesen Gottes fern. Es hat demnach die menschliche Natur diese Affecte aus dem vernunftlosen Theile der Schöpfung in sich hinübergenommen. Womit nämlich das thierische Leben zu seiner Erhaltung ausgerüstet worden war, das wurde, auf das Leben des Menschen übertragen, hier zum Affect. Durch Zorn und Grimm erhalten sich die fleischfressenden Raubthiere, Wollust erhält die durch ihre Fruchtbarkeit sich auszeichnenden Thiere, die schwachen die scheue Aengstlichkeit, die für die stärkeren leicht bezwingbaren die Furcht, die an Fleisch reichen die Gefräßigkeit, und das Nichterlangen dessen wonach ihnen gelüstet giebt bei den vernunftlosen Geschöpfen Veranlassung zu Mißmuth. Dieses Alles und Aehnliches hat durch die thierische Art unserer Geburt in den Menschen Eingang gefunden. Mag man mir gestatten das Bild des Menschen nach Art eines plastischen Wunderwerks mit Worten zu beschreiben. Denn wie man unter den Bildwerken Doppelgestalten erblicken kann, welche die Künstler zur Ueberraschung der Beschauer so ausarbeiten daß sie mit ihrem

τοιαῦτα φιλοτεχνοῦντες, μιᾷ κεφαλῇ δύο μορφὰς προςώπων ὑποχαράσσοντες, οὕτω μοι δοκεῖ διπλῆν φέρειν ὁ ἄνθρωπος πρὸς τὰ ἐναντία τὴν ὁμοιότητα, τῷ μὲν θεοειδεῖ τῆς διανοίας πρὸς τὸ θεῖον κάλλος μεμορφωμένος, ταῖς δὲ κατὰ πάθος ἐγγινομέναις ὁρμαῖς πρὸς τὸ κτηνῶδες φέρων τὴν οἰκειότητα. Πολλάκις δὲ [2]καὶ ὅλος ἀποκτηνοῦται διὰ τῆς πρὸς τὸ ἄλογον ῥοπῆς τε καὶ διαθέσεως, συγκαλύπτων τὸ κρεῖττον τῷ χείρονι. Ἐπειδὰν γάρ τις πρὸς ταῦτα τὴν διανοητικὴν ἐνέργειαν καθελκύσῃ, καὶ ὑπηρέτην γενέσθαι τῶν παθῶν τὸν λογισμὸν ἐκβιάσηται, παρατροπή τις γίνεται τοῦ ἀγαθοῦ χαρακτῆρος πρὸς τὴν ἄλογον εἰκόνα, πάσης πρὸς τοῦτο μεταχαρασσομένης τῆς φύσεως, καθάπερ γεωργοῦντος τοῦ λογισμοῦ τὰς τῶν παθημάτων ἀρχὰς, καὶ δι᾽ ὀλίγων εἰς πλῆθος ἐπαύξοντος. Τὴν γὰρ παρ᾽ ἑαυτοῦ συνεργίαν χρήσας τῷ πάθει πολύχουν καὶ ἀμφιλαφῆ τὴν τῶν ἀτόπων γένεσιν ἀπειργάσατο. Οὕτως ἡ φιληδονία τὴν μὲν ἀρχὴν ἔσχεν ἐκ τῆς πρὸς τὸ ἄλογον ὁμοιώσεως, ἀλλ᾽ ἐν τοῖς ἀνθρωπίνοις πλημμελήμασι προςηυξήθη, τοσαύτας διαφορὰς τῶν κατὰ τὴν ἡδονὴν ἁμαρτανομένων γεννήσασα ὅσας ἐν τοῖς ἀλόγοις οὐκ ἔςιν εὑρεῖν. Οὕτως ἡ πρὸς τὸν θυμὸν διανάςασις συγγενὴς μὲν ἐςι τῇ τῶν ἀλόγων ὁρμῇ, αὔξεται δὲ τῇ τῶν λογισμῶν συμμαχίᾳ. Ἐκεῖθεν γὰρ ἡ μῆνις, ὁ φθόνος, τὸ ψεῦδος, ἡ ἐπιβουλὴ, ἡ ὑπόκρισις. Ταῦτα πάντα τῆς πονηρᾶς τοῦ νοῦ γεωργίας ἐςίν. Εἰ γὰρ γυμνωθείη τῆς ἐκ τῶν λογισμῶν συμμαχίας τὸ πάθος, ὠκύμορός τις καὶ ἄτονος ὁ θυμὸς καταλείπεται, πομφόλυγος δίκην ὁμοῦ τε γινόμενος καὶ εὐθὺς ἀπολλύμενος. Οὕτως ἡ τῶν συῶν λαιμαργία τὴν πλεονεξίαν εἰσήνεγκε, καὶ τὸ τοῦ ἵππου γαῦρον γέγονε τῆς ὑπερηφανείας ἀρχὴ, καὶ τὰ καθ᾽ ἕκαςον πάντα τῆς κτηνώδους ἀλογίας ἀφορμηθέντα διὰ τῆς πονηρᾶς τοῦ νοῦ χρήσεως κακία ἐγένετο, ὥςπερ οὖν καὶ τὸ ἔμπαλιν, εἴπερ ὁ λογισμὸς τῶν τοιούτων κινημάτων ἀντιμεταλάβοι τὸ κράτος, εἰς ἀρετῆς εἶδος ἕκαςον τούτων

---

2) 𝔐. καὶ ὁ λόγος ἀποκτηνοῦται.

Griffel zwei Gesichter auf einem Haupte anbringen, so scheint mir auch der Mensch eine doppelte Aehnlichkeit nach den entgegengesetzten Richtungen hin an sich zu tragen, indem er einerseits durch die göttliche Gabe des denkenden Geistes nach der Schönheit Gottes gebildet ist, andrerseits durch die in ihn gelegten Triebe der Affecte die Verwandtschaft mit dem Thiere an sich trägt. Durch diese Hinneigung und dies Verhältniß zu dem Vernunftlosen verthiert er sich auch oft ganz und gar, indem er das Gute durch das Böse von allen Seiten überwuchern läßt. Denn sobald Jemand die Kraft des Gedankens dazu erniedrigt, und den Verstand dazu zwingt ein Diener der Leidenschaften zu werden, da tritt ein Umschlag des guten Bildes in das der Unvernünftigkeit angehörige ein, und die gesammte Natur gestaltet sich dazu um, wobei der Verstand die Keime und Anfänge der Leidenschaften gleichsam hegt und pflegt und in kurzer Zeit zu einer großen Anzahl vermehrt. Indem er nämlich der Leidenschaft seinen Beistand leiht, bringt er eine Mannichfaltigkeit und einen Reichthum von sündigen Thorheiten zu Stande. So hatte der Hang zur Lust seinen Ursprung in unserer Aehnlichkeit mit dem unvernünftigen Thier, hat aber unter dem Einflusse der menschlichen Vergehen einen starken Zuwachs erhalten, und so viele Unterschiede in den Wollustsünden erzeugt wie sie bei den unvernünftigen Thieren nicht anzutreffen sind. So ist die Aufwallung zum Zorn verwandt mit dem Triebe der vernunftlosen Thiere, gewinnt aber durch den Beistand unseres Verstandes an Stärke. Denn von daher stammen der Groll, der Neid, die Lüge, die Hinterlist, die Heuchelei, und dies Alles gedeiht unter dem bösen Einflusse unseres Verstandes. Denn ginge die Leidenschaft seines Beistandes verlustig, so bliebe der Zorn schwach und von kurzer Dauer, nach Art einer Wasserblase ebenso schnell entstehend als vergehend. So hat die Gefräßigkeit der Schweine die Habsucht in unsere Natur gebracht, der Stolz des Pferdes ist der Anfang unseres Hochmuths, und alles Einzelne welches in der Vernunftlosigkeit der Thiere seinen Ursprung hat, ist durch den schlechten Gebrauch des Verstandes zu wirklichem Bösen geworden, ganz wie andrerseits auch, wenn der Verstand die Herrschaft über diese Gemüthsbewegungen in seine Hände nimmt,

ἀντιμεθίζαται. Ποιεῖ γὰρ ὁ μὲν θυμὸς τὴν [3] ἀνδρείαν, τὸ δὲ δειλὸν τὴν ἀσφάλειαν, καὶ ὁ φόβος τὴν εὐπείθειαν, τὸ μῖσος δὲ τὴν τῆς κακίας ἀποςροφὴν, ἡ δὲ ἀγαπητικὴ δύναμις τὴν πρὸς τὸ ἀληθῶς καλὸν ἐπιθυμίαν, τὸ δὲ γαῦρον τοῦ ἤθους ὑπεραίρει τῶν παθημάτων, καὶ ἀδούλωτον ὑπὸ τοῦ κακοῦ διαφυλάσσει τὸ φρόνημα (ἐπαινεῖ δὲ τὸ τοιοῦτον τῆς ἐπάρσεως εἶδος καὶ ὁ μέγας ἀπόςολος, συνεχῶς ἐγκελευόμενος τὰ ἄνω φρονεῖν), καὶ οὕτως ἔςιν εὑρεῖν ὅτι πᾶν τὸ τοιοῦτον κίνημα τῷ ὑψηλῷ τῆς διανοίας συνεπαιρόμενον τῷ κατὰ τὴν θείαν εἰκόνα κάλλει συσχηματίζεται. Ἀλλ' ἐπειδὴ βαρεῖά τίς ἐςι καὶ κατωφερὴς ἡ τῆς ἁμαρτίας ῥοπὴ, πλεῖον τὸ ἕτερον γίνεται. Μᾶλλον γὰρ τῷ βάρει τῆς ἀλόγου φύσεως συγκατασπᾶται τὸ ἡγεμονικὸν τῆς ψυχῆς ἤπερ τῷ ὕψει τῆς διανοίας τὸ βαρύ τε καὶ χοϊκὸν ἀνυψοῦται. Διὰ τοῦτο πολλάκις ἀγνοεῖσθαι ποιεῖ τὸ θεῖον δῶρον ἡ περὶ ἡμᾶς ἀθλιότης, οἷον προςωπεῖον εἰδεχθὲς τῷ κατὰ τὴν εἰκόνα κάλλει τὰ πάθη τῆς σαρκὸς ἐπιπλάσσουσα. Οὐκοῦν συγγνωςοί πώς εἰσιν οἱ πρὸς τὰ τοιαῦτα βλέποντες, εἶτα τὴν θείαν μορφὴν ἐν τούτοις εἶναι οὐκ εὐχερῶς συντιθέμενοι. Ἀλλὰ διὰ τῶν κατορθωκότων τὸν βίον ἕξει τὴν θείαν ἐν τοῖς ἀνθρώποις εἰκόνα βλέπειν. Εἰ γὰρ ἐμπαθής τις καὶ σάρκινος ὢν ἀπιςεῖσθαι ποιεῖ τὸν ἄνθρωπον ὡς θείῳ κάλλει κεκοσμημένον, ὁ ὑψηλὸς πάντως τὴν ἀρετὴν καὶ καθαρεύων ἐκ μολυσμάτων βεβαιώσει σαι τὴν πρὸς τὸ κρεῖττον ἐπὶ τῶν ἀνθρώπων ὑπόληψιν. Οἷον (κρεῖττον γὰρ ἐν ὑποδείγματι δεῖξαι τὸν λόγον), ἀπήλειψε τῷ τῆς πονηρίας μολύσματι τὸ τῆς φύσεως κάλλος τις τῶν ἐπὶ κακίᾳ γνωρίμων, Ἰεχονίας τυχὸν, ἢ εἴ τις ἕτερος ἐπὶ κακῷ μνημονεύεται· ἀλλ' ἐν Μωϋσῇ καὶ τοῖς κατ' ἐκεῖνον καθαρὰ διεφυλάχθη ἡ τῆς εἰκόνος μορφή. Ἐν οἷς τοίνυν οὐκ ἠμαυρώθη τὸ κάλλος, ἐν τούτοις ἐναργὴς ἡ τῶν λεγομένων πίςις ἐςὶν ὅτι ἄνθρωπος τοῦ θεοῦ μίμημα γέγονεν.

---

3) M. ἀνδρίαν.

dieselben alle zum Wesen der Tugend umschlagen. Denn der Zorn bewirkt die Mannhaftigkeit, die Aengstlichkeit die besonnene Sicherheit, die Furcht den Gehorsam, der Haß die Abneigung vom Bösen, die Kraft der Liebe die Begierde nach dem wahrhaft Schönen, der Stolz der Gesinnung hebt uns über die Leidenschaften empor und bewahrt das Herz frei von der Tyrannenherrschaft des Bösen (solche Art des Stolzes lobt der große Apostel, wenn er uns ohne Unterlaß anempfiehlt daß wir unseren Sinn nach Oben richten sollen), und so kann man ersehen daß alle derartige Bewegung durch die Erhabenheit unseres denkenden Geistes mitemporgehoben sich nach der Schönheit des göttlichen Bildes mitgestaltet, daß jedoch, wenn die Hinneigung zur Sünde schwer nach der Tiefe zieht, das Gegentheil in desto stärkerem Maße eintritt. Denn das Hauptvermögen der Seele wird durch die Wucht der unvernünftigen Natur mehr mithinabgezogen als das Schwere und Irdische durch die Erhabenheit des Geistes mit erhoben wird. Daher kommt es daß unser Elend oftmals das Geschenk Gottes nicht erkennen läßt, indem es mit den Leidenschaften des Fleisches gleichwie mit einer häßlichen Larve die Schönheit des Ebenbildes überdeckt. Es verdienen sonach diejenigen einige Nachsicht welche im Hinblicke auf diese Leidenschaften sich schwer uns darin beizustimmen herbeilassen daß hinter ihnen die Schönheit Gottes verborgen liege. Aber die welche ein tugendhaftes Leben führen, die lassen uns das Bild Gottes in den Menschen schauen. Denn wenn ein den Leidenschaften verfallener und fleischlich gesinnter Mensch uns den Glauben nimmt daß der Mensch mit dem göttlichen Bilde geschmückt sei, so wird dir in Wahrheit der an Tugend erhabene und vom Schmuz der Sünde reine Mensch die bessere Ansicht über die Menschen bestätigen und befestigen. Zum Beispiel (denn ich ziehe es vor in einem Beispiele meine Behauptung zu erweisen), ein bekannter Bösewicht, vielleicht Jechonias, oder ein Anderer von welchem die Geschichte Böses berichtet, hat durch den Schmuz der Sünde die Schönheit seiner Natur völlig verwischt: hingegen in Moses und seines Gleichen ist die Schönheit des Bildes rein erhalten worden. In welchen also die Schönheit nicht getrübt worden ist, in denen liegt die klare und augenfällige Bestätigung der Worte daß der Mensch eine Nachahmung Gottes ist. Schämt sich aber vielleicht Jemand des

Ἀλλ' ἐπαισχύνεταί τις τυχὸν τῷ διὰ βρώσεως ἡμῖν καθ' ὁμοιότητα τῶν ἀλόγων τὴν ζωὴν συνεϛάναι, καὶ διὰ τοῦτο ἀνάξιον ἡγεῖται τὸν ἄνθρωπον τοῦ κατ' εἰκόνα θεοῦ πεπλάσθαι δοκεῖν. Ἀλλ' ἐλπιζέτω τῆς λειτουργίας ταύτης ἀτέλειαν δοθήσεσθαι τῇ φύσει ποτὲ, κατὰ τὴν προϛδοκωμένην ζωήν. Οὐ γάρ ἐϛι, καθώς φησιν ὁ ἀπόϛολος, ἡ βασιλεία τοῦ θεοῦ βρῶσις καὶ πόσις, οὐδὲ ἐπ' ἄρτῳ μόνῳ ζήσεσθαι τὸν ἄνθρωπον ὁ κύριος προηγόρευσεν, ἀλλ' ἐν παντὶ ῥήματι ἐκπορευομένῳ διὰ ϛόματος θεοῦ. Ἀλλὰ καὶ τῆς ἀναϛάσεως ἰσάγγελον ἡμῖν ὑποδεικνυούσης τὸν βίον, βρώσεως δὲ παρὰ τοῖς ἀγγέλοις οὐκ οὔσης, ἱκανὴ πίϛις τοῦ ἀπαλλαγήσεσθαι τῆς τοιαύτης λειτουργίας τὸν ἄνθρωπον, τὸν καθ' ὁμοιότητα τῶν ἀγγέλων ζησόμενον.

Κεφ. ιθ'. Ἀλλ' ἴσως τις οὐκ εἰς τὸ αὐτὸ πάλιν τῆς ζωῆς εἶδος ἐπανελεύσεσθαι λέγει τὸν ἄνθρωπον, εἴγε πρότερον μὲν ἐν τῷ ἐσθίειν ἦμεν, μετὰ ταῦτα δὲ τῆς τοιαύτης λειτουργίας ἀφεθησόμεθα. Ἀλλ' ἐγὼ τῆς ἁγίας ἀκούων γραφῆς οὐ μόνον σωματικὴν ἐπίϛαμαι βρῶσιν, οὐδὲ τὴν διὰ σαρκὸς εὐφροσύνην, ἀλλά τινα καὶ ἑτέραν οἶδα τροφὴν, ἀναλογίαν τινὰ πρὸς τὴν τοῦ σώματος ἔχουσαν, ἧς ἡ ἀπόλαυσις ἐπὶ μόνην τὴν ψυχὴν διαβαίνει. Φάγετε τῶν ἐμῶν ἄρτων, ἡ σοφία τοῖς πεινῶσι διακελεύεται, καὶ μακαρίζει τοὺς τὴν τοιαύτην βρῶσιν πεινῶντας ὁ κύριος. Καὶ εἴ τις διψᾷ, φησὶν, ἐρχέσθω πρός με καὶ πινέτω. Καὶ ὁ μέγας Ἡσαΐας, Πίετε εὐφροσύνην, τοῖς δυνατοῖς ἐπαΐειν τῆς μεγαλοφυΐας αὐτοῦ ἐγκελεύεται. Ἔϛι δέ τις καὶ ἀπειλὴ προφητικὴ κατὰ τῶν τιμωρίας ἀξίων, ὡς λιμῷ κολασθησομένων. Ὁ δὲ λιμὸς οὐκ ἄρτου τίς ἐϛιν ἀπορία καὶ ὕδατος, ἀλλὰ λόγου ἐπίλειψις. Οὐ λιμὸν γὰρ ἄρτου φησὶν, ἢ δίψαν ὕδατος, ἀλλὰ λιμὸν τοῦ ἀκοῦσαι λέγων κυρίου. Οὐκοῦν τῆς τοῦ θεοῦ φυτείας τῆς ἐν Ἐδὲμ (τρυφὴ δὲ ἡ Ἐδὲμ ἑρμηνεύεται) ἄξιόν τινα τὸν καρπὸν ἐννοῆσαι προϛήκει, καὶ τρέφεσθαι διὰ τούτου μὴ ἀμφι-

Umstandes daß wir unser Leben nach Art der unvernünftigen Thiere durch Speise fristen, und wähnt daß aus diesem Grunde es unwürdig sei an eine Gestaltung des Menschen nach dem Bilde Gottes zu glauben, der hoffe nur daß der menschlichen Natur einst Befreiung von dieser Abhängigkeit zu Theil werden wird, in dem Leben auf welches wir harren. Denn das Reich Gottes, wie der Apostel sagt, besteht nicht in Essen und Trinken, noch lebt der Mensch, wie der Herr verkündet hat, allein vom Brot, sondern von jeglichem Wort was durch den Mund Gottes gehet. Da nun aber auch die Auferstehung unser Leben dem der Engel gleich machen wird, und da die Engel keiner Speise bedürfen, so können wir hinlänglich vertrauen daß der Mensch, der ein Leben nach Art der Engel führen soll, von dieser Abhängigkeit entbunden werden wird.

Kap. 19. Aber vielleicht sagt man daß der Mensch nicht zu derselben Lebensweise zurückkehren werde, wenn anders nämlich wir ehedem unser Leben durch Essen fristeten, später aber von dieser Abhängigkeit befreit werden sollen. Die Worte der heiligen Schrift welche ich vernehme verstehe ich nicht bloß von leiblicher Nahrung, noch von fröhlichem Genuß im Fleische, sondern ich kenne noch eine andere Speise, welche der des Leibes einigermaßen ähnlich ist, und deren Genuß allein auf die Seele geht. Eßt von meinen Broten, gebietet die Weisheit den Hungernden, und der Herr preist diejenigen glücklich welchen nach solcher Speise hungert. Und wenn Einer durstet, spricht er, so komme er zu mir und trinke. Auch der große Esaias gebietet denen welche seine erhabene Rede zu verstehen fähig sind, Trinkt Fröhlichkeit. Es ist aber auch eine prophetische Drohung vorhanden gegen die welche der Strafe würdig sind, daß sie mit Hunger gezüchtigt werden sollen. Der Hunger aber ist nicht ein Mangel an Brot und Wasser, sondern ein Fehlen des Worts. Denn er sagt, Nicht einen Hunger nach Brot, oder einen Durst nach Wasser, sondern einen Hunger zu hören die Worte des Herrn. Darum müssen wir an eine Frucht denken die da würdig ist des Gartens Gottes, Edem, (Edem aber bedeutet Wohlleben), und dürfen nicht bezweifeln daß sie die

βάλλειν τὸν ἄνθρωπον, καὶ μὴ πάντως τὴν παροδικὴν καὶ ἀπόῤῥυτον ταύτην τροφὴν ἐπὶ τῆς τοῦ παραδείσου διαγωγῆς ἐννοεῖν. Ἀπὸ παντὸς, φησὶ, ξύλου τοῦ ἐν τῷ παραδείσῳ βρώσει φαγῇ. Τίς δώσει τῷ ὑγιεινῶς πεινῶντι τὸ ξύλον ἐκεῖνο, τὸ ἐν τῷ παραδείσῳ, τὸ παντὸς ἀγαθοῦ περιληπτικὸν, ᾧ ὄνομά ἐςι τὸ πᾶν· οὐ γὰρ εται τῷ ἀνθρώπῳ τὴν μετουσίαν ὁ λόγος; τῷ γὰρ γενικῷ τε καὶ ὑπερκειμένῳ λόγῳ πᾶσα τῶν ἀγαθῶν ἰδέα πρὸς ἑαυτὴν συμφυῶς ἔχει, καὶ ἕν τι τὸ ὅλον ἐςί. Τίς δέ με τῆς συμμιγοῦς τε καὶ ἐπαμφοτεριζούσης τοῦ ξύλου γεύσεως ἀποςήσει; πάντως γὰρ οὐκ ἄδηλον τοῖς διορατικωτέροις τί τὸ πᾶν ἐκεῖνο οὗ καρπὸς ἡ ζωὴ, καὶ πάλιν τί τὸ ἐπίμικτον τοῦτο οὗ πέρας ὁ θάνατος. Ὁ γὰρ τοῦ παντὸς τὴν ἀπόλαυσιν ἀφθόνως προθεὶς λόγῳ τινὶ πάντως καὶ προμηθείᾳ τῆς τῶν ἐπικοίνων μετουσίας ἀπείργει τὸν ἄνθρωπον. Καί μοι δοκεῖ τὸν μέγαν Δαβὶδ καὶ τὸν σοφὸν Σολομῶντα διδασκάλους τῆς τοῦ λόγου τούτου παραλαβεῖν ἐξηγήσεως. Ἀμφότεροι γὰρ τῆς συγκεχωρημένης τρυφῆς μίαν ἡγοῦνται τὴν χάριν, αὐτὸ τὸ ὄντως ἀγαθὸν, ὃ δὴ καὶ πᾶν ἐςιν ἀγαθὸν, Δαβὶδ μὲν λέγων, Κατατρύφησον τοῦ κυρίου, Σολομῶν δὲ, τὴν σοφίαν αὐτὴν, ἥτις ἐςὶν ὁ κύριος, ξύλον ζωῆς ὀνομάζων. Οὐκοῦν ταὐτόν ἐςι τῷ τῆς ζωῆς ξύλῳ τὸ πᾶν ξύλον, οὗ τὴν βρῶσιν τῷ κατὰ θεὸν πλασθέντι ὁ λόγος δίδωσιν. Ἀντιδιαιρεῖται δὲ τῷ ξύλῳ τούτῳ ἕτερον ξύλον, οὗ ἡ βρῶσις καλοῦ καὶ κακοῦ γνῶσίς ἐςιν, οὐκ ἰδιαζόντως ἑκάτερον τῶν κατὰ τὸ ἐναντίον σημαινομένων ἐν μέρει καρποφοροῦντος, ἀλλά τινα συγκεχυμένον καὶ σύμμικτον καρπὸν ἐξανθοῦντος ταῖς ἐναντίαις συγκεκραμένον ποιότησιν. Οὐ κωλίει μὲν τὴν βρῶσιν ὁ ἀρχηγὸς τῆς ζωῆς, συμβουλεύει δὲ ὁ ὄφις, ἵνα τῷ θανάτῳ κατασκευάσῃ τὴν εἴσοδον. Καὶ πιθανὸς γίνεται συμβουλεύσας, εὐχροίᾳ τινὶ καὶ ἡδονῇ τὸν καρπὸν περιχρώσας, ὡς ἂν ὀφθείη τε ἡδέως καὶ τὴν ὄρεξιν πρὸς τὴν γεῦσιν ὑπερεθίσειεν.

Κεφ. κ. Τί οὖν ἐκεῖνό ἐςιν ὃ καλοῦ τε καὶ κακοῦ συγκεκραμένην ἔχει τὴν γνῶσιν, ταῖς δι᾽ αἰσθήσεως ἡδο-

Nahrung des Menschen ist; keineswegs aber kann uns bei dem Leben im Paradiese die vergängliche und nichtige Nahrung dieser Welt in den Sinn kommen. Du sollst essen, spricht er, von allem Baume im Garten. Wer wird dem welcher den richtigen Hunger haben wird jenen Baum im Paradiese geben welcher jedes Gut einschließt, mit dessen Namen alles das bezeichnet wird dessen Genuß das Wort dem Menschen spendet? Denn in dem allumfassenden und allerhabenen Wort sind alle Güter unter sich fest verbunden, und bilden Eins und ein Ganzes, und wer wird mich zurückhalten von dem Genuß des Baums dessen Frucht eine zweideutige Mischlingsfrucht ist? Denn jedenfalls wissen die Hellerblickenden was jenes Alles sei dessen Frucht das Leben ist, und andererseits wiederum was jenes Gemischte sei dessen Ende der Tod ist. Der welcher den ungekürzten Genuß des Alls erlaubt hat, der hält in der That den Menschen durch sein Wort und seine Vorsicht auch von dem Genusse des Gemeinen zurück. Ich will den großen David und den weisen Salomo als Lehrer zur Erklärung dieses Wortes herbeiziehen. Denn beide sehen in der Gnade des gestatteten Wohllebens das wahrhafte Gut selbst, was eben auch das Allgut ist, David, indem er sagt, habe deine Lust an dem Herrn, und Salomo, indem er die Weisheit selbst, welche ist der Herr, den Baum des Lebens nennt. „Aller Baum" also, dessen Genuß dem nach Gottes Bild Gestalteten das Wort des Herrn gestattet, ist Eins und dasselbe mit „Baum des Lebens." Von diesem Baum verschieden ist ein anderer Baum, von dem zu essen Erkenntniß des Guten und Bösen bewirkt; nicht als ob er diese beiden Gegensätze getrennt in buntem Wechsel als Frucht trüge, sondern er treibt eine Bastard- und Mischlingsfrucht die aus beiden Eigenschaften zusammengesetzt ist. Dieses Baumes Genuß verbietet der Urheber des Lebens, während die Schlange dazu räth, damit sie dem Tode Eingang verschaffe. Und der Rathgeber findet Glauben, weil er die Frucht mit Schönheit und Wollust geschmückt hat, damit sie lieblich in die Augen falle und das Verlangen sie zu kosten anreize.

Kap. 20. Was ist nun das für ein Baum welcher die Erkenntniß des Guten und des Bösen zusammengemischt an sich trägt und geschmückt ist mit den sinnlichen Lüsten? In der That werde

ναῖς ἐπηνθισμένον; ¹Ἆρα μὴ πόῤῥω τῆς ἀληθείας παραςοχάσομαι τῇ τοῦ γνωςοῦ διανοίᾳ εἰς ἀφορμὴν τῆς θεωρίας συγχρώμενος. Οἶμαι γὰρ οὐκ ἐπιςήμην ἐνταῦθα παρὰ τῆς γραφῆς νοεῖσθαι τὴν γνῶσιν, ἀλλά τινα διαφορὰν ἐκ τῆς γραφικῆς συνηθείας εὑρίσκω, γνώσεώς τε καὶ διακρίσεως. Τὸ μὲν γὰρ διακρίνειν ἐπιςημόνως τὸ καλὸν ἐκ τοῦ κακοῦ τελειοτέρας ἕξεως εἶναί φησιν ὁ ἀπόςολος, καὶ γεγυμνασμένων αἰσθητηρίων. Διὸ καὶ πρόςαγμα ποιεῖται πάντα δοκιμάζειν, καὶ τοῦ πνευματικοῦ τὸ διακρίνειν ἴδιον εἶναί φησιν. Ἡ δὲ γνῶσις οὐ πανταχοῦ τὴν ἐπιςήμην τε καὶ τὴν ²εἴδησιν κατὰ τὸ σημαινόμενον ὑφηγεῖται, ἀλλὰ τὴν πρὸς τὸ κεχαρισμένον διάθεσιν. Ὡς, Ἔγνω κύριος τοὺς ὄντας αὐτοῦ· καὶ πρὸς τὸν Μωϋσέα φησὶν ὅτι, Ἔγνων σε παρὰ πάντας. Περὶ δὲ τῶν ἐν κακίᾳ κατεγνωσμένων λέγει ³ὁ πάντα εἰδὼς ὅτι, Οὐδέποτε ἔγνων ὑμᾶς. Οὐκοῦν τὸ ξύλον, ἀφ᾽ οὗ ἡ σύμμικτος γνῶσις καρποφορεῖται, τῶν ἀπηγορευμένων ἐςί. Μέμικται δὲ διὰ τῶν ἐναντίων ὁ καρπὸς ἐκεῖνος, ὁ συνήγορον ἔχων ἑαυτοῦ τὸν ὄφιν, τάχα κατὰ τὸν λόγον τοῦτον, ὅτι οὐ γυμνὸν πρόκειται τὸ κακὸν αὐτὸ ἐφ᾽ ἑαυτοῦ κατὰ τὴν ἰδίαν φύσιν φαινόμενον. Ἡ γὰρ ἂν ἄπρακτος ἦν ἡ κακία, μηδενὶ προςκεχρωσμένη καλῷ τῷ πρὸς ἐπιθυμίαν αὐτῆς ἐφελκομένῳ τὸν ἀπατώμενον. Νυνὶ δὲ σύμμικτός πώς ἐςιν ἡ τοῦ κακοῦ φύσις, ἐν μὲν τῷ βάθει τὸν ὄλεθρον οἷόν τινα δόλον ἐγκεκρυμμένον ἔχουσα, ἐν δὲ τῇ κατὰ τὸ φαινόμενον ἀπάτῃ καλοῦ τινα φαντασίαν παραδεικνύουσα. Καλὸν δοκεῖ τοῖς φιλαργύροις ἡ τῆς ὕλης εὔχροια, ἀλλὰ ῥίζα πάντων τῶν κακῶν ἡ φιλαργυρία γίνεται. Τίς δ᾽ ἂν ἐπὶ τὸν δυσώδη βόρβορον τῆς ἀκολασίας κατώλισθεν, εἰ μὴ τὴν ἡδονὴν καλόν τι καὶ αἱρετὸν ᾤετο, ὁ τῷ δελέατι τούτῳ πρὸς τὸ πάθος κατασυρόμενος; Οὕτω καὶ τὰ λοιπὰ τῶν ἁμαρτημάτων ἐγκεκρυμμένην ἔχοντα τὴν διαφθορὰν αἱρετὰ παρὰ τὴν πρώτην δοκεῖ, διά τινος ἀπάτης τοῖς ἀνεπισκέπτοις ἀντ᾽ ἀγαθοῦ σπουδαζόμενα. Ἐπειδὴ τοί-

---

1) M. Ἆρα μή. — 2) M. εἴδησιν ὑφηγεῖται κ. τὸ σημαινόμενον· ἀλλά. — 3) M. ὁ τὰ πάντα.

ich bei Beantwortung dieser Frage die Wahrheit nicht wohl verfehlen, wenn ich der Betrachtung zunächst die Bestimmung des Begriffs von „Erkenntniß" zu Grunde lege. Denn ich glaube nicht daß hier von der heiligen Schrift unter Erkenntniß ein Verständniß gemeint ist, vielmehr entdecke ich aus ihrem Sprachgebrauch einen Unterschied von Erkenntniß und Urtheil. Denn das Gute von dem Bösen verständig zu sondern, dazu, sagt der Apostel, werde man nur durch einen Zustand höherer Vollkommenheit und durch geübtere Sinne befähigt. Daher befiehlt er auch Alles zu prüfen, und erklärt das ergründende Urtheil für ein Eigenthum des geistlichen Menschen. Die Erkenntniß dagegen bezeichnet der Bedeutung des Wortes nach nicht überall das Verständniß und das Wissen, sondern die Neigung zu dem was Jemandem lieb ist. Zum Beispiel, **Es erkannte der Herr die Seinigen**; und zu Moses spricht er, **Ich habe dich vor Allen erkannt.** Von den in ihrer Bosheit Verdammten aber sagt der welcher doch der Allwissende ist, **Ich habe Euch niemals erkannt.** Der Baum also welcher die gemischte Erkenntniß trägt gehört unter die verbotenen Dinge. Seine Frucht aber, welche die Schlange anpreist, ist eine Mischung von Gegensätzen, vielleicht aus dem Grunde weil das Böse seiner Natur nach nicht nackt und unverhüllt so wie es ist unseren Augen sich darbietet. Denn in der That würde das Böse wirkungslos gewesen sein, wenn es nicht mit etwas Gutem, um Begehren nach ihm bei dem betrogenen zu erregen, geschmückt gewesen wäre. So ist nun aber die Natur des Bösen eine gemischte, und birgt in der Tiefe das Verderben, wie eine hinterlistige Falle, während sie auf der trügerischen Oberfläche das Bild des Guten zeigt. Den Geizigen erscheint der Glanz des Metalls als etwas Schönes, und doch ist der Geiz die Wurzel alles Uebels. Wer würde wohl in den unsauberen Schlamm der zügellosen Liederlichkeit versunken sein, wenn der durch diese Lockspeise der Leidenschaft in die Arme Geführte die Lust nicht für etwas Gutes und werth ihr nachzujagen gehalten hätte? So tragen auch die übrigen Sünden das Verderben versteckt an sich, und erscheinen zuerst des Nachjagens werth, und werden von Solchen welche ihre Augen nicht offen halten und Vorsicht üben gleichwie ein Gut erstrebt. Da nun das Urtheil der Menge das Gute

νῦν οἱ πολλοὶ τὸ καλὸν ἐν τῷ τὰς αἰσθήσεις εὐφραίνοντι κρίνουσι, καί τίς ἐςιν ὁμωνυμία τοῦ τε ὄντος καὶ τοῦ δοκοῦντος εἶναι καλοῦ, τούτου χάριν ἡ πρὸς τὸ κακὸν ὡς πρὸς τὸ ἀγαθὸν γινομένη ἐπιθυμία καλοῦ καὶ κακοῦ γνῶσις ὑπὸ τῆς γραφῆς ὠνομάσθη, συνδιάθεσίν τινα καὶ ἀνάκρασιν ἑρμηνευούσης τῆς γνώσεως. Οὔτε ἀπολύτως κακὸν, διότι περιήνθισαι τῷ καλῷ, οὔτε καθαρῶς ἀγαθὸν, διότι ὑποκέκρυπται τὸ κακὸν, ἀλλὰ σύμμικτον δι' ἑκατέρων τοῦ ἀπηγορευμένου ξύλου τὸν καρπὸν εἶναί φησιν οὗ τὴν γεῦσιν εἰς θάνατον ἄγειν εἶπε τοὺς ἁψαμένους, μονονουχὶ φανερῶς τὸ δόγμα βοῶν ὅτι τὸ ὄντως ἀγαθὸν ἁπλοῦν καὶ μονοειδές ἐςι τῇ φύσει, πάσης διπλόης καὶ τῆς πρὸς τὸ ἐναντίον συζυγίας ἀλλότριον. Τὸ δὲ κακὸν ποικίλον τε καὶ κατεσχηματισμένον ἐςὶν, ἄλλο τι νομιζόμενον καὶ ἕτερον διὰ τῆς πείρας ἀναφαινόμενον, οὗ τὴν γνῶσιν, τοῦτ' ἔςι τὴν διὰ τῆς πείρας ἀνάληψιν, θανάτου καὶ διαφθορᾶς ἀρχήν τε καὶ ὑπόθεσιν γίνεσθαι. Διὰ τοῦτο προδείκνυσιν ὁ ὄφις τὸν πονηρὸν τῆς ἁμαρτίας καρπὸν, οὐχ ὡς εἶχε φύσεως τὸ κακὸν ἐκ τοῦ προφανοῦς ἐπιδείξας (οὐ γὰρ ἂν ἠπατήθη ὁ ἄνθρωπος τῷ προδήλῳ κακῷ), ἀλλὰ διά τινος ὥρας τὸ φαινόμενον ἀγλαΐσας, καί τινα κατὰ τὴν αἴσθησιν ἡδονὴν ἐγγοητεύσας τῇ γεύσει, πιθανὸς ἐφάνη τῇ γυναικὶ, καθώς φησιν ἡ γραφή. Καὶ εἶδε γὰρ ἡ γυνὴ, φησὶν, ὅτι καλὸν τὸ ξύλον εἰς βρῶσιν, καὶ ὅτι ἀρεςὸν τοῖς ὀφθαλμοῖς ἰδεῖν, καὶ ὡραῖόν ἐςι τοῦ κατανοῆσαι, καὶ λαβοῦσα τοῦ καρποῦ αὐτοῦ ἔφαγεν. Ἡ δὲ βρῶσις ἐκείνη θανάτου μήτηρ τοῖς ἀνθρώποις γέγονεν. Αὕτη τοίνυν ἡ σύμμικτός ἐςι καρποφορία, σαφῶς τοῦ λόγου τὸν νοῦν ἑρμηνεύοντος καθ' ὃν καλοῦ τε καὶ κακοῦ γνωςὸν ὠνομάσθη τὸ ξύλον ἐκεῖνο, ὅτι κατὰ τὴν τῶν δηλητηρίων κακίαν τῶν παραρτυθέντων τῷ μέλιτι, καθὸ μὲν καταγλυκαίνει τὴν αἴσθησιν, καλὸν εἶναι δοκεῖ, καθὸ δὲ φθείρει τὸν προσαπτόμενον, κακοῦ παντὸς ἔσχατον γίνεται. Ἐπεὶ οὖν ἐνήργησε κατὰ τῆς τοῦ ἀνθρώπου ζωῆς

in dem sucht was die Sinne erfreut, und das wahrhafte und das scheinbare Gute den gleichen Namen führt, deßhalb ist die nach dem Bösen, gleichwie nach einem Gut, entstehende Begierde Erkenntniß des Guten und Bösen von der Schrift genannt worden, welche darunter ein Doppelwesen und eine Vermischung der Erkenntniß versteht. Denn es heißt nicht daß die Frucht des verbotenen Baumes entweder etwas absolut Böses sei, denn sie trägt rings um sich den Blüthenschmuck des Guten, oder etwas rein Gutes, denn das Böse ist dahinter versteckt, sondern eben etwas aus beiden Zusammengemischtes, wovon der Herr sagte daß der Genuß die welche sie brechen in den Tod führe. Hiemit spricht der Herr beinahe mit Deutlichkeit die Lehre aus daß das wirklich Gute seiner Natur nach einfach und von einerlei Art und allem doppelten Wesen und Verbindung sich widersprechender Begriffe fremd sei. Das Böse dagegen sei mannichfaltig und schön von Aussehen, derartig daß man es für etwas Anderes halte als nachher die Erfahrung bestätige, und die Erkenntniß davon, das heißt die Aneignung durch die Erfahrung, werde die Grundlage und Veranlassung zu Tod und Verderben. Darum zeigt die Schlange die schlimme Frucht der Sünde, indem sie das Böse nicht offen so erblicken ließ wie es von Natur ist (denn dann hätte bei der unverhüllten Deutlichkeit des Bösen der Mensch sich nicht berücken lassen), sondern indem sie seine äußere Erscheinung mit Lieblichkeit schmückte und in den Geschmack den Zauber einer sinnlichen Lust zu legen wußte, dadurch gewann sie das Vertrauen des Weibes, wie die Schrift erzählt. **Denn das Weib, heißt es, sah daß von dem Baume gut zu essen wäre, und daß er herrlich anzusehen für die Augen, und lieblich zu schauen, und sie nahm und aß von seiner Frucht.** Jener Genuß ward zum Vater des Todes für die Menschen. Dies ist also die Mischlingsfrucht, und die Schrift erklärt den Sinn deutlich in welchem jener Baum mit dem Namen des Baums der Erkenntniß des Guten und des Bösen bezeichnet worden ist, weil er nämlich nach Art der schlimmen Gifte welche mit Honig versetzt sind, sofern er einen süßen Genuß gewährt, als etwas Gutes erscheint, sofern er aber den der ihn anrührt dem Verderben preisgiebt, zu einem vor Allem schrecklichen Uebel wird. Nachdem also das böse Gift seine

τὸ πονηρὸν δηλητήριον, τότε ὁ ἄνθρωπος, τὸ μέγα καὶ πρᾶγμα καὶ ὄνομα, τὸ τῆς θείας φύσεως ἀπεικόνισμα, τῇ ματαιότητι, καθώς φησιν ὁ προφήτης, ὡμοιώθη. Οὐκοῦν ἡ μὲν εἰκὼν πρὸς τὸ κρεῖττον τῶν ἐν ἡμῖν νοουμένων ᾠκείωται, τὰ δὲ ὅσα περὶ τὸν βίον λυπηρά τε καὶ ἄθλια πόρρω τῆς πρὸς τὸ θεῖόν ἐςιν ὁμοιώσεως.

Κεφ. κα'. Ἀλλ' οὐχ οὕτως ἐςὶν ἰσχυρὸν ἡ κακία ὡς τῆς ἀγαθῆς ὑπερισχύσαι δυνάμεως, οὐδὲ κρείττων καὶ μονιμωτέρα τῆς θεοῦ σοφίας ἡ τῆς φύσεως ἡμῶν ἀβουλία. Οὐδὲ γὰρ ἐςὶ δυνατὸν τὸ τρεπόμενόν τε καὶ ἀλλοιούμενον τοῦ ἀεὶ ὡσαύτως ἔχοντος καὶ ἐν τῷ ἀγαθῷ πεπηγότος ἐπικρατέςερόν τε καὶ μονιμώτερον εἶναι. Ἀλλ' ἡ μὲν θεία βουλὴ πάντη τε καὶ πάντως τὸ ἀμετάθετον ἔχει, τὸ δὲ τρεπτὸν τῆς φύσεως ἡμῶν οὐδὲ ἐν τῷ κακῷ πάγιον μένει. Τὸ γὰρ ἀεὶ πάντως κινούμενον, εἰ μὲν πρὸς τὸ καλὸν ¹ἔχει τὴν πρόοδον, διὰ τὸ ἀόριςον τοῦ διεξοδευμένου πράγματος οὐδέποτε λήξει τῆς ἐπὶ τὰ πρόσω φορᾶς· οὐδὲ γὰρ εὑρήσει ²τοῦ ζητουμένου πέρας οὐδὲν, οὗ δραξάμενον ςήσεταί ποτε τῆς κινήσεως. Εἰ δὲ πρὸς τὸ ἐναντίον τὴν ῥοπὴν σχοίη, ἐπειδὰν διανύσῃ τῆς κακίας τὸν δρόμον καὶ ἐπὶ τὸ ἀκρότατον τοῦ κακοῦ μέτρον ἀφίκηται, τότε τὸ τῆς ὁρμῆς ἀεικίνητον οὐδεμίαν ἐκ φύσεως ςάσιν εὑρίσκον, ἐπειδὰν διαδράμῃ τὸ ἐν κακίᾳ διάςημα, κατ' ἀνάγκην ἐπὶ τὸ ἀγαθὸν τρέπει τὴν κίνησιν. Μὴ γὰρ προϊούσης κακίας ἐπὶ τὸ ἀόριςον, ἀλλ' ἀναγκαίοις πέρασι κατειλημμένης, ἀκολούθως ἡ τοῦ ἀγαθοῦ διαδοχὴ τὸ πέρας τῆς κακίας ἐκδέχεται, καὶ οὕτω, καθὼς εἴρηται, τὸ ἀεικίνητον ἡμῶν τῆς φύσεως πάλιν ὕςατον ἐπὶ τὴν ἀγαθὴν ἀνατρέχει πορείαν, τῇ μνήμῃ τῶν προδεδυςυχημένων πρὸς τὸ μὴ πάλιν ἐναλῶναι τοῖς ἴσοις σωφρονιζόμενον. Οὐκοῦν ἔςαι πάλιν ἐν καλοῖς ὁ δρόμος ἡμῖν, διὰ τὸ πέρασιν ἀναγκαίοις περιωρίσθαι τῆς κακίας τὴν φύσιν. Καθάπερ γὰρ οἱ δεινοὶ τὰ μετέωρα τοῦ μὲν φωτὸς πάντα λέγουσι τὸν κόσμον εἶναι κατάπλεων, τὸ δὲ σκότος τῇ ἀντιφράξει

---

1) M. ἔχοι. — 2) τοῦ fehlt bei M., steht aber schon in der Baseler Ausg.

Wirkung auf das menschliche Leben geäußert hatte, da ward der Mensch, dieses Werk und dieser Name der Größe, das Abbild der göttlichen Natur, zu einem Bilde der Nichtigkeit, wie der Prophet sagt. Sonach ist das Bild das Eigenthum des besseren Theiles unseres Wesens, Alles hingegen was das Leben an Wehe und Unglück mit sich führt, liegt weit ab von der Aehnlichkeit mit Gott.

Kap. 21. Allein das Böse ist nicht so mächtig daß es die Macht des Guten zu überwältigen im Stande wäre, so wenig als die Thorheit unserer Natur von größerer Gewalt und Beständigkeit ist als die Weisheit Gottes. Denn es ist unmöglich daß das dem Wechsel und der Veränderung Unterworfene sieghafteren und nachhaltigeren Einfluß besitzt als das was sich stets gleich bleibt und fest in dem Guten wurzelt. Der göttliche Wille ist überall und durchaus frei von Unbeständigkeit, die Veränderlichkeit unserer Natur aber läßt uns auch an dem Bösen nicht fest haften. Denn das was in steter Bewegung ist, wird, sofern es zu dem Guten vorwärtsschreitet, ob der Unendlichkeit des von ihm zu durchlaufenden Gebiets niemals sein Streben nach Vorwärts einstellen, weil es kein Ziel seines Eifers finden wird, mit dessen Erreichung es seine Bewegung hemmen könnte. Strebt es hingegen nach dem Gegentheile, da kehrt es, sobald es die Bahn des Bösen durchlaufen haben und an die äußerste Grenze desselben angelangt sein wird, weil es in der Stetigkeit seiner immer vorwärts strebenden Bewegung keinen natürlichen Ruhepunkt finden kann, nothwendiger Weise seine Bewegung wieder dem Guten zu. Da nämlich das Böse sich nicht unendlich weiter entwickelt, sondern durch gewisse nothwendige Grenzen eingeschlossen ist, so folgt natürlicher Weise auf das Ende des Bösen wiederum das Gute, und so beginnt zuletzt unsere stets bewegliche Natur den Rücklauf auf die Bahn des Guten, gewitzigt und gewarnt durch die Erinnerung an das vorausgegangene Unglück sich nicht von Neuem ähnlichen Zuständen preiszugeben. So betreten wir also wieder die Laufbahn des Guten, weil die Natur des Bösen ihre nothwendigen Grenzen hat. Denn gleichwie die Himmelskundigen behaupten daß die ganze Welt von Licht angefüllt sei, und die Finsterniß dadurch bewirkt werde daß der Erdkör-

τοῦ κατὰ τὴν γῆν σώματος ἀποσκιαζόμενον γίνεσθαι, ἀλλὰ τοῦτο μὲν κατὰ τὸ σχῆμα τοῦ σφαιροειδοῦς σώματος κατὰ νώτου τῆς ἡλιακῆς ἀκτῖνος κωνοειδῶς κατακλείεσθαι, τὸν δὲ ἥλιον, πολλαπλασίονι τῷ μεγέθει τὴν γῆν ὑπερβάλλοντα, πανταχόθεν αὐτὴν ταῖς ἀκτῖσιν ἐν κύκλῳ περιπτυσσόμενον, συνάπτειν κατὰ τὸ πέρας τοῦ κώνου τὰς τοῦ φωτὸς συμβολὰς, ὧςε καθ᾽ ὑπόθεσιν, εἰ γένοιτό τινι δύναμις διαβῆναι τὸ μέτρον εἰς ὅσον ἐκτείνεται ἡ σκιὰ, πάντως ἂν ἐν φωτὶ γενέσθαι μὴ διακοπτομένῳ ὑπὸ τοῦ σκότους· οὕτως οἶμαι δεῖν καὶ περὶ ἡμῶν διανοεῖσθαι, ὅτι διεξελθόντες τὸν τῆς κακίας ὅρον, ἐπειδὰν ἐν τῷ ἄκρῳ γενώμεθα τῆς κατὰ τὴν ἁμαρτίαν σκιᾶς, πάλιν ἐν φωτὶ βιοτεύσομεν, ὡς κατὰ τὸ ἀπειροπλάσιον πρὸς τὸ τῆς κακίας μέτρον τῆς τῶν ἀγαθῶν φύσεως περιττευούσης. Πάλιν οὖν ὁ παράδεισος, πάλιν τὸ ξύλον ἐκεῖνο, ὃ δὴ καὶ ζωῆς ἐςὶ ξύλον, πάλιν τῆς εἰκόνος ἡ χάρις, καὶ ἡ τῆς ἀρχῆς ἀξία. Οὔ μοι δοκεῖ τούτων οὐδὲν ὅσα νῦν πρὸς τὴν τοῦ βίου χρείαν παρὰ τοῦ θεοῦ τοῖς ἀνθρώποις [3]ὑπέζευκται, ἀλλ᾽ ἑτέρας τινὸς βασιλείας ἐςὶν ἡ ἐλπὶς, ἧς ὁ λόγος ἐν ἀποῤῥήτοις μένει.

Κεφ. κβ΄. Ἀλλὰ τῆς ἀκολουθίας τῶν ἐξητασμένων ἐχώμεθα. Ἴσως γάρ τις πρὸς τὸ γλυκὺ τῆς ἐλπίδος πτερωθεὶς τὴν διάνοιαν ἄχθος ἡγεῖται καὶ ζημίαν τὸ μὴ θᾶττον ἐν τοῖς ἀγαθοῖς ἐκείνοις γενέσθαι, ἃ ὑπὲρ αἴσθησίν τε καὶ γνῶσιν ἀνθρωπίνην ἐςὶ, καὶ δεινὴν ποιεῖται τὴν διὰ μέσου πρὸς τὸ ποθούμενον τοῦ χρόνου παράτασιν. Ἀλλὰ μὴ ςενοχωρείσθω, καθάπερ τις τῶν νηπίων τὴν πρὸς ὀλίγον ἀναβολὴν τῶν καθ᾽ ἡδονὴν δυσχεραίνων. Ἐπειδὴ γὰρ ὑπὸ λόγου καὶ σοφίας τὰ πάντα οἰκονομεῖται, ἀνάγκη πᾶσα μηδὲν ἄμοιρον ἡγεῖσθαι τῶν γινομένων αὐτοῦ τε τοῦ λόγου καὶ τῆς ἐν αὐτῷ σοφίας. Ἐρεῖς οὖν τίς οὗτος ὁ λόγος ἐςὶ καθ᾽ ὃν οὐκ εὐθὺς ἐπὶ τὸ ποθούμενον ἡ τοῦ λυπηροῦ βίου μετάςασις γίνεται, ἀλλ᾽ εἰς

---

3) 𝔐. ὑπέξευκται.

per die Sonne verdeckt und so den Schatten hervorruft, die Erde aber werde nach ihrer kugelförmigen Gestalt auf ihrer Rückseite konisch von den Strahlen der Sonne abgeschnitten, während die Sonne, welche der Erde an Größe vielmals überlegen ist, sie rings von allen Seiten mit ihren Strahlen umgiebt und an der Spitze des Kegels die zusammentreffenden Lichtströme vereinigt, so daß, beispielsweise angenommen, es könnte Jemand die ganze Länge zu welcher sich der Schatten ausdehnt durchlaufen, er ganz nothwendiger Weise wieder in Licht gelangen würde welches keine Finsterniß unterbricht: so, glaube ich, müssen wir auch von uns annehmen daß, wenn wir die Grenze des Bösen überschritten und die äußerste Spitze des Schattens der Sünde erreicht haben werden, uns wiederum ein Leben im Lichte beschieden sein wird, weil die Natur des Guten verglichen mit der Ausdehnung des Bösen unendliche Male diese überragt. Es wird also das Paradies wiederkehren, jener Baum, welcher ja auch der Baum des Lebens ist, wird wiedergewonnen, und die Schönheit des Ebenbildes und die Würde der Herrschaft wird uns wiedergeschenkt werden. Von allen Dingen welche jetzt zur Nothdurft des Lebens von Gott den Menschen gegeben sind meine ich hier Nichts, sondern die Hoffnung steht auf ein anderes Reich, dessen Wesen ein Geheimniß bleibt.

Kap. 22. Halten wir aber an der Ordnung unserer Untersuchungen fest. Denn vielleicht hält Mancher Angesichts der Süßigkeit dieser Hoffnung, durch welche seine Gedanken Flügel bekommen, es für eine Bürde und Strafe daß er nicht schneller jener Güter theilhaftig wird welche über menschliche Empfindung und Erkenntniß hinausgehen, und dieser Glaube läßt ihn die bis zur Erreichung des Ersehnten dazwischenliegende Zeit schrecklich erscheinen. Aengstige sich aber darum Niemand, wie ein Kind thut welches ein kurzer Aufschub seines Vergnügens traurig stimmt. Denn da von Vernunft und Weisheit Alles regiert wird, so müssen wir ganz nothwendiger Weise den Glauben haben daß Nichts von Allem was geschieht ohne das Wort und die in ihm ruhende Weisheit geschieht. Fragst du nun, was das für ein Grund ist aus welchem das Leben der Trauer sich nicht sofort in das unserer Sehnsucht umwandelt,

χρόνους τινὰς ὡρισμένους ἡ βαρεία καὶ σωματώδης αὕτη παραταθεῖσα ζωὴ ἀναμένει τὸ πέρας τῆς τοῦ παντὸς συμπληρώσεως, ἵνα τὸ τηνικαῦτα καθάπερ χαλινοῦ τινος ἐλευθερωθεῖσα ἡ ἀνθρωπίνη ζωὴ πάλιν ἄνετός τε καὶ ἐλευθέρα πρὸς τὸν μακάριον καὶ ἀπαθῆ βίον ἐπαναδράμοι. Ἀλλ᾽ εἰ μὲν ἐγγίζει τῇ ἀληθείᾳ τῶν ζητουμένων ὁ λόγος, αὐτὴ ἂν εἰδείη σαφῶς ἡ ἀλήθεια, ὃ δ᾽ οὖν ἐπὶ τὴν ἡμετέραν ἦλθε διάνοιαν, τοιοῦτόν ἐςι. Λέγω δὴ τὸν πρῶτον πάλιν ἐπαναλαβὼν λόγον. Ποιήσωμεν, φησὶν ὁ θεός, ἄνθρωπον κατ᾽ εἰκόνα καὶ ὁμοίωσιν ἡμετέραν, καὶ ἐποίησεν ὁ θεὸς τὸν ἄνθρωπον, κατ᾽ εἰκόνα θεοῦ ἐποίησεν αὐτόν. Ἡ μὲν οὖν εἰκὼν τοῦ θεοῦ, ἡ ἐν πάσῃ τῇ ἀνθρωπίνῃ φύσει θεωρουμένη, τὸ τέλος ἔσχεν, ὁ δὲ Ἀδὰμ οὔπω ἐγένετο· τὸ γὰρ γήϊνον πλάσμα κατά τινα ἐτυμολογικὴν ὀνομασίαν λέγεται Ἀδὰμ, καθώς φασιν οἱ τῆς Ἑβραίων φωνῆς ἐπιΐςορες. Διὸ καὶ ὁ ἀπόςολος, διαφερόντως τὴν πάτριον τῶν Ἰσραηλιτῶν πεπαιδευμένος φωνὴν, τὸν ἐκ γῆς ἄνθρωπον χοϊκὸν ὀνομάζει, οἱονεὶ μεταβαλὼν τὴν τοῦ Ἀδὰμ κλῆσιν εἰς τὴν Ἑλλάδα φωνήν. Γέγονεν οὖν κατ᾽ εἰκόνα ὁ ἄνθρωπος, ἡ καθόλου φύσις, τὸ θεοείκελον χρῆμα, γέγονε δὲ τῇ παντοδυνάμῳ σοφίᾳ οὐχὶ μέρος τοῦ ὅλου, ἀλλ᾽ ἅπαν ἀθρόως τὸ τῆς φύσεως πλήρωμα. Εἶδεν ὁ πάντων τῶν περάτων περιδεδραγμένος, καθώς φησιν ἡ γραφὴ ἡ λέγουσα, Ἐν τῇ χειρὶ αὐτοῦ τὰ πέρατα τῆς γῆς, εἶδεν ὁ εἰδὼς τὰ πάντα καὶ πρὶν γενέσεως αὐτῶν, ἐμπεριλαβὼν τῇ γνώσει ὅσον κατ᾽ ἀριθμὸν ἐν [1]τοῖς καθ᾽ ἕκαςον ἔςαι τὸ ἀνθρώπινον. Ἐπεὶ δὲ κατενόησεν ἐν τῷ πλάσματι ἡμῶν τὴν πρὸς τὸ χεῖρον ῥοπὴν, καὶ ὅτι τῆς πρὸς τοὺς ἀγγέλους ὁμοτιμίας ἑκουσίως ἀπορρυὲν τὴν πρὸς τὸ ταπεινὸν κοινωνίαν προσοικειώσεται, διὰ ταῦτα κατέμιξέ τι καὶ τοῦ ἀλόγου τῇ ἰδίᾳ εἰκόνι. Οὐ γὰρ ἔςιν ἐν τῇ θείᾳ τε καὶ μακαρίᾳ φύσει ἡ κατὰ τὸ ἄρρεν καὶ θῆλυ διαφορά. Ἀλλὰ τῆς ἀλόγου κατασκευῆς ἐπὶ τὸν ἄνθρωπον μετενεγκὼν τὸ ἰδίωμα οὐ κατὰ τὸ ὑψηλὸν τῆς κτίσεως

---

1) 𝔐. τοῖς ἕκαςον.

sondern die Last dieses körperlichen Lebens sich auf gewisse zeitliche Grenzen forterstreckt, und das Ende der Erfüllung des Alls abwartet, damit das menschliche Leben dann wie vom Zügel gelöst wieder ungebunden und frei dem Wandel in Glückseligkeit und Unabhängigkeit von allen Affecten sich zuwenden kann? Ob ich in Erörterung dieser Frage der Wahrheit nahe komme, das kann mit Bestimmtheit wohl nur die Wahrheit selbst wissen; unsere Gedanken sind folgende. Ich beginne mit Wiederaufnahme des erstbesprochenen Worts. Laßt uns, sagt Gott, Menschen machen nach unserem Bilde und uns ähnlich, und Gott schuf den Menschen, nach dem Bilde Gottes schuf er ihn. Das Bild Gottes, welches in der Gesammtheit der menschlichen Natur uns entgegentritt, war also vollendet, Adam aber war noch nicht geschaffen; der Name Adam nämlich bedeutet „irdisches Gebilde", wie die des Hebräischen Kundigen behaupten. Darum nennt auch der Apostel, der ja vorzugsweise Kenntniß in der Muttersprache der Israeliten hat, den Menschen aus Erde den irdischen Menschen, wie wenn er den Namen Adam hätte in das Griechische übersetzen wollen. Es ist also der Mensch nach dem Bilde geschaffen, die Gesammtheit seiner Natur, dieses gottähnliche Ding, und zwar so, daß von der allmächtigen Weisheit nicht ein Theil des Ganzen, sondern, wie gesagt, die gesammte Fülle seiner Natur mit einem Male in das Dasein gerufen wurde. Der welcher die Enden umfaßt hält, wie die Schrift sagt, In seiner Hand ruhen die Enden der Erde, welcher Alles weiß und es weiß bevor es ist, der sah und umfaßte in seiner Erkenntniß die Zahl welche das Menschengeschlecht in seiner ganzen Ausdehnung erreichen soll. Da er nun in unserem Gebilde die Neigung zum Bösen erkannte, und erkannte daß es seine Stellung gleicher Ehre mit den Engeln von selbst verlieren und sich der Gemeinschaft mit dem Niedrigen in die Arme werfen werde, darum mischte er seinem Bilde Einiges von den unvernünftigen Thieren zu. Denn in der göttlichen und glückseligen Natur giebt es keinen Unterschied nach Mann und Weib. Er überträgt auf den Menschen die Eigenthümlichkeit der Einrichtung des vernunftlosen Thiers, und gewährt seinem Geschlechte keine der Erhabenheit unse=

ἡμῶν τὸν πλεονασμὸν τῷ γένει χαρίζεται. Οὐ γὰρ ὅτε τὸ κατ᾽ εἰκόνα ἐποίησε, τότε τὴν τοῦ αὐξάνεσθαι καὶ πληθύνεσθαι δύναμιν τῷ ἀνθρώπῳ προςέθηκεν, ἀλλ᾽ ὅτε διέκρινε τῇ κατὰ τὶ ἄρρεν καὶ θῆλυ διαφορᾷ, τότε φησὶν, *Αὐξάνεσθε καὶ πληθύνεσθε, καὶ πληρώσατε τὴν γῆν*. Τὸ γὰρ τοιοῦτον οὐ τῆς θείας φύσεως ἴδιον, ἀλλὰ τῆς ἀλόγου ἐςὶ, καθὼς ἡ ἱςορία παρασημαίνεται πρότερον ἐπὶ τῶν ἀλόγων εἰρῆσθαι ταῦτα παρὰ τοῦ θεοῦ διηγησαμένη. Ὡς εἴ γε πρὸ τοῦ ἐπιβαλεῖν τῇ φύσει τὴν κατὰ τὸ ἄρρεν καὶ θῆλυ διαφορὰν τὴν διὰ τῆς φωνῆς ταύτης δύναμιν εἰς τὸ αὐξάνεσθαι τῷ ἀνθρώπῳ προςέθηκεν, οὐκ ἂν τοῦ τοιούτου τῆς γεννήσεως εἴδους προςεδεήθημεν, δι᾽ οὗ γεννᾶται τὰ ἄλογα. Τούτου τοίνυν προκατανοηθέντος διὰ τῆς προγνωςικῆς ἐνεργείας πληρώματος τῶν ἀνθρώπων, διὰ τῆς ζωωδεςέρας γενέσεως ἐπὶ τὴν ζωὴν μέλλοντος παριέναι, ὁ τάξει τινὶ καὶ εἱρμῷ διακυβερνῶν τὰ πάντα θεὸς, ἐπειδὴ ὅλως τὸ τοιοῦτον τῇ ἀνθρωπότητι τῆς γεννήσεως εἶδος ἀναγκαῖον ἐποίησεν ἡ πρὸς τὸ ταπεινὸν τῆς φύσεως ἡμῶν ἐπίκλισις, ἣν εἶδε πρὶν γενέσθαι ὁ ἐπίσης τῷ ἐνεςῶτι τὸ μέλλον βλέπων, διὰ τοῦτο καὶ τὸν σύμμετρον τῇ κατασκευῇ τῶν ἀνθρώπων χρόνον προκατενόησεν, ὥςε τῇ παρόδῳ τῶν [2]προορισθεισῶν ψυχῶν συναπαρτισθῆναι τὴν τοῦ χρόνου παράτασιν, καὶ τότε ςῆναι τὴν ῥοώδη τοῦ χρόνου κίνησιν ὅταν μηκέτι φύηται δι᾽ αὐτοῦ τὸ ἀνθρώπινον· τελεσθείσης δὲ τῆς τῶν ἀνθρώπων γενέσεως τῷ τέλει ταύτης συγκαταλῆξαι τὸν χρόνον, καὶ οὕτω τὴν τοῦ παντὸς ἀναςοιχείωσιν γενέσθαι, καὶ τῇ μεταβολῇ τοῦ ὅλου συναμειφθῆναι καὶ τὸ ἀνθρώπινον, ἀπὸ τοῦ φθαρτοῦ καὶ γεώδους ἐπὶ τὸ ἀπαθὲς καὶ αΐδιον, ὃ μοι δοκεῖ καὶ ὁ θεῖος ἀπόςολος κατανοήσας προειπεῖν διὰ τῆς πρὸς Κορινθίους ἐπιςολῆς τὴν αἰφνίδιον τοῦ χρόνου ςάσιν, καὶ τὴν εἰς τὸ ἔμπαλιν τῶν κινουμένων ἀνάλυσιν, ἐν οἷς φησιν, *Ἰδοὺ, μυςήριον ὑμῖν λέγω, πάντες μὲν οὐ κοιμηθη-*

---

2) M. περιορισθεισῶν.

rer Schöpfung entsprechende Vermehrungsweise. Denn nicht damals
als er sein Geschöpf nach seinem Bilde erschuf, verlieh er dem Menschen die Kraft, fruchtbar zu sein und sich zu mehren, sondern damals, als er ihn nach dem Unterschied von Mann und Weib trennte,
sprach er die Worte, Seid fruchtbar und mehret Euch, und
füllet die Erde. Denn diese Gabe ist kein Eigenthum der göttlichen Natur, sondern der unvernünftigen, wie die Geschichte bestätigt, welche erzählt daß diese Worte von Gott zuerst im Betreff der
vernunftlosen Thiere gesprochen worden seien. Sonach würden wir,
wofern Gott früher als er der menschlichen Natur den Unterschied
nach Mann und Weib gab, durch dieses Wort dem Menschen Macht
zu seiner Vermehrung beigelegt hätte, schwerlich noch dieser von den
vernunftlosen Thieren entlehnten Art der Erzeugung bedurft haben.
Da also Gott, welcher nach Ordnung und stetem Zusammenhang
das All regiert, durch die Macht seiner Voraussicht die Gesammtheit und Vollzahl der Menschen, welche auf dem Wege jener mehr
thierischen Erzeugung in das Leben treten sollte im Voraus vor Augen hatte, so hat er, da die Neigung unserer Natur zum Niedrigen,
welche der voraussah dessen Auge die Zukunft gleich wie die Gegenwart schaut, eine solche Art der Erzeugung für die Menschheit durchaus nothwendig machte, aus diesem Grunde auch das in richtigem
Verhältniß zu der Einrichtung der Menschen stehende Maß von Zeit
vorausbestimmt, dergestalt daß mit dem Vorübergang der vorher
festgesetzten Zahl der Seelen die Dauer der Zeit ihren Abschluß
fände und ihre flüssige Bewegung dann zum Stillstand käme wenn
das Menschengeschlecht sich fortzuerzeugen aufhören wird, nach nun
vollendeter Geburt der Menschen aber mit dieser Vollendung auch
das Ende der Zeit, somit die Auflösung des Alls in seine elementarischen Theile, und mit der Umgestaltung des Ganzen auch die
Verwandlung des Menschen aus dem Vergänglichen und Irdischen
in Freiheit von allem Affect und in das Ewige einträte. Dies scheint
mir auch der göttliche Apostel vor Augen zu haben wenn er in dem
Briefe an die Corinthier den plötzlichen Stillstand der Zeit und die
Auflösung dessen was lebendig war in den ehemaligen Zustand vor-
herverkündigt, in den Worten: "Siehe, ich sage Euch ein Geheimniß: wir werden nicht alle entschlafen, wir werden

σόμεθα, πάντες δὲ ἀλλαγησόμεθα, ἐν ἀτόμῳ, ἐν ῥιπῇ ὀφθαλμοῦ, ἐν τῇ ἐσχάτῃ σάλπιγγι. Τοῦ γὰρ πληρώματος, ὡς οἶμαι, τῆς ἀνθρωπίνης φύσεως κατὰ τὸ προγνωσθὲν μέτρον εἰς πέρας ἐλθόντος, διὰ τὸ μηκέτι λείπειν τῷ τῶν ψυχῶν ἀριθμῷ μηδὲν εἰς ἐπαύξησιν, ἐν ἀκαρεῖ τοῦ χρόνου γενήσεσθαι τὴν ἐναλλαγὴν τῶν ὄντων ἐδίδαξεν, ἄτομον ὀνομάσας καὶ ῥιπὴν ὀφθαλμοῦ τὸ ἀμερὲς ἐκεῖνο τοῦ χρόνου καὶ ἀδιάςατον πέρας, ὡς μηκέτι δυνατὸν εἶναι τῷ κατὰ τὸ ἔσχατόν τε καὶ ἀκρότατον τῆς ἀκμῆς ἐπιβάντι τοῦ χρόνου, διὰ τὸ μηδὲν ὑπολείπεσθαι τῇ ἀκρότητι μέρος, τὴν περιοδικὴν ταύτην διὰ θανάτου μεταβολὴν κτήσασθαι, ἀλλ' εἰ μόνον ἠχήσειεν ἡ τῆς ἀναςάσεως σάλπιγξ, ἡ τὸ τεθνηκὸς ἀφυπνίζουσα, καὶ τοὺς ἐν τῇ ζωῇ καταλειφθέντας καθ' ὁμοιότητα τῶν ἐξ ἀναςάσεως ἀλλοιουμένων πρὸς ἀφθαρσίαν ἀθρόως [3] μεταβληθήσεσθαι, ὡς μηκέτι τὸ βάρος τῆς σαρκὸς ἐπὶ τὸ κάτω βρίθειν, καὶ τῇ γῇ παρακατέχειν τὸν ὄγκον, ἀλλὰ μετάρσιον δι' ἀέρος φοιτᾶν. Ἁρπαγησόμεθα γὰρ, φησιν, ἐν νεφέλαις εἰς ἀπάντησιν τοῦ κυρίου εἰς ἀέρα, καὶ οὕτως πάντοτε σὺν κυρίῳ ἐσόμεθα. Οὐκοῦν ἀναμεινάτω τὸν χρόνον τὸν ἀναγκαίως τῇ ἀνθρωπίνῃ αὐξήσει συμπαρατείνοντα. Καὶ γὰρ οἱ περὶ τὸν Ἀβραὰμ πατριάρχαι τοῦ μὲν ἰδεῖν τὰ ἀγαθὰ τὴν ἐπιθυμίαν ἔσχον. Καὶ οὐκ ἀνῆκαν ἐπιζητοῦντες τὴν ἐπουράνιον πατρίδα, καθὼς φησιν ὁ ἀπόςολος, ἀλλ' ὅμως ἐν τῷ ἐλπίζειν ἔτι τὴν χάριν εἰσί, τοῦ θεοῦ κρεῖττόν τι περὶ ἡμῶν προβλεψαμένου κατὰ τὴν τοῦ Παύλου φωνὴν, ἵνα μὴ, φησὶ, χωρὶς ἡμῶν τελειωθῶσιν. Εἰ οὖν ἐκεῖνοι φέρουσι [τὴν ἀναβολὴν οἱ πόρρωθεν, διὰ μόνης πίςεως καὶ τῆς ἐλπίδος ἰδόντες τὰ ἀγαθὰ, καὶ ἀσπασάμενοι, καθὼς μαρτυρεῖ ὁ ἀπόςολος, τὸ ἀσφαλὲς τῆς τῶν ἐλπισθέντων ἀπολαύσεως ἐν τῷ πιςὸν ἡγήσασθαι τὸν ἐπαγγειλάμενον θέμενοι, τί χρὴ πράττειν τοὺς πολλοὺς ἡμᾶς, οἷς τυχὸν οὐδὲ ἡ πρὸς τὸ κρεῖττον ἐλπὶς ἐκ τῶν βεβιωμένων ἐςίν;

---

3) M. μεταβάλλουσα.

aber alle verwandelt werden, plötzlich und in einem Augenblick, zur Zeit der letzten Posaune. Meiner Meinung nach sagt er uns damit, daß wenn die Erfüllung der menschlichen Natur nach dem vorausbestimmten Maß zu ihrem Abschluß gelangt sein wird, dann, weil Nichts mehr an der Zahl der Seelen zu weiterer Vermehrung fehlt, in einem Moment die Verwandlung der Dinge eintreten werde, wobei er mit den Ausdrücken plötzlich und Augenblick eben jenen untheilbaren und dimensionslosen Grenzpunkt der Zeit bezeichnet, so also daß dann für den welcher dies äußerste und letzte Ziel erreichen wird, aus dem Grunde weil kein Moment mehr übrig bleibt, auch keine Möglichkeit vorhanden ist daß ihm diese periodische Verwandlung welche auf dem Wege des Todes sich vollzieht noch zu Theil wird, sondern wenn die Posaune der Auferstehung, welche die Todten von ihrem Schlafe aufweckt, erschallt sein wird, dann werden auch die in dem Leben noch übrig Gelassenen gleich denen welche in Folge der Auferstehung verwandelt worden sind mit einem Male zur Unvergänglichkeit umgewandelt werden, so daß die Bürde des Fleisches sie nicht mehr nach Unten zieht und die Last sie an die Erde gefesselt hält, sondern man erhaben durch die Lüfte wandelt. Denn, sagt er, wir werden in den Wolken hingerückt werden, dem Herrn entgegen in der Luft, und werden also bei dem Herrn sein allezeit. Harre man also die Zeit welche für das Wachsthum der Menschheit nothwendig ist. Denn auch Abraham und die anderen Erzväter um ihn hatten Sehnsucht die Güter zu erschauen und hörten nicht auf das himmlische Vaterland zu suchen, wie der Apostel sagt, aber gleichwohl sind sie noch in dem Zustande der Hoffnung auf die Gnade, darum daß Gott für uns etwas Besseres zuvor versehen hat, nach dem Ausspruch Pauli, daß, wie er sagt, sie nicht ohne uns vollendet würden. Wenn also Jene, welche lange vor uns gelebt haben, den Aufschub ertragen, und die Güter bloß durch den Glauben und die Hoffnung schauen, und sich damit begnügen lassen, wie der Apostel bezeugt, weil sie die Sicherheit ihrer Hoffnung auf den einstigen Genuß darein setzen daß sie den welcher ihn verheißen hat für wahr und treu halten, was sollen wir dann thun, wir viele, welche aus ihrem Leben vielleicht nicht

Ἐξέλιπε δι' ἐπιθυμίας καὶ ἡ τοῦ προφήτου ψυχή, καὶ ὁμολογεῖ διὰ τῆς ψαλμῳδίας τὸ ἐρωτικὸν τοῦτο πάθος, ἐπιποθεῖν λέγων καὶ ἐκλείπειν αὐτοῦ τὴν ψυχὴν ἐν ταῖς αὐλαῖς τοῦ κυρίου γενέσθαι, κἂν ἐν τοῖς ἐσχάτοις δέῃ παραῤῥιπτεῖσθαι, ὡς μεῖζον ὂν καὶ προτιμότερον τὸ ἐν ἐκείνοις ἔσχατον εἶναι τοῦ πρωτεύειν ἐν τοῖς ἁμαρτωλοῖς τοῦ βίου σκηνώμασιν. Ἀλλ' ὅμως ἠνείχετο τῆς ἀναβολῆς, μακαρίζων μὲν τὴν ἐκεῖ διαγωγήν, καὶ τὴν ἐν βραχεῖ μετουσίαν χιλιάδων χρόνου προτιμοτέραν ποιούμενος (κρεῖσσον γὰρ, φησίν, ἡμέρα μία ἐν ταῖς αὐλαῖς σου ὑπὲρ χιλιάδας), ἀλλ' οὐκ ἐδυσχέραινε τῇ ἀναγκαίᾳ περὶ τῶν ὄντων οἰκονομίᾳ, ἱκανόν τε εἰς μακαρισμὸν ᾤετο τοῖς ἀνθρώποις καὶ τὸ δι' ἐλπίδος ἔχειν τὰ ἀγαθά. Διό φησιν ἐπὶ τέλει τῆς ψαλμῳδίας, Κύριε ὁ θεὸς τῶν δυνάμεων, μακάριος ἄνθρωπος ὁ ἐλπίζων ἐπὶ σέ. Οὐ τοίνυν οὐδὲ ἡμᾶς ςενοχωρεῖσθαι χρὴ περὶ τῆς ἐν βραχεῖ τῶν ἐλπιζομένων ἀναβολῆς, ἀλλ' ὅπως ἂν μὴ ἀπόβλητοι τῶν ἐλπιζομένων γενοίμεθα τὴν σπουδὴν ἔχειν. Ὥσπερ γὰρ εἴ τις προσείποι τινὶ τῶν ἀπειροτέρων ὅτι κατὰ τὸν καιρὸν τοῦ θέρους ἡ τῶν καρπῶν γενήσεται συλλογή, καὶ πλήρεις μὲν αἱ ἀποθῆκαι, μεςὴ δὲ τῶν ἐδωδίμων ἡ τράπεζα τῷ τῆς εὐθηνίας ἔςαι καιρῷ, μάταιος ἂν εἴη ὁ ἐπισπεύδων τοῦ καιροῦ τὴν παρουσίαν, δέον σπέρματα καταβάλλειν καὶ δι' ἐπιμελείας ἑαυτῷ τοὺς καρποὺς ἑτοιμάζεσθαι (ὁ μὲν γὰρ καιρὸς καὶ βουλομένου καὶ μὴ πάντως κατὰ τὸν τεταγμένον ἐπιςήσεται χρόνον, οὐχ ὁμοίως δὲ αὐτὸν ὄψονται ὅ τε προετοιμάσας ἑαυτῷ τὴν τῶν καρπῶν ἀφθονίαν καὶ ὁ πάσης παρασκευῆς ἔρημος [4]καταληφθεὶς ὑπὸ τῆς ὥρας), οὕτως οἶμαι δεῖν, προδήλου πᾶσι διὰ τοῦ θείου κηρύγματος ὄντος ὅτι ἐνςήσεται τῆς [5]ἀλλαγῆς ὁ καιρός, μὴ χρόνους πολυπραγμονεῖν ([6]οὐ γὰρ ἡμῶν εἶπεν εἶναι τὸ καιροὺς γνῶναι καὶ χρόνους), μηδὲ λογισμούς τινας ἀναζητεῖν, δι' ὧν σαθρώσει τις τὴν ψυχὴν περὶ τὴν ἐλπίδα τῆς ἀναςάσεως, ἀλλὰ τῇ πίςει τῶν προσδοκωμέ-

---

4) 𝔐. καταλειφθείς. — 5) 𝔐. ἐναλλαγῆς. — 6) 𝔐. οὐδὲ γάρ.

einmal die Hoffnung auf das Bessere gewinnen? Auch des Propheten Seele schwand dahin vor Verlangen, und in seinem Psalmgesang gesteht er dieses Gefühl der Liebessehnsucht ein, und sagt daß seine Seele Verlangen trage und sich sehne in die Vorhöfe des Herrn zu gelangen, müßte er auch unter die Letzten verworfen werden, weil es besser und vorzüglicher sei in jenen der Letzte als in den sündigen Wohnungen des Lebens der Erste zu sein. Dennoch aber ertrug er den Aufschub, indem er den Aufenthalt dort wohl glücklich pries, und den auch nur kurzen Genuß über den tausendmal längeren in der Zeit stellte (denn ein Tag in deinen Vorhöfen, spricht er, ist besser denn sonst tausend), aber er grollte nicht über die nothwendige Ordnung der Dinge, und hielt es für hinlängliche Seligkeit für den Menschen auch nur in der Hoffnung die Güter zu besitzen. Darum sagt er am Ende des Psalms, Herr Gott der Heerschaaren, glücklich der Mensch welcher auf dich hofft! Also dürfen auch wir uns nicht ängstigen ob des kurzen Aufschubs dessen worauf wir hoffen, müssen vielmehr dahin streben daß wir des Gehofften nicht verlustig gehen. Denn gleichwie wenn Jemand Einem der in diesen Dingen mindere Erfahrung besitzt vorhersagen wollte daß zur Sommerszeit die Ernte der Früchte eintreten, und daß zur Zeit des Ueberflusses die Scheuren gefüllt und der Tisch voll von Speisen sein werden, derjenige ein Thor sein würde welcher den Eintritt dieser Zeit beschleunigt wissen wollte, weil man ja doch erst Samen streuen und die Früchte sich durch sorgfältige Pflege sichern muß (denn die Zeit wird, magst du wollen oder nicht, mit Nothwendigkeit zu der festgesetzten Frist schon kommen, nur wird der welcher sich einen Ueberfluß von Früchten durch seinen Fleiß gesichert ihr nicht ebenso entgegenblicken als der welcher noch aller Vorarbeit baar von der Jahreszeit überrascht wird), so, meine ich, da Allen durch die göttliche Verkündigung offenbar ist daß die Zeit der Verwandlung bevorsteht, dürfen wir die Zeiten nicht zu erforschen suchen (denn der Herr hat gesagt daß es nicht unsere Sache sei die Zeiten und Fristen zu kennen), noch Berechnungen anstellen wollen, durch welche die Hoffnung auf die Auferstehung nur wankend werden muß, sondern man vertraue fest auf das was man hofft, und auf dies Vertrauen ge-

νων ἐπερειδόμενον διὰ τῆς ἀγαθῆς πολιτείας τὴν μέλλουσαν χάριν προεμπορεύεσθαι.

Κεφ. κγ'. Εἰ δέ τις τὴν νῦν τοῦ κόσμου φορὰν εἰρμῷ τινι διεξαγομένην βλέπων, δι' ἧς τὸ χρονικὸν θεωρεῖται διάςημα, μὴ ἐνδέχεσθαι ¹λέγει τὴν προαγγελθεῖσαν τῶν κινουμένων ςάσιν γενήσεσθαι, δῆλος ὁ τοιοῦτός ἐςι μηδὲ ἐν ἀρχῇ γεγενῆσθαι παρὰ τοῦ θεοῦ τὸν οὐρανὸν καὶ τὴν γῆν πιςεύων. Ὁ γὰρ ἀρχὴν τῇ κινήσει διδοὺς οὐκ ἀμφιβάλλει ²πάντως περὶ τοῦ τέλους, καὶ ὁ τὸ τέλος μὴ προσδεχόμενος οὐδὲ τὴν ἀρχὴν παρεδέξατο. Ἀλλ' ὥσπερ κατηρτίσθαι τοὺς αἰῶνας τῷ ῥήματι νοοῦμεν τοῦ θεοῦ, πιςεύοντες, καθώς φησιν ὁ ἀπόςολος, ἐκ τῶν μὴ φαινομένων τὰ βλεπόμενα γεγονέναι, τῇ αὐτῇ πίςει ³χρησώμεθα περὶ τὸ ῥῆμα τοῦ θεοῦ, τοῦ τὴν ἀναγκαίαν τῶν ὄντων ςάσιν προαγορεύσαντος. Τὸ δὲ πῶς ἐξαιρετέον τῆς πολυπραγμοσύνης· καὶ γὰρ ⁴ἐκεῖ πίςει κατηρτίσθαι τὸ βλεπόμενον ἐκ τῶν μηδέπω φαινομένων κατεδεξάμεθα, παραδραμόντες τῶν ἀνεφίκτων τὴν ζήτησιν. Καί τοι περὶ πολλῶν ἡμῖν ὁ λόγος ἀπορεῖν ὑπετίθετο, οὐ μικρὰς παρέχων ⁵τὰς ἀφορμὰς πρὸς τὴν τῶν πεπιςευμένων ἀμφιβολίαν. Ἐξῆν γὰρ κἀκεῖ τοῖς ἐριςικοῖς ἐκ τῶν εὐλόγων κατὰ τὸ ἀκόλουθον ἀνατρέπειν τὴν πίςιν, πρὸς τὸ μὴ νομίζειν ἀληθῆ τὸν πρὸ τῆς ὑλικῆς κτίσεως εἶναι λόγον ὃν ἡ ἁγία πρεσβεύει γραφή, πάντων τῶν ὄντων ἐκ τοῦ θεοῦ εἶναι διαβεβαιουμένη τὴν γένεσιν. Οἱ γὰρ τῷ ἐναντίῳ παριςάμενοι λόγῳ συναΐδιον εἶναι τῷ θεῷ τὴν ὕλην κατασκευάζουσι, τοιούτοις ἐπιχειρήμασι πρὸς τὸ δόγμα χρώμενοι. Εἰ ἁπλοῦς ὁ θεὸς τῇ φύσει, καὶ ἄϋλος, ἄποιός τε καὶ ἀμεγέθης, καὶ ἀσύνθετος, καὶ τῆς κατὰ τὸ σχῆμα περιγραφῆς ἀλλοτρίως ἔχων, πᾶσα δὲ ὕλη ἐν διαςηματικῇ παρατάσει καταλαμβάνεται, καὶ τὰς διὰ τῶν αἰσθητηρίων καταλήψεις οὐ διαπέφευγεν ἐν χρώματι καὶ σχήματι καὶ

---

1) M. λέγοι. — 2) M. πάντως καὶ περὶ. — 3) M. χρησόμεθα. — 4) M. κἀκεῖ. — 5) τὰς fehlt bei M.

stützt suche man sich die Gnade der Zukunft durch einen guten Wandel vorher zu sichern.

Kap. 23. Behauptet aber Jemand im Hinblick auf die jetzige, nach einem festen Gesetz fortschreitende Bewegung der Welt, in welcher der zeitliche Unterschied für unsere Beobachtung sich abgrenzt, daß der verkündigte Stillstand der Bewegungen unmöglich werde eintreten können, so glaubt er offenbar auch nicht daß der Himmel und die Erde im Anfang von Gott geschaffen worden sind. Denn wer der Bewegung einen Anfang zugesteht, der kann unmöglich über ein Ende in Zweifel sein, ebenso wie der welcher kein Ende annimmt auch keinen Anfang zuläßt. Vielmehr wie wir wissen daß die Welt durch das Wort Gottes fertig geworden ist, indem wir, wie der Apostel sagt, glauben daß das was wir sehen aus dem was man nicht sieht geworden ist, mit demselben Glauben wollen auch wir das Wort Gottes aufnehmen welcher den nothwendigen Stillstand der Dinge verkündigt hat. Die Frage nach dem Wie? ist aber ganz zu beseitigen; denn auch dort haben wir im Glauben angenommen daß das was wir sehen aus dem was noch nicht in Erscheinung getreten ist geworden sei, und sind damit der Untersuchung über Dinge welche für unser Wissen unerreichbar sind aus dem Wege gegangen. Und doch läßt die Untersuchung für uns vielerlei Bedenken auftauchen, und bietet nicht geringfügige Veranlassung an dem was man glaubt zu zweifeln dar. Denn auch dort könnten die Disputiersüchtigen mit logisch begründeten Sätzen die Zuverlässigkeit der ausgesprochenen Lehren zu widerlegen versuchen wollen, damit man die der Schöpfung der Materie vorausgehende Erzählung, für welche die Autorität der heiligen Schrift bürgt und uns versichert daß die Existenz aller Dinge aus Gott stamme, für unwahr halte. Diejenigen nämlich welche der gegnerischen Behauptung beipflichten suchen den Beweis zu führen daß die Materie gleich ewig mit Gott sei, und zwar mit folgenden Gründen. Ist Gott, sagen sie, seiner Natur nach einfach, immateriell, ohne Qualität und Größe, nicht zusammengesetzt, und frei von körperlicher Umgrenzung, und wird hingegen alle Materie in einer räumlichen Ausdehnung begriffen und entzieht sich der Wahrnehmung durch die Sinne nicht, läßt sich vielmehr in Farbe und Gestalt, in Schwere, Größe, Festigkeit und

ὄγκῳ καὶ πηλικότητι καὶ ἀντιτυπίᾳ καὶ τοῖς λοιποῖς τοῖς περὶ αὐτὴν θεωρουμένοις γινωσκουμένη, ὧν οὐδὲν ἐν τῇ θείᾳ φύσει δυνατόν ἐςι κατανοῆσαι, τίς μηχανὴ ἐκ τοῦ ἀΰλου τὴν ὕλην ἀποτεχθῆναι; ἐκ τοῦ ἀδιαςάτου τὴν διαςηματικὴν φύσιν; Εἰ γὰρ ἐκεῖθεν ὑποςῆναι ταῦτα [6] πιςεύεται, δηλονότι ἐν αὐτῷ ὄντα κατὰ τὸν ἄρρητον λόγον οὕτω προῆλθεν εἰς γένεσιν. Εἰ δὲ ἐν ἐκείνῳ τὸ ὑλῶδες ἦν, πῶς ἄϋλος ὁ ἐν αὐτῷ τὴν ὕλην ἔχων; Ὡςαύτως δὲ καὶ τὰ ἄλλα πάντα δι' ὧν ἡ ὑλικὴ φύσις χαρακτηρίζεται. Εἰ ἐν τῷ θεῷ ἡ ποσότης, πῶς ἄποσος ὁ θεός; εἰ ἐν ἐκείνῳ τὸ σύνθετον, πῶς ἁπλοῦς καὶ ἀμερὴς καὶ ἀσύνθετος; ὥςε ἢ ὑλικὸν εἶναι κατ' ἀνάγκην αὐτὸν διὰ τὸ ἐκεῖθεν ὑποςῆναι τὴν ὕλην ὁ λόγος βιάζεται, ἢ εἰ τοῦτό τις φεύγοι, ἔξωθεν ἐπεισενεχθῆναι τὴν ὕλην αὐτῷ πρὸς τὴν κατασκευὴν τοῦ παντὸς ὑπολαμβάνειν ἐπάναγκες. Εἰ οὖν ἔξω τοῦ θεοῦ ἦν, ἄλλο τι παρὰ τὸν θεὸν πάντως ἦν συνεπινοούμενον κατὰ τὸν τῆς ἀϊδιότητος λόγον τῷ ἀγεννήτως ὄντι, ὥςε δύο ἄναρχα καὶ ἀγέννητα κατὰ ταὐτὸν ἀλλήλοις τῷ λόγῳ συγκαταλαμβάνεσθαι, τοῦ τεχνικῶς ἐνεργοῦντος, καὶ τοῦ δεχομένου τὴν ἐπιςημονικὴν ταύτην ἐνέργειαν. Καὶ εἴ τις ἐκ τῆς ἀνάγκης ταύτης ἀΐδιον ὑποτίθοιτο τῷ δημιουργῷ τῶν πάντων ὑποκεῖσθαι τὴν ὕλην, ὅσην ὁ Μανιχαῖος εὑρήσει τῶν ἰδίων δογμάτων [7] συνηγορίαν, ὃς τὴν ὑλικὴν αἰτίαν κατὰ τὸ ἀγέννητον ἀντιπαρεξάγει τῇ ἀγαθῇ φύσει; Ἀλλὰ μὴν καὶ ἐκ τοῦ θεοῦ τὰ πάντα, τῆς γραφῆς λεγούσης ἀκούοντες, πεπιςεύκαμεν, καὶ τὸ ὅπως ἦν ἐν τῷ θεῷ, τὸ ὑπὲρ τὸν ἡμέτερον λόγον, οὐκ ἀξιοῦμεν περιεργάζεσθαι, πάντα τῇ θείᾳ δυνάμει χωρητὰ πεπιςευκότες, καὶ τὸ μὴ ὂν ὑποςήσασθαι, καὶ τῷ ὄντι πρὸς τὸ δοκοῦν ἐπιβαλεῖν τὰς ποιότητας. Οὐκοῦν ἀκολούθως, ὡς ἀρκεῖν ἡγούμεθα τοῖς οὖσι πρὸς τὴν ἐκ

---

6) M. πεπίςευται. — 7) M. τὴν συνηγορίαν.

ihren übrigen Eigenschaften erkennen, von welchen man keine einzige an Gott wahrnehmen kann, auf welche Weise vermochte dann die Materie aus dem Immaterialen, aus dem von jeder Dimension Freien das Räumliche geboren werden? Glaubt man daß Dieses aus Jenem seine Existenz habe, so ist es in ihm vorhanden und auf geheimnißvolle Weise so in das Dasein getreten. War nun aber in Gott etwas Materiales, wie konnte er dann, dem die Materie innewohnte, selbst immaterial sein? Gerade so verhält es sich auch mit allen übrigen Kennzeichen der materialen Natur. Wenn in Gott die Quantität ist, wie kann dann Gott ohne Quantität sein? Wenn in ihm das Zusammengesetzte ist, wie kann er dann einfach und untheilbar und unzusammengesetzt sein? Daher muß er entweder, fordert die Logik, material sein, weil die Materie aus ihm ihre Existenz hat, oder, scheut man vor dieser Behauptung zurück, so muß man annehmen daß die Materie von ihm zur Erschaffung des Alls von Außerhalb herzugenommen worden sei. War sie nun außerhalb Gottes, so war sie etwas von Gott Verschiedenes welches den Begriff der Ewigkeit mit dem der ohne Anfang war theilt, so daß wir zwei Wesen ohne Anfang und Ursprung zugleich mit einander in diesen Begriff einzuschließen hätten, deren eins die künstlerische Thätigkeit ausübt, während das andere sie in sich aufnimmt. Sollte man nun deßhalb die Annahme stellen wollen daß die Materie dem Schöpfer aller Dinge von Ewigkeit her zur Hand gewesen sei, welche gewaltige Unterstützung für seine Glaubenssätze würde dann der Manichäer finden, welcher das materiale Princip als gleich ursprungslos der guten Natur entgegensetzt? Nun aber haben wir einerseits, indem wir auf die Worte der Schrift hörten, uns zu dem Glauben bekannt daß Alles aus Gott ist, wie wir andrerseits mit der Frage danach, wie es in Gott war, als einer über unsere Erkenntniß hinausgehenden, uns nicht beschäftigen wollen, weil wir der festen Ueberzeugung sind daß für die Macht Gottes Alles möglich ist, ebenso das was nicht ist in das Dasein zu rufen, als auch dem was ist nach Gutdünken die Qualitäten zu verleihen. Wie wir also die Kraft des göttlichen Willens für genügend halten um die Dinge aus dem Nichts in die Existenz zu rufen, mit der gleichen Nothwendigkeit werden wir auch dieselbe Kraft für fähig der Wie-

p. 107. τοῦ μὴ ὄντος ὑπόςασιν τὴν τοῦ θείου θελήματος δύναμιν, οὕτω καὶ τὴν ἀναςοιχείωσιν τῶν συνεςώτων εἰς τὴν αὐτὴν ἀνάγοντες δύναμιν εἰς οὐδὲν ἔξω τοῦ εἰκότος τὴν πίςιν παραληψόμεθα. Καίτοι γε δυνατὸν ἴσως ἦν εὑρεσιολογίᾳ τινὶ τοὺς περὶ τῆς ὕλης ἐρεσχελοῦντας πεῖσαι μὴ δοκεῖν ἐρήμην κατατρέχειν τοῦ λόγου.

Κεφ. κδ'. Οὐδὲ γὰρ ἔξω τῶν κατὰ τὸ ἀκόλουθον εὑρισκομένων ἡ περὶ τῆς ὕλης ὑπόληψις φαίνεται, ἡ ἐκ τοῦ νοητοῦ τε καὶ ἀΰλου ταύτην ὑποςῆναι πρεσβεύουσα· πᾶσαν γὰρ εὑρήσομεν ἐκ ποιοτήτων τινῶν συνεςῶσαν τὴν ὕλην, ὧν εἰ γυμνωθείη καθ' ἑαυτήν, οὐδαμοῦ τῷ λόγῳ καταληφθήσεται. Ἀλλὰ μὴν ἕκαςον ποιότητος εἶδος λόγῳ τοῦ ὑποκειμένου χωρίζεται. Ὁ δὲ λόγος νοητή τίς ἐςι, καὶ οὐχὶ σωματικὴ θεωρία. Οἷον, προκειμένου ζώου τινὸς ἢ ξύλου τῇ θεωρίᾳ, ἤ τινος ἄλλου τῶν ὑλικὴν ἐχόντων τὴν σύςασιν, πολλὰ περὶ τὸ ὑποκείμενον τῇ κατ' ἐπίνοιαν διαιρέσει κατενοήσαμεν ὧν ἑκάςου πρὸς τὸ συνθεωρούμενον ἀμίκτως ὁ λόγος ἔχει. Ἕτερος γὰρ ὁ τοῦ χρώματος, καὶ ἕτερος τοῦ βάρους ὁ λόγος, ὁ τῆς ποσότητος πάλιν, καὶ ὁ τῆς ποιᾶς κατὰ τὴν ἁφὴν ἰδιότητος. Ἥ τε γὰρ μαλακότης καὶ τὸ δίπηχυ, καὶ τὰ λοιπὰ τῶν εἰρημένων, οὔτε ἀλλήλοις, οὔτε τῷ σώματι κατὰ τὸν λόγον συμφέρεται. Ἑκάςου γὰρ τούτων ἴδιος, καθ' ὃ ἐςιν, ὁ ἑρμηνευτικὸς ὅρος ἐπινοεῖται, οὐδὲν ἐπικοινωνῶν ἄλλῃ τινὶ τῶν περὶ τὸ ὑποκείμενον θεωρουμένων ποιότητι. Εἰ τοίνυν νοητὸν μὲν τὸ χρῶμα, νοητὴ δὲ καὶ ἡ ἀντιτυπία, καὶ ἡ ποσότης, καὶ τὰ λοιπὰ τῶν τοιούτων ἰδιωμάτων, ἕκαςον δὲ τούτων εἰ ὑφαιρεθείη τοῦ ὑποκειμένου, πᾶς ὁ τοῦ σώματος συνδιαλύεται λόγος, ἀκόλουθον ἂν εἴη, ὧν τὴν ἀπουσίαν τῆς τοῦ σώματος λύσεως αἰτίαν εὕρομεν, τούτων τὴν συνδρομὴν ἀποτίκτειν τὴν ὑλικὴν φύσιν ὑπολαμβάνειν.

derauflösung dessen was ist halten müssen und unserem Glauben damit Nichts was außerhalb der Grenzen der Wahrscheinlichkeit läge aufzunöthigen haben, wenn schon vielleicht die Möglichkeit vorhanden sein könnte durch eine Beweisführung die Spötter in der Frage über die Materie zu überzeugen daß sie nicht zu glauben brauchen es fehle an Vertheidigung wenn sie gegen unsere Lehre ihre Angriffe richten.

Kap. 24. Es erscheint die Annahme, daß die Materie aus dem Intellectualen und Immaterialen ihre Existenz gewonnen habe, keineswegs außerhalb der Grenzen einer logischen Begründung; denn wir werden finden daß die ganze Materie aus gewissen Qualitäten besteht, mit deren Hinwegnahme sie unserer geistigen Erkenntniß ganz entzogen wird. Nun aber vermag das Denken jegliche Qualität von dem Gegenstand welchem sie gehört zu trennen; Denken aber ist eine intellectuale, nicht körperliche, Fähigkeit Etwas zu betrachten. Zum Beispiel, wenn ein Thier oder ein Baum, oder sonst Etwas von materialer Beschaffenheit, zur Betrachtung vorliegt, so erkennen wir durch die Unterscheidung des Denkens an dem Gegenstande Vieles was jedes für sich seinem Begriffe nach außer Zusammenhang mit dem neben ihm beobachteten Anderen steht. Ein anderer Begriff ist der der Farbe, und ein anderer der der Schwere, wieder ein anderer der der Quantität, und ein anderer der der eigenthümlichen Beschaffenheit bei der Betastung. Denn Zartheit und eine Größe von zwei Ellen, so wie das übrige von mir Angeführte, steht weder unter sich noch zu dem Körper seinem Begriff nach in Zusammenhang. Einem Jeden von diesen, sofern es ist, wird seine besondere Definition und Grenze beigelegt, welche in keiner Gemeinschaft mit irgend einer anderen an dem Gegenstand wahrgenommenen Eigenschaft stehen. Sind nun die Farbe, die Festigkeit, die Quantität, und die anderen derartigen Eigenschaften etwas Intellectuales, und würde, wenn man diese alle der Reihe nach von dem Gegenstande ablösen wollte, damit zugleich auch der Begriff des Gegenstandes aufgelöst werden, so würde daraus die Annahme sich folgern lassen, daß die Verbindung der Dinge, in deren Nichtvorhandensein wir die Ursache der Auflösung des Körpers gefunden hatten, die materiale Natur

p. 108. Ὡς γὰρ οὐκ ἔςι σῶμα ᾧ τὸ χρῶμα καὶ τὸ σχῆμα καὶ ἡ ἀντιτυπία καὶ ἡ διάςασις καὶ τὸ βάρος καὶ τὰ λοιπὰ τῶν ἰδιωμάτων οὐ πρόςεςιν, ἕκαςον δὲ τούτων σῶμα οὐκ ἔςιν, ἀλλ' ἕτερόν τι παρὰ τὸ σῶμα κατὰ τὸ ἰδιάζον εὑρίσκεται, οὕτω κατὰ τὸ ἀντίςροφον, ὅπου δ' ἂν συνδράμῃ τὰ εἰρημένα, τὴν σωματικὴν ὑπόςασιν ἀπεργάζεται. Ἀλλὰ μὴν εἰ νοητὴ τῶν ἰδιωμάτων τούτων ἡ κατανόησις, νοητὸν δὲ τῇ φύσει τὸ θεῖον, οὐδὲν ἀπεικὸς ἐκ τῆς ἀσωμάτου φύσεως τὰς νοερὰς ταύτας ἀφορμὰς πρὸς τὴν τῶν σωμάτων γένεσιν ὑποςῆναι, τῆς μὲν νοητῆς φύσεως τὰς νοητὰς ὑφιςώσης δυνάμεις, τῆς δὲ τούτων πρὸς ἄλληλα συνδρομῆς τὴν ὑλώδη φύσιν παραγούσης εἰς γένεσιν. Ἀλλὰ ταῦτα μὲν κατὰ τὸ πάρεργον ἡμῖν παρεξητάσθω. Ἡμῖν δὲ πάλιν ἐπὶ τὴν πίςιν ἐπανακτέον τὸν λόγον δι' ἧς ἔκ τε τοῦ μὴ ὄντος ὑποςῆναι τὸ πᾶν ἐδεξάμεθα, καὶ πάλιν εἰς ἄλλην τινὰ μεταςοιχειοῦσθαι κατάςασιν παρὰ τῆς γραφῆς διδαχθέντες οὐκ ἀμφιβάλλομεν.

Κεφ. κε'. Ἀλλ' ἴσως τις πρὸς τὰ διαλυθέντα σώματα βλέπων, καὶ πρὸς τὸ μέτρον τῆς ἰδίας δυνάμεως τὸ θεῖον κρίνων, τὸν τῆς ἀναςάσεως λόγον ἀδύνατον εἶναί φησι, καὶ ςήσεσθαι τὰ νῦν κινούμενα, καὶ ἀναςήσεσθαι τὰ νῦν μὴ κινούμενα μὴ ἐνδέχεσθαι λέγων. Ἀλλ' ὁ τοιοῦτος πρῶτον μὲν καὶ μέγιςον ποιείσθω τεκμήριον τῆς κατὰ τὴν ἀνάςασιν ἀληθείας τὸ τοῦ κηρύγματος αὐτῆς ἀξιόπιςον. Ἡ δὲ τῶν λεγομένων πίςις ἐκ τῆς τῶν λοιπῶν τῶν προῤῥηθέντων ἐκβάσεως τὸ ἀσφαλὲς ἔχει. Ἐπειδὴ γὰρ πολλούς τε καὶ παντοδαποὺς παρέθετο λόγους ἡ θεία γραφή, δυνατόν ἐςιν ὅπως ἂν ἔχῃ ψεύδους ἢ ἀληθείας τὰ λοιπὰ τῶν εἰρημένων θεασαμένους, δι' ἐκείνων καὶ τὸ περὶ τῆς ἀναςάσεως δόγμα κατανοῆσαι. Εἰ μὲν γὰρ ἐν τοῖς ἄλλοις ψευδεῖς οἱ λόγοι, καὶ διεσφαλμένοι τῆς ἀληθείας ἐλέγχονται, οὐδὲ τοῦτο πάντως ἐκτὸς ψεύδους ἐςίν· εἰ δὲ τὰ ἄλλα πάντα μαρτυροῦσαν ἔχει τῇ ἀλη-
p. 109. θείᾳ τὴν πεῖραν, ἀκόλουθον ἂν εἴη δι' ἐκείνων καὶ τὴν περὶ τῆς ἀναςάσεως πρόῤῥησιν ἀληθῆ νομίσαι. Οὐκοῦν

erzeuge. Denn wie das kein Körper ist welchem die Farbe, die Gestalt, die Festigkeit, die Dimension, die Schwere und die übrigen Eigenschaften abgehen, und doch jedes einzelne dieser Dinge kein Körper ist, sondern als etwas von diesem Verschiedenes je nach seiner eigenthümlichen Art erfunden wird, so bringen auch im Gegentheile die genannten Dinge wo sie sich vereinigen die körperliche Existenz hervor. Wenn nun aber diese Eigenschaften sich nur geistig wahrnehmen lassen, und Gott seiner Natur nach geistig ist, so ist es nicht unwahrscheinlich daß diese geistigen Anfänge und Mittel, die Körper entstehen zu lassen, auf die unkörperliche Natur zurückzuführen sind, so daß die intellectuale Natur die intellectualen Kräfte hergiebt, und deren Verbindung untereinander nun die materiale Natur in das Dasein führt. Doch dies nebenbei. Führen wir nunmehr die Untersuchung wieder auf die ausgesprochene Ueberzeugung zurück, nach welcher wir angenommen haben daß das All aus Nichts entstanden sei, und keinen Zweifel hegen, wenn uns die Schrift lehrt daß dieses All wiederum in einen anderen Zustand verändert und umgesetzt werden solle.

Kap. 25. Aber vielleicht erklärt Jemand im Hinblick auf die Vernichtung der Körper, und indem er Gott nach dem Maßstabe seiner eigenen Kraft beurtheilt, die Auferstehung für ein Ding der Unmöglichkeit, und leugnet daß das was jetzt in Bewegung ist einst zum Stillstand, und das was jetzt ohne Bewegung ist zur Auferstehung kommen könne. Wer dies thut der muß als erstes und größtes Zeugniß für die Wahrheit der Auferstehung die Glaubwürdigkeit ihrer Verkündigung gelten lassen, welche sich auf das Eintreffen der übrigen Prophezeihungen gründet. Denn da die göttliche Schrift viele und allerlei Aussprüche hingestellt hat, so ist es möglich, wenn wir unsere Blicke darauf gerichtet halten, in wiefern diese anderen Aussprüche der Lüge oder der Wahrheit anheimfallen, durch jene auch ein Urtheil über die Lehre von der Auferstehung zu gewinnen. Läßt sich nämlich im Uebrigen nachweisen daß ihre Worte unwahr und trügerisch sind, so gehört auch diese Lehre in das Reich der Lüge. Hat dagegen das Andere den wirklichen Erfolg zum Zeugniß seiner Wahrheit, so folgt wohl mit Nothwendigkeit daß man auch die Lehre von der Auferstehung für wahr halten muß.

ἐπιμνησθᾶμεν ἑνὸς ἢ δυοῖν τῶν προκατηγγελμένων, καὶ ἀντιπαραθῶμεν τοῖς προρρηθεῖσιν τὴν ἔκβασιν, ὥςε γνῶναι δι᾽ αὐτῶν εἰ πρὸς τὴν ἀλήθειαν ὁ λόγος βλέπει. Τίς οὐκ οἶδεν ὅπως ἤνθει κατὰ τὸ ἀρχαῖον ὁ Ἰσραηλίτης λαὸς, πάσαις ταῖς κατὰ τὴν οἰκουμένην δυναςείαις ἀντεγειρόμενος; οἷα ἦν τὰ βασίλεια κατὰ τὴν τῶν Ἱεροσολύμων πόλιν; οἷα τὰ τείχη, οἱ πύργοι, ἡ τοῦ ἱεροῦ μεγαλουργία; ἅπερ καὶ τοῖς μαθηταῖς τοῦ κυρίου ἄξια θαύματος ἐνομίσθη, καὶ κατανοεῖν ἀξιοῦσι τὸν κύριον, θαυμαςικῶς περὶ τὰ φαινόμενα διατεθέντες, ὡς ἡ τοῦ εὐαγγελίου ἱςορία δηλοῖ, λέγοντες πρὸς αὐτόν, Ποταπὰ τὰ ἔργα καὶ ποταπαὶ αἱ οἰκοδομαί; Ὁ δὲ τὴν ἐσομένην περὶ τὸν τόπον ἐρήμωσιν καὶ τὸν ἀφανισμὸν τοῦ κάλλους ἐκείνου πρὸς τοὺς τὸ παρὸν θαυμάζοντας ὑποδείκνυσι, λέγων μηδὲν τῶν φαινομένων μετ᾽ ὀλίγον ὑπολειφθήσεσθαι. Ἀλλὰ καὶ παρὰ τὸν τοῦ πάθους καιρὸν αἱ μὲν γυναῖκες ἐπηκολούθουν θρηνοῦσαι τὴν ἄδικον ἐπ᾽ αὐτῷ ψῆφον· οὔπω γὰρ εἰς τὴν τῶν γινομένων οἰκονομίαν ἀπέβλεπον. Ὁ δὲ συμβουλεύει τὰ μὲν περὶ αὐτὸν γινόμενα σιωπᾶν, μηδὲ γὰρ εἶναι δακρύων ἄξια· ὑπερθέσθαι δὲ τὸν ὀδυρμὸν καὶ τὸν θρῆνον εἰς τὸν ἀληθῆ τῶν δακρύων καιρὸν, ὅταν περισχεθῇ τοῖς πολιορκοῦσιν ἡ πόλις, καὶ εἰς τοσοῦτον συνοχῆς ἔλθῃ τὰ πάθη, ὡς μακαριςὸν ἡγεῖσθαι τὸν μὴ γεννώμενον. Ἐν οἷς καὶ τὸ περὶ τὴν τεκνοφάγον προεμήνυσεν ἄγος, εἰπὼν μακαρισθήσεσθαι κατὰ τὰς ἡμέρας ἐκείνας τὴν γαςέρα τὴν ἄγονον. Ποῦ τοίνυν ἐκεῖνα τὰ βασίλεια; ποῦ τὸ ἱερόν; ποῦ τὰ τείχη; ποῦ τῶν πύργων αἱ προβολαί; ποῦ δὲ ἡ τῶν Ἰσραηλιτῶν δυναςεία; οὐχ οἱ μὲν κατὰ πᾶσαν μικροῦ δεῖν τὴν οἰκουμένην ἄλλος ἀλλαχῇ διεσπάρησαν; τῇ δὲ τούτων καταςροφῇ συνερειπώθη καὶ τὰ βασίλεια; Δοκεῖ γάρ μοι ταῦτα καὶ τὰ τοιαῦτα προμηνῦσαι ὁ κύριος οὐ τῶν πραγμάτων χάριν (τί γὰρ τοσοῦτον ἦν τοῖς ἀκούουσι κέρδος τῶν πάντως ἐκβησομένων ἡ πρόρρησις; ἔγνωσαν γὰρ ἂν τῇ πείρᾳ, καὶ μὴ προμα-

Erinnern wir uns also eines oder zweier Vorherverkündigungen, und stellen wir ihnen den Ausgang der Ereignisse gegenüber, um vermittelst ihrer Kenntniß zu erlangen ob das Wort ein wahrheitsgemäßes sei. Wer weiß nicht in welcher Blüthe das Israelitische Volk im Alterthum stand, als es sich gegen alle Herrschaften auf der Erde erhob? welcher Art die Königsstadt Jerusalem war, was für Mauern, was für Thürme sie hatte? was für ein prächtiges Bauwerk der Tempel war? Dinge welche selbst den Jüngern des Herrn staunenswerth erschienen, da sie in Bewunderung über das was sie sahen versenkt auch die Blicke des Herrn auf das Schauspiel lenken wollten mit den Worten, wie uns die Bibel berichtet, **Was sind das für Werke, was für Baue!** Er aber verkündete den damaligen Bewunderern die einstige Verödung des Orts, und die Vernichtung jener Schönheit, und sagte daß Nichts von dem was man erblickte nach Kurzem noch übrig sein werde. So folgten ihm zur Zeit seines Leidens auch die Weiber und bejammerten die Ungerechtigkeit des ihn verurtheilenden Richterspruchs, weil sie noch nicht den göttlichen Plan in den Ereignissen zu erkennen verstanden. Er aber heißt sie im Betreff seines Schicksals schweigen, denn es seien noch nicht der Thränen werth; vielmehr räth er ihnen ihr Jammern und Wehklagen bis auf die wirkliche Zeit der Thränen zu versparen, wo die Stadt von den Belagerern umgeben sein, und das Unglück so von allen Seiten zusammenkommen werde, daß man den der nicht geboren für den glücklichsten halten müsse. Bei dieser Gelegenheit prophezeiht er auch von dem Greuel der Mutter welche sich mit dem Fleische ihres Kindes sättigt, indem er sagt daß in jenen Tagen der unfruchtbare Leib glücklich gepriesen werden werde. Wo ist nun jene Königsburg? wo der Tempel? wo die Mauern? wo die Vorsprünge der Thürme? wo die Herrschaft der Israëliten? Sind sie nicht beinahe über die ganze Erde dahin und dorthin zerstreuet worden, und ist nicht mit dem Hereinbrechen dieses Unglücks auch die Burg mit zerstört worden? Ich glaube, der Herr prophezeiht Dieses und Aehnliches nicht der Dinge selbst halber (denn was wäre die Vorherverkündigung der Dinge welche ja doch auf alle Fälle eintreffen müssen für die Zuhörer ein so großer Gewinn? sie würden auch nicht vorher über

θόντες τὸ γενησόμενον), ἀλλ' ὥςε διὰ τούτων αὐτοῖς καὶ τὴν περὶ τῶν μειζόνων πίςιν εἰς ἀκολουθίαν ἐλθεῖν. Ἡ γὰρ ἐν τούτοις διὰ τῶν ἔργων μαρτυρία, καὶ τῆς ἐν ἐκείνοις ἀληθείας ἐςὶν ἀπόδειξις. Ὥςπερ γὰρ εἴ τινος γεωργοῦ τὴν τῶν σπερμάτων ὑφηγουμένου δύναμιν ἀπιςεῖν συμβῇ τὸν τῆς γεωργίας ἀπείρατον, [1] αὐτάρκες ἂν εἰς ἀπόδειξιν τῆς ἀληθείας ἦν τῷ γεηπόνῳ ἐν ἑνὶ σπέρματι τῶν ἐν τῷ μεδίμνῳ κειμένων δείξαντι τὴν δύναμιν, καὶ περὶ τῶν λοιπῶν ἐγγυᾶσθαι (ὁ γὰρ ἰδὼν τὸν ἕνα πυρὸν, ἢ τὴν μίαν κριθὴν, ἢ ὅτιπερ ἂν ἐν τῷ πληρώματι τοῦ μεδίμνου τύχῃ, μετὰ τὸ ἐγκαταβληθῆναι τῇ βώλῳ ςάχυν γενόμενον, οὐκέτι ἂν διὰ τοῦ ἑνὸς οὐδὲ περὶ τῶν λοιπῶν ἀπιςήσειεν), οὕτως ἱκανή μοι δοκεῖ πρὸς μαρτυρίαν εἶναι τοῦ κατὰ τὴν ἀνάςασιν μυςηρίου ἡ τοῖς λοιποῖς τῶν εἰρημένων συνομολογουμένη ἀλήθεια, μᾶλλον δὲ καὶ αὐτῆς τῆς ἀναςάσεως ἡ πεῖρα, ἣν οὐ διὰ λόγων τοσοῦτον ὅσον δι' αὐτῶν τῶν ἔργων ἐδιδάχθημεν. Ἐπειδὴ γὰρ μέγα καὶ ὑπὲρ πίςιν ἦν τὸ κατὰ τὴν ἀνάςασιν θαῦμα, διὰ τῶν κατωτέρων τῆς θαυματοποιΐας ἀρξάμενος ἠρέμα πως τὴν πίςιν ἡμῶν προςεθίζει τοῖς μείζοσι. Καθάπερ γάρ τις μήτηρ καταλλήλως τιθηνουμένη τὸ νήπιον, τέως μὲν ἁπαλῷ τε καὶ ὑγρῷ τῷ ςόματι τὸ γάλα διὰ τῆς θηλῆς ἐντίθησιν, ὀδοντοφυοῦντι δὲ ἤδη καὶ αὐξανομένῳ προςάγει τὸν ἄρτον, οὐ τραχύν τε καὶ ἀκατέργαςον, ὡς ἂν μὴ περιξανθείη τῷ σκληρῷ τῆς τροφῆς τὸ τῶν οὔλων ἁπαλόν τε καὶ ἀγύμναςον, ἀλλὰ τοῖς ἰδίοις ὀδοῦσι καταλεάνασα σύμμετρόν τε καὶ κατάλληλον τῇ δυνάμει τοῦ προςφερομένου ἐποίησεν, εἶτα κατὰ προςθήκην τῆς δυνάμεως ἐπιδιδούσης προςεθισθὲν τοῖς ἁπαλωτέροις ἠρέμα τὸ νήπιον προςάγει τῇ ςερεωτέρᾳ τροφῇ, — οὕτω τὴν ἀνθρωπίνην μικροψυχίαν ὁ κύριος οἷόν τι νήπιον ἀτελὲς διὰ τῶν θαυμάτων τρέφων καὶ τιθηνούμενος πρῶτον μὲν ἐν ἀπεγνωσμένῃ νόσῳ τὴν τῆς ἀναςάσεως προοιμιάζεται δύναμιν, ὃ μέγα μὲν ἦν τῷ κατορθώματι, οὐ μὴν τοιοῦτον οἷον ἀπιςεῖσθαι

---

1) M. αὐτάρκης.

die Zukunft belehrt, doch durch die Erfahrung zur Kenntniß gelangt sein), sondern damit man dadurch auf dem Wege des logischen Schlusses zu einem zuversichtlichen Vertrauen hinsichtlich der größeren Dinge gelangen möchte. Denn das Zeugniß der eintreffenden Wirklichkeit dem einen Theil ist auch ein Beweis der Wahrhaftigkeit für den anderen. Denn gleichwie, wenn es vorkommt daß ein des Landbaues Unkundiger bei der Erzählung eines Landmanns von der Kraft des Samens sich ungläubig verhält, es zum Beweis der Wahrheit für den Landmann ausreichend sein würde wenn er an einem Korn von der ganzen Scheffelzahl die Kraft nachweist, und im Betreff der übrigen das Gleiche versichert (denn wer das eine Weizen- oder Gerstenkorn, oder was sonst das Scheffelmaß füllt, nach seinem Einsenken in die Erdscholle zu einer Aehre entwickelt sieht, der dürfte durch das eine Korn belehrt betreffs der übrigen kaum noch ein Mißtrauen hegen), ebenso scheint mir zum Zeugniß für das Geheimniß der Auferstehung die allgemein zugestandene thatsächliche Bewährung der anderen Aussprüche genügend zu sein, noch mehr aber das Beispiel der Auferstehung selbst, von welcher uns nicht so sehr Worte als Werke überzeugt haben. Denn da das Auferstehungswunder groß und schwer zu glauben war, so macht der Herr den Anfang mit geringeren Wunderwerken, und gewöhnt nach und nach unseren Glauben an die größeren. Gleichwie eine ihr Kind auf richtige Weise nährende Mutter, so lange dessen Mund zart und weich ist, die Milch durch die Brust reicht, wenn es aber Zähne bekommt und größer wird, ihm Brot giebt, nicht hartes und unverdauliches, damit nicht durch die Rauhigkeit der Nahrung das weiche und ungeübte Zahnfleisch zerrissen werde, sondern welches sie mit ihren eigenen Zähnen zermalmt und so der Kraft dessen welcher es genießen soll angemessen und passend macht, später aber im Verhältniß zur wachsenden Kraft das an zartere Speisen gewöhnte Kind nach und nach an festere Nahrung gewöhnt, — ebenso nährt und pflegt der Herr durch die Wunder die menschliche Kleinmüthigkeit wie ein unentwickeltes Kind, indem er zuerst bei Gelegenheit einer verzweifelten Krankheit auf die Macht der Auferstehung gleichsam durch ein Vorspiel hinweist, welches immerhin an sich schon ein großes Werk war, wenn schon nicht ein solches dessen Erzählung hätte Unglauben

p. 111. *λεγόμενον.* Ἐπιτιμήσας γὰρ τῷ πυρετῷ σφοδρῶς τὴν
Luc. πενθερὰν τοῦ Σίμωνος καταφλέγοντι τοσαύτην ἐποίησε
4, 38 sqq. τοῦ κακοῦ τὴν μετάςασιν, ὡς πρὸς τὸ διακονεῖν τοῖς παροῦσιν ἐνισχύσαι τὴν ἤδη προσδοκωμένην τεθνήξεσθαι.
Joann. Εἶτα μικρόν τι τῇ δυνάμει προςτίθησι, καὶ τοῦ βασιλι-
4, 47 sqq. κοῦ τὸν υἱὸν ἐν ὁμολογουμένῳ κινδύνῳ κείμενον (οὕτω
γάρ φησιν ἡ ἱςορία, ὅτι ἔμελλε τελευτᾶν, τοῦ πατρὸς βοῶντος, Κατάβηθι πρὶν ἀποθανεῖν τὸ παιδίον) ἐνεργεῖ
πάλιν τοῦ τεθνήξεσθαι πεπιςευμένου τὴν ἀνάςασιν, ἐν
μείζονι τῇ δυνάμει τὸ θαῦμα κατεργασάμενος, τῷ μηδὲ
πλησιάσαι τῷ τόπῳ, ἀλλὰ πόρρωθεν τῇ τοῦ προςάγματος ἰσχύϊ τὴν ζωὴν ἀποςεῖλαι. Πάλιν δι' ἀκολουθίας
Marc. τοῖς ὑψηλοτέροις ἐπαναβαίνει θαύμασι. Πρὸς γὰρ τὴν
5, 22 sqq. παῖδα τοῦ ἀρχισυναγώγου ὁρμήσας ἑκὼν ἔδωκε τῇ ὁδοι-
πορίᾳ σχολήν, τὴν ἴασιν τῆς αἱμορροΐας δημοσιεύων λα-
θοῦσαν, ὡς ἂν ἐν τῷ χρόνῳ τούτῳ κατακρατήσειε τῆς
νοσούσης ὁ θάνατος. Ἄρτι τοίνυν τῆς ψυχῆς χωρισθεί-
σης τοῦ σώματος, καὶ θορυβουμένων ἐν τῇ γοερᾷ κραυγῇ
τῶν ἐπικωκυόντων τῷ πάθει, καθάπερ ἐξ ὕπνου τῷ προς-
τακτικῷ λόγῳ διανίςησι πάλιν πρὸς τὴν ζωὴν τὸ κορά-
σιον, ὁδῷ τινι καὶ ἀκολουθίᾳ πρὸς τὸ μεῖζον ἀναλαμβάνων τὴν ἀνθρωπίνην ἀσθένειαν. Εἶτ' ἐπὶ τούτοις ὑπερβαίνει τῷ θαύματι, καὶ δι' ὑψηλοτέρας δυνάμεως ὁδο-
ποιεῖ τοῖς ἀνθρώποις τὴν περὶ τῆς ἀναςάσεως πίςιν.
Luc. Ναΐν τινὰ πόλιν κατὰ τὴν Ἰουδαῖαν ἱςορεῖ ἡ γραφή. Παῖς
7, 11 sqq. ἦν ἐν ταύτῃ μονογενὴς χήρᾳ τινί, οὔκετι τοιοῦτος παῖς
οἷος ἐν μειρακίοις εἶναι, ἀλλ' ἤδη ἐκ παίδων εἰς ἄνδρας
τελῶν· νεανίαν αὐτὸν ὀνομάζει ὁ λόγος. Πολλὰ δι' ὀλίγων διηγεῖται ἡ ἱςορία· θρῆνος ἄντικρύς ἐςι τὸ διήγημα.
Χήρα, φησίν, ἦν τοῦ τεθνηκότος ἡ μήτηρ. Ὁρᾷς τὸ βάρος τῆς συμφορᾶς, πῶς ἐν ὀλίγῳ τὸ πάθος ὁ λόγος ἐξε-
τραγῴδησε; Τί γάρ ἐςι τὸ λεγόμενον; ὅτι οὐκ ἦν αὐτῇ
παιδοποιΐας ἐλπίς, τὴν ἐπὶ τῷ ἐκλείποντι συμφορὰν θε-
ραπεύουσα· χήρα γὰρ [2]ἦν ἡ γυνή. Οὐκ εἶχε πρὸς ἕτερον

---

2) Bei M. fehlt ἦν.

erwecken können. Er sprach nämlich dem heftigen Fieber welches die Schwiegermutter des Simon verzehrte zu und bewirkte dadurch eine so gewaltige Veränderung daß die von welcher man soeben noch glaubte daß sie sterben würde stark genug war die Anwesenden zu bedienen. Später legt er seiner Kraft etwas mehr zu, und bewirkt, da der Sohn des königlichen Dieners in anerkannt größter Gefahr darniederlag (denn so erzählt die Geschichte, daß er dem Tode nahe war, da der Vater schrie, Steige herab, ehe mein Kind stirbt!), daß der bereits Todtgeglaubte wieder aufstand, welches Wunder darin einen größeren Kraftaufwand zeigt daß er dem Orte gar nicht nahe gekommen war, sondern aus der Ferne durch die Macht seines Gebotes dem Kranken das Leben sendete. Wiederum steigt er in folgerichtigem Stufengang zu den höheren Wunderwerken auf. Denn als er zur Tochter des Obersten der Schule gieng, richtete er absichtlich seinen Weg langsamer ein, und ließ indessen die unvermerkte Heilung des Blutflusses zu öffentlicher Kenntniß gelangen, damit während dieser Zeit der Tod über die Kranke seine Macht zur Geltung brächte. Da nun die Seele sich vom Körper getrennt hatte, und sie in Wehruf und Klage das Unglück bejammerten, da weckt er durch sein gebietendes Wort das Mägdlein wie aus einem Schlafe zu abermaligem Leben, und läßt so in einem gewissen folgerechten Aufsteigen zu Größerem die menschliche Schwachheit sich wieder erholen. Auch über diese Wunder geht er später hinaus, und bahnt durch ein noch erhabeneres Zeichen seiner Macht dem Glauben der Menschen an die Auferstehung den Weg. Die Schrift erzählt von einer Stadt Nain in Judäa. Dort hatte eine Wittwe einen einzigen Sohn, nicht mehr so jung daß er unter die Knaben zu rechnen war, sondern welcher bereits in die Mannesjahre übertrat; er wird von der Schrift Jüngling genannt. Die Geschichte erzählt in kurzen Worten Viel; die Erzählung ist geradezu ein Klagelied; des Todten Mutter, sagt sie, war eine Wittwe. Siehst du die Schwere des Unglücks, und wie die Schrift in wenigen Worten uns das Trauerspiel des Schmerzes vorführt? Denn was liegt in ihren Worten Anderes als daß sie keine Hoffnung mehr hatte Kinder zu bekommen, welche sie über diesen Todesfall hätten trösten können; denn das Weib war eine Wittwe. Sie konnte ihre Augen auf

p. 112. ἀντὶ τοῦ κατοιχομένου βλέπειν· μονογενὴς γὰρ ὁ τόκος. Ὅσον δὲ τὸ ἐπὶ τούτῳ κακὸν παντὶ ῥᾴδιον συνιδεῖν τῷ μὴ ἀπεξενωμένῳ τῆς φύσεως. Μόνον ἐν ὠδῖσιν ἐκεῖνον ἐγνώρισε, μόνον ταῖς θηλαῖς ἐτιθηνήσατο, μόνος αὐτῇ φαιδρὰν ἐποίει τὴν τράπεζαν, μόνος ἦν τῆς κατὰ τὸν οἶκον φαιδρότητος ἡ ὑπόθεσις. Παίζων, σπουδάζων, ἀσκούμενος, φαιδρυνόμενος, ἐν προόδοις, ἐν παλαίςραις, ἐν συλλόγοις νεότητος, πᾶν ὅτι μητρὸς ὀφθαλμοῖν γλυκύ τε καὶ τίμιον μόνος ἐκεῖνος ἦν, ἤδη τοῦ γάμου τὴν ὥραν ἄγων, ὁ τοῦ γένους ὄρπηξ, ὁ τῆς διαδοχῆς κλάδος, ἡ βακτηρία τοῦ γήρους. Ἀλλὰ καὶ ἡ τῆς ἡλικίας προσθήκη ἄλλος θρῆνός [3] ἐςιν. Ὁ γὰρ νεανίαν εἰπὼν τὸ ἄνθος εἶπε τῆς μαρανθείσης ὥρας, ἄρτι τοῖς ἰούλοις ὑποχλοάζοντα, οὔπω τοῦ πώγωνος διὰ βάθους ὑποπιμπλάμενον, ἔτι τῷ κάλλει τῶν παρειῶν ὑποςίλβοντα. Τί τοίνυν πάσχειν εἰκὸς ἦν ἐπ' αὐτῷ τὴν μητέρα; οἱονεὶ πυρὶ τοῖς σπλάγχνοις ἐγκαταφλέγεσθαι. Ὡς πικρῶς ἐπ' αὐτῷ παρατείνειν τὸν θρῆνον, [4] περιτηκομένην προκειμένῳ τῷ πτώματι, ὡς μὴ ἂν ἐπισπεῦσαι τῷ νεκρῷ τὴν κηδείαν, ἀλλ' ἐμφορεῖσθαι τοῦ πάθους, ἐπὶ πλεῖςον αὐτῷ τοὺς ὀδυρμοὺς παρατείνουσαν.

Luc. 7, 43 sqq. Οὐδὲ τοῦτο παρῆκεν ὁ λόγος· Ἰδὼν γὰρ αὐτὴν ὁ Ἰησοῦς, φησίν, ἐσπλαγχνίσθη, καὶ προσελθὼν ἥψατο τῆς σοροῦ, οἱ δὲ βαςάσαντες ἔςησαν. Καὶ λέγει τῷ νεκρῷ, [5] Νεανίσκε, σοὶ λέγω, ἐγέρθητι· καὶ παρέδωκεν αὐτὸν [6] τῇ μητρὶ ζῶντα. Ἤδη τοίνυν οὐκ ἐν ὀλίγῳ διαςήματι τοῦ νεκροῦ γεγενημένου, καὶ ὅσον οὐδέπω ἐναποτιθέντος τῷ τάφῳ, γίνεται [7] παρὰ τοῦ κυρίου τὸ μὲν θαῦμα μεῖζον, τὸ δὲ πρόςταγμα ἴσον. Ἔτι πρὸς τὸ ὑψηλότερον ἡ θαυματοποιΐα προέρχεται, ὡς ἂν μᾶλλον προσεγγίσειε τὰ φαινόμενα τῷ ἀπιςουμένῳ περὶ τὴν ἀνάςασιν θαύματι. Ἠσθένει τις

---

3) M. ἦν. — 4) M. περιπλεκομένην. — 5) M. νεανία. — 6) M. τῇ μητρὶ αὐτοῦ ζῶντα. — 7) M. παρ' αὐτοῦ.

keinen anderen Sohn an Stelle des dahingeschiedenen richten; es war ihr Einziggeborener gewesen. Was hierin aber für ein Unglück liegt, das sieht ein Jeder leicht ein welcher den Gefühlen der Natur sich nicht entfremdet hat. Ihn allein hatten ihre Wehen gekannt, ihn allein hatte sie an ihren Brüsten gesäugt, er allein machte ihr die Mahlzeit heiter, er allein war der Quell aller Fröhlichkeit im Hause. Mochte er mit Kurzweil, mochte er mit ernsten Gegenständen beschäftigt sein, mochte er den Körper üben oder heiterer Lust ergeben sein, mochte er an öffentlichen Plätzen, in den Ringschulen, in jugendlichen Gesellschaften sein. Alles was süß und werth für die Augen der Mutter war, er war es allein, er, der bereits das Alter hatte ein eheliches Band zu knüpfen, der Sproß des Geschlechtes, der Zweig auf dem die Nachfolge ruhte, der stützende Stab des Alters. Aber auch darin daß die Schrift das Alter mithinzufügt liegt ein Klagelied. Wenn sie von einem Jünglinge spricht, so spricht sie von der Blume der nun gewelkten Jugendschöne, von Einem dem noch eben der Flaum im Antlitz gilbt, dessen Bart noch nicht die tiefere Fülle erreicht hat, und der noch in der Schönheit seiner Wangen glänzt. Was mußte also die Mutter bei seinem Verluste empfinden? wie durch ein Feuer mußten ihre Eingeweide verzehrt werden. Wie bitter mußte sie um ihn ihre Wehklage hindehnen, aufgelöst in Schmerz über den vor ihr liegenden Todten, so daß sie nicht mit der Bestattung eilte, sondern von ihrem Gefühle fortgerissen ihrem Jammer so lange wie möglich freien Lauf ließ. Auch dies hat die Schrift nicht übergangen. Denn, sagt sie, als Jesus sie sah, jammerte ihn derselbigen, und er trat heran und rührte an den Sarg, die Träger aber standen still. Und er spricht zu dem Todten, Jüngling, ich sage dir, stehe auf! und er übergab ihn seiner Mutter lebendig. Nachdem also bereits seit geraumer Zeit der Tod eingetreten, und nur daß eben der Leichnam noch nicht in das Grab gesenkt worden war, wird von dem Herrn das größere Wunder bewirkt, und sein Gebot ist dennoch das gleiche. Allein das Wirken seiner Wunder schreitet zu noch Höherem vorwärts, damit die sich darbietenden Erscheinungen dem mit Mißtrauen und Unglauben aufgenommenen Auferstehungswunder recht nahe kämen.

10*

τῶν συνήθων τῷ κυρίῳ καὶ φίλων, Λάζαρος ὄνομα τῷ ἀσθενοῦντι. Καὶ παραιτεῖται ὁ κύριος τὴν τοῦ φίλου

p. 113. ἐπίσκεψιν, πόῤῥω τοῦ νοσοῦντος γενόμενος, ὡς ἂν εὕροι χώραν καὶ δύναμιν ἐν τῇ τῆς ζωῆς ἀπουσίᾳ τὸ ἴδιον ἐργάζεσθαι διὰ τῆς νόσου ὁ θάνατος. Μηνύει τοῖς μαθηταῖς ὁ κύριος κατὰ τὴν Γαλιλαίαν τὸ περὶ τὸν Λάζαρον πάθος, ἀλλὰ καὶ τὴν πρὸς αὐτὸν ὁρμὴν, ἐφ᾽ ᾧ τε διαναςῆσαι τὸν κείμενον. Περιδεεῖς δὲ ἦσαν ἐκεῖνοι διὰ τὴν τῶν Ἰουδαίων ὠμότητα, χαλεπὸν καὶ κινδυνῶδες ποιούμενοι τὸ πάλιν ἐπὶ τῆς Ἰουδαίας ἐν μέσῳ τῶν φονώντων γενέσθαι. Καὶ διὰ τοῦτο μέλλοντες καὶ ἀναβαλλόμενοι χρόνῳ ποιοῦνται τὴν ἀπὸ τῆς Γαλιλαίας ἐπάνοδον. [8] Κατεκράτει γὰρ ἡ ἐξουσία, καὶ ἤγοντο παρὰ τοῦ κυρίου οἱ μαθηταὶ, οἱονεὶ τὰ προτέλεια τῆς καθολικῆς ἀναςάσεως ἐν Βηθανίᾳ μυηθησόμενοι. Τέσσαρες ἦσαν ἤδη μετὰ τὸ πάθος αἱ ἡμέραι. Πάντα πεπλήρωτο τῷ κατοιχομένῳ τὰ νομιζόμενα· τάφῳ κατεκρύβη τὸ σῶμα. Ἐξῳδήκει κατὰ τὸ εἰκὸς ἤδη, καὶ πρὸς διαφθορὰν διελύετο, μυδῶντος ἐν τῷ εὐρῶτι τῆς γῆς, καὶ διαπίπτοντος ὑπ᾽ ἀνάγκης τοῦ σώματος. Φευκτὸν ἦν τὸ πρᾶγμα, βιαζομένης τῆς φύσεως τὸ διαλυθὲν εἰς δυςωδίαν ἀποδιδόναι πάλιν τῷ ζῆν. Τότε τὸ ἀπιςούμενον τῆς καθολικῆς ἀναςάσεως ἔργον δι᾽ ἐναργεςέρου τοῦ θαύματος εἰς ἀπόδειξιν ἄγεται. Οὐδὲ γὰρ ἐκ νόσου τις ἀνίςαται χαλεπῆς, οὐδὲ πρὸς ταῖς τελευταίαις ὢν ἀναπνοαῖς εἰς τὴν ζωὴν ἐπανάγεται, οὐδὲ παιδίον ἀρτιθανὲς ζωοποιεῖται, οὐδὲ μέλλων τῷ τάφῳ προςάγεσθαι νεανίας πάλιν ἐκ τῆς σοροῦ ἀναλύεται, ἀλλ᾽ ἀνὴρ τῶν ἐξώρων, νεκρὸς ἕωλος, ἐξῳδηκὼς ἤδη καὶ λελυμένος, ὡς μηδὲ τοῖς ἐπιτηδείοις ἀνεκτὸν εἶναι προςεγγίσαι τῷ τάφῳ τὸν κύριον, διὰ τὴν ἐγκειμένην ἀηδίαν τοῦ διαπεπτωκότος σώματος, μιᾷ κλήσει ζωοποιηθεὶς πιςοῦται τὸ κήρυγμα τῆς ἀναςάσεως, τοῦτ᾽ ἔςι τὸ ἐπὶ τοῦ κοι-

---

8) M. κατεκράθη.

Es war einer der Bekannten und Freunde des Herrn krank, der hieß Lazarus. Der Herr, welcher fern von dem Kranken war, wollte ihn nicht besuchen, damit in seiner, der Quelle des Lebens, Abwesenheit der Tod Gelegenheit und Macht gewinnen möchte durch die Krankheit sein Werk zu thun. In Galiläa verrieth der Herr den Jüngern den Todesfall des Lazarus, aber auch zugleich seine Absicht zu ihm zu gehen, um den Todten zu erwecken. Jene aber fürchteten sich sehr wegen der grausamen Verfolgungssucht der Juden, und stellten es ihm als ein schwieriges und gefahrvolles Unternehmen dar, sich wiederum nach Judäa mitten unter die Mordlustigen zu begeben. Darum zögerten sie und machten Aufschub um Aufschub, und kehrten erst nach geraumer Zeit aus Galiläa zurück. Denn die Macht seines Willens siegte, und die Jünger wurden von dem Herrn fortgeführt, gleichwie um in Bethanien die Vorweihen der allgemeinen Auferstehung zu empfangen. Es waren bereits vier Tage nach Eintritt des Todesfalls. Die letzten Dienste waren dem Gestorbenen alle erwiesen und der Leichnam im Grabe geborgen worden. Begreiflicher Weise war er bereits aufgebrochen, gieng seiner Auflösung entgegen, und der Körper moderte in der Fäulniß der Erde und fiel zusammen, wie es das Gesetz der Natur heischt. Es war eine schreckensvolle Sache, hier die Natur zu zwingen das was sie bereits bis zum Modergeruch der Auflösung preisgegeben hatte dem Leben wiederzugeben. Da erhält das unglaubliche Werk der allgemeinen Auferstehung durch ein recht augenfälliges Wunder seine Bestätigung. Denn hier wird Keiner von einer schweren Krankheit aufgerichtet, noch wird Jemand der in den letzten Zügen liegt in das Leben zurückgeführt, noch wird ein eben verstorbenes Kind wieder lebendig gemacht, noch ein Jüngling, welcher dem Grabe zugeführt wurde, seinem Sarge wieder entrissen, sondern ein Mann von reifem Alter, schon mehrere Tage todt, bereits in Verwesung und Zersetzung begriffen, dergestalt daß selbst die Verwandten nicht dulden wollten daß der Herr in seine Nähe käme, wegen des an dem Leichname haftenden Verwesungsgeruchs, — ein solcher wird durch einen einzigen Ruf wieder zum Leben gebracht, und besiegelt und bestätigt durch sein Beispiel die verkündigte Lehre von der Auferstehung, das heißt daß wir das von Allen insgemein erwarten sollen worüber

νοῦ προςδοκώμενον, ὃ ἐπὶ μέρους τῇ πείρᾳ ἐμάθομεν. Καθάπερ γὰρ ἐν τῇ τοῦ παντὸς ἀναςοιχειώσει φησὶν ὁ ἀπόςολος αὐτὸν καταβήσεσθαι τὸν κύριον ἐν κελεύσματι, ἐν φωνῇ ἀρχαγγέλου, καὶ διὰ σάλπιγγος εἰς ἀφθαρσίαν τοὺς νεκροὺς διαναςήσει, οὕτω καὶ νῦν οἷόν τινα ὕπνον τὸν θάνατον τῇ φωνῇ τοῦ προςάγματος ὁ ἐν τῷ τάφῳ ἀποσεισάμενος, καὶ ἀποτινάξας ἑαυτοῦ τὴν ἐπιγινομένην διαφθορὰν τῇ νεκρότητι, ἄρτιος καὶ σῶος τοῦ τάφου ἐξάλλεται, μηδὲ τῷ δεσμῷ τῶν περὶ τοὺς πόδας καὶ τὰς χεῖρας κειριῶν κωλυθεὶς πρὸς τὴν ἔξοδον. Ἆρα μικρὰ ταῦτα πρὸς πίςιν τῆς τῶν νεκρῶν ἀναςάσεως; Εἰ ζητεῖς καὶ δι' ἑτέρων βεβαιωθῆναί σοι τὴν περὶ τούτου κρίσιν, ἀλλά μοι δοκεῖ μὴ μάτην τοῖς κατὰ [9]Καπερναοὺμ εἰρηκέναι ὡς ἐκ προςώπου τῶν ἀνθρώπων ὁ κύριος τοῦτο πρὸς ἑαυτὸν λέγων, Πάντως ἐρεῖτέ μοι τὴν παραβολὴν ταύτην, Ἰατρὲ θεράπευσον σεαυτόν. Ἔδει γὰρ ἐν ἑτέροις σώμασι προςεθίσαντα τοὺς ἀνθρώπους τῷ κατὰ τὴν ἀνάςασιν θαύματι ἐν τῷ καθ' ἑαυτὸν ἀνθρώπῳ βεβαιῶσαι τὸν λόγον. Εἶδες ἐν ἑτέροις ἐνεργὸν τὸ κήρυγμα, τοὺς τεθνήξεσθαι μέλλοντας, τὸ παιδίον τὸ τοῦ ζῆν ἄρτι παυσάμενον, τὸν πρὸς τῷ τάφῳ νεανίαν, τὸν διεφθορότα νεκρόν, πάντας κατὰ τὸ ἴσον ἑνὶ προςάγματι πρὸς τὴν ζωὴν ἀναλίοντας. Ζητεῖς καὶ τοὺς διὰ τραυμάτων καὶ αἵματος ἐν τῷ θανάτῳ γεγονότας, μή τις ἐπὶ τούτων ἀτονία τῆς ζωοποιοῦ δυνάμεως λύῃ τὴν χάριν; ἴδε τὸν ἐν ἥλοις διαπερονηθέντα τὰς χεῖρας, ἴδε τὸν τὴν πλευρὰν λόγχῃ [10]διαπαρέντα, διένεγκε τοὺς δακτύλους σου διὰ τῶν τύπων τῶν ἥλων, ἔμβαλε τὴν χεῖρά σου τῷ ἐκ τῆς λόγχης τραύματι, ςοχάζῃ πάντως ἐπὶ [11]πόσον εἰκὸς ἦν εἰς τὸ ἐντὸς τὴν αἰχμὴν διαδῦναι, διὰ τοῦ πλάτους τῆς ὠτειλῆς τὴν ἐπὶ τὸ ἔσω πάροδον λογιζόμενος· ἡ γὰρ εἴςοδον χειρὸς ἀνθρωπίνης χωρήσασα πληγὴ πόσον ἐντὸς τοῦ βάθους γεγενῆσθαι τὸν σίδηρον ὑποδείκνυσιν; Εἰ οὖν οὗτος ἐγήγερται, [12]εὔκαιρον ἂν εἴη τὸ ἀποςολικὸν ἐπιφθέγξασθαι, Πῶς

---

9) 𝔐. καφαρναούμ. — 10) 𝔐. διαπαρέντα. — 11) 𝔐. πόσων. — 12) 𝔐. εὔκολον.

wir im besonderen Beispiel durch die Erfahrung belehrt worden sind.
Denn gleichwie nach den Worten des Apostels bei dem Untergang
des Alls der Herr selbst mit einem Feldgeschrei, mit der Stimme eines
Erzengels herniedersteigen, und mit der Posaune die Todten zur
Unvergänglichkeit auferwecken wird, so hat auch im gegenwärtigen
Fall der Todte im Grabe auf sein befehlendes Wort den Tod wie
einen Schlaf abgeschüttelt, und die ihn durch sein Sterben über-
fallende Vernichtung von sich geworfen, und springt gesund und
unversehrt aus dem Grab, an seinem Ausgang nicht einmal durch
die Banden der Grabtücher um Füße und Hände gehindert. Sind
dies etwa zu geringfügige Dinge um den Glauben an die Auferstehung der Todten zu bestätigen? Wenn du dein Urtheil darüber
noch durch anderweitige Beweise befestigt wissen willst, nun so
scheint mir der Herr nicht umsonst in Kapernaum, wie aus der Person der Menschen heraus, mit Bezug auf sich selbst gesagt zu haben,
Gewiß werdet Ihr mir das Sprichwort sagen, Arzt,
hilf Dir selber. Denn wer die Menschen an dem Beispiel anderer Leiber an das Wunder der Auferstehung gewöhnt hatte, der
mußte an seinem eigenen Menschenleib diese Lehre bestätigen. Du
sahest an Anderen die Verkündigung wirksam, und sahst die welche
im Begriff waren zu sterben, dann das Mägdlein das kurz vorher
zu leben aufgehört hatte, ferner den dem Grabmal schon nahe ge-
brachten Jüngling, dann den bereits in Verwesung übergegangenen
Leichnam, du sahest Alle in gleicher Weise auf ein Gebot in das
Leben zurückkehren. Dich verlangt auch nach solchen die durch Wunden und Blut zu Tode gekommen sind, daß nicht etwa eine Schwäche
an ihnen die Gnade der lebenspendenden Kraft als unwirksam er-
weise? Blicke auf die von Nägeln zerstochenen Hände, blicke auf die
von der Lanze durchbohrte Seite, lege deine Finger in die Nägel-
male, stecke deine Hand in die Speerwunde, und du magst wohl
errathen bis wie weit in das Innere die Spitze eingedrungen sein
mußte, und aus der Breite der Wunde die Tiefe derselben ermessen;
denn auf ein wie tiefes Eindringen des Eisens läßt ein Stich schließen
welcher das Hineinlegen einer menschlichen Hand gestattet? Ist nun
dieser auferstanden, da dürften wir passend das apostolische Wort
aussprechen können, Wie sagen Etliche, die Auferstehung

λέγουσί τινες ὅτι ἀνάϛασις νεκρῶν οὐκ ἔϛιν; Ἐπειδὴ τοίνυν πᾶσα μὲν πρόῤῥησις τοῦ κυρίου διὰ τῆς τῶν γεγονότων μαρτυρίας ἀληθὴς ἐπιδείκνυται, τοῦτο δὲ οὐ λόγῳ μεμαθήκαμεν μόνον, [13] ἀλλὰ ἐξ αὐτῶν τῶν ἐπὶ τὴν ζωὴν ἐξ ἀναϛάσεως ἐπανελθόντων ἔργῳ τὴν ἀπόδειξιν τῆς ἐπαγγελίας ἐλάβομεν, τίς ὑπολείπεται τοῖς μὴ πιϛεύουσιν ἀφορμή; οὐκ [14] ἐῤῥῶσθαι φράσαντες τοῖς διὰ τῆς φιλοσοφίας καὶ κενῆς ἀπάτης παρακρουομένοις τὴν ἀκατάσκευον πίϛιν, ψιλῆς ἑξόμεθα τῆς ὁμολογίας; μαθόντες ἐν ὀλίγῳ διὰ τοῦ προφήτου τὸν τρόπον τῆς χάριτος, δι' ὧν φησιν, Ἀντανελεῖς τὸ πνεῦμα αὐτῶν, καὶ ἐκλείψουσι, καὶ εἰς τὸν χοῦν αὐτῶν ἐπιϛρέψουσιν· ἐξαποϛελεῖς τὸ πνεῦμά σου, καὶ κτισθήσονται, καὶ ἀνακαινιεῖς τὸ πρόσωπον τῆς γῆς. Ὅτε καὶ εὐφραίνεσθαι τὸν κύριον ἐπὶ τοῖς ἔργοις αὐτοῦ λέγει, ἐκλειπόντων τῶν ἁμαρτωλῶν ἀπὸ τῆς γῆς. Πῶς γάρ τις ἐξ ἁμαρτίας ὀνομασθήσεται, τῆς ἁμαρτίας οὐκ οὔσης;

Κεφ. κϛ'. Ἀλλ' εἰσί τινες [1] οἳ διὰ τὴν τῶν ἀνθρωπίνων λογισμῶν ἀτονίαν πρὸς τὰ ἡμέτερα μέτρα τὴν θείαν δύναμιν κρίνοντες τὸ ἡμῖν ἀχώρητον οὐδὲ θεῷ δυνατὸν εἶναι κατασκευάζουσι. Δεικνύουσι γὰρ τῶν τε ἀρχαίων νεκρῶν τὸν ἀφανισμόν, τῶν τε διὰ πυρὸς ἀποτεφρωθέντων τὰ λείψανα, καὶ ἔτι πρὸς τούτοις τὰ σαρκοβόρα τῶν ζώων τῷ λόγῳ προφέρουσι, καὶ τὸν ἰχθῦν τῷ ἰδίῳ σώματι τὴν σάρκα τοῦ ναυαγήσαντος ἀναλαβόντα, καὶ τοῦτον πάλιν τροφὴν ἀνθρώπων γενόμενον, καὶ εἰς τὸν τοῦ βεβρωκότος ὄγκον μετακεχωρηκότα διὰ τῆς πέψεως. Καὶ πολλὰ τοιαῦτα μικροπρεπῆ· καὶ τῆς μεγάλης τοῦ θεοῦ δυνάμεως καὶ ἐξουσίας ἀνάξια ἐπ' ἀνατροπῇ τοῦ δόγματος διεξέρχονται, ὡς οὐ δυναμένου τοῦ θεοῦ πάλιν διὰ τῶν αὐτῶν ὁδῶν, δι' ἀναλύσεως, ἀποκαταϛῆσαι τῷ ἀνθρώπῳ τὸ ἴδιον. Ἀλλ' ἡμεῖς ἐν ὀλίγῳ τὰς μακρὰς αὐ-

---

13) 𝔐. ἀλλὰ καὶ ἐξ αὐτῶν. — 14) 𝔐. ἐῤῥωσθε.
1) 𝔐. οἱ.

der Todten sei Nichts? Da also durch das Zeugniß der Dinge die geschehen sind jede Vorherverkündigung des Herrn als wahr nachgewiesen wird, wir aber dies nicht bloß durch die Rede vernommen, sondern durch die That aus den Beispielen derer welche durch die Auferstehung in das Leben zurückgekehrt sind den die Wahrheit der Verkündigung bestätigenden Beweis erhalten haben, was bleibt da für die nicht Glaubenden für ein Anhaltepunct noch übrig? Wollen wir nicht Lebewohl sagen Allen welche durch die Weltweisheit und leere Täuschung sich von dem unverfälschten Glauben abführen lassen, und fest hangen an dem einfachen Bekenntniß? zumal wir in kurzen Worten durch den Propheten belehrt werden, wenn er sagt, Du nimmst weg ihren Odem, so vergehen sie und werden wieder zu Staub. Du lässest aus deinen Odem, so werden sie geschaffen, und erneuerst die Gestalt der Erde. Bei dieser Gelegenheit sagt er auch daß der Herr Wohlgefallen an seinen Werken habe, wenn der Sünder auf Erden ein Ende geworden sein werde. Denn wie wird Jemand nach der Sünde genannt werden können, wenn sie selbst nicht mehr vorhanden ist?

Kap. 26. Es fehlt aber nicht an solchen die in der Ohnmacht menschlichen Verstandes die Macht Gottes nach unserem eigenen Maßstabe beurtheilen, und das was für uns unbegreiflich ist auch für Gott als unmöglich hinstellen. Sie weisen nämlich auf die Vernichtung derer hin welche längst gestorben sind und auf die Ueberbleibsel der durch Feuer zu Asche Verbrannten; außerdem führen sie zum Beweise die fleischfressenden Thiere an, und den Fisch welcher in seinen Leib das Fleisch des Schiffbrüchigen aufnimmt, während er selbst wiederum zur Nahrung für die Menschen dient, und auf dem Wege der Verdauung in die Masse dessen übergeht welcher ihn verzehrt. Derartige kleinliche und der großen Macht und Gewalt Gottes unwürdige Dinge führen sie noch in Menge auf, um die Auferstehungslehre zu widerlegen, als ob Gott nicht wiederum auf denselben Wegen, durch abermalige Auflösung, dem Menschen das Seinige zurückzugeben vermöchte! Wir aber wollen die langen Umschweife ihrer nichtigen Beweisführung kurz abschnei-

τῶν τῆς λογικῆς ματαιότητος περιδρομὰς ὑποτεμνόμεθα, ὁμολογοῦντες τὴν μὲν διάλυσιν τοῦ σώματος εἰς τὰ ἐξ ὧν συνέςηκε γίνεσθαι, καὶ οὐ μόνον τὴν γῆν κατὰ τὸν θεῖον λόγον εἰς τὴν γῆν ἀναλύεσθαι, ἀλλὰ καὶ τὸν ἀέρα καὶ τὸ ὑγρὸν προςχωρεῖν τῷ ὁμοφύλῳ, καὶ ἑκάςου τῶν ἐν ἡμῖν πρὸς τὸ συγγενὲς τὴν μεταχώρησιν γίγνεσθαι, κἂν τοῖς σαρκοβόροις ὀρνέοις, κἂν τοῖς ὠμοτάτοις θηρίοις ἀναμιχθῇ τὸ ἀνθρώπινον σῶμα διὰ τῆς βρώσεως, κἂν ὑπὸ τὸν ὀδόντα τῶν ἰχθύων ἔλθῃ, κἂν εἰς ἀτμοὺς καὶ κόνιν μεταβληθῇ τῷ πυρί. Ὅπου δ᾽ ἄν τις καθ᾽ ὑπόθεσιν περιενέγκῃ τῷ λόγῳ τὸν ἄνθρωπον, ἐντὸς τοῦ κόσμου πάντως ἐςί. Τοῦτον δὲ τῇ χειρὶ τοῦ θεοῦ περικρατεῖσθαι ἡ θεόπνευςος διδάσκει φωνή. Εἰ οὖν σύ τι τῶν ἐν τῇ σῇ παλάμῃ οὐκ ἀγνοεῖς, ἆρ᾽ οἴει τῆς σῆς δυνάμεως ἀτονωτέραν εἶναι τὴν τοῦ θεοῦ γνῶσιν, ὡς μὴ ἂν ἐξευρεῖν τῶν ἐμπεριεχομένων ὑπὸ τῆς θείας σπιθαμῆς τὴν ἀκρίβειαν;

Κεφ. κζ. Ἀλλὰ τυχὸν πρὸς τὰ ςοιχεῖα τοῦ παντὸς βλέπων δύςκολον οἴει τοῦ ἐν ἡμῖν ἀέρος πρὸς τὸ συγγενὲς ςοιχεῖον ἀναχεθέντος, καὶ τοῦ θερμοῦ τε καὶ ὑγροῦ καὶ τοῦ γεώδους ὡσαύτως τοῖς ὁμοφύλοις ἐγκαταμιχθέντων, πάλιν ἐκ τοῦ κοινοῦ τὸ οἰκεῖον ἐπὶ τὸ ἴδιον ἀναδραμεῖν. Εἶτα οὐ λογίζῃ διὰ τῶν ἀνθρωπίνων ὑποδειγμάτων τὸ μηδὲ τοῦτο τῆς θείας δυνάμεως ὑπερβαίνειν τοὺς ὅρους; Εἶδές που πάντως ἐν ταῖς ἀνθρωπίναις οἰκήσεσι κοινὴν ἀγέλην ζώων τινῶν ἐκ κοινοῦ συνιςαμένην· ἀλλ᾽ ὅταν πάλιν πρὸς τοὺς κεκτημένους αὐτὴ καταμερίζηται, ἥ τε πρὸς τοὺς οἴκους συνήθεια καὶ τὰ ἐπικείμενα σημεῖα τὸ ἴδιον ἑκάςῳ ἀποκαθίςησι. Τοιοῦτόν τι καὶ περὶ σεαυτὸν ἐννοῶν οὐχ ἁμαρτήσεις τοῦ πρέποντος. Φυσικῇ γάρ τινι σχέσει καὶ ςοργῇ πρὸς τὸ συνοικῆσαν σῶμα τῆς ψυχῆς διακειμένης, ἔςι τις κατὰ τὸ λεληθὸς αὐτῇ διὰ τῆς συνανακράσεως τοῦ οἰκείου σχέσις τε καὶ ἐπί-

den, und gestehen daß die Auflösung des Körpers in seine Bestandtheile wirklich geschieht, und daß nicht nur die Erde, wie das göttliche Wort sagt, zu Erde wird, sondern daß auch die Luft und die Feuchtigkeit zu ihrem Gleichartigen zurückkehren, und daß so ein Uebergang aller und jeder unserer Bestandtheile zu ihrem Verwandten stattfindet, mag nun der menschliche Leib sich mit den fleischfressenden Vögeln, oder den wilden Raubthieren auf dem Wege der Nahrung verbunden haben, oder mag er unter das Gebiß der Fische gekommen, oder durch Feuer in Rauch und Aschenstaub verwandelt worden sein. Wohin man auch, gesetzten Falls, im Geiste den Menschen versetzt wissen will, jedenfalls wird er innerhalb der Welt bleiben. Daß aber diese in der Hand Gottes steht, lehrt das göttliche Wort der Schrift. Wenn also Nichts von dem was in deiner Hand ist deinem Wissen verborgen ist, glaubst du etwa daß Gottes Wissen ohnmächtiger sei als deine Kraft, dergestalt daß er keine genaue Kenntniß von dem was seine Hand umschließt erlangen könne?

Kap. 27. Aber vielleicht hältst du im Hinblick auf die Elemente der Welt es für schwierig daß, wenn die Luft in uns in ihr verwandtes Element zurückgeführt worden, und die Wärme und Feuchtigkeit und das Erdartige in gleicher Weise mit ihrem Verwandten vereinigt worden sein wird, der besondere Theil zu dem Seinigen wieder zurückkehre. Vermagst du dich dann auf Grund der menschlichen Beispiele nicht zu dem Schlusse zu erheben daß auch Dieses zu bewirken nicht über die Grenzen der göttlichen Macht hinausgehe? Gewiß hast du schon in von Menschen bewohnten Ortschaften eine Heerde von Thieren gesehen welche aus dem Besitze der Gemeindeglieder zusammengeschaart war; wenn diese an ihre Besitzer wiederum zurückvertheilt wurde, so bewirkte die Gewöhnung der Thiere an das Haus und die ihnen gegebenen Zeichen daß ein Jeder das Seinige zurückerhielt. So ähnlich denke dir das Verhältniß mit dir, und du wirst das Richtige nicht verfehlen. Denn da die Seele eine gewisse natürliche Zuneigung und Liebe zu dem Körper mit welchem sie zusammengewohnt hat hegt, so besitzt sie durch ihre enge Verbindung mit dem ihr gehörigen Leib einen geheimen Zug oder Wiedererkennungsfähigkeit, wie wenn von der Natur ge-

γνῶσις, οἷον σημείων τινῶν παρὰ τῆς φύσεως ἐπικειμένων δι᾿ ὧν ἡ κοινότης ἀσύγχυτος μένει διακρινομένη τοῖς

p. 117. ἰδιάζουσι. Τῆς τοίνυν ψυχῆς τὸ συγγενές τε καὶ ἴδιον ἐφ᾿ ἑαυτὴν πάλιν ἑλκούσης, τίς πόνος, εἰπέ μοι, τῇ θείᾳ δυνάμει [1]κυρῶσαι τῶν οἰκείων τὴν συνδρομὴν, ἀρρήτῳ τινὶ τῇ τῆς φύσεως ὁλκῇ πρὸς τὸ ἴδιον ἐπειγομένων; τὸ γὰρ ἐπιδιαμένειν τινὰ τῇ ψυχῇ καὶ μετὰ τὴν διάλυσιν σημεῖα τοῦ ἡμετέρου συγκρίματος δείκνυσιν ὁ κατὰ τὸν ᾅδην διάλογος, τῶν μὲν σωμάτων τῷ τάφῳ παραδοθέντων, γνωρίσματος δέ τινος σωματικοῦ ταῖς ψυχαῖς παρα-

Luc. 16. μεινάντος, δι᾿ οὗ καὶ ὁ Λάζαρος ἐγνωρίζετο καὶ οὐκ ἠγνοεῖτο ὁ πλούσιος. Οὐκοῦν οὐδὲν ἔξω τοῦ εἰκότος ἐςὶ πάλιν πιςεύειν ἐκ τοῦ κοινοῦ πρὸς τὸ ἴδιον τὴν ἀνάλυσιν γίνεσθαι τῶν ἀνιςαμένων σωμάτων, καὶ μάλιςά γε τῷ φιλοπονώτερον τὴν φύσιν ἡμῶν κατεξετάζοντι. Οὔτε γὰρ δι᾿ ὅλου ἐν ῥύσει καὶ μεταβολῇ τὸ ἡμέτερον (ἦ γὰρ ἂν ἄληπτον ἦν καθόλου τῷ μηδεμίαν ςάσιν ἔχειν ἐκ φύσεως), ἀλλὰ κατὰ τὸν ἀκριβέςερον λόγον τὸ μέν τι ἕςηκε τῶν ἐν ἡμῖν, τὸ δὲ δι᾿ ἀλλοιώσεως πρόεισιν. Ἀλλοιοῦται μὲν γὰρ δι᾿ αὐξήσεώς τε καὶ μειώσεως τὸ σῶμα, οἷον ἱμάτιά τινα, τὰς καθεξῆς ἡλικίας μετενδυόμενον. Ἕςηκε δὲ διὰ πάσης τροπῆς ἀμετάβλητον ἐφ᾿ ἑαυτοῦ τὸ εἶδος, τῶν ἅπαξ ἐπιβληθέντων αὐτῷ παρὰ τῆς φύσεως σημείων οὐκ ἐξιςάμενον, ἀλλὰ πάσαις ταῖς κατὰ τὸ σῶμα τροπαῖς μετὰ τῶν ἰδίων ἐμφαινόμενον γνωρισμάτων. Ὑπεξαιρείσθω δὲ τοῦ λόγου ἡ ἐκ πάθους ἀλλοίωσις, ἡ τῷ εἴδει ἐπισυμβαίνουσα. Οἷον γάρ τι προσωπεῖον ἀλλότριον ἡ κατὰ τὴν νόσον ἀμορφία διαλαμβάνει τὸ εἶδος, ἧς τῷ λόγῳ περι-

4 Reg. 5. αιρεθείσης, καθάπερ ἐπὶ Νεεμὰν τοῦ Σύρου, ἢ ἐπὶ τῶν

Luc. 7. κατὰ τὸ εὐαγγέλιον ἱςορηθέντων, πάλιν τὸ κεκρυμμένον ὑπὸ τοῦ πάθους εἶδος διὰ τῆς ὑγείας ἐν τοῖς ἰδίοις ἀνεφάνη γνωρίσμασι. Τῷ τοίνυν θεοειδεῖ τῆς ψυχῆς οὐ τὸ

---

1) κυρῶσαι ist Conjecturalverbesserung des Herausgebers. Die Ausgaben und die von ihm eingesehenen Handschriften bieten κωλύσαι. Löwenklau (Leunclavius, der Verf. der Baseler Ausgabe per Joann. Oporinum v. J. 1567, aus welcher der Morel'sche Text abgedruckt ist) vermuthete ἀνύσαι.

wisse Zeichen gegeben worden wären durch welche die Vermischung und Verwirrung des Ganzen verhütet und den besonderen Theilen ihr Unterschied erhalten wird. Wenn nun demnach die Seele das ihr Verwandte und Eigene wieder an sich zieht, was, sage mir, soll es dann für die göttliche Macht für eine Mühe sein die Vereinigung der einander befreundeten Theile zu vollziehen, da sie ohnehin schon durch einen geheimnißvollen Zug der Natur einander entgegenstreben? Denn daß an der Seele auch nach ihrer Trennung gewisse Zeichen unserer persönlichen Zusammensetzung haften bleiben, beweist das Gespräch in dem Todtenreich, wo, nachdem die Leiber den Gräbern übergeben worden waren, dennoch ein körperliches Kennzeichen an den Seelen verblieb, woran Lazarus und der Reiche erkannt wurden. Es liegt also keineswegs außerhalb des Bereichs der Wahrscheinlichkeit zu glauben daß wiederum eine Rückkehr der auferstandenen Körper zu ihrem Eigenthum aus dem Allgemeinen stattfindet, und ganz vorzugsweise für den welcher mit näher eingehender Aufmerksamkeit unsere Natur untersucht. Denn unser Wesen ist durchaus nicht immer in Fluß und Veränderung (es würde in der That durch einen solchen Mangel jedes natürlichen Stillstands ganz unbegreiflich sein), sondern, um mich recht genau auszudrücken, ein Theil in uns ist im Stillstand, der andere schreitet auf dem Wege der Veränderung vorwärts. Der Körper nämlich verändert sich durch Zunahme und Abnahme, indem er die Lebensalter der Reihe nach wie Gewänder anzieht. Die Persönlichkeit dagegen bleibt trotz alles Wechsels unverändert für sich bestehen, und verliert die Zeichen nicht welche ihr einmal von der Natur aufgeprägt sind, sondern tritt uns mit allen ihr eigenthümlichen Merkmalen unter allen körperlichen Veränderungen entgegen. Nur muß Veränderung durch Krankheit ausgenommen werden welche die Person befällt; denn die in Folge der Krankheit eintretende Unschöne überzieht dieselbe wie eine fremdartige Maske, während, wenn wir diese in Gedanken wegnehmen, wie beispielsweise bei Neeman dem Syrer, oder bei denen von welchen das Evangelium erzählt, die von der Krankheit verdeckte Person durch die Gesundheit wiederum in den ihr eigenthümlichen Merkmalen zum Vorschein kommt. Dem gottähnlichen Theile unserer Seele verbindet sich nun nicht das im

ῥέον ἐν τῇ ἀλλοιώσει καὶ μεθιϛάμενον, ἀλλὰ τὸ μόνιμόν τε καὶ ὡσαύτως ἔχον ἐν τῷ καθ' ἡμᾶς συγκρίματι τούτῳ προςφύεται· καὶ ἐπειδὴ τὰς κατὰ τὸ εἶδος διαφορὰς αἱ ποιαὶ τῆς κράσεως παραλλαγαὶ μεταμορφοῦσιν, ἡ δὲ κρᾶσις οὐκ ἄλλη τις παρὰ τὴν τῶν ϛοιχείων μίξιν ἐϛὶ, ϛοι-

p. 118. χεῖα δέ φαμεν τὰ τῇ κατασκευῇ τοῦ παντὸς ὑποκείμενα, δι' ὧν καὶ τὸ ἀνθρώπινον συνέϛηκε σῶμα, ἀναγκαίως τοῦ εἴδους οἷον ἐκμαγείῳ σφραγῖδος τῇ ψυχῇ παραμείναντος, οὐδὲ τὰ ἐναπομαξάμενα τῇ σφραγῖδι τὸν τύπον ὑπ' αὐτῆς ἀγνοεῖται, ἀλλ' ἐν τῷ καιρῷ τῆς ἀναϛοιχειώσεως ἐκεῖνα δέχεται πάλιν πρὸς ἑαυτὴν, ἅπερ ἂν ἐναρμόσῃ τῷ τύπῳ τοῦ εἴδους. Ἐναρμόσειε δὲ πάντως ἐκεῖνα ὅσα κατ' ἀρχὰς ἐνετυπώθη τῷ εἴδει. Οὐκοῦν οὐδὲν ἔξω τοῦ εἰκότος ἐϛὶ πάλιν ἐκ τοῦ κοινοῦ πρὸς τὸ καθ' ἕκαϛον ἐπαναλύειν τὸ ἴδιον. Λέγεται δὲ καὶ τὴν ὑδράργυρον προχεθεῖσαν τοῦ περιέχοντος καθ' ὑπτίου τινὸς καὶ κονιορτώδους χωρίου εἰς λεπτὰ σφαιρωθεῖσαν κατὰ τὴν γῆν διασκίδνασθαι, πρὸς οὐδὲν τῶν ἐπιτυχόντων ἐμμιγνυμένην, εἰ δέ τις πάλιν τὸ πολλαχῇ κατεσπαρμένον εἰς ἓν συναγείρειεν, αὐτομάτως ἀναχεῖσθαι πρὸς τὸ ὁμόφυλον, οὐδενὶ μέσῳ πρὸς τὴν οἰκείαν μίξιν διειργομένην. Τοιοῦτόν τι χρῆναι νομίζω καὶ περὶ τὸ ἀνθρώπινον σύγκριμα διανοεῖσθαι· εἰ μόνον γένοιτο παρὰ τοῦ θεοῦ τὸ ἐνδόσιμον, αὐτομάτως τὰ κατάλληλα μέρη τοῖς οἰκείοις ἐπανακίρνασθαι, μηδεμιᾶς ἐργώδίας τῷ ἀναϛοιχειοῦντι τὴν φύσιν διὰ τούτων ἐγγινομένης. Καὶ γὰρ ἐπὶ τῶν ἐν τῇ γῇ φυομένων οὐδένα πόνον ὁρῶμεν τῆς φύσεως ἐπὶ τὸν πυρὸν, ἢ τὴν κέγχρον, ἢ ἄλλο τι τῶν σιτηρῶν ἢ χεδροπῶν σπερμάτων, ἐν τῷ μεταβάλλειν εἰς καλάμην καὶ [2] ἀθέρας καὶ [3] ϛάχυας. Ἀπραγματεύτως γὰρ κατὰ τὸ αὐτόματον ἡ κατάλληλος τροφὴ ἐκ τοῦ κοινοῦ πρὸς τὴν ἑκάϛου τῶν σπερμάτων ἰδιότητα μεταβαίνει. Εἰ οὖν κοινῆς πᾶσι τοῖς φυομένοις τῆς ἰκμάδος ὑποκειμένης ἕκαϛον τῶν δι' αὐτῆς τρεφομέ-

---

2) M. ἀθέριρας (?). In der Baseler Ausgabe steht richtig ἀθέρας. —
3) M. ἀϛάχυας.

steten Fluß der Veränderung und in Umwandlung Befindliche, sondern das Beständige und stets sich gleich Bleibende in der Zusammensetzung unseres Körpers; und da der Wechsel in der Mischung die Verschiedenheiten in dem persönlichen Wesen hervorbringt, die Mischung aber nichts Anderes ist als Vermengung der elementarischen Stoffe, worunter wir das verstehen was dem All zu Grunde liegt, und woraus auch der Körper des Menschen besteht, so kann nothwendiger Weise, da das persönliche Bild wie ein Siegel in der Wachsmasse in der Seele zurückbleibt, dasjenige was dem Siegel sein Gepräge gegeben hat von der Seele auch nicht verkannt werden, sondern sie wird zur Zeit der Wiederherstellung aus den Elementen das wieder an sich nehmen was für den bestimmten Character des persönlichen Wesens passend ist. Passend aber wird das sein was von Anfang dem persönlichen Wesen aufgeprägt worden war. Es liegt demnach keine Unwahrscheinlichkeit darin daß einem Jeden sein Eigenthum aus dem Allgemeinen zurückkehrt. Erzählt man doch auch vom Quecksilber daß, wenn es an einem ebenen, unreinen Ort aus seinem Gefäße verschüttet wird, es sich in feine Kügelchen formt und über die Erde zerstreut, ohne sich mit irgend Etwas womit es in Berührung kommt zu vermischen, wenn man es hingegen aus seiner allseitigen Verstreuung wieder sammelt und zusammenbringt, das Gleiche mit dem Gleichen sich ganz von selbst wieder verbindet, und sich durch kein Dazwischentreten irgend eines fremden Gegenstandes an dieser Vermischung mit seines Gleichen hindern läßt. Aehnlich, glaube ich, muß man sich auch die Sache mit dem Menschen denken: sobald von Gott nur der Anstoß gegeben wird, vermischen sich die betreffenden Theile wieder mit ihres Gleichen, und es entsteht für den welcher durch sie die Natur neu umschafft dabei keinerlei Schwierigkeit. Auch sehen wir ja an den Pflanzen der Erde, weder hinsichtlich des Weizens, noch der Hirse, noch des Samens irgend einer anderen Getreideart oder Hülsenfrucht, keine Mühe für die Natur darin sie zum Halm, zu Hacheln und Aehren umzugestalten. Ohne Schwierigkeit nämlich und von selbst wandelt sich die entsprechende Nahrung aus dem Allgemeinen in die Eigenthümlichkeit der einzelnen Samen. Wenn also den gesammten Pflanzen gemeinschaftlich der Nahrungssaft zu Grunde liegt,

νων τὸ κατάλληλον ἔσπασεν εἰς τὴν τοῦ οἰκείου πρόσθήκην, τί καινὸν, εἰ καὶ ἐν τῷ τῆς ἀναςάσεως λόγῳ παρ' ἑκάςου τῶν ἀνιςαμένων, καθὼς ἐπὶ τῶν σπερμάτων, συμβαίνει οὕτως γίνεσθαι τὴν τοῦ οἰκείου ὁλκήν; ὥςε ἐξ ἁπάντων δυνατὸν εἶναι μαθεῖν μηδὲν ἔξω τῶν τῇ πείρᾳ γνωριζομένων τὸ κήρυγμα περιέχειν τῆς ἀναςάσεως. Καίτοι γε τὸ γνωριμώτατον τῶν ἡμετέρων ἐσιωπήσαμεν, αὐτὴν λέγω τὴν πρώτην τῆς συςάσεως ἡμῶν ἀφορμήν. Τίς γὰρ οὐκ οἶδε τὴν θαυματοποιΐαν τῆς φύσεως, τί λαβοῦσα
p. 119. ἡ μητρῴα νηδὺς τί ἀπεργάζεται; ἢ οὐχ ὁρᾷς ὅπως ἁπλοῦν τρόπον τινὰ καὶ ὁμοιομερές ἐςι τὸ εἰς ἀφορμὴν τῆς συςάσεως τοῦ σώματος τοῖς σπλάγχνοις καταβαλλόμενον; τὴν δὲ ποικιλίαν τοῦ κατασκευαζομένου συγκρίματος τίς λόγος ἐκδιηγήσεται; Τίς δ' ἂν μὴ τῇ κοινῇ φύσει τὸ τοιοῦτον μαθὼν δυνατὸν ἡγήσαιτο τὸ γινόμενον, ὅτι τὸ βραχύ τε καὶ ἀντ' οὐδενὸς ἐκεῖνο τοῦ τοσούτου πράγματός ἐςιν ἀρχή; μέγα δὲ φημι, οὐ μόνον εἰς τὴν κατὰ τὸ σῶμα βλέπων διάπλασιν, ἀλλ' ὃ πρὸ τούτου θαυμάζειν ἄξιον, αὐτὴν λέγω τὴν ψυχὴν, καὶ τὰ περὶ αὐτὴν θεωρούμενα.

Κεφ. κη'. Τάχα γὰρ οὐκ ἔξω τῆς προκειμένης ἡμῖν πραγματείας ἐςὶ τὸ διεξετάσαι τὸ ἀμφιβαλλόμενον ἐν ταῖς ἐκκλησίαις περὶ ψυχῆς τε καὶ σώματος. Τοῖς μὲν γὰρ τῶν πρὸ ἡμῶν δοκεῖ, οἷς ὁ περὶ τῶν Ἀρχῶν ἐπραγματεύθη λόγος, καθάπερ τινὰ [1]δῆμον ἐν ἰδιαζούσῃ πολιτείᾳ τὰς ψυχὰς προϋφεςάναι λέγειν. Προκεῖσθαι δὲ κἀκεῖ τά τε τῆς κακίας καὶ τῆς ἀρετῆς ὑποδείγματα. Καὶ παραμένουσαν μὲν ἐν τῷ καλῷ τὴν ψυχὴν τῆς πρὸς τὸ σῶμα συμπλοκῆς μένειν ἀπείρατον· εἰ δὲ ἀποῤῥυῇ τῆς τοῦ ἀγαθοῦ μετουσίας, πρὸς τὸν τῇδε βίον κατολισθαίνειν, καὶ οὕτως ἐν σώματι γίνεσθαι. Ἕτεροι δὲ τῇ κατὰ τὸν Μωϋσέα τάξει τῆς κατασκευῆς τοῦ ἀνθρώπου προςέχοντες δευτέραν εἶναι τὴν ψυχὴν τοῦ σώματος κατὰ τὸν χρόνον

---

[1] Vgl. die Abhandl. über Seele und Auferstehung p. 233 Mor.

und eine jede die durch ihn ernährt wird zu ihrem Wachsthum den ihr entsprechenden Stoff an sich zieht, was ist's dann Wunderbares, wenn auch in der Auferstehung von einem jeden Auferstehenden, wie bei den Samenkörnern, ein solches Ansichziehen dessen was ihm gehört stattfindet? Demnach kann man aus Allem lernen daß die Verkündigung der Auferstehung Nichts enthält was uns nicht durch die Erfahrung bekannt wäre. Und dennoch haben wir das Allerbekannteste aus dem Kreise unseres Lebens mit Stillschweigen übergangen, ich meine den ersten Anfang unseres eigenen Entstehens. Wem ist nicht das Wunderwerk der Natur bekannt, was der Mutterleib empfängt, und was er daraus macht? Oder siehst du nicht wie einfach in seiner Art und gleichartig in seinen Bestandtheilen das ist was zur Begründung der Existenz des Körpers in den Eingeweiden niedergelegt wird? und welche Rede vermöchte dagegen die Mannichfaltigkeit der Zusammensetzung des so bereiteten Körpers zu schildern? Wer sollte nun, wenn ihn nicht das ganze Wirken der Natur von der Wahrheit der Thatsache überzeugte, das Geschehende für möglich halten, nämlich daß jene geringfügige und wie unbedeutende Materie den Anfang eines so großen Werks bildet? Ich nenne es groß, nicht bloß im Hinblick auf die körperliche Gestalt, sondern die Seele, welche weit höhere Bewunderung verdient, die Seele meine ich, und die an ihr hervortretenden Eigenschaften.

Kap. 28. Vielleicht liegt es nämlich nicht außerhalb der Grenzen gegenwärtiger Untersuchung die in den kirchlichen Gemeinden auftauchende Streitfrage über das Verhältniß von Seele und Leib in Erörterung zu nehmen. Aeltere Lehrer, welche über die Grundwahrheiten geschrieben haben, sind der Ansicht daß die Seelen wie ein Volk in einem besonderen Staate lange vorher existieren. Dort lägen ihnen Beispiele des Bösen und des Guten vor Augen, und die im Guten verharrende Seele bleibe von der Verbindung mit dem Körper verschont: trete sie hingegen aus der Gemeinschaft mit dem Guten heraus, so gleite sie in dieses Leben herab, und gelange so in einen Körper. Andere dagegen halten an Moses Erzählung von der Erschaffung des Menschen fest, und behaupten daß die Seele der Zeit nach jünger sei als der Körper, da Gott zuerst einen

φασὶν, ἐπειδὴ πρῶτον λαβὼν ὁ θεὸς χοῦν ἀπὸ τῆς γῆς ἔπλασε τὸν ἄνθρωπον, εἶθ' οὕτως ἐψύχωσε διὰ τοῦ ἐμφυσήματος. Καὶ τούτῳ τῷ λόγῳ προτιμοτέραν ἀποδεικνύουσι τῆς ψυχῆς τὴν σάρκα, τῆς ἐπεισκρινομένης τὴν προδιαπεπλασμένην. Λέγουσι γὰρ διὰ τὸ σῶμα τὴν ψυχὴν γενέσθαι, ὡς ἂν μὴ ἄπνουν τε καὶ ἀκίνητον εἴη τὸ πλάσμα. Πᾶν δὲ τὸ διά τι γινόμενον ἀτιμότερον πάντως ἐςὶ τοῦ δι' ὃ γίνεται, καθὼς τὸ εὐαγγέλιον λέγει ὅτι πλεῖόν ἐςι τῆς τροφῆς ἡ ψυχή, καὶ τὸ σῶμα τοῦ ἐνδύματος, διότι τούτων ἕνεκεν ἐκεῖνα. Οὐ γὰρ διὰ τὴν τροφὴν ἡ ψυχή, οὐδὲ τοῦ ἐνδύματος χάριν κατεσκευάσθη τὰ σώματα, ἀλλὰ τούτων ὄντων ἐκεῖνα διὰ τὴν χρείαν προςεξηυρέθη. Ἐπεὶ οὖν ἐν ἀμφοτέραις ταῖς ὑπολήψεσιν ὁ λόγος ὑπαίτιος, τῶν τε προβιοτεύειν τὰς ψυχὰς ἐν ἰδίᾳ τινὶ καταςάσει μυθολογούντων, καὶ τῶν ὑςέρας τῶν σωμάτων κατασκευάζεσθαι νομιζόντων, ἀναγκαῖον ἂν εἴη μηδὲν ²τῶν ἐν τοῖς δόγμασι λεγομένων περιϊδεῖν ἀνεξέταςον. Ἀλλὰ τὸ μὲν δι' ἀκριβείας τοὺς ἑκατέρωθεν γυμνάζειν λόγους, καὶ πάσας ἐκκαλύπτειν τὰς ἐγκειμένας ἀτοπίας ταῖς ὑπολήψεσι, μακροῦ ἂν δέοιτο καὶ χρόνου καὶ λόγου. Δι' ὀλίγων δέ, καθὼς ἐςὶ δυνατόν, ἑκάτερον τῶν εἰρημένων ἐπισκεψάμενοι πάλιν τῶν προκειμένων ἀντιληψόμεθα. Οἱ τῷ προτέρῳ παριςάμενοι λόγῳ καὶ πρεσβυτέραν τῆς ἐν σαρκὶ ζωῆς τὴν πολιτείαν τῶν ψυχῶν δογματίζοντες οὔ μοι δοκοῦσι τῶν Ἑλληνικῶν καθαρεύειν δογμάτων, τῶν περὶ τῆς μετενσωματώσεως αὐτοῖς μεμυθολογημένων. Εἰ γάρ τις ἀκριβῶς ἐξετάσειε, πρὸς τοῦτο κατὰ πᾶσαν ἀνάγκην τὸν λόγον αὐτοῖς εὑρήσει κατασυρόμενον ὅν φασί τινα τῶν παρ' ἐκείνοις σοφῶν εἰρηκέναι, ὅτι ἀνὴρ γέγονεν ὁ αὐτός, καὶ γυναικὸς σῶμα μετημφιάσατο, καὶ μετ' ὀρνέων ἀνέπτη, καὶ θάμνος ἔφυ, καὶ τὸν ἔνυδρον ἔλαχε βίον· οὐ πόρρω τῆς ἀληθείας κατά γε τὴν ἐμὴν κρίσιν φερόμενος ὁ περὶ αὐτοῦ ταῦτα λέγων. Ὄντως γὰρ βατράχων τινῶν ἢ κολοιῶν φλυαρίας ἢ ἀλογίας

---

2) M. τῶν λεγομένων ἐν τ. δ. περιϊδεῖν.

Klos von der Erde genommen und den Menschen gebildet, dann aber ihn so durch das Einblasen seines Odems belebt habe. Hiemit wollen sie beweisen daß das Fleisch höher stehe als die Seele, weil es vorher gebildet und jene erst nachher in dasselbe hineingebracht worden sei. Ihrer Behauptung nach ist die Seele des Körpers wegen geworden, damit sein Gebilde nicht leblos und unbeweglich wäre. Alles aber was um eines Anderen willen wird, ist jedenfalls werthloser als das um dessentwillen es wird; wie das Evangelium sagt daß das Leben mehr sei als die Speise, und der Körper mehr als die Kleidung, weil diese Dinge um seinetwillen da sind. Denn das Leben ist nicht um der Speise willen, noch sind die Leiber um der Kleidung willen gemacht, sondern weil diese da waren, wurden jene um des Bedürfnisses willen dazu erfunden. Da wir nun gegen beide Behauptungen Anklage erheben müssen, sowohl gegen die welche fabeln daß die Seelen in einem besonderen Zustande schon vorherleben, als gegen die welche glauben daß sie später als die Körper zur Erschaffung gelangen, so dürfte es nothwendig sein Nichts von dem was in diesen beiden Glaubensansichten ausgesprochen wird ununtersucht zu lassen. Freilich mit eingehender Genauigkeit sich auf einen Kampf gegen die Behauptungen der beiden Parteien einzulassen, und alle Abgeschmacktheiten welche in diesen Annahmen verborgen liegen bloß zu legen, das dürfte lange Zeit und lange Rede in Anspruch nehmen. Doch wollen wir, so weit es möglich ist, in Kürze beide Behauptungen in Erwägung ziehen, um dann unseren Hauptgegenstand wieder aufzunehmen. Die Vertreter der ersteren Lehre, welche an einen Staat von Seelen vor dem Leben im Fleische glauben, scheinen mir nicht von den heidnischen Grundsätzen rein zu sein welche von einer Seelenwanderung in andere Körper fabeln. Bei näherer Untersuchung muß man nämlich finden daß das Wort, welches einer der heidnischen Weisen ausgesprochen haben soll, nämlich daß er ein Mann gewesen, den Körper eines Weibes angezogen, mit Vögeln geflogen, als ein Strauch aufgewachsen, und im Wasser gelebt habe, von ihnen darauf bezogen wird. Meiner Ansicht nach ist der welcher von sich das sagt von der Wahrheit nicht zu weit abgeirrt. Denn in der That sind solche Behauptungen, daß eine einzige Seele durch so Vielerlei hindurchge-

11*

ἰχθύων ἢ δρυῶν ἀναισθησίας ἄξια τὰ τοιαῦτα δόγματα, τὸ μίαν ψυχὴν λέγειν διὰ τοσούτων ἐλθεῖν. Τῆς δὲ τοιαύτης ἀτοπίας αὕτη ἐςὶν ἡ αἰτία, τὸ προϋφεςάναι τὰς ψυχὰς οἴεσθαι. Δι' ἀκολούθου γὰρ ἡ ἀρχὴ τοῦ τοιούτου

p. 121. δόγματος ἐπὶ τὸ προσεχές τε καὶ παρακείμενον τὸν λόγον προάγουσα, μέχρι τούτου τερατευομένη διέξεισιν. Εἰ γὰρ διά τινος κακίας ἀποσπασθεῖσα τῆς ὑψηλοτέρας ἡ ψυχὴ πολιτείας μετὰ τό, καθώς φασιν, ἅπαξ γεύσασθαι τοῦ σωματικοῦ βίου πάλιν ἄνθρωπος γίνεται, ἐμπαθέςερος δὲ πάντως ὁ ἐν σαρκὶ βίος ὁμολογεῖται παρὰ τὸν ἀΐδιον καὶ ἀσώματον, ἀνάγκη πᾶσα τὴν ἐν τῷ τοιούτῳ γινομένην βίῳ, ἐν ᾧ πλείους αἱ πρὸς τὸ ἁμαρτάνειν εἰσὶν ἀφορμαί, ἐν πλείονί τε κακίᾳ γενέσθαι καὶ ἐμπαθέςερον ἢ πρότερον διατεθῆναι. Ἀνθρωπίνης δὲ ψυχῆς πάθος ἡ πρὸς τὸ ἄλογόν ἐςιν ὁμοίωσις, τούτῳ δὲ προσοικειωθεῖσαν αὐτὴν εἰς κτηνώδη φύσιν μεταῤῥυῆναι, ἅπαξ δὲ διὰ κακίας ὁδεύουσαν μηδὲ ἐν ἀλόγῳ γενομένην τῆς ἐπὶ τὸ κακὸν προόδου λῆξαί ποτε. Ἡ γὰρ τοῦ κακοῦ ςάσις ἀρχὴ τῆς κατ' ἀρετήν ἐςιν ὁρμῆς· ἀρετὴ δὲ ἐν ἀλόγοις οὐκ ἔςιν. Οὐκοῦν ἀεὶ πρὸς τὸ χεῖρον ἐξ ἀνάγκης ἀλλοιωθήσεται, πάντοτε πρὸς τὸ ἀτιμότερον προϊοῦσα, καὶ ἀεὶ τὸ χεῖρον τῆς ἐν ᾗ ἐςι φύσεως ἐξευρίσκουσα. Ὥσπερ δὲ τοῦ λογικοῦ τὸ αἰσθητὸν ὑποβέβηκεν, οὕτω καὶ ἀπὸ τούτου ἐπὶ τὸ ἀναίσθητον ἡ μετάπτωσις γίνεται. Ἀλλὰ μέχρι τούτου προϊὼν ὁ λόγος αὐτοῖς εἰ καὶ ἔξω τῆς ἀληθείας φέρεται, ἀλλά γε διά τινος ἀκολουθίας [3] ἄτοπον ἐξ ἀτόπου μεταλαμβάνει· τὸ δὲ ἐντεῦθεν ἤδη διὰ τῶν ἀσυναρτήτων αὐτοῖς τὸ δόγμα μυθοποιεῖται. Ἡ μὲν γὰρ ἀκολουθία παντελῆ διαφθορὰν τῆς ψυχῆς ὑποδείκνυσιν. Ἡ γὰρ ἅπαξ τῆς ὑψηλῆς πολιτείας ἀπολισθήσασα ἐν οὐδενὶ μέτρῳ κακίας ζῆναι δυνήσεται, ἀλλὰ διὰ τῆς πρὸς τὰ πάθη σχέσεως ἀπὸ μὲν τοῦ λογικοῦ πρὸς τὸ ἄλογον με-

---

3) 𝔐. τὸ ἄτοπον.

gangen sei, dem Gewäsch von Fröschen oder Krähen, der Dummheit von Fischen und dem Stumpfsinn von Bäumen an die Seite zu setzen. Die Quelle solcher Narrheit ist aber der Glaube an die Präexistenz der Seelen. Denn nachdem man einmal angefangen hatte daran zu glauben, griff man erst zu Aehnlichem und Näherliegenden, und schritt dann im Fabeln immer weiter und weiter bis zu diesem Wunderglauben vor. Denn wenn die Seele durch etwas Böses aus ihrem erhabeneren Lebenskreise herausgerissen, nachdem sie, wie es bei ihnen heißt, einmal das körperliche Leben gekostet hat, Mensch wird, und das Leben im Fleische eingestandener Maßen im Vergleich mit dem ewigen und unkörperlichen jedenfalls doch mehr Leiden und Störungen ausgesetzt ist, so muß ganz nothwendiger Weise die Seele welche in dieses Leben, welches mehr Veranlassungen zum Sündigen darbietet, eintritt, noch einen höheren Grad von Schlechtigkeit annehmen und somit in ein tieferes Krankheitsverhältniß als früher gerathen. Die Krankheit der menschlichen Seele liegt darin daß sie der vernunftlosen Natur ähnlich wird, daß sie, wenn sie sich dieser genähert hat, selbst zu einem thierischen Wesen herabsinkt, und, wenn sie einmal den Weg des Bösen eingeschlagen hat, selbst auf der Stufe des unvernünftigen Thieres angelangt, niemals auf der Bahn des Bösen vorwärtszuschreiten aufhört. Denn der Stillstand des Bösen ist der Anfang der Wendung zur Tugend; Tugend aber findet sich bei unvernünftigen Geschöpfen nicht. Sonach wird sie nothwendig immer schlechter und schlechter werden, sich immer mehr und mehr entehren und einen Zustand immer größerer Verworfenheit aufsuchen als in welchem sie sich eben befindet. Wie aber das empfindungsbegabte Wesen dem vernunftbegabten nachsteht, so findet auch von diesem wieder ein Abfall zum empfindungslosen statt. Bis hieher nun folgert ihre Rede, obwohl sie sich außerhalb der Wahrheit bewegt, dennoch mit einer gewissen Richtigkeit des Denkens Verkehrtheit aus Verkehrtheit; im Weiteren aber geht ihr Glaube bereits zusammenhangslos in lauter Fabelwerk über. Es folgt nämlich daß die Seele völlig untergehe. Denn ist sie einmal von ihrem erhabenen Zustand abgefallen, so wird sie kein Maß des Bösen einhalten können, vielmehr in Folge ihres krankhaften Zustandes von der Vernünftigkeit zur Unvernünftigkeit

ταβήσεται, ἀπ' ἐκείνου δὲ πρὸς τὴν τῶν φυτῶν ἀναισθησίαν μετατεθήσεται. Τῷ δὲ ἀναισθήτῳ γειτνιᾷ πως τὸ ἄψυχον· τούτῳ δὲ τὸ ἀνύπαρκτον ἕπεται. Ὥςε καθόλου διὰ τῆς ἀκολουθίας πρὸς τὸ μὴ ὂν αὐτοῖς ἡ ψυχὴ μετα-

p. 122. χωρήσει. Οὐκοῦν ἀμήχανος αὐτῇ πάλιν ἐξ ἀνάγκης ἔςαι ἡ πρὸς τὸ κρεῖττον ἐπάνοδος. Ἀλλὰ μὴν ἐκ θάμνου ἐπὶ τὸν ἄνθρωπον τὴν ψυχὴν ἐπανάγουσιν. Οὐκοῦν προτιμοτέραν τὴν ἐν θάμνῳ ζωὴν τῆς ἀσωμάτου διαγωγῆς ἐκ τούτων ἀποδεικνύουσιν. Δέδεικται γὰρ ὅτι ἡ πρὸς τὸ χεῖρον γενομένη πρόοδος τῆς ψυχῆς πρὸς τὸ κατώτερον κατὰ τὸ εἰκὸς ὑποβήσεται. Ὑποβέβηκε δὲ τὴν ἀναίσθητον φύσιν τὸ ἄψυχον, εἰς ὃ δι' ἀκολουθίας ἡ ἀρχὴ τοῦ δόγματος αὐτῶν τὴν ψυχὴν ἄγει. Ἀλλ' ἐπειδὴ τοῦτο οὐ βούλονται, ἢ τῷ ἀναισθήτῳ τὴν ψυχὴν ἐγκατακλείουσιν, ἢ εἴπερ ἐντεῦθεν ἐπὶ τὸν ἀνθρώπινον αὐτὴν ἐπανάγοιεν βίον, προτιμότερον, καθὼς εἴρηται, τὸν ξυλώδη βίον τῆς πρώτης ἀποδείξουσι καταςάσεως, εἴπερ ἐκεῖθεν μὲν ἡ πρὸς κακίαν κατάπτωσις γέγονεν, ἐντεῦθεν δὲ ἡ πρὸς ἀρετὴν ἐπάνοδος γίνεται. Οὐκοῦν ἀκέφαλός τις καὶ ἀτελὴς ὁ τοιοῦτος διελέγχεται λόγος, ὁ τὰς ψυχὰς ἐφ' ἑαυτῶν πρὸ τῆς ἐν σαρκὶ ζωῆς βιοτεύειν κατασκευάζων, καὶ διὰ κακίας συνδεῖσθαι τοῖς σώμασι. Τῶν δέ γε νεωτέραν τοῦ σώματος τὴν ψυχὴν εἶναι λεγόντων προκατεσκευάσθη διὰ τῶν κατόπιν ἡ ἀτοπία. Οὐκοῦν ἀπόβλητος ἐπίσης ὁ παρ' ἀμφοτέρων λόγος. Διὰ δὲ τοῦ μέσου τῶν ὑπολήψεων εὐθύνειν οἶμαι δεῖν ἐν ἀληθείᾳ τὸ ἡμέτερον δόγμα. Ἔςι δὲ τοῦτο, τὸ μήτε κατὰ τὴν Ἑλληνικὴν ἀπάτην ἐν κακίᾳ τινὶ βαρηθείσας τὰς τῷ παντὶ συμπεριπολούσας ψυχὰς ἀδυναμίᾳ τοῦ συμπαραθέειν τῇ ὀξύτητι τῆς τοῦ πόλου κινήσεως ἐπὶ τὴν γῆν καταπίπτειν οἴεσθαι, μηδ' αὖ πάλιν οἱονεὶ πήλινον ἀνδριάντα προδιαπλασθέντα τῷ λόγῳ τὸν ἄνθρωπον τούτου ἕνεκα τὴν ψυχὴν γίνεσθαι

und von dieser zur stumpfen Empfindungslosigkeit der Pflanzen übergehen. Der Empfindungslosigkeit Nachbarin ist aber gewissermaßen die Leblosigkeit, und auf diese folgt Existenzlosigkeit. Sonach wird bei ihnen die Seele in folgerechtem Fortschritt zum Nichtsein übergehen, und eine Rückkehr zum Bessern liegt für sie außer dem Bereiche der Möglichkeit. Sie lassen dagegen die Seele aus einem Strauche zum Menschen zurückkehren; damit zeigen sie also daß das Leben im Strauche höher zu stellen sei als das körperlose. Denn es ist der Beweis geliefert daß der Fortschritt der Seele zum Bösen nothwendig immer tiefer führen muß. Die nächste Stufe aber unter dem was der sinnlichen Empfindung entbehrt nimmt das Leblose ein, worauf eben das Princip ihrer Lehre die Seele hinführt. Da dies nun aber keineswegs ihr Wille ist, so bannen sie entweder die Seele in das Reich des Empfindungslosen, oder sie werden, falls sie dieselbe von da in das menschliche Leben zurückführen sollten, das Leben im Holze für ein höheres erklären als das frühere war, sofern ja von dort der Abfall zum Bösen geschah, und von hier aus der Rückweg zum Guten angetreten wird. Hiemit ist diese Lehre, welche behaupten will daß die Seelen vor dem Leben im Fleische ein anderes für sich leben, und in Folge des Bösen an die Körper gekettet werden, in ihrer Haltlosigkeit vom Anfang bis zum Ende nachgewiesen. Die Thorheit derer aber welche behaupten die Seele sei jünger als der Körper ist das Werk derer welche sie für später als diesen erklärt hatten. Sonach ist die beiderseitige Behauptung zurückzuweisen. Meiner Ansicht nach muß unser Glaube seinen Weg gerade mitten durch sie hindurch auf dem Boden der Wahrheit einschlagen. Dieser Glaube ist aber, daß wir weder nach der heidnischen Irrlehre wähnen, die Seelen würden in Folge einer Schlechtigkeit schwerer, und weil sie bei ihrem Umschwung mit dem All außer Stande wären mit der reißenden Schnelligkeit der Bewegung der Himmelskugel gleichen Schritt zu halten, so fielen sie auf die Erde nieder, anderseits aber auch nicht die Behauptung aufstellen, daß der Mensch durch das göttliche Wort wie ein irdenes Bildwerk zuerst geformt und dann seinethalben die Seele nachgeschaffen worden sei (denn wäre dies der Fall, so würde man in der That der

λέγειν (ἢ γὰρ ἂν ἀτιμοτέρα τοῦ πηλίνου πλάσματος ἡ νοερὰ φύσις ἀποδειχθείη), *ἀλλ' ἑνὸς ὄντος τοῦ ἀνθρώπου, τοῦ διὰ ψυχῆς τε καὶ σώματος συνεστηκότος, μίαν αὐτῷ καὶ κοινὴν τῆς συστάσεως τὴν ἀρχὴν ὑποτίθεσθαι, ὡς ἂν μὴ αὐτὸς ἑαυτοῦ προγενέστερός τε καὶ νεώτερος γένοιτο, τοῦ μὲν σωματικοῦ προτερεύοντος ἐν αὐτῷ, τοῦ δὲ ἑτέρου ἐφυστερίζοντος· ἀλλὰ τῇ μὲν προγνωστικῇ τοῦ θεοῦ δυνάμει, κατὰ τὸν μικρῷ πρόσθεν ἀποδοθέντα λόγον, ἅπαν προϋφεστάναι τὸ ἀνθρώπινον πλήρωμα λέγειν (συμμαρτυρούσης εἰς τοῦτο τῆς προφητείας, τῆς λεγούσης εἰδέναι τὰ πάντα τὸν θεὸν πρὶν γενέσεως αὐτῶν), ἐν δὲ τῇ καθ' ἕκαστον δημιουργίᾳ μὴ προτιθέναι τοῦ ἑτέρου τὸ ἕτερον, μήτε πρὸ τοῦ σώματος τὴν ψυχὴν, μήτε τὸ ἔμπαλιν, ὡς ἂν μὴ στασιάζοι πρὸς ἑαυτὸν ὁ ἄνθρωπος τῇ κατὰ τὸν χρόνον διαφορᾷ μεριζόμενος.

Κεφ. κθ΄. Διπλῆς γὰρ τῆς φύσεως ἡμῶν νοουμένης, κατὰ τὴν ἀποστολικὴν διδασκαλίαν, τοῦ τε φαινομένου ἀνθρώπου καὶ τοῦ κεκρυμμένου, εἰ τὸ μὲν προϋπάρχοι, τὸ δὲ ἐπιγένοιτο, ἀτελής τις ἡ τοῦ δημιουργοῦντος ἀπελεγχθήσεται δύναμις, οὐ τῷ παντὶ κατὰ τὸ ἁθρόον ἐξαρκοῦσα, ἀλλὰ διαιρουμένη τὸ ἔργον, καὶ ἀνὰ μέρος περὶ ἑκάτερον τῶν ἡμισευμάτων ἀσχολουμένη. Ἀλλ' ὥσπερ ἐν τῷ σίτῳ φαμὲν, ἢ ἐν ἑτέρῳ τινὶ τῶν σπερμάτων, ἅπαν ἐμπεριειλῆφθαι τῇ δυνάμει τὸ κατὰ τὸν στάχυν εἶδος, τὸν χόρτον, τὴν καλάμην, τὰς διὰ μέσου ζώνας, τὸν καρπὸν, τοὺς ἀνθέρικας, καὶ οὐδὲν τούτων ἐν τῷ τῆς φύσεως λόγῳ προϋπάρχειν ἢ προγίνεσθαι φαμὲν τῇ φύσει τοῦ σπέρματος, ἀλλὰ τάξει μέν τινι φυσικῇ τὴν ἐγκειμένην τῷ σπέρματι δύναμιν φανεροῦσθαι, οὐ μὴν ἑτέραν ἐπεισκρίνεσθαι φύσιν, κατὰ τὸν αὐτὸν λόγον καὶ τὴν ἀνθρωπίνην σπορὰν ὑπειλήφαμεν ἔχειν ἐν τῇ πρώτῃ τῆς συστάσεως ἀφορμῇ συνεσπαρμένην τὴν τῆς φύσεως δύναμιν, ἐξαπλοῦσθαι δὲ καὶ φανεροῦσθαι διά τινος φυσικῆς ἀκολουθίας πρὸς τὸ τέλειον προϊοῦσαν, οὐ προσλαμβά-

---

* Hier beginnt bei Mor. Kap. 29.

mit Denkkraft begabten Seele einen niederen Rang als dem irdenen Gebilde einräumen): vielmehr müssen wir, da der Mensch, trotzdem daß er aus Leib und Seele besteht, ein einziges Ganze bildet, ihm auch einen einzigen und gemeinsamen Anfang seiner Existenz zuschreiben, damit er nicht älter oder jünger als er selbst wird, wenn das Körperliche in ihm eher da ist und der andere Theil später nachfolgt, sondern müssen erklären daß für die Macht der göttlichen Vorsicht, nach der kurz vorher gegebenen Auseinandersetzung, das ganze menschliche Gesammtwesen schon vor der Schöpfung vorhanden war (was die Stimme des Propheten bezeugt, welche sagt daß Gott Alles weiß ehe es wird), und daß er bei der Schöpfung beider dem Einen vor dem Anderen keinen Vorzug eingeräumt habe, weder der Seele vor dem Körper, noch umgekehrt, damit der Mensch durch einen Unterschied in der Zeit getheilt nicht in einen Zwiespalt mit sich selbst käme.

Kap. 29. Denn da unsere Natur, nach der Lehre des Apostels, als eine zwiefache zu denken ist, die des äußerlich erscheinenden Menschen und die des verborgenen, so würde, falls der eine früher existierte, und der andere später hinzukäme, die Macht des Schöpfers sich als eine unvollkommene erweisen, als eine solche die der Herstellung des Ganzen auf einmal nicht gewachsen wäre, sondern ihr Werk theilte, und nach einander an den beiden Hälften arbeitete. Vielmehr, wie wir sagen daß in dem Getreide-, oder in irgend einem anderen Samenkorn, die ganze Individualität der Aehre dynamisch, das heißt der Kraft oder Möglichkeit nach, umschlossen liegt, das Kraut, der Halm, die in der Mitte befindlichen Knotengürtel, die Frucht, die Hacheln, und wir sagen daß Nichts von diesem präexistiere oder in der Natur des Samens früher zur Entstehung komme, sondern daß die in dem Samen liegende Kraft nach einer natürlichen Ordnung sich offenbare, keineswegs aber sich eine andere Natur damit verbinde, auf dieselbe Weise nehmen wir an daß auch der menschliche Same in dem ersten Anfange der Bildung der Existenz die Kraft der Natur mit in sich trage, und daß diese sich entwickele und offenbare, indem sie in einer gewissen natürlichen Folge zu ihrer Vollendung vorwärtsschreitet, ohne Etwas von

νουσάν τι τῶν ἔξωθεν εἰς ἀφορμὴν τελειώσεως, ἀλλ᾽ ἑαυτὴν εἰς τὸ τέλειον δι᾽ ἀκολουθίας προάγουσαν. Ὡς μήτε ψυχὴν πρὸ τοῦ σώματος, μήτε χωρὶς ψυχῆς τὸ σῶμα ἀληθὲς εἶναι λέγειν, ἀλλὰ μίαν ἀμφοτέρων ἀρχὴν, κατὰ μὲν τὸν ὑψηλότερον λόγον ἐν τῷ πρώτῳ τοῦ θεοῦ βουλήματι καταβληθεῖσαν, κατὰ δὲ τὸν ἕτερον ἐν ταῖς τῆς γενέσεως ἀφορμαῖς συνιϛαμένην. Ὡς γὰρ οὐκ ἔϛι τὴν κατὰ μέλη διάρθρωσιν ἐνιδεῖν τῷ πρὸς τὴν σύλληψιν τοῦ σώματος ἐντιθεμένῳ πρὸ τῆς διαπλάσεως, οὕτως οὐδὲ τὰς τῆς ψυχῆς ἰδιότητας ἐν τῷ αὐτῷ δυνατόν ἐϛι κατανοῆσαι, πρὶν προελθεῖν εἰς ἐνέργειαν. Καὶ ὥσπερ οὐκ ἄν τις ἀμφιβάλοι πρὸς τὰς τῶν ἄρθρων τε καὶ σπλάγχνων διαφορὰς ἐκεῖνο τὸ ἐντεθὲν σχηματίζεσθαι, οὐκ ἄλλης τινὸς δυνάμεως ἐπεισερχομένης, ἀλλὰ τῆς ἐγκειμένης φυσικῶς πρὸς τὴν ἐνέργειαν αὐτῆς μεθιϛαμένης, οὕτω καὶ περὶ ψυχῆς ἀναλόγως ἔϛι τὸ ἴσον ὑπονοῆσαι, ὅτι κἂν μὴ διά τινων ἐνεργειῶν ἐν τῷ φαινομένῳ γνωρίζηται, οὐδὲν ἧττον ἔϛιν ἐν ἐκείνῳ. Καὶ γὰρ καὶ τὸ εἶδος τοῦ μέλλοντος συνίϛασθαι ἀνθρώπου ἐν ἐκείνῳ ἔϛι τῇ δυνάμει, λανθάνει δὲ διὰ τὸ μὴ εἶναι δυνατὸν πρὸ τῆς ἀναγκαίας ἀκολουθίας ἀναφανῆναι. Οὕτω καὶ ἡ ψυχὴ ἔϛι μὲν ἐν ἐκείνῳ καὶ μὴ φαινομένη, φανήσεται δὲ διὰ τῆς οἰκείας ἑαυτῆς καὶ κατὰ φύσιν ἐνεργείας, τῇ σωματικῇ αὐξήσει συμπροϊοῦσα. Ἐπειδὴ γὰρ οὐκ ἀπὸ νεκροῦ σώματος ἡ πρὸς τὴν σύλληψιν δύναμις ἀποκρίνεται, ἀλλ᾽ ἐξ ἐμψύχου καὶ ζῶντος, διὰ τοῦτό φαμεν εὔλογον εἶναι μὴ νεκρὸν καὶ ἄψυχον οἴεσθαι τὸ ἀπὸ ζῶντος εἰς ζωῆς ἀφορμὴν προϊέμενον. Τὸ γὰρ ἐν σαρκὶ ἄψυχον καὶ νεκρόν ἐϛι πάντως· ἡ δὲ νεκρότης κατὰ ϛέρησιν ψυχῆς γίνεται. Οὐκ ἂν δέ τις ἐπὶ τούτου πρεσβυτέραν τῆς ἕξεως εἴποι τὴν ϛέρησιν, εἴπερ τὸ ἄψυχον, ὅπερ νεκρότης ἐϛὶ, τῆς ψυχῆς εἶναί τις κατασκευάζει πρε-

Außen her zum Zweck dieser Vollendung hinzuzunehmen, sondern indem sie sich selbst auf folgerichtigem Wege der Vollendung entgegenführt. Demnach hat es keine Wahrheit wenn man sagt daß die Seele vor dem Körper, oder daß der Körper ohne die Seele sein könne, sondern beide haben einen Anfang, welcher der höheren Auffassung nach in dem ersten Willensbeschluß Gottes seinen Keim und Wurzel hat, nach der anderen Auffassung sich auf die Mittel der Erzeugung gründet. Denn wie man in dem zur Empfängniß des Körpers im Mutterleib niedergelegten Samen ehe er Gestalt gewinnt keine Gliederbildung zu erblicken vermag, ebenso unmöglich ist es die Eigenschaften der Seele in ihm zu erkennen, ehe sie zu einer Thätigkeit gelangt ist. Und wie Niemand zweifeln dürfte daß jener niedergelegte Samen sich zu den verschiedenen Gliedern und Eingeweiden gestaltet, ohne daß eine andere Kraft von Außen sich einmischt, sondern indem bloß die von Natur ihm selbst innewohnende sich zur Thätigkeit entwickelt, dem ähnlich müssen wir uns auch das Verhältniß mit der Seele vorstellen, nämlich so daß, vermag man sie an gewissen Thätigkeiten in dem äußeren Menschen auch nicht zu erkennen, sie doch nichtsdestoweniger wirklich in ihm ist. Auch die Persönlichkeit des einstigen Menschen ruht ja dynamisch, das heißt der Kraft und Möglichkeit nach, in jenem Samen, bleibt aber verborgen, weil er vor dem nothwendigen Entwicklungsgang nicht in Erscheinung treten kann. So liegt auch die Seele in ihm auch wenn sie nicht äußerlich erscheint, wird aber, vermöge der ihr eigenen und natürlichen Thätigkeit, in ihrem Fortschreiten zugleich mit der körperlichen Entwicklung später hervortreten. Denn da sich nicht von einem todten Körper der zur Empfängniß kräftiger Stoff absondert, sondern von einem beseelten und lebendigen, so erklären wir aus diesem Grunde es für ganz richtig, wenn man glaubt daß der zur Begründung eines Lebens abgesonderte Samen nichts Todtes und Unbeseeltes sei. Denn was im Fleische der lebenspendenden Seele ermangelt, das ist durchaus auch todt. Todtsein aber tritt ein in Folge der Beraubung der Seele. Schwerlich aber dürfte Jemand, wenn man das Unbeseelte, was eben das Todte ist, für älter als die Seele hinstellt, in Bezug auf den vorliegenden Fall erklären wollen daß die Beraubung älter sei als der Besitz. Verlangt man

σβύτερον. Εἰ δέ τις καὶ ἐναργέςερον ζητοίη τεκμήριον τοῦ ζῆν ἐκεῖνο τὸ μέρος, ὅπερ ἀρχὴ τοῦ κατασκευαζομένου γίνεται ζώου, δυνατόν ἐςι καὶ δι' ἄλλων σημείων, δι' ὧν τὸ ἔμψυχον ἐκ τοῦ νεκροῦ διακρίνεται, καὶ περὶ τούτου κατανοῆσαι. Τεκμήριον γὰρ τοῦ ζῆν ἐπὶ τῶν ἀνθρώπων ποιούμεθα τὸ θερμὸν εἶναί τινα καὶ ἐνεργὸν καὶ κινούμενον. Τὸ δὲ κατεψυγμένον τε καὶ ἀκίνητον ἐπὶ τῶν σωμάτων οὐδὲν ἕτερον εἰ μὴ νεκρότης ἐςί. Ἐπειδὴ τοίνυν ἔνθερμόν τε καὶ ἐνεργὸν θεωροῦμεν τοῦτο περὶ οὗ τὸν λόγον ποιούμεθα, τὸ μηδὲ ἄψυχον εἶναι διὰ τούτων συντεκμαιρόμεθα· ἀλλ' ὥσπερ κατὰ τὸ σωματικὸν αὐτοῦ μέρος οὐ σάρκα φαμὲν αὐτὸ, καὶ ὀςέα, καὶ τρίχας, καὶ ὅσα περὶ τὸ ἀνθρώπινον καθορᾶται, ἀλλὰ τῇ δυνάμει μὲν τούτων ἕκαςον εἶναι, οὔπω δὲ κατὰ τὸ ὁρώμενον φαίνεσθαι, οὕτω καὶ ἐπὶ τοῦ ψυχικοῦ μέρους οὔπω μὲν τὸ λογικὸν καὶ ἐπιθυμητικὸν καὶ θυμοειδὲς, καὶ ὅσα περὶ ψυχὴν καθορᾶται, καὶ ἐν ἐκείνῳ χώραν ἔχειν φαμὲν, ἀναλόγως δὲ τῆς τοῦ σώματος κατασκευῆς τε καὶ τελειώσεως καὶ τὰς τῆς ψυχῆς ἐνεργείας τῷ ὑποκειμένῳ συναύξεσθαι. Ὥσπερ γὰρ τελειωθεὶς ὁ ἄνθρωπος ἐν τοῖς μείζοσιν ἔχει διαφαινομένην τῆς ψυχῆς τὴν ἐνέργειαν, οὕτως ἐν ἀρχῇ τῆς συςάσεως τὴν κατάλληλόν τε καὶ σύμμετρον τῇ παρούσῃ χρείᾳ συνέργειαν τῆς ψυχῆς ἐφ' ἑαυτοῦ διαδείκνυσιν ἐν τῷ κατασκευάζειν αὐτὴν ἑαυτῇ διὰ τῆς ἐντεθείσης ὕλης τὸ προσφυὲς οἰκητήριον. Οὐδὲ γὰρ εἶναι δυνατὸν λογιζόμεθα ἀλλοτρίαις οἰκοδομαῖς τὴν ψυχὴν ἐναρμόζεσθαι, ὡς οὐκ ἔςι τὴν ἐν τῷ κηρῷ σφραγίδα πρὸς ἀλλοτρίαν ἁρμοσθῆναι γλυφήν. Καθάπερ γὰρ τὸ σῶμα ἐκ βραχυτάτου πρὸς τὸ τέλειον πρόεισιν, οὕτω καὶ ἡ τῆς ψυχῆς ἐνέργεια καταλλήλως ἐμφυομένη τῷ ὑποκειμένῳ συνεπιδίδωσι καὶ συναύξεται. Προηγεῖται μὲν γὰρ αὐτῆς ἐν τῇ πρώτῃ κατασκευῇ οἷον ῥίζης τινὸς ἐν τῇ γῇ κατακρυφθείσης ἡ αὐξητική τε καὶ θρεπτικὴ δύναμις μόνη· οὐ γὰρ χωρεῖ τὸ περισσότερον ἡ τοῦ δεχομένου βραχύτης.

einen noch deutlicheren Beweis dafür daß jener Theil, welcher zum Anfang des entstehenden lebenden Wesens wird, selbst lebendig ist, so ist die Möglichkeit vorhanden, uns auch aus anderen Zeichen, durch welche sich der Unterschied zwischen dem was lebt und dem was todt ist ergiebt, hierüber aufzuklären. Als Beweis für das Leben lassen wir bei den Menschen gelten die Wärme, die Kraft und die Bewegung, während Kälte und Unbeweglichkeit der Körper nichts Anderes als Todtsein ist. Da nun der Stoff von welchem die Rede ist Wärme und Kraft besitzt, so schließen wir daraus daß er auch Leben und Seele hat; allein wie wir ihn nach seinem körperlichen Theile nicht Fleisch, Knochen, Haare, oder was man sonst am Menschen sieht, nennen, sondern nur sagen daß er dynamisch, d. h. seiner Kraft nach, jedes von diesen sei, aber sich noch nicht unseren Augen als solches darstelle, so sagen wir auch noch nicht von seinem seelischen Theile daß das Denkvermögen, das Begehrungsvermögen, die leidenschaftliche Erregsamkeit, und welche Eigenschaften man sonst noch an der Seele wahrnimmt, in ihm vorhanden seien, wohl aber daß im Verhältniß zur Anlage und Vollendung des Körpers auch die Kräfte der Seele zugleich mit ihm zunehmen. Denn gleichwie der erwachsene Mensch die Thätigkeit der Seele deutlich hervortreten läßt, so läßt er im Anfang seiner Existenz die angemessene und im richtigen Maßverhältniß zum vorliegenden Bedürfniß stehende Mitthätigkeit der Seele an sich darin erkennen daß sie sich aus dem im Mutterleib niedergelegten Stoff die passende Wohnung herzustellen weiß. Wir können es uns wenigstens nicht denken daß die Seele in fremde Wohnungen eingepaßt werden könne, so wenig als man das im Wachs ausgedrückte Siegel an einen anderen Stein- oder Metallschnitt anzupassen vermag. Denn wie der Körper von der äußersten Kleinheit bis zu seiner Ausbildung vorwärtsschreitet, so nimmt auch die Kraft der Seele, welche in harmonischem Verhältniß mit ihrem Träger verbunden ist, mit diesem zu und hält das gleiche Wachsthum inne. In dem ersten Entwicklungsstadium tritt wie an einer Wurzel welche noch in der Erde verborgen ruht, zunächst nur die das Wachsthum und die Ernährung vermittelnde Kraft hervor; denn die Kleinheit des sie beherbergenden Wesens läßt ein Mehr nicht zu. Wenn später der Sprößling an das Tageslicht

Εἶτα προελθόντος εἰς φῶς τοῦ φυτοῦ, καὶ ἡλίῳ τὴν βλάςην δείξαντος, ἡ αἰσθητικὴ χάρις ἐπήνθησεν. Ἀδρυνθέν-
τος δὲ ἤδη καὶ εἰς σύμμετρον μῆκος ἀναδραμόντος, καθάπερ τις καρπὸς διαλάμπειν ἡ λογικὴ δύναμις ἄρχεται,
οὐ πᾶσα ἀθρόως ἐκφαινομένη, ἀλλὰ τῇ τοῦ ὀργάνου τελειώσει δι᾽ ἐπιμελείας συναύξουσα, τοσοῦτον ἀεὶ καρπο-
φοροῦσα ὅσον χωρεῖ τοῦ ὑποκειμένου ἡ δύναμις. Εἰ δὲ
ζητεῖς ἐν τῇ τοῦ σώματος πλάσει τὰς ψυχικὰς ἐνεργείας,
Πρόσεχε σεαυτῷ, φησὶ Μωϋσῆς, καὶ ἀναγνώσῃ καθάπερ
ἐν βίβλῳ τῶν τῆς ψυχῆς ἔργων τὴν ἱςορίαν. Αὕτη γάρ
σοι διηγεῖται ἡ φύσις, λόγου παντὸς ἐναργέςερον, τὰς ποικίλας ἐν τῷ σώματι τῆς ψυχῆς ἀσχολίας, ἔν τε ταῖς καθόλου καὶ ἐν ταῖς ἐπὶ μέρους διασκευαῖς. Ἀλλὰ περιττὸν οἶμαι λόγῳ τὰ καθ᾽ ἡμᾶς αὐτοὺς διεξιέναι, καθάπερ
τι τῶν ὑπερορίων διηγουμένους θαυμάτων. Τίς γὰρ ἑαυτὸν βλέπων λόγῳ δεῖται τὴν οἰκείαν φύσιν διδάσκεσθαι;
δυνατὸν γάρ ἐςι τὸν τῆς ζωῆς τρόπον κατανοήσαντα, καὶ
ὡς πρὸς πᾶσαν ζωτικὴν ἐνέργειαν ἐπιτηδείως ἔχει τὸ σῶμα καταμαθόντα, γνῶναι περὶ τί κατησχολήθη τὸ φυσικὸν
τῆς ψυχῆς παρὰ τὴν πρώτην τοῦ γινομένου διάπλασιν.
Ὥσϐ καὶ διὰ τούτου φανερὸν εἶναι τοῖς οὐκ ἀνεπισκέπτοις
τὸ μὴ νεκρόν τε καὶ ἄψυχον ἐν τῷ ἐργαςηρίῳ γενέσθαι
τῆς φύσεως ὃ πρὸς τὴν τοῦ ζώου φυτείαν ἐκ τοῦ ζῶντος
σώματος ἀποσπαςὲν ἐνετέθη. Καὶ γὰρ καὶ τῶν καρπῶν
τὰς ἐντεριώνας, καὶ τὰς τῶν ῥιζῶν ἀποσπάδας, οὐ νεκρω-
θείσας τῆς ἐγκειμένης τῇ φύσει ζωτικῆς δυνάμεως τῇ γῇ
καταβάλλομεν, ἀλλὰ συντηρούσας ἐν ἑαυταῖς κεκρυμμένην
μὲν, ζῶσαν δὲ πάντως, τοῦ πρωτοτύπου τὴν ἰδιότητα.
Τὴν δὲ τοιαύτην δύναμιν οὐκ ἐντίθησιν ἡ περιέχουσα γῆ,
ἔξωθεν παρ᾽ ἑαυτῆς ἐπεισκρίνουσα (ἦ γὰρ ἂν καὶ τὰ νεκρὰ
τῶν ξύλων εἰς βλάςην προήγετο), ἀλλὰ τὴν ἐπικειμένην
ἔκδηλον ἀπεργάζεται, διὰ τῆς οἰκείας ἰκμάδος τιθηνουμένη εἰς ῥίζαν, καὶ φλοιὸν, καὶ ἐντεριώνην, καὶ τὰς τῶν
κλάδων ἐκφύσεις τὸ φυτὸν τελειοῦσα. Ὅπερ οὐχ οἷόν τε
ἦν γίνεσθαι, μή τινος φυσικῆς δυνάμεως συνεντεθείσης,

getreten ist, und seinen Trieb der Sonne zeigt, dann zeigt sich an ihm
als Blüthe die Gabe der sinnlichen Empfindung. Ist er aber nun zur
Reife entwickelt, und zu einer entsprechenden Höhe emporgeschossen,
da beginnt wie eine Frucht die Denkkraft durchzuscheinen, nicht plötzlich und mit einem Male hervortretend, sondern in emsigen Wachsthum mit der Vervollkommnung ihres Organs, und so viel Früchte
tragend als es die Kraft des Körpers erlaubt. Fragst du aber bei der
Bildung des Körpers nach den Thätigkeiten der Seele, so achte auf
dich, spricht Moses, und du wirst wie in einem Buche die Geschichte
von den Werken der Seele lesen können. Die Natur selbst erzählt
dir, deutlicher als alle Rede ist, von den mannichfaltigen Beschäftigungen der Seele im Körper, sowohl bei der Bildung des Ganzen
als der der einzelnen Theile. Indessen die Erscheinungen an unserem eigenen Wesen aufzuzählen und von ihnen wie von einem fremden Wunderwerke zu erzählen, scheint mir überflüssig zu sein. Wer
bedarf einer Belehrung durch Worte über die eigene Natur, wenn
er den Blick auf sich selbst richtet? Denn für den welcher über das
Wesen des Lebens sich aufgeklärt und überzeugt hat, wie der Körper
für jede Lebensthätigkeit geschickt ist, ist die Möglichkeit gegeben zu
erkennen, womit sich bei der ersten Bildung des werdenden Menschen der auf die Natur Einfluß übende Theil der Seele beschäftigt
hat. Es ist sonach hieraus für den denkenden Menschen klar daß
der Stoff welcher zur Erzeugung des lebenden Wesens aus dem
lebenden Körper abgeschieden und in der Werkstätte der Natur nie-
bergelegt wird dort sein Leben nicht einbüßt. Legen wir doch auch
nicht die Fruchtkerne und Wurzelschößlinge in die Erde wenn die
der Natur innewohnende Lebenskraft erstorben ist, sondern wenn sie
in dem Zustande sind daß sie in sich die Eigenthümlichkeit ihres
Urbilds lebendig, wenn auch verborgen, bewahren. Diese Kraft legt
nicht die sie von Außen her umschließende Erde von sich in sie hinein (denn sonst müßte auch todtes Holz Sprossen treiben), sondern
sie entwickelt die schon darin liegende zur äußeren Erscheinung, indem sie durch ihre Feuchtigkeit sie nährt bis die Pflanze in Wurzel,
Rinde, Mark, Zweigen und Schößlingen zu ihrer Ausbildung gelangt. Dies wäre unmöglich, wenn nicht eine natürliche Kraft in
ihr läge, welche aus ihrer Umgebung den ihr verwandten und für

ἥτις τὴν συγγενῆ καὶ κατάλληλον ἐκ τῶν παρακειμένων τροφὴν εἰς ἑαυτὴν ἕλκουσα θάμνος ἢ ςάχυς ἤ τι τῶν φρυγανικῶν βλαςημάτων ἐγένετο.

p. 127. Κεφ. λ'. Ἀλλὰ τὴν μὲν ἀκριβῆ τοῦ σώματος ἡμῶν διασκευὴν διδάσκει μὲν ἕκαςος ἑαυτὸν ἐξ ὧν ὁρᾷ τε καὶ ζῇ καὶ αἰσθάνεται, τὴν ἰδίαν ἑαυτοῦ φύσιν διδάσκαλον ἔχων. Ἕξει δὲ καὶ τὴν ἐν βιβλίοις φιλοπονηθεῖσαν τοῖς τὰ τοιαῦτα σοφοῖς περὶ τούτων ἱςορίαν ἀναλαβόντι πάντα δι' ἀκριβείας μαθεῖν. Ὧν οἱ μὲν ὅπως ἔχει θέσεως τὰ καθ' ἕκαςον τῶν ἐν ἡμῖν διὰ τῆς ἀνατομῆς ἐδιδάχθησαν, οἱ δὲ καὶ πρὸς ὅ τι γέγονε πάντα τὰ τοῦ σώματος μόρια κατενόησάν τε καὶ διηγήσαντο, ὡς ἀρκοῦσαν ἐντεῦθεν τῆς ἀνθρωπίνης κατασκευῆς τὴν γνῶσιν τοῖς φιλοπόνοις γενέσθαι. Εἰ δέ τις ἐπιζητοίη πάντων αὐτῶν τὴν ἐκκλησίαν διδάσκαλον γίνεσθαι, ὡς εἰς μηδὲν τῆς ἔξωθεν φωνῆς

Joann. 10, 5. [1] ἐπιδέεσθαι (οὗτος γὰρ τῶν πνευματικῶν προβάτων ὁ νόμος, καθώς φησιν ὁ κύριος, τὸ ἀλλοτρίας μὴ ἀκούειν φωνῆς), διὰ βραχέων καὶ τὸν περὶ τούτων λόγον διαληψόμεθα. Τρία περὶ τὴν τοῦ σώματος ἐνοήσαμεν φύσιν ὧν χάριν τὰ καθ' ἕκαςον τῶν ἐν ἡμῖν κατεσκεύαςαι. Τὰ μὲν γὰρ διὰ τὸ ζῆν, τὰ δὲ διὰ τὸ καλῶς ζῆν, ἕτερα δὲ πρὸς τὴν διαδοχὴν τῶν ἐπιγινομένων ἐπιτηδείως ἔχει. Ὅσα μὲν οὖν ἐν ἡμῖν τοιαῦτά ἐςιν ὧν ἄνευ συςῆναι τὴν ἀνθρωπίνην ζωὴν οὐκ ἐνδέχεται, ἐν τρισὶ μορίοις κατενοήσαμεν, ἐν ἐγκεφάλῳ, καὶ καρδίᾳ, καὶ ἥπατι. Ὅσα δὲ προσθήκη τίς ἐςι τῶν ἀγαθῶν καὶ φιλοτιμία τῆς φύσεως, τὸ εὖ ζῆν δι' ἐκείνων τῷ ἀνθρώπῳ χαριζομένης, τὰ περὶ τὴν αἴσθησιν ἐςιν ὄργανα. Τὰ γὰρ τοιαῦτα [2] τὴν μὲν ζωὴν ἡμῖν οὐ συνίςησιν, ἐπεὶ καὶ λιπόντων τινῶν πολλάκις οὐδὲν ἧττον ἐν τῷ ζῆν ἐςιν ὁ ἄνθρωπος, ἀλλ' ἀμήχανον δίχα τούτων τῶν ἐνεργειῶν τῶν κατὰ τὴν ζωὴν ἡδέων τὴν μετουσίαν ἔχειν. Ὁ δὲ τρίτος σκοπὸς πρὸς τὸ ἐφεξῆς τε καὶ τὴν διαδοχὴν βλέπει. Ἔςι δὲ καὶ ἄλλα

p. 128. τινὰ παρὰ ταῦτα ἃ πρὸς διαμονὴν κοινὰ τοῖς πᾶσιν ὑπό-

---

1) M. ἐπιδεῖσθαι. — 2) M. τὴν ζωὴν μὲν οὐ συνίςησιν.

sie passenden Nahrungsstoff an sich zu ziehen versteht, und nun zum Strauch, oder Baum, oder zu einer Aehre, oder einem ruthenartigen Gewächs wird.

Kap. 30. Ueber die genaue Einrichtung unseres Körpers belehrt sich ein Jeder aus dem was er sieht, erlebt und empfindet, und hat dabei seine eigene Natur zur Lehrerin. Indessen können wir auch die von in diesem Fache tüchtigen Gelehrten in Büchern ausgearbeitete Darstellung dieser Dinge vornehmen und in Allem genaue Studien machen. Von diesen Gelehrten haben einige durch die Anatomie sich über die Lage aller einzelnen Theile in uns unterrichtet, andere haben erforscht und auseinandergesetzt wozu alle Theile des Körpers vorhanden sind, so daß sich von hier eine Quelle ausreichender Kenntniß der menschlichen Einrichtung für die welche dafür eine Theilnahme besitzen eröffnet. Sollte jedoch Jemand sich lieber die Kirche als Lehrerin über alle diese Dinge wünschen, um für Nichts einer von außerhalb kommenden Belehrung zu bedürfen (denn das ist das Gesetz der geistlichen Schafe, wie der Herr sagt, daß sie auf keine fremde Stimme hören), so wollen wir in kurzen Worten auch darüber eine Auseinandersetzung geben. Dreierlei haben wir an der Natur des Körpers erkannt um beßwillen die einzelnen Theile und Glieder an uns eingerichtet sind. Die einen sind da wegen des Lebens, andere um gut zu leben, noch andere sind geschickt zur Sicherung einer Nachkommenschaft. Der Theile in uns also, ohne welche das menschliche Leben nicht bestehen kann, sind nach unserer Beobachtung drei, Gehirn, Herz, Leber. Was aber gewissermaßen als eine Zugabe von Gütern anzusehen ist, und als eine Freigebigkeit der Natur, welche durch sie dem Menschen ein angenehmes Leben spendet, das sind die Sinneswerkzeuge. Denn diese machen keine Grundbedingung für das Leben aus, da der Mensch oftmals, auch wenn er das eine und andere von ihnen verliert, dennoch am Leben bleibt; allein es ist unmöglich daß man ohne Sinnesthätigkeiten einen Genuß von den Freuden des Lebens hat. Die dritte Beziehung geht auf die Nachfolge und Geschlechtsfortpflanzung. Doch giebt es außer diesen Körpertheilen noch einige andere, welche als gemeinsame Grundlage zur Erhaltung für alle bestimmt

κεῖται, τὰς καταλλήλους προσθήκας δι' ἑαυτῶν ἐπεισάγοντα, ὡς κοιλία καὶ πνεύμων, ὁ μὲν τῷ πνεύματι τὸ ἐγκάρδιον πῦρ ἀναρριπίζων, ἡ δὲ τοῖς σπλάγχνοις τὴν τροφὴν εἰσοικίζουσα. Οὕτω τοίνυν τῆς κατασκευῆς τῆς ἐν ἡμῖν διῃρημένης ἔςιν ἀκριβῶς κατανοῆσαι ὅτι οὐ μονοειδῶς ἡμῖν δι' ἑνός τινος ἡ πρὸς τὸ ζῆν δύναμις διεξάγεται ἀλλὰ πλείοσι μορίοις ἡ φύσις τὰς πρὸς τὴν σύςασιν ἡμῶν ἀφορμὰς ἐπινείμασα ἀναγκαίαν ποιεῖ πρὸς τὸ ὅλον τὴν παρ' ἑκάςου συνεισφοράν, ὥςε καὶ ὅσα πρὸς ἀσφάλειαν τῆς ζωῆς καὶ κάλλος ἡ φύσις ἐπετεχνάσατο, πλείω τέ ἐςι ταῦτα καὶ πολλὴν πρὸς ἄλληλα τὴν διαφορὰν ἔχει. Ἀλλ' οἶμαι διελέσθαι πρότερον ἐν ὀλίγῳ χρῆναι τῶν πρὸς τὴν σύςασιν τῆς ζωῆς συντελούντων ἡμῖν τὰς πρώτας ἀρχάς. Ἡ μὲν οὖν τοῦ παντὸς σώματος ὕλη κοινὴ τοῖς καθ' ἕκαςον μέλεσιν ὑποκειμένη σιγάσθω τὰ νῦν· οὐδὲν γὰρ πρὸς τὸν σκοπὸν ἡμῖν συντελέσει ἡ καθόλου φυσιολογία πρὸς τὴν μερικὴν θεωρίαν. Ὁμολογουμένου τοίνυν παρὰ πᾶσι τοῦ πάντων ἐν ἡμῖν εἶναι τῶν ςοιχειωδῶς ἐν τῷ κόσμῳ θεωρουμένων τὴν μοίραν, τοῦ τε θερμοῦ καὶ τοῦ ψύχοντος, καὶ τῆς ἑτέρας συζυγίας τῆς κατὰ τὸ ὑγρόν τε καὶ ξηρὸν νοουμένης, τὰ καθ' ἕκαςον ἡμῖν διαληπτέον. Οὐκοῦν ὁρῶμεν τρεῖς τὰς διοικητικὰς τῆς ζωῆς δυνάμεις, ὧν ἡ μὲν διαθάλπει τὸ πᾶν τῇ θερμότητι, ἡ δὲ ὑπονοτίζει τῇ ἰκμάδι τὸ θερμαινόμενον, ὡς ἂν τῇ ἰσοκρατείᾳ τῆς τῶν ἐναντίων ποιότητος ἐπὶ τοῦ μέσου συντηροῖτο τὸ ζῶον, μήτε τοῦ ὑγροῦ καταφρυγομένου τῷ πλεονασμῷ τῆς θερμότητος, μήτε τοῦ θερμοῦ σβεννυμένου τῇ ἐπικρατείᾳ τοῦ καθυγραίνοντος. Ἡ δὲ τρίτη δύναμις συνέχει δι' ἑαυτῆς κατά τινα συμβολήν τε καὶ ἁρμονίαν τὰ διακεκριμένα τῶν ἄρθρων τοῖς παρ' ἑαυτῆς συνδέσμοις ἁρμόζουσα, καὶ πᾶσιν ἐπιπέμπουσα τὴν αὐτοκίνητόν τε καὶ προαιρετικὴν δύναμιν. Ἧς ἐπιλειπούσης πάρετον γίνεται καὶ νεκρῶδες τὸ μέρος, τοῦ προαιρετικοῦ πνεύματος ἀμοιρῆσαν. Μᾶλλον δὲ πρὸ τούτων ἄξιον κατανοῆσαι τὸ τεχνικὸν τῆς φύσεως ἡμῶν ἐν αὐτῇ τῇ δημιουργίᾳ τοῦ σώματος. Ἐπειδὴ γὰρ τὸ σκληρόν τε καὶ ἀντίτυπον τὰς αἰσθητικὰς ἐνεργείας

sind, und durch sich den entsprechenden Zuwachs in den Körper ein-
führen; so der Magen und die Lunge, von welchen die letzte durch
den Athem die Herzwärme anfacht, der erste die Nahrung in die
Eingeweide bringt. Bei dieser Eintheilung unserer Einrichtung
kann man also deutlich sehen daß uns nicht einseitig durch ein einziges Glied die Lebenskraft zugeführt wird, sondern daß die Natur
die für unsere Existenz nöthigen Mittel an mehrere vertheilt und
die Mitwirkung und den Beitrag eines jeden für das Ganze nothwendig macht. So sehen wir also daß es der Werkzeuge welche die
Natur zur Erhaltung und zur Verschönerung des Lebens erfunden
hat viele und sehr verschiedene sind. Indessen meine ich, wir müssen
zunächst in Kürze eine Eintheilung der Grundquellen aus denen
unsere Lebensexistenz gespeist wird aufstellen. Von dem gemeinsamen Stoff des Körpers welcher den einzelnen Gliedern desselben
zu Grunde liegt schweigen wir hier; denn die allgemeine Untersuchung wird zum Zweck der Sonderbetrachtung uns keinen Nutzen
bringen können. Es wird also von Allen zugestanden daß von allen
elementarischen Stoffen der Welt die wir beobachten in uns ein
Theil liegt, von der Wärme und der Kälte, von der Feuchtigkeit
und dem Trocknen. Nehmen wir nun das Einzelne durch. Wir
sehen da also drei Kräfte mit Erhaltung des Lebens betraut, von
welchen die erste das Ganze mit Wärme durchdringt, die zweite das
Erwärmte mit Feuchtigkeit netzt, damit durch das Gleichgewicht der
entgegengesetzten Qualitäten das Leben in dem Mittelzustand erhalten werde, indem so weder die Nässe durch das Uebermaß der Wärme
eintrocknet, noch durch die Ueberherrschaft der Feuchtigkeit die Wärme
erlischt. Die dritte Kraft hält durch sich die getrennten Glieder vermittelst ihrer Bindemittel zu einem festen Schluß und geordneten
Verein zusammen, und theilt allen die Fähigkeit selbstständiger und
freiwilliger Bewegung zu. Wenn diese aufhört, tritt Erschlaffung
und Erstorbenheit des Theiles ein welcher den Geist der Willensthätigkeit eingebüßt hat. Doch wollen wir lieber vorher die Kunst
unserer Natur an dem Bauwerke des Körpers selbst uns zur Anschauung zu bringen. Da nämlich die harten und festen Bestandtheile keiner Sinnesthätigkeit fähig sind, wie wir an den Knochen

οὐ καταδέχεται, ὡς ἔςιν ἰδεῖν ἐπί τε τῶν ἐν ἡμῖν ὀςέων καὶ τῶν ἐν τῇ γῇ φυτῶν, ἐν οἷς ζωῆς μέν τι κατανοοῦμεν εἶδος ἐν τῷ αὔξειν καὶ τρέφεσθαι, οὐ μὴν παρεδέξατο ἐναντίως ἡ ἀντιτυπία τοῦ ὑποκειμένου τὴν αἴσθησιν, τούτου χάριν ἔδει καθάπερ κηροειδῆ τινα κατασκευὴν ὑποτεθῆναι ταῖς κατ᾽ αἴσθησιν ἐνεργείαις, δυναμένην τοῖς ἀντιληπτικοῖς τύποις ἐνσφραγισθῆναι, μήτε συγχεομένην δι᾽ ὑπερβαλλούσης ὑγρότητος (οὐ γὰρ ἂν διαμεῖναι ἐν τῷ ὑγρῷ τὸ τυπούμενον), μήτε ἀντιτυποῦσαν ἐν τῇ ἀμετρίᾳ τῆς πήξεως (ἀσήμαντον γὰρ πρὸς τοὺς τύπους ἐςὶ τὸ ἀνύπεικτον), ἀλλὰ μέσως ἔχουσαν μαλακότητός τε καὶ ςερρότητος, ὡς ἂν μὴ τοῦ καλλίςου τῶν κατὰ τὴν φύσιν ἐνεργημάτων, τῆς αἰσθητικῆς λέγω κινήσεως, ἀμοιροίη τὸ ζῶον. Ἐπειδὴ τοίνυν τὸ μαλακόν τε καὶ εὔεικτον μηδεμίαν τὴν ἐκ τῶν ςερρῶν ἔχον ἐνέργειαν ἀκίνητον ἂν ἦν πάντως καὶ ἀδιάρθρωτον, κατὰ τοὺς θαλασσίους πνεύμονας, διὰ τοῦτο καταμίγνυσιν ἡ φύσις τῷ σώματι τὴν τῶν ὀςέων ςερρότητα, καὶ ταῦτα πρὸς ἄλληλα διὰ τῆς προσφυοῦς ἁρμονίας ἑνώσασα, τοῖς τε διὰ τῶν νεύρων συνδέσμοις τὰς συμβολὰς αὐτῶν ἐπισφίγξασα, οὕτως αὐτοῖς τὴν δεκτικὴν τῶν αἰσθήσεων περιέφυσε σάρκα, δυσπαθεςέραν τε καὶ εὐτονωτέραν τῇ ἐπιφανείᾳ διειλημμένην. Ταύτῃ τοίνυν τῇ ςερρᾷ τῶν ὀςέων φύσει οἷον ςύλοις τισὶν ἀχθοφόροις ὅλον τοῦ σώματος ἐπιθεῖσα τὸ βάρος οὐκ ἀδιαίρετον ἐνέφυσε τῷ παντὶ τὸ ὀςέον. Ἢ γὰρ ἂν ἀκίνητός τε καὶ ἀνενέργητος ἔμεινεν, εἰ οὕτω κατασκευῆς εἶχεν ὁ ἄνθρωπος, καθάπερ τι δένδρον ἐφ᾽ ἑνὸς τόπου μένον, μήτε τῆς τῶν σκελῶν διαδοχῆς ἐπὶ τὸ πρόσω προαγούσης τὴν κίνησιν, μήτε τῆς τῶν χειρῶν ὑπουργίας χρησιμευούσης τῷ βίῳ. Νυνὶ δὲ μεταβατικὸν εἶναι καὶ πρακτικὸν τὸ ὄργανον διὰ τῆς ἐπινοίας ταύτης ἐμηχανήσατο, τῷ προαιρετικῷ πνεύματι τῷ διὰ τῶν νεύρων διήκοντι τὴν πρὸς τὰς κινήσεις ὁρμήν τε καὶ δύναμιν ἐνθεῖσα τῷ σώματι. Ἐντεῦθεν ἡ τῶν χειρῶν ὑπουργία, ἡ

in uns und an den Pflanzen in der Erde sehen können, an welchen wir wohl eine Art von Leben, insofern sie wachsen und sich ernähren, erkennen, aber die Festigkeit ihres Wesens auf der anderen Seite eine sinnliche Empfindung nicht zuläßt, deßhalb mußte für die Sinnesthätigkeiten gleichsam eine wachsartige Grundlage geschaffen werden, welche im Stande wäre die aufgefaßten Bilder wie Siegelabdrücke in sich aufzunehmen, ohne sie in Folge zu großer Weichheit und Flüssigkeit zu verwischen (denn im Flüssigen dürfte der Abdruck sich schwerlich erhalten), noch in Folge übermäßiger Härte sie geradezu abzustoßen (denn was nicht nachgiebt, nimmt den Eindruck eines Bildes nicht auf), sondern welche die Mitte hielte zwischen Weiche und Härte, damit das lebende Wesen der schönsten Befähigung welche ihm die Natur verliehen hat, nämlich der sinnlichen Thätigkeit, nicht verlustig gienge. Weil nun das Weiche und Nachgiebige, wenn ihm alle Kraft des Festen mangelte, nach Art der Mollusken die wir Seelungen nennen, völlig unbeweglich und ungegliedert sein würde, deßhalb giebt die Natur dem Körper zugleich die Härte in seine Knochen, vereinigte diese durch eine geschickte Verbindung mit einander zu einem Ganzen, indem sie durch die Bänder und Sehnen sie in ihren Fugen an einander schloß, und ließ so das sinnlicher Empfindung fähige Fleisch darumwachsen, welches selbst mit einer Haut überzogen und umgeben dadurch minder empfänglich gegen krankhafte Einflüsse wurde und eine größere Festigkeit erlangte. Indem sie auf diesen festen Bau der Knochen nun wie auf lasttragende Pfeiler die ganze Schwere des Körpers legte, ließ sie dies Knochenwerk keineswegs ohne eine Gliederung in besondere Theile. In der That würde der Mensch, wenn er diese Einrichtung nicht hätte, bewegungslos und unthätig geblieben sein, und wie ein Baum stets an einer Stelle haften, weil weder der wechselnde Gebrauch der Beine eine Fortbewegung gestattete, noch die Hände dem Leben irgend welche nützlichen Dienste zu leisten im Stande wären. So hat sie aber durch diese geschickte Einrichtung dem Organismus die Möglichkeit abwechselnder und brauchbarer Thätigkeit gewährt, indem sie durch den die Nerven durchdringenden Willensgeist in den Körper den Trieb und die Kraft legte seine Bewegungen auszuführen. Von daher wird die mannichfaltige, ge-

ποικίλη τε καὶ πολύςροφος, καὶ πρὸς πᾶσαν ἐπίνοιαν ἐπιτηδεία, ἐντεῦθεν αἱ τοῦ αὐχένος περιςροφαὶ, καὶ τῆς κεφαλῆς ἐπικλίσεις τε καὶ ἀνανεύσεις, καὶ ἡ κατὰ τὴν γένυν ἐνέργεια, καὶ ἡ τῶν βλεφάρων διαςολὴ ἅμα [3]νοήματι γινομένη, καὶ τῶν λοιπῶν ἄρθρων αἱ κινήσεις ἐν νεύροις μέν τισιν ἀνασπωμένοις ἢ χαλωμένοις, καθάπερ ἐκ μηχανῆς τινος, ἐνεργοῦνται. Ἡ δὲ διὰ τούτων διεξιοῦσα δύναμις αὐτοκέλευςον ἔχει τινὰ τὴν ὁρμὴν, προαιρετικῷ πνεύματι κατά τινα φύσεως οἰκονομίαν ἐν τοῖς καθ᾽ ἕκαςον ἐνεργουμένη. Ῥίζα δὲ πάντων ἀπεδείχθη καὶ ἀρχὴ τῶν κατὰ τὰ νεῦρα κινήσεων ὁ τὸν ἐγκέφαλον περιέχων νευρώδης ὑμήν. Οὐκέτι οὖν ἡγούμεθα δεῖν πολυπραγμονεῖν περί τι τῶν ζωτικῶν μορίων [4]τί τοιοῦτόν ἐςιν, ἐν τούτῳ δειχθείσης τῆς κινητικῆς ἐνεργείας. Ὅτι δὲ μέγιςόν τι συντελεῖ πρὸς τὴν ζωὴν ὁ ἐγκέφαλος, ἐναργῶς τὸ ἐξ ἐναντίου συμβαῖνον δηλοῖ. Εἰ γάρ τινα τρῶσιν ἢ ῥῆξιν ὁ περὶ αὐτὸν ὑμὴν πάθοι, εὐθὺς ἐπηκολούθησε τῷ πάθει ὁ θάνατος, οὐδὲ πρὸς τὸ ἀκαρὲς τῆς φύσεως ἀντισχούσης τῇ τρώσει, ὥσπερ θεμελίου τινὸς ὑποσπασθέντος ὅλον τὸ οἰκοδόμημα συγκατεσείσθη τῷ μέρει. Οὗ τοίνυν παθόντος πρόδηλός ἐςιν ἡ τοῦ παντὸς ζώου διαφθορὰ, τοῦτο κυρίως ἂν τῆς ζωῆς τὴν αἰτίαν ἔχειν ὁμολογοῖτο. Ἐπειδὴ δὲ καὶ τῶν παυσαμένων τοῦ ζῆν κατασβεσθείσης τῆς ἐγκειμένης τῇ φύσει θερμότητος τὸ νεκρωθὲν καταψύχεται, διὰ τοῦτο καὶ ἐν τῷ θερμῷ τὴν ζωτικὴν αἰτίαν κατενοήσαμεν. Οὐ γὰρ ἐπιλελοιπότος ἡ νεκρότης ἐπηκολούθησεν, ἀνάγκη πᾶσα τῇ παρουσίᾳ τούτου συνεςάναι τὸ ζῶον ὁμολογεῖσθαι. Τῆς δὲ τοιαύτης δυνάμεως οἷον πηγήν τινα καὶ ἀρχὴν τὴν καρδίαν κατενοήσαμεν, ἀφ᾽ ἧς αὐλοειδεῖς πόροι πολυσχιδῶς ἄλλος ἐξ ἄλλου διαφυόμενοι παντὶ τῷ σώματι τὸ πυρῶδές [5]τε καὶ θερμὸν διαχέουσι πνεῦμα. Ἐπεὶ δὲ πάντως καὶ τροφὴν ἔδει τινὰ τῷ θερμῷ συμπαρεῖναι παρὰ τῆς φύσεως (οὐ γὰρ ἐνδέχεται τὸ πῦρ ἐφ᾽ ἑαυτοῦ μένειν, μὴ διὰ τοῦ κατ-

---

3) M. νεύματι. — 4) M. τὸ τοιοῦτόν ἐςιν. — 5) τε fehlt bei M.

wandte und für jeden Gedanken geschickte Dienstleistung der Hände, daher die Beweglichkeit des Nackens, das Senken und Emporrichten des Kopfes, die Thätigkeit der Kinnlade, das sofort mit dem Gedanken eintretende Auseinanderziehen der Augenlider, die Bewegungen der übrigen Glieder, durch Anziehung oder Abspannung der betreffenden Nerven wie durch eine Maschine bewerkstelligt. Die diese durchströmende Kraft besitzt einen gewissen unabhängigen Trieb, welcher nach natürlicher Anordnung durch einen Geist des Willens in Bewegung gesetzt wird. Als Wurzel aber und Anfang aller Nervenbewegungen war oben das das Gehirn umschließende nervenartige Häutchen nachgewiesen worden. Wir glauben demnach uns nicht weiter eingehend mit einem der Lebenstheile und seiner Beschaffenheit zu beschäftigen nöthig zu haben, nachdem gezeigt ist daß in diesem die bewegende Kraft liegt. Daß das Gehirn ganz vorzugsweise zum Leben beiträgt, das zeigt sich deutlich wenn ihm etwas Feindseliges widerfährt. Wenn nämlich das dasselbe umgebende Häutchen eine Verletzung oder Zerreißung erleidet, so erfolgt darauf sofort der Tod, und die Natur vermag auch nicht einen Augenblick gegen die Folgen der Verwundung Widerstand zu leisten, gleichwie, wenn das Fundament hinweggerissen wird, das ganze Gebäude durch diesen einen Theil miterschüttert wird. Es dürfte demnach zugestanden werden daß derjenige Theil des Körpers eigentlich der Quell des Lebens ist durch dessen Verletzung offenbar der Untergang des ganzen lebenden Wesens herbeigeführt wird. Da nun aber auch der dem Tod verfallene Körper derer welche zu leben aufhören nach dem Erlöschen der der Natur innewohnenden Wärme erkaltet, darum erkennen wir auch in der Wärme eine Lebensursache. Denn ganz nothwendiger Weise müssen wir die Existenz des lebenden Wesens dem Vorhandensein dessen zuschreiben durch dessen Verschwinden der Tod eintritt. Gleichsam als Quelle und Ausgangspunkt dieser Wärme betrachten wir das Herz, von welchem röhrenartige Kanäle in vielfachen Abzweigungen aus einander entspringend dem gesammten Körper die feuerartige und wärmespendende Luft zuströmen. Da jedoch von Seiten der Natur der Wärme auch einige Nahrung gegeben werden mußte, weil das Feuer nicht im Stande ist ohne eine Zuführung entsprechenden Stoffs für sich zu bestehen, deßhalb gehen

ἀλλήλου τρεφόμενον), διὰ τοῦτο οἱ τοῦ αἵματος ὀχετοὶ καθάπερ ἐκ πηγῆς τινος τοῦ ἥπατος ἀφορμηθέντες τῷ θερμῷ πνεύματι πανταχῇ κατὰ τὸ σῶμα συμπαροδεύουσιν, ὡς ἂν μὴ μονωθὲν τοῦ ἑτέρου τὸ ἕτερον διαφθείρῃ τὴν φύσιν πάθος γενόμενον. Παιδευέτω τοῦτο τοὺς ἀτακτοῦντας περὶ τὸ ἴσον, διδαχθέντας παρὰ τῆς φύσεως ὅτι ἡ πλεονεξία φθοροποιόν τι πάθος ἐςίν. Ἀλλ᾽ ἐπειδὴ μόνον ἀπροςδεές ἐςι τὸ θεῖον, ἡ δὲ ἀνθρωπίνη πτωχεία τῶν ἔξωθεν πρὸς τὴν ἰδίαν σύςασιν ἐπιδέεται, διὰ τοῦτο ταῖς τρισὶ ταύταις δυνάμεσι, δι᾽ ὧν ἔφαμεν ἅπαν

p. 131. οἰκονομεῖσθαι τὸ σῶμα, ἐπίρρυτον ἔξωθεν ἐπεισάγει τὴν ὕλην, διαφόροις εἰςόδοις τὸ κατάλληλον αὐταῖς εἰςοικίζουσα. Τῇ μὲν γὰρ πηγῇ τοῦ αἵματος, ἥτις τὸ ἧπάρ ἐςι, τὴν διὰ τῆς τροφῆς χορηγίαν ὑπέθηκε. Τὸ γὰρ ἐπεισαγόμενον ἀεὶ διὰ ταύτης τὰς τοῦ αἵματος πηγὰς βρύειν διὰ τοῦ ἥπατος παρασκευάζει, καθάπερ ἡ ἐπὶ τοῦ ὄρους χιὼν διὰ τῆς οἰκείας ἰκμάδος τὰς κατὰ τὴν ὑπώρειαν αὔξει πηγάς, διὰ τοῦ βάθους τὸ οἰκεῖον ὑγρὸν ἐπὶ τὰς κάτω φλέβας συνθλίβουσα. Τὸ δὲ ἐγκάρδιον πνεῦμα διὰ τοῦ γείτονος ἐπεισάγεται σπλάγχνου, ὃ καλεῖται μὲν πνεύμων, ἔςι δὲ τοῦ ἀέρος δοχεῖον, διὰ τῆς ἐγκειμένης ἀρτηρίας τῆς ἐπὶ τὸ ςόμα διηκούσης τὸ ἔξωθεν πνεῦμα ταῖς ἀναπνοαῖς ἐφελκόμενον. ᾯ κατὰ τὸ μέσον ἡ καρδία ἐνειλημμένη, κατὰ μίμησιν τῆς τοῦ ἀεικινήτου πυρὸς ἐνεργείας ἀδιαλείπτως καὶ αὐτὴ κινουμένη, οἷόν τι ποιοῦσιν ἐν τοῖς χαλκείοις αἱ φῦσαι, ἕλκει τε πρὸς ἑαυτὴν ἐκ τοῦ παρακειμένου πνεύμονος πληροῦσα τῇ διαςολῇ τὰς κοιλότητας, καὶ τὸ πυρῶδες ἑαυτῆς ἐκριπίζουσα ταῖς ἐχομέναις ἀρτηρίαις ἐμπνεῖ, καὶ τοῦτο ποιοῦσα οὐ διαλείπει, τὸ μὲν ἔξωθεν διὰ τῆς διαςολῆς εἰς τὰς ἰδίας κοιλότητας ἕλκουσα, τὸ δὲ παρ᾽ ἑαυτῆς διὰ τῆς συμπτώσεως ταῖς ἀρτηρίαις εἰςκρίνουσα. Ὅ μοι δοκεῖ καὶ τῆς αὐτομάτου ταύτης ἀναπνοῆς αἴτιον ἡμῖν γίνεσθαι. Πολλάκις γὰρ ὁ μὲν νοῦς ἄσχολός ἐςι πρὸς [6]ἑτέροις, ἢ καὶ παντάπασιν ἠρεμεῖ, λυθέντος ἐν τῷ ὕπνῳ τοῦ σώματος, ἡ δὲ ἀναπνοὴ

6) M. ἑτέρους.

von der Leber wie von einer Quelle die Blutkanäle aus und begleiten die warme Luft überall durch den ganzen Körper, damit nicht eine etwaige Trennung des Einen von dem Anderen zu einer Krankheit werde und eine Zerstörung der Natur herbeiführe. Dies diene Menschen von unbilligem und unrechtlichem Character zur Lehre, daß sie von der Natur lernen, wie der Geiz ein verderbenbringendes Uebel ist. Da Gott allein Nichts bedarf, die menschliche Armuth hingegen der Unterstützung von Außen zu ihrem Bestehen nöthig hat, darum versieht er diese drei Kräfte, unter deren Leitung, wie wir sagten, der ganze Körper steht, von Außen her mit reichlichem Stoff, und führt ihnen auf verschiedenen Zugängen das Entsprechende zu. Denn der Quelle des Blutes, welche die Leber ist, gab er das Amt der allgemeinen Ernährung durch die Speise, insofern der durch die Speise immer neu eingeführte Nahrungsstoff durch Vermittlung der Leber die Blutquellen in strömender Fülle erhält, gleichwie der Schnee auf den Bergen die am Fuße gelegenen Quellen ihren Zuwachs spendet, indem er seine Nässe durch die Tiefe bis in ihre Kanäle treibt. Die das Herz umgebende Luft wird durch den benachbarten Theil eingeführt welcher Lunge heißt und ein Luftbehälter ist, der vermittelst der ihm eigenen bis zum Mund reichenden Röhre durch die Athemzüge die Luft von Außen an sich zieht. In ihrer Mitte und von ihr umgeben liegt das Herz, welches, ähnlich der ewigbeweglichen Kraft des Feuers, selbst ohne Unterlaß in Bewegung ist, und, etwa nach Art der Blasebälge in den Schmieden, aus der benachbarten Lunge Luft an sich zieht, die hohlen Theile auseinanderdehnend damit anfüllt, und die eigene Wärme anfachend in die anstoßenden Kanäle einbläst. Und so ist es unaufhörlich thätig, einen Theil fortwährend in seine Höhlungen durch Auseinanderdehnung derselben einziehend, und einen anderen durch Zusammenziehung von sich wiederum in die Kanäle ausscheidend. Das scheint mir auch die Ursache des unwillkührlichen Athmungsprocesses zu sein. Oftmals ist nämlich der Geist mit Anderen beschäftigt, oder feiert auch ganz und gar, zur Zeit wo der Körper durch den Schlaf abgespannt ist, trotzdem aber findet keine Unter-

τοῦ ἀέρος οὐ διαλείπει, μηδ᾽ ὁτιοῦν συνεργούσης εἰς τοῦτο τῆς προαιρέσεως. Οἶμαι γὰρ, ἐπειδὴ περιείληπται τῷ πνεύμονι ἡ καρδία, καὶ προςπέφυκεν αὐτῷ κατὰ τὸ ὀπίσθιον ἑαυτῆς μέρος, ταῖς ἰδίαις διαςολαῖς καὶ συμπτώσεσι συγκινοῦσα τὸ σπλάγχνον, τὴν τοῦ ἀέρος ὁλκήν τε καὶ ἐμπνοὴν ἐκμηχανᾶσθαι τῷ πνεύμονι. Ἀραιὸς γάρ τις ὢν καὶ πολύπορος, καὶ πάσας τὰς ἐν αὐτῷ κοιλότητας πρὸς τὸν πυθμένα τῆς ἀρτηρίας ἀνεςομωμένας ἔχων, συςελλόμενος μὲν καὶ συμπίπτων τὸ ἐναπολειφθὲν τοῖς κοίλοις πνεῦμα κατ᾽ ἀνάγκην ἐκπιέζων προΐεται, ὑποχωρῶν δὲ καὶ ἀνοιγόμενος ἐπισπᾶται τῇ διαςάσει πρὸς τὸ κενούμενον διὰ τῆς ὁλκῆς τὸν ἀέρα. Καὶ αὕτη ἐςὶ τῆς ἀπροαιρέτου ταύτης ἀναπνοῆς αἰτία, ἡ τοῦ ἀτρεμεῖν τὸ πυρῶδες ἀδυναμία. Ἐπειδὴ γὰρ ἴδιόν ἐςι τοῦ θερμοῦ ἡ κατὰ τὴν κίνησιν ἐνέργεια, τούτου δὲ τὰς ἀρχὰς ἐν τῇ καρδίᾳ κατενοήσαμεν, τὸ διηνεκὲς τῆς ἐν τῷ μέρει τούτῳ κινήσεως τὴν ἀδιάλειπτον τοῦ ἀέρος ὁρμήν τε καὶ ἐμπνοὴν διὰ τοῦ πνεύμονος ἀπεργάζεται. Διὸ καὶ παρὰ φύσιν ἐπιταθέντος τοῦ πυρώδους τὸ ἆσθμα τῶν διακαιομένων τῷ πυρετῷ συνεχέςερον γίνεται, ὥσπερ ἐπειγομένης τῆς καρδίας τὸν ἐγκείμενον ἐν αὐτῇ φλογμὸν τῷ νεαρωτέρῳ πνεύματι κατασβεννύειν. Ἀλλ᾽ ἐπειδὴ πενιχρά τίς ἐςιν ἡμῶν ἡ φύσις, καὶ τῶν πρὸς τὴν ἰδίαν σύςασιν διὰ πάντων ἐπιδεής; οὐκ ἀέρος μόνον ἰδίου πτωχεύει, καὶ πνεύματος, τοῦ τὸ θερμὸν διεγείροντος, ὅπερ ἔξωθεν πρὸς τὴν τοῦ ζώου συντήρησιν διηνεκῶς ἐπειςάγεται, ἀλλὰ καὶ τὴν ὑπερείδουσαν τὸν τοῦ σώματος ὄγκον τροφὴν ἐπίκτητον ἔχει. Διὰ τοῦτο σιτίοις τε καὶ ποτοῖς ἀναπληροῖ τὸ ἐνδέον, ἑλκτικήν τινα τοῦ λείποντος δύναμιν καὶ ἀπωςικὴν τοῦ περιττεύοντος ἐνθεῖσα τῷ σώματι, οὐδὲ πρὸς τοῦτο τοῦ ἐγκαρδίου πυρὸς μικρὰν παρεχομένου τῇ φύσει [7] συνεργίαν. Ἐπειδὴ γὰρ τὸ κυριώτατον τῶν ζωτικῶν μορίων κατὰ τὸν ἀποδοθέντα λόγον ἡ καρδία ἐςὶν, ἡ τῷ θερμῷ πνεύματι ζωπυροῦσα τὰ καθ᾽ ἕκαςον μέρη, πανταχόθεν αὐτὴν ἐνεργὸν εἶναι τῷ δραςικῷ τῆς δυνάμεως ὁ

7) M. συνέργειαν.

brechung des Athmens statt, ohne daß der Wille dabei im Geringsten betheiligt ist. Ich glaube nämlich daß, da das Herz von der Lunge eingeschlossen und am hinteren Theile mit ihr verwachsen ist, es durch seine Ausdehnungen und Zusammenziehungen auch die Lunge mitbewegt und das Einziehen und Ausstoßen der Luft bewerkstelligt. Denn bei ihrer lockeren und porösen Beschaffenheit, und weil alle ihre Höhlungen in den untern Theil der Luftröhre einmünden, geschieht es nothwendig daß, wenn sie sich zusammenzieht und zusammenfällt, sie die in den hohlen Theilen zurückgelassene Luft gewaltsam ausstößt, dagegen wenn sie sich aufschließt und öffnet, in Folge ihrer Erweiterung die Luft in die leeren Räume einzieht. In dieser Unfähigkeit der hitzigen Theile zur Ruhe zu gelangen liegt die Veranlassung dieses unwillkührlichen Athmens. Da nämlich die Kraft der Bewegung eine Eigenschaft der Wärme ist, deren Quellen wir eben in dem Herzen entdeckt haben, so bewirkt die Stetigkeit der Bewegung in diesem Theile daß die Luft ununterbrochen durch die Lunge eingesogen und ausgeathmet wird. Daher auch der Umstand daß, wenn die Hitze unnatürlich zunimmt ein schnelleres Athmen der Fieberkranken eintritt, als ob das Herz sich bemühte die innere Hitze durch die frischere Luft zu löschen. Weil jedoch unsere Natur eine armselige ist und in allen Stücken der Mittel zur Erhaltung ihrer Existenz Noth hat, so fehlt es ihr nicht bloß an eigener Luft und eigenem Odem zur Erweckung der Wärme, welche so von Außen zur Erhaltung des Lebens ununterbrochen eingeführt wird, sondern sie bezieht auch die die Körpermasse aufrecht erhaltende Nahrung aus fremder Quelle. Deßhalb füllt sie die Leere mit Speisen und Getränken aus, und hat in den Körper eine gewisse Kraft gelegt das was fehlt an sich zu ziehen und das was überflüssig ist abzustoßen, wobei die Herzwärme der Natur einen nicht geringen Beistand leistet. Da nämlich, wie oben auseinandergesetzt wurde, das Herz der vornehmste unter den Lebenstheilen ist, welcher die einzelnen Glieder mit der wärmenden Luft durchbringt und speist, so hat unser Schöpfer der lebendigen Kraft desselben

πλάςης ἡμῶν ἐποίησεν, ὡς ἂν μηδὲν αὐτῆς μέρος ἀπρακτόν τε καὶ ἀνόνητον πρὸς τὴν τοῦ παντὸς οἰκονομίαν καταλειφθείη. Διὰ τοῦτο κατόπιν μὲν ὑποβᾶσα τὸν πνεύμονα διὰ τῆς διηνεκοῦς κινήσεως καθέλκουσά τε πρὸς ἑαυτὴν τὸ σπλάγχνον, ἀνευρύνει πρὸς τὴν ὁλκὴν τοῦ ἀέρος τοὺς πόρους, [8] ἀποθλίβουσά τε πάλιν ἐκπνεῖσθαι τὸ ἐναπειλημμένον παρασκευάζει· ἐν δὲ τοῖς ἔμπροσθεν ἑαυτῆς προςφυεῖσα τῷ χωρήματι τῆς ἄνω γαςρὸς, ἔνθερμον αὐτὴν καὶ πρὸς τὰς ἰδίας ἐνεργείας κινουμένην ποιεῖ, οὐκ εἰς πνεύματος ὁλκὴν ἀνεγείρουσα, ἀλλ' εἰς ὑποδοχὴν τῆς καταλλήλου τροφῆς. Πλησίον μὲν γὰρ [9] ἀλλήλων πεφύκασιν αἱ εἴσοδοι τοῦ πνεύματός τε καὶ τῆς τροφῆς, ἀντιπαρεξιοῦσαι δὲ κατὰ τὸ πρόμηκες ἡ ἑτέρα πρὸς τὴν ἑτέραν καὶ τῷ ἴσῳ μέτρῳ κατὰ τὸ ἄνω συναπαρτίζονται, ὥςε καὶ συνεςομῶσθαι πρὸς ἀλλήλας, καὶ ἑνὶ ςόματι τοὺς πόρους ἐναπολήγειν, ὅθεν τῷ μὲν τῆς τροφῆς, τῷ δὲ τοῦ πνεύματος ἡ εἴσοδος γίνεται· ἀλλ' ἐπὶ τὸ βάθος οὐκέτι διὰ παντὸς τὸ προςφυὲς παραμένει τῆς συζυγίας τῶν πόρων. Μέση γὰρ τῆς ἑκατέρων ἕδρας ἡ καρδία παρεμπεσοῦσα τῷ μὲν πρὸς ἀναπνοὴν, τῷ δὲ πρὸς τροφὴν τὰς δυνάμεις ἐντίθησιν. Πέφυκε γὰρ τὸ πυρῶδες ἐπιζητεῖν τὴν ὑπεκκαίουσαν ὕλην, ὃ δὴ καὶ περὶ τὸ δοχεῖον τῆς τροφῆς κατ' ἀνάγκην συμβαίνει. Ὅσῳ γὰρ [10] διάπυρον διὰ τῆς γείτονος γίνεται θερμασίας, τοσούτῳ μᾶλλον ἐφέλκεται τὰ τὸ θερμὸν ὑποτρέφοντα· τὴν δὲ τοιαύτην ὁρμὴν ὄρεξιν ὀνομάζομεν. Εἰ δὲ περιδράξαιτο τῆς ἀρκούσης ὕλης τὸ περιεκτικὸν τῆς τροφῆς, οὐδὲ οὕτως ἠρεμεῖ τοῦ πυρὸς ἡ ἐνέργεια, ἀλλὰ καθάπερ ἐν χωνευτηρίῳ σύντηξίν τινα τῆς ὕλης ποιεῖ, καὶ διαλύσασα τὰ συνεςῶτα καὶ ἀναχέασα καθάπερ ἐκ χοάνης τινὸς μεταχεῖ πρὸς τοὺς ἐφεξῆς πόρους, εἶτα τὸ παχυμερέςερον τοῦ εἰλικρινοῦς διακρίνασα τὸ μὲν λεπτὸν δι' ὀχετῶν τινων ἐπὶ τὰς τοῦ ἥπατος ἄγει πύλας, τὴν δὲ ὑλώδη τῆς τροφῆς ὑποςάθμην εἰς τοὺς εὐρυχωροτέρους τῶν ἐντέρων πόρους ἀπώσατο,

---

8) M. ἀνοχλίζουσα. — 9) M. πεφύκασιν ἀλλήλων. — 10) M. ἔμπυρον.

einen allseitigen Wirkungskreis gegeben, damit kein Theil von ihm ohne Thätigkeit oder für die Erhaltung des Ganzen unnütz bliebe. Deßhalb liegt es mit seinem hinteren Theile unter der Lunge und erweitert durch seine fortdauernde Bewegung, indem es jene herabzieht, ihre Kanäle zum Zweck des Einziehens der Luft, ebenso wie es andernseits sie dann wiederum ausdrückt und so das Ausblasen der eingeschlossenen Luft bewirkt. Mit seinem vorderen Theile stößt es an den oberen Theil des Magens und erhält diesen in seiner Wärme und Bewegung um seinen Thätigkeiten genügen zu können, indem es ihn nicht wie dort zum Einziehen des Athems, sondern zur Aufnahme der geeigneten Nahrung veranlaßt. Es liegen nämlich die Eingänge für die Luft und die Nahrung dicht bei einander, setzen sich in gleichem Längenmaß der eine neben dem anderen nach oben fort, und münden auch nebeneinander ihre Kanäle in einer einzigen Oeffnung ein, von wo für den einen die Nahrung, für den anderen die Luft eingeführt wird; unten hingegen findet diese enge Verbindung der beiden Kanäle durchaus nicht weiter statt. Denn zwischen ihnen senkt sich das Herz ein und verleiht der einen die Kraft zum Athmen, dem anderen die Kraft zur Verdauung der Speise. Denn das Feurige ist von solcher Naturbeschaffenheit daß es seinen Brennstoff sucht, was eben auch im Betreff des Nahrungsbehälters nothwendiger Weise eintritt. Denn je mehr er in Folge der in seiner unmittelbaren Nähe vorhandenen Hitze selbst in Wärme geräth, in um so stärkerem Grade zieht er die Dinge an welche diese Wärme nähren, und dieses Verlangen nennen wir Appetit. Hat aber das die Nahrung umschließende Organ den hinlänglichen Stoff in sich aufgenommen, so tritt auch so nicht die Kraft der Wärme außer Thätigkeit, sondern bewerkstelligt, gleichwie in einem Ofen, eine Zerkochung des Stoffes, und wenn sie ihn dann in seine Bestandtheile aufgelöst und durcheinandergemischt hat, ergießt sie ihn wie aus einem Trichter in die nächsten Kanäle, dann scheidet sie die groben Theile von den edlen und reinen ab, und führt das Feine in einigen Röhrchen den Leberpforten zu, während es den groben Stoff der Nahrung, den Bodensatz, in die breiteren Abzugskanäle der Unterleibseingeweide abstößt, in deren vielfachen Windungen sie zirkulieren läßt und so

καὶ τοῖς πολυτρόποις αὐτῶν ἑλιγμοῖς ἀναςρέφουσα χρόνῳ παρακατέχει τὴν τροφὴν τοῖς σπλάγχνοις, ὡς ἂν μὴ δι' εὐθύτητα τοῦ πόρου ῥαδίως ἀποβαλόμενον εὐθὺς ἀνακινοίη τὸ ζῶον πρὸς ὄρεξιν, καὶ μηδέποτε παύοιτο τῆς τοιαύτης ἀσχολίας κατὰ τὴν τῶν ἀλόγων φύσιν ὁ ἄνθρωπος. Ἐπεὶ δὲ καὶ τῷ ἥπατι μάλιςα τῆς τοῦ θερμοῦ συνεργίας ἦν χρεία πρὸς τὴν τῶν ὑγρῶν ἐξαιμάτωσιν, ἀφέςηκε δὲ τοῦτο τῆς καρδίας κατὰ τὴν θέσιν (οὐ γὰρ ἦν, οἶμαι, δυνατὸν ἀρχήν τινα καὶ ῥίζαν ζωτικῆς οὖσαν δυνάμεως, περὶ τὴν ἑτέραν ἀρχὴν ςενοχωρεῖσθαι), ὡς ἂν μή τι τῆς οἰκονομίας ἐν τῇ ἀποςάσει τῆς θερμαντικῆς οὐσίας παραβλαβείη, πόρος νευρώδης (ἀρτηρία δὲ τοῦτο παρὰ τὸν ταῦτα σοφὸν ὀνομάζεται) ἀναδεξάμενος τῆς καρδίας τὸ ἔμπυρον πνεῦμα φέρει παρὰ τὸ ἧπαρ, αὐτοῦ που παρὰ τὴν εἴςοδον τῶν ὑγρῶν συνεςομωμένος, καὶ ἀναζέσας διὰ τῆς θερμότητος τὴν ὑγρασίαν ἐναποτίθεταί τι τῷ ὑγρῷ τῆς τοῦ πυρὸς συγγενείας, τῇ πυροειδεῖ χρόᾳ τὸ τοῦ αἵματος εἶδος καταφοινίξας. Εἶτα ἐκεῖθεν ἀφορμηθέντες δίδυμοί τινες ὀχετοὶ τὸ οἰκεῖον ἑκάτερος σωληνοειδῶς περιέχοντες

p. 134. πνεῦμά τε καὶ αἷμα, ὡς ἂν εὐπόρευτον εἴη [11] τὸ ὑγρὸν, τῇ τοῦ θερμοῦ κινήσει συμπαροδεῦον καὶ κουφιζόμενον, ἐφ' ἅπαν τὸ σῶμα πολυσχιδῶς κατασπείρονται, εἰς μυρίας ὀχετῶν ἀρχάς τε καὶ διαφύσεις κατὰ πᾶν μέρος διασχιζόμενοι. Μιχθεῖσαι δὲ πρὸς ἀλλήλας τῶν ζωτικῶν δυνάμεων αἱ δύο ἀρχαί, ἥ τε τὸ θερμὸν πανταχῇ κατὰ τὸ σῶμα, καὶ ἡ τὸ ὑγρὸν ἐπιπέμπουσα, καθάπερ τινὰ δασμὸν ἀναγκαῖον ἐκ τῶν οἰκείων τῇ ἀρχηγικωτέρᾳ τῆς ζωτικῆς οἰκονομίας δυνάμει δωροφοροῦσιν. Ἔςι δ' αὕτη ἡ κατὰ τὰς μήνιγγας καὶ τὸν ἐγκέφαλον θεωρουμένη, ἀφ' ἧς πᾶσα μὲν ἄρθρου κίνησις, πᾶσα δὲ μυῶν συνολκή, πᾶν δὲ προαιρετικὸν [12] πνεῦμα τοῖς καθ' ἕκαςον μορίοις ἐπιπεμπόμενον ἐνεργόν τε καὶ κινούμενον τὸν γήϊνον ἡμῶν ἀνδριάντα καθάπερ ἐκ μηχανῆς τινος ἀποδείκνυσι. Τοῦ τε γὰρ θερμοῦ τὸ καθαρώτατον καὶ τοῦ ὑγροῦ τὸ λεπτό-

---

11) M. τὸ ὑγρόν τε τοῦ θερμοῦ κ. σ. κ. κουφιζόμενον, ἐφ' ἅπαν. —
12) M. πνεῦμα καὶ τοῖς.

den Eingeweiden eine Zeit lang Nahrung gewährt. Denn wenn sie durch einen geradeauslaufenden Kanal leicht und schnell ausgeworfen würden, so würde man auf diese Weise sogleich wieder von Verlangen nach Essen ergriffen werden, und somit der Mensch in der Weise der unvernünftigen Natur in dieser Beschäftigung niemals innehalten. Da jedoch vorzugsweise auch die Leber der Beihilfe der Wärme zur Bereitung des Blutes aus den nassen Stoffen bedarf, sie aber von dem Herzen entfernt gelegen ist (es konnte nämlich, meinem Dafürhalten nach, die eine Quelle und Wurzel der Lebenskraft nicht auf allzuengem Raum mit der anderen zusammengebracht werden), so nimmt, damit in Folge der Entfernung von der wärmenden Substanz die Ordnung und Erhaltung des Körpers keine Beeinträchtigung erleide, ein muskelartiger Kanal (der Sachverständige nennt ihn mit dem Namen Arterie) das Wärmefluidum des Herzens auf und führt es der Leber zu, ziemlich in derselben Gegend wo auch die nassen Bestandtheile Eingang finden einmündend, versetzt darauf durch die Wärme die Feuchtigkeit in Wallung und theilt derselben etwas dem Feuer Verwandtes mit, indem er das Blut röthet und ihm somit die jenem eigene Farbe giebt. Von dort entspringen dann ein Paar Kanäle von welchen ein jeder röhrenartig Luft und Blut enthält, damit die Feuchtigkeit von der Bewegung der Wärme begleitet und leichter gemacht einen rascheren Lauf gewinne, und verbreiten sich in vielfachen Zertheilungen durch den ganzen Körper, indem sie sich in viele Tausende von Kanalanfängen und Abzweigungen nach allen Richtungen hin zerspalten. Die sich miteinander vermischenden beiden Hauptquellen der Lebenskräfte, von welchen die eine die Wärme, die andere die Feuchtigkeit nach allen Richtungen des Körpers verbreitet, zahlen der noch wichtigeren und höherstehenden Kraft des Lebensorganismus aus ihren Mitteln gleichsam einen nothwendigen Tribut. Diese Kraft ist die welche wir in dem Gehirn und seinen Häutchen wahrnehmen, und von welcher jede Gliedbewegung, jede Anziehung der Muskeln ausgeht, ferner aller Willensgeist den einzelnen Gliedern zugeführt wird, und welche dadurch unser irdenes Gebild, wie durch eine Maschine, voll Thätigkeit und Bewegung erscheinen läßt. Denn eine durch Mischung und Durchdringung bewirkte innigste Verbindung der

τατον παρ' ἑκατέρας δυνάμεως διά τινος μίξεώς τε καὶ ἀνακράσεως ἑνωθέντα τρέφει τε καὶ συνίςησι διὰ τῶν ἀτμῶν τὸν ἐγκέφαλον· ἀφ' οὗ πάλιν ἐπὶ τὸ καθαρώτατον ἐκλεπτυνομένη ἡ ἀπ' ἐκείνου ἀνάδοσις ὑπαλείφει τὸν περιεκτικὸν τοῦ ἐγκεφάλου ὑμένα, ὃς ἄνωθεν ἐπὶ τὸ βάθος αὐλοειδῶς διήκων διὰ τῶν καθεξῆς σπονδύλων, ἑαυτόν δὲ καὶ τὸν ἐγκείμενον αὐτῷ μυελὸν διεξάγων, τῇ βάσει συναπολήγει τῆς ῥάχεως, πάσαις ὀςέων τε καὶ ἀρμονιῶν συμβολαῖς καὶ μυῶν ἀρχαῖς οἷόν τις ἡνίοχος αὐτὸς ἐνδιδοὺς τῆς καθ' ἕκαςον κινήσεώς τε καὶ ςάσεως τὴν ὁρμὴν καὶ τὴν δύναμιν. Διὰ τοῦτό μοι δοκεῖ καὶ ἀσφαλεςέρας ἠξιῶσθαι φρουρᾶς, καὶ κατὰ μὲν τὴν κεφαλὴν διπλαῖς ὀςέων περιβολαῖς ἐν κύκλῳ διειλημμένος, ἐν δὲ τοῖς σπονδύλοις ταῖς τε τῶν ἀκανθῶν προβολαῖς καὶ ταῖς πολυτρόποις κατὰ τὸ σχῆμα διαπλοκαῖς, δι' ὧν ἐν ἀπαθείᾳ πάσῃ φυλάττεται, διὰ τῆς περιεχούσης αὐτὸν φρουρᾶς τὸ ἀσφαλὲς ἔχων. Ὁμοίως δ' ἄν τις καὶ περὶ τῆς καρδίας ςοχάσαιτο ὅτι καθάπερ τις οἶκος ἀσφαλὴς αὕτη διὰ τῶν ςεῤῥοτάτων περιηρμόσθη ταῖς τῶν ὀςέων ἐν κύκλῳ περιοχαῖς ὀχυρωμένη. Κατόπιν μὲν γάρ ἐςιν ἡ ῥάχις ταῖς ὠμοπλάταις ἑκατέρωθεν ἠσφαλισμένη, καθ' ἑκάτερον δὲ πλά-

p. 135. γιον ἡ τῶν πλευρῶν θέσις περιπτύσσουσα τὸ μέσον δυσπαθὲς ἀπεργάζεται, ἐν δὲ τοῖς ἔμπροσθεν τὸ ςέρνον καὶ ἡ τῆς κλειδὸς συζυγία προβέβληται, ὡς ἂν πανταχόθεν αὐτῇ τὸ ἀσφαλὲς ἀπὸ τῶν ἔξωθεν διοχλούντων φυλάσσοιτο. Οἷον δὲ κατὰ τὴν γεωργίαν ἔςιν ἰδεῖν, τῆς ἐκ νεφῶν ἐπομβρίας, ἢ τῆς τῶν ὀχετῶν ἐπιῤῥοῆς διάβροχον ποιούσης τὸ ὑποκείμενον, — κῆπος δέ τις ὑποκείσθω τῷ λόγῳ, μυρίας μὲν δένδρων διαφοράς, παντοδαπὰς δὲ τῶν ἐκ γῆς φυομένων ἰδέας ἐν ἑαυτῷ τρέφων, ὧν καὶ τὸ σχῆμα καὶ ἡ ποιότης καὶ ἡ τῆς χρόας ἰδιότης ἐν πολλῇ διαφορᾷ τοῖς καθ' ἕκαςον ἐνθεωρεῖται, — τοσούτων τοίνυν κατὶ τὸν ἕνα χῶρον τῷ ὑγρῷ τρεφομένων ἡ μὲν ὑπονοτίζουσα τὰ καθ' ἕκαςον δύναμις, μία τις κατὰ τὴν φύσιν ἐςὶν, ἡ δὲ τῶν τρεφομένων ἰδιότης εἰς διαφόρους τὸ ὑγρὸν με-

reinsten Wärmetheile und des feinsten Feuchtigkeitstoffs aus beiden Kräften ernährt und erhält durch seine Dünste das Gehirn, und von diesem tränkt wiederum ein zur höchsten Reinheit gesteigertes neues Product das das Gehirn einschließende Häutchen, welches von Oben nach Unten röhrenartig durch die Reihe der Wirbelknochen sich sammt dem in ihm enthaltenen Mark fortsetzt, und an dem Ausgang des Rückgrats mit diesem zugleich endigt, und welches in allen Knochen- und Gelenkfügungen und Muskelanfängen wie ein Wagenlenker zu jeder Bewegung wie zu jedem Stillstand den Antrieb und die Kraft selbst ertheilt. Deßhalb scheint mir es auch eines festeren Schutzes für werth erachtet worden zu sein, indem es einerseits im Kopfe durch doppelte Knochenmauern rings eingeschlossen ist, andererseits in den Wirbelknochen durch die spitzen Vorsprünge und die vielfache Verknotung längs des Rückgrats, durch welche jede Verletzung und jeder störende äußere Einfluß fern gehalten wird, als einer schützenden Umgebung seine Sicherheit erhält. In ähnlicher Weise kann man auch von dem Herzen annehmen daß es wie ein geschütztes Haus rings durch die feste Umwandung der Knochen zu seiner Sicherheit eingeschlossen ist. Hinten nämlich befindet sich das durch die beiden Schulterblätter von beiden Seiten geschützte Rückgrat, während von beiden Seiten sich die Rippen herumschließen und das in der Mitte Gelegene gegen Verletzung schützen, und von Vorne die Brust und die beiden Schlüsselbeine eine wehrende Mauer bilden, damit es so von allen Seiten gegen äußere störende Einflüsse sicher bewahrt bleibt. Was wir aber beim Feldbau sehen, wenn der Regen aus den Wolken oder die Berieselung aus den Gräben das betreffende Stück Land durchnetzt, — nehmen wir an es sei ein Garten welcher tausenderlei verschiedene Bäume und allerlei Arten von niedrigeren Erdgewächsen in sich nährt, deren Gestalt, Qualität und Farbeneigenthümlichkeit in reicher Mannigfaltigkeit in den einzelnen auftreten: die jedes einzelne von so vielen auf einem Raume durch die Feuchtigkeit ernährten Gewächsen netzende Kraft ist ihrer Natur nach eben nur eine einzige, die Eigenthümlichkeit hingegen der durch dieselbe gespeisten

ταβάλλει ποιότητας· τὸ γὰρ αὐτὸ πικραίνεται μὲν ἐν τῇ ἀψίνθῳ, εἰς φθοροποιὸν δὲ χυμὸν ἐν τῷ κωνείῳ μεθίϛαται, καὶ ἄλλο ἐν ἄλλῳ γίνεται ἐν κρόκῳ, ἐν βαλσάμῳ, ἐν μήκωνι (τῷ μὲν γὰρ ἐκθερμαίνεται, τῷ δὲ καταψύχεται, τῷ δὲ μέσην ἔχει ποιότητα), καὶ ἐν δάφνῃ καὶ ἐν [13] σχίνῳ καὶ τοῖς τοιούτοις εὔπνουν ἐϛιν, ἐν συκῇ δὲ καὶ ὄχνῃ κατεγλυκάνθη, καὶ διὰ τῆς ἀμπέλου βότρυς καὶ οἶνος ἐγένετο, καὶ ὁ τοῦ μήλου [14] χυμὸς, καὶ τὸ τοῦ ῥόδου [15] ἐρύθημα, καὶ τὸ τοῦ κρίνου λαμπρὸν, καὶ τὸ κυανίζον τοῦ ἴου, καὶ τὸ [16] πορφύρεον τῆς ἰακινθίνης βαφῆς, καὶ [17] πάντα ὅσα κατὰ τὴν γῆν ἐϛιν ἰδεῖν, ἐκ μιᾶς καὶ τῆς αὐτῆς ἰκμάδος ἀναβλαϛάνοντα εἰς τοσαύτας διαφορὰς κατά τε τὸ σχῆμα καὶ τὸ εἶδος καὶ τὰς ποιότητας διακρίνεται· — τοιοῦτόν τι καὶκατὰ τὴν ἔμψυχον ἡμῶν ἄρουραν θαυματοποιεῖται παρὰ τῆς φύσεως, μᾶλλον δὲ παρὰ τοῦ δεσπότου [18] τῆς φύσεως. Ὀϛέα καὶ χόνδροι, φλέβες, ἀρτηρίαι, νεῦρα, σύνδεσμοι, σάρκες, δέρμα, πιμελαὶ, τρίχες, ἀδένες, ὄνυχες, ὀφθαλμοὶ, μυκτῆρες, ὦτα, πάντα τὰ τοιαῦτα, καὶ μυρία πρὸς τούτοις ἄλλα διαφόροις ἰδιότησιν ἀπ᾿ ἀλλήλων κεχωρισμένα, μιᾷ τῇ τῆς τροφῆς ἰδέᾳ καταλλήλως τῇ ἑαυτῶν τρέφεται φύσει, ὡς ἑκάϛῳ τῶν ὑποκειμένων τὴν τροφὴν προσεγγίσασαν, ᾧπερ ἂν ἐμπελάσῃ, κατ᾿ ἐκεῖνο καὶ ἀλλοιοῦσθαι, οἰκείαν καὶ συμφυῆ τῇ τοῦ μέρους ἰδιότητι γινομένην. Εἰ γὰρ κατὰ τὸν ὀφθαλμὸν γένοιτο, τῷ ὁρατικῷ μορίῳ συγκατεκράθη, καὶ τῶν περὶ τὸν ὀφθαλμὸν χιτώνων ταῖς διαφοραῖς οἰκείως

[p. 136. εἰς ἕκαϛον κατεμερίσθη· εἰ δὲ τοῖς κατὰ τὴν ἀκοὴν μέρεσιν ἐπιρρύῃ, τῇ ἀκουϛικῇ καταμίγνυται φύσει, καὶ ἐν χείλει γενόμενον χεῖλος ἐγένετο, καὶ ἐν ὀϛέῳ πήγνυται, καὶ ἐν μυελῷ ἀπαλύνεται, καὶ τονοῦται μετὰ τοῦ νεύρου, καὶ τῇ ἐπιφανείᾳ συμπεριτείνεται, καὶ εἰς ὄνυχας διαβαίνει, καὶ εἰς τριχῶν γένεσιν λεπτοποιεῖται τοῖς καταλλήλοις

---

13) M. σχοίνῳ. — 14) M. χυλὸς. — 15) M. ἐρύθρημα. — 16) M.

Pflanzen wandelt die Feuchtigkeit in verschiedene Qualitäten um; denn der gleiche Stoff wird im Wermuth bitter, setzt sich im Schierling in einen todtbringenden Saft um, wird wieder etwas Anderes im Safran, etwas Anderes in der Balsamstaude, etwas Anderes im Mohn (sofern er in dem Einen hitzige, in dem Anderen kühlende, in dem Dritten eine mittlere Eigenschaft erlangt), gewinnt im Lorbeer, im Mastix, und ähnlichen, Wohlgeruch, wird in dem Feigenbaum und Birnbaum süß und im Weinstock zur Traube und Wein, und der Saft des Apfels, das Roth der Rose, der Glanz der Lilie, die Bläue des Veilchens, das röthliche Blau in der Färbung der Hyacinthe, kurz Alles was man auf der Erde sieht, wächst aus einem und demselben Naß empor, und geht in so viele Verschiedenheiten nach Gestalt, Aussehen und Eigenschaften auseinander: — so ein ähnliches Wunder wirkt die Natur, oder vielmehr der Herr der Natur, auch auf dem lebendigen Feld unseres Körpers. Knochen und Knorpel, Adern, Arterien, Muskeln, Bänder, Fleisch, Haut, Fett, Haare, Drüsen, Nägel, Augen, Nase, Ohren, und alles übrige unzählige Derartige, was durch verschiedene Eigenschaften unter sich auseinander geht, Alles wird durch die eine Art von Speise in jener der Natur der einzelnen entsprechenden Weise ernährt, dergestalt daß die zugeführte Nahrung allemal nach desjenigen Gliedes Eigenthümlichkeit sich verändert und in sein besonderes Wesen, sich ihm verbindend, übergeht welchem sie nahe gekommen ist. Gelangt sie an das Auge, so vermischt sie sich mit dem Gesichtsorgan, und vertheilt sich je entsprechend an die verschiedenen Hüllen des Auges. Strömt sie den Gehörtheilen zu, so mischt sie sich mit der Natur des Gehörs. Kommt sie in die Lippen, so wird sie Lippe; sie gewinnt in den Knochen Festigkeit, Weiche in dem Mark, Spannungskraft mit der Sehne, streckt sich aus mit der Hautfläche des Körpers, geht in die Nägel über, und verfeinert sich in den zu dieser Function nöthigen Ausdünstungen bis zur Erzeugung der Haare, so zwar

---

πορφυραῖον τῆς ὑακίνθου. — 17) M. πάνθ' ὅσα. — 18) τῆς fehlt bei M., steht aber in der Baseler Ausg.

ἀτμοῖς, εἰ μὲν διὰ σκολιῶν προάγοιτο πόρων, οὐλοτέρας τε καὶ κατηγκυλωμένας τὰς τρίχας ἐκφύουσα, εἰ δὲ δι' εὐθείας ἡ τῶν τριχοποιῶν ἀτμῶν γένοιτο πρόοδος, τεταμένας τε καὶ εὐθείας προάγουσα.

Ἀλλὰ πολὺ τῶν προκειμένων ὁ λόγος ἡμῖν ἀποπεπλάνηται, τοῖς ἔργοις ἐμβαθύνων τῆς φύσεως, καὶ ὑπογράφειν ἐπιχειρῶν ὅπως ἡμῖν καὶ ἐξ ὁποίων συνέςηκε τὰ καθ' ἕκαςον, τά τε πρὸς τὸ ζῆν, καὶ τὰ πρὸς τὸ εὖ ζῆν, καὶ εἴ τι μετὰ [19] τοῦτον ἕτερον κατὰ τὴν πρώτην διαίρεσιν ἐνοήσαμεν. Τὸ γὰρ προκείμενον ἦν δεῖξαι τὴν σπερματικὴν τῆς συςάσεως ἡμῶν αἰτίαν μήτε ἀσώματον εἶναι ψυχήν, μήτε ἄψυχον σῶμα, ἀλλ' ἐξ ἐμψύχων τε καὶ ζώντων σωμάτων ζῶν καὶ ἔμψυχον παρὰ τὴν πρώτην ἀπογεννᾶσθαι ζῶον, ἐκδεξαμένην δὲ τὴν ἀνθρωπίνην φύσιν καθάπερ τινὰ τροφὸν ταῖς οἰκείαις δυνάμεσιν αὐτὴν τιθηνήσασθαι. Τὴν δὲ τρέφεσθαι κατ' ἀμφότερα, καὶ καταλλήλως ἐν ἑκατέρῳ μέρει τὴν αὔξησιν ἐπίδηλον ἔχειν· εὐθὺς μὲν γὰρ διὰ τῆς τεχνικῆς ταύτης καὶ ἐπιςημονικῆς διαπλάσεως τὴν συμπεπλεγμένην αὐτῇ τῆς ψυχῆς ἐνδείκνυται δύναμιν, ἀμυδρότερον μὲν κατὰ τὴν πρώτην ἐκφαινομένην, καθεξῆς δὲ τῇ τοῦ ὀργάνου τελειώσει συναναλάμπουσαν. Οἷον δὲ ἐπὶ τῶν λιθογλύφων ἔςιν ἰδεῖν — πρόκειται μὲν γὰρ τῷ τεχνίτῃ ζώου τινὸς εἶδος ἐν λίθῳ δεῖξαι, τοῦτο δὲ προθέμενος πρῶτον μὲν τὸν λίθον τῆς συμφυοῦς ὕλης ἀπέρρηξεν, εἶτα περικόψας αὐτοῦ τὰ περιττὰ προήγαγέ πως διὰ τοῦ πρώτου σχήματος τῇ μιμήσει [20] τὸ κατὰ πρόθεσιν, ὥςε καὶ τὸν ἄπειρον διὰ τῶν φαινομένων τοῦ σκοποῦ τῆς τέχνης καταςοχάσασθαι, πάλιν ἐπεργασάμενος προςήγγισε πλέον τῇ ὁμοιότητι τοῦ σπουδαζομένου, εἶτα τὸ τέλειον καὶ ἀκριβὲς εἶδος ἐγχειρουργήσας τῇ ὕλῃ εἰς πέρας τὴν τέχνην προήγαγε, καὶ ἔςι λέων, ἢ ἄνθρωπος, ἢ ὅ τι ἂν τύχῃ παρὰ τοῦ τεχνίτου γενόμενον, ὁ πρὸ βραχέος ἄσημος λίθος, οὐ τῆς ὕλης

_____

19) M. τούτων. — 20) M. τῇ κατά.

daß, wenn sie durch krumme Kanäle vorgetrieben wird, sie krause und geringelte Haare erzeugt, wenn dagegen die haarerzeugenden Dünste den geraden Weg nehmen, sie lange und gerade Haare hervorbringt.

Aber unsere Rede hat eine weite Abschweifung gemacht, indem sie sich in die Werke der Natur vertiefte und von ihnen eine kurze Beschreibung zu geben versuchte, wie und woraus alles Einzelne in uns geordnet und eingerichtet sei, erstlich die Theile welche zum Leben, zweitens die welche zum angenehmen Leben vorhanden sind, und was drittens unserer ersten Eintheilung zufolge sonst noch in Betracht gezogen wurde. Denn die Hauptsache war, zu zeigen daß der unsere Existenz begründende Same weder eine Seele ohne Körper, noch ein Körper ohne Seele sei, sondern daß er aus beseelten und lebenden Körpern zunächst selbst als ein lebendes und beseeltes Wesen erzeugt werde, dann die menschliche Natur in sich aufnehme und sie wie eine Amme mit seinen Kräften und Mitteln aufziehe, diese aber werde nach beiden Seiten hin ernährt, und es trete dem entsprechend auch in ihren beiden Theilen ihr Wachsthum deutlich hervor. Denn sie giebt sofort durch diesen kunstvollen und geschickten Bau die Verbindung der Kraft der Seele mit ihr kund, welche Kraft anfangs wohl noch dunkel erscheint, in der Folge aber mit der Vollendung des Organismus in hellstes Licht tritt. Was man aber bei einem Bildhauer sehen kann — gesetzt es habe sich der Künstler vorgenommen ein lebendes Wesen in Stein darzustellen, da bricht er sich zu diesem Zwecke zunächst den Stein aus der Masse, mit der er verbunden ist, los, dann schlägt er davon alles Ueberflüssige rings ab und fördert nun nachahmend in erster roher Gestaltung das was er zu bilden sich vorgenommen hat, dergestalt daß auch der nicht Sachverständige aus dem was ihm vor Augen steht die Absicht der Kunst errathen kann, arbeitet wiederum weiter und bringt sein Werk der Aehnlichkeit mit dem was er schaffen will immer näher, giebt darauf dem Stoff seine Vollendung und genaueste Aehnlichkeit mit dem Vorbild und führt so seine Kunst zu ihrem Endziele, und nun ist der vor Kurzem umgeformte Stein ein Löwe, oder Mensch, oder was sonst Anderes der Künstler eben geschaffen hat, so zwar daß nicht der Stoff in das was er jetzt scheint umge-

πρὸς τὸ εἶδος ὑπαμειφθείσης, ἀλλὰ τοῦ εἴδους ἐπιτεχνηθέντος τῇ ὕλῃ, — τοιοῦτόν [21]τις καὶ ἐπὶ τῆς ψυχῆς λογισάμενος τοῦ εἰκότος οὐχ ἁμαρτήσεται. Τὴν γὰρ πάντα τεχνιτεύουσαν φύσιν ἐκ τῆς ὁμογενοῦς ὕλης λαβοῦσαν ἐν ἑαυτῇ τὸ ἐκ τοῦ ἀνθρώπου μέρος δημιουργεῖν ἀνδριάντα φαμέν. Ὥσπερ δὲ τῇ κατ᾽ ὀλίγον ἐργασίᾳ τοῦ λίθου τὸ εἶδος ἐπηκολούθησεν, ἀμυδρότερον μὲν παρὰ τὴν πρώτην, τελειότερον δὲ μετὰ τὴν τοῦ ἔργου συμπλήρωσιν, οὕτω καὶ ἐν τῇ τοῦ ὀργάνου γλυφῇ τὸ τῆς ψυχῆς εἶδος κατὰ τὴν ἀναλογίαν τοῦ ὑποκειμένου προφαίνεται, ἀτελὲς ἐν τῷ ἀτελεῖ, καὶ ἐν τῷ τελείῳ τέλειον. Ἀλλ᾽ ἐξ ἀρχῆς ἂν τέλειον ἦν, εἰ μὴ διὰ τῆς κακίας ἡ φύσις ἐκολοβώθη. Διὰ τοῦτο ἡ πρὸς τὴν ἐμπαθῆ καὶ ζωώδη γένεσιν κοινωνία οὐκ εὐθὺς [22]ἐκλάμπειν ἐν τῷ πλάσματι τὴν θείαν εἰκόνα ἐποίησεν, ἀλλ᾽ ὁδῷ τινι καὶ ἀκολουθίᾳ διὰ τῶν ὑλικῶν τε καὶ ζωωδεςέρων τῆς ψυχῆς ἰδιωμάτων ἐπὶ τὸ τέλειον ἄγει τὸν ἄνθρωπον. Τὸ δὲ τοιοῦτον δόγμα καὶ ὁ μέγας ἀπόςολος ἐν τῇ πρὸς Κορινθίους διδάσκει, λέγων "Ὅτε ἤμην [23]νήπιος, ὡς νήπιος ἐλάλουν, ὡς νήπιος ἐφρόνουν, ὡς νήπιος ἐλογιζόμην, ὅτε δὲ γέγονα ἀνήρ, κατήργησα τὰ τοῦ νηπίου. Οὐκ ἄλλης ἐν τῷ ἀνδρὶ τῆς ψυχῆς ἐπειςελθούσης παρὰ τὴν ἐν τῷ μειρακίῳ νοουμένην ἡ νηπιωδεςέρα καταργεῖται διάνοια, καὶ ἡ ἀνδρώδης ἐγγίνεται, ἀλλὰ τῆς αὐτῆς ἐν ἐκείνῳ μὲν τὸ ἀτελές, ἐν τούτῳ δὲ διαδεικνυούσης τὸ τέλειον. Ὥσπερ γὰρ τὰ φυόμενά τε καὶ αὐξάνοντα ζῆν λέγομεν, πάντα τε τὰ ἐν μετουσίᾳ ζωῆς καὶ φυσικῆς ὄντα κινήσεως οὐκ ἄν τις ἄψυχα φήσειεν, οὐ μὴν οὐδὲ τελείας ψυχῆς μετέχειν τὴν τοιαύτην ζωὴν ἕξιν εἰπεῖν. Γενομένη γὰρ ἐν τοῖς φυτοῖς ψυχική τις ἐνέργεια μέχρι τῶν κατ᾽ αἴσθησιν κινημάτων οὐκ ἔφθασε. Πάλιν δὲ κατὰ προςθήκην δύναμίς τις ψυχικὴ

[1 Corinth. 13, 11.]

---

21) M. τι. — 22) M. ἐκλ. τὴν θείαν εἰκόνα ἐν τ. πλ. ἐποίησεν. — 23) M. νήπιος, ἐλάλουν ὡς νήπιος, ἐλογιζόμην ὡς νήπιος, ὅτε δὲ.

wandelt worden ist, sondern daß dieses Gebild dem Stoffe künstlich
aufgeprägt worden ist, — denken wir uns so etwas Aehnliches auch
von der Seele, so werden wir das Wahrscheinliche treffen. Denn
die Allkünstlerin Natur nimmt, sagen wir, aus dem gleichartigen
Stoffe in sich den vom Menschen abgelösten Theil auf, um ein
Bildwerk zu schaffen. Gleichwie aber mit der allmähligen Bearbeitung
des Steins seine Gestaltung Hand in Hand gieng und sie anfangs
unklarer, nach dem Abschluß des Werks jedoch in höherer
Vollendung hervortrat, so kommt auch in der Bildung unseres Organismus
die Seele im Verhältniß zu der Entwicklung des Körpers
zum Vorschein, unvollkommen, wenn er unvollkommen ist, und vollendet,
wenn er seine Vollendung erlangt hat. Sie würde jedoch von
Anfang an vollkommen sein, wenn die Natur nicht durch das Böse
eine Verstümmlung erlitten hätte. So kommt es daß in Folge des
Umstandes daß wir die der Leidenschaft unterworfene und thierische
Weise der Erzeugung theilen die Aehnlichkeit mit Gott nicht sogleich
an dem Menschengebilde hervorleuchtet, sondern nach einer
gewissen Ordnung und Folge der Mensch durch die materialen und
mehr thierischen Eigenschaften der Seele seiner Vollendung entgegengeführt
wird. Dem ähnlich belehrt uns auch der große Apostel
in dem Briefe an die Korinthier, wo er sagt. Als ich ein Kind
war, redete ich wie ein Kind, und war klug wie ein
Kind, und hatte kindische Anschläge, da ich aber ein
Mann war, that ich ab was kindisch war. Nicht in der
Weise wird das kindische Denken abgethan und tritt dafür das Denken
des Mannes ein, daß in dem Mann eine andere Seele als
welche an dem Knaben wahrgenommen wird einzöge, sondern dieselbe
Seele zeigt in diesem eben ihre Unvollkommenheit, in jenem
ihre Vollendung. Denn wie wir von dem was wächst und zunimmt
sagen daß es lebe, und wie Niemand das was im Genuß des Lebens
und seiner natürlichen Bewegung ist leblos nennen dürfte, so
kann man von einem solchen Leben doch nicht sagen daß es eine
vollendete Beseelung habe. Denn liegt auch in den Pflanzen eine
gewisse seelische Thätigkeit, so geht diese doch nicht bis zu den Bewegungen
sinnlicher Wahrnehmung. Andernseits haben die unvernünftigen
Thiere wiederum einen Zuwachs seelischer Kraft vor jenen

τοῖς ἀλόγοις ἐγγινομένη οὐδὲ αὐτὴ τοῦ τέλους [24] ἐφίκεται, λόγου τε καὶ διανοίας χάριν ἐν ἑαυτῇ μὴ χωρήσασα. Διὰ τοῦτό φαμεν τὴν μὲν ἀληθῆ καὶ τελείαν ψυχὴν τὴν ἀνθρωπίνην εἶναι, διὰ πάσης ἐνεργείας γνωριζομένην. Εἰ δέ τι ἄλλο μετέχει ζωῆς, ἐν καταχρήσει τινὶ συνηθείας ἔμψυχον λέγομεν, [25] ὅτι μὴ τελεία ἐν τούτοις ἐςὶν ἡ ψυχὴ, ἀλλά τινα μέρη ψυχικῆς ἐνεργείας, ἃ καὶ ἐν τῷ ἀνθρώπῳ κατὰ τὴν μυςικὴν τοῦ Μωϋσέως ἀνθρωπογονίαν ἐπιγεγενῆσθαι διὰ τὴν πρὸς τὸ ἐμπαθὲς οἰκειότητα μεμαθήκαμεν. Διὰ τοῦτο συμβουλεύων ὁ Παῦλος τοῖς ἀκούειν αὐτοῦ βουλομένοις τῆς τελειότητος ἔχεσθαι, καὶ τὸν τρόπον ἔπως ἂν τοῦ σπουδαζομένου τύχοιεν ὑποτίθεται λέγων ἀπεκδύσασθαι δεῖν τὸν παλαιὸν ἄνθρωπον, καὶ ἐνδύσασθαι τὸν νέον, τὸν ἀνακαινούμενον κατ᾽ εἰκόνα τοῦ κτίσαντος. Ἀλλ᾽ ἐπανέλθωμεν πάντες ἐπὶ τὴν θεοειδῆ χάριν ἐκείνην ἐν ᾗ ἔκτισε τὸ κατ᾽ ἀρχὰς τὸν ἄνθρωπον ὁ θεὸς, εἰπὼν ὅτι, Ποιήσωμεν ἄνθρωπον κατ᾽ εἰκόνα καὶ ὁμοίωσιν ἡμετέραν, ᾧ ἡ δόξα καὶ τὸ κράτος εἰς τοὺς αἰῶνας τῶν αἰώνων. Ἀμήν.

---

24) M. ἐφίκετο. — 25) M. μὴ ὅτι.

voraus, doch erreicht auch diese nicht ihre Vollendung, weil sie die Gnadengabe der Vernunft und des Verstandes nicht in sich begreift. Darum behaupten wir daß die menschliche Seele die wahre und vollkommene Seele sei, welche sich durch jede Thätigkeit als solche kennzeichnet. Was dagegen sonst noch eines Lebens theilhaftig ist, von dem sagen wir mißbräuchlich, weil wir es so gewöhnt sind, daß es eine Seele besitze, weil in ihnen nicht die vollendete Seele sich findet, sondern nur gewisse Stücke seelischer Thätigkeit, von welchen wir auch aus der mystischen Erzählung Moses über die Erschaffung des Menschen wissen daß sie dem Menschen wegen seiner Verwandtschaft mit der der Leidenschaft unterworfenen Natur zu Theil geworden sind. Darum räth Paulus denen die ihn hören wollen nach der Vollkommenheit zu streben, und giebt auch die Art und Weise wie man seinen Vorsatz erreichen könne durch die Worte an die Hand, daß man den alten Menschen ausziehen und den neuen anziehen müsse, der da verjüngt ist nach dem Bilde dessen der ihn geschaffen. Uns aber laßt alle zurückkehren zu jener göttlichen Schönheit in welcher Gott den Menschen im Anfang geschaffen hatte, als er sprach, Laßt uns Menschen machen nach unserem Bilde und Gleichniß. Er, dem der Ruhm und die Macht gehört bis in alle Ewigkeiten. Amen.

ΤΟΥ
ΕΝ ΑΓΙΟΙΣ ΠΑΤΡΟΣ ΗΜΩΝ
ΓΡΗΓΟΡΙΟΥ ΕΠΙΣΚΟΠΟΥ ΝΥΣΣΗΣ
ΕΙΣ
ΤΗΝ ΠΡΟΣΕΥΧΗΝ
ΛΟΓΟΙ ε'.

ΛΟΓΟΣ α'.

Προςευχῆς ἡμῖν διδασκαλίαν ὁ θεῖος ὑφηγεῖται λόγος, δι' ἧς τοῖς ἀξίοις αὐτοῦ μαθηταῖς, τοῖς ἐν σπουδῇ τὴν γνῶσιν τῆς προςευχῆς ἐπιζητοῦσιν, ὅπως οἰκειοῦσθαι προςήκει τὴν θείαν ἀκοὴν διὰ τῶν ῥημάτων τῆς προςευχῆς ὑποτίθεται. Ἐγὼ δὲ τολμήσας μικρὸν ἄν τι προςθείην τοῖς γεγραμμένοις, ὅτι οὐ τὸ πῶς δεῖ προςεύχεσθαι τὸν παρόντα σύλλογον διδάσκεσθαι χρὴ, ἀλλ' ὅ τι δεῖ πάντως προςεύχεσθαι, ὅπερ οὔπω τάχα δέδεκται ἡ τῶν πολλῶν ἀκοή· ἠμέληται γὰρ ἐν τῷ βίῳ καὶ ¹παρεώραται τοῖς πολλοῖς τὸ ἱερὸν τοῦτο καὶ ἔνθεον ἔργον, ἡ προςευχή. Περὶ τούτου τοίνυν δοκεῖ μοι καλῶς ἔχειν πρῶτον ὡς ἔςι δυνατὸν λόγῳ διαμαρτύρασθαι τὸ δεῖν πάντως τῇ προςευχῇ προςκαρτερεῖν, καθώς φησιν ὁ ἀπόςολος, εἶθ' οὕτως ἀκοῦσαι τῆς θείας φωνῆς τῆς ὑποτιθεμένης ἡμῖν τὸν τρόπον ὅπως χρὴ προςάγειν τῷ κυρίῳ τὴν δέησιν· ὁρῶ γὰρ ὅτι πάντα μᾶλλον ἐν τῷ παρόντι σπουδάζεται βίῳ, ἄλλου πρὸς ἄλλο τι τῇ ψυχῇ τετραμμένου, τὸ δὲ τῆς

---

1) Krabinger giebt die Vulgate παρεῖται.

Unseres heiligen Vaters
Gregor Bischofs von Nyssa
fünf Reden
auf das Gebet.

Erste Rede.

Das göttliche Wort giebt uns eine Anleitung zum Gebet, durch welche es die seiner würdigen Jünger, welche die Kenntniß desselben mit Eifer suchen, belehrt auf welche Weise man durch Worte des Gebets sich Gehör bei Gott zu verschaffen suchen muß. Ich möchte es wagen zu den Worten der Schrift noch etwas Weniges hinzuzufügen, weil die gegenwärtige Versammlung nicht sowohl darüber, wie sie, sondern was sie überhaupt beten soll, Belehrung empfangen soll, welche vielleicht der Mehrzahl noch nicht zu Theil geworden ist; denn in dem Leben ist dieses heilige und göttliche Werk, das Gebet, für die Meisten ein Gegenstand der Nichtbeachtung und Vernachlässigung. Da scheint mir es also gut zu sein zunächst nach Kräften durch meine Rede Zeugniß zu geben daß man überhaupt, wie der Apostel sagt, „am Gebete halten" muß, und dann auf die Stimme Gottes zu hören welche uns unterweist wie wir dem Herrn das Gebet darbringen sollen; denn ich sehe daß man in diesem gegenwärtigen Leben eher allem Anderen nachjagt, und der Eine Diesem der Andere Jenem in seiner Seele zugewandt ist, daß aber für das Gut des Gebets die Menschen keine eifrige Theil-

εὐχῆς ἀγαθὸν διὰ σπουδῆς τοῖς ἀνθρώποις οὐκ ἔςιν. Ἐπορθρίζει ταῖς ἐμπορίαις ὁ κάπηλος, πρὸ τῶν ὁμοτέχνων τὸ οἰκεῖον ἐπιδεῖξαι τοῖς ὠνουμένοις φιλονεικῶν, ὡς ἂν προλάβοι τοῦ δεομένου τὴν χρείαν, ὑποφθάσας τοὺς ἄλλους, καὶ τὸ οἰκεῖον ἀπεμπολήσειεν. Ὡςαύτως καὶ ὁ ὠνούμενος τὸ μὴ διαμαρτεῖν τοῦ πρὸς τὴν χρείαν ἐν τῷ προληφθῆναι παρ᾽ ἑτέρου πρὸ ὀφθαλμῶν ἔχων οὐκ ἐπὶ τὸ εὐκτήριον, ἀλλ᾽ ἐπὶ τὸ πρατήριον τρέχει, καὶ πάντων τὴν ἴσην πρὸς τὸ κέρδος ἐχόντων ἐπιθυμίαν, καὶ φθάσαι τὸν πέλας φιλονεικούντων, ἐξεκλάπη διὰ τῶν σπουδαζομένων ἡ τῆς προςευχῆς ὥρα, εἰς τὴν ἐμπορίαν μετατεθεῖσα. Οὕτως ὁ χειροτέχνης, οὕτως ὁ περὶ λόγους ἠσχολημένος, οὕτως ὁ δικαζόμενος, οὕτως ὁ δικάζειν λαχών, περὶ τὰ ἐν χερσὶν ἕκαςος ὅλος τῇ σπουδῇ ῥέπων, ἐκλέληςαι τῆς κατὰ τὴν εὐχὴν ἐργασίας, ζημίαν κρίνων πρὸς τὸ προκείμενον ἑαυτῷ τὴν περὶ τὸν θεὸν ἀσχολίαν. Οἴεται γὰρ ὁ μὲν τὴν τέχνην μετιὼν ἀργόν τι χρῆμα καὶ ἄπρακτον εἶναι τὴν θείαν πρὸς τὸ προκείμενον συμμαχίαν· διὸ καταλιπὼν τὴν εὐχὴν ἐν ταῖς χερσὶ τὰς ἐλπίδας τίθεται, ἀμνημονῶν τοῦ δεδωκότος τὰς χεῖρας. Ὡςαύτως καὶ ὁ τὸν λόγον δι᾽ ἐπιμελείας κατορθῶν ἑαυτῷ οὐ λογίζεται τὸν δεδωκότα τὸν λόγον, ἀλλ᾽ ὡς ἑαυτὸν εἰς τὴν φύσιν ταύτην παραγαγὼν [2] πρὸς ἑαυτὸν βλέπει καὶ ταῖς τῶν μαθημάτων προςανέχει σπουδαῖς, οὐδὲν ἐκ τῆς τοῦ θεοῦ συνεργίας αὐτῷ γενήσεσθαι τῶν ἀγαθῶν νομίζων προτιμοτέραν ποιεῖται τῆς προςευχῆς τὴν σπουδήν. Τὸν αὐτὸν τρόπον καὶ τὰ λοιπὰ τῶν ἐπιτηδευμάτων ἐκκρούει τὴν περὶ τὰ μείζω καὶ οὐράνια τῆς ψυχῆς ἀσχολίαν τῇ τῶν σωματικῶν τε καὶ γηΐνων φροντίδι. Διὰ τοῦτο πολλὴ κατὰ τὸν βίον ἡ ἁμαρτία, ἀεὶ ταῖς προςθήκαις ἐπὶ τὸ μεῖζον αὔξουσα, πάσαις ταῖς ἀνθρωπίναις σπουδαῖς ἐμπεπλεγμένη, διότι λήθη τοῦ θεοῦ κατακρατεῖ τῶν πάντων, καὶ τὸ τῆς εὐχῆς ἀγαθὸν τοῖς ἀνθρώποις τῶν σπουδαζομένων οὐ συνεφάπτεται. Τῇ ἐμπορίᾳ συνειςέρχεται ἡ πλεονεξία· πλεον-

---

2) ℜ τ. οὕτως ἑαυτῷ καὶ ταῖς τῶν μαθητῶν πρ.

nahme hegen. Mit der Morgenfrühe erhebt sich der Krämer zur Besorgung seines Handels, und bemüht sich vor seinen Gewerbegenossen den Käufern seine Waare vor Augen zu stellen, damit er dem Bedürfniß des Suchenden zuvorkomme, und jene früher als die Anderen verkaufe. Ebenso hat der Käufer vor Augen daß er nicht von einem Anderen überholt werde und dessen was er bedarf dadurch verlustig gehe, und läuft, nicht zum Bethaus, sondern zum Kaufhaus, und weil Alle die gleiche Gewinnsucht haben, und Jeder seinen Nächsten zuvorzukommen bemüht ist, so verstreicht die Zeit zum Gebet über den mit Eifer betriebenen Geschäften, und wird auf den Handel übertragen. So vergißt der Handwerker, so der Gelehrte, so der Processierende, so der zum Richteramt Erkorene, indem ein Jeglicher sich ganz und gar dem Eifer für sein jeweiliges Geschäft hingiebt, des Werks des Gebets, und sieht in der Beschäftigung mit Gott eine Beeinträchtigung dessen was er sich vorgenommen hat. Denn dem welcher einem Handwerk nachgeht gilt die Hilfe Gottes für seine Zwecke als eine nutzlose und unwirksame Sache; darum läßt er das Gebet, und setzt seine Hoffnung auf seine Hände, und vergißt den der die Hände gegeben hat. Ebenso denkt auch der welcher sich in der Redekunst auszubilden bemüht nicht an den Geber der Rede, sondern, gleich als ob er sich selbst in diese Natur eingeführt habe, so schaut er auf sich und ist auf seine Studien eifrig bedacht, und, in der Meinung daß ihm aus dem Beistand Gottes kein Gut erwachsen könne, giebt er dem Fleiße vor dem Gebet den Vorzug. Auf dieselbe Weise hintertreiben auch die übrigen Lebensbeschäftigungen durch die Sorge für das Leibliche und Irdische die Beschäftigung der Seele mit dem Höheren und Himmlischen. Daher die viele Sünde im Leben, welche in immer stärkerer Zunahme begriffen ist und sich in alles menschliche Mühen und Sorgen verflochten hat, weil Alle ein Vergessen Gottes erfaßt hat und der Segen des Gebets den Bestrebungen der Menschen nicht mit zur Seite steht. Mit dem Handel kommt die Habsucht in die

εξία δέ ἐςιν εἰδωλολατρεία. Οὕτως ὁ γεωργὸς οὐ ταῖς ἀναγκαίαις χρείαις συμμετρεῖ τὴν γεωπονίαν, ἀλλ' ἀεὶ πρὸς τὰ πλείω τὴν σπουδὴν ἐπεκτείνων πολλὴν δίδωσι

D τῇ ἁμαρτίᾳ κατὰ τοῦ ἐπιτηδεύματος εἴσοδον, τοῖς ἀλλοτρίοις ὅροις ἐμπλατυνόμενος. Ὅθεν αἱ δυσθεράπευτοι φύονται φιλονεικίαι, περὶ τῶν τῆς γῆς ὅρων ἀντεγειρομένων ἀλλήλοις τῶν τῇ ὁμοίᾳ νόσῳ τῆς πλεονεξίας κεκρατημένων. Ἐντεῦθεν οἱ θυμοὶ καὶ αἱ πρὸς τὸ κακὸν ὁρμαὶ καὶ αἱ κατ' ἀλλήλων ἐπιχειρήσεις αἵματι καὶ φόνῳ πολλάκις καθίζανται. Ὡσαύτως αἱ περὶ τὰ δικαςήρια σπουδαὶ ταῖς πολυτρόποις ἁμαρτίαις ὑπηρετοῦσιν, μυρίας τῆς ἀδικίας συνηγορίας εὑρίσκουσαι. Ὁ δικαςὴς ἢ ἑκὼν πρὸς τὸ λῆμμα τὸν τοῦ δικαίου ζυγὸν ἀπέκλινεν, ἢ ἀκου-

p. 714. σίως τῇ περιεργίᾳ τῶν τὴν ἀλήθειαν συγχεόντων παρα-
A κρουσθεὶς τὴν ἀδικίαν ἐκύρωσεν. Καὶ τί ἂν τις τὰ καθ' ἕκαςον λέγοι δι' ὧν ἡ ἁμαρτία πολυσχιδῶς καὶ πολυτρόπως τῇ ἀνθρωπίνῃ ζωῇ καταμίγνυται, ἧς αἴτιον οὐδὲν ἕτερόν ἐςιν ἢ τὸ μὴ συμπαραλαμβάνεσθαι παρὰ τῶν ἀνθρώπων τὴν τοῦ θεοῦ συμμαχίαν πρὸς τὰ ἐν χερσὶ σπουδαζόμενα; Ἐὰν εὐχὴ τῆς σπουδῆς προηγήσηται, ἡ ἁμαρτία πάροδον κατὰ τῆς ψυχῆς οὐχ εὑρήσει· τῆς γὰρ τοῦ

B θεοῦ μνήμης ἐν τῇ καρδίᾳ καθιδρυμένης ἄπρακτοι μένουσιν αἱ τοῦ ἀντικειμένου ἐπίνοιαι, πανταχοῦ τῆς δικαιοσύνης ἐν τοῖς ἀμφισβητουμένοις μεσιτευούσης. Ἐπέχει καὶ τὸν γεωργὸν τῆς ἁμαρτίας ἡ προσευχή, ἐν ὀλίγῳ [3] πόνῳ τῆς γῆς τοὺς καρποὺς πλεονάζουσα, ὡς μηκέτι τῇ τοῦ πλείονος ἐπιθυμίᾳ συνεισιέναι τὴν ἁμαρτίαν. Οὕτως ὁ ὁδοιπόρος, οὕτως ὁ ἐπὶ ςρατείαν ἢ γάμον ςελλόμενος, οὕτως πᾶς ὁςισοῦν τῶν πρός τι τὴν ὁρμὴν ἐχόντων, εἰ μετ' εὐχῆς ἕκαςον [4] πράττοι, τῇ πρὸς τὸ σπουδαζόμενον

C εὐοδίᾳ τοῦ ἁμαρτάνειν ἀποτραπήσεται, οὐδενὸς ἐναντίου τὴν ψυχὴν πρὸς πάθος καθέλκοντος. Εἰ δὲ ἀποςὰς τοῦ θεοῦ ἴλος γένοιτο τῆς σπουδῆς, ἀνάγκη πᾶσα τὸν ἔξω

---

3) πόνῳ fehlt in den bisherigen Ausgaben. — 4) Kr. πράττοιτο.

Welt, Habsucht aber ist Götzendienst. So mißt der Landmann seine
Feldarbeit nicht nach den Bedürfnissen der Nothwendigkeit, sondern
er spannt seine Thätigkeit immer höher an, und gewährt der Sünde
dadurch allen Zugang zu seiner Lebensbeschäftigung, indem er sich
über die Grenzen fremden Besitzthums hinaus zu erweitern bemüht
ist. Daraus erwachsen schwerbeizulegende Streitigkeiten über die
Grenzen des Ackers, wenn die welche von der gleichen Krankheit
der Habsucht erfaßt sind gegeneinander in Aufregung gerathen. Daher die Verzürnungen, die Triebe zum Bösen, die gegenseitigen Angriffe, welche in Blut und Mord ihr Ende nehmen. In gleicher
Weise leisten die Rechtsstudien mannichfachen Sünden Vorschub,
weil sie unzählige Vertheidigungsmittel der Ungerechtigkeit ausfindig zu machen bemüht sind. Der Richter läßt entweder freiwillig
die Wage der Gerechtigkeit sich dem Gewinn zuneigen, oder er wird
gegen seinen Willen durch die thätigen Bemühungen derer welche
die Wahrheit trüben wollen getäuscht und erläßt einen ungerechten
Urtheilsspruch. Was soll man jedoch alle einzelnen Fälle aufzählen
durch welche sich die Sünde auf vielen und mannichfachen Wegen
dem Leben der Menschen beimischt? Nichts Anderes verschuldet sie als
daß von den Menschen der Beistand Gottes für ihre Geschäfte nicht
mehr mit in Anspruch genommen wird. Geht Gebet der Thätigkeit
voraus, so wird die Sünde in die Seele keinen Eingang finden;
denn wenn die Erinnerung an Gott in dem Herzen fest wurzelt, so
bleiben die bösen Anschläge des Widersachers ohne Wirkung, weil
bei allen Streitfragen die Gerechtigkeit das Amt der Vermittlerin
übernimmt. Auch den Landmann hält das Gebet von der Sünde
ab, und gewährt bei geringer Anstrengung die Früchte der Erde in
reichlichem Maße, so daß die Sünde durch die Begierde nach Mehr
keinen Eingang ferner gewinnen kann. So wird der Wanderer, so
der welcher in den Krieg zieht oder sich zur Heirath anschickt, so wird
Jeder welcher irgend ein Vorhaben verfolgt, sobald er nur Alles
mit Gebet ins Werk setzt, durch ein glückliches Gedeihn seiner Un-
ternehmung von dem Sündigen abgehalten werden, weil kein Widersacher die Seele zu Aufregung und Leidenschaft fortreißt. Wenn
er dagegen von Gott abfällt und sich ganz seinem Dichten und
Trachten hingiebt, so muß nach aller Nothwendigkeit der welcher

θεοῦ ὄντα ἐν τῷ ἐναντίῳ πάντως εἶναι. Χωρίζεται δὲ τοῦ θεοῦ ὁ μὴ συνάπτων ἑαυτὸν διὰ προςευχῆς τῷ θεῷ. Οὐκοῦν τοῦτο χρὴ πρότερον ⁵ἡμᾶς διδαχθῆναι τῷ λόγῳ ὅτι δεῖ πάντοτε προςεύχεσθαι, καὶ μὴ ἐκκακεῖν. Ἐκ γὰρ τοῦ προςεύχεσθαι περιγίνεται τὸ μετὰ θεοῦ εἶναι· ὁ δὲ μετὰ θεοῦ ὢν τοῦ ἀντικειμένου κεχώρισαι. Προςευχὴ σωφροσύνης ἐςὶ φυλακτήριον, θυμοῦ παιδαγωγία, τύφου καταςολὴ, μνησικακίας καθάρσιον, φθόνου καθαίρεσις, ἀδικίας ἀναίρεσις, ἀσεβείας ἐπανόρθωσις. Προςευχὴ σωμάτων ἐςὶν ἰσχὺς, οἰκίας εὐθηνία, πόλεως εὐνομία, βασιλείας κράτος, πολέμου τρόπαιον, εἰρήνης ἀσφάλεια, τῶν διεςώτων συναγωγὴ, τῶν συνεςώτων διαμονή. Προςευχὴ παρθενίας ἐςὶ σφραγὶς, γάμου πίςις, ὁδοιπόροις ὅπλον, κοιμωμένων φύλαξ, ἐγρηγορότων θάρσος, γεωργῶν εὐφορία, ναυτιλλομένων σωτηρία. Προςευχὴ κρινομένων συνήγορος, δεδεμένων ἄνεσις, κεκμηκότων ἀνάπαυσις, λυπουμένων παραμυθία, χαιρόντων θυμηδία, πενθούντων παράκλησις, γαμούντων ςέφανος, γενεθλίων ἑορτὴ, ἀποθνησκόντων ἐντάφιον. Προςευχὴ θεοῦ ὁμιλία, τῶν ἀοράτων θεωρία, τῶν ἐπιθυμουμένων πληροφορία, τῶν ἀγγέλων ὁμοτιμία, τῶν καλῶν προκοπὴ, τῶν κακῶν ⁶ἀποτροπὴ, τῶν ἁμαρτανομένων διόρθωσις, τῶν παρόντων ἀπόλαυσις, τῶν ⁷ἐλπιζομένων ὑπόςασις. Προςευχὴ τῷ μὲν Ἰωνᾷ τὸ κῆτος οἶκον ἐποίησεν, τὸν δὲ Ἐζεκίαν ἐκ τῶν πυλῶν τοῦ θανάτου πρὸς τὴν ζωὴν ἐπανήγαγεν, τοῖς δὲ τρισὶ νέοις εἰς πνεῦμα δροσῶδες τὴν φλόγα ἔτρεψεν, καὶ τοῖς Ἰσραηλίταις κατὰ τῶν Ἀμαληκιτῶν ἀνέςησε τρόπαιον, καὶ τὰς ἑκατὸν ὀγδοήκοντα καὶ πέντε τῶν Ἀσσυρίων χιλιάδας μιᾷ νυκτὶ τῇ ἀοράτῳ ῥομφαίᾳ κατέςρωσεν. Καὶ μυρία πρὸς τούτοις ἔςιν εὑρεῖν ἐκ τῶν ἤδη γεγενημένων τὰ ὑποδείγματα δι' ὧν φανερὸν γίνεται τὸ μηδὲν τῆς προςευχῆς εἶναι τῶν κατὰ τὴν ζωὴν τιμίων ἀνώτερον. Ἀλλὰ καιρὸς ἂν εἴη πρὸς αὐτὴν ἤδη τὴν προςευχὴν ἀσχοληθῆναι· μᾶλλον δὲ μικρὸν ἔτι προςθῶμεν τῷ

---

5) Rr. ὑμᾶς. — 6) Rr. ἀνατροπὴ. — 7) Rr. μελλόντων.

außerhalb Gottes seine Stellung nimmt sie innerhalb seines Gegentheils nehmen. Von Gott trennt sich aber wer sich vermittelst des Gebets mit Gott nicht in Verbindung setzt. Wir müssen uns demnach zuerst von der Schrift dahin belehren lassen daß wir stets beten und nimmer damit müde werden. Denn durch das Beten gelingt es uns mit Gott in Gemeinschaft zu kommen; wer aber mit Gott ist, der ist von seinem Widersacher fern. Gebet ist ein Schutzmittel sittlicher Nüchternheit, ein Zuchtmittel des Zorns, eine Zügelung des Hochmuths, reinigt uns von rachsüchtigen Gedanken, reinigt uns von Neid, vertilgt Ungerechtigkeit, und bringt Gottlosigkeit auf gute Wege. Gebet ist Kraft und Stärke der Körper, Wohlhabenheit und Fülle im Hause, gesetzliche Ordnung im Staate, Macht des Königthums, Triumph im Kriege, Sicherheit im Frieden, Versöhnung der Zwieträchtigen, Beständigkeit der Einträchtigen. Gebet ist ein Siegel der Jungfräulichkeit, ein Verlaß in der Ehe, eine Waffe für die Reisenden, ein Wächter für die Schlafenden, ein Muth für die Wachenden, eine Fülle der Feldfrucht für den Landmann, eine Rettung für Seefahrer. Gebet ist ein Anwalt der Verklagten, eine Befreiung der Gebundenen, eine Ruhe für die Müden, eine Linderung für die Traurigen, eine Herzerquickung für die Fröhlichen, ein Trost für die sich Kümmernden, ein Kranz für die sich ehelich Verbindenden, eine Feier des Geburtstages, ein Sterbekleid für die Todten. Gebet ist ein Gespräch mit Gott, ein Sehen des Unsichtbaren, Erfüllung dessen was man wünscht, ein Stand gleicher Ehren mit den Engeln, ein Fortschritt im Guten, ein Sichabwenden vom Bösen, ein Wiedergutmachen der Sünden, Genuß der Gegenwart, Gewähr der Hoffnung auf die Zukunft. Gebet machte dem Jonas das Seeungeheuer zu einer Wohnung, führte den Ezekia aus den Thoren des Todes zum Leben zurück, verwandelte die Flamme den drei Jünglingen in einen thauig-kühlenden Lufthauch, ließ die Israeliten das Siegeszeichen über die Amalekiter errichten, und streckte in einer Nacht fünfundachtzig Tausend Assyrier mit dem unsichtbaren Schwerte darnieder. Unzählige Beispiele würden sich zu diesen aus der Geschichte auffinden lassen, durch welche deutlich wird daß von Allem was für das Leben Werth hat Nichts über das Gebet geht. Indessen dürfte es an der Zeit sein daß wir uns

λόγῳ, ὅτι πολλῶν καὶ παντοδαπῶν ἀγαθῶν παρὰ τῆς θείας χάριτος ἡμῖν ὑπαρξάντων ἓν τοῦτο πρὸς ἀντίδοσιν ἂν εἰλήφαμεν ἔχομεν, τὸ διὰ προςευχῆς τε καὶ εὐχαριςίας τὸν εὐεργέτην ἀμείβεσθαι. Λογίζομαι τοίνυν ὅτι, κἂν πάσῃ τῇ ζωῇ τὴν πρὸς τὸν θεὸν ὁμιλίαν συμπαρατείνωμεν εὐχαριςοῦντες καὶ προςευχόμενοι, τοσοῦτον τῆς κατὰ τὴν ἀντίδοσιν ἀξίας ἀπολειπόμεθα ὅσον εἰ μηδὲ τὴν ἀρχὴν ἀντιδοῦναι τῷ εὐεργέτῃ προεθυμήθημεν. Ἐν τρισὶ τμήμασι τὸ χρονικὸν μετρεῖται διάςημα, τῷ παρῳχηκότι, τῷ ἐνεςῶτι καὶ τῷ μέλλοντι. Ἐν τοῖς τρισὶ τούτοις ἡ εὐεργεσία τοῦ κυρίου καταλαμβάνεται. Ἐὰν τὸ ἐνεςὼς λογίσῃ, ἐν αὐτῷ ζῇς· ἐὰν τὸ μέλλον, ἐκεῖνός σοι ἡ τῶν προςδοκωμένων ἐςὶν ἐλπίς· ἐὰν τὸ παρελθὸν, οὐκ ἂν ἦς πρὶν ἂν παρ' ἐκείνου γενέσθαι. Εὐηργετήθης αὐτὸ τὸ γενέσθαι παρ' ἐκείνου λαβὼν, καὶ γενόμενος εὐηργέτησαι ἐν αὐτῷ ζῶν καὶ κινούμενος, καθώς φησιν ὁ ἀπόςολος. Αἱ τῶν μελλόντων ἐλπίδες τῆς αὐτῆς εὐεργεσίας ἤρτηνται. Σὺ δὲ μόνου τοῦ ἐνεςῶτος εἶ κύριος. Ὥςε, κἂν διὰ παντὸς εὐχαριςῶν τῷ θεῷ μὴ διαλίπῃς, μόγις τοῦ ἐνεςῶτος ἀποπληρώσεις τὴν χάριν, οὔτε τοῦ μέλλοντος, οὔτε τοῦ παρῳχηκότος ἐπίνοιαν ἐξευρίσκων τινὰ πρὸς τὴν τῶν χρεωςουμένων ἀντίδοσιν. Ἡμεῖς δὲ, τοσοῦτον τῆς κατὰ δύναμιν εὐχαριςίας ἀπολειπόμενοι, οὐδὲ περὶ τὸ δυνατὸν εὐγνωμονοῦμεν, οὐ λέγω πᾶσαν ἡμέραν, ἀλλ' οὐδὲ πολλοςὸν τῆς ἡμέρας τῇ κατὰ θεὸν ἀποκληροῦντες σχολῇ. Τίς μοι τὴν γῆν ὑπεςόρεσεν; τίς βάσιμον δι' ἐπινοίας τὴν ὑγρὰν φύσιν ἐποίησεν; τίς ἔπηξέν μοι τὸν οὐρανὸν ὡς καμάραν; τίς δᾳδουχεῖ μοι τὴν τοῦ ἡλίου λαμπάδα; τίς ἀποςέλλει πηγὰς ἐν φάραγξιν; τίς ἡτοίμασεν τοῖς ποταμοῖς τὰς διόδους; τίς μοι τὴν τῶν ἀλόγων ζώων ὑπηρεσίαν ὑπέζευξεν; τίς με κόνιν ἄψυχον ὄντα ζωῆς τε καὶ διανοίας

mit dem Gebete selbst beschäftigen; doch wollen wir noch ein Geringes unserem Worte zugeben, daß nämlich von den vielen und mannichfaltigen Gütern welche wir der Gnade Gottes verdanken wir nur dies Einzige zur Wiedergabe haben, durch Gebet und Dank unserem Wohlthäter wieder zu vergelten. Ich glaube darum daß wenn wir in Dank und Gebet unserem Verkehr mit Gott auch die Ausdehnung unseres ganzen Lebens geben wollten, wir dennoch so sehr hinter einer würdigen Vergeltung zurückbleiben würden als wenn wir nicht einmal von Anfang an dem Wohlthäter zu danken den Vorsatz gefaßt hätten. Die Dimension der Zeit mißt sich nach drei Abschnitten, nach der Vergangenheit, der Gegenwart und der Zukunft, und in diesen dreien begreift sich die Güte des Herrn. Denkst du an die Gegenwart: du lebst in ihr. Denkst du an die Zukunft, so ist er die Hoffnungsstütze dessen was du erwartest, und gedenkst du der Vergangenheit, so weißt du daß du nicht eher warst ehe du von ihm geschaffen wurdest. Er ward dein Wohlthäter da du das Dasein von ihm empfingst, und da du geworden bist, so empfängst du seine Wohlthat indem du in ihm lebst und webst, wie der Apostel sagt. Die Hoffnungen auf die Zukunft hängen von derselben Güte ab. Deine Macht erstreckt sich aber nur auf die Gegenwart. Darum, wenn du auch Gott fortwährend zu danken nicht stille stehst, dürftest du doch kaum der Danksagung für die Gegenwart vollständig genügen, und keine Möglichkeit auffinden um für die Zukunft und die Vergangenheit eine Art von Wiedervergeltung zu leisten. Während wir aber so weit hinter der Möglichkeit genügenden Dankes zurückstehen, handeln wir nicht einmal so weit unser Können reicht den geziemenden Forderungen entsprechend, indem wir, ich sage nicht den ganzen Tag, sondern auch nicht einmal den kleinsten Theil des Tages der Beschäftigung mit Gott zuwenden. Wer hat die Erde unter meine Füße gebreitet? Wer hat die Natur des Wassers durch das Mittel einer kunstreichen Erfindung gangbar gemacht? Wer hat mir den Himmel wie ein Gewölbe befestigt? Wer trägt mir die Fackel der Sonne vor? Wer sendet Quellen in die Thalschluchten? Wer bereitete den Flüssen ihre Wege? Wer hat die unvernünftigen Thiere mir dienstbar gemacht? Wer hat mich als ich ein seelenloser Staub war des Lebens und der Denkkraft

μετέχειν ἐποίησεν; τίς τὸν πηλὸν τοῦτον κατ᾽ εἰκόνα τοῦ θείου χαρακτῆρος ἐμόρφωσεν; τίς συγχεθεῖσαν ἐν ἐμοὶ διὰ τῆς ἁμαρτίας τὴν θείαν εἰκόνα πάλιν εἰς τὴν ἀρχαίαν ἐπανήγαγε χάριν; τίς ἐξοικισθέντα με τοῦ παραδείσου, καὶ τοῦ ξύλου τῆς ζωῆς ἔξω γενόμενον, καὶ τῷ βαράθρῳ τῆς ὑλικῆς ζωῆς συγκαλυφθέντα ἐπὶ τὴν πρώτην ἕλκει μακαριότητα; Οὐκ ἔςιν ὁ συνιών, φησὶν ἡ γραφή. Ἦ γὰρ ἂν πρὸς ταῦτα ὁρῶντες ἄληκτον ἂν καὶ ἀκατάπαυςον ἐν παντὶ τῷ τῆς ζωῆς διαςήματι τὴν εὐχαριςίαν ἀπεπληροῦμεν. Νυνὶ δὲ πρὸς μόνον τὸ ὑλικὸν πᾶσα σχεδὸν ἐγρήγορεν ἡ ἀνθρωπίνη φύσις, πρὸς τοῦτο ἡ σπουδή, ἐν τούτῳ ἡ προθυμία περὶ ταῦτα καὶ ἡ μνήμη καὶ ἡ ἐλπὶς καταγίνεται· ἄϋπνός ἐςι καὶ ἀκοίμητος πρὸς τὴν τοῦ πλείονος ἐπιθυμίαν ἡ ἀνθρωπίνη φύσις ἐν παντὶ πράγματι ἐν ᾧ δυνατόν ἐςιν ἐξευρεθῆναι τὸ πλέον, εἴτε κατὰ τιμήν τε καὶ δόξαν, εἴτε κατὰ τὴν τῶν χρημάτων περιουσίαν, εἴτε κατὰ τὴν τοῦ θυμοῦ νόσον, πανταχοῦ πρὸς τὸ πλέον ἐν τούτοις ἡ φύσις βλέπει. Τῶν δὲ ἀληθινῶν τοῦ θεοῦ ἀγαθῶν λόγος οὐδείς, οὔτε τῶν φαινομένων, οὔτε τῶν ἐπηγγελμένων.

Ἀλλὰ καιρὸς ἂν εἴη καὶ τῶν τῆς προςευχῆς ῥημάτων κατιδεῖν, ὡς ἔςι δυνατόν, τὴν διάνοιαν· δῆλον γὰρ ὅτι τὸ τυχεῖν ὧν βουλόμεθα διὰ τοῦ μαθεῖν ὅπως προςήκει ποιεῖσθαι τὴν αἴτησιν περιγίνεται. Τίς οὖν ἡ διδαχή; Προςευχόμενοι, φησὶ, μὴ [8] βαττολογεῖτε, ὥσπερ οἱ ἐθνικοί· δοκοῦσι γὰρ ὅτι ἐν τῇ πολυλογίᾳ αὐτῶν εἰσακουσθήσονται. Τάχα μὲν οὖν αὐτόθεν ἔχει τὸ σαφὲς ἡ τῆς διδασκαλίας διάνοια, γυμνότερον ἡμῖν ἐκτεθεῖσα, καὶ οὐδὲν δεομένη τῆς λεπτοτέρας κατανοήσεως· πλὴν ἄξιον ἐξετάσαι τί σημαίνει τῆς βαττολογίας τὸ ῥῆμα, ὡς ἂν μαθόντες τὴν διάνοιαν ἔξω τοῦ ἀπηγορευμένου γενοίμεθα. Δοκεῖ τοίνυν μοι [9] σωφρονίζειν τε καὶ συςέλλειν τὴν χαυνότητα τῆς διανοίας τῶν ταῖς ματαίαις ἐπιθυμίαις ἐμβαθυνόντων, καὶ διὰ τοῦτο τὴν ξένην ταύ-

---

8) Κτ. βαττολογήσητε. — 9) Κτ. σωφρονίζειν τὴν χαυνότητα τῆς διανοίας, καὶ συςέλλειν τῶν τ. μ. ἐ. ἐμβαθυνόντων τὴν φαντασίαν, καὶ διά.

theilhaftig werden lassen? Wer hat diesen Erdkloß nach dem Bilde Gottes gestaltet? Wer hat das durch die Sünde in mir verwischte Bild Gottes wieder zur alten Schönheit zurückgeführt? Wer zieht mich, den aus dem Paradiese Vertriebenen, den dem Baume des Lebens Entrückten und in den Abgrund des materialen Lebens Versenkten zur ersten Glückseligkeit zurück? Niemand ist der das weiß, wie die Schrift sagt; denn sonst würden wir sicherlich wohl im Hinblick darauf zu keiner Zeit unseres Lebens dafür zu danken aufhören, noch stille stehen. Allein jetzt ist die Aufmerksamkeit der menschlichen Natur fast ganz und ausschließlich dem Materialen zugewendet, dahin geht ihr Eifer, danach steht ihr Sinn, darum bewegt sich ihr Erinnern und ihr Hoffen; nicht Schlaf, nicht Ruhe kennt die menschliche Natur in ihrer Gier nach dem Mehr in allen Handlungen bei denen es möglich ist einen Mehrgewinn ausfindig zu machen, sei es in Hinsicht auf Ehre und Ruhm, oder auf Reichthum, oder auf den Gegenstand eines Gemüthsaffects, überall in diesen Dingen ist ihr Blick auf das Mehr gerichtet. An die wahren Güter Gottes aber denkt Niemand, weder an die welche wir mit Augen schauen, noch an die welche uns verkündigt sind.

Doch dürfte es an der Zeit sein unser Augenmerk, so viel als es möglich ist, auch auf die Bedeutung der Worte des Gebets zu richten; denn es ist klar daß wir uns die Erfüllung dessen was wir wünschen durch die Kenntniß der Art und Weise, wie wir die Bitte einzurichten haben, sichern. Was werden wir also gelehrt? Wenn Ihr betet, heißt es, sollt Ihr nicht plappern wie die Heiden; denn sie meinen, sie werden erhöret, wenn sie viel Worte machen. Nun ist vielleicht der Sinn dieser Ermahnung in ihrer nackten Hinstellung von selbst deutlich, und bedarf keiner eingehenderen Untersuchung: nur das Eine ist für uns der Erörterung werth, nämlich was das Wort „Plappern" bedeute, damit wir durch das Verständniß seines Sinns dem Verbotenen aus dem Wege zu gehen vermögen. Mir scheint der Herr die thörichte Schlaffheit der Gedanken derer strafen und zügeln zu wollen welche sich in eitle Wünsche versenken, und darum auf diesen fremd-

τὴν τῆς λέξεως καινοτομίαν ἐξευρηκέναι ἐπὶ ἐλέγχῳ τῆς ἀνοίας τῶν περὶ τὰ ἀνωφελῆ τε καὶ μάταια ταῖς ἐπιθυμίαις διαχεομένων. Ὁ γὰρ ἔμφρων τε καὶ συνετὸς καὶ πρὸς τὸ χρήσιμον βλέπων λόγος κυρίως λέγεται λόγος, ὁ δὲ ταῖς ἀνυπάρκτοις ἐπιθυμίαις διὰ τῆς ἀνυποσάτου ἡδονῆς ἐπιχεόμενος οὐκ ἔςι λόγος, ἀλλὰ [10] βαττολόγος, ὡς ἄν τις Ἑλληνικώτερον ἑρμηνεύων εἴποι τὸν νοῦν, φλυαρία, καὶ λῆρος, καὶ φλήναφος, καὶ εἴ τι ἄλλο τῆς τοιαύτης σημασίας ἐςίν. Τί οὖν ἡμῖν συμβουλεύει ὁ λόγος; Μὴ ταὐτὸν πάσχειν ἐν τῷ καιρῷ τῶν προσευχῶν οἷον ἐν τῇ τῶν νηπίων διανοίᾳ συνίςαται πάθος. Ὥσπερ γὰρ οἱ ἀτελεῖς τὴν διάνοιαν οὐχ ὅπως ἄν τι γένοιτο τῶν κατὰ γνώμην αὐτοῖς ἐπινοοῦσιν, ἀλλὰ κατ᾽ ἐξουσίαν εὐκληρίας τινὰς ἑαυτοῖς ἀναπλάττουσιν, θησαυροὺς, καὶ γάμους, καὶ βασιλείας, καὶ πόλεις μεγάλας ταῖς προσηγορίαις αὐτῶν ἐπονομαζομένας ὑποτιθέμενοι εἰς ἐκεῖνο εἶναι τῇ διανοίᾳ φαντάζονται ὅπερ ἂν αὐτοῖς ἡ ματαιότης τῶν λογισμῶν ὑπογράψῃ, — εἰσὶ δέ τινες οἳ καὶ νεανικώτερον τῆς ματαιότητος ταύτης ἀντιλαμβάνονται, καὶ ὑπερβάντες τὰ μέτρα τῆς φύσεως ἢ πτηνοὶ γίνονται, ἢ κατὰ τοὺς ἀςέρας λάμπουσιν, ἢ ὄρη διὰ χειρὸς φέρουσιν, ἢ τὸν οὐρανὸν ἑαυτοῖς ὁδοποιοῦσιν, ἢ πρὸς μυριοςὸν διαρκοῦσιν ἔτος, νέοι ἐκ παλαιῶν γινόμενοι, ἢ ὅσα ἄλλα τοιαῦτα τοῖς νηπιωδεςέροις τίκτει πομφολυγώδη καὶ διακένα ἡ καρδία ποιήματα — ὥσπερ τοίνυν ἐν τοῖς πράγμασιν ὁ μὴ [11] τοιαῦτα λογιζόμενος δι᾽ ὧν ἂν γένοιτό τι ἀγαθὸν τῷ βουλευομένῳ, ἀλλ᾽ ἐμματαιάζων ταῖς ἀνυπάρκτοις ἐπιθυμίαις ἀνόητός τίς ἐςι καὶ ἄθλιος, τὸν τοῦ πρᾶξαί τι τῶν λυσιτελούντων βουλεύσασθαι καιρὸν τοῖς ἐνυπνίοις τούτοις προσαναλίσκων, οὕτως ὁ ἐν καιρῷ προσευχῆς πρὸς τὰ συμφέροντα τῇ ψυχῇ μὴ τεταμένος, ἀλλὰ πρὸς τὰς ἐμπαθεῖς τῆς διανοίας κινήσεις συνδιατίθεσθαι τὸν θεὸν ἀξιῶν, ληρός τίς ἐςιν ὡς ἀληθῶς καὶ βαττολόγος, τῶν ἰδίων ματαιοτήτων συνεργὸν [12] τε καὶ ὑπηρέτην τὸν θεὸν γίνεσθαι

---

10) Κτ. βαττολογία. — 11) Κτ. ταὐτά. — 12) τε fehlt in den Ausg.

artigen und seltsamen Ausdruck verfallen zu sein, um die Thorheit
derer zu tadeln welche sich in unnützen und eitlen Wünschen ergehen. Denn das besonnene und verständige und auf das Nützliche
gerichtete Wort heißt eigentlich „Wort", das aber, welches aus eitler
Lust in nichtigen Wünschen überströmt, ist nicht Wort, sondern
Wortschwall, das ist, um den Sinn mit noch anderen Benennungen zu bezeichnen, leere Rede, Geschwätz und Plapperei, und was
es sonst für Ausdrücke dieser Bedeutung giebt. Was räth uns also
die Schrift? Sie räth zur Zeit des Gebets uns nicht das zustoßen
zu lassen was dem Sinn der Kinder zu begegnen pflegt. Denn wie
die geistig Unentwickelten nicht sowohl darauf denken wie Etwas
was in ihren Wünschen liegt sich verwirklichen lasse, sondern nach
Willkühr sich ein herrliches Loos vormalen, sich Reichthümer, Ver-
mählungen, Königreiche, große Städte, die nach ihren Namen benannt sind, vor Augen führen und sich in alle mögliche Verhältnisse
versetzen, welche ihnen ihre thörichten Gedanken vorspiegeln, — ja
es geben sich Manche sogar noch kindischeren Thorheiten hin, und
verwandeln sich, die Maßverhältnisse der Natur überschreitend, entweder in Vögel, oder glänzen wie Sterne, oder tragen Berge in der
Hand, oder machen für sich den Himmel gangbar, oder leben zehn-
tausend Jahre, indem sie Jünglinge aus Greisen werden, oder was
sonst für derartige Seifenblasen und leere Gedanken bei jüngeren
Leuten die Seele aushe>t: — wie also im thätigen Leben derjenige welcher nicht an das denkt wodurch seinen Wünschen entsprechend ihm etwas Gutes erwachsen würde, sondern weil er in boden-
losen Wünschen faselt, ein Thor und bedauernswerther Mensch ist,
und die Zeit des Berathens über eine nützliche Handlung in solchen
Träumereien vergeudet, so ist der welcher zur Stunde des Gebets
sich geistig nicht auf dasjenige richtet was der Seele nützt, sondern
verlangt daß Gott auf seine unklaren Gemüthsstimmungen eingehen soll, in der That ein Schwätzer und Wortvergeuder, sofern er
Gott bittet daß er ein Helfer und Beistand seiner eigenen Thorhei-

προσευχόμενος. Οἷόν τι λέγω· πρόσεισί τις διὰ προσευχῆς τῷ θεῷ, καὶ μὴ κατανοήσας τῇ διανοίᾳ τὸ ὕψος τῆς δυνάμεως ᾗ προσέρχεται, λανθάνει καθυβρίζων τὸ μέγεθος ταῖς αἰσχραῖς καὶ ταπειναῖς τῶν αἰτήσεων. Ὥσπερ ἂν, εἴ τις τὰ ἐκ πηλοῦ σκεύη δι' ὑπερβολὴν πενίας ἢ ἀγροικίας τίμια νομίζων, ἔπειτα βασιλεῖ προσελθὼν, πλούτους ὅλους καὶ ἀξιώματα διανέμειν προαιρουμένῳ, ὁ δὲ καταλιπὼν τὰς βασιλικὰς αἰτήσεις ἀξιοῖ τὸν τοσοῦτον τῷ ἀξιώματι πηλὸν διαπλάσαντα ποιῆσαί τι τῶν ἐκείνῳ καταθυμίων, οὕτως καὶ ὁ ἀπαιδεύτως τῇ εὐχῇ χρώμενος οὐ πρὸς τὸ ὕψος τοῦ διδόντος ἑαυτὸν ἐπαίρει, ἀλλὰ πρὸς τὸ ταπεινόν τε καὶ γήϊνον τῆς ἰδίας ἐπιθυμίας τὴν θείαν δύναμιν καταβῆναι ποθεῖ, καὶ τούτου χάριν τὰς ἐμπαθεῖς ὁρμὰς προτείνει τῷ τὰς καρδίας βλέποντι, οὐχ ὅπως ἂν θεραπεύσειεν τὰ ἄτοπα τῆς διανοίας κινήματα, ἀλλ' ὅπως ἂν χείρω γένοιτο, εἰς ἔργον τῆς πονηρᾶς ὁρμῆς διὰ τῆς συνεργίας τοῦ θεοῦ προελθούσης. Ἐπειδὴ γὰρ ὁ δεῖνα λυπεῖ, καί μοι διάκειται [13] πρὸς ἐκεῖνον δυσμενῶς ἡ καρδία, πάταξον αὐτὸν, τῷ θεῷ λέγει, μόνον οὐκ ἐκεῖνο βοῶν ὅτι, Τὸ ἐμὸν πάθος ἐν σοὶ γενέσθω, [14] καὶ ἡ ἐμὴ κακία ἐπὶ σὲ διαβήτω. Ὡς γὰρ ἐν ταῖς ἀνθρωπίναις μάχαις οὐκ ἔςι συμμαχῆσαί τινα τῷ ἑνὶ μέρει, μὴ συμπαροξυνθέντα τῷ ὀργιζομένῳ κατὰ τοῦ προσπαλαίοντος, οὕτω δῆλον ὅτι ὁ κατὰ τοῦ ἐχθροῦ τὸν θεὸν κινῶν συνοργισθῆναι παρακαλεῖ, καὶ τοῦ θυμοῦ κοινωνὸν γενέσθαι. Τοῦτο δὲ ἔςι τὸ εἰς πάθος πεσεῖν [15] τὸν θεὸν, καὶ κατὰ ἄνθρωπον διατεθῆναι, καὶ εἰς θηριώδη ἀπήνειαν ἐκ τῆς ἀγαθῆς φύσεως μεταποιηθῆναι. Οὕτως ὁ δοξομανῶν, οὕτως ὁ ἐν ὑπερηφανίᾳ τὸ πλέον ἔχειν ἐπιθυμῶν, ὁ ἐν τῇ διαδικασίᾳ πρὸς τὴν νίκην σπεύδων, ὁ ἐν τοῖς γυμνικοῖς ἀγῶσι πρὸς τὸν ςέφανον ἐπειγόμενος, ὁ ἐν θεάτροις τῆς εὐφημίας ἀντιποιούμενος, πολλάκις δὲ καὶ ὁ πρὸς τὸ λυσσῶδες τῆς νεότητος πάθος ἐκτετηκώς· πάντες οὗτοι οὐχ ὅπως ἂν ἔξω τοῦ ἐπικρατοῦντος ἀρρωςήματος γένοιντο προσάγουσιν

---

13) πρὸς ἐκεῖνον fehlt in den bisherigen Ausgaben. — 14) καὶ fehlt in den Ausgaben. — 15) Κτ. τὸ θεῖον.

ten werde. Zum Beispiel, nahet sich Einer im Gebete Gott, und erwägt nicht in seinem Geiste die Höhe der Macht welcher er sich nahet, so beleidigt er, ohne daß er es ahnt, Gottes Größe durch seine unziemlichen und niedrigen Bitten. Wie wenn Jemand auf Grund äußerster Armuth und Ungebildetheit irdenes Geschirr für werthvoll hält, und dann, als er zum König kommt, welcher alle Reichthümer und Würden vertheilen will, nun mit Beiseitelassung solcher Bitten die man an Könige zu stellen pflegt, von dem Träger so hoher Würden verlangen wollte, daß er ihm aus Thon etwas ihm Gefälliges bilden wolle, so erhebt sich auch derjenige welcher in ungebildeter Weise vom Gebete Gebrauch macht nicht zu der Höhe des Gebers, sondern er verlangt daß die göttliche Macht zu der irdischen Niedrigkeit seiner eigenen Wünsche herabsteige, und er legt Gott die leidenschaftlichen Regungen seines Herzens nicht deßhalb vor daß dieser diese Gedankenthorheiten heile, sondern daß sie noch schlimmer werden, wenn der böse Gedanke durch den Beistand Gottes zur Verwirklichung gekommen sein wird. Denn, sagt ein Solcher zu Gott, da Der oder Jener mich kränkt, und mein Herz feindselig gegen ihn gestimmt ist, so schlage ihn, und spricht damit eben nur nicht laut aus, Meine Leidenschaft werde zu der deinigen, und meine Bosheit gehe auf dich über. Denn wie bei den Streitigkeiten der Menschen Niemand dem einen Theile Beistand leisten kann, ohne daß er mit dem Erzürnten über den Gegner ebenfalls in Zorn gerathen ist, so leuchtet ein daß der welcher Gott gegen seinen Feind aufzubringen sucht, ihn auffordert mitzuzürnen und Theilnehmer seiner feindseligen Stimmung zu werden. Das heißt aber, Gott solle der Leidenschaft preisgegeben, wie ein Mensch gestimmt, und die Güte seines Wesens zu wilder Härte umgewandelt werden. So der Ruhmsüchtige, so der welcher in Hochmuthsdünkel mehr als Andere sein will, der beim Proceß zu gewinnen Strebende; der bei den gymnastischen Kämpfen dem Kranze Entgegeneilende, der in den Theatern nach Beifallsgeschrei sich Sehnende, oft auch der von der wahnsinnigen Leidenschaft der Jugend Verzehrte: alle diese bringen ihre Bitten vor Gott, nicht daß sie von der sie beherrschenden Krank-

τῷ θεῷ τὰς δεήσεις, ἀλλ' ὅπως ἂν εἰς πέρας αὐτοῖς ἡ νόσος ἔλθοι, καὶ τὸ διαμαρτεῖν τούτων ἀντὶ συμφορᾶς ἕκαςος κρίνοντες βαττολογοῦσιν ὄντως, συνεργὸν τῆς κατὰ τὸν νοῦν αὐτῶν ἀρρωςίας γενέσθαι τὸν θεὸν ἱκετεύοντες.

p. 719. Καὶ τὸ πάντων χαλεπώτατον, ὅτι πρὸς τὰς ἐναντίας ὁρμὰς κινεῖσθαι τὸ θεῖον αὐτοῖς ἐπιθυμοῦσιν, εἰς ἀγριότητα καὶ φιλανθρωπίαν μερίζοντες τοῦ θεοῦ τὴν ἐνέργειαν· ὃν γὰρ ἵλεων καὶ πρᾶον ἐπιζητοῦσιν ἑαυτοῖς εἶναι, τοῦτον πικρόν τε καὶ ἀπηνῆ τοῖς ἐχθροῖς αὐτῶν ἐπιδειχθῆναι παρακαλοῦσιν. Ὦ τῆς ἀνοίας τῶν βαττολογούντων. Εἰ γὰρ ἐκείνοις ἀπηνὴς ὁ θεός, οὐδὲ σοὶ πάντως ἥμερος. Εἰ δὲ ἐπὶ σοῦ πρὸς ἔλεον ῥέπει κατά γε τὴν σὴν ἐλπίδα, πῶς ἂν μεταβάλοιτο πρὸς τοὐναντίον, εἰς πικρίαν μεθαρμόζων τὸν ἔλεον; Ἀλλὰ πρόχειρος τῶν ἐριςικῶν ἡ πρὸς τὸ τοιοῦτον ἀντίθεσις. Εὐθὺς γὰρ εἰς συνηγορίαν τῆς ἑαυτῶν πικρίας τὰς ἐκ τῆς προφητείας φωνὰς παρατίθενται, τὸν Δαυὶδ ἐκλιπεῖν τοὺς ἁμαρτωλοὺς ποθοῦντα, καὶ αἰσχύνην καὶ ἐντροπὴν τῶν ἐχθρῶν κατευχόμενον, τὸν Ἱερεμίαν ἰδεῖν τὴν παρὰ θεοῦ ἐκδίκησιν ἐκ τῶν ἐναντίων ἐπιθυμοῦντα, τὸν Ὡσηὲ μήτραν ἀτεκνοῦσαν καὶ μαςοὺς ξηροὺς δοθῆναι τοῖς ἐχθροῖς δεόμενον, καὶ πολλὰ τοιαῦτα σποράδην ἐγκείμενα ταῖς ἁγίαις γραφαῖς ἀναλέγονται, συνιςάμενοι τὸ δεῖν τῶν ἐναντίων κατεύχεσθαι, καὶ τῆς ἑαυτῶν πικρίας συνεργὸν ποιεῖσθαι τοῦ θεοῦ τὴν ἀγαθότητα. Ἀλλ' ἡμεῖς, ὡς ἂν ἐκ παρόδου τοὺς ἐκ τῆς τοιαύτης ἀφορμῆς πρὸς τὸ ἐναντίον ὁδηγουμένους παύσαιμεν βαττολογοῦντας, τοῦτο περὶ ἑκάςου τῶν μνημονευθέντων παραθησόμεθα. Οὐδεὶς τῶν ἀληθῶς ἁγίων, τῶν τῷ ἁγίῳ πνεύματι θεοφορουμένων, ὧν αἱ ῥήσεις κατὰ θείαν οἰκονομίαν εἰς νουθεσίαν τῶν ἐφεξῆς ἀνεγράφησαν, ἐπί τινι κακῷ τὴν σπουδὴν ἔχων ἐπιδειχθήσεται, ἀλλὰ πᾶς αὐτοῖς ὁ σκοπὸς τῶν λόγων πρὸς διόρθωσιν τῆς ἐμπολιτευομένης τῇ φύσει κακίας βλέπει. Ὥσπερ τοίνυν ὁ εὐχόμενος μὴ εἶναι νοσοῦντας, μὴ εἶναι πτωχεύοντας, οὐ τῶν ἀνθρώπων ἀναίρεσιν, ἀλλὰ τῆς νόσου καὶ τῆς πτωχείας ἀφανισ-

heit befreit werden, sondern daß das Leiden in ihnen seinen vollständigen Verlauf bis zu Ende nehme, und weil ein Jeder glaubt daß die Nichtgewährung seiner Bitte ein Unglück sei, so plappern sie in Wahrheit wenn sie Gott anflehen daß er ihre Geisteskrankheit fördern helfen soll, und das Schlimmste von Allem ist daß sie verlangen Gott solle ihnen zu Liebe sich zu widersprechenden Entschlüssen bewegen lassen und seine Thätigkeit zwischen Wildheit und Güte theilen; denn während sie wünschen daß er für sie selbst sanft und mild sei, rufen sie ihn auf der anderen Seite an, sich ihren Feinden streng und hart zu zeigen. O des Unverstands dieser Plapperer! Denn ist Gott gegen Jene hart, so ist er auch gegen dich nicht mild und gütig. Neiget er sich hingegen, wie du es hoffest, dem Erbarmen zu, wie möchte er dann in das Gegentheil umschlagen und sein Erbarmen in Strenge umstimmen? Da haben aber die Streitsüchtigen gleich die Antwort darauf zur Hand. Denn zur Vertheidigung ihrer rachsüchtigen Stimmung führen sie die Aussprüche der Propheten an, daß David will daß die Sünder ein Ende nehmen und Schimpf und Schande über seine Feinde herabfleht, daß Jeremias die Rache Gottes über seine Widersacher kommen sehen will, daß Hosea bittet es sollen seinen Feinden unfruchtbare Leiber und vertrocknete Brüste gegeben werden. So lesen sie noch viele derartige Stellen die in den heiligen Schriften zerstreut enthalten sind für sich auf, um damit zu begründen daß man seinen Gegnern fluchen, und die Güte Gottes zur Helfershelferin des eigenen feindseligen Gemüths machen müsse. Wir wollen, in der Absicht, beiläufig die aus solchem Beweggrund zu der der Wahrheit feindlichen Ansicht Verführten mit ihrem Geschwätz zur Ruhe zu bringen, Folgendes im Betreff aller der einzeln angeführten Aussprüche dagegen vorbringen. Keiner der wahrhaft heiligen, von dem heiligen Geiste erfüllten Männer, deren Aussprüche nach dem Willen Gottes zur Ermahnung der späteren Geschlechter niedergeschrieben worden sind, hat, wie sich erweisen lassen wird, Böses beabsichtigt, sondern das ganze Endziel ihrer Reden geht auf Besserung von der der Natur innewohnenden Schlechtigkeit. Wie nun also der welcher bittet, es solle keine Kranken geben und keine Bettler, damit keineswegs den Untergang der Menschen, sondern die Vertilgung der Krankheit

μὸν ἐπιθυμεῖ γενέσθαι, οὕτω καὶ τῶν ἁγίων ἕκαςος, τὸ τῇ φύσει ἐχθρὸν καὶ πολέμιον εἰς ἀφανισμὸν ἐλθεῖν δι' εὐχῆς ἔχοντες, ὑπόνοιαν τοῖς ἀπαιδευτοτέροις παρέχουσιν, ὡς κατὰ ἀνθρώπων πικραινόμενοί τε καὶ χαλεπαίνοντες. Ὅ τε γὰρ ψαλμῳδὸς εἰπὼν ὅτι ἐκλίποιεν ἁμαρτωλοὶ ἀπὸ τῆς γῆς καὶ ἄνομοι, ὥστε μὴ ὑπάρχειν αὐτούς, τὴν ἁμαρτίαν ἐκλείπειν καὶ τὴν ἀνομίαν εὔχεται· οὐ γὰρ ἄνθρω-

[p. 720. πος [16]ἀνθρώπῳ πολέμιος, ἀλλ' ἡ κατὰ κακίαν τῆς προ-
A αιρέσεως κίνησις εἰς ἐχθροῦ τάξιν τὸ τῇ φύσει συνημμένον κατέςησεν. Τὸ κακὸν τοίνυν ἐκλείπειν εὔχεται. Ὁ δὲ ἄνθρωπος κακὸν οὐκ ἔςιν· πῶς γὰρ ἂν εἴη κακὸν τοῦ ἀγαθοῦ τὸ ὁμοίωμα; Οὕτως, κἂν αἰσχύνην καὶ ἐντροπὴν τῶν ἐχθρῶν κατεύχηται, δείκνυσίν σοι τὸ ξίφος τῶν ἐναντίων τῶν ἐκ τοῦ ἀοράτου ἐχθροῦ τῇ ἀνθρωπίνῃ προσπολεμούντων ζωῇ, περὶ ὧν καὶ ὁ Παῦλος γυμνότερον διεξέρχεται, τὴν πάλην εἶναι λέγων ἡμῖν πρὸς τὰς ἀρχὰς [17]καὶ ἐξουσίας καὶ τοὺς κοσμοκράτορας τοῦ κόσμου τούτου, πρὸς τὰ πνευματικὰ τῆς πονηρίας ἐν τοῖς ἐπουρανίοις.

B Τὰς γὰρ δαιμονιώδεις ἐπιβουλάς, δι' ὧν ἐπάγεται τοῖς ἀνθρώποις τὰ πονηρὰ πρὸς ἁμαρτίαν συμπτώματα, συντυχίαι θυμώδεις, ἐπιθυμιῶν ἀφορμαί, φθόνου καὶ μίσους καὶ ὑπερηφανίας καὶ τῶν τοιούτων κακῶν [18]ὑποθέσεις, ταῦτα ὁρῶν ὁ μέγας προφήτης τὴν ἑκάςου ψυχὴν δι' ἐπιβουλῆς περιτρέχοντα εἰς αἰσχύνην ἐλθεῖν εὔχεται ὁ κατὰ τῶν ἐχθρῶν τούτων εὐχόμενος. Τοῦτο δὲ [19]ἔςι τὸ αὐτὸν διασωθῆναι· κατὰ φύσιν γὰρ [20]ἕπεται τῷ ἡττηθέντι κατὰ τὴν πάλην τὸ ἐπαισχυνθῆναι τῷ πτώματι αὐτοῦ, ὥσπερ κεκρατηκότι τὸ ἐπὶ τῇ νίκῃ ἀγάλλεσθαι. Καὶ ὅτι ταῦτα
C οὕτως ἔχει, δηλοῖ τῆς εὐχῆς τὸ εἶδος. Αἰσχυνθήτωσαν γάρ, φησίν, καὶ ἐντραπήτωσαν οἱ ζητοῦντές μου τὴν ψυχήν. Οὐ γὰρ κατεύχεται τῶν εἰς χρημάτων ζημίαν ἐπιβουλευόντων, ἢ περὶ γῆς ὅρων διαμφισβητούντων, ἢ τῶν κατὰ τοῦ σώματος αὐτοῦ κακίαν ἐπιδεικνυμένων τινά, ἀλλὰ τῶν εἰς ψυχὴν ἐπιβουλευόντων. [21]Τίς

---

16) Rr. ἀνθρώπων. — 17) Rr. πρὸς τὰς ἐξουσίας. — 18) Rr. ὑπόθεσις. — 19) Rr. ἔςιν. — 20) Rr. ἐπάγεται. — 21) Rr. Τῆς.

und der Armuth herbeiwünscht, so gewähren auch alle Heiligen welche beten daß das was der Natur feindlich und zuwider ist vertilgt werde, den minder Gebildeten Verdacht als ob sie auf Menschen erbittert und zornig seien. Denn wenn der Sänger der Psalmen sagt, Der Sünder und Gottlosen müsse ein Ende werden auf der Erde, daß sie nicht mehr seien, so bittet er daß der Sünde und Gottlosigkeit ein Ende werden möchte; denn der Mensch ist nicht des Menschen Feind, sondern der Wille zum Bösen hat dem was mit der Natur verbunden ist die Stellung eines Feindes gegeben. Er bittet demnach daß das Böse ein Ende nehmen soll. Der Mensch ist aber nichts Böses; denn wie sollte das Abbild des Guten bös sein? So auch wenn er Schimpf und Schande über seine Feinde herabfleht, so zeigt er dir die Schaar der Widersacher welche auf das Anstiften des unsichtbaren Feindes einen Kampf gegen das Leben der Menschen führen, über welche sich Paulus unverhüllter ausspricht, wenn er sagt daß wir zu kämpfen haben mit Fürsten und Gewaltigen und mit den Herren dieser Welt, mit den bösen Geistern in dem Himmel. Denn die dämonischen Anschläge, durch welche den Menschen die bösen Gelegenheiten zur Sünde zugeführt werden, zum Zorn veranlassende Begegnungen, die Begierden reizende Ursachen, Veranlassungen zu Neid, Haß, Hoffart und zu ähnlichem Bösen, das sieht der große Prophet die Seele jedes Einzelnen listig umlagern, und indem er gegen diese Feinde betet, bittet er daß diese zu Schanden kommen sollen. Das heißt aber nichts Anderes als daß er selbst gerettet werden möge; denn naturgemäßer Weise zieht die Besiegung im Kampfe die Beschämung des Besiegten über seinen Fall nach sich, gleichwie der Sieg die Siegesfreude. Und daß dies sich so verhält zeigt die Art der Bitte, Schämen müssen sie sich und erschrecken, die nach meiner Seele trachten; er betet ja nicht gegen solche die ihm nachstellen um sein Vermögen zu beeinträchtigen, oder über Grenzen des Landes mit ihm hadern, oder die seinem Körper etwas Böses androhen, sondern gegen solche die seiner Seele Nachstellungen bereiten. Was ist das aber für eine Nachstellung die der Seele bereitet wird? was

δὲ ψυχῆς ἐπιβουλὴ, τίς ἄλλη, εἰ μὴ θεοῦ ἀλλοτρίωσις; Ἀλλοτριοῦται δὲ ἀπὸ θεοῦ ἀνθρωπίνη ψυχὴ οὐκ ἄλλως ἢ διὰ τῆς ἐμπαθοῦς διαθέσεως. Ἐπεὶ οὖν ἀπαθὲς τὸ θεῖον, [22] πᾶν τὸ ἐν πάθει γινόμενον τῆς πρὸς τὸ θεῖον συναφείας ἀποσχοινίζεται. Ὡς ἂν οὖν μὴ τοῦτο πάθοι, αἰσχύνην τῶν ἀντιπαλαιόντων εὔχεται. Τοῦτο δὲ οὐδὲν ἄλλο ἐςὶν ἢ ἑαυτῷ νίκην κατὰ τῶν πολεμίων ἐπεύξασθαι. Οἱ δὲ πολέμιοι τὰ πάθη εἰσίν. Οὕτως ὁ Ἱερεμίας ζῆλον τῆς θεοσεβείας ἔχων, εἰδωλομανοῦντος τηνικαῦτα τοῦ βασιλέως, καὶ τῶν ὑποχειρίων αὐτῷ συνδιαςραφέντων, οὐκ ἴδιόν τι θεραπεύει πάθος, ἀλλ' ὑπὲρ τοῦ κοινοῦ τῶν ἀνθρώπων προςάγει τὴν δέησιν, τῇ κατὰ τῶν ἀσεβησάντων ὁρμῇ ἅπαν σωφρονισθῆναι ἀξιῶν τὸ ἀνθρώπινον. Ὡσαύτως δὲ καὶ ὁ προφήτης Ὠσηὲ καὶ πολυγονοῦσαν τότε τὴν κακίαν ἐν τοῖς Ἰσραηλίταις ὁρῶν ἀτεκνίᾳ καταδικάζει, καὶ τὰς πικρὰς θηλὰς τῆς ἁμαρτίας ξηρανθῆναι βούλεται, ὡς ἂν μήτε τίκτοιτο [23] ἐν τοῖς ἀνθρώποις τὸ κακὸν, μήτε τρέφοιτο. Διὰ τοῦτο ὁ προφήτης, Δὸς αὐτοῖς, φησὶ, κύριε, μήτραν ἀτεκνοῦσαν καὶ μασοὺς ξηροὺς. Καὶ εἴ τις ἄλλος ἐν τοῖς ἁγίοις εὑρεθείη τοιοῦτος λόγος, θυμοῦ τινα κατηγορίαν καὶ ἔμφασιν ἔχων, πρὸς τὴν τοιαύτην πάντως διάνοιαν βλέπει, [24] ἥτις ἐξορίζει τὸ κακὸν, οὐκ ἐπιτρίβει τὸν ἄνθρωπον. Θεὸς θάνατον οὐκ ἐποίησεν (ἀκούεις τῆς ἀποφάσεως;). Πῶς οὖν εἰς τὸν κατὰ τῶν ἰδίων αὐτοῦ ἐχθρῶν θάνατον παρακαλεῖν ἔμελλεν τὸν θεὸν τὸν τῆς τοῦ θανάτου ἐνεργείας ἀλλότριον; Οὐ τέρπεται ἐπ' ἀπωλείᾳ ζώντων. [25] Ἀλλ' ὁ βαττολογῶν, καὶ κατὰ τῶν ἰδίων ἐχθρῶν τὴν τοῦ θεοῦ φιλανθρωπίαν παρακινῶν, ἐπιτερφθῆναι ταῖς ἀνθρωπίναις αὐτὸν συμφοραῖς ἐγκελεύεται. Ἀλλ' ἤδη τινὲς, φησὶν, καὶ ἀρχῶν καὶ τιμῶν καὶ πλούτου ἠξιώθησαν, εὐχῇ πρὸς τοῦτο χρησάμενοι, καὶ θεοφιλεῖς εἶναι διὰ τῆς τοιαύτης εὐκληρίας ὑπενοήθησαν. Πῶς οὖν ἀπείργεις ἡμᾶς, εἴποι τις ἂν, τοῦ περὶ τῶν τοιούτων προςάγειν τῷ θεῷ τὰς

---

22) Rr. πάντοτε ἀεὶ ὁ ἐν π. γινόμενος. — 23) ἐν fehlt in ben Ausg. — 24) Rr. ἢ ἐξορίζοι τὸ κ., οὐκ ἐπιτρίβοι. — 25) Rr. Ἀλλὰ βαττολογῶν.

Anderes als Entfremdung von Gott? Gott wird aber die Seele auf keine andere Weise entfremdet als auf dem Wege der Leidenschaft. Da nun Gott leidenschaftslos ist, so wird Alles was der Leidenschaft verfällt aus dem Verbande mit ihm gelöst. Er bittet also um Beschämung seiner Widersacher, damit ihm das nicht widerfahre, und das ist nichts Anderes als für sich den Sieg über seine Feinde erflehen. Die Feinde aber sind die Leidenschaften. So will Jeremias mit dem Eifer seiner Frömmigkeit die Leidenschaft des damals götzendienerischen Königs und seiner mit ihm verführten Unterthanen, nicht die eigene heilen, sondern für die Gesammtheit der Menschen bringt er seine Bitte dar und wünscht daß durch den Zorneseifer gegen die Frevler das ganze Menschengeschlecht zur Besinnung gebracht werden möge. In gleicher Weise will der Prophet Hosea, angesichts der damals in Israel wuchernden Bosheit, sie zur Unfruchtbarkeit verurtheilt sehen, und will daß die giftigen Brüste der Sünde vertrocknen, damit die Bosheit unter den Menschen nicht geboren, noch weitergenährt werde. Darum spricht der Prophet, Herr, gieb daß ihnen ihre Leiber unfruchtbar werden, und daß ihre Brüste vertrocknen. Findet sich sonst noch bei den heiligen Männern ein solcher Ausspruch, welcher auf Unmuth und Zorn deuten und sie dessen beschuldigen könnte, so geht er auf eine solche Gesinnung welche das Böse verbannt, aber nicht den Menschen der Vernichtung preisgegeben wissen will. Gott hat den Tod nicht gemacht (hörst du sein Verbot?), wie möchte er also Gott, welcher der Thätigkeit des Todes fern steht, für den Tod seiner eigenen Feinde anrufen? Er hat keine Freude an dem Verderben der Lebenden. Der aber welcher plappert und die Menschenliebe Gottes gegen seine Feinde in Bewegung setzen will, der fordert ihn auf sich menschlichen Unglücks zu freuen. Aber, sagt Jemand, es sind schon Manche einer Herrscherkrone, Ehren und Reichthums gewürdigt worden, weil sie darum gebetet haben, und man hat von ihnen geglaubt daß sie ob solchen Glückes Gott lieb und werth seien. Warum, könnte man sagen, verbietest du uns dahin abzielende Gebete Gott vorzulegen? Allerdings ist für Jeden klar, und dürfte wohl Niemand der Versicherung widersprechen, daß Alles vom gött-

δεήσεις; Ἀλλὰ τὸ μὲν πάντα θείας ἐξῆφθαι βουλῆς καὶ ἄνωθεν οἰκονομεῖσθαι τὸν τῇδε βίον παντὶ δῆλόν ἐςιν, καὶ οὐκ ἄν τις ἀντείποι τῷ λόγῳ· τῶν δὲ τοιούτων τῆς εὐχῆς κατορθωμάτων ἄλλας αἰτίας ἐμάθομεν, οὐχ ὡς ἀγαθὰ πάντως τοῦ θεοῦ ταῦτα τοῖς αἰτοῦσι νέμοντος, ἀλλ'
D ὡς ἂν διὰ τούτων βεβαιωθῇ τοῖς ἐπιπολαιοτέροις ἡ πρὸς τὸν θεὸν πίςις, καὶ κατ' ὀλίγον ἐν ταῖς μικροτέραις τῶν αἰτήσεων τὸ ἐπακούειν τὸν θεὸν τῶν ἱκεσιῶν τῇ πείρᾳ μανθάνοντες ἀνέλθοιμέν ποτε πρὸς τὴν τῶν ὑψηλῶν τε καὶ θεοπρεπῶν δωρημάτων ἐπιθυμίαν. Καθάπερ ἐπὶ τῶν ἡμετέρων τέκνων δρῶμεν, ἃ τέως μὲν τῇ μητρῴᾳ θηλῇ προσφύεται, ὅσον χωρεῖ ἡ φύσις, τοσοῦτον παρὰ τῆς γεννησαμένης ἐπιζητοῦντα, εἰ δὲ ὑφαδρυνθείη τὸ νήπιον καὶ τινα προσλάβοι τοῦ φθέγγεσθαι δύναμιν, καταφρονεῖ μὲν
p. 722. τῆς θηλῆς, ζητεῖ δέ τι τοιοῦτον, ἢ προκόσμιον, ἢ ἱμάτιον, ἤ
A τινα τοιαῦτα οἷς ὁ τῶν νηπίων ὀφθαλμὸς ἐπιτέρπεται, ἐπειδὰν δὲ εἰς ἡλικίαν ἔλθῃ καὶ συναυξηθῇ τῷ σώματι ἡ διάνοια, τότε πάσας τὰς παιδικὰς ἐπιθυμίας καταλιπὼν τὰ τῷ τελείῳ [26] πρέποντα βίῳ παρὰ τῶν γονέων αἰτήσεται, — οὕτω καὶ ὁ θεός, ἐθίζων τὸν ἄνθρωπον διὰ πάντων πρὸς αὐτὸν βλέπειν, διὰ τοῦτο πολλάκις οὐδὲ τῶν μικροτέρων αἰτήσεων ἀνήκοος γίνεται, ὡς ἂν ἐπὶ [27] τὴν τῶν ὑψηλοτέρων ἐπιθυμίαν διὰ τῆς ἐν τοῖς μικροῖς εὐεργεσίας τὸν τετυχηκότα τῆς χάριτος προςκαλέσαιτο. Καὶ σὺ τοί-
B νυν, εἰ ὁ δεῖνα γέγονε θείᾳ προνοίᾳ γνώριμός τε καὶ περίβλεπτος ἐξ ἀφανεςέρων, ἢ ἄλλο τι τῶν κατὰ τὸν βίον τοῦτον ἐπιζητουμένων ἐκτήσατο, ἀρχὴν ἢ πλοῦτον ἢ περιφάνειαν, νόει τὸν σκοπόν, ὅτι σοι ἀπόδειξις τῆς ἐν τοῖς μεγάλοις δυνάμεως τοῦ θεοῦ ἡ περὶ ταῦτα φιλανθρωπία γίνεται, ἵνα διὰ τοῦ τυχεῖν τῶν παιδικῶν ἀθυρμάτων περὶ τῶν μειζόνων [28] τε καὶ τελειοτέρων προσαγάγῃς τῷ πατρὶ τὰς αἰτήσεις. Ταῦτα δέ ἐςιν ὅσα εἰς ψυχὴν φέρει τὸ κέρδος. Καὶ γὰρ ἂν εἴη τῶν ἀλογωτάτων, προσελθόντα
C τῷ θεῷ ζητεῖν παρὰ τοῦ ἀϊδίου τὰ πρόσκαιρα, παρὰ τοῦ

---

26) Rt. βλέποντα. — 27) Rt. τῇ τῶν ὑψ. ἐπιθυμίᾳ. — 28) τε fehlt in den Ausg.

lichen Willen abhängig ist, und daß das irdische Leben von Oben her regiert wird, allein andernseits haben wir die Ueberzeugung gewonnen daß der glückliche Erfolg solcher Bitten andere Ursachen hat, da Gott diese Güter durchaus nicht denen welche darum bitten schlechthin gewährt, sondern sie aus dem Grunde spendet damit hierdurch den Oberflächlicheren ihr Gottvertrauen gestärkt werde, und wenn wir nach und nach durch die Erfahrung belehrt werden wie Gott bei unbedeutenderen Bitten unser Flehen erhört, endlich zu dem Verlangen nach seinen erhabenen und seiner würdigen Spenden emporsteigen. Wie wir es bei unseren Kindern sehen, welche eine Zeit lang an der Mutterbrust hangen und so viel ihre Natur verträgt von der verlangen welche sie geboren hat, daß das Kind aber dann wenn es gewachsen ist und einige Sprachfertigkeit erlangt hat, die Brust verschmäht, und nach solchen Dingen etwa, wie ein Schmuck, oder ein Kleid, und nach Aehnlichem Verlangen empfindet, woran sein Auge sich ergötzt, später aber wenn es in ein noch reiferes Alter eingetreten, und der Geist mit dem Körper gleichmäßig entwickelt ist, alle kindischen Wünsche bei Seite läßt, und die Aeltern um das bittet was dem reifen Lebensalter ansteht, so sucht auch Gott durch Alles den Menschen zu gewöhnen auf ihn zu schauen, und verschmäht darum oftmals auch nicht unerheblichere Bitten zu erhören, damit er durch seine Güte im Kleinen den welcher seiner Gnadengabe theilhaftig geworden ist zu dem Verlangen nach Höherem auffordere. Auch du also erkenne, wenn Der oder Jener von dunklerer Geburt nach dem Rathschluß der göttlichen Vorsehung ein bekannter und allgemein angesehener Mann wird, oder sich ein anderes der in diesem Leben erstrebten Güter erwirbt, eine hohe Beamtenstellung im Staate, oder Reichthum, oder Berühmtheit, auch du also erkenne hierin den Zweck daß dir diese Güte Gottes als ein Beweis seiner Macht in großen Dingen gelten soll, damit du auf Grund der Gewährung deiner kleinen kindischen Freuden dem Vater deine Bitten um Größeres und Vollkommneres darbringen möchtest. Darunter begreift sich aber Alles was der Seele Gewinn bringt. Es würde höchst thöricht sein Gott in der Absicht zu nahen um von dem Ewigen das Zeitliche zu erbitten, von dem

ἐπουρανίου τὰ ἐπίγεια, παρὰ τοῦ ὑψηλοῦ τὰ χαμαίζηλα, παρὰ τοῦ βασιλείαν οὐρανῶν δωρουμένου τὴν γηΐνην ταύτην καὶ ταπεινὴν εὐκληρίαν, παρὰ τοῦ [29] τὰ ἀναφαίρετα χαριζομένου τὴν ἐν ὀλίγῳ τῶν ἀλλοτρίων χρῆσιν, ὧν ἀναγκαία μὲν ἡ ἀφαίρεσις, πρόσκαιρος δὲ ἡ ἀπόλαυσις, ἐπικίνδυνος δὲ ἡ οἰκονομία. Καλῶς δὲ παρίστησι τῇ προσθήκῃ τὸ ἄτοπον, εἰπών, Ὥσπερ οἱ ἐθνικοί· τὸ γὰρ περὶ τὰ φαινόμενα τὴν σπουδὴν ἔχειν ἴδιόν ἐστι τῶν μηδεμίαν τοῦ μέλλοντος αἰῶνος ἑαυτοῖς ὑποτιθεμένων ἐλπίδα, μὴ κρίσεως φόβον, μὴ γεέννης ἀπειλήν, μὴ ἀγαθῶν προσδοκίαν, μὴ ἄλλο τι τῶν κατὰ τὴν ἀνάστασιν ἐλπιζομένων, οἳ βοσκημάτων δίκην πρὸς τὸν παρόντα ὁρῶντες βίον, ὅπερ ἂν λαιμῷ καὶ κοιλίᾳ καὶ ταῖς λοιπαῖς τοῦ σώματος ἡδυπαθείαις χαρίζωνται, τοῦτο ἐν ἀγαθῶν κρίνουσι μοίρᾳ, ἢ τὸ πρωτεῦσαί τινων, καὶ τὸ ὑπὲρ τοὺς λοιποὺς νομισθῆναι, ἢ πολλοῖς ἐπικαθευδῆσαι ταλάντοις, ἢ εἴ τι ἄλλο τῆς βιωτικῆς ἀπάτης ἐστίν, οἷς εἴ τις ἂν λέγοι περὶ τῆς μελλούσης ἐλπίδος, λῆρος ἄντικρυς εἶναι δοκεῖ, παράδεισον καὶ βασιλείαν καὶ οὐρανῶν διαγωγήν, καὶ τὰ τοιαῦτα διεξερχόμενος. Ἐπεὶ τοίνυν ἴδιόν ἐστι τῶν μὴ ἐχόντων ἐλπίδα τὸ προστετηκέναι τῇ παρούσῃ ζωῇ, καλῶς τὰ περιττὰ καὶ μάταια τῆς ἐπιθυμίας, ἃ δι' εὐχῆς οἴονται κατορθοῦν ἑαυτοῖς οἱ φιλήδονοι, τῶν ἐθνικῶν ὁ λόγος εἶναί φησι, τῶν νομιζόντων ἐκ τοῦ προσλιπαρεῖν περὶ τῶν ἀτόπων συνεργὸν ἐπὶ τὰ μὴ δέοντα τὸ θεῖον ἕξειν· δοκοῦσι γάρ, φησίν, ὅτι ἐν τῇ πολυλογίᾳ αὐτῶν εἰσακουσθήσονται.

Ἀλλὰ ταῦτα μέν, ἃ δεῖ [30] μὴ αἰτεῖν, δι' ὧν ἐξητάσαμεν ἐδιδάχθημεν. Οἵαν δὲ προσήκει τῷ θεῷ προσάγειν τὴν δέησιν, ἐν τοῖς ἐφεξῆς ἀκουσώμεθα χάριτι τοῦ κυρίου ἡμῶν Ἰησοῦ Χριστοῦ, ᾧ ἡ δόξα καὶ τὸ κράτος εἰς τοὺς αἰῶνας τῶν αἰώνων. Ἀμήν.

---

29) τὰ fehlt in den Ausgaben. — 30) Kr. γινώσκειν.

himmlischen das Irdische, von dem Erhabenen das Niedrige, von dem welcher das Himmelreich spendet das Loos dieses irdischen und gemeinen Glücks, von dem welcher Dinge schenkt welche uns Nichts rauben kann, die kurze Benutzung von Dingen die nicht unser sind, und deren Verlust eine Nothwendigkeit, deren Genuß ein vorübergehender, deren Verwaltung eine gefahrvolle ist. Treffend aber bezeichnet die Schrift die Thorheit noch durch den Zusatz, **Wie die Heiden**; denn nach dem Sichtbaren zu trachten ist denen eigen welche sich keine Hoffnung machen auf das künftige Leben, keine Furcht haben vor dem Gericht, keine Drohung der Hölle kennen, keine Erwartung von Gütern, kurz Nichts von dem was bei der Auferstehung von uns gehofft wird, welche nach Art der Thiere ihre Blicke auf das gegenwärtige Leben richten und alles dasjenige was sie der Gurgel, dem Bauche und den übrigen Genüssen des Körpers freigebig spenden, oder auch unter Mehreren den ersten Rang einzunehmen und vor den Uebrigen Geltung zu besitzen, oder auf vielen Geldsäcken zu schlafen, oder was sonst noch zu dem Trug des Lebens gehört, für ein Gut halten, Menschen welchen, wollte man zu ihnen von der Hoffnung der Zukunft sprechen, man bei Erwähnung des Paradieses, des Reiches, der Himmel, und ähnlicher Dinge, geradezu als ein Schwätzer vorkommen würde. Da es also denen welche keine Hoffnung haben eigen ist an dem gegenwärtigen Leben zu haften, so spricht es die Schrift treffend aus daß die überflüssigen und nichtigen Wünsche, an deren Erfüllung durch das Gebet die den Lüsten Ergebenen glauben, der Heiden sind, welche da wähnen durch unablässiges Bitten um unstatthafte und sündige Dinge Gott zum Helfer für unerlaubte Handlungen gewinnen zu können. **Denn sie glauben, sagt sie, daß sie erhört werden wenn sie viel Worte machen.**

Das ists um was man nicht bitten soll, wie wir durch unsere Untersuchung belehrt worden sind. Welcher Art aber die Bitte sein müsse welche man an Gott richtet, das werden wir in dem Folgenden vernehmen, durch die Gnade unseres Herrn Jesu Christi, welchem die Herrlichkeit und die Macht gehört bis in Ewigkeit. Amen.

ΛΟΓΟΣ β'.

Πάτερ ἡμῶν ὁ ἐν τοῖς οὐρανοῖς.

Ὅτε προςῆγεν ὁ μέγας Μωϋσῆς τῇ κατὰ τὸ ὄρος μυςαγωγίᾳ τὸν Ἰσραηλίτην λαὸν, οὐ πρότερον αὐτοὺς τῆς θεοφανείας ἠξίωσεν, πρὶν ἁγνείᾳ τε καὶ περιῤῥαντισμῷ νομοθετῆσαι τῷ λαῷ τὸ καθάρσιον. Καὶ οὐδὲ οὕτως ἐθάρσησαν τῆς θείας δυνάμεως τὴν ἐμφάνειαν, ἀλλὰ πρὸς πᾶν κατεπλάγησαν τὸ φαινόμενον, τὸ πῦρ, τὸν γνόφον, τὸν καπνὸν, τὰς σάλπιγγας· καὶ πρὸς ἑαυτοὺς πάλιν ἀποςραφέντες ἠξίουν τὸν νομοθέτην αὐτοῖς μεσίτην γενέσθαι τοῦ θείου βουλήματος, ὡς οὐχ ἱκανῆς οὔσης τῆς δυνάμεως αὐτῶν προςεγγίσαι τῷ θεῷ καὶ θείαν ἐμφάνειαν δέξασθαι. Ὁ δὲ ἡμέτερος νομοθέτης, ὁ κύριος ἡμῶν Ἰησοῦς Χριςὸς, προςάγειν ἡμᾶς τῇ θείᾳ χάριτι μέλλων, οὐχὶ Σίναιον ἡμῖν ὄρος τῷ λόγῳ προδείκνυσι γνόφῳ κεκαλυμμένον, καὶ πυρὶ καπνιζόμενον, οὐδὲ σαλπίγγων φωνὰς ἄςημόν τι καὶ καταπληκτικὸν ἀπηχούσας, οὐδὲ τριημέροις ἁγνείαις καὶ ὕδατι ῥύπον ἐκπλύνοντι τὴν ψυχὴν ἐκκαθαίρει, οὐδὲ πᾶσαν τὴν ἐκκλησίαν ἐν τῇ ὑπωρείᾳ καταλιπὼν ἑνὶ μόνῳ τὴν ἄνοδον ἐπὶ τὴν κορυφὴν τοῦ ὄρους χαρίζεται, τὴν κεκαλυμμένην τῷ γνόφῳ τῷ τὴν δόξαν θεοῦ περικρύπτοντι, ἀλλὰ πρῶτον μὲν ἀντὶ τοῦ ὄρους ἐπ' αὐτὸν ἀνάγει τὸν οὐρανὸν, βατὸν τοῖς ἀνθρώποις αὐτὸν διὰ τῆς ἀρετῆς καταςήσας, ἔπειτα δὲ οὐ θεατὰς μόνον τῆς θείας δυνάμεως, ἀλλὰ καὶ κοινωνοὺς ἀπεργάζεται, καὶ εἰς συγγένειαν τρόπον τινὰ τῆς ὑπερκειμένης φύσεως τοὺς προςιόντας ἄγει, οὐδὲ γνόφῳ κατακρύπτει τὴν ὑπερέχουσαν δόξαν, ὡς δυςθεώρητον τοῖς ἀναζητοῦσιν εἶναι, ἀλλὰ τῷ τηλαυγεῖ φωτὶ τῆς διδασκαλίας τὸν γνόφον καταφωτίσας ἐπὶ λαμπρᾶς αἰθρίας τοῖς καθαροῖς τὴν καρδίαν τὴν ἄφραςον δόξαν καθορᾶσθαι ἐποίησεν. Ὕδωρ δὲ περιῤῥαίνειν οὐκ ἐξ ἀλλοτρίων ναμάτων, ἀλλὰ τὸ ἐν ἡμῖν αὐτοῖς ἀναβρύον χαρίζεται, εἴτε τὰς τῶν ὀφθαλμῶν τις λέγοι πηγὰς, εἴτε τὴν καθαρὰν τῆς καρδίας συνείδησιν, μηδεμίαν ἰλὺν ἀπὸ κακίας ἐπαγομένην. Ἁγνείαν δὲ

Zweite Rede.
Unser Vater, der Du bist im Himmel.

Als der große Moses das Israelitische Volk der heiligen Lehre auf dem Berge zuführte, hielt er sie nicht eher für würdig vor Gottes Antlitz zu treten als bis er durch Sühnung und Besprengung dem Volke sich zu reinigen geboten hatte. Aber auch so waren sie nicht ohne Zagen vor der Offenbarung der göttlichen Macht und entsetzten sich vor jeder Erscheinung, vor dem Feuer, der Finsterniß, dem Rauch, den Posaunen, und nachdem sie wieder zu sich gekommen waren, baten sie den Gesetzgeber daß er ihr Vermittler mit dem göttlichen Willen werden wolle, weil ihre Kraft nicht stark genug sei Gott zu nahen und seine Erscheinung zu ertragen. Dagegen läßt uns unser Gesetzgeber, unser Herr Jesus Christus, da er uns der göttlichen Gnade zuzuführen im Begriff steht, mit seinem Wort keinen in Dunkel eingehüllten, von Feuer rauchenden Berg Sinai sehen und keine verworrenen und Entsetzen verbreitenden Posaunentöne vernehmen, noch reinigt er durch dreitägige Sühnung und den Schmuz abspülendes Wasser die Seele, noch läßt er die ganze Versammlung am Fuße des Berges stehen, und behält sich allein das Besteigen des Berggipfels vor, welcher in ein die Glorie Gottes verbergendes Dunkel gehüllt ist, sondern erstlich führt er uns anstatt auf den Berg in den Himmel selbst, und bahnt den Menschen den Weg dahin durch die Tugend, dann macht er uns nicht bloß zu Zuschauern allein der göttlichen Macht, sondern auch zu Theilnehmern derselben, und bringt die Herantretenden gewissermaßen in ein verwandtschaftliches Verhältniß zu dem allerhabenen Wesen, verbirgt nicht die Herrlichkeit seiner Glorie in Finsterniß, so daß er für die welche ihn suchen schwer zu erschauen ist, sondern er erleuchtet mit dem hellstrahlenden Lichte seiner Lehre die Finsterniß und läßt in leuchtender Helligkeit diejenigen welche reinen Herzens sind seine unbeschreibliche Herrlichkeit schauen. Wasser aber zum Besprengen giebt er uns nicht aus fremden Bächen, sondern das was in uns selbst aufquillt, mag man nun als seine Quelle die Augen oder das reine Bewußtsein des Herzens nennen, welches keinen Schlamm von der Bosheit mit sich führt. Sein Gebot geht ferner nicht bloß auf Rein-

οὐ μόνον ἀπὸ τῆς ἐννόμου τῶν γαμετῶν ὁμιλίας, ἀλλ᾽ ἀπὸ πάσης ὑλικῆς τε καὶ ἐμπαθοῦς διαθέσεως νομοθετήσας, οὕτως προςάγει διὰ τῆς προςευχῆς τῷ θεῷ. Αὕτη γὰρ τῶν ῥημάτων ἡ δύναμις, δι᾽ ὧν οὐχὶ φωνάς τινας ἐν συλλαβαῖς ἐκφωνουμένας μανθάνομεν διὰ τοῦ λόγου, ἀλλ᾽ ἐπίνοιαν τῆς πρὸς τὸν θεὸν ἀναβάσεως δι᾽ ὑψηλῆς πολιτείας κατωρθωμένην. Ἕξει δὲ δι᾽ αὐτῶν τῶν τῆς προςευχῆς λόγων τὴν θείαν μυςαγωγίαν κατανοῆσαι. Ὅταν προςεύχησθε, φησίν· οὐκ εἶπεν, Ὅταν εὔχησθε, ἀλλ᾽, Ὅταν προςεύχησθε, ὡς τοῦ κατὰ τὴν εὐχὴν ἤδη προκατορθωθῆναι προςήκοντος, πρὶν διὰ τῆς προςευχῆς τῷ θεῷ προςεγγίσαι. Τίς δὲ ἡ τῶν ὀνομάτων τούτων κατὰ τὸ σημαινόμενόν ἐςι διαφορά; Ὅτι εὐχὴ μὲν ἔςιν ἐπαγγελία τινὸς τῶν κατ᾽ εὐσέβειαν ἀφιερουμένων, προςευχὴ δὲ αἴτησις ἀγαθῶν μετὰ ἱκετηρίας προςαγομένη θεῷ. Ἐπεὶ οὖν παῤῥησίας ἡμῖν χρεία ὅταν προςίωμεν θεῷ τὰς ὑπὲρ τῶν λυσιτελούντων ἱκετηρίας ποιούμενοι, ἀναγκαίως τὸ κατὰ τὴν εὐχὴν προηγήσεται, ἵνα τὸ παρ᾽ ἑαυτῶν ἐκτελέσαντες, οὕτως θαρσοῦντες τὸ παρὰ τοῦ θεοῦ ἀντιλαβεῖν ἀξιώσωμεν. Διό φησιν ὁ προφήτης ὅτι, Τὰς εὐχάς μου ἀποδώσω σοι, ἃς διέςειλε τὰ χείλη μου, καί, Εὔξασθε καὶ ἀπόδοτε κυρίῳ τῷ θεῷ ἡμῶν. Καὶ πολλαχοῦ τῆς γραφῆς τὴν τοιαύτην [1] ἕξιν τῆς εὐχῆς σημασίαν εὑρεῖν, ὥςε γνῶναι ἡμᾶς ὅτι εὐχὴ μὲν ἔςι, καθὼς εἴρηται, χαριςήριος δωροφορίας ἐπαγγελία· ἡ δὲ προςευχὴ τὴν μετὰ τὴν ἐκπλήρωσιν τῆς ἐπαγγελίας τῷ θεῷ γινομένην πρόςοδον διερμηνεύει. Διδάσκει οὖν ἡμᾶς ὁ λόγος μὴ πρότερον αἰτεῖσθαί τι παρὰ τοῦ θεοῦ, πρὶν αὐτῷ τι τῶν κεχαρισμένων δωροφορῆσαι· εὔξασθαι γὰρ χρὴ πρότερον, εἶτα προςεύξασθαι, ὡς εἴ τις λέγοι προηγεῖσθαι τὴν σπορὰν τῆς ἐπικαρπίας. Οὐκοῦν [2] χρὴ πρότερον ἡμᾶς καταβαλεῖν τῆς εὐχῆς τὰ σπέρματα, καὶ οὕτως αὐξηθεῖσαν τὴν καταβολὴν τῶν σπερμάτων καρπώσασθαι, διὰ τῆς προςευχῆς τὴν χάριν [3] ἀντιλαμβάνοντας. Ὡς οὖν οὐκ ἐσομένης ἐν παῤῥησίᾳ τῆς ἐντεύξεως εἰ μὴ ἐπὶ προ-

---

1) Rt. ἕξιν ἰδεῖν τ. εὐχῆς σημασίαν, ὥςτε. — 2) Rt. χρὴ καταβαλεῖν πρότερον τῆς εὐχῆς. — 3) Die Ausgaben bieten ἀντιλαμβάνοντα.

heit von dem Verheiratheten erlaubten ehelichen Umgang, sondern auf eine Reinheit von jeglicher materialen und leidenschaftlichen Gemüthsverfassung, und so führt er uns durch das Gebet Gott zu. Denn das ist die Bedeutung seiner Rede, in welcher wir keineswegs eben nur nach Silben ausgesprochene Wörter vernehmen, sondern ein Mittel uns auf Grund eines erhabenen Wandels ein Aufsteigen zu Gott zu sichern. Doch können wir ja durch die Worte des Gebets selbst die heilige Lehre uns zu Herzen führen. Wenn Ihr betet, heißt es; er sagt nicht, Wenn Ihr gelobet, sondern, Wenn Ihr betet, wie wenn man den durch das Gelöbniß versprochenen richtigen Wandel bereits begonnen haben müsse, ehe man sich Gott betend nahet. Welches ist der Unterschied in der Bedeutung dieser Ausdrücke? Das Eine bezeichnet bloß das Versprechen einer Sache welche man in frommer Gesinnung als ein Weihgeschenk darbringt, das Andere ein Bitten um Güter welches man unter Flehen vor Gott bringt. Da wir nun uns frei und offen aussprechen müssen, wenn wir vor Gott treten und unser Flehen nach dem was uns frommt kundgeben, so muß nothwendiger Weise die Erfüllung des Gelöbnisses vorausgehen, damit wir nach Erfüllung dessen was uns obliegt, so Muth fassen Gott um das Seinige zu bitten. Deßhalb sagt der Prophet, Ich will dir meine Gebete bezahlen, welche meine Lippen gelobt haben, und, Betet und bezahlet dem Herrn unserem Gott. In dieser Bedeutung kann man häufig in der Schrift das Wort Gebet angewendet finden, so daß wir sehen, Gebet ist in diesem Sinne, wie gesagt, das Gelöbniß einer Gabe des Dankes, unser Gebet hingegen bezeichnet den Hintritt vor Gott nach Erfüllung des Gelöbnisses. Es lehrt uns demnach die Schrift nicht eher Etwas von Gott zu bitten als man ihm etwas Werthes als Gabe dargebracht hat; denn erst muß man geloben, dann beten, wie wenn man sagt daß die Saat der Ernte vorausgehe. Deßhalb müssen wir zuerst den Samen des Gelöbnisses auswerfen, um dann den ausgestreuten Samen mit Wucher wieder zu ernten, indem wir vermittelst des Gebetes die Gegengabe uns auswirken. Da nun der Zutritt zu Gott nicht gestattet sein wird, wenn man nicht nach vorausgeschicktem Gelöbniß und vorher darge-

ληφθείση εὐχῇ τινι καὶ δωροφορίᾳ ἡ πρόσοδος γένοιτο, ἀναγκαίως ἡ εὐχὴ τῆς προσευχῆς προηγήσεται. Ὡς οὖν
Luc. 11, 2. ἤδη τούτου κατορθωθέντος φησὶ πρὸς τοὺς μαθητὰς ὁ κύριος, Ὅταν προςεύχησθε, λέγετε, Πάτερ ἡμῶν ὁ ἐν
C τοῖς οὐρανοῖς. Τίς δώσει μοι πτέρυγας, ὡσεὶ περιςε-
Psalm. 54, 6. ρᾶς, φησί που τῆς ψαλμῳδίας ὁ μέγας Δαυίδ· εἴποιμι δ᾽ ἂν καὶ αὐτός, τολμήσας τὴν ἴσην φωνήν, Τίς δώσει μοι τὰς πτέρυγας ἐκείνας πρὸς τὸ δυνηθῆναι τῷ ὕψει τῆς τῶν ῥημάτων μεγαλοφυΐας συναναπτῆναι κατὰ διά-νοιαν, ὥςε καταλιπεῖν μὲν τὴν γῆν πᾶσαν, διαπερᾶσαί τε πάντα τὸν ἐν μέσῳ κεχυμένον ἀέρα, καταλαβεῖν δὲ τὸ αἰθέριον κάλλος, καὶ ἐπὶ τὰ ἄςρα φθάσαι, καὶ πᾶσαν
D τὴν ἐν αὐτοῖς διακόσμησιν κατιδεῖν, ςῆναι δὲ μηδὲ ἐν τούτοις, ἀλλὰ διεξελθεῖν καὶ διὰ τούτων, καὶ πάντων τῶν κινουμένων τε καὶ μεθιςαμένων ἐκτὸς γενέσθαι, καὶ κα-ταλαβεῖν τὴν ἑςῶσαν φύσιν, τὴν ἀμετακίνητον δύναμιν, τὴν ἐφ᾽ ἑαυτῆς καθιδρυμένην, τὴν πάντα ἄγουσάν τε καὶ φέρουσαν ὅσα ἐν τῷ εἶναι ἔςιν, πάντα τὰ τοῦ ἀφράςου θελήματος τῆς θείας σοφίας ἐξηρτημένα, ὥςε πάντων τῶν ἀλλοιουμένων τε καὶ μεθιςαμένων πόῤῥω τῇ διανοίᾳ γενό-μενος ἐν ἀτρέπτῳ τε καὶ ἀκλινεῖ τῇ τῆς ψυχῆς καταςά-
p. 726. σει τὸν ἄτρεπτόν τε καὶ ἀναλλοίωτον διὰ τῆς γνώμης
A πρότερον οἰκειώσασθαι, εἶθ᾽ οὕτω τῇ οἰκειοτάτῃ προςη-γορίᾳ ἐπικαλέσασθαι καὶ εἰπεῖν, Πάτερ; Οἵας γὰρ τῷ λέγοντι χρεία ψυχῆς, ὅσης τῆς παῤῥησίας, οἵας τῆς συνει-δήσεως, ἵνα θεὸν νοήσας, ὡς ἔςι δυνατόν, ἐκ τῶν ἐπινο-ουμένων αὐτῷ προςηγοριῶν πρὸς τὴν σύνεσιν τοῦ ἀφρά-ςου δόξης χειραγωγούμενος, καὶ μαθὼν ὅτι ἡ θεία φύσις, ὅ τί ποτέ ἐςιν, αὐτοαγαθότης ἐςίν, ἁγιασμός, ἀγαλλίαμα, δύναμις, δόξα, καθαρότης, ἀϊδιότης, ἀεὶ κατὰ τὰ αὐτὰ
B καὶ ὡσαύτως ἔχουσα, καὶ ὅσα τοιαῦτα νενόηται περὶ τὴν θείαν φύσιν, διά τε τῆς θείας γραφῆς καὶ τῶν οἰκείων λογισμῶν κατανοήσας, εἶτα τολμήσει τὴν τοιαύτην προέ-σθαι φωνήν, καὶ τὸν τοιοῦτον ἑαυτοῦ κατονομάσαι πατέ-ρα; Δῆλον γὰρ ὅτι, εἰ μετέχοι τινὸς διανοίας, οὐκ ἂν θαρσήσειεν, μὴ τὰ αὐτὰ καὶ ἐν ἑαυτῷ βλέπων, ἐκείνην

brachter Gabe ihm nahet, so muß nothwendiger Weise das Gelöbniß dem Gebet vorausgehen. Gleich als ob dies nun bereits geschehen, spricht der Herr zu den Jüngern, Wenn Ihr betet, sprecht, Unser Vater in dem Himmel. Wer wird mir Flügel geben, wie die einer Taube? spricht irgendwo in seinen Psalmen der große David. Auch ich möchte das gleiche Wort wagen und sprechen, Wer giebt mir jene Flügel, um im Geiste den gleichen Höhenflug unternehmen zu können mit der Erhabenheit der Worte, so daß ich hinter mir lasse die ganze Erde, das ganze in der Mitte liegende Luftmeer durcheile, und die ätherische Schönheit erfasse, zu den Sternen eile, und ihre ganze Herrlichkeit erschaue, aber auch dabei nicht stehen bleibe, sondern selbst über diese hinaus die Grenzen alles Wandelbaren und Veränderlichen überschreite, und die unveränderliche Natur erfasse, die unwandelbare Macht, welche auf sich selbst gegründet ist und Alles führt und trägt was ein Dasein hat, Alles was von dem unaussprechlichen Willen der göttlichen Weisheit abhängig ist, so daß ich im Geiste mich von allem Veränderlichen und Wandelbaren weit entferne und in fester und nicht zu verrückender Seelenverfassung mir den welcher fest und unwandelbar ist durch meine Gesinnung zuerst zu eigen mache, und dann mit der Anrede innigster Vertraulichkeit ihn anrufe und spreche, Vater! Denn was für eine Seele muß der also Sprechende haben, welche Sicherheit, was für ein Gewissen, um, wenn er, durch die ihm anhaftenden Benennungen zum Verständniß seiner unsagbaren Herrlichkeit angeleitet, Gott, so weit es möglich ist, erkannt hat, und gelernt daß die göttliche Natur, was sie auch sein mag, die Güte selbst ist, die Heiligung, die Freude, die Macht, die Herrlichkeit, die Reinheit, die Ewigkeit, welche sich stets gleich und dieselbe bleibt, und nachdem er mit Hilfe der heiligen Schrift und seines eigenen Denkens alle Eigenschaften der göttlichen Natur überdacht hat, dann dieses Wort auszusprechen, und zu wagen dies erhabene Wesen Vater zu nennen! Denn wenn er etwas Verstand hat, wird er offenbar nicht den Muth besitzen das Wort Vater! Gott gegenüber

προέσθαι πρὸς τὸν θεὸν τὴν φωνὴν, καὶ εἰπεῖν, Πάτερ. Τῆς γὰρ πονηρᾶς προαιρέσεως ὁ ἀγαθὸς κατ᾽ οὐσίαν πατὴρ γενέσθαι φύσιν οὐκ ἔχει, οὔτε τοῦ κατὰ τὸν βίον βεβηλωθέντος ὁ ἅγιος, οὔτε τοῦ περιτρεπομένου ὁ ἀναλλοίωτος, οὔτε τοῦ νεκρωθέντος ἐξ ἁμαρτίας ὁ πατὴρ τῆς ζωῆς, οὔτε τῶν ἐν τοῖς πάθεσι τῆς ἀτιμίας ἀσχημονούντων ὁ καθαρὸς καὶ ἀκήρατος, οὔτε τοῦ πλεονέκτου ὁ εὐεργέτης, οὔτε ὅλως τῶν ἔν τινι κακῷ εὑρισκομένων ὁ ἐν παντὶ ἀγαθῷ θεωρούμενος. Εἰ γάρ τις πρὸς ἑαυτὸν βλέπων ἔτι καθαρσίου [4] δεόμενον, καὶ τὴν μοχθηρὰν ἑαυτοῦ συνείδησιν ἐπιγινώσκων πλήρη κηλίδων καὶ πονηρῶν ἐγκαυμάτων, πρὶν καθαρθῆναι τῶν [5] τοιούτων κακῶν πρὸς τὴν τοῦ θεοῦ συγγένειαν ἑαυτὸν εἰσποιοῖ καὶ λέγοι, Πάτερ, τῷ δικαίῳ ὁ ἄδικος, [6] καὶ τῷ καθαρῷ ὁ ἀκάθαρτος, ὕβρις ἄντικρυς ἂν εἴη καὶ [7] λοιδορίας τὰ ῥήματα, εἴπερ τῆς ἰδίας μοχθηρίας πατέρα τὸν θεὸν ὀνομάζοι· ἡ γὰρ τοῦ πατρὸς φωνὴ τὴν αἰτίαν τοῦ ἐξ αὐτοῦ ὑπόντος διασημαίνει. Οὐκοῦν ὁ μοχθηρὸς τὴν συνείδησιν, εἰ πατέρα ἑαυτοῦ τὸν θεὸν λέγοι, οὐδὲν ἕτερον ἢ τῶν ἰδίων κακῶν ἀρχηγόν τε καὶ αἴτιον αὐτὸν εἶναι κατηγορήσει. Ἀλλ᾽ οὔ τις κοινωνία φωτὶ πρὸς σκότος, φησὶν ὁ ἀπόστολος, ἀλλὰ τῷ φωτὶ φῶς [8] προσῳκείωται, καὶ τῷ δικαίῳ τὸ δίκαιον, καὶ τῷ καλῷ τὸ καλόν, καὶ τῷ ἀφθάρτῳ τὸ ἄφθαρτον. Τὰ δὲ ἐναντία πρὸς τὰ ὁμογενῆ πάντως τὴν συγγένειαν ἔχει. Οὐ γὰρ δύναται δένδρον καλὸν καρποὺς πονηροὺς ποιεῖν. Εἰ τοίνυν βαρυκάρδιός τις ὢν, καθώς φησιν ἡ γραφὴ, καὶ τὸ ψεῦδος ζητῶν κατατολμᾷ τῶν τῆς προσευχῆς ῥημάτων, γινωσκέτω ὅτι οὐ τὸν οὐράνιον ὁ τοιοῦτος πατέρα καλεῖ, ἀλλὰ τὸν καταχθόνιον, ὃς αὐτός τε ψεύστης ἐστὶν καὶ τοῦ ἐν ἑκάστῳ συνισταμένου ψεύδους πατὴρ [9] γίνεται. Ἐκεῖνος ἁμαρτία καὶ ἁμαρτίας πατήρ. Διὰ τοῦτο οἱ ἐμπαθεῖς

---

4) Rr. δεόμενος. — 5) Rr. τοιούτων τε καὶ τοσούτων κακῶν. — 6) καὶ fehlt in den Ausgaben. — 7) Rr. λοιδορία. — 8) Rr. προσοικειοῦται. — 9) In den Ausgaben ist interpunctiert γίνεται, ἐκεῖνος ἁμ.

auszusprechen, da er in sich nicht die gleichen Eigenschaften wie an ihm wahrnimmt. Denn der welcher seinem Wesen nach gut ist vermag seiner Natur nach nicht Vater des bösen Willens zu werden, noch der Heilige ein Vater dessen welcher sich durch sein Leben besudelt hat, noch der Unwandelbare ein Vater des Unstäten und Vergänglichen, noch der Vater des Lebens ein Vater dessen welcher durch die Sünde den Tod empfangen hat, noch der Reine und Fleckenlose ein Vater der durch schmachvolle Leidenschaften Verunzierten, noch der Wohlthäter ein Vater des Habsüchtigen, noch überhaupt der welcher uns in vollendeter Güte entgegentritt ein Vater derer welche in irgend einem Bösen erfunden werden. Denn wenn Jemand Angesichts seiner selbst, des noch der sühnenden Reinigung Ermangelnden, und in Erkenntniß seines beladenen Gewissens, welches über und über von kleineren und größeren Schlechtigkeiten gebrandmarkt ist, eher sich in die Verwandtschaft mit Gott einführt als er sich von so großen Schlechtigkeiten gereinigt hat, und spricht, Vater!, er der Ungerechte zu dem Gerechten, und der Unreine zu dem Reinen, so ist es geradezu Frevel und sind Worte der Lästerung, sofern er ja Gott mit der Benennung Vater zum Vater seiner eigenen Schuldbeladenheit macht; denn der Ausdruck Vater bezeichnet den Ursprung dessen welcher von dem Vater stammt. Wenn also Jemand mit einem schuldbeladenen Gewissen Gott seinen Vater nennt, so wird er nichts Anderes thun als ihn als Urheber und Ursache seiner Missethaten anschuldigen. Aber es ist keine Gemeinschaft des Lichts mit der Finsterniß, spricht der Apostel, sondern dem Licht ist Licht verwandt, der Gerechtigkeit die Gerechtigkeit, dem Guten das Gute, und dem Unvergänglichen das Unvergängliche. Die Gegentheile davon können jedenfalls nur wieder mit dem ihnen Gleichartigen in Verwandtschaft stehen. Denn ein guter Baum kann keine schlechten Früchte tragen. Wenn also Einer mit beladenem Herzen, und wie sich die Schrift ausdrückt, die Lüge suchend, die Worte des Gebets zu gebrauchen wagt, der erfahre daß er nicht den himmlischen Vater, sondern den Vater der Hölle anruft, welcher selbst ein Lügner ist und zum Vater der in einem Jeden entstehenden Lüge wird. Er ist die Sünde und Vater der Sünde. Deßhalb werden die welche den

<small>Eph. 2, 3.
2 Thess.
2, 3.
Judith
16, 12.</small> τὴν ψυχὴν ὀργῆς τέκνα παρὰ τοῦ ἀποςόλου προςαγορεύονται, καὶ ὁ τῆς ζωῆς ἀποςὰς ἀπωλείας υἱὸς ὀνομάζεται, καὶ τις βλακώδης καὶ θηλυδρίας υἱὸς κορα-
<small>1 Thessal.
5, 5.
Jud. 16, 2.
et 21, 10.
1 Reg.
10, 26.
2 Reg.
13, 28.
4 Reg.
2, 16.</small> σίων αὐτομολούντων προςηγορεύθη. Ὡςαύτως καὶ ἐκ τοῦ ἐναντίου οἱ λαμπροὶ τὴν συνείδησιν υἱοὶ φωτὸς καὶ ἡμέρας προςαγορεύονται, καὶ δυνάμεως υἱοὶ ἕτεροι οἱ πρὸς τὴν θείαν ἰσχὺν ἑαυτοὺς τονώσαντες. Ὅταν τοίνυν πατέρα τὸν θεὸν λέγειν ἡμᾶς ἐν τῇ προςευχῇ διδάσκῃ ὁ κύριος, οὐδὲν ἕτερόν μοι δοκεῖ ποιεῖν ἢ τὸν ὑψηλόν τε καὶ ἐπηρμένον [10] ἡμῖν νομοθετεῖν βίον· οὐ γὰρ δὴ ψεύδεσθαι διδάσκει ἡμᾶς ἡ ἀλήθεια, ὥςε λέγειν ὃ μὴ ἐσμεν καὶ ὀνομάζειν ὃ μὴ πεφύκαμεν, ἀλλὰ πατέρα λέγοντας ἑαυτῶν τὸν ἄφθαρτόν τε καὶ δίκαιον καὶ ἀγαθόν, ἐπαληθεύειν τῷ βίῳ τὴν ἀγχιςείαν. Ὁρᾷς ὅσης ἡμῖν παρασκευῆς ἐςι χρεία, οἵου βίου, πόσης καὶ [11] ποταπῆς σπουδῆς, ὥςε ποτὲ πρὸς τοῦτο τὸ μέτρον τῆς παρρησίας ὑψωθείσης ἡμῶν τῆς συνειδήσεως τολμῆσαι εἰπεῖν τῷ θεῷ ὅτι, Πάτερ. Εἰ γὰρ περὶ τὰ χρήματα βλέποις, εἰ περὶ τὴν βιωτικὴν ἀπάτην ἠσχολημένος εἴης, ἢ τὴν ἐξ ἀνθρώπων δόξαν ἀναζητοίης, [12] ἢ τῶν ἐπιθυμιῶν ταῖς ἐμπαθεςέραις δουλεύοις, ἔπειτα τὴν τοιαύτην προςευχὴν διὰ ςόματος λάβοις, τί οἴει ἐρεῖν τὸν εἰς τὸν βίον σου βλέποντα καὶ τῆς [13] εὐχῆς ἐπαΐοντα; Ἐγὼ μὲν γὰρ τοιούτων τινῶν ῥημάτων ἀκούειν δοκῶ, ὡςανεὶ τοῦ θεοῦ πρὸς τὸν τοιοῦτον λέγοντος, Πατέρα καλεῖς, ὁ κατεφθαρμένος τῷ βίῳ τὸν τῆς ἀφθαρσίας πατέρα; τί μολύνεις τῇ ῥυπαρᾷ σου φωνῇ τὸ ἀκήρατον ὄνομα; τί καταψεύδῃ τοῦ ῥήματος; τί καθυβρίζεις τὴν ἀμόλυντον φύσιν; Εἰ τέκνον ἦς ἐμόν, ἐκ τῶν ἐμῶν ἀγαθῶν ἔδει πάντως καὶ τὸν σὸν βίον χαρακτηρίζεσθαι. Οὐκ ἐπιγινώσκω τῆς ἐμῆς φύσεως ἐν σοὶ
<small>p. 728.</small> τὴν εἰκόνα· ἐκ τῶν ἐναντίων οἱ χαρακτῆρες. Τίς κοινω-
<small>2 Corinth.
6, 14.</small> νία φωτὶ πρὸς σκότος; τίς ζωῆς καὶ θανάτου συγγένεια; τίς οἰκειότης τῷ καθαρῷ τὴν φύσιν πρὸς [14] τὸν ἀκάθαρ-

---

<small>10) ἡμῖν fehlt in den Ausgaben; dieselben bieten im Folgenden auch λέγοντες für λέγοντας. — 11) Kr. ποταπῆς ἐςι τῆς σπουδῆς. — 12. Kr. εἰ. — 13. Kr. προςευχῆς. — 14) Kr. τό.</small>

Leidenschaften fröhnen in ihrer Seele Kinder des Zorns von dem Apostel genannt, und heißt der von dem Leben Abgefallene ein Kind des Verderbens, und wer träge und weibisch ist, der hat den Namen eines Kinds entlaufender Mägdlein erhalten. Ebenso führen im Gegentheile die welche ein klares Gewissen haben den Namen Kinder des Lichts und des Tages, und wieder Andere, welche sich an der Kraft Gottes gestärkt haben, den Namen Kinder der Kraft. Wenn uns nun der Herr in dem Gebet lehrt Gott Vater zu nennen, so scheint er mir damit nichts Anderes zu thun als uns das Leben in sittlicher Höhe und Erhabenheit als ein Gebot hinzustellen. Denn in der That lehrt uns die Wahrheit nicht lügen, so daß wir sagen was wir nicht sind, und uns einen Namen geben welcher uns nicht gehört, sondern daß, wenn wir den Unvergänglichen und Gerechten und Guten Vater nennen, wir durch unser Leben unsere Verwandtschaft bewähren sollen. Du siehst welcher Vorbereitung, welches Lebens, eines wie großen und mächtigen Eifers wir Noth haben, um unser Gewissen zu dem Grade der Freiheit erheben zu können wo wir wagen dürfen zu Gott Vater zu sagen. Denn wenn du deine Blicke auf das Geld richtest, wenn du mit dem Truge des täglichen Lebens beschäftigt bist, oder Ruhm bei Menschen suchst, oder wenn du ein Sclave deiner leidenschaftlicheren Begierden bist, und dann dieses Gebet in den Mund nimmst, was glaubst du daß der welcher dein Leben sieht und dein Flehen hört dazu sagen wird? Mir ist es als ob ich etwa solche Worte sprechen hörte, wie wenn Gott zu einem Solchen sagte, Du, der in seinem Leben Verderbte, nennst Vater den Vater der Unverdorbenheit? was besudelst du mit deinem unreinen Munde den makellosen Namen? was legst du eine Lüge in das Wort? was höhnst du die unentweihte Natur? Wärst du mein Kind, so mußte durchaus auch dein Leben nach dem Vorbild meiner Vollkommenheiten gestaltet werden. Ich erkenne nicht in dir das Bild meiner Natur. Die Kennzeichen deuten auf das Gegentheil. Was hat das Licht für eine Gemeinschaft mit der Finsterniß? welche Verwandtschaft hat das Leben und der Tod? wie paßt zu dem seiner Natur nach Reinen der Unreine? Es liegt ein großer Zwischenraum zwi-

τον; Πολὺ τοῦ εὐεργετοῦντος πρὸς τὸν πλεονέκτην τὸ μέσον. Ἄμικτος ἡ τοῦ ἐλεήμονος καὶ τοῦ ἀπηνοῦς ἐναντίωσις. Ἄλλος πατὴρ τῶν ἐν σοὶ κακῶν. Τὰ γὰρ ἐμὰ γεννήματα τοῖς πατρῴοις ἀγαθοῖς καλλωπίζεται· τέκνον τοῦ ἐλείμονος ὁ ἐλεήμων, καὶ τοῦ καθαροῦ ὁ καθαρὸς, ὁ [15] φθορᾶς ἀλλότριος τοῦ ἀφθάρτου, καὶ τὸ ὅλον ἐξ ἀγαθοῦ ἀγαθὸς καὶ ἐκ δικαίου δίκαιος. Ὑμᾶς δὲ οὐκ οἶδα πόθεν ἐςέ. Οὐκοῦν ἐπικίνδυνον πρὶν καθαρθῆναι τῷ βίῳ τῆς προσευχῆς ταύτης κατατολμῆσαι, καὶ πατέρα ἑαυτοῦ τὸν θεὸν ὀνόμασαι. Ἀλλὰ ἀκούσωμεν τῶν τῆς προσευχῆς ῥημάτων πάλιν, εἴ τις ἄρα γένοιτο ἡμῖν τῶν κρυφίων τοῦ νοῦ κατανόησις διὰ τῆς συνεχεςέρας ἐπαναλήψεως. Πάτερ ἡμῶν ὁ ἐν τοῖς οὐρανοῖς. Ὅτι μὲν οὖν χρὴ τῷ κατ' ἀρετὴν βίῳ τὸν θεὸν οἰκειώσασθαι, μετρίως ἡμῖν διὰ τῶν προλαβόντων ἐξήτασαι λόγων. Δοκεῖ δέ μοι καὶ βαθυτέραν τινὰ διάνοιαν ὑποσημαίνειν ὁ λόγος· ταῦτα γὰρ ὑπόμνησιν ἡμῖν ἐμποιεῖ τῆς τε πατρίδος ἧς ἐκπεπτώκαμεν, καὶ τῆς εὐγενείας ἧς ἀπεβλήθημεν. Καὶ γὰρ ἐν τῷ κατὰ τὸν νέον διηγήματι τὸν ἀποςάντα τῆς πατρῴας ἑςίας καὶ πρὸς τὸν χοιρώδη βίον αὐτομολήσαντα τὴν ἀνθρωπίνην ἀθλιότητα δείκνυσιν ὁ λόγος, ἱςορικῶς διηγούμενος τὴν ἀποφοίτησιν αὐτοῦ καὶ τὴν ἀσωτίαν, οὐ πρότερον δὲ αὐτὸν ἐπανάγει πρὸς τὴν ἐξ ἀρχῆς εὐκληρίαν, πρὶν αἴσθησιν αὐτὸν τῆς παρούσης ἀναλαβεῖν συμφορᾶς, καὶ εἰς ἑαυτὸν ἐλθεῖν καὶ μελετῆσαι τὰ τῆς μεταμελείας ῥήματα. Ταῦτα δὲ ἦν συμβαίνοντά πως τοῖς τῆς προσευχῆς λόγοις· [16] φησὶν γὰρ ἐκεῖ, Πάτερ, ἥμαρτον εἰς τὸν οὐρανὸν καὶ ἐνώπιόν σου· οὐκ ἂν προσθεὶς τῇ ἐξομολογήσει τὴν εἰς τὸν οὐρανὸν ἁμαρτίαν, μὴ πεπεισμένος ἑαυτοῦ πατρίδα εἶναι τὸν οὐρανὸν, ὃν καταλιπὼν ἐπλημμέλησεν. Διὰ τοῦτο καὶ εὐπρόσιτον αὐτῷ τὸν πατέρα ἡ μελέτη τῆς τοιαύτης ἐξομολογήσεως ἀπεργάζεται, ὥςε καὶ προςδραμεῖν αὐτῷ καὶ φιλήματι τὸν τράχηλον δεξιώσασθαι, ὅπερ σημαίνει τὸν λογικὸν ζυγὸν τὸν διὰ ςόματος

---

15) Rr. φθόρος. — 16) Rr. ἔφησε.

schen dem der wohlthut und dem der geizig und habsüchtig ist. Unvereinbar stehen sich die Begriffe von Mitleidig und von Unbarmherzig gegenüber. Für das Böse in dir giebt es einen anderen Vater; denn meine Kinder schmücken sich mit den Tugenden ihres Vaters: das Kind des Barmherzigen ist der Barmherzige, und des Reinen der Reine, des dem Verderben Fremden der Unverdorbene, kurz von dem Guten stammt der Gute und von dem Gerechten der Gerechte. Woher Ihr aber seid weiß ich nicht! Sonach ist es gefahrvoll, ehe man sich in seinem Lebenswandel gereinigt hat, dies Gebet zu wagen und Gott seinen Vater zu nennen. Doch, hören wir nochmals die Worte des Gebets, ob uns vielleicht durch die öftere Wiederholung ein Verständniß des versteckten Sinnes zu Theil wird. Unser Vater, der du bist im Himmel. Daß wir also durch einen tugendhaften Lebenswandel uns Gott gewinnen müssen, ist in dem was vorausgieng hinlänglich untersucht worden. Die Worte scheinen mir aber auch noch eine tiefere Bedeutung zu haben; denn sie gewähren uns eine Erinnerung an das Vaterland, aus welchem wir vertrieben worden sind, und an die edle Abkunft, die wir verloren haben. Auch in der Erzählung von dem Jüngling welcher den väterlichen Heerd verlassen hatte, und zu dem unreinen Leben der Schweine übergegangen war, zeigt uns die Schrift das menschliche Elend, indem sie von seinem Weggang und seiner Schwelgerei erzählt und ihn nicht eher zu dem anfänglichen Glück zurückkehren läßt, als bis er im Gefühl seines gegenwärtigen Unglücks in sich gegangen war, und auf die Worte der Reue gesonnen hatte. Diese aber stimmen gewissermaßen mit den Worten des Gebets. Er sagt nämlich dort, Vater, ich habe gesündigt gegen den Himmel und vor dir! Gewiß würde er nicht die Sünde gegen den Himmel seinem Bekenntniß noch hinzugefügt haben, wenn er nicht überzeugt gewesen wäre daß der Himmel sein Vaterland war, welches er aufgab als er sündigte. Darum macht auch eine solche Art von Bekenntniß, auf welches sein Nachdenken ihn geführt, ihm den Vater leicht zugänglich, so daß er ihm entgegenläuft und unter Küssen seinen Nacken umschlingt — das bedeutet den Zügel der Vernunft, welcher durch die Ueberlieferung des Evangeliums dem Menschen, der

ἐπιβληθέντα τῷ ἀνθρώπῳ διὰ τῆς εὐαγγελικῆς παραδό
σεως, τῷ ἐκδύντι τὴν πρώτην τῆς ἐντολῆς ζεύγλην καὶ
ἀποσεισαμένῳ τὸν φυλάσσοντα νόμον, περιθεῖναι δὲ αὐ
τῷ καὶ τὴν ϛολὴν, οὐκ ἄλλην, ἀλλὰ τὴν πρώτην, ἧς ἐγυ
μνώθη διὰ τῆς παρακοῆς, ὁμοῦ τῇ γεύσει τῶν ἀπειρημέ
νων γυμνὸν ἑαυτὸν θεασάμενος· ὅ τε περὶ τὴν χεῖρα δα
κτύλιος διὰ τῆς ἐν τῇ σφενδόνῃ γλυφῆς τὴν τῆς εἰκόνος
ἐπανάληψιν ὑποσημαίνει· ἀσφαλίζεται δὲ καὶ τοὺς πό
δας τοῖς ὑποδήμασιν, ὡς ἂν μὴ γυμνῇ τῇ πτέρνῃ τῇ κε
φαλῇ τοῦ ὄφεως προςεγγίζων ἐμπίπτοι τῷ δήγματι. Ὥςπερ τοίνυν ἐκεῖ τῆς παρὰ τοῦ πατρὸς φιλανθρωπίας αἰ
τία γέγονε τῷ νέῳ ἡ πρὸς τὴν πατρῴαν ἑϛίαν ἐπιϛροφὴ
(αὕτη δὲ ἦν ὁ οὐρανὸς, εἰς ὃν πεπλημμεληκέναι τῷ πα
τρὶ λέγει), οὕτω καὶ ἐνταῦθα δοκεῖ μοι διδάσκων ὁ κύ
ριος τὸν ἐν τοῖς οὐρανοῖς ἐπικαλεῖσθαι πατέρα μνήμην
σοι ποιεῖσθαι τῆς ἀγαθῆς πατρίδος, ὡς ἂν ἐπιθυμίαν
σφοδροτέραν τῶν καλῶν ἐμποιήσας ἐπιϛήσειέν σε τῇ ὁδῷ
τῇ πρὸς τὴν πατρίδα πάλιν ἐπαναγούσῃ. Ὁδὸς δὲ ἡ πρὸς
τὸν οὐρανὸν τὴν ἀνθρωπίνην φύσιν ἀνάγουσα οὐδεμία τίς
ἐϛιν ἄλλη εἰ μὴ φυγὴ καὶ ἀπόϛασις τῶν περιγείων κα
κῶν· τῆς δὲ φυγῆς τῶν κακῶν ἐπίνοια οὐκ ἄλλη μοί τις
εἶναι δοκεῖ πλὴν τῆς πρὸς τὸν θεὸν ὁμοιώσεως. Τῷ δὲ
ὁμοιωθῆναι θεῷ τὸ δίκαιόν τε καὶ ὅσιον καὶ ἀγαθὸν,
καὶ τὰ τοιαῦτα ἕϛι γενέσθαι· ὧν εἴ τις, ὡς ἔϛι δυνατὸν,
τοὺς χαρακτῆρας ἐναργῶς ἐν ἑαυτῷ τυπώσειεν, ἀμογητὶ κατὰ
τὸ αὐτόματον πρὸς τὸν οὐράνιον χῶρον ἀπὸ τοῦ περιγείου
μεταναϛήσεται βίου. Οὐ γὰρ τοπική τοῦ θείου πρὸς τὸ
ἀνθρώπινόν ἐϛιν ἡ διάϛασις, ὥϛε τινὸς μηχανῆς ἡμῖν καὶ
ἐπινοίας γενέσθαι χρείαν, τὸ βαρύ τε καὶ ἐμβριθὲς καὶ
γεῶδες τοῦτο σαρκίον πρὸς τὴν ἀσώματόν τε καὶ νοερὰν
διαγωγὴν μετοικίζειν, ἀλλὰ νοητῶς τῆς ἀρετῆς τοῦ κακοῦ
κεχωρισμένης ἐν μόνῃ τῇ προαιρέσει τοῦ ἀνθρώπου κεῖ
ται πρὸς ὅπερ ἂν ἐπικλιθείη τῇ ἐπιθυμίᾳ; ἐν ἐκείνῳ
εἶναι. Ἐπεὶ οὖν οὐδεὶς ἔπεϛι πόνος ἑλέσθαι τὸ ἀγαθὸν,
τῷ δὲ ἑλέσθαι καὶ τὸ τυχεῖν ἕπεται ὧν τις προείλετο,

dem erſten Joch des Gebots ſich entzogen und das Geſetz was ihn in ſeiner Obhut hielt abgeſchüttelt hatte, wieder in den Mund gelegt wurde, — ihm auch das Gewand anzieht, und zwar kein anderes, ſondern das erſte, deſſen er durch ſeinen Ungehorſam verluſtig gegangen war, da er alsbald nachdem er von dem Verbotenen gekoſtet ſich nackt geſehen hatte; der Ring am Finger aber giebt durch den Schnitt des Kaſtens zu erkennen daß er das Ebenbild wieder erlangt habe, und auch ſeine Füße ſchützt er mit Schuhen, damit er nicht, wenn er mit nackter Ferſe dem Kopf der Schlange nahe kommt, von ihr gebiſſen werde. Gleichwie alſo dort die Rückkehr zum Vaterheerd Urſache der liebevollen Güte des Vaters gegen den Jüngling ward (dieſer Heerd aber war der Himmel, gegen welchen er geſündigt zu haben dem Vater eingeſteht), ſo ſcheint mir auch hier der Herr, wenn er lehrt den Vater im Himmel anzurufen, dich an das liebe Vaterland erinnern zu wollen, damit er durch Erweckung einer heftigeren Begierde nach ſeinen Herrlichkeiten dich auf den wieder nach der Heimath führenden Weg ſtelle. Der Weg aber welcher die Menſchheit zum Himmel emporführt iſt kein anderer als Flucht und Losſagung von dem irdiſchen Böſen, und das Mittel zur Flucht, glaube ich, iſt kein anderes als ſich Gott ähnlich zu machen. Dadurch daß man ſich Gott ähnlich macht gewinnt man die Fähigkeit gerecht und heilig und gut, und was ſonſt noch dahin gehört, zu werden; wer dieſe Eigenſchaften nach Möglichkeit ſcharf und deutlich in ſich ausgeprägt hat, der wird ohne Anſtrengung und ganz von ſelbſt von dem irdiſchen Leben in das himmliſche Land einziehen. Denn nicht eine örtliche Trennung findet zwiſchen Gott und dem Menſchen ſtatt, ſo daß wir eines künſtlichen Mittels und einer Erfindung Noth hätten, dieſes ſchwere, darniederziehende und irdiſche Fleiſch nach dem körperloſen und intellectualen Aufenthalt überzuſiedeln, ſondern da die Scheidung des Guten von dem Böſen eine nicht ſinnliche iſt, ſo liegt es in dem bloßen Willen des Menſchen da zu ſein wohin er in ſeinem Verlangen ſich neigt. Da nun keine Mühe dabei iſt das Gute zu wollen, und dem Wollen auch das Erlangen deſſen was man will nachfolgt, ſo ſteht

ἔξεςί σοι εὐθὺς ἐν τῷ οὐρανῷ εἶναι, τὸν θεὸν ἐν τῇ διανοίᾳ λαβόντι. Εἰ γὰρ, καθώς φησιν ὁ ἐκκλησιαςὴς, ὁ θεὸς ἐν τῷ οὐρανῷ [17] ἄνω, σὺ δὲ τῷ θεῷ, κατὰ τὸν προφήτην, προςεκολλήθης, ἀνάγκη πᾶσα τὸν τῷ θεῷ συνημμένον ἐκεῖ εἶναι ὅπου ἔςιν ὁ θεός. Προςτάξας τοίνυν ἐν τῇ προςευχῇ λέγειν πατέρα ἑαυτοῦ τὸν θεὸν οὐδὲν ἕτερον ἢ ὁμοιοῦσθαί σε τῇ θεοπρεπεῖ πολιτείᾳ τῷ οὐρανίῳ κελεύει πατρὶ, καθάπερ καὶ φανερώτερον ἑτέρωθι τὸ τοιοῦτον παρεγγυᾷ λέγων, Γίνεσθε τέλειοι, ὡς καὶ ὁ πατὴρ ὑμῶν ὁ οὐράνιος τέλειός ἐςιν. Εἰ οὖν νενοήκαμεν τῆς τοιαύτης προςευχῆς τὴν διάνοιαν, καιρὸς ἂν εἴη παρασκευάζειν ἑαυτῶν τὰς ψυχὰς, ὥςε ποτὲ θαρσῆσαι τὰς φωνὰς ταύτας ἀναλαβεῖν διὰ ςόματος καὶ εἰπεῖν ἐν παῤῥησίᾳ, Πάτερ ἡμῶν ὁ ἐν τοῖς οὐρανοῖς. Ὥςπερ γὰρ φανερὰ τῆς πρὸς τὸν θεὸν ὁμοιότητός ἐςι τὰ γνωρίσματα, δι᾽ ὧν ἔςι τέκνον θεοῦ γενέσθαι τινά (ὅσοι γὰρ ἔλαβον αὐτὸν, φησίν, ἔδωκεν αὐτοῖς ἐξουσίαν τέκνα θεοῦ γενέσθαι· λαμβάνει δέ τις ἐν ἑαυτῷ τὸν θεὸν ὁ τὴν κατὰ τὸ ἀγαθὸν ἀναλαβὼν τελειότητα), οὕτως ἔςι τινα καὶ τοῦ πονηροῦ χαρακτῆρος ἴδια σημεῖα, ἐν οἷς ὁ γενόμενος υἱὸς θεοῦ εἶναι οὐ δύναται, τῆς ἐναντίας φύσεως τὴν εἰκόνα φέρων. Βούλει γνῶναι τοῦ πονηροῦ χαρακτῆρος τὰ ἰδιώματα; Ὁ φθόνος, τὸ μῖσος, ἡ διαβολὴ, ὁ τύφος, ἡ πλεονεξία, ἡ ἐμπαθὴς ἐπιθυμία, τὸ κατὰ τὴν δοξομανίαν ἀῤῥώςημα, ταῦτά ἐςι καὶ τὰ τοιαῦτα οἷς ἡ μορφὴ τοῦ ἐναντίου χαρακτηρίζεται. Ὁ τοίνυν ταῖς τοιαύταις κηλῖσι τὴν ψυχὴν ἐγκεκαυμένος ἐὰν πατέρα καλέσῃ, ποῖος αὐτῷ πατὴρ ἐπακούσεται; Δηλαδὴ ὁ συγγενῶς πρὸς τὸν κεκληκότα ἔχων. Οὗτος δέ ἐςιν οὐχ ὁ οὐράνιος, ἀλλ᾽ ὁ καταχθόνιος· οὐ γὰρ τὰ σημεῖα φέρει τῆς ἀγχιςείας, ἐκεῖνος πάντως τὴν ἰδίαν συγγένειαν ἐπιγνώσεται. Οὐκοῦν ἡ τοῦ πονηροῦ ἀνδρὸς προςευχὴ, ἕως ἂν ἐν τῇ πονηρίᾳ ᾖ, τοῦ διαβόλου ἐπίκλησις γίνεται, τοῦ δὲ ἀφεςῶτος τῆς πονηρίας καὶ ἐν ἀγαθότητι ζῶντος τὸν ἀγαθὸν πατέρα ἡ φωνὴ προςκαλέ-

---

17) ἄνω fehlt in den Ausgaben.

es bei dir sofort in dem Himmel zu sein, sobald du nur Gott in deinen Sinn aufgenommen hast. Denn wenn, wie der Prediger sagt, Gott oben in dem Himmel ist, du aber, nach den Worten des Propheten, mit Gott fest verbunden bist, so muß ganz nothwendiger Weise der mit Gott eng Verbundene dort sein wo Gott ist. Besiehlt er also in dem Gebet Gott seinen Vater zu nennen, so gebietet er nichts Anderes als daß du durch einen gottgefälligen Wandel dem himmlischen Vater ähnlich werdest, wie er das auch noch deutlicher an einer anderen Stelle ausspricht, wo er sagt, *Werdet vollkommen, wie euer Vater im Himmel vollkommen ist.* Haben wir nun die Bedeutung dieses Gebets begriffen, so dürfte es an der Zeit sein unsere Seelen vorzubereiten, so daß wir endlich es wagen können diese Worte in den Mund zu nehmen und frei zu sprechen, Unser Vater in dem Himmel! Denn wie die Kennzeichen der Aehnlichkeit mit Gott, wodurch man Gottes Kind werden kann, deutliche sind, — denn wie Viele ihn aufnahmen, denen gab er Macht Gottes Kinder zu werden; man nimmt aber Gott in sich auf wenn man die Vollkommenheit im Guten in sich aufnimmt, — so giebt es auch besondere Kennzeichen des Bösen, mit welchen der welcher Gottes Kind wird nicht behaftet sein kann, weil er so das Bild der gegentheiligen Natur an sich tragen würde. Willst du die Eigenschaften des bösen Bildes kennen lernen? Sie sind der Neid, der Haß, die Verläumdung, die Hoffart, der Geiz, die leidenschaftliche Begierde, die Krankheit der Ruhmsucht, diese und ähnliche sind es worin die Gestalt des Widersachers sich kennzeichnet. Wer also mit einer durch solche Fehler gebrandmarkten Seele den Vater anruft, was für ein Vater wird dem Gehör geben? Doch offenbar der welcher mit dem verwandt ist welcher ihn angerufen hat. Das ist aber nicht der himmlische, sondern der höllische Vater; denn auf Verwandtschaft mit wem die Zeichen deuten, der wird jedenfalls seine Sippen erkennen. So wird also des bösen Menschen Gebet, so lange er im Bösen verharrt, zu einer Anrufung des Teufels; die Stimme dessen hingegen welcher vom Bösen sich losgesagt hat und im Guten lebt wird den

σεται. Ὅταν τοίνυν προσίωμεν τῷ θεῷ, πρότερον τὸν βίον ἐπισκοπήσωμεν, εἴ τι τῆς θείας συγγενείας ἄξιον ἐν ἑαυτοῖς φέρομεν, εἶθ᾽ οὕτω τὸν τοιοῦτον λόγον [18] εἰπεῖν θαρσήσωμεν· ὁ γὰρ λέγειν πατέρα προστάξας τὸ ψεῦδος λέγειν οὐ συνεχώρησεν. Οὐκοῦν ὁ τῆς θεϊκῆς εὐγενείας ἀξίως πολιτευσάμενος, οὗτος καλῶς πρὸς τὴν οὐράνιον πόλιν ὁρᾷ, πατέρα τε τὸν τῶν οὐρανῶν βασιλέα καὶ πατρίδα ἑαυτοῦ τὴν οὐράνιον ὀνομάζων μακαριότητα. Εἰς τί φέρει τῆς συμβουλῆς ὁ σκοπός, Τὰ ἄνω φρονεῖν; οὗ ὁ θεὸς, ἐκεῖ θεμελίους τῆς οἰκήσεως ἑαυτοῦ καταβάλλεσθαι, ἐκεῖ τοὺς θησαυροὺς ἀποτίθεσθαι, ἐκεῖ μετοικίζειν ἑαυτοῦ τὴν καρδίαν· ὅπου γάρ ἐστιν ὁ θησαυρὸς, ἐκεῖ [19] ἔσται καὶ ἡ καρδία· πρὸς τὸ πατρικὸν κάλλος διὰ παντὸς βλέπειν, καὶ κατ᾽ ἐκεῖνο τὴν ἰδίαν καλλωπίζειν ψυχήν. Οὐκ ἔστι προσωποληψία παρὰ θεῷ, φησὶν ἡ γραφή. Ἀπέσω καὶ τῆς σῆς μορφῆς ὁ τοιοῦτος ῥύπος. Φθόνου καθαρὸν τὸ θεῖον καὶ πάσης ἐμπαθοῦς κηλῖδος· μηδέ σε καταιζέτω τὰ τοιαῦτα πάθη, μὴ φθόνος, μὴ τῦφος, μὴ ἄλλο τι τῶν μολυνόντων τὸ θεοειδὲς κάλλος. Ἐὰν τοιοῦτος ᾖς, θάρσησον τῇ οἰκείᾳ φωνῇ τὸν θεὸν προσκαλέσασθαι, καὶ πατέρα ἑαυτοῦ τὸν τοῦ παντὸς δεσπότην κατονομάσαι. Ὄψεταί σε πατρικοῖς ὀφθαλμοῖς, περιελεῖ σε τῇ θείᾳ στολῇ, [20] κατακοσμήσει τῷ δακτυλίῳ, καταρτίσει τοὺς πόδας πρὸς τὴν ἄνω πορείαν τοῖς εὐαγγελικοῖς ὑποδήμασιν, ἀποκαταστήσει σε τῇ οὐρανίῳ πατρίδι ἐν Χριστῷ Ἰησοῦ τῷ κυρίῳ ἡμῶν, [21] ᾧ ἡ δόξα καὶ τὸ κράτος εἰς τοὺς αἰῶνας τῶν αἰώνων. Ἀμήν.

ΛΟΓΟΣ γ'.

Ἁγιασθήτω τὸ ὄνομά σου, ἐλθέτω ἡ βασιλεία σου.

Ὁ τὴν σκιὰν τῶν μελλόντων ἀγαθῶν περιέχων νόμος, καί τισιν αἰνίγμασι τυπικοῖς προαναφωνῶν τὴν ἀλήθειαν,

---

18) εἰπεῖν fehlt in den Ausgaben. — 19) Kr. ἔσται. — 20) Kr. καὶ κατακοσμήσει. — 21) Kr. ᾧ πρέπει ἡ δόξα.

guten Vater anrufen. Wenn wir demnach vor Gott treten, laßt uns zuerst einen Blick auf unser Leben werfen, ob wir etwas der Gottesverwandtschaft Würdiges an uns tragen, und so dann wagen dieses Wort auszusprechen; denn der welcher Vater! zu sagen geboten hat, hat das Lügen nicht gestattet. Wer also des göttlichen Adels würdig wandelt, der blickt mit Recht zur Himmelsstadt auf, wenn er den König der Himmel Vater und die himmlische Seligkeit sein Vaterland nennt. Wohin zielt der Rath, nach dem zu trachten was oben ist? Er zielt dahin daß man wo Gott ist da die Grundmauern seines Hauses errichten, da seine Schätze niederlegen, dahin sein Herz bringen soll, (denn wo dein Schatz ist, da wird auch das Herz sein), daß man fortwährend den Blick auf die Schönheit des Vaters richten, und nach ihr die eigene Seele schmücken soll. Es ist kein Ansehen der Person bei Gott, spricht die Schrift. Möge auch von deiner Schönheit solche Unsauberkeit fern bleiben. Gott ist rein von Neid und von jeglichem Makel der Leidenschaft: mögen auch dich diese Leidenschaften nicht brandmarken, nicht Neid, nicht Hoffart, noch ein Anderes was die göttliche Schönheit verunziert. Bist du ein Solcher, so wage es mit deiner Stimme Gott anzurufen und den Herrn des Alls Vater zu nennen. Er wird mit Vateraugen dich anblicken, wird dich umkleiden mit dem göttlichen Gewand, mit dem Ring schmücken, die Füße mit den Schuhen des Evangeliums rüsten zur Reise nach Oben, wird dich wieder zurückführen in das himmlische Vaterland, in Jesu Christo, unserem Herrn, dem die Herrlichkeit und die Macht gehört bis in Ewigkeit. Amen.

Dritte Rede.

Geheiliget werde Dein Name; zu uns komme Dein Reich!

Das Gesetz, welches den Schatten der zukünftigen Güter enthält; und in einigen Gleichnissen die Wahrheit vorherverkündet,

<small>Exod.
28, 4 sqq.
et 39,1sqq.
Levit.
8, 7 sqq.</small> ἐπειδὰν εἰς τὸ ἄδυτον εἰσάγῃ προςευξόμενον τῷ θεῷ τὸν ἱερέα, πρῶτον μὲν καθαρσίοις τισὶ καὶ περιῤῥαντισμοῖς ἀφαγνίζει τὸν εἰσιόντα, εἶτα τῇ ἱερατικῇ ςολῇ χρυσῷ καὶ πορφύρᾳ καὶ τοῖς λοιποῖς ἄνθεσι τῆς βαφῆς ἐκπρεπῶς D ἐξησκημένῃ κατακοσμήσας, τήν τε περιςήθιον ἐπιβαλὼν αὐτῷ μίτραν, καὶ τοὺς κώδωνας τῶν κρασπέδων μετὰ τῶν ῥοΐσκων ἐξάψας, ἄνωθεν δὲ ταῖς ἐπωμίσι διασφίγξας τὸν ἐπενδύτην, καὶ τὴν κεφαλὴν καλλωπίσας τῷ διαδήματι, δαψιλῶς τε τῆς κόμης καταχέας τοῦ μύρου, οὕτως αὐτὸν παράγει ἐπὶ τὸ ἄδυτον, τὰς ἀποῤῥήτους ἱερουργίας ἐπιτελέσοντα. Ὁ δὲ πνευματικὸς νομοθέτης, ὁ κύριος ἡμῶν <small>p. 732.</small> Ἰησοῦς Χριςὸς, ἀπογυμνῶν τῶν σωματικῶν προκαλυμμά- A των τὸν νόμον, καὶ εἰς τὸ ἐμφανὲς ἄγων τὰ τῶν τύπων αἰνίγματα, πρῶτον μὲν οὐχ ἕνα τοῦ παντὸς ἀποκρίνας μόνον εἰς ὁμιλίαν ἄγει θεῷ, ἀλλὰ παντὶ κατὰ τὸ ἴσον τὴν ἀξίαν ταύτην χαρίζεται, κοινὴν προθεὶς τοῖς βουλομένοις τῆς ἱερωσύνης τὴν χάριν, ἔπειτα δὲ οὐκ ἀλλοτρίῳ κόσμῳ τῷ ἐκ βαφῆς τινος καὶ ὑφαντικῆς περιεργίας ἐξευρημένῳ τὸ κάλλος τοῦ ἱερέως σοφίζεται, ἀλλ᾽ οἰκεῖον αὐτῷ καὶ συμφυῆ περιβάλλει τὸν κόσμον, ἀντὶ τῆς ποικίλης ἀλουργίδος ταῖς τῶν ἀρετῶν χάρισι περιανθίζων, κοσμεῖ B δὲ καὶ τὸ ςῆθος, οὐ γηΐνῳ χρυσῷ, ἀλλ᾽ ἐν ἀκηράτῳ καὶ καθαρᾷ συνειδήσει τὸ τῆς καρδίας ὡραΐζων κάλλος, ἐναρμόζει δὲ τῇ μίτρᾳ ταύτῃ καὶ πολυτελῶν λίθων αὐγάς· αὗται δέ εἰσιν αἱ τῶν ἁγίων ἐντολῶν λαμπηδόνες, ὡς τῷ ἀποςόλῳ δοκεῖ. Ἀλλὰ καὶ τῇ περισκελίδι τὸ μέρος ἐκεῖνο ᾧ κόσμος ἐςὶ τὸ τοιοῦτον τοῦ ἐνδύματος [1] εἶδος κατασφαλίζεται· πάντως δὲ οὐκ ἀγνοεῖς ὅτι τὸ τῆς σωφροσύνης περιβόλαιον κόσμος τοῦ τοιούτου μέρους ἐςίν. Ἀπαρτίσας δὲ τῶν κρασπέδων τοῦ βίου τοὺς νοητοὺς ῥοΐσκους C τε καὶ τοὺς κώδωνας, — ταῦτα δὲ εἰκότως ἄν τις τὰ προφανῆ τῆς κατ᾽ ἀρετὴν πολιτείας νοήσειεν, — ὡς ἂν ἐπίσημος ᾖ κατὰ τὴν ζωὴν ταύτην πορεία γένοιτο· τούτων οὖν τῶν κρασπέδων ἐξάψας ἀντὶ μὲν τοῦ κώδωνος τὸν

---

1) εἶδος fehlt in den Ausgaben.

läßt den Priester, wenn es ihn zum Gebet zu Gott in das Heiligthum eintreten läßt, zuerst durch gewisse Sühnmittel und Besprengungen eine Reinigung mit sich vornehmen, dann schmückt es ihn mit dem priesterlichen Gewand, welches köstlich in Gold, Purpur und der Blüthenpracht anderer Farben gearbeitet ist, legt ihm hierauf die Brustbinde an, und nachdem es die Schellen am Saume zwischen den Granatäpfeln angehängt, und das Obergewand oben an die Schultern festgeknüpft, und das Haupt mit dem Diadem geschmückt, und das Haar reichlich mit Salböl übergossen hat, führt es ihn so in das Heiligthum ein, um das geheime Opferwerk zu vollziehen. Der geistliche Gesetzgeber aber, unser Herr Jesus Christus, entkleidet das Gesetz der körperlichen Hüllen, macht die Bilder und Gleichnisse offenbar, und führt erstlich nicht bloß einen Einzigen, aus der Gesammtheit Auserwählten, zum Gespräch mit Gott zusammen, sondern gewährt diese Würdigung gleichmäßig Jedem, indem er die Begnadigung des Priesterthums als eine gemeinsame hinstellt für Alle welche wollen, ferner denkt er auch nicht auf das schöne Aussehen des Priesters durch fremdartigen Schmuck, durch Farbe und den Fleiß der Weberei geschaffen, sondern er umgiebt ihn mit dem Schmuck welcher ihm eigen gehört und mit ihm selbst verwachsen ist, kleidet ihn in die Blumenpracht der Anmuth der Tugenden anstatt des Purpurgewands, und schmückt seine Brust, nicht mit irdischem Gold, sondern ziert die Schönheit des Herzens durch ein lauteres und fleckenloses Gewissen, besetzt aber diese Mitra auch mit dem funkelnden Schimmer kostbarer Steine, und diese sind, wie der Apostel glaubt, die Strahlen seiner heiligen Gebote. Auch mit der Schenkelbinde schützt er jenen Theil welchem diese Art von Gewandung zum Schmuck dient; jedenfalls ist dir aber nicht unbekannt daß das Gewand der Mäßigkeit dieses Theiles Schmuck ausmacht. An den Säumen des Lebens aber befestigte er die geistigen Granatäpfel und Schellen, — unter diesen dürfte man passender Weise die leuchtenden Werke des tugendhaften Wandels verstehen, — damit eine solche Lebenswanderung ihre Auszeichnung hätte: an diesen Säumen also hieng er anstatt der Schelle das helltönende

εὔηχον λόγον τῆς πίςεως, ἀντὶ δὲ τοῦ ῥοΐσκου τὴν κεκρυμμένην τῆς μελλούσης ἐλπίδος ἑτοιμασίαν, τὴν τῷ ςυφωτέρῳ βίῳ κεκαλυμμένην, ἀντὶ δὲ τῶν ἀνθινῶν τὴν εὐανθῆ τοῦ παραδείσου χάριν, οὕτω παράγει ἐπὶ τὸ ἄδυτον τοῦ ἱεροῦ καὶ ἐνδότατον. Τὸ δὲ ἄδυτον τοῦτο οὐκ ἄψυχόν ἐςιν, οὔτε χειρόκμητον, ἀλλὰ τὸ κρυπτὸν τῆς καρδίας ἡμῶν ταμεῖον, ἐὰν ἀληθῶς ἄδυτον ᾖ τῇ κακίᾳ καὶ τοῖς πονηροῖς λογισμοῖς ἀνεπίβατον. Κοσμεῖ δὲ τὴν κεφαλὴν τῷ οὐρανίῳ φρονήματι, οὐ γραμμάτων τύπον ἐνσημηνάμενος πετάλῳ χρυσῷ, ἀλλ' αὐτὸν τὸν θεὸν ἐντυπώσας ἐν τῷ ἡγεμονικῷ λογισμῷ· μύρον δὲ ²καταχέει τῆς κόμης τὸ παρ' αὐτῆς ἔνδοθεν τῆς ψυχῆς διὰ τῶν ἀρετῶν μυρεψούμενον· θῦμα δὲ καὶ ἱερεῖον προςάγειν αὐτὸν τῷ θεῷ παρασκευάζει διὰ τῆς μυςικῆς ἱερουργίας οὐκ ἄλλο τι ἢ ἑαυτόν. Ὁ γὰρ οὕτως παρὰ τοῦ κυρίου πρὸς τὴν ἱερωσύνην ταύτην ἀγόμενος τὸ φρόνημα τῆς σαρκὸς νεκρώσας ἐν τῇ μαχαίρᾳ τοῦ πνεύματος, ὅ ἐςι ῥῆμα θεοῦ, οὕτως ἱλεοῦται τὸν θεὸν ἐν τοῖς ἀδύτοις γενόμενος, ἑαυτὸν διὰ τῆς τοιαύτης θυσίας ἱερουργήσας, καὶ παραςήσας τὸ ἑαυτοῦ σῶμα θυσίαν ζῶσαν, ἁγίαν, εὐάρεςον τῷ θεῷ. Ἀλλ' ἐρεῖ τις ἴσως μὴ ταῦτα κατὰ τὸ πρόχειρον ἔχειν τὴν τῆς προςευχῆς διάνοιαν τῆς προκειμένης ἡμῖν εἰς ἐξήγησιν, περινοεῖν δὲ ἡμᾶς τοὺς τοιούτους λόγους οὐκ ἐκ τῶν οἰκείων τοῖς ὑποκειμένοις ἁρμόζοντας. Οὐκοῦν πάλιν ὑπομνησθήτω τῶν πρώτων τῆς προςευχῆς ³ῥημάτων. Ὁ γὰρ οὕτως ἑαυτὸν παρασκευάσας ὥςε ἐν παῤῥησίᾳ τολμῆσαι πατέρα ἑαυτοῦ τὸν θεὸν ὀνομάσαι, οὗτος ἀκριβῶς περίκειται τὴν ςολὴν ἐκείνην ἣν ὁ λόγος ὑπέγραψεν, καὶ ἠχεῖ τοῖς κώδωσιν, καὶ ἐξανθεῖ τοῖς ῥοΐσκοις, καὶ λάμπει περὶ τὸ ςῆθος ταῖς τῶν ἐντολῶν αὐγαῖς, καὶ φέρει τοῖς ὤμοις τοὺς πατριάρχας τε καὶ τοὺς προφήτας, ἀντὶ τῶν ὀνομάτων τὰς ἀρετὰς ἐκείνων εἰς τὸν ἴδιον κόσμον μετακοσμήσας, καὶ τὴν κεφαλὴν κοσμεῖ τῷ τῆς δικαιοσύνης ςεφάνῳ, καὶ τὴν κόμην ἔχει τῷ οὐρανίῳ μύρῳ διάβροχον, ἐντός τε

---

2) Rt. κατασκεδάζει. — 3) Rt. διδαγμάτων.

Wort des Glaubens auf, anstatt des Granatapfels die geheime Vorbereitung auf die Hoffnung der Zukunft, welche in der Schale des herberen Lebens verborgen ist, anstatt des blühenden Farbenschmucks die herrliche Blume der Gnade des Paradieses, und führt ihn so in das Innere und Allerheiligste des Tempels. Dieses Innere ist aber nichts Lebloses und von Menschenhänden Gemachtes, sondern die geheime Schatzkammer unseres Herzens, wofern sie in Wahrheit sich dem Bösen verschließt und den schlechten Gedanken unzugänglich ist. Das Haupt aber schmückt er mit der himmlischen Klugheit, und bezeichnet kein Goldblättchen mit dem Gepräge von Buchstaben, sondern prägt Gott selbst in den regierenden Verstand ein; ein Salböl sprengt er ferner über das Haupt aus welches im Inneren der Seele selbst von den Tugenden duftig bereitet ist, und als Opferthier heißt er ihn Gott kein anderes in dem mystischen Opferdienst zuführen als sich selbst. Wer so von dem Herrn zum Priesteramt geführt wird, und nun den fleischlichen Sinn mit dem Schwerte des Geistes, welches das Wort Gottes ist, tödtet, der betritt das Heiligste des Tempels und versöhnt sich Gott, indem er durch solchen Dienst sich selbst ihm hingiebt, und seinen Körper als ein lebendiges, heiliges, Gott wohlgefälliges Opfer darbringt. Aber man wird vielleicht sagen daß der Sinn des uns zur Erklärung vorliegenden Gebets hierin nicht deutlich zur Hand liege, und daß, wenn wir solcherlei Aussprüche in nähere Betrachtung nehmen, damit etwas nicht zur Sache Gehöriges unserem Stoffe anpassen. Erinnere man sich also wieder an die ersten Worte des Gebets. Der welcher sich so vorbereitet hat daß er frei es wagen kann Gott seinen Vater zu nennen, der ist genau mit dem Gewand bekleidet welches die Schrift schilderte, und klingt mit den Schellen, leuchtet in dem Farbenschmuck der Granaten, seine Brust umschimmert der Glanz der Gebote, er trägt auf den Schultern die Erzväter und Propheten und hat an Stelle ihrer Namen ihre Tugenden zu seinem eigenen Schmuck umgestaltet, sein Haupt ziert er mit der Krone der Gerechtigkeit, und netzt sein Haar mit dem himmlischen Salböl, er gelangt

γίνεται τῶν ⁴ἐπουρανίων ἀδύτων, ἅπερ παντὶ λογισμῷ
C βεβήλῳ ἄδυτα ὡς ἀληθῶς ἐςι καὶ ἀνεπίβατα. Ἀλλ᾽ ὅπως
μὲν προςήκει παρεσκευάσθαι τὸν ἱερωμένον, μετρίως ἐν
τοῖς ἐξητασμένοις ὁ λόγος ὑπέδειξεν, λοιπὸν δ᾽ ἂν εἴη
σκοπεῖν αὐτὴν τὴν αἴτησιν ἣν προςάγειν ἐκέλευσεν τῷ
θεῷ τὸν ἐντὸς τῶν ἀδύτων γενόμενον· οὐ γάρ μοι δοκεῖ
κατὰ τὸ πρόχειρον εὔληπτον παρέχειν ἡμῖν τὴν διάνοιαν
ψιλῶς τῆς προςευχῆς ἐκτεθέντα τὰ ῥήματα. Ἁγιασθήτω,
φησὶ, τὸ ὄνομά σου, ἐλθέτω ἡ βασιλεία σου. Τί ταῦτα
πρὸς τὴν ἐμὴν χρείαν; εἴποι τις ἂν ἄνθρωπος, ἢ ἐπὶ
ἁμαρτίαις ἑαυτὸν διὰ μετανοίας μαςίζων, ἢ ὅπως ἂν φύ-
γοι κατακρατοῦσαν τὴν ἁμαρτίαν τὸν θεὸν εἰς συμμαχίαν
D καλῶν, ἐν ὀφθαλμοῖς ἔχων ἀεὶ τὸν διὰ τῶν πειρασμῶν
προςπαλαίοντα. Ἔνθεν οἱ θυμοὶ τὸν λογισμὸν τοῦ κα-
θεςηκότος παράγουσιν, ἐκεῖθεν αἱ τῶν ἀτόπων ἐπιθυμίαι
τὸν τόνον τῆς ψυχῆς ἐκνευρίζουσιν, ἑτέρωθεν ἡ πλεονεξία
πήρωσιν ἐπάγει τῷ διορατικῷ τῆς καρδίας, ὁ τῦφος, ἡ
ὑπερηφανία, τὸ μῖσος, ὁ λοιπὸς τῶν ἀντιπαλαιόντων ἡμῖν
κατάλογος οἷόν τι ξίφος πολεμίων ἐν κύκλῳ περιςοιχι-
σάμενον τὸν περὶ τῶν ἐσχάτων ἐπάγει τῇ ψυχῇ κίνδυνον·
εἶτα ὁ ἐκδῦναι ⁵τὰ κακὰ ταῦτα διὰ τῆς κρείττονος συμμαχίας σπουδάζων ποίοις ἂν κυριώτερον χρήσαιτο λόγοις;
p. 734. οὐχ οἷς ὁ μέγας Δαυίδ, Ῥυσθείην ἐκ τῶν μισούντων με,
A λέγων, καὶ, ⁶Ἀποςραφήτωσαν οἱ ἐχθροί μου εἰς τὰ ὀπίσω, καὶ, Δὸς ἡμῖν βοήθειαν ἐκ θλίψεως, καὶ ὅσα τοιαῦτα
δι᾽ ὧν ἔςι τοῦ θεοῦ τὴν συμμαχίαν κατὰ τῶν ἐναντίων
διαναςῆσαι; Νυνὶ δὲ τί φησιν ὁ τῆς προςευχῆς νόμος;
Ἁγιασθήτω τὸ ὄνομά σου. Εἰ γὰρ μὴ λέγοιτο παρ᾽ ἐμοῦ
τοῦτο, ἆρα δυνατόν ἐςι μὴ ἅγιον εἶναι τοῦ θεοῦ τὸ ὄνομα; Ἐλθέτω ἡ βασιλεία σου. Τί γὰρ τῆς ἐξουσίας τοῦ
θεοῦ ἠλλοτρίωται, τοῦ διειληφότος τῇ σπιθαμῇ τὸν οὐ-
B ρανὸν ὅλον, καθώς φησιν Ἡσαΐας, τοῦ ⁷περιδεδραγ-
μένου πάσης τῆς γῆς, τοῦ περικρατοῦντος ἐν τῇ χειρὶ
τὴν ὑγρὰν φύσιν, ὃς πᾶσαν ἐγκόσμιόν τε καὶ ὑπερκόσμιον

Psalm.
69, 15.
Ibid. 35, 4.
et 40, 15.
Ibid. 60, 11.
et 108, 12.

---

4) Κt. ὑπερουρανίων. — 5) τὰ κακὰ fehlt in den Ausgaben. —
6) Κt. ἀποςραφείησαν. — 7) Κt. περιδεδραγμένου τὴν γῆν.

in das verschlossene himmlische Heiligthum, welches jedem unsauberen Gedanken in Wahrheit ein verschlossenes und unzugängliches ist. Wie jedoch der das Opfer Bringende vorbereitet sein muß, das ist in dem früheren Theile der Untersuchung hinlänglich gezeigt worden; es möchte nun übrig sein die Bitte selbst in Betracht zu nehmen welche der in das verschlossene Heiligthum Gelangte Gott darbringen soll, da mir die Worte des Gebets in ihrer schlichten Hinstellung keinen ganz leichten und ohne Schwierigkeit faßlichen Sinn zugewähren scheinen. Geheiligt werde, spricht er, Dein Name, Dein Reich komme. Was hat dies mit meiner Nothdurft zu schaffen, sagt vielleicht ein Mensch welcher sich ob seiner Sünden in Reue geißelt, oder vielleicht Gott um Beistand anruft daß er der ihn beherrschenden Sünde entfliehe, weil er immer den vor Augen hat welcher durch Versuchungen mit ihm ringt. Hier verrücken Zornesausbrüche den Verstand aus seiner Verfassung, dort entnerven die Begierden nach sündigen Thorheiten die Spannkraft der Seele, von einer anderen Seite verblendet die Habsucht das Auge des Herzens, die Hoffart, der Hochmuth, der Haß, die ganze Zahl der übrigen Widersacher umstellt uns rings wie eine Rotte von Feinden, und bringt die Seele in die äußerste Gefahr: was soll dann wohl der welcher mit Hilfe einer mächtigeren Bundesgenossenschaft diesem entgehen will für passendere Worte brauchen als welche der große David spricht,- Errette mich von denen die mich hassen! und, Meine Feinde sollen sich abwenden von mir! und, Gieb mir Beistand in der Noth! und andere derartige durch welche man den Beistand Gottes gegen seine Widersacher erwecken kann? Was sagt nun die Vorschrift des Gebets? Geheiligt werde Dein Name! Kann denn etwa, wenn das von mir nicht ausgesprochen wird, der Name Gottes nicht heilig sein? Dein Reich komme! Was ist denn der Macht Gottes entrückt, welcher mit seiner Hand den ganzen Himmel umfaßt, wie Esaias sagt, der die ganze Erde umspannt, der in seiner Hand das flüssige Element zusammenhält, der die gesammte weltliche und überweltliche Schö-

ἐνηγκάλισαι κτίσιν; Εἰ οὖν ἅγιον ἀεὶ τοῦ θεοῦ τὸ ὄνομα, καὶ οὐδὲν ἐκπέφευγε τὸ κράτος τῆς τοῦ θεοῦ δεσποτείας, ἀλλὰ καὶ κρατεῖ πάντων, καὶ κατὰ τὸν ἁγιασμὸν προςθήκης οὐκ ἐπιδέεται ὁ διὰ πάντων ἀνελλιπὴς καὶ τέλειος, τί βούλεται ἡ εὐχὴ, Ἁγιασθήτω τὸ ὄνομά σου, ἐλθέτω ἡ βασιλεία σου; Ἢ τάχα τι τοιοῦτον ὁ λόγος ἐν τῷ εἴδει τῆς προςευχῆς δογματίζει, ὅτι ἀσθενής ἐςι πρὸς ἀγαθοῦ τινος κτῆσιν ἡ ἀνθρωπίνη φύσις, καὶ διὰ τοῦτο οὐκ ἄν τι γένοιτο τῶν σπουδαζομένων ἡμῖν, μὴ τῆς θείας συμμαχίας τὸ ἀγαθὸν ἐν ἡμῖν κατορθούσης; Ἀγαθῶν δὲ πάντων ἐςὶ τὸ κεφάλαιον τὸ τῷ ἐμῷ βίῳ τὸ ὄνομα τοῦ θεοῦ ἐνδοξάζεσθαι. Γένοιτο δ᾽ ἂν ἡμῖν ἐκ τοῦ ἐναντίου γνωριμωτέρα ἡ ἔννοια. Ἤκουσά που τῆς ἁγίας γραφῆς κατακρινούσης ἐκείνους οἳ τῆς κατὰ τοῦ θεοῦ βλασφημίας αἴτιοι γίνονται. Οὐαὶ γὰρ, φησὶ, δι᾽ οὓς τὸ ὄνομά μου βλασφημεῖται ἐν τοῖς ἔθνεσιν. Τοῦτο δὲ τοιοῦτόν ἐςιν.

Esai. 52, 5.
Rom. 2, 24.

Οἱ μήπω πεπιςευκότες τῷ λόγῳ τῆς ἀληθείας πρὸς τὸν βίον τῶν παραδεδεγμένων τὴν τοῦ μυςηρίου πίςιν ἀποσκοποῦσιν. Ὅταν τοίνυν τὸ μὲν ὄνομα τῆς πίςεως ἔν τισιν ᾖ, ὁ δὲ βίος ἀντιφθέγγηται τῷ ὀνόματι, ἢ διὰ πλεονεξίας εἰδωλολατρῶν, ἢ ἐν μέθαις καὶ κώμοις ἀσχημονῶν, καὶ τῷ βορβόρῳ τῆς ἀσωτίας ὑὸς δίκην ἐγκαλινδούμενος, πρόχειρος εὐθὺς παρὰ τῶν ἀπίςων ὁ λόγος, οὐκ εἰς τὴν προαίρεσιν τῶν κακῶς τῷ βίῳ κεχρημένων τὴν κατηγορίαν τρέπων, ἀλλ᾽ ὡς τοιαῦτα πράττειν τοῦ μυςηρίου διδάσκοντος· μὴ γὰρ ἂν γενέσθαι τὸν δεῖνα τὸν τὰ θεῖα μεμυημένον μυςήρια ἢ λοίδορον, ἢ πλεονέκτην, ἢ ἅρπαγα, ἢ ἄλλο τι τοιοῦτον κακὸν, εἰ μὴ ἔννομον αὐτοῖς τὸ ἁμαρτάνειν ἦν. Διὰ τοῦτο χαλεπὴν τοῖς τοιούτοις ἀπειλὴν ὁ λόγος ἐπανατείνεται λέγων ἐκείνοις εἶναι τὸ, Οὐαὶ δι᾽ οὓς τὸ ὄνομά μου βλασφημεῖται ἐν τοῖς ἔθνεσιν. Εἰ δὴ τοῦτο νενόηται, καιρὸς ἂν εἴη τὸ ἐκ τοῦ ἐναντίου λεγόμενον κατανοῆσαι· εὔχεσθαι γὰρ πρό γε πάντων οἶμαι χρῆναι καὶ τοῦτο ποιεῖσθαι τῆς προςευχῆς τὸ κεφάλαιον, τὶ μὴ βλασφημεῖσθαι ἐν τῷ ἐμῷ βίῳ

p. 735.

pfung in seinen Armen trägt? Ist nun der Name Gottes immer
heilig, und entflieht der Herrschaft Gottes Nichts, sondern regiert
vielmehr sie alle Dinge, und bedarf der in allen Stücken sich Genügende und Vollkommene keines Zuwachses an seiner Heiligkeit, was
will dann das Gebet, **Geheiligt werde Dein Name, Dein
Reich komme?** Oder lehrt vielleicht die Schrift in der Form des
Gebets etwa dies, daß die menschliche Natur zu schwach sei um sich
ein Gut zu erwerben, und daß darum wohl Nichts von dem was
wir erstreben geschehe, es sei denn daß die göttliche Hilfe in uns
das Gute zu Stande bringt? Das hauptsächlichste aller Güter aber
ist daß ich durch mein Leben den Namen Gottes verherrliche. Vielleicht dürfte uns das Verständniß aus dem Gegentheile deutlicher
werden. Ich habe irgendwo vernommen wie die heilige Schrift jene
verdammt welche sich der Blasphemie gegen Gott schuldig machen.
Wehe, sagt sie, über diejenigen durch welche mein Name
gelästert wird unter den Heiden! Das heißt aber dies: die
welche noch nicht an das Wort der Wahrheit geglaubt haben halten
ihre Blicke auf das Leben derjenigen gerichtet welche sich bereits zu
dem Glauben an die hochheilige Lehre bekannt haben. Wenn nun
welche zwar den Namen von Gläubigen führen, ihr Leben jedoch
dem Namen widerspricht, sei es im Götzendienst des Geizes, oder in
dem Laster der Trunkenheit und Völlerei, oder weil es sich in dem
Schmuz der Lüderlichkeit wie ein Schwein wälzt, dann haben die
Ungläubigen sofort das Wort bei der Hand welches nicht gegen den
Willen derer welche das Leben so schmachvoll mißbrauchen die Anklage kehrt, sondern annimmt daß unser hochheiliger Glaube uns
solcherlei Thun lehre; denn, sagen sie, dieser oder jener in die göttliche Lehre Eingeweihte würde kein Verläumder, oder Geiziger, oder
Habsüchtiger, oder sonst was Böses dieser Art geworden sein, wäre
ihnen zu sündigen nicht gesetzlich und erlaubt. Deßhalb richtet die
Schrift gegen solche Menschen die furchtbare Drohung, und spricht,
**Wehe über jene durch welche mein Name gelästert wird
unter den Heiden!** Haben wir nun dies beherzigt, so dürfte es
an der Zeit sein den diesem entgegenstehenden Ausspruch in Betracht
zu ziehen; denn vor allen Dingen muß ich, meiner Meinung nach,
das zum Hauptgegenstand meines Gebets machen, daß ich den Na-

τὸ ὄνομα τοῦ θεοῦ, ἀλλὰ δοξάζεσθαι καὶ ἁγιάζεσθαι.

Matth. 5, 46.
B Ἐν ἐμοὶ οὖν, φησὶν, ἁγιασθήτω τὸ ἐπικληθέν μοι ὄνομα τῆς σῆς δεσποτείας, ὅπως ἴδωσιν οἱ ἄνθρωποι τὰ καλὰ ἔργα καὶ δοξάσωσι τὸν πατέρα τὸν ἐν τοῖς οὐρανοῖς. Τίς δὲ οὕτω θηριώδης καὶ ἄλογος, ὧςε ὁρῶν ἐν τοῖς πεπιςευκόσι θεῷ βίον καθαρὸν δι' ἀρετῆς κατωρθωμένον, πάντων τῶν ἐξ ἁμαρτίας μολυσμῶν καθαρεύοντα, πάσης τῆς πρὸς τὸ χεῖρον ὑπονοίας ἀλλοτριούμενον, λαμπρὸν τῇ σωφροσύνῃ, σεμνὸν τῇ φρονήσει, ἀνδρείως ἔχοντα πρὸς τὰς τῶν παθῶν προςβολὰς, μηδαμοῦ ταῖς σωματικαῖς ἡδυπαθείαις μαλακιζόμενον, τρυφῆς καὶ βλακείας καὶ τῆς
C κατὰ τὸν τῦφον χαυνότητος ὡς ὅτι μάλιςα κεχωρισμένον, τοσοῦτον μετέχοντα τοῦ βίου ὅσον ἐπάναγκες, ἄκρῳ τῷ ποδὶ τῆς γῆς ἐπιψαύοντα, οὐ ταῖς καθ' ἡδονὴν ἀπολαύσεσιν, τῷ γηΐνῳ τούτῳ βίῳ καταχωννύμενον, ἀλλ' ὑπερανεςῶτα πάσης τῆς καθ' αἴσθησιν [8] γινομένης ἀπάτης, καὶ πρὸς τὴν ἀσώματον ζωὴν διὰ σαρκὸς ἁμιλλώμενον, ἕνα πλοῦτον νομίζοντα τὴν τῆς ἀρετῆς κτῆσιν, μίαν εὐγένειαν τὴν πρὸς τὸν θεὸν οἰκειότητα, μίαν ἀξίαν καὶ δυναςείαν μίαν τὸ κρατεῖν ἑαυτοῦ καὶ ἀδούλωτον εἶναι τοῖς ἀνθρωπίνοις παθήμασιν, ἀχθόμενον τῇ παρατάσει τῆς τοῦ ὑλικοῦ
D βίου ζωῆς, σπεύδοντα δὲ, καθάπερ οἱ διὰ πελάγους κακοπαθοῦντες, πρὸς τὸν λιμένα καταντῆσαι τῆς ἀναπαύσεως, — τίς τοίνυν τὸν τοιοῦτον ὁρῶν οὐ δοξάζει τὸ ὄνομα τὸ ἐπικεκλημένον τῷ τοιούτῳ βίῳ; Οὐκοῦν ὁ ἐν τῇ προσευχῇ λέγων, Ἁγιασθήτω τὸ ὄνομά σου ἐν ἐμοὶ, ταῦτα τῇ δυνάμει τῶν λεγομένων προσεύχεται, Γενοίμην τῇ συνεργίᾳ τῆς σῆς βοηθείας ἄμεμπτος, δίκαιος, θεοσεβὴς, ἀπεχόμενος ἀπὸ παντὸς πονηροῦ πράγματος,

p. 736. λαλῶν ἀλήθειαν, ἐργαζόμενος δικαιοσύνην, ἐν εὐθύτητι πορευόμενος, τὰ ἄνω φρονῶν, τῶν γηΐνων ὑπερορῶν, [9] τῇ σωφροσύνῃ λάμπων, τῇ ἀφθαρσίᾳ κοσμούμενος, τῇ σοφίᾳ καὶ τῇ φρονήσει καλλωπιζόμενος, ταῖς ἀγγελικαῖς πολι-

---

8) Kr. γενομένης. — 9) Die Worte τῇ σωφροσύνῃ — — — καλλωπιζόμενος stehen in den bisherigen Ausgaben hinter πορευόμενος.

men Gottes durch mein Leben nicht lästere, sondern verherrliche und heilige. In mir also, sagt er, werde der von mir angerufene Name Deiner Herrschaft geheiligt, damit die Menschen die guten Werke sehen und den Vater im Himmel dafür preisen. Wer ist aber so thierisch und unvernünftig daß, wenn er in denen welche an Gott glauben ein durch die Tugend bewirktes lauteres Leben erblickt, welches von allen Beflectungen der Sünde rein und jedem Gedanken und Vorsatz zum Bösen fremd ist, strahlend in weiser Mäßigung, verehrungswürdig in besonnener Klugheit, männlich standhaft gegen die Angriffe der Leidenschaften, in keiner Weise durch die körperlichen Lüste verweichlicht, so weit als möglich von Schwelgerei, Schlaffheit und hoffärtiger Aufgeblähtheit entfernt, welches sich nur so viel als nöthig ist an dem weltlichen Leben betheiligt, mit der Spitze des Fußes die Erde berührt, nicht in Genüssen der Lust, in diesem irdischen Leben untergeht, sondern allen Sinnentrug überragt, und im Fleische nach dem körperlosen Leben ringt, welches den Besitz der Tugend für den einzigen Reichthum hält, für den einzigen Adel die Verwandtschaft mit Gott, dem als einzige Würde und einzige Machtstellung die Selbstbeherrschung gilt und die Freiheit von der Sclaverei der menschlichen Leidenschaften, welches die Länge des materialen Lebens schwer empfindet, und wie unglückliche Seefahrer eilt in den Hafen der Ruhe zu gelangen, — wer also, wenn er ein solches Leben sieht, preist nicht den Namen dessen welcher für ein solches Leben angerufen worden ist? Wer demnach in dem Gebete sagt, Geheiligt werde Dein Name in mir, der betet der Bedeutung seiner Worte nach, Möchte ich mit dem Beistand deiner Hilfe tadellos, gerecht, gottesfürchtig werden, mich jeder bösen Handlung enthalten, Wahrheit reden, Gerechtigkeit üben, auf geradem Wege wandeln, trachten nach dem was oben ist, den Blick über das Irdische hinwegrichten, glänzen in Enthaltsamkeit, geschmückt sein mit sittlicher Unverdorbenheit, geziert mit Weisheit und Klugheit, und

τείαις ἐλλαμπρυνόμενος. Ταῦτα καὶ τὰ τοιαῦτα περιέχει ἡ βραχεῖα αἴτησις αὕτη ἡ λέγουσα διὰ προςευχῆς τῷ θεῷ ὅτι, Ἁγιασθήτω τὸ ὄνομά σου· οὐ γὰρ ἔςιν ἄλλως δυνατὸν ἐν ἀνθρώπῳ δοξασθῆναι θεὸν, μὴ τῆς κατ᾽ αὐτὸν ἀρετῆς τῇ θείᾳ δυνάμει τὴν αἰτίαν τῶν ἀγαθῶν μαρτυρούσης. Ὁ δὲ ἐφεξῆς λόγος τὴν βασιλείαν τοῦ θεοῦ B εὔχεται ἐλθεῖν. Ἆρα νῦν ἀξιοῖ γενέσθαι βασιλέα τὸν τοῦ παντὸς βασιλέα, τὸν ἀεὶ ὄντα ὅπερ ἐςὶν, τὸν πρὸς πᾶσαν μεταβολὴν ἀμετάθετον, τὸν οὐκ ἔχοντα εὑρεῖν κρεῖττον εἰς ὃ μεταβήσεται; Τί οὖν βούλεται ἡ εὐχὴ τὴν τοῦ θεοῦ βασιλείαν ἐκκαλουμένη; Ἀλλὰ τὸν μὲν ἀληθῆ περὶ τούτου λόγον εἰδεῖεν ἂν οἷς τὸ πνεῦμα τῆς ἀληθείας ἀνακαλύπτει τὰ κεκρυμμένα μυςήρια· ἡμεῖς δὲ τοιαύτην ἔχομεν περὶ τοῦ ῥητοῦ τὴν διάνοιαν. Μία τῶν πάντων ὑπέρκειται ἡ ἀληθὴς ἐξουσία καὶ δύναμις, ἡ τοῦ παντὸς ἀναδε- C δεγμένη τὸ κράτος, καὶ βασιλεύουσα οὐ βιαίᾳ τινὶ καὶ τυραννικῇ δυναςείᾳ, φόβοις καὶ ἀνάγκαις ὑποζεύξασα τῇ ὑποταγῇ τὸ ὑπήκοον. Ἐλευθέραν γὰρ εἶναι προσήκει παντὸς φόβου τὴν ἀρετὴν καὶ ἀδέσποτον, ἑκουσίᾳ γνώμῃ τὸ ἀγαθὸν αἱρουμένην· ἀγαθοῦ δὲ παντὸς τὸ κεφάλαιον τὸ ὑπὸ τὴν ζωοποιὸν ἐξουσίαν τετάχθαι. Ἐπειδὴ τοίνυν τῆς τοῦ καλοῦ κρίσεως ἀπεπλανήθη δι᾽ ἀπάτης ἡ ἀνθρωπίνη φύσις, καὶ πρὸς τὸ ἐναντίον γέγονεν τῆς προαιρέσεως ἡμῶν ἡ ῥοπὴ, καὶ παντὶ τῷ χείρονι ἡ ζωὴ τῶν ἀνθρώπων κατεκρατήθη, μυρίαις ὁδοῖς τοῦ θανάτου καταμιχθέντος τῇ φύσει (πᾶσα γὰρ κακίας ἰδέα οἷόν τις ὁδὸς D τῷ θανάτῳ καθ᾽ ἡμῶν γίνεται), ἐπειδὴ τοίνυν τῇ τοιαύτῃ τυραννίδι περιεσχέθημεν, καθάπερ δημίοις τισὶν ἢ πολεμίοις ταῖς προςβολαῖς τῶν παθημάτων τῷ θανάτῳ δεδουλωμένοι, καλῶς εὐχόμεθα τοῦ θεοῦ τὴν βασιλείαν ἐφ᾽ ἡμᾶς ἐλθεῖν· οὐ γὰρ ἔςιν ἄλλως ἐκδῦναι τὴν πονηρὰν τῆς φθορᾶς δυναςείαν, μὴ τῆς ζωοποιοῦ δυνάμεως ἐφ᾽ ἡμῶν [10] ἀντιλαβούσης τὸ κράτος. Ἐὰν οὖν ἐλθεῖν ἐφ᾽ ἡμᾶς τὴν βασιλείαν τοῦ θεοῦ αἰτήσωμεν, ταῦτα τῇ δυνάμει τὸν

---

10) Rr. ἀντιμεταλαβούσης.

leuchten im Wandel der Engel! Dieses und Aehnliches enthält
diese kurze Bitte welche im Gebet zu Gott spricht. Geheiligt
werde Dein Name! Denn es ist unmöglich daß Gott auf andere
Weise im Menschen verherrlicht werde, als so daß seine Tugend die
göttliche Macht als die Ursache und Quelle der erlangten Güter be-
kennt. Die weiteren Worte bitten daß Gottes Reich kommen solle.
Bitten sie etwa daß der jetzt König werden solle welcher König des
Alls ist, welcher das was er ist immer ist, welcher jeder Veränderung unzugänglich ist, welcher kein Besseres finden kann in welches
er sich zu verwandeln vermöchte? Was will also das Gebet welches
das Reich Gottes herbeiruft? Das wahre Verständniß davon dürften diejenigen haben welchen der Geist der Wahrheit die verborgenen Geheimnisse offenbart; wir haben über diese Worte folgende
Ansicht. Ueber allen Dingen thront einzig erhaben die wahre Gewalt und Macht welche die Herrschaft über das All übernommen
hat, und nicht gewaltsam und tyrannisch regiert, und das ihr Un-
terthänige nicht mit Schrecken und Zwangsmitteln unter ihr Joch
beugt. Denn die Tugend muß frei sein von aller Furcht und Niemandem unterthan, und nach freiwilligem Entschluß das Gute wählen; der höchste Segen aber ist es für sie dem Gebote der lebendig-
machenden Kraft untergeordnet zu. sein. Da nun die menschliche
Natur in dem Urtheile über das was gut ist durch Betrug irrege-
leitet worden ist, unser Wille sich dem Entgegengesetzten zugeneigt
hat und das Leben der Menschen der Tyrannei alles Bösen preisgegeben ist, weil der Tod auf tausendfachen Wegen sich mit der Natur verbindet (denn jede Gattung des Bösen wird für den Tod gleichsam zu einem Wege auf welchem er sich uns naht), da wir also in
die Fesseln solcher Tyrannenherrschaft gefallen und von den An-
griffen der Leidenschaften wie von Henkers- oder Feindeshänden in
die Knechtschaft des Todes geführt sind, so beten wir mit Recht daß
das Reich Gottes zu uns kommen solle; denn auf eine andere Weise
vermögen wir nicht der bösen Gewaltherrschaft der Vernichtung uns
zu entziehen, wenn nicht die lebendigmachende Kraft bei uns ihre
Gewalt dagegen geltend macht. Bitten wir also daß das Reich Got-

p. 737. θεὸν ἱκετεύομεν· ἀπαλλαγείην τῆς φθορᾶς, ἐλευθερωθείην τοῦ θανάτου, ἄνετος γενοίμην τῶν τῆς ἁμαρτίας δεσμῶν, μηκέτι [11]βασιλεύοι κατ᾽ ἐμοῦ ὁ θάνατος, μηκέτι ἐνεργὸς ἔξω καθ᾽ ἡμῶν ἡ τυραννὶς τῆς κακίας, μὴ κατακρατείτω μου ὁ [12]πολέμιος, μηδὲ ἀγέτω με δι᾽ ἁμαρτίας αἰχμάλωτον, ἀλλ᾽ ἐλθέτω ἐπ᾽ ἐμὲ ἡ βασιλεία σου, ἵνα ὑποχωρήσῃ ἀπ᾽ ἐμοῦ, μᾶλλον δὲ εἰς τὸ μὴ ὂν μεταχωρήσῃ τὰ νῦν ἐπικρατοῦντα καὶ βασιλεύοντα πάθη· ὡς γὰρ ἐκλείπει καπνός, οὕτως ἐκλείψουσιν, καί, ὡς τήκεται [13]κηρός, οὕτως ἀπολοῦνται. Οὔτε γὰρ καπνὸς ἀναχεθεὶς εἰς τὸν ἀέρα σημεῖόν τι τῆς ἰδίας ὑπολείπεται φύσεως, οὔτε κηρὸς ἐν πυρὶ γενόμενος ἔτι εὑρίσκεται, ἀλλὰ καὶ οὗτος τὴν φλόγα δι᾽ ἑαυτοῦ θρέψας εἰς ἀτμὸν καὶ ἀέρα μετεποιήθη, καὶ ὁ καπνὸς εἰς παντελῆ ἀφανισμὸν μετεχώρησεν. Οὕτως, ἐὰν ἡ βασιλεία τοῦ θεοῦ ἐφ᾽ ἡμᾶς ἔλθῃ, πάντα τὰ νῦν ἐπικρατοῦντα εἰς ἀφανισμὸν περιςήσεται· οὐ γὰρ ὑπομένει τὸ σκότος τὴν τοῦ φωτὸς παρουσίαν, οὐ νόσος ὑγείας ἐπιλαβούσης ἴςαται, οὐκ ἐνεργεῖ τὰ πάθη τῆς ἀπαθείας παρούσης, φροῦδος ὁ θάνατος, ἀφανὴς ἡ φθορά, ὅταν ἡ ζωὴ ἐν ἡμῖν βασιλεύῃ καὶ ἀφθαρσία τὸ κράτος ἔχῃ. Ἐλθέτω ἡ βασιλεία σου. Ἡ γλυκεῖα φωνή, δι᾽ ἧς ταύτην ἄντικρυς προσάγομεν τῷ θεῷ, τὴν δέησιν· καταλυθήτω ἡ ἀντικειμένη παράταξις, ἀφανισθήτω τῶν ἀλλοφύλων ἡ φάλαγξ, ἀναιρεθήτω τῆς σαρκὸς ὁ κατὰ τοῦ πνεύματος πόλεμος, μὴ ἔςω τὸ σῶμα τοῦ πολεμίου τῆς ψυχῆς ὁρμητήριον, ἐπιφανήτω μοι [14]ἡ βασιλικὴ δυναςεία, ἡ ἀγγελικὴ χείρ, αἱ χιλιάδες τῶν εὐθυνόντων, ἡ μυριὰς τῶν κατὰ τὸ δεξιὸν παριςαμένων, ἵνα πέσῃ ἐκ τοῦ ἀντικειμένου κλίτους ἡ χιλιὰς τῶν πολεμούντων· πολὺς ὁ ἀντίπαλος, ἀλλὰ τοῖς ἐρήμοις τῆς σῆς συμμαχίας δεινός τε καὶ ἀκαταμάχητος, ἀλλ᾽ ἕως ἂν μόνος ὁ πολεμούμενος ᾖ· ἐπειδὰν δὲ ἡ σὴ βασιλεία φανῇ, ἀπέδρα ὀδύνη [15]καὶ λύπη καὶ ςεναγμός, ἀντεισέρχεται δὲ ζωὴ καὶ εἰρήνη καὶ ἀγαλλίαμα. Ἢ τάχα, καθὼς ἡμῖν ὑπὸ τοῦ Λουκᾶ τὸ

---

11) Κτ. βασιλευέτω. — 12) Κτ. πόλεμος. — 13) Nach κηρός stehen in der Morel'schen Ausgabe noch die Worte ἀπὸ προςώπου πυρὸς, welche

tes zu uns komme, so flehen wir Gott um Folgendes an: Möchte
ich der Vernichtung entrissen werden, befreit werden vom Tod, losgelassen aus den Banden der Sünde, möchte der Tod nicht mehr
über mich herrschen, nicht mehr die Gewaltherrschaft des Bösen über
mich wirksam sein, möchte der Feind mich nicht darniederwerfen,
und mich durch die Sünde zum Gefangenen machen, sondern dein
Reich komme zu mir, daß von mir weichen, oder vielmehr in das
Nichts verschwinden, die jetzt mich beherrschenden und knechtenden
Leidenschaften; denn wie der Rauch vergeht, so werden sie vergehen,
und wie Wachs schmilzt, so werden sie untergehen. Denn weder
der Rauch, wenn er in die Luft sich ergießt, läßt seines Wesens eine
Spur zurück, noch läßt sich Wachs welches ins Feuer geworfen ist
wiederfinden, sondern auch dieses wird, nachdem es durch sich der
Flamme Nahrung gegeben, in Qualm und Luft verwandelt, und der
Rauch geht in völlige Vernichtung über. So wird, wenn das Reich
Gottes zu uns kommt, auch Alles was jetzt die Herrschaft hat in
Nichts vergehen; denn die Finsterniß verträgt nicht die Gegenwart
des Lichts, nicht hält die Krankheit Stand wenn die Genesung naht,
nicht walten die Leidenschaften wenn Freiheit von Leidenschaften
vorhanden ist, vergebens ist der Tod, verschwunden die Vernichtung,
wenn das Leben in uns regiert und Unvergänglichkeit die Macht
hat. Es komme dein Reich! Das süße Wort durch welches wir
diese Bitte vor den Herrn bringen: vernichtet werde das feindliche
Heer, es verschwinde die Schaar der Philister, es werde ein Ende
gemacht dem Krieg des Fleisches gegen den Geist, es solle der Körper nicht ferner der Angriffspunkt für den Feind der Seele sein, es
erscheine mir das Reich des Herrn, die engelische Schaar, die zahllose Menge der Rächer, die Legionen welche sich zur Rechten stellen,
damit von dem Berge des Feindes die tausend Krieger fallen; zahlreich ist der Feind, aber nur für die von deiner Hilfe Verlassenen
schrecklich und unbezwingbar, und nur so lange der allein ist gegen
welchen der Kampf gerichtet ist: wenn aber dein Reich erscheint,
dann entflieht das Wehe und der Schmerz und das Klagen, und
Leben und Frieden und Jubel zieht an ihrer Statt ein. Oder ruft

---

auch Krabinger nicht in seinen Handschriften fand. — 14) ἡ fehlt in den
Ausgaben. — 15) καὶ fehlt bei Kr.

αὐτὸ νόημα σαφέςερον ἑρμηνεύεται, ὁ τὴν βασιλείαν ἐλθεῖν ἀξιῶν τὴν τοῦ ἁγίου πνεύματος συμμαχίαν ἐπιβοᾶ-
ται; οὕτω γὰρ ἐν ἐκείνῳ τῷ εὐαγγελίῳ φησὶν, ἀντὶ τοῦ,
p. 738. Ἐλθέτω ἡ βασιλεία σου, Ἐλθέτω τὸ ἅγιον πνεῦμά σου
A ἐφ᾽ ἡμᾶς καὶ καθαρισάτω ἡμᾶς. Τί ἐροῦσιν [16] πρὸς ταῦτα οἱ θρασυςομοῦντες κατὰ τοῦ πνεύματος τοῦ ἁγίου;
τίνι διανοίᾳ τὴν τῆς βασιλείας ἀξίαν εἰς ταπεινότητα
δουλείας μετασκευάζουσιν; ὅπερ γὰρ ὁ Λουκᾶς πνεῦμα
ἅγιον λέγει, [17] τοῦτο Ματθαῖος βασιλείαν ὠνόμασεν.
Πῶς εἰς τὴν ὑποχείριον κτίσιν κατασπῶσιν [18] τὴν φύσιν
τοῦ πνεύματος, ἀντὶ τῆς βασιλευούσης τῇ βασιλευομένῃ
συγκατατάσσοντες φύσει; Ἡ κτίσις δουλεύει, ἡ δὲ δουλεία βασιλεία οὐκ ἔςιν. [19] Ἀλλὰ μὴν βασιλεία τὸ πνεῦμα
B τὸ ἅγιον· εἰ δὲ βασιλεία ἐςὶν, βασιλεύει πάντως, οὐ βα-
σιλεύεται· εἰ δὲ μὴ βασιλεύεται, οὐδὲ κτίσις ἐςίν· ἴδιον
γὰρ τῆς κτίσεως τὸ δουλεύειν ἐςίν. Εἰ οὖν [20] βασιλεύει
τὸ πνεῦμα, πῶς τῇ δουλευούσῃ φύσει συναριθμοῦσιν αὐτὸ
οἱ μηδέπω προσεύχεσθαι μεμαθηκότες, οἱ μὴ εἰδότες
τίς ὁ καθαρίζων [21] τὸ κεκοινωμένον, [22] τίς ὁ τῆς βασιλείας [23] ἀναδεδεγμένος τὸ κράτος; Ἐλθέτω τὸ ἅγιον πνεῦμά σου, φησὶν, καὶ καθαρισάτω ἡμᾶς. Οὐκοῦν ἰδία καὶ
C ἐξαίρετος τοῦ ἁγίου πνεύματος δύναμίς τε καὶ ἐνέργεια
τὸ καθαρίζειν τὴν ἁμαρτίαν ἐςίν· οὐ γὰρ δὴ τὸ καθαρόν
τε καὶ ἀμόλυντον τοῦ καθαρίζοντος δέεται. Ἀλλὰ μὴν
τὸ αὐτὸ τοῦτο καὶ τῷ μονογενεῖ προσμαρτυρεῖ ὁ ἀπόςο-
Hebr. 1, 3. λος. Καθαρισμὸν γὰρ, φησὶ, τῶν ἁμαρτιῶν ἡμῶν ποιησάμενος ἐκάθισεν ἐν δεξιᾷ τῆς μεγαλοσύνης τοῦ πατρός.
Οὐκοῦν ἓν ἑκατέρων τὸ ἔργον, τοῦ τε καθαρίζοντος τὴν
ἁμαρτίαν πνεύματος καὶ τοῦ τὸν καθαρισμὸν πεποιηκότος. Ὧν δὲ ἡ ἐνέργεια μία, καὶ ἡ δύναμις πάντως ἡ
D αὐτὴ τούτων ἐςίν· πᾶσα γὰρ ἐνέργεια δυνάμεώς ἐςιν ἀποτέλεσμα. Εἰ οὖν καὶ ἐνέργεια καὶ δύναμις μία, πῶς ἔςιν

---

16) Rt. οἱ θρασυςομοῦντες πρὸς ταῦτα. — 17) ὃ γὰρ Λουκᾶς μὲν
πνεῦμα ἅγιον λέγει, Ματθαῖος δὲ βασ. ὠνόμασεν, πῶς haben die Ausg.—
18) Rt. οἱ θεομάχοι, ἀντὶ. — 19) Rt. Τὸ δὲ πνεῦμα τ. ἅγιον βασιλεία ἐςιν.

vielleicht, wie uns von Lukas derselbe Gedanke deutlicher erklärt wird, der welcher bittet daß das Reich komme den Beistand des heiligen Geistes an? Denn es heißt in jenem Evangelium anstatt, Dein Reich komme!, Der heilige Geist komme zu uns und reinige uns! Was werden die frechen Redner gegen den heiligen Geist hierauf sagen? in welcher Absicht verkehren sie die Würde des Reichs zur Niedrigkeit der Sclaverei? Denn was Lukas heiligen Geist, das nennt Matthäus Reich. Wie mögen sie die Natur des heiligen Geistes zur untergeordneten Kreatur herabziehen, und sie anstatt mit der regierenden mit der regierten Natur zusammenstellen? Die Kreatur dient; Dienen aber ist nicht Herrschen. Nun ist aber der heilige Geist Reich. Ist er aber Reich, so regiert er jedenfalls, und wird nicht regiert. Wird er aber nicht regiert, so ist er auch nicht Kreatur, denn der Kreatur ist es eigen regiert zu werden. Regiert aber der Geist, wie können sie ihn dann der dienenden Natur zuzählen, sie die noch nicht beten gelernt haben, die nicht wissen wer der ist der das Besudelte reinigt, wer der ist welcher die Gewalt des Reichs übernommen hat? Es komme dein heiliger Geist zu uns, heißt es, und reinige uns! Die eigenthümliche und besondere Macht und Wirkung des heiligen Geistes ist also die der Reinigung von der Sünde; denn was rein und unbefleckt ist bedarf in der That keines Läuterers. Nun aber bezeugt der Apostel dieses eben von dem Eingeborenen. Denn, sagt er, er hat die Reinigung unserer Sünden bewerkstelligt, und sich gesetzt zur Rechten der Majestät des Vaters. Beide haben also ein Geschäft; der Geist reinigt von der Sünde und Christus auch, er, welcher die Reinigung bewerkstelligt hat. Welcher Thätigkeit aber dieselbe ist, deren Macht muß nothwendiger Weise auch dieselbe sein; denn alle Thätigkeit ist Wirkung und Vollzug der Macht. Ist nun die Wirksamkeit und die Macht eine einzige, mit welchem Rechte kann

---

Οὐκοῦν τῆς κατὰ τὴν κτίσιν κοινωνίας κεχώρισαι· ὁ γὰρ βασιλεύει, οὐ βασιλεύεται· ὃ δὲ μὴ βασιλεύεται, οὐδέ. — 20) Kr. *Εἰ οὖν βασιλεία τ. πν., πῶς οὐχ ὁμολογοῦσι τὴν δεσποτείαν οἱ μηδὲ πρ. πώποτε μεμ., οἱ μηδὲ εἰδότες; Τίς.* — 21) Kr. *τὸν.* — 22) Kr. *τίς δὲ ὁ.* — 23) Kr. *ἐξηρτημένος τὴν ἐξουσίαν;*

ἑτερότητα φύσεως [24] νοῆσαι ἐν οἷς οὐδεμίαν κατὰ τὴν δύναμίν τε καὶ ἐνέργειαν διαφορὰν ἐξευρίσκομεν; Ὡς γὰρ οὐκ ἔςιν ἐν τοῖς τοῦ πυρὸς ἰδιώμασιν, ὅταν τὰ δύο, τὸ φωτίζον τε καὶ τὸ καῖον, ἴσον καὶ ὅμοιον ᾖ, νομίσαι τινὰ τοῦ ὑποκειμένου παραλλαγὴν εἶναι, οὕτως οὐκ ἄν τις σωφρονῶν μίαν ἐνέργειαν ἐκ τῆς θείας γραφῆς διδαχθεὶς τοῦ υἱοῦ καὶ τοῦ πνεύματος διαφοράν τινα φύσεως ὑπονοεῖν ἐναχθείη. Ἀλλὰ μὴν προαποδέδεικται ταῖς τῶν εὐσεβούντων δόξαις τὴν αὐτὴν ἐπὶ πατρός τε καὶ υἱοῦ φύσιν εἶναι· μὴ γὰρ εἶναι δυνατὸν τὰ ἑτερογενῆ τῇ τοῦ θεοῦ κλήσει κατονομάζεσθαι. Ὡς οὐ λέγεται βάθρον ὁ υἱὸς τοῦ τέκτονος, οὐδ᾽ ἄν τις εἴποι τῶν εὖ φρονούντων ὅτι ὁ οἰκοδόμος τὴν οἰκίαν ἐτεκνώσατο, ἀλλὰ τῇ τοῦ υἱοῦ καὶ τῇ τοῦ πατρὸς προςηγορίᾳ τὸ κατὰ τὴν φύσιν συνημμένον σημαίνεται, ἀνάγκη πᾶσα, ὅταν τὰ δύο πρὸς τὸ ἓν οἰκείως ἔχῃ, [25] μηδὲ πρὸς ἄλληλα διαφόρως ἔχειν. Ὥςε, εἰ τῷ πατρὶ κατὰ τὴν φύσιν ὁ υἱὸς ἥνωται, τῆς δὲ τοῦ υἱοῦ φύσεως διὰ τῆς τῶν ἐνεργειῶν ταὐτότητος οὐκ ἀλλότριον ἀπεδείχθη τὸ πνεῦμα τὸ ἅγιον, μία κατὰ τὸ ἀκόλουθον ἀποδέδεικται τῆς ἁγίας τριάδος ἡ φύσις, οὐ συγχεομένης ἐφ᾽ ἑκάςης τῶν ὑποςάσεων τῆς κατ᾽ ἐξαίρετον ἐπιθεωρουμένης αὐταῖς ἰδιότητος, οὐδὲ τῶν γνωρισμάτων ἐν ἀλλήλοις ἀλλασσομένων, ὥςε τὸ σημεῖον τῆς πατρικῆς ὑποςάσεως ἐπὶ τὸν υἱὸν ἢ τὸ πνεῦμα μετενεχθῆναι, ἢ τοῦ υἱοῦ πάλιν ἑνὶ τῶν προκειμένων ἐφαρμοσθῆναι, ἢ τὴν τοῦ πνεύματος ἰδιότητα τῷ πατρὶ καὶ τῷ υἱῷ ἐπιφαίνεσθαι. Ἀλλ᾽ ἐν τῇ κοινότητι τῆς φύσεως ἀκοινώνητος ἡ τῶν ἰδιαζόντων θεωρεῖται διάκρισις. Ἴδιον τοῦ πατρὸς τὸ μὴ ἐξ αἰτίου εἶναι. Τοῦτο οὐκ ἔςιν ἰδεῖν ἐπὶ τοῦ υἱοῦ καὶ τοῦ πνεύματος· ὅ τε γὰρ υἱὸς ἐκ τοῦ πατρὸς ἐξῆλθε, καθώς φησιν ἡ γραφή, καὶ τὸ πνεῦμα ἐκ τοῦ θεοῦ καὶ παρὰ τοῦ πατρὸς ἐκπορεύεται. Ἀλλ᾽ ὥςπερ τὸ ἄνευ αἰτίας εἶναι, μόνον τοῦ πατρὸς ὄν, τῷ υἱῷ

---

24) Rt. ὑπονοῆσαι. — 25) Rt. καὶ μηδὲ.

man dann eine Verschiedenheit der Natur in denen erkennen wollen in welchen wir bezüglich der Wirksamkeit und der Macht eben keinen Unterschied auffinden? Denn gleichwie in den Eigenschaften des Feuers, wenn die beiden, die des Leuchtens und die des Brennens, gleich und ähnlich sind, eine Verschiedenheit des Wesens anzunehmen nicht zulässig ist, so wird kein Vernünftiger, wenn er aus der heiligen Schrift über eine einzige Thätigkeit des Sohnes und des heiligen Geistes belehrt worden ist, sich dazu verleiten lassen einen Unterschied ihrer Natur anzunehmen. Im Gegentheil, es ist früher aus den Glaubensansichten frommer Männer der Beweis geführt worden daß im Vater dieselbe Natur wie im Sohne ist, da es unmöglich sei daß Verschiedenartiges den Namen Gottes führe. Wie ein Tischlerssohn nicht Schwelle heißt, und wohl auch Niemand der bei Sinnen ist wird behaupten wollen daß der Baumeister das Haus gezeugt habe, sondern mit der Benennung Sohn und Vater nur eben der natürliche Zusammenhang bezeichnet wird, so können nothwendiger Weise, wenn die Zwei mit einem Dritten in engster Verwandtschaft stehen, sie auch unter einander sich nicht verschieden verhalten. Darum, wenn der Sohn mit dem Vater seiner Natur nach Eins ist, und durch die Identität der Wirksamkeit der heilige Geist als ein von der Natur des Sohns nicht Getrennter nachgewiesen worden ist, ist folgerichtig die Natur und das Wesen der heiligen Dreieinigkeit erklärt, ohne daß die an jeder der drei Personen beobachtete besondere Eigenthümlichkeit vermengt, noch ihre Kennzeichen wechselsweise vertauscht werden, dergestalt daß das Kennzeichen der Person des Vaters auf den Sohn oder den Geist übertragen, oder das des Sohns wiederum einem der Genannten angepaßt wird, oder daß die Eigenthümlichkeit des Geistes auch an dem Sohne erscheint. Allein man beobachtet in der Gemeinsamkeit ihrer Natur die Scheidung der besonderen Persönlichkeiten welche sich auf keine Gemeinsamkeit zurückführen läßt. Dem Vater ist es eigenthümlich ursprungslos zu sein. Dies vermögen wir nicht am Sohne und am Geiste zu entdecken; denn der Sohn kam aus dem Vater, wie die Schrift sagt, und der Geist geht aus Gott und vom Vater aus. Wie jedoch die Ursprungslosigkeit, welche allein des Vaters ist, mit dem Sohne und dem Geiste nicht in Verbindung gebracht werden kann,

καὶ τῷ πνεύματι ἐφαρμοσθῆναι οὐ δύναται, οὕτω τὸ ἔμπαλιν τὸ ἐξ αἰτίας εἶναι, ὅπερ ἴδιόν ἐςιν τοῦ υἱοῦ καὶ τοῦ πνεύματος, τῷ πατρὶ ἐπιθεωρηθῆναι φύσιν οὐκ ἔχει. Κοινοῦ δὲ ὄντος τῷ υἱῷ καὶ τῷ πνεύματι τοῦ μὴ ἀγεννήτως εἶναι, ὡς ἂν μή τις σύγχυσις περὶ τὸ ὑποκείμενον θεωρηθείη, πάλιν ἔςιν ἄμικτον τὴν ἐν τοῖς ἰδιώμασιν αὐτῶν διαφορὰν ἐξευρεῖν, ὡς ἂν καὶ τὸ κοινὸν φυλαχθείη, καὶ τὸ ἴδιον μὴ συγχεθείη. Ὁ γὰρ μονογενὴς υἱὸς ἐκ τοῦ πατρὸς παρὰ τῆς ἁγίας γραφῆς ὀνομάζεται, καὶ μέχρι τούτου ὁ λόγος ἵςησιν αὐτῷ τὸ ἰδίωμα. Τὸ δὲ ἅγιον πνεῦμα καὶ ἐκ τοῦ πατρὸς λέγεται, καὶ τοῦ υἱοῦ εἶναι προςμαρτυρεῖται· εἰ γάρ τις, φησὶ, πνεῦμα Χριςοῦ οὐκ ἔχει, οὗτος οὐκ ἔςιν αὐτοῦ. Οὐκοῦν τὸ μὲν πνεῦμα τὸ ἐκ τοῦ θεοῦ ὂν καὶ Χριςοῦ πνεῦμά ἐςιν· ὁ δὲ υἱὸς ἐκ τοῦ θεοῦ ὢν οὐκέτι καὶ τοῦ πνεύματος οὔτε ἐςὶν, οὔτε λέγεται· οὐδὲ ἀντιςρέφει ἡ σχετικὴ ἀκολουθία αὕτη, ὡς δύνασθαι κατὰ τὸ ἴσον δι' ἀναλύσεως ἀντιςραφῆναι τὸν λόγον καὶ, ὥσπερ Χριςοῦ τὸ πνεῦμα λέγομεν, οὕτω καὶ τοῦ πνεύματος Χριςὸν ὀνομάσαι. Ταύτης τοίνυν τῆς ἰδιότητος τρανῶς καὶ ἀσυγχύτως τὸ ἕτερον τοῦ ἑτέρου διακρινούσης, τῆς δὲ κατὰ τὴν ἐνέργειαν ταυτότητος τὸ κοινὸν μαρτυρούσης τῆς φύσεως, ἔῤῥωται δι' ἑκατέρων ἡ εὐσεβὴς περὶ τὸ θεῖον ὑπόληψις, ὡς καὶ ἀριθμεῖσθαι τὴν τριάδα διὰ τῶν ὑποςάσεων, καὶ εἰς ἑτεροφυῆ τμήματα μὴ διακόπτεσθαι. Τίς οὖν ἡ μανία τῶν πνευματομαχούντων δουλεύειν τὸν κύριον δογματιζόντων, οἷς οὐδὲ Παῦλος διαμαρτυρόμενός ἐςιν ἀξιόπιςος, ὅς φησιν, Ὁ δὲ κύριος τὸ πνεῦμά ἐςι; Ἢ τάχα τὸ Ἐλθέτω καθαιρετικὸν τῆς ἀξίας νομίζουσιν; εἶτα οὐκ ἀκούουσι τοῦ μεγάλου Δαυὶδ, καὶ τὸν πατέρα πρὸς ἑαυτὸν ἕλκοντος καὶ, Ἐλθὲ εἰς τὸ σῶσαι ἡμᾶς, βοῶντος; Εἰ οὖν ἐπὶ τοῦ πατρὸς τὸ ἐλθεῖν σωτήριον, πῶς ἐπὶ τοῦ πνεύματος τὸ ἐλθεῖν ἐπονείδιςον; Ἢ τὸ καθαίρειν τῶν ἁμαρτιῶν σημεῖον ποιοῦνται τῆς κατὰ τὴν ἀξίαν ὑφέσεως; Καὶ μὴν ἄκουε τῶν ἀπίςων Ἰουδαίων βοώντων ὅτι, Τὸ ἀφιέναι ἁμαρτίας μόνου ἐςὶ τοῦ θεοῦ. Περὶ τοῦ πατρὸς λέγοντες, Τί οὗτος,

so kann wiederum die Eigenschaft daß man einen Ursprung hat, welche dem Sohne und dem Geiste gehört, unmöglich an dem Vater sich beobachten lassen. Hat nun der Sohn und der Geist die gemeinsame Eigenschaft sich nicht ursprungslos zu verhalten, so vermag man andernseits den Unterschied ihrer Eigenschaften in völliger Reinheit aufzufinden, damit einerseits die Gemeinsamkeit gewahrt, andernseits das Eigenthümliche nicht vermengt und vermischt werde. Denn der eingeborene Sohn wird von der heiligen Schrift als vom Vater ausgegangen genannt, und so weit stellt ihr Wort ihm seine Eigenthümlichkeit fest. Vom heiligen Geist aber heißt es, er sei aus dem Vater, und außerdem wird bezeugt daß er des Sohnes sei; denn, sagt die Schrift, wenn Jemand den Geist Christi nicht hat, der ist nicht sein. Sonach ist also der Geist der aus Gott ist auch Christi Geist; der Sohn aber, obschon er aus Gott ist, ist darum nicht auch des Geistes, noch bezeichnet man ihn so; auch kehrt sich dies bezügliche Verhältniß nicht um, so daß wir den Satz ebenso umdrehen, und, wie wir vom Geiste sagen daß er Christi sei, so auch von Christus zu sagen vermöchten daß er des Geistes sei. Wenn also diese Eigenthümlichkeit beide von einander deutlich und scharf abscheidet, dagegen die Identität der Wirksamkeit die Gemeinsamkeit der Natur bestätigt, so hat der fromme Glaube über Gott, daß die Dreieinigkeit durch ihre Personen eine Zählung zuläßt, und dennoch nicht sich in einander fremdartige Stücke zerspaltet, durch Beides seine Befestigung gewonnen. Was ist das also für ein Wahnwitz der Widersacher des heiligen Geistes, die da lehren daß der Herr im Stande des Dienenden sei, und für welche selbst das Zeugniß des Paulus keine Glaubwürdigkeit besitzt, welcher sagt, Der Herr aber ist der Geist? Oder glauben sie vielleicht daß das Es komme seine Würdestellung beeinträchtige? Dann vernehmen sie nicht was der große David sagt, welcher den Vater zu sich zieht und ausruft, Komme, uns zu retten! Wenn also den Vater zu bitten daß er komme heilbringend ist, wie soll dann die gleiche Bitte an den Geist beschimpfend und schmähend sein? Oder machen sie das Reinigen von Sünde zu einem Zeichen einer Herabsetzung der Würde? So höre denn auf die ungläubigen Juden, wo sie ausrufen, Sünden vergeben

Luc. 5, 21. φασὶν, λαλεῖ βλασφημίας; τίς δύναται ἀφιέναι ἁμαρτίας, εἰ μὴ μόνος ὁ θεός; Εἰ οὖν ἀφίησι [26] μὲν ὁ θεὸς ἁμαρτίας, αἴρει δὲ ὁ υἱὸς τοῦ κόσμου τὴν ἁμαρτίαν, καθαρίζει δὲ τὸ πνεῦμα τὸ ἅγιον ἐκ τῶν τῆς ἁμαρτίας μολυσμάτων, οἷς ἂν ἐγγένηται, τί ἐροῦσιν οἱ τῇ ἰδίᾳ προςπο-
D λεμοῦντες ζωῇ; Ἀλλ᾽ ἐλθέτω ἐφ᾽ ἡμᾶς τὸ πνεῦμα τὸ ἅγιον, καὶ καθαρισάτω ἡμᾶς, καὶ ποιήσειεν δεκτικοὺς τῶν ὑψηλῶν τε καὶ θεοπρεπῶν νοημάτων, τῶν διὰ τῆς προςευχῆς ἡμῖν παρὰ τῆς τοῦ σωτῆρος ὑποδεικνυμένων φωνῆς, ᾧ ἡ δόξα εἰς τοὺς αἰῶνας τῶν αἰώνων. Ἀμήν.

ΛΟΓΟΣ δ'.

p. 740. Γενηθήτω τὸ θέλημά σου, ὡς ἐν οὐρανῷ, καὶ ἐπὶ γῆς.
A Τὸν ἄρτον ἡμῶν τὸν ἐπιούσιον δὸς ἡμῖν σήμερον.

B Ἤκουσά τινος ἰατρικοῦ τεχνικῶς περὶ τῆς κατὰ τὴν ὑγείαν ἕξεως φυσιολογοῦντος· ἴσως δ᾽ ἂν γένοιτο ἡμῖν καὶ πρὸς τὴν τῆς ψυχῆς εὐεξίαν οὐκ ἀπὸ σκοποῦ τὸ λεγόμενον. Τὴν γὰρ ἐκ τοῦ μετρίου παρατροπὴν τῶν ἐν ἡμῖν ςοιχείων τινὸς ἀρχὴν καὶ αἰτίαν τῆς κατὰ τὸ πάθος συςάσεως διωρίζετο, καὶ ἐκ τοῦ ἐναντίου πάλιν τὴν ἐπὶ τὸ οἰκεῖόν τε καὶ κατὰ φύσιν τῶν πλημμελῶς παρακινηθέντων ἀποκατάςασιν θεραπείαν ἔφασκεν τῆς νοσώδους αἰτίας εἶναι. Καὶ διὰ τοῦτο σκοπεῖν ᾤετο δεῖν [1] τί μάλιςα
C τῶν ἐν ἡμῖν ἐν ἀταξίᾳ κινουμένων διὰ τῆς ἰδίας ἐπικρατήσεως ἄτονον [2] ποιεῖ τοῦ ἀντιςοιχοῦντος τὴν πρὸς τὴν ὑγείαν συνεισφοράν· ὡς εἰ μὲν τὸ θερμὸν ἐπικρατοίη, συμμαχίαν τῷ δυναςευομένῳ παρέχειν καὶ ὑπονοτίζειν τὸ ξηραινόμενον, μή που τῆς ὕλης ἐπιλιπούσης μαρανθείη τελείως καὶ ἀποσβεσθείη ἐν ἑαυτῷ τὸ θερμὸν, αὐτὸ περὶ

---

26) Κτ. μὲν ἁμαρτίας ὁ πατήρ, αἴρει.
1) Κτ. ὅτι. — 2) Κτ. ποιεῖν.

kann allein Gott. Mit Bezug auf den Vater sagen sie, Wer ist der daß er Gotteslästerung redet? wer kann Sünden vergeben außer Gott allein? Vergiebt nun Gott die Sünden, und nimmt der Sohn der Welt Sünde auf sich, und reinigt der heilige Geist von den Flecken der Sünde, an welchen solche haften, was werden dann die sagen welche einen Kampf gegen ihr eigenes Leben führen? Ja, es komme zu uns der heilige Geist, und läutere uns, und mache uns fähig erhabener und göttlicher Gedanken, welche uns auf dem Wege des Gebets von der Stimme des Erlösers geoffenbart werden, welchem die Herrlichkeit gehört in Ewigkeit. Amen.

Vierte Rede.
Dein Wille geschehe, wie im Himmel, also auch auf Erden! Unser tägliches Brot gieb uns heute!

Ich habe einen Arzt in geschickter und sachverständiger Weise über den Zustand der Gesundheit eingehend sprechen hören; vielleicht daß seine Worte auch bezüglich des Wohlbefindens der Seele für uns nicht unpassend sind. Er bezeichnete nämlich als Anfang und Ursache einer in uns entstehenden Krankheit die Abweichung der in uns befindlichen Elemente von ihrem richtigen Verhältniß, und umgekehrt wieder, sagte er, bestehe in der Rückversetzung der in fehlerhafter Weise abgewichenen Theile in ihr passendes und natürliches Verhältniß die Heilung der Veranlassung zur Krankheit. Darum meinte er auch, müsse man sein Augenmerk darauf richten was von den in uns in Unordnung gerathenen Theilen durch seine Uebergewalt die helfende Einwirkung der von der entgegengesetzten Seite her zur Genesung anstrebenden Kraft abschwäche, dergestalt daß, wenn die Hitze in Uebermacht ist, man dem Theil welcher unter dem Einfluß derselben steht, Hilfe bringt, und das was gedörrt wird mit Feuchtigkeit netzt, damit nicht etwa durch Vernichtung des Stoffs die Hitze sich völlig verzehre und in sich selbst erlösche und vergehe,

³ ἑαυτὸ δαπανώμενον, ὡσαύτως καὶ, εἴ τι τῶν ἄλλων τῶν κατὰ τὸ ἐναντίον ἐν ἡμῖν θεωρουμένων ἐκβαίνοι τὸν ὅρον, πρὸς τὸ πλεονάζον ἵςασθαι τῷ ἐλαττουμένῳ τὴν ἀπὸ τῆς τέχνης συμμαχίαν ἐπάγοντας, τούτων δὲ γενομένων, καὶ μηδενὸς τῇ τῶν ςοιχείων ἰσονομίᾳ ἐμποδίζοντος, ἐπανάγεσθαι τὴν ὑγείαν τῷ σώματι, μηκέτι τῆς φύσεως κατὰ τὴν κρᾶσιν ἀνωμαλούσης. Τί δή-μοι βούλεται τὸ μακρὸν τοῦτο τοῦ λόγου προοίμιον; Τάχα οὐκ ⁴ἀπὸ σκοποῦ τὸ θεώρημα, οὐδὲ πόρρω που τῆς προκειμένης ὑποθέσεως ἀπεσχοίνιςαι· πρόκειται γὰρ ἡμῖν εἰς θεωρίαν τὸ, Γενηθήτω τὸ θέλημά σου. Ὅτου δὲ χάριν ἐμνήσθημεν τοῦ κατὰ τὴν ἰατρικὴν θεωρήματος, διὰ τῶν ἐφεξῆς σαφηνίσομεν. ⁵Ἦν ἐν ὑγείᾳ ποτὲ νοητῇ τὸ ἀνθρώπινον, οἷόν τινων ςοιχείων, τῶν τῆς ψυχῆς λέγω κινημάτων, κατὰ τὸν τῆς ἀρετῆς λόγον ἰσοκρατῶς ἐν ἡμῖν κεκραμένων. Ἐπεὶ δὲ τοῦ ἐπιθυμητικοῦ κατισχύσαντος ἡ ἐκ τοῦ ἐναντίου νοουμένη διάθεσις, ἡ ἐγκράτεια, κατεκρατήθη τῷ πλεονάζοντι, καὶ τὴν ἄμετρον τῆς ἐπιθυμίας ἐπὶ τὰ μὴ δέοντα κίνησιν τὸ κωλύον οὐκ ἦν, ἐκ τούτου τὸ ἐπιθανάτιον νόσημα, ἡ ἁμαρτία, τῇ ἀνθρωπίνῃ συνέςη φύσει. Ὁ τοίνυν ἰατρὸς ἀληθὴς τῶν τῆς ψυχῆς παθημάτων, ὁ διὰ τοὺς κακῶς ἔχοντας ἐν τῇ ζωῇ τῶν ἀνθρώπων γενόμενος, τοῖς ἐν τῇ προσευχῇ νοήμασι τὸ νοσοποιὸν αἴτιον ὑπεκλύων ἐπανάγει ἡμᾶς ἐπὶ τὴν νοητὴν ὑγίειαν. Ὑγεία δὲ τῆς ψυχῆς ἡ τοῦ θείου θελήματος εὐοδία, ὥςπερ δὴ πάλιν τὸ ἐκπεσεῖν τοῦ ἀγαθοῦ θελήματος νόσος ἐςὶ ψυχῆς ⁵τελευτῶσα εἰς θάνατον. Ἐπεὶ οὖν ἠσθενήσαμεν τὴν ἀγαθὴν ἐν τῷ παραδείσῳ δίαιταν καταλιπόντες, ὅτε τοῦ δηλητηρίου τῆς παρακοῆς ἄρδην ἐνεφορήθημεν, καὶ διὰ τοῦτο τῷ πονηρῷ τούτῳ καὶ ἐπιθανατίῳ νοσήματι κατεκρατήθη ἡ φύσις, ἦλθεν ὁ ἀληθινὸς ἰατρὸς, κατὰ τὸν νόμον τῆς ἰατρικῆς διὰ τῶν ἐναντίων τὸ κακὸν ἐξιώμενος. Καὶ τοὺς διὰ τοῦτο τῇ ἀρρωςίᾳ συνενεχθέντας, ὅτι τοῦ θείου θε-

---

3) Kr. ἑαυτῷ. — 4) Kr. ἄπο — 5) Kr. τελευτώσης. Das τελευτῶσα ist Conjectur.

wie wir ebenso auch, wenn eine andere entgegengesetzte Thätigkeit unsers Körpers die Grenze überschreitet, dann, um seiner Uebermacht einen Damm entgegenzusetzen, dem beeinträchtigten Theile den Beistand der Kunst zukommen lassen, und daß, wenn dies geschehen ist, und Nichts mehr dem Gleichheitsverhältniß der Elemente hindernd entgegentritt, dann dem Körper die Gesundheit wiedergegeben werde, sofern nun die Natur in ihrer Mischung keiner Ungleichheit und Abweichung von der Regel mehr unterliegt. Was will nun dieses lange Vorwort meiner Rede? Vielleicht ist die Betrachtung nicht zwecklos, und dem für meine Rede gewählten Stoffe nicht allzufern; als Gegenstand der Betrachtung liegt aber vor das Dein Wille geschehe! Weßhalb wir aber der ärztlichen Betrachtung gedachten, werden wir im Folgenden deutlich machen. Es befand sich einst das Menschengeschlecht in seiner geistigen Gesundheit, und die Elemente, das heißt die Thätigkeiten der Seele, waren nach dem Verhältniß der Tugend zu gleichmäßiger Kraftäußerung in uns zusammengemischt. Da jedoch das Begehrungsvermögen die Oberhand gewann, und in Folge dessen die gegentheilige Verfassung, die Enthaltsamkeit, vor der Uebermacht gewichen war, und Nichts den maßlosen Fortschritt der Begierde zu dem Unerlaubten aufhielt, da entstand für die menschliche Natur die todbringende Krankheit, die Sünde. Der wahre Arzt der Leiden der Seele, welcher der Kranken wegen in das Leben der Menschen gekommen ist, hebt nach und nach durch die in dem Gebete niedergelegten Gedanken und Entschließungen das die Krankheit verursachende Uebel und führt uns zur geistigen Gesundheit wieder zurück. Gesundheit der Seele aber ist das gute Gelingen im Durchführen des göttlichen Willens, wie eben andernseits die diesem Willen bewiesene Untreue eine Krankheit der Seele ist welche mit dem Tode endigt. Da nun, nachdem wir das Gift des Ungehorsams in vollen Zügen eingesogen und in Folge dessen die menschliche Natur von dieser bösen und todbringenden Krankheit erfaßt worden war, wir das gute Leben im Paradiese krank verlassen hatten, da kam der wahre Arzt, welcher nach dem Gesetze der Heilkunst das Uebel durch die entgegengesetzten Mittel heilte. Und zwar befreit er diejenigen welche in die Krankheit verfallen waren weil sie vom göttlichen Willen ab-

λήματος ἐχωρίσθησαν, πάλιν ἐλευθεροῖ τοῦ νοσήματος τῇ πρὸς τὸ βούλημα τοῦ θεοῦ συναφείᾳ. Τὰ γὰρ τῆς προςευχῆς ῥήματα θεραπεία ἐςὶ τῆς [6]ἐγγενομένης τῇ ψυχῇ ἀῤῥωςίας· εὔχεται γὰρ οἷόν τισιν ὀδύναις τὴν ψυχὴν συνεχόμενος ὁ λέγων, Γενηθήτω τὸ θέλημά σου. Θέλημα δὲ θεοῦ ἡ σωτηρία τῶν ἀνθρώπων ἐςίν. Ἐπειδὰν τοίνυν εἰς τοῦτο ζῶμεν ὥςε εἰπεῖν τῷ θεῷ ὅτι, Γενηθήτω καὶ ἐν ἐμοὶ τὸ θέλημά σου, ἀνάγκη πᾶσα πρότερον κατειπεῖν ἐκείνου τοῦ βίου ὃς ἔξω τοῦ θείου βουλήματος ἦν, καὶ ταῦτα ἐν τῇ ἐξαγορεύσει διεξελθεῖν ὅτι, Ἐπειδὴ κακῶς ἐνήργησεν ἐν ἐμοὶ διὰ τοῦ φθάσαντος βίου τὸ ἀντικείμενον θέλημα, καὶ ὑπηρέτης ἐγενόμην τοῦ πονηροῦ τυράννου, οἷόν τις δήμιος τὴν τοῦ ἐχθροῦ ψῆφον εἰς πέρας κατ᾽ ἐμαυτοῦ φέρων, τούτου χάριν οἶκτον λαβὼν τῆς ἀπωλείας μου δός ποτε καὶ τὸ σὸν θέλημα γενέσθαι ἐν ἐμοί. Ὥςπερ γὰρ ἐν τοῖς ζοφώδεσι τῶν σπηλαίων φωτὸς εἰσκομισθέντος ὁ ζόφος ἐξαφανίζεται, οὕτω τοῦ σοῦ θελήματος ἐν ἐμοὶ γενομένου πᾶσα πονηρὰ καὶ ἄτοπος τῆς προαιρέσεως κίνησις εἰς τὸ μὴ ὂν περιΐςαται. Ἡ γὰρ σωφροσύνη σβέσει τὴν ἀκόλαςον καὶ ἐμπαθῆ τῆς διανοίας ὁρμήν, ἡ ταπεινοφροσύνη καταναλώσει τὸν τύφον, ἡ μετριότης ἰάσεται τῆς ὑπερηφανίας τὴν νόσον, τὸ δὲ τῆς ἀγάπης ἀγαθὸν πολὺν κατάλογον τῶν ἀντικειμένων κακῶν τῆς ψυχῆς ἀπελάσει· ταύτῃ γὰρ ὑποχωρεῖ τὸ μῖσος, ὁ φθόνος, ἡ μῆνις, ἡ κατ᾽ ὀργὴν κίνησις, ἡ θυμώδης διάθεσις, ἡ ἐπιβουλὴ, ἡ ὑπόκρισις, ἡ λυπηρῶν μνήμη, ἡ τῆς ἀντιλυπήσεως ὄρεξις, ἡ περικάρδιος τοῦ αἵματος ζέσις, ὁ πικρὸς ὀφθαλμὸς, πᾶσα ἡ τῶν τοιούτων κακῶν ἀγέλη τῇ ἀγαπητικῇ διαθέσει ἐξαφανίζεται. Οὕτως ἐκβάλλει τὴν διπλῆν εἰδωλολατρείαν ἡ ἐνέργεια τοῦ θεοῦ βουλήματος· διπλῆν δέ φημι τήν τε περὶ τὰ εἴδωλα μανίαν καὶ τὴν περὶ τὸ ἀργύριον καὶ χρυσίον [7]ἐπιθυμίαν, ἅπερ εἴδωλα τῶν ἐθνῶν ὁ τῆς προφητείας ὠνόμασε λόγος. Γενηθήτω τοίνυν τὸ θέλημά σου, ἵνα σβεσθῇ τοῦ διαβόλου τὸ θέ-

---

6) Κr. ἐγγινομένης. — 7) Bei Κr. fehlt ἐπιθυμίαν.

gewichen dadurch wieder von ihrem Leiden daß er sie mit dem göttlichen Willen versöhnte und verband. Denn die Worte des Gebets geben Heilung von dem Uebel welches die Seele befallen hatte; denn wer spricht, Es geschehe Dein Wille!, der betet, wie wenn er von Seelenschmerzen ergriffen wäre. Der Wille Gottes aber ist das Heil der Menschen. Wenn wir nun dazu schreiten daß wir zu Gott sagen, Dein Wille geschehe auch in mir!, so müssen wir nothwendiger Weise zuerst jenes Leben anklagen welches außerhalb des göttlichen Willens stand und in folgender Weise uns aussprechen: Da der dem Deinigen widerstrebende Wille in meinem früheren Leben schlecht gehandelt hat, und ich ein Diener des bösen Fürsten geworden bin, indem ich gleichsam wie ein Henkersknecht den Urtheilsspruch des Feindes an mir vollstreckte, deßhalb erbarme Dich meiner Verlorenheit, und gieb daß endlich Dein Wille auch in mir geschehe! Denn wie in dem Dunkel der Höhlen, wenn ein Licht hineingebracht wird, das Dunkel verschwindet, so verschwindet, wenn Dein Wille in mir geschieht, alle böse und thörichte Regung des Willens in das Nichts. Denn die Enthaltsamkeit wird den zügellosen und leidenschaftlichen Drang dämpfen, die Demuth wird die Hoffart vernichten, die Bescheidenheit wird die Krankheit des Hochmuths heilen, und der Segen der Liebe wird eine zahlreiche Schaar der feindlichen Uebel aus der Seele vertreiben; denn vor ihr weicht der Haß zurück, der Neid, der Groll, die Heftigkeit, die jähzornige Stimmung, die Tücke, die Heuchelei, die Unversöhnlichkeit, welche angethanes Weh nicht vergißt, die Rachsucht, welche es zu erwidern bestrebt ist, das rings um das Herz siedende Blut, der giftig stechende Blick, — der ganze Haufe dieser Uebel wird durch das Gefühl der Liebe der Vernichtung überwiesen. So vertreibt die Kraft des göttlichen Willens den zwiefachen Götzendienst; zwiefachen Götzendienst aber nenne ich den Wahnwitz welcher den Götzen huldigt, und zweitens die Gier nach dem Gold und Silber, welche das Wort des Propheten die Götzen der Heiden genannt hat. Demnach geschehe Dein Wille, damit der Wille des Teufels erlösche! Warum bitten

λημα. Διὰ τί δὲ παρὰ τοῦ θεοῦ γενέσθαι τὴν ἀγαθὴν ἡμῖν προαίρεσιν ἐπευχόμεθα; Ὅτι ἀσθενὴς ἡ ἀνθρωπίνη φύσις πρὸς τὸ ἀγαθόν ἐςιν, ἅπαξ διὰ κακίας ἐκνευρισθεῖσα. Οὐ γὰρ μετὰ τῆς αὐτῆς εὐκολίας πρός τε τὸ κακὸν ὁ ἄνθρωπος ἔρχεται καὶ ἀπὸ τούτου πάλιν ἐπὶ τὸ ἀγαθὸν ἐπανέρχεται, ὥσπερ καὶ ἐπὶ τῶν σωμάτων ἔςι κατανοῆσαι τὸν τοιοῦτον λόγον, ὅτι οὐχ ὁμοίως, οὐδὲ μετὰ τῆς ἴσης ῥᾳςώνης τό τε ὑγιαῖνον ἐν νόσῳ γίνεται καὶ τὸ νενοσηκὸς ὑγιάζεται. Ὁ γὰρ ἐν ὑγείᾳ τέως διάγων καὶ δι᾽ ἑνὸς πολλάκις τραύματος εἰς τὸν περὶ τῶν ἐσχάτων κίνδυνον ἦλθεν, καὶ μία περίοδος ἢ καταβολὴ πυρετοῦ πάντα τὸν τοῦ σώματος τόνον διέλυσεν, καὶ βραχεῖα δηλητηρίου γεῦσις ἢ παντελῶς διέφθειρεν ἢ παρ᾽ ὀλίγον τοῦτο ἐποίησεν, [8] καὶ δήγματι ἑρπετοῦ, ἢ κέντρῳ τινὶ τῶν ἰοβόλων, ἢ ὀλισθήματι, ἢ καταπτώματι, ἢ πλείονι τῆς δυνάμεως ἀδηφαγίᾳ, ἢ ἄλλῳ τινὶ τοιούτῳ εὐθέως ἐπηκολούθησεν ἢ νόσος ἢ θάνατος· ἡ δὲ τοῦ ἀῤῥωςήματος ἀπαλλαγὴ πολλαῖς ἐπινοίαις γίνεται καὶ δυσκολίαις [9] καὶ τέχναις ἰατρικαῖς, ἐὰν ἄρα καὶ γένηται. Διὰ τοῦτο πρὸς μὲν τὸ κακὸν ἡμῖν τῆς ὁρμῆς γινομένης οὐ χρεία τοῦ συνεργοῦντος, αὐτομάτως ἐν τῷ θελήματι ἡμῶν τῆς κακίας ἑαυτὴν τελειούσης· εἰ δὲ πρὸς τὸ κρεῖττον γένοιτο ἡ ῥοπή, τοῦ θεοῦ χρεία τοῦ τὴν ἐπιθυμίαν εἰς ἔργον ἄγοντος. Διὰ τοῦτό φαμεν ὅτι, Ἐπειδὴ θέλημά σου ἐςὶν ἡ σωφροσύνη, ἐγὼ δὲ σάρκινός εἰμι, πεπραμένος ὑπὸ τὴν ἁμαρτίαν, τῇ σῇ δυνάμει κατορθωθείη μοι τὸ ἀγαθὸν τοῦτο θέλημα· οὕτως ἡ δικαιοσύνη, ἡ εὐσέβεια, ἡ τῶν παθῶν ἀλλοτρίωσις. Ἡ γὰρ τοῦ θελήματος φωνὴ πάσας γενικῶς ἐμπεριλαμβάνει τὰς ἀρετάς, καὶ τὰ καθ᾽ ἕκαςον τῶν ἐν τῷ ἀγαθῷ νοουμένων ἐν τῷ θελήματι τοῦ θεοῦ θεωρεῖται. Ἀλλὰ τί βούλεται ἡ προσθήκη τοῦ λόγου, Ὡς ἐν οὐρανῷ, καὶ ἐπὶ γῆς; Τάχα μοι δοκεῖ τῶν βαθυτέρων τι δογμάτων ὑποσημαίνειν ὁ λόγος, καί τινα ποιεῖσθαι διδασκαλίαν θεοπρεποῦς διανοίας ἐν τῇ θεωρίᾳ τῆς κτίσεως.

---

8) Κτ. ἤ. — 9) Κτ. ἤ.

wir aber daß uns von Gott der gute Wille werde? Darum, weil die menschliche Natur zu schwach zum Guten ist, nachdem sie einmal durch das Böse entnervt worden ist. Der Mensch schreitet nicht mit derselben Leichtigkeit zum Bösen und kehrt von diesem wieder zum Guten zurück, wie man auch bei den Körpern diesen Fall beobachten kann, daß nicht auf gleiche Weise, noch mit derselben Leichtigkeit das Gesunde krank, und das Erkrankte gesund wird. Denn der bisher Rüstige kommt oft durch eine Wunde in die äußerste Gefahr, und eine einzige Wiederkehr oder ein einziger Anfall des Fiebers vernichtet alle Spannkraft des Körpers, und das Kosten von nur wenigem Gift richtet ihn entweder völlig zu Grunde, oder doch beinahe, und auf den Biß einer Schlange, oder den Stachel eines anderen giftigen Thiers, oder auf einen Fehltritt, auf einen Fall, oder übermäßigen Genuß von Speise, oder auf ein anderes Derartiges folgt entweder Krankheit oder Tod; die Befreiung von dem Leiden hingegen wird nur durch viele Mittel und vielen Aufwand ärztlicher Kunst und nach vielen Schwierigkeiten bewerkstelligt, wenn sie anders bewerkstelligt wird. Deßhalb braucht man, wenn in uns ein Hang zum Bösen entstanden ist keines Helfers, weil das Böse in unserem Willen sich von selbst vollendet; neigen wir uns dagegen dem Besseren zu, da bedürfen wir Gottes, welcher das Verlangen ins Werk setzt. Darum sagen wir, Da Dein Wille die Enthaltsamkeit ist, ich aber fleischlich gesinnt bin und unter die Sünde verkauft, so möge durch Deine Kraft in mir dieser gute Wille zur That werden! so die Gerechtigkeit, die Frömmigkeit, die Befreiung von den Leidenschaften. Denn das Wort Wille umfaßt in sich alle Tugenden, und in dem Willen Gottes liegt der Reihe nach Alles was man unter Gut versteht. Aber was will der Zusatz der Worte, **Wie im Himmel, also auch auf Erden?** Beinahe scheint es mir als ob dieses Wort eine tiefere Weisheit andeute und uns ein gotterhabenes Verständniß in der Betrachtung der Schö-

Ὁ δὲ λέγω τοιοῦτόν ἐςιν. Μεμέριςαι πᾶσα ἡ λογικὴ κτίσις εἴς τε τὴν ἀσώματον καὶ τὴν ἐνσώματον φύσιν. Ἔςι δὲ ἀγγελικὴ μὲν ἡ ἀσώματος, τὸ δὲ ἕτερον εἶδος ἡμεῖς οἱ ἄνθρωποι. Ἡ μὲν οὖν νοητὴ, ἅτε δὴ τοῦ βαροῦντος κεχωρισμένη σώματος, τούτου λέγω τοῦ ἀντιτύπου τε καὶ εἰς γῆν βρίθοντος, τὴν ἄνω λῆξιν ἐπιπορεύεται, τοῖς κούφοις τε καὶ αἰθεριώδεσι τόποις ἐνδιατρίβουσα ἐν ἐλαφρᾷ τε καὶ εὐκινήτῳ τῇ φύσει· ἡ δὲ ἑτέρα διὰ τὴν τοῦ σώματος ἡμῶν πρὸς τὸ γεῶδες συγγένειαν οἷόν τινα ἰλύος ὑποςάθμην κατ' ἀνάγκην τὸν περίγειον τοῦτον εἴληχε βίον, οὐκ οἶδα μὲν ὅ τι τοῦ θείου βουλήματος διὰ τούτων οἰκονομοῦντος, εἴτε πᾶσαν πρὸς ἑαυτὴν οἰκειοῦντος τὴν κτίσιν, ὡς ἂν μήτε τῶν οὐρανίων ὑψωμάτων ἡ κάτω λῆξις ἀμοιρήσειε, μήτε ὁ οὐρανὸς καθ' ὅλου τῶν κατὰ τὴν γῆν ἀμοιρήσειεν, ὡς ἂν γένοιτό τις διὰ τοῦ ἀνθρωπίνου πλάσματος [10] ἑκατέρων τῶν ςοιχείων μετουσία τῶν ἐν θατέρῳ νοουμένων, τοῦ τε νοεροῦ τῆς ψυχῆς, ὅπερ δοκεῖ συγγενές τε καὶ ὁμόφυλον τῶν κατ' οὐρανὸν εἶναι δυνάμεων, τοῖς γηΐνοις σώμασιν ἐνοικοῦντος, τῆς τε γεηρᾶς ταύτης σαρκὸς ἐν τῇ ἀποκαταςάσει τῶν πάντων εἰς τὸν οὐράνιον χῶρον τῇ ψυχῇ συμμετοικιζομένης (ἁρπαγησόμεθά γὰρ, καθώς φησιν ὁ ἀπόςολος, ἐν νεφέλαις εἰς ἀπάντησιν τοῦ κυρίου εἰς ἀέρα, καὶ οὕτως πάντοτε σὺν κυρίῳ ἐσόμεθα), εἴτε οὖν τοῦτο, εἴτε τι ἕτερον παρὰ τοῦτο τῆς τοῦ θεοῦ σοφίας οἰκονομούσης, ἐν τῇ διπλῇ ταύτῃ ζωῇ μερισθεῖσα πᾶσα ἡ λογικὴ διῄρηται φύσις, ἡ μὲν ἀσώματος τὴν οὐράνιον λαχοῦσα μακαριότητα, ἡ δὲ διὰ σαρκὸς εἰς τὴν γῆν ἐπιςρεφομένη διὰ τὴν πρὸς αὐτὴν οἰκειότητα. Ἡ μέντοι τοῦ καλοῦ τε καὶ ἀγαθοῦ ἐπιθυμία ὁμοτίμως ἑκατέρᾳ συνουσιώθη τῇ φύσει, καὶ τὸ αὐτοκρατές τε καὶ αὐτεξούσιον καὶ πάσης ἀνάγκης ἐλεύθερον ἴσον ἐπ' ἀμφοῖν ὁ τοῦ παντὸς ἐπιςάτης ἐποίησεν, ὡς αὐτονόμῳ τινὶ προαιρέσει οἰκονομεῖσθαι πᾶν ὅσον λόγῳ τε καὶ διανοίᾳ τετίμηται. Ἀλλ' ἡ μὲν ἄνω ζωὴ καθαρεύει πάντη κακίας,

---

10) Rt. ἑκατέρῳ.

pfung lehre. Was ich meine ist Folgendes. Die gesammte vernünftige Schöpfung ist in die körperlose und körperliche Natur getheilt. Engelisch ist die körperlose, und die andere Gattung machen wir Menschen aus. Die intellectuale nun, weil sie eben von dem belastenden Körper getrennt ist, ich meine von diesem festen und zur Erde niederziehenden, steigt in die obere Region auf, und verweilt bei ihrer flüchtigen und beweglichen Natur in leichten und ätherischen Orten, während der anderen wegen der Verwandtschaft unsers Körpers mit der Erde nothwendiger Weise dieses irdische Leben, welches einem Bodensatz von Schmuz gleicht, zu Theil geworden ist, wobei ich nicht weiß was der göttliche Wille hierdurch beabsichtigte, ob er die gesammte Schöpfung sich verwandt machen wollte, daß weder die untere Region an den himmlischen Höhen, noch der Himmel an dem Irdischen ohne allen Antheil wäre, damit durch das menschliche Gebild beide Elemente das eine die Eigenschaften des anderen mitgewännen, sofern ja die Geistigkeit der Seele, welche verwandt und gleichen Geschlechts mit den Mächten des Himmels zu sein scheint, den irdischen Leibern innewohnt, andernseits dieses irdische Fleisch bei der Wiederherstellung aller Dinge mit der Seele zugleich in den Himmelsraum übersiedelt wird (denn, wie der Apostel sagt, wir werden hingerückt werden in den Wolken, dem Herrn entgegen in der Luft, und werden also bei dem Herrn sein allezeit), ob sage ich die Weisheit Gottes also dieses, oder ob sie etwas Anderes bezweckte, kurz die gesammte vernünftige Kreatur ist in dieses zwiefache Leben getheilt, und der körperlosen die himmlische Glückseligkeit beschieden worden, die fleischliche hingegen wegen ihrer Verwandtschaft mit der Erde dieser zugewendet. In der That ist das Verlangen nach dem Schönen und Guten gleichmäßig mit dem Wesen der einen wie der anderen verbunden worden, und der Lenker des Als hat beiden in gleichem Verhältniß die Unabhängigkeit, die Selbstständigkeit und Freiheit von allem Zwang verliehen, so daß Alles was durch die Begabung mit Vernunft und Verstand geehrt worden ist durch eine gewisse eigene freie Willensthätigkeit regiert wird. Allein das Leben in den Höhen des Himmels ist gänzlich rein vom Bösen, und keinerlei Widersprüche finden

καὶ οὐδὲν ἐκείνοις τῶν ἐκ τοῦ ἐναντίου νοουμένων συμπολιτεύεται· πᾶσα δὲ ἐμπαθὴς κίνησίς τε καὶ διάθεσις τὴν κάτω ζωὴν περιπολεῖ, ἐν οἷς ἐςι τὸ ἀνθρώπινον. Διὰ τοῦτο τὴν ἐν οὐρανοῖς τῶν ἁγίων δυνάμεων πολιτείαν ἀμιγῆ κακίας καὶ παντὸς τοῦ ἐξ ἁμαρτιῶν μολυσμοῦ καθαρεύουσαν ὁ θεόπνευςος ἐπίςαται λόγος· πᾶν δὲ ὅσον

C ἐκτὸς τοῦ ἀγαθοῦ δι' αὐτῆς τῆς ἀναχωρήσεως αὐτοῦ παρυπέςη κακὸν, περὶ τὴν κοίλην ταύτην ζωὴν οἷόν τις τρυγία τε καὶ ἰλὺς συνερρύη, ᾗ μολύνεται τὸ ἀνθρώπινον, πρὸς τὸ κατιδεῖν τὸ θεῖον τῆς ἀληθείας φῶς διὰ τοῦ τοιούτου σκότους ἐμποδιζόμενον. Εἰ τοίνυν ἀπαθὴς μὲν ἡ ὑπερκειμένη ζωὴ καὶ ἀκήρατος, παντοίοις δὲ πάθεσι καὶ ταλαιπωρίαις καταβεβάπτισαι ἡ ἀθλιότης τῆς ὧδε ζωῆς, δῆλον ἂν εἴη ὅτι ἡ μὲν ἄνω πολιτεία, ἅτε παντὸς κακοῦ καθαρεύουσα, ἐν τῷ ἀγαθῷ θελήματι τοῦ θεοῦ κατορθοῦται (ἔνθα γὰρ κακὸν οὐκ ἔςιν, ἀνάγκη πᾶσα ἀγα-

D θὸν εἶναι), ἡ δὲ καθ' ἡμᾶς ζωὴ τῆς τῶν ἀγαθῶν μετουσίας ἐκπεπτωκυῖα συνεκπέπτωκεν καὶ τοῦ θείου βουλήματος. Διὰ τοῦτο ἐν τῇ προςευχῇ διδασκόμεθα οὕτως ἡμῶν τοῦ κακοῦ τὴν ζωὴν ἐκκαθαρθῆναι, ὡς καθ' ὁμοιότητα τῆς οὐρανίας διαγωγῆς καὶ ἐν ἡμῖν ἀνεμποδίςως τὸ θέλημα τοῦ θεοῦ πολιτεύσασθαι, ὡς ἄν τις λέγοι ὅτι, Καθάπερ ἐν θρόνοις καὶ ἀρχαῖς καὶ ἐξουσίαις καὶ κυριότησι καὶ πάσῃ τῇ ὑπερκοσμίῳ δυνάμει γίνεταί σου τὸ θέλημα,

Coloss. 1, 16.
Eph. 1, 21.
3, 10.
p. 745.

A μηδαμοῦ κακίας [11] παρεμποδιζούσης τοῦ ἀγαθοῦ τὴν ἐνέργειαν, οὕτω καὶ ἐν ἡμῖν τὸ ἀγαθὸν τελειωθείη, ἵνα πάσης κακίας ἐκποδὼν γενομένης διὰ πάντων ᾖ τὸ θέλημά σου ταῖς ψυχαῖς ἡμῶν κατευοδούμενον. Ἀλλ' ὡς ἀνθυπενεγκόντος τινός, Καὶ πῶς ἐςι δυνατὸν τὴν ἐν ταῖς ἀσωμάτοις δυνάμεσι καθαρότητα τοῖς διὰ σαρκὸς τὴν ζωὴν εἰληχόσι κατορθωθῆναι, ἐν μυρίαις φροντίσι διὰ τὰς σωματικὰς χρείας τῆς ψυχῆς ἐμβαθυνούσης; διὰ τοῦτό μοι

B δοκεῖ, καθάπερ λύων τὴν τοιαύτην ἀμηχανίαν, τῷ ἑξῆς λόγῳ τὸ δοκοῦν δυσχερὲς πρὸς τὴν προκειμένην σπουδὴν

---

11) Rt. παραποδιζούσης.

sich dort, wohingegen alle Art von leidenschaftlicher Erregung und Stimmung, worin das Menschengeschlecht befangen ist, das Leben auf der Erde begleitet und umgiebt. Aus diesem Grunde kennt die heilige Schrift den Wandel der heiligen Mächte im Himmel als einen von allem Bösen freien und von jeglichem Sündenschmuz reinen; Alles hingegen was durch seine Trennung vom Guten dieses aufgegeben hat und böse geworden ist, das ist gleichwie eine Hefe und Grundsuppe in die Thalschlucht dieses Lebens zusammengeströmt, und hiedurch wird das Menschengeschlecht besudelt, und durch dieses Dunkel gehindert das göttliche Licht der Wahrheit zu schauen. Ist nun das überirdische Leben frei von Leidenschaften und fleckenlos, und der Jammer dieses irdischen Lebens in allerlei Leiden und Drangsal versenkt, so dürfte es wohl klar sein daß der Wandel in der Höhe, weil er eben von allem Bösen rein ist, seine Stütze in dem guten Willen Gottes hat (denn wo das Böse nicht ist, da muß ganz nothwendiger Weise das Gute sein), und daß unser Leben, weil es den Genuß der Güter verloren hat, damit auch zugleich des göttlichen Willens verlustig gegangen ist. Deßhalb wird uns in dem Gebete gelehrt unser Leben dergestalt vom Bösen zu reinigen, daß wir ähnlich wie in dem himmlischen Leben den Willen Gottes auch in uns ohne Hinderniß üben und nach ihm handeln, wie wenn man sagte, Wie in den Thronen und Regierungen und Gewalten und Herrschaften und in jeglicher überirdischen Macht Dein Wille geschieht, und nichts Böses der Wirksamkeit des Guten hemmend entgegentritt, so möge auch in uns das Gute zur Vollendung kommen, damit nach Hinwegräumung alles Bösen Dein Wille in unseren Seelen in allen Stücken seinen glücklichen Fortgang habe. Allein, gleich als ob Jemand dagegen erwidert hätte, Wie ist es möglich daß die in den körperlosen Mächten sich findende Reinheit in denen zu gedeihlicher Vollendung sich entwickele welchen das Leben im Fleische zu Theil geworden ist, da sich in Folge der körperlichen Bedürfnisse die Seele in zahllose Sorgen vertieft?, scheint mir darum der Herr, gleich als ob er dieses Bedenken lösen wollte, durch die folgenden Worte die scheinbare Schwierigkeit hinsichtlich

ὑπεκλῦσαι. Δόγμα γὰρ οἶμαι διὰ τούτων τῶν λόγων ἡμῖν ὑποτίθεσθαι ἐν τῷ τὸν ἐφήμερον ἄρτον αἰτεῖν προςτάξαι, ὅτι τῷ ἀνενδεεῖ κατὰ τὴν φύσιν τὸ ὀλιγαρκές τε καὶ μέτριον κατὰ τὸν τῆς ἀπαθείας λόγον συνεξισοῦται· οὐ γὰρ αἰτεῖ τὸν Θεὸν ἐν ταῖς προςευχαῖς ὁ ἄγγελος τὴν χορηγίαν τοῦ ἄρτου, ὅτι ἀπροςδεῆ κέκτηται τῶν τοιούτων τὴν φύσιν, αἰτεῖν δὲ προςετάχθη ὁ ἄνθρωπος, διότι τὸ κενούμενον ἐπιδεὲς τοῦ ἀναπληροῦντος πάντως ἐςίν.

C ῾Ροώδης δὲ καὶ παροδικὴ τῆς ἀνθρωπίνης ζωῆς ἐςιν ἡ σύςασις, ἀντὶ τοῦ ἐκποιηθέντος τὸ ἀνανεάζον ἐπιζητοῦσα. Ὁ οὖν πρὸς τὴν τῆς φύσεως ὑπηρεσίαν βλέπων, καὶ μηδὲν ἔξω τοῦ ἀναγκαίου διὰ τῶν ματαίων φροντίδων ἐπισυρόμενος, οὐ πολὺ τῆς ἀγγελικῆς πολιτείας ἐλαττωθήσεται, τὸ ἀνενδεὲς ἐκείνων καθ᾽ ἑαυτὸν τῇ ὀλιγαρκίᾳ μιμούμενος. Διὰ τοῦτο ζητεῖν προςετάχθημεν τὸ πρὸς τὴν συντήρησιν ἐξαρκοῦν τῆς σωματικῆς οὐσίας, Τὸν ἄρτον δὸς,

D τῷ Θεῷ λέγοντες, οὐ τρυφὴν, οὐδὲ πλοῦτον, οὐκ εὐανθεῖς ἁλουργίδας, οὐ τὸν ἐκ χρυσίου κόσμον, οὐ τὰς τῶν λίθων αὐγὰς, οὐ τὰ ἐξ ἀργύρου σκεύη, οὐ γῆς περιουσίαν, οὐ ςρατοπέδων ἀρχὴν, οὐ πόλεών τε καὶ ἐθνῶν ἡγεμονίαν, οὐχ ἵππων τε καὶ βοῶν ἀγέλας καὶ τῶν ἄλλων βοσκημάτων πλήθη πολλὰ, οὐκ ἀνδραπόδων περιουσίαν, οὐ τὴν ἐν ἀγοραῖς περιφάνειαν, οὐ ςήλας, οὐκ εἰκόνας, οὐ τὰ ἐκ σηρῶν ὑφάσματα, οὐ τὰ ἐκ μουσικῆς ἀκροάματα, οὐδέ τι τοιοῦτον οὐδὲν, δι᾽ ὧν ἀφέλκεται ἡ ψυχὴ τῆς θείας

p. 746. τε καὶ προτιμοτέρας φροντίδος, ἀλλὰ τὸν ἄρτον. Ὁρᾷς

A τὸ πλάτος τῆς φιλοσοφίας; ὅσα δόγματα τῇ βραχείᾳ ταύτῃ φωνῇ περιείληπται; Μονονουχὶ φανερῶς ἐμβοᾷ διὰ τοῦ λόγου τοῖς ἐπαΐουσιν ὅτι, Παύσασθε οἱ ἄνθρωποι περὶ τὰ μάταια ταῖς ἐπιθυμίαις διαχεόμενοι, παύσασθε τὰς τῶν πόνων ἀφορμὰς καθ᾽ ὑμῶν πλεονάζοντες. Μικρόν ἐςί σοι τὸ τῆς φύσεως ὄφλημα· τροφὴν χρεωςεῖς τῷ σαρκίῳ σου, πρᾶγμα μέτριόν τε καὶ εὐπόριςον, εἰ πρὸς τὴν χρείαν βλέπεις. Διὰ τί πολυπλασιάζεις κατὰ

B σεαυτοῦ τοὺς φόρους; ὑπὲρ τίνος τοσούτοις ὀφλήμασι

des uns vor Augen gehaltenen Strebens zu heben. Ich glaube nämlich daß er durch die Worte in welchen er uns um das tägliche Brot zu bitten heißt die Lehre ausspricht, daß Genügsamkeit und Mäßigkeit nach Verhältniß der Leidenschaftslosigkeit der natürlichen Bedürfnißlosigkeit der Engel sich nähere; denn der Engel bittet in seinen Gebeten nicht um die Spende des Brotes, weil er eine Natur besitzt welche solcher Dinge nicht Noth hat, der Mensch aber erhielt das Gebot darum zu bitten, weil das was geleert wird nothwendig dessen bedarf welcher es wiederum füllt. Flüchtig wie die Welle und vergänglich ist der Bestand des menschlichen Lebens, und verlangt nach Erneuerung dessen was verbraucht ist. Wer also nur den Unterhalt der Natur im Auge behält, und sich nicht über das Nothwendige hinaus von leeren Sorgen fortreißen läßt, der wird nicht viel hinter dem Wandel der Engel zurückbleiben, weil er in seiner Genügsamkeit der Bedürfnißlosigkeit jener nahezukommen bemüht ist. Deßhalb haben wir das Gebot, um das nachzusuchen was zur Erhaltung der körperlichen Existenz genügt, und sprechen zu Gott, Das Brot gieb uns!, nicht Wohlleben, noch Reichthum, nicht herrlichstrahlende Purpurgewänder, nicht güldenen Schmuck, nicht den leuchtenden Glanz von Edelsteinen, nicht Geräthe von Silber, nicht Reichthum an Land, nicht den Oberbefehl über Heere, nicht Herrschaft über Städte und Völker, nicht Heerden von Pferden und Rindern und viele Haufen anderen Viehs, nicht Ueberfluß an Sclaven, nicht Berühmtheit auf den Märkten und Gerichtshöfen, nicht Ehrensäulen, nicht Standbilder, nicht seidene Webstoffe, nicht musikalische Ohrenschmäuße, oder sonst Etwas von dieser Art, wodurch die Seele von der Sorge um das Göttliche und Vorzüglichere abgezogen wird, sondern das Brot. Siehst du die Tiefe der Gottesweisheit, und wie viel Lehren in diesem kleinen Wort zusammengefaßt sind? Beinahe offen ruft er denen die ihn hören mit seiner Rede zu, Hört auf, ihr Menschen, euch in Begierden um eitle Dinge zu ergehen! Hört auf die Quellen eurer Mühen und Plagen zu mehren! Wenig ist es was ihr eurer Natur schuldet! Nahrung schuldest du deinem Fleisch, eine geringe und leicht zu beschaffende Sache, wenn du eben die Nothdurft nur im Auge hast. Warum vermehrst du deine Lasten? weßhalb hast du dich geduldig so vielen Verpflichtungen unter-

σεαυτὸν φέρων ὑπέζευξας, ἄργυρον μεταλλεύων, καὶ χρυσίον ὀρύσσων, καὶ τὴν διαφαίνουσαν ὕλην ἀναζητῶν, ὡς ἄν σοι διὰ τῶν τοιούτων ὁ διηνεκὴς οὗτος φορολόγος, ἡ γαςὴρ, τρυφῴη, ἧς τὸ χρέος ἄρτος ἐςὶν, ὁ ἀναπληρῶν τὸ ἐνδέον τῷ σώματι; Σὺ δὲ εἰς Ἰνδοὺς ἐμπορεύῃ, καὶ βαρβαρικῇ παρακινδυνεύεις θαλάσσῃ, καὶ ἐνιαυσίοις ναυτιλίαις σεαυτὸν δίδως, ἵνα τοῖς ἐκεῖθεν ἀγωγίμοις τὴν τροφὴν ἡδύνῃς, οὐ σκοπῶν ὅτι μέχρι τῆς ὑπερῴας ἡ τῶν ἡδυσμάτων αἴσθησις τὸν ὅρον ἔχει· ὡσαύτως δὲ τὸ εὐφανὲς, τὸ εὔπνουν, τὸ εὔοσμον ὠκύμορόν τινα καὶ ἀκαριαίαν παρέχεται τῇ αἰσθήσει τὴν χάριν· ἀπὸ δὲ τῆς ὑπερῴας ἀδιάκριτος τῶν ἐμβαλλομένων ἡ διαφορὰ, ὁμοτίμως τὰ πάντα τῆς φύσεως πρὸς δυσωδίαν ἀλλοιούσης. Ὁρᾷς τὸ πέρας τῆς ὀψοποιΐας; ὁρᾷς τὸ ἀποτέλεσμα τῆς ὀψαρτυτικῆς μαγγανείας; Τὸν ἄρτον αἴτει διὰ τὴν τῆς ζωῆς χρείαν, τούτου σε ὀφειλέτην ἐποίησεν ἡ φύσις τῷ σώματι. Τὰ δ᾽ ὅσα παρεύρηται ταῖς τῶν τρυφώντων ἐπινοίαις, ταῦτα τῆς τῶν ζιζανίων ἐςὶ παρασπορᾶς. Ὁ σπόρος τοῦ οἰκοδεσπότου ὁ σῖτός ἐςιν, ἐκ δὲ τοῦ σίτου ὁ ἄρτος γίνεται. Ἡ δὲ τρυφὴ τὸ ζιζάνιον, ὃ παρεσπάρη παρὰ τοῦ ἐχθροῦ τῷ σίτῳ. Ἀλλ᾽ ἀφέντες οἱ ἄνθρωποι διὰ τῶν ἀναγκαίων λειτουργεῖν τῇ φύσει ὄντως συμπνίγονται, καθώς φησί που ὁ λόγος, ταῖς περὶ τὰ μάταια σπουδαῖς, καὶ ἀτελεσφόρητοι μένουσι, πρὸς ταῦτα τῆς ψυχῆς ἑαυτὴν εἰς τὸ διηνεκὲς ἀσχολούσης. Τάχα μοι δοκεῖ τοιοῦτόν τι καὶ ὁ Μωϋσῆς δι᾽ αἰνιγμάτων φιλοσοφεῖν, τῆς κατὰ τὴν γεῦσιν ἡδονῆς σύμβουλον τὸν ὄφιν παραςήσας τῇ Εὔᾳ. Φασὶ γὰρ τὸ θηρίον τοῦτο, τὸν ὄφιν, εἰ τὴν κεφαλὴν ὑπαγάγοι τῇ ἁρμονίᾳ, εἰς ἣν παραδύεται, μὴ ἂν ἐκ τοῦ οὐραίου ῥᾳδίως παρὰ τῶν ἀντισπώντων ἀνελκυσθῆναι, τῆς [12] τραχείας φυσικῶς φολίδος εἰς τὸ ἔμπαλιν πρὸς τὴν τῶν ἐφελκομένων βίαν ἀντιβαινούσης· καὶ οὗ κατὰ τὸ ἔμπροσθεν ἀκώλυτός ἐςιν ἡ διάδυσις, τῷ λείῳ τῆς φολίδος ὀλισθαινούσης, τούτου ἀμήχανος ἡ ἐκ

---

[12] Rt. ῥαχίας φυσικῶς, τῆς φολίδος, εἰς τό.

worfen, gräbst das Silber aus, scharrst das Gold aus der Tiefe, und suchst nach dem glänzenden Stoff, damit dadurch der ewig seinen Tribut einfordernde Bauch schwelge, der doch nur des Brotes bedarf, welches die Nothdurft des Leibes stillt? Du aber reisest zu den Indern, übergiebst dich den Gefahren eines fremden Meeres, vertraust dich alljährlichen Seefahrten an, damit du durch die von dort eingeführten Waaren deine Nahrung leckerer machen könnest, und beachtest nicht daß aller Leckereien Kitzel im Gaumen seine Grenze hat; ebenso gewährt ein schönes Ansehen, ein schöner Geruch, ein schönes Antlitz den Sinnen nur einen kurzen und schnell vergänglichen Genuß; vom Gaumen abwärts aber ist kein Unterschied mehr dessen was hineingefüllt wird, da die Natur in gleicher Weise Alles in üblen Geruch verwandelt. Erkennst du das Ziel der Küchenkunst, die letzte Grenze der kochkünstlerischen Zauberei? Um das Brot bitte wegen der Nothdurft des Körpers; das läßt dich die Natur dem Körper schulden. Alles hingegen was die Phantasie der Schwelgenden hinzu erfunden hat, ist Saat des Unkrauts welche daneben gestreut ist. Das was der Hausvater säet ist das Korn, und aus dem Korn wird das Brot. Die Schwelgerei aber ist das Unkraut, welches von dem Feind unter das Korn gesäet worden war. Aber die Menschen unterlassen es der Natur mit dem was sie heischt zu dienen, und werden so in Wahrheit, wie irgendwo die Schrift sagt, erstickt in ihren Mühen um eitle Dinge, und bleiben ohne Frucht, weil ihre Seele sich damit ohne Unterlaß beschäftigt. Beinahe scheint es mir als ob so Etwas auch Moses durch Gleichnisse lehren wolle, wenn er als Verführer zur Gaumenlust der Eva die Schlange giebt. Denn man sagt daß dieses Thier, die Schlange, wenn es den Kopf in die Spalte gebracht hat in welche sie schlüpfen will, nicht leicht am Schwanze herausgezogen werden könne, weil der rauhe Schuppenpanzer sich gegen die Gewalt der Ziehenden sträubt; und wenn ihrem Einschlüpfen nach vorne keinerlei Hinderniß sich entgegenstellt, wegen der schlüpfrigen Glätte der Schuppen, so ist es auf der anderen Seite wegen dieser sich sträubenden Schup-

τῶν κατόπιν ἀνάλυσις ταῖς τῶν λεπίδων προσβολαῖς ἀντισπωμένη, δεικνύντος, οἶμαι, τοῦ λόγου ὅτι τὴν ἡδονὴν εἰσιοῦσαν καὶ παραδυομένην τῇ τῆς ψυχῆς ῥαχίᾳ φυλάττεσθαι χρὴ, καὶ ἀποφράττειν, ὡς ἔνι μάλιςα, τὰς ἁρμονίας τοῦ βίου. Οὕτω γὰρ ἂν καθαρὰ φυλαχθείη τῆς τῶν θηρίων ἐπιμιξίας ἡ ἀνθρωπίνη ζωή. Εἰ δέ τινα πάροδον καθ᾽ ἡμῶν λάβοι, διαλυθείσης ἐν ἡμῖν τῆς ἐναρμονίου ζωῆς, ἐμφωλεύσει διὰ τούτων ὁ τῆς ἡδονῆς ὄφις, τοῖς τῆς διανοίας χωρήμασι δυσέκβλητος διὰ τῶν φολίδων γινόμενος. Φολίδας δὲ ἀκούων τὰς πολυτρόπους τῶν ἡδονῶν ἀφορμὰς διὰ τοῦ αἰνίγματος νόησον· ἓν γὰρ θηρίον τῷ γενικῷ λόγῳ τὸ καθ᾽ ἡδονὴν ἐςὶ πάθος, αἱ δὲ ποικίλαι καὶ πολύτροποι τῶν ἡδονῶν ἰδέαι, αἱ διὰ τῶν αἰσθήσεων ἐμμιχθεῖσαι τῇ ἀνθρωπίνῃ ζωῇ, αὗταί εἰσιν αἱ περὶ τὸν ὄφιν φολίδες τῇ ποικιλίᾳ τῶν παθημάτων κατάςικτοι. Εἰ οὖν φεύγεις τὴν τοῦ θηρίου συνοίκησιν, φύλαξαι τὴν κεφαλὴν, τοῦτ᾽ ἔςι τὴν πρώτην τοῦ κακοῦ προσβολήν· εἰς τοῦτο γὰρ φέρει τῆς ἐντολῆς τοῦ κυρίου τὸ αἴνιγμα, Αὐτός σου τηρήσει [13] κεφαλὴν, καὶ σὺ τηρήσεις αὐτοῦ [14] πτέρναν. Μὴ δῷς πάροδον τῷ ἑρπυςῇ πρὸς τὸ ἐνδότερον εἰςέρποντι, καὶ ἀπὸ τῆς πρώτης ἀρχῆς ὅλον ἑαυτοῦ τὸν ὁλκὸν συνεισφέροντι. Μεῖνον ἐπὶ τῆς χρείας. Ὅρος ἔςω σοι τῆς τοῦ ζῆν φροντίδος ἡ διὰ τῶν ἐπιτυχόντων τοῦ ἐνδέοντος πλήρωσις. Εἰ δὲ καί σοι ὁ τῆς Εὔας σύμβουλος διαλέγοιτο περὶ τοῦ κατὰ τὴν ὄψιν καλοῦ καὶ τὴν γεῦσιν ἡδέος, καὶ ζητοίης ἐπὶ τῷ ἄρτῳ τὸν ὄψον τὸ τοιόνδε καὶ τὸ διὰ τῶν τοιῶνδε ἡδυσμάτων ὀψοποιούμενον, εἶτα διὰ τούτων ἔξω τῶν ἀναγκαίων ὅρων τὴν ἐπιθυμίαν ἄγοις, τότε ὄψει τὸν ἑρπυςὴν κατὰ τὸ λεληθὸς πρὸς πλεονεξίαν ἀκολούθως μεθέρποντα. Ἀπὸ γὰρ τῆς ἀναγκαίας τροφῆς ἐπὶ τὴν ὀψοφαγίαν ἕρψας, πρὸς τὸ ἐν ὀφθαλμοῖς ἡδὺ μεταβήσεται, σκεύη λαμπρὰ ζητῶν, καὶ ὑπηρέτας ἁβροὺς, καὶ κλίνας ἀργυρᾶς, ςρωμνὰς μαλακὰς, καλύμματα διαφανῆ

---

13) Rt. πτέρναν. — 14) Rt. κεφαλήν.

pen äußerst schwierig sie rückwärts zu ziehen, wodurch, glaube ich, die Schrift andeuten will daß man sich vor der Lust hüten solle, welche in den Felsenriß der Seele hineinschlüpft, und daß man so viel als möglich die Spalten seines Wandels verbauen und verstopfen solle. Denn so wird das menschliche Leben rein von der Gemeinschaft des giftigen Gethiers erhalten. Gewinnen sie hingegen einen Eingang in uns, weil die Fügung unseres Lebens leck geworden ist, dann wird die Schlange der Lust in Folge dessen daselbst ihr Lager aufbauen, und wird aus den Räumen unserer Gedanken wegen ihrer sich sträubenden Schuppen schwer zu entfernen sein. Hörst du aber von Schuppen sprechen, so verstehe in dem Gleichnisse darunter die Gelegenheiten zur Lust; denn die Leidenschaft der Lust ist ihrem allgemeinen Begriffe nach ein Thier, allein die verschiedenen und mannichfaltigen Arten der Lüste, welche sich durch die Sinneswerkzeuge in das menschliche Leben Eingang zu verschaffen wissen, das sind die durch die buntschillernden Farben der Sinnengenüsse gezierten Schuppen. Fliehst du also die Genossenschaft mit dem giftigen Gethier, so nimm dich vor dem Kopf in Acht, das heißt dem ersten Angriff des Bösen; denn auf diesen geht das Gleichniß in dem Gebote des Herrn. Er wird sich vor deinem Kopf hüten, und du wirst dich hüten vor seiner Ferse. Gieb dem Gewürm keinen Zutritt, wenn es in dein Inneres kriechen und vom ersten Anfang an die ganze Länge seines Schwanzes hineinziehen will. Bleibe bei dem was die Nothdurft erheischt. Die Grenze deiner Sorge für das Leben sei die Befriedigung deines Bedürfnisses mittelst dessen was sich dir eben darbietet. Wenn jedoch auch mit dir der Verführer Evas eine Unterhaltung über das was seinem Ansehen nach schön und seinem Geschmacke nach lieblich ist anknüpft, und du zu dem Brote außerdem noch eine derartige und durch solche Leckereien gewürzte Zukost wünschen solltest, und du dein Verlangen darum die Grenzen des Nöthigen überschreiten lassen würdest, so wirst du dann sehen wie das Gewürm unvermerkt zu immer größerem und größerem Verlangen hinankriecht. Denn von der nothdürftigen Nahrung kriecht es zur Schlemmerei, und wird dann zu dem übergehen was angenehm in die Augen fällt, indem es nach glänzenden Geräthschaften verlangt, und dazu nach zierlichen Dienern, nach silber-

καὶ χρυσόπαςα, θρόνους, τρίποδας, πλυνοὶς, κρατῆρας, ῥυτὰ, ψυκτῆρας, οἰνοχοὰς, χέρνιβα, λυχνίας, θυμιατήρια καὶ τὰ τοιαῦτα ἐπιζητῶν. Διὰ τούτων γὰρ ἡ ἐπιθυμία τῆς πλεονεξίας εἰςέρχεται· ἵνα γὰρ ἡ πρὸς τὰ τοιαῦτα μὴ λίποι παρασκευή, προςόδων χρεία, δι' ὧν συμπορισθήσεται τὰ ζητούμενα. Οὐκοῦν κλαῦσαι χρὴ τὸν δεῖνα, καὶ οἰμῶξαι [14b] τὸν σύνοικον, καὶ πολλοὺς ἐλεεινοὺς γενέσθαι τῶν ἰδίων ἐκπίπτοντας, ἵνα διὰ τῶν δακρύων ἐκείνων ἡ περὶ τὴν τράπεζαν τούτῳ τραγῳδία λαμπρύνοιτο. Ἐπειδὰν δὲ καὶ τούτοις ὁ ὄφις ἑαυτὸν ἐπειλίξῃ, καὶ πλήσῃ τὴν γαςέρα τῶν κατὰ γνώμην, ἀκολούθως μετὰ τὰς πλησμονὰς ἐπὶ τὴν ἀκόλαςον λύσσαν ἰλυσπώμενος κατασύρεται. Τοῦτο δέ ἐςι τὸ ἔσχατον τῶν ἀνθρωπίνων κακῶν. Ὡς ἂν οὖν μηδὲν γένοιτο τούτων, τῇ εὐπορίᾳ τοῦ ἄρτου τὴν ζωὴν [15] περιόριζε, ὄψον ζητῶν τὸ παρ' αὐτῆς ὀψοποιούμενόν σοι τῆς φύσεως. Τοῦτο δέ ἐςι μάλιςα μὲν ἡ ἀγαθὴ συνείδησις, τῇ δικαίᾳ μεταλήψει τὸν ἄρτον ἡδύνουσα. Εἰ δὲ καὶ τὴν κατὰ τὸν λαιμὸν αἴσθησιν ἥδεσθαι θέλοις, ὄψον σοι γενέσθω ἡ ἔνδεια, καὶ τὸ μὴ ἐπιβαλεῖν κόρον τῷ κόρῳ, μηδὲ ἀπαμβλύνειν τῇ κραιπάλῃ τὴν ὄρεξιν· ἀλλὰ προηγείσθωσάν σοι τῆς τροφῆς τῶν ἐντολῶν οἱ ἱδρῶτες. Ἐν ἱδρῶτι καὶ πόνῳ φάγῃ τὸν ἄρτον σου.

Gen. 3, 13. Ὁρᾷς τὴν πρώτην ὀψοποιΐαν τοῦ λόγου; Ἀρκεῖ σοι τὸ μέχρι τῆς χρείας ταύτης ἀσχολεῖν τὴν διάνοιαν· μᾶλλον
Psalm. 104, 14. δὲ μηδὲ μέχρι τούτου τὴν ψυχὴν ταῖς περὶ τοῦ ἄρτου
Ibid. 147, 9. μερίμναις ἐνδήσῃς, ἀλλ' εἰπὲ τῷ τὸν ἄρτον [16] ἀπὸ τῆς γῆς
Ibid. 136, 25. ἐξάγοντι, εἰπὲ τῷ τοὺς κόρακας τρέφοντι, τῷ διδόντι τρο-
Ibid. 145, 16. φὴν πάσῃ σαρκὶ, τῷ ἀνοίγοντι τὴν χεῖρα καὶ πληροῦντι πᾶν ζῶον εὐδοκίας ὅτι, Παρὰ σοῦ μοι ἡ ζωή, παρὰ σοῦ γενέσθω καὶ ἡ πρὸς τὴν ζωὴν ἀφορμή· σὺ δὸς τὸν ἄρτον, τοῦτ' ἔςιν ἐκ δικαίων πόνων τὴν τροφὴν σχοίην· εἰ γὰρ ὁ θεὸς ἡ δικαιοσύνη ἐςὶν, οὐκ ἔχει παρὰ θεοῦ τὸν ἄρτον ὁ ἐκ πλεονεξίας τὴν τροφὴν ἔχων. Αὐτὸς κύριος εἶ τῆς

14b) Rr. τὴν σύνοικον. — 15) Rr. περιορίζεται. — 16) Rr. ἐκ γῆς.

verzierten Betten, üppig weichen Decken, durchsichtigen und gold-durchwirkten Schleiern, nach Thronsesseln, Dreifüßen, Waschnäpfen, Mischbowlen, Trinkhörnern, Kühlern, Schenktischen, Becken, Leuchtern, Rauchpfannen und dergleichen, — hierdurch findet die Begierde nach Mehr, die Habsucht, Eingang; denn damit einer solchen Einrichtung Nichts fehle, sind Einkünfte nöthig durch welche das Gewünschte auch beschafft werden kann. Da muß also Der oder Jener Thränen vergießen, der Hausgenosse jammern, und Viele durch Vertreibung aus ihrem Eigenthum elend werden, auf daß durch jene Thränen die Pracht des Mahles für diesen Einen verherrlicht werde. Nachdem nun die Schlange sich auch an diese Dinge hinangewunden und ihren Bauch mit dem wonach ihr gelüstete gefüllt hat, kriecht sie nach dieser Sättigung weiter und weiter, und läßt sich von zügelloser Gier fortreißen. Das ist aber das äußerste Uebel für den Menschen. Damit nun Nichts von diesem geschehen möge, beschränke dein Leben auf den ausreichenden Erwerb des Brotes, und als zur Zukost strebe nach dem was dir die Natur selbst als solche rüstet. Das ist aber zumeist das gute Gewissen, welches durch das Bewußtsein daß man ein Recht an den Genuß hat dem Brote Lieblichkeit ertheilt. Willst du aber noch außerdem einen Sinnengenuß für die Gurgel haben, so sei die Entbehrung deine Zukost, und daß du nicht Sättigung auf Sättigung häufst und deinen Appetit durch den Rausch abstumpfst, sondern der Schweiß des göttlichen Gebotes gehe deinem Mahle voran. Im Schweiße und Mühsal wirst du dein Brot essen! Siehst du der Schrift erste Küchenkunst? Es genügt dir wenn dein Geist sich nicht weiter müht als es diese Nothdurft erheischt; oder vielmehr nicht einmal so weit verstricke deine Seele in die Sorgen um das Brot, sondern sprich zu dem welcher das Brot aus der Erde bringt, welcher die Raben speist, welcher allem Fleisch seine Nahrung giebt, welcher seine Hand öffnet und jedes lebende Wesen mit Wohlgefallen erfüllet, sprich, Von Dir habe ich das Leben, von Dir werde mir auch gegeben wovon ich lebe! Gieb Du das Brot! das heißt möge ich aus gerechten Arbeiten meine Nahrung gewinnen; denn wenn Gott die Gerechtigkeit ist, so hat der welcher von der Habsucht seine Nahrung erhält sie nicht von Gott. Du hast dein Gebet erreicht, wenn deine Wohlhabenheit

εὐχῆς, εἰ μὴ ἐξ ἀλλοτρίων ἡ εὐπορία, εἰ μὴ ἐκ δακρύων ἡ πρόσοδος, εἰ οὐδεὶς ἐπὶ τῷ σῷ κόρῳ ἐπείνασεν, εἰ οὐδεὶς ἐπὶ τῇ πλησμονῇ σου ἐξένηξεν. Θεοῦ ἄρτος μάλιςα ὁ τοιοῦτός ἐςιν, δικαιοσύνης ὁ καρπός, εἰρήνης ὁ [17] ςάχυς, ἄμικτος καὶ ἀμόλυντος τῶν τοῦ ζιζανίου σπερμάτων. Εἰ δὲ γεωργῶν τὰ ἀλλότρια, καὶ ἐν ὀφθαλμοῖς ἔχων τὴν ἀδικίαν, καὶ γραμματείοις κρατύνας τὴν ἄδικον κτῆσιν ἔπειτα τῷ θεῷ λέγοις, Δὸς τὸν ἄρτον, — ἄλλος ὁ ἀκούων τῆς φωνῆς σου ταύτης ἐςίν, οὐχ ὁ θεός· τὸν γὰρ ἐξ ἀδικίας καρπὸν ἡ ἀντικειμένη καρποφορεῖ φύσις. Ὁ σπουδάζων τὴν δικαιοσύνην θεόθεν τὸν ἄρτον δέχεται· ὁ δὲ τὴν ἀδικίαν γεωργῶν παρὰ τοῦ εὐεργέτου τῆς ἀδικίας σιτίζεται. Πρὸς οὖν τὴν συνείδησιν τὴν ἑαυτοῦ βλέπων οὕτω πρόσαγε τὴν [18] περὶ τοῦ ἄρτου αἴτησιν τῷ θεῷ, εἰδὼς ὅτι οὐκ ἔςι κοινωνία Χριςῷ πρὸς [19] Βελίαρ. Κἂν δωροφορῇς ἐξ ἀδικίας, ἄλλαγμα κυνὸς καὶ μίσθωμα πόρνης τὸ δῶρόν ἐςιν· κἂν λαμπρύνῃς τῇ φιλοτιμίᾳ τὰς ἐπιδόσεις, ἀκούσῃ τοῦ προφήτου βδελυσσομένου τὴν ἀπὸ τῶν τοιούτων συνεισφοράν· Τί μοι πλῆθος τῶν θυσιῶν ὑμῶν; λέγει κύριος· πλήρης εἰμὶ ὁλοκαυτωμάτων κριῶν, καὶ ςέαρ ἀρνῶν καὶ αἷμα ταύρων καὶ τράγων οὐ βούλομαι· θυμίαμα, φησί, βδέλυγμά μοί ἐςιν. Ἑτέρωθι τὸν θύοντα μόσχον ἀντὶ τοῦ ἀναιροῦντος κύνα λελόγιςαι. Ἐὰν οὖν παρὰ κυρίου τὸν ἄρτον ἔχῃς, τοῦτ᾽ ἔςιν ἐκ δικαίων πόνων, ἔξεςί σοι καὶ ἀπάρχεσθαι αὐτῷ ἀπὸ τῶν καρπῶν τῆς δικαιοσύνης. Καλὴ δὲ καὶ ἡ προσθήκη τοῦ σήμερον· τὸν ἄρτον γὰρ, φησίν, τὸν ἐπιούσιον δὸς ἡμῖν σήμερον. Ἄλλη φιλοσοφία οὗτος ὁ λόγος ἐςίν, ὡς ἂν μάθοις δι᾽ ὧν λέγοις ὅτι ἐφήμερός ἐςιν ἡ ἀνθρωπίνη ζωή. Τὸ παρὸν ἴδιον ἑκάςῳ μόνον, ἡ δὲ τοῦ μέλλοντος ἐλπὶς ἐν ἀδήλῳ μένει· οὐκ οἴδαμεν γὰρ τί τέξεται ἡ ἐπιοῦσα. Τί προσταλαιπωροῦμεν ὑπὲρ τῶν ἀδήλων, τί κακοπαθοῦμεν ταῖς ὑπὲρ τῶν μελλόντων φροντίσιν; Ἀρκετόν, φησίν, τῇ ἡμέρᾳ ἡ κακία αὐτῆς, κακίαν τὴν κακοπάθειαν λέγων. Τί

---

17) Kr. ἄςαχυς. — 18) περὶ fehlt in den Ausgaben. — 19) Kr. Βελίαν.

nicht von fremdem Gute stammt, wenn deine Einkünfte nicht aus Thränen fließen, wenn bei deiner Sättigung Niemand hungert, wenn ob deines Ueberflusses Niemand seufzt. Gottes Brot ist gerade ein solches, es ist die Frucht der Gerechtigkeit, die Aehre des Friedens, unvermischt und rein von dem Samen des Unkrauts. Wenn du aber aus fremdem Gut Erwerb ziehst, und die Ungerechtigkeit in den Augen hast, und durch Schriftstücke den ungerechten Besitz zu befestigen suchst, und dann zu Gott sagst, Gieb das Brot, — so ist's ein Anderer der auf diese deine Stimme hört, nicht Gott; denn die Frucht der Ungerechtigkeit läßt das ihm feindliche Wesen wachsen. Wer sich der Gerechtigkeit befleißigt, der empfängt sein Brot von Gott, wessen Boden des Erwerbs aber die Ungerechtigkeit ist, der wird von dem Pfleger der Ungerechtigkeit gespeist. Blicke also in dein Gewissen und bringe so deine Bitte um Brot vor Gott, eingedenk dessen daß Christus keine Gemeinschaft hat mit Belial. Und bringst du eine Gabe dar aus Ungerechtigkeit, so ist diese Gabe ein Tauschmittel hündischer Schamlosigkeit und ein Hurenlohn; und wenn du aus Ehrsucht prunkst mit deinen Geschenken, so wirst du die Stimme des Propheten vernehmen, welcher solchen Beitrag verflucht: Was soll mir die Menge eurer Opfer? spricht der Herr: ich bin satt der Brandopfer von Widdern, und das Fett der Lämmer und das Blut der Stiere und Böcke will ich nicht; das Rauchwerk ist mir ein Greuel, spricht er. An einer anderen Stelle rechnet er den welcher ein Kalb schlachtet wie den welcher einen Hund tödtet. Hast du also dein Brot von dem Herrn, das heißt aus gerechten Arbeiten, so ist es dir auch gestattet ihm von den Früchten der Gerechtigkeit Erstlinge darzubringen. — Schön ist aber auch der Zusatz des heute; denn, Gieb uns, heißt es, unser tägliches Brot heute. Dies Wort ist noch die weitere Lehre, daß du durch das was du sprichst lernst daß das Leben des Menschen das eines Tages ist. Die Gegenwart ist allein eines Jeden Eigenthum, die Hoffnung auf die Zukunft aber ist im Dunklen; denn wir wissen nicht was der folgende Tag gebähren wird. Was kümmern wir uns über das was wir nicht wissen? was machen wir uns Schmerzen durch Sorgen über die Zukunft? Es ist genug, sagt er, daß ein jeglicher

μεριμνῶμεν περὶ τῆς αὔριον; Διὰ τοῦτο δι' ὧν τὸ σήμερον κελεύει, ἀπαγορεύει σοι τὴν περὶ τοῦ αὔριον φροντίδα, μονονουχὶ ταυτά σοι διὰ τοῦ ῥήματος λέγων ὅτι; Ὁ τὴν ἡμέραν σοι διδοὺς καὶ τὰ εἰς τὴν ἡμέραν σοι δίδωσιν. Τίς ἀνατέλλει τὸν ἥλιον; τίς ἐξαφανίζει τῆς νυκτὸς τὸ σκότος; τίς σοι δείκνυσι τοῦ φωτὸς τὴν ἀκτίνα; τίς περιάγει τὸν οὐρανόν, ὥςε ὑπὲρ γῆς τὸν φωςῆρα γενέσθαι; Ὁ ταυτά σοι καὶ τὰ τηλικαῦτα διδοὺς τῆς σῆς ἆρα χρῄζει συνεργίας πρὸς τὸ πληρῶσαι τῇ σαρκί σου τὸ ἐνδέον τῆς χρείας; Ποίαν εἰσφέρεται σπουδὴν ἡ τῶν ἀλόγων φύσις πρὸς τὴν ἰδίαν ζωήν; ποῖαι τῶν κοράκων ἄρουραι; ποῖαι τῶν ἀετῶν εἰσιν αἱ ἀποθῆκαι; Οὐ μία πᾶσίν ἐςιν ἡ τοῦ ζῆν χορηγία τὸ θεῖον βούλημα, ᾧ περικρατεῖται τὰ πάντα; Εἶτα βοῦς μέν, ἢ ὄνος, ἢ ἄλλο τι τῶν ἀλόγων αὐτοδίδακτον τὴν ἐκ φύσεως ἔχει φιλοσοφίαν, καὶ τὸ παρὸν εὖ διατίθεται, τῶν δὲ εἰς τὸ ἑξῆς αὐτῷ φροντὶς οὐδεμία· ἡμεῖς δὲ συμβούλων δεόμεθα πρὸς τὸ συνιέναι τὸ ἐπίκηρον τοῦτο καὶ ἐφήμερον τῆς κατὰ σάρκα ζωῆς. Οὐ παιδευόμεθα τοῖς ἀλλοτρίοις συμπτώμασιν; οὐ πρὸς τὸν ἴδιον σωφρονιζόμεθα βίον; Τί ἀπώνατο τῆς πολλῆς παρασκευῆς ἐκεῖνος ὁ πλούσιος ὁ ταῖς ἀνυποςάτοις ἐλπίσιν ἐμματαιάζων, καθαιρῶν, οἰκοδομῶν, συνάγων, τρυφῶν, μακρὰς ἐτῶν περιόδους ἐν [20] τῇ ματαιότητι τῶν ἐλπίδων ταῖς ἀποθήκαις συναποκλείων; οὐχὶ μία νὺξ πᾶσαν ἐκείνην τὴν ὀνειροπολουμένην ἐλπίδα διήλεγξεν, ὡς μάταιόν τι ἐνύπνιον ἐπὶ ματαίῳ συμπεπλασμένον; Ἡ κατὰ τὸ σῶμα ζωὴ τοῦ ἐνεςῶτός ἐςι μόνου, ἡ δὲ δι' ἐλπίδος ἀποκειμένη τῆς ψυχῆς ἐςιν ἰδία. Ἀλλ' ἡ τῶν ἀνθρώπων ἄνοια διαμαρτάνει περὶ τὴν ἑκατέρου χρῆσιν, τὴν μὲν σωματικὴν ζωὴν ταῖς ἐλπίσι παρατείνουσα, τὴν δὲ τῆς ψυχῆς πρὸς τὴν τῶν παρόντων ἀπόλαυσιν ἐφελκομένη. Διὰ τοῦτο κατ' ἀνάγκην τῆς οὔσης τε καὶ ὑφεςώσης ἐλπίδος ἡ ψυχὴ περὶ τὸ φαινόμενον ἀσχολουμένη ἀλλοτριοῦται, τοῖς δὲ ἀςάτοις διὰ τῶν ἐλπίδων

---

20) τῇ fehlt in den Ausgaben.

Tag sein eigenes Böse habe, und mit dem Bösen bezeichnet er das Plagen und Mühen. Was sorgen wir uns um den morgenden Tag? Darum, mit welchen Worten er dir die Sorge um das Heute gebietet, mit denselben verbietet er dir die Kümmerniß um das Morgen; beinahe wie wenn er dir durch den Ausspruch das sagte: Wer dir den Tag giebt, giebt dir auch das was du für den Tag brauchst. Wer läßt die Sonne aufgehen? wer läßt verschwinden die Finsterniß der Nacht? wer zeigt dir den Strahl des Lichts? wer läßt den Himmel kreisen, so daß das leuchtende Gestirn über der Erde erscheint? Wer dir Dieses und so Großes giebt, braucht der etwa deiner Hilfe um deinem Fleische das zu gewähren was seine Nothdurft heischt? Welche Mühe nimmt sich die Natur der unvernünftigen Thiere für ihr Leben? welches sind die Kornfelder der Raben, welches die Scheuren der Adler? Ist nicht für Alle der eine Lebensspender, der Wille Gottes? In der That hat Ochse, oder Esel, oder welch anderes unvernünftiges Thier sonst, seine eigene ihm von der eigenen Natur gelehrte Weisheit, und verfügt wohl und zufrieden über die Gegenwart, und macht sich über das was später kommt keinen Kummer. Wir aber brauchen Beirath, um das Hinfällige und Vergängliche des fleischlichen Lebens einzusehen. Werden wir nicht durch das was Anderen begegnet belehrt? kommen wir nicht am eigenen Leben zur Besonnenheit? Was hat jenem Reichen seine viele Pracht und Zurüstung genützt, welcher sich nichtigen Hoffnungen als ein Thor hingab, einriß, aufbaute, sammelte, schwelgte, lange Jahresläufe in der Eitelkeit der Hoffnungen in seinen Scheuren einschloß? Hat nicht eine einzige Nacht durch alle jene geträumte Hoffnung einen Strich gemacht, und gezeigt daß sie ein eitles Bild war, über eine eitle Sache vom Traum zusammengewoben? Das Leben im Leib ist bloß der Gegenwart, das aber welches in unserer Hoffnung ruht, ist der Seele Eigenthum. Aber die Thorheit der Menschen fehlt im Gebrauche beider, verlängert das körperliche Leben durch die Hoffnungen, und zieht das der Seele auf den Genuß der Gegenwart zusammen. So kommt es nothwendiger Weise daß die Seele der wirklichen und festbegründeten Hoffnung weil sie mit dem Scheine sich beschäftigt entfremdet wird, und weil

ἐπερειδομένη οὔτε τούτου περικρατὴς γίνεται καὶ ἐκεῖνο οὐκ ἔχει. Διδαχθῶμεν τοίνυν διὰ τῆς παρούσης συμβουλῆς, τί μὲν σήμερον αἰτεῖν χρὴ, τί δὲ εἰς ὕςερον. Ὁ ἄρτος τῆς σημερινῆς χρείας ἐςίν, ἡ βασιλεία τῆς ἐλπιζομένης μακαριότητος. Ἄρτον δὲ εἰπὼν πᾶσαν τὴν σωματικὴν

D περιλαμβάνει χρείαν. Ἐὰν ταῦτα αἰτῶμεν, δῆλον ἔςαι τῇ διανοίᾳ τοῦ προςευχομένου ὅτι περὶ τὸ ἐφήμερόν ἐςιν ἡ ἀσχολία· ἐὰν δέ τι τῶν τῆς ψυχῆς ἀγαθῶν, ὅτι πρὸς τὸ διηνεκές τε καὶ ἀτελεύτητον ἡ αἴτησις βλέπει, πρὸς ὃ μάλιςα κελεύει τοὺς εὐχομένους ὁρᾶν, ὡς τῷ μείζονι καὶ τῆς πρώτης συγκατορθουμένης χρείας. Αἰτεῖτε, φησὶ,

Matth. 6, 33. τὴν βασιλείαν καὶ τὴν δικαιοσύνην, καὶ ταῦτα πάντα προςτεθήσεται ὑμῖν, ἐν Χριςῷ Ἰησοῦ τῷ κυρίῳ ἡμῶν, ᾧ ἡ δόξα καὶ τὸ κράτος εἰς τοὺς αἰῶνας τῶν αἰώνων. Ἀμήν.

ΛΟΓΟΣ ε'.

p. 751. **Ἄφες ἡμῖν τὰ ὀφειλήματα ἡμῶν, καθὼς καὶ ἡμεῖς ἀφί-**
A **εμεν τοῖς ὀφειλέταις ἡμῶν· καὶ μὴ εἰςενέγκῃς ἡμᾶς εἰς**
πειρασμόν, ἀλλὰ ῥῦσαι ἡμᾶς ἀπὸ τοῦ πονηροῦ.

B Ἦλθεν προϊὼν ὁ λόγος ἐπ' αὐτὸ τῆς ἀρετῆς τὸ ἀκρότατον. Ὑπογράφει γὰρ διὰ τῶν τῆς προςευχῆς ῥημάτων οἷον εἶναι βούλεται τὸν τῷ θεῷ προςερχόμενον, τὸν οὐκέτι σχεδὸν ἐν τοῖς τῆς ἀνθρωπίνης φύσεως ὅροις δεικνύμενον, ἀλλ' αὐτῷ τῷ θεῷ διὰ τῆς ἀρετῆς ὁμοιούμενον, ὥςε δοκεῖν ἄλλον ἐκεῖνον εἶναι ἐν τῷ ταῦτα ποιεῖν ἃ τοῦ θεοῦ μόνου ἐςὶ ποιεῖν. Ἡ γὰρ τῶν ὀφλημάτων ἄφε-

Luc. 5, 21. σις ἴδιόν ἐςι τοῦ θεοῦ καὶ ἐξαίρετον· εἴρηται γὰρ ὅτι, Οὐδεὶς δύναται ἀφιέναι ἁμαρτίας, εἰ μὴ μόνος ὁ θεός. Εἰ τοίνυν τις ἐν τῷ ἰδίῳ βίῳ μιμήσαιτο τῆς θείας φύσεως

C τὰ γνωρίσματα, [1] ἐκεῖνος γίνεται τρόπον τινὰ οὗ τὴν μίμησιν [2] δι' ἀκριβοῦς ὁμοιότητος ἐπεδείξατο. Τί οὖν διδάσκει ὁ λόγος; Πρῶτον ἑαυτοῖς συγγνῶναι τῇ τῶν βεβιωμένων παρρησίᾳ τὴν πρὸς τὸν θεὸν ὁμοιότητα, καὶ

---

1) Κτ. ἐκεῖνο. — 2) Κτ. ἐναργῶς ἐπεδείξατο.

sie in ihren Hoffnungen sich auf Unbeständiges verläßt, so erlangt sie weder das Eine, noch hat sie das Andere. Lassen wir uns also durch gegenwärtigen Zuspruch belehren, was wir heute, was wir für später bitten müssen. Das Brot gehört der heutigen Nothdurft an, das Reich aber der Seligkeit auf welche wir hoffen. Wer Brot sagt, der faßt damit die ganze leibliche Nothdurft zusammen. Bitten wir darum, so wird es dem Sinne des Betenden deutlich sein daß dieser auf das Vergängliche gerichtet ist, daß dagegen, bitten wir um ein Gut der Seele, die Bitte auf das Ewige und Unendliche geht, worauf der Herr den Betenden befiehlt vornehmlich den Blick zu richten, weil mit der größeren auch die erstgenannte Nothdurft zugleich ihre Erfüllung finden werde. Bittet, sagt er, um das Reich Gottes und die Gerechtigkeit, und dieses Alles wird Euch hinzugefügt werden, in Christo Jesu unserem Herrn, welchem die Herrlichkeit gehört und die Macht in Ewigkeit. Amen.

Fünfte Rede.

Vergieb uns unsere Schuld, wie wir vergeben unseren Schuldigern, und führe uns nicht in Versuchung, sondern erlöse uns von dem Bösen.

Das Wort des Herrn ist bei der höchsten Spitze sichtlicher Vollkommenheit angelangt. Er beschreibt nämlich durch die Worte des Gebetes wie er will daß der beschaffen sein soll welcher vor Gott tritt, der kaum mehr innerhalb der Grenzen der menschlichen Natur sich zeigt, sondern durch seine Tugend Gott selbst ähnlich wird, so daß er in dem Thun dessen was Gottes allein ist ein Anderer zu sein scheint. Denn die Vergebung der Schuld ist ein vorzugsweises Eigenthum Gottes; wie ja gesagt ist, Niemand kann Sünden vergeben, denn allein Gott. Wenn nun Jemand in seinem Leben den kennzeichnenden Eigenschaften der göttlichen Natur nacheifert, so wird er gewissermaßen zu dem welchem nachgeahmt zu haben er durch eine genaue Aehnlichkeit den Beweis lieferte. Was lehrt nun sein Wort? Erstlich lehrt es daß man durch das Recht welches uns unser Leben dazu giebt sich der Aehnlichkeit mit Gott bewußt

τότε θαρρεῖν πατέρα ἑαυτῶν τὸν θεὸν λέγειν, καὶ ἀμνηςίαν ὑπὲρ τῶν ποτὲ πλημμεληθέντων αἰτεῖν, ὡς οὐκ ἐν τῷ αἰτοῦντι ὄντος τοῦ τυχεῖν ὧν ἐφίεται, ἀλλ' ἐν τῷ διὰ τῶν ἔργων ἑαυτῷ χαριζομένῳ τῆς αἰτήσεως τὴν παρρησίαν. Ταῦτα γὰρ ἄντικρυς ἡμῖν διαλέγεται τῇ παρούσῃ φωνῇ, ὅτι ὁ τῷ εὐεργέτῃ προςιὼν εὐεργέτης ἔςω, ὁ τῷ ἀγαθῷ ἀγαθός, ὁ τῷ δικαίῳ δίκαιος, ἀνεξίκακός τε τῷ ἀνεξικάκῳ, καὶ τῷ φιλανθρώπῳ φιλάνθρωπος, καὶ τὰ

D ἄλλα πάντα ὡσαύτως τῷ χρηςῷ τε καὶ ἐπιεικεῖ καὶ μεταδοτικῷ τῶν ἀγαθῶν, καὶ παντὶ τὸν ἔλεον νέμοντι, καὶ εἴ τι περὶ τὸ θεῖον ὁρᾶται, πρὸς ἕκαςον διὰ τῆς προαιρέσεως ὁμοιούμενος, οὕτως ἑαυτῷ τὴν τῆς προςευχῆς παρρησίαν [3]περιποιείτω. Ὡς οὖν οὐκ ἔςιν οὔτε πονηρὸν ἀγαθῷ προςοικειωθῆναι, οὔτε τὸν ἐν ἀκαθάρτοις [4]μολύσμασι ῥυπαινόμενον πρὸς τὸν καθαρὸν καὶ ἀκήρατον κοινωνίαν ἔχειν, οὕτως χωρίζει τῆς φιλανθρωπίας τοῦ θεοῦ

p. 752. [5]τὸν προςιόντα ἡ ἀπήνεια. Ὁ τοίνυν ἐν πικρίᾳ κατέχων

A ὑπὲρ τῶν ὀφλημάτων τὸν ὑποχείριον διὰ τοῦ ἰδίου τρόπου τῆς θείας φιλανθρωπίας ἑαυτὸν ἀπεσχοίνισεν. Τίς γὰρ κοινωνία φιλανθρωπίᾳ τε καὶ ὠμότητι, καὶ ἀγαπητικῇ διαθέσει πρὸς ἀγριότητα, καὶ τὰ λοιπὰ ὅσα ἐκ τοῦ ἐναντίου τῇ πρὸς τὸ κακὸν ἀντιθέσει νοεῖται, ὧν ἄμικτος ἡ ἐναντιότης, ἐφ' ὧν ὁ τῷ ἑνὶ κατειλημμένος τοῦ ἐναντίου πάντως ἀφώρισαι; ὡς γὰρ ὁ ἐν τῷ θανάτῳ γενόμε-

B νος ἐν ζωῇ οὐκ ἔςιν, καὶ ὁ τῆς ζωῆς μετέχων τοῦ θανάτου κεχώριςαι, οὕτως ἀνάγκη πᾶσα τὸν τῇ φιλανθρωπίᾳ τοῦ θεοῦ προςιόντα πάσης ἀπηνείας ἐκτὸς γενέσθαι. Ὁ δὲ ἐκτὸς πάντων τῶν ἐν κακίᾳ νοουμένων γενόμενος θεὸς τρόπον τινὰ διὰ τῆς τοιαύτης ἕξεως γίνεται, ἐκεῖνο κατορθώσας ἑαυτῷ ὃ περὶ τὴν θείαν φύσιν ὁ λόγος βλέπει. Ὁρᾷς εἰς ὅσον μέγεθος ὑψοῖ τοὺς ἀκούοντας διὰ τῶν τῆς προςευχῆς ῥημάτων ὁ κύριος, μεταβαλὼν τρόπον τινὰ τὴν ἀνθρωπίνην φύσιν πρὸς τὸ θειότερον, καὶ θεοὺς γί-

C νεσθαι τοὺς τῷ θεῷ προςιόντας νομοθετῶν; Τί δουλο-

---

3) Κτ. περιποιείσθω. — 4) Κτ. λογισμοῖς καλινδούμενον. —
5) Κτ. ἡ τοῦ προςιόντος ἀπήνεια ἑαυτήν. Ὁ τοίνυν.

werde, und dann solle man Muth fassen ihn seinen Vater zu
nennen und um Verzeihung der früheren Vergehungen zu bitten,
weil es ja nicht in der Macht des Bittenden liegt das zu erlangen
was man wünscht, sondern in der Macht dessen welcher sich durch
seine Werke die Berechtigung zu bitten selbst gewährt. Denn also
spricht offenbar der Herr zu uns in diesem Wort: Wer dem nahet
welcher wohl thut, thue selbst wohl, vor den Guten trete der Gute,
vor den Gerechten der Gerechte, vor den Geduldigen der Geduldige,
vor den Gütigen der Gütige, und so in allem Uebrigen mache man
durch seinen Willen sich ähnlich dem Treuen und Milden und in
seinen Gütern Mittheilsamen und gegen Jeden Mitleidigen, und
was Gott sonst noch für Eigenschaften hat, man mache sich allen
ähnlich, und erwerbe sich so die Erlaubniß zum Gebet. Wie es
demnach unmöglich ist daß ein Böser mit einem Guten in engerem
Freundschaftsverhältniß steht, noch der von schmuzigen Unsauber-
keiten Befleckte mit dem Reinen und Fleckenlosen eine Gemeinschaft
hat, so scheidet auch die Hartherzigkeit den von Gottes Güte welcher
vor ihn tritt. Wer also in Härte seinem Schuldner wegen seiner
Schulden begegnet und ihn festhält, der hat sich durch sein eigenes
Wesen von der Güte Gottes geschieden. Denn was ist für eine
Gemeinschaft zwischen Güte und Grausamkeit, zwischen liebevollem
Wesen und Wildheit, und was für Eigenschaften durch den Gegensatz zum Bösen sich sonst wahrnehmen lassen, deren Unvereinbarkeit
unlösbar ist, und die derartig sind daß der welcher sich von dem
Einen hat umstricken lassen von dem Gegentheile völlig losgetrennt
ist? Denn wie der Gestorbene nicht mehr am Leben, und der des
Lebens Theilhaftige dem Tode fern ist, so muß ganz nothwendiger
Weise auch der welcher der Güte Gottes naht von aller Hartherzigkeit frei sein. Wer aber alle bösen Eigenschaften abgethan hat, der
wird durch diesen Zustand in gewisser Weise selbst zu Gott, indem
er das in sich erreicht was unsere Vernunft an der Natur Gottes
wahrnimmt. Siehst du wie hoch der Herr durch die Worte des Gebets seine Zuhörer erhöht, indem er gewissermaßen die menschliche
Natur zu einer mehr göttlichen umwandelt, und gebietet daß die
welche vor Gott treten auch göttlich werden sollen? Was trittst du,

πρεπῶς, φησὶν, ἐν φόβῳ κατεπτηχὼς, καὶ τῷ συνειδότι τῷ ἑαυτοῦ μαςιζόμενος προςέρχῃ θεῷ; τί ἀποκλείεις σεαυτῷ τὴν παῤῥησίαν, τὴν τῇ ἐλευθερίᾳ τῆς ψυχῆς ἐνυπάρχουσαν, τὴν ἐξ ἀρχῆς συνουσιωμένην τῇ φύσει; τί κολακεύεις ἐν ῥήμασι τὸν ἀθώπευτον; τί προςάγεις τοὺς θεραπευτικούς τε καὶ θωπευτικοὺς λόγους τῷ πρὸς τὰ ἔργα βλέποντι; Ἔξεςί σοι πᾶν ὅ τί πέρ ἐςιν ἐκ θεοῦ χρηςὸν κατ' ἐξουσίαν ἔχειν ἐλευθεριάζοντι τῷ φρονήματι. Αὐτὸς γενοῦ σεαυτῷ δικαςής· δὸς σεαυτῷ τὴν σώζουσαν

D ψῆφον. Ἀφεθῆναί σοι ζητεῖς παρὰ τοῦ θεοῦ τὰ ὀφλήματα· σὺ ἄφες, καὶ ὁ θεὸς ἐψήφισεν. Ἡ γὰρ ὑπὲρ τοῦ ὁμοφύλου κρίσις, ἧς σὺ κύριος, [6] σὴ γίνεται ψῆφος, οἷα δ' ἂν ᾖ· ἃ γὰρ ἐπὶ σεαυτοῦ γνῷς, ταῦτά σοι διὰ τῆς θείας κρίσεως ἐπεκυρώθη. Ἀλλὰ πῶς ἄν τις πρὸς ἀξίαν τὸ μεγαλοφυὲς τῆς θείας φωνῆς ἐκκαλύψειεν; Ὑπερβαίνει τὴν ἐκ τῶν λόγων ἑρμηνείαν τὸ νόημα. Ἄφες ἡμῖν τὰ ὀφειλήματα ἡμῶν, ὡς καὶ ἡμεῖς [7] ἀφίεμεν τοῖς ὀφειλήταις ἡμῶν. Ἃ γὰρ ἐπέρχεταί μοι περὶ τούτου νοεῖν, τολμηρὸν μὲν ἔςι καὶ τῷ νῷ λαβεῖν, τολμηρὸν δὲ καὶ λόγῳ διακαλύψαι τὸ νόημα. Τί γὰρ ἐςι τὸ λεγόμενον;

p. 753. Ὥσπερ ὁ θεὸς πρόκειται τοῖς τὸ ἀγαθὸν κατορθοῦσιν
A εἰς μίμησιν (καθὼς εἶπεν ὁ ἀπόςολος, Μιμηταί μου γί-
1 Corinth. νεσθε, καθὼς κἀγὼ Χριςοῦ), οὕτως τὸ ἔμπαλιν τὴν σὴν
11, 1. διάθεσιν ὑπόδειγμα τῷ θεῷ πρὸς τὸ ἀγαθὸν γενέσθαι βούλεται, καὶ ἀντιμεθίςαται τρόπον τινὰ ἡ τάξις, ὥςε τολμῆσαι, καθάπερ ἐν ἡμῖν τὸ ἀγαθὸν ἐπιτελεῖται τῇ πρὸς τὸ θεῖον μιμήσει, οὕτως ἐλπίσαι μιμεῖσθαι τὸν θεὸν τὰ ἡμέτερα, ὅταν τι τῶν ἀγαθῶν κατορθώσωμεν, ἵνα εἴπῃς καὶ σὺ τῷ θεῷ ὅτι, Ὃ ἐγὼ πεποίηκα, [8] καὶ σὺ
B ποίησον· μίμησαι τὸν δοῦλόν σου ὁ κύριος, τὸν πτωχὸν καὶ πένητα ὁ τοῦ παντὸς βασιλεύων· ἀφῆκα τὰ ὀφειλήματα, μηδὲ σὺ ἀπαιτήσῃς· ᾐδέσθην τὸν ἱκέτην, μηδὲ σὺ ἀπώσῃ τὸν ἱκετεύοντα· φαιδρὸν ἀπέπεμψα τὸν ἐμὸν ὀφειλέτην, τοιοῦτος καὶ ὁ σὸς γενέσθω· μὴ ποιήσῃς σὸν τὸν

---

6) Kr. ἴση. — 7) Kr. ἀφήκαμεν τοῖς ὀφείλουσιν. — 8) καὶ σὺ fehlt in den Ausgaben.

spricht er, wie ein Sclave in Furcht gebückt und durch das Gewissen
gegeißelt vor Gott? was verschließest du in dir die Offenheit, welche
doch der Freiheit der Seele innewohnt, und von Anfang an in
dem Wesen deiner Natur liegt? was schmeichelst du in Worten
dem welcher sich durch Schmeichelei nicht täuschen läßt; was
führst du ihm, der auf die Werke sieht, Reden voll Ergebenheit
und Schmeichelei? Du hast die Macht alles Gute von Gott nach
Belieben zu besitzen durch die freie Wahl deiner Klugheit. Werde
du selbst dein eigener Richter; gieb dir selbst die Stimme welche dich
freispricht. Du wünschest daß dir von Gott deine Schuld erlassen
werde, erlasse du sie, und Gott hat seine Stimme abgegeben. Das
Urtheil über deinen Nächsten welches in deiner Hand liegt wird auch
dein Urtheilsspruch sein, welcher Art er auch sein mag; denn was
du über dich selbst erkennst, das ist dir durch das Urtheil Gottes
bestätigt. Aber wie könnte Jemand würdig die erhabene Größe des
göttlichen Ausspruchs enthüllen? Der Gedanke überragt die Erklärung der Worte. **Vergieb uns unsere Schuld, wie auch
wir vergeben unseren Schuldigern!** Denn was mir über
diese Worte in den Sinn kommt, dies zu denken ist kühn, und kühn
den Gedanken in Worten zu enthüllen. Was ist's was damit gesagt wird? Wie Gott denen welche das Gute thun als Muster zur
Nachahmung vor Augen steht (wie der Apostel sagt, Seid meine
Nachahmer, wie ich Christi!), so will er umgekehrt daß dein
Wesen Gott ein Vorbild zum Guten werde, und es kehrt sich somit
gewissermaßen die Ordnung um, so daß wir, gleichwie in uns durch
die Nachahmung Gottes das Gute vollbracht wird, eben so auch zu
hoffen wagen dürfen daß Gott, wenn wir etwas Gutes gethan
haben, uns nachahmt, damit auch du zu Gott sprechen kannst. Was
ich gethan, thue es! ahme, o Herr, Deinem Knecht nach, dem Bettler und Armen, Du welcher über das All regierst: ich habe die
Schuld erlassen, fordere Du sie nicht ein! ich habe dem Flehenden
verziehen, stoße auch Du den Flehenden nicht von Dir! als einen
Fröhlichen habe ich meinen Schuldner entlassen, möge auch Deiner
ein solcher werden! mache Deinen Schuldner nicht zu einem Trauri-

χρεώςην τοῦ ἐμοῦ σκυθρωπότερον· ἴσως οἱ δύο τοῖς ἀπαιτοῦσιν εὐχαριςείτωσαν· ἴση παρ᾽ ἀμφοτέρων κυρωθήτω τοῖς συναλλάκταις ἡ ἄφεσις τῷ ἐμῷ καὶ τῷ σῷ. Ὁ ἐμὸς ὀφειλέτης ὁ δεῖνα, ὁ σὸς δὲ ἐγώ· ἣν ἔσχον ἐπὶ τούτου γνώμην ἐγώ, αὕτη καὶ παρὰ σοὶ κρατησάτω· ἔλυσα, λῦσον· ἀφῆκα, ἄφες· πολὺν ἐπεδειξάμην ἐγὼ τῷ ὁμοφύλῳ τὸν ἔλεον, μίμησαι τὴν τοῦ δούλου σου φιλανθρωπίαν ὁ κύριος. Ἀλλὰ βαρύτερά μου τὰ εἰς σὲ πλημμελήματα τῶν εἰς ἐμὲ παρὰ τούτου γεγενημένων. Φημὶ κἀγώ, καὶ τοῦτο λόγισαι ὅσον ὑπερέχεις ἐν παντὶ ἀγαθῷ· δίκαιος γὰρ εἶ τῇ ὑπερβολῇ τῆς σῆς δυνάμεως ἀναλογοῦντα ἡμῖν τοῖς ἡμαρτηκόσι τὸν ἔλεον δωρεῖσθαι. Ὀλίγην τὴν φιλανθρωπίαν ἐπεδειξάμην ἐγώ, οὐ γὰρ ἐχώρει τὸ πλέον ἡ φύσις, σὺ δὲ ὅσον ἐθέλεις, οὐ κωλύει τὴν μεγαλοδωρεὰν ἡ δύναμις.

Ἀλλὰ φιλοπονώτερον τὴν προκειμένην τῆς προσευχῆς ῥῆσιν κατανοήσωμεν, εἴ πως γένοιτό τις καὶ ἡμῖν διὰ τῆς τοῦ νοήματος θεωρίας πρὸς τὸν ὑψηλὸν βίον χειραγωγία. Ἐξετάσωμεν τοίνυν ποῖα μὲν ἔςιν [9]ὀφλήματα οἷς ὑπόχρεως ἡ ἀνθρωπίνη φύσις, ποῖα δὲ πάλιν ἐκεῖνα ὧν ἡμεῖς ἐσμεν τῆς ἀφέσεως κύριοι· ἐκ γὰρ τοῦ ταῦτα γνῶναι γένοιτ᾽ ἂν ἡμῖν τῆς ὑπερβολῆς τῶν θείων ἀγαθῶν μετρία τις κατανόησις. Οὐκοῦν ἐντεῦθεν ποιησώμεθα τῶν ἀνθρωπίνων πρὸς τὸν θεὸν πλημμελημάτων τὴν ἀπαρίθμησιν. Πρώτην ὤφλησεν τῷ θεῷ τιμωρίαν ὁ ἄνθρωπος ὅτι ἀπέςησεν ἑαυτὸν τοῦ ποιήσαντος, καὶ πρὸς τὸν ἐναντίον ἀπηυτομόλησεν, δραπέτης τοῦ κατὰ φύσιν δεσπότου καὶ ἀποςάτης γενόμενος· δεύτερον ὅτι τὴν πονηρὰν τῆς ἁμαρτίας δουλείαν ἀντὶ τῆς αὐτεξουσίου ἐλευθερίας ἠλλάξατο, καὶ προετίμησεν τοῦ συνεῖναι θεῷ τὸ τυραννεῖσθαι παρὰ τῆς καταφθειρούσης δυνάμεως. Ἀλλὰ καὶ τί μὴ πρὸς τὸ κάλλος τοῦ πεποιηκότος βλέπειν, πρὸς δὲ τὸ αἶσχος τῆς ἁμαρτίας ἐπιςρέψαι τὸ πρόσωπον, τίνος ἂν δεύτερον τῶν κακῶν κριθείη; Ἥ τε τῶν θείων ἀγαθῶν

---

9) ὀφλήματα fehlt in den Ausgaben.

geren als der meine ist! mögen beide in gleicher Weise ihren Dank bringen denen welche an sie Forderungen haben! möge die gleiche Vergebung von uns beiden meinem und Deinem Gegenmann zu Theil werden! Mein Schuldner ist Jener, der Deinige bin ich; welche Gesinnung ich gegen ihn hatte, dieselbe möge auch bei Dir in Kraft treten; ich habe erlöst, erlöse Du! ich habe vergeben, vergieb Du! ich habe dem Nächsten reiches Mitleid bewiesen, ahme Du, o Herr, die Menschenliebe Deines Knechtes nach! Aber meine Vergehen gegen Dich sind schwerer als die welche dieser gegen mich begangen hat! auch ich sage, bringe auch das in Anschlag, wie viel Du in allem Guten über uns erhaben bist! Denn es ist billig daß Du uns Sündern ein der Ueberschwenglichkeit Deiner Macht entsprechendes Mitleid schenkst! Ich habe eine geringe Güte bewiesen, denn die Natur vermochte nicht mehr, Deine Macht aber legt Dir keinerlei Hemmniß auf so reich zu spenden als Du willst! —

Aber betrachten wir die vorliegende Stelle des Gebets eingehender, ob auch uns vielleicht durch die Betrachtung des Sinns eine Anleitung zu dem höheren Leben zu Theil werde. Untersuchen wir demnach erstlich was dasjenige ist was die menschliche Natur verschuldet, und zweitens welche Schuldvergehen diejenigen sind deren Vergebung in unserer Hand steht; denn aus der klaren Einsicht hierüber dürfte uns einige Erkenntniß der Ueberschwenglichkeit der göttlichen Güter zu Theil werden. Zählen wir also hier die menschlichen Vergehen gegen Gott auf. Erstlich schuldet der Mensch die Strafe dafür daß er von seinem Schöpfer abgefallen und zu dem Feind übergelaufen ist, ein flüchtig gewordener und untreuer Knecht seines natürlichen Herrn, zweitens daß er den bösen Dienst der Sünde gegen die unumschränkte Freiheit eingetauscht, und es vorgezogen hat anstatt im engen Verein mit Gott lieber unter dem harten Regiment der zerstörenden Macht zu leben. Allein auch daß seine Blicke nicht auf die Schönheit dessen der ihn gemacht gerichtet sind, sondern er der Häßlichkeit der Sünde sein Antlitz zugekehrt hat, kann man dies wohl für ein geringfügigeres Böse als irgend ein anderes ansehen? Und daß er die göttlichen Güter verachtet

ὑπεροψία, καὶ ἡ τῶν τοῦ πονηροῦ δελεασμάτων προτίμησις εἰς ποῖον μέρος τιμωρίας ταχθείη; ὅ τε τῆς εἰκόνος ἀφανισμὸς καὶ ἡ λύμη τοῦ θείου χαρακτῆρος, τοῦ παρὰ τὴν πρώτην κτίσιν ἐν ἡμῖν μορφωθέντος, καὶ ἡ τῆς δραχμῆς ἀπώλεια, καὶ ἡ τῆς τραπέζης τοῦ πατρὸς ἀναχώρησις, καὶ ἡ πρὸς τὸν δυσώδη τῶν χοίρων βίον οἰκείωσις, καὶ ἡ τοῦ τιμίου πλούτου διαφθορά, καὶ ὅσα τοιαῦτα διά τε τῆς γραφῆς καὶ τῶν λογισμῶν ἰδεῖν ἐστι πλημμελήματα, τίς ἂν ἐξαριθμήσαιτο λόγος; Ἐπειδὴ τοίνυν ἐν τοιούτοις καὶ τοσούτοις ὑπόδικόν ἐστιν πρὸς τιμωρίας ἔκτισιν τὸ ἀνθρώπινον τῷ θεῷ, διὰ τοῦτό μοι δοκεῖ παιδεύειν ἡμᾶς τῇ διδασκαλίᾳ τῆς προσευχῆς ὁ λόγος, μηδαμῶς ἐν τῇ πρὸς θεὸν ἐντεύξει ὡς ἐπὶ καθαρῷ τῷ συνειδότι παῤῥησιάζεσθαι, κἂν ὅτι μάλιστα τῶν ἀνθρωπίνων πλημμελημάτων κεχωρισμένος τις ᾖ. Ἴσως γάρ τις κατὰ τὸν νεανίαν ἐκεῖνον τὸν πολυκτήμονα ταῖς ἐντολαῖς τὴν ζωὴν ἑαυτοῦ παιδαγωγήσας ἔχει τὸ τοιοῦτον ἐπὶ τοῦ ἰδίου καυχήσασθαι βίου καὶ εἰπεῖν τῷ Θεῷ ὅτι, Ταῦτα πάντα ἐφυλαξάμην ἐκ νεότητός μου, καὶ ὑπειληφέναι αὐτῷ διὰ τὸ μηδὲν εἰς τὰς ἐντολὰς πλημμελῆσαι μὴ λίαν ἁρμόζειν τὴν ὑπὲρ τῶν ὀφλημάτων παραίτησιν, ὡς μόνοις τοῖς ἐξημαρτηκόσιν ἁρμόζουσαν, καί φησιν τῷ μολυνθέντι διὰ πορνείας τὴν τοιαύτην πρέπειν φωνὴν, ἢ τῷ διὰ πλεονεξίας εἰδωλολατρήσαντι ἀναγκαίαν τὴν αἴτησιν τῆς συγγνώμης εἶναι, καὶ παντὶ ὅλως τῷ διά τινος πλημμελείας τὸ συνειδὸς τῆς ψυχῆς κατασείξαντι καλὸν καὶ ἁρμόδιον εἶναι τὸ καταφυγεῖν πρὸς ἔλεον· εἰ δὲ Ἠλίας ἐκεῖνος ὁ πολὺς εἴη, ἢ ὁ ἐν πνεύματι καὶ δυνάμει Ἠλίου, ὁ μέγας ἐν γεννητοῖς γυναικῶν, ἢ Πέτρος, ἢ Παῦλος, ἢ Ἰωάννης, ἤ τις ἄλλος τῶν πρὸς τὸ κρεῖττον μεμαρτυρημένων ὑπὸ τῆς θείας γραφῆς, εἰς τί χρήσαιτο τῇ τοιαύτῃ φωνῇ, τῇ παραιτουμένῃ αὐτὸν ἀπὸ τῶν ὀφλημάτων, ᾧ γε οὐδὲν ἐξ ἁμαρτίας ὄφλημα; Ὡς ἂν μή τις πρὸς τὰ τοιαῦτα βλέπων ἀπαυθαδιάζοιτο κατὰ τὸν Φαρισαῖον ἐκεῖνον, τὸν οὐδ᾽ ὅ τι ἦν κατὰ τὴν φύσιν ἐπιγινώσκοντα (εἰ γὰρ ἐγνώκει ὅτι ἄνθρωπος ἦν, πάντως ἂν τὸ μὴ καθαρεύειν ἀπὸ

und die Lockspeise des Bösen vorgezogen, welche Strafe meint man
daß er damit verschuldet hat? Und daß er das Ebenbild vernichtet
und die Züge Gottes besudelt, welche zu Anfang der Schöpfung
uns aufgeprägt worden waren, daß wir den Groschen verloren,
und den Tisch des Vaters verlassen haben und gegangen sind mit
den unsauber duftenden Schweinen zu leben, und die Verschleude-
rung des wohl in Ehren zu haltenden Reichthums, und was sonst
noch für derartige Vergehen uns die Schrift und unser Nachdenken
sehen läßt, welche Rede könnte sie alle aufzählen? Da nun ob solcherlei und so vieler Vergehungen das Menschengeschlecht Gott die
Büßung einer Strafe schuldet, so glaube ich daß darum die Schrift
uns durch die Unterweisung im Gebet belehren will daß wir niemals im Gespräch mit Gott allzukühn reden sollen, wie wenn unser
Gewissen rein wäre, und wenn Einer sogar noch so frei von menschlichen Fehlern sein sollte. Denn vielleicht hat Jemand nach Art
jenes reichen Jünglings, weil er sein Leben nach den Geboten eingerichtet, über seinen Wandel ein ähnliches Wort des Rühmens zu
Gott zu sprechen wie, Das habe ich Alles von Jugend auf
gehalten, und mag annehmen daß für ihn, weil er nicht gegen die
Gebote gefehlt habe, auch die Bitte um Vergebung seiner Schuld
nicht an rechter Stelle sei, weil sie nur für solche passe welche gesündigt haben, und behauptet ein solches Wort gebühre dem der
sich durch Hurerei befleckt hat, oder für den sei die Bitte um Verzeihung nothwendig welcher dem Götzendienst der Habsucht und
des Geizes gehuldigt, und daß es überhaupt eben für Jeden welcher
durch irgend ein Vergehen das Gewissen seiner Seele verletzt hat
angemessen sei seine Zuflucht zum Erbarmen zu nehmen: wenn
es aber der große Elias wäre, oder der welcher in dem Geist und
der Kraft des Elias ist, der Gewaltige unter den von Weibern Geborenen, oder Petrus, oder Paulus, oder Johannes, oder irgend
ein Anderer von denen welchen die Schrift ein herrlicheres Zeugniß
ausstellt, was sollte der sich einer solchen Rede bedienen, welche ihm
durch Bitte Verzeihung seiner Schuld bewirken soll? Damit Niemand im Hinblick auf solche Beispiele die Frechheit jenes Pharisäers
übe welcher nicht einmal erkannte was er von Natur war (denn
hätte er erkannt daß er Mensch war, so wäre er jedenfalls von der

<small>Prov. 24, 16.
Eccles. 7, 21.</small> ῥύπου τὴν φύσιν παρὰ τῆς ἁγίας ἐδιδάχθη γραφῆς, ἥ φησιν μηδεμιᾶς ἡμέρας [10]ζωὴν δυνατὸν εἶναι δίχα κηλῖδος ἐπ᾽ ἀνθρώπων εὑρεῖν), ὡς ἂν οὖν μηδὲν τοιοῦτον περὶ τὴν ψυχὴν τοῦ διὰ προςευχῆς τῷ θεῷ προςιόντος πάθος ἐγγένοιτο, μὴ πρὸς τὰ κατορθώματα βλέπειν ὁ λόγος παρεγγυᾷ, ἀλλ᾽ ἐπαναλαμβάνειν τὴν μνήμην τῶν κοινῶν τῆς ἀνθρωπίνης φύσεως ὀφλημάτων, ὧν πάντως τις καὶ αὐτὸς μετέχει, τὸ μέρος συμμετέχων τῆς φύσεως, καὶ παρακαλεῖν τὸν κριτὴν ἀμνησίαν τῶν πλημμελημάτων χαρίσασθαι. Ὡς γὰρ ζῶντος ἐν ἡμῖν τοῦ Ἀδὰμ πάντες οἱ καθ᾽ ἕκαςον ἄνθρωποι, ἕως ἂν τοὺς δερματίνους τούτους χιτῶνας περὶ τὴν ἑαυτῶν βλέπωμεν φύσιν, καὶ τὰ πρόςκαιρα [11]ταῦτα φύλλα τῆς ὑλικῆς ταύτης ζωῆς, ἅπερ τῶν [12]ἀϊδίων τε καὶ λαμπρῶν ἐνδυμάτων γυμνωθέντες κακῶς ἑαυτοῖς συνερῥάψαμεν, τρυφὰς καὶ δόξας καὶ τὰς ἐφημέρους τιμὰς καὶ τὰς ὠκυμόρους τῆς σαρκὸς πληροφορίας ἀντὶ τῶν θείων [13]περιβολαίων μετενδυσάμενοι, καὶ μέχρις ἂν τὸν τῆς κακώσεως βλέπωμεν τόπον, ἐν ᾧ κατεδικάσθημεν παροικεῖν, ἐπειδὰν πρὸς ἀνατολὴν ἑαυτοὺς τρέψωμεν (οὐχ ὡς μόνον ἐκεῖ τοῦ θεοῦ θεωρουμένου, — ὁ γὰρ πανταχοῦ ὢν κατ᾽ οὐδὲν μέρος ἰδιαζόντως καταλαμβάνεται, ἐπ᾽ ἴσης γὰρ περιέχει τὸ πᾶν, ἀλλ᾽ ὡς ἐν ἀνατολαῖς τῆς πρώτης ἡμῖν πατρίδος οὔσης, λέγω δὲ τῆς ἐν παραδείσῳ διαγωγῆς ἧς ἐκπεπτώκαμεν, Ἐφύτευσεν γὰρ ὁ θεὸς παράδεισον ἐν Ἐδὲμ κατὰ ἀνατολάς), ὅταν τοίνυν πρὸς τὰς <small>Gen. 2, 8.</small> ἀνατολὰς ἀναβλέπωμεν, καὶ τῆς ἐκπτώσεως τῶν φωτεινῶν τε καὶ ἀνατολικῶν τῆς μακαριότητος τόπων τῇ διανοίᾳ τὴν μνήμην λάβωμεν, εἰκότως τὴν τοιαύτην φωνὴν προβαλλόμεθα, οἱ ὑπὸ τῆς πονηρᾶς τοῦ βίου συκῆς σκιαζόμενοι, οἱ ἐξ ὀφθαλμῶν τοῦ θεοῦ ῥιφέντες, οἱ πρὸς τὸν ὄφιν αὐτομολήσαντες, τὸν ἐσθίοντα γῆν καὶ εἰς γῆν ἰλυσπώμενον, καὶ ἐπὶ τὸ ςῆθος καὶ τὴν κοιλίαν ἑαυτοῦ πορευόμενον, καὶ ἡμῖν τὰ ἴσα ποιεῖν συμβουλεύοντα, περὶ <small>p. 756.</small> τὴν γηΐνην ἀπόλαυσιν ἔχειν καὶ τοῖς χαμαιζήλοις καὶ χα-

---

10) Κr. ζῆν. — 11) ταῦτα fehlt in den Ausgaben. — 12) Κr. ἰδίων. — 13) Κr. περιβόλων.

heiligen Schrift belehrt worden daß seine Natur auch von Schmuz nicht rein war, welche sagt daß es unmöglich sei bei Menschen auch nur eines einzigen Tages Leben ohne Makel aufzufinden), damit also kein solch Gebahren der Seele dessen ankomme welcher im Gebet vor Gott tritt, gebietet uns das Wort des Herrn nicht auf die guten Thaten zu schauen, sondern die Erinnerung an die gemeinsame Schuld der menschlichen Natur aufzunehmen, welche man durchaus selbst theilen muß, sofern man ja auch die Natur theilt, und den Richter anzurufen daß er Vergebung der Sünden gewähre. Denn gleich als ob Adam in uns lebte, sprechen wir Menschen alle, so lange wir diese fellernen Kleider unsere Natur bekleiden sehen, und diese hinfälligen Blätter dieses materialen Lebens welche wir, von den ewigen und glänzenden Gewändern entblößt, uns dürftig zusammengenäht haben, da wir Schwelgereien, Ruhm, hinfällige Ehren, schnell vergängliche Befriedigung der Gelüste des Fleisches anstatt der göttlichen Gewänder angezogen haben, und so lange wir den Ort des Leidens schauen welchen wir zu bewohnen verdammt worden sind, sprechen wir, sage ich, wenn wir uns nach Morgen zu kehren (nicht als ob Gott dort allein geschaut werden könne, — denn der welcher überall ist kann an keinem Orte besonders gesehen werden, weil er gleichmäßig das All umschließt, — sondern weil im Morgen sich unser erstes Vaterland befindet, das ist die Wohnung im Paradiese aus welcher wir vertrieben worden sind, denn es heißt, Der Herr pflanzte einen Garten in Edem gegen Morgen), wenn wir also gen Morgen blicken, und uns im Geiste des Verlustes des lichten Ostens der Seligkeit erinnern, da sprechen wir geziemender Weise dieses Wort, die wir von dem Feigenbaum des bösen Lebens beschattet sind, die wir von Gottes Antlitz verworfen, die wir zur Schlange übergegangen sind, welche die Erde ißt und in die Erde kriecht, und auf ihrer Brust und ihrem Bauche geht und uns verführen will daß wir dasselbe thun und uns mit dem irdischen Genuß befassen und unser Herz über niedrige und ge-

μερπέσιν τὴν καρδίαν ἑαυτῶν ἐπισύρειν νοήμασιν, καὶ ἐπὶ κοιλίαν πορεύεσθαι, τοῦτ᾽ ἔςι περὶ τὸν ἀπολαυςικὸν ἀσχολεῖσθαι βίον, ἐν τούτοις οὖν ὄντες κατὰ τὸν ἄσωτον ἐκεῖνον μετὰ τὴν μακρὰν ταλαιπωρίαν, ἣν τοὺς χοίρους ποιμαίνων ὑπέμεινεν, ἐπειδὰν εἰς ἑαυτοὺς ἐπανέλθωμεν, ὥσπερ κἀκεῖνος, καὶ τοῦ οὐρανίου πατρὸς ἔννοιαν λάβωμεν, καλῶς κεχρήμεθα ταῖς τοιαύταις φωναῖς ὅτι, Ἄφες ἡμῖν τὰ ὀφειλήματα ἡμῶν, ὥςε, κἂν Μωϋσῆς τις ᾖ καὶ Σαμουὴλ, κἂν ἕτερός τις τῶν δι᾽ ἀρετῆς ἐξεχόντων, οὐδὲν ἧττον ἁρμόζουσαν ἡγεῖται ταύτην, καθὰ ἄνθρωπός ἐςιν, ἑαυτῷ τὴν φωνὴν, ὁ κοινωνῶν τῆς φύσεως τοῦ Ἀδὰμ, κοινωνῶν δὲ καὶ τῆς ἐκπτώσεως. Ἐπειδὴ γὰρ, καθώς φησιν ὁ ἀπόςολος, ἐν τῷ Ἀδὰμ πάντες ἀποθνήσκομεν, κοινὴν εἶναι προςήκει τὴν τῷ Ἀδὰμ ἐπὶ τῇ μετανοίᾳ πρέπουσαν φωνὴν πάντων τῶν ἐκείνῳ συντεθνηκότων, ὡς ἂν τῆς ἀμνηςίας ἡμῖν τῶν πλημμελημάτων δοθείσης χάριτι πάλιν ὑπὸ τοῦ κυρίου σωθείημεν, καθώς φησιν ὁ ἀπόςολος. Ἀλλὰ ταῦτα μὲν εἴρηται, ὡς ἄν τις τὸν κοινότερον ἐπισκοπῶν λόγον τὸ προκείμενον θεωρήσειεν. Εἰ δέ τις τὴν ἀληθῆ τοῦ ῥήματος ζητοίη διάνοιαν, οὐκ οἶμαι χρείαν ἐφ᾽ ἡμῶν εἶναι, πρὸς τὸ κοινὸν τῆς φύσεως ἀναφέρειν τὴν ἔννοιαν· ἱκανὴ γὰρ ἡ συνείδησις ἐκ τῶν ἑκάςῳ βεβιωμένων ἀναγκαίαν ποιήσασθαι τοῦ ἐλέου τὴν αἴτησιν. Ἐγὼ γὰρ οἶμαι πολυειδῶς κατὰ τὸν βίον τοῦτον τῆς ζωῆς ἡμῖν ἐνεργουμένης, τῆς μὲν κατὰ ψυχὴν καὶ διάνοιαν, τῆς δὲ κατὰ τὰς αἰσθήσεις τοῦ σώματος, δύςκολον ἢ καὶ παντάπασιν ἀμήχανον εἶναι, μὴ ἑνί τινι πρὸς ἁμαρτίαν πάθει συνενεχθῆναι· οἷόν τι λέγω, τῆς ἀπολαυςικῆς ταύτης τῆς κατὰ τὸ σῶμα ζωῆς ἐπιμεριζομένης ἡμῶν ταῖς αἰσθήσεσι, τῆς δὲ κατὰ ψυχὴν ἐν τῇ τῆς διανοίας ὁρμῇ θεωρουμένης, καὶ ἐν τῇ κινήσει τῆς προαιρέσεως, τίς οὗτος ὑψηλός τε καὶ μεγαλοφυὴς τῷ φρονήματι ὡς δι᾽ ἀμφοτέρων ἔξω γενέσθαι τοῦ κατὰ κακίαν μολύσματος; τίς κατὰ τὸν ὀφθαλμὸν ἀναμάρτητος; τίς κατὰ τὴν ἀκοὴν

meine Gedanken dahinkriechen lassen, und daß wir auf dem Bauche gehen, das heißt uns eines Lebens im Genusse befleißigen, — wenn wir also in solcher Lage befindlich gleich jenem Verschwender nach dem langen Leid, welches er als Hüter der Schweine ausgestanden hatte, nun zu uns kommen, wie jener, und an den himmlischen Vater gedenken, da brauchen wir mit Recht diese Worte, Vergieb uns unsere Schuld!, und darum, sollte man auch ein Moses und Samuel sein, oder irgend welcher Andere von denen welche an Tugend hervorragen, man hält nichtsdestoweniger, weil man ja Mensch ist, diese Rede für passend für sich, weil man mit Adam dieselbe Natur und somit auch seine Verbannung theilt. Denn da, wie der Apostel sagt, wir in Adam alle sterben, so ziemt es sich daß die Rede welche für den reuigen Adam die passende ist, auch aller derer sei welche mit jenem gestorben sind, damit, wenn uns Vergebung für unsere Sünden gewährt worden ist, wir von dem Herrn durch die Gnade wieder gerettet werden, wie der Apostel sagt. Dies ist aber gesagt auf daß man mit Hinblick auf das Allgemeinere das was vorliegt betrachte. Verlangt man jedoch den wahren Sinn des Ausspruches, so brauchen wir, glaube ich, den Gedanken nicht auf die Gemeinsamkeit der Natur beziehen; es genügt die bewußte Vergegenwärtigung des eigenen Lebens die Bitte um Erbarmen zu einer nothwendigen zu machen. Denn meiner Ansicht nach ist es bei der vielfachen Thätigkeit unseres Lebens, eines Theils der der Seele und des Verstandes, anderen Theils der der Sinne und des Körpers, schwierig oder ganz und gar unmöglich nicht durch irgend welche Anwandlung mit der Sünde zusammenzugerathen; ich will damit sagen, da dies körperliche Leben des Genusses unseren Sinnen zuertheilt ist, das der Seele hingegen in dem Streben unseres denkenden Geistes und der Bewegung des Willens ihren Bereich hat, wer ist da so erhabenen und großen Sinnes, daß er nach beiden Richtungen hin von der Besudelung des Bösen frei bliebe? wessen Auge ist ohne Sünde? wessen Ohr ohne Schuld? wer ist frei

ἀνυπεύθυνος; τίς τῆς βοσκηματώδους ταύτης κατὰ τὸν λαιμὸν ἡδονῆς ἀλλότριος; τίς τῇ ἁφῇ τῆς κατὰ τὴν ἁμαρτίαν λαβῆς καθαρεύει; Τίς οὐκ οἶδεν τὸ αἴνιγμα τῆς γραφῆς λεγούσης διὰ τῶν θυρίδων εἰςεληλυθέναι τὸν θάνατον; Τὰς γὰρ αἰσθήσεις, δι' ὧν ἐκκύπτουσα ἡ ψυχὴ πρὸς τὰ ἔξωθεν πράγματα τῶν κατὰ γνώμην ἀντιλαμβάνεται, θυρίδας ἡ γραφὴ προςηγόρευσεν, ἃς ὁδοποιεῖν τῷ θανάτῳ τὴν εἴσοδον ὁ λόγος φησίν. Τῷ ὄντι γὰρ πολλῶν θανάτων εἴσοδος γίνεται πολλάκις ὁ ὀφθαλμός; ἢ θυμούμενον βλέπων καὶ πρὸς τὸ ἴσον πάθος ἀντεγειρόμενος, ἢ εὐημεροῦντα παρ' ἀξίαν καὶ εἰς φθόνον φλεγόμενος, ἢ ὑπερηφανούμενον καὶ πρὸς μῖσος ἐκπίπτων, ἤ τινα εὔχροοῦσαν ὕλην, ἢ ἐπὶ μορφῆς εὐφυεςέραν διάπλασιν, καὶ ὅλος πρὸς τὴν τοῦ ἀρέσαντος ἐπιθυμίαν κατολισθαίνων. Οὕτως ἀνοίγει τῷ θανάτῳ τὰς θυρίδας τὸ οὖς, δι' ὧν ἀκούει πολλὰ πάθη ἐπὶ τὴν ψυχὴν παραδέχεται, φόβον, λύπην, θυμόν, ἡδονήν, ἐπιθυμίαν, διάχυσιν γέλωτος καὶ τὰ τοιαῦτα. Ἡ δὲ κατὰ τὴν γεῦσιν ἀπόλαυσις μήτηρ, ὡς ἂν εἴποι τις, τῶν καθ' ἕκαςον ἐςι κακῶν. Τίς γὰρ οὐκ οἶδεν ὅτι ῥίζα σχεδόν ἐςι τῶν περὶ τὸν βίον πλημμελημάτων ἡ περὶ τὸν λαιμὸν ἀσχολία; ταύτης γὰρ ἐξήρτηται ἡ τρυφὴ, ἡ μέθη, ἡ γαςριμαργία, ἡ περὶ τὴν δίαιταν ἀσωτία, ἡ πληθώρα, ὁ κόρος, ὁ κῶμος, ἡ κτηνώδης καὶ ἄλογος περὶ τὰ πάθη τῆς ἀτιμίας καταφορά. Ὁμοίως ἡ κατὰ τὴν ἁφὴν αἴσθησις πάντων ἔσχατον τῶν ἁμαρτανομένων ἐςίν. Πάντα γὰρ ὅσα τῷ σώματι παρὰ τῶν φιληδόνων ἐπιτηδεύεται, τῆς ἁπτικῆς ἀντιλήψεώς ἐςιν ἀρρωςήματα, ὧν τὰ καθ' ἕκαςον διηγεῖσθαι μακρὸν ἂν εἴη· καὶ οὐδὲ πρέπον ἅμα τοῖς σεμνοτέροις τῶν λόγων παραμιγνύειν ὅσα τῆς ἁφῆς ἐςι κατηγορήματα. Τῶν δὲ κατὰ τὴν ψυχήν τε καὶ προαίρεσιν πλημμελουμένων τὸν ἑσμὸν τίς ἂν ἐξαριθμήσαιτο λόγος; Ἔσωθεν, φησίν, ἐκπορεύονται διαλογισμοὶ πονηροί· καὶ προςέθηκε [14] τῶν δι' ἐνθυμήσεως κοινούντων ἡμᾶς τὸν κατάλογον. Εἰ τοίνυν οὕτω παντα-

---

14) Rt. τῶν ἐνθυμήσεων τῶν κοινονούντων (ſo).

von dieser thierischen Lust des Gaumens und Bauches? wessen Tastsinn ist rein von sündlicher Befleckung? Wer kennt nicht den tiefsinnigen Spruch der Schrift, daß der Tod durch die Fenster hereingekommen sei? Die Sinne nämlich durch welche die Seele hinaussieht nach dem was außerhalb vorgeht und das ergreift was ihr gefällt, nennt die Schrift Fenster, welche, wie es dort heißt, dem Tod den Eingang verschaffen. Denn in der That wird oftmals das Auge zur Eingangspforte für viele Arten von Tod, entweder wenn es einen Zornigen sieht und zu gleicher Leidenschaft dadurch geweckt wird, oder wenn es Jemand gegen Würdigkeit und Verdienst in Glück und Wohlergehen sieht und in Folge dessen zu Neid entbrennt, oder wenn es im Anblick eines Hochmüthigen sich zu Haß fortreißen läßt, oder wenn sein Blick auf irgend einen schönen Stoff oder eine besonders schöne Leibes- und Gesichtsbildung fällt und nun ganz und gar in Begierde nach dem was ihm gefallen hat versinkt. So öffnet das Ohr dem Tode die Fenster, und nimmt durch das was es hört viele Leidenschaften in die Seele auf, Furcht, Schmerz, Zorn, Lust, Begierde, ausschweifendes Gelächter, und Aehnliches mehr. Der Geschmackssinn aber ist, wie man wohl sagen kann, die Mutter aller Uebel. Wer weiß es nicht daß die hingebende Beschäftigung mit dem was den Gaumen kitzelt beinahe die Wurzel der Sünden des Lebens ist? Denn davon entspringt Schlemmerei, Trunksucht, Gefräßigkeit, liederliches Leben, Völlerei, Uebersättigung, Freude an wilden Zechgelagen, und viehische und unvernünftige Hingabe an ehrlose und gemeine Leidenschaften. In gleicher Weise ist der Tastsinn aller schlimmsten Sünden Träger. Denn Alles was wollüstige Menschen mit ihrem Körper betreiben ist Krankheit des Tastsinns, was im Einzelnen aufzuzählen zu lang sein möchte, abgesehen davon daß es nicht einmal ziemlich ist in die Besprechung ernsterer Gegenstände alle die Beschuldigungen gegen den Tastsinn einzuflechten. Den Schwarm der Sünden der Seele hingegen und des Willens, welche Rede vermöchte ihn wohl durchzuzählen? Van Innen, heißt es, kommen die bösen Gedanken, und dem fügt die Schrift eine Aufzählung der Gedanken bei welche uns verunreinigen. Wenn sonach die Netze der Sünden durch

χόθεν ἡμῖν τὰ τῶν ἁμαρτιῶν δίκτυα περικέχυται διὰ πάντων τῶν αἰσθητηρίων, διὰ τῶν ἐγκαρδίων τῆς ψυχῆς κινημάτων, τίς καυχήσεται, καθὼς ἡ Σοφία φησὶν, ἁγνὴν ἔχειν καρδίαν; τίς κεκαθάρισαι ἀπὸ ῥύπου; ὡς ὁ Ἰὼβ τὸ τοιοῦτον μαρτύρεται. Ῥύπος ἐςὶ τῆς κατὰ ψυχὴν καθαρότητος ἡ ἡδονὴ, ἡ πολυμερῶς καὶ πολυτρόπως τῷ ἀνθρωπίνῳ καταμιγνυμένη βίῳ διὰ ψυχῆς τε καὶ σώματος, δι' ἐνθυμήσεων, δι' αἰσθήσεων, διὰ τῶν κατὰ πρόθεσιν κινημάτων, διὰ τῶν σωματικῶν ἐνεργημάτων. Τίς οὖν καθαρὰν τῆς κηλῖδος ταύτης τὴν ψυχὴν ἔχει; πῶς οὐκ ἐπλήγη τῷ τύφῳ; πῶς οὐκ ἐπατήθη τῷ ποδὶ τῆς ὑπερηφανίας; ὃν ἡ ἁμαρτωλὴ χεὶρ οὐκ ἐσάλευσεν; οὗ ὁ ποῦς εἰς κακίαν οὐκ ἔδραμεν; ὃν ὀφθαλμὸς ἀτακτῶν οὐκ ἐμόλυνεν, καὶ ἀπαίδευτος ἀκοὴ οὐκ ἐρρύπωσεν, καὶ ἡ γεῦσις πρὸς ἑαυτὴν οὐκ ἠσχόλησεν, καὶ ἡ καρδία πρὸς ματαίας κινήσεις ἀνενέργητος ἔμεινεν; Ἐπεὶ οὖν ταῦτα περὶ ἡμᾶς χείρω μὲν καὶ χαλεπώτερα τοῖς κτηνωδεςέροις, μετριώτερα δὲ τοῖς ἐπιμελεςέροις, πάντη δὲ καὶ πάντως ἐν πᾶσι τοῖς κοινωνοῦσι τῆς φύσεώς ἐςι καὶ ἡ κοινωνία τῶν πλημμελημάτων τῆς φύσεως, διὰ τοῦτο προςπίπτοντες διὰ προςευχῆς τῷ θεῷ ἀφεθῆναι ἡμῖν τὰ ὀφειλήματα παρακαλοῦμεν. Ἀλλ' ἄπρακτός ἐςι ἡ τοιαύτη φωνὴ, καὶ εἰς ἀκοὰς θείας οὐ φθάνουσα, μὴ τῆς συνειδήσεως ἡμῖν συμβοώσης ὅτι καλόν ἐςιν ἡ τοῦ ἐλέους μετάδοσις. Ὁ γὰρ θεῷ πρέπειν τὴν φιλανθρωπίαν κρίνων (οὐ γὰρ ἂν, εἰ μὴ πρέπειν ᾤετο, πρὸς τὸ ἀπρεπές τε καὶ ἀνάρμοςον ἐλθεῖν ἠξίου), δίκαιος ἂν εἴη τοῖς ἰδίοις ἔργοις τὴν περὶ τοῦ καλοῦ βεβαιῶσαι κρίσιν, ὡς ἂν μὴ τὸ τοιοῦτον ἀκούσειεν παρὰ τοῦ δικαίου κριτοῦ ὅτι, Ἰατρὲ, θεράπευσον σεαυτόν· ἐμὲ πρὸς φιλανθρωπίαν παρακαλεῖς, ἧς τοῖς πέλας αὐτὸς οὐ μετέδωκας; Ἄφεσιν ὀφλημάτων αἰτεῖς· πῶς οὖν κατάγχεις σὺ τὸν ὑπόχρεων; Ἐξαλειφθῆναι τὸ κατὰ σοῦ χειρόγραφον εὔχῃ, ὁ δι' ἐπιμελείας φυλάσσων τὰ τῶν ὑπευθύνων συμβόλαια; χρεῶν αἰτεῖς ἀποκοπὰς, ὁ τρέφων διὰ τῶν τόκων τὸ δάνειον; ὁ σὸς ὀφειλέτης ἐν δεσμωτηρίῳ, καὶ σὺ ἐν εὐκτηρίῳ; ἐκεῖνος τοῖς

alle Sinne und durch die inneren Regungen des Herzens rings um uns aufgestellt sind, wer will sich dann rühmen, wie die Weisheit sagt, ein lauteres Herz zu haben? wer ist rein gewaschen vom Schmuz? wie dies Hiob bestätigt. Schmuz der Seelenreinheit ist die Lust, welche sich auf vielfache und vielgestaltige Weise durch die Seele und durch den Körper, durch Gedanken, durch sinnliche Empfindungen, durch die Regungen des Willens, durch die körperlichen Thätigkeiten in unser Leben einmischt. Wer hat also eine von diesem Flecken reine Seele? wie sollte er nicht geschlagen sein von Hoffart? nicht getreten von dem Fuß des Hochmuths? wen hat nicht die sündhafte Hand in Aufregung versetzt? wessen Fuß ist nicht in die Schlechtigkeit gerannt? wen hat nicht ein unkeusches Auge besudelt, und ein thörichtes Ohr nicht befleckt, und der Sinn des Gaumens an sich gefesselt, und wessen Herz blieb unthätig zu bösen Regungen? Da nun diese Mängel, in schlimmerer und schrecklicherer Gestalt bei thierischer Gesinnten, in milderer Form bei denen die größere Aufmerksamkeit und Eifer auf sich verwenden, uns anhaften, und daher überall und durchaus in allen welche die gleiche Natur theilen auch eine Theilnahme an den Vergehungen der Natur stattfindet, darum fallen wir vor Gott im Gebet nieder und rufen ihn um Vergebung der Schuld an. Aber ein solcher Ruf bleibt wirkungslos, und gelangt nicht zu den Ohren Gottes, wenn unser Gewissen nicht mitruft daß die Gewährung des Erbarmens eine berechtigte ist. Denn wer urtheilt daß Gott die Güte anstehe (er würde ja, wenn er nicht glaubte daß sie ihm anstehe, ihn nicht bitten dazu, als zu einer ihm nicht anständigen und unangemessenen Sache, zu schreiten), der sollte gerechter Weise durch seine eigenen Werke sein Urtheil über das Gute bekräftigen, damit er von dem gerechten Richter nicht das Wort höre, Arzt, hilf dir selber! Mich rufst du zur Güte auf, und hast sie gegen deine Nächsten nicht geübt? Du bittest um Vergebung der Schuld: mit welchem Rechte würgest du denn deinen Schuldner? Du bittest daß deine Verschreibung vernichtet werde, der du die Schuldverträge derer welche dir verpflichtet sind sorgfältig aufbewahrst? Du verlangst Erlaß der Schulden, und läßt durch die Zinsen das Darlehn anwachsen? Dein Schuldner ist im Gefängniß, und du im Bethaus? er jam-

20*

ὀφλήμασιν ὀδυνᾶται, καὶ σὺ ἀφεθῆναί σοι τὴν ὀφειλὴν ἀξιοῖς; ἀνήκοός ἐςί σου ἡ προςευχή, ὑπερηχεῖ γὰρ ἡ τοῦ ὀδυνωμένου φωνή. Ἐὰν λύσῃς τὸ σωματικὸν χρέος, λυθήσεταί σοι τῆς ψυχῆς τὰ δεσμά· ἐὰν συγχωρήσῃς, συγχωρηθήσεταί [15] σοι, σεαυτῷ δικάσεις, σεαυτῷ νομοθετήσεις, τῇ πρὸς τὸν ὑποκείμενον διαθέσει τὴν ἄνωθεν ψῆφον ἐπὶ σεαυτοῦ φέρων. Τοιοῦτόν τί μοι δοκεῖ καὶ ἐν ἑτέρῳ λόγῳ διδάσκειν ὁ κύριος, διηγηματικῶς τὸ δόγμα τοῦτο παρατιθέμενος, ἔνθα βασιλεύς τίς ἐςιν ἐν τῷ διηγήματι, φοβερῶς προκαθήμενος, καὶ τοὺς οἰκέτας εἰς κρίσιν ἄγων, καὶ τῶν οἰκονομηθέντων παρ᾽ ἑκάςου τὴν γνῶσιν ἐπιζητῶν. Προςαχθέντος δέ τινος τῶν χρεωφειλετῶν, καὶ φιλανθρωπίαν τετυχηκότος, ἐπειδὴ προςπεσὼν ἀντὶ τῆς τῶν χρημάτων ἐκτίσεως τὴν ἱκετηρίαν προςήγαγεν, εἶτα κατὰ τοῦ ὁμοδούλου ἐπὶ μετρίῳ ὀφλήματι πικρῶς τε καὶ ἀπηνῶς διατεθέντος, ὀργιζόμενον ἐποίησεν ἐπὶ τῇ πρὸς τὸν ὁμόδουλον ἀπηνείᾳ τὸν βασιλέα, καὶ [16] προςτάξαι τοῖς βασανιςαῖς παγγενεὶ αὐτὸν τῆς τοῦ βασιλέως οἰκίας ἀλλοτριῶσαι, ἐπὶ τοσοῦτόν τε παρατεῖναι τὴν κόλασιν, ἕως ἂν τὴν ἀξίαν τιμωρίαν ἀποπληρώσῃ. Ἀληθῶς γὰρ ὀβολοί τινές εἰσιν ἀτελεῖς τε καὶ εὐαρίθμητοι πρὸς μυριάδας ταλάντων παρατιθέμενοι τὰ τῶν ἀδελφῶν ἡμῶν εἰς ἡμᾶς ὀφλήματα, συγκρίσει πρὸς τὸν θεὸν τῶν ἡμετέρων πλημμελημάτων. Ζημία πάντως ἐςὶν ἢ ὕβρεως ἀφορμὴ παρά τινος γεγενημένη, ἢ οἰκέτου κακία, ἢ καὶ εἰς σωματικὸν θάνατον ἐπιβουλή· εἶτα σὺ πρὸς τὴν ἄμυναν τούτων ἐν φλεγμονῇ καρδίας ἐξερεθίζῃ, καὶ πᾶσαν τὴν ἐπίνοιαν εἰς τὴν τῶν προλελυπηκότων τιμωρίαν ἀναζητεῖς· οὐ λογίζῃ, εἰ μὲν πρὸς οἰκέτην ὁ θυμὸς φλεγμαίνοι, ὅτι οὐ φύσις, ἀλλὰ δυναςεία πρὸς δουλείαν τε καὶ κυριότητα τὸ ἀνθρώπινον ἔσχισεν· τῷ γὰρ ἀνθρώπῳ δουλεύειν ὁ τοῦ παντὸς οἰκονόμος τὴν ἄλογον φύσιν μόνην ἐνομοθέτησεν, καθώς φησιν ὁ προφήτης ὅτι, Πάντα ὑπέταξας ὑποκάτω τῶν ποδῶν αὐτοῦ, πρόβατα καὶ

---

15) σοι fehlt in den Ausgaben. — 16) K̅ τ̅. προςέταξε.

mert über das was er zahlen soll, und du verlangst daß deine Verbindlichkeit dir nachgelassen werden soll? Dein Gebet wird nicht gehört, denn die Stimme des Jammernden übertönt es. Wenn du die leibliche Schuld bezahlt haben wirst, dann werden die Fesseln der Seele dir gelöst werden; verzeihst du, so wird dir verziehen werden, du wirst dich selbst richten, für dich selbst das Gesetz aufstellen, indem du durch dein Benehmen gegen den welcher dir preisgegeben ist das Urtheil von Oben auf dich überträgst. So Etwas scheint mir der Herr auch in einem anderen Ausspruche zu lehren, und in Form einer Erzählung eingekleidet uns vor Augen zu legen, wo von einem König die Rede ist welcher in schrecklicher Weise zu Gericht sitzt, und die Knechte zur Untersuchung zieht, und Aufschluß verlangt über eines Jeden Verwaltung. Da wird einer von den Schuldnern vorgeführt welcher Güte und Milde findet, nachdem er auf die Kniee niedergefallen war und anstatt der Zahlung des Geldes die Bitte um Nachsicht dargebracht hatte, dann aber um einer mäßigen Schuld willen gegen seinen Mitknecht hart und grausam verfährt; da läßt der Herr wegen dieser Grausamkeit an seinem Mitknecht den König in Zorn über ihn gerathen, und den Henkern gebieten ihn ganz und gar aus dem Hause des Königs fortzubringen, und seine Züchtigung so weit auszudehnen bis er die gebührende Strafe abgebüßt haben werde. Denn in Wahrheit sind die Schulden unserer Brüder an uns nur einige wenige und wohlzuzählende Pfennige gegenüber den zahllosen Unsummen unserer Vergehungen gegen Gott. Strafwürdig ist jedenfalls ein übermüthiges Benehmen was Jemand gegen uns gezeigt hat, oder die Bosheit eines Knechtes, oder auch eine Nachstellung welche unseren leiblichen Tod beabsichtigt: da ereiferst du dich in der Hitze deines Gemüths, und sinnst auf alles nur Mögliche, um das Leid zu rächen was man dir zuerst angethan hat; du bedenkst nicht, wenn dein Herz gegen einen Knecht in Zorn entbrennt, daß nicht die Natur, sondern die gewaltsame Unterwerfung das Menschengeschlecht in eine dienende und eine herrschende Hälfte gespalten hat; denn Knechtesdienste dem Menschen zu thun, dazu hat der Regierer des Alls allein die vernunftlose Natur gesetzlich bestimmt, wie der Prophet sagt. Alles hast Du unter seine Füße gethan, Schafe und Ochsen

βόας ἁπάσας, καὶ τὰ πετεινὰ, καὶ τὰ κτήνη, καὶ τοὺς ἰχθύας. Ταῦτά τε καὶ δοῦλα προσαγορεύει, φησάσης ἑτέρωθι τῆς προφητείας, Διδόντι τοῖς κτήνεσι τροφὴν αὐτῶν, καὶ χλόην τῇ δουλείᾳ τῶν ἀνθρώπων. Τὸν δὲ ἄνθρωπον τῇ αὐτεξουσίῳ χάριτι κατεκόσμησεν. Ὥςε τὸ ἴσον ἔχει σοι τῷ τῆς φύσεως ἀξιώματι ὁ ὑπεζευγμένος συνηθείᾳ καὶ νόμῳ, οὔτε παρὰ σοῦ γέγονεν, οὔτε ἐν σοὶ ζῇ, οὔτε τὰς σωματικάς τε καὶ τὰς τῆς ψυχῆς ἐνεργείας παρὰ σοῦ λαβὼν ἔχει. Τί οὖν τοσοῦτον ἐπιζέεις κατ᾽ αὐτοῦ τῷ θυμῷ, ῥᾳθυμήσαντός τινος, ἢ ἀποςατήσαντος, ἢ τάχα καταφρόνησιν ἐνδειξαμένου σοι κατὰ πρόσωπον, δέον πρὸς ἑαυτὸν βλέπειν, οἷος σὺ γέγονας τῷ δεσπότῃ τῷ πλάσαντί [17] σε καὶ παραγαγόντι διὰ γενέσεως, καὶ κοινωνόν σε τῶν ἐν τῷ κόσμῳ θαυμάτων ποιήσαντι, τῷ προθέντι τὸν ἥλιον εἰς ἀπόλαυσιν, καὶ πάσας τὰς πρὸς τὸ ζῆν ἀφορμὰς ἐκ τῶν ςοιχείων χαρισαμένῳ, ἐκ γῆς τε καὶ πυρὸς καὶ ἀέρος καὶ ὕδατος, τῷ παρασχομένῳ τὴν διανοητικὴν χάριν, τὴν ἀντιληπτικὴν αἴσθησιν, τὴν διακριτικὴν καλοῦ τε καὶ [18] τοῦ χείρονος ἐπιςήμην; Πῶς, σὺ πρὸς τὸν τοιοῦτον δεσπότην [19] ἄρα καταπειθὴς καὶ ἀπρόςκοπος; οὐκ ἐδραπετεύσας πρὸς τὴν ἁμαρτίαν; οὐκ ἀντηλλάξω τὴν πονηρὰν δεσποτείαν; οὐ τό γε ἐπὶ σοὶ ἔρημον τὴν τοῦ δεσπότου κατέλιπες οἰκίαν, ἐν ᾧ ἐτάχθης ἐργάζεσθαι καὶ φυλάσσειν, τούτου ἀποφοιτήσας; τὰ δὲ κατειλεγμένα πλημμελήματα οὐχ ὑπὸ μάρτυρι τῷ θεῷ τῷ πανταχοῦ ὄντι καὶ πάντα ἐφορῶντι ἢ πράττεις, ἢ λέγεις, ἢ φρονεῖς τὰ μὴ δέοντα; Εἶτα τοιοῦτος ὢν καὶ τοσούτοις ὑπόχρεως μέγα τι οἴει τῷ ὁμοδούλῳ χαρίζεσθαι, εἴ τι τῶν εἰς σὲ πλημμεληθέντων διὰ μακροθυμίας παρίδοις; Εἰ τοίνυν μέλλοιμεν προςάγειν τῷ θεῷ τὴν ὑπὲρ τοῦ ἐλέου καὶ τῆς συγγνώμης παράκλησιν, παρασκευάσωμεν τῷ συνειδότι τὴν παῤῥησίαν, ὡς τὸν βίον συνήγορον τῆς φωνῆς ταύτης προςήσασθαι, καὶ εἰπεῖν ἀληθῶς ὅτι καὶ ἡμεῖς ἀφήκαμεν τοῖς ὀφείλουσιν ἡμῖν.

---

17) Κτ. τε. — 18) τοῦ fehlt in den Ausgaben. — 19) Κτ. ἄρα.

allzumal, und die Vögel, und die wilden Thiere und
die Fische. Diese nennt er auch dienstbar wo er an einer anderen
Stelle sagt, Der dem Vieh sein Futter giebt, und das
Gras zum Dienst der Menschen. Den Menschen hingegen
hat er mit dem Geschenke des freien Willens geschmückt. Daher ist
der durch Gewohnheit und Gesetz dir Unterworfene in Ansehung
der Würde der Natur dir gleichgestellt, und er ist weder von dir geschaffen worden, noch lebt er in dir, noch hat er seine körperlichen
und geistigen Kräfte von dir empfangen. Was brausest du also
gegen ihn so heftig im Zorn auf, weil er leichtsinnig und nachlässig
gewesen, weil er davongelaufen war, oder vielleicht dir ins Gesicht
Verachtung hat blicken lassen, da du doch auf dich selbst deinen Blick
richten sollst, wie du dich gegen den Herrn benommen hast, welcher
dich gebildet und durch die Geburt in das Leben geführt hat, und
dich an den herrlichen Wundern der Welt-Theil haben läßt, der die
Sonne zu deinem Nutzen hingestellt und dir alle Quellen zum Leben
aus dem Schooße der Elemente, aus Erde und Feuer und Wasser
und Luft gespendet hat, der dir die Gabe des Denkvermögens, die
Auffassung durch die Sinne, und das Verständniß der Unterscheidung zwischen dem Guten und dem Bösen, gewährt hat? Wie? Bist
denn du gegen einen solchen Herrn etwa gehorsam, und giebst ihm
keinerlei Anstoß? Bist du von seiner Herrschaft nicht abgefallen?
Bist du nicht zur Sünde entlaufen? Hast du nicht, so weit es in
deiner Kraft lag, das Haus des Herrn verödet gelassen, und bist
von da weggegangen wo dir zu arbeiten und zu hüten oblag? und
die Vergehen welche wir aufgezählt haben, ist nicht Gott, der überall ist und Alles sieht, Zeuge wie du sie begehst durch That und
Wort, und wie du auf Unerlaubtes sinnst? Und dann, wenn du
solcher und so vieler Vergehungen dich schuldig gemacht hast, hältst
du es für etwas zu Großes, wenn du deinem Mitknechte von seinen
Vergehen gegen dich langmüthig Etwas hingehen lassen sollst?
Stehen wir also im Begriff Gott um Erbarmen und Verzeihung
anzurufen, so wollen wir uns die Freiheit und Erlaubniß dazu
durch unser Gewissen erringen, so daß wir unser Leben zum Für-
sprecher unserer Bitte machen und in Wahrheit sprechen können,
daß auch wir unseren Schuldnern verziehen haben.

Τί δὲ βούλεται τὸ ἐφεξῆς τοῖς εἰρημένοις προσκείμενον; Ἀναγκαίως οἶμαι μηδὲ τοῦτο παραδραμεῖν ἀθεώρητον, ὡς ἂν εἰδότες ᾧ προςευχόμεθα ψυχῇ καὶ μὴ σώματι τὴν ἱκεσίαν προςάγωμεν. Μὴ εἰςενέγκῃς ἡμᾶς εἰς πειρασμόν, ἀλλὰ ῥῦσαι ἡμᾶς ἀπὸ τοῦ πονηροῦ. Τίς, ἀδελφοί, τῶν εἰρημένων ἡ δύναμις; Δοκεῖ μοι πολυτρόπως τε καὶ διαφόρως ὁ κύριος [20] τὸ κακὸν ὀνομάζειν, κατὰ τὰς τῶν πονηρῶν ἐνεργειῶν διαφορὰς πολυωνύμως αὐτὸν ἀποκαλῶν διάβολον, Βεελζεβούλ, μαμωνᾶν, ἄρχοντα τοῦ κόσμου, ἀνθρωποκτόνον, πονηρόν, πατέρα ψεύδους, καὶ ἄλλα τοιαῦτα. Τάχα τοίνυν ἓν τῶν περὶ αὐτὸν νοουμένων ὄνομά τί ἐςι καὶ ὁ πειρασμός, καὶ βεβαιοῖ τὴν τοιαύτην ἡμῖν ὑπόνοιαν ἡ τῶν εἰρημένων σύμφρασις· εἰπὼν γάρ, Μὴ εἰςενέγκῃς ἡμᾶς εἰς πειρασμόν, ἐπήγαγεν τὸ ῥυσθῆναι ἀπὸ τοῦ πονηροῦ, ὡς τοῦ αὐτοῦ δι᾽ ἑκατέρων τῶν ὀνομάτων σημαινομένου. Εἰ γὰρ ὁ μὴ εἰσελθὼν εἰς πειρασμὸν ἔξω πάντως ἐςὶ τοῦ πονηροῦ, καὶ ὁ ἐν τῷ πειρασμῷ γενόμενος ἐν τῷ πονηρῷ κατ᾽ ἀνάγκην γίνεται, ἄρα ὁ πειρασμός τε καὶ ὁ πονηρὸς ἕν τι κατὰ τὴν σημασίαν ἐςίν. Τί οὖν ἡμῖν ἡ τοιαύτη διδασκαλία τῆς προςευχῆς ἐγκελεύεται; Τὸ ἔξω γίνεσθαι τῶν κατὰ τὸν κόσμον τοῦτον θεωρουμένων, καθώς φησιν ἑτέρωθι πρὸς τοὺς μαθητὰς ὅτι ὅλος ὁ κόσμος ἐν τῷ πονηρῷ κεῖται. Οὐκοῦν ὁ ἐκτὸς γενέσθαι τοῦ πονηροῦ θέλων ἐξ ἀνάγκης τοῦ κόσμου ἑαυτὸν ἀποικίσει· οὐ γὰρ ἔχει χώραν ὁ πειρασμὸς τῆς ψυχῆς ἅψασθαι, εἰ μὴ καθάπερ τι δέλεαρ τὴν κοσμικὴν ταύτην ἀσχολίαν τῷ πονηρῷ [21] περιθεὶς ἀγκίςρῳ τοῖς λιχνοτέροις προέτεινεν. Μᾶλλον δὲ σαφέςερον ἂν ἡμῖν δι᾽ ἑτέρων ὑποδειγμάτων τὸ νόημα γένοιτο. Χαλεπὴ πολλάκις ἐκ τρικυμίας ἐςὶν ἡ θάλασσα, ἀλλ᾽ οὐχὶ καὶ τοῖς πόῤῥωθεν ἀπῳκισμένοις αὐτῆς. Φθαρτικὸν τὸ πῦρ, ἀλλὰ τῆς ὑποπεσούσης ὕλης. Δεινὸς ὁ πόλεμος, ἀλλὰ μόνοις τοῖς κοινωνοῦσι τῆς παρατάξεως. Ὥσπερ δὲ ὁ τὰς συμφορὰς τῶν ἐκ τοῦ πολέμου [22] κακῶν φεύγων

---

20) Κr. τόν. — 21) περιθείς fehlt in den Ausgaben. — 22) Κr. φεύγων κακῶν.

Was bedeutet aber der weitere Zusatz zu diesen Worten? Ich halte es für nöthig auch dies nicht unbetrachtet zu übergehen, auf daß wir wissen zu wem wir beten und mit dem Geiste, nicht mit dem Körper, unser Flehen vor ihn bringen. **Führe uns nicht in Versuchung, sondern erlöse uns von dem Bösen!** Was ist der Sinn dieser Worte, meine Brüder? Ich glaube daß der Herr auf mannichfache und verschiedene Weise das Böse bezeichnet, und je nach den Unterschieden der bösen Mächte auch mit verschiedenen Namen, Teufel, Beelzebul, Mamon, Fürsten der Welt, Menschenmörder, den Bösen, den Vater der Lüge nennt, und dergleichen mehr. Vielleicht ist nun auch die Versuchung einer der ihm angehörenden Namen, und diese Vermuthung bestätigt uns die Uebereinstimmung der Worte; denn nachdem er gesagt, **Führe uns nicht in Versuchung!**, fügt er dem noch hinzu, **Sondern erlöse uns von dem Bösen!**, wie wenn durch beide Ausdrücke dasselbe bezeichnet sein sollte. Denn wenn der welcher nicht in Versuchung kommt, durchaus dem Bösen fern bleibt, und der welcher in Versuchung geräth nothwendiger Weise in den Bereich des Bösen gelangt, so sind wohl die Versuchung und der Böse ihrer Bedeutung nach Ein und Dasselbe. Was befiehlt uns nun diese Vorschrift des Gebets? Sie befiehlt uns von dem Schauplatze dieser Welt fern zu bleiben, wie der Herr an einer anderen Stelle zu seinen Jüngern sagt, **Die ganze Welt liegt im Bösen.** Wer also dem Bösen fern bleiben will, der muß sich nothwendiger Weise von der Welt trennen; denn die Versuchung vermag nicht an der Seele zu haften, wenn sie nicht dieses weltliche Treiben an dem bösen Angelhaken wie eine Lockspeise den Gierigeren hinhält. Noch mehr dürfte uns der Sinn durch andere Beispiele deutlicher werden. Oftmals ist das Meer in Folge heftigen Wellenschlags gefährlich; allein nicht ebenso denen welche weit von ihm abwohnen. Verderbenbringend ist das Feuer, aber nur für den Stoff welcher in seine Gewalt geräth. Schrecklich ist der Krieg, aber nur für die welche am Kampfe Theil nehmen. Gleichwie aber der welcher das Unglück der Kriegsübel fürchtet darum betet daß er nicht in einen Krieg gerathe, und wer sich vor dem Feuer ängstigt, daß er nicht einem sol-

εὔχεται μὴ ἐμπεσεῖν πολέμῳ, καὶ ὁ τὶ πῦρ δεδοικὼς τὸ μὴ ἐν αὐτῷ γενέσθαι, καὶ ὁ φρίττων τὴν θάλασσαν τὸ μὴ εἰς ἀνάγκην ναυτιλίας ἐλθεῖν, οὕτω καὶ ὁ τοῦ πονηροῦ τὴν προσβολὴν δεδοικὼς εὐχέσθω τὸ μὴ ἐν αὐτῷ γενέσθαι. Ἐπειδὴ δὲ, καθὼς προειρήκαμεν, ἐν τῷ πονηρῷ κεῖσθαι τὸν κόσμον ὁ λόγος φησὶν, ἐν δὲ τοῖς κοσμικοῖς πράγμασιν αἱ τῶν πειρασμῶν ἀφορμαὶ, καλῶς καὶ προσηκόντως ὁ ῥυσθῆναι ἀπὸ τοῦ πονηροῦ εὐχόμενος ἔξω τῶν πειρασμῶν γενέσθαι παρακαλεῖ. Οὐ γὰρ ἄν τις καταπίῃ τὸ ἄγκιστρον, μὴ κατασπάσας ἐν λιχνείᾳ τὸ δέλεαρ. Ἀλλ' εἴπωμεν καὶ ἡμεῖς ἀναστάντες τῷ θεῷ ὅτι, Μὴ εἰσενέγκῃς ἡμᾶς εἰς πειρασμόν, τοῦτ' ἔστιν εἰς τὰ τοῦ βίου κακὰ, ἀλλὰ ῥῦσαι ἡμᾶς ἀπὸ τοῦ πονηροῦ, τοῦ ἐν τῷ κόσμῳ τούτῳ τὴν ἰσχὺν κεκτημένου, οὗ ῥυσθείημεν χάριτι τοῦ [23] Χριστοῦ τοῦ θεοῦ, ὅτι αὐτῷ ἡ δόξα καὶ τὸ κράτος εἰς τοὺς αἰῶνας τῶν αἰώνων. Ἀμήν.

---

23) R. τ. Χριστοῦ, ὅτι αὐτῷ ἡ δύναμις καὶ ἡ δόξα ἅμα τῷ πατρὶ, καὶ τῷ ἁγίῳ πνεύματι νῦν καὶ ἀεὶ καὶ εἰς κ. τ. λ.

chen zur Beute werde, und der welcher vor dem Meer schaudert, daß er nicht in die Nothwendigkeit einer Seefahrt verstrickt werde, so soll auch der welcher die Anfechtung des Bösen fürchtet beten daß er nicht in seine Gewalt gerathe. Da aber, wie wir vorher gesagt haben, die Schrift sagt daß die Welt im Bösen liege, in den weltlichen Angelegenheiten aber die Quellen der Versuchungen liegen, so ruft der welcher betet, daß er von dem Bösen erlöst werde Gott darum an daß er nicht in die Gewalt der Versuchungen falle. Denn Niemand wird wohl den Angelhaken verschlucken, wenn er nicht in seiner Gier den Köder herabgerissen hat. Doch sprechen auch wir, nachdem wir uns zu Gott erhoben haben, Führe uns nicht in Versuchung, das ist in die Uebel des Lebens, sondern erlöse uns von dem Bösen, von dem welcher in dieser Welt im Besitz der Gewalt ist, von dem wir erlöst werden mögen durch die Gnade Christi des Gottes, weil er die Herrlichkeit und die Macht hat in Ewigkeit zu Ewigkeit. Amen.

Druck von Breitkopf und Härtel in Leipzig.

Bibliothek der Kirchenväter.

Eine Auswahl aus deren Werken.

Urschrift mit deutscher Uebersetzung.

Begründet und unter Mitwirkung Anderer herausgegeben

von

Dr. Franz Oehler.

I. Theil.

Gregor von Nyssa.

Vierter Band.

Leipzig,
Verlag von Wilhelm Engelmann.
1859.

Gregor's
Bischof's von Nyssa

Abhandlung

über den gottgeweihten ehelosen Stand

und

Acht Reden auf die Seligpreisungen.

Griechisch und deutsch

von

Dr. Franz Oehler.

Leipzig,
Verlag von Wilhelm Engelmann.
1859.

Vorwort.

Da das vierte Bändchen der Bibliothek der Kirchenväter, womit die aus den Werken Gregor's von Nyssa getroffene Auswahl vorläufig abschließt, im Begriff steht die Presse zu verlassen, kann ich nicht umhin noch ein kurzes Vorwort hinzuzufügen, zunächst um für die Theilnahme zu danken welche das mit vollster Anerkennung des Bedürfnisses aufgenommene Unternehmen bisher gefunden hat, und welche sich außer in öffentlichen Organen auch in einer Reihe von privaten Zuschriften an den Herausgeber kund gegeben hat, dann aber auch um mich über den Plan auszusprechen welcher der weiteren Fortsetzung der Bibliothek zu Grunde gelegt werden soll. Soweit derselbe für jetzt feststehen kann, sollen, sobald sich das Unternehmen durch ausreichenden Absatz als vollständig gesichert erwiesen haben wird, jährlich etwa vier Bändchen im Umfange von 15 bis 20 Bogen ausgegeben werden. Ein strenges Einhalten der chronologischen Folge ist aus inneren und äußeren Gründen nicht wohl möglich. Uebrigens ist die Anordnung getroffen daß jede aus den Schriften der einzelnen Autoren gegebene Auslese ein, unter Umständen noch weiter fortzusetzendes, Ganzes für sich bildet. Die Bibliothek wird nur selbständig abgegrenzte Werke zumeist griechischer, aber auch lateinischer, Autoren, und zwar nie im Auszuge oder gekürzt, sondern stets vollständig bringen, und, wie und wo immer nur möglich, auf kritisch gesicherte und correcte Texte ein besonderes Gewicht legen. Eine Anzahl tüchtiger Kräfte hat sich vereint, um dem Herausgeber das Ziel was er sich vom Anfang an gesteckt erstreben zu helfen. Zu mehrerer Abrundung des Ganzen, und um eine gewisse Verbindung der einzelnen Abtheilungen herzustellen, sollen

späterhin in einigen besonderen Bändchen die wichtigsten Epochen der alten Geschichte unserer Kirche in biographisch ausgeführten Schilderungen des Wirkens und der Lehren ihrer Hauptvertreter, und mit besonderer Berücksichtigung ihrer in die Bibliothek aufgenommenen Schriften, zu einem lebenswahren und frischen anschaulichen Bilde zusammengefaßt werden, mit welcher Anordnung auch etwaigen Wünschen hinsichtlich besonderer biographischer und literarhistorischer Einleitungen für jeden einzelnen Schriftsteller vollständig genügt sein dürfte.

Was nun den Inhalt des dritten und vierten Bändchens der Bibliothek betrifft, so glaube ich durch das damit Gebotene dem Leser wieder einige der herrlichsten Schriften des großen Nysseners zugänglich gemacht zu haben. Die Abhandlung über die Erschaffung des Menschen und die fünf Reden auf das Gebet des Herrn gehörten schon im Alterthum zu den bewundertsten und geschätztesten Werken ihres Verfassers, und ersteres dürfte heute noch dem Physiologen ein ungewöhnlicheres Interesse abzugewinnen im Stande sein. Eine minder bekannte, weil bisher wegen des sehr verderbten Urtextes und der höchst fehlerhaften und ungenauen Uebersetzung Galesini's wenig zugängliche, Abhandlung ist die gehaltreiche Schrift Περὶ Παρθενίας, welche ein älterer Herausgeber, Jo. Livineius, mit vollem Rechte ein libellus vere aureus nennen durfte. Die acht Reden über die Seligpreisungen geben, im Verein mit den oben erwähnten fünf Reden auf das Gebet des Herrn, ein Zeugniß von der Bedeutung Gregor's für Kanzelberedtsamkeit, als deren hauptsächlichster Begründer er wohl angesehen werden darf.

Möge die Gnade des Herrn diese Samenkörner weihen, welche vor vielen Menschenaltern gewiß reiche Frucht getragen an den Seelen die dem Herrn gewonnen waren, und welche wir nun, wie Weizenkörner aus den alten Gräbern der Pharaonen, welche noch heute kräftig keimen und sprießen, und wohl tausendfältige Frucht bringen, hervorgeholt aus ihrem Dunkel neu ausstreuen wollen zum tausendfältigen Segen an uns allen.

Halle, am 15. Februar 1859.

Dr. Franz Oehler.

Inhalt.

	Seite
Abhandlung über den gottgeweihten ehelosen Stand	1
Acht Reden auf die Seligpreisungen	152

ΤΟΥ

ΕΝ ΑΓΙΟΙΣ ΠΑΤΡΟΣ ΗΜΩΝ

ΓΡΗΓΟΡΙΟΥ ΕΠΙΣΚΟΠΟΥ ΝΥΣΣΗΣ

ΠΕΡΙ

ΠΑΡΘΕΝΙΑΣ.

Unseres heiligen Vaters

Gregor Bischof's von Nyssa

Abhandlung

über den ehelosen Stand.

ΤΟΥ ΕΝ ΑΓΙΟΙΣ ΠΑΤΡΟΣ ΗΜΩΝ
ΓΡΗΓΟΡΙΟΥ ΕΠΙΣΚΟΠΟΥ ΝΥΣΣΗΣ
ΠΕΡΙ
ΠΑΡΘΕΝΙΑΣ.

ΠΡΟΛΟΓΟΣ.

Ὁ μὲν σκοπὸς τοῦ λόγου ἐςὶν, ἐπιθυμίαν τῆς κατ᾽ ἀρετὴν ζωῆς τοῖς ἐντυγχάνουσι ἐμποιῆσαι· πολλῶν δὲ τῷ κοινοτέρῳ βίῳ, καθὼς ὠνόμασεν ὁ θεῖος ἀπόςολος, τῶν περισπασμῶν ἐγκειμένων, ἀναγκαίως ὁ λόγος, ὥσπερ τινὰ θύραν καὶ εἴσοδον τῆς σεμνοτέρας διαγωγῆς, τὸν τῆς παρθενίας ὑποτίθεται βίον, ὡς οὔτε τοῖς ἐμπλακεῖσι τῇ τοῦ βίου κοινότητι ῥᾴδιον τὸ καθ᾽ ἡσυχίαν προσφιλοσοφεῖν τῇ θειοτέρᾳ ζωῇ, καὶ τοῖς ἀποταξαμένοις πάντη τῷ ταραχώδει βίῳ πολλῆς εὐκολίας οὔσης ταῖς ὑψηλοτέραις ἀσχολίαις παρεδρεύειν ἀπερισπάςως. Καὶ ἐπειδὴ καθ᾽ ἑαυτὴν πως ἀργοτέρα πρὸς τὸ πείθειν ἐςὶν ἡ συμβουλὴ, καὶ οὐκ ἄν τις ῥᾳδίως ὑπαγάγοιτό τινα ψιλῷ τῷ λόγῳ πρός τι τῶν ὠφελούντων ἐγκελευόμενος, εἰ μὴ πρότερον ἀποσεμνύνειεν ἐκεῖνο πρὸς ὃ τὸν ἀκροατὴν παρορμᾷ, τούτου χάριν ἀπὸ τῶν ἐγκωμίων τῆς παρθενίας [1] ὁ λόγος ἀρξάμενος οὕτως εἰς τὴν συμβουλὴν καταλήγει· μᾶλλον δέ πως τοῦ ἐν ἑκάςῳ καλοῦ καὶ διὰ τῆς παραθέσεως τῶν ἐναντίων φανερουμένου ἀναγκαίως καὶ τῆς δυσχερείας τοῦ

---

1) ὁ λόγος fehlt in den Ausgaben.

Unseres heiligen Vaters

Gregor Bischof's von Nyssa

Abhandlung

über den ehelosen Stand.

Vorwort.

Zweck der Abhandlung ist den Lesern Begierde nach einem tugendhaften Leben beizubringen; da aber in dem gemeineren Leben Vielerlei liegt was nach dem Ausdrucke des göttlichen Apostels uns davon abzieht, so nimmt diese Abhandlung sich mit gutem Grunde das Leben im ehelosen Stande, welches gleichsam eine Thür und Eingang zu einem heilig ernsteren Wandel ist, zu ihrem Stoff; denn einerseits ist es für die welche in das gesellige Treiben des Lebens verstrickt sind schwer sich in Ruhe mit einem mehr göttlichen Leben zu beschäftigen, andernseits können die welche dem geräuschvollen Leben völlig entsagt haben sich den erhabeneren Beschäftigungen ungestört und dauernd mit aller Leichtigkeit hingeben. Da nun der bloße Rath wohl an sich zur Ueberzeugung nicht recht ausreicht, und Niemand leicht Jemanden durch ein einfaches Wort der Ermahnung zu etwas Nützlichem bringen kann, wenn er nicht das wozu er den Zuhörer ermuntert vorher lobend angepriesen hat, so beginnt meine Abhandlung deshalb mit dem Lob des ehelosen Standes, und schließt so mit dem Rath; oder vielmehr, da das Gute in jedem Einzelnen auch durch Vergleich mit dem Gegentheile ins Licht gesezt wird, so wird noth=

κοινοτέρου βίου μνήμη τις γέγονεν· εἶτα εὐμεθόδως ὑπογραφή τις παρεισήχθη τοῦ κατὰ φιλοσοφίαν βίου, καὶ τὸ μὴ δύνασθαι τούτου τυχεῖν τὸν ἐν κοσμικαῖς ὄντα φροντίσιν κατεσκευάσθη. Τῆς δὲ σωματικῆς ἐπιθυμίας ἀργούσης ἐν τοῖς ἀποταξαμένοις ἀκολούθως ἐπεζητήθη τί

p. 112. τὸ ἀληθῶς ἐπιθυμητὸν, οὗ χάριν καὶ τὴν ἐπιθυμητικὴν
A δύναμιν παρὰ τοῦ δημιουργοῦ τῆς φύσεως ἡμῶν ἐλάβομεν. Τούτου δὲ καθ᾽ ὅσον οἷόν τε ἦν ἐκκαλυφθέντος ἐφάνη ἀκολούθως καί τινα μέθοδον πρὸς τὸ τυχεῖν τούτου ἐπινοῆσαι τοῦ ἀγαθοῦ. Εὑρέθη τοίνυν ἀληθὴς παρθενία, ἡ παντὸς τοῦ ἐξ ἁμαρτιῶν μολυσμοῦ καθαρεύουσα, πρὸς τὴν τοιαύτην ἐπίνοιαν ἐπιτηδείως ἔχουσα, ὥστε πάντα τὸν διὰ μέσου λόγον, κἂν πρὸς ἕτερά τινα βλέπειν δοκῇ, πρὸς τὸ τῆς παρθενίας συντείνειν ἐγκώμιον. Τὰς δὲ μερικὰς
B ὑποθήκας τοῦ τοιούτου βίου, ὅσαι τοῖς ἀκριβῶς μετιοῦσι τὴν σεμνότητα ταύτην ἐπετηδεύθησαν, φεύγων τὴν ἀμετρίαν ὁ λόγος παρέδραμε, καθολικῶς τε διὰ τῶν γενικωτέρων παραγγελμάτων [2]προαγαγὼν τὴν παραίνεσιν ἐμπεριείληφε τρόπον τινὰ τὰ καθ᾽ ἕκαστον, ὡς μήτε τι παριδεῖν τῶν ἀναγκαίων, καὶ τὴν ἀμετρίαν φυλάξασθαι. Ἔθους δὲ πᾶσιν ὄντος προθυμότερον ἀντιλαμβάνεσθαι παντὸς ἐπιτηδεύματος, εἴ τινας ἐν ἐκείνῳ προευδοκιμήσαντας [3]ἴδοιεν, ἀναγκαίως καὶ τῶν ἐν ἀγαμίᾳ διαλαμψάντων
C ἁγίων μνήμην ἐποιησάμεθα· καὶ ἐπειδὴ μὴ τοσοῦτον τὰ ἐν τοῖς διηγήμασιν ὑποδείγματα [4]δύναται πρὸς κατόρθωσιν ἀρετῆς ὅσον ἡ ζῶσα φωνή, καὶ τὰ ἐνεργούμενα τῶν ἀγαθῶν ὑποδείγματα, ἀναγκαίως πρὸς τῷ τέλει τοῦ λόγου τοῦ θεοσεβεστάτου ἐπισκόπου καὶ πατρὸς ἡμῶν ἐπεμνήσθημεν, ὡς μόνου δυνατῶς ἔχοντος τὰ τοιαῦτα παιδεύειν. Ἡ δὲ μνήμη οὐκ ἐπ᾽ ὀνόματος γέγονεν, ἀλλὰ διά τινων γνωρισμάτων τὸ ἐκεῖνον εἶναι τὸν δηλούμενον ὁ λό-

---

2) Morel προαγαγών. — 3) M. ἴδοι. — 4) M. δύνανται.

wendiger Weise auch der Beschwerden des geselligen Lebens Erwähnung gethan; dann wird eine faßliche Beschreibung des religiös beschaulichen Lebenswandels vorgeführt, und bewiesen daß der in weltlichen Sorgen Befangene dazu nicht gelangen könne. Ferner, da die körperliche Begierde in denen welche der Welt entsagt haben zur Ruhe gebracht ist, so wird in Folge dessen weiter untersucht worauf in Wahrheit unsere Begierde gehen müsse, und um wessen Willen wir auch das Begehrungsvermögen von dem Schöpfer der Natur empfangen haben. Nachdem dies so gut als möglich erläutert worden war, erschien es nothwendig auch einen Weg ausfindig zu machen wie man zu diesem Gute gelangen könne. Da ward dann ein wahrhaft jungfräulicher eheloser Stand, welcher rein ist von allem Sündenschmuz, als geschickt zu solchem Zwecke erfunden; in Folge dessen bezieht sich Alles was der mittlere Theil der Abhandlung enthält auf das Lob des ehelosen Standes, selbst wenn es den Anschein haben sollte als ob es auf etwas Anderes ginge. Alle besonderen Vorschriften für ein solches Leben, welche die aufgestellt haben welche mit strenger Sorgfalt diesen heiligen Wandel verfolgen, hat die Abhandlung, um allzugroße Ausdehnung zu vermeiden, übergangen, schreitet in allgemeineren Lehren und Ermahnungen vorwärts und hat sich überhaupt auf alles Einzelne nur in so weit eingelassen, daß sie nichts Nöthiges übersah und sich vor Maßlosigkeit hütete. Da nun Alle gewöhnlich mit größerer Lust und Eifer auf eine Lebensweise eingehen, wenn sie welche vor Augen haben die vor ihnen in derselben sich Ruhm und Preis erworben haben, so haben wir natürlicher Weise auch der Heiligen Erwähnung gethan welche in ehelosem Stande sich leuchtend hervorgethan haben; und da ferner die in der Darstellung gegebenen Vorschriften nicht so viel zu einem gelungenen Tugendwirken vermögen als die lebendige Stimme und die wirklichen und lobenswerthen Beispiele der Guten, so haben wir aus diesem Grunde am Ende der Abhandlung des hochfrommen Bischofs und Vaters von uns als eines Mannes gedacht welcher allein uns in diesen Dingen zu unterweisen die Macht habe. Das Gedächtniß ist indessen ein namenloses; doch läßt die Darstellung aus gewissen Merkmalen den errathen

γος ἠνίξατο, ἵνα μὴ τοῖς μετὰ ταῦτα καθομιλοῦσι τῷ λόγῳ ἀνόνητος ἡ συμβουλὴ εἶναι δόξῃ, τῷ παρελθόντι τὸν D βίον προςφοιτᾶν τοὺς νέους ἐγκελεύουσα, ἀλλὰ πρὸς τοῦτο βλέποντες μόνον, οἷον εἶναι προςήκει τὸν τοιούτου βίου καθηγητὴν, ἐκλέγωνται ἑαυτοῖς εἰς ὁδηγίαν τοὺς ἀεὶ παρὰ τῆς τοῦ θεοῦ χάριτος εἰς προςασίαν τῆς κατ' ἀρετὴν πολιτείας 5) ἀναδεικνυμένους· ἢ γὰρ εὑρήσουσι τὸν ζητούμενον, ἢ οἷον χρὴ εἶναι οὐκ ἀγνοήσουσιν.

p. 113. *Κεφ. α'. Τὸ σεμνὸν τῆς παρθενίας εἶδος, ὃ πᾶσι A μὲν τίμιόν ἐςι τοῖς τὸ καλὸν ἐν καθαρότητι κρίνουσι, B παραγίνεται δὲ μόνοις οἷς ἂν ἡ τοῦ θεοῦ χάρις εὐμενῶς πρὸς τὴν ἀγαθὴν ταύτην ἐπιθυμίαν συναγωνίσηται, 1) αὐτόθεν μὲν ἔχει τὸν πρέποντα ἔπαινον, ἀπὸ τῆς προςηγορίας τῆς συνονομαζομένης αὐτῇ. Τὸ γὰρ ἄφθορον κατὰ τὴν συνήθειαν τῶν πολλῶν ἐπὶ τῆς παρθενίας λεγόμενον σημαντικόν ἐςι τῆς ἐν αὐτῇ καθαρότητος. Ὥστε διὰ τοῦ ἰσοδυναμοῦντος ὀνόματος ἔςιν ἐπιγνῶναι τὴν ὑπερβολὴν τοῦ τοιούτου χαρίσματος, εἴπερ πολλῶν ὄντων τῶν κατ' ἀρετὴν ἐπιτελουμένων μόνον τοῦτο τῇ ἐπωνυμίᾳ τοῦ C ἀφθάρτου τετίμηται. Εἰ δὲ χρὴ καὶ δι' ἐγκωμίων ταύτην τοῦ μεγάλου θεοῦ δωρεὰν ἀποσεμνύνειν, ἀρκεῖ πρὸς εὐφημίαν αὐτῆς ὁ θεῖος ἀπόςολος, δι' ὀλίγων ῥημάτων πᾶσαν ἐγκωμίων ὑπερβολὴν ἀποκρύψας, ὃς ἁγίαν καὶ ἄμω-
Eph. 5, 27. μον τὴν κεκοσμημένην διὰ τῆς χάριτος ταύτης ὠνόμασεν. Εἰ γὰρ τὸ κατόρθωμα τῆς σεμνῆς ταύτης παρθενίας ἐςὶ τὸ ἄμωμόν τινα γενέσθαι καὶ ἅγιον, ταῦτα δὲ τὰ ὀνόματα κυρίως καὶ πρώτως εἰς δόξαν παραλαμβάνεται τοῦ ἀφθάρτου θεοῦ, τίς μείζων ἔπαινος παρθενίας ἢ τὸ ἀπο- D δειχθῆναι διὰ τούτων θεοποιοῦσαν τρόπον τινὰ τοὺς τῶν καθαρῶν αὐτῆς μυςηρίων μετεσχηκότας, εἰς τὸ γενέσθαι αὐτοὺς κοινωνοὺς τῆς δόξης τοῦ μόνου ὡς ἀληθῶς ἁγίου

---

5) Beide Ausgaben haben den Druckfehler ἀναδεικνυμένοις.
*) Die Ueberschriften der Kapitel sind aus Gründen der Zweckmäßigkeit weggeblieben. — 1) M. αὐτόθι.

der gemeint ist*, damit die welche später mit der Abhandlung sich beschäftigen den Rath nicht für nutzlos halten mögen welcher den Jünglingen zu dem zu gehen anempfiehlt der das Leben bereits durchwandert hat, daß sie vielmehr eben nur das Eine im Auge behalten, wie einer der uns in diesem Lebenswandel unterweist beschaffen sein muß, und sich zu ihrer Zurechtweisung schlicht diejenigen wählen welche gerade immer von der Gnade Gottes zur obersten Führung und Leitung des Wandels in der Tugend bezeichnet sind; denn entweder werden sie den finden welchen sie suchen, oder doch zu richtiger Einsicht gelangen wie man beschaffen sein muß.

Kap. 1. Die hehre Erscheinung der Jungfräulichkeit, das ist Entsagung des ehelichen Lebens, welche von Allen die das Gute in der Reinheit finden hochgeachtet wird, aber nur denen zu Theil wird welchen die Gnade Gottes im Kampfe dieses guten Strebens gütig beisteht, hat den ihr gebührenden Ruhm eben schon von ihrem Namen. Denn nach der gewöhnlichen Ansicht der meisten Menschen ist die Unverdorbenheit eine Bezeichnung der Jungfräulichkeit und deutet somit auf die jener innewohnende Reinheit. Sonach kann man aus dem gleichbedeutenden Namen die Ueberschwenglichkeit dieser Begnadigung ermessen, insofern, bei der großen Anzahl tugendhafter Werke, allein dieses mit dem Namen der Unverderbtheit und Unvergänglichkeit geehrt ist. Soll aber dieses Geschenk des großen Gottes auch noch durch Lob verherrlicht werden, so zeugt zu seinem Preise der göttliche Apostel, welcher in wenigen Worten die ganze Ueberschwenglichkeit seines Lobes geoffenbart hat, und diejenige heilig und tadellos nennt welche mit dieser Gnade geschmückt ist. Besteht nämlich die Vollendung dieser hehren Jungfräulichkeit darin daß man tadellos und heilig wird, und werden diese Benennungen eigentlich und zuerst der Herrlichkeit Gottes beigelegt, was giebt es dann für ein herrlicheres Lob der Jungfräulichkeit, als daß sie sich durch dieselben als eine solche erweist welche die Theilnehmer ihrer reinen Weihen gewissermaßen göttlich umgestaltet, so daß sie theilhaftig werden der Herrlichkeit Gottes, des einzigen der in Wahr-

---
*) Basilius.

καὶ ἀμώμου θεοῦ, διὰ καθαρότητος αὐτῷ καὶ ἀφθαρσίας οἰκειουμένους. Ὅσοι δὲ μακροὺς ἐπαίνους ἐν διεξοδικοῖς κατατείνουσι λόγοις, ὡς διὰ τούτων προσθήσοντές τι τῷ θαύματι τῆς παρθενίας, λελήθασιν ἑαυτούς, κατά γε τὴν ἐμὴν κρίσιν, ἐναντιούμενοι τῷ ἰδίῳ σκοπῷ, δι' ὧν ἐξαίρουσιν εἰς μέγεθος ὕποπτον ποιοῦντες διὰ τῶν ἐγκωμίων τὸν ἔπαινον. Ὅσα γὰρ ἐν τῇ φύσει τὸ μεγαλεῖον ἔχει, οἴκοθεν τὸ θαῦμα ἐπάγεται, οὐδὲν τῆς ἐκ τῶν λόγων συν-

p. 114. ηγορίας δεόμενα, καθάπερ ὁ οὐρανὸς, ἢ ὁ ἥλιος, ἢ ἄλλο
A τι τῶν τοῦ κόσμου θαυμάτων· τοῖς δὲ ταπεινοτέροις τῶν ἐπιτηδευμάτων ἀντὶ ὑποβάθρας ὁ λόγος γινόμενος μεγέθους τινὰ φαντασίαν διὰ τῆς τῶν ἐπαίνων περινοίας προςτίθησιν, ὅθεν πολλάκις τὸ ἐκ ἐγκωμίων κατασκευαζόμενον θαῦμα ὡς σεσοφισμένον καθυποπτεύεται ὑπὸ τῶν ἀνθρώπων. Ἔπαινος δὲ μόνος ἱκανὸς τῆς παρθενίας ἐςὶ τὸ κρείττονα τῶν ἐπαίνων εἶναι τὴν ἀρετὴν ἀποφήνασθαι, καὶ τῷ βίῳ θαυμάσαι μᾶλλον ἢ τῷ λόγῳ τὴν
B καθαρότητα. Ὁ δὲ ὑπόθεσιν ἐγκωμίων ταύτην ὑπὸ φιλοτιμίας ποιούμενος ἔοικε τὴν ϛαγόνα τῶν οἰκείων ἱδρώτων ἀξιόλογον εἰς προσθήκην νομίζειν τῷ ἀπείρῳ πελάγει γενήσεσθαι, εἴγε ἀνθρωπίνῳ λόγῳ δυνατὸν εἶναι τὴν τοσαύτην χάριν ἀποσεμνῦναι πεπίϛευκεν· ἢ γὰρ τὴν ἑαυτοῦ δύναμιν ἀγνοεῖ, ἢ ὃ ἐπαινεῖ οὐκ ἐπίϛαται.

C Κεφ. β'. Συνέσεως γὰρ ἡμῖν χρεία πολλῆς, δι' ἧς ἔϛι γνῶναι τὴν ὑπερβολὴν τῆς χάριτος ταύτης, ἥτις συνεπινοεῖται μὲν τῷ ἀφθάρτῳ πατρί. Ὃ δὴ καὶ παράδοξον, ἐν πατρὶ παρθενίαν εὑρίσκεσθαι, τῷ τε υἱὸν ἔχοντι καὶ δίχα πάθους γεννήσαντι. Τῷ δὲ μονογενεῖ θεῷ τῷ τῆς ἀφθαρσίας χορηγῷ συγκαταλαμβάνεται, ὁμοῦ τῷ καθαρῷ καὶ ἀπαθεῖ τῆς γεννήσεως αὐτοῦ συνεκλάμψασα·
D πάλιν τὸ ἴσον παράδοξον, υἱὸς διὰ παρθενίας νοούμενος.

heit heilig und ohne Tadel ist, indem sie durch Lauterkeit und Unverdorbenheit mit ihm in ein nahes Verhältniß treten. Diejenigen welche in weitausführenden Reden lange Lobpreisungen des Standes der Jungfräulichkeit ausspinnen, gleich als ob sie ihrer bewunderungswerthen Erhabenheit dadurch Etwas zulegen könnten, vergessen, nach meinem Urtheile wenigstens, daß sie dadurch ihrem eigenen Zwecke sich hindernd entgegenstellen, indem sie durch die Lobpreisungen, durch welche sie jene zur Höhe emporheben wollen, ihren Ruhm verdächtig machen. Denn was in seinem Wesen Erhabenheit besitzt, bringt von Hause aus Bewunderung mit sich, und bedarf keinerlei fürsprechenden Beistandes der Rede, wie der Himmel, oder die Sonne, oder irgend ein anderes Wunder der Welt; minder erhabenen Bestrebungen dagegen weiß die Rede einen Schein von Größe durch ihr kluges Lob wohl zuzulegen, was jedoch auch Veranlassung giebt daß die durch Lob bewirkte Bewunderung bei den Menschen den Verdacht der Täuschung erregt. Das einzige angemessene Lob der Jungfräulichkeit ist zu zeigen daß die Tugend über alles Lob erhaben ist, und daß die Reinheit wie sie das Leben aufweist eher als wie sie Worte schildern an ihr zu bewundern ist. Denn wer in eitler Bemühung sie zum Gegenstande seiner Lobpreisungen macht, der giebt sich den Anschein daß er den Tropfen eigenen Schweißes für bedeutend genug hält einen Zuwachs für das unendliche Meer zu bilden, sofern er den Glauben hat daß die menschliche Rede so große Gnade zu verherrlichen im Stande sei; entweder mißkennt er seine Kraft, oder er weiß nicht was er lobt.

Kap. 2. Wir haben viel Fassungskraft nöthig um die Ueberschwenglichkeit dieser Gnadenschöne zu erkennen, welche ein Attribut des ewigen Vaters ist. Was eben auch wunderbar ist, das ist daß an dem Vater die Jungfräulichkeit erfunden wird, welcher einen Sohn hat und zwar ihn ohne Affect erzeugt hat. Sie wird aber auch an dem eingeborenen Gott, dem Spender der Unverderbtheit und Reinheit erkannt, nachdem sie in der Reinheit und Affectlosigkeit seiner Erzeugung leuchtend mit hervorgetreten ist; und das ist wiederum wunderbar, daß auch der Sohn in Jung=

Ἐνθεωρεῖται δὲ ὡσαύτως καὶ τῇ τοῦ ἁγίου *πνεύματος* *φυσικῇ* *καὶ* *ἀφθάρτῳ* *καθαρότητι·* τὸ γὰρ καθαρὸν καὶ ἄφθαρτον ὀνομάσας ἄλλῳ ὀνόματι τὴν παρθενίαν ἐσήμανας. Πάσῃ δὲ τῇ ὑπερκοσμίῳ φύσει συμπολιτεύεται, διὰ τῆς ἀπαθείας συμπαροῦσα ταῖς ὑπερεχούσαις δυνάμεσιν, οὔτε τινὸς τῶν θείων χωριζομένη, καὶ οὐδενὸς τῶν ἐναντίων προςαπτομένη. Πάντα γὰρ ὅσα καὶ φύσει [1] καὶ προαιρέσει πρὸς ἀρετὴν νένευκεν, τῷ καθαρῷ πάντως

p. 115. ἐνωραΐζεται τῆς ἀφθαρσίας, [2] καὶ πάντα ὅσα εἰς τὴν ἐναντίαν ἀποκέκριται τάξιν, τῇ ἀποπτώσει τῆς καθαρότητος τοιαῦτά ἐςι καὶ ὀνομάζεται. Τίς οὖν ἐξαρκέσει δύναμις λόγων τῇ τοσαύτῃ χάριτι παρισωθῆναι; ἢ πῶς οὐ φοβεῖσθαι χρὴ μὴ διὰ τῆς τῶν ἐπαίνων σπουδῆς λυμήνηταί τις τὸ μεγαλεῖον τοῦ ἀξιώματος, ἐλάττω τὴν περὶ αὐτοῦ δόξαν τῆς προειλημμένης τοῖς ἀκροαταῖς ἐμποιήσας; Οὐκοῦν καλῶς ἔχει τοὺς μὲν ἐγκωμιαςικοὺς λόγους ἐπὶ ταύτης ἐᾶν, ὡς ἀμήχανον ταῖς ὑπερβολαῖς τῆς ὑποθέσεως

B συνεπᾶραι τὸν λόγον· ὡς καὶ ἔςι δυνατὸν ἀεὶ μεμνῆσθαι τοῦ θείου [3] τούτου χαρίσματος, καὶ ἐπὶ γλώττης ἔχειν τὸ ἀγαθὸν ὅπερ ἴδιον μὲν τῆς ἀσωμάτου φύσεώς ἐςι καὶ ἐξαίρετον, ὑπὸ φιλανθρωπίας δὲ θεοῦ καὶ τοῖς διὰ σαρκὸς καὶ αἵματος λαχοῦσι τὴν ζωὴν ἐχαρίσθη, ἵνα καταβληθεῖσαν τὴν ἀνθρωπίνην φύσιν ὑπὸ τῆς ἐμπαθοῦς διαθέσεως, ὥσπερ τινὰ χεῖρα τὴν τῆς καθαρότητος μετουσίαν ὀρέξασα, πάλιν ὀρθώσῃ, καὶ πρὸς τὰ ἄνω βλέπειν χειραγωγήσῃ. Διὰ τοῦτο γὰρ οἶμαι καὶ τὴν πηγὴν τῆς

C ἀφθαρσίας, αὐτὸν τὸν κύριον ἡμῶν Ἰησοῦν Χριςὸν, μὴ διὰ γάμου εἰςελθεῖν εἰς τὸν κόσμον, ἵνα ἐνδείξηται διὰ τοῦ τρόπου τῆς ἐνανθρωπήσεως τὸ μέγα τοῦτο μυςήριον, ὅτι θεοῦ παρουσίαν καὶ εἴςοδον μόνη καθαρότης ἱκανή ἐςι [4] δέξασθαι, ἣν ἄλλως οὐκ ἔςι πρὸς ἀκρίβειαν πᾶσαν κατορθωθῆναι, εἰ μὴ παντελῶς τις ἑαυτὸν τῶν σαρκικῶν παθημάτων ἀλλοτριώσειεν. Ὅπερ γὰρ ἐν τῇ ἀμιάντῳ Μαρίᾳ γέγονε σωματικῶς, τοῦ πληρώματος τῆς θεότητος

---

1) καὶ fehlt in den Ausgaben. — 2) M. καὶ ὅσα πάντα. — 3) τούτου fehlt in den Ausg. — 4) M. δείξασθαι.

fräulichkeit uns entgegentritt. Ingleichen erkennt man sie aber auch in der natürlichen und unversehrten Lauterkeit des heiligen Geistes; denn spricht man von Reinheit und Unverderbtheit, so hat man die Jungfräulichkeit eben nur mit einem andern Namen bezeichnet. Sie wohnt in der ganzen überweltlichen Natur, durch die Leidenschaftslosigkeit eine Begleiterin der über uns waltenden Mächte, allem Göttlichen eigen, und Alles was diesem feind ist fliehend. Denn Alles was sowohl von Natur als durch Willen dem Guten sich zuneigt, das strahlt in der Schöne der Reinheit und Unverderbtheit, und Alles was sich nach der entgegengesetzten Seite abscheidet, ist dem Namen und der Wirklichkeit nach das was es ist durch den Abfall von der Reinheit. Welche Macht der Rede würde also fähig sein ein solch hehres Gut zu erreichen? oder wie sollte man nicht vielmehr fürchten durch den Eifer seines Lobes ihrer Hoheit und Würde zu nahe zu treten, wenn man seinen Zuhörern eine geringere Ansicht als sie sich vorher selbst gebildet hatten von dieser Hoheit beibringt? Es ist daher gut von lobpreisenden Worten über sie abzustehen, weil es unmöglich ist die Rede zu der überschwenglichen Erhabenheit des Stoffes zu erheben, wie es andererseits auch möglich ist dieses göttlichen Gnadengeschenkes immer zu gedenken, und das Gut auf den Lippen zu haben welches zwar ein bevorzugtes Eigenthum der unkörperlichen Natur ist, von der Güte Gottes aber auch denen welche des Lebens in Fleisch und Blut theilhaftig geworden sind geschenkt worden ist, daß sie der von Leidenschaft niedergeworfenen menschlichen Natur die Mittheilnahme an der Reinheit gleichwie eine Hand entgegenstrecke und sie wiederum aufrichte, und sie anleite den Blick nach Oben zu richten. Denn aus diesem Grunde, glaube ich, ist die Quelle der unverderbten Lauterkeit, unser Herr Jesus Christus selbst, nicht durch Vermittlung einer Ehe in die Welt gekommen, auf daß er durch die Art seiner Menschwerdung dieses große Geheimniß kund mache, daß Gottes Ankunft und Eintritt zu vermitteln nur die Reinheit fähig ist, und diese kann man sich auf keine andere Weise in ihrer ganzen Vollendung erwerben, als wenn man sich von allen fleischlichen Affecten völlig frei macht. Was nämlich in der unbefleckten Maria körperlich geschehen ist, da die

ἐν τῷ Χριϛῷ διὰ τῆς [5]παρθενίας ἐκλάμψαντος, τοῦτο καὶ ἐπὶ πάσης ψυχῆς κατὰ λόγον παρθενευούσης γίνεται, οὐκέτι σωματικὴν ποιουμένου τοῦ κυρίου τὴν παρουσίαν (οὐ γὰρ γινώσκομεν ἔτι, φησί, κατὰ σάρκα Χριϛόν), ἀλλὰ πνευματικῶς εἰϛοικιζομένου, καὶ τὸν πατέρα ἑαυτοῦ συνειϛάγοντος, καθώς φησί που τὸ εὐαγγέλιον. Ἐπεὶ οὖν τοσαύτη ἐϛὶ τῆς παρθενίας ἡ δύναμις ὡς καὶ ἐν τοῖς οὐρανοῖς παρὰ τῷ πατρὶ τῶν πνευμάτων μένειν, καὶ μετὰ τῶν ὑπερκοσμίων χορεύειν δυνάμεων, καὶ τῆς ἀνθρωπίνης σωτηρίας ἐφάπτεσθαι, τὸν μὲν θεὸν δι' ἑαυτῆς πρὸς τὴν τοῦ ἀνθρωπίνου βίου κοινωνίαν κατάγουσα, τὸν δὲ ἄνθρωπον ἐν ἑαυτῇ πρὸς τὴν τῶν οὐρανίων ἐπιθυμίαν πτεροῦσα, καὶ οἱονεὶ σύνδεσμός τις γινομένη τῆς ἀνθρωπίνης πρὸς τὸν θεὸν οἰκειώσεως, τὰ τοσοῦτον ἀλλήλων ἀφεϛῶτα τῇ φύσει τῇ παρ' ἑαυτῆς μεσιτείᾳ εἰς συμφωνίαν ἀνάγουσα, τίς ἂν εὑρεθείη δύναμις λόγων συνανιοῦσα τῷ θαύματι; Ἀλλ' ἐπειδὴ ἄτοπον παντελῶς ἀφώνοις ἢ ἀναισθήτοις ὅμοιον φαίνεσθαι, καὶ τῶν δύο τὸ ἕτερον, ἢ μὴ ἐπεγνωκέναι δοκεῖν τὰ τῆς παρθενίας καλά, ἢ ἄπληκτον καὶ ἀκίνητον πρὸς τὴν τῶν καλῶν αἴσθησιν ἐπιδειχθῆναι, βραχέα τινὰ περὶ αὐτῆς εἰπεῖν, διὰ τὸ δεῖν ἐπὶ πᾶσι πείθεσθαι τῇ ἐξουσίᾳ τοῦ ἐπιτάξαντος ἡμῖν, προεθυμήθημεν. Μηδεὶς δὲ τοὺς κομπωδεϛέρους παρ' ἡμῶν ἐπιζητείτω τῶν λόγων· ἔϛι μὲν γὰρ οὐδὲ βουλομένοις ἡμῖν ἴσως δυνατὸν τὸ τοιοῦτον, ἀμελετήτοις οὖσι τῆς τοιαύτης λέξεως. Εἰ δὲ καὶ παρῆν τοῦ κομπάζειν ἡ δύναμις, οὐκ ἂν τοῦ κοινῇ λυσιτελοῦντος τὸ ἐν ὀλίγοις εὐδοκιμῆσαι προετιμήσαμεν. Ζητεῖν γὰρ ἐξ ἁπάντων οἶμαι δεῖν τόν γε νοῦν ἔχοντα, οὐκ ἐξ ὧν ὑπὲρ τοὺς λοιποὺς θαυμασθήσεται, ἀλλ' ἐξ ὧν ἂν καὶ ἑαυτὸν καὶ τοὺς λοιποὺς ὠφελήσειεν.

---

5) 𝔐. παρθένου.

Fülle der Gottheit in Christus durch die Jungfrauschaft aufleuchtete, das geschieht auch in jeder nach Entschluß und mit Bewußtsein jungfräulichen Seele, wo dann nicht mehr körperlich der Herr sein Kommen bewirkt (denn wir kennen, heißt es, Christus nicht mehr im Fleisch), sondern geistlich einzieht, und seinen Vater zugleich mit sich bringt, wie irgend wo das Evangelium sagt. Da nun die Macht der Jungfräulichkeit so groß ist daß sie auch in dem Himmel bei dem Vater der Geister wohnt, und an dem Reigentanz der überweltlichen Mächte theilnimmt, und mit Hand anlegt an der Rettung der Menschen, indem sie einerseits Gott zur Gemeinschaft des menschlichen Lebens herabführt, andernseits durch sich dem Menschen die Schwingen leiht sich zur Begierde nach dem Himmlischen emporzuheben, und gleichsam zu einem Bande der innigen Annäherung des Menschen zu Gott wird, und zwei Wesen die so weit von einander verschieden sind durch ihre Mittlerschaft zu einträchtiger Verbindung führt, welche Macht der Rede würde sich finden lassen die an dies Wunder hinanreichte? Da es indessen völlig wunderlich sein würde den Anschein zu nehmen sich den stummen und empfindungslosen Creaturen gleichzustellen, und sich entweder als einen solchen zu zeigen welcher die Schönheiten der Jungfräulichkeit nicht erkannt hat, oder als einen solchen, welcher ungetroffen und unberührt von dem Eindruck derselben geblieben ist, so haben wir gutes Muthes uns entschlossen einiges Wenige über sie zu sagen, da wir ja in allen Stücken der Macht dessen gehorchen müssen welcher uns gebeut. Niemand verlange aber von uns volltönende Reden in gewählter Form; denn wenn wir diese auch zu geben wünschen sollten, so wäre es für uns doch vielleicht nicht einmal möglich, da wir in solcher Ausdrucksweise ungeübt sind. Würden wir aber auch die Fähigkeit solcher tönenden Redefülle besitzen, so würden wir den Ruhm bei Wenigen doch schwerlich dem allgemein Nützlichen vorgezogen haben. Denn der Verständige, glaube ich, muß bei allen Dingen darauf bedacht sein, nicht wodurch er vor allen Anderen sich Bewunderung erwerbe, sondern wodurch er sich selbst und die Anderen fördere.

D   Κεφ. γ'. Εἴθε πως οἷόν τε ἦν κᾀμοί τι γενέσθαι
πλέον ἐκ τῆς τοιαύτης σπουδῆς, ὡς μετὰ πλείονος ἂν τῆς
προθυμίας τὸν περὶ τούτων πόνον [1] ἐνεςησάμην, εἴπερ κατὰ τὸ γεγραμμένον ἐπ' ἐλπίδι τοῦ μετασχεῖν τῶν ἐκ τοῦ
ἀρότρου καὶ ἀλοητοῦ γεννημάτων ἐφιλοπόνουν τὸν λόγον.
Νυνὶ δὲ τρόπον τινὰ ματαία καὶ ἀνόνητος ἡ γνῶσις ἐμοὶ
τῶν τῆς παρθενίας καλῶν, ὡς τῷ βοῒ τὰ γεννήματα, τῷ
μετὰ κημῶν ἐπιςρεφομένῳ τὴν ἅλωνα, ἢ ὡς τῷ διψῶντι
τὸ ἀποῤῥέον τῶν κρημνῶν ὕδωρ, ὅταν ἀνέφικτον ᾖ. Μακάριοι δὲ οἷς ἐν ἐξουσίᾳ τῶν βελτιόνων ἐςὶν ἡ αἵρεσις,
καὶ οὐκ ἀπετειχίσθησαν τῷ κοινῷ προληφθέντες βίῳ,
καθάπερ ἡμεῖς οἷόν τινι χάσματι πρὸς τὸ τῆς παρθενίας
καύχημα διειργόμεθα, πρὸς ἣν οὐκ ἔςιν ἐπανελθεῖν ἔτι
τὸν ἅπαξ τῷ κοσμικῷ βίῳ τὸ ἴχνος ἐναπερείσαντα. Διὰ
τοῦτο θεαταὶ μόνον τῶν ἀλλοτρίων ἐσμὲν καλῶν ἡμεῖς,
καὶ μάρτυρες τῆς [2] ἑτέρων μακαριότητος· κἂν τι δεξιὸν
περὶ παρθενίας νοήσωμεν, ταὐτὸν πάσχομεν τοῖς ὀψοποι-
B οῖς τε καὶ ὑπηρέταις, οἳ τὴν ἐπιτραπέζιον τῶν πλουσίων
τρυφὴν ἄλλοις ἡδύνουσιν, οὐδενὸς αὐτοὶ τῶν παρεσκευα-
σμένων μετέχοντες. Ὡς μακάριόν γε ἂν ἦν, εἰ μὴ οὕτως εἶχε, μηδὲ τῇ ὑςεροβουλίᾳ τὸ καλὸν ἐγνωρίσαμεν.
Νυνὶ δὲ ζηλωτοὶ μὲν ὄντως, καὶ πάσης εὐχῆς καὶ ἐπιθυμίας ἐπέκεινα πράττοντες, οἷς ἡ δύναμις τῶν ἀπολαύ-
σεων τῶν ἀγαθῶν τούτων οὐκ ἀποκέκλεισαι, ἡμεῖς δὲ, καθάπερ οἱ τῇ [3] πολυτελείᾳ τοῦ πλούτου τὴν ἑαυτῶν πα-
ραθεωροῦντες πενίαν πλεῖον ἀνιῶνται τοῖς παροῦσι καὶ
C δυσχεραίνουσι, τὸν αὐτὸν τρόπον ὅσῳ πλέον τὸν τῆς παρθενίας πλοῦτον ἐπιγινώσκομεν, τοσούτῳ μᾶλλον οἰκτείρο-
μεν τὸν ἄλλων βίον, διὰ τῆς τῶν βελτιόνων παρεξετάσεως
[4] οἵων καὶ ὅσων πτωχεύει καταμανθάνοντες· οὐ λέγω μόνον ὅσα ὕςερον τοῖς κατ' ἀρετὴν βεβιωκόσιν ἀπόκειται,

---

1) M. ἀνεςησάμην. — 2) M. ἑκατέρων. — 3) M. πολιτείᾳ. —
4) M. οἷον καὶ ὅσον.

Kap. 3. Wenn es doch möglich wäre daß auch mir aus dieser Bemühung etwas mehr zu Theil würde, mit wie viel größerer Lust würde ich mich dieser Mühewaltung haben unterziehen können, sofern ich dann in der Hoffnung, nach den Worten der Schrift einst Theil zu haben an den Früchten des Pflugs und der Zeit des Dreschens, die Abhandlung ausarbeitete. So ist aber in mancher Beziehung die Erkenntniß des herrlichen Gutes der Jungfräulichkeit für mich eine vergebliche und nutzlose, wie für den Ochsen welcher mit einem Maulkorb versehen die Tenne durchschreitet die Früchte, oder wie für den Dürstenden das von den steilen Felsen herabströmende Wasser, wenn er es nicht erreichen kann. Glückselig aber die in deren Macht es noch steht das Bessere zu wählen, und sich dadurch daß sie sich vorher schon von der Gemeinsamkeit des Lebens umgarnen ließen davon nicht abgesperrt haben; wie wir gleichsam durch eine Kluft von dem stolzen Ruhm der Jungfräulichkeit getrennt sind, zu welcher der nicht ferner zurückkehren kann der einmal seinen Fuß in das weltliche Leben gesetzt hat. Darum sind wir nur Zuschauer fremder Vortheile und Zeugen des Glückes Anderer, und wenn wir richtig und gut über die Jungfräulichkeit denken, so geht es uns wie den Köchen und Dienern welche die schwelgerische Tafel der Reichen für Andere ausstatten, ohne selbst den Genuß dessen zu haben was sie herrichteten. Wie glücklich würde ich sein wenn es sich nicht so verhielte, und wenn wir nicht erst durch zu späte Einsicht das Gute erkannt hätten! So aber sind nun alle diejenigen in Wahrheit beneidenswerth, und befinden sich über alles Gebot und Verlangen hinaus wohl, welchen die Möglichkeit des Genusses dieses Guts nicht versperrt ist, während, gleich denen welche gegenüber dem schwelgerischen Aufwand des Reichthums ihre eigene Armuth betrachten und über ihren Zustand sich nur noch mehr betrüben und grollen, wir gerade so, je mehr wir den Reichthum der Jungfräulichkeit erkennen lernen, in desto höherem Maße die andere Lebensweise bejammern, indem uns durch vergleichendes Nebeneinanderstellen der Vorzüge klar wird welcher großen und zahlreichen Güter sie entbehrt; ich meine nicht bloß die später denen welche tugendhaft gelebt haben aufgespart sind, sondern auch alle die welche dem gegenwärtigen

ἀλλὰ καὶ ὅσα τῆς παρούσης ἐςὶ ζωῆς. Εἰ γάρ τις ἀκριβῶς ἐξετάζειν ἐθέλοι τοῦ βίου τούτου τὸ πρὸς τὴν παρθενίαν διάφορον, τοσαύτην εὑρήσει τὴν διαφορὰν ὅση σχεδὸν πρὸς τὰ οὐράνια τῶν ἐπιγείων ἐςίν· ἕξεςι δὲ γνῶναι τὴν τοῦ λόγου ἀλήθειαν αὐτὰ διασκεψαμένους τὰ

D πράγματα. Πόθεν δέ τις ἀρξάμενος ἐπαξίως ἂν τὸν βαρὺν τοῦτον [5] βίον ἐκτραγῳδήσειεν; ἢ πῶς ἄν τις τὰ κοινὰ τοῦ βίου ὑπ᾽ ὄψιν ἀγάγοι κακά; ἃ πάντες μὲν οἱ ἄνθρωποι διὰ τῆς πείρας γινώσκουσιν, οὐκ οἶδα δὲ ὅπως ἐν αὐτοῖς τοῖς εἰδόσιν αὐτὰ λανθάνειν ἡ φύσις ἐμηχανήσατο, ἑκουσίως τῶν ἀνθρώπων ἐν οἷς εἰσιν ἀγνοούντων.

p. 118. Βούλει ἀπὸ τῶν ἡδίων ἀρξώμεθα; Οὐκοῦν τὸ κεφάλαιον
A τῶν ἐν τῷ γάμῳ σπουδαζομένων τὸ κεχαρισμένης ἐπιτυχεῖν ἐςι συμβιώσεως. Καὶ δὴ ταῦθ᾽ οὕτως ἐχέτω, καὶ διὰ πάντων μακαριςὸς ὑπογεγράφθω ὁ γάμος· γένος εὐδόκιμον, πλοῦτος ἀρκῶν, ἡλικία συμβαίνουσα, τῆς ὥρας αὐτὸ τὸ ἄνθος, φίλτρον πολὺ καὶ οἷον ἔςιν ἐν ἑκατέρῳ ὑπὲρ [6] τὸν ἄλλον ὑπονοεῖσθαι, γλυκεῖα ἐκείνη ἡ φιλονεικία τὸ ἑαυτὸν βούλεσθαι νικᾷν ἐν τῇ ἀγάπῃ ἑκάτερον, προςέςω τούτοις δόξα καὶ δυναςεία καὶ περιφάνεια, καὶ
B πᾶν ὅ τι βούλει. Ἀλλ᾽ ὅρα καὶ τὴν τοῖς ἀπηριθμημένοις χρηςοῖς ἀναγκαίως συμπαροῦσαν καὶ ὑποσμύχουσαν λύπην. Οὐ λέγω τὸν τοῖς εὐδοκιμοῦσιν ἐπιφυόμενον φθόνον, καὶ τὸ πρόχειρον εἶναι πρὸς ἐπιβουλὴν τῶν ἀνθρώπων τὸ δοκοῦν εὐημερεῖν ἐν τῷ βίῳ, καὶ ὅτι πᾶς ὁ μὴ ἰσομοιρῶν ἐν τῷ κρείττονι φυσικόν τι πρὸς τὸν ὑπερέχοντα τὸ μῖσος ἔχει, καὶ διὰ τοῦτο δι᾽ ὑποψίας τοῖς δοκοῦσιν εὐθυμεῖν ὁ βίος ἐςὶν πλείω τῶν ἡδέων τὰ λυπη-

---

5) βίον fehlt in den Ausg. Für ἐπαξίως hat die Ausg. von 1638 den Druckfehler ἐπαξίας. — 6) M. τοῦ ἄλλου. Das ἡ nach ἐκείνη fehlt in den Ausgaben.

Leben angehören. Denn wollte man den Unterschied zwischen dieser Lebensweise und dem Leben im jungfräulich ehelosen Stande genau untersuchen, so würden wir ihn beinahe so groß finden, wie der zwischen dem Himmlischen und dem Irdischen ist; von der Wahrheit der Behauptung können aber diejenigen sich überzeugen, welche die Dinge selbst genauer betrachtet haben werden. Wo soll man aber anfangen dieses beschwerliche Leben nach Verdienst mit allem tragischen Nachdruck zu schildern? oder auf welche Weise vermöchte man die gemeinsamen Uebel des Lebens vor Augen zu führen welche alle Menschen zwar durch die Erfahrung kennen lernen welche aber dennoch, ich weiß nicht durch welche sonderbare Einrichtung der Natur, sich der Wahrnehmung derer welche sie kennen gelernt haben zu entziehen wissen, so daß die Menschen sich freiwillig in Unkenntniß darüber erhalten in was für einer Lage sie sich befinden? Willst du daß wir von dem beginnen was das Angenehmste ist? Das Hauptsächlichste, worauf bei der Ehe unser Streben sich richtet, ist daß uns ein angenehmes Zusammenleben zu Theil werde. Angenommen daß sich dies so verhält, und daß die Ehe in allen Stücken als eine höchst glückliche zu bezeichnen ist, daß die Herkunft eine edle, daß ein genügender Reichthum vorhanden, daß das Alter ein passendes, daß die jugendliche Schönheit die gleiche, daß eine große und solche Liebe in beiden Theilen vorhanden ist daß man sie bei jedem in höherem Maße als bei dem anderen vermuthen möchte, jener süße Wettstreit wonach ein Jeder es dem Anderen in der Zärtlichkeit zuvorthun will, dazu soll ferner Ruhm und Macht und Glanz und Alles kommen, was du nur willst. Richte aber deinen Blick auch auf das Leid was sich nothwendig in der Begleitung dieser eben aufgezählten glücklichen Verhältnisse befindet und langsam weiter glimmt. Ich meine damit nicht den Neid welcher sich an die kettet welche in Ansehen und Ruhm stehen, und den Umstand daß das Glück im Leben leicht den Nachstellungen der Menschen ausgesetzt ist, und daß Jeder welchem es nicht gleich gut geht einen gewissen natürlichen Haß gegen den vor ihm Bevorzugten in sich trägt, und daß in Folge dessen durch das Mißtrauen das Leben für die welche heiter und fröhlich zu sein scheinen mehr Trauer

ρὰ παρεχόμενος, παρίημι ταῦτα, ὡς καὶ τοῦ φθόνου κατ᾽
C ἐκείνων ἀργοῦντος (καί τοί γε οὐ ῥᾴδιόν ἐςιν εὑρεῖν ὅτῳ
τὰ δύο κατὰ ταὐτὸν συνηνέχθη, καὶ ὑπὲρ τοὺς πολλοὺς
εὐδαιμονεῖν, καὶ διαφεύγειν τὸν φθόνον)· πλὴν ἀλλὰ πάντων τῶν τοιούτων ἐλευθέραν αὐτῶν τὴν ζωήν, εἰ δοκεῖ, ὑποθώμεθα, καὶ ἴδωμεν εἰ δυνατόν ἐςιν εὐθυμεῖν τοὺς ἐν
τοιαύτῃ διάγοντας εὐημερίᾳ. Τί οὖν ἔςαι τὸ λυποῦν,
ἐρεῖς, εἰ μηδὲ ὁ φθόνος τῶν εὐδαιμονούντων καθάψεται;
Τοῦτο αὐτό φημι, τὸ διὰ πάντων αὐτοῖς τὸν βίον κατα-
D γλυκαίνεσθαι, τοῦτό ἐςι τὸ τῆς λύπης ὑπέκκαυμα. Ἕως
γὰρ ἄνθρωποι ὦσι, τὸ θνητὸν τοῦτο καὶ ἐπίκηρον πρᾶγμα, καὶ τοὺς τάφους τῶν ἀφ᾽ ὧν γεγόνασι βλέπωσιν,
ἀχώριςον ἔχουσι καὶ συνεζευγμένην τῇ ζωῇ τὴν λύπην, εἰ
καὶ μικρὸν μετέχοιεν τοῦ λογίζεσθαι. Ἡ γὰρ διηνεκὴς
τοῦ θανάτου προςδοκία, οὐκ ἐπὶ ῥητοῖς τισι σημείοις
ἐπιγινωσκομένη, ἀλλὰ διὰ τὴν ἀδηλίαν τοῦ μέλλοντος πάντοτε ὡς ἐνεςηκυῖα φοβοῦσα, τὴν ἀεὶ παροῦσαν εὐφροσύνην
συγχεῖ, τῷ φόβῳ τῶν ἐλπιζομένων τὰς εὐθυμίας ἐπιτα-
p. 119. ράσσουσα. Εἰ γὰρ ἦν δυνατὸν πρὸ τῆς πείρας τὰ τῶν
A πεπειραμένων μαθεῖν, εἰ γὰρ ἐξῆν δι᾽ ἄλλης τινὸς ἐπινοίας ἐντὸς τοῦ βίου γενόμενον ἐποπτεῦσαι τὰ πράγματα, πόσος ἂν ἦν ὁ δρόμος τῶν αὐτομολούντων πρὸς τὴν
παρθενίαν ἀπὸ τοῦ γάμου; πόση φυλακὴ καὶ προμήθεια
τοῦ μήποτε [7] ταῖς ἀφύκτοις παγαῖς ἐγκρατηθῆναι; ὧν
τὴν δυςκολίαν οὐκ ἔςιν ἄλλως δι᾽ ἀκριβείας μαθεῖν, μὴ
ἐντὸς τῶν ἀρκύων γενόμενον. Εἶδες γὰρ ἄν, εἴπερ ἰδεῖν
ἀκινδύνως [8] ἐξῆν, πολλὴν τῶν ἐναντίων τὴν σύγχυσιν, γέ-
B λωτα δακρύοις ἐμπεφυρμένον, καὶ λύπην εὐφροσύναις
συμμεμιγμένην, πανταχοῦ τοῖς γινομένοις συμπαρόντα διὰ
τῶν ἐλπίδων τὸν θάνατον, καὶ ἑκάςου τῶν καθ᾽ ἡδονὴν
ἐφαπτόμενον. Ὅταν ἴδῃ ὁ νυμφίος τὸ ἀγαπώμενον πρόςωπον, εὐθὺς πάντως καὶ ὁ φόβος τοῦ χωρισμοῦ συνεις-
έρχεται· κἂν ἀκούσῃ τῆς ἡδίςης φωνῆς, καὶ τὸ μὴ ἀκού-
σεσθαί ποτε ἐννοήσει· καὶ ὅταν εὐφρανθῇ τῇ θεωρίᾳ τοῦ

---

7) ταῖς fehlt in den Ausgaben. — 8) Die Ausg. von 1615 hat den stö-
renden Druckfehler ἐξῆς.

als Vergnügen bietet, ich übergehe dies, und nehme an daß auch der Neid gegen sie seine Thätigkeit ruhen lasse (freilich ist es nicht leicht Jemanden zu finden bei dem beides zusammenträfe, Glück haben vor Vielen und dem Neide entgehen); aber wir wollen, wenn du willst, den Fall setzen daß ihr Leben von allem diesen frei sei, und dann zusehen ob es möglich ist daß die in solchem Glücke sich Befindenden fröhlich sein können. Was soll nun, wirst du fragen, Trauer verursachen, wenn auch der Neid nicht einmal an die Glücklichen sich heftet? Ich sage, eben der Umstand daß ihnen ihr Leben in allen Stücken versüßt wird, das ist der Zündstoff der Trauer. Denn so lange sie Menschen sind, sterbliche und hinfällige Wesen, und sie auf die Gräber derer von welchen sie geboren sind schauen, so lange haben sie den Schmerz unzertrennlich mit ihrem Leben verbunden, wenn sie auch nur ein Wenig Ueberlegung besitzen. Denn die fortwährende Aussicht auf den Tod, dessen Kommen sich durch keinerlei mit Worten anzugebende Zeichen zu erkennen giebt, sondern ob der Dunkelheit der Zukunft immer als gegenwärtig vorhanden sie in Schrecken setzt, stört die immerwährende Fröhlichkeit, und beunruhigt durch die Furcht vor dem zu Erwartenden ihren heiteren Sinn. Wenn es möglich wäre vor gemachter Erfahrung das was man durch sie gelernt hat zu wissen, wenn man in das Leben gestellt durch ein anderes Mittel die Ereignisse überschauen könnte, was für ein gewaltiges Gedränge würde entstehen von solchen die von der Fahne der Ehe zum Stande der Ehelosigkeit überlaufen! was für eine Vorsicht und für ein Besinnen würde stattfinden, um nimmer in die unentrinnbaren Schlingen verstrickt zu werden, deren Bösartigkeit man auf keine andere Weise genau kennen lernen kann als wenn man selbst hinein geräth! Du würdest, falls man ohne Gefahr es sehen könnte, ein großes Durcheinander widerstreitender Dinge erblicken, Lachen mit Thränen vermischt, und Schmerz Hand in Hand mit Fröhlichkeit, und bei Allem was geschieht den Tod vor Augen welcher sich an jede Freude heftet. Wenn der Bräutigam das theure Antlitz erblickt, da beschleicht ihn allemal zugleich auch die Furcht vor der Trennung; und wenn er die so süße Stimme hört, da wird er auch daran denken daß sie einst nicht mehr werde

κάλλους, τότε μάλιςα φρίττει τὴν προςδοκίαν τοῦ πένθους· ἐὰν τὰ τίμια τῇ νεότητι, καὶ ὅσα παρὰ τῶν ἀνοήτων σπουδάζεται, κατανοήσῃ, οἷον ὀφθαλμὸν τοῖς βλεφάροις λάμποντα, καὶ ὀφρῦν περικεχυμένην τῷ ὄμματι, καὶ παρειὰν ἐν ἡδεῖ καὶ γλαφυρῷ μειδιάματι, καὶ χεῖλος ἐπηνθισμένον τῷ φυσικῷ ἐρυθήματι, κομήν τε χρυσομιγῆ καὶ βαθεῖαν τῷ ποικίλῳ τῆς ἐμπλοκῆς τῇ κεφαλῇ περιςίλβουσαν, καὶ πᾶσαν τὴν πρόςκαιρον ἀγλαΐαν ἐκείνην, τότε πάντως, κἂν μικρὸν αὐτῷ προςῇ τοῦ λογίζεσθαι, κἀκεῖνο τῇ ψυχῇ ἐννοεῖ, ὅτι τοῦτο τὸ κάλλος οἰχήσεταί ποτε διαρρυὲν, καὶ εἰς τὸ μὴ ὂν περιςήσεται, ὀςέα βδελυρά τε καὶ εἰδεχθῆ ἀντὶ τοῦ νῦν φαινομένου γενόμενον, οὐδὲν ἴχνος, οὐδὲν μνημόσυνον, οὐδὲν λείψανον τοῦ παρόντος ἄνθους ἐπιφερόμενον. Εἰ ταῦτα καὶ τὰ τοιαῦτα διανοοῖτο, ἆρα ἐν εὐφροσύνῃ βιώσεται; ἆρα πιςεύσει τοῖς παροῦσιν αὐτῷ χρηςοῖς, ὡς ἀεὶ παραμένουσιν; ἢ δῆλον ἐκ τούτων ὅτι καθάπερ ἐν ταῖς τῶν ὀνείρων ἀπάταις ἀμηχανήσει, καὶ ἀπίςως πρὸς τὸν βίον ἕξει, ὡς ἀλλοτρίοις προςέχων τοῖς φαινομένοις; συνιεῖς πάντως, εἴπερ ἔχεις τινὰ τῶν ὄντων ἐπίσκεψιν, ὅτι οὐδὲν τῶν ἐν τῷ βίῳ φαινομένων ὡς ἔςι φαίνεται, ἀλλὰ κατὰ τὰς ἀπατηλὰς φαντασίας ἕτερα ἀνθ' ἑτέρων ἡμῖν προδείκνυσι, διαπαίζων τοὺς ἐλπίσι πρὸς αὐτὸν κεχηνότας, καὶ διὰ τῆς τῶν φαινομένων πλάνης συγκαλύπτων αὐτὸς ἑαυτὸν, ἕως ἂν ἀθρόως ἐν ταῖς μεταβολαῖς ἐλεγχθείη ἄλλο τι ὢν παρὰ τὴν ἀνθρωπίνην ἐλπίδα, τὴν διὰ τῆς ἀπάτης τοῖς ἀνοήτοις ἐγγινομένην. Ποίας οὖν ἡδονῆς ἄξια τῷ ταῦτα λογιζομένῳ φανεῖται τὰ ἡδέα τοῦ βίου; πότε ἡσθήσεται κατὰ ἀλήθειαν ὁ ταῦτα φρονῶν, καὶ τοῖς δοκοῦσιν αὐτῷ παρεῖναι χρηςοῖς εὐφρανθήσεται; οὐκ ἀεὶ τῷ φόβῳ τῆς μεταβολῆς ταραττόμενος ἀνεπαίσθητον ἔχει τὴν τῶν παρόντων ἀπόλαυσιν; Ἐῶ σημεῖα, καὶ ὀνείρους, καὶ κλη-

gehört werden; und wenn er sich erfreut an dem Anblick der
Schönheit, da empfindet er gerade am meisten die Furcht vor der
Trauer; wenn er das, was die Jugend vorzugsweise schätzt, und
Alles worauf das Verlangen und Streben der Unverständigen gerichtet ist erblickt, als zum Beispiel ein durch seine Wimpern
leuchtendes Auge, den Blick rings umschließende Brauen, die Wange
in lieblichem und feinen Lächeln und die Lippe blühend in ihrem
natürlichen Roth, ein goldgemischtes und dichtes Haar welches
in zierlichem Geflecht um das Haupt glänzt, und alle jene vergängliche Anmuth, — da denkt er, falls er nur ein Wenig von Einsicht besitzt, jedenfalls auch daran in seiner Seele daß diese Schönheit
einst zerfließen und vergehen und sich in ein Nichts verwandeln
werde, wann sie zu ekelerregendem und scheußlichen Gebein an
Stelle dessen was man jetzt sieht geworden sein wird, und keine
Spur, keine Erinnerung, kein Ueberbleibsel der jetzigen Blüthe an
sich trägt. Wenn er daran denkt, wird er dann wohl in Freude leben? wird er vertrauen auf sein gegenwärtiges Glück, wie auf
eines welches ihm immer bleiben werde? oder wird nicht vielmehr klar aus Diesem daß er wie in den trügerischen Bildern
der Träume hilflos dastehen, und dem Leben mißtrauen wird,
weil das was er sieht und woran sein Herz sich hängt nicht
sein eigen ist? Gewiß siehst du ein, wenn du nur mit einiger
Aufmerksamkeit die Dinge betrachtest, daß Nichts von dem was
uns das Leben vor Augen führt so ist wie es aussieht, sondern
daß es in täuschenden Bildern uns Anderes für Anderes zeigt und
durch Hoffnungen diejenigen täuscht welche gierig nach ihm
haschen, und daß es durch die Lüge seiner Erscheinungen sich selbst
verhüllt, bis es sich plötzlich bei dem Wendepunct als ein von der
Hoffnung des Menschen, zu welcher Unbesonnene sich durch Täuschung haben verleiten lassen, gänzlich verschiedenes erweist. Wer
wird, wenn er dies erwägt, glauben daß die Freuden des Lebens
irgend eine Geltung von Freude haben? Wird der welcher sich
dies überlegt in Wahrheit sich jemals freuen, und einen Genuß
des ihm scheinbar gehörenden Glücks haben können? Ist er nicht,
immer durch die Furcht vor einem Umschlag in Unruhe gesetzt,
unempfindlich für den Genuß der Gegenwart? Ich übergehe An-

δόνας, καὶ τοὺς τοιούτους λήρους, πάντα ὑπὸ ματαίας συνηθείας παρατηρούμενα καὶ πρὸς τὸ χεῖρον ὑποπτευόμενα, ἀλλὰ καιρὸς ὠδίνων τὴν παῖδα καταλαμβάνει, καὶ οὐχὶ παιδὸς γένεσις, ἀλλὰ θανάτου παρουσία τὸ πρᾶγμα νομίζεται, καὶ θάνατος τῆς κυοφορούσης διὰ τοῦ τόκου ἐλπίζεται. Πολλάκις δὲ καὶ τῆς πονηρᾶς ταύτης μαντείας οὐ διεψεύσθησαν, ἀλλὰ πρὶν ἑορτάσαι τὴν γενέθλιον ἑορτήν, πρίν τινος τῶν κατ᾽ ἐλπίδα ἀγαθῶν ἀπογεύσασθαι, εὐθὺς εἰς θρῆνον τὴν χαρὰν μεθηρμόσαντο, ἔτι τῷ φίλτρῳ ζέοντες, ἔτι τοῖς πόθοις ἀκμάζοντες, οὔπω τῶν κατὰ τὸν βίον ἡδίζων λαβόντες τὴν αἴσθησιν, ὥσπερ τινὸς ἐνυπνίου φαντασίᾳ πάντων εὐθέως τῶν ἐν χερσὶν ἐχωρίσθησαν. Τὰ δὲ ἐπὶ τούτοις οἷα; πορθεῖται μὲν ὑπὸ τῶν οἰκείων ὡς ὑπὸ πολεμίων ὁ θάλαμος, καλλωπίζεται δὲ ἀντὶ τοῦ θαλάμου διὰ τοῦ τάφου ὁ θάνατος. Ἀνακλήσεις ἐπὶ [9]τούτοις ἀνόνητοι, καὶ μάταιοι χειρῶν κρότοι, ἀναμνήσεις τοῦ προτέρου βίου, κατάραι κατὰ τῶν συμβουλευσάντων τὸν γάμον, μέμψεις κατὰ τῶν μὴ κωλυσάντων φίλων, ἐν αἰτίᾳ πολλῇ οἱ γονεῖς, ἄν τε περιόντες τύχωσιν, ἄν τε καὶ μή, ἀγανάκτησις κατὰ τῆς ἀνθρωπίνης ζωῆς, κατηγορία πάσης τῆς φύσεως, κατ᾽ αὐτῆς τῆς θείας οἰκονομίας μέμψεις πολλαὶ καὶ ἐγκλήματα, μάχη πρὸς ἑαυτόν, πόλεμος κατὰ τῶν νουθετούντων, οὐδεὶς τῶν ἀτοπωτάτων ὄκνος, οὔτε ῥημάτων, οὔτε πραγμάτων· πολλάκις δέ, οἷς ἂν ὑπερσχῇ τὸ πάθος καὶ περισσοτέρως καταποθῇ ὁ λογισμὸς ὑπὸ τῆς λύπης, εἰς πικρότερον πέρας ἡ τραγῳδία κατέληξεν, οὐδὲ τοῦ [10]περιλειφθέντος ἐπιβιῶναι τῇ συμφορᾷ δυνηθέντος. Ἀλλ᾽ οὐχὶ τοῦτο· ὑποθώμεθα δὲ τὰ βελτίω, ὅτι καὶ διέφυγε τῶν ὠδίνων τὸν κίνδυνον, καὶ γέγονεν αὐτοῖς παῖς, αὐτὸ τῆς ὥρας τῶν γεννησαμένων τὸ ἀπεικόνισμα, τί οὖν ἠλαττώθη διὰ τούτων ἡ τοῦ λυπεῖσθαι ὑπόθεσις; Ἢ οὐχὶ καὶ προσθήκας μᾶλλον ἐδέξατο; Τούς τε γὰρ προτέρους ἔχουσι φόβους, καὶ τὸν ὑπὲρ τοῦ τέκνου προσέλαβον, μή τι συμ-

---

9) 𝔐. τούτων. — 10) 𝔐. περιληφθέντος.

zeichen, Träume, Ahnungen und ähnliche Possen, welche Dinge alle nach thörichter Sitte beobachtet und im schlimmen Sinn gedeutet zu werden pflegen: aber die Zeit der Geburtswehen erfaßt das jugendliche Weib, und dies Ereigniß kommt uns nicht sowohl wie die Geburt eines Kindes als wie ein Nahen des Todes vor, und man sieht dem Tod der Schwangeren noch während der Geburt entgegen. Oftmals täuscht man sich auch nicht in dieser bösen Ahnung, und ehe man noch das Geburtsfest feiert, ehe man noch eins der gehofften Güter gekostet hat, hat man schon seine Freude in Wehklage verwandelt, noch glühend in Liebe, noch in der Vollkraft des Verlangens, ohne schon das süßeste Glück des Lebens empfunden zu haben, ist man wie durch die Täuschung eines Traumes plötzlich von Allem geschieden was man noch soeben in den Händen hatte. Was kommt aber außerdem noch hinzu? Von den Verwandten wird, wie von Feinden, das Gemach geplündert, und anstatt des Gemachs wird mit dem Begräbniß der Tod geschmückt; dazu nutzloses Aufschreien, zweckloses Zusammenschlagen der Hände, Erinnerungen an das frühere Leben, Verwünschungen derer welche zur Heirath gerathen, Vorwürfe gegen die Freunde welche sie nicht gehindert hatten, zahlreiche Beschuldigungen gegen die Eltern werden laut, gleichviel ob sie noch am Leben sind oder nicht, Erbitterung auf das menschliche Leben, Anklage gegen die ganze Natur, Vorwürfe und Klagen selbst gegen die göttliche Regierung in Menge, Zwiespalt mit sich selbst, Kampf mit den Trost und Ermahnung Zusprechenden, kein Bedenken selbst das Allerthörichtste zu sprechen und zu thun; ja oftmals, wenn der Affect allzugewaltig ist und die Vernunft von dem Schmerz in noch stärkerem Maße verschlungen wird, endigt das Trauerspiel noch schlimmer, und der Uebriggebliebene vermag den Unfall nicht zu überleben. Doch nicht so; nehmen wir den glücklicheren Fall an, daß sie der Gefahr der Niederkunft entgangen, und ihnen ein Kind geboren worden ist, welches selbst das Abbild der Jugendfülle der Eltern ist: inwiefern ist dadurch der Stoff zur Betrübniß vermindert worden? Hat er nicht vielmehr noch Zuwachs erhalten? Denn die früheren Befürchtungen behalten sie und für das Kind haben sie die Furcht noch hinzu bekommen, daß bei seinem

Β βῇ περὶ τὴν ἀνατροφὴν ἀηδὲς, μή τις πονηρὰ συντυχία, μή τι σύμπτωμα τῶν ἀβουλήτων ἢ πάθος, ἢ πήρωσιν, ἢ κίνδυνον ἐπαγάγῃ τινά. Καὶ ταῦτα μὲν ἀμφοτέρων κοινά· τὰ δὲ τῆς γαμετῆς ἴδια τίς ἂν ἐξαριθμήσαιτο; Ἵνα γὰρ ἐάσωμεν τὰ πρόχειρα ταῦτα καὶ πᾶσι γνώριμα, τὸ τῆς κυοφορίας ἄχθος, τὸν ἐν ταῖς ὠδῖσι κίνδυνον, τὸν ὑπὲρ τῆς ἀνατροφῆς πόνον, τὸ τὴν καρδίαν αὐτῆς τῷ τεχθέντι συναποσχίζεσθαι, κἂν πλειόνων [11] γένηται μήτηρ, εἰς τοσαῦτα κατατέμνεσθαι αὐτῆς τὴν ψυχὴν ὅσος ὁ ἀριθμὸς τῶν τέκνων ἐςίν, τὸ τῶν συμβαινόντων
C ἐκείνοις τὴν αἴσθησιν ἐν τοῖς ἰδίοις σπλάγχνοις δέχεσθαι, καὶ πάντα τὰ τοιαῦτα γνώριμα πᾶσιν ὄντα, τί ἄν τις λέγοι; ἀλλ' ἐπειδὴ κατὰ τὸ θεῖον λόγιον οὐχ ἑαυτῆς ἐςι κυρία, πρὸς δὲ τὸν διὰ τοῦ γάμου κυριεύσαντα τὴν ἀποςροφὴν ἔχει, κἂν πρὸς ὀλίγον αὐτοῦ μονωθῇ, ὡς τῆς κεφαλῆς διεζευγμένη, οὐ φέρει τὴν μόνωσιν, ἀλλὰ μελέτην τινὰ τῆς ἐν τῇ χηρείᾳ ζωῆς καὶ τὴν ἐν ὀλίγῳ τοῦ ἀνδρὸς ἀναχώρησιν οἰωνίζεται· εὐθὺς ὁ φόβος ἀπόγνωσιν ἐμποιεῖ τῶν χρηςοτέρων ἐλπίδων, καὶ διὰ τοῦτο ὁ μὲν ὀφθαλμὸς περὶ
D τὴν εἴςοδον πέπηγε, γέμων ταραχῆς καὶ πτοήσεως, ἡ δὲ ἀκοὴ τοὺς ὑπολαβόντας περιεργάζεται, συγκόπτεται δὲ ἡ καρδία μαςιζομένη τῷ φόβῳ, καὶ πρίν τι προςαγγελθῆναι νεώτερον καὶ μόνον ψόφος πρὸ τῶν θυρῶν, ἢ ὑπονοηθεὶς, ἢ γενόμενος, ὥσπερ τις ἄγγελος κακῶν ἐξαίφνης τὴν ψυχὴν διεκλόνησεν. Καὶ τὰ μὲν ἔξω δεξιὰ τυχὸν καὶ οὐδενὸς ἄξια φόβου· φθάνει δὲ ἡ λειποθυμία τὴν ἀγγελίαν, καὶ ἀναςρέφει πρὸς τὸ ἐναντίον ἀπὸ τῶν ἡδέων τὴν γνώμην.

p. 122. Τοιοῦτος τῶν [12] εὐθηνούντων ὁ βίος, οὐ πάνυ γε ἄξιος·
A οὐ γὰρ τῇ ἐλευθερίᾳ τῆς παρθενίας ἀντεξετάζεται· καίτοι πολλὰ τῶν σκυθρωποτέρων ὁ λόγος ἐπιτρέχων [13] παρέλιπε. Πολλάκις γὰρ κἀκείνη ἔτι νέα τῷ σώματι, ἔτι τῇ νυμφικῇ ἀγλαΐᾳ ςίλβουσα, ἔτι τυχὸν ἐρυθριῶσα τοῦ νυμφίου τὴν εἴςοδον, καὶ μετὰ αἰδοῦς ὑποβλέπουσα ὅτε

---

11) M. γενήσηται. — 12) M. εὐθυμούντων. — 13) M. κατέλιπε.

Aufziehen sich etwas Trauriges ereigne, daß irgend ein schlimmes Ereigniß, ein unerwünschter Zufall Krankheit oder Verstümmelung oder sonst eine Gefahr herbeiführen möchte. Das sind die Dinge welche beide Theile gemeinsam angehen; was aber der Frau allein gehört, wer vermöchte dies aufzuzählen? Denn um das Zunächstliegende und Allen Bekannte bei Seite zu lassen, die Last der Schwangerschaft, die Gefahr bei der Geburt, die Mühe der Auferziehung, den Umstand daß mit ihrem Kinde auch ihr Herz sich zugleich abtrennt, und falls sie Mutter von mehreren werden sollte, ihre Seele nach so vielen Richtungen hin zerspalten wird als die Zahl der Kinder ist, daß sie die Empfindung von dem was diesen begegnet in ihr eigenes Innere aufnimmt, und alles derartige allgemein Bekannte, was sollte dies Einer anführen? Aber da sie nach dem göttlichen Ausspruch nicht ihre eigene Herrin ist, sondern sich nach dem zu richten hat welcher durch die Ehe ihr Herr geworden ist, so erträgt sie, wenn sie auch nur kurze Zeit von diesem verlassen wird, gleich als ob sie ihres Hauptes beraubt worden sei, auch diese Vereinsamung nicht, sondern prophezeit sich schon aus einer kurzen Abwesenheit des Mannes den Kummer des Wittwenlebens, die Furcht läßt sie alsbald an allen besseren Hoffnungen verzweifeln, und darum ist ihr Auge angstvoll und unruhig auf den Eingang geheftet, ihr Ohr lauscht mit übertriebener Aufmerksamkeit der Stimme des leise Sprechenden, ihr Herz zieht sich zusammen, von der Furcht gegeißelt, und ehe nur eine Neuigkeit gemeldet worden ist, hat schon ein entweder nur vermuthetes oder wirkliches Geräusch vor den Thüren, wie ein Unglücksbote, die Seele plötzlich in höchste Aufregung versetzt. Und vielleicht steht es draußen ganz gut, und giebt dort Nichts zu einer Furcht Veranlassung; aber die Verzweiflung läuft der Kunde voraus und wendet ihren Sinn von der Freude zu ihrem Gegentheil. Das ist das Leben der Glücklichen, keins gerade was der Mühe werth wäre; denn es läßt sich mit der Freiheit des ehelosen Standes nicht vergleichen. Und doch hat meine Alles nur kurz berührende Darstellung eine Menge von traurigeren Dingen übergangen. Denn oftmals ist auch jene noch jugendlich an Körper, noch in bräutlicher Anmuth strahlend, vielleicht erröthet sie noch über den

καὶ θερμοτέρους εἶναι συμβαίνει τοὺς πόθους, ὑπ᾽ αἰσχύνης πρὸς τὸ ἐκφανῆναι κωλυομένους, ἐξαίφνης χήρα καὶ ἀθλία καὶ ἔρημος, καὶ πάντα τὰ φευκτὰ μεταλαμβάνει ὀνόματα, καὶ τὴν τέως λαμπρὰν καὶ λευχείμονα καὶ περίβλεπτον ἀθρόως καταμελαίνει προςπεσοῦσα ἡ συμφορὰ καὶ περιβάλλει τῷ πένθει, τὸν νυμφικὸν κόσμον ἀποσυλήσασα. Εἶτα ζόφος ἀντὶ τῆς ἐν παςάδι λαμπρότητος, καὶ θρηνῳδοὶ τὰς οἰμωγὰς ἐπιτείνουσαι, καὶ μῖσος κατὰ τῶν ἐπιχειρούντων πραΰνειν τὰ πάθη, ἀπέχθεια σιτίων, τηκεδὼν σώματος, κατήφεια ψυχῆς, ἐπιθυμία θανάτου, καὶ μέχρις αὐτοῦ τοῦ θανάτου πολλάκις ἰσχύσασα. Ἐὰν δὲ καὶ παυσθῇ πως τῷ χρόνῳ ἡ συμφορὰ, πάλιν ἄλλη συμφορὰ, εἴτε ὑπάρχει τέκνα, εἴτε καὶ μή. Ὄντα μὲν γὰρ, ὀρφανὰ πάντως ἐςὶ, καὶ διὰ τοῦτο ἐλεεινὰ, καὶ δι᾽ αὐτῶν τὸ πάθος ἀνακαινίζοντα· εἰ δὲ μὴ εἴη, πρόρριζον οἴχεται τὸ τοῦ κατοιχομένου μνημόσυνον, καὶ τὸ κακὸν ὑπὲρ παραμυθίαν ἐςίν. Ἐῶ τὰ ἄλλα τὰ τῆς χηρείας ἴδια (τίς γὰρ ἂν πάντα μετὰ ἀκριβείας ἀπαριθμήσαιτο;), τοὺς ἐχθροὺς, τοὺς οἰκείους· τοὺς μὲν ἐπεμβαίνοντας τῇ συμφορᾷ, τοὺς δὲ φαιδρυνομένους τῇ ἐρημίᾳ, καὶ μεθ᾽ ἡδονῆς βλέποντας ἐν πικρῷ ὀφθαλμῷ τὸν διαπίπτοντα οἶκον, καὶ τοὺς καταφρονοῦντας οἰκέτας, καὶ πάντα τὰ ἄλλα ὅσα πάρεςιν ἀφθόνως ἐπὶ τῶν τοιούτων δυςχημάτων ὁρᾶν, δι᾽ ὧν αἱ πολλαὶ καὶ δεύτεραι ὑπ᾽ ἀνάγκης πρὸς τὴν τῶν ὁμοίων κακῶν [14] παρεβάλοντο πεῖραν, οὐκ ἐνεγκοῦσαι τῶν ἐπεγγελώντων τὴν πικρίαν, ὥσπερ ἀμυνόμεναι τοὺς λυπήσαντας τοῖς ἰδίοις κακοῖς. Πολλαὶ δὲ τῇ μνήμῃ τῶν συμβεβηκότων πᾶν ὁτιοῦν ὑπέςησαν μᾶλλον ἢ ἐμπεσεῖν ἐκ δευτέρου τῇ τῶν συμφορῶν ὁμοιότητι,

---

14) M. παρεβάλλοντο.

Eintritt des Bräutigams und blickt ihn verschämt an, wenn die verlangenden Gefühle, von Schamhaftigkeit gehindert, sich zu offenbaren einmal brennender werden: da ist sie plötzlich Wittwe, und im Unglück und verlassen, und alle Namen des Unglücks gehören jetzt ihr, und die bisher glänzend und weiß Gekleidete und von allen Seiten Bewunderte, diese versenkt das Geschick welches sie betroffen plötzlich in Schwarz, reißt ihr den bräutlichen Schmuck ab und umgiebt sie mit Trauer. Dann ist Finsterniß da anstatt des Lichtglanzes im Brautgemach, und tönen Klagelieder welche den lauten Jammer noch steigern; da tritt der Haß auf gegen die welche die Schmerzensausbrüche zu mildern versuchen, man verabscheut die Nahrung, der Körper siecht dahin, die Seele ist niedergeschlagen, man sehnt sich nach dem Tod und dieses Sehnen hält oft so lange an bis der Tod wirklich eintritt. Beschwichtigt sich aber auch einigermaßen das Unglück durch die Zeit, da giebt es wiederum neues Unglück, mögen nun Kinder vorhanden sein oder auch nicht. Sind welche vorhanden, so sind sie jedenfalls verwaist und somit beklagenswerth, und bringen durch sich Erneuerung des Schmerzes zu Wege; sind hingegen keine vorhanden, so ist jede Erinnerung an den Dahingegangenen wie mit der Wurzel ausgerissen, und das Unglück ist größer als daß es einen Trost dafür giebt. Ich übergehe die anderen Uebelstände welche dem Wittwenstande eigen sind (denn wer vermöchte Alles mit ausführlicher Genauigkeit aufzuzählen?), die Feinde, die Verwandten; die einen welche das Unglück höhnen, die anderen welche sich dieser Verlassenheit freuen, und giftigen Auges den Verfall des Hauses mit Vergnügen erblicken; ferner die mit Geringschätzung auftretende Dienerschaft, und alles Uebrige was man bei solcherlei Unglücksfällen in reichem Maße beobachten kann, und wodurch sich Viele bewegen lassen sogar zum zweitenmal sich an die Erfahrung ähnlicher Uebel zu wagen, weil sie die Gehässigkeit der sie Verspottenden zu ertragen außer Stand sind, und sich nun gleichsam durch ihr eigenes Unglück an denen welche ihnen wehe gethan rächen wollen. Viele jedoch ständen, in Erinnerung an ihr früheres Schicksal, eher Alles aus als daß sie sich zum zweiten Male in ähnliche Uebel begäben, und, wenn du die Mißstände des ge-

καὶ εἰ βούλει μαθεῖν τὰ δυσχερῆ τοῦ κοινοτέρου βίου, ἄκουσον οἷα λέγουσιν αἱ τῇ πείρᾳ τὸν βίον γνωρίσασαι, ὅπως μακαρίζουσι τὴν ζωὴν τῶν ἐξ ἀρχῆς τὸν ἐν παρθενίᾳ βίον προελομένων, καὶ μὴ διὰ συμφορᾶς μεταμαθόντων τὸ κάλλιον, ὅτι πάντων τῶν τοιούτων κακῶν ἀνεπίδεκτός ἐςιν ἡ παρθενία. Οὐκ ὀρφανίαν θρηνεῖ, οὐ χηρείαν ὀδύρεται, ἀεὶ σύνεςι τῷ ἀφθάρτῳ νυμφίῳ, ἀεὶ ἐπαγάλλεται τοῖς τῆς εὐσεβείας γεννήμασι· τόν τε οἶκον τὸν ἀληθῶς ἴδιον πᾶσι καλλίςοις ὁρᾷ διηνεκῶς εὐθηνούμενον, διὰ τὸ παρεῖναι καὶ ἐνοικεῖν ἀεὶ τὸν τοῦ οἴκου δεσπότην· ἐφ᾽ ἧς ὁ θάνατος οὐ χωρισμὸν, ἀλλὰ συνάφειαν τοῦ ποθουμένου ποιεῖ· ὅταν γὰρ ἀναλύσῃ, τότε σὺν Χριςῷ γίνεται, καθώς φησιν ὁ ἀπόςολος. Ἀλλὰ καιρὸς ἂν εἴη, ἐπειδὴ τὰ τῶν [15] εὐθηνούντων ἐκ μέρους ἐξήταςαι, καὶ τοὺς ἑτέρους ἐποπτεῦσαι βίους τῷ λόγῳ, οἷς καὶ πενίαι καὶ δυσκληρίαι καὶ λοιπαὶ τῶν ἀνθρωπίνων παθῶν συμφοραὶ παραπεπήγασιν, οἷον πηρώσεις τε καὶ νόσοι, καὶ ὅσα τοιαῦτα τῇ ἀνθρωπίνῃ ζωῇ συγκεκλήρωται· ἐν οἷς ἅπασιν ὁ μὲν καθ᾽ ἑαυτὸν ζῶν ἢ διαφεύγει τὴν πεῖραν, ἢ ῥᾷον διαφέρει τὴν συμφορὰν, συγκεκροτημένην ἔχων περὶ αὑτὸν τὴν διάνοιαν, καὶ πρὸς οὐδὲν ἄλλο ταῖς φροντίσι περιελκόμενος. Ὁ δὲ πρὸς γυναῖκα καὶ τέκνα μεμερισμένος οὐδὲ σχολὴν ἄγει πολλάκις τοῖς ἰδίοις ἐπιξενάξαι κακοῖς, τῆς τῶν φιλτάτων φροντίδος τὴν καρδίαν περιεχούσης. [16] Ἦ τάχα περιττὸν ἐςι τοῖς ὁμολογουμένοις ἐνδιατρίβειν τῷ λόγῳ· εἰ γὰρ τοῖς δοκοῦσι καλοῖς τοσοῦτος πόνος καὶ ταλαιπωρία συνέζευκται, τί ἄν τις περὶ τῶν ἐναντίων ςοχάσαιτο; ἦπου πᾶσα λόγου ὑπογραφὴ τῆς ἀληθείας ἐλάττων ἐςὶ, τὸν βίον αὐτῶν ὑπ᾽ ὄψιν ἀγαγεῖν ἐπιχειροῦσα. Ἀλλ᾽ ἔςιν ἴσως δι᾽ ὀλίγου τὸ πολὺ τῆς κατὰ τὴν ζωὴν ἀηδίας ἐνδείξασθαι, ὅτι ἐναντίως πρὸς τοὺς εὐημερεῖν δοκοῦντας συγκεκληρωμένοι τῷ βίῳ καὶ

---

15) M. εὐθυμούντων. Die Par. Ausg. von 1615 hat εὐθυνούντων.
— 16) M. ἦ. So auch im folgenden ἤπου.

meinen Lebens wissen willst, so höre was die sagen welche das
Leben durch die Erfahrung kennen gelernt haben, wie sie das Leben
derer glückselig preisen welche gleich von Anfang an im Jung=
frauenstande zu leben vorgezogen hatten, und nicht erst durch
Mißgeschick später zu der Erkenntniß des Bessern gelangt sind,
weil der Jungfrauenstand unempfänglich für alle solche Wider=
wättigkeiten ist. Sie beweint keine Verwaisung, sie ist stets mit
ihrem unvergänglichen Bräutigam zusammen, immer freut sie
sich an den Kindern und Früchten der Gottseligkeit, das ihr in
Wahrheit gehörende Haus sieht sie fortwährend gedeihend und in
der Fülle aller herrlichsten Güter, weil der Hausherr immer da ist
und darinnen wohnt; ihr bringt der Tod keine Trennung, sondern
Vereinigung mit dem Ersehnten; denn wenn sie abscheidet, dann
kommt sie zu Christus, wie der Apostel sagt. Es dürfte indes=
sen an der Zeit sein, da wir die Verhältnisse der Glücklichen zum
Theil einer näheren Prüfung unterworfen haben, auch auf die
übrigen Loose des Lebens in unserer Schilderung einen Blick zu
werfen, an welchen Armuth und Mißgeschick und die übrigen Be=
gegnisse menschlichen Leidens haften, als Verstümmelungen und
Krankheiten, und was Derartiges dem Menschenleben als Loos
gefallen ist. In allen diesen Verhältnissen entgeht entweder der
für sich Lebende der Erfahrung, oder er erträgt das Unglück leich=
ter, weil er seinen Verstand beisammen hat und zu nichts Anderem
durch Sorgen abgezogen wird. Wer hingegen sich nach Weib und
Kindern hin zertheilt, der hat oft nicht einmal Zeit sein eigenes
Unglück zu bejammern, weil die Sorge um seine Liebsten sein Herz
umfangen hält. In der That ist es vielleicht überflüssig bei allge=
mein bekannten und ausgemachten Dingen zu verweilen; denn
wenn mit dem anscheinenden Glück so viel Mühsal und Leid ver=
bunden ist, was soll man dann für einen Schluß auf die entgegen=
gesetzten Verhältnisse machen? Gewiß steht jede Schilderung
welche es versucht uns ein solches Leben vor Augen zu führen hin=
ter der Wahrheit zurück; dennoch läßt sich vielleicht in Kürze die
Menge von Unerfreulichem was dieses Leben gewährt darin an=
deuten daß wie sie ein von denen welche ein glückliches Leben
zu führen den Anschein haben verschiedenes Lebensloos gezogen,

τὰς λύπας ἀπὸ τῶν ἐναντίων ἔχουσι. Τοῖς μὲν γὰρ [17] εὐ-
θηνοῦσι ταράσσει τὸν βίον ὁ προςδοκώμενος ἢ καὶ παραγινόμενος θάνατος, τούτοις δὲ συμφορά ἐςιν ἡ ἀναβολὴ
τοῦ θανάτου· καὶ ὁ μὲν βίος αὐτοῖς πρὸς τὸ ἐναντίον
διέςηκεν, ἡ δὲ ἀθυμία πρὸς τὸ αὐτὸ πέρας ἀμφοτέροις
συμφέρεται. Οὕτω πολύτροπός ἐςι καὶ ποικίλη τῶν ἐκ
p. 124. τοῦ γάμου κακῶν ἡ χορηγία. Λυποῦσι γὰρ ὁμοίως καὶ
A γινόμενοι παῖδες καὶ μὴ [18] γινόμενοι, καὶ πάλιν ζῶντες
καὶ ἀποθνήσκοντες. Ὁ μὲν γὰρ [19] εὐθηνεῖται παισὶν, οὐδὲ
τροφῆς ἔχων ἱκανῶς, τῷ δὲ οὐχ ὕπεςιν ὁ τοῦ κλήρου
διάδοχος ἐπὶ πολλοῖς οἷς ἐμόχθησεν, καὶ ἐν ἀγαθῶν μοίρᾳ τὴν [20] τοῦ ἑτέρου ποιεῖται συμφοράν, ἑκάτερος αὐτῶν ἐκεῖνο γενέσθαι βουλόμενος ἐφ᾽ ᾧ δυςφοροῦντα βλέπει τὸν ἕτερον. Ὧι μὲν γὰρ τέθνηκεν [21] ὁ καταθύμιος
παῖς, ᾧ δὲ ἐπεβίω ὁ ἄσωτος, ἐλεεινοὶ δὲ ἀμφότεροι, ὁ
μὲν τὸν θάνατον τοῦ παιδὸς, ὁ δὲ τὴν ζωὴν ὀδυρόμενος.
Ἐῶ ζηλοτυπίας καὶ μάχας, εἴτε ἐξ ἀληθῶν πραγμάτων,
B εἴτε ἐξ ὑπονοῶν συνιςαμένας, εἰς οἷα πάθη καὶ συμφορὰς καταλήγουσι· τίς γὰρ ἂν πάντα μετὰ ἀκριβείας
ἀπαριθμήσαιτο; Σὺ δὲ εἰ βούλει μαθεῖν ὅπως ἐμπέπλη-
ςαι τῶν τοιούτων κακῶν ἡ ἀνθρωπίνη ζωὴ, μή μοι ἀνα-
λάβῃς τὰ παλαιὰ διηγήματα ἃ τοῖς ποιηταῖς τῶν δρα-
μάτων τὰς ὑποθέσεις ἔδωκε (μῦθοι γὰρ ἐκεῖνα διὰ τὴν
ὑπερβολὴν τῆς ἀτοπίας νομίζονται), ἐν οἷς παιδοφονίαι
καὶ τεκνοφαγίαι, φόνοι τε ἀνδρῶν καὶ μητροκτονίαι, καὶ
ἀδελφῶν σφαγαὶ καὶ μίξεις παράνομοι καὶ ἡ παντοδαπὴ
τῆς φύσεως σύγχυσις, ἣν οἱ τὰ ἀρχαῖα διηγούμενοι ἀπὸ
C γάμων ἀρχόμενοι τῆς ἀφηγήσεως εἰς τὰς τοιαύτας συμφορὰς καταλήγουσιν, — ἀλλ᾽ ἐκεῖνα πάντα καταλιπὼν θε-
ώρησον ἐπὶ τῆς παρούσης τοῦ βίου σκηνῆς τὰς ἐν αὐτῷ
τραγῳδίας, ὧν χορηγὸς γίνεται τοῖς ἀνθρώποις ὁ γάμος,
ἐλθὲ ἐπὶ τὰ δικαςήρια, ἀνάγνωθι τοὺς περὶ τούτων νό-
μους, ἐκεῖ κατόψει τὰ τῶν γάμων ἀπόῤῥητα. Ὥσπερ γὰρ
ὅταν ἰατρῶν ἀκούσῃς τὰ ποικίλα πάθη διεξιόντων τὴν

---

17) 𝔐. εὐθυμοῦσι. — 18) 𝔐. ἐλπιζόμενοι. — 19) 𝔐. εὐθυνεῖται.
— 20) 𝔐. τῶν ἀλλοτρίων. — 21) 𝔐. ἠγαπημένος.

so auch ihr Leid von dem Gegentheiligen haben. Für das Leben der Glücklichen ist der erwartete oder auch eintretende Tod eine Störung, für Diese hingegen der Aufschub des Todes ein Mißgeschick; das Leben Dieser ist von dem Jener gegensätzlich verschieden, aber die Muthlosigkeit macht mit beiden Gemeinschaft und führt zu dem gleichen Ende. So vielfach und bunt ist die Menge der Uebel welche die Ehe mit sich bringt. Denn Schmerz verursachen in gleicher Weise die Kinder welche geboren und die welche nicht geboren werden, und ebenso wiederum die welche leben als die welche sterben. Der Eine freut sich seiner Kinder und hat nicht Nahrung genug; der Andere hat keinen Erben seines Vermögens bei den vielen Mühen die er sich dieses hat kosten lassen, und schätzt sich das Mißgeschick des Anderen für ein Glück. Jeder von Beiden wünscht sich das woran er den Andern schwer tragen sieht. Dem Einen ist sein geliebtes Kind gestorben, dem Andern lebt noch sein Wüstling; Beide sind bemitleidenswerth, wenn der Eine den Tod, der Andere das Leben seines Kindes bejammert. Ich übergehe die Eifersüchteleien und Kämpfe, welche entweder aus giltigen oder aus nur vermutheten Ursachen entstehen: in welchen Leiden und Mißgeschicken enden sie! Wer sollte wohl Alles ausführlich aufzählen können? Willst du aber erfahren wie das Leben von solchen Uebeln voll ist, so erwähne mir nicht die alten Geschichten, welche den Dichtern Stoff für ihre Dramen gegeben haben (denn die gelten ob ihrer übertriebenen Abgeschmacktheit für Fabeln), in welchen von Kindermorden und Kinderfressereien, Morden von Männern, Muttermorden, ungesetzlichen Vermischungen und aller Art von Verwirrung natürlicher Verhältnisse die Rede ist, bei deren Schilderung die Erzähler der alten Geschichten von ehelichen Verbindungen anfangen und mit solchem Unglück aufhören, — nein, dieses Alles lasse dahinter und betrachte auf dem Schauplatze dieses gegenwärtigen Lebens die auf ihm sich entwickelnden Trauerspiele, deren Chorführer für die Menschen die Ehe wird; gehe zu den Gerichtshöfen, lies die in Bezug darauf gegebenen Gesetze, da wirst du in die Geheimnisse der Ehen Einblick gewinnen! Denn gleichwie, wenn du Aerzte von den mannichfachen Krankheiten erzählen hörst, das Mühsal des mensch-

ἀθλιότητα μανθάνεις τοῦ ἀνθρωπίνου σώματος, οἵων καὶ ὅσων κακῶν δεκτικόν ἐςι διδασκόμενος, οὕτως ἐπειδὰν τοῖς νόμοις ἐντύχῃς καὶ γνῷς τὰς πολυτρόπους τῶν γάμων παρανομίας καθ᾿ ὧν ἐκεῖνοι τὰς τιμωρίας ὁρίζουσιν, ἀκριβῶς διδάσκῃ τοῦ γάμου τὰ ἴδια. Οὔτε γὰρ ἰατρὸς τὰ μὴ ὄντα θεραπεύει πάθη, οὔτε νόμος τὰ μὴ γινόμενα [22] τιμωρεῖται κακά.

p. 125. Κεφ. δ'. Μᾶλλον δὲ τί χρὴ μικρολόγως τοῦ τοιούτου B βίου τὴν ἀτοπίαν ἐλέγχειν, ἐν μόναις μοιχείαις καὶ διαςάσεσι καὶ ἐπιβουλαῖς περιορίζοντας τὴν τῶν συμφορῶν ἀρίθμησιν; δοκεῖ γάρ μοι τῷ ὑψηλοτέρῳ καὶ ἀληθεςέρῳ λόγῳ πᾶσα ἡ τοῦ βίου κακία, ἡ πᾶσι πράγμασι καὶ ἐπιτηδεύμασιν ἐνθεωρουμένη, μηδεμίαν εὑρίσκειν ἀρχὴν κατὰ τῆς τοῦ ἀνθρώπου ζωῆς, εἴ τις ἑαυτὸν μὴ ὑπαγάγοι τῇ ἀνάγκῃ τοῦ βίου τούτου. Οὕτω δὲ ἡμῖν ἡ ἀλήθεια τοῦ λόγου φανερωθήσεται. Ὁ τὴν τοῦ βίου τούτου ἀπάτην κατανοήσας καθαρῷ τῷ τῆς ψυχῆς ὀφθαλμῷ, καὶ ὑψηλότερος C τῶν ἐνταῦθα σπουδαζομένων γενόμενος, καὶ, καθώς φησιν Philipp. ὁ ἀπόςολος, καθάπερ τινὰ δυσώδη σκύβαλα πάντα περιορῶν, καὶ τρόπον τινὰ τοῦ βίου παντὸς διὰ τῆς τοῦ γάμου ἀναχωρήσεως ἑαυτὸν ἐξοικίσας, οὐδεμίαν ἔχει κοινωνίαν πρὸς τὰ κακὰ τὰ ἀνθρώπινα, πλεονεξίαν λέγω καὶ φθόνον, ὀργήν τε καὶ μῖσος, καὶ κενῆς δόξης ἐπιθυμίαν, καὶ τὰ ἄλλα ὅσα τοιούτου γένους ἐςίν. Πάντων δὲ τῶν τοιούτων τὴν ἀτέλειαν ἔχων, καὶ διὰ πάντων ἐλευθεριάζων καὶ εἰρηνεύων τῷ βίῳ, οὐκ ἔςιν ἐφ᾿ ᾧτε φιλο-
D νεικήσει [1] περὶ τοῦ πλείονος, ἢ ἐπί τινι καθ᾿ ἑαυτοῦ κινήσει τοῖς γειτνιῶσι τὸν φθόνον, οὐδενὸς τῶν τοιούτων ἁπτόμενος οἷς ὁ φθόνος ἐν τῇ ζωῇ περιφύεται· παντὸς γὰρ τοῦ κόσμου τὴν ἑαυτοῦ [2] ψυχὴν ὑπεράρας, καὶ μόνον τίμιον ἑαυτῷ κτῆμα νομίζων τὴν ἀρετήν, ἄλυπόν τινα καὶ εἰρηνικὸν καὶ ἄμαχον βιοτεύσει βίον. Τῆς γὰρ ἀρετῆς ἡ κτῆσις, κἂν πάντες μετέχωσιν αὐτῆς ἄνθρωποι, κατὰ τὴν

---

22) M. θεραπεύει.
1) Die Worte περὶ τοῦ — — — κινήσει fehlen in den bisherigen Ausg-
2) M. ζωήν.

lichen Körpers kennen lernst und erfährst für wie viele und was für Uebel er empfänglich ist, so wirst du auch, wenn du die Gesetze liest und Einsicht in die vielfachen Ungesetzlichkeiten der Ehen gewinnst, für welche jene die Strafbestimmungen aufstellen, genau von dem Wesen der Ehe unterrichtet werden. Denn ein Arzt beschäftigt sich eben so wenig mit der Heilung von nicht vorhandenen Leiden als das Gesetz mit der Bestrafung von Bösem was nicht geschieht.

Kap. 4. Aber was sollen wir den Frevel dieses Lebens mit kleinlicher Ausführlichkeit nachweisen, wenn wir einfach sagen daß alles Unglück sich allein in Ehebruch, Zwietracht und Nachstellungen bewegt? Nach höherer und wahrerer Auffassung scheint mir alles Böse des Lebens, dem man in dem Treiben und den Beschäftigungen begegnet, keine Herrschaft über das Menschenleben gewinnen zu können, wenn man sich nicht selbst unter den Zwang dieses Lebens begiebt. So aber wird uns die Wahrheit dieser Ueberzeugung offenbar werden. Wer den Trug dieses Lebens mit reinem Auge der Seele erkannt und sich über das Treiben hier emporgeschwungen hat, und, wie der Apostel sagt, Alles wie einen übelriechenden Auswurf verachtet, und sich durch Fernhaltung von der Ehe gewissermaßen aus dem ganzen Leben ausgeschieden hat, der ist außer aller Gemeinschaft mit den menschlichen Uebeln, als da sind Geiz und Neid, Zorn und Haß, Begierde nach eitlem Ruhm, und Allem was sonst dahin gehört. Ist er aber von allem diesen unabhängig und in allen Stücken frei, und in Frieden mit dem Leben, dann fällt auch jede Veranlassung weg über den Mehrgewinn Streit zu suchen oder aus irgend welchem Grunde den Neid der Nachbarn gegen sich zu erregen, weil man sich mit all diesen Dingen nicht befaßt aus welchen im Leben der Neid erwächst; denn wenn er seine Seele über die ganze Welt emporgehoben hat, und nur in der Tugend ein für ihn werthvolles Besitzthum erkennt, dann wird er ein von keinem Schmerz getrübtes, friedliches und unangefochtenes Leben führen. Denn der Besitz der Tugend ist, selbst wenn ihn alle Menschen, ein Jeder nach sei-

ἑαυτοῦ δύναμιν ἕκαςος, ἀεὶ πλήρης τοῖς ἐπιθυμοῦσίν
ἐςιν, οὐ κατὰ τὴν ἐπὶ γῆς κτῆσιν, ἣν διαιροῦντες εἰς τμήματα ὅσον ἂν προςθῶσι τῇ μίᾳ μερίδι, τοσοῦτον ὑφείλοντο τῆς ἑτέρας, καὶ πλεονασμὸς τοῦ ἑνὸς ἐλάττωσίς ἐςι
τοῦ συμμετέχοντος· ὅθεν καὶ αἱ περὶ τοῦ πλείονος μάχαι διὰ τὸ πρὸς τὸ ἐλαττοῦσθαι μῖσος τοῖς ἀνθρώποις
συνίςανται. Ἐκείνου δὲ ἀνεπίφθονός ἐςιν ἡ πλεονεξία
τοῦ κτήματος, καὶ ὁ τὸ πλεῖον ἁρπάσας οὐδεμίαν ἤνεγκε
ζημίαν τῷ μετασχεῖν ἀξιοῦντι τῶν ἴσων, ἀλλ᾽ ὅσον ἐςί τις
χωρητικός, αὐτός τε πληροῦται τῆς ἀγαθῆς ἐπιθυμίας
καὶ ὁ πλοῦτος τῶν ἀρετῶν ἐν τοῖς προλαβοῦσιν [3]οὐκ ἀναλίσκεται. Ὁ τοίνυν πρὸς τοῦτον ἀποβλέπων τὸν βίον,
καὶ τὴν ἀρετὴν ἑαυτῷ θησαυρίζων, ἣν οὐδεὶς ὅρος ἀνθρώπινος περιγράφει, ἆρα καταδέξεταί ποτε πρός τι τῶν
ταπεινῶν καὶ πεπατημένων τὴν ἑαυτοῦ ψυχὴν ἐπικλῖναι;
ἆρα θαυμάσεται τὸν γήϊνον πλοῦτον, ἢ δυναςείαν ἀνθρωπίνην, ἢ ἄλλο τι τῶν ὑπ᾽ ἀνοίας σπουδαζομένων; εἰ μὲν
γάρ τις ἔτι περὶ ταῦτα διάκειται ταπεινῶς, ἔξω τοῦ τοιούτου ἂν εἴη χοροῦ, καὶ οὐδὲν πρὸς τὸν ἡμέτερον ἕξει
λόγον. Εἰ δὲ τὰ ἄνω φρονεῖ, καὶ συμμετεωροπορεῖ τῷ
θεῷ, ὑψηλότερος πάντως τῶν τοιούτων ἐςίν, οὐκ ἔχων
τὴν κοινὴν ἀφορμὴν τῆς περὶ ταῦτα πλάνης, τὸν γάμον
λέγω. Τοῦ γὰρ ὑπὲρ τοὺς ἄλλους θέλειν εἶναι, τὸ χαλεπὸν τοῦτο πάθος, ἡ ὑπερηφανία, ὃ δὴ μάλιςα σπέρμα
τις εἰπὼν ἢ ῥίζαν πάσης τῆς κατὰ τὴν ἁμαρτίαν ἀκάνθης τοῦ εἰκότος οὐχ ἁμαρτήσεται, τοῦτο μάλιςα ἐκ τῆς
αἰτίας τοῦ γάμου τὴν ἀρχὴν ἔχει. Οὐ γὰρ ἔςιν ὡς ἐπὶ
τὸ πολὺ τὸν πλεονέκτην μὴ τοὺς [4]παῖδας ἐπαιτιᾶσθαι, ἢ
τὸν δοξομανῆ καὶ φιλότιμον μὴ εἰς τὸ γένος ἀνενεγκεῖν
τοῦ κακοῦ τὴν αἰτίαν, ὡς ἂν μὴ ἐλάττων δοκοίη τῶν πρὸ
αὐτοῦ γεγονότων, καὶ ἵνα μέγας τοῖς μετὰ ταῦτα νομί-

---

3) 𝔐. οὐ καταναλίσκεται. — 4) 𝔐. πέλας.

ner Kraft, theilen, für Alle welche danach begierig sind ein stets volle Befriedigung bringender, und nicht nach Art des irdischen Besitzthums, welches man in Stücke zertheilt und bei welchem man so viel von dem anderen hinwegnimmt als man dem einen Antheil hinzulegt, und wo die Bereicherung des einen Besitzers in der Verkürzung des anderen besteht; woher auch ob des aus der Beeinträchtigung entstandenen Hasses die Kämpfe um den Mehrbesitz unter den Menschen entstehen. Jenes Geizen nach Besitzthum hingegen erregt keinen Neid, und wer die größere Summe hinweggerafft hat, der brachte dadurch dem welcher das Gleiche zu besitzen wünscht keinen Nachtheil, sondern wie viel nur Einer bei sich aufnehmen kann, so viel wird er selbst von den Gütern wonach sein Verlangen steht erfüllt, und der Reichthum der Tugenden wird darum doch in denen welche vor ihm empfangen haben nicht verringert. Wer also seinen Blick auf dieses Leben richtet, und den Schatz der Tugend sich aufsammelt, für welche kein menschlicher Begriff eine Grenze kennt, wird der wohl jemals seine Seele eine Neigung zu Niedrigem und Gemeinen gewinnen lassen? wird er wohl für den irdischen Reichthum Bewunderung haben, oder für Menschenherrschaft, oder für sonst etwas Anderes worauf das Streben des Unverstandes geht? Denn wenn sich noch Jemand niedrigen Sinnes um solche Dinge müht, so steht er wohl noch außerhalb dieser Genossenschaft und wird dann Nichts mehr mit unserer Untersuchung zu schaffen haben. Geht hingegen sein Sinn auf das was droben ist, und wandelt er in der Höhe mit Gott, so steht er auch durchaus erhaben über solche Dinge da und bleibt der gemeinsamen Veranlassung solcher Verführung fern, nämlich der Ehe. Denn das Verlangen über Anderen zu stehen, diese böse Krankheit, die Selbstüberhebung, welche man, ohne in dieser Bezeichnung irre zu greifen, gerade und vorzugsweise den Samen oder die Wurzel der ganzen Dornhecke der Sünde nennen kann, diese Krankheit hat ihren Ursprung hauptsächlich in der Ehe. Denn in der Regel kann der Geizige seine Kinder beschuldigen, und der Ruhmsüchtige und Ehrgeizige die Ursache des Uebels auf sein Geschlecht zurückführen und sagen, er sei so um nicht hinter seinen Vorfahren zurückzubleiben, und damit er sich einen großen Namen bei der Nach=

ζοιτο, καταλιπὼν τινα τοῖς ἐξ αὐτοῦ διηγήματα. Ὡσαύτως δὲ καὶ τὰ λοιπὰ ὅσα ψυχῆς ἐςιν ἀῤῥωςήματα, φθόνος, καὶ μνησικακία, καὶ μῖσος, καὶ εἴ τι τοιοῦτον ἕτερον, τῆς αὐτῆς αἰτίας ἤρτηται· πάντα γὰρ ταῦτα τοῖς περὶ τὸν βίον τοῦτον ἐπτοημένοις συμπολιτεύεται. Ὧν ὁ ἔξω γενόμενος καθάπερ ἐπί.τινος ὑψηλῆς σκοπιᾶς πόῤῥωθεν ἐποπτεύων τὰ ἀνθρώπινα πάθη οἰκτείρει τῆς τυφλότητος τοὺς τῇ τοιαύτῃ ματαιότητι δεδουλωμένους, καὶ μέγα κρίνοντας τὴν τῆς σαρκὸς εὐπραγίαν· ὅταν γάρ τινα τῶν ἀνθρώπων ἐπί τινι τῶν κατὰ βίον ἴδῃ περίβλεπτον, ἀξιώμασιν, ἢ πλούτοις, ἢ δυναςείαις κομῶντα, καταγελᾷ τῆς ἀνοίας τῶν διὰ ταῦτα πεφυσημένων, καὶ ἀριθμεῖ τὸν μήκιςον χρόνον τοῦ ἀνθρωπίνου βίου κατὰ τὴν εἰρημένην ὑπὸ τοῦ ψαλμῳδοῦ προθεσμίαν, εἶτα παραμετρῶν τοῖς ἀπείροις αἰῶσι τὸ ἀκαριαῖον τοῦτο διάςημα ἐλεεῖ τῆς χαυνότητος τὸν ἐπὶ τοῖς οὕτω γλίσχροις καὶ ταπεινοῖς καὶ προςκαίροις τὴν ψυχὴν ἐπαιρόμενον. Τί γὰρ ἄξιόν ἐςι μακαρισμοῦ τῶν ἐνταῦθα ἢ τιμὴ, τὸ παρὰ πολλοῖς σπουδαζόμενον; ἐπειδὴ τί πλέον τοῖς τετιμημένοις προςτίθησι; διαμένει γὰρ θνητὸς ὁ θνητὸς, κἂν τιμᾶται, κἂν μή. Ἢ τὸ πολλὰ πλέθρα κεκτῆσθαι γῆς; τοῦτο δὲ εἰς τί πέρας χρηςὸν καταλήγει τοῖς κτησαμένοις, ἐκτὸς τοῦ οἴεσθαι τὸν ἀνόητον ἑαυτοῦ εἶναι τὰ μηδὲν προςήκοντα· ἀγνοεῖ γὰρ, ὡς ἔοικεν, ὑπὸ πολλῆς λαιμαργίας, ὅτι τοῦ κυρίου μέν ἐςιν ἡ γῆ ἀληθῶς, καὶ τὸ πλήρωμα αὐτῆς. Βασιλεὺς γὰρ πάσης τῆς γῆς ὁ θεὸς, τοῖς δὲ ἀνθρώποις τὸ τῆς πλεονεξίας πάθος ψευδώνυμον τῆς κυριότητος τὴν προςηγορίαν δίδωσι τῶν οὐδὲν προςηκόντων. Ἡ μὲν γὰρ γῆ, καθώς φησιν ὁ σοφὸς ἐκκλησιαςὴς, εἰς τὸν αἰῶνα ἕςηκε, πάσαις ὑπηρετοῦσα ταῖς γενεαῖς, καὶ ἄλλοτε ἄλλους τοὺς κατ' αὐτὴν γινομένους ἐκτρέφουσα· οἱ δὲ ἄνθρωποι οὐδὲ ἑαυτῶν ὄντες κύριοι, ἀλλὰ πρὸς τὸ τοῦ ἄγοντος βούλημα, ὅτε οὐκ ἴσασιν, εἰς τὴν ζωὴν περιιόντες, καὶ ὅτε μὴ βούλονται, πάλιν αὐτῆς χωριζόμενοι, ὑπὸ τῆς πολλῆς μαται-

---

5) 𝔐. τοῦτο. — 6) 𝔐. ἄλλό τε.

welt sichere und seinen Kindern Thaten zur Erzählung hinterlasse. In gleicher Weise leiten sich alle übrigen Krankheiten, als Neid, Groll, Haß, und was es sonst Anderes der Art noch giebt aus dieser Ursache ab; denn dieses Alles begleitet die welche von der leidenschaftlichen Unruhe dieses Lebens ergriffen sind. Wer außerhalb ihres Bereiches steht und wie auf einer hohen Warte weithin die menschlichen Leiden überschaut, der bejammert ob ihrer Blindheit die welche sich von solcher Eitelkeit haben knechten lassen und das Glück des Fleisches für etwas Großes halten; denn wenn er einen Menschen sieht welcher wegen irgend eines der Güter dieses Lebens rings bewundert wird, welcher prunkt mit Ehren oder Reichthümern oder einer mächtigen Stellung, da belächelt er den ob seines Unverstandes über solche Dinge Aufgeblasenen, und zählt die kürzeste Zeit des Menschenlebens nach der vom Sänger der Psalmen gestellten Frist, und wenn er dann gegenüber den unendlichen Ewigkeiten diesen kleinen Zeitraum abmißt, da bemitleidet er den ob seiner Thorheit welcher sich auf Grund solch nichtiger und gemeiner und hinfälliger Dinge in seiner Seele erhebt. Denn wodurch verdient die Ehre, dies Gut, wonach so Viele streben, von den Bewohnern der Erde gepriesen zu werden? was setzt sie denn denen die mit ihr geschmückt sind mehr hinzu? Bleibt doch der Sterbliche ein Sterblicher, mag er geehrt werden oder nicht. Oder der Umstand daß Einer viele Morgen Landes besitzt, zu welchem guten Ende für die Besitzer führt dies als dazu daß der Thor zuletzt noch wähnt daß das was ihm nicht gehört sein Eigenthum sei; denn er übersieht, wie es scheint, in seiner großen Gier daß die Erde und das was sie füllt in Wahrheit des Herrn ist. König über die ganze Erde ist Gott, den Menschen aber giebt die Leidenschaft der Habsucht den falschen Namen von Herren über die Dinge welche nicht ihr Eigenthum sind. Denn die Erde steht, wie der weise Prediger sagt, in Ewigkeit, dient allen Geschlechtern, und ernährt zu anderen Zeiten Andere welche auf ihr geboren werden; und die Menschen sind auch über sich selbst nicht einmal Herren, sondern treten nach dem Willen des Lenkenden zu einer Zeit ins Leben wo sie es nicht wissen, und verlassen es wiederum wann sie es nicht wollen, und wähnen dennoch in ihrer

ότητος κυριεύειν οἴονται αὐτῆς, οἱ κατὰ καιροὺς γινόμενοί τε καὶ ἀπολλύμενοι, τῆς ἀεὶ μενούσης. Ὁ οὖν ἐπεσκεμμένος ταῦτα, καὶ διὰ τοῦτο περιφρονῶν ὅσα τίμια τοῖς ἀνθρώποις νομίζεται, μόνης δὲ τῆς θείας ζωῆς ἔχων τὸν ἔρωτα, ὁ εἰδὼς ὅτι πᾶσα σὰρξ χόρτος καὶ πᾶσα δόξα ἀνθρώπου ὡς ἄνθος χόρτου, πότε σπουδῆς ἄξιον τὸν χόρτον οἰήσεται τὸν σήμερον ὄντα, καὶ αὔριον οὐκ ἐσόμενον; Οἶδε γὰρ ὁ ἐπεσκεμμένος τὰ θεῖα καλῶς ὅτι οὐ τὰ ἀνθρώπινα μόνον οὐκ ἔχει τὸ πάγιον, ἀλλ' ὡς οὐδὲ τοῦ κόσμου παντὸς εἰς τὸ διηνεκὲς ἠρεμήσαντος, διὰ τοῦτο ὡς ἀλλοτρίας καὶ προσκαίρου ταύτης ὑπερορᾷ τῆς ζωῆς. Ἐπειδὴ ὁ οὐρανὸς καὶ ἡ γῆ παρελεύσεται, κατὰ τὴν τοῦ σωτῆρος φωνήν, καὶ πάντα τὴν μεταςοιχείωσιν ἀναγκαίως ἐκδέχεται, διὰ τοῦτο ἕως ἐςὶν ἐν τῷ σκήνει, καθώς φησιν ὁ ἀπόςολος, τὸ πρόσκαιρον ἐνδεικνύμενος, βαρούμενος ⁷τῇ παρούσῃ ζωῇ, τὸ μακρύνεσθαι αὐτῷ τὴν παροικίαν ταύτην ὀδύρεται, ὥσπερ καὶ ὁ ψαλμῳδὸς ἐν ᾠδαῖς θείαις λέγων πεποίηται· ὄντως γὰρ ἐν σκότει βιοτεύουσιν οἱ μετὰ τῶν σκηνωμάτων τούτων τῇ ζωῇ παροικοῦντες. Οὗ χάριν ςενάξας ὁ προφήτης πρὸς τὴν παράτασιν τῆς παροικίας, Οἴμοι, φησὶν, ὅτι ἡ παροικία μου ἐμακρύνθη. Σκότει δὲ τὴν αἰτίαν τῆς κατηφείας ταύτης ἀνέθηκε· τὸ γὰρ σκότος τῇ Ἑβραΐδι φωνῇ Κηδὰρ ὀνομάζεσθαι μεμαθήκαμεν ⁸παρὰ τῶν σοφῶν. ⁹Ἡ γὰρ ὡς ἀληθῶς, καθάπερ ἀορασίᾳ τινὶ νυκτερινῇ κεκρατημένοι, οἱ ἄνθρωποι οὕτω πρὸς τὴν τῆς ἀπάτης ἐπίγνωσιν ἀμβλυωποῦσιν, οὐκ εἰδότες ὅτι πάντα ὅσα τίμια ἐν τῇ ζωῇ ταύτῃ νενόμιςαι, ἢ καὶ ὅσα πρὸς τὸ ἐναντίον ὑπείληπται, ἐν μόνῃ τῇ ὑπολήψει τῶν ἀνοήτων ὑφέστηκεν, αὐτὰ δὲ ἐφ' ἑαυτῶν ἐςιν οὐδαμῇ οὐδέν, οὐ δυςγένειά τι, οὐκ εὐδοκίμησις γένους, οὐ δόξα, οὐ περιφάνεια, οὐ τὰ παλαιὰ διηγήματα, οὐχ ὁ ἐπὶ τοῖς ἐνεςῶσι τῦφος, οὐ τὸ κρατεῖν ἑτέρων, οὐ τὸ ὑποχείριον εἶναι. Πλοῦτοί τε καὶ τρυφαὶ, καὶ πενίαι καὶ

---

7) M. τὴν παροῦσαν ζωήν, τῷ. — 8) Die Worte παρὰ τῶν σοφῶν fehlen in den Ausgaben. — 9) M. ἤ.

großen Thorheit darüber Herren zu sein, während sie zeitlich geboren werden und vergehen, und dieses doch immer bleibt. Wer also das überlegt, und darum Alles was für die Menschen Werth und Geltung hat verachtet, und allein Liebe zum göttlichen Leben in sich trägt, der da weiß daß alles Fleisch Gras ist und aller Ruhm des Menschen wie die Blumen des Grases, wann wird dieser das Gras, welches heute ist und morgen nicht mehr sein wird, für etwas seines Strebens Würdiges halten? Denn wer die göttlichen Dinge recht sich vor Augen geführt hat weiß nicht allein daß die menschlichen Dinge der Beständigkeit ermangeln, sondern, weil nicht einmal das Weltall für immer bestehen wird, darum verachtet er dieses Leben als ein fremdes und vergängliches. Da der Himmel und die Erde vergehen werden, nach dem Wort des Heilands, und alle Dinge nothwendig der Auflösung in die Elemente entgegengehen, deßhalb beklagt er, so lange er, wie der Apostel sagt, in dieser Hütte ist, wo er das Vergängliche offen zur Schau trägt, und gedrückt von der Last des gegenwärtigen Lebens, daß ihm dieser Aufenthalt in der Fremde in die Länge gezogen wird, wie es auch der göttliche Sänger der Psalmen durch seinen Ausspruch gethan hat; denn in Wahrheit leben die in der Finsterniß welche unter diesen Hütten im Leben ihre Wohnung aufgeschlagen haben. Aus diesem Grunde beseufzt der Prophet die lange Dauer dieses Aufenthaltes und spricht, Wehe mir daß mein Wohnen so verlängert worden ist! Der Finsterniß aber schiebt er die Schuld seiner Trauer zu; denn daß in der hebräischen Sprache die Finsterniß Kedar heiße haben wir von den Kundigen in Erfahrung gebracht. In der That sind, wie von einer mächtigen Dunkelheit erfaßt, so auch hier die Menschen blind gegen die Erkenntniß der Täuschung, und wissen nicht daß Alles was Werth und Geltung in diesem Leben besitzt, oder auch Alles was unter das Gegentheil gehört, einfach in der Meinung der Unverständigen, an sich aber in keiner Weise ein Bestehen hat, nicht niedrige Geburt, nicht Adel des Geschlechts, nicht Ruhm, nicht Glanz, nicht Erzählungen von alten Thaten, nicht Stolz auf die der Gegenwart, nicht Macht über Andere, nicht daß man unterthan ist. Reichthümer und Wohlleben, Armuth und Mangel, und alle

ἀπορίαι, καὶ πᾶσαι αἱ τοῦ βίου ἀνωμαλίαι, τοῖς μὲν ἀπαιδεύτοις πάμπολυ διαφέρειν δοκοῦσιν, ὅταν ἡδονὴν ποιῶνται τῶν τοιούτων κριτήριον· τῷ δὲ ὑψηλῷ τὴν διάνοιαν πάντα ὁμότιμα φαίνεται, καὶ οὐδὲν προτιμώτερον τοῦ ἑτέρου τὸ ἕτερον, τῷ ὁμοίως διὰ τῶν ἐναντίων τὸν τῆς ζωῆς δρόμον ἀνύεσθαι, καὶ ἴσην ἐν ἑκατέρᾳ τῶν λήξεων τὴν πρὸς τὸ εὖ ἢ κακῶς ζῆν δύναμιν ἐνυπάρχειν, διὰ τῶν δεξιῶν ὅπλων καὶ ἀριςερῶν, φησὶν ὁ ἀπόςολος, διὰ δόξης καὶ ἀτιμίας. Δι᾽ ὧν ὁ μὲν κεκαθαρμένος τὸν νοῦν καὶ ἐπεσκεμμένος τὴν τῶν ὄντων ἀλήθειαν ὀρθῶς ὁδεύσει τὴν πορείαν, ἀπὸ γενέσεως μέχρι τῆς ἐξόδου τὸν τεταγμένον αὐτῷ χρόνον διεξερχόμενος, [10] οὔτε ὑπὸ τῶν ἡδέων θρυπτόμενος, οὔτε ὑπὸ τῶν αὐςηρῶν ταπεινούμενος, ἀλλὰ κατὰ τὴν τῶν ὁδοιπόρων συνήθειαν τοῦ πρόσω ἐχόμενος ὀλίγον ποιεῖται τῶν προφαινομένων τὸν λόγον. Σύνηθες γὰρ τοῖς ὁδοιποροῦσιν ἐπὶ τὸ τῆς ὁδοῦ πέρας ὁμοίως ἐπείγεσθαι, ἄν τε διὰ λειμώνων καὶ συμφύτων χωρίων, ἄν τε δι᾽ ἐρημοτέρων καὶ τραχυτέρων τόπων διέρχωνται, καὶ οὔτε τὸ ἡδὺ παρακατέσχεν, οὔτε τὸ ἀηδὲς ἐνεπόδισεν. Οὕτω καὶ αὐτὸς ἀμεταςρεπτὶ πρὸς τὸν προκείμενον σκοπὸν ἑαυτῷ ἐπειχθήσεται, πρὸς οὐδὲν τῶν παροδίων ἐπιςρεφόμενος, ἀλλὰ πρὸς μόνον οὐρανὸν βλέπων διαπεράσει τὸν βίον, καθάπερ τις κυβερνήτης ἀγαθὸς πρὸς τὸν ἄνω σκοπὸν διευθύνων τὸ σκάφος. Ὁ δὲ παχὺς τὴν διάνοιαν, καὶ κάτω βλέπων, καὶ συγκεκυφὼς τῇ ψυχῇ πρὸς τὰ ἡδέα τοῦ σώματος, καθάπερ πρὸς τὴν νομὴν τὰ βοσκήματα, μόνῃ τῇ γαςρὶ καὶ τοῖς μετὰ γαςέρος ζῶν, [11] ἀπηλλοτριωμένος δὲ τῆς ζωῆς τοῦ θεοῦ, καὶ ξένος τῶν διαθηκῶν τῆς ἐπαγγελίας, οὐδὲν ἕτερον ἀγαθὸν εἶναι νομίζων ἢ τὸ ἡσθῆναι διὰ τοῦ σώματος, οὗτός ἐςιν, καὶ πᾶς ὁ τοιοῦτος ὁ ἐν σκότει διαπορευόμενος, καθώς φησιν ἡ γραφή, ὁ τῶν ἐν τῷ βίῳ τούτῳ κακῶν εὑρετής· ἐν τούτοις γὰρ καὶ πλεονεξία, καὶ

---

10) Die Worte οὔτε ὑπὸ τῶν ἡδέων — — — ταπεινούμενος fehlen in den bisherigen Ausgaben. — 11) M. ἀπηλλ. τοῦ θεοῦ τῆς ζωῆς.

Ungleichheiten des Lebens haben für die Ungebildeten den Schein gewaltiger Unterschiede, weil sie die sinnliche Lust als unterscheidendes Merkmal hinstellen; dem aber der erhabenen Geistes ist erscheint dies Alles von gleichem Werth, und Nichts von höherer Geltung vor dem Anderen, weil ja der Lauf des Lebens sich in gleichmäßiger Weise durch die Gegensätze vollendet, und beiden Verhältnissen und Lagen die gleiche Kraft zu einem glücklichen wie zu einem unglücklichen Leben inne wohnt, durch Waffen zur Rechten und zur Linken, wie der Apostel sagt, durch Ruhm und Schande. Durch sie hindurch schreitet gerade aus seines Weges wer in seinem Geiste geläutert ist und die Wahrheit der Dinge durchblickt hat, und von der Geburt bis zu seinem Hingang verlebt er die ihm gesetzte Zeit, weder von dem Angenehmen verweichlicht, noch von finsteren Geschicken niedergebeugt, sondern nach Art der Wanderer rüstig vorwärts schreitend, kümmert er sich nicht viel um das was ihm vor Augen kommt. Denn die Wanderer sind gewohnt gleichmäßig dem Ziel ihres Weges entgegenzueilen, mögen sie nun über Wiesen und bepflanzte Gegenden, oder durch mehr wüste und rauhe Striche schreiten, und das Liebliche fesselt sie so wenig als das Unangenehme ihnen ein Hinderniß in den Weg legt. So wird auch er unverwandt seinem vorgesetzten Ziele entgegeneilen, und seine Aufmerksamkeit auf Nichts richten was im Wege liegt, sondern den Blick nur auf den Himmel gerichtet, wird er das Leben durchziehen, gleich einem guten Steuermann sein Fahrzeug nach dem Himmelsziele richtend. Wer hingegen trägen Geistes ist und auf das schaut was unten ist, und mit seiner Seele darniedergebückt zu den Annehmlichkeiten des Körpers, wie das Vieh zur Weide, bloß für den Bauch und für das was sonst mit dem Bauch zusammenhängt lebt, dem Leben Gottes entfremdet und fremd den Bestimmungen der Verheißung, wähnt daß kein anderes Gut sei als die Lust des Körpers, der, und jeder solcher im Dunkeln Wandelnde, wie die Schrift sich ausdrückt, ist der Erfinder des Bösen in diesem Leben. Denn unter diesen befindet sich Geiz, zügellose Leiden-

ἡ πρὸς τὰς ἡδονὰς ἀμετρία, φιλαρχία τε πᾶσα καὶ κενῆς δόξης ἐπιθυμία, καὶ ὁ λοιπὸς ὅμιλος τῶν συνοικούντων παθῶν τοῖς ἀνθρώποις. Ἔχεται γάρ πως ἐν τοῖς κακοῖς τοῦ ἑτέρου τὸ ἕτερον, καὶ ᾧπερ ἂν τὸ ἓν παραγένηται,
C καὶ τὰ λοιπὰ, καθάπερ ὑπό τινος φυσικῆς ἀνάγκης ἑλκόμενα, συνεισέρχεται πάντως. Οἷον ἐν ἁλύσει γίνεται. Τῆς ἀρχῆς ἐπισπασθείσης, οὐδὲ τὰς λοιπὰς ἠρεμεῖν τῆς ἁλύσεως ἀγκύλας δυνατόν ἐστιν, ἀλλ᾽ ἡ κατὰ τὸ ἕτερον πέρας τῆς ἁλύσεως ἀγκύλη συνεκινήθη τῇ πρώτῃ, κατὰ τὸ ἀκόλουθον ἀεὶ καὶ προσεχὲς ἀπὸ τοῦ πρώτου διὰ τῶν παρακειμένων τῆς κινήσεως προϊούσης· οὕτως ἐμπέπλεκται καὶ συμπέφυκεν ἀλλήλοις τὰ ἀνθρώπινα πάθη, καὶ δι᾽ ἑνὸς τοῦ ἐπικρατήσαντος καὶ ὁ λοιπὸς τῶν κακῶν ὁλκὸς
D συνεισέρχεται τῇ ψυχῇ. Καὶ εἰ χρή σοι διαγράφειν τὴν πονηρὰν ταύτην ἅλυσιν, ὑπόθου τινὰ διά τινος ἡδονῆς, τοῦ κατὰ τὴν κενοδοξίαν ἡττηθῆναι πάθους. Ἀλλὰ τῇ κενοδοξίᾳ καὶ ἡ τοῦ πλείονος ἔφεσις συνηκολούθησεν· οὐ γὰρ ἔστι πλεονέκτην γενέσθαι, μὴ ἐκείνης ἐπὶ τὸ πάθος χειραγωγούσης. Εἶτα ἡ τοῦ πλεονεκτεῖν καὶ προέχειν ἐπιθυμία ἢ ὀργὴν ἐξάπτει· πρὸς τὸ [12] ὁμότιμον, ἢ πρὸς τὸ ὑποχείριον τὴν ὑπερηφανίαν, ἢ πρὸς τὸ ὑπερέχον τὸν φθόνον· φθόνου δὲ ἀκόλουθος ἡ ὑπόκρισις γίνεται, ἐκεί-
p. 130. νης ἡ πικρία, ταύτης ἡ μισανθρωπία, τούτων ἁπάντων
A τὸ τέλος κατάκρισις εἰς γέενναν καὶ σκότος καὶ πῦρ καταλήγουσα. Ὁρᾷς τὸν ὁλκὸν τῶν κακῶν, ὅπως ἑνὸς τὰ πάντα, τοῦ κατὰ τὴν ἡδονὴν ἐξέρχεται πάθους; Ἐπειδὴ οὖν ἅπαξ εἰσῆλθεν εἰς τὸν βίον ἡ ἀκολουθία τῶν τοιούτων παθῶν, μίαν ὁρῶμεν ἐκ τῆς τῶν θεοπνεύστων γραφῶν συμβουλῆς τὴν διέξοδον τούτων, τὸ χωρισθῆναι τοῦ τοιούτου βίου, τοῦ συνημμένην ἔχοντος [13] μεθ᾽ ἑαυτοῦ τὴν τῶν ἀνιαρῶν ἀκολούθησιν. Οὐκ ἔστι γὰρ ἐν Σοδόμοις φιλοχωρήσαντα διαφυγεῖν τὴν τοῦ πυρὸς ἐπομβρίαν, οὐδὲ
B τὸν ἔξω Σοδόμων γενόμενον, εἶτα πάλιν ἐπιστραφέντα πρὸς τὴν ἐρήμωσιν ταύτης, μὴ παγῆναι στήλην ἁλός. Ἀλλ᾽ οὐδὲ

---

12) M. ὁμόφυλον. — 13) M. ἐν ἑαυτῷ.

schaftlichkeit, maßlose Vergnügungssucht, jede Art von Herrschsucht und Sucht nach leerem Ruhm, und der übrige Haufe der den Menschen beiwohnenden Krankheiten. Beim Bösen hängt gewissermaßen Eins am Anderen, und wer das Eine hat, bei dem findet auch gewiß das Andere, wie von einer natürlichen Nothwendigkeit angezogen, Eingang. Wie es bei einer Kette der Fall ist, deren übrige Ringe sich nicht ruhig halten können, wenn man an dem Anfang derselben zieht, sondern wenn der an dem entgegengesetzten Ende befindliche Ring durch den ersten mit in Bewegung gesetzt wird, diese Bewegung nothwendiger Weise ununterbrochen und stät von dem ersten Gliede durch die anstoßenden Glieder fortschreitet, so sind auch die menschlichen Leidenschaften in einander verflochten und verwachsen, und mittelst einer einzigen, welche die Oberhand gewinnt, findet auch der übrige Schweif der Uebel Eingang in die Seele. Wenn ich dir diese böse Kette näher beschreiben soll, so setze einmal den Fall daß Jemand einem Vergnügen, und zwar dem eitler Ruhmsucht unterlegen sei. Ja, mit der Ruhmsucht steht das Verlangen nach Mehr in Verbindung; denn unmöglich kann Jemand ein Eigennütziger werden, wenn ihn nicht jene dazu anleitet. Dann entzündet die Begierde Mehr vor Anderen voraus zu haben den Zorn gegen die Gleichgestellten, oder den Hochmuth gegen die Untergebenen, oder den Neid gegen die Höherstehenden; im Gefolge des Neids aber ist wieder die Heuchelei, diese führt Bitterkeit, diese wieder Haß mit sich, und das Ende von diesem allen ist Verdammniß, welche in der Hölle, Finsterniß und Feuer endigt. Siehst Du den Schweif der Uebel, wie alle von Einem, von dem Vergnügen ausgehen? Nachdem nun einmal die ganze Reihe dieser Leidenschaften Eingang in das Leben gefunden hat, sehen wir nach dem Rathe der von Gottes Hauch erfüllten heiligen Schrift einen einzigen Ausweg daraus, nämlich Lossagung von diesem Leben, mit welchem ein Gefolge für uns lästiger und trauriger Dinge verbunden ist. Kann man doch nicht in Sodom gern verweilen, und doch dem Feuerregen entgehen wollen, noch kann man, wenn man Sodom verlassen hat, dann wiederum zurückschauen auf seine Verwüstung, ohne zur Salz-

τῆς Αἰγυπτίων δουλείας ἀπαλλαγήσεται ὁ μὴ καταλιπὼν τὴν Αἴγυπτον, τὴν ὑποβρύχιον λέγω ταύτην ζωήν, καὶ διαβὰς οὐχὶ τὴν ἐρυθρὰν ἐκείνην, ἀλλὰ τὴν μέλαιναν ταύτην καὶ ζοφώδη τοῦ βίου θάλασσαν. Εἰ δέ, καθώς φησιν ὁ κύριος, ἐὰν μὴ ἐλευθερώσῃ ἡμᾶς ἡ ἀλήθεια, τῷ κακῷ τῆς δουλείας ἐναπομένομεν, πῶς ἔςιν ἐν τῇ ἀληθείᾳ γενέσθαι τὸν ζητοῦντα ψεῦδος, καὶ ἐν τῇ πλάνῃ τοῦ βίου ἀναςρεφόμενον; πῶς δέ τις τὴν δουλείαν ἀποδράσεται [14]ταύτην ὁ ταῖς ἀνάγκαις τῆς φύσεως ὑποχείριον δοὺς τὴν ἰδίαν ζωήν; Γνωριμώτερος δ᾽ ἂν γένοιτο ἡμῖν διά τινος παραδείγματος ὁ περὶ τούτων λόγος. Ὥσπερ τις ποταμὸς [15]χειμερίοις ῥεύμασι τραχυνόμενος καὶ κατὰ τὴν ἑαυτοῦ φερόμενος φύσιν ξύλα τε καὶ λίθους καὶ πᾶν τὸ παρατυχὸν ὑπολαμβάνων τῷ ῥείθρῳ μόνοις τοῖς κατ᾽ αὐτὸν γινομένοις σφαλερὸς καὶ κινδυνώδης ἐςὶ, τοῖς δὲ πόρρωθεν αὐτὸν φυλασσομένοις εἰκῆ ῥεῖ, οὕτω καὶ τὴν τοῦ βίου ταραχὴν ὁ κατ᾽ αὐτὴν γεγονὼς μόνος ὑφίςαται, καὶ μόνος ἀναδέχεται καθ᾽ ἑαυτοῦ τὰ πάθη ἅπερ ἂν ἡ φύσις ἀκολούθως ἑαυτῇ ῥέουσα τοῖς δι᾽ αὐτῆς πορευομένοις ἀναγκαίως [16]ἐπάγηται, διὰ τῶν τοῦ βίου κακῶν ἐπικλύζουσα. Εἰ δέ τις καταλίποι τὸν χειμάρρον τοῦτον, ὥς φησιν ἡ γραφή, καὶ τὸ ὕδωρ τὸ ἀνυπόςατον, ἔξω πάντως

Psalm. 124, 4 sqq. ἔςαι, κατὰ τὴν τῆς ᾠδῆς ἀκολουθίαν, τῆς θήρας τῶν ὀδόντων τοῦ βίου, καθάπερ ςρουθίον τῷ τῆς ἀρετῆς πτερῷ διαπτὰς τὴν παγίδα. Ἐπειδὴ γὰρ κατὰ τὸ ῥηθὲν ἡμῖν ἐπὶ τοῦ χειμάρρου ὑπόδειγμα παντοίαις ταραχαῖς καὶ

p. 131. ἀνωμαλίαις πλημμύρων ὁ ἀνθρώπινος βίος ἀεὶ φέρεται, κατὰ τοῦ πρανοῦς τῆς φύσεως προχεόμενος, καὶ οὐδὲν ἕςηκε τῶν ἐν αὐτῷ σπουδαζομένων, οὐδὲ ἀναμένει τὴν πλησμονὴν τῶν ἐπιθυμούντων αὐτῶν, πάντα δὲ τὰ προσπίπτοντα ὁμοῦ τε προσήγγισε καὶ θίγοντα παρέδραμε, καὶ τὸ ἀεὶ παρὸν τῷ σφοδρῷ τῆς παρόδου διαφεύγει τὴν αἴσθησιν, ὑπὸ τῆς κατόπιν ἐπιρροῆς τῶν ὀφθαλμῶν ἁρ-

---

14) ταύτην fehlt in den Ausg. Für ἀποδράσεται geben sie ἀποδράσει. — 15) M. χειμέριος ῥεύματι. — 16) M. ἐπάγεται.

säule' zu erhärten! Aber es wird auch nicht aus der Knechtschaft Aegyptens befreit werden, wer nicht Aegypten verläßt, nämlich dieses versunkene Leben, und nicht jenes rothe, sondern dieses schwarze und finstere Meer des Lebens durchschreitet. Wenn wir aber, wie der Herr sagt, in dem Unglück der Knechtschaft verbleiben, wenn uns die Wahrheit nicht frei macht, wie kann dann der zur Wahrheit gelangen welcher die Lüge sucht, und sich in dem Irrsal des Lebens herumtreibt? und wie kann Jemand der Knechtschaft entlaufen welcher sein Leben dem Zwang der Natur unterwirft? Das Verständniß dürfte uns durch Anwendung eines Beispiels deutlicher werden. Wie ein durch Winterwasser zornig aufgeschwellter und in seinem natürlichen Ungestüm dahinstürzender Fluß, welcher Holz und Steine und Alles was ihm in den Weg kommt in seine Strömung mitaufnimmt, allein denen gefährlich und furchtbar ist welche an ihn hinangehen, für die aber welche sich fern halten ohne irgend welchen Nachtheil dahinströmt, so setzt sich auch der allein der Unruhe des Lebens aus welcher sich in dasselbe hineinbegiebt, und zieht sich allein die Leiden zu welche die Natur ihren richtigen Lauf verfolgend nothwendiger Weise den durch sie Hindurchschreitenden zubringen und vermittelst der Laster des Lebens an sie hinanspülen muß. Wenn man hingegen diesen Winterstrom, wie die Schrift sich ausdrückt, und dieses unbeständige Wasser verläßt, so wird man, wie der Gesang im Weiteren sagt, nicht ein Raub sein der Zähne des Lebens, und wird wie ein Sperling auf dem Gefieder der Tugend der Schlinge entrinnen. Da nämlich nach dem von uns gebrauchten Beispiele des Wildwassers das menschliche Leben in allerlei Toben und Ungleichheit überströmend, und je nach dem Hang der Natur sich ergießend, dahinstürzt, und Nichts von dem wonach man in ihm strebt und ringt einen festen Bestand hat, noch es eine Sättigung der Begierde nach dem worauf unser Streben geht zu gewärtigen hat, und Alles was uns zu Theil wird in einem Augenblick uns naht, um, wenn es uns berührt hat, auch schon wieder zu vergehen, und das uns je Gegenwärtige durch die Schnelligkeit des Vorüberganges unserem Blick sich entzieht, und unsere Augen durch die Strömung nach hinten gleichsam mit fortreißt, deßhalb

παζομένων, διὰ τοῦτο λυσιτελὲς ἂν εἴη πόρῥω τοῦ τοιούτου ῥεύματος ἑαυτοὺς ἀνέχειν, ὡς ἂν μὴ τῶν ἀςάτων περιεχόμενοι τῶν ἀεὶ ἑςώτων ὀλιγωρήσαιμεν. Πῶς γὰρ ἔςι τὸν προςπαθοῦντά τινι τῶν ἐν τῷ βίῳ τούτῳ διὰ τέλους ἔχειν τὸ ποθούμενον; τί τῶν μάλιςα σπουδαζομένων εἰς ἀεὶ παραμένει τοιοῦτον; ποία νεότητος ἀκμή; τίς δυνάμεως ἢ μορφῆς εὐμοιρία; τίς πλοῦτος; ποία δόξα; τίς δυναςεία; οὐ πάντα τὰ τοιαῦτα μικρὸν ἀνθήσαντα χρόνον πάλιν ἀπεῤῥύη, καὶ πρὸς τὴν ἐναντίαν ἐπωνυμίαν μετέπεσε; τίς ἐνεβίω διὰ παντὸς τῇ νεότητι; τίνι διήρκεσε διὰ τέλους ἡ δύναμις; τὸ δὲ τοῦ κάλλους ἄνθος ἆρ' οὐχὶ καὶ αὐτῶν τῶν κατὰ τὸ ἔαρ προφαινομένων ὠκυμορώτερον ἡ φύσις ἐποίησε; Τὰ μὲν γὰρ τῆς ὥρας ἐπιλαβούσης ἐβλάςησε, καὶ μικρὸν ἀπανθήσαντα χρόνον πάλιν ἀνέζησε, καὶ πάλιν ἀπεῤῥύη, καὶ πάλιν ἐκόμασε, καὶ τὸ νῦν κάλλος καὶ εἰς νεότητα ἔδειξε. Τὸ δὲ ἀνθρώπινον ἄνθος ἅπαξ ἡ φύσις κατὰ τὸ ἔαρ τῆς νεότητος δείξασα εἶτα ἀπέσβεσε, τῷ χειμῶνι τοῦ γήρως ἐναφανίσασα. Ὡσαύτως καὶ τὰ ἄλλα πάντα πρὸς καιρὸν τὴν τῆς σαρκὸς αἴσθησιν ἀπατήσαντα, εἶτα παρέδραμε καὶ συνεκαλύφθη τῇ λήθῃ. Ἐπεὶ οὖν αἱ τοιαῦται μεταβολαὶ κατά τινα τῆς φύσεως ἀνάγκην συμβαίνουσαι λυποῦσι πάντως τὸν ἐν προςπαθείᾳ γενόμενον, μία τῶν τοιούτων κακῶν ἐςιν ἀποφυγή, τὸ μηδενὶ τῶν μεταβαλλομένων τῇ ψυχῇ προςτεθῆναι, ἀλλ' ὡς ἔςι δυνατὸν χωρισθῆναι τῆς πρὸς πάντα τὸν βίον τὸν ἐμπαθῆ τε καὶ σάρκινον ὁμιλίας, μᾶλλον δὲ καὶ τῆς πρὸς τὸ σῶμα τὸ ἑαυτοῦ συμπαθείας ἔξω γενέσθαι, ὡς ἂν μὴ κατὰ σάρκα βιοὺς ὑπεύθυνος γένηται ταῖς ἐκ τῆς σαρκὸς συμφοραῖς· τοῦτο δέ ἐςι τὸ μόνῃ τῇ ψυχῇ ζῆν, καὶ μιμεῖσθαι κατὰ τὸ δυνατὸν τὴν τῶν ἀσωμάτων δυνάμεων πολίτειαν, ἐν ᾗ οὔτε γαμοῦσιν οὔτε

dürfte es wohl frommen sich fernerhin von dieser Strömung weit abwärts zu halten, damit wir an dem Unbeständigen festhaltend nicht das vernachlässigen was ewig besteht. Wie vermag Jemand welcher mit Leidenschaft an irgend einem Gute dieses Lebens hängt den Gegenstand seines Verlangens immerwährend behalten? was von dem wonach man am Meisten ringt und strebt bleibt für immer in solchem Zustande? welche Blüthe der Jugend? welche glückliche Begabung an körperlicher Kraft oder Schönheit? welcher Reichthum? welcher Ruhm? welche Herrschaft? Vergeht nicht alles dieses wieder, nachdem es eine kleine Weile in Blüthe gestanden hat, und schlägt nach dem entgegengesetzten Namen um? Wer hat allezeit in Jugend gelebt? wem hielten seine Kräfte ununterbrochen vor? und die Blume der Schönheit, hat die nicht die Natur von noch kürzerer Dauer geschaffen als selbst die Blumen welche der Frühling hervorbringt? Denn diese sprossen empor, wenn die Jahreszeit herbeigekommen ist, und eine kleine Weile nachdem sie verblüht sind leben sie von Neuem auf, und vergehen abermals, und grünen und blühen abermals, und zeigen ihre jetzige Schönheit und zwar zur Jugendfrische neu entwickelt. Aber die Menschenblume zeigt die Natur nur einmal, im Frühling der Jugend, dann läßt sie dieselbe verwelken und durch den Winter des Alters zerstört werden. In gleicher Weise täuscht eine Zeit lang auch alles Uebrige die Sinnlichkeit des Fleisches, und dann vergeht es und hüllt sich in Vergessenheit. Da nun diese nach einer gewissen Nothwendigkeit der Natur eintretenden Veränderungen jedenfalls den mit Schmerz erfüllen welcher in einen leidenschaftlichen Hang nach Etwas verfallen ist, so ist das einzige Mittel diesen Uebeln zu entgehen daß man sich in seiner Seele an keins der Dinge kettet welche der Veränderung unterworfen sind, sondern, so viel in unseren Kräften steht, sich von dem Verkehr mit allem Leben der Leidenschaft und des Fleisches lostrennt, oder vielmehr daß man sich von der Mitleidenschaft und Abhängigkeit von seinem eigenen Körper befreit, damit man nicht durch ein fleischliches Leben sich den aus dem Fleische erwachsenden Uebeln in die Hände liefere, das heißt aber, daß man einzig ein Leben der Seele führt und nach Kräften den Wandel der körperlosen Mächte nachahmt, in

γαμίσκονται, ἀλλ' ἔργον αὐτοῖς καὶ [17] σπουδὴ καὶ κατόρθωμα τὸ θεωρεῖν τὸν πατέρα τῆς ἀφθαρσίας ἐςὶ, καὶ πρὸς τὸ ἀρχέτυπον κάλλος τὴν ἰδίαν καλλωπίζειν μορφὴν διὰ τῆς ἐνδεχομένης μιμήσεως.

Κεφ. ε΄. Ταύτης οὖν τῆς διανοίας καὶ τῆς ὑψηλῆς ἐπιθυμίας συνεργὸν, καθὼς τῇ γραφῇ δοκεῖ, καὶ βοηθὸν τῷ ἀνθρώπῳ τὴν παρθενίαν εἶναί φαμεν· καὶ ὥςπερ τῶν λοιπῶν ἐπιτηδευμάτων τέχναι τινὲς πρὸς τὴν ἑκάςου τῶν σπουδαζομένων ἐπεργασίαν ἐπενοήθησαν, οὕτω μοι δοκεῖ καὶ τὸ τῆς παρθενίας ἐπιτήδευμα τέχνη τις εἶναι καὶ δύναμις τῆς θειοτέρας ζωῆς, πρὸς τὴν ἀσώματον φύσιν τοὺς ἐν σαρκὶ ζῶντας ὁμοιοῦσθαι παρασκευάζουσα. Πᾶσα γάρ ἐςι σπουδὴ τοῦ τοιούτου βίου ὅπως μὴ τὸ ὑψηλὸν τῆς ψυχῆς διὰ τῆς ἐπαναςάσεως τῶν ἡδονῶν ταπεινωθῇ, καὶ ἀντὶ τοῦ μετεωροπορεῖν καὶ εἰς τὰ ἄνω βλέπειν τὴν διάνοιαν ἡμῶν πρὸς τὰ σαρκὸς καὶ αἵματος κατενεχθεῖσαν πάθη πεσεῖν. Πῶς γὰρ ἔτι δύναται πρὸς τὸ συγγενές τε καὶ νοητὸν φῶς ἐλευθέρῳ ἀναβλέπειν τῷ ὄμματι ἡ προςηλωθεῖσα κάτω τῇ ἡδονῇ τῆς σαρκὸς, καὶ τὴν ἐπιθυμίαν πρὸς τὰ ἀνθρώπινα πάθη ἀπασχολήσασα; Ὅταν [1] γὰρ πρὸς τὰ ὑλώδη σχῇ τὴν ῥοπὴν ἐκ μοχθηρᾶς τινος καὶ ἀπαιδεύτου [2] προλήψεως, καθάπερ οἱ τῶν συῶν ὀφθαλμοὶ εἰς τὸ κάτω παρὰ τῆς φύσεως ἐςραμμένοι τῶν οὐρανίων θαυμάτων ἀπείρως ἔχουσιν, οὕτως ἡ τῷ σώματι συγκατασπασθεῖσα ψυχὴ οὐκέτι πρὸς τὸν οὐρανὸν καὶ τὰ ἄνω κάλλη βλέπειν δυνήσεται, πρὸς τὸ ταπεινὸν καὶ κτηνῶδες τῆς φύσεως ἐπικύπτουσα. Ὡς ἂν οὖν μάλιςα ἡμῖν ἐλευθέρα καὶ ἄνετος ἡ ψυχὴ πρὸς τὴν θείαν τε καὶ μακαρίαν ἡδονὴν ἀναβλέποι, πρὸς οὐδὲν τῶν γηΐνων ἑαυτὴν [3] ἐπιςρέψει, οὐδὲ τῶν νενομισμένων κατὰ τὴν τοῦ κοινοῦ βίου συγχώρησιν ἡδονῶν μεταλήψεται, ἀλλὰ μεταθήσει τὴν ἐρωτικὴν δύναμιν ἀπὸ τῶν σωματικῶν ἐπὶ

---

17) Die Wörter σπουδὴ καὶ fehlen in den Ausgaben.
1) γὰρ fehlt bei M. — 2) M. προςλήψεως. — 3) M. ἐπιςρέψῃ.

welchem sie weder freien noch gefreit werden, sondern ihr Werk, ihre Sorge und ihr Vollbringen ist, den Vater der Unvergänglichkeit und ewigen Reinheit zu schauen, und daß man, soweit die Nachahmung es vermag, seine eigene Bildung nach dem Muster der Urschönheit veredelt und verschönt.

Kap. 5. Eines solchen Sinnes und solch erhabenen Verlangens Beistand also, wie die Schrift meint, und Helferin, behaupten wir, ist die Entsagung des ehelichen Lebens, und gleichwie gewisse Vortheile und Handgriffe zur Herstellung alles dessen was wir betreiben für die übrigen Lebensbeschäftigungen erfunden worden sind, so scheint mir auch in dem ehelosen Stande ein Vortheil und Vermögen zu einem mehr göttlichen Leben zu liegen, indem er die im Fleische Lebenden der körperlosen Natur ähnlich zu machen unternimmt. Denn alles Streben und Sorgen dieses Lebenswandels geht dahin daß die Erhabenheit der Seele durch keinen Aufstand der sinnlichen Lüste gedemüthigt und erniedrigt werde, noch unser Sinn, anstatt in der Höhe zu wandeln und nach dem zu schauen was droben ist, auf die Leidenschaften des Fleisches und Blutes verfalle. Wie kann er noch zu dem ihm verwandten und geistigen Licht mit freiem Auge aufschauen, wenn er hier unten an die Lust des Fleisches sich wie mit Nägeln und Klammern festgeschlossen hat, und sein Verlangen auf Gegenstände menschlicher Leidenschaften richtet? Denn wenn er in Folge eines unglückseligen und thörichten Vorurtheils sich dem Materialen zugeneigt hat, so wird, gleichwie die Augen der Schweine, weil sie von der Natur nach unten zu gekehrt sind, die Wunder des Himmels nicht kennen, die von dem Körper mit herabgezogener Seele nicht mehr zum Himmel und der Pracht dort oben aufschauen können, weil sie zur Niedrigkeit und thierischen Gemeinheit der Natur sich hinabbeugt. Damit nun unsere Seele so frei und ungebunden als möglich zu der göttlichen und seligen Lust aufblicke, darf sie nichts Irdischem sich zukehren, noch an den nach der nachsichtsvollen Gewohnheit des gemeinen Lebens allgemein verbreiteten Vergnügungen Theil nehmen, sondern muß die Kraft ihrer Liebe von dem Körperlichen auf die geistige und immateriale

τὴν νοητήν τε καὶ ἄϋλον τοῦ καλοῦ θεωρίαν. Πρὸς τὴν τοιαύτην [4]τοίνυν τῆς ψυχῆς διάθεσιν ἡ παρθενία τοῦ σώματος ἡμῖν ἐπενοήθη, ὡς ἂν μάλιςα λήθην καὶ ἀμνηςίαν ἐμποιήσειε τῇ ψυχῇ τῶν ἐμπαθῶν τῆς φύσεως κινημάτων, μηδεμίαν ἀνάγκην ἐπάγουσα πρὸς τὰ ταπεινὰ τῆς σαρκὸς ὀφλήματα καταγίνεσθαι. Ἐλευθερωθεῖσα γὰρ ἅπαξ τῶν τοιούτων χρεῶν οὐκέτι κινδυνεύει μὴ τῷ κατ' ὀλίγον προςεθισμῷ περὶ τὰ δοκοῦντα νόμῳ τινὶ φύσεως συγκεχωρῆσθαι ἐν ἀποςροφῇ καὶ ἀγνοίᾳ τῆς θείας τε καὶ ἀκηράτου γένηται ἡδονῆς, ἣν μόνη ἡ καρδίας καθαρότης, τοῦ ἐν ἡμῖν ἡγεμονικοῦ, θηρεύειν πέφυκεν.

Κεφ. ς'. Διὰ τοῦτό μοι δοκεῖ καὶ ὁ μέγας ἐν προφήταις Ἠλίας, καὶ ὁ ἐν πνεύματι καὶ δυνάμει Ἠλίου μετ' ἐκεῖνον ἐπιδημήσας τῷ βίῳ, οὗ μείζων οὐδεὶς ἐν γεννητοῖς γυναικῶν, εἴπερ τι καὶ ἕτερον ἡ κατ' αὐτοὺς ἱςορία παραδηλοῖ δι' αἰνίγματος, τοῦτο μάλιςα τῷ ἰδίῳ δογματίζειν βίῳ, τὸ χωρισθῆναι τῆς τοῦ ἀνθρωπίνου βίου ἀκολουθίας τὸν τῇ θεωρίᾳ τῶν ἀοράτων σχολάζοντα, ὡς ἂν μὴ ταῖς τοιαύταις ἀπάταις ταῖς διὰ τῶν αἰσθήσεων γινομέναις προςεθισθεὶς σύγχυσίν τινα καὶ πλάνην πάθοι περὶ τὴν τοῦ ὄντως ἀγαθοῦ κρίσιν. Ἀμφότεροι γὰρ εὐθὺς ἐκ νέων ἀπεξενώθησαν τῆς ἀνθρωπίνης ζωῆς, καὶ οἷον ἔξω τῆς φύσεως ἑαυτοὺς ἔςησαν τῇ περὶ τὴν βρῶσιν καὶ πόσιν ὑπεροψίᾳ τῆς συνήθους καὶ νενομισμένης τροφῆς καὶ τῇ κατὰ τὴν ἔρημον διαγωγῇ, ὡς καὶ τὴν ἀκοὴν ἀπερίηχητον καὶ ἀπλάνητον αὐτοῖς φυλαχθῆναι τὴν ὄψιν, καὶ τὴν γεῦσιν ἁπλῆν τε καὶ ἀπραγμάτευτον διαμεῖναι, ἐκ τοῦ προςτυχόντος ἑκατέροις πληρουμένης τῆς χρείας. Ἐντεῦθεν εἰς πολλὴν εὐδίαν καὶ γαλήνην ἀπὸ τῶν ἔξωθεν θορύβων κατέςησαν, καὶ διὰ τοῦτο εἰς τοσοῦτον μέγεθος τῶν θείων χαρισμάτων ἐπήρθησαν ὅσον περὶ ἑκατέρου τούτων μνημονεύει ὁ λόγος. Ἠλίας μὲν γὰρ καθάπερ ταμίας τις τῶν τοῦ θεοῦ δωρεῶν καταςὰς, τὰς ἐκ

---

4) τοίνυν fehlt in den Ausg.

Betrachtung des Guten übertragen. Wir haben nun gefunden daß für diese Verfassung der Seele die Jungfräulichkeit des Körpers ganz besonders geeignet sei, um Vergessenheit und Tilgung der leidenschaftlichen Erregungen der Natur in ihr zu bewirken, weil sie keinerlei Nöthigung herbeiführt sich in die niedrigen Schulden des Fleisches zu verstricken. Denn ein für allemal von diesen Verbindlichkeiten befreit, wird sie nicht ferner Gefahr laufen daß sie durch die allmähliche Gewöhnung an Dinge welche durch ein Gesetz der Natur erlaubt zu sein scheinen sich von der göttlichen und lauteren Lust vergessend abwende, welche allein die Reinheit des Herzens, das ist der denkenden Hauptkraft in uns, erjagen kann.

Kap. 6. Deßhalb scheint mir auch Elias, der gewaltige unter den Propheten, und der welcher im Geiste und in der Kraft des Elias nach ihm ins Leben trat, größer als welcher keiner der von Weibern Geborenen ist, wenn sonst ihre Geschichte noch etwas Anderes im Gewande des Gleichnisses andeutet, hauptsächlich diese Lehre durch ihr Leben auszusprechen, daß der mit Beschauung der unsichtbaren Dinge Beschäftigte sich von dem Zusammenhang mit dem Leben der Menschen ablöst damit er sich nicht an solchen Sinnentrug gewöhne und ihm Verwirrung und Irregehen in seinem Urtheil über das wahrhaft Gute zustoße. Beide Männer haben gleich von Jugend auf durch die Verachtung der gewohnten und üblichen Ernährung durch Speise und Trank und durch ihren Aufenthalt in der Wüste sich außer Gemeinschaft mit dem menschlichen Leben und gleichsam außerhalb der Natur gestellt, so daß sie ihr Gehör fern dem Getöse und ihr Gesicht fern der Verirrung bewahrten, und ihnen ihr Geschmack einfach und anspruchslos erhalten blieb, da ihre Nothdurft sich aus dem was sich ihnen immer gerade zum Essen darbot befriedigte. In Folge dessen haben sie sich von dem Geräusch der Außenwelt in eine große Stille und Heiterkeit zu versetzen gewußt, und sich dadurch beide zu jener Höhe der göttlichen Gnaden erhoben von welcher die Schrift erzählt. Denn Elias war gleichsam als ein Verwalter der Geschenke Gottes bestellt, und Herr nach unumschränkter

τοῦ οὐρανοῦ χρείας κατ᾽ ἐξουσίαν καὶ ἀποκλείειν τοῖς ἁμαρτάνουσι, καὶ ἀνιέναι τοῖς μετανοοῦσι κύριος ἦν· τὸν δέ [5]γε Ἰωάννην τοιοῦτον μέν τοι θαυματοποιῆσαι οὐδέν φησιν ἡ θεία ἱςορία, περισσότερον δὲ ἢ κατὰ πάντα προφήτην τὸ ἐν αὐτῷ χάρισμα παρὰ τοῦ τὰ κρυπτὰ βλέποντος μεμαρτύρηται· τάχα ὅτι καθαράν τε καὶ ἀμιγῆ πάσης ὑλικῆς προςπαθείας τὴν ἑαυτῶν ἐπιθυμίαν ἀπ᾽ ἀρχῆς εἰς τέλος τῷ κυρίῳ ἀνέθηκαν, οὔτε εἰς τέκνων ςοργὴν, οὔτε εἰς γυναικὸς φροντίδα, οὔτε εἰς ἄλλο τι τῶν ἀνθρωπίνων ἀσχολήσαντες, οἵ γε μηδὲ τῆς καθ᾽ ἡμέραν ἀναγκαίας τροφῆς πρέπειν ἑαυτοῖς ὑπολαβόντες τὴν μέριμναν, τῆς τε τῶν ἐνδυμάτων σεμνότητος κρείττους ἐπιδειχθέντες ἐκ τῶν ἐπιτυχόντων ἑαυτοῖς τὰς χρείας ἀπεσχεδίαζον, ὁ μὲν δέρμασιν αἰγείοις, ὁ δὲ καμήλου θριξὶ σκεπαζόμενος, οὐκ ἂν εἰς ἐκεῖνο τὸ μέγεθος, ὡς οἶμαι, φθάσαντες, εἰ ταῖς τοῦ σώματος ἡδυπαθείαις ὑπὸ τοῦ γάμου κατεμαλάχθησαν. Ταῦτα δὲ οὐχ ἁπλῶς, ἀλλὰ, καθώς φησιν ὁ ἀπόςολος, εἰς νουθεσίαν ἡμῶν ἀναγέγραπται, ἵνα πρὸς τὸν ἐκείνων βίον καὶ τὸν ἑαυτῶν κατευθύνωμεν. Τί οὖν ἐκ τούτων μανθάνομεν; τὸ καθ᾽ ὁμοιότητα τῶν ἁγίων ἀνδρῶν μηδενὶ τῶν βιωτικῶν πραγμάτων προςασχολεῖν τὴν διάνοιαν τὸν ἐπιθυμοῦντα τῷ θεῷ συναφθῆναι· οὐδὲ γάρ ἐςι δυνατὸν τὸν εἰς πολλὰ τῇ διανοίᾳ διαχεόμενον πρὸς θεοῦ κατανόησιν καὶ ἐπιθυμίαν εὐθυπορῆσαι.

Κεφ. ζ. Δοκεῖ δέ μοι δι᾽ ὑποδείγματος ἐναργέςερον ἂν παραςῆσαι τὸ περὶ τούτων δόγμα. Ὑποθώμεθα γάρ τι ὕδωρ ἐκ πηγῆς προχεόμενον εἰς διαφόρους ἀποῤῥοὰς κατὰ τὸ συμβὰν διασχίζεσθαι. Οὐκοῦν ἕως ἂν οὕτω φέρηται, εἰς οὐδὲν τῶν πρὸς τὴν γεωργίαν χρησίμων ἐπιτήδειον ἔςαι, τῆς εἰς πολλὰ διαχύσεως ὀλίγον τὸ ἐν ἑκάςῳ, καὶ ἀδρανὲς, καὶ δυςκίνητον ὑπὸ ἀτονίας ποιούσης· εἰ δέ τις πάσας αὐτοῦ τὰς ἀτάκτους ἀποῤῥοὰς συναγά-

---

5) γε fehlt in den Ausg.

Machtvollkommenheit die Nothdurft des Himmels für die Sünder zu verschließen und für die Reuigen zu entfesseln; vom Johannes aber erzählt die göttliche Geschichte zwar ein solches Wunder nicht, von dem aber welcher das Verborgene durchschaut ist ihm das Zeugniß ausgestellt daß in ihm eine größere Fülle von Gnade war als daß er mit irgend einem anderen Propheten hierin verglichen werden könnte. Das kam wohl daher weil sie von Anfang an bis zu Ende ihre Begierde rein und ungetrübt von aller materialen Anfechtung dem Herrn geweiht, und sich weder der Liebe zu Kindern, noch der Sorge um ein Weib, noch sonst welchen anderen menschlichen Dingen jemals hingegeben hatten, sie, welche nicht einmal die Sorge um die tägliche Nahrung für sich für ziemlich hielten, welche zeigten daß sie über dem äußeren Prunk der Kleidung standen, und, nicht wählerisch, aus dem was ihnen gerade zur Hand kam ihre Bedürfnisse erfüllten, indem der eine sich mit Ziegenfellen, der andere mit Kameelhaaren bedeckte, und welche, wie ich glaube, nimmermehr zu jener Größe gelangt wären, wenn sie sich von der Ehe hätten unter dem Einfluß des Wohllebens verweichlichen lassen. Dies ist aber nicht absichtslos, sondern uns zur Ermahnung dort niedergeschrieben, auf daß wir nach dem Leben Jener auch das unsrige einrichten. Was lernen wir also daraus? wir lernen daß wir in Aehnlichkeit mit den heiligen Männern unsern Geist, welcher mit Gott zusammen zu sein begehrt, nicht auf die Dinge des Lebens richten sollen; denn es ist ein Ding der Unmöglichkeit daß der welcher mit seinem Geiste sich auf Vielerlei zerstreut ungehindert zur Erkenntniß Gottes und zur Sehnsucht nach ihm gelangen kann.

Kap. 7. Ich glaube diese Lehre durch ein Beispiel vielleicht deutlicher machen zu können. Stellen wir uns ein sich aus einem Felsen ergießendes Wasser vor welches sich, wie es wohl geschieht, dann in verschiedene Abflüsse zertheilt. So lange es nun so dahinfließt, wird es mit keinem Vortheil sich für den Ackerbau verwenden lassen, weil die vielfache Zertheilung nur eine geringe und schwache und wegen seiner Kraftlosigkeit nur langsam dahin schleichende Menge Wassers in jeder einzelnen Abzweigung auftreten läßt; wenn aber Jemand alle die regellosen Abflüsse vereinigt und

γοι, καὶ εἰς ἓν ῥεῖθρον τὸ πολλαχῇ τέως ἐσκεδασμένον ἀθροίσειεν, εἰς πολλὰ ἂν τῶν βιωφελῶν καὶ χρησίμων ἀθρόῳ καὶ συντεταγμένῳ τῷ ὕδατι χρήσαιτο. Οὕτω μοι δοκεῖ καὶ ὁ νοῦς ὁ ἀνθρώπινος, εἰ μὲν πανταχοῦ διαχέοιτο, πρὸς τὸ ἀρέσκον ἀεὶ τοῖς αἰσθητηρίοις ῥέων καὶ
B σκεδαννύμενος, μηδεμίαν ἀξιόλογον δύναμιν ἴσχειν πρὸς τὴν ἐπὶ τὸ ὄντως ἀγαθὸν πορείαν· εἰ δὲ πανταχόθεν ἀνακληθεὶς, καὶ περὶ ἑαυτὸν ἀθροισθεὶς, συνηγμένος καὶ ἀδιάχυτος πρὸς τὴν οἰκείαν ἑαυτῷ καὶ κατὰ φύσιν ἐνέργειαν κίνοιτο, οὐδὲν τὸ κωλύον αὐτὸν ἔςαι πρὸς τὰ ἄνω φέρεσθαι, καὶ τῆς ἀληθείας τῶν ὄντων ἐφάπτεσθαι. Καθάπερ γὰρ τὸ περιεςεγασμένον διὰ σωλῆνος ὕδωρ ὄρθιον πολλάκις ὑπὸ τῆς ἀναθλιβούσης βίας ἐπὶ τὰ ἄνω φέρεται, οὐκ ἔχων ὅπη διαχυθῇ, καὶ ταῦτα καταφεροῦς αὐτῷ τῆς κατὰ φύσιν οὔσης κινήσεως, οὕτω καὶ ὁ νοῦς ὁ ἀνθρώ-
C πινος, οἷόν τινος σωλῆνος ςεγανοῦ τῆς ἐγκρατείας αὐτὸν ἁπανταχόθεν περισφιγγούσης, ἀναληφθήσεταί πως ὑπὸ τῆς τοῦ κινεῖσθαι φύσεως πρὸς τὴν τῶν ὑψηλοτέρων ἐπιθυμίαν, οὐκ ἔχων ὅπου παραρρυῇ· οὔτε γὰρ ςῆναί ποτε
[1] δύναται τὸ ἀεικίνητον ὑπὸ τοῦ πεποιηκότος εἰληφὸς τὴν φύσιν, καὶ εἰς τὰ μάταια χρῆσθαι τῇ κινήσει κωλυόμενον ἀμήχανον μὴ πρὸς τὴν ἀλήθειαν πάντως εὐθυπορῆσαι, τῷ πανταχόθεν ἀπὸ τῶν ἀτόπων ἀπείργεσθαι. Καὶ γὰρ ἐν ταῖς πολυοδίαις οὕτω μάλιςα τοὺς ὁδοιπόρους ὁρῶ-
D μεν τῆς εὐθείας οὐχ ἁμαρτάνοντας, ὅταν τὴν ἐν ταῖς ἄλλαις ὁδοῖς πλάνην προμαθόντες ἐκκλίνωσιν. [2] Ὥσπερ οὖν ὁ τῶν πεπλανημένων τρίβων ἐν τῷ ὁδεύειν ἀναχωρήσας ἐπὶ τῆς εὐθείας μᾶλλον ἑαυτὸν φυλάξει, οὕτως ἡμῶν ἡ διάνοια τῇ ἀποςροφῇ τῶν ματαίων τὴν ἐν τοῖς οὖσιν ἀλήθειαν ἐπιγνώσεται. Ἔοικεν οὖν ταῦτα παιδεύειν ἡμᾶς
[3] ἡ μνήμη τῶν μεγάλων προφητῶν ἐκείνων, τὸ μηδενὶ τῶν

---

1) M. δυνατόν ἐςι τὴν ἀεικίνητον ὑπὸ τ. π. εἰληφότα. — 2) M. ὡς ὁ τῶν. — 3) M. τῇ μνήμῃ.

das was bisher hiehin und dahin zerstreut war in einen Strom
verbindet, so wird er das auf solche Weise vereinigte und in einem
gemeinsamen Bette geregelte Wasser vielfach nützlich und vortheil=
haft verwenden können. So scheint mir auch der menschliche Geist,
wenn er sich nach allen Seiten zersplittert, nach dem was den
Sinnen jedesmal eben gefällt seinen Lauf zurichtet, und sich hiehin
und dahin verbreitet, im Besitz keiner ausreichenden Kraft zur
Wanderung nach dem wahrhaften Gut zu sein; wenn er dagegen,
von allen Seiten gesammelt und auf sich selbst zurückgeführt, mit
vereinter und unzersplitterter Kraft sich zu der ihm eigenen und
naturgemäßen Thätigkeit in Bewegung setzt, dann wird Nichts ihn
hindern sich nach Oben zu erheben und die Wahrheit der Dinge
zu erfassen. Denn gleichwie ein in einer Röhre von allen Seiten
eingeschlossenes Wasser oftmals durch die Gewalt des Druckes in die
Höhe steigt, weil ihm keine Gelegenheit zum Ausströmen geboten
ist, und zwar trotzdem daß seine naturgemäße Bewegung nach
Unten geht, so wird auch der menschliche Geist, indem ihn die
Enthaltsamkeit gleich einer dichten Röhre von allen Seiten ein=
schließt, von der Natur der Bewegung gewissermaßen zur Begierde
nach dem Erhabeneren emporgedrückt, weil er keine Gelegenheit
hat sich in einen Nebenweg zu ergießen; denn was von dem
Schöpfer eine ewig bewegliche Natur empfangen hat, das kann
nicht stillstehen, und es muß, wenn es gehindert wird seine Be=
wegung zu nichtigen Dingen zu mißbrauchen, durchaus geraden
Wegs der Wahrheit entgegen gehen, darum eben daß es nach
allen Seiten hin von dem Thörichten und Bösen abgehalten
wird. So sehen wir auch bei einer Mehrheit von Wegen die
Wanderer hauptsächlich so den richtigen nicht verfehlen, wenn
sie durch die Erfahrung auf anderen Wegen sich belehren lassen
und nachher den Irrthum zu vermeiden suchen. Wie also der
von Irrpfaden zurückkehrende Wanderer sich nun mehr auf dem
geraden Wege halten wird, so wird unser Geist, wenn er sich
von dem Eitlen und Nichtigen abgewendet haben wird, die Wahr=
heit in den Dingen erkennen. Es scheint also daß die Erinnerung
an jene gewaltigen Propheten uns diese Lehre bietet, daß wir

ἐν τῷ κόσμῳ σπουδαζομένων ἐμπλέκεσθαι. Ἓν δὲ τῶν σπουδαζομένων ὁ γάμος ἐςὶν, μᾶλλον δὲ ἀρχὴ καὶ ῥίζα τῆς τῶν ματαίων σπουδῆς.

p. 136. Κεφ. η΄. Μηδεὶς δὲ διὰ τούτων ἡμᾶς ἀθετεῖν οἰέσθω τὴν οἰκονομίαν τοῦ γάμου· οὐ γὰρ ἀγνοοῦμεν ὅτι καὶ οὗτος τῆς τοῦ θεοῦ εὐλογίας οὐκ ἠλλοτρίωται. Ἀλλ᾽ ἐπειδὴ τούτου μὲν αὐτάρκης συνήγορος καὶ ἡ κοινὴ τῶν ἀνθρώπων φύσις ἐςὶν, αὐτόματον τὴν πρὸς τὰ τοιαῦτα ῥοπὴν ἐντιθεῖσα πᾶσι τοῖς διὰ γάμου προϊοῦσιν εἰς γένησιν, ἀντιβαίνει δέ πως ἡ παρθενία τῇ φύσει, περιττὸν ἂν εἴη περὶ γάμου προτροπὴν καὶ παραίνεσιν φιλοπόνως συγγράφειν, τὴν δυσανταγώνιςον αὐτοῦ προβαλλομένους συνήγορον τὴν ἡδονήν· πλὴν εἰ μὴ τάχα διὰ τοὺς τὰ δόγματα τῆς ἐκκλησίας παραχαράσσοντας τῶν τοιούτων χρεία

1 Timoth. 4, 2. λόγων ἂν εἴη, οὓς κεκαυτηριασμένους τὴν ἰδίαν συνείδησιν ὁ ἀπόςολος ὀνομάζει, καὶ καλῶς ὀνομάζει, ὅτι καταλιπόντες τὴν ὁδηγίαν τοῦ ἁγίου πνεύματος διὰ τῆς τῶν δαιμόνων διδασκαλίας οὐλάς τινας καὶ ἐκκαύματα ταῖς καρδίαις αὐτῶν ἐγχαράσσουσι, τὰ θεοῦ κτίσματα βδελυσσόμενοι ὡς μιάσματα, καὶ εἰς κακὸν φέροντα, καὶ κακῶν

1 Cor. 5, 12. αἴτια, καὶ τὰ τοιαῦτα προσαγορεύοντες. Ἀλλὰ τί μοι τοὺς ἔξω κρίνειν; φησὶν ὁ ἀπόςολος. Ἔξω γάρ εἰσιν ὡς ἀληθῶς ἐκεῖνοι τῆς τοῦ λόγου τῶν μυςηρίων αὐλῆς, οὐκ ἐν τῇ σκέπῃ τοῦ θεοῦ, ἀλλ᾽ ἐν τῇ μάνδρᾳ τοῦ πονηροῦ αὐλιζόμενοι, οἱ ἐζωγρημένοι εἰς τὸ ἐκείνου θέλημα,

2 Tim. 2, 26. κατὰ τὴν τοῦ ἀποςόλου φωνήν, καὶ διὰ τοῦτο μὴ συνιέντες ὅτι πάσης ἀρετῆς ἐν μεσότητι θεωρουμένης ἡ ἐπὶ τὰ παρακείμενα παρατροπὴ κακία ἐςίν· ὑφέσεως γὰρ καὶ ἐπιτάσεως πανταχοῦ τις τὸ μέσον ἐπιλαβὼν τὴν ἀρετὴν ἐκ τῆς κακίας διέκρινε. Σαφέςερος δ᾽ ἂν ἡμῖν ὁ λόγος γένοιτο ἐπ᾽ αὐτῶν τῶν πραγμάτων δεικνύμενος. Δειλία καὶ θράσος, δύο κακίαι κατὰ τὸ ἐναντίον νοούμεναι, ἡ μὲν κατὰ ἔλλειψιν, ἡ δὲ κατὰ πλεονασμὸν πεποιθήσεως, μέ-

uns in Nichts verstricken lassen wonach das Verlangen und Stre=
ben der Welt zu stehen pflegt. Eins dieser Dinge ist aber die Ehe,
richtiger gesagt Anfang und Wurzel des Strebens nach eitlen
Dingen.

Kap. 8. Niemand soll aber wähnen daß wir damit die Einrichtung der Ehe abschaffen wollten; denn wir wissen recht wohl
daß auch diese des göttlichen Segens nicht verlustig ist. Da sie
indessen in der gemeinsamen menschlichen Natur schon eine hinlänglich starke Fürsprecherin für sich besitzt, welche ja in Alle welche
durch die eheliche Verbindung ins Leben treten von selbst die
Neigung dazu legt, während die der Ehe zu entsagen gewisser=
maßen der Natur zuwiderläuft, so dürfte es überflüssig sein eine
mühsam ausgearbeitete Aufmunterung und Ermahnung zur Ehe
niederzuschreiben und gegen die schwer zu bekämpfende Verthei-
digerin derselben, die Lust, eine Anklage zu erheben; obschon es
solcher Reden vielleicht um derer Willen welche die Lehren der
Kirche fälschen bedürfen möchte, von welchen der Apostel sagt daß
sie ein Brandmal in ihrem Gewissen haben, und sie mit Recht
so bezeichnet, weil sie sich vom heiligen Geiste leiten zu lassen auf=
gegeben haben und sich nun durch die Lehre und Unterricht der
Dämonen Narben und Brandmale in ihre Herzen graben, die
Kreaturen Gottes verfluchend als ob sie unsaubrer Unrath wären,
und zum Bösen führten, und das Böse verschuldeten, und was sie
sonst dem Aehnliches vorbringen. Aber, sagt der Apostel, was
soll ich die richten welche draußen sind? Denn in Wahrheit stehen
Jene außerhalb des Hofs der Geheimnisse des Worts, nicht im
Schutze Gottes, sondern in der Hürde des Bösen gelagert, welche,
nach dem Ausspruch des Apostels, gefangen sind in Jenes Willen,
und deßhalb nicht einsehen daß, da alle Tugend in der Mitte
liegt, das Böse in dem Abweichen nach den Seiten besteht; denn
wer überall die Mitte von Abspannung und Anspannung zu tref=
fen weiß, der versteht Gutes vom Bösen zu unterscheiden. Das
was ich sage dürfte uns aber noch deutlicher werden, wenn es an
den Dingen selbst nachgewiesen wird. Feigheit und Tollkühnheit sind
zwei böse einander entgegengesetzte Eigenschaften, die erste rücksichtlich des Mangels, die andere rücksichtlich ihres Uebermaßes

σην περιέχουσιν ¹ἑαυτῶν τὴν ἀνδρείαν. Πάλιν ὁ εὐσεβὴς οὔτε ἄθεος οὔτε δεισιδαίμων ἐςίν· ἴσον γὰρ ἐπ᾽ ἀμφοῖν τὸ ἀσέβημα, καὶ τὸ μηδένα θεὸν, καὶ τὸ πολλοὺς εἶναι οἴεσθαι. Βούλει καὶ δι᾽ ἑτέρων ἐπιγνῶναι τὸ δόγμα; Ὁ φυγὼν τὸ φειδωλὸς εἶναι καὶ ἄσωτος ἐν τῇ τῶν ἐναντίων παθῶν ἀναχωρήσει τὴν ἐλευθερίαν τῷ ἤθει κατώρθωσε· τοιοῦτον γάρ τι ἡ ἐλευθερία ἐςὶν, τὸ μήτε πρὸς τὰς ἀμέτρους καὶ ἀνωφελεῖς δαπάνας εἰκῇ διαχεῖσθαι, μήτε πρὸς τὰ ἀναγκαῖα μικρολόγως ἔχειν. Οὕτω καὶ ἐπὶ τῶν λοιπῶν πάντων, ἵνα μὴ τοῖς καθ᾽ ἕκαςον ἐπεξίωμεν, τὴν μεσότητα τῶν ἐναντίων ἀρετὴν ὁ λόγος ἐγνώρισεν. Οὐκοῦν καὶ ἡ σωφροσύνη μεσότης ἐςὶν, καὶ φανερὰς ἔχει τὰς ἐφ᾽ ἑκάτερα πρὸς κακίαν παρατροπάς. Ὁ μὲν γὰρ ἐλλείπων κατὰ τὸν τῆς ψυχῆς τόνον, καὶ εὐκαταγώνιςος τῷ τῆς ἡδονῆς πάθει γινόμενος, καὶ ²διὰ τοῦτο μηδὲ προςεγγίσας τῇ ὁδῷ τοῦ κατ᾽ ἀρετὴν βίου καὶ σώφρονος, εἰς πάθη τῆς ἀτιμίας κατώλισθεν· ὁ δὲ παρελθὼν τῆς σωφροσύνης τὸ βάσιμον, καὶ ὑπερπεσὼν τοῦ μέσου τῆς ἀρετῆς, οἷον κρημνῷ τινι τῇ διδασκαλίᾳ τῶν δαιμόνων ἐγκατηνέχθη, καυτηριάζων, καθώς φησιν ὁ ἀπόςολος, τὴν ἰδίαν συνείδησιν. Ἐν ᾧ γὰρ βδελυκτὸν εἶναι τὸν γάμον ὁρίζεται, ἑαυτὸν ³ςίζει τοῖς τοῦ γάμου ὀνειδισμοῖς· εἰ γὰρ τὸ δένδρον κακόν, καθώς φησί που τὸ εὐαγγέλιον, καὶ ὁ καρπὸς πάντως τοῦ δένδρου ἄξιος. Εἰ δὴ τοῦ φυτοῦ τοῦ κατὰ τὸν γάμον βλάςημα καὶ καρπός ἐςιν ὁ ἄνθρωπος, τὰ τοῦ γάμου ὀνείδη πάντως τοῦ προφέροντος γίνεται. Ἀλλ᾽ ἐκεῖνοι μὲν ςιγματίαι τὴν συνείδησιν καὶ καταμεμωλωπισμένοι τῇ ἀτοπίᾳ τοῦ δόγματος διὰ τῶν τοιούτων ἐλέγχονται· ἡμεῖς δὲ ταῦτα καὶ περὶ τοῦ γάμου γινώσκομεν, ὡς δεῖ προηγουμένην μὲν εἶναι τὴν περὶ τὰ θεῖα σπουδήν τε καὶ ἐπιμέλειαν, τῆς δὲ τοῦ γάμου λει-

---

1) M. αὐτῶν. — 2) Dies διὰ τοῦτο steht bei M. vor εὐκαταγώνιςος. — 3) M. ςίξει.

an Selbstvertrauen, und umschließen in der Mitte zwischen sich
den Muth. Ferner, der Fromme ist weder einer der an keinen
Gott, noch ein solcher der abergläubisch an viele Götter glaubt,
denn in beiden liegt die gleiche Unfrömmigkeit und besteht eben so
darin zu wähnen daß es keinen als darin zu wähnen daß es viele
Götter gebe. Hast du Lust noch an anderen Begriffen die Richtigkeit dessen was ich behauptete kennen zu lernen? Wer ein Knicker
und ein Verschwender zu sein vermeidet, der hat in seinem Character, durch Fernhaltung von den von einander gegentheilig verschiedenen Leidenschaften, es zu der eines freien und gebildeten
Menschen würdigen Handlungsweise gebracht; denn das einem
freien und gebildeten Manne geziemende Auftreten besteht darin,
weder ohne Grund sich in ungemessenen und unnützen Aufwand
zu ergießen, noch knauserig in Bezug auf nothwendige Dinge zu
sein. So entdeckt der Verstand auch bei allem Uebrigen, um nicht
Alles der Reihe nach durchzunehmen, das Gute in der Mitte der
Gegensätze. Also ist auch die Mäßigkeit eine Mitte, und ihr zu
beiden Seiten liegen die Abwege zum Bösen. Denn wem es an
Kraft der Seele fehlt, wer somit leicht von der Leidenschaft der
Lust überwältigt wird, und aus diesem Grunde dem Wege zu
einem tugendhaften und maßvollen Leben fern bleibt, der ist in
Leidenschaften schimpflicher Art verfallen; wer hingegen das Ge-
biet der Mäßigkeit überschreitet, und über die Mitte der Tugend
hinausgeht, der ist, angelehrt von den bösen Geistern, gleichsam an
einen steilen Abgrund geführt worden, und brandmarkt, wie der
Apostel sagt, sein eigen Gewissen. Insofern er nämlich die Ehe
für verdammungswürdig erklärt, trifft er sich selbst durch die
Schmähungen gegen dieselbe; denn wenn der Baum, wie irgend
wo das Evangelium sagt, schlecht ist, so ist jedenfalls auch die
Frucht seiner würdig. Ist nun aber eben der Mensch Sproß und
Frucht des Baumes der Ehe, so fallen die Schmähreden gegen die
Ehe ohne Zweifel auf den welcher sie ausspricht zurück. So werden also jene im Gewissen Gebrandmarkte und durch die Thorheit
ihres Glaubens über und über mit Schwielen und Narben Bedeck-
ten hiedurch widerlegt. Unsere Ansicht über die Ehe ist aber diese,
daß das Erste und Hauptsächlichste der Eifer und die Sorge um

τουργίας μὴ ὑπερορᾷν τὸν σωφρόνως τε καὶ μεμετρημένως κεχρῆσθαι δυνάμενον. Οἷος ἦν ὁ πατριάρχης Ἰσαὰκ, ὃς οὐκ ἐν ἀκμῇ τῆς ἡλικίας, ἵνα μὴ πάθους ἔργον ὁ γάμος γένηται, ἀλλ᾽ ἤδη τῆς νεότητος ὑπαναλωθείσης αὐτῷ, δέχεται τὴν τῆς Ῥεβέκας συνοίκησιν, *διὰ τὴν ἐπὶ τῷ σπέρματι τοῦ θεοῦ εὐλογίαν, καὶ μέχρι μιᾶς ὠδῖνος ὑπηρετήσας τῷ γάμῳ,᾽ πάλιν τῶν ἀοράτων ὅλος ἦν, μύσας τὰ σωματικὰ αἰσθητήρια. Τοῦτο γὰρ ἡ ἱςορία δοκεῖ σημαίνειν, τὴν βαρύτητα τῶν ὀφθαλμῶν τοῦ πατριάρχου διηγουμένη. Ἀλλὰ ταῦτα μὲν ἐχέτω ὅπως ἂν ἔχειν δοκῇ τοῖς τὰ τοιαῦτα καθορᾷν ἐπιςήμοσιν· ἡμεῖς δὲ πρὸς τὰ συνεχῆ τοῦ λόγου προΐωμεν. Τί οὖν ἦν τὸ λεγόμενον; ὅτι ἂν ἐξῇ μήτε τῆς θειοτέρας ἐπιθυμίας ἀφίςασθαι, μήτε ἀποφεύγειν τὸν γάμον, οὐδείς ἐςι λόγος ὁ ἀθετῶν τὴν οἰκονομίαν τῆς φύσεως, καὶ ὡς βδελυκτὸν διαβάλλων τὸ τίμιον. Καθάπερ γὰρ ἐπὶ τοῦ προῤῥηθέντος ἡμῖν τοῦ κατὰ τὸ ὕδωρ καὶ τὴν πηγὴν ὑποδείγματος, ὅταν ἐπί τι χωρίον διοχετεύων ὁ γεωργὸς τὸ ὕδωρ *ἐφέλκηται, γένηται δέ τις καὶ διὰ μέσου χρεία βραχείας ἀποῤῥοῆς, τοσοῦτον μόνον δώσει παραῤῥυῆναι ὅσον τῇ ἐπιζητούσῃ χρείᾳ σύμμετρον γενόμενον πάλιν εὐκόλως συναναμιχθῆναι τῷ ὅλῳ, εἰ δὲ ἀπείρως καὶ *ἀταμιεύτως ἀνοίξειε τῷ ὕδατι τὴν ἀπόῤῥοιαν, κινδυνεύσει τῆς εὐθείας ἀφέμενον ὅλον ἐκχαραδρωθῆναι κατὰ τὸ πλάγιον, τὸν αὐτὸν τρόπον ἐπειδὴ χρεία τῷ βίῳ, καὶ τῆς ἐξ ἀλλήλων διαδοχῆς, εἰ μέν τις οὕτω χρήσαιτο τῷ γινομένῳ ὡς προηγουμένων τῶν πνευματικῶν φειδωλῇ καὶ ὑπεςαλμένῃ κεχρῆσθαι τῇ περὶ τὰ τοιαῦτα ἐπιθυμίᾳ, διὰ τὴν τοῦ καιροῦ συςολὴν, οὗτος ὁ σώφρων ἂν εἴη γεωργός, *ὁ ἐν σοφίᾳ γεωργῶν ἑαυτὸν, κατὰ τὸ παράγγελμα τοῦ ἀπο-

---

4) M. τῆς διὰ τὴν. — 5) M. ἐφέλκεται. — 6) M. εὐταμιεύτως. — 7) Die Worte ὁ ἐν σοφίᾳ γ. ἑαυτὸν fehlen in den Ausg.

das Göttliche sein müsse, und daß der welcher verständig und maßvoll in der Ehe zu leben vermag ihren Dienst nicht verachten soll. Ein solcher war der Erzvater Isaak, welcher, damit die Ehe kein Werk der Leidenschaft würde, nicht mehr in der Blüthe des Lebensalters, sondern zu einer Zeit wo seine Jugend bereits zu Ende gegangen war, sich die Rebekka zur Gattin nimmt, wegen des Segens Gottes welcher auf dem Samen ruhte, und der Ehe dient bis daß eine Geburt erfolgt, und dann seine körperlichen Sinne schloß und wiederum ganz und gar den unsichtbaren Dingen angehörte. Denn das scheint die Erzählung anzudeuten, wenn sie von der Schwere der Augen des Patriarchen erzählt. Doch dies mag sich so verhalten wie es denen dünkt welche dergleichen Dinge zu durchschauen verstehen; wir wollen zu dem Weiteren übergehen was der Zusammenhang des untersuchten Gegenstandes mit sich bringt. Was behaupteten wir also? Wir behaupteten daß, wenn es möglich wäre, ohne sich der Ehe zu entziehen, dem göttlicheren Streben nicht untreu zu werden, auch kein Grund vorhanden sei die Einrichtung der Natur außer Kraft zu setzen und das was Achtung verdient als etwas Verdammenswürdiges anzuklagen. Denn wie in dem vorher von uns gebrauchten Beispiele vom Wasser und der Quelle, wenn der Landmann durch einen Kanal das Wasser nach einer Gegend hin ableitet, und auf der Mitte der Strecke ein kleiner Abfluß nöthig ist, er nur so viel in den Nebenkanal ablaufen lassen wird als der Forderung des Bedürfnisses angemessen ist und sich dann wiederum leicht mit dem Hauptkanal verbinden kann, wenn er dagegen dem Wasser in schrankenloser und verschwenderischer Weise den Abfluß öffnet, dieses Gefahr läuft den Hauptweg zu verlassen und sich ganz nach der Seite hin überschwemmend zu ergießen, auf eben dieselbe Weise würde, da das Leben auch der Fortpflanzung der Einen durch die Anderen bedarf, falls Jemand sich so zur Ehe stellt daß, während die geistlichen Dinge den Vorrang behaupten, er, wegen der Kürze der Zeit, nur sparsamer und in beschränktem Maße sich ihrem Genuß hingiebt, dieser der besonnene und weise Landmann sein welcher nach dem Gebote des Apostels in Klugheit sich selbst bebaut, nicht immer in kleinlicher Weise mit Erfül=

ϛόλον, οὐκ ἀεὶ περὶ τὰς ἀποδόσεις τῶν ψυχρῶν ἐκείνων ὀφλημάτων μικρολογούμενος, ἀλλὰ τὴν ἐκ συμφώνου καθαρότητα τῇ σχολῇ τῶν προςευχῶν ἀφορίζων, ὁ δεδοικὼς μὴ διὰ τῆς τοιαύτης προςπαθείας ὅλος γένηται σὰρξ καὶ αἷμα, ἐν οἷς οὐ καταμένει τοῦ θεοῦ τὸ πνεῦμα. Ὁ δὲ ἀσθενῶς διακείμενος, ὡς μὴ δύνασθαι πρὸς τὴν τῆς φύσεως φορὰν ἀνδρικῶς ϛῆναι, κρείττων ἂν εἴη πόρρω τῶν τοιούτων ἑαυτὸν μᾶλλον ἀνέχων ἢ εἰς ἀγῶνα κατιὼν μείζονα τῆς δυνάμεως. Κίνδυνος γὰρ οὐ μικρὸς παρακρουσθέντα τὸν τοιοῦτον ἐν τῇ πείρᾳ τῆς ἡδονῆς μηδὲν ἕτερον ἀγαθὸν οἰηθῆναι ἢ τὸ διὰ σαρκὸς μετὰ προςπαθείας τινὸς λαμβανόμενον, καὶ ἀποςρέψαντα παντελῶς τὸν ἑαυτοῦ νοῦν ἀπὸ τῆς τῶν ἀσωμάτων ἀγαθῶν ἐπιθυμίας ὅλον σαρκικὸν γενέσθαι, τὸ ἐν τούτοις ἡδὺ διὰ παντὸς τρόπου θηρεύοντα, ὡς φιλήδονον εἶναι μᾶλλον αὐτὸν ἢ φιλόθεον. Ἐπειδὴ τοίνυν διὰ τὸ τῆς φύσεως ἀσθενὲς οὐ παντός ἐϛι τῆς εἰς τὰ τοιαῦτα συμμετρίας ἐπιτυγχάνειν, ἐπικίνδυνον δὲ τὸ ἔξω τοῦ μέτρου παρενεχθέντα εἰς ἰλὺν βυθοῦ, κατὰ τὸν ψαλμῳδόν, ἐμπαγῆναι, λυσιτελὲς ἂν εἴη, καθὼς ὑφηγεῖται ὁ λόγος, ἀπείρατον τῶν τοιούτων διαβιῶναι, ὡς ἂν μὴ τῇ προφάσει τῶν συγκεχωρημένων εἴσοδον λάβοι κατὰ τῆς ψυχῆς τὰ πάθη.

Κεφ. θ'. [1] Ἀμήχανον γάρ ἐϛιν ἐπὶ παντὸς ἡ συνήθεια, πολλὴν ἔχουσα δύναμιν πρὸς ἑαυτὴν ἑλκύσαι καὶ ἐπισπάσασθαι τὴν ψυχήν, καί τινα καλοῦ παρασχεῖν φαντασίαν ἐν ᾧ ἄν τις σχέσιν καὶ προςπάθειαν διὰ τοῦ προςεθισμοῦ τινα κτήσηται, καὶ οὐδὲν οὕτω τῇ φύσει φευκτόν ἐϛιν ὡς ἐν συνηθείᾳ γενόμενον μὴ καὶ σπουδῆς ἄξιον καὶ αἱρετὸν νομισθῆναι. Ἀπόδειξις τοῦ λόγου ὁ ἀνθρώπινος βίος, ἐν ᾧ τοσούτων ὄντων ἐθνῶν οὐ τὰ αὐτὰ πᾶσι σπουδάζεται, ἀλλὰ δὲ παρ' ἑτέροις ἐϛὶ καλά τε καὶ τίμια, τῆς παρ' ἑκάϛου συνηθείας τὴν περί τι σπουδήν τε

---

1) 𝔐. Ἄμαχον.

lung jener armseligen Verpflichtungen beschäftigt, sondern das reine und einträchtige eheliche Verhältniß, in welchem er sich hält, durch eifrige Beschäftigung mit Gebet beschränkend, in der Furcht daß er durch seinen Hang und seine Liebe völlig zu Fleisch und Blut werde, in welchen der Geist Gottes nicht dauernd wohnt. Wer dagegen schwach ist, so daß er dem Drang der Natur mannhaft zu widerstehen nicht vermag, für den wäre es besser daß er sich künftighin dieser Dinge ganz enthielte als sich in einen Kampf einzulassen welcher über seine Kraft geht. Denn es ist nicht geringe Gefahr vorhanden daß ein Solcher, durch den Genuß des Vergnügens beirrt, in den Wahn verfällt als ob es kein anderes Gut weiter gäbe als das was uns durch die Liebe aus dem Fleische zu Theil wird, seinen Geist gänzlich von der Begierde nach den körperlosen Gütern abzieht, ganz und gar fleischlich wird, und der Süßigkeit dieser Dinge auf alle Weise nachjagt, so daß er eher ein Freund der Lust als Gottes ist. Da also in Folge der Schwachheit der Natur es nicht Sache eines Jeden ist das richtige Maß in diesen Dingen aufzufinden, es aber gefährlich ist vom Maße abzuirren und, nach den Worten des Psalmensängers, im Schlamm des Abgrundes zu versinken, so dürfte es vortheilhafter sein, wie unser Rath lautet, unberührt von solchen Erfahrungen und Verhältnissen sein Leben hinzubringen, damit unter dem Vorwand von Erlaubtem die Leidenschaften keinen Eingang in der Seele gewinnen.

Kap. 9. Ein schwer bezwinglich Ding ist überall die Sitte, weil sie große Macht hat die Seele an sich zu ziehen und zu fesseln, ihr ein Trugbild des Guten vorzuhalten wo immer nur Jemand durch Gewöhnung einen leidenschaftlichen Hang und Zuneigung für Etwas gewonnen hat, und es giebt nichts noch so sehr von der Natur zu Meidendes was nicht, zur Sitte geworden, dadurch die Geltung erlangte als sei es des Strebens würdig und wünschenswerth. Beweis für diese Behauptung ist das menschliche Leben, in welchem, bei der großen Menge von Völkern, keineswegs bei allen die gleichen Neigungen stattfinden. Bei diesen gilt das Eine als gut und schätzbar, bei jenen das Andere, und die bei einem jeden geltende Sitte bewirkt die Neigung und das

καὶ ἐπιθυμίαν ποιούσης. Καὶ οὐ μόνον κατὰ τὰ ἔθνη τὴν τοιαύτην παραλλαγὴν ἔςιν ἰδεῖν, τῶν αὐτῶν ἐπιτηδευμάτων παρὰ τισι μὲν θαυμαζομένων, διαβαλλομένων δὲ παρ᾿ ἑτέροις, ἀλλὰ καὶ ἐπὶ τοῦ αὐτοῦ ἔθνους καὶ τῆς αὐτῆς πόλεως καὶ γένους, ἐν οἷς πολλὴν ἔςι διαφορὰν ἰδεῖν, ἐκ τῆς συνηθείας ἑκάςοις ἐγγινομένην. Οὕτως ἐκ

D μιᾶς ὠδῖνος ἀδελφοὶ προελθόντες εἰς γένεσιν τοῖς ἐπιτηδεύμασι τῷ βίῳ πλεῖςον ἀπ᾿ ἀλλήλων ἐσχίσθησαν. Καὶ οὔπω τοῦτο θαυμαςόν, ἐπεὶ καὶ ὁ καθ᾿ ἕκαςον ἄνθρωπος οὐ τὴν αὐτὴν ὡς ἐπὶ τὸ πολὺ περὶ τοῦ αὐτοῦ πράγματος κρίσιν ἔχει, ἀλλ᾿ ὡς ἂν περὶ ἕκαςον ἀπὸ τῆς συνηθείας διατεθῇ. Καὶ ἵνα μὴ τὰ πόῤῥω τοῦ πράγματος λέγωμεν, πολλοὺς [2]ἡμεῖς ἐγνωρίσαμεν ἐραςὰς μάλιςα τῆς σωφροσύνης εὐθὺς παρὰ τὴν πρώτην ἡλικίαν φανέντας, ἀρχὴν δὲ ῥυπαροῦ βίου ποιησαμένους τὴν δοκοῦσαν ἔννομόν τε καὶ συγκεχωρημένην [3]τὴν τῶν ἡδονῶν μετουσίαν.

p. 140. Ἐπεὶ γὰρ ἅπαξ τὴν τοιαύτην παρεδέξαντο πεῖραν, κατὰ

A τὸ ῥηθὲν ἡμῖν ἐπὶ τοῦ ῥείθρου ὑπόδειγμα, ὅλον πρὸς ταῦτα τὸ ἐπιθυμητικὸν μεταςρέψαντες, καὶ τὴν ὁρμὴν ἀπὸ τῶν θειοτέρων πρὸς τὰ ταπεινὰ καὶ ὑλώδη μετοχετεύσαντες, πολλὴν ἐν ἑαυτοῖς τὴν εὐρυχωρίαν τοῖς πάθεσιν ἤνοιξαν, ὡς παντελῶς τῆς ἐπὶ τὸ ἄνω φορᾶς λῆξαι καὶ ἀποξηρανθῆναι τὴν ἐπιθυμίαν, ὅλην πρὸς τὰ πάθη μεταῤῥυεῖσαν. Διὰ τοῦτο λυσιτελὲς εἶναι νομίζομεν τοῖς ἀσθενεςέροις εἰς τὴν παρθενίαν ὡς εἰς ἀσφαλές τι φρούριον καταφεύγειν, καὶ μὴ πρὸς τὴν ἀκολουθίαν κατιόντας

B τοῦ βίου [4]προκαλεῖσθαι καθ᾿ ἑαυτῶν πειρασμούς, καὶ τοῖς ἀντιςρατευομένοις τῷ νόμῳ τοῦ νοὸς ἡμῶν διὰ τῶν τῆς σαρκὸς παθημάτων συμπλέκεσθαι καὶ κινδυνεύειν, [5]φροντίζοντας οὐ περὶ γῆς ὅρων, ἢ χρημάτων ἀποβολῆς, ἢ ἄλλου τινὸς τῶν κατὰ τὴν ζωὴν ταύτην σπουδαζομένων, ἀλλὰ περὶ τῆς προηγουμένης ἐλπίδος. Οὐκ ἔςι γὰρ τὸν

---

2) M. ἡμῖν. — 3) τὴν fehlt in den Ausg. — 4) M. προςκαλεῖσθαι. — 5) φροντίζοντας fehlt in den Ausg.

Verlangen nach Dem oder Jenem. Und nicht bloß unter den Völkern ist eine derartige Verschiedenheit wahrzunehmen, daß bei den einen dieselben Bestrebungen bewundert, bei den anderen getadelt werden, sondern auch in demselben Volk und derselben Stadt und in derselben Familie; in ihnen kann man eine große Verschiedenheit, welche sich für die Einzelnen aus ihrer Gewohnheit herschreibt, beobachten. So trennen sich Brüder welche durch eine Geburt in die Welt getreten sind durch ihre Lebensweise und Richtung für das Leben sehr weit von einander ab. Und das ist noch nicht zu verwundern; denn auch der einzelne Mensch hat meistentheils nicht dasselbe Urtheil mit dem Anderen über eine Sache, sondern urtheilt so wie er nun eben von der Gewohnheit für jedes Einzelne gestimmt worden ist. Und damit wir nicht von Dingen sprechen welche dem Gegenstande fern liegen: wir haben viele Freunde gerade der Enthaltsamkeit kennen gelernt welche sich als solche gleich von frühem Alter an gezeigt hatten, aber dann ein beflecktes Leben mit dem der Meinung nach gesetzlichen und erlaubten Genuß von Vergnügungen begannen. Nachdem sie nämlich erst einmal diesen kennen gelernt hatten, wandten sie sich, wie in dem von uns gebrauchten Beispiele vom Bach, mit ihrer ganzen Begierde auf solche Dinge, und indem sie ihr Streben von dem Göttlicheren auf Niederes und Materiales ableiteten, öffneten sie den Leidenschaften in sich ein weites Feld, dergestalt daß sie von dem Aufschwung nach Oben völlig abstanden, und ihre Begierde dahin, welche ganz und gar ihre Richtung den Leidenschaften zuwendete, vertrocknete. Aus diesem Grunde glauben wir daß es von Vortheil ist wenn die Schwächeren ihre Zuflucht in den Stand der Ehelosigkeit nehmen gleichwie in eine sichere Festung, wenn sie von da in den Zusammenhang mit dem Leben nicht herabsteigen und, die Versuchungen gegen sich herausfordernd, sich in solche Verhältnisse und Dinge einlassen welche gegen das Gesetz unseres Verstandes mit Hilfe der fleischlichen Affecte einen Kampf führen, und sich dadurch in Gefahr bringen wenn sie sich sorgen, nicht um die Grenzen eines Landguts, oder um einen Geldverlust, oder um irgend etwas Anderes worauf das Streben und die Begierde des Menschen in diesem Leben gerichtet ist, sondern vielmehr um die Hoffnung welche

εἰς τὸν κόσμον τοῦτον ἀποςρέφοντα τὴν διάνοιαν καὶ τὴν ἐνθάδε μέριμναν ἀναλαβόντα καὶ εἰς ἀνθρωπίνην ἀρέσκειαν ἀσχολοῦντα ἑαυτοῦ τὴν καρδίαν πληρωτὴν γενέσθαι τῆς πρώτης καὶ μεγάλης ἐντολῆς τοῦ κυρίου, ἥ φησιν ἐξ ὅλης καρδίας καὶ δυνάμεως τὸν θεὸν ἀγαπᾶν. Πῶς γὰρ ἀγαπήσει τις ἐξ ὅλης καρδίας καὶ δυνάμεως τὸν θεὸν, ὅταν καταμερίσῃ τὴν καρδίαν ἑαυτοῦ πρὸς θεὸν καὶ κόσμον, καὶ κλέπτων τρόπον τινὰ τὴν ἐκείνῳ μόνῳ χρεωςουμένην ἀγάπην, ἀνθρωπίνοις αὐτὴν πάθεσι προςαναλίσκῃ; ὁ γὰρ ἄγαμος μεριμνᾷ τὰ τοῦ κυρίου, ὁ δὲ γαμήσας μεριμνᾷ τὰ τοῦ κόσμου. Εἰ δὲ ἐπίπονος ἡ πρὸς τὰς ἡδονὰς μάχη δοκεῖ, θαρρείτω πᾶς· οὐδὲ γὰρ πρὸς τοῦτο μικρὰ ἡ συνήθεια καὶ τοῖς δυσκολωτάτοις εἶναι δοκοῦσιν ἡδονήν τινα διὰ τῆς ἐπιμονῆς ἐνεργάσασθαι, καὶ ἡδονὴν τὴν καλλίςην καὶ καθαρωτάτην, ἧς ἄξιόν ἐςι τόν γε νοῦν ἔχοντα περιέχεσθαι μᾶλλον ἢ τῇ περὶ τὰ ταπεινὰ μικροπρεπείᾳ τῶν μεγάλων κατ' ἀλήθειαν καὶ πάντα νοῦν ὑπερεχόντων ἀλλοτριοῦσθαι.

Κεφ. ί. Ὅση γάρ ἐςιν ἡ ζημία ἐν ἀποπτώσει γενέσθαι τῆς τοῦ ὄντως καλοῦ κτήσεως, τίς ἂν παραςήσειε λόγος; ποίᾳ δ' ἄν τις χρήσαιτο διανοίας ὑπερβολῇ; πῶς ἂν ἐνδείξαιτο καὶ εἰς ὑπογραφὴν ἀγάγοι τὸ καὶ λόγῳ ἄρρητον καὶ νοήματι ἀκατάληπτον; Εἰ μὲν γάρ τις ἐπὶ τοσοῦτον τὸ τῆς καρδίας ὄμμα κεκάθαρται ὡς δυνηθῆναι [1]ποσῶς ἰδεῖν τὸ ἐν τοῖς μακαρισμοῖς ὑπὸ τοῦ κυρίου ἐπηγγελμένον, πάσης καταγνώσεται ἀνθρωπίνης φωνῆς, ὡς οὐδεμίαν ἐχούσης δύναμιν εἰς τὴν τοῦ νοηθέντος παράςασιν. Εἰ δέ τις ἔτι τοῖς ὑλικοῖς ἐγκαθήμενος πάθεσι καθάπερ ὑπὸ λήμης τινὸς τῆς ἐμπαθοῦς διαθέσεως τὸ διορατικὸν τῆς ψυχῆς ἐπιπέπλαςαι, μάταια καὶ οὕτω πᾶσα λόγων ἰσχύς. Ἐπὶ γὰρ τῶν ἀναισθήτως ἐχόντων ἐν τῷ ὁμοίῳ καθέςηκε τό τε ἐλαττοῦν διὰ τοῦ λόγου καὶ τὸ ὑπεραίρειν τὰ θαύματα, ὡς καὶ ἐπὶ τῆς ἡλιακῆς ἀκτῖνος τῷ μὴ τεθεαμένῳ τὸ φῶς ἀπὸ πρώτης γενέσεως ἀργὴ καὶ ἀνόνητος γίνεται ἡ διὰ τῶν λόγων τοῦ φωτὸς

---
1) M. πῶς.

Allem vorangeht. Denn es ist unmöglich daß der welcher sein Denken dieser Welt zukehrt und die irdische Sorge bei sich aufnimmt, und sein Herz sich damit beschäftigen läßt wie man bei Menschen Wohlgefallen errege, das erste und große Gebot des Herrn erfüllt, in welchem er uns von ganzem Herzen und Vermögen Gott zu lieben heißt. Wie soll denn Jemand Gott von ganzem Herzen und Vermögen lieben, wenn er sein Herz zwischen Gott und die Welt theilt und, indem er jenem gewissermaßen die ihm allein schuldige Liebe stiehlt, diese in menschlichen Leidenschaften sich verzehren läßt? Denn der Unverheirathete sorgt sich um den Herrn, der Verheirathete dagegen sorgt sich um die Welt. Scheint aber der Kampf gegen die Lüste mühevoll, so fasse Jeder nur Muth; denn was dieses betrifft, so vermag die Gewöhnung durch die Ausdauer auch in die scheinbar schwierigsten Unternehmungen ein gewisses Vergnügen zu legen, und zwar das schönste und reinste Vergnügen, was zum Wenigsten von dem Verständigen eher gesucht zu werden verdient, als daß er durch kleinliches sich mit dem Niedrigen beschäftigendes Wesen von dem was wahrhaft groß ist und alle Gedanken überragt sich entfremden läßt.

Kap. 10. Wie groß aber der Verlust ist, wenn man den Besitz des wahrhaftigen Guten verliert, welche Rede vermöchte dies darzustellen? was für ein Uebermaß von Einsicht würde dazu gehören? und wie würde Jemand vor Augen führen und beschreiben können, was dem Wort und dem Gedanken nach unsagbar und unerfaßlich ist? Denn wenn Jemand ein so reines Auge des Herzens besitzt daß er einigermaßen das erkennen kann was in den Seligpreisungen von dem Herrn verkündigt ist, der wird jede Menschenstimme als unfähig bezeichnen zur Darstellung dessen was sein Geist denkt. Ist aber Jemand noch in den menschlichen Leidenschaften gefangen und ihm gleichsam in Folge eines krankhaft getrübten Auges die Sehkraft seiner Seele verschlossen, so würde auch so alle Macht der Rede umsonst sein. Bei Menschen ohne Empfindung ist es ja ganz gleich ob du die Wunder durch dein Wort verkleinerst oder erhöhest, wie auch für den welcher das Licht von seiner Geburt an nicht geschaut hat die Beschreibung des Sonnenstrahls durch Worte vergeblich und

5*

ἑρμηνεία· οὐ γάρ ἐςι δυνατὸν τὴν τῆς ἀκτῖνος λαμπηδόνα δι᾽ ἀκοῆς ἐναυγάσαι. Οὕτω καὶ ἐπὶ τοῦ ἀληθινοῦ καὶ νοητοῦ φωτὸς ἰδίων ὀφθαλμῶν ἑκάςῳ χρεία, ἵνα τὸ κάλλος ἐκεῖνο θεάσηται ὅπερ ὁ μὲν ἰδὼν κατά τινα θείαν δωρεάν τε καὶ [2]ἐπίνοιαν ἀνερμήνευτον ἐν τῷ ἀποῤῥήτῳ D τῆς συνειδήσεως ἔχει τὴν ἔκπληξιν· ὁ δὲ μὴ τεθεαμένος οὐδὲ γνώσεται τὴν ζημίαν ὧν ἀπεςέρηται. Πῶς γὰρ ἄν τις αὐτῷ διαπεφευγὸς αὐτὸν ἀγαθὸν παραςήσειε; πῶς [3]ἄν τις ὑπ᾽ ὄψιν ἀγάγοι τὸ ἄφρασον; Ἰδίας φωνὰς σημαντικὰς ἐκείνου τοῦ κάλλους οὐ μεμαθήκαμεν, ὑπόδειγμα τοῦ ζητουμένου ἐν τοῖς οὖσιν οὐκ ἔςιν οὐδέν, ἐκ συγκρίσεώς γε μὴν αὐτὸ δηλωθῆναι ἀμήχανον. Τίς γὰρ ὀλίγῳ σπινθῆρι προςεικάζει τὸν ἥλιον; ἢ ῥανίδα βραχεῖαν πρὸς τὴν τῶν ἀβύσσων ἀπειρίαν ἀντίςησιν; Ὃν γὰρ ἔχει λόγον πρὸς τὰς ἀβίσσους ἡ ὀλίγη ςαγὼν, ἢ πρὸς τὴν μεγάλην p. 142. ἀκτῖνα τοῦ ἡλίου τὸ μικρὸν σπινθηράκιον, οὕτω διάκει- A ται καὶ πάντα τὰ παρὰ τῶν ἀνθρώπων ὡς καλὰ θαυμαζόμενα πρὸς ἐκεῖνο τὸ κάλλος ὃ περὶ τὸ πρῶτον ἀγαθὸν, καὶ τὸ ἐπέκεινα παντὸς ἀγαθοῦ θεωρεῖται. Τίς οὖν ἐπίνοια τὸ μέγεθος τῆς ζημίας τῷ παθόντι τὴν ζημίαν ταύτην ἐνδείξεται; Καλῶς μοι δοκεῖ ὁ μέγας Δαβὶδ τὴν ἀμηχανίαν ἐνδεδεῖχθαι ταύτην· ὃς ἐπειδή ποτε δυνάμει τοῦ πνεύματος ὑψωθεὶς τὴν διάνοιαν, καὶ οἷον ἐκβὰς αὐτὸς ἑαυτὸν, εἶδεν ἐκεῖνο τὸ ἀμήχανον καὶ ἀπερινόητον κάλλος ἐν τῇ μακαρίᾳ [4]ἐκείνῃ ἐκςάσει (εἶδε δὲ πάντως B ὡς ἀνθρώπῳ γε δυνατὸν ἰδεῖν, ἔξω τῶν τῆς σαρκὸς προκαλυμμάτων γενόμενος, καὶ εἰσελθὼν διὰ μόνης διανοίας εἰς τὴν τῶν ἀσωμάτων καὶ νοητῶν θεωρίαν), ἐπειδή τι καὶ εἰπεῖν ἄξιον τοῦ ὀφθέντος ἐπεπόθησεν, ἐκείνην ἐξεβόησε Psalm. τὴν φωνὴν, ἣν πάντες ᾄδουσιν, ὅτι πᾶς ἄνθρωπος ψεύ-116, 11. ςης, τοῦτο δέ ἐςιν, ὥς γε ὁ ἐμὸς λόγος, ὅτι πᾶς ἄνθρωπος φωνῇ ἐπιτρέπων τὴν τοῦ ἀφράςου φωτὸς ἑρμηνείαν ὄντως ψεύςης ἐςὶν, οὐχὶ τῷ [5]μίσει τῆς ἀληθείας, ἀλλὰ

---

2) M. ἐπίπνοιαν. — 3) M. δ᾽ ἄν. — 4) ἐκείνη fehlt in den Ausg. — 5) M. μισεῖν αὐτὴν, ἀλλὰ τῷ ἀσθενεῖν περὶ τὴν τοῦ νοηθέντος παράςασιν.

nutzlos ist; denn es ist unmöglich daß sein Glanz in das Ohr ein=
dringt. So hat auch hinsichtlich des wahren und geistig wahrnehm=
baren Lichts Jeder eigene Augen nöthig, damit er jene Schönheit
schaue welche der Art ist daß, wenn sie durch Gottes Geschenk und
Rathschluß Jemand erblickt, er sein Staunen, unfähig es zu erklä=
ren, in dem Verschluß seines Bewußtseins trägt; wer sie aber nicht
geschaut hat, wird auch nicht den Verlust dessen erkennen dessen er
beraubt worden ist. Denn wie soll man ihm ein Gut darstellen
welches ihm völlig unbekannt ist? wie soll man ihm das was nicht
ausgesprochen werden kann vor Augen führen? wir wissen keine
besonderen Ausdrücke welche jene Schönheit zu bezeichnen im
Stande wären; ein Beispiel oder Bild von dem wovon wir
sprechen ist in der ganzen Schöpfung nicht vorhanden, und durch
Vergleichung es deutlich zu machen in der That eben unmöglich.
Wer vergleicht die Sonne mit einem unbedeutenden Funken, oder
stellt einen kleinen Tropfen der Unendlichkeit mit den Meerestiefen
zusammen? Denn in welchem Verhältniß der kleine Tropfen zu
den Meerestiefen, oder das kleine Fünkchen zu dem gewaltigen
Strahlenglanz der Sonne steht, so verhält sich auch Alles was
von den Menschen als schön bewundert wird zu jener Schönheit
welche das erste und über alles Gute hinausragende Gut begleitet.
Welches Mittel wird also dem welcher diesen Verlust erleidet die
Größe desselben zur Anschauung bringen? Mir scheint daß der
große David diese Unmöglichkeit vor Augen legt, welcher, nach=
dem er einstmals durch die Macht des Geistes mit seiner Seele
erhoben worden, und gleichsam aus sich herausgegangen war, und
jene unbeschreibliche und unbegreifliche Schönheit in jener seligen
Verzückung geschaut hatte, — er schaute sie aber ohne Zweifel in
der Weise wie ein Mensch sie schauen kann, indem er die Hüllen
seines Fleisches verließ, und bloß mit dem Geiste in die Betrach=
tung des Körperlosen und Intellectualen einging, — und da es
ihn verlangte auch etwas des Geschehenen Würdiges auszuspre=
chen, jenes Wort sprach welches in Aller Munde ist, daß alle
Menschen Lügner sind, das heißt aber, wie wenigstens meine An=
sicht ist, daß jeder Mensch, welcher die Erklärung des unnennbaren
Lichts der Sprache anvertrauen will, in Wahrheit ein Lügner ist,

τῇ ἀσθενείᾳ τῆς διηγήσεως. Τὸ μὲν γὰρ αἰσθητὸν κάλλος, ὅσον κάτω περὶ τὸν ἡμέτερον ἀναςρέφεται βίον, εἴτε ἐν ἀψύχοις ὕλαις, εἴτε καὶ ἐν σώμασιν ἐμψύχοις διά τινος εὐχροίας ἐμφανταζόμενον, αὐτάρκης ἡμῶν ἡ κατὰ τὴν αἴσθησιν δύναμις καὶ θαυμάσαι καὶ ἀποδέξασθαι καὶ γνώριμον ἑτέρῳ ποιῆσαι διὰ τῆς τῶν λόγων γραφῆς, ὥσπερ ἐν εἰκόνι τινὶ τῷ λόγῳ τοῦ τοιούτου κάλλους ἐγγραφομένου, οὐδὲ τὸ [6] ἀρχέτυπον διαφεύγει τὴν κατανόησιν. Πῶς ἂν ὁ λόγος ὑπ' ὄψιν ἀγάγοι, οὐδεμίαν μηχανὴν ἐξευρίσκων ὑπογραφῆς, οὐ χροιὰν ἔχων εἰπεῖν, οὐ σχῆμα, οὐ μέγεθος, οὐ μορφῆς εὐμοιρίαν, οὐδέ τινα ὅλως φλυαρίαν τοιαύτην; τὸ γὰρ ἀειδὲς πάντη, καὶ ἀσχημάτιςον, καὶ πηλικότητος πάσης ἀλλότριον, καὶ πάντων ὅσα περὶ σῶμα καὶ αἴσθησιν θεωρεῖται, πόρρωθεν ἱδρύμενον, πῶς ἄν τις διὰ τῶν μόνῃ τῇ αἰσθήσει καταλαμβανομένων γνωρίσειεν; Οὐ μὴν διὰ τοῦτό γε ἀπογνωςέον ἡμῖν τῆς ἐπιθυμίας ταύτης ὅτι ὑψηλοτέρα φαίνεται τῆς καταλήψεως, ἀλλ' ὅσῳ μέγα τὸ ζητούμενον ὁ λόγος ἀπέδειξεν, τοσούτῳ μᾶλλον ὑψοῦσθαι χρὴ τὴν διάνοιαν καὶ συνεπαίρεσθαι τῷ μεγέθει τοῦ ζητουμένου, [7] ὡς μὴ παντελῶς ἔξω γενέσθαι τῆς τοῦ ἀγαθοῦ μετουσίας· κίνδυνος γὰρ οὐ μικρὸς μὴ τῷ λίαν ὑψηλῷ τε καὶ ἀρρήτῳ παντάπασι τῆς περὶ αὐτοῦ ἐννοίας ἀπολισθήσωμεν, μηδενὶ γνωρίμῳ τὴν κατανόησιν [8] ἑαυτῶν ἐπερείδοντες. Δεῖ τοίνυν τῆς ἀσθενείας ἕνεκεν ταύτης διὰ τῶν τῇ αἰσθήσει γνωρίμων χειραγωγεῖν πρὸς τὸ ἀόρατον τὴν διάνοιαν· ἡ δὲ ἐπίνοια γένοιτο ἂν ἡμῖν τοιαύτη.

Κεφ. ια'. Ὥςπερ τοίνυν οἱ μὲν ἐπιπολαιώτερον [1] καὶ δίχα διανοίας τὰ πράγματα βλέποντες, ἐπειδὰν ἴδωσιν ἄνθρωπον ἢ ὅπερ ἂν τύχῃ τῶν φαινομένων, πλέον οὐδὲν τοῦ ὁρωμένου περιεργάζονται (ἀρκεῖ γὰρ αὐτοῖς θεασαμένοις τὸν ὄγκον τοῦ σώματος ὅλον νομίσαι τὸν τοῦ ἀν-

---

6) M. ἀρχέτυπον κάλλος διαφεύγει. — 7) ὡς fehlt in den Ausg. —
8) M. αὐτῶν.
1) καὶ fehlt in den Ausg.

nicht weil er der Wahrheit Feind ist, sondern weil er unfähig ist
das was er will darzustellen; denn nur alle sinnlich wahrnehm=
bare Schönheit, welche sich hier unten in unserem Menschenleben
aufhält, mag sie nun in leblosen Stoffen oder auch in beseelten
Körpern mit blühenden Farben auftreten, vermag unsere sinnliche
Kraft zu bewundern, sie aufzufassen und einem Anderen durch die
Malerei unserer Worte anschaulich zu machen, indem diese Schön=
heit durch das Wort wie auf einem Gemälde dargestellt wird, und
das Original entzieht sich der Erkenntniß nicht. Wie vermöchte
die Rede wohl Etwas vor Augen zu führen, wenn sie kein
Mittel der Beschreibung auffindet, und von keiner Farbe, keiner
Gestalt, keiner Größe, keiner Schönheit, überhaupt von gar
keinem derartigen Kram sprechen kann? Denn das durchaus
Unsichtbare, Gestaltlose, jeder Größe Fremde, und von allem
Körperlichen und sinnlich Wahrnehmbaren Fernliegende, wie
sollte man Solches durch das kennen lernen was durch die sinn=
liche Empfindung allein begriffen wird? Dennoch dürfen wir an
der Erfüllung unseres Verlangens nicht deßhalb verzweifeln weil
sein Gegenstand erhabener scheint als daß er erreicht werden könnte,
sondern um wie viel größer, wie unsere Auseinandersetzung
gezeigt hat, das ist wonach wir streben, desto höher muß unser
Geist sich erheben zur Größe dieses Erstrebten, und darf durchaus
nie aus der Gemeinschaft mit dem Guten scheiden; denn es ist
nicht geringe Gefahr vorhanden daß wir durch das Uebermaß sei=
ner Erhabenheit und sein geheimnißvolles Wesen gänzlich von
dem Bewußtsein desselben abgebracht werden, wenn wir unsere
Erkenntniß auf nichts Bekanntes stützen. Wir müssen also dieser
Schwachheit wegen vermittelst dessen was der sinnlichen Wahr=
nehmung bekannt und geläufig ist unseren Geist auf das Unsicht=
bare hingeleiten. Das Verfahren möchte für uns folgendes sein.

Kap. 11. Wie also die welche die Dinge oberflächlich und
ohne Nachdenken betrachten, wenn sie einen Menschen sehen,
oder was ihnen sonst gerade vor die Augen kommt, sich über das
was sie sehen hinaus nicht weiter kümmern (sie begnügen sich
nämlich wenn sie die Masse des Körpers gesehen haben zu glau=

θρώπου λόγον κατειληφέναι), ὁ δὲ διορατικὸς τὴν ψυχὴν, καὶ πεπαιδευμένος μὴ μόνοις ὀφθαλμοῖς [2] ἐπιτρέπειν τὴν τῶν ὄντων ἐπίσκεψιν, οὐ μέχρι τῶν φαινομένων ϛήσεται, οὐδὲ τὸ μὴ βλεπόμενον ἐν τοῖς μὴ οὖσι λογίζεται, ἀλλὰ καὶ ψυχῆς φύσιν περινοεῖ, καὶ τὰς τῷ σώματι ἐμφυομένας ποιότητας καὶ κοινῇ καὶ καθ᾿ ἑαυτὰς ἐπισκέπτεται (ἰδίᾳ τε γὰρ αὐτῶν ἑκάϛην χωρίζει τῷ λόγῳ, καὶ πάλιν D τὴν κοινὴν αὐτῶν συνδρομήν τε καὶ σύμπνοιαν περὶ τὴν τοῦ ὑποκειμένου σύϛασιν θεωρεῖ), οὕτως οὖν καὶ ἐν τῇ τοῦ καλοῦ ζητήσει ὁ μὲν ἀτελὴς τὴν διάνοιαν, ἐπειδὰν ἴδῃ τι πρᾶγμα ᾧ κάλλους τινὸς περικέχυται φαντασία, αὐτὸ ἐκεῖνο καλὸν εἶναι τῇ ἑαυτοῦ φύσει οἰήσεται ὅπερ ἂν τὴν αἴσθησιν αὐτοῦ δι᾿ ἡδονῆς ἐπισπάσηται, καὶ οὐδὲν ὑπὲρ τοῦτο πλέον περιεργάζεται· ὁ δὲ κεκαθαρμένος τὸν τῆς ψυχῆς ὀφθαλμὸν, καὶ δυνατὸς τὰ τοιαῦτα βλέπειν, χαίρειν ἐάσας τὴν ὕλην τὴν ὑποβεβλημένην τῇ p. 144. τοῦ καλοῦ ἰδέᾳ, οἷον ὑποβάθρᾳ τινὶ τῷ ὁρωμένῳ χρήA σεται πρὸς τὴν τοῦ νοητοῦ κάλλους θεωρίαν, οὗ κατὰ μετουσίαν τὰ ἄλλα καλὰ γίνεταί τε καὶ ὀνομάζεται. Δοκεῖ δέ μοι χαλεπὸν εἶναι, τῶν πλείϛων τῇ τοιαύτῃ παχύτητι τῆς διανοίας συζώντων, τὸ διατεμόντας τῷ λόγῳ καὶ χωρίσαντας τὴν ὕλην ἀπὸ τοῦ ἐπιθεωρουμένου κάλλους αὐτὴν ἐφ᾿ ἑαυτῆς τοῦ καλοῦ τὴν φύσιν κατανοῆσαι. Καὶ εἴ τις ἀκριβῶς ἐθέλοι τὴν αἰτίαν σκοπεῖν τῶν πεπλανημένων καὶ μοχθηρῶν ὑπολήψεων, οὐκ ἄν μοι δοκεῖ ἄλB λην εὑρεῖν ἢ τὸ μὴ ἀκριβῶς ἡμῶν γεγυμνάσθαι τὰ τῆς ψυχῆς αἰσθητήρια πρὸς τὴν τοῦ καλοῦ καὶ μὴ τοιούτου διάκρισιν. Διὰ τοῦτο ἀποϛάντες οἱ ἄνθρωποι τῆς περὶ τὸ ὄντως ἀγαθὸν σπουδῆς οἱ μὲν εἰς ἔρωτα σαρκῶν κατωλίσθησαν, οἱ δὲ ἐπὶ τὴν ἄψυχον τῶν χρημάτων ὕλην ταῖς ἐπιθυμίαις [3] ἔρρεψαν, ἄλλοι ἐν τιμαῖς καὶ δόξαις καὶ δυναϛείαις τὸ καλὸν ὡρίσαντο, εἰσὶ δέ τινες οἳ περὶ τέχνας καὶ ἐπιϛήμας ἐπτοήθησαν, οἱ δὲ ἀνδραποδωδέϛεροι

---

2) 𝔐. ἐπιτρέπει. — 3) 𝔐. ἔρεψαν.

ben daß sie den Begriff von Mensch gewonnen haben), der hingegen welcher von höherem Scharfblick des Geistes ist und gelernt hat, die Untersuchung der Dinge nicht den Augen allein anzuvertrauen, nicht bei der bloßen äußeren Erscheinung stehen bleiben wird, und nicht wähnt daß das was man nicht sieht auch nicht vorhanden sei, sondern auch die Natur der Seele mit ins Auge faßt, und die dem Körper angeborenen Qualitäten sowohl zusammen als für sich im Besonderen genau beobachtet (er trennt nämlich in seinem Geiste eine jede von ihnen besonders ab, und dann betrachtet er wiederum ihre Verbindung und Uebereinstimmung zur Darstellung des Gegenstandes), so wird also auch bei der Untersuchung über das Schöne der seinem Verstand nach Unausgebildete, wenn er ein von dem Schein des Schönen umgossenes Ding erblickt, dieses eben seiner eigenen Natur nach für schön halten, weil es seine Sinne durch den Reiz des Angenehmen an sich zieht, und kümmert sich darüber hinaus um weiter Nichts: wer aber ein klares Auge der Seele besitzt, und Solches zu erkennen im Stande ist, der läßt die Materie, welche die Unterlage für die Idee des Schönen abgiebt, bei Seite, und wird sich dessen was er sieht bei Betrachtung der geistigen Schönheit, durch deren Hinzutritt das Andere der That und dem Namen nach erst zum Schönen wird, gleichwie einer Grundlage bedienen. Ich halte es aber, da die Mehrzahl in solchem Stumpfsinn lebt, für sie für schwierig im Geiste die Materie von der an ihr erscheinenden Schönheit zu trennen und abzuscheiden und die Natur des Schönen an sich zu betrachten. Will Jemand sorgfältig nach der Ursache der irrthümlichen und unsittlichen Ansichten forschen, so entdeckt er, glaube ich, keine andere als die daß die Sinneswerkzeuge unserer Seele auf Unterscheidung des sittlich Schönen und Guten, und dessen was nicht so ist nicht sorgfältig eingeübt sind. Darum werden die Menschen dem Streben nach dem wahrhaft Guten untreu, und die Einen sinken zur Fleischesliebe herab, die Anderen neigen sich in ihren Begierden der seelenlosen Materie des Geldes zu, noch Andere setzen das Schöne in Ehre, Ruhm und Herrscherthum, auch giebt es Einige welche mit leidenschaftlicher Liebe an Künsten und Wissenschaften hangen, noch Andere von gemeinerer Gesin=

τούτων λαιμὸν καὶ γαςέρα τοῦ ἀγαθοῦ ποιοῦνται κριτή-
ρια. ⁴Εἰ δὲ ἀποςάντες τῶν ὑλικῶν νοημάτων καὶ τῶν
περὶ τὰ φαινόμενα προςπαθειῶν ἀνεζήτουν τὴν ἁπλῆν τε
καὶ ἄϋλον καὶ ἀσχημάτιςον τοῦ καλοῦ φύσιν, οὐκ ἂν περὶ
τὴν αἵρεσιν τῶν ἐπιθυμητῶν ἐπλανήθησαν, οὐδ᾽ ἂν τοσοῦτον ὑπὸ τῆς τοιαύτης ἀπάτης παρηνέχθησαν ὡς μηδὲ
τὸ πρόςκαιρον τῆς ἐν τούτοις ἡδονῆς βλέποντας πρὸς τὴν
ὑπεροψίαν τῶν τοιούτων ὁδηγηθῆναι. Οὐκοῦν αὕτη ἂν
γένοιτο ἡμῖν ὁδὸς εἰς τὴν τοῦ καλοῦ εὕρεσιν ἄγουσα, τὸ
πάντα τὰ ἄλλα ὅσα τὰς ἐπιθυμίας τῶν ἀνθρώπων ἐφέλκεται καλὰ εἶναι νομιζόμενα, καὶ διὰ τοῦτο σπουδῆς τινος καὶ ἀποδοχῆς ἀξιούμενα, ταῦτα ὑπερβαίνοντας ὡς
ταπεινά τε καὶ πρόςκαιρα μηδενὶ τούτων προςαναλίσκειν
τὴν ἐπιθυμητικὴν ἡμῶν δύναμιν, μήτε μὴν ἀργὴν καὶ ἀκίνητον ἐν ἑαυτοῖς κατακλείσαντας ἔχειν, ἀλλ᾽ ἐκκαθάραντας αὐτὴν ἀπὸ τῆς τῶν ταπεινῶν προςπαθείας ἐκεῖ ἀνά-
γειν ὅπου οὐκ ἐφικνεῖται ἡ αἴσθησις, ὡς μήτε ⁵οὐρανοῦ
κάλλος θαυμάσαι, μήτε φωςῆρος αὐγὰς, μήτε ἄλλο τι
τῶν φαινομένων καλῶν, ἀλλὰ διὰ τοῦ πᾶσι τούτοις ἐπιθεωρουμένου κάλλους χειραγωγεῖσθαι πρὸς τὴν ἐκείνου
τοῦ κάλλους ἐπιθυμίαν ἧς καὶ οἱ οὐρανοὶ διηγοῦνται τὴν
δόξαν, καὶ ⁶τὸ ςερέωμα, καὶ πᾶσα ἡ κτίσις ἀναγγέλλει
τὴν γνῶσιν. Οὕτω γὰρ ἀνιοῦσα ἡ ψυχὴ, καὶ πᾶν τὸ καταλαμβανόμενον ὡς μικρότερον τοῦ ζητουμένου καταλιμ-
πάνουσα, γένοιτο ἂν ἐν περινοίᾳ τῆς μεγαλοπρεπείας ἐκείνης τῆς ὑπεράνω τῶν οὐρανῶν ἐπηρμένης. Ἀλλὰ πῶς
ἄν τις τῶν ὑψηλῶν ἐφίκοιτο περὶ τὰ ταπεινὰ τὴν σπουδὴν ἔχων; πῶς δ᾽ ἂν τις πρὸς τὸν οὐρανὸν ⁷ἀναπταίη,
μὴ πτερωθεὶς τῷ οὐρανίῳ πτερῷ, καὶ ἀνωφερὴς καὶ μετέωρος διὰ τῆς ὑψηλῆς πολιτείας γενόμενος; τίς δὲ οὕτως ἔξω τῶν εὐαγγελικῶν μυςηρίων ἐςὶν ὡς ἀγνοεῖν ὅτι
ἓν ὄχημα τῇ ἀνθρωπίνῃ ψυχῇ τῆς ἐπὶ τοὺς οὐρανοὺς
πορείας ἐςὶν τὸ τῷ εἴδει τῆς καταπτάσης περιςερᾶς ἑαυ-

---

4) M. οἱ. — 5) M. οὐρανοῦ ἀνθρώπου κάλλος. — 6) τὸ fehlt in den Ausg. — 7) M. ἀναπτείη.

nung als diese sind, machen Gurgel und Bauch zu Stätten wo über das Gute zu Urtheil und Gericht gesessen wird. Wenn sie dagegen den materialen Gedanken und der leidenschaftlichen Liebe zu dem Sichtbaren entsagen, und der einfachen und immaterialen und gestaltlosen Natur des Schönen nachforschen wollten, so würden sie in der Wahl dessen worauf die Wünsche sich richten sollen nicht irre gegangen, und von dieser Täuschung nicht so sehr fortgerissen worden sein daß sie nicht einmal die Hinfälligkeit des Vergnügens in diesen Dingen wahrnehmen und dadurch zur Verachtung derselben veranlaßt werden. Dies soll also der Weg für uns sein welcher zur Auffindung des sittlich Schönen uns hinführt, daß wir uns nämlich alles Andere was die Begierden der Menschen an sich lockt, weil es für schön und darum des Erstrebens und Lobes für würdig gilt, als über Niedriges und Vergängliches hinwegsetzen, und die Kraft unserer Begierde an keines dieser Dinge verschwenden, diese aber auch nicht unthätig und ohne Regsamkeit in uns verschlossen halten, sondern sie reinigen von ihrem leidenschaftlichen Hang zu dem Niedrigen und dann dort hinaufzuführen wohin die sinnliche Empfindung nicht hinanreicht, so daß wir weder die Schönheit des Himmels bewundern, noch den Glanz des Gestirns, noch irgend etwas anderes Schönes, sondern durch die allen diesen Dingen innewohnende Schönheit zu dem Verlangen nach jener Schönheit hingeleitet werden von dessen Ruhm die Himmel und das Firmament erzählen und dessen Erkenntniß auch die ganze Schöpfung verkündigt. Denn wenn die Seele so hinaufsteigt und Alles was sie findet als ein Kleineres als das was sie sucht hinter sich läßt, dann dürfte sie wohl zur Erkenntniß jener erhabenen Herrlichkeit gelangen welche höher denn alle Himmel ist. Aber wie soll wohl Jemand das Erhabene erreichen wenn sein Streben auf das Niedrige geht? wie vermöchte Jemand zum Himmel aufzufliegen, wenn er nicht die himmlischen Flügel besitzt, und durch seinen erhabenen Wandel emporgetragen wird und in den Lüften schwebt? Wer steht aber so außerhalb der Geheimnisse des Evangeliums daß er nicht weiß daß für die menschliche Seele zur Reise nach dem Himmel das einzige Mittel darin liegt daß man sich der Gestalt der Taube die herabschwebte ähnlich

τὸν ὁμοιῶσαι, ἧς τὰς πτέρυγας γενέσθαι αὐτῷ καὶ Δαβὶδ ὁ προφήτης ἐπόθησεν. Οὕτω γὰρ ἐν αἰνίγματι τὴν τοῦ πνεύματος δύναμιν τῇ γραφῇ σύνηθες ὀνομάζειν, εἴτε διότι χολῆς ἐςιν ἄμοιρον τοῦτο τὸ ὄρνεον, ἢ ὅτι δυσωδίας ἐχθρὸν, καθώς φασιν οἱ τὰ τοιαῦτα παρατηρήσαντες. Οὐκοῦν ὁ πάσης πικρίας καὶ σαρκικῆς δυσωδίας ἑαυτὸν ἀποςήσας, καὶ πάντων τῶν ταπεινῶν τε καὶ χαμαιζήλων ὑπεραρθεὶς, μᾶλλον δὲ [8] ἔξω παντὸς τοῦ κόσμου γεγονὼς ὑψηλότερος ἐν τῷ προειρημένῳ πτερῷ, ἐκεῖνος εὑρήσει τὸν μόνον ἐπιθυμίας ἄξιον, καὶ γενήσεται καὶ αὐτὸς καλὸς τῷ καλῷ προσπελάσας, καὶ ἐν αὐτῷ γεγονὼς λαμπρός τε καὶ φωτοειδὴς ἐν τῇ μετουσίᾳ τοῦ ἀληθινοῦ φωτὸς καταςήσεται. Ὥσπερ γὰρ ἐν νυκτὶ τὰς ἀθρόας τοῦ ἀέρος ἐκλάμψεις, οὕς τινες διᾴττοντας καλοῦσιν ἀςέρας, οὐδὲν ἄλλο φασὶν οἱ ταῦτα φιλοσοφήσαντες ἢ ἀέρα εἶναι ὑπὸ βίας πνευμάτων τινῶν εἰς τὸν αἰθέριον τόπον ὑπερχεόμενον (λέγουσι γὰρ τὸν πυροειδῆ τοῦτον ὁλκὸν ἐκφλογωθέντος ἐν τῷ αἰθέρι τοῦ πνεύματος τῷ οὐρανῷ ἐγχαράσσεσθαι), ὥσπερ οὖν ὁ [9] περίγειος οὗτος ἀὴρ ἀνωθεὶς ὑπὸ τῆς βίας τοῦ πνεύματος φωτοειδὴς γίνεται, τῷ καθαρῷ τοῦ αἰθέρος ἐναλλοιούμενος, [10] οὕτως καὶ ὁ νοῦς ὁ ἀνθρώπινος καταλιπὼν τὸν θολερὸν τοῦτον καὶ [11] αὐχμώδη βίον, ἐπειδὰν καθαρὸς γενόμενος ἐν τῇ δυνάμει τοῦ πνεύματος, φωτοειδὴς γένηται καὶ [12] ἐμμιχθῇ τῇ ἀληθινῇ καὶ ὑψηλῇ καθαρότητι, διαφαίνεταί πως καὶ αὐτὸς ἐν ἐκείνῃ, καὶ ἀκτίνων ἐμπίπλαται, καὶ φῶς γίνεται, κατὰ τὴν τοῦ κυρίου ὑπόσχεσιν, ὃς τοὺς δικαίους λάμψειν καθ᾽ ὁμοιότητα τοῦ ἡλίου κατεπηγγείλατο. Τοῦτο καὶ ἐπὶ τῆς γῆς ὁρῶμεν γινόμενον ἐπὶ κατόπτρου, ἢ ὕδατος, ἢ ἄλλου τινὸς τῶν ἀποςίλβειν διὰ λειότητα δυναμένων. Ὅταν γάρ τι τούτων δέξηται τὴν τοῦ ἡλίου ἀκτῖνα, καὶ ἄλλην ἀφ᾽ ἑαυτῶν ἀκτῖνα ποιεῖ, οὐκ ἂν [13] τοῦτο ποιήσαντα, εἰ ῥύπῳ τινὶ τὸ καθαρόν τε καὶ

---

8) ἔξω fehlt in den Ausg. — 9) M. ἐπίγειος. — 10) M. ταύτῃ τε

macht, deren Schwingen der Prophet David Verlangen trug daß sie ihm zu Theil werden möchten? Denn also ist die Schrift gewohnt die Kraft des heiligen Geistes im Bilde zu nennen, sei es weil dieser Vogel keine Galle besitzt, oder weil er den üblen Geruch haßt, wie die erzählen welche diese Beobachtungen angestellt haben. Wer sich also von jeglicher Bitterkeit und fleischlichem Stank losmacht, und sich über alles Gemeine und Niedrige erhebt, oder vielmehr wer sich auf den oben genannten Flügeln über die ganze Welt hinaus erhoben hat, der wird den finden welcher allein des Verlangens werth ist, und wird, wenn er dem Schönen nahe gekommen ist, nun auch selbst schön werden, wird sich mit ihm verbinden und glänzend und strahlend in dieser Gemeinschaft mit dem wahrhaftigen Lichte dastehen. Denn wie von den plötzlichen Lichterscheinungen in der Nacht, welche Einige Sternschnuppen nennen, diejenigen welche diese Dinge wissenschaftlich untersucht haben behaupten daß sie nichts Anderes seien als Luft welche unter der Gewalt gewisser Winde in den Aetherraum überströmt (sie sagen nämlich, dieser feurige Streif präge sich am Himmel ab, wenn der Lufthauch in dem Aether sich entzündet), wie also diese die Erde umgebende Luft, wenn sie von der Gewalt des Windes in die Höhe getrieben worden ist, durch die Reinheit des Aethers verändert, feurig wird, so strahlt auch der menschliche Geist, wenn er dieses schlammige und schmuzige Leben verläßt, und rein geworden in der Kraft des göttlichen Hauches feurig wird und sich vermischt mit der wahren und erhabenen Reinheit, gewissermaßen selbst in dieser hervor, erfüllt sich mit Glanz, und wird zu Licht, nach dem Versprechen des Herrn, der verkündigt hat daß die Gerechten glänzen werden wie die Sonne. Wir sehen dieses schon auf Erden im Spiegel geschehen, oder im Wasser, oder in einem anderen Gegenstande welcher vermöge seiner Glätte den Glanz wiedergeben kann. Denn wenn eins dieser Dinge den Sonnenglanz auffängt, so bringen sie von sich auch einen anderen Glanz hervor, was sie schwerlich thun würden, wofern durch Schmuz die Reinheit und die blin-

---

δὴ καί. — 11) M. ἰλυώδη. — 12) M. ἐμμιχθείη. — 13) τοῦτο fehlt in den Ausg.

ςιλπνὸν τῆς ἐπιφανείας ἀχρειωθείη. Εἴτε οὖν ἡμεῖς ἄνω γενοίμεθα καταλιπόντες τὸ περίγειον σκότος, ἐκεῖ φωτοειδεῖς γενησόμεθα, τῷ ἀληθινῷ φωτὶ τοῦ Χριςοῦ ἐμπελάσαντες, εἴτε τὸ φῶς τὸ ἀληθινὸν τὸ καὶ ἐν τῇ σκοτίᾳ λάμπον καὶ μέχρις ἡμῶν καταβαίη, καὶ ἡμεῖς φῶς ἐσόμεθα, καθώς φησί που τοῖς μαθηταῖς ὁ κύριος, εἰ μή τις κακίας ῥύπος τῇ καρδίᾳ προςπεπλασμένος τὴν χάριν τοῦ ἡμετέρου φωτὸς ἀμαυρώσειε. Τάχα τοίνυν ἡμᾶς ἠρέμα διὰ τῶν ὑποδειγμάτων ὁ λόγος προςήγαγε τῇ ἐπινοίᾳ τῆς πρὸς τὸ κρεῖττον ἡμῶν ἀλλοιώσεως, καὶ ἐδείχθη μὴ δυνατὸν ἑτέρως εἶναι συναφθῆναι τὴν ψυχὴν τῷ ἀφθάρτῳ θεῷ, μὴ καὶ αὐτὴν ὡς οἷόν τε καθαρὰν γενομένην διὰ τῆς ἀφθαρσίας, ὡς ἂν διὰ τοῦ ὁμοίου καταλάβῃ τὸ ὅμοιον, οἱονεὶ κάτοπτρον τῇ καθαρότητι τοῦ θεοῦ ἑαυτὴν [14]ὑποθεῖσα, ὥςτε κατὰ μετοχὴν καὶ ἐμφάνειαν τοῦ πρωτοτύπου κάλλους καὶ τὸ ἐν αὐτῇ μορφωθῆναι. Εἰ δέ τις τοιοῦτός ἐςιν οἷος ἤδη πάντα καταλιπεῖν τὰ ἀνθρώπινα, εἴτε σώματα, εἴτε χρήματα, εἴτε τὰ ἐν ἐπιςήμαις ἢ τέχναις ἐπιτηδεύματα, ἢ καὶ ὅσα ἐν ἔθεσι καὶ νόμοις δεξιὰ θεωρεῖται (περὶ τὰ τοιαῦτα γὰρ ἡ πλάνη τῆς τοῦ καλοῦ κατανοήσεως ἐν οἷς ἡ αἴσθησις κριτήριον γίνεται), ὁ τοιοῦτος πρὸς ἐκεῖνο μόνον ἐρωτικῶς τε καὶ ἐπιθυμητικῶς ἕξει ὃ οὐχ ἑτέρωθεν ἔχει τὸ καλὸν εἶναι, οὐδέ ποτε ἢ πρός τι τοιοῦτόν ἐςιν, ἀλλὰ ἐξ ἑαυτοῦ καὶ δι' ἑαυτοῦ καλὸν, καὶ ἐν ἑαυτῷ τοιοῦτον καλὸν ὂν, καὶ οὐδέ ποτε καλὸν γενόμενον ἢ ποτε οὐκ ἐσόμενον, ἀλλὰ πάντοτε ὡσαύτως ἔχον, προςθήκης τε καὶ αὐξήσεως ὑπεράνω, καὶ ἀνεπίδεκτον πάσης τροπῆς τε καὶ ἀλλοιώσεως. Τῷ τοίνυν πάσας ἑαυτοῦ τὰς τῆς ψυχῆς δυνάμεις ἐκ παντὸς εἴδους κακίας ἀποκαθάραντι τολμῶ καὶ λέγω ὅτι ἐμφανὲς γίνεται τὸ μόνον τῇ φύσει καλόν, ὅπερ ἐςὶ τὸ παντὸς καλοῦ τε καὶ ἀγαθοῦ αἴτιον. Καθάπερ γὰρ ὀφθαλ-

---

14) M. ὑποθεῖσαν.

kende Helle der Oberfläche verdorben wäre. Mögen wir also hinaufsteigen, und die die Erde umgebende Finsterniß hinter uns lassen, dort werden wir leuchtenden Glanz gewinnen, wenn wir uns dem wahren Lichte Christi genähert haben, oder mag das wahrhaftige Licht, welches auch im Dunklen leuchtet, selbst bis zu uns herabsteigen, auch wir werden Licht sein, wie irgend wo der Herr zu seinen Jüngern sagt, sofern nur kein Schmuz des Bösen das Herz überzogen hat und die Lieblichkeit unseres Lichtes trübt. Vielleicht hat uns also der Gang der Untersuchung nach und nach durch die Beispiele auf das Mittel zur Veränderung zum Guten hingeführt, und ist gezeigt worden daß für die Seele es unmöglich sei sich auf anderem Wege mit Gott, dem allem Verderben und aller Vergänglichkeit fremden, zu verbinden, als dadurch daß sie auch selbst, so viel es möglich ist, rein wird und befreit von dem was uns dem Verderben preisgiebt, damit sie durch die Aehnlichkeit Fähigkeit erlangt das ihr Aehnliche aufzunehmen, indem sie sich gleich einem Spiegel der Reinheit Gottes entgegenstellt, dergestalt daß je nach dem Grad der Mittheilung und des Abglanzes der originalen Schönheit auch ihre Schönheit sich bildet. Ist aber Jemand so weit gelangt daß er alle menschlichen Dinge, seien es Körper, oder Schätze, oder Beschäftigungen mit Wissenschaften und Künsten, oder was sonst nach Sitte und Gesetz für hübsch gilt (denn um solche Dinge bewegt sich der Irrthum in der Erkenntniß des Schönen bei welcher der sinnlichen Empfindung das Urtheil übertragen ist) hinter sich gelassen hat, der wird zu Jenem allein Liebe und Verlangen fühlen was seine Schönheit nicht wo andersher entlehnt hat, noch zeitweilig allein, oder nur in Bezug auf irgend einen Gegenstand, ein solches ist, sondern was aus sich selbst, und durch sich selbst, und in sich selbst ein solch Schönes ist, und was niemals zu diesem Schönen geworden oder es jemals nicht sein wird, sondern zu aller Zeit sich gleichmäßig verhält, über allen Zuwachs und Vermehrung erhaben, und unfähig alles Wechsels und aller Veränderung ist. Wer also alle Kräfte seiner Seele von jeder Art des Bösen geläutert hat, dem kommt zur Erscheinung, ich wage es zu sagen, die einzige dem Wesen nach wirkliche Schönheit, welche die Grundquelle alles Schönen und

μῷ τὴν λήμην ἀποῤῥυψαμένῳ τὰ ἐν τῷ οὐρανῷ τηλαυγῶς καθορᾶται, οὕτως καὶ τῇ ψυχῇ διὰ τῆς ἀφθαρσίας παραγίνεται ἡ δύναμις τῆς τοῦ φωτὸς ἐκείνου κατανοήσεως, καὶ ἡ ἀληθινὴ παρθενία καὶ ἡ περὶ τὴν ἀφθαρσίαν σπουδὴ εἰς τοῦτον τὸν σκοπὸν καταλήγει, τὸ δι' αὐτῆς δυνηθῆναι τὸν θεὸν ἰδεῖν. Ὅτι γὰρ τὸ κυρίως καὶ πρώτως καὶ μόνως καλόν τε καὶ ἀγαθὸν καὶ καθαρὸν ὁ τῶν ὅλων ἐςὶ θεὸς οὐδεὶς οὕτω τυφλὸς τὴν διάνοιαν ὡς μὴ καὶ ἀφ' ἑαυτοῦ συνιδεῖν. Ἀλλὰ τοῦτο μὲν ἴσως οὐδεὶς ἀγνοεῖ· ἐπιζητεῖν δὲ εἰκὸς τινας εἰ δυνατόν ἐςιν οἷόν τινα μέθοδον καὶ ἀγωγὴν τὴν πρὸς τοῦτο χειραγωγοῦσαν ἡμᾶς ἐξευρεῖν. Μεςαὶ μὲν οὖν αἱ θεῖαι βίβλοι τῆς τοιαύτης εἰσὶν ὑφηγήσεως, πολλοὶ δὲ τῶν ἁγίων καθάπερ τινὰ λύχνον τὸν ἑαυτῶν βίον τοῖς κατὰ θεὸν πορευομένοις προφαίνουσιν. Ἀλλὰ τὰς μὲν ἐκ τῆς θεοπνεύςου γραφῆς εἰς τὸν προκείμενον σκοπὸν ὑποθήκας ἔξεςιν ἑκάςῳ πλουσίως ἐξ ἀμφοτέρων τῶν διαθηκῶν ἀναλέξασθαι· πολλὰ μὲν γὰρ ἐν προφήταις καὶ νόμῳ, πολλὰ δὲ ἐν εὐαγγελικαῖς τε καὶ ἀποςολικαῖς παραδόσεσι πάρεςιν ἀφθόνως λαβεῖν· ὅσα δ' ἂν καὶ ἡμεῖς [15]ἐπινοήσαιμεν ταῖς θείαις ἀκολουθοῦντες φωναῖς, [16]ταῦτά ἐςιν.

Κεφ. ιβ'. Τὸ λογικὸν τοῦτο καὶ διανοητικὸν ζῶον, ὁ ἄνθρωπος, τῆς θείας τε καὶ ἀκηράτου φύσεως ἔργον καὶ μίμημα γεγονώς (οὕτω γὰρ ἐν τῇ κοσμογενείᾳ περὶ αὐτοῦ ἀναγέγραπται, ὅτι κατ' εἰκόνα θεοῦ ἐποίησεν αὐτόν), τοῦτο οὖν τὸ ζῶον, ὁ ἄνθρωπος, οὐ κατὰ φύσιν οὐδὲ συνουσιωμένον ἔσχεν ἐν ἑαυτῷ παρὰ τὴν πρώτην γένεσιν τὸ παθητικόν τε καὶ ἐπίκηρον (οὐδὲ γὰρ ἦν δυνατὸν τὸν τῆς εἰκόνος διασωθῆναι λόγον, εἰ ὑπεναντίως εἶχε τὸ ἀπεικονισμένον κάλλος πρὸς τὸ ἀρχέτυπον), ἀλλ' ὕςερον ἐπεισήχθη τὸ πάθος αὐτῷ μετὰ τὴν πρώτην κατασκευήν. Ἐπεισήχθη δὲ οὕτως· εἰκὼν ἦν καὶ ὁμοίωμα, καθὼς εἴρηται, τῆς πάντων τῶν ὄντων βασιλευούσης δυ-

---

15) M. ὑπονοήσαιμεν. — 16) M. ταῦτ' ἐςίν.

Guten ist. Denn wie das Auge welches sich den Schmuz abgewaschen hat die Gegenstände des Himmels klar schaut, so gelangt auch die Seele durch die keusche Reinheit zu der Kraft jenes Licht zu erschauen, und die wahrhafte Jungfräulichkeit und das Streben nach keuscher Reinheit endet an diesem Ziel, daß man durch sie zu dem Anblick Gottes gelangen kann. Denn daß das eigentliche und erste und alleinige Schöne und Gute und Reine der Gott aller Dinge ist, davon ist Niemand so blinden Geistes nicht von selbst das Bewußtsein in sich zu tragen. Es ist dies vielleicht Niemandem unbekannt; natürlicher Weise aber fragen doch Einige ob es möglich ist einen Weg und eine Anleitung welche uns darauf hinführt ausfindig zu machen. In der That sind die göttlichen Bücher voll von solch anleitendem Unterrichts, und eine große Anzahl der Heiligen lassen für die welche in Gott wandeln ihr Leben gleichwie ein Licht vorleuchten. Was nun die dahin abzielenden Vorschriften der göttlichen Schrift betrifft, so kann diese ein Jeder sich in reicher Zahl aus beiden Testamenten auslesen; denn Vieles kann man in den Propheten und in dem Gesetz, und Vieles in den evangelischen und apostolischen Ueberlieferungen gewinnen. Was wir aber, im Anschluß an die göttlichen Aussprüche, darüber denken würden, ist Folgendes.

Kap. 12. Dieses mit Vernunft und Verstand ausgestattete lebende Wesen, der Mensch, welcher ein Werk und eine Nachahmung der göttlichen und lauteren Natur ist (denn so steht in der Schöpfungsgeschichte über ihn geschrieben, Gott machte ihn nach seinem Bilde), dieses lebende Wesen also, der Mensch, trug im Anfang des Werdens das den Leidenschaften ausgesetzte und hinfällige Wesen wie ein Natürliches und zu seinem Wesen Gehörendes keineswegs in sich (denn es wäre unmöglich den Begriff des Bildes zu retten, wenn die nachgebildete Schönheit im Widerspruch zu der originalen stände), sondern erst nach seiner Erschaffung erhielt die Leidenschaft Eingang in ihn. Diesen erhielt sie aber in folgender Weise. Er war, wie gesagt, ein Bild und Gleichniß der alle Dinge regierenden Macht, und deßhalb besaß er auch in dem freien, unumschränkten Willen

νάμεως, καὶ διὰ τοῦτο καὶ ἐν τῷ αὐτεξουσίῳ τῆς ¹προαιρέσεως πρὸς τὸν ἐξουσιάζοντα πάντων εἶχε τὴν ὁμοιότητα, οὐδεμιᾷ τινι τῶν ἔξωθεν ἀνάγκῃ δεδουλωμένος, ἀλλὰ τῇ γνώμῃ τῇ ἰδίᾳ πρὸς τὸ δοκοῦν διοικούμενος, καὶ τὸ ἀρέσκον αὐτῷ κατ' ἐξουσίαν αἱρούμενος, τὴν ²δὲ συμφορὰν ταύτην, ᾗ νῦν κεκράτηται τὸ ἀνθρώπινον, αὐτὸς ἐθελοντὴς ἀπάτῃ παρενεχθεὶς ἐπεσπάσατο, αὐτὸς τῆς κακίας εὑρετὴς γενόμενος, οὐχὶ παρὰ θεοῦ γενομένην εὑρών· θεὸς γὰρ θάνατον οὐκ ἐποίησε, ἀλλὰ τρόπον τινὰ κτίστης καὶ δημιουργὸς τοῦ κακοῦ κατέστη ὁ ἄνθρωπος. Καθάπερ γὰρ τοῦ ἡλιακοῦ φωτὸς κοινὴ μὲν πρόκειται πᾶσιν ἡ μετουσία οἷς ἡ τοῦ ὁρᾶν δύναμις πάρεςι, δύναται δέ τις εἰ βουληθείη μύσας τὸν ὀφθαλμὸν ἔξω γενέσθαι τῆς τοῦ φωτὸς ἀντιλήψεως, οὐ τοῦ ἡλίου ἀποχωροῦντος ἑτέρωθι, καὶ οὕτως ³ἐκείνῳ τὸ σκότος ἐπάγοντος, ἀλλὰ τοῦ ἀνθρώπου διὰ τῆς ἐπιμύσεως τῶν βλεφάρων τὸν ὀφθαλμὸν ἐκ τῆς ἀκτῖνος διατειχίσαντος (τῆς γὰρ ὁρατικῆς δυνάμεως ἐν τῇ ἐπιμύσει τῶν ὀμμάτων ⁴ἐνεργεῖν ἀδυνατούσης ἀνάγκη πᾶσα τὴν ⁵ἀργίαν τῆς ὁράσεως σκότους ἐνέργειαν γίνεσθαι ἑκουσίως ἐν τῷ ἀνθρώπῳ διὰ τῆς ἀορασίας συνιςαμένην), ἢ ὥσπερ εἴ τις οἰκίαν ἑαυτῷ κατασκευάζων μηδεμίαν ἐντέμοι τῷ φωτὶ τὴν ἐπὶ τὰ ἔσω πάροδον, ἀναγκαίως ἐν σκότῳ βιώσεται, ἑκὼν ἀποκλείσας ταῖς ἀκτῖσι τὴν εἴσοδον, οὕτω καὶ ὁ πρῶτος ὁ ἐκ γῆς ἄνθρωπος, μᾶλλον δὲ ὁ τὴν κακίαν ἐν τῷ ἀνθρώπῳ γεννήσας, ἐν μὲν τῇ φύσει τὸ καλόν τε καὶ ἀγαθὸν κατ' ἐξουσίαν ἔσχεν πανταχόθεν προκείμενον, ἐθελοντὴς δὲ παρ' ἑαυτοῦ τὰ παρὰ φύσιν ἐκαινοτόμησε, τὴν τοῦ κακοῦ πεῖραν ἐν τῇ ἀποςροφῇ τῆς ἀρετῆς τῇ ἰδίᾳ προαιρέσει δημιουργήσας· κακὸν γὰρ ἔξω προαιρέσεως κείμενον καὶ κατ' ἰδίαν ὑπόςασιν θεωρούμενον ἐν τῇ φύσει τῶν ὄντων ἔςιν οὐδέν. Πᾶν γὰρ κτίσμα θεοῦ καλόν, καὶ οὐδὲν ἀπόβλητον, καὶ πάντα ὅσα ἐποίησεν ὁ θεὸς καλὰ λίαν· ἀλλ' ἐπειδὴ κατὰ τὸν ῥηθέντα τρόπον εἰςεφθάρη τῇ ζωῇ τῶν

---

1) προαιρέσεως fehlt in den Ausg. — 2) δὲ fehlt in den Ausg. — 3) M. ἐκεῖνο. — 4) M. ἐνέργειαν. — 5) M. ἀργεῖν.

die Aehnlichkeit mit dem welcher über Alles mit unumschränkter Macht herrscht, und war keinem außerhalb seines Wesens waltenden Zwange unterthan, sondern nach eigenem Entschluß regierte er sich wie ihm beliebte, und wählte in eigener Machtvollkommenheit was ihm gefiel; dieses Mißgeschick aber, wodurch jetzt das Menschengeschlecht darniedergehalten ist, hat er, durch Täuschung vom rechten Wege abgebracht, sich von selbst zugezogen, und er selbst ist somit zum Erfinder des Bösen geworden, was er keinesweges von Gott geschaffen vorfand; denn Gott hat den Tod nicht geschaffen, sondern der Mensch ist gewissermaßen der Erschaffer und Schöpfer desselben. Denn gleichwie Allen der Genuß des Sonnenlichtes freigegeben ist welche der Sehkraft theilhaftig sind, man jedoch, falls man will, die Augen verschließen und sich so gegen das Licht abschließen kann, während ihrerseits die Sonne nicht fortgeht und die Finsterniß über uns bringt, sondern eben der Mensch dadurch daß er die Lider schließt das Auge gegen den Sonnenstrahl absperrt (da nämlich die Sehkraft in Folge des Schließens der Augen nicht zu wirken vermag, so muß ganz nothwendiger Weise diese Unthätigkeit des Gesichts die Wirkung der Finsterniß hervorbringen, welche somit in Folge der gehinderten Sehkraft nach freiwilligem Entschluß in dem Menschen entsteht), oder wie, wenn man sich ein Haus bauen und für das Licht zu seinem Eintritt in das Innere keinen Zugang anbringen wollte, man natürlich im Dunkel leben würde, wenn man auf Grund seines eigenen Willens so den Sonnenstrahlen den Zutritt versperrt; so hat auch der erste Erdenmensch, oder vielmehr der welcher das Böse in dem Menschen erzeugt hat, in seiner Natur das Schöne und Gute, was ihm von allen Seiten geboten war, in seiner Macht gehabt, hat aber von selbst und von freien Stücken was der Natur zuwider war begonnen, und dadurch daß er nach eigenem Entschluß sich von der Tugend abwendete die Versuchung des Bösen zu Stande gebracht; denn ein Böses was außerhalb unseres Willens liegend in einem eigenen Wesen aufträte, ein solches existiert nicht in der Natur der Dinge. Alle Kreatur Gottes ist schön und gut, und keine ist verworfen, und Alles was Gott geschaffen hat war sehr gut; allein nachdem der Dienst der Sünde in der angegebenen

p. 149. ἀνθρώπων ἡ τοῦ ἁμαρτάνειν ἀκολουθία, καὶ ἐκ μικρᾶς
A ἀφορμῆς εἰς ἄπειρον τῆς κακίας ἐν τῷ ἀνθρώπῳ χυθείσης καὶ τὸ θεοειδὲς ἐκεῖνο τῆς ψυχῆς κάλλος τὸ κατὰ μίμησιν τοῦ πρωτοτύπου γενόμενον οἷόν τις σίδηρος κατεμελάνθη τῷ τῆς κακίας ἰῷ, οὐκέτι τηνικαῦτα τῆς οἰκείας αὐτῷ κατὰ φύσιν εἰκόνος τὴν χάριν διέσωζεν, ἀλλὰ πρὸς τὸ αἶσχος τῆς ἁμαρτίας μετεμορφώθη. Ὅθεν τὸ μέγα καὶ τίμιον τοῦτο, ὁ ἄνθρωπος, ὡς ὑπὸ τῆς γραφῆς ὠνομάσθη, ἐκπεσὼν τῆς οἰκείας ἀξίας, οἷον πάσχουσιν οἱ ἐξ ὀλισθήματος ἐγκατενεχθέντες βορβόρῳ, καὶ τῷ πηλῷ τὴν μορφὴν ἑαυτῶν ἐξαλείψαντες, ἀνεπίγνωσοι καὶ
B τοῖς συνηθέσι γίνονται, οὕτως κἀκεῖνος ἐμπεσὼν τῷ βορβόρῳ τῆς ἁμαρτίας ἀπώλεσε μὲν τὸ εἰκὼν εἶναι τοῦ ἀφθάρτου θεοῦ, τὴν δὲ φθαρτὴν καὶ πηλίνην εἰκόνα διὰ τῆς ἁμαρτίας μετημφιάσατο, ἣν ἀποθέσθαι συμβουλεύει ὁ λόγος οἷόν τινι ὕδατι τῷ καθαρῷ τῆς πολιτείας ἀποκλυσάμενον, ὡς ἂν περιαιρεθέντος τοῦ γηΐνου καλύμματος πάλιν τῆς ψυχῆς φανερωθῇ τὸ κάλλος. Ἀπόθεσις δὲ τοῦ ἀλλοτρίου ἐςὶν ἡ εἰς τὸ οἰκεῖον ἑαυτῷ καὶ κατὰ φύσιν ἐπάνοδος, οὗ τυχεῖν ἄλλως οὐκ ἔςι, μὴ οἷος ἐξ
C ἀρχῆς ἐκτίσθη τοιοῦτον πάλιν γενόμενον. Οὐ γὰρ ἡμέτερον ἔργον, οὐδὲ δυνάμεως ἀνθρωπίνης ἐςὶ κατόρθωμα ἡ πρὸς τὸ θεῖον ὁμοίωσις, ἀλλὰ τοῦτο μὲν τῆς τοῦ θεοῦ μεγαλοδωρεᾶς ἐςιν, εὐθὺς ἅμα τῇ πρώτῃ γενέσει χαρισαμένου τῇ φύσει τὴν πρὸς αὐτὸν ὁμοιότητα, τῆς δὲ ἀνθρωπίνης σπουδῆς τοσοῦτον ἂν εἴη ὅσον ἐκκαθᾶραι μόνον τὸν ἐπιγινόμενον ἀπὸ κακίας ῥύπον αὐτῷ, καὶ τὸ κεκαλυμμένον ἐν τῇ ψυχῇ κάλλος διαφωτίσαι. Τὸ δὲ τοιοῦ-
D τον δόγμα καὶ ἐν τῷ εὐαγγελίῳ διδάσκειν οἶμαι τὸν κύριον, λέγοντα τοῖς ἀκούειν δυναμένοις τῆς ἐν μυςηρίῳ
Luc. 17,21. λαλουμένης σοφίας ὅτι, Ἡ βασιλεία τοῦ θεοῦ ἐντὸς ὑμῶν ἐςιν· ἐνδείκνυται γὰρ, οἶμαι, ὁ λόγος αὐτῷ ὅτι τὸ τοῦ θεοῦ ἀγαθὸν οὐ διώρισαι τῆς φύσεως ἡμῶν, οὐδὲ πόῤῥωθέν που τῶν ζητεῖν αὐτὸ προαιρουμένων ἀπῴκιςαι, ἀλλὰ ἐν ἑκάςῳ ἐςὶν, ἀγνοούμενον μὲν καὶ λανθάνον, ὅταν

Weise seinen verderbenbringenden Einzug in das Leben des Menschen genommen hatte, und als nachher aus kleiner Wurzel sich das Böse in dem Menschen in das Unendliche ausbreitete und jene gottähnliche, dem Muster des Urbilds nachgebildete, Schönheit der Seele durch den Rost des Bösen gleichwie ein Eisen dunkel gefärbt worden war, da bewahrte es die Anmuth des ihm von Natur eigenen Bildes nicht länger, sondern gestaltete sich zur Häßlichkeit der Sünde um. Daher ist es gekommen daß dieses große und an Ehren reiche Wesen, der Mensch, wie er von der Schrift genannt worden ist, nachdem er seinen ihm eigenen Adel verloren hatte, wie es denen geht welche ausgleiten und in den Schmuz fallen, und nun durch den Koth verunstaltet selbst für ihre Bekannten unkenntlich werden, so auch jener, nachdem er in den Koth der Sünde gefallen war, dadurch das Ebenbild Gottes einbüßte, welches jedem Verderben fremd ist, und sich durch die Sünde das verdorbene und kothbeschmuzte Bild anzog welches die Schrift durch die Reinheit des Wandels wie durch eine läuternde Wasserwaschung abzulegen räth, damit nach Hinwegnahme der irdischen Hülle die Schönheit der Seele wiederum an das Licht trete. Ablegung des Fremdartigen ist aber Rückkehr zu dem was das Unsrige und Naturgemäße ist, und dazu kann man nicht anders gelangen als wenn man wieder ein Solcher wird als welcher man im Anfang geschaffen worden war. Denn nicht unser Werk, noch eine That menschlicher Kraft ist es Gott ähnlich zu werden, sondern es ist dies ein Geschenk der reichen Gnade Gottes, welcher gleich mit der ersten Geburt der Natur die Aehnlichkeit mit sich verliehen hat; dem Streben des Menschen dürfte nur so viel zufallen daß er sich von dem ihm vom Bösen anklebenden Schmuze läutert, und die in der Seele verdeckte Schönheit ans Licht zieht. Das scheint auch der Herr im Evangelium zu lehren, wo er zu denen welche die in Form eines Geheimnisses ausgesprochene Weisheit stehen können sagt, Das Reich Gottes ist inwendig in euch. Die Schrift deutet nämlich damit an daß das Gut Gottes von unserer Natur nicht abgetrennt ist, und auch nicht sehr weit wohl von denen welche es zu suchen den Willen haben abseits liegt, vielmehr in einem Jeden liegt, unerkannt und

ὑπὸ τῶν μεριμνῶν τε καὶ ἡδονῶν τοῦ βίου συμπνίγηται, εὑρισκόμενον δὲ πάλιν, ὅταν εἰς ἐκεῖνο τὴν διάνοιαν ἡμῶν ἐπιςρέψωμεν. Εἰ δὲ χρὴ καὶ δι' ἑτέρων τὸν λόγον πιςώσασθαι, τοῦτο καὶ ἐν τῇ ἀναζητήσει τῆς [6]ἀπολομένης δραχμῆς ἡμῖν ὑποτίθεσθαι οἶμαι τὸν κύριον, ὡς οὐδὲν ὄφελος [7]ὂν ἐκ τῶν λοιπῶν ἀρετῶν, ἃς δραχμὰς ὁ λόγος ὠνόμασε, κἂν πᾶσαι παροῦσαι τύχωσι, τῆς μιᾶς ἐκείνης ἀπούσης τῇ χηρευούσῃ ψυχῇ. Διὰ τοῦτο πρῶτον μὲν ἅπτειν λύχνον ἐλαίου κελεύει, τὸν λόγον τάχα σημαίνων τὸν τὰ κεκρυμμένα φωτίζοντα· εἶτα ἐν τῇ ἰδίᾳ οἰκίᾳ, τοῦτ' ἔςιν ἐν ἑαυτῷ, ζητεῖν τὴν [8]ἀπολομένην δραχμήν. Διὰ δὲ τῆς ζητουμένης δραχμῆς τὴν εἰκόνα πάντως τοῦ βασιλέως αἰνίσσεται, τὴν οὐχὶ παντελῶς [9]ἀπολομένην, ἀλλὰ ὑποκεκρυμμένην τῇ κόπρῳ. Κόπρον δὲ χρὴ νοεῖν, ὡς οἶμαι, τὴν τῆς σαρκὸς ῥυπαρίαν, ἧς ἀποσαρωθείσης καὶ ἀνακαθαρθείσης διὰ τῆς ἐπιμελείας τοῦ βίου ἔκδηλον τὸ ζητούμενον γίνεσθαι, ἐφ' ᾧ εἰκότως αὐτήν τε τὴν εὑροῦσαν χαίρειν ψυχήν, καὶ εἰς κοινωνίαν τῆς εὐφροσύνης συμπαραλαμβάνειν τὰς γείτονας. Τῷ ὄντι γὰρ πᾶσαι αἱ σύνοικοι τῆς ψυχῆς δυνάμεις, ἃς γείτονας νῦν προςηγόρευσεν, ἐπειδὰν ἀνακαλυφθῇ καὶ ἐκλάμψῃ αὕτη ἡ τοῦ μεγάλου βασιλέως εἰκών, ἣν ἐξ ἀρχῆς ἐνεσημήνατο ἡμῶν τῇ δραχμῇ ὁ πλάσας κατὰ μόνας τὰς καρδίας ἡμῶν, τότε ἐπὶ τὴν θείαν ἐκείνην χαράν τε καὶ εὐφροσύνην ἐπιςραφήσονται, τῷ ἀφράςῳ κάλλει τοῦ εὑρεθέντος ἐνατενίζουσαι. Συγχάρητε γάρ μοι, φησίν, ὅτι εὗρον τὴν δραχμὴν ἣν ἀπώλεσα· αἱ δὲ γείτονες, ἤτοι σύνοικοι τῆς ψυχῆς δυνάμεις, ἐπὶ τῇ εὑρέσει τῆς θείας δραχμῆς εὐφραινόμεναι, ἥ λογική τε καὶ ἐπιθυμητική, καὶ ἡ κατὰ λύπην τε καὶ ὀργὴν ἐγγινομένη διάθεσις, καὶ εἴ τινες ἄλλαι δυνάμεις εἰσὶ περὶ τὴν ψυχὴν θεωρούμεναι, εἰκότως ἂν καὶ φίλαι εἶναι [10]νομίζοιντο, ἃς πάσας τότε χαίρειν ἐν κυρίῳ εἰκός, ὅταν αἱ πᾶσαι πρὸς τὸ καλόν τε καὶ ἀγαθὸν βλέπωσι, καὶ πάντα εἰς δόξαν θεοῦ ἐνεργῶσι, μηκέτι τῆς

---

6) M. ἀπολλυμένης. — 7) ὂν fehlt bei M. — 8) M. ἀπολλυμένην. — 9) M. ἀπολλυμένην. — 10) M. νομίζονται.

versteckt, wenn es von den Sorgen und Lüsten des Lebens erstickt wird, wieder aufgefunden aber, wenn wir unsere Gedanken darauf richten. Sollen wir aber für unsere Worte noch durch andere Belege eine Bestätigung geben, so glaube ich daß der Herr auch durch das Suchen nach dem verlorenen Groschen uns belehrt daß die übrigen Tugenden, welche die Schrift Groschen nennt, Nichts nützen, selbst wenn sie alle beisammen sein sollten, sobald jener eine der verwaisten Seele fehlt. Deßhalb heißt er zuerst eine Oellampe anzünden, womit er vielleicht die Vernunft meint, welche das Verborgene aufhellt, und dann erst in seinem Hause, das heißt in sich selbst, den verlorenen Groschen suchen. Mit dem Groschen aber, welcher gesucht wird, meint er ohne Zweifel im Gleichniß das Bild des Königs, welches nicht gänzlich verloren, sondern nur durch den Schmuz verborgen ist. Unter dem Schmuz aber müssen wir, glaube ich, die Unsauberkeit des Fleisches verstehen: wenn diese durch die Sorgfalt des Lebenswandels ausgekehrt und entfernt ist, dann werde das Gesuchte offenbar, worüber sich billig die findende Seele selbst freue und zur Theilnahme an ihrer Freude die Nachbarinnen mit herbeihole. Denn in der That werden alle das Haus der Seele mitbewohnenden Kräfte, welche er so eben Nachbaren genannt hat, wenn dieses Bild des großen Königs, welches der welcher unsere Herzen im Anfang einzeln für sich gebildet auf unseren Groschen eingeprägt hat, sich enthüllt und ihnen entgegenstrahlt, da werden alle sich jener göttlichen Freude und Wonne zuwenden und ihren staunenden Blick auf die unbeschreibliche Schönheit des Fundes richten. Denn, sagt sie, Freuet euch mit mir daß ich den Groschen welchen ich verloren hatte wiedergefunden habe! Die Nachbarinnen aber, oder die in der Seele zusammenwohnenden Kräfte, welche sich über das Auffinden des göttlichen Groschens freuen, sind das Denkvermögen und das Begehrungsvermögen, der Affect des Schmerzes und des Zornes, und was sonst noch für andere Kräfte an der Seele beobachtet werden, die dürften mit Recht auch als Freundinnen gelten, welche sich dann alle billig in dem Herrn freuen, wenn sie ihren Blick auf das Schöne und Gute richten, und Alles zum Ruhme Gottes wirken, und nicht

ἁμαρτίας ὅπλα γινόμεναι. Εἰ οὖν αὕτη ἐςὶν ἡ ἐπίνοια τῆς τοῦ ζητουμένου εὑρήσεως, ἡ τῆς θείας εἰκόνος εἰς τὸ ἀρχαῖον ἀποκατάςασις, τῆς νῦν ἐν τῷ τῆς σαρκὸς ῥύπῳ κεκαλυμμένης, ἐκεῖνο γενώμεθα ὃ ἦν παρὰ τὴν πρώτην ἑαυτοῦ ζωὴν ὁ πρωτόπλαςος. Τί οὖν ἐκεῖνος ἦν; γυμνὸς μὲν τῆς τῶν νεκρῶν δερμάτων ἐπιβολῆς, ἐν παρρησίᾳ δὲ τὸ τοῦ

p. 151. θεοῦ πρόςωπον βλέπων· οὔπω δὲ διὰ γεύσεως καὶ ὁράA σεως τὸ καλὸν κρίνων, ἀλλὰ μόνον τοῦ κυρίου κατατρυφῶν, καὶ τῇ δοθείσῃ βοηθῷ πρὸς τοῦτο συγχρώμενος, καθὼς ἐπισημαίνεται ἡ θεία γραφὴ, ὅτι οὐ πρότερον αὐτὴν ἔγνω πρὶν ἐξορισθῆναι τοῦ παραδείσου, καὶ πρὶν ἐκείνην ἀντὶ τῆς ἁμαρτίας ἣν ἀπατηθεῖσα ἐξήμαρτε, τῇ τῶν ὠδίνων τιμωρίᾳ κατακριθῆναι. Δι᾽ ἧς τοίνυν ἀκολουθίας ἔξω τοῦ παραδείσου γεγόναμεν, τῷ προπάτορι συνεκβληθέντες, καὶ νῦν διὰ τῆς αὐτῆς ἔξεςιν ἡμῖν παλινB δρομήσασιν ἐπανελθεῖν ἐπὶ τὴν ἀρχαίαν μακαριότητα. Τίς οὖν ἡ ἀκολουθία; Ἡδονὴ τότε δι᾽ ἀπάτης ἐγγινομένη τῆς ἐκπτώσεως ἤρξατο. Εἶτα αἰσχύνη καὶ φόβος τῷ πάθει τῆς ἡδονῆς ἐπηκολούθησε, καὶ τὸ μηκέτι λοιπὸν ἐν ὀφθαλμοῖς τολμᾶν εἶναι τοῦ κτίσαντος, ἀλλὰ φύλλοις καὶ σκιαῖς ὑποκρύπτεσθαι· δέρμασι νεκροῖς μετὰ ταῦτα περικαλύπτονται, καὶ οὕτως εἰς τὸ νοσῶδες τοῦτο καὶ ἐπίπονον χωρίον ἄποικοι πέμπονται, ἐν ᾧ ὁ γάμος παραμυθία τοῦ ἀποθνήσκειν ἐπενοήθη. Εἰ οὖν μέλλομεν ἀναC λύειν ἐντεῦθεν καὶ σὺν Χριςῷ γίνεσθαι, πάλιν ἐκ τοῦ τελευταίου προςήκει τῆς ἀναλύσεως ἄρξασθαι, ὥσπερ οἱ τῶν οἰκείων ἀποξενωθέντες, ἐπειδὰν ἐπιςρέφωσιν ὅθεν [11] ὥρμησαν, πρῶτον ἐκεῖνον καταλείπουσι τὸν τόπον ᾧ τελευταῖον προϊόντες ἐνέτυχον. Ἐπεὶ οὖν τοῦ χωρισμοῦ τῆς ἐν τῷ παραδείσῳ [12] ζωῆς τὸ τελευταῖον ὁ γάμος ἐςὶν, τοῦτον πρῶτον καταλιπεῖν ὥσπερ τινὰ ϛαθμὸν ἔσχατον τοῖς πρὸς τὸν Χριςὸν ἀναλύουσιν ὑφηγεῖται ὁ λόγος, εἶτα τῆς περὶ τὴν γῆν ταλαιπωρίας ἀναχωρῆσαι, ᾗ ἐπιD δρύνθη μετὰ τὴν ἁμαρτίαν ὁ ἄνθρωπος, ἐπὶ τούτῳ ἔξω

---

11) M. ὡρμήθησαν. — 12) M. διατριβῆς ζωῆς.

ferner das Rüstzeug der Sünde abgeben. Ist nun das der Sinn der Auffindung des Gesuchten, die Wiederherstellung des göttlichen Bildes, welches jetzt in dem Schmuz des Fleisches verborgen liegt, in den alten Zustand, so laßt uns das werden was der Ersterschaffene im Anfang seines Lebens war. Was war nun jener? Er war entblößt von der Umhüllung der todten Häute, und ihm war erlaubt Gottes Antlitz zu schauen; noch unterschied er nicht durch Geschmack und Anblick das Gute, sondern er schwelgte nur im Herrn, und sein Umgang mit der ihm gegebenen Helferin erstreckte sich, wie die Schrift andeutet, so weit, daß er sie nicht eher erkannte als bis er aus dem Paradiese verwiesen, und sie für die Sünde welche sie verführt begangen hatte zur Strafe der Geburtswehen verurtheilt worden war. Auf welchem Weg wir also, mit unserem Vorvater zugleich verdammt, das Paradies verloren haben, auf ebendemselben steht es uns jetzt frei zu der alten Glückseligkeit zurückzukehren. Welches ist nun dieser Weg? Durch Betrug fand damals Lust in uns Eingang und wurde der Anfang unseres Unglücks. Dann folgte auf die Leidenschaft der Lust Scham und Furcht, und daß sie nicht ferner mehr wagten vor die Augen ihres Schöpfers zu treten, sondern sich mit Blättern und im Schatten versteckten; hierauf werden sie mit todten Häuten umhüllt, und so in dieses Land der Krankheit und des Mühsals vertrieben, wo zu linderndem Trost für das Sterben die Ehe erfunden worden ist. Wenn wir also von hier ziehen und zu Christum gehen sollen, so müssen wir den Weg von da antreten wo wir zuletzt waren, gleichwie die welche von ihrer Heimath in die Fremde gegangen sind, dann, wenn sie an den Ort von wo sie ihre Reise angetreten zurückkehren, zuerst den Ort verlassen bis zu welchem sie zuletzt vorgegangen waren. Da nun bei der Trennung von dem Leben im Paradiese das Letzte die Ehe ist, so lehrt denen welche zu Christus zurückkehren die Vernunft zuerst diese, welche gleichsam eine äußerste Station bildete, hinter sich zu lassen, dann sich von dem Jammer der Erde loszumachen, in welchen der Mensch nach seinem Sündenfalle versenkt worden war, dazu die

τῶν τῆς σαρκὸς προκαλυμμάτων γενέσθαι, τοὺς δερματίνους χιτῶνας, τοῦτ' ἔστι τὸ φρόνημα τῆς σαρκὸς ἀπεκδυσαμένους, καὶ πάντα ἀπειπαμένους τὰ κρυπτὰ τῆς αἰσχύνης μηκέτι τῇ συκῇ τοῦ πικροῦ βίου ὑποσκιάζεσθαι, ἀλλ' ἀποῤῥίψαντας τὰ ἐκ τῶν προσκαίρων τούτων φύλλων τῆς ζωῆς προκαλύμματα ἐν ὀφθαλμοῖς γίνεσθαι πάλιν τοῦ κτίσαντος, τήν τε κατὰ γεῦσιν καὶ ὄψιν ἀπάτην ἀπώσασθαι, [13] σύμβουλόν τε μηκέτι τὸν ἰοβόλον ὄφιν, ἀλλὰ τὴν ἐντολὴν τοῦ θεοῦ μόνην ἔχειν· αὕτη δέ ἐστι τὸ μόνου. τοῦ καλοῦ ἅπτεσθαι, τὴν δὲ τῶν πονηρῶν γεῦσιν ἀπώσασθαι,

p. 152. ὡς ἐκεῖθεν ἡμῖν τῆς τῶν κακῶν ἀκολουθίας ἀρχὴν λαβούσης, ἐκ τοῦ μὴ θελῆσαι τὸ κακὸν ἀγνοῆσαι. Διὸ καὶ ἀπεῤῥήθη τοῖς πρωτοπλάστοις τὸ μὴ μετὰ τοῦ καλοῦ καὶ τὴν τῶν ἐναντίων γνῶσιν λαβεῖν, ἀλλ' ἀποσχέσθαι μὲν τοῦ γνωστοῦ καλοῦ τε καὶ πονηροῦ, καθαρὸν δὲ καὶ ἀμιγὲς καὶ ἀμέτοχον τοῦ κακοῦ τὸ ἀγαθὸν καρποῦσθαι. Ὅπερ οὐδὲν ἄλλο ἐστίν, ὥς γε ὁ ἐμὸς λόγος, ἢ μετὰ τοῦ θεοῦ εἶναι μόνον, καὶ ταύτην ἄπαυστον ἔχειν καὶ διηνεκῆ τὴν τρυφήν, καὶ μηκέτι συγκαταμιγνύειν τῇ ἀπολαύσει ταύτῃ τὰ πρὸς τὸ ἐναντίον ἀφέλκοντα. Καὶ εἰ χρὴ τολμήσαντας εἰπεῖν, τάχα οὕτως ἄν τις ἀπὸ τοῦ κόσμου, ὃς ἐν τῷ πονηρῷ κεῖται, ἁρπαγείη πάλιν εἰς τὸν παράδεισον, ἐν ᾧ καὶ

2 Cor. 12, 2—4. Παῦλος γενόμενος ἤκουσέ τε καὶ [14] εἶδεν τὰ ἄῤῥητα καὶ ἀθέατα, ἃ οὐκ ἐξὸν ἀνθρώπῳ λαλῆσαι.

Κεφ. ιγ´. Ἀλλ' ἐπειδὴ ὁ παράδεισος ζώντων ἐστὶν οἰκητήριον, τοὺς διὰ τῆς ἁμαρτίας νεκρωθέντας οὐ προσδεχόμενος, ἡμεῖς δὲ σάρκινοι ὄντες καὶ θνητοί, πεπραμένοι ὑπὸ τῆς ἁμαρτίας, πῶς ἐστιν ἐν τῇ χώρᾳ τῶν ζώντων γενέσθαι τὸν τῇ δυναστείᾳ τοῦ θανάτου κρατούμενον; ποῖον τρόπον καὶ ποίαν ἐπίνοιαν ἐξεύροι τις ἂν ὅπως τῆς ἐξουσίας ταύτης ἔξω γενήσεται; Ἀλλ' ἀρκεῖ πάντως καὶ πρὸς τοῦτο ἡ τοῦ εὐαγγελίου ὑφήγησις. Οὐκοῦν ἠκούσαμεν τοῦ κυρίου πρὸς τὸν Νικόδημον λέγοντος ὅτι τὸ γεγεννημένον ἐκ τῆς σαρκὸς σάρξ ἐστι, τὸ δὲ γεγεννημένον ἐκ τοῦ πνεύ-

---

13) M. σύμβουλον οὐκέτι. — 14) M. ἴδε.

Hüllen des Fleisches abzuwerfen, die Röcke von Häuten, das ist des Fleisches Sinn, auszuziehen, Allem was die Scham verbergen will zu entsagen, sich nicht mehr von dem Feigenbaum des widerwärtigen Lebens beschatten zu lassen, sondern die aus diesen hinfälligen Blättern des Lebens gefertigten Hüllen abzuwerfen, dem Schöpfer wiederum unter die Augen zu treten, den Trug der Sinne des Geschmacks und des Gesichts von sich zu weisen, und fernerhin nicht mehr die giftige Schlange, sondern allein Gottes Gebot zum Rathgeber zu haben; dies Gebot ist aber das, allein an dem Guten festzuhalten, und den Genuß des Bösen von sich zu stoßen, weil ja die Kette der Uebel für uns von daher ihren Ausgang genommen hat daß wir mit dem Bösen nicht haben unbekannt bleiben wollen. Daher auch das den Erstgeschaffenen gegebene Gebot, mit dem Guten nicht zugleich auch nach der Erkenntniß des gegensätzlich Geschiedenen zu greifen, sondern sich der Erkenntniß des Guten und Bösen zu enthalten, und das Gute rein und unvermischt und ohne Beisatz des Bösen zu pflücken. Das ist, meiner Ansicht nach wenigstens, nichts Anderes als allein mit Gott zu sein und in diesem Genuß unaufhörlich und fortdauernd zu schwelgen, und nicht ferner ihm das beizumischen was nach dem Gegentheile abzieht. Wenn wir wagen sollen es auszusprechen, so dürfte man so vielleicht von dieser Welt, welche im Argen liegt, wieder in das Paradies zurückgerafft werden, wohin auch Paulus gekommen ist und das Unsagbare hörte und das Unsichtbare schaute, was auszusprechen keinem Menschen vergönnt ist.

Kap. 13. Allein da das Paradies eine Wohnung für Lebende ist, welche die durch die Sünde Gestorbenen nicht aufnimmt, wir aber fleischlich sind und sterblich, und von der Sünde verkauft, auf welche Weise vermag dann der der Herrschaft des Todes Verfallene in das Land der Lebendigen zu gelangen? welchen Weg und welches Mittel soll man wohl ausfindig machen, um sich dieser Herrschaft zu entschlagen? Indessen genügt auch hierzu durchaus die Anleitung des Evangeliums. Wir vernahmen ja wohl das Wort des Herrn der zu Nikodemus sagt, daß was aus Fleisch geboren, Fleisch, was aber aus Geist geboren, Geist sei. Nun wis=

ματος πνεῦμά ἐςιν. Οἴδαμεν δὲ τὴν μὲν σάρκα θανάτῳ διὰ τὴν ἁμαρτίαν οὖσαν ὑπόδικον, τὸ δὲ πνεῦμα τοῦ θεοῦ καὶ ἄφθαρτον, καὶ ζωοποιὸν, καὶ ἀθάνατον. Ὥσπερ τοίνυν τῇ κατὰ σάρκα γενέσει συναποτίκτεται πάντως καὶ ἡ διαλύουσα τὸ γεννώμενον δύναμις, οὕτω δηλαδὴ καὶ τὸ πνεῦμα τοῖς δι᾿ αὐτοῦ γεννωμένοις τὴν ζωοποιὸν ἐναποτίθεται δύναμιν. Τί οὖν ἀνακύπτει διὰ τῶν εἰρημένων; ἀποςάντας ἡμᾶς τῆς κατὰ σάρκα ζωῆς, ᾗ πάντως [1] ἐπακολουθεῖ καὶ ὁ θάνατος, τοιοῦτον ἐπιζητῆσαι βίον ὃς οὐκέτι τοῦ θανάτου τὴν ἀκολουθίαν ἐφέλκεται. Οὗτος δέ ἐςιν ὁ ἐν παρθενίᾳ βίος· καὶ ὡς ἀληθῆ ταῦτα, μικρῶν προςτιθέντων ἔςαι [2] καταφανέςερα. Τίς γὰρ οὐκ οἶδεν ὅτι τῆς μὲν σωματικῆς συναφείας τὸ ἔργον σωμάτων θνητῶν ἐςι κατασκευή, τῆς δὲ πρὸς τὸ πνεῦμα κοινωνίας ζωὴ καὶ ἀφθαρσία, [3] ἃ τοῖς συναφθεῖσιν ἀντὶ τέκνων προςγίνεται; Καὶ καλῶς ἔςι τὸ ἀποςολικὸν εἰπεῖν ἐπὶ τούτου, ὅτι σώζεται διὰ τῆς τεκνογονίας ταύτης ἡ τῶν τοιούτων τέκνων μήτηρ εὐφραινομένη, καθὼς ἐν θείοις ὕμνοις ὁ ψαλμῳδὸς ἀνευφήμησεν, εἰπών, Ὁ κατοικίζων ςεῖραν ἐν οἴκῳ μητέρα ἐπὶ τέκνοις εὐφραινομένην. Εὐφραίνεται γὰρ [4] ὡς ἀληθῶς ἡ παρθένος μήτηρ, ἡ τὰ ἀθάνατα τέκνα κυοφοροῦσα διὰ τοῦ πνεύματος, ςεῖρα διὰ τὴν σωφροσύνην ὑπὸ τοῦ προφήτου ὠνομασμένη. Οὐκοῦν ὁ τοιοῦτος βίος προτιμητέος τοῖς γε νοῦν ἔχουσιν ὃς κρείττων τῆς τοῦ θανάτου δυναςείας ἐςίν. Ἡ γὰρ σωματικὴ παιδοποιία (καὶ μηδεὶς δυςχεράνῃ τῷ λόγῳ) οὐ μᾶλλον ζωῆς ἢ ἀλλὰ θανάτου τοῖς ἀνθρώποις ἀφορμὴ γίνεται· ἀπὸ γὰρ γενέσεως ἡ φθορὰ τὴν ἀρχὴν ἔχει. Ἧς οἱ παυσάμενοι διὰ τῆς παρθενίας ἐν ἑαυτοῖς ἔςησαν τὴν τοῦ θανάτου περιγραφὴν περαιτέρω προελθεῖν αὐτὸν δι᾿ ἑαυτῶν κωλύσαντες, καὶ ὥςπερ τι μεθόριον θανάτου καὶ ζωῆς ἑαυτοὺς ςήσαντες ἐπέσχον αὐτὸν τῆς ἐπὶ τὸ πρόσω φορᾶς. Εἰ οὖν οὐ

---

1) M. τοιοῦτος ἐπακολουθεῖ. — 2) M. καταφανέςερον. — 3) ἃ fehlt in den Ausg. und ist Conjectur. — 4) M. μήτηρ ὡς ἀλ.

sen wir daß das Fleisch der Sünde wegen dem Tode unterworfen, der Geist aber Gottes, der Vernichtung fremd, lebendig machend und unsterblich ist. Wie demnach mit der fleischlichen Geburt jedenfalls zugleich auch die Kraft mitgeboren wird welche das was geboren wird zerstört, so legt natürlich auch der Geist die lebendig machende Kraft in die welche durch ihn geboren werden. Was geht also aus dem Gesagten hervor? Es geht hervor daß wir dem fleischlichen Leben entsagen, welchem nothwendiger Weise auch der Tod folgt, und uns eines solchen Lebens befleißigen müssen welches die Nothwendigkeit des Todes nicht mehr nach sich zieht. Dieses Leben ist aber dasjenige im Stande der Ehelosigkeit; und wie wahr diese Behauptung ist, wird, wenn ich noch einige wenige Worte hinzugefügt haben werde, um so deutlicher hervortreten. Wer weiß denn nicht daß das Werk der körperlichen Verbindung die Erzeugung sterblicher Körper ist, der geistigen Gemeinschaft Werk hingegen Leben und Unvergänglichkeit, welche den Verbundenen anstatt der Kinder zu Theil werden? Passend ist auch darauf das apostolische Wort anzuwenden, daß die Mutter welche sich solcher Kinder erfreut durch diese ihre Geburt gerettet werden soll; wie der Psalmensänger in den göttlichen Liedern laut ruft, Der die Unfruchtbare im Hause wohnen macht, daß sie eine fröhliche Kindermutter wird! Denn es freut sich in Wahrheit die Jungfrau als Mutter, welche die unsterblichen Kinder vom heiligen Geiste als die Frucht ihres Leibes trägt, und welche von dem Propheten unfruchtbar genannt wird ob ihrer Enthaltsamkeit. Für den welcher Einsicht besitzt ist also ein solches Leben das vorzüglichere welches mächtiger als die Herrschaft des Todes ist. Denn die körperliche Kinderzeugung (nehme Niemand das Wort übel auf!) wird für die Menschen nicht minder zu einer Quelle des Todes als des Lebens; von der Geburt beginnt das Verderben. Die welche dadurch daß sie dem ehelichen Leben entsagten von ihr abstanden, haben in sich selbst dem Tode eine Grenze gesetzt, haben ihm durch sich ein Hemmniß, weiter vorwärts zu schreiten, in den Weg gelegt, und sich selbst gleichsam als Scheidewand zwischen Tod und Leben aufstellend, haben sie ihn so von seinem weiteren Vorgang zurückgehalten. Kann also der

δύναται παρελθεῖν τὴν παρθενίαν ὁ θάνατος, ἀλλ' ἐν αὐτῇ καταλήγει καὶ καταλύεται, σαφῶς ἀποδείκνυται τὸ κρεῖττον εἶναι τοῦ θανάτου τὴν παρθενίαν, καὶ καλῶς ἄφθορον ὀνομάζεται σῶμα τὸ μὴ ὑπουργῆσαν τῇ τοῦ φθαρτοῦ βίου ὑπηρεσίᾳ, μηδὲ τῆς θνητῆς διαδοχῆς ὄργανον γενέσθαι καταδεξάμενον· ἐν τούτῳ γὰρ διεκόπη τὸ συνεχὲς τῆς τοῦ φθείρεσθαι καὶ ἀποθνήσκειν ἀκολουθίας, ὅπερ ἀπὸ τοῦ πρωτοπλάστου καὶ μέχρι τῆς τοῦ παρθενεύοντος ζωῆς διὰ μέσου [5] οὐ γέγονεν. Οὐδὲ γὰρ ἦν δυνατὸν ἀργῆσαί ποτε τὸν θάνατον ἐνεργουμένης διὰ τοῦ γάμου τῆς ἀνθρωπίνης γενέσεως· ἀλλὰ πάσαις ταῖς προλαβούσαις γενεαῖς συμπαροδεύων, καὶ τοῖς ἀεὶ παραγομένοις εἰς τὸν βίον συνδιεξερχόμενος, ὅρον τῆς ἐνεργείας ἑαυτοῦ τὴν παρθενίαν εὗρεν, ὃν παρελθεῖν τῶν ἀμηχάνων ἐστίν. Ὥσπερ γὰρ ἐπὶ τῆς θεοτόκου Μαρίας ὁ βασιλεύσας ἀπὸ Ἀδὰμ μέχρις ἐκείνης θάνατος, ἐπειδὴ καὶ κατ' αὐτὴν ἐγένετο, καθάπερ τινὶ πέτρᾳ τῷ καρπῷ τῆς παρθενίας προσπταίσας περὶ αὐτὴν συνετρίβη, οὕτως ἐν πάσῃ ψυχῇ τῇ διὰ παρθενίας τὴν ἐν σαρκὶ παριούσῃ ζωὴν συντριβήσεταί πως καὶ καταλύεται τοῦ θανάτου τὸ κράτος, οὐκ ἔχοντος τίσι τὸ ἑαυτοῦ κέντρον ἐναπερείσηται· καὶ γὰρ τὸ πῦρ, εἰ μὴ ἐπιβληθείη ξύλα, καὶ καλάμη, καὶ χόρτος, καὶ ἄλλο τι τῶν ὑπὸ πυρὸς δαπανωμένων, οὐκ ἔχει φύσιν ἐφ' ἑαυτοῦ μένειν. Οὕτως οὐδὲ ἡ τοῦ θανάτου δύναμις ἐνεργήσει, μὴ τοῦ γάμου τὴν ὕλην ὑποτιθέντος αὐτῷ, καὶ τοὺς τεθνηξομένους οἷον καταδίκους τινὰς ἑτοιμάζοντος. Εἰ δὲ ἀμφιβάλλεις, ἐπίσκεψαι τῶν συμφορῶν τὰ ὀνόματα, ὅσα ἐκ τοῦ θανάτου τοῖς ἀνθρώποις ἐπάγεται, καθὼς ἤδη [6] καὶ κατ' ἀρχὰς τοῦ λόγου προείρηται, πόθεν τὴν ἀρχὴν ἔχει. Ἆρα ἕξιν χηρείαν ἢ ὀρφανίαν ὀδύρεσθαι, ἢ τὴν ἐπὶ παισὶ συμφοράν, μὴ προλαβόντος τοῦ γάμου; αἱ γὰρ περισπούδαστοι θυμηδίαι καὶ εὐφροσύναι καὶ ἡδοναί, καὶ πάντα ὅσα περὶ τὸν γάμον

---

5) οὐ fehlt in den Ausg. — 6) καὶ fehlt in den Ausg.

Tod der Ehelosigkeit nicht nahen, sondern findet in ihr sein Ende und seine Vernichtung, so zeigt sich deutlich daß die Ehelosigkeit ein mächtiger Ding als der Tod ist, und mit Recht wird ein Leib welcher dem vergänglichen Leben nicht dient und kein Werkzeug sterblicher Geschlechtsnachfolge werden will, ein unvergänglicher Leib genannt; denn in ihm ist die zusammenhängende Reihenfolge des Vernichtetwerdens und Sterbens zerrissen was von dem Ersterschaffenen an und bis auf dein Leben jungfräulicher Entsagung in der Zwischenzeit nicht der Fall ist. Es war nicht möglich daß der Tod je ruhte so lange die menschliche Zeugung durch die Ehe in Thätigkeit blieb; aber während er neben allen vergangenen Geschlechtern einherschreitet und zugleich mit den immer wieder neu auftretenden das Leben durchschreitet, findet er in der Versagung der Ehe einen Grenzstein seiner Thätigkeit, welchen zu überspringen für ihn nicht möglich ist. Denn gleichwie bei der Gottgebährerin Maria der von Adam bis auf sie regierende Tod, nachdem er sich auch ihr genähert hatte, an der Frucht der Jungfrauenschaft wie an einem Felsen anprallte und an ihm zerschellte, so wird gewissermaßen auch in jeder Seele welche das fleischliche Leben in Jungfrauschaft durchwandelt die Gewalt des Todes zermalmt und vernichtet werden, da er Niemanden hat dem er seinen Stachel eindrücken könnte; auch das Feuer hat, wenn du kein Holz, kein Stroh und Heu, oder irgend welchen sonstigen Stoff der vom Feuer verzehrt wird hineinwirfst, nicht die Natur für sich zu bestehen. So wird auch die Macht des Todes ohne Wirkung sein, wenn die Ehe ihm keinen Stoff liefert, und die Sterblichen als ihm Verfallene zubereitet. Hegst du jedoch Zweifel, so überlege doch woher die Namen der Unglücksfälle welche aus dem Tode den Menschen zu Theil werden, wie auch bereits im Anfang meiner Rede gesagt worden ist, ihren Ursprung nehmen. Kann man vielleicht Wittwenschaft oder Waisenthum beklagen, oder Unglück mit den Kindern, ohne daß die Ehe vorausgieng? denn die vielgesuchten Ergötzungen und Freuden und Vergnügungen, und Alles was man in der Ehe erstrebt, endet in solchem

σπουδάζεται, ταῖς τοιαύταις ὀδύναις ἐναπολήγουσιν. Ὡσπερ γὰρ τοῦ ξίφους ἡ μὲν λαβὴ λεία καὶ εὐαφής, καὶ περιεξεσμένη, καὶ ϛίλβουσα, καὶ τῷ τύπῳ τῆς παλάμης ἐμφυομένη, τὸ δὲ λοιπὸν σιδηρός ἐϛι, θανάτου ὄργανον, φοβερὸν μὲν ἰδεῖν, φοβερώτερον δὲ εἰς πεῖραν ἐλθεῖν, τοιοῦτόν τι καὶ ὁ γάμος ἐϛὶ, καθάπερ λαβήν τινα δι' εὐμηχάνου τορείας ὡραϊσμένην τὸ λεῖον καὶ ἐπιπολαῖον τῆς ἡδονῆς προτείνων τῇ ἐπαφῇ τῆς αἰσθήσεως. [7] Ἀλλ' ἐπειδὰν ἐν χερσὶ γένηται τοῦ ἁψαμένου, καὶ τὴν τῶν ἀλγεινῶν παρουσίαν συνημμένως μεθ' ἑαυτοῦ συνήγαγε, πένθους καὶ συμφορῶν δημιουργὸς τοῖς ἀνθρώποις γινόμενος. [8] Οὕτως ἔδειξε τὰ ἐλεεινὰ καὶ πλήρη δακρύων θεάματα, παῖδας ἐν ἀωρίᾳ τῆς ἡλικίας ἠρημωμένους καὶ λάφυρον προκειμένους τοῖς δυναϛεύουσιν, ἐπιμειδιῶντας πολλάκις ὑπὸ τῆς τῶν κακῶν ἀγνοίας τῷ δυϛυχήματι. Χηρείας δὲ γένεσις τίς [9] ἄλλη, καὶ οὐχὶ γάμος ἐϛίν; Οὐκοῦν ἡ ἀναχώρησις τούτου πάντων ἀθρόως τῶν κακῶν τούτων λειτουργημάτων τὴν ἀτέλειαν ἔχει· καὶ οὐδὲν ἀπεικός. Ὅπου γὰρ ἀναλύεται ἡ ἐξ ἀρχῆς ὁρισθεῖσα κατὰ τῶν πεπλημμεληκότων κατάκρισις, οὐκέτι δὲ θλίψεις τῶν μητέρων κατὰ τὸ γεγραμμένον πληθύνονται, οὐδὲ λύπη τῆς ἀνθρωπίνης προηγεῖται γενέσεως, συναιρεῖται πάντως ἡ ἀπὸ τοῦ βίου συμφορὰ, καὶ ἀφῄρηται τῶν προσώπων τὸ δάκρυον, καθώς φησιν ὁ προφήτης. Οὐ γὰρ ἐν ἀνομίαις ἐϛὶν ἡ σύλληψις ἔτι, οὐδὲ ἐν ἁμαρτίαις ἡ κύησις, οὐδὲ ἐξ αἱμάτων, οὐδὲ ἐκ θελήματος ἀνδρὸς καὶ ἐκ θελήματος σαρκὸς, ἀλλ' ἐκ θεοῦ μόνου ἡ γέννησις γίνεται. Τοῦτο δὲ γίνεται ὅταν συλλαμβάνῃ μέν τις ἐν τῷ ζωτικῷ τῆς καρδίας τὴν ἀφθαρσίαν τοῦ πνεύματος, τίκτει δὲ σοφίαν καὶ δικαιοσύνην, ἁγιασμὸν ὡσαύτως καὶ ἀπολύτρωσιν. Παντὶ γὰρ ἔξεϛι μητέρα γενέσθαι τοῦ ταῦτα ὄντος, καθώς φησί που ὁ κύριος, ὅτι, Ὁ τὸ θέλημά μου ποιῶν καὶ ἀδελφὸς καὶ μήτηρ μού ἐϛιν. Τίνα

---

7) Ἀλλ' fehlt in den Ausg. — 8) M. Οὗτος. — 9) M. ἄλλος.

Wesen. Wie der Griff des Schwertes glatt und sanft und poliert und glänzend ist und sich gefällig dem Druck der Hand anschmiegt, das Uebrige aber Eisen, ein Werkzeug des Todes, schrecklich zu sehen, noch schrecklicher in seiner Anwendung ist, so etwas Aehnliches ist auch die Ehe, welche einen durch geschickte und zierliche Arbeit geschmückten Handgriff hat, und der Berührung der Sinne die Glätte und blanke Oberfläche darbietet. Allein wenn sie in die Hände dessen kommt der nach ihr greift, da hat sie auch schon in ihrer Gemeinschaft und mit ihr verbunden Schmerzvolles herbeigeführt, und wird für die Menschen zur Schöpferin von Trauer und Unglück. So zeigt sie die erbarmenswürdigen und thränenreichen Anblicke, Kinder, in Unreife des Alters verwaist, und wie eine Beutestück den Mächtigen preisgegeben, oftmals lächelnd bei dem Unglück, aus Unkenntniß über ihr trauriges Geschick! Und des Wittwenthums Ursprung, welch anderen giebt es als die Ehe? Demnach bietet die Scheidung von ihr mit **einem Male** Befreiung von allen diesen bösen Auflagen; und natürlich. Denn wo das Verdammungsurtheil aufgehoben wird welches von Anfang an für die Sünder festgestellt war, da mehren sich auch nicht mehr, wie geschrieben steht, die Drangsale der Mütter, noch geht der Schmerz der Geburt des Menschen voraus, und es ist das Unglück vom Leben mit **einem Male** ganz und gar hinweggenommen, und fort von den Augen die Thräne, wie der Prophet sagt. Denn nicht mehr ungesetzlich ist die Empfängniß, noch in Sünden die Schwangerschaft, noch findet ferner aus Blut, noch aus dem Willen des Mannes und aus dem Willen des Fleisches, sondern aus Gott allein findet noch die Erzeugung statt. Das geschieht aber dann wenn man in dem lebendigen Herzen die Reinheit des Geistes empfängt; sie gebiert Weisheit und Gerechtigkeit, Heiligung, und eben so Erlösung. Denn einem Jeden steht es frei Mutter zu werden eines solchen Kindes, wie irgend wo der Herr sagt, **Wer meinen Willen thut, derselbige ist mein Bruder, Schwester und Mutter.**

[10] οὖν χώραν ἔχει [11] ἔτι ἐπὶ τούτων κυημάτων ὁ θάνατος; [12] Ὄντως κατεπόθη ἐν ἐκείνοις ὁ θάνατος ὑπὸ τῆς ζωῆς, καὶ ἔοικεν εἰκών τις εἶναι τῆς ἐν τῷ μέλλοντι αἰῶνι μακαριότητος ὁ ἐν παρθενίᾳ βίος, πολλὰ φέρων ἐν ἑαυτῷ τῶν δι᾽ ἐλπίδος ἀποκειμένων ἀγαθῶν γνωρίσματα. Ἔςι δὲ ἐπιγνῶναι τὴν τῶν εἰρημένων ἀλήθειαν τὸν λόγον κατεξετάζοντας. Πρῶτον μὲν [13] γὰρ τῇ ἁμαρτίᾳ καθάπαξ ἀποθανὼν ζῇ τὸ λοιπὸν τῷ θεῷ, οὐκέτι καρποφορῶν τῷ θανάτῳ, καὶ ὅσον τὸ ἐφ᾽ ἑαυτῷ συντέλειαν τῆς κατὰ σάρκα ζωῆς ἐν ἑαυτῷ ποιήσας ἀναμένει λοιπὸν τὴν μακαρίαν ἐλπίδα καὶ ἐπιφάνειαν τοῦ μεγάλου θεοῦ, οὐδὲν διάςημα μεταξὺ αὐτοῦ τε καὶ τῆς παρουσίας τοῦ θεοῦ διὰ τῶν διὰ μέσου γενεῶν ἐργαζόμενος· εἶτα [14] τὸ ἐξαίρετον τῶν ἐν τῇ ἀναςάσει καλῶν καὶ ἐν τῷ παρόντι καρποῦται βίῳ. Εἰ γὰρ ἰσάγγελος ἡ ζωὴ ἡ μετὰ τὴν ἀνάςασιν παρὰ τοῦ κυρίου τοῖς δικαίοις ἐπήγγελται, τῆς δὲ ἀγγελικῆς φύσεως ἴδιον τὸ ἀπηλλάχθαι τοῦ γάμου ἐςὶν, ἤδη δέδεκται τὰ τῆς ἐπαγγελίας καλὰ, ταῖς λαμπρότησι τῶν ἁγίων ἀναμιγνύμενος, καὶ τῷ ἀμολύντῳ τῆς ζωῆς τὴν καθαρότητα τῶν ἀσωμάτων μιμούμενος. Εἰ οὖν τούτων καὶ τῶν τοιούτων ἡ παρθενία [15] γίνεται πρόξενος, τίς μὲν λόγος ἐπαξίως τὴν χάριν ταύτην θαυμάσεται; τί δὲ ἄλλων τῶν τῆς ψυχῆς ἀγαθῶν οὕτω φανήσεται μέγα καὶ τίμιον ὡς τῇ τελειότητι ταύτῃ παρισωθῆναι διὰ συγκρίσεως;

Κεφ. ιδ΄. Ἀλλ᾽ εἰ κατείληπται ἡμῖν ἡ ὑπερβολὴ τοῦ χαρίσματος, συνιδεῖν προςήκει καὶ τὸ ἀκόλουθον ὅτι οὐχ ἁπλοῦν, ὥς ἄν τις οἰηθείη, τὸ κατόρθωμα τοῦτό ἐςιν, οὐδὲ μέχρι τῶν σωμάτων ἱςάμενον, ἀλλ᾽ ἐπὶ πάντα διῆκον καὶ διαβαῖνον τῇ [1] διανοίᾳ ὅσα κατορθώματα ψυχῆς ἔςι καὶ νομίζεται. Ἡ γὰρ τῷ ἀληθινῷ νυμφίῳ προςκολληθεῖσα διὰ παρθενίας ψυχὴ οὐ μόνον τῶν σωματικῶν μολυσμάτων ἑαυτὴν ἀποςήσει, ἀλλ᾽ ἐντεῦθεν μὲν ἄρξεται τῆς καθαρότητος, ἐπὶ πάντα δὲ ὁμοίως καὶ μετὰ τῆς

---

10) οὖν fehlt in den Ausg. — 11) ἔτι fehlt in den Ausg. — 12) M. οὕτως. — 13) M. ὅτι. — 14) M. ὅτι. — 15) M. γέγονε.

1) M. ἐπινοίᾳ.

Welche Stätte also hat noch der Tod bei solcher Leibesfrucht? In Wahrheit ist in ihnen der Tod von dem Leben verschlungen worden, und das Leben im Stande der Ehelosigkeit scheint ein Bild zu sein von der Seligkeit in dem zukünftigen Leben, da es viele Kennzeichen der von uns gehofften Güter an sich trägt. Die Wahrheit des Gesagten kann man erkennen wenn man die Behauptung eingehender prüft. Denn erstlich lebt der welcher einmal für allemal der Sünde abstirbt fernerhin Gott, und trägt dem Tod keine Frucht mehr, und wenn er so viel an ihm liegt dem Fleischesleben in sich die höchste Vollendung gegeben hat, harrt er fernerhin der seligen Hoffnung und auf die Erscheinung des großen Gottes, und stellt zwischen sich und der Ankunst Gottes keinen Zwischenraum durch dazwischenliegende Geschlechter her; dann genießt er den Vorzug der Herrlichkeiten bei der Auferstehung auch in diesem Leben. Denn da nach der Auferstehung ein engelgleiches Leben von dem Herrn den Gerechten verkündigt ist, es aber Eigenthümlichkeit der engelischen Natur ist von der Ehe frei zu sein, so hat er schon die herrlichen Güter die ihm versprochen wurden empfangen, und mischt sich unter den strahlenden Glanz der Heiligen und ahmt durch sein fleckenloses Leben die Reinheit der körperlosen Wesen nach. Wenn demnach der ehelose Stand Vermittler dieser und solcher Güter ist, welche Rede wird dann würdig diese Begnadigung bewundern können, und welches andere Gut der Seele wird so groß und so werthvoll erscheinen daß es mit dieser Vollkommenheit zusammengestellt und verglichen zu werden vermöchte?

Kap. 14. Haben wir aber die Ueberschwenglichkeit der Gnadengabe eingesehen, so müssen wir in Folge dessen erkennen daß dieses gute Werk nicht, wie man glauben möchte, ein einfaches ist, noch sich auf die Leiber allein beschränkt, sondern ein solches das seinem Begriff nach sich auf alle sittlichen Thaten der Seele erstreckt und übergeht, so viel deren es giebt und genannt werden. Denn die durch den jungfräulichen Stand der Ehelosigkeit an ihren wahren Bräutigam gekettete Seele wird sich nicht allein von den körperlichen Befleckungen fern halten, sondern von da den Anfang zu ihrer Lauterkeit machen und dann zu Allem in gleicher Weise und mit gleich sicherem Schritt, und in der Furcht

ἴσης ἀσφαλείας ²πορεύσεται, καὶ δεδοικυῖα μήπου τῆς καρδίας παρὰ τὸ δέον ἐπικλιθείσης πονηροῦ τινος κοινωνίᾳ μοιχικόν τι πάθος κατὰ τὸ μέρος ἐκεῖνο προςδέξηται. Οἷόν τι λέγω (πάλιν γὰρ τὸν λόγον ἐπαναλήψομαι), ἡ τῷ κυρίῳ προςκολληθεῖσα ψυχὴ εἰς τὸ γενέσθαι πρὸς αὐτὸν ἓν πνεῦμα, καθάπερ ὁμολογίαν τινὰ συμβιωτικὴν καταθεμένη τὸ μόνον ἐκεῖνον ἀγαπᾶν ἐξ ὅλης καρδίας τε καὶ δυνάμεως, οὔτε τῇ πορνείᾳ προςκολληθήσεται, ἵνα μὴ γένηται σῶμα ἓν πρὸς αὐτήν, οὔτε ἄλλο τι τῶν ἀντικειμένων τῇ σωτηρίᾳ προςδέξεται, ὡς μιᾶς οὔσης ἐν ἅπασι τῆς τῶν μιασμάτων κοινότητος, καὶ ³εἰ δι' ἑνός τινος μολυνθείη, μηκέτι τὸ ἄσπιλον ἔχειν ἐν ἑαυτῇ δυναμένη. Ἔςι δὲ καὶ δι' ὑποδειγμάτων τεκμηριῶσαι τὸν λόγον. Ὥςπερ τὸ ἐν τῇ λίμνῃ ὕδωρ τέως μὲν λεῖόν ἐςι καὶ ἀκίνητον, εἰ μηδεμία τις τῶν ἔξωθεν ταραχὴ προςπεσοῦσα τὸ ςαθηρὸν τοῦ τόπου διακινήσειε, λίθου δέ τινος ἐμπεσόντος τῇ λίμνῃ ὅλον συνεκινήθη τῷ μέρει (ὁ μὲν γὰρ ὑπὸ τοῦ βάρους εἰς τὸν βυθὸν καταδύεται, τῶν δὲ περὶ αὐτὸν κυμάτων κυκλοτερῶς ἐν ἄλλοις ἐγειρομένων, καὶ ἐπὶ τὰ ἄκρα τοῦ ὕδατος ὑπὸ τῆς ἐν τῷ μέσῳ κινήσεως ἐξωθουμένων, πᾶσα ἐν κύκλῳ περιτραχύνεται τῆς λίμνης ἡ ἐπιφάνεια, συνδιατιθεμένη τῷ βάθει), οὕτω καὶ τὸ τῆς ψυχῆς γαληναῖον καὶ ἥσυχον δι' ἑνός τινος παρεμπεσόντος εἰς αὐτὴν πάθους ὅλον συνδιεσείσθη, καὶ τῆς τοῦ μέρους βλάβης συνῄσθετο. Φασὶ δὲ καὶ οἱ τὰ τοιαῦτα ἐξητακότες μὴ ἀπεσχίσθαι τὰς ἀρετὰς ἀλλήλων, μηδὲ δυνατὸν εἶναι μιᾶς τινος ἀρετῆς κατὰ τὸν ἀκριβῆ περιδράξασθαι λόγον τὸν μὴ καὶ τῶν λοιπῶν ἐφαψάμενον, ἀλλ' ᾧ ἂν παραγένηται μία τῶν ἀρετῶν, ἀναγκαίως ἐπακολουθεῖν καὶ τὰς λοιπάς. Οὐκοῦν ἐξ ἀντιςρόφου καὶ ἡ περί τι βλάβη τῶν ἐν ἡμῖν εἰς ὅλον τὸν κατ' ἀρετὴν διατείνει βίον, καὶ ὄντως, καθώς φησιν ὁ ἀπόςολος, τοῖς μέρεσι

---

2) M. πορεύεται. — 3) M. εἰδι * ἑνὸς, mit der Randbemerkung, Hic locus corruptus est in cod. Graec.

daß nicht, in Folge einer übermäßigen Neigung des Herzens zu einer Gemeinschaft mit dem Bösen, sie in jenem Theile eine ehebrecherische Leidenschaft aufnehme, vorwärtsschreiten. Zum Beispiel — denn ich wiederhole nochmals das Wort — die an den Herrn zu dem Zwecke, zu einem Geist mit ihm vereinigt zu werden, festgekettete Seele, welche das ihr Zusammenleben gleichsam bedingende Versprechen, ihn allein zu lieben von ganzem Herzen und mit voller Kraft, abgelegt hat, die wird sich weder an Hurerei hängen, damit sie nicht ein Leib werde mit ihr, noch wird sie irgend etwas Anderes was dem Heile widerstrebt in sich aufnehmen, da die Gemeinschaft mit dem Unreinen in allen Fällen dieselbe ist, und, wofern sie durch Etwas besudelt worden ist, außer Stande sein fernerhin in sich das Unreine zu beherbergen. Dies läßt sich auch durch Beispiele beweisen. Wie das Wasser in der See so lange glatt und unbeweglich ist als keine von Außen kommende Störung die Stelle aus ihrer ruhigen Gleichheit aufstört, wenn aber ein Stein in den See gefallen ist, das Ganze mit dem zunächst getroffenen Theile zugleich in Aufregung gesetzt wird (denn der Stein sinkt in Folge seiner Schwere in die Tiefe, und während die Wellen um ihn herum kreisförmig die eine aus der anderen sich erheben, und von der im Mittelpunkt stattgefunden habenden Bewegung auf die Außenseiten des Wassers hinausgetrieben werden, kräuselt sich rings die ganze Oberfläche des Sees, weil sie mit der Tiefe zugleich mitaffiziert wird), so wird auch der Frieden und die Ruhe der Seele durch eine einzige Leidenschaft welche in sie hineinfällt ganz und gar in Aufregung versetzt, und fühlt im Ganzen die dem Theil zugestoßene Verletzung mit. Auch sagen die welche dies eingehender geprüft haben, daß die Tugenden von einander nicht geschieden seien und daß unmöglich Jemand eine einzige Tugend vollkommen sich erwerben und sich zu eigen machen könne, ohne zugleich auch an den übrigen fest zu halten, sondern daß nothwendiger Weise dem welcher in den Besitz einer Tugend gelangt auch die übrigen zu Theil werden müssen. Also umgekehrt erstreckt sich auch jedwelcher Schaden in uns auf das gesammte Leben in der Tugend, und in Wahrheit wird, wie der Apostel sagt, das Ganze durch die Theile zugleich mit affiziert, gleichviel

τὸ ὅλον συνδιατίθεται, ἄν τε πάσχῃ μέλος ἓν συναλγοῦντος τοῦ παντός, ⁴ἄν τε καὶ δοξάζηται τοῦ ὅλου συγχαίροντος.

Κεφ. ιε'. Ἀλλὰ μυρίαι κατὰ τὸν βίον ἡμῶν αἱ πρὸς τὴν ἁμαρτίαν παρατροπαὶ, καὶ πολυτρόπως αἱ γραφαὶ τὸ πλῆθος τοῦτο διασημαίνουσι. Πολλοὶ γὰρ, ¹φησὶν, οἱ ἐκδιώκοντές με καὶ θλίβοντές με, καὶ, Πολλοὶ οἱ πολεμοῦντές με ἀπὸ ὕψους· καὶ ἄλλα τοιαῦτα πολλά. Τάχα τοίνυν κυρίως ἔςιν εἰπεῖν ὅτι πολλοὶ οἱ μοιχικῶς ἐπιβουλεύοντες πρὸς τὸ διαφθεῖραι τὸν τίμιον τοῦτον ὡς ἀληθῶς γάμον καὶ τὴν ἀμίαντον κοίτην· εἰ δὲ χρὴ ²καὶ ὀνομαςὶ τοὺς μοίχους τούτους ἀπαριθμήσασθαι, μοιχὸς ἡ ὀργὴ, μοιχὸς ἡ πλεονεξία, μοιχὸς ὁ φθόνος, ἡ μνησικακία, ἡ ἔχθρα, ἡ βασκανία, τὸ μῖσος, πάντα ὅσα παρὰ τοῦ ἀποςόλου κατείληκται ὡς ἀντικείμενα τῇ ὑγιαινούσῃ διδασκαλίᾳ, μοιχῶν ἐςὶν ἀπαρίθμησις. Ὑποθώμεθα τοίνυν εἶναί τινα ἐν γυναιξὶν εὐπρεπῆ τε καὶ ἀξιέραςον, καὶ διὰ τοῦτο βασιλεῖ πρὸς γάμον συναρμοσθεῖσαν, ἐπιβουλεύεσθαι δὲ διὰ τὴν ὥραν ὑπὸ ἀκολάςων τινῶν, οὐκοῦν ἡ τοιαύτη ἕως μὲν ἂν πρὸς πάντας τοὺς ἐπὶ φθορᾷ παρεδρεύοντας ἐχθρῶς ἔχῃ καὶ κατηγορῇ τούτων ἐπὶ τοῦ νομίμου ἀνδρὸς, σώφρων ἐςὶ, καὶ πρὸς μόνον τὸν νυμφίον ὁρᾷ, καὶ οὐδεμίαν ἔχουσιν χώραν κατ' αὐτῆς αἱ τῶν ἀκολάςων ἀπάται. Εἰ δέ τινι πρόςθοιτο τῶν ἐπιβουλευόντων, οὐκ ἐξαιρεῖται αὐτὴν τῆς τιμωρίας ἡ ἐπὶ τῶν λοιπῶν σωφροσύνη· ἀρκεῖ γὰρ εἰς κατάκρισιν καὶ τὸ δι' ἑνὸς μιανθῆναι τὴν κοίτην. Οὕτως καὶ ἡ τῷ θεῷ ζῶσα ψυχὴ οὐδενὶ τῶν δι' ἀπάτης αὐτῇ προφαινομένων καλῶν ἀρεθήσεται· εἰ δὲ παραδέξαιτο διά τινος πάθους τὸν μιασμὸν τῇ καρδίᾳ, ἔλυσε καὶ αὐτὴ τοῦ πνευματικοῦ γάμου τὰ δίκαια, καὶ ὡς φησιν ἡ γραφὴ, εἰς κακότεχνον ψυχὴν μὴ εἰσελεύσεσθαι σοφίαν, οὕτως ἐςὶν ἀληθῶς εἰπεῖν μηδὲ εἰς θυμώδη καὶ βάσκανον, ἢ ἄλλο τι ἔχουσαν

---

4) M. ἐάν.
1) φησὶν fehlt in den Ausg. — 2) M. καὶ τῷ ὀνόματι τοὺς τούτους.

ob ein Glied leidet und das Ganze den Schmerz mitempfindet, oder ob es verherrlicht wird, weil das Ganze sich freut.

Kap. 15. Unzählig aber sind die Abwege zur Sünde in unserem Leben, und die Schrift deutet diese Menge in mannichfacher Weise an; denn, heißt es, Viele sind die mich verfolgen und ängstigen, und, Groß ist die Zahl meiner Feinde von der Höhe, neben vielerlei anderen solcher Stellen. Vielleicht kann man also ganz eigentlich sagen, Groß ist die Zahl derer welche ehebrecherische Nachstellungen bereiten um dieses in Wahrheit ehrwürdige Ehebündniß und das unbefleckte Lager zu besudeln: soll ich aber diese Ehebrecher auch mit Namen aufzählen, so ist ein Ehebrecher der Zorn, ein Ehebrecher der Geiz, ein Ehebrecher der Neid, die Rachsucht, die Feindschaft, die Verläumbung, der Haß, kurz Alles was der Apostel als der gesunden Lehre widerstrebend aufführt das bildet das Verzeichniß der Ehebrecher. Setzen wir also den Fall, es fände sich ein schönes und liebenswürdiges Weib, und diese sei darum des Königs eheliches Gemahl, wegen ihrer Schönheit stellten ihr jedoch einige Wüstlinge nach, nun so ist sie, so lange sie sich gegen die in Absicht der Verführung Nachstellenden feindlich stellt, und sich gegen sie bei ihrem gesetzmäßigen Manne beklagt, züchtig, schaut bloß auf den Gemahl, und die trügerischen Versuchungen der Wüstlinge finden bei ihr keine Stätte. Sobald sie aber dem einen oder dem anderen der Nachsteller ihre Zuneigung schenkt, so schützt das von ihr gegen die übrigen derselben bewahrte züchtige Wesen sie nicht vor Strafe; denn um verurtheilt zu werden gnügt es daß das Bett auch nur durch einen Einzigen besudelt worden ist. So darf auch die Gott liebende Seele sich durch kein unter dem trügerischen Schein eines Gutes ihr sich darstellendes Ding fesseln lassen; würde sie aber durch irgend welche Leidenschaft die Befleckung in ihr Herz aufnehmen, dann hat auch sie den rechtlichen Verband ihrer geistigen Ehe gelöst, und wie die Schrift sagt daß die Weisheit nicht in eine boshaftige Seele komme, so muß man in der That sagen daß auch in eine zornige oder verläumbungssüchtige Seele, oder welche

τοιοῦτον ἐν ἑαυτῇ πλημμελές, δυνατὸν εἶναι τὸν ἀγαθὸν νυμφίον εἰςοικισθῆναι. Τίς γὰρ ἐπίνοια συναρμόσει τὸ τῇ φύσει ἀλλότριόν τε καὶ ἀκοινώνητον; Ἄκουσον τοῦ ἀποςόλου μηδεμίαν εἶναι κοινωνίαν φωτὶ πρὸς σκότος διδάσκοντος, ἢ δικαιοσύνῃ πρὸς ἀνομίαν, ἢ συνελόντι φάναι, πάντα ὅσα ἐςὶν ὁ κύριος κατὰ τὴν διαφορὰν τῶν ἐν αὐτῷ θεωρουμένων νοούμενός τε καὶ ὀνομαζόμενος πρὸς πάντα τὰ ἐν κακίᾳ κατὰ τὸ ἐναντίον νοούμενα. Εἰ οὖν ἀμήχανος τῶν τῇ φύσει ἀμίκτων ἡ κοινωνία, ἀλλοτρία πάντως καὶ ἀνεπίδεκτος τῆς τοῦ ἀγαθοῦ συνοικήσεως ἡ ὑπὸ κακίας τινὸς κατειλημμένη ψυχή. Τί οὖν ἐκ τούτων μανθάνομεν; τὸ δεῖν τὴν σώφρονα καὶ λελογισμένην παρθένον παντὸς πάθους κατὰ πάντα τρόπον τῆς ψυχῆς ἁπτομένου χωρίζεσθαι, καὶ φυλάσσειν ἑαυτὴν ἁγνὴν τῷ [3] νομίμως ἁρμοσαμένῳ αὐτὴν νυμφίῳ, μὴ ἔχουσαν σπῖλον ἢ ῥυτίδα ἤ τι τῶν τοιούτων.

Κεφ. ις'. Μία γὰρ ἔςιν ὁδὸς εὐθεία, ςενή τε ὡς ἀληθῶς καὶ τεθλιμμένη καὶ τὰς ἐφ' ἑκάτερα παρατροπὰς οὐκ ἐπιδεχομένη, καὶ τὸ ὁπωςοῦν ἔξω ταύτης γενέσθαι ἴσον ἔχει τὸν τῆς ἀποπτώσεως κίνδυνον. Εἰ δὴ ταῦτα οὕτως ἔχει, διορθωτέον ὡς οἷόν τε τῶν πολλῶν τὴν συνήθειαν, ὅσοι πρὸς μὲν τὰς αἰσχροτέρας τῶν ἡδονῶν ἰσχυρῶς ἀπομάχονται, ἄλλως δὲ τὴν ἡδονὴν ἐν τιμαῖς καὶ φιλαρχίαις θηρεύουσι, παραπλήσιον ποιοῦντες ὥσπερ ἂν εἴ τις οἰκέτης ἐλευθερίας ἐπιθυμῶν μὴ ὅπως τῆς δουλείας ἔξω γενήσεται σπεύδοι, ἀλλ' ἐναμείβοι τοὺς κεκτημένους, τὴν ἐναλλαγὴν τῶν κεκτημένων ἐλευθερίαν οἰόμενος· δοῦλοι γάρ εἰσιν ἐπίσης πάντες, κἂν μὴ ὑπὸ τῶν αὐτῶν κυριεύονται, ἕως ἂν ὅλως ἐπικρατῇ τις αὐτῶν μετὰ δυναςείας ἀρχή. Εἰσὶ δὲ πάλιν οἱ τῇ πολλῇ πρὸς τὰς ἡδονὰς μάχῃ εὐκαταγώνιςοί πως τῷ ἀντικειμένῳ πάθει γεγόνασιν, καὶ ἐν τῇ ἐπιτεταμμένῃ τῆς ζωῆς ἀκριβείᾳ λύπαις καὶ παροξυσμοῖς καὶ μνησικακίαις, καὶ τοῖς λοιποῖς

---

3) νομίμως fehlt in ben Ausg.

sonst einen derartigen Fehler an sich hat, der gute Bräutigam unmöglich Wohnung aufschlagen kann. Denn welches Mittel vermag zu verbinden was der Natur nach einander fremdartig und unvereinbar ist? Höre auf den Apostel welcher lehrt daß das Licht keine Gemeinschaft habe mit der Finsterniß, noch die Gerechtigkeit mit der Ungerechtigkeit, oder um es kurz zusammenzufassen, Alles was der Herr ist nach dem Unterschiede seiner Eigenschaften aufgefaßt in Begriff und Benennung mit allen entgegengesetzten Attributen des Bösen. Wenn demnach die Gemeinschaft solcher Dinge welche von Natur unvereinbar sind eine Unmöglichkeit ist, so ist die von irgend einem Bösen erfaßte Seele entfremdet und unempfänglich für das eheliche Zusammenwohnen mit dem Guten. Was lernen wir nun daraus? wir lernen daß die züchtige und besonnene Jungfrau sich von jeglicher Leidenschaft welche in irgend welcher Weise die Seele erfassen will fern halten, und sich keusch und rein ihrem gesetzlich anverlobten Bräutigam bewahren muß, ohne Flecken und Falte und sonstigen Fehl.

Kap. 16. Denn einen einzigen geraden Weg giebt es, in Wahrheit eng und schmal, welcher die Abschweifung und Abirrung nach beiden Seiten hin nicht gestattet, und diesen Weg nur einigermaßen zu verlassen ist eben so gefährlich als Abfall. Wenn sich aber dieses so verhält, so liegt es uns ob nach Kräften der Gewohnheit der Mehrzahl zu steuern, welche sich wohl gegen die schändlicheren Lüste kräftig wehrt, sonst aber dem Vergnügen hoher Ehren und ersehnter einflußreicher Stellungen nachjagt, ähnlich wie wenn ein Sclave, welcher nach Freiheit verlangt nicht aus dem Stande der Knechtschaft herauszukommen wünschen, sondern nur die Besitzer tauschen, und in diesem Wechsel der Herren die Freiheit erkennen wollte. Sclaven sind in gleicher Weise alle, auch wenn sie nicht dieselben Herren haben, so lange sie nur überhaupt unter einer herrschenden Obergewalt stehen. Dann giebt es wiederum welche die in Folge des vielfachen Ankämpfens gegen die Lüste in gewisser Beziehung von den entgegengesetzten Einflüssen leicht überwältigt werden, und bei der eifrigsten Sorgfalt und Strenge des Lebens, schmerzlichen und erbitterten Stimmungen, und trüben

πᾶσιν ὅσα πρὸς τὸ ἐναντίον τοῦ κατὰ τὴν ἡδονὴν πάθους ἀντικαθέςηκεν, εὐκόλως τε ἁλίσκονται καὶ δυςχερῶς διεκδύνουσι. Τοῦτο δὲ γίνεται ὅταν μὴ ὁ λόγος ὁ κατ᾽ ἀρετὴν, ἀλλά τι πάθος τῆς κατὰ τὸν βίον πορείας ἡγεμονεύῃ. Ἡ μὲν γὰρ ἐντολὴ τοῦ κυρίου σφόδρα τηλαυγὴς, ¹ὥς φησιν ἡ γραφὴ, ὡς καὶ νηπίων ὀφθαλμοὺς φωτίσαι, μόνῳ τῷ θεῷ προςκολλᾶσθαι ἀγαθὸν εἶναι λέγουσα. Ὁ δὲ θεὸς οὔτε λύπη ἐςὶν, οὔτε ἡδονὴ, οὔτε δειλία, ἢ θράσος, ἢ φόβος, ἢ ὀργὴ, ἢ ἄλλο τι τοιοῦτον πάθος ὃ τῆς ἀπαιδεύτου κυριεύει ψυχῆς, ἀλλ᾽, ὥς φησιν ὁ ἀπόςολος, αὐτοσοφία καὶ ἁγιασμὸς, ἀλήθειά τε καὶ χαρὰ, καὶ εἰρήνη, καὶ ὅσα τοιαῦτα. Πῶς οὖν ἔςι τῷ ταῦτα ὄντι προςκολληθῆναι τὸν ὑπὸ τῶν ἐναντίων κρατούμενον; ἢ πῶς οὐκ ἄλογον τὸν ²ἔν τινι τῶν παθῶν ὅπως μὴ ὑπαχθείη σπουδάζοντα ἀρετὴν νομίζειν τὸ ἀντικείμενον; οἷον ἡδονὴν μὲν ³φεύγοντα λύπῃ κατέχεσθαι, τὸ δὲ θρασὺ καὶ προπετὲς διακλίνοντα δειλίᾳ ταπεινοῦν τὴν ψυχὴν, ἢ θυμοῖς ἀνάλωτον μένειν ἐσπουδακότα κατεπτηχέναι τῷ φόβῳ. Τί γὰρ διαφέρει οὕτως ἢ ἄλλως τῆς ἀρετῆς ἐκπεσεῖν, μᾶλλον δὲ αὐτοῦ τοῦ θεοῦ ἔξω γενέσθαι, ὅς ἐςιν ἡ παντελὴς ἀρετή; καὶ γὰρ ἐπὶ τῶν τοῦ σώματος ἀρρωςημάτων οὐκ ἂν διαφέρειν τὸ κακόν τις εἴποι ⁴ἢ δι᾽ ὑπερβαλλούσης ἐνδείας ἢ ἀπὸ πλησμονῆς ἀμέτρου διαφθαρῆναι, εἰς τὸ αὐτὸ πέρας τῆς ἐν ἑκατέροις ἀμετρίας ληγούσης. Οὐκοῦν καὶ ὁ τῆς κατὰ ψυχὴν ζωῆς τε καὶ ὑγιείας ἐπιμελόμενος ἐπὶ τοῦ μέσου τῆς ⁵ἀπαθείας ἑαυτὸν τηρήσει, ἀμιγὴς καὶ ἀμέτοχος διαμένων τῆς ἑκατέρωθεν τῇ ἀρετῇ παρακειμένης ἐναντιότητος. Οὐκ ἐμὸς ὁ λόγος, ἀλλ᾽ αὐτῆς τῆς θείας φωνῆς· φανερῶς γὰρ τῆς τοῦ κυρίου διδασκαλίας τὸ δόγμα τοῦτό ἐςιν, ἐν οἷς διδάσκει τοὺς μαθητὰς ὡς ἄρνας λύκοις συναναςρεφομένους μὴ περιςερὰς εἶναι μόνον, ἀλλ᾽ ἔχειν τι καὶ τοῦ ὄφεως

---

1) Die Worte ὥς φησιν ἡ γραφὴ fehlen in den gedruckten Texten. — 2) M. τῷ ἑνί τινι. — 3) M. φυγόντα. — 4) ἢ fehlt in den Ausg. — 5) M. ἀληθείας.

Rückerinnerungen, und allem Uebrigen was der Leidenschaft des Vergnügens gradezu feindlich gegenübersteht, leicht sich gefangen geben und schwer davon befreit werden. Das tritt aber dann ein, wenn nicht der Forderungen der Tugend eingedenke Besonnenheit, sondern irgend ein Affect die Lebensreise leitet. Denn das Gebot des Herrn ist sehr deutlich, wie die Schrift sagt, so sehr, daß es selbst den Augen der Kinder einleuchtet, wenn es sagt daß allein an dem Herrn zu hangen gut sei. Gott aber ist nicht Schmerz, noch Vergnügen, noch Feigheit, noch Kühnheit, oder Furcht, oder Zorn, oder eine sonstige Leidenschaft dieser Art welche über die ungebildete Seele eine Herrschaft übt, sondern, wie der Apostel sagt, Weisheit selbst und Heiligung, Wahrheit und Freude und Frieden, und was dem ähnlich ist. Wie vermag also der von dem Entgegengesetzten Beherrschte sich eng an den Herrn anzuschließen? oder ist es nicht thöricht wenn man sich anstrengt nicht von einer Leidenschaft unterjocht zu werden, und das für Tugend zu halten was ihr Gegentheil ist? wie zum Beispiel das Vergnügen zu fliehen, aber sich von Schmerz erfüllen zu lassen, vorwitzige Kühnheit und Uebermuth zu vermeiden, aber seine Seele durch Feigheit zu erniedrigen, oder unbezwinglich in seinem Muthe bleiben zu wollen und vor Furcht zusammenzukriechen? Was ist's für ein Unterschied so oder so von der Tugend abzuweichen, oder vielmehr von Gott selbst sich zu entfernen, welcher die vollkommene Tugend ist? Auch bei den körperlichen Krankheiten möchte wohl Niemand behaupten daß es Etwas ausmache ob das Uebel durch übermäßige Entbehrung oder in Folge maßloser Uebersättigung schlimmer geworden ist, weil ja die eine wie die andere Ueberschreitung des Maßes zu demselben Ende führt. Sonach wird also auch der welchem das Leben und die Gesundheit der Seele am Herzen liegt sich auf der Mitte der Leidenschaftslosigkeit erhalten, und unberührt und fern von den Gegensätzen der Tugend nach beiden Seiten hin bleiben. Das ist nicht mein Wort, sondern ein Ausspruch Gottes selbst. Denn offenbar ist dieser Satz aus der Lehre des Herrn, aus der Stelle wo er seine Jünger, die wie Lämmer unter Wölfen verkehrten, lehrt daß sie nicht bloß Tauben sein, sondern auch Etwas von der Schlange in ihrem Character haben sollten, das ist aber, daß man

ἐν τῷ ἤθει, τοῦτο δέ ἐϛι μήτε ⁶τὸ κατὰ τὴν ἁπλότητα δοκοῦν ἐπαινετὸν τοῖς ἀνθρώποις εἰς ἄκρον ἐπιτηδεύειν, ὡς τῇ ἐσχάτῃ ἀνοίᾳ τῆς τοιαύτης ἕξεως πλησιαζούσης, μήτε τὴν ἐπαινουμένην ὑπὸ τῶν πολλῶν δεινότητα καὶ πανουργίαν ἀμιγῆ τῶν ἐναντίων καὶ ἄκρατον ἀρετὴν νομίζειν, ἐκ δὲ τῆς δοκούσης ἐναντιότητος μίαν τινὰ συγκεκραμμένην ἤθους κατάϛασιν ἀπεργάζεσθαι, τῆς μὲν τὸ ἀνόητον, τῆς δὲ τὸ ἐν πονηρίᾳ σοφὸν περικόψαντας, ὡς ἐξ ἑκατέρων ἓν ἀποτελεσθῆναι καλὸν ἐπιτήδευμα, ἁπλότητι γνώμης καὶ ἀγχινοίᾳ συγκεκραμμένον. Γίνεσθε γὰρ, φησὶ, φρόνιμοι ὡς οἱ ὄφεις, καὶ ἀκέραιοι ὡς αἱ περιϛεραί.

Κεφ. ιζ΄. Οὐκοῦν ὅπερ ἐνταῦθα εἴρηται παρὰ τοῦ κυρίου κοινὸν ἔϛω δόγμα τοῦ βίου παντὸς, καὶ μάλιϛα ἐπὶ τῶν διὰ παρθενίας τῷ θεῷ προϛιόντων, τὸ μὴ πρὸς ἕν τι κατόρθωμα βλέποντας τῶν ἐναντίων ἀφυλάκτως ἔχειν, ἀλλὰ πανταχόθεν ἑαυτοῖς τὸ ἀγαθὸν ἐξευρίσκειν, ὡς ἂν διὰ πάντων τὸ ἀσφαλὲς ὑπάρχῃ τῷ βίῳ. Οὐδὲ γὰρ ϛρατιώτης μέρη τινὰ τοῖς ὅπλοις φραξάμενος γυμνῷ κινδυνεύει τῷ λοιπῷ σώματι. Τί γὰρ κέρδος αὐτῷ τῆς ἐπὶ μέρους ὁπλίσεως, εἰ κατὰ τῶν γυμνῶν τὴν καιρίαν δέξαιτο; Τίς δ' ἂν εὔμορφον ὀνομάσειεν ¹ἐκεῖνον ᾧ τῶν εἰς εὐμορφίαν τι συντελούντων ἔκ τινος συμφορᾶς περικέκοπται; ἡ γὰρ περὶ τὸ λεῖπον αἰσχύνη καὶ τὴν τοῦ ὑγιαίνοντος χάριν διελυμήνατο. Εἰ δὲ καταγέλαϛός ἐϛι, καθώς φησί που τὸ εὐαγγέλιον, ὁ ἐγχειρήσας μὲν τῇ τοῦ πύργου κατασκευῇ, ἐν θεμελλίοις δὲ τὴν σπουδὴν ἑαυτοῦ ϛήσας, καὶ τοῦ τέλους οὐκ ἐφικόμενος, τί ἄλλο ἐκ τῆς παραβολῆς ταύτης μανθάνομεν ἢ τὸ πάσης ὑψηλῆς προθέσεως ἐπὶ τὸ πέρας φθάνειν ἐσπουδακέναι ταῖς ποικίλαις τῶν ἐντολῶν οἰκοδομαῖς τὸ ἔργον τοῦ θεοῦ τελειοῦντας; Οὔτε ²γὰρ λίθος εἷς ἡ πᾶσα οἰκοδομὴ τοῦ πύρ-

---

6) M. τὸ μήτε τὴν ἁπλότητα δοκοῦν ἐπαινετήν. Die Emendation der Stelle ist von Livineius.

1) M. ἐκεῖνο ὅ. — 2) γὰρ fehlt in den Ausg.

nicht zum Aeußersten danach streben und das thun solle was wegen seiner Einfalt den Menschen löblich scheint, weil ein solches Wesen dem äußersten Unverstand nahekommt, noch andererseits die bei der Menge lobende Anerkennung findende Klugheit und Schlauheit für eine von dem Gegentheile ganz freie und damit unvereinbare Tugend halten, sondern aus den scheinbaren Gegensätzen eine gemischte Verfassung seines Wesens herstellen, indem man dort die Thorheit, hier die Arglist abschneidet, so daß aus beiden eine einzige sittlich gute Handlungsweise zu Stande kommt, zusammengemischt aus Einfalt und Scharfsinn; denn er sagt, Werdet klug wie die Schlangen, und ohne Falsch wie die Tauben!

Kap. 17. Was also hier von dem Herrn gesagt ist soll eine gemeinsame Lehre für das gesammte Leben sein, und namentlich für das Leben derer welche auf dem Wege des ehelosen Standes sich Gott nahen, daß man nämlich im Hinblick auf Ausführung einer sittlich guten Handlung sich nicht ohne vorsichtige Wahrnehmung der Gegensätze verhalten, sondern das Gute von allen Seiten für sich auffinden soll, damit das Leben in allen Stücken gesichert sei. Auch der Soldat wappnet nicht bloß einige Theile mit seiner Rüstung und setzt sich durch Entblößung des übrigen Körpers der Gefahr aus. Denn was brächte ihm die theilweise Rüstung für Gewinn, wenn er an den unbeschützten Theilen den tödlichen Streich empfängt? Wer wollte denjenigen schön nennen welcher um eins der Stücke welche durch ihre Vereinigung die Schönheit hervorbringen verstümmelt ist? denn Häßlichkeit des verstümmelten Gliedes verunziert auch die Anmuth des gesunden Theils. Ist aber, wie irgend wo das Evangelium sagt, der zu verlachen welcher einen Thurm zu bauen anfängt, und schon bei den Fundamenten seinem Eifer ein Ziel setzend nicht zu Ausführung seines Werkes gelangt, was lernen wir denn Anderes aus diesem Gleichniß als daß diejenigen welche das Werk Gottes durch den mannichfachen Aufbau seiner Gebote vollenden sich Mühe gegeben haben jeden erhabenen Vorsatz zur Ausführung zu bringen? Denn weder macht ein Stein den ganzen Bau des

γου ἐςὶν, οὔτε ἐντολὴ μία πρὸς τὸ ἐπιζητούμενον μέτρον ἄγει τὴν τῆς ψυχῆς τελειότητα· ἀλλὰ καὶ τὸν θεμέλιον ὑποβεβλῆσθαι δεῖ πάντως, ³καὶ καθώς φησιν ὁ ἀπόςο-

1 Cor. 3,12. λος, τὴν ἐκ χρυσοῦ καὶ λίθων τιμίων οἰκοδομὴν ἐπιθέσθαι. Οὕτω γὰρ τὰ ἔργα τῶν ἐντολῶν ὀνομάζεται, κατὰ

Psalm. 119,127. τὸν εἰπόντα προφήτην ὅτι, Ἠγάπησα τὰς ἐντολάς σου ὑπὲρ χρυσίον καὶ λίθον τίμιον πολύν. Ὑποκείσθω τοί-

B νυν ἀντὶ θεμελίου τινὸς τῷ κατ' ἀρετὴν βίῳ ἡ περὶ τὴν παρθενίαν σπουδή, ἐποικοδομείσθω δὲ τῷ θεμελίῳ τούτῳ πάντα τὰ ἔργα τῆς ἀρετῆς. Εἰ γὰρ καὶ σφόδρα τοῦτο τίμιον καὶ θεοπρεπὲς εἶναι πιςεύεται, ὥσπερ οὖν καὶ ἐςι καὶ πεπίςευται, ἀλλ' εἰ μὴ καὶ ὅλος ὁ βίος τούτῳ συμβαίνοι τῷ κατορθώματι, ἐπιμολύνοιτο τῇ ⁴λοιπῇ τῆς ψυχῆς ἀταξίᾳ, τοῦτό ἐςι τὸ ἐνώτιον ἐκεῖνο τὸ ἐν τῇ ῥινὶ τῆς συός,

Proverb. 11,22. ἢ ὁ μαργαρίτης ὁ ἐν τοῖς ποσὶ τῶν χοίρων καταπατού-

Matth. 7,6. μενος. Ἀλλὰ περὶ μὲν τούτων τοσαῦτα.

C Κεφ. ιη'. Εἰ δέ τις παρ' οὐδὲν ποιεῖται τὸ μὴ συνηρμόσθαι τινὶ διὰ τῶν καταλλήλων τὸν βίον, τὰ ἐν τῷ οἴκῳ ἑαυτοῦ θεασάμενος παιδευθήτω περὶ τοῦ δόγματος. Δοκεῖ γάρ μοι, καθάπερ ἐπὶ τῆς ἰδίας οἰκήσεως ὁ τοῦ

D οἴκου δεσπότης οὐ ¹καταδέξεται ἀπρεπῆ καὶ ἀσχήμονα τὰ ἐν τῇ οἰκίᾳ βλέπειν, ἢ κλίνην ἀνεςραμμένην, ἢ πλήρη κόπρου τὴν τράπεζαν, ἢ τὰ μὲν τίμια τῶν σκευῶν ἐν ῥυπαροῖς τισι τόποις ἀπερριμμένα, ὅσα δὲ πρὸς τὰς ἀτιμωτέρους ὑπηρεσίας ἐςὶν ἐν ὀφθαλμοῖς προκείμενα τῶν εἰσιόντων, ἀλλὰ πάντα εὐσχημόνως καὶ κατὰ τάξιν τὴν πρέπουσαν διαθείς, καὶ ²ἑκάςῳ τὴν ἁρμόζουσαν ἀποδοὺς χώραν, θαρρῶν ἀποδέχεται τοὺς ἐπιξενουμένους, ὡς οὐδεμίαν αἰσχύνην ὀφλήσων εἰ φανερὰ γένοιτο ὅπως αὐτῷ τὰ κατὰ τὴν οἰκίαν ἔχοι, οὕτως οἶμαι χρῆναι καὶ τὸν τοῦ

p. 162. σκηνώματος ἡμῶν οἰκοδεσπότην καὶ οἰκονόμον, τὸν νοῦν

A λέγω, πᾶν τὸ ἐν ἡμῖν εὖ διατίθεσθαι, ἑκάςῃ τε τῶν τῆς ψυχῆς δυνάμεων, ἃς ἀντὶ ὀργάνων καὶ σκευῶν ὁ δημι-

---

3) καὶ fehlt in den Ausg. — 4) M. λοιπόν.
1) M. ἀποδέξεται. — 2) M. ἑκάςην ἁρμόζουσαν.

Thurmes aus, noch führt ein Gebot die Seele auf das gesuchte Maß der Vollkommenheit; vielmehr muß man sowohl das Fundament legen, als auch, wie der Apostel sagt, dann den Aufbau aus Gold und kostbaren Steinen darauf setzen. Denn so werden die Werke der Gebote genannt, nach den Worten des Propheten, **Ich habe deine Gebote höher geachtet denn Gold und viel Edelgestein**. Es sei sonach Ernst und Eifer im Stande jungfräulicher Ehelosigkeit gleichsam das Fundament für das Leben in Tugend, und auf dieses Fundament sollen dann alle Werke der Tugend gebaut werden. Denn hält man dieses Fundament auch für köstlich und göttlich, wie es diesem Glauben entsprechend in der That auch der Fall ist, so ist gleichwohl, wenn nicht auch das ganze Leben mit diesem sittlich hohen Unternehmen in Einklang steht, und es im Uebrigen durch die Zuchtlosigkeit der Seele herabgewürdigt wird, das jener Ohrschmuck in dem Rüssel des Schweins, oder die von den Füßen der Säue niedergetretene Perle. Doch so Viel hievon.

Kap. 18. Wenn man es aber für Nichts achtet in seinem Leben an Jemand zu gegenseitiger Abhängigkeit geknüpft zu sein, der werfe einen Blick auf die Zustände seines Hauses und lasse sich daraus belehren. Denn gleichwie der Hausherr in seinem Hause nichts Unziemliches und Unanständiges wird sehen wollen, kein umgeworfenes Bett, keinen kothbespritzten Tisch, oder wenn kostbare Geräthe an schmutzige Orte geworfen sind, und dafür Gegenstände welche zu minder geachteten Dienstleistungen bestimmt sind vor den Augen der Eintretenden offen dastehen, er vielmehr erst dann wenn er Alles zierlich und schicklich geordnet und einem Jeden die richtige Stelle eingeräumt hat getrost seine Gäste empfängt, damit er sich nicht zu schämen braucht wenn es an den Tag kommt wie es in seinem Hause steht, so, glaube ich, muß auch der Hausherr und Verwalter in dieser unserer Körperhülle, der Geist nämlich, in uns Alles wohl anordnen und von einem jeden Seelenvermögen, welche der Schöpfer an Stelle von Werkzeugen und Geräthen in uns eingerichtet hat, den passenden Ge-

οῦργος ἡμῖν ἐνετεκτήνατο, οἰκείως καὶ πρὸς τὸ καλὸν κεχρῆσθαι. Εἰ δὲ μὴ φλυαρίαν τινὰ καὶ ἀδολεσχίαν τοῦ λόγου τις καταγινώσκοι, εἰρήσεται καὶ καθ᾽ ἕκαςον, ὅπως ἂν τοῖς παροῦσιν αὐτῷ χρώμενος πρὸς τὸ συμφέρον αὐτῷ τὸν βίον οἰκονομήσειε. Φαμὲν τοίνυν τὴν μὲν ἐπιθυμίαν δεῖν ἐν καθαρῷ τῆς ψυχῆς ἱδρυσάμενον ἔχειν ὥςπερ τι

B ἀνάθημα ἢ ἀπαρχὴν τῶν ἰδίων ἀγαθῶν ἐξελόντα θεῷ, ἀφιερώσαντά τε αὐτὴν ἅπαξ ἀνέπαφόν τε καὶ καθαρὰν διαφυλάττειν, μηδαμοῦ τῇ κατὰ τὸν βίον ῥυπαρίᾳ μολυνομένην· τὸν δὲ θυμὸν, καὶ τὴν ὀργὴν, καὶ τὸ μῖσος, καθάπερ κύνας τινὰς πυλωρούς, πρὸς μόνην ἐγρηγορέναι τὴν τῆς ἁμαρτίας ἀντίζασιν, καὶ κατὰ τοῦ κλέπτου καὶ πολεμίου κεχρῆσθαι τῇ φύσει, ὃς ἐπὶ λύμῃ τοῦ θείου θησαυροῦ παρεισδύεται, καὶ διὰ τοῦτο ἔρχεται, ἵνα κλέψῃ καὶ θύσῃ καὶ ἀπολέσῃ· τὴν δὲ ἀνδρείαν καὶ τὸ θάρσος ἀντὶ

C ὅπλου τινὸς διὰ χειρὸς φέρειν, πρὸς τὸ μὴ πτοηθῆναί ποτε πτόησιν ἐπελθοῦσαν, καὶ ὁρμὰς ἀσεβῶν ἐπερχομένας· ἐλπίδι δὲ καὶ ὑπομονῇ ἀντὶ βακτηρίας, εἴποτε τοῖς πειρασμοῖς κάμοι ὑποςηρίζεσθαι· τὸ δὲ τῆς λύπης κτῆμα καιρῷ μετανοίας ἐπὶ ἁμαρτήμασιν, εἰ τύχοι ποτὲ συμβάν, προχειρίζεσθαι, ὡς οὐδέποτε χρήσιμον ὂν ἢ πρὸς τὴν τοιαύτην μόνην ὑπηρεσίαν· ἡ δὲ δικαιοσύνη αὐτῷ κανὼν εὐθύτητος ἔςαι, τὸ ἐν παντὶ ἄπταιςον λόγῳ τε καὶ ἔργῳ

D ὑφηγουμένη, ὅπως τε χρὴ τὰ ἐν τῇ ψυχῇ διακεῖσθαι, καὶ πῶς ἄν τις τὰ κατ᾽ ἀξίαν ἑκάςῳ νέμοι· τὴν δὲ τοῦ πλείονος ἔφεσιν, ὃ πολύ τε καὶ ἀμέτρητον ἔγκειται τῇ ἑκάςου ψυχῇ, τῇ κατὰ θεὸν ἐπιθυμίᾳ προςθεὶς μακάριος ἔςαι τῆς πλεονεξίας, ἐκεῖ βιαζόμενος ὅπου ἐπαινετὸν τὸ βιάζεσθαι. Σοφίαν δὲ καὶ φρόνησιν συμβούλους ἕξει τῶν συμφερόντων, καὶ συνδιοικούσας αὐτῷ τὴν ζωήν, ὡς μηδα-

brauch, und einen Gebrauch zum Zweck des Guten machen. Wenn man aber in meiner Rede kein leeres und müßiges Geschwätz erkennen will, so wollen wir auch bis auf das Einzelne genau eingehen, um zu lernen wie man in richtiger Verwendung seiner natürlichen Anlagen sein Leben nützlich einrichten kann. Wir erklären also daß er die Begierde auf dem reinen Altar seiner Seele aufgestellt haben soll, gleich als ein Weihgeschenk oder ein Erstlingsopfer welches er von seinen Gütern für Gott ausgewählt hat, und daß, wenn er sie einmal ihm gewidmet hat, er sie dann auch lauter und unversehrt bewahrt, und nirgends von dem Schmuz des Lebens besudeln läßt; daß ferner die Heftigkeit, der Zorn und der Haß, gleichwie Hunde die das Thor bewachen, bloß wach sein sollen um der Sünde Widerstand zu leisten, und von ihrer Natur Gebrauch machen gegen den Dieb und Feind welcher zum Schaden des göttlichen Schatzes sich heimlich einschleicht, und zu dem Zwecke kommt daß er stehle, morde und verderbe; daß man männliche Entschlossenheit und Kühnheit als eine Waffe in der Hand trage um sich niemals von einer auf uns eindringenden heftigen Leidenschaft überwältigen zu lassen, so wenig als vom Andringen der Gottlosen; auf Hoffnung ferner und Standhaftigkeit soll man sich wie auf einen Stab stützen, wofern man ja einmal unter den Versuchungen schwach wird; das Besitzthum des Schmerzes aber, wenn es vielleicht einmal uns zu Theil werden sollte, nehme man zur Hand zur Zeit der Reue über die Sünden, als ein Ding das niemals zu etwas Anderem als allein zu diesem Dienste nützlich ist; die Gerechtigkeit wird uns als geradestes Richtscheid dienen und uns das Rechte in Wort und Werk lehren, wie der Zustand der Seele beschaffen sein muß und wie man einem Jeden das ihm nach Verdienst Gebührende zuertheilen soll; das Begehren nach Mehr, welches so stark und maßlos in eines Jeden Seele wurzelt, wird man hinzufügen zu der Begierde nach Gott und wird ob seiner Habsucht selig zu preisen sein, und da Gewalt anthun wo Gewalt anzuthun löblich ist; Weisheit endlich und Klugheit wird man sich zu Beratherinnen nehmen über das was frommt und zu gemeinsamen Ordnerinnen seines Lebens, auf daß man aus Unwissenheit und Unverstand nirgends

Gregor. IV. 8

μοῦ ὑπὸ ἀμαθείας ἢ ἀφροσύνης παραβλαβῆναι. Εἰ δὲ μὴ κατὰ ³φύσιν καὶ κατὰ τὸ οἰκεῖον χρῷτο ταῖς εἰρημέναις δυνάμεσιν, ἀλλ' ὑπαλλάσσοι παρὰ τὸ δέον ⁴τὴν χρῆσιν, τὴν μὲν ἐπιθυμίαν προςτιθεὶς τοῖς αἰσχίςοις, τὸ δὲ μῖσος ἐπὶ τοὺς ὁμοφύλους προχειριζόμενος, ἀγαπῶν δὲ τὴν ἀδικίαν, καὶ ἐπὶ τοὺς γονέας ἀνδριζόμενος, καὶ θαρσῶν τὰ ἄτοπα, καὶ ἐλπίζων τὰ μάταια, φρόνησιν δὲ καὶ σοφίαν ἀπελαύνων τῆς μετ' αὐτοῦ συνοικήσεως, λαιμαργίαν καὶ ἀφροσύνην προςεταιρίζοιτο, καίπερ τῶν λοιπῶν ὡσαύτως ποιῶν, ἄτοπος ἂν εἴη τις καὶ ἀλλόκοτος, ὡς μηδ' ἂν εἰπεῖν ἀξίως τινὰ δυνηθῆναι τὴν ἀτοπίαν. Καθάπερ γὰρ ἂν εἴ τις ἐναλλὰξ ὁπλιζόμενος ἀναςρέφοι μὲν τὸ κράνος, ὥςτε καλύπτειν τὸ πρόςωπον καὶ ὀπίσω νενευκέναι τὸν λόφον, τοὺς δὲ πόδας ἔχοι ἐν θώρακι, καὶ τὰς κνημῖδας ἐφαρμόζοι τῷ ςήθει, καὶ ὅσα τὰ τῆς ἀριςερᾶς ἐςι τῇ δεξιᾷ μεταλαμβάνοι, τὴν δὲ τῶν δεξιῶν ὅπλησιν τῇ εὐωνύμῳ προςρίπτοι, — ὅπερ οὖν παθεῖν εἰκὸς ἐν πολέμῳ τὸν τοιοῦτον ὁπλίτην, τοῦτο καὶ παρὰ τὸν βίον πάσχειν εἰκὸς τὸν συγκεχυμένον τὴν γνώμην, καὶ τὴν χρῆσιν τῶν δυνάμεων τῆς ψυχῆς ὑπαμείβοντα. Οὐκοῦν προνοητέον ἡμῖν τῆς ἐν τούτοις εὐαρμοςίας, ἣν ἡ ἀληθὴς σωφροσύνη πέφυκεν ἐμποιεῖν ταῖς ἡμετέραις ψυχαῖς· καὶ εἰ χρὴ τὸν τελειότατον τῆς σωφροσύνης ὅρον ἐπισκοπῆσαι, τάχα τοῦτο σωφροσύνη κυρίως ἂν λέγοιτο, ἡ πάντων τῶν ψυχικῶν κινημάτων μετὰ σοφίας καὶ φρονήσεως εὔτακτος οἰκονομία. Καὶ ἡ τοιαύτη κατάςασις τῆς ψυχῆς οὐκέτι πόνου τινός, οὐδὲ πραγματείας πρὸς τὴν τῶν ὑψηλῶν τε καὶ οὐρανίων μετουσίαν δεήσεται, ἀλλ' ἐν πολλῇ ῥᾳςώνῃ τὸ τέως δυςέφικτον εἶναι δοκοῦν κατορθώσει, φυσικῶς τῇ ὑπεξαιρέσει τοῦ ἐναντίου τὸ ζητούμενον ἔχουσα. Τόν τε γὰρ ἔξω τοῦ σκότους γενόμενον ἐν φωτὶ πάντως εἶναι ἀνάγκη, καὶ τὸν μὴ τεθνηκότα ζῆν, καὶ τοίνυν εἴ τις μὴ ἐπὶ ματαίῳ λάβοι τὴν ἑαυτοῦ ψυχήν, ἐν τῇ ὁδῷ τῆς ἀληθείας πάντως ἔςαι

---

3) Die Worte φύσιν καὶ κατὰ fehlen in den Ausg. — 4) τὴν χρῆσιν fehlt in den Ausg.

zu Schaden komme. Wenn man jedoch von den genannten Vermögen nicht den naturgemäßen und richtigen Gebrauch macht, sondern entgegen der Pflicht ihre Anwendung verkehrt, und die Begierde auf die schändlichsten Dinge anwendet, den Haß gegen seinen Nächsten hervorholt, die Ungerechtigkeit liebt, sich gegen seine Eltern hart zeigt, seine Kühnheit auf Thörichtes richtet, auf Eiteles sein Hoffen, Klugheit und Weisheit aus seiner Nähe und der Gemeinschaft mit sich vertreibt, Völlerei und Unvernunft zu seinen Gefährten macht, und so ähnlich mit den übrigen verfährt, so ist das wohl ein Narr und verdrehter Mensch, dessen Thorheit man nicht nach Verdienst bezeichnen kann. Denn gleichwie wenn Jemand sich verkehrt wappnen und den Helm umkehren wollte, so daß er das Gesicht bedeckt und der Helmbusch nach hinten hinabnickt, in den Brustpanzer die Füße stecken und die Beinschienen der Brust anheften, und das was zur Linken ist auf die Rechte und die Rüstung der rechten Seite auf die linke Seite bringen wollte, — was also einem so Gerüsteten im Kriege wahrscheinlich begegnen würde, das dürfte wahrscheinlicher Weise auch dem im Leben zustoßen welcher verworrenen Sinnes den Gebrauch der Seelenvermögen vertauscht und verkehrt. Wir müssen also für uns auf eine Harmonie in diesen Dingen denken, welche die wahre leidenschaftslose Besonnenheit in unseren Seelen herzustellen vermag, und wenn wir unsere Betrachtung auf den vollendetsten Begriff solcher leidenschaftslosen Besonnenheit richten, so würde vielleicht ganz eigentlich mit dem Namen derselben die mit Weisheit und Klugheit verbundene wohlgeordnete Beherrschung aller seelischer Bewegungen zu benennen sein. Eine solche Verfassung der Seele hat, um zu dem Genuß der erhabenen und himmlischen Güter zu gelangen, keine Arbeit noch Mühe nöthig, sondern wird mit aller Leichtigkeit das was bisher als schwer erreichbar galt vollbringen, weil sie durch Aufhebung des feindlichen Gegentheils das was man erstrebt schon naturgemäß besitzt. Denn ganz nothwendiger Weise muß sich ja der welcher aus der Finsterniß herausgetreten ist im Lichte befinden, muß der leben welcher nicht gestorben ist, und sonach auch jedenfalls der auf dem Wege der Wahrheit sein welcher seine Seele nicht zu eitlen Dingen braucht

8*

(ἡ γὰρ τοῦ μὴ παρατραπῆναι πρόνοιά τε καὶ ἐπιςήμη ὁδηγία τίς ἐςιν ἀκριβὴς τῆς ἐπὶ τὴν εὐθεῖαν πορείας)· καὶ ὥσπερ οἱ ἐλευθερωθέντες οἰκέται παυσάμενοι τοῦ τοῖς κρατοῦσιν ὑπηρετεῖν, ἐπειδὰν ἑαυτῶν γένωνται κύριοι, τρέπουσι πρὸς ἑαυτοὺς τὴν σπουδὴν, οὕτως οἶμαι καὶ τὴν ψυχὴν ἐλευθερωθεῖσαν ἀπὸ τῆς σωματικῆς λατρείας ἐν ἐπιγνώσει γενέσθαι τῆς οἰκείας ἑαυτῇ καὶ κατὰ φύσιν ἐνεργείας. Ἡ δὲ ἐλευθερία ἐςὶν, καθὼς καὶ παρὰ τοῦ ἀποςόλου ἐμάθομεν, τὸ μὴ ζυγῷ δουλείας ἐνέχεσθαι, μηδὲ καθάπερ δραπέτην ἢ κακοῦργον γενόμενον πεδηθῆναι τῷ τοῦ γάμου δεσμῷ. Ἀλλά μοι πάλιν ὁ λόγος ἐπὶ τὴν αὐτὴν ἀρχὴν ἀνατρέχει, ὅτι οὐκ ἐν τούτῳ μόνῳ τὸ τέλειον τῆς ἐλευθερίας ἐςὶν, ἐν τῷ ἀποςῆναι τοῦ γάμου (μή τις οὕτω μικρόν τε καὶ εὔωνον τὸ τῆς παρθενίας οἰέσθω ὥστε ἐν ὀλίγῳ παρατηρήματι σαρκὸς κατορθοῦν νομίζειν τὸ τοσοῦτον πρᾶγμα), ἀλλ᾽ ἐπειδὴ πᾶς ὁ ποιῶν τὴν ἁμαρτίαν δοῦλος τῆς ἁμαρτίας ἐςὶν, ἡ ἐν παντὶ πράγματι καὶ ἐπιτηδεύματι πρὸς κακίαν παρατροπὴ δηλοῦταί [5] πως τὸν ἄνθρωπον καὶ ςιγματίαν ποιεῖ, μώλωπας αὐτοῦ καὶ ἐκκαύματα διὰ τῶν τῆς ἁμαρτίας πληγῶν ἐμποιοῦσα. Ὥστε τὸν τοῦ μεγάλου σκοποῦ τοῦ κατὰ τὴν παρθενίαν ἁψάμενον ἐν πᾶσι προςήκειν ἑαυτῷ εἶναι ὅμοιον, καὶ πάσῃ τῇ ζωῇ συνεμφαίνειν τὴν καθαρότητα. Εἰ δὲ χρὴ καὶ διά τινος τῶν θεοπνεύςων συνηγορῆσαι τῷ λόγῳ, ἀρκεῖ πρὸς τὴν τῆς ἀληθείας βεβαίωσιν αὐτὴ ἡ ἀλήθεια, διὰ παραβολῆς καὶ αἰνίγματος ἐν τῷ εὐαγγελίῳ τὸ τοιοῦτον ἡμῖν δογματίσασα· τοὺς γὰρ χρηςοὺς καὶ ἐδωδίμους τῶν ἰχθύων ἀπὸ τῶν πονηρῶν τε καὶ δηλητηρίων ἡ ἁλιευτικὴ τέχνη ἀποχωρίζει, ὡς ἂν μή τινος τῶν ἐναντίων συνεισπεσόντος τοῖς ἀγγείοις καὶ ἡ τῶν χρησίμων ἀπόλαυσις ἀχρειωθείη. Τοῦτο καὶ τῆς ἀληθινῆς σωφροσύνης ἔργον ἐςὶ, τὸ ἐκ πάντων τῶν ἐπιτηδευμάτων τὸ καθαρόν τε καὶ ὠφέλιμον ἐκλεγομένην ἐν παντὶ τὸ ἀπεμφαῖνον ἀποποιεῖσθαι ὡς ἄχρηςον, καὶ ἐναφιέναι τοῦτο τῷ κοινῷ καὶ κοσμικῷ βίῳ,

---

5) πως fehlt in den Ausg.

(denn die Vorsicht und die Kenntniß wie man nicht abirrt ist ein genauer Wegweiser auf dem geraden Wege), und wie die freigelassenen Sclaven, nachdem sie ihre eigenen Herren geworden sind, aufhören den Mächtigen zu dienen, und ihren Fleiß sich selbst zuwenden, so glaube ich auch daß die von dem Dienst des Leibes befreite Seele zur Erkenntniß ihrer eigenen und natürlichen Thätigkeit gelangt. Die Freiheit aber besteht, wie wir auch von dem Apostel vernommen haben, darin daß man sich nicht unter dem Joch der Knechtschaft befindet, und sich auch nicht gleichsam zum Ausreißer oder Missethäter macht und in die Fesseln der Ehe legen läßt. Doch ich kehre wieder zu dem Anfang zurück, daß nämlich nicht darin allein die vollkommene Wahrheit liegt daß man sich der Ehe enthält (möge doch Niemand so kleinlich und wohlfeil von dem Stande der Ehelosigkeit denken daß er glaubt in einem geringen Beobachten und Wahren des Fleisches ein so großes Ding zu vollbringen!), sondern da ein Jeder welcher die Sünde thut ein Knecht der Sünde ist, so verräth gewissermaßen bei jedem Thun und bei jeder Beschäftigung das Abweichen zum Bösen den Menschen und brandmarkt ihn, indem sie durch die Schläge der Sünde ihm Beulen und Brandmale beibringt. Daher muß der welcher das große Ziel des ehelosen Standes erreichen will, sich in allen Stücken gleich sein und die Lauterkeit in seinem ganzen Leben darlegen. Soll ich aber für mein Wort auch noch durch einen göttlichen Ausspruch eine Unterstützung beibringen, so genügt zur Bestätigung der Wahrheit die Wahrheit selbst, welche durch Parabel und Bild im Evangelium uns also lehrt. Die guten und eßbaren Fische nämlich sondert die Fischerei von den bösen und schädlichen aus, damit nicht etwa wenn einer von der anderen Sorte in das Gefäß hineinfallen sollte auch der Genuß der guten verdorben werde. Das ist nun auch das Werk der Klugheit, aus Allem was man treibt das Lautere und Nützliche auszusuchen und das Unangemessene als unbrauchbar zurückzuschieben und wieder in das gemeine und weltliche Leben, welches von der Parabel bildlich

θαλάσσῃ τροπικῶς ὑπὸ τῆς παραβολῆς ὠνομασμένῳ· ἐπεὶ καὶ ὁ ψαλμῳδὸς [6]διδασκαλίαν ἐξομολογήσεως ἔν τινι τῶν ψαλμῶν ἡμῖν ὑφηγούμενος τὸν ἄςατον τοῦτον καὶ ἐμπαθῆ καὶ ταραχώδη βίον ὕδατα ψυχῆς ἁπτόμενα, καὶ βάθη θαλάσσης, καὶ καταιγίδα καλεῖ. Ἐν ᾗ πᾶσα μὲν ἀποςατικὴ διάνοια καθ' ὁμοιότητα τῶν Αἰγυπτίων ὡς λίθος εἰς τὸν βυθὸν καταδύεται, ὅσον δὲ θεῷ φίλον καὶ διορατικὸν τῆς ἀληθείας ἐςὶν, ὅπερ Ἰσραὴλ παρὰ τῆς ἱςορίας ὠνόμαςαι· τοῦτο μόνον ὡς ξηρὰν αὐτὴν διεξέρχεται, οὐδαμοῦ τῆς πικρίας καὶ τῆς ἅλμης τῶν βιωτικῶν κυμάτων συνεφαπτόμενον. Οὕτω τυπικῶς ὑπὸ καθηγεμόνι τῷ νόμῳ (τύπος δὲ ἦν ὁ Μωσῆς τοῦ νόμου) καὶ ὁ Ἰσραὴλ τὴν θάλασσαν διεπέρασεν ἄβροχος, καὶ τούτῳ συνδιαπερῶν ὁ Αἰγύπτιος ὑποβρύχιος ἦν, ἑκάτερος ὑπὸ τῆς συμπαρούσης αὐτῷ διαθέσεως ὁ μὲν κούφως διεξιὼν, ὁ δὲ εἰς βυθὸν καθελκόμενος. Κοῦφον μὲν γάρ τι καὶ ἀνωφερὲς πρᾶγμα ἡ ἀρετή· πάντες γὰρ οἱ κατ' αὐτὴν ζῶντες ὡς νεφέλαι πέτονται, κατὰ τὸν Ἡσαΐαν, καὶ ὡς περιςεραὶ σὺν νεοσσοῖς· βαρὺ δὲ ἡ ἁμαρτία, καθώς φησί τις τῶν προφητῶν, ἐπὶ τάλαντον μολίβδου καθεζομένη. Εἰ δέ τινι βεβιασμένη καὶ ἀπροςκόλλητος ἡ τοιαύτη τῆς ἱςορίας ἐκδοχὴ φαίνεται, καὶ οὐ δέχεται πρὸς ὠφέλειαν ἡμῶν τὴν διὰ τῆς θαλάττης θαυματοποιΐαν ἀναγεγράφθαι, ἀκουσάτω τοῦ ἀποςόλου, ὅτι ἐκείνοις συνέβαινε μὲν τυπικῶς, ἐγράφη δὲ πρὸς νουθεσίαν ἡμῶν.

Κεφ. ιθ'. Ἡμῖν δὲ δίδωσι τὰ τοιαῦτα ὑπονοεῖν καὶ ἡ προφῆτις Μαριὰμ, εὐθέως μετὰ τὴν θάλασσαν ξηρὸν καὶ εὔηχον μεταχειριζομένη τὸ τύμπανον, καὶ τοῦ χοροῦ τῶν γυναικῶν προπομπεύουσα· τάχα γὰρ διὰ τοῦ τυμπάνου τὴν παρθενίαν ἔοικεν ὁ λόγος αἰνίττεσθαι ὑπὸ τῆς Μαρίας πρώτης κατορθωθεῖσαν, δι' ἧς οἶμαι καὶ τὴν Θεοτόκον προδιατυποῦσθαι Μαρίαν. Ὥσπερ γὰρ τὸ τύμπανον πολὺν τὸν ἦχον ἀφίησι πάσης ἰκμάδος κεχωρισμένον καὶ ξηρὸν εἰς ἄκρον γενόμενον, οὕτω καὶ ἡ παρθενία

---

6) M. διδάσκαλον.

Meer genannt wird, zurückzuwerfen; auch der Psalmensänger nennt, wo er uns in einem Psalm die Lehre vom Bekenntniß mittheilt, dieses unruhige, leidenschaftlich bewegte und aufgeregte Leben „Wasser welches bis an die Seele geht" und „Meerestiefen" und „Fluth." In diesem versinkt jeder untreue Gedanke nach Art der Aegypter wie ein Stein in die Tiefe, was aber Gott lieb ist und die Wahrheit erkennt — Israel wird es von der Geschichte genannt, — das allein schreitet durch dasselbe trocken hindurch, und berührt nirgends die bitteren und salzigen Wellen des Lebens. So setzte auch bildlich unter Leitung des Gesetzes (Moses war das Bild des Gesetzes) Israel unbenetzt durch das Meer, und der Aegypter welcher ebenfalls hindurchsetzen wollte versank in die Tiefe, dergestalt daß beide also unter dem Einfluß der sie begleitenden Eigenschaften, der eine leicht hindurchschritt, der andere in den Abgrund gezogen wurde. Denn die Tugend ist ein leichtes und nach der Höhe strebendes Ding, und Alle welche in ihr leben fliegen, wie Jesaias sagt, wie Wolken, und wie Tauben mit ihren Jungen, während die Sünde, wie einer der Propheten sagt, schwer ist und auf einem Zentner Blei sitzt. Wenn aber Jemandem diese Auffassung der Erzählung gezwungen und zusammenhangslos erscheint, und er nicht glaubt daß das Wunder des Durchgangs durch das Meer zu unserem Nutz und Frommen niedergeschrieben ist, der höre auf das Wort des Apostels, daß dieses Jenen im Gleichniß geschah, für uns aber zur Ermahnung niedergeschrieben wurde.

Kap. 19. Uns giebt aber das zu bedenken die Prophetin Mariam, welche gleich nach dem Durchzug durch das Meer eine trockene und wohltönende Pauke in ihre Hände nahm und den festlichen Reigen der Weiber anführte. Vielleicht mag nämlich die Schrift durch die Pauke den jungfräulichen ehelosen Stand bildlich bezeichnen wollen welcher von Mariam zuerst durchgeführt worden ist, und ich glaube daß auch durch sie die Gottesmutter Maria gleichnißweise im Voraus angedeutet wird. Denn wie die Pauke, wenn sie von aller Feuchtigkeit frei und gänzlich trocken geworden ist, einen starken Ton von sich giebt, so wird auch der ehelose

λαμπρά τε καὶ περιβόητος γίνεται, μηδὲν ἐν ἑαυτῇ τῆς ζωτικῆς ἰκμάδος κατὰ τὸν βίον τοῦτον προςδεχομένη. Εἰ οὖν νεκρὸν μὲν σῶμα τὸ τύμπανον, ὅπερ ἡ [1]Μαριὰμ μετεχειρίζετο, νέκρωσις δὲ σώματος ἡ παρθενία ἐςὶ, τάχα οὐ πολὺ τοῦ εἰκότος τὸ παρθένον εἶναι τὴν προφῆτιν ἀπεσχοινίςαι. Ἀλλὰ ταῦτα μὲν ςοχασμοῖς τισι καὶ ὑπονοίαις, οὐκ ἐκ φανερᾶς ἀποδείξεως, οὕτως ἔχειν ὑπενοήσαμεν, τὸ τὴν προφῆτιν [2]Μαριὰμ τοῦ χοροῦ τῶν παρθένων ἡγήσασθαι· εἰ καὶ πολλοὶ τῶν ἐπεσκεμμένων ἄγαμον αὐτὴν σαφῶς ἀπεφήναντο, ἐκ τοῦ μηδαμοῦ τῆς ἱςορίας γάμον καὶ παιδοποιΐαν αὐτῆς μνημονεῦσαι. Ἡ γὰρ ἂν οὐκ ἐκ τοῦ ἀδελφοῦ αὐτῆς Ἀαρὼν, ἀλλ᾿ ἐκ τοῦ ἀνδρὸς, εἴπερ ἦν, ὠνομάζετό τε καὶ ἐγνωρίζετο, ἐπειδὴ κεφαλὴ γυναικὸς οὐχ᾿ ὁ ἀδελφὸς, ἀλλ᾿ ὁ ἀνὴρ προσηγόρευται. Καί τοι παρ᾿ οἷς ἐν εὐλογίας μέρει τὸ παιδοποιεῖν ἐσπουδάζετο καὶ νόμιμον ἦν, εἰ φανείη τίμιον τὸ τῆς παρθενίας χάρισμα, πῶς ἡμᾶς προςήκει καὶ περὶ ταύτην ἔχειν, τοὺς μὴ κατὰ σάρκα τῶν θείων [3]λογίων ἐξακούοντας; ἀπεκαλύφθη γὰρ διὰ τῶν θείων [4]λογίων τί ποτε τὸ κυοφορεῖν τε καὶ τίκτειν ἀγαθόν ἐςι, καὶ ποῖον εἶδος τῆς πολυτεκνίας παρὰ τοῖς ἁγίοις τοῦ θεοῦ ἐσπουδάζετο. Ὅ τε γὰρ προφήτης Ἡσαΐας καὶ ὁ θεῖος ἀπόςολος ἐνάργως ταῦτα καὶ σοφῶς διεσήμαναν, ὁ μὲν λέγων, Ἀπὸ τοῦ φόβου σου, κύριε, ἐν γαςρὶ ἐλάβομεν, ὁ δὲ καυχώμενος ἐπὶ τῷ πάντων γενέσθαι πολυγονώτατος, ὡς πόλεις ὅλας καὶ ἔθνη κυοφορῆσαι, οὐ μόνον Κορινθίους καὶ Γαλάτας διὰ τῶν οἰκείων ὠδίνων εἰς φῶς ἀγαγὼν, καὶ ἐν κυρίῳ μορφώσας, ἀλλὰ καὶ ἀπὸ Ἱερουσαλὴμ κύκλῳ, καὶ μέχρι τοῦ Ἰλλυρικοῦ καταπληρώσας τῶν ἰδίων τέκνων τὴν οἰκουμένην, ἅπερ ἐν Χριςῷ διὰ τοῦ εὐαγγελίου ἐγέννησε. [5]Οὕτω μακαρίζεται καὶ ἐν τῷ εὐαγγελίῳ ἡ τῆς ἁγίας παρθένου κοιλία, ἡ τῷ ἀχράντῳ τόκῳ ὑπηρετήσασα, ὡς οὔτε τοῦ τόκου τὴν παρθενίαν λύσαντος, οὔτε τῆς παρθενίας τῇ τοιαύτῃ κυο-

---

1) M. Μαρία. — 2) M. Μαρίαν. — 3) M. εὐλογιῶν. — 4) M. λογίων, πότε. — 5) τούτῳ.

Stand herrlich und ruhmreich wenn er in diesem irdischen Wandel Nichts von der Feuchtigkeit des Lebens in sich aufnimmt. War nun die Pauke welche Mariam in ihre Hände nahm ein todter Körper, und besteht der ehelose Stand in der Abtödtung des Körpers, so liegt es vielleicht der Wahrscheinlichkeit nicht fern daß die Prophetin eine Jungfrau war; wir meinen jedoch daß sich dies mehr auf Rathen und Vermuthungen stütze als auf offenen Beweis, daß nämlich die Prophetin Mariam den Reigen der Jungfrauen anführe, wenn gleich Viele von denen welche dies zum Gegenstand ihrer Untersuchungen gemacht es offen ausgesprochen haben daß sie unverheirathet gewesen sei, aus dem Grunde weil die Geschichte nirgends einer Ehe noch Kinder von ihr gedenkt. In der That würde sie, falls sie verheirathet gewesen, nicht nach ihrem Bruder, sondern nach ihrem Manne benannt und kenntlich gemacht worden sein, da nicht der Bruder, sondern der Mann als das Haupt des Weibes bezeichnet wird. Und in der That, wenn denen, bei welchen das Gebären von Kindern als ein Segen ersehnt wurde und die Sitte vorschrieb, die Gnadenschaft der Ehelosigkeit als etwas Verehrungswürdiges erscheinen konnte, wie müssen dann auch wir über sie denken, die wir die göttlichen Verkündigungen nicht im Fleische vernehmen? Denn durch die göttlichen Aussprüche ist es geoffenbart worden was für ein Gut es ist schwanger zu gehen und zu gebären, und welche Art von Kinderreichthum von den Heiligen Gottes erstrebt wurde. Der Prophet Esaias und der göttliche Apostel haben dies klar und weise ausgesprochen, der eine durch die Worte, Von der Furcht vor dir, Herr, sind wir schwanger worden!, der andere da wo er sich rühmt daß er von Allen der Reichste an Kindern sei, so daß er mit ganzen Städten und Völkern schwanger gegangen, und nicht bloß Korinthier und Galater durch seine Wehen ans Licht der Welt gebracht und in dem Herrn gebildet, sondern auch von Jerusalem rings, und bis nach Illyrien die Erde mit seinen Kindern angefüllt habe, welche er durch das Evangelium in Christus erzeugt hat. So wird auch im Evangelium der Leib der Jungfrau selig gepriesen welcher der unbefleckten Geburt diente, weil weder die Geburt die Jungfrauschaft aufhob, noch die Jungfrau-

φορίᾳ ἐμποδὼν γενομένης. Ὅπου γὰρ πνεῦμα σωτηρίας γεννᾶται, καθὼς Ἡσαΐας φησὶ, ἄχρηςα πάντως τῆς σαρκὸς θελήματα. Ἔςι δέ τις καὶ παρὰ τῷ ἀποςόλῳ τοιοῦτος λόγος, ὡς ἄρα διπλοῦς ἡμῶν ἐςιν ὁ καθ᾽ ἕκαςον ἄνθρωπος, ὁ μὲν ὁρώμενος ἔξωθεν, ᾧ τὸ διαφθείρεσθαι κατὰ φύσιν ἐςὶν, ὁ δὲ κατὰ τὸ κρυπτόμενον τῆς καρδίας νοούμενος, ὃς ἐπιδέχεται τὸ ἀνακαινοῦσθαι. Εἰ οὖν ἀληθὴς ὁ λόγος (πάντων δέ ἐςιν ἀληθὴς διὰ τὴν ἐν αὐτῷ λαλοῦσαν ἀλήθειαν), οὐδὲν ἀπεικὸς καὶ γάμον διπλοῦν ἐννοεῖν, ἑκατέρῳ τῶν ἐν ἡμῖν ἀνθρώπων πρόσφορόν τε καὶ κατάλληλον, καὶ τάχα ὁ τολμήσας εἰπεῖν τὴν σωματικὴν παρθενίαν τοῦ ἔνδοθεν καὶ πνευματικοῦ γάμου συνεργόν τε καὶ πρόξενον γενέσθαι οὐ πόῤῥω τοῦ εἰκότος ἀποτολμήσει.

Κεφ. κ'. Ὡς γὰρ οὐκ ἔςι κατὰ ταὐτὸν δύο τισὶ τέχναις ὑπηρετεῖν διὰ τῆς τῶν χειρῶν ἐνεργείας, οἷον γεωργοῦντα καὶ ναυτιλλόμενον, ἢ χαλκεύοντά τε καὶ [1] τεκτονεύοντα, ἀλλ᾽ εἰ μέλλει μιᾶς ὑγιῶς ἀντιλήψεσθαι, τῆς ἑτέρας ἀφεκτέον αὐτῷ, οὕτως ἡμῖν καὶ δύο προκειμένων γάμων, τοῦ μὲν διὰ σαρκὸς ἐπιτελουμένου, τοῦ δὲ διὰ πνεύματος, ἡ περὶ τὸν ἕνα σπουδὴ τὸν τοῦ ἑτέρου χωρισμὸν ἀναγκαῖον ποιεῖ. Οὔτε γὰρ δύο κατὰ ταὐτὸν [2] ὀφθαλμοῖς ἰδεῖν ἱκανόν ἐςιν, εἰ μὴ ἀνὰ μέρος καὶ ἰδίᾳ ἑκατέρῳ [3] τῶν ὁρατῶν ἐπερείσειεν· οὔτε ἡ γλῶσσα διαφόροις ὑπηρετήσειν φωναῖς, Ἑβραίων τε ῥήματα καὶ Ἑλλήνων ἐν τῷ αὐτῷ φθεγγομένη· οὔτε ἡ ἀκοὴ διηγήσεώς τε πραγμάτων καὶ διδακτικῶν λόγων κατὰ ταὐτὸν ἀκροάσεται· ἡ γὰρ διαφορὰ τῆς φωνῆς, εἰ μὲν ἀνὰ μέρος ἀκούοιτο, ἐνσημαίνεται τοῖς ἀκροωμένοις τὴν ἔννοιαν, εἰ δὲ κατὰ ταὐτὸν μιχθεῖσα περιηχοίη τὴν ἀκοήν, σύγχυσίς τις ἀδιάκριτος τὴν διάνοιαν λήψεται, τῶν σημαινομένων ἐν ἀλλήλοις συγχεομένων. Κατὰ τὸν αὐτὸν λόγον καὶ τὸ ἐπιθυμητικὸν ἡμῶν φύσιν οὐκ ἔχει ὁμοῦ ταῖς σωματικαῖς ἐξυπηρετεῖν

---

1) 𝔐: τεκταινεύοντα. — 2. 𝔐. ὀφθαλμὸς ἰδεῖν ἱκανός ἐςιν. — 3) 𝔐. τὸν ὀφθαλμόν.

schaft sich einer solchen Schwangerschaft hindernd entgegen stellte. Denn wo der Geist des Heils geboren wird, wie Esaias sagt, da ist der Wille des Fleisches völlig unnütz. Aber auch bei dem Apostel findet sich ein solches Wort, wie nämlich ein Jeder von uns einen zwiefachen Menschen habe, der äußere den man sieht, welchem es Natur ist unterzugehen, und den welchen man in dem Verborgenen des Herzens erkennt, welcher der Erneuerung fähig ist. Ist nun die Rede wahr — sie ist aber vor allen anderen wahr, weil die Wahrheit in ihr spricht, — so erkennen wir auch nicht mit Unrecht eine doppelte Ehe, welche einem jeden der beiden Menschen in uns entspricht und passend ist, und vielleicht wird dessen Kühnheit nicht allzu weit von der Wahrscheinlichkeit abirren welcher es auszusprechen wagt daß die Jungfrauschaft des Körpers Helferin und Vermittlerin der geistlichen Ehe in uns sei.

Kap. 20. Wie man mit der Thätigkeit seiner Hände nicht zweien Gewerben zu gleicher Zeit dienen kann, als zum Beispiel Ackerbau treiben und zur See fahren, oder Schmied und Zimmermann sein, man vielmehr, wenn man das eine tüchtig betreiben will, von dem anderen abstehen muß, so macht auch für uns, da wir zwei Ehen vor Augen sehen, von welchen die eine im Fleische, die andere im Geiste vollzogen wird, die Hingabe an die eine die Scheidung von der anderen nothwendig. Denn man vermag weder mit den Augen zwei Dinge zugleich zu sehen, wenn sie sich nicht abwechselnd und im Besonderen bald auf diesen bald auf jenen der Gegenstände welche wir sehen richten, noch wird die Zunge verschiedenen Sprachen dienen, und hebräische und griechische Worte zu gleicher Zeit aussprechen, noch das Gehör eine Erzählung von Ereignissen und Lehrvorträge zu derselben Zeit anhören können. Denn die Sonderung der Sprachen prägt, wenn sie wechselsweise gehört werden, den Hörern das Verständniß ein; umschwirren sie dagegen zu Eins gemischt die Ohren, dann wird den Verstand eine nicht zu entwirrende Confusion erfassen, und die Dinge von welchen man spricht werden bunt in einander fließen. Auf dieselbe Weise besitzt auch unser Begehrungsvermögen nicht die natürliche Befähigung zugleich den körperlichen Lüsten zu

ἡδοναῖς, καὶ τὸν πνευματικὸν μετιέναι γάμον· οὐδὲ γὰρ διὰ τῶν ὁμοίων ἐπιτηδευμάτων δυνατόν ἐςιν ἑκατέρου τῶν σκοπῶν λαβέσθαι. Τοῦ μὲν γὰρ ἐγκράτεια, καὶ σώματος νέκρωσις, καὶ τῶν κατὰ σάρκα πάντων ὑπεροψία πρόξενοι γίνονται· τῆς δὲ σωματικῆς συναφείας πάντα τὰ ἐναντία. Οὐκοῦν ὥςπερ δύο κυρίων ἐν αἱρέσει προχειμένων, ἐπειδὴ κατὰ ταυτὸν οὐκ ἔςιν ἀμφοτέρων γενέσθαι ὑπήκοον (οὐδεὶς γὰρ δύναται δυσὶ κυρίοις δουλεύειν), τὸν ὠφελιμώτερον ὁ εὖ φρονῶν ἐπιλέξεται, οὕτως ἡμῖν καὶ δύο προχειμένων γάμων, ἐπειδὴ οὐκ ἔςιν ἐν ἀμφοτέροις εἶναι (ὁ γὰρ ἄγαμος μεριμνᾷ τὰ τοῦ κυρίου, ὁ δὲ γαμήσας μεριμνᾷ τὰ τοῦ κόσμου), σωφρονούντων ἂν [4] εἴη μὴ διαμαρτεῖν τῆς ἐκλογῆς τοῦ συμφέροντος, ἀλλὰ μήτε τὴν ἐπὶ τοῦτον ἄγουσαν ὁδὸν ἀγνοῆσαι, ἣν οὐκ ἔςιν ἄλλως ἢ διά τινος ἀναλογίας μαθεῖν. Ὡς γὰρ ἐν τῷ σωματικῷ γάμῳ ὁ μὴ [5] ἀποβλητὸς γενέσθαι σπουδάζων, καὶ τῆς τοῦ σώματος εὐεξίας, καὶ τοῦ πρέποντος καλλωπισμοῦ, καὶ πλούτου περιουσίας, καὶ τοῦ μηδὲν μήτε ἐκ τοῦ βίου, μήτε ἐκ τοῦ γένους ἐπάγεσθαί τι ὄνειδος, πολλὴν ποιήσεται πρόνοιαν (οὕτω γὰρ ἂν [6] τύχοι μάλιςα τῶν κατὰ γνώμην), τὸν αὐτὸν τρόπον καὶ ὁ τὸν πνευματικὸν γάμον ἑαυτῷ μετιὼν πρῶτον μὲν νέον ἑαυτὸν καὶ πάσης παλαιότητος κεχωρισμένον τῇ ἀνακαινίσει τοῦ νοὸς ἐπιδείξει, εἶτα πλούσιον γένος, ᾧ τὸ πλουτεῖν ἐςι περισπούδαςον, οὐ τοῖς ἀπὸ γῆς σεμνυνόμενον χρήμασιν, ἀλλὰ τοῖς οὐρανίοις θησαυροῖς κομῶντα· γένους δὲ σεμνότητα οὐ κατὰ τὴν αὐτόματον συντυχίαν πολλοῖς καὶ τῶν φαύλων προςοῦσαν κἀκεῖνος ἔχειν φιλοτιμήσεται, ἀλλὰ τὴν πόνῳ καὶ σπουδῇ δι' οἰκείων κατορθωμάτων προςγινομένην, ἣν μόνοι [7] ἔχουσιν οἱ τοῦ φωτὸς υἱοὶ, καὶ τέκνα θεοῦ, καὶ τῶν ἀφ' ἡλίου ἀνατολῶν εὐγενεῖς διὰ τῶν ἔργων τῶν φωτεινῶν χρηματίζοντες· ἰσχὺν δὲ καὶ εὐεξίαν οὐ σῶμα ἀσκῶν, οὐδὲ καταπιαίνων τὴν σάρκα περιποιήσεται, ἀλλὰ πᾶν

---

4) M. φημί. — 5) M. ἀποβλητέος. — 6) M. τύχῃ. — 7) M. αὐχοῦσιν.

dienen und der geistlichen Ehe nachzugehen. Denn eben weil wir beiden Lebensweisen eine gleiche Aufmerksamkeit widmen, ist es nicht möglich beider Ziele zu erreichen. Die eine vermitteln Enthaltsamkeit, Abtödtung des Fleisches und Geringschätzung aller fleischlichen Dinge, die leibliche Gemeinschaft hingegen alles Gegentheilige. Gleichwie also, wenn man zwischen zwei Herren wählen kann, der Verständige, weil man nicht Unterthan beider zugleich sein kann (denn Niemand vermag zweien Herren zu dienen), denjenigen wählen wird welcher der vortheilhafteste ist, so dürfte, wenn uns zwei Ehen zur Wahl vorliegen und wir nicht beide eingehen können (denn wer ledig ist, der sorgt um das was des Herrn ist, wer aber freiet, um das was der Welt ist), der Besonnene in der Wahl dessen was ihm frommt wohl kaum fehlgreifen und über den dazu führenden Weg in Unkunde sein, welchen man auf keine andere Weise als durch einen Vergleich kennen lernen kann. Denn wie bei der leiblichen Ehe der welcher nicht zurückgewiesen werden will die größte Sorgfalt auf Gesundheit und Frische des Körpers, auf passenden Schmuck, auf Fülle des Reichthums, und darauf daß weder aus seinem Leben noch aus seiner Familie irgend welch schimpflicher Makel ihn treffen könne, verwendet (denn so dürfte er am ehesten das Ziel seiner Wünsche erreichen), auf dieselbe Weise wird der welcher für sich eine geistliche Ehe anstrebt sich erstlich als neu und frisch und als einen von Allem was alt ist durch die Erneuerung seines Sinnes Losgetrennten darstellen, dann als einen der von reicher Familie, und dem das Reichsein ein Ziel besonderen Eifers ist, nicht aber als einen solchen welcher mit irdischen Besitzthümern prunkt, sondern als einen solchen welcher auf himmlische Schätze stolz ist, wird ferner auch nicht denjenigen Adel des Geschlechts zu besitzen streben wie er vielen auch schlechten Menschen ganz von selbst und zufällig eigen ist, sondern einen solchen der durch Arbeit und Eifer mit seinen guten Thaten ihm zufällt, welchen bloß die Söhne des Lichts und die Kinder Gottes besitzen, und die welche vom Aufgang der Sonne geadelt durch ihre leuchtenden Thaten wirken; Kraft und Frische aber wird er sich erwerben, nicht durch Uebung des Körpers, und nicht dadurch daß er das Fleisch mästet, sondern indem er ganz im Gegentheil in der

τοὐναντίον, ἐν τῇ τοῦ σώματος ἀσθενείᾳ τελειῶν τὴν τοῦ πνεύματος δύναμιν. Οἶδα δὲ καὶ τὰ ἔδνα τοῦ γάμου τούτου οὐκ ἀπὸ φθαρτῶν χρημάτων πεποιημένα, ἀλλ' ἐκ τοῦ ἰδίου πλούτου τῆς ψυχῆς δωροφορούμενα. Βούλει μαθεῖν τὰ τῶν δώρων ὀνόματα; ἄκουσον Παύλου τοῦ καλοῦ νυμφοςόλου ἐν τίσι πλουτοῦσιν οἱ ἐν παντὶ συνιςῶντες ἑαυτούς· ἐν οἷς ἄλλα τε πολλὰ καὶ μεγάλα εἰπὼν, Καὶ ἐν ἁγνότητι, φησίν. Καὶ πάλιν ὅσα [8]ἑτέρωθι ἐν τοῖς τοῦ πνεύματος καρποῖς ἀπαριθμεῖται, πάντα τοῦ γάμου τούτου δῶρά ἐςι. Καὶ εἴ τις μέλλει πείθεσθαι τῷ Σολομῶντι, καὶ τὴν ἀληθινὴν σοφίαν σύνοικόν τε καὶ βίου κοινωνὸν ἑαυτῷ λαμβάνειν, περὶ ἧς φησιν ὅτι, Ἐράσθητι αὐτῆς καὶ τηρήσει σε, τίμησον αὐτὴν, ἵνα σε περιλάβῃ, ἐπαξίως τῆς ἐπιθυμίας ταύτης παρασκευάσεται ἐν καθαρᾷ τῇ ςολῇ τοῖς ἐν τῷ [9]γάμῳ τούτῳ εὐφραινομένοις συνεορτάζειν· ἵνα μὴ ἀπόβλητος γένηται, τῆς μὲν ἑορτῆς συμμετασχεῖν ἀξιῶν, τὸ δὲ ἔνδυμα τοῦ γάμου μὴ περικείμενος. Δῆλον δὲ ὅτι κοινὸς ὁ λόγος ἐςὶν ἐπί τε ἀνδρῶν καὶ γυναικῶν ὁμοίως εἰς τὴν περὶ τῶν τοιούτων γάμων σπουδήν· ἐπειδὴ γὰρ, καθώς φησιν ὁ ἀπόςολος, οὐκ ἔνι ἄρσεν καὶ θῆλυ, πάντα δὲ καὶ ἐν πᾶσι Χριςὸς, εἰκότως ὁ τῆς σοφίας ἐραςὴς τὸν ἔνθεον ἔχει τῆς ἐπιθυμίας σκοπὸν, ὅς ἐςιν ἡ ἀληθὴς σοφία, καὶ ἡ τῷ ἀφθάρτῳ νυμφίῳ προςκολληθεῖσα ψυχὴ τῆς ἀληθινῆς σοφίας ἔχει τὸν ἔρωτα, ἥτις ἐςὶν ὁ θεός. Ἀλλὰ τί μὲν ὁ πνευματικὸς γάμος ἐςὶν, καὶ πρὸς τίνα βλέπει σκοπὸν ὁ καθαρός τε καὶ οὐράνιος ἔρως, μετρίως ἡμῖν ἐκ τῶν εἰρημένων ἀνακεκάλυπται.

Κεφ. κα'. Ἐπειδὴ δὲ τῇ καθαρότητι τοῦ θεοῦ προςεγγίσαι μὴ αὐτόν τινα πρότερον τοιοῦτον γενόμενον ἀδύνατον κατεφάνη, ἀναγκαῖον ἂν εἴη μεγάλῳ τινὶ καὶ ἰσχυρῷ διατειχίσματι πρὸς τὰς ἡδονὰς ἑαυτὸν διαζῆσαι, ὡς ἂν μηδαμοῦ τῷ προςεγγισμῷ τούτῳ τὸ καθαρὸν τῆς καρδίας ἐπιμολύνοιτο. Τεῖχος δέ ἐςιν ἀσφαλὲς ἡ τελεία

---

8) M. ἑτέρωθεν. — 9) M. γάμῳ συνευφραινομένοις.

Schwäche des Körpers die Kraft des Geistes zu ihrer Vollendung führt. Ich kenne auch die Brautgeschenke dieser Ehe, welche nicht in vergänglichen Schätzen bestehen, sondern dargebracht werden aus dem eigenen Reichthum der Seele. Willst du die Namen der Geschenke wissen, so vernimm von Paulus, dem guten Brautführer, worin diejenigen welche in allen Stücken sich befestigen reich sind, wo er, nachdem er viel Großes genannt hat, auch noch „In Keuschheit" sagt. Was ferner an einer andern Stelle unter den Früchten des Geistes aufgezählt wird, auch das ist alles Geschenk dieser Ehe; und wenn man Salomon folgen und die wahre Weisheit als seine Gattin und Lebensgefährtin sich nehmen will, über welche er sagt, Liebe sie, so wird sie dich behüten, achte sie, damit sie dich umfaßt!, der wird sich, würdig dieser Begierde, anschicken in reinem Kleide die Freuden der Hochzeit mitzufeiern; damit er nicht verworfen werde wenn er an dem Feste theilnehmen will und kein hochzeitliches Gewand anhat. Es leuchtet aber ein daß hinsichtlich des Strebens nach solchen Ehen von Männern und Frauen in ganz gleicher Weise die Rede ist. Denn da, wie der Apostel sagt, dort weder Mann, noch Weib ist, vielmehr Alles und in Allen Christus, so hat der welcher die Weisheit liebt natürlich das göttliche Ziel der Begierde vor Augen, welches die wahre Weisheit ist, und die an den reinen und ewigen Bräutigam sich kettende Seele besitzt die Liebe zur wahren Weisheit, welche Gott ist. Was aber die geistliche Ehe sei, und welches Ziel die reine und himmlische Liebe vor Augen habe, das ist aus dem Gesagten von uns hiemit genügend entwickelt worden.

Kap. 21. Da nun die Unmöglichkeit sich der Klarheit Gottes zu nähern, ohne daß man vorher er selbst geworden ist, sich deutlich gezeigt hat, so dürfte es nothwendig sein sich gegen die Lüste durch eine große Scheidewand abzusperren, damit die Reinheit des Herzens durch solche Annäherung nicht besudelt werde. Eine Sicherheit bietende Mauer ist aber die Entfremdung von

πρὸς πᾶν τὸ ἐμπαθῶς ἐπιτελούμενον ἀλλοτρίωσις· μία γὰρ οὖσα τῷ γένει ἡ ἡδονή, καθὼς ἀκούειν ἔςι τῶν σοφῶν, ὥςπερ τι ὕδωρ ἐκ μιᾶς πηγῆς εἰς διαφόρους ὀχετοὺς μεριζόμενον, δι' ἑκάςου τῶν αἰσθητηρίων τοῖς φιληδόνοις ἐγκαταμίγνυται. Οὐκοῦν ὁ διὰ μιᾶς τινος τῶν αἰσθήσεων τῆς ἐγγινομένης αὐτῷ ἡδονῆς ἡττηθεὶς ἐκεῖθεν ἐτρώθη τὴν καρδίαν, καθὼς διδάσκει ἡ τοῦ θεοῦ φωνή, ὅτι τῶν ὀφθαλμῶν τὴν ἐπιθυμίαν ὁ πληρώσας ἐν τῇ καρδίᾳ τὴν βλάβην ἐδέξατο. Οἶμαι δὲ ἀπὸ μέρους ἐνταῦθα περὶ παντὸς αἰσθητηρίου προειρηκέναι τὸν κύριον· ὥςτε ἀκολουθοῦντας ἡμᾶς τῷ εἰρημένῳ, καλῶς ἂν προςθεῖναι ὅτι [1] καὶ ὁ ἀκούσας πρὸς τὸ ἐπιθυμῆσαι, καὶ ὁ ἁψάμενος, καὶ ὁ πᾶσαν τὴν ἐν ἡμῖν δύναμιν εἰς ὑπηρεσίαν ἡδονῆς κατασπάσας, τῇ καρδίᾳ ἐξήμαρτεν. Ἵνα οὖν μὴ τοῦτο γένηται, κανόνι χρηςέον τούτῳ πρὸς τὸν ἴδιον βίον τῷ σώφρονι, τῷ μήποτε προςθέσθαι τινὶ κατὰ ψυχὴν ᾧ δέλεάρ τι ἡδονῆς [2] παραμέμικται, καὶ πρό γε πάντων τὴν ἐπὶ τῆς γεύσεως ἡδονὴν διαφερόντως [3] φυλάσσεσθαι, διότι προςεχεςέρα πως αὕτη δοκεῖ εἶναι, καὶ οἱονεὶ μήτηρ τῆς ἀπηγορευμένης· αἱ γὰρ κατὰ βρῶσιν καὶ πόσιν ἡδοναί, πλεονάζουσαι τῶν ἐδωδίμων, [4] τῇ ἀμετρίᾳ ἀνάγκην ἐμποιοῦσι τῷ σώματι τῆς τῶν ἀβουλήτων κακῶν πλησμονῆς, ὡς τὰ πολλὰ τοῖς ἀνθρώποις [5] ἐντικτούσῃ τὰ τοιαῦτα πάθη. Ὡς ἂν οὖν μάλιςα [6] γαληναῖον ἡμῖν διαμένοι τὸ σῶμα, μηδενὶ τῶν ἐκ τοῦ κόρου παθημάτων ἐπιθολούμενον, προνοητέον τῆς ἐγκρατεςέρας διαγωγῆς, μέτρον μὲν καὶ ὅρον τῆς ἀπολαύσεως οὐ τὴν ἡδονὴν, ἀλλὰ τὴν ἐφ' ἑκάςῳ χρείαν ὁρίζειν. Εἰ δὲ χρείᾳ καὶ τὸ ἧδος πολλάκις συγκαταμέμικται (πάντα γὰρ οἶδεν ἐφηδύνειν ἡ ἔνδεια τῷ σφοδρῷ τῆς ὀρέξεως τὸ τῇ χρείᾳ παρευρεθὲν

• 1) καὶ fehlt in den Ausg. — 2) M. καταμέμικται· πρό γε πάντων.

Allem was unter dem Einfluß der Leidenschaften vor sich geht. Da nämlich, wie man von den Weisen hören kann, die Lust ihrem Geschlecht nach eine ist, so verschafft sie sich, wie ein aus einer einzigen Quelle sich in verschiedene Gräben vertheilendes Wasser, vermittelst jedes einzelnen Sinneswerkzeugs bei den Genußsüchtigen Eingang. So wird man also, ist man durch den einen oder anderen Sinn der durch denselben hereingekommenen Lust zum Opfer gefallen, von daher am Herzen verwundet, wie uns die Stimme Gottes lehrt, weil der welcher der Begierde der Augen gefröhnt hat Schaden an seinem Herzen nimmt. Ich glaube nämlich daß hier der Herr von einem einzelnen mit Bezug auf sämmtliche Sinneswerkzeuge spricht, so daß wir dem Ausspruche folgend mit Recht hinzufügen können daß sowohl der welcher hört um zu begehren, als der welcher betastet, und der welcher alle uns innewohnende Kraft zum Dienst der Lust herabzieht, in seinem Herzen sündiget. Damit dieses also nicht geschehe, halte sich der Nüchterne für sein Leben an diese Regel, daß er in seiner Seele sich niemals an etwas kette dem der Köder der Lust beigemischt ist, und daß er sich vor Allem und vorzugsweise vor der Gaumenlust hüte, welche in gewisser Beziehung die uns zunächst liegende und gleichsam die Mutter der verbotenen Lust zu sein scheint; denn die Vergnügungen in Essen und Trinken, mit ihrem Ueberfluß an Speisen, drängen durch die Unmäßigkeit eine Menge von unerfreulichen Uebeln auf, insofern jene in den Menschen meistentheils solche Leiden zu erzeugen pflegt. Damit nun unser Körper möglichst ruhig bleibe, und durch kein aus Uebersättigung entstandenes Leiden getrübt werde, haben wir unser Augenmerk auf einen mehr enthaltsamen Lebenswandel zu richten, und als Maß und Grenze für den Genuß nicht die Lust, sondern das jedesmalige Bedürfniß aufzustellen. Wenn sich aber mit dem Bedürfniß oft zugleich auch das sinnliche Vergnügen verbindet (denn Alles versteht die Entbehrung angenehm zu machen, indem sie durch die von ihr bewirkte Heftigkeit des Appetits alles zur Stillung

---

— 3) M. φυλάσσειν. — 4) M. τὴν ἀμετρίαν. — 5) M. ἐντικτούσης. — 6) M. γαληνιαῖον.

Gregor. IV.

ἅπαν καταγλυκαίνουσα), οὐκ ἀπωςέον τὴν χρείαν διὰ τὴν ἐπακολουθοῦσαν ἀπόλαυσιν, οὔτε μὴν κατὰ προηγούμενον μεταδιωκτέον τὴν ἡδονὴν, ἀλλ' ἐκ πάντων ἐκλεγομένους τὸ χρήσιμον ὑπερορᾶν προςήκει τοῦ τὰς αἰσθήσεις εὐφραίνοντος.

Κεφ. κβ'. Ὁρῶμεν δὲ καὶ τοὺς γεωργοὺς ἀναμεμιγμένον τῷ σίτῳ τὸ ἄχυρον τεχνικῶς διακρίνοντας, ὡς ἂν ἑκάτερον αὐτῶν εἰς [1] τὴν προςήκουσαν χρείαν παραληφθείη, τὸ μὲν εἰς τὴν τῶν ἀνθρώπων ζωὴν, τὸ δὲ εἰς καῦσίν τε ἅμα καὶ εἰς τὴν τῶν ἀλόγων τροφήν. Οὐκοῦν καὶ ὁ τῆς σωφροσύνης ἐργάτης διακρίνων τῆς ἡδονῆς τὴν χρείαν, ὥσπερ ἀχύρου τὸν σῖτον, τὴν μὲν ἀποῤῥίψει τοῖς ἀλογωτέροις, ὧν τὸ τέλος εἰς καῦσιν, ὥς φησιν ὁ ἀπόςολος, τῆς δὲ χρείας αὐτῆς κατὰ τὸ ἐνδέον εὐχαριςῶν μεταλήψεται. Ἀλλ' ἐπειδὴ πολλοὶ ἐπὶ τὸ ἕτερον εἶδος τῆς ἀμετρίας κατολισθήσαντες διὰ τῆς ὑπερβαλλούσης ἀκριβείας ἔλαθον ὑπεναντία σπουδάζοντες τῷ ἰδίῳ σκοπῷ, καὶ ἄλλῳ τρόπῳ τῶν ὑψηλῶν τε καὶ θειοτέρων τὴν ψυχὴν ἀποςήσαντες εἰς ταπεινὰς φροντίδας καὶ ἀσχολίας κατήγαγον, πρὸς τὰ σωματικὰ παρατηρήματα τὴν διάνοιαν αὐτῶν κλίναντες, ὡς μηκέτι αὐτοῖς ἐν ἐλευθερίᾳ μετεωροπορεῖν τὸν νοῦν καὶ τὰ ἄνω βλέπειν, ἀλλ' ἐπὶ τὸ πονοῦν καὶ συντριβόμενον τῆς σαρκὸς ἐπικλίνεσθαι, καλῶς ἂν ἔχοι καὶ τούτου ποιεῖσθαι τὴν ἐπιμέλειαν, καὶ τὰς ἐξ ἑκατέρων [2] ἀμετρίας ἐπίσης παραφυλάττεσθαι, μήτε διὰ πολυσαρκίας καταχωννύντας τὸν νοῦν, μηδ' αὖ πάλιν ταῖς ἐπεισάκτοις ἀσθενείαις ἐξίτηλον αὐτὸν καὶ ταπεινὸν ποιεῖν, καὶ περὶ τοὺς σωματικοὺς πόνους ἠσχολημένον, μεμνῆσθαι δὲ τοῦ σοφοῦ παραγγέλματος τοῦ ἐπίσης ἀπειρηκότος τήν τε ἐπὶ τὰ δεξιὰ καὶ τὰ ἐναντία παρατροπήν. Ἤκουσα δέ τινος ἰατρικοῦ τὰ ἐκ τῆς τέχνης διεξιόντος, ὅτι ἐκ τεσσάρων ἡμῖν οὐχ ὁμοειδῶν ςοιχείων, ἀλλ' ἐναντίως [3] διακειμένων ἀλ-

---

1) τὴν fehlt in den Ausg. — 2) M. ἐπιμετρίας. — 3) M. κειμένων τὸ σῶμα.

des Bedürfnisses Genommene versüßt), so darf darum die Stillung des Bedürfnisses nicht zurückgewiesen werden weil der Genuß in ihrem Gefolge ist; wir dürfen nur nicht vorzugsweise dem Vergnügen nachjagen, sondern müssen aus allen Dingen das Nützliche auswählen und das verachten was die Sinne ergötzt.

Kap. 22. Wir sehen auch daß die Landleute die dem Getraide beigemischte Spreu auf geschickte Weise ausscheiden, damit beides für das betreffende Bedürfniß verwendet werden kann, das eine zum Lebensunterhalt des Menschen, die andere zum Verbrennen und zugleich zur Nahrung der unvernünftigen Thiere. Nun, auch der welcher das Feld der Selbstbeherrschung baut, scheidet die Nothdurft von der Lust, wie das Getraide von der Spreu, und wird die eine für die Unvernünftigeren wegwerfen, deren Ende im Brande des Feuers ist, wie der Apostel sagt, von dem aber was die Nothdurft heischt wird er mit Dank so viel er braucht nehmen. Allein da Viele auf die andere Art von Maßlosigkeit verfallen und aus übergroßem Eifer ohne daß sie es merken dem ihrem Ziele Entgegengesetzten zustreben, und auf andere Weise ihre Seele von den erhabenen und göttlicheren Dingen abziehend, sie zu niedrigen Sorgen und Beschäftigungen herabführen, und ihre Gedanken auf die körperlichen Beobachtungen richten, so daß ihr Geist nicht mehr frei in den Höhen schwebt und nach dem schaut was droben ist, sondern sich den Mühen und Plagen des Fleisches zukehrt, so dürfte es gut sein auch darauf sein Augenmerk zu richten, und sich vor Maßlosigkeiten nach beiden Seiten hin in gleicher Weise zu hüten, so daß man also weder durch ein allzu gut genährtes Fleisch den Geist verschüttet und eindämmt, noch andererseits durch absichtlich und künstlich bewirkte Abschweifungen ihn siech und hinfällig werden und sich in mühseligen Leiden seines Körpers abarbeiten läßt, und daß man ferner der weisen Vorschrift eingedenk bleibt welche die Abweichung vom Wege sowohl nach Rechts als nach Links verbietet. Ich habe von einem Arzte, welcher über die Theile seiner Kunst Vorträge hielt, gehört daß der Körper aus vier ungleichartigen und sich gegensätzlich zu einander verhaltenden Elementen bestehe, daß Wärme und Kälte zu-

λήλοις, τὸ σῶμα συνέςηκε, θερμόν τε καὶ ψυχρὸν συγκεκρᾶσθαι, καὶ ὑγροῦ πρὸς ξηρὸν εἶναι τὴν μίξιν παράλογον, τῇ διὰ μέσου τῶν συζυγιῶν οἰκειότητι πρὸς τὰ ἐναντία συναπτομένων. Καί τινι λεπτουργίᾳ τοιαύτῃ τὸν λόγον φυσιολογῶν ἀπεδείκνυε φάσκων ἑκάςου τούτων ἐκ διαμέτρου πρὸς τὸ ἀντικείμενον ἀφεςῶς τῇ φύσει διὰ τῆς συγγενείας τῶν παρακειμένων ποιοτήτων τοῖς ἐναντίοις συνάπτεσθαι· τοῦ γὰρ ψυχροῦ καὶ τοῦ θερμοῦ κατὰ τὸ ἴσον ὑγροῖς τε καὶ ξηροῖς ἐγγινομένων, καὶ τὸ ἔμπαλιν τοῦ ὑγροῦ τε καὶ ξηροῦ ἐν τοῖς θερμοῖς τε καὶ ψυχροῖς ὁμοίως συνιςαμένων, ἡ τῶν ποιοτήτων ταυτότης ἐπίσης τοῖς ἐναντίοις ἐμφαινομένη δι' ἑαυτῆς ποιεῖ τῶν ἀντικειμένων τὴν σύνοδον. Ἀλλὰ τί μοι τὰ καθ' ἕκαςον δι' ἀκριβείας ἐξιέναι, ὅπως ταῦτα καὶ τέτμηται ἀπ' ἀλλήλων τῇ ἐναντιώσει τῆς φύσεως, καὶ πάλιν ἥνωται τῇ συγγενείᾳ τῶν ποιοτήτων ἀλλήλοις συνανακιρνάμενα; πλὴν οὗ χάριν τῶν εἰρημένων ἐμνήσθημεν, ὅτι συνεβούλευεν ὁ τὴν τοῦ σώματος φύσιν τῇ θεωρίᾳ ταύτῃ κατανοήσας προνοεῖν ὡς οἷόν τε τῆς ἰσοκρατείας τῶν ποιοτήτων· ἐν τούτῳ γὰρ εἶναι τὸ ὑγιαίνειν, ἐν τῷ μηδὲν ὑπὸ τοῦ ἑτέρου τῶν ἐν ἡμῖν δυναςεύεσθαι· οὐκοῦν ἐπιμελητέον ἡμῖν τῆς τοιαύτης καταςάσεως πρὸς τὴν τῆς ὑγείας διαμονὴν, εἴπερ τι ἀληθὲς αὐτῶν ὁ λόγος ἔχει, μηδενὶ μέρει τῶν ἐξ ὧν συνεςήκαμεν ἢ πλεονασμὸν ἢ ἐλάττωσιν ἐκ τῆς κατὰ τὴν δίαιταν ἀνωμαλίας ἐπάγοντες. Ὥσπερ γὰρ ὁ τοῦ ἅρματος ἐπιςάτης, εἰ μὴ συμφωνούντων ἐπιςατοίη τῶν πώλων, οὔτε τὸν ὀξὺν ἐπεισέρχει τῇ μάςιγι, οὔτε τὸν βραδὺν [4] κατάγχει ταῖς ἡνίαις, οὐδ' αὖ πάλιν τὸν ἐνδιάςροφον ἢ δυςήνιον ἄνετον ἐᾷ ταῖς οἰκείαις ὁρμαῖς εἰς ἀταξίαν ἐκφέρεσθαι, ἀλλὰ [5] τοὺς μὲν εὐθύνει, τὸν δὲ ἀνακόπτει, [6] τοῦ δὲ καθικνεῖται διὰ τῆς μάςιγος, ἕως [7] ἂν μίαν τοῖς πᾶσι τὴν πρὸς τὸν δρόμον σύμπνοιαν ἐμποιήσῃ, τὸν αὐτὸν τρόπον καὶ ὁ ἡμέτερος νοῦς, ὁ τὰς τοῦ σώματος ἡνίας [8] ἐφ'

---

4) M. κατάγει. — 5) M. τὸν μὲν. — 6) M. τοὺς. — 7) ἂν fehlt in den Ausg. — 8) M. ἐφ' ἑαυτὸν.

sammengemischt, und Nasses und Trocknes in eine eigenthümliche Verbindung mit einander gebracht sei, und durch die Mittelstufen der je zwei Verbundenen das entgegengesetzte Element mit dem entgegengesetzten zusammenhänge. Indem er mit dieser Genauigkeit in den Gegenstand erörternd eingieng, wies er nach daß jedes dieser Elemente von seinem entgegengesetzten in diametralem natürlichen Abstande befindlich durch die Verwandtschaft der nachbarlichen Qualitäten mit seinem entgegengesetzten in Zusammenhang trete. Wenn nämlich die Kälte und die Wärme eben so in nassen als in trockenen Gegenständen vorhanden sind, und andererseits die Feuchtigkeit und die Trockniß gleichmäßig in warmen und in kalten Gegenständen auftreten, so bewirkt die in den entgegengesetzten Elementen gleichmäßig zur Erscheinung kommende Identität der Qualitäten die Verbindung der feindlichen Gegensätze. Doch was gehe ich auf alles Einzelne so genau ein, wie diese Elemente durch den Gegensatz der Natur von einander getrennt, und durch die Verwandtschaft der Qualitäten wiederum miteinander verbunden sind, wenn nicht deßhalb weil wir der Worte gedachten welche uns gesagt worden waren, weil nämlich derjenige welcher die Natur des Körpers durch solche Betrachtung beobachtet hatte auf das Gleichgewicht der Qualitäten so viel als möglich bedacht zu sein anrieth, denn darin liege das Gesundsein, daß Nichts in uns ein Uebergewicht über das Andere ausübe; wir müssen also, wofern diese Behauptung etwas Wahres enthält, um unsere Gesundheit zu erhalten, auf eine solche Verfassung in uns bedacht sein, und keinem der Theile aus welchen wir bestehen durch Unregelmäßigkeit in der Lebensweise zu viel oder zu wenig zukommen lassen. Denn gleichwie der Wagenlenker, wenn er Pferde welche nicht mit einander im gleichen Tritt gehen zu regieren hat, weder das schnelle mit der Geißel antreibt, noch das langsame mit den Zügeln hemmt, noch auch wiederum das störrische oder schwer zu zügelnde frei nach seinen eigenen Gelüsten zu Unordnung sich fortreißen läßt, sondern diese in den richtigen Gang nöthigt, das andere anhält, und das dritte mit der Geißel trifft, bis er allen die zum Laufe nothwendige Uebereinstimmung beigebracht hat, auf dieselbe Weise wird unser Verstand,

ἑαυτὸν ἔχων, οὔτε πλεονάζοντι τῷ θερμῷ κατὰ τὸν καιρὸν τῆς νεότητος τὰς τῆς πυρώσεως προςθήκας ἐπινοήσει, οὔτε κατεψυγμένῳ διὰ πάθος ἢ χρόνον τὰ ψύχοντα καὶ τὰ μαραίνοντα πλεονάσει, καὶ ἐπὶ τῶν λοιπῶν ποιοτήτων ὁμοίως τῆς γραφῆς ἀκούσεται, ἵνα μήτε ὁ τὸ πολὺ πλεονάσῃ, μήτε ὁ τὸ ὀλίγον [9] ἐλαττονήσῃ, ἀλλὰ τὸ ἐν ἑκατέρῳ ἄμετρον περικόπτων τῆς τοῦ ἐνδέοντος προςθήκης ἐπιμελήσεται, καὶ ἐπίσης τὴν ἐφ᾽ ἑκάτερα τοῦ σώματος ἀχρηςίαν φυλάξεται, μήτε δι᾽ ὑπερβαλλούσης εὐπαθείας ἄτακτον καὶ δυςήνιον τὴν σάρκα ἑαυτοῦ ἐπασκήσας, μήτε διὰ τῆς ἀμέτρου κακοπαθείας νοσώδη καὶ λελυμένην καὶ ἄτονον πρὸς τὴν ἀναγκαίαν ὑπηρεσίαν παρασκευάσας. Οὗτος ὁ τελειώτατος τῆς ἐγκρατείας σκοπός, οὐχὶ πρὸς τὴν τοῦ σώματος βλέπειν κακοπάθειαν, ἀλλὰ πρὸς τὴν τῶν ψυχικῶν διακονημάτων εὐκολίαν.

Κεφ. κγ´. Τὰ δὲ καθ᾽ ἕκαςον ὅπως τε χρὴ βιοτεύειν τὸν ἐν φιλοσοφίᾳ ταύτῃ ζῆν προελόμενον, καὶ τίνα φυλάττεσθαι, καὶ τίσιν ἐπιτηδεύμασιν ἀσκεῖν ἑαυτόν, ἐγκρατείας μέτρα, καὶ διαγωγῆς τρόπον, καὶ πάντα τὸν ἐπιβάλλοντα τῷ τοιούτῳ σκοπῷ βίον, ὅτῳ φίλον δι᾽ ἀκριβείας μαθεῖν, εἰσὶ μὲν καὶ ἔγγραφοι διδασκαλίαι ταῦτα διδάσκουσαι, ἐνεργεςέρα δὲ τῆς ἐκ τῶν λόγων διδαχῆς ἡ διὰ τῶν ἔργων ἐςὶν ὑφήγησις, καὶ οὐδεμία πρόςεςι δυςκολία τῷ [1] πράγματι, ὡς δεῖν ἢ μακρὰν ὁδοιπορίαν ἢ ναυτιλίαν πολλὴν ὑποςάντας ἐπιτυχεῖν τοῦ παιδεύοντος, ἀλλ᾽ ἐγγὺς σοῦ τὸ ῥῆμα, φησὶν ὁ ἀπόςολος, ἀπὸ τῆς ἑςίας ἡ χάρις. Ἐνταῦθα τὸ τῶν [2] ἀρετῶν ἐργαςήριον, ἐν ᾧ τὸ ἀκρότατον τῆς ἀκριβείας ὁ τοιοῦτος βίος προϊὼν ἐκκεκάθαρται· καὶ πολλὴ ἐςὶν ἐξουσία καὶ σιωπάντων ἐνταῦθα καὶ φθεγγομένων τὴν οὐράνιον ταύτην πολιτείαν διὰ τῶν ἔργων διδάσκεσθαι, ἐπεὶ καὶ πᾶς λόγος

---

9) 𝔐. ἐλαττονήσει.
1) 𝔐. προςάγματι. — 2) 𝔐. ἀγαθῶν.

welcher die Zügel des Körpers unter sich hat, zur Zeit der Jugend weder für die schon sehr reichlich vorhandene Wärme auf eine Steigerung ihres Feuers denken, noch wird er, wenn sie durch Krankheit oder Zeit erloschen ist, die kältenden und die aufreibenden Veranlassungen vermehren, und im Betreff der übrigen Qualitäten wird er in gleicher Weise auf die Schrift hören, auf daß weder der welcher viel besitzt Ueberfluß, noch der welcher wenig besitzt zu wenig hat: sondern er wird der Maßlosigkeit nach beiden Richtungen hin Einhalt thun und der Vermehrung da eingedenk sein wo Etwas mangelt, und in gleichem Verhältniß sich nach beiden Richtungen hin vor körperlicher Untauglichkeit hüten, indem er weder durch einen übermäßigen Sinnengenuß sein Fleisch zu einem ungefügen und schwer zu zügelnden heranbildet, noch durch maßloses Drangsal es krank, matt und kraftlos für die nothwendigen Dienstleistungen macht. Das ist das vollendetste Ziel der Enthaltsamkeit, daß man seinen Blick nicht sowohl auf die Drangsale des Körpers, sondern auf die Fähigkeit den Obliegenheiten des Seelendienstes zu genügen richtet.

Kap. 23. Alles Einzelne aber, wie der Wandel dessen beschaffen sein muß welcher sich entschlossen hat sich diesem frommen Wandel der Weisheit zu widmen, und wovor er sich in Acht zu nehmen, und in welchen Beschäftigungen er sich zu üben hat, die Grade der Enthaltsamkeit, die Art des Wandels, und das ganze auf dieses Ziel hinstrebende Leben, wer hierüber sich genauer zu unterrichten wünscht, für den sind zur Belehrung theils schriftliche Unterweisungen vorhanden, theils, was noch wirksamer ist als der Unterricht durch Worte, die Anleitung durch Werke, und die Sache hat keine solche Schwierigkeit daß wir darum erst eine lange Reise oder eine große Seefahrt überstehen müßten, um einen Lehrer zu erlangen, sondern, Nahe bei dir ist das Wort, spricht der Apostel, Von dem Herde kommt die Gnade. Hier ist die Werkstätte der Tugenden, und wenn in dieser ein solcher Lebenswandel bis zur höchsten Spitze der Vollendung vorwärtsschreitet, so ist er geläutert. Es haben daselbst sowohl die welche schweigen als die welche reden reiche Gelegenheit durch die Werke in diesem himmlischen Leben unterwiesen zu werden, da ja

δίχα τῶν ἔργων θεωρούμενος, κἂν ὅτι μάλιϛα κεκαλλωπισμένος τύχῃ, εἰκόνι ἔοικεν ἀψύχῳ, ἐν βαφαῖς καὶ χρώμασιν εὐανθῆ τινα χαρακτῆρα προδεικνυούσῃ· ὁ δὲ ποιῶν καὶ διδάσκων, καθώς πού φησι τὸ εὐαγγέλιον, οὗτος ἀληθῶς ζῶν ἐϛιν ἄνθρωπος, καὶ ὡραῖος τῷ κάλλει καὶ [3] ἐνεργῶς κινούμενος. Οὐκοῦν τούτῳ προςφοιτητέον ἐϛὶ τὸν μέλλοντα κατὰ τὸν [4] αἱροῦντα λόγον τῆς παρθενίας ἀνθέξεσθαι. Καθάπερ γὰρ ὁ φωνὴν ἔθνους τινὸς ἐκμαθεῖν προθυμούμενος οὐκ ἔϛιν αὐτάρκης ἑαυτῷ διδάσκαλος, ἀλλὰ παρὰ τῶν ἐπιϛαμένων παιδεύεται, καὶ οὕτω γίνεται τοῖς ἀλλογλώσσοις ὁμόφωνος, οὕτως οἶμαι καὶ τοῦ βίου τούτου μὴ κατὰ τὴν ἀκολουθίαν προϊόντος τῆς φύσεως, ἀλλ' ἀπεξενωμένου τῇ καινότητι τῆς διαγωγῆς, μὴ ἄλλως τινὰ μαθεῖν τὴν ἀκρίβειαν, ἢ παρὰ τοῦ κατωρθωκότος χειραγωγούμενον· καὶ τὰ ἄλλα δὲ πάντα, ὅσα κατὰ τὸν βίον ἐπιτηδεύομεν, μᾶλλον κατορθωθείη τῷ μετιόντι, εἰ παρὰ διδασκάλοις τις ἑκάϛου τῶν σπουδαζομένων ἐκμάθοι τὴν ἐπιϛήμην, ἢ εἰ ἀφ' ἑαυτοῦ κατεπιχειροίη τοῦ πράγματος. [5] Οὐ γὰρ ἐν ἀρχαῖς ἐϛι τὸ ἐπιτήδευμα, τούτῳ ἀνάγκη μὴ ἑαυτῷ ἐπιτρέπειν τῶν λυσιτελούντων τὴν κρίσιν, [6] ὅτε καὶ τὸ κατατολμᾶν τῆς τῶν ἀγνοουμένων πείρας οὐκ ἔξω κινδύνου καθίϛαται. Καθάπερ δὲ τὴν ἰατρικὴν πρότερον ἀγνοουμένην διὰ τῆς πείρας ἐξεῦρον οἱ ἄνθρωποι, παρατηρήμασί τισι κατ' ὀλίγον ἐκκαλυφθεῖσαν, ὥϛε καὶ τὸ ὠφελοῦν καὶ τὸ βλάπτον διὰ τῆς τῶν πεπειραμένων μαρτυρίας ἐπιγνωσθὲν οὕτως εἰς τὸν τῆς τέχνης λόγον παραληφθῆναι, καὶ παράγγελμα πρὸς τὸ μέλλον τὸ παρατηρηθὲν τοῖς προλαβοῦσι γίνεσθαι, νῦν δὲ ὁ πρὸς τὴν τέχνην ταύτην ἐσπουδακὼς οὐκ ἔχει ἀνάγκην τῇ καθ' ἑαυτὸν πείρᾳ διαγινώσκειν τῶν φαρμάκων τὴν δύναμιν, εἴτε δηλητήριον εἴτε ἀλεξιτήριόν τί ἐϛιν, ἀλλὰ τὰ ἐγνωσμένα παρ' ἑτέρων μαθὼν αὐτὸς τὴν τέχνην κατόρθωσε, —

---

3) M. ἐνεργὸς καὶ κινούμενος. — 4) M. ἐροῦντα. — 5) M. οὐ γὰρ ἐναργές ἐϛι τὸ ἐπιτήδευμα τοῦτο, ὥϛε κατ' ἀνάγκην ἑαυτοῖς. Die im Text gegebene Emendation ist theils nach handschriftlicher Autorität, theils nach Conjectur. — 6) M. ὅτε δὲ καὶ.

auch alle Rede ohne die Werke betrachtet, und wenn sie noch so
zierlich und schön geschmückt wäre, einem seelenlosen Bilde gleicht,
welches einen durch Farben und Tinten hervorgebrachten schönen
Ausdruck zeigt. Wer aber wirkt und lehrt, wie irgend wo
das Evangelium sagt, der ist der wahrhaft lebendige, gute und
kraftvoll thätige Mensch. Diesen also muß der aufsuchen welcher
nach der Wahl seiner Ueberzeugung den Stand jungfräulicher Ehelosigkeit zu ergreifen im Begriff steht. Denn gleichwie derjenige welcher die Sprache eines Volkes lernen will, für sich kein ausreichender
Lehrer ist, sondern von solchen welche ihrer kundig sind sich unterrichten läßt, und so die fremde Sprache sich aneignet, so glaube
ich daß man auch dieses Lebens Vollkommenheit, weil es nicht
nach dem gewöhnlichen Gang der Natur sich weiter gestaltet, sondern durch die Neuheit des Wandels fremdartig berührt, auf
keine andere Weise erlernen kann als an der Hand eines solchen
der bereits zum Ziele vorgedrungen ist; auch alles Andere was
wir in diesem Leben betreiben würde ja dem danach Strebenden
eher gelingen, wenn man in der Wissenschaft dessen dem man seine
Thätigkeit widmet sich eher bei Lehrern gründlich unterweisen ließe
als daß man auf eigene Faust die Sache angreift. Denn wer mit
seiner Lebensbeschäftigung noch in den Anfängen ist, der muß das
Urtheil über das was frommt nicht sich selbst überlassen, sofern ja
selbst das Wagen eines Versuchs in Dingen welche uns unbekannt
sind der Gefahr nicht entbehrt. Gleichwie aber die Menschen die
früher unbekannte Arzneikunst auf dem Wege des Versuchs erfunden haben, indem sie sich nach und nach durch gewisse Beobachtungen offenbarte, dergestalt daß sowohl das Nützliche als auch
das Schädliche durch das Zeugniß derer welche Versuche gemacht
hatten zur Kenntniß gebracht und so in den Schatz der Kunst aufgenommen, und das früher Beobachtete zur Lehre für die Zukunft
wurde, und nun der welcher sich dieser Kunst befleißigt nicht mehr
Noth hat durch eigenen Versuch die Kraft der Arzneistoffe kennen
zu lernen, ob dies ein schädliches oder ob jenes ein heilendes
Mittel sei, sondern nachdem er das von Andern in Erfahrung Ge-
brachte gelernt hat, nun auch selbst die Kunst versteht, — auf die-

B τὸν αὐτὸν τρόπον καὶ τῆς τῶν ψυχῶν ἰατρικῆς, τῆς φιλοσοφίας λέγω, δι' ἧς παντὸς πάθους τοῦ τῆς ψυχῆς ἁπτομένου τὴν θεραπείαν μανθάνομεν, οὐκ ἔςιν ἀνάγκη ςοχασμοῖς τισι καὶ ὑπονοίαις μετιέναι τὴν ἐπιςήμην, ἀλλ' ἐξουσία πολλὴ τῆς μαθήσεως παρὰ τοῦ διὰ μακρᾶς τε καὶ πολλῆς τῆς πείρας κτησαμένου τὴν ἕξιν. Ἔςι μὲν γὰρ ὡς ἐπὶ τὸ πολὺ καὶ ἐπὶ παντὸς πράγματος [7] ἐπισφαλὴς σύμβουλος ἡ νεότης, καὶ οὐκ ἄν τις εὕροι ῥᾳδίως κατορθωμένον τι τῶν σπουδῆς ἀξίων ᾧ μὴ πολλὰ συμπα-
C ρελήφθη πρὸς κοινωνίαν τοῦ σκέμματος. Ὅσῳ δὲ [8] μείζων τῶν λοιπῶν ἐπιτηδευμάτων ὁ προκείμενος τοῖς μετιοῦσιν ἐςι σκοπὸς, τοσούτῳ καὶ μᾶλλον προνοητέον ἡμῖν τῆς ἀσφαλείας ἐςίν· ἐπὶ μὲν γὰρ τῶν λοιπῶν ἡ νεότης οὐ κατὰ λόγον διοικουμένη εἰς χρήματα πάντως τὴν ζημίαν ἤνεγκεν, ἤ τινος κοσμικῆς περιφανείας, ἢ καὶ ἀξιώματος ἐκπεσεῖν [9] παρεσκεύασεν, ἐπὶ δὲ τῆς μεγάλης τε καὶ ὑψηλῆς ταύτης ἐπιθυμίας οὐ χρήματα τὸ κινδυνευόμενόν ἐςιν, οὐδὲ δόξα κοσμικὴ καὶ ἐφήμερος, οὐδ' ἄλλο τι τῶν ἔξω-
D θεν ἡμῖν παρεπομένων, ὧν καὶ κατὰ γνώμην καὶ ὡς ἑτέρως διοικουμένων ὀλίγος τοῖς σωφρονοῦσιν ὁ λόγος, ἀλλ' αὐτῆς ἅπτεται τῆς ψυχῆς ἡ ἀβουλία, καὶ ὁ κίνδυνος τῆς τοιαύτης ζημίας ἐςὶν οὐ τὸ ἄλλο τι ζημιωθῆναι οὗ τυχὸν καὶ δυνατὴ φαίνεται ἡ ἐπανάληψις, ἀλλὰ τὸ αὐτὸν ἀπολέσθαι καὶ ζημιωθῆναι τὴν ψυχὴν τὴν ἰδίαν. Ὁ μὲν γὰρ πατρῴαν καταναλώσας οὐσίαν οὐκ ἀπελπίζει τυχὸν ἐπινοίαις τισὶν πάλιν ἐπὶ τὴν ἀρχαίαν ἐπανελθεῖν εὐπορίαν, ἕως ἂν ἐν τοῖς ζῶσιν ᾖ, ὁ δὲ τῆς ζωῆς ταύτης ἐκπεσὼν πᾶσαν ἐλπίδα τῆς πρὸς τὸ κρεῖττον μεταβολῆς συναφή-
p. 175. ρηται. Οὐκοῦν ἐπειδὴ νέοι ἔτι καὶ ἀτελεῖς τὴν διάνοιαν
A οἱ πολλοὶ τῆς παρθενίας ἀντιλαμβάνονται, τοῦτο πρὸ πάντων αὐτοῖς ἐπιτηδευτέον ἂν εἴη, τὸ ζητῆσαι τῆς ὁδοῦ ταύτης καθηγούμενόν τε καὶ διδάσκαλον ἀγαθὸν, μή που διὰ τὴν ἄγνοιαν τὴν οὖσαν ἐν αὐτοῖς ἀνοδίας τινὰς καὶ πλάνας ἑαυτοῖς ἀπὸ τῆς εὐθείας καινοτομήσωσιν. Ἀγα-

---

7) ἐπισφαλὴς fehlt in den Ausg. — 8) M. μεῖζον. — 9) M. κατηνάγκασεν.

selbe Weise brauchen wir auch der Wissenschaft der Heilkunst der Seelen, das ist der frommen Weisheit, durch welche wir jedes Leiden was die Seele befällt heilen lernen, nicht auf dem Wege von Vermuthungen und Meinungen nachzugehen, sondern wir haben reiche Gelegenheit zum Lernen von dem der durch lange und vielfältige Erfahrung sich das Verständniß zum völligen Eigenthum gemacht hat. Denn meistentheils ist in allen Dingen die Jugend eine trügerische Beratherin, und nicht leicht dürfte man etwas von dem was des Erstrebens werth ist gelungen durchgeführt finden, ohne daß zu gemeinschaftlicher Ueberlegung das Greisenalter hinzugezogen worden wäre. Um wie viel größer aber als andere Lebensbeschäftigungen das unserm Streben vorgesteckte Ziel ist, um so viel mehr müssen wir für Sicherheit Sorge tragen. Denn wenn bei diesen übrigen die nicht nach Vernunft geleitete Jugend allenfalls dem Vermögen auch einen Schaden, oder einen Verlust an weltlichem Glanz und Würde zufügt, so ist hingegen bei dieser großen und erhabenen Begierde nicht Geld was auf das Spiel gesetzt wird, noch weltlicher und schnell vergänglicher Ruhm, noch irgend sonst etwas Aeußerliches was uns umgiebt, worauf der kluge Mann sowohl wenn es nach Wunsch als auch wenn es anders abläuft wenig Werth legt, sondern in der Seele selbst setzt sich Unklugheit fest, und die Gefahr läuft nicht darauf hinaus daß man eines Anderen verlustig geht dessen Wiedererlangung vielleicht möglich erscheint, sondern auf das Verderben und den Verlust der eigenen Seele. Denn wer sein väterliches Vermögen vergeudet hat, der verzweifelt vielleicht nicht, so lange er am Leben bleibt, durch diese oder jene Mittel wieder zu dem früheren Wohlstande zu gelangen, wer aber dieses Leben verlassen hat, dem ist jede Hoffnung der Veränderung zum Bessern zugleich mit entzogen. Wenn also zumeist noch junge und somit ihrem Verstande nach unausgebildete Leute sich zum ehelosen Stande entschließen, so dürften sie wohl darnach vor Allem zu streben haben daß sie einen tüchtigen Lehrer welcher sie dieses Weges führt finden, damit sie nicht etwa in Folge der ihnen innewohnenden Unkunde wüste und von der geraden Straße abführende Irrwege betreten. Denn zwei Tüchtige, sagt der Prediger, gehen über

Eccles. 4, 7. 10. θοὶ γὰρ δύο ὑπὲρ τὸν ἕνα, φησὶν ὁ ἐκκλησιαςής· εὐκαταγώνιςος δὲ ὁ εἷς τῷ ἐχθρῷ τῷ κατὰ τὰς θείας ὁδοὺς ἐνεδρεύοντι, καὶ ὄντως οὐαὶ τῷ ἑνὶ ὅταν πέσῃ, ὅτι οὐκ ἔχει
B τὸν ἀνορθοῦντα. Ἤδη γάρ τινες ὁρμῇ μὲν δεξιᾷ πρὸς τὴν τοῦ σεμνοῦ βίου ἐπιθυμίαν ἐχρήσαντο, ὡς δὲ ὁμοῦ τῷ προελέσθαι καὶ τῆς τελειότητος ἐφαψάμενοι ἑτέρῳ πτώματι διὰ τοῦ τύφου ὑπεσκελίσθησαν, διά τινος φρενοβλαβείας ἑαυτοὺς ἐξαπατήσαντες ἐκεῖνο ἡγεῖσθαι καλὸν ἐφ' ὅπερ αὐτῶν ἡ διάνοια ῥέψῃ. Ἐκ τούτων εἰσὶν οἱ
Prov. 15, 19. παρὰ τῆς Σοφίας ὀνομασθέντες ἀεργοί, οἱ τὰς ὁδοὺς αὐτῶν ἀκάνθαις ςρώσαντες, οἱ βλάβην ἡγούμενοι τῆς ψυχῆς
1 Thessal. 4, 11. τὴν περὶ τὰ ἔργα τῶν ἐντολῶν προθυμίαν, οἱ παραγρα-
C ψάμενοι τὰς ἀποςολικὰς παραινέσεις καὶ μὴ τὸν ἴδιον ἄρτον εὐσχημόνως ἐσθίοντες, ἀλλὰ τῷ ἀλλοτρίῳ προστετηκότες τέχνην βίου τὴν ἀργίαν ποιούμενοι· ἐντεῦθεν οἱ ἐνυπνιαςαὶ οἱ τὰς ἐκ τῶν ὀνείρων ἀπάτας πιςοτέρας τῶν εὐαγγελικῶν διδαγμάτων ποιούμενοι, καὶ ἀποκαλύψεις τὰς φαντασίας προςαγορεύοντες· ἀπὸ τούτων εἰσὶν οἱ ἐνδύνοντες εἰς τὰς οἰκίας, καὶ πάλιν ἄλλοι οἱ τὸ ἄμικτόν τε καὶ θηριῶδες ἀρετὴν νομίζοντες, οὐδὲ τῆς μακροθυμίας τε καὶ ταπεινοφροσύνης τὸν καρπὸν ἐπι-
D ςάμενοι. Καὶ τίς ἂν διεξέλθοι πάντα τὰ τοιαῦτα πτώματα εἰς ὅσα ἐκφέρεται τῷ μὴ θέλειν τοῖς κατὰ θεὸν εὐδοκιμοῦσι προςτίθεσθαι; ἐκ τούτων γὰρ ἔγνωμεν καὶ τοὺς τῷ λιμῷ μέχρι θανάτου ἐγκαρτεροῦντας, ὡς τοῦ θεοῦ ταῖς τοιαύταις εὐαρεςουμένου θυσίαις, καὶ πάλιν ἄλλους ἐκ διαμέτρου πρὸς τὸ ἐναντίον ἀποςατήσαντας, [10] οἳ μέχρις ὀνόματος τὴν ἀγαμίαν ἐπιτηδεύσαντες οὐδὲν διαφέρουσι τοῦ κοινοῦ βίου, οὐ μόνον τῇ γαςρὶ τὰ πρὸς ἡδονὴν χαριζόμενοι, ἀλλὰ [11] καὶ γυναιξὶ κατὰ τὸ φανερὸν συνοικοῦντες, καὶ ἀδελφότητα τὴν τοιαύτην συμβίωσιν ὀνομάζοντες, ὡς δὲ τὴν πρὸς τὸ χεῖρον ὑπόνοιαν ὀνόματι
p. 176. σεμνοτέρῳ περικαλύπτοντες· δι' ὧν καὶ σφόδρα τὸ σεμνὸν
A

---

10) M. οἱ. — 11) καὶ fehlt in den Ausg.

einen, und Einer ist leicht zu besiegen von dem Feinde welcher an Gottes Wegen im Hinterhalte lagert, und in Wahrheit ein Wehe! über den Einen wenn er fällt, weil er keinen hat welcher ihn aufrichtet! Denn es haben schon Manche einen geschickten Anlauf zur Begierde nach dem heiligen Leben genommen, weil sie aber zugleich mit ihrem Entschluß auch schon die Vollkommenheit erreicht zu haben meinten, so wurde ihnen von dem Hochmuthsdünkel ein Bein gestellt, und kamen sie so in anderer Weise zu Falle, indem sie durch eine Art von Verblendung bethört das für gut hielten dem ihr Sinn sich zuneigte. Unter diese gehören die welche von der Weisheit Faule genannt werden, welche auf ihre Wege Dornen streuen, welche die Lust zu den Werken der Gebote für einen Schaden an der Seele halten, welche die apostolischen Ermahnungen verachten, und ihr Brot nicht in anständiger Sitte essen, sondern an fremdem Gute fest sitzen und die Trägheit zum Gewerbe ihres Lebens gemacht haben; darunter gehören die Schwärmer, welche den Trug der Träume für zuverlässiger erachten als die Lehren des Evangeliums, und die Hirngespinste mit dem Namen von Offenbarungen belegen, darunter gehören ferner diejenigen welche sich in die Häuser schleichen, und wiederum andere welche die ungesellige und thierähnliche Wildheit für Tugend halten und denen die Frucht der Langmuth und Demuth unbekannt ist. Wer möchte alle diese Niederlagen aufzählen zu welchen man dadurch fortgerissen wird daß man sich nicht denen anschließt welche einen ruhmvollen Namen im Sinne Gottes haben? Als dahin gehörig haben wir auch solche kennen gelernt die sich zu Tode hungerten, als ob Gott an solchen Opfern ein Wohlgefallen hätte; und wiederum Andere welche geradezu zum Gegentheil abfielen, und, dem Namen nach den Stand keuscher Ehelosigkeit pflegend, von der gemeinen Lebensweise dennoch nicht abwichen, nicht bloß dem Bauche was zu seiner Lust dient spendend, sondern auch öffentlich mit Weibern zusammenlebend, und ein solches Zusammenleben mit der Benennung Geschwisterschaft belegend, wie wenn sie den bösen Verdacht durch einen ehrwürdigeren Namen zudecken wollten; woher es auch kommt

τοῦτο καὶ καθαρὸν ἐπιτήδευμα βλασφημεῖται παρὰ τῶν ἔξωθεν.

Κεφ. κδ΄. Οὐκοῦν λυσιτελὲς ἂν εἴη μὴ νομοθετεῖν ἑαυτοῖς τοὺς νέους τὴν τοῦ βίου τούτου ὁδόν· οὐ γὰρ ἐπιλέλοιπε τὴν ζωὴν ἡμῶν τὰ τῶν ἀγαθῶν ὑποδείγματα, ἀλλὰ καὶ σφόδρα νῦν, εἴπερ ποτὲ, ἡ σεμνότης ἤνθησε, καὶ ἐπιχωριάζει τῷ βίῳ ἡμῶν, πρὸς τὸ ἀκρότατον ταῖς κατ᾽ ὀλίγον προσθήκαις ἀκριβωθεῖσα· ἧς ἔξεςι μετασχεῖν τὸν τοῖς τοιούτοις ἴχνεσι περιπατοῦντα, καὶ τῆς ὀσμῆς τοῦ μύρου τούτου κατόπιν ἑπόμενον τῆς εὐωδίας τοῦ Χριςοῦ ἀναπίμπλασθαι. Καθάπερ γὰρ μιᾶς ¹ἐξαφθείσης λαμπάδος εἰς πάντας τοὺς προσεγγίζοντας λύχνους ἡ τῆς φλογὸς διάδοσις γίνεται, οὔτε τοῦ πρώτου φωτὸς ἐλαττουμένου, καὶ τοῖς διὰ μεταλήψεως φωτιζομένοις κατὰ τὸ ἴσον προςγινομένου, οὕτω καὶ ἡ τοῦ βίου τούτου σεμνότης ἀπὸ τοῦ κατωρθωκότος αὐτὴν ἐπὶ τοὺς προσεγγίζοντας διαδίδοται· ἀληθὴς γὰρ ὁ προφητικὸς λόγος, τὸν μετὰ ὁσίου καὶ ἀθῴου καὶ ἐκλεκτοῦ διάγοντα τοιοῦτον γίνεσθαι. Εἰ δὲ ζητεῖς τὰ γνωρίσματα δι᾽ ὧν οὐκ ἔςιν ἁμαρτεῖν τοῦ ἀγαθοῦ ὑποδείγματος, εὔκολος ἡ ὑπογραφή. Ἐὰν ἴδῃς βίον ἀνδρὸς ἐν μέσῳ θανάτου καὶ ζωῆς ἑςῶτα, τὸ ἑκατέρωθεν χρήσιμον εἰς φιλοσοφίαν αἱρούμενον, οὔτε τὸ ἄπρακτον τοῦ θανάτου καταδεχόμενον ἐν τῇ περὶ τὰς ἐντολὰς προθυμίᾳ, οὔτε ὅλῳ τῷ ποδὶ ἐπὶ τῆς ζωῆς βεβηκότα διὰ τὴν τῶν κοσμικῶν ἐπιθυμιῶν ἀλλοτρίωσιν, ἐν οἷς μὲν σαρκὸς ζωὴ δοκιμάζεται τῶν νεκρῶν ἀπρακτότερον μένοντα, πρὸς δὲ τὰ τῆς ἀρετῆς ἔργα, δι᾽ ὧν οἱ τῷ πνεύματι ζῶντες ἐπιγινώσκονται, ἀληθῶς ἔμψυχον καὶ ἐνεργὸν καὶ ἰσχύοντα, πρὸς τοῦτον βλέπε τὸν κανόνα τοῦ βίου· οὗτος ἔςω σοι σκοπὸς τῆς θείας ζωῆς, καθάπερ τοῖς κυβερνήταις οἱ ἀειφανεῖς τῶν ἀςέρων· μίμησαι τούτου καὶ πολιὰν καὶ νεότητα, μᾶλλον δὲ μίμησαι αὐτοῦ

---

1) M. ἐξανθείσης.

daß dieser ehrwürdige und reine Lebenswandel von den außerhalb der Kirche Stehenden sehr verschrieen wird.

Kap. 24. Es dürfte demnach nutzbringend sein wenn junge Leute sich diesen Lebensweg nicht selbst vorschrieben, da es unserer Zeit nicht an guten Beispielen mangelt; im Gegentheil, wenn zu irgend einer Zeit, blüht jetzt gerade die heilige Sitte und Zucht und hat in unserem Leben ihren Wohnsitz aufgeschlagen, und sich durch allmäliges Wachsthum zum höchsten Grad vervollkommt. Unter ihr Banner vermag sich der zu stellen welcher auf diesen Spuren wandelt, und von dem Dufte dieses Salböls, dem Dufte Christi erfüllt zu werden, wenn er diesem Geruche nachfolgt. Denn gleichwie, wenn einmal eine Fackel angebrannt ist, die Mittheilung der Flamme an alle ihr genäherten Lichter stattfindet, ohne daß das Hauptlicht beeinträchtigt wird, obgleich es denen welche durch seine Mittheilung ihre Strahlen erhalten in ganz gleichem Maß zu Theil wird, so wird auch die Heiligkeit dieses Lebens von dem welcher sie bereits selbst in vollendeter Weise durchgeführt hat denen mitgetheilt welche sich ihm nähern; denn wahr ist das prophetische Wort daß der welcher mit dem Heiligen, mit dem Unsträflichen und mit dem Erwählten verkehrt auch ein solcher wird. Fragst du aber nach den Merkmalen, mit Hilfe welcher man bei Aufsuchung eines trefflichen Musters nicht irre gehen kann, so ist die Beschreibung davon leicht. Wenn du den Wandel eines Mannes auf der Mitte zwischen Leben und Tod siehst, so daß er sich von beiden das was nützlich ist für seine Frömmigkeit auswählt, indem er weder die Unthätigkeit des Todes in die lebendige Lust für die Gebote Eingang finden läßt, noch mit dem ganzen Fuße auf dem Leben steht, weil er die weltlichen Begierden abgethan, so daß er in den Dingen in welchen das Fleischesleben geprüft wird unthätiger bleibt als die Todten, zu den Werken der Tugend hingegen, an welchen die durch den Geist Lebendigen erkannt werden, wahrhaftig lebendig und thatkräftig und stark ist, auf diesen blicke als auf die Richtschnur deines eigenen Wandels! das sei dein Ziel des Lebens in Gott, wie den Steuerleuten die ewig leuchtenden Gestirne! dessen Alter und Jugend ahme nach, oder

τὸ ἐν μειρακίῳ γῆρας, καὶ τὴν ἐν τῷ γήρᾳ νεότητα. Οὔτε γὰρ τὸ ῥωμαλέον αὐτοῦ τῆς ψυχῆς δραςήριον ἤδη πρὸς γήρας ἐπικλιθείσης τῆς ἡλικίας ὁ χρόνος ἀμαύρωσεν, οὔτε ἡ νεότης ἐνεργὴς ἦν ἐν οἷς νεότης ἐνεργὴς γνωρίζεται, ἀλλά τις ἦν μίξις θαυμαςὴ τῶν ἐναντίων ἐν ἑκατέρᾳ ἡλικίᾳ, μᾶλλον ὑπαλλαγὴ τῶν ἰδιωμάτων, ἐν γήρᾳ μὲν τῆς δυνάμεως πρὸς τὸ ἀγαθὸν νεαζούσης, ἐν μειρακίῳ δὲ τῆς νεότητος, πρὸς τὸ κακὸν ἀπρακτούσης. Εἰ δὲ καὶ τοὺς ἔρωτας τῆς ἡλικίας ἐκείνης ἀναζητήσεις, μίμη-
B σαι τὸ σφοδρὸν καὶ διάπυρον τοῦ θείου τῆς σοφίας ἔρωτος, ᾧ ἐκ νηπίας συνηυξήθη καὶ μέχρι γήρως διήρκεσεν. Εἰ δὲ ἀδυνατεῖς πρὸς αὐτὸν ὁρᾶν, καθάπερ πρὸς τὸν ἥλιον οἱ τοὺς ὀφθαλμοὺς ἐμπαθέςεροι, σὺ δὲ ἀπόβλεψον εἰς τὸν ὑπ' αὐτῷ τεταγμένον τῶν ἁγίων χορόν, τοὺς πρὸς μίμησιν τῶν καθ' ἡλικίαν γενομένων τῷ βίῳ λάμποντας· τοῦτον τέθεικε σκοπὸν ὁ θεὸς τῇ ἡμετέρᾳ ζωῇ. Ἐν οἷς πολλοὶ ταῖς ἡλικίαις νεάζοντες ἐν τῷ καθαρῷ τῆς σωφροσύνης ἐπολιώθησαν, φθάσαντες τῷ λογισμῷ τὸ γῆρας,
C καὶ τῷ τρόπῳ παρελθόντες τὸν χρόνον· οἱ τὸν τῆς σοφίας ἔρωτα μόνον ἐγνώρισαν, οὐχ ὅτι φύσεως ἑτέρως εἶχον (ἐν

Galat. 5, 17. ἅπασι γὰρ ἡ σὰρξ ἐπιθυμεῖ κατὰ τοῦ πνεύματος), ἀλλ'
Prov. 3, 18. ἐπειδὴ καλῶς ἤκουσαν τοῦ εἰπόντος ὅτι, Ἡ σωφροσύνη ξύλον ἐςὶ ζωῆς πᾶσι τοῖς ἀντεχομένοις αὐτῆς, ἐπὶ τούτου τοῦ ξύλου τὸν τῆς ²νεότητος κλύδωνα ὥςπερ ἐπὶ σχεδίας τινὸς διαπλεύσαντες εἰς τὸν λιμένα τοῦ θελήματος τοῦ θεοῦ καθωρμίσθησαν. Καὶ νῦν ἐν εὐδίᾳ καὶ γαλήνῃ τὴν ψυχὴν ἀκύμαντον ἔχουσι, μακαριςοὶ τῆς εὐπλοΐας, οἱ τὸ καθ' ἑαυτοὺς ἐπὶ τῆς ἀγαθῆς ἐλπίδος ὥςπερ ἐπί τινος
D ἀσφαλοῦς ἀγκύρας βεβαιωσάμενοι, πόρρω τῶν κυμάτων τῆς ταραχῆς ἀτρεμοῦντες, καθάπερ πυρσούς τινας ἀπὸ ὑψηλῆς φρυκτωρίας τὴν τῶν ἰδίων βίων λαμπρότητα τοῖς ἑπομένοις προέθηκαν. Οὐκοῦν ἔχομεν πρὸς ³τοιόνδε ἀποβλέποντες ἀσφαλῶς τὸν κλύδωνα τῶν πειρασμῶν δια-

---

2) M. ζωῆς. — 3) M. ὄν. Die Handschriften geben θεόν.

vielmehr ahme an ihm nach das Alter in dem Jüngling, und die Jugend in dem Alter! Denn weder hat die Zeit die starke Thatkraft seiner bereits zum Greisenalter geneigten Seele verlöscht, noch war die Jugend in den Dingen thätig worin man sie thätig sieht, sondern es war eine gewisse wunderbare Vermischung der Gegensätze beider Altersstufen, oder vielmehr ein Tausch ihrer Eigenschaften, indem in dem Alter die Kraft zum Guten jung war, in dem Jüngling aber die Jugend der Kraft ermangelte Böses zu thun. Willst du aber auch noch nach der Liebeslust jener Altersstufe fragen, so ahme die Heftigkeit und das Feuer der göttlichen Liebe zur Weisheit nach, mit welchem er von Kindesbeinen aufwuchs und welche ihm bis zum Greisenalter geblieben ist. Vermagst du aber nicht ihn anzublicken, gleichwie die welche empfindlicheren Gesichts sind nicht zur Sonne ihre Augen erheben können, so blicke auf die Schaar der ihm untergeordneten Heiligen, auf die welche durch ihren Wandel zur Nachahmung der den verschiedenen Altersstufen gebührenden Leistungen hervorleuchten; diese hat Gott zum Vorbild für unser Leben hingestellt. Unter ihnen sind viele welche, obgleich jung an Jahren, dennoch ergraut sind in der Reinheit, Zucht und Enthaltsamkeit, welche an Einsicht das Greisenalter erreicht und an Sitte die Zeit überholt haben, welche einzig die Liebe zur Weisheit gekannt haben, nicht weil ihre Natur eine verschiedene gewesen, — denn es gelüstet ja in Allen das Fleisch wider den Geist, — sondern, weil sie recht auf den gehört haben welcher gesagt hat daß die Enthaltsamkeit ein Holz des Lebens ist allen welche sie ergreifen, darum haben sie auf diesem Holze, wie auf einem Floß, die Wogenbrandung der Jugend zu durchschiffen gewußt, und sind in den Hafen des Willens Gottes eingelaufen. Und nun haben sie ihre Seele außerhalb der Fluth in heiterer Meeresstille, und sind selig zu preisen wegen der glücklichen Fahrt; sie haben das Ihrige auf guter Hoffnung wie auf einem sicheren Anker begründet, und sind jetzt in Ruhe fern von dem Getümmel der Wogen, und haben den Glanz ihres eigenen Lebens von hohem Leuchtthurm wie ein Feuersignal für die welche ihnen nachfolgen aufgesteckt. Wir vermögen also, den Blick auf einen solchen Mann gerichtet, mit Sicherheit

φυγεῖν. Τί μοι πολυπραγμονεῖς εἴ τινες τῶν ταῦτα διανοηθέντων ἡττήθησαν, καὶ διὰ τοῦτο ἀπογινώσκεις ὡς ἀμηχάνου τοῦ πράγματος; πρὸς τὸν κατωρθωκότα βλέπε, καὶ θαρρῶν κατατόλμησον τῆς ἀγαθῆς ναυτιλίας τῇ ἐπιπνοίᾳ τοῦ ἁγίου πνεύματος, ὑπὸ κυβερνήτῃ τῷ Χριστῷ ἐν τῷ πηδαλίῳ τῆς εὐφροσύνης εὐθυνόμενος. Οὐδὲ γὰρ οἱ καταβαίνοντες εἰς θάλασσαν ἐν πλοίοις καὶ ποιοῦντες ἐργασίαν ἐν ὕδασι πολλοῖς τὸ συμβάν τινι ναυάγιον κώλυμα τῶν ἐλπίδων πεποίηνται, ἀλλὰ τὴν ἀγαθὴν ἐλπίδα ἑαυτῶν προβαλλόμενοι ἐπὶ τὸ πέρας τοῦ κατορθώματος σπεύδουσιν. Ἢ οὐχὶ πάντων ἀτοπώτατον ἂν εἴη τῷ μὲν σφαλῆναί τινα ἐν τῷ ἠκριβωμένῳ πονηρὸν τίθεσθαι, ὅλον δὲ τὸν βίον καταγηρῶντας ἐν σφάλμασιν ἄμεινον ἡγεῖσθαι βουλεύεσθαι; εἰ γὰρ δεινόν ἐςιν ἅπαξ προςεγγίσαι τῇ ἁμαρτίᾳ, καὶ διὰ τοῦτο ἀσφαλὲς εἶναι νομίζεις τὸ μηδὲ ἐγχειρεῖν τῷ ὑψηλοτέρῳ σκοπῷ, πόσῳ χαλεπώτερόν ἐςιν ἐπιτήδευμα βίου τὴν ἁμαρτίαν ποιήσασθαι, καὶ διὰ τοῦτο ἀμέτοχον καθόλου τῆς καθαρωτέρας διαμεῖναι ζωῆς; πῶς ⁴ἀκούεις τοῦ ἐςαυρωμένου, ὁ ζῶν τοῦ ἀποθανόντος τῇ ἁμαρτίᾳ, ὁ κατ' αὐτὴν ὑγιαίνων τοῦ κελεύοντος τὴν ἀκολούθησιν ὀπίσω αὐτοῦ, ὥσπερ τι τρόπαιον κατὰ τοῦ ἀντικειμένου τὸν ςαυρὸν ἐπὶ τοῦ σώματος φέροντος, μὴ ςαυρούμενος τῷ κόσμῳ, καὶ τὴν νέκρωσιν τῆς σαρκὸς μὴ δεχόμενος; πῶς πείθῃ τῷ παρακαλοῦντί σε Παύλῳ παραςῆσαι τὸ σῶμά σου θυσίαν ζῶσαν, ἁγίαν, εὐάρεςον τῷ θεῷ, ὁ συσχηματιζόμενος τῷ αἰῶνι τούτῳ, καὶ μὴ μεταμορφούμενος τῇ ἀνακαινώσει τοῦ νοός σου, μηδὲ περιπατῶν ἐν τῇ καινότητι τῆς ζωῆς ταύτης, ἀλλ' ἔτι τὴν ἀκολουθίαν τῆς τοῦ παλαιοῦ ἀνθρώπου ζωῆς περιέπων· πῶς ἱερατεύεις θεῷ, καί τοι εἰς αὐτὸ τοῦτο χρισθεὶς εἰς τὸ προσφέρειν δῶρον τῷ θεῷ, δῶρον δὲ οὐκ ἀλλότριόν τι πάντως, οὐδὲ ὑποβολιμαῖον ἐκ τῶν ἔξωθέν σοι παρεπομένων, ἀλλὰ τὸ ἀληθῶς σόν, ὅπερ ἐςὶν ὁ ἔσω ἄν-

---

4) M. ἀκούῃς.

dem Wogengraus der Versuchungen zu entgehen. Was fragst du mich neugierig ob einige von denen welche von solchen Gesinnungen und Entschlüssen beseelt waren zu Schaden gekommen sind, und giebst darum die Sache als eine unmögliche auf? Blicke auf den welchem es geglückt ist, und wage muthig die treffliche Fahrt im Vertrauen auf den Windeshauch des heiligen Geistes, unter Christus als Lootsen an dem Steuer des Frohsinns deines geraden Weges ziehend. Denn auch die welche mit Schiffen das Meer beschreiten und in vielen Gewässern ihr Gewerbe betreiben, auch diese machen aus einem Schiffbruch, welcher sie betroffen, kein Hinderniß für ihre Hoffnungen, sondern ihre gute Hoffnung vor Augen, eilen sie dem Ziel ihres Strebens entgegen. Oder würde es nicht ganz überaus thöricht sein, darum weil Jemand in einem strengen und Sorgfalt beanspruchenden Wandel einen Fehltritt gethan, ihn für einen Bösen hinzustellen, und zu wähnen daß Leute die ihr ganzes Leben in Fehltritten aufgealtert sind besser berathen sind? Denn wenn es furchtbar ist einmal sich der Sünde genähert zu haben, und du deßhalb meinst daß es eine Sicherheit gewähre wenn man sich mit einem höheren Ziele gar nicht befaßt, um wie viel schlimmer ist es die Sünde gleichsam zur Beschäftigung seines Lebens zu machen, und aus diesem Grunde sich an einem reineren Leben überhaupt gar nicht zu betheiligen? Wie hörst du, der Lebende, auf den Gekreuzigten, der durch die Sünde gestorben ist? du, welcher in ihr gesund bist, auf den welcher gebietet daß man ihm nachfolgen soll, welcher wie ein Zeichen des Sieges über den Feind das Kreuz auf seinem Körper trägt? du, welcher von der Welt nicht gekreuzigt wirst und die Tödtung des Fleisches nicht empfängst? Wie gehorchst du Paulus welcher dich auffordert daß du deinen Leib zum lebendigen, heiligen und Gott wohlgefälligen Opfer hingebest, du, der du nach dieser Welt dich richtest und dich durch Erneuerung deines Sinnes nicht umgestaltest, auch nicht wandelst in der Neuheit dieses Lebens, sondern noch dem Leben des alten Menschen nachfolgst? Wie dienst du Gott als Priester, und bist doch dazu gesalbt daß du Gott ein Geschenk darbringest, freilich durchaus nichts Fremdes, noch Untergeschobenes, aus den Aeußerlichkeiten die dich umgeben, son-

θρωπος, τέλειός τε καὶ ἄμωμος εἶναι ὀφείλων, κατὰ τὸν περὶ τοῦ ἀμνοῦ νόμον, πάσης κηλίδος τε καὶ λώβης [5] ἀπηλλαγμένος; πῶς οὖν ταῦτα προσοίσῃς θεῷ, ὁ μὴ ἀκούων [6] τοῦ νόμου τοῦ κωλύοντος ἱερᾶσθαι τὸν ἄναγνον;

Exod. 19, 22. Εἰ δὲ καὶ τὸν θεὸν ἐπιφανῆναί σοι ποθεῖς, τί οὐκ ἀκούεις τοῦ Μωϋσέως, καθαρεύειν ἀπὸ γάμου τῷ λαῷ παραγ-

Exod. 19, 15. γέλλοντος, ἵνα χωρήσωσι τοῦ θεοῦ τὴν ἐμφάνειαν; εἰ δὲ μικρά σοι ταῦτα δοκεῖ, τὸ συςαυρωθῆναι Χριςῷ, τὸ παραςῆσαι ἑαυτὸν θυσίαν θεῷ, τὸ ἱερέα γενέσθαι τοῦ θεοῦ

p. 179. τοῦ ὑψίςου, τὸ τῆς μεγάλης τοῦ θεοῦ ἐπιφανείας ἀξιω-
A θῆναι, τί σοι τούτων ἐπινοήσωμεν ὑψηλότερον; [7] Ἤπου σοι μικρὰ καὶ τὰ ἀπὸ τούτων δόξει; ἐκ μὲν γὰρ τοῦ συςαυρωθῆναι καὶ συζῆσαι καὶ συνδοξασθῆναι καὶ συμβασιλεῦσαι προςγίνεται. Ἐκ δὲ τοῦ ἑαυτὸν παραςῆσαι τῷ θεῷ ἀπὸ τῆς ἀνθρωπίνης φύσεως καὶ ἀξίας εἰς τὴν ἀγ-

Dan. 7, 10. γελικὴν ἔςι μετατάξασθαι· οὕτω γάρ φησι καὶ ὁ Δανιήλ, ὅτι, Χίλιαι χιλιάδες παρειςήκεισαν αὐτῷ. Ὁ δὲ τῆς ἀληθινῆς ἱερωσύνης λαβόμενος, καὶ τῷ μεγάλῳ ἀρχιερεῖ ἑαυτὸν συντάξας, μένει πάντως καὶ αὐτὸς ἱερεὺς εἰς τὸν αἰῶνα,
B οὐκέτι θανάτῳ παραμένειν εἰς τὸ διηνεκὲς κωλυόμενος. Τοῦ δὲ τὸν θεὸν [8] αὐτὸν καταξιωθῆναι ἰδεῖν οὐκ ἄλλος τίς ἐςιν ὁ καρπὸς ἢ αὐτὸ τοῦτο τὸ καταξιωθῆναι τὸν θεὸν ἰδεῖν· πάσης γὰρ ἐλπίδος ἡ κορυφή, καὶ πάσης ἐπιθυμίας [9] κατόρθωμα, εὐλογίας τε θεοῦ [10] καὶ ἐπαγγελίας πάσης καὶ τῶν ἀρρήτων ἀγαθῶν, τῶν ὑπὲρ αἴσθησίν τε καὶ γνῶσιν [11] εἶναι πεπιςευμένων, τὸ πέρας καὶ τὸ κεφάλαιον τοῦτό ἐςιν ὃ καὶ ὁ Μωϋσῆς ἰδεῖν ἐπεπόθησεν καὶ πολλοὶ προφῆται καὶ βασιλεῖς ἐπεθύμησαν, ἀξιοῦνται δὲ
C μόνοι οἱ καθαροὶ τῇ καρδίᾳ, οἱ διὰ τοῦτο ὄντως μακάριοι

Matth. 5, 8. καὶ ὄντες καὶ ὀνομαζόμενοι, ὅτι αὐτοὶ τὸν θεὸν ὄψονται. Ὧν ἕνεκα καὶ σὲ βουλόμεθα γενέσθαι συςαυρωθέντα Χριςῷ, παραςάντα τῷ θεῷ ἁγνὸν ἱερέα, καὶ κα-

---

5) M. ἀπηλλαγμένον. — 6) M. τοῦ κωλύεσθαι ἱερᾶσθαι. —
7) M. εἴπερ. — 8) M. εἰπεῖν. — 9) κατόρθωμα fehlt in den Ausg. —
10) καὶ fehlt in den Ausg. — 11) εἶναι fehlt in den Ausg.

dern das was wahrhaft dein ist, das ist der innere Mensch, welcher vollkommen und untadelich sein soll, nach der Vorschrift über das Opferlamm, und von jeglichem Flecken und Makel befreit? Wie willst du also Solches Gott darbringen, der du nicht auf das Gebot hörst welches verbietet daß der Schuldbefleckte einem Priesteramte vorstehe? Wenn du aber Verlangen trägst daß auch Gott dir erscheine, warum hörst du nicht auf Moses, welcher dem Volke gebietet sich von der Ehe rein zu halten, damit sie Gottes Erscheinung zu fassen vermögen? Scheint dir aber dieses Alles gering, mit Christus gekreuzigt zu werden, sich Gott als Opfer hinzugeben, Priester des höchsten Gottes zu werden, und der großen Erscheinung Gottes gewürdigt zu werden, was soll ich dir dann noch Höheres als dieses ist erdenken? Wird dir vielleicht auch das als gering erscheinen was aus diesem folgt? Denn daraus daß man mitgekreuzigt wird wird dir zu Theil daß du auch mit ihm lebst, mit ihm verherrlicht wirst und mit ihm das Reich hast. Daraus daß du dich selbst Gott darbringst, wird es dir möglich aus menschlicher Natur und Stellung zur Würde der Engel überzugehen; denn so spricht auch Daniel, Tausend mal Tausend standen bei ihm. Wer das rechte Priesterthum ergreift und dem großen Erzpriester sich beiordnet, der bleibt durchaus auch selbst Priester für immer, und ist nicht mehr durch den Tod gehindert bei ihm zu bleiben in Ewigkeit. Daß man aber Gott selbst zu sehen gewürdigt wird, dessen ist kein anderer Vortheil als daß man eben Gott zu sehen gewürdigt wird; denn aller Hoffnung Gipfel und alles Verlangens Erfüllung, und alles Segens und aller Verheißung Gottes und der geheimen Güter, von denen man glaubt daß sie über Empfindung und Erkenntniß hinausliegen, Ausgangspunkt und Hauptstück ist dasjenige was Moses zu schauen verlangte, und was viele Propheten und Könige ersehnt haben, was zu schauen aber nur diejenigen für würdig erachtet werden welche reinen Herzens sind, welche darum in Wahrheit selig sind und selig heißen, weil sie Gott schauen werden. Darum wollen wir daß auch du mit Christus gekreuziget werdest, daß du vor Gott tretest als ein schuldloser Priester und

θαρὸν θῦμα γενέμενον, ἐν πάσῃ καθαρότητι διὰ τῆς ἁγνείας ἑαυτὸν ἑτοιμάσαντα τῇ τοῦ θεοῦ παρουσίᾳ· ἵνα καὶ αὐτὸς ἴδῃς τὸν θεὸν ἐν καθαρᾷ τῇ καρδίᾳ, κατὰ τὴν ἐπαγγελίαν τοῦ θεοῦ καὶ σωτῆρος ἡμῶν Ἰησοῦ Χριςοῦ, ᾧ ἡ δόξα εἰς τοὺς αἰῶνας τῶν αἰώνων. Ἀμήν.

ein reines Opfer werdest, und in aller Reinheit dich durch keuschen Wandel auf die Ankunft Gottes vorbereitest, damit auch du Gott sehest in reinem Herzen, nach der Verheißung Gottes und unseres Erlösers Jesu Christi, dem die Herrlichkeit gebührt in alle Ewigkeit. Amen.

ΤΟΥ
ΕΝ ΑΓΙΟΙΣ ΠΑΤΡΟΣ ΗΜΩΝ
ΓΡΗΓΟΡΙΟΥ ΕΠΙΣΚΟΠΟΥ ΝΥΣΣΗΣ
ΕΙΣ
ΤΟΥΣ ΜΑΚΑΡΙΣΜΟΥΣ
ΛΟΓΟΙ ΟΚΤΩ.

ΛΟΓΟΣ α'.

[1] *Ἰδὼν δὲ τοὺς ὄχλους ἀνέβη εἰς τὸ ὄρος· καὶ καθίσαντος αὐτοῦ προςῆλθον αὐτῷ οἱ μαθηταὶ αὐτοῦ· καὶ ἀνοίξας τὸ ςόμα αὐτοῦ ἐδίδασκεν αὐτούς, λέγων, Μακάριοι οἱ πτωχοὶ τῷ πνεύματι, ὅτι αὐτῶν ἐςὶν ἡ βασιλεία τῶν οὐρανῶν.*

Τίς ἄρα τοιοῦτός ἐςιν ἐν τοῖς συνειλεγμένοις ὡς μαθητής τε εἶναι τοῦ λόγου, καὶ συναναβῆναι αὐτῷ χαμόθεν, ἀπὸ τῶν κοίλων τε καὶ ταπεινῶν νοημάτων, εἰς τὸ πνευματικὸν ὄρος τῆς ὑψηλῆς θεωρίας, ὃ πᾶσαν μὲν σκιὰν τὴν ἐκ τῶν ὑπερανεςηκότων τῆς κακίας γεωλόφων ἐκπέφευγεν, ἁπανταχόθεν δὲ τῇ τοῦ ἀληθινοῦ φωτὸς ἀκτῖνι περιλαμπόμενον, ἐν καθαρᾷ τῇ τῆς ἀληθείας αἰθρίᾳ πάντα δίδωσιν ἐκ περιωπῆς καθορᾶν ὅσα τοῖς ἐν τῷ κοίλῳ καθειργμένοις ἐςὶν ἀθέατα; Τὰ δὲ ἀπὸ τοῦ ὕψους τούτου κατοπτευόμενα οἷα καὶ ὅσα ἐςὶν αὐτὸς ὁ θεὸς λόγος μακαρίζων τοὺς συναναβάντας αὐτῷ διεξέρχεται, οἷον [2] δα-

---
1) Die Worte Ἰδὼν δὲ — — — λέγων fehlen in den meisten Handschriften. — 2) Mor. δακτύλῳ τινὶ δεικνὺς.

Unseres heiligen Vaters

Gregor Bischof's von Nyssa

Acht Reden

auf die Seligpreisungen.

Erste Rede.

> Da er aber das Volk sah, gieng er auf den Berg, und als er sich gesetzt, traten seine Jünger zu ihm; und er that seinen Mund auf, lehrete sie, und sprach, Selig sind die geistlich arm sind, denn das Himmelreich ist ihr.

Wer ist nun in der Versammlung ein Solcher daß er Jünger des Worts ist, und mit ihm von der Erde, von den niedrigen Gedanken der Tiefe, hinaufsteigt auf den geistlichen Berg der erhabenen Betrachtung, welcher allem Schattendüster der übertragenden Hügel des Bösen entrückt ist, und allseitig von dem Strahl des wahren Lichtes umglänzt in der reinen Heiterkeit der Wahrheit rings um Alles schauen läßt was dem in der Tiefe Eingeschlossenen unsichtbar ist? Welcher Art aber und wie reich und herrlich das von dieser Höhe Geschaute ist, das legt das göttliche Wort, indem es die mit ihm Hinaufgestiegenen selig preist, selbst dar, und deutet gleichsam mit dem Finger einerseits auf das

κτύλῳ δεικνὺς ἔνθεν μὲν τὴν τῶν οὐρανῶν βασιλείαν, ἑτέρωθεν δὲ τῆς ἄνω γῆς τὴν κληρονομίαν· εἶτα ἔλεον, καὶ δικαιοσύνην, καὶ παράκλησιν, καὶ τὴν πρὸς τὸν θεὸν τῶν ὅλων γινομένην συγγένειαν, καὶ τὸν ἐκ τῶν διωγμῶν καρπὸν, ὅ ἐςι τὸ σύνοικον θεοῦ γενέσθαι, καὶ ὅσα ἄλλα πάρεςι πρὸς τούτοις βλέπειν ἄνωθεν ἐκ τοῦ ὄρους δακτυλοδεικνοῦντος τοῦ λόγου, ³τὸ ἐκ τῆς ὑψηλῆς σκοπιᾶς διὰ τῶν ἐλπίδων ἀποβλεπόμενον. Ἐπειδὴ οὖν ἀναβαίνει εἰς τὸ ὄρος ὁ κύριος, ἀκούσωμεν Ἡσαΐου βοῶντος, Δεῦτε, ἀναβῶμεν εἰς τὸ ὄρος τοῦ κυρίου, κἂν ἀσθενῶμεν ἐξ ἁμαρτίας, ἐνισχύσωμεν, καθὼς ὑφηγεῖται ἡ προφήτεια, χεῖρας παρειμένας καὶ γόνατα παραλελυμένα. Εἰ γὰρ ἐπὶ τοῦ ἄκρου γενοίμεθα, εὑρήσομεν τὸν ἰώμενον πᾶσαν νόσον καὶ πᾶσαν μαλακίαν, τὸν τὰς ἀσθενείας ἡμῶν ἀναλαμβάνοντα, καὶ τὰς νόσους βαςάζοντα. Οὐκοῦν δράμωμεν καὶ ἡμεῖς πρὸς τὴν ἄνοδον, ἵνα μετὰ ⁴Ἰησοῦ κατὰ τὴν ἀκρώρειαν τῆς ἐλπίδος γενόμενοι ἴδωμεν ἐκ περιωπῆς τὰ ἀγαθὰ ἐκεῖνα ὅσα τοῖς ἀκολουθήσασιν ἐπὶ τὸ ὕψος ὁ λόγος δείκνυσιν. Ἀλλ' ἀνοιξάτω καὶ ἡμῖν ὁ θεὸς λόγος τὸ ςόμα, καὶ διδαξάτω ἡμᾶς ἐκεῖνα ὧν ἡ ἀκρόασις μακαριότης ἐςίν. ⁵Γενέσθω δὲ ἡμῖν ἀρχὴ τῆς θεωρίας τῶν εἰρημένων ἡ τῆς διδασκαλίας ἀρχή. Μακάριοι, φησὶν, οἱ πτωχοὶ τῷ πνεύματι, ὅτι αὐτῶν ἐςιν ἡ βασιλεία τῶν οὐρανῶν. Εἴ τις τῶν φιλοχρύσων γράμμασιν ἐντύχοι θησαυρὸν ἐν τόπῳ καταμηνύουσιν, ὁ δὲ περιέχων τὸν θησαυρὸν τόπος πολὺν ἱδρῶτα καὶ πόνον ὑποδεικνύοι τοῖς ἐπιθυμοῦσι τοῦ κτήματος, ἆρα μαλακισθήσεται πρὸς τοὺς πόνους, καὶ καταρᾳθυμήσει τοῦ κέρδους, καὶ τὸ μηδένα κάματον ⁶ὑπὲρ τῆς σπουδῆς εἰσενέγκασθαι γλυκύτερον τοῦ πλούτου ποιήσεται; Οὐκ ἔςι ταῦτα, οὐκ ἔςιν, ἀλλὰ πάντας μὲν πρὸς τοῦτο παρακαλέσει τοὺς φίλους, πανταχόθεν δὲ ὡς ἂν οἷός τε ᾖ τὴν πρὸς τοῦτο βοήθειαν ἑαυτῷ συναγείρας τῷ πλήθει τῆς χειρὸς ἴδιον ποιεῖται ⁷τὸν κεκρυμμένον πλοῦτον. Οὗτος ἐκεῖνός ἐςιν ὁ θησαυρὸς,

---

3) τὸ fehlt bei 𝔐. — 4) 𝔐. Ἡσαΐου. — 5) 𝔐. γενέσθω δὲ ἡμῶν

Himmelreich, andernseits auf das Erbtheil der Erde droben, dann auf Barmherzigkeit, und Gerechtigkeit, und Tröstung, auf die mit dem Gott aller Dinge sich knüpfende Verwandtschaft, und die Frucht der Verfolgungen, welche ist mit Gott vereint zu werden, und auf alles Andere was neben diesem zu sehen ist, und worauf, indem es von der Höhe des Berges herab das Wort mit dem Finger bezeichnet, uns von der erhabenen Warte durch die Hoffnungen die Aussicht eröffnet wird. Da also der Herr auf den Berg steigt, so laßt uns auf den Ruf des Esaias hören: **Kommet, laßt uns auf den Berg des Herrn gehen!** und wenn wir schwach sind von der Sünde, so laßt uns, wie der Prophet sagt, die erschlafften Hände und die gelähmten Kniee stärken! denn wenn wir auf die Spitze gelangt sein werden, werden wir den finden welcher alle Krankheit und alle Kraftlosigkeit heilt, und unsere Schwachheit auf sich nimmt und die Krankheiten trägt. Laufen auch wir also dem Weg entgegen der nach Oben führt, damit wir mit Jesu auf die Spitze der Hoffnung gestellt rings alle jene Güter schauen welche das Wort denen welche auf die Höhe folgen werden zeigt. Oeffne aber auch uns das göttliche Wort den Mund, und lehre uns das was anzuhören Seligkeit ist. Beginnen wir unsere Betrachtung über das Gesagte mit dem womit die Unterweisung beginnt. **Selig, heißt es, sind die da geistlich arm sind, denn das Himmelreich ist ihr.** Wenn Einer der das Gold liebt auf eine Schrift stößt welche einen Schatz der an einem Orte liegt verräth, dieser den Schatz umschließende Ort aber den nach seinem Besitze Lüsternen viel Schweiß und Arbeit verkündigt, wird er wohl erschlaffen angesichts der Mühen, und den Gewinn leichtsinnig aufgeben, und keine Anstrengung für den Gegenstand seiner Wünsche aufgewendet zu haben für süßer als den Reichthum halten? Nicht also, sondern er wird dazu den Beistand aller seiner Freunde herbeirufen, und wenn er, wie nur immer möglich, von allen Seiten ihn dazu um sich versammelt hat, wird er unterstützt von der Menge hilfreicher Hände den verborgenen Reichthum sich zueig-

---

ἀρχὴ τῆς θεωρίας, ἡ τῶν εἰρημένων τῆς δ. ἀρχή. — 6) M. ὑπό. — 7) M. τὸν πλοῦτον τὸν κεκρυμμένον.

ἀδελφοί, ὃν καταμηνύει τὸ γράμμα· κέκρυπται δὲ ὑπὸ τῆς ἀσαφείας ὁ πλοῦτος. Οὐκοῦν χρησώμεθα καὶ ἡμεῖς, οἱ ἐπιθυμηταὶ τοῦ ἀκηράτου χρυσίου, τῇ τῶν εὐχῶν πολυχειρίᾳ, ὥςτε ἡμῖν εἰς τὸ ἐμφανὲς τὸν πλοῦτον ἐλθεῖν, καὶ πάντας ἐξ ἴσου διελέσθαι τὸν θησαυρόν, καὶ ὅλον ἕκαςον κτήσασθαι. Τοιαύτη γὰρ τῆς ἀρετῆς ἡ διαίρεσις, ὥςτε καὶ εἰς πάντας τοὺς ἀντιποιουμένους διαμερίζεσθαι, καὶ πᾶσαν ἑκάςῳ παρεῖναι, μὴ ἐλαττουμένην ἐν τοῖς συμμετέχουσιν. Ἐν μὲν γὰρ τῇ τοῦ γηΐνου πλούτου διανομῇ ἀδικεῖ τοὺς ἰσομοιροῦντας ὁ τὸ πλέον παρασπασάμενος (ἐλαττοῖ γὰρ πάντως τὸ μέρος τοῦ συμμετέχοντος ὁ τὸ ἑαυτοῦ πλεονάσας), ὁ δὲ πνευματικὸς πλοῦτος τὸ τοῦ ἡλίου ποιεῖ, καὶ πᾶσι τοῖς βλέπουσιν ἑαυτὸν μερίζων, καὶ ὅλος ἑκάςῳ παραγινόμενος. Ἐπεὶ οὖν ἴσον ἑκάςῳ τὸ ἐκ τοῦ πόνου κέρδος ἐλπίζεται, ἴση γενέσθω πᾶσιν διὰ τῶν εὐχῶν πρὸς τὸ ζητούμενον ἡμῖν ἡ συνέργεια.

Πρῶτον μὲν οὖν αὐτόν φημι ἐγὼ δεῖν τὸν μακαρισμὸν ὅ τι ποτέ ἐςιν ἐννοῆσαι. Μακαριότης [8] ἐςι, κατά γε τὸν ἐμὸν λόγον, περίληψις πάντων τῶν κατὰ τὸ ἀγαθὸν νοουμένων, ἧς ἄπεςι τῶν εἰς ἀγαθὴν ἐπιθυμίαν ἡκόντων οὐδέν. Γένοιτο δ' ἂν ἡμῖν καὶ ἐκ τῆς τοῦ ἐναντίου παραθέσεως γνωριμότερον [9] τὸ τοῦ μακαρισμοῦ σημαινόμενον. Ἐναντίον δὲ τῷ μακαρίῳ τὸ ἄθλιον· ἀθλιότης οὖν ἐςιν ἡ ἐν τοῖς λυπηροῖς τε καὶ ἀβουλήτοις πάθεσι ταλαιπωρία. Μεμέριςαι δὲ ἐκ τοῦ ἐναντίου ἡ ἐφ' ἑκατέρου τῶν ἐν αὐτοῖς γινομένων διάθεσις. Ὑπάρχει γὰρ τῷ μὲν μακαριζομένῳ τὸ εὐφραίνεσθαι τοῖς προκειμένοις εἰς ἀπόλαυσιν αὐτῷ καὶ ἀγάλλεσθαι, τῷ δὲ ταλανιζομένῳ τὸ ἀνιᾶσθαι τοῖς παροῦσιν αὐτῷ καὶ ἀλγύνεσθαι. Τὸ μὲν οὖν μακαριςὸν ἀληθῶς αὐτὸ τὸ θεῖόν ἐςιν. Ὅ τι ποτὲ γὰρ [10] ἂν αὐτὸ εἶναι ὑποθώμεθα, μακαριότης ἐςὶν ἡ ἀκήρατος ἐκείνη ζωή, τὸ ἄῤῥητόν τε καὶ ἀκατανόητον ἀγαθόν, τί

---

8) M. τίς ἐςι. — 9) M. τὸ ἐκ τοῦ. — 10) ἂν fehlt bei M.

nen. Hier ist jener Schatz, Brüder, welchen die Schrift verräth; nur ist der Reichthum von dem Dunkel versteckt. Brauchen also auch wir, die wir lüstern sind nach dem lauteren Golde, zahlreicher Hände Beistand im Gebete, auf daß der Reichthum uns zu Tage trete, und wir alle uns nach gleichem Maße in den Schatz theilen, und ein Jeder dennoch sich den ganzen Schatz erwerbe. Denn die Tugend vertheilt eben so sich unter alle nach ihr Ringenden als sie auch einem jeden einzelnen ganz zufällt, ohne durch den Mitbesitz Anderer geschmälert zu werden. Bei Vertheilung des irdischen Reichthums beeinträchtigt die zu einem gleichen Antheil Berechtigten der welcher den größeren Theil an sich reißt (denn wer seinen Antheil erhöht schmälert jedenfalls den Antheil des Mitbesitzenden), der geistliche Reichthum hingegen macht es wie die Sonne und theilt sich eben so an alle welche sehen aus als sie auch jedem einzelnen ganz zu Theil wird. Da nun ein Jeder auf einen gleichen Gewinn für seine Anstrengung hoffen darf, so mögen auch Alle durch ihre Gebete uns ihren gleichen Beistand zu Erlangung dessen wonach wir streben angedeihen lassen!

Zuerst müssen wir, meine ich, erwägen was die Seligpreisung ist. Seligkeit ist, nach meiner Ansicht, Inbegriff alles Guten was wir uns denken, dem Nichts fern ist worauf die edle Begierde sich richtet. Vielleicht dürfte uns auch durch die Zusammenstellung mit seinem Gegentheil das durch „Seligpreisung" Bezeichnete noch deutlicher werden. Das Gegentheil von **selig** ist **unglücklich**; Unglück also das durch schmerzliche und traurige Leiden veranlaßte Elend. Je nachdem man sich nun in dem Einen oder dem Andern befindet, ist auch der daraus für uns entspringende Affect ein verschiedener. Denn dem welchen wir glücklich preisen ist es beschieden sich zu freuen über das ihm zum Genuß Dargebotene, und zu jubeln, dem hingegen welchen wir für unglücklich halten, sich zu kümmern über seine Lage und zu trauern. Was demnach in Wahrheit selig zu preisen ist das ist die Gottheit selbst. Denn mögen wir sie halten für was wir nur wollen, Seligkeit ist jenes reine Leben, das unnennbare und unbegreifliche Gut, die unbeschreibliche Schönheit, die Huld selbst, und Weis=

ἀνέκφραςον κάλλος, ἡ αὐτοχάρις καὶ σοφία καὶ δύναμις,
C τὸ ἀληθινὸν φῶς, ἡ πηγὴ πάσης ἀγαθότητος, ἡ ὑπερ
κειμένη τοῦ παντὸς ἐξουσία, τὸ μόνον ἐράσμιον, τὸ ἀεὶ
ὡσαύτως ἔχον, τὸ διηνεκὲς ἀγαλλίαμα, ἡ ἀΐδιος εὐφρο
σύνη, περὶ ἧς πάντα τις ἃ δύναται λέγων λέγει τῶν κατ᾽
ἀξίαν οὐδέν· οὔτε γὰρ ἡ διάνοια καθικνεῖται τοῦ ὄντος,
κἂν τι περὶ αὐτοῦ τῶν ὑψηλοτέρων νοῆσαι χωρήσωμεν,
οὐδενὶ λόγῳ τὸ νοηθὲν ἐξαγγέλλεται. [11]Ἐπειδὴ δὲ ὁ πλά
σας τὸν ἄνθρωπον κατ᾽ εἰκόνα θεοῦ ἐποίησεν αὐτὸν, δευ
D τέρως ἂν εἴη μακαριςὸν τὸ [12]κατ᾽ οὐσίαν τῆς ὄντως μα
καριότητος ἐν τῷ ὀνόματι τούτῳ γινόμενον. Ὥςπερ γὰρ
ἐπὶ τῆς σωματικῆς εὐμορφίας τὸ μὲν πρωτότυπον κάλλος
ἐν τῷ ζῶντι προςώπῳ ἐςὶν καὶ ὑφεςῶτι, δευτερεύει δὲ
τούτου τὸ κατὰ μίμησιν ἐπὶ τῆς εἰκόνος δεικνύμενον, οὕp. 765. τως καὶ ἡ ἀνθρωπίνη φύσις, εἰκὼν οὖσα τῆς ὑπερκειμέ
A νης μακαριότητος, καὶ αὐτὴ τῷ ἀγαθῷ κάλλει χαρακτη
ρίζεται, ὅταν ἐφ᾽ ἑαυτῆς [13]δεικνύῃ τὰς τῶν μακαρίων
[14]ἀκτίνων ἐμφάσεις. Ἀλλ᾽ ἐπειδὴ ὁ τῆς ἁμαρτίας ῥύπος
τὸ ἐπὶ τῆς εἰκόνος κάλλος ἠχρείωσεν, ἦλθεν ὁ ἐκνίπτων
ἡμᾶς τῷ ἰδίῳ ὕδατι, τῷ ζῶντί τε καὶ ἁλλομένῳ εἰς ζωὴν
αἰώνιον, ὥςτε ἡμᾶς ἀποθεμένους τὸ ἐξ ἁμαρτίας αἶσχος
πάλιν κατὰ τὴν μακαρίαν ἀνακαινισθῆναι μορφήν. Καὶ
καθάπερ ἐπὶ τῆς ζωγραφικῆς τέχνης εἴποι ἄν τις πρὸς
B τοὺς ἀπείρους ὁ ἐπιςήμων ἐκεῖνο καλὸν εἶναι τὸ πρόσω
πον, τὸ ἐκ τοιῶνδε τῶν τοῦ σώματος μορίων συγκείμενον,
ᾧ κόμη τε τοιάδε, καὶ ὀφθαλμῶν κύκλοι, καὶ ὀφρύων
περιγραφαί, καὶ παρειῶν θέσις, καὶ τὰ καθ᾽ ἕκαςον πάν
τα δι᾽ ὧν συμπληροῦται ἡ εὐμορφία, οὕτως καὶ ὁ τὴν
ἡμετέραν πρὸς τὴν τοῦ μόνου μακαρίου μίμησιν ἀναζω
γραφῶν ψυχὴν τὰ καθ᾽ ἕκαςον τῶν εἰς [15]τὸν μακαρισμὸν
συντεινόντων ὑπογράψει τῷ λόγῳ, καὶ φησιν ἐν πρώτοις,
Μακάριοι οἱ πτωχοὶ τῷ πνεύματι, ὅτι αὐτῶν ἐςιν ἡ βα
σιλεία τῶν οὐρανῶν. Ἀλλὰ τί κέρδος ἐκ τῆς μεγαλοδω

---

11) M. ἐπεί. — 12) M. κατὰ μετουσίαν. — 13) M. δεικνύει. —
14) M. χαρακτήρων. — 15) τὸν fehlt bei M.

heit und Kraft, das wahrhafte Licht, die Quelle aller Güte, die über dem All stehende Macht, die allein zu liebende, die stets sich gleich bleibende, die endlose Freude, die ewige Heiterkeit, über welche, sagt man auch was man kann, man dennoch Nichts sagt was ihrer werth ist; denn der Gedanke erreicht keineswegs das was sie ist, und wenn wir auch über sie uns eine erhabenere Vorstellung machen sollten, so sind wir doch unvermögend das was wir denken mit Worten auszusprechen. Da nun aber der welcher den Menschen gebildet ihn nach dem Bilde Gottes geschaffen hat, so dürfte das an zweiter Stelle selig zu preisen sein was nach dem Wesen der wahrhaften Seligkeit diesen Namen erhält. Denn wie bei der körperlichen Bildung die originale Schönheit in der lebenden und existierenden Person ist, und die an dem Bilde durch Nachahmung dargestellte nach jener den zweiten Rang einnimmt, so gewinnt die menschliche Natur, welche das Abbild der überirdischen Schönheit ist, auch selbst das Gepräge der Tugendschönheit, wenn sie die Strahlen der Seligkeit in sich abspiegelt. Da nun aber der Schmuz der Sünde die Schönheit des Ebenbildes verdorben hatte, so kam der welcher uns mit seinem Wasser, dem lebendigen und dem ewigen Leben entgegenhüpfenden, abwäscht, damit wir die Häßlichkeit der Sünde abwerfen und in die selige Schönheit erneuert werden. Und wie in der Malerei der Kunstverständige den Laien die Persönlichkeit als schön bezeichnen würde welche aus solchen und solchen Körpertheilen zusammengestellt ist, deren Haar, deren Augenkreise, Augenbrauenbogen, Lage der Wangen, und alles Einzelne woraus sich die Schönheit zusammensetzt so und so beschaffen ist, so wird auch der welcher das Gemälde unserer Seele nach Aehnlichkeit dessen der allein selig ist wieder auffrischt alle Einzelnheiten welche zur Seligmachung gehören in seiner Schilderung beschreiben, und so sagt er zuerst, Selig sind die da geistlich arm sind, denn das Himmelreich ist ihr! Doch was wird uns für ein Gewinn aus der

ρεᾶς γενήσεται, μὴ φανερωθείσης ἡμῖν τῆς ἐγκειμένης διανοίας τῷ λόγῳ; καὶ γὰρ ἐπὶ τῆς ἰατρικῆς πολλὰ τῶν τιμίων καὶ δυςπορίςων φαρμάκων ἄχρηςα τοῖς ἀγνοοῦσιν καὶ ἀνόνητα μένει, ἕως ἂν εἰς ὅ τι χρήσιμον ἕκαςον τούτων ἐςὶν παρὰ τῆς τέχνης ἀκούσωμεν. Τί οὖν ἐςιν τὸ πτωχεῦσαι τῷ πνεύματι, δι᾽ οὗ περιγίνεται τὸ τῆς βασιλείας τῶν οὐρανῶν ἐγκρατῆ γενέσθαι; Δύο πλούτους παρὰ τῆς γραφῆς μεμαθήκαμεν, ἕνα σπουδαζόμενον, καὶ ἕνα κατακρινόμενον. Σπουδάζεται μὲν ὁ τῶν ἀρετῶν πλοῦτος, διαβάλλεται δὲ ὁ ὑλικός τε καὶ γήϊνος, ὅτι ὁ μὲν τῆς ψυχῆς γίνεται κτῆμα, οὗτος δὲ πρὸς τὴν τῶν αἰσθητηρίων ἀπάτην ἐπιτηδείως ἔχει. Διὸ κωλύει τοῦτον θησαυρίζειν ὁ κύριος, ὡς εἰς βρῶσιν σητῶν καὶ εἰς ἐπιβουλὴν τῶν τοιχωρυχούντων ἐκκείμενον, κελεύει δὲ περὶ τὸν τῶν ὑψηλῶν πλοῦτον τὴν σπουδὴν ἔχειν, οὗ ἡ φθαρτικὴ δύναμις οὐ προςάπτεται. Σῆτα δὲ καὶ κλέπτην εἰπὼν τὸν λυμεῶνα τῶν τῆς ψυχῆς θησαυρῶν ἐνεδείξατο. Εἰ οὖν ἀντιδιαςέλλεται ἡ πενία τῷ πλούτῳ, πάντως κατὰ τὴν ἀναλογίαν καὶ διπλῆν ἔςι διδαχθῆναι πενίαν, τὴν μὲν ἀπόβλητον, τὴν δὲ μακαριζομένην. Ὁ μὲν οὖν σωφροσύνης πτωχεύων, ἢ τοῦ τιμίου κτήματος τῆς δικαιοσύνης, ἢ τῆς σοφίας, ἢ τῆς φρονήσεως, ἢ ἄλλου τινὸς τῶν πολυτελῶν κειμηλίων πένης τε καὶ ἀκτήμων καὶ πτωχὸς εὑρισκόμενος, ἄθλιος τῆς πενίας καὶ ἐλεεινὸς τῆς τῶν τιμίων ἀκτημοσύνης, ὁ δὲ πάντων τῶν κατὰ κακίαν νοουμένων ἑκουσίως πτωχεύων, καὶ οὐδὲν τῶν διαβολικῶν κειμηλίων ἐν τοῖς ἰδίοις ταμείοις ἔχων ἀπόθετον, ἀλλὰ τῷ πνεύματι [16] ζῶν, καὶ διὰ τούτου τὴν τῶν κακῶν πενίαν [17] ἐν ἑαυτῷ θησαυρίζων, εἴη ἂν οὗτος ἐν τῇ μακαριζομένῃ πτωχείᾳ ὑπὸ τοῦ λόγου δεικνύμενος, ἧς ὁ καρπὸς βασιλεία οὐρανῶν ἐςιν. Ἀλλ᾽ ἐπανέλθωμεν πάλιν ἐπὶ τὴν ἐργασίαν τοῦ θησαυροῦ, καὶ μὴ ἀποςῶμεν τῷ μεταλλευτικῷ λόγῳ τὸ κεκρυμμένον ἀνακαλύπτοντες.

---

16) M. ζέων. — 17) ἐν fehlt bei M.

Freigebigkeit erwachsen, wenn der in dem Ausspruch liegende Sinn uns nicht deutlich wird? Bleiben doch ja auch in der Arzneikunst viele schätzbare und schwer zu erlangende Heilmittel für die welche sie nicht kennen ohne Nutzen und Vortheil, so lange bis wir wozu ein jedes von ihnen dienlich ist von der Kunst erfahren haben. Was heißt also geistlich arm sein, wodurch man dazu gelangt das Himmelreich zu erwerben? Zwei Arten von Reichthum lehrt uns die Schrift; einen erstrebenswerthen und einen verdammungswürdigen. Zu erstreben ist der Reichthum der Tugenden, getadelt wird der materiale und irdische; denn der eine wird zu einem Besitzthum der Seele, der andere hingegen ist geeignet die Sinne zu betrügen. Darum verbietet der Herr sich jenen zu sammeln, weil er dem Fraß der Motten und der Nachstellung der einbrechenden Diebe ausgesetzt ist, befiehlt aber auf den Reichthum der erhabenen Güter bedacht zu sein, welche keine Macht des Verderbens anfällt. Wenn er aber von Motten und Dieben spricht, so deutet er damit auf den Zerstörer der Schätze der Seele hin. Ist nun die Armuth das Gegentheil von Reichthum, so ist entsprechender Weise jedenfalls auch eine zwiefache Armuth nachzuweisen, deren eine verwerflich, die andere als ein Glück zu preisen ist. Wer nun arm ist an Mäßigung, oder an dem herrlichen Besitzthum der Gerechtigkeit, oder an der Weisheit, oder an der Klugheit, oder an irgend einem anderen kostbaren Kleinod arm, besitzlos und als Bettler erfunden wird, der ist unglücklich ob seiner Armuth und bemitleidenswerth ob des Nichtbesitzes der herrlichen Güter, wer hingegen nach seinem Willen an Allem was man unter bös versteht arm ist, und keins von den Kleinoden des Teufels in seinen Kammern hinterlegt hat, sondern in dem Geiste lebt und durch diesen die Armuth an den Dingen die böse sind als einen Schatz in sich aufsammelt, der dürfte von dem göttlichen Wort wohl als innerhalb der seliggepriesenen Armuth stehend bezeichnet werden, deren Frucht das Himmelreich ist. Kehren wir aber wieder zurück zum Erwerb des Schatzes, und stehen wir nicht ab davon mit Hilfe des Nachdenkens in die Tiefe zu steigen und den verborgenen Schatz zu enthüllen. Selig, spricht er, sind die da geistlich arm sind.

Μακάριοι, φησὶν, οἱ πτωχοὶ τῷ πνεύματι. Εἴρηται μὲν [18]ἤδη τρόπον τινὰ τοῦτο καὶ ἐν τοῖς ἔμπροσθεν, καὶ νῦν πάλιν εἰρήσεται, ὅτι τέλος τοῦ κατ᾽ ἀρετὴν βίου ἐςὶν ἡ πρὸς τὸ θεῖον ὁμοίωσις. Ἀλλὰ μὴν τὸ ἀπαθὲς καὶ ἀκήρατον ἐκφεύγει πάντη τὴν παρὰ ἀνθρώπων μίμησιν· οὐδὲ γάρ ἐςι δυνατὸν πάντη τὴν ἐμπαθῆ ζωὴν ὁμοιωθῆναι πρὸς τὴν τῶν παθῶν ἀνεπίδεκτον φύσιν.

1 Tim. 1, 11. Εἰ οὖν μόνον τὸ θεῖον μακάριον, καθὼς ὁ ἀπόςολος ὀνομάζει, ἡ δὲ τοῦ μακαρισμοῦ κοινωνία τοῖς ἀνθρώποις διὰ τῆς πρὸς τὸν θεόν ἐςιν ὁμοιώσεως, ἡ δὲ μίμησις ἄπορος, ἆρα ἀνέφικτός ἐςιν ἡ μακαριότης τῇ ἀνθρωπίνῃ ζωῇ. Ἀλλ᾽ ἔςιν ἃ τῆς θεότητος δυνατὰ τοῖς βουλομένοις πρόκειται εἰς μίμησιν. Τίνα οὖν ἐςι ταῦτα; Δοκεῖ μοι πτωχείαν πνεύματος τὴν ἑκούσιον ταπεινοφροσύνην ὀνο-

2 Cor. 8, 9. μάζειν ὁ λόγος. Ταύτης δὲ ὑπόδειγμα τὴν τοῦ θεοῦ πτωχείαν ὁ ἀπόςολος ἡμῖν λέγων προδείκνυσιν, ὃς δι᾽ ἡμᾶς ἐπτώχευσε πλούσιος ὤν, ἵνα ἡμεῖς τῇ ἐκείνου πτωχείᾳ πλουτήσωμεν. Ἐπεὶ οὖν τὰ ἄλλα πάντα, ὅσα περὶ τὴν θείαν καθορᾶται φύσιν, ὑπερπίπτει [19]τὸ μέτρον τῆς ἀνθρωπίνης φύσεως, ἡ δὲ ταπεινότης συμφυής τις ἡμῖν ἐςι καὶ σύντροφος τοῖς χαμαὶ ἐρχομένοις, καὶ ἐκ γῆς τὴν

p. 767. σύςασιν ἔχουσιν καὶ εἰς γῆν καταρρέουσιν, ἐν τῷ κατὰ φύσιν [20]σοι καὶ δυνατῷ τὸν θεὸν μιμησάμενος τὴν μακαρίαν [21]καὶ αὐτὸς ὑπέδυς μορφήν. Καὶ μηδεὶς ἄπονον οἰέσθω, καὶ μετὰ ῥᾳςώνης ἐκποριζόμενον τὸ τῆς ταπεινοφροσύνης κατόρθωμα. Τὸ ἐναντίον μὲν οὖν παντὸς οὑτινοςοῦν τῶν κατ᾽ ἀρετὴν ἐπιτηδευομένων τὸ τοιοῦτόν ἐςιν ἐπιπονώτερον. Διὰ τί; ὅτι καθεύδοντος τοῦ ἀνθρώπου, τοῦ τὰ καλὰ σπέρματα δεξαμένου, τὸ κεφάλαιον τῆς ἐναντίας σπορᾶς παρὰ τοῦ ἐχθροῦ τῆς ζωῆς ἡμῶν, τὸ τῆς ὑπερηφανίας ἐρριζώθη ζιζάνιον. Δι᾽ ὧν γὰρ ἐκεῖνος ἑαυτὸν εἰς γῆν κατέρραξεν, τῷ αὐτῷ τρόπῳ τὸ δείλαιον γένος [22]τῶν ἀνθρώπων πρὸς τὸ κοινὸν πτῶμα ἑαυτῷ συγκατέβαλεν, καὶ οὐδέν ἐςιν ἄλλο τῆς φύσεως ἡμῶν τοι-

---

18) ἤδη fehlt bei M. — 19) M. τῷ μέτρῳ. — 20) M. σύ. — 21) καὶ fehlt bei M. — 22) M. τὸ ἀνθρώπινον.

Es ist bereits gewissermaßen im Früheren gesagt, und wird jetzt wiederholt werden, daß die Aehnlichkeit mit der Gottheit Endziel des tugendhaften Lebens ist. Nun entzieht sich aber das was des Affects unfähig und rein ist auf jede Weise der Nachahmung der Menschen; denn es ist ganz unmöglich daß das dem Affect ausgesetzte Leben derjenigen Natur gleichkomme welche der Affecte unfähig ist. Wenn nun Gott allein selig ist, wie der Apostel es nennt, die Theilnahme an der Seligkeit aber den Menschen durch die Aehnlichkeit mit Gott bewirkt wird, die Nachahmung jedoch unmöglich ist, so ist demnach die Seligkeit für das menschliche Leben ein unerreichbar Ding. Und dennoch sind einzelne Eigenschaften der Gottheit für die welche wollen nachahmbar. Welche sind nun diese? Mir scheint das Wort mit dem Ausdruck „geistliche Armuth" die freiwillige demuthvolle Erniedrigung zu bezeichnen. Der Apostel deutet in seinen Worten auf eine Armuth Gottes als Muster dieser für uns hin, Gottes der da arm wurde um unsertwillen, damit wir durch seine Armuth reich würden. Da nun alle übrigen Eigenschaften der göttlichen Natur über das Maaß der menschlichen hinausgehen, die Niedrigkeit aber mit uns, die wir auf der Erde wandeln, und aus der Erde unser Dasein haben, und zu Erde wieder vergehen, verwachsen und verbunden ist, so hast auch du die selige Schönheit angezogen, wenn du Gott in dem nachahmst was deiner Natur angemessen und dir möglich ist. Niemand halte aber die Erlangung der Demuth für eine mühelose und mit Leichtigkeit zu erwerbende Sache. Im Gegentheil, von allen und jeden Tugendbestrebungen ist diese die schwerste. Warum? weil, wenn der Mensch der den guten Samen in sich aufgenommen hatte schläft, das hauptsächlichste Unkraut der feindlichen Saat, welche der Widersacher unseres Lebens ausstreut, der Lolch des Hochmuths Wurzel schlägt. Denn wodurch jener sich seinen Fall auf die Erde bereitet hat, auf dieselbe Weise stürzt er auch das arme Menschengeschlecht in gemeinsamem Fall mit sich hinab, und es giebt kein anderes so großes Uebel unserer Natur

οὗτον κακὸν ὡς τὸ δι' ὑπερηφανίας [23] ἐγγινόμενον νόσημα. Ἐπεὶ οὖν ἐμπέφυκέ πως τὸ κατὰ τὴν ἔπαρσιν πάθος παντὶ σχεδὸν τῷ κοινωνοῦντι τῆς ἀνθρωπίνης φύσεως, διὰ τοῦτο ἐντεῦθεν τῶν μακαρισμῶν ὁ κύριος ἄρχεται, οἷον ἀρχέγονόν τι κακὸν ἐκβαλὼν ἐκ τῆς ἕξεως ἡμῶν τὴν ὑπερηφανίαν, ἐν τῷ συμβουλεύειν μιμήσασθαι τὸν ἑκουσίως πτωχεύσαντα, ὅς ἐστιν ἀληθῶς μακάριος, ἵνα ἐν ᾧ δυνάμεθα καθὼς ἂν οἷοί τε ὦμεν ὁμοιωθέντες ἐκ τοῦ πτωχεῦσαι κατὰ προαίρεσιν καὶ τὴν τοῦ μακαρισμοῦ κοινωνίαν ἐφελκυσώμεθα. Τοῦτο γὰρ φρονείσθω, φησίν, ἐν ὑμῖν ὃ καὶ ἐν Χριστῷ Ἰησοῦ, ὃς ἐν μορφῇ θεοῦ ὑπάρχων οὐχ ἁρπαγμὸν ἡγήσατο τὸ εἶναι ἴσα θεῷ, ἀλλ' ἑαυτὸν ἐκένωσεν μορφὴν δούλου λαβών. Τί πτωχότερον ἐπὶ θεοῦ τῆς τοῦ δούλου μορφῆς; τί ταπεινότερον ἐπὶ τοῦ βασιλέως τῶν ὄντων ἢ τὸ εἰς κοινωνίαν τῆς πτωχῆς ἡμῶν φύσεως [24] ἑκουσίως ἐλθεῖν; ὁ βασιλεὺς τῶν βασιλευόντων καὶ κύριος τῶν κυριευόντων ἐθελόντως τὴν τῆς δουλείας μορφὴν ὑποδύεται· ὁ κριτὴς τοῦ παντὸς ὑπόφορος τοῖς δυναστεύουσι γίνεται· ὁ τῆς κτίσεως κύριος ἐν σπηλαίῳ κατάγεται· ὁ τοῦ παντὸς περιδεδραγμένος οὐχ εὑρίσκει τόπον ἐν τῷ καταλύματι, ἀλλ' ἐν τῇ φάτνῃ τῶν ἀλόγων ζώων παραρριπτεῖται· ὁ καθαρὸς καὶ ἀκήρατος τὸν τῆς ἀνθρωπίνης φύσεως καταδέχεται ῥύπον, καὶ διὰ πάσης τῆς πτωχείας ἡμῶν διεξελθὼν μέχρι τῆς τοῦ θανάτου πρόεισι πείρας. Ὁρᾶτε τῆς ἑκουσίου πτωχείας τὸ μέτρον; ἡ ζωὴ θανάτου γεύεται, ὁ κριτὴς εἰς κριτήριον ἄγεται, ὁ τῆς ζωῆς τῶν ὄντων κύριος ἐπὶ τῇ ψήφῳ τοῦ δικάζοντος γίνεται, ὁ πάσης τῆς ὑπερκοσμίου δυνάμεως βασιλεὺς καὶ τῶν δημίων οὐκ ἀπωθεῖται χεῖρας. Πρὸς τοῦτο, σοί φησι, τὸ ὑπόδειγμα, τὸ τῆς ταπεινοφροσύνης βλεπέτω μέτρον. Τάχα δέ μοι δοκεῖ καλῶς ἔχειν καὶ τὴν ἀλογίαν τοῦ τοιούτου διασκοπῆσαι πάθους, ὡς ἂν εὐκατόρθωτος ἡμῖν ὁ μακαρισμὸς γένοιτο σὺν εὐμαρείᾳ

---

23) Die Worte ἐγγινόμενον νόσημα, welche auch Sifanus mitübersetzte, fehlen in den gedruckten Texten. — 24) ἑκουσίως fehlt in den Ausg.

als das Leiden welches uns durch den Hochmuth befällt. Da nun die Krankheit der Selbstüberhebung gewissermaßen fast in Jedem welcher die menschliche Natur theilt eingewurzelt ist, deshalb beginnt der Herr, indem er den Hochmuth wie ein Haupt- und Grundübel aus unserem Wesen verbannen will, die Seligpreisungen damit daß er uns räth dem nachzustreben welcher freiwillig arm ward, welcher der wahrhaft Selige ist, auf daß wir in der Eigenschaft in welcher wir es vermögen ihm nach Kräften ähnlich werden und aus der freiwilligen Armuth uns auch einen Antheil an der Seligkeit erwerben. Denn, spricht er, so soll er gesinnt sein wie Christus Jesus war, welcher ob er wohl in göttlicher Gestalt war, es nicht für einen Raub hielt Gott gleich zu sein, sondern sich selbst entäußerte, indem er Knechtesgestalt annahm. Was ist armseliger als Knechtesgestalt an Gott? was an dem welcher über Alles König ist demüthiger als freiwillig die Armuth unserer Natur zu theilen? Der König der Könige und Herr der Herren zieht von freien Stücken Knechtesgestalt an; der welcher über Alles richtet wird unterthänig den Fürsten; der Herr der Schöpfung steigt herab in eine Höhle; der welcher das All umfaßt hält findet keinen Platz in der Herberge, sondern wird in die Krippe der vernunftlosen Thiere gelegt; der Reine und Lautere nimmt den Schmuz der menschlichen Natur an, und, alle Stufen unserer Armuth durchschreitend, geht er sogar soweit, den Tod zu bestehen! Seht Ihr das Maaß der freiwilligen Armuth? das Leben kostet den Tod, der Richter wird in das Richthaus geführt, der Herr über das Leben derer die sind unterzieht sich dem Spruch des Verurtheilenden, der König über alle überweltliche Macht stößt die Hände der Henker von sich nicht zurück. Auf dieses Beispiel, spricht er zu dir, auf dieses Maaß der Demuth richte deine Blicke! Ich meine aber daß es vielleicht gut ist auch die Thorheit jener Leidenschaft näher zu betrachten, damit dadurch daß wir ungehindert und mit Leichtigkeit die Demuth uns erringen kann auch der Weg zur Seligkeit für uns leicht ge-

πολλῇ καὶ ῥᾳςώνῃ τῆς ταπεινοφροσύνης κατορθουμένης. Καθάπερ γὰρ οἱ ἐπιςήμονες τῶν ἰατρῶν τὸ νοσοποιὸν αἴτιον προεξελόντες ῥᾷον ἐπικρατοῦσι τοῦ πάθους, οὕτως καὶ ἡμεῖς τὴν χαυνότητα τῶν τυφουμένων τῷ λογισμῷ καταςείλαντες εὐεπίβατον ἑαυτοῖς τὴν τῆς ταπεινοφροσύνης ὁδὸν καταςήσωμεν. Πόθεν οὖν ἄν τις μᾶλλον ἐπιδείξειεν τοῦ τύφου τὸ μάταιον; πόθεν ἄλλοθεν ἢ ἐκ τοῦ δεῖξαι τὴν φύσιν ἥτις ἐςίν; Ὁ γὰρ πρὸς ἑαυτὸν, καὶ μὴ τὰ περὶ [25] ἑαυτὸν, βλέπων οὐκ ἂν [26] εὐκόλως εἰς τὸ τοιοῦτον ἐμπέσοι πάθος. Τί οὖν ἐςιν ἄνθρωπος; Βούλει τὸ σεμνότερον καὶ τιμιώτερον εἴπω τῶν λόγων; Ἀλλ᾽ ὁ κοσμῶν τὰ ἡμέτερα, καὶ πρὸς τὸ κομπωδέςερον διασκευάζων τὴν ἀνθρωπίνην εὐγένειαν, ἐκ πηλοῦ γενεαλογεῖ τὴν φύσιν, καὶ ἡ εὐγένεια καὶ ἡ σεμνότης τοῦ ὑπερηφάνου τὸ συγγενὲς πρὸς τὴν πλίνθον ἔχει. Εἰ δὲ τὴν προςεχῆ τε καὶ πρόχειρον τῆς γενέσεως [27] σύςασιν εἰπεῖν ἐθέλοις, ἄπαγε, μὴ φθέγξῃ περὶ τούτου, μὴ γρύξῃς, μὴ ἀνακαλύψῃς, καθὼς φησιν ὁ νόμος, ἀσχημοσύνην πατρὸς καὶ μητρός σου· μὴ δημοσιεύσῃς τῷ λόγῳ τὰ λήθης ἄξια καὶ βαθείας σιγῆς. Εἶτα οὐκ ἐρυθριᾷς ὁ γήϊνος ἀνδριὰς, ὁ μετ᾽ ὀλίγον κόνις, ὁ πομφόλυγος δίκην ὠκύμορον ἐν σεαυτῷ περιέχων τὸ φύσημα, πλήρης ὑπερηφανίας γινόμενος, καὶ περιφλεγμαίνων τῷ τύφῳ, καὶ τῷ ματαίῳ φρονήματι ἐξογκῶν τὴν διάνοιαν; οὐχ ὁρᾷς εἰς ἀμφότερα τῆς ζωῆς τοῦ ἀνθρώπου τὰ πέρατα, καὶ ὅπως ἄρχεται καὶ εἰς ὅ τι λήγει. Ἀλλὰ γαυριᾷς τῇ νεότητι, καὶ πρὸς τὸ ἄνθος τῆς ἡλικίας βλέπεις, καὶ ἐγκαλλωπίζῃ τῇ ὥρᾳ, ὅτι σοι [28] σφριγῶσιν αἱ χεῖρες πρὸς κίνησιν, καὶ κοῦφοι πρὸς τὸ ἅλμα οἱ πόδες, καὶ [29] περισοβεῖται ταῖς αὔραις ὁ βόςρυχος, καὶ τὴν παρειὰν ὑπογράφει ὁ ἴουλος, καὶ ὅτι σοι ἡ ἐσθὴς τῇ βαφῇ τῆς πορφύρας ὑπερανθίζεται, καὶ πεποίκιλταί σοι τὰ ἐκ Σηρῶν ὑφάσματα, πολέμοις ἢ θήραις ἢ τισιν ἱςορίαις πεποικιλμένα, ἢ τάχα καὶ πρὸς τὰ πέδιλα βλέπεις ἐπιμελῶς ἐν τῷ μέλανι ςίλβοντα, καὶ

Levit. 18, 6.

p. 769. A

---

25) M. αὐτόν. — 26) M. εὐλόγως. — 27) σύςασιν fehlt in ba Ausg. — 28) M. ὑπερσφριγῶσιν. — 29) M. περισοβεῖ.

wonnen werden möge. Gleichwie nämlich kundige Aerzte dadurch
daß sie erst die Krankheitsursache hinwegschaffen, dann um so
leichter das Leiden bewältigen, so wollen auch wir dadurch daß
wir der nichtigen Thorheit dünkelhaft Aufgeblasener durch Ver=
nunftgründe entgegentreten uns den Weg zur Demuth leicht
machen. Von welcher Seite wird man nun wohl besser das
Nichtige des Dünkels ins Licht setzen? Von wo anders als da=
durch daß man zeigt welche seine Natur sei? Denn der welcher
nur auf sich selbst, und nicht auf das was um ihn ist blickt, der
wird wohl nicht leicht in diese Leidenschaft verfallen. Was ist der
Mensch? Willst du daß ich über ihn pomphafte und ihn mit Ehren
schmückende Reden halte? Aber der welcher unser Wesen verherr=
licht, und den Adel des Menschen mit prahlerischem Glanze aus=
schmückt, der leitet seine Natur von einem Erdenklos ab, und
der Adel und die Hoheit des Stolzen ist somit dem Ziegel ver=
wandt. Solltest du aber von dem von da ab fortlaufenden und
unter den Menschen nun gebräuchlichen Entstehen durch Geburt
sprechen wollen — fern sei das! rede darüber nicht! thue den
Mund nicht auf! entblöße nicht, wie das Gesetz sagt, die Scham
deines Vaters und deiner Mutter! enthülle nicht mit Worten
was werth ist vergessen und mit tiefem Stillschweigen bedeckt zu
werden! Eröthest du nun nicht, du von Erde geformtes Bild,
der du in Kurzem Staub sein wirst, der du gleich einer Was=
serblase in dir den Athemzug schneller Vergänglichkeit trägst,
wenn du dich mit Hochmuth füllst, in Dünkel dich brüstest und
in nichtigem Selbstbewußtsein deinen Geist aufblähst? Richtest
du deinen Blick nicht auf beide Endpunkte des menschlichen Le=
bens, und wie er anfängt und in was er endigt? Aber du bist
stolz auf deine Jugend, und blickst auf die Blüthe deines Alters,
und prunkst in deiner Schönheit, weil deine Hände dir strotzen
in Beweglichkeit, und deine Füße leicht sind zum Sprunge, und
in den Lüften deine Locke flattert, und der Flaum deine Wange
untermalt, und weil dein Kleid in der Farbe des Purpurs glüht
und blüht, und weil deine seidenen Gewandstoffe buntfarbig ge=
stickt sind, mit Kriegesscenen oder Jagden, oder mit sonstigen
Darstellungen geschmückt, oder vielleicht auch auf deine Fußbe=

περιέργως ταῖς ἀπὸ τῶν ῥαφίδων γραμμαῖς [30] ἐπιπρέποντα; πρὸς ταῦτα βλέπεις, πρὸς δὲ σεαυτὸν οὐχ ὁρᾷς. Δείξω σοι ὥςπερ ἐν κατόπτρῳ τίς εἶ καὶ οἷος εἶ. Οὐκ εἶδες ἐν πολυανδρίῳ τὰ τῆς φύσεως ἡμῶν μυςήρια; οὐκ εἶδες τὴν ἐπάλληλον τῶν ὀςέων σωρείαν; κρανία σαρκῶν γεγυμνωμένα, φοβερόν τι καὶ εἰδεχθὲς ἐν διακενοῖς δεδορκότα τοῖς ὄμμασιν; εἶδες ςόματα σεσηρότα, καὶ τὰ λοιπὰ τῶν μελῶν πρὸς τὸ συμβὰν [31] πεφθαρμένα; Εἰ ἐκεῖνα εἶδες, σεαυτὸν ἐν ἐκείνοις τεθέασαι. Ποῦ τοῦ παρόντος ἄνθους τὰ σύμβολα; ποῦ ἡ εὔχροια τῆς παρειᾶς; ποῦ τὸ ἐπὶ τοῦ χείλους ἄνθος; ποῦ τὸ βλοσυρὸν ἐν τοῖς ὄμμασι κάλλος τῇ περιβολῇ τῶν ὀφρύων ὑπολαμπόμενον; ποῦ ἡ εὐθεῖα ῥὶς, ἡ τῷ κάλλει τῶν παρειῶν μεσιτεύουσα; ποῦ αἱ ἐπαυχένιοι κόμαι; ποῦ οἱ περικροτάφιοι βόςρυχοι; ποῦ αἱ τοξαζόμεναι χεῖρες, οἱ ἱππαζόμενοι πόδες, ἡ πορφύρα, ἡ βύσσος, ἡ χλανὶς, ἡ ζώνη, τὰ πέδιλα, ὁ ἵππος, ὁ δρόμος, τὸ φρύαγμα; πάντα δι᾽ ὧν σοι νῦν ὁ τῦφος αὔξεται; ποῦ ταῦτα ἐν ἐκείνοις, εἰπὲ, ὑπὲρ ὧν νῦν ἐπαίρῃ καὶ μεγαλοφρονεῖς; ποῖον οὕτως ἀνυπόςατον ὄναρ; ποῖα τοιαῦτα ἐξ ὕπνου φαντάσματα; τίς οὕτως ἀδρανὴς σκιὰ τὴν ἁφὴν ὑποφεύγουσα, ὡς τὸ τῆς νεότητος ὄναρ ὁμοῦ τε φαινόμενον καὶ εὐθὺς παριπτάμενον; ταῦτά μοι πρὸς τοὺς ἐν νεότητι διὰ τὸ ἀτελὲς τῆς ἡλικίας ἀφραίνοντας. Τί δ᾽ ἄν τις εἴποι περὶ τῶν ἤδη καθεςηκότων, οἷς ἡ μὲν ἡλικία βέβηκεν, ἀςατεῖ δὲ τὸ ἦθος, καὶ ἡ νόσος τῆς ὑπερηφανίας αὔξεται; ὄνομα δὲ τῇ τοιαύτῃ ἀῤῥωςίᾳ τοῦ ἤθους φρόνημα τίθενται. Ἀρχὴ δὲ ὡς ἐπὶ τὸ πολὺ καὶ ἡ κατ᾽ αὐτὴν δυναςεία ἡ τῆς ὑπερηφανίας ὑπόθεσις γίνεται. Ἢ γὰρ ἐν αὐτῇ τοῦτο πάσχουσιν, ἢ πρὸς αὐτὴν ἑτοιμάζονται, ἢ τὰ περὶ αὐτῆς διηγήματα καὶ παυσαμέ-

---

30) M. ἐπιτέρποντα. — 31) M. πεφορημένα.

kleidung schauest welche in sorgfältiger Schwärze glänzt, und durch ihre voll mühseliger Kunst mit der Nadel eingestickten Züge und Figuren in die Augen fallen? dahin blickst du, aber auf dich selbst stehest du nicht! Ich will dir wie in einem Spiegel zeigen wer und wie du bist. Sahest du nicht auf dem Kirchhof die Geheimnisse unserer Natur? sahest du nicht den dicht aufeinander geschichteten Knochenhaufen? Schädel vom Fleische entblößt, die mit leeren Augenhöhlen schrecklich und häßlich zugleich uns anstarren? Sahst du grinzende Mäuler, und die übrigen Glieder in wüster Unordnung durcheinandergeworfen? Wenn du das angeblickt hast, dann hast du dich selbst geschaut. Wo sind die Zeichen der gegenwärtigen Jugendblüthe? wo die frische Farbe der Wangen? wo die blühende Gluth der Lippen? wo die mannhafte Schönheit in den Augen welche aus der Umkleidung der Brauen hervorglänzt? wo die gerad vorspringende Nase, welche inmitten der Schönheit der Wangen prangt? wo die den Nacken herabwallenden Haare? wo die die Schläfe umspielenden Locken? wo die den Bogen spannenden Hände, die das Pferd regierenden Füße, der Purpur, die feinen Linnen, das Kriegsgewand, der Gürtel, die Fußbekleidung, das Pferd, sein Rennen und sein Schnauben, Alles was jetzt deinem Dünkel Nahrung giebt? Sprich, wo sind an Jenen diese Dinge zu entdecken auf welche du jetzt stolz bist und dich erhebst? Was ist dies für ein so nichtiger Traum? was sind dies für Trugbilder des Schlafs? was das für ein so luftiger die Berührung fliehender Schatten, daß er als Traum der Jugend zugleich mit seinem Erscheinen wieder entschwebt? Das sind Fragen welche ich an diejenigen richte welche in der Jugend, ob der Unreife ihres Alters, voll Thorheit sind. Was soll man aber von den Aelteren sagen deren Lebensalter wohl festen Fuß gefaßt hat, deren Charakter aber noch unstät und deren Hochmuthskrankheit im Wachsen ist? Man nennt dieses Leiden des Charakters mit dem Namen „Dünkel". Veranlassung zu Hochmuth giebt meistentheils ein oberes Staatsamt und die damit verbundene Macht; denn entweder gewinnt man ihn mit diesem selbst, oder man bereitet sich darauf vor, oder die über dasselbe geführten Reden fachen die sogar bereits beschwichtigte

p. 770. νην ἤδη πολλάκις ἀναρριπίζει τὴν νόσον. Καὶ τίς λόγος
A τοιοῦτος ὡς ἐντὸς γενέσθαι τῆς ἀκοῆς αὐτῶν, τῆς ὑπὸ τῆς
φωνῆς τῶν κηρύκων προβεβυσμένης; τίς πείσει τοὺς οὕτως
ἔχοντας ὅτι τῶν [32] ἐπὶ τῇ σκηνῇ πομπευόντων οὐδ᾽ ὁτιοῦν
διαφέρουσι; Καὶ γὰρ ἐκείνοις καὶ πρόσωπόν τι ἐκ τέχνης
τῶν γλαφυρῶν ἐπιβέβληται, καὶ ἀλουργὶς χρυσόπαςος, καὶ
[33] ἐπὶ ἅρματος ἡ πόμπη, καὶ ὅμως οὐδεμία νόσος αὐτοῖς
ὑπερηφανίας ἐκ τῶν τοιούτων εἰσέρχεται, ἀλλ᾽ οἷοι πρὸ
τῆς σκηνῆς ἦσαν τὸ φρόνημα, ἴσην ἐπὶ τῇ ψυχῇ τὴν ἕξιν
καὶ ἐπὶ τῆς πομπῆς διεσώσαντο, καὶ μετὰ τοῦτο οὐκ ἀη-
ῶνται, τοῦ τε ἅρματος ἀποβάντες καὶ τὸ σχῆμα περιαι-
B ρούμενοι. Οἱ δὲ διὰ τῆς ἀρχῆς πομπεύοντες ἐν τῇ τοῦ
βίου σκηνῇ, οὔτε τὸ πρὸ βραχέος, οὔτε τὸ μετὰ βραχὺ
λογιζόμενοι, καθάπερ τῷ φυσήματι αἱ πομφόλυγες περι-
τείνονται, τὸν αὐτὸν τρόπον καὶ οὗτοι περιογκοῦνται τῇ
μεγαλοφωνίᾳ τοῦ κήρυκος, ἀλλοτρίου τινὸς προσωπείου
μορφὴν ἑαυτοῖς περιπλάσσουσιν, ἐξαλλάσσοντες τὴν κατὰ
φύσιν τοῦ προσώπου θέσιν εἰς τὸ ἀμειδὲς καὶ ἐπίφοβον
φθόγγος τε αὐτοῖς ἐπινοεῖται τραχύτερος, πρὸς τὴν τῶν
ἀκουόντων κατάπληξιν ἐπὶ τὸ θηριῶδες μετατυπούμενος,
οὐκέτι ἐν τοῖς ἀνθρωπίνοις μένουσιν ὅροις, ἀλλ᾽ εἰς τὴν
C θείαν δύναμίν τε καὶ ἐξουσίαν ἑαυτοὺς εἰσποιοῦσιν. Ζωῆς
γὰρ καὶ θανάτου κύριοι εἶναι πιςεύουσιν, ὅτι τῶν [34] ἑαυτοῖς κρινομένων τῷ μὲν τὴν σώζουσαν νέμουσι ψῆφον, τῷ
δὲ θανάτῳ καταδικάζουσι, καὶ οὐδὲ τοῦτο βλέπουσι, τί
ἀληθῶς [35] ὁ τῆς ἀνθρωπίνης ζωῆς κύριος, ὁ καὶ τὴν ἀρχὴν τοῦ εἶναι καὶ τὸ τέλος ὁρίζων. Καί τοί γε τοῦτο
μόνον ἱκανὸν ἦν εἰς καταςολὴν τῆς χαυνότητος, τὸ πολλοὺς ἰδεῖν τῶν ἀρχόντων ἐν αὐτῇ τῇ τῆς ἀρχῆς σκηνῇ
D μέσων ἁρπασθέντας τῶν θρόνων καὶ ἐπὶ τοὺς τάφους
ἐκκομισθέντας, ἐφ᾽ ὧν ὁ θρῆνος τὰς τῶν κηρύκων φωνὰς
διεδέξατο. Πῶς οὖν ἀλλοτρίας ζωῆς κύριος ὁ τῆς ἰδίας
ἀλλότριος; Καὶ οὗτος τοίνυν εἰ πτωχεύει τῷ πνεύματι

---

32) M. ἐπὶ σκηνῆς. — 33) M. ἐπιάρματος. — 34) M. ἐν αὐτοῖς
— 35) ὁ fehlt bei M.

Krankheit wieder von Neuem an. Welche Rede ist aber von der Kraft daß sie in ihre Ohren einzubringen vermöchte, welche von der Stimme der Herolde bereits verstopft sind? Wer wird die in solchem Zustande Befindlichen überzeugen daß sie sich von denen welche stolz auf der Bühne einherschreiten in gar Nichts unterscheiden? denn auch Jene haben ein glattes Gesicht, was die Kunst schuf, angezogen, und ein golddurchwirktes Purpurgewand, und fahren stolz auf einem Wagen daher, und dennoch befällt sie in Folge dessen keine Hochmuthskrankheit; vielmehr wie ihr Sinn vorher stand, ehe sie die Bühne beschritten hatten, diese gleiche Seelenstimmung bewahren sie auch während des Schaugepränges, und betrüben sich nachher nicht, wenn sie von dem Wagen herabsteigen und ihr Aussehen verlieren. Die hingegen welche während der Zeit ihrer hohen amtlichen Stellung auf dem Schauplatz des Lebens einherstolzieren, ohne an die jüngste Vergangenheit noch an die nächste Zukunft zu denken, diese pflegen, wie die Wasserblasen vom Hauche sich aufblähen, eben so an Umfang zu wachsen, wenn die laute Stimme des Herolds erschallt, und Gestalt und Aussehen einer anderen Person anzunehmen, indem sie die natürliche Form ihres Gesichts in Ernst und Furcht erregende Finsterkeit umsetzen, wobei sie eine rauhere Sprechweise sich erfinden, welche zum Schrecken der Hörenden das Gepräge der Wildheit an sich trägt, und sich nicht mehr innerhalb der menschlichen Schranken halten, sondern sich zur göttlichen Macht und Gewalt erhoben wähnen. Denn sie glauben fast Herren über Leben und Tod zu sein, weil sie dem einen Theil von denen welche von ihnen gerichtet werden die Freisprechung, dem anderen den Tod zuerkennen, und blicken nicht darauf, wer in Wahrheit Herr über das menschliche Leben ist, und den Anfang und das Ende des Seins bestimmt. Und doch könnte das allein schon zur Zügelung ihres hochfahrenden Wesens ausreichend sein, daß sie viele hochgestellte Männer mitten aus dem Schauplatz ihrer amtlichen Thätigkeit heraus von ihren stolzen Sitzen herabgerissen und zum Begräbniß hinausgetragen sehen, wobei nun der Klagegesang die Stimmen der Herolde abgelöst hat. Wie kann also der Herr über ein fremdes Leben sein welchem sein eigenes nicht gehört? Ist er jedoch geist-

πρὸς τὸν δι' ἡμᾶς πτωχεύσαντα ἑκουσίως βλέπων, καὶ πρὸς τὸ τῆς φύσεως ὁμότιμον καθορῶν, μηδὲν ἐκ τῆς ἠπατημένης ἐκείνης περὶ [36]τὴν ἀρχὴν τραγῳδίας εἰς τὸ ὁμογενὲς ἐξυβρίζοι, μακαριςὶς ἀληθῶς τῆς ταπεινοφροσύνης τῆς προςκαίρου τὴν τῶν οὐρανῶν βασιλείαν ἀνταλλαξάμενος. Μὴ ἀποβάλῃς, ἀδελφὲ, καὶ τὸν ἕτερον τῆς πτωχείας λόγον, ὃς τοῦ κατ' οὐρανὸν πλούτου πρόξενος γίνεται. Πώλησόν σου, φησὶ, [37]τὰ ὑπάρχοντα, καὶ δὸς πτωχοῖς, καὶ δεῦρο, ἀκολούθει μοι, καὶ ἕξεις θησαυρὸν ἐν οὐρανοῖς. Καὶ γὰρ ἡ τοιαύτη πτωχεία δοκεῖ μοι μὴ ἀπᾴδειν τῆς μακαριζομένης πτωχείας. Ἰδοὺ πάντα ὅσα εἴχομεν ἀφέντες ἠκολουθήσαμέν σοι, φησὶν πρὸς τὸν δεσπότην ὁ μαθητής. Τί ἄρα ἔςαι ἡμῖν; καὶ τίς ἡ ἀπόκρισις; Μακάριοι οἱ πτωχοὶ τῷ πνεύματι, ὅτι αὐτῶν ἐςὶν ἡ βασιλεία τῶν οὐρανῶν. Βούλει νοῆσαι τίς ὁ πτωχεύων τῷ πνεύματι; ὁ ἀνταλλαξάμενος τὸν τῆς ψυχῆς πλοῦτον τῆς σωματικῆς εὐπορίας, ὁ διὰ τὸ πνεῦμα πτωχεύων, ὁ τὸν γήϊνον πλοῦτον οἷόν τι βάρος ἀποσεισάμενος, ἵνα μετάρσιός τε καὶ διαέριος ἄνω φέρηται, καθώς φησιν ὁ ἀπίςολος, ἐπὶ νεφέλης συμμετεωροπορῶν τῷ θεῷ. Βαρύ τι χρῆμα τὸ χρυσίον ἐςὶν, βαρεία πᾶσα ἡ σπουδαζομένη κατὰ τὸν πλοῦτον ὕλη, κοῦφον δέ τι καὶ ἀνωφερὲς πρᾶγμα ἡ ἀρετή. Ἀλλὰ μὴν ἀντίκειται ταῦτα ἀλλήλοις, τὸ βάρος καὶ ἡ κουφότης· οὐκοῦν ἀμήχανόν τινα γενέσθαι κοῦφον, [38]τὸν τῷ βάρει τῆς ὕλης ἑαυτὸν προςηλώσαντα. Εἰ οὖν χρὴ τοῖς ἄνω προσβῆναι, τῶν κάτω καθελκόντων πτωχεύσωμεν, ἵνα ἐν τοῖς ἄνω γενώμεθα. Τίς δὲ ὁ τρόπος, ὑφηγεῖται ἡ ψαλμῳδία. Ἐσκόρπισεν, ἔδωκεν τοῖς πένησιν, ἡ δικαιοσύνη αὐτοῦ μένει εἰς τὸν αἰῶνα τοῦ αἰῶνος. Ὁ τῷ πτωχῷ κοινωνήσας εἰς τὴν μερίδα τοῦ δι' ἡμᾶς πτωχεύσαντος ἑαυτὸν καταςήσει. Ἐπτώχευσεν ὁ κύριος, μὴ φοβηθῇς μηδὲ σὺ τὴν πτωχείαν. Ἀλλὰ βασιλεύει πάσης τῆς κτίσεως ὁ δι' ἡμᾶς πτωχεύσας. Οὐκ-

---

36) τὴν fehlt bei M. — 37) M. πάντα τὰ ὑπάρχ. — 38) τὸν fehlt bei M.

lich arm, im Hinblick auf den der um unsertwillen freiwillig arm geworden ist, und seine Augen auf die Gleichheit unserer Natur richtend, so wird er sich auch nicht mit jener Bühnenhoffahrt im Amte gegen seines Gleichen im freolen Uebermuth ergehen, und ist selig zu preisen in Wahrheit, weil er um seine zeitliche Demuth sich das Himmelreich eintauscht. Verschmähe auch nicht, mein Bruder, die andere Art von Armuth, welche dir den Erwerb des himmlischen Reichthums vermittelt! Verkaufe deine Habe, und gieb es den Armen, und komm, und folge mir nach, und du wirst einen Schatz im Himmel haben! Auch eine solche Armuth scheint nicht mit der Armuth welche selig gepriesen wird in Widerspruch zu stehen. Siehe, wir haben Alles verlassen was wir hatten, und sind Dir nachgefolgt! spricht der Jünger zu dem Herrn. Was wird also unser sein? und welches ist die Antwort? Selig sind die da geistlich arm sind, denn ihrer ist das Himmelreich. Willst du wissen wer geistlich arm ist? der welcher um leibliches Wohlergehen den Reichthum der Seele eintauscht, welcher um des Geistes willen arm ist, welcher den irdischen Reichthum wie eine Last von sich abschüttelt, damit er hoch in den Lüften nach Oben getragen wird, wie der Apostel sagt, auf einer Wolke schwebend mit Gott. Ein schweres Ding ist das Gold, schwer ist aller Stoff des Reichthums nach dem man ringt, eine leichte und nach Oben strebende Sache hingegen die Tugend. Nun sind dies aber Gegensätze, die Schwere und die Leichtigkeit: folglich ist es unmöglich daß Einer leicht wird, wenn er sich an die Schwere der Materie festgeheftet hat. Sollen wir also zu dem was droben ist hinansteigen, so laßt uns arm sein an dem was uns darniederzieht, damit wir nach Oben gelangen! Auf welche Weise dies geschehen muß, giebt der Psalm an die Hand. Er streuete aus, und gab den Armen, seine Gerechtigkeit bleibt ewiglich. Wer dem Armen mittheilt, der wird sich auf die Seite dessen stellen welcher sich um unsertwillen arm gemacht hat. Der Herr war arm, scheue auch du nicht die Armuth! Aber es herrscht über die ganze Schöpfung der welcher um unsertwillen arm war!

οὖν ἐὰν πτωχεύσαντι συμπτωχεύσῃς, καὶ βασιλεύοντι συμβασιλεύσεις. Μακάριοι γὰρ οἱ πτωχοὶ τῷ πνεύματι, ὅτι αὐτῶν ἐςιν ἡ βασιλεία τῶν οὐρανῶν, ἧς καὶ ἡμεῖς ἀξιωθείημεν ἐν Χριςῷ Ἰησοῦ τῷ κυρίῳ ἡμῶν, ᾧ ἡ δόξα καὶ τὸ κράτος, εἰς τοὺς αἰῶνας τῶν αἰώνων. Ἀμήν.

ΛΟΓΟΣ β'.

Μακάριοι οἱ πραεῖς, ὅτι αὐτοὶ κληρονομήσουσι τὴν γῆν.

Οἱ διὰ κλίμακός τινος τοῖς ὑψηλοτέροις προσβαίνοντες, ὅταν τῆς πρώτης ἐπιβῶσι βαθμίδος, δι' ἐκείνης ἐπὶ τὴν ὑπερκειμένην αἴρονται, καὶ πάλιν ἡ δευτέρα προςάγει τῇ τρίτῃ τὸν ἀνιόντα, καὶ αὕτη πρὸς τὴν ἐφεξῆς, καὶ αὕτη πρὸς τὴν μεθ' ἑαυτὴν, καὶ οὕτως ὁ ἀνιὼν ἀπὸ τοῦ ἐν ᾧ ἐςιν ἀεὶ πρὸς τὸ ὑπερκείμενον ἀνυψούμενος ἐπὶ τὸ ἀκρότατον φθάνει τῆς ἀναβάσεως. Πρὸς τί βλέπων ἐντεῦθεν προοιμιάζομαι; δοκεῖ μοι βαθμίδων δίκην ἡ τῶν μακαρισμῶν διακεῖσθαι τάξις, εὐεπίβατον τῷ λόγῳ δι' ἀλλήλων ποιοῦσα τὴν ἄνοδον. Τὸν γὰρ τῷ πρώτῳ διὰ τῆς διανοίας ἐπιβεβηκότα μακαρισμῷ δι' ἀναγκαίας τινὸς τῆς τῶν νοημάτων ἀκολουθίας ὁ μετ' ἐκεῖνον ἐκδέχεται, κἂν ὑποξενίζειν δοκῇ παρὰ τὴν πρώτην ὁ λόγος. Μὴ γὰρ εἶναι δυνατὸν ἴσως ὁ ἀκούων ἐρεῖ, καθάπερ ἐν βαθμῶν διαθέσει, μετὰ τὴν τῶν οὐρανῶν βασιλείαν τῆς γῆς τὴν κληρονομίαν καταλαμβάνεσθαι, ἀλλ' εἴπερ ἔδει τῇ φύσει τῶν ὄντων τὸν λόγον ἕπεσθαι, τοῦ οὐρανοῦ τὴν γῆν ἀκολουθότερον ἦν προτετάχθαι, ὡς ἐντεῦθεν ἡμῖν ἐπ' ἐκεῖνον ἐσομένης τῆς ἀναβάσεως. Ἀλλ' εἰ πτερωθείημέν πως τῷ λόγῳ, καὶ ὑπὲρ τὰ νῶτα τῆς οὐρανίας ἁψίδος ϛαίημεν, εὑρήσομεν ἐκεῖ τὴν ὑπερουράνιον γῆν, τὴν εἰς κληρονομίαν τοῖς κατ' ἀρετὴν βεβιωκόσιν ἀποκειμένην, ὡς μὴ δοκεῖν ἡμαρτῆσθαι τὴν τάξιν τῆς τῶν μακαρισμῶν ἀκολουθίας,

Wenn Du also arm wirst mit dem der arm geworden ist, so wirst
Du sicherlich auch herrschen mit dem der herrscht. Denn selig
sind die geistlich Armen, denn ihrer ist das Himmelreich! Dessen auch wir würdig befunden werden möchten in
Christo Jesu, unserem Herrn, dem die Herrlichkeit und die Macht
gebührt in alle Ewigkeit! Amen.

Zweite Rede.
Selig sind die Sanftmüthigen, denn sie werden die Erde besitzen.

Die welche auf einer Leiter emporsteigen erheben sich, wenn
sie die erste Sprosse betreten haben, vermittelst dieser auf die höher
gelegene, die zweite führt sie wiederum der dritten zu, und diese
wieder der folgenden, und diese zu der welche nach ihr kommt,
und indem so der Hinaufsteigende von dem Standpunkt auf welchem er sich befindet immer wieder zu dem darüber liegenden sich
erhebt, gelangt er so auf die äußerste Spitze. Was habe ich im
Auge, indem ich damit meine Rede beginne? Mir scheint daß die
Ordnung der Seligkeiten nach Art der Leitersprossen sich verhalte,
und die eine durch die andere der Untersuchung das Hinaufsteigen
leicht mache. Denn wer mit seinem Geiste die erste Seligkeit erstiegen hat, den nimmt vermöge einer gewissen nothwendigen Ge-
dankenfolge die nächste auf, wenn gleich diese Behauptung auf
den ersten Augenblick etwas Fremdartiges auszusprechen scheinen
sollte. Denn vielleicht wird der Hörer sagen, es sei doch wohl nicht
möglich daß, wie in der Ordnung der Leitertritte, der Besitz der
Erde nach dem Himmelreich seine Stelle einnehme, es wäre, wenn
anders die Rede dem natürlichen Verhältniß der Dinge folgen
sollte, vielmehr richtiger daß die Erde vor dem Himmel ihren
Platz erhielt, weil wir von hier unser Hinaufsteigen zu jenem bewerkstelligen sollen. Allein wenn wir uns einigermaßen im Geiste
zum Fluge zu erheben vermöchten und über der Kuppel des Him-
melsgewölbes stünden, so würden wir dort die über dem Himmel
liegende Erde entdecken welche dem der ein tugendhaftes Leben
geführt hat zum Besitze bestimmt ist, so daß also in der Ordnung
und Aufeinanderfolge der Seligkeiten nicht gefehlt zu sein scheint,

πρῶτον οὐρανοῦ, καὶ μετὰ ταῦτα γῆς, ἐν ταῖς ἐπαγγελίαις ἡμῖν παρὰ τοῦ θεοῦ προτεθείσης. Τὸ γὰρ φαινόμενον ὅσον πρὸς τὴν σωματικὴν αἴσθησιν ὅλον πρὸς ἑαυτὸ συγγενῶς ἔχει. Κἂν γὰρ [1]τὸ μὲν ὑψηλὸν εἶναι δοκῇ τῷ τοπικῷ διαςήματι, ἀλλ' οὖν κάτω τῆς νοερᾶς οὐσίας ἐςὶν, ἧς ἀδύνατον ἐπιβατεῦσαι τὸν λογισμὸν, μὴ διαβάντα τῷ λόγῳ ταῦτα πρότερον ὧν καθικνεῖται ἡ αἴσθησις. Εἰ δὲ τῇ προςηγορίᾳ τῆς γῆς ἡ ὑπερκειμένη κατονομάζεται λῆξις, θαυμάσεις μηδέν· τῷ γὰρ ταπεινῷ τῆς ἡμετέρας ἀκοῆς συγκαταβαίνει ὁ λόγος, ὁ διὰ τοῦτο πρὸς ἡμᾶς καταβὰς, ἐπειδὴ ἡμεῖς πρὸς αὐτὸν ἀνυψωθῆναι οὐχ οἷοί τε ἦμεν. Διὰ τοίνυν τῶν ἡμῖν γνωρίμων ῥημάτων τε καὶ ὀνομάτων παραδίδωσι τὰ θεῖα μυςήρια, ταύταις ταῖς φωναῖς κεχρημένος ἃς ἡ συνήθεια τοῦ ἀνθρωπίνου περιέχει βίου. Καὶ γὰρ τῇ πρὸ ταύτης ἐπαγγελίᾳ τὸν ἄφραςον ἐκεῖνον ἐν τοῖς οὐρανοῖς μακαρισμὸν βασιλείαν ὠνόμασεν· ἆρα τί τοιοῦτον τῷ λόγῳ παραδεικνύων οἷον ἡ κάτω περιέχει βασιλεία; διαδήματά τινα ταῖς τῶν λίθων αἴγλαις περιαςράπτοντα, καὶ εὐανθεῖς ἁλουργίδας ἡδύ τι τοῖς λίχνοις ὄμμασιν ἀπαυγαζούσας, προπύλαιά τε καὶ καταπετάσματα, καὶ ὑψηλοὺς θρόνους, καὶ δορυφόρων ςοιχηδὸν περιεςώτων τάξεις, καὶ ὅσα ἄλλα προςτραγῳδοῦσιν περὶ τὴν τοιαύτην τοῦ βίου σκηνὴν οἱ τὸν ὄγκον τῆς δυναςείας διὰ τῶν τοιούτων ἐπὶ τὸ μεῖζον ἐξαίροντες; ἀλλ' ἐπειδὴ μέγα τι καὶ ὑπὲρ πάντα σχεδὸν τὰ ἐν ἀνθρώποις ζηλούμενα τὸ τῆς βασιλείας ὄνομα κατὰ τὸν βίον ἐςὶν, διὰ τοῦτο συνεχρήσατο τῷ ὀνόματι, πρὸς τὴν τῶν ὑπερκειμένων ἀγαθῶν δήλωσιν· ὡς εἴγε ἦν ἄλλο τι παρὰ τοῖς ἀνθρώποις τῆς βασιλείας ἀνώτερον, δι' ἐκείνου ἂν τοῦ ὀνόματος [2]πάντως ἀνεπτέρωσε τὴν ψυχὴν τοῦ ἀκούοντος πρὸς ἐπιθυμίαν τῆς ἀφράςου μακαριότητος. Οὐδὲ γὰρ [3]ἐςι δυνατὸν ἰδίοις ὀνόμασιν ἐκεῖνα τὰ ἀγαθὰ τοῖς ἀνθρώποις ἐκκαλυφθῆναι ἃ ὑπὲρ αἴσθησίν τε καὶ γνῶσιν ἀνθρωπίνην ἐςὶν (οὔτε γὰρ ὀφθαλμὸς εἶδεν, φη-

---
1) M. ὃ μὲν. — 2) M. πάντως μάλιςα ἀνεπτέρωσεν ψυχήν. — 3) M. ἦν.

wenn uns in den Verheißungen zuerst der Himmel, und dann die Erde, von Gott versprochen worden ist. Alles was man sieht ist, in Bezug auf die körperliche Wahrnehmung, durchweg mit sich verwandt. Denn wenn schon das Eine der räumlichen Dimension nach hoch erscheint, so liegt es doch unterhalb der intellektualen Substanz, zu welcher der Gedanke nicht emporzusteigen vermag, wenn er nicht vorher erst dasjenige in richtiger Einsicht durchschritten hat was für die sinnliche Wahrnehmung erfaßbar ist. Wenn aber mit dem Ausdruck „Erde" die obere Region bezeichnet wird, so magst du dich darüber nicht wundern; denn der Herr läßt sich mit seinem Wort herab zur Niedrigkeit unseres Gehörs, er der deshalb zu uns herabgestiegen ist weil wir zu ihm uns zu erheben außer Stand waren. Durch Wörter und Namen also die uns bekannt und geläufig sind lehrt er uns die göttlichen Geheimnisse, und braucht solche Ausdrücke, wie sie der Gewohnheit des menschlichen Lebens eigen sind. Hatte er doch auch in der vorhergehenden Verkündigung jene unaussprechliche Seligkeit im Himmel „Reich" genannt. Wollte er damit wohl etwas bezeichnen was den irdischen Reichen eigen ist, Diademe funkelnd in den Strahlen ihrer Gesteine, Purpurgewänder, welche den lüsternen Augen den Glanz ihrer Blüthenpracht entgegenwerfen, Vorzimmer und Vorhänge, erhabene Sessel, Abtheilungen von in Reihe und Glied herumstehenden Trabanten, und alles womit sonst diejenigen welche durch dergleichen Dinge das Gewicht des Herrscherthums vermehren die Hoffahrt dieser Schaubühne des Lebens ausputzen? Nein, sondern weil das Wort „Reich" etwas Großes bedeutet, und etwas das beinahe über alles hinausliegt was für die Menschen Gegenstand der Bewunderung und des Strebens ist, deßhalb hat er den Ausdruck gebraucht, um die höchsten Güter zu bezeichnen. Gäbe es bei den Menschen etwas das höher wäre als Reich und Königthum, so würde er ohne Zweifel die Seele des Zuhörers mit dessen Nennung zur Begierde nach der unaussprechlichen Seligkeit beflügelt haben. Es ist unmöglich den Menschen jene Güter mit ihren eigenen Namen zu enthüllen welche über unsere sinnliche Wahrnehmung und Erkenntniß hinaus liegen (denn weder ein Auge hat es gesehen, heißt es, noch

Gregor. IV. 12

σὶν, οὔτε οὖς ἤκουσεν, οὔτε ἐπὶ καρδίαν ἀνθρώπου ἀνέβη)· ἀλλ' ὡς ἂν μὴ παντελῶς διαφύγοι τὸν ϛοχασμὸν ἡ ἐλπιζομένη μακαριότης, ὡς χωροῦμεν κατὰ τὸ ταπεινὸν ἡμῶν τῆς φύσεως, οὕτω τῶν ἀνεκφωνήτων ἀκούομεν. Μὴ οὖν ἡ τῆς γῆς ὁμωνυμία πάλιν μετὰ τοὺς οὐρανοὺς καθελκέτω σου τὴν διάνοιαν ἐπὶ τὴν κάτω γῆν, ἀλλ' εἴπερ ὑψώθης τῷ λόγῳ διὰ τῶν προτέρων μακαρισμῶν, καὶ τῆς οὐρανίας ἐπέβης ἐλπίδος, ἐκείνην μοι πολυπραγμόνει τὴν γῆν ἥτις οὐ πάντων ἐϛὶ κληρονομία, πλὴν εἴ τινες διὰ τῆς τοῦ βίου πραότητος ἄξιοι τῆς ἐπαγγελίας ἐκείνης κρίνονται. Ἣν μοι δοκεῖ καὶ ὁ μέγας Δαβὶδ, ὁ παρὰ πάντας τοὺς κατ' αὐτὸν ἐπιδεδημηκότας τῷ βίῳ πραΰς τε καὶ ἀνεξίκακος μαρτυρηθεὶς ὑπὸ τῆς θείας γραφῆς, προνενοηκέναι τῇ ὑφηγήσει τοῦ πνεύματος, καὶ διὰ πίϛεως ἤδη κατεσχηκέναι τὸ ἐλπιζόμενον, εἰπὼν, Πιϛεύω τοῦ ἰδεῖν τὰ ἀγαθὰ κυρίου ἐν γῇ ζώντων. Οὐ γάρ φημι τὸν προφήτην ταύτην ζώντων προσειρηκέναι τὴν γῆν τὰ θνητὰ πάντα φύουσαν καὶ εἰς ἑαυτὴν πάλιν πᾶν τὸ ἐξ αὐτῆς γεγονὸς ἀναλύουσαν, ἀλλ' οἶδεν γῆν ζώντων, ἧς οὐκ ἐπέβη θάνατος, ἐν ᾗ ὁδὸς ἁμαρτωλῶν οὐκ ἐτρίβη, ἢ κακίας ἴχνος ἐφ' ἑαυτῆς οὐκ ἐδέξατο, ἣν οὐκ ἀνέτεμεν τῷ ἀρότρῳ τῆς πονηρίας ὁ τὰ ζιζάνια σπείρων, ἡ τριβόλων καὶ ἀκανθῶν ἄγονος, ἐν ᾗ τὸ ὕδωρ τῆς ἀναπαύσεως καὶ ὁ τῆς χλόης τόπος, καὶ ἡ τετραχῇ μεριζομένη πηγὴ, καὶ ἡ παρὰ τοῦ θεοῦ τῶν ὅλων γεωργουμένη ἄμπελος, καὶ ὅσα ἄλλα δι' αἰνιγμάτων παρὰ τῆς θεοπνεύϛου διδασκαλίας ἀκούομεν. Εἰ δὴ νενόηται ἡμῖν ἡ ὑψηλὴ γῆ ὑπεράνω τῶν οὐρανῶν θεωρουμένη, ἐφ' ἧς ἡ πόλις τοῦ βασιλέως συνῴκιϛαι, περὶ ἧς τὰ δεδοξασμένα ἐλαλήθη, καθώς φησιν ὁ προφήτης, οὐκέτ' ἂν εἰκότως πρὸς τὴν τάξιν τῆς ἀκολουθίας τῶν μακαρισμῶν ξενιζοίμεθα. Οὐδὲ γὰρ εἰκὸς

---

4) M. γένος.

ein Ohr gehört, noch ist es in eines Menschen Herz gekommen): aber damit die gehoffte Seligkeit unserer Vorstellung sich nicht völlig entzöge, darum vernehmen wir die unaussprechlichen Dinge in solcher Darstellung, wie sie nach der Armseligkeit unserer Natur für uns faßlich sind. Möge also die gleiche Benennung „Erde" deinen Geist, nachdem er bereits über den Himmeln ist, nicht wiederum auf die Erde herniederziehen, sondern, wenn du einmal von dem Worte des Herrn durch die ersten Seligkeiten emporgehoben worden bist, und den Boden der himmlischen Hoffnung betreten hast, dann forsche nach jener Erde welche keineswegs Aller Besitz ist, sondern nur derer welche ob der Sanftmuth ihres Wandels jener Verheißung für werth erachtet werden. Dieses Besitzthum scheint mir auch der große David, dem die heilige Schrift vor Allen, welche gleichzeitig mit ihm lebten, das Zeugniß der Sanftmuth und Duldung giebt, vom heiligen Geist belehrt schon im Sinn gehabt, und durch den Glauben das Erhoffte bereits erlangt zu haben, wenn er sagt, Ich glaube, auf daß ich sehe die Güter des Herrn im Lande der Lebendigen. Denn ich sage daß der Prophet nicht diese Erde, welche alles Sterbliche erzeugt und alles was aus ihr seinen Ursprung genommen wiederum in sich auflöst, damit genannt hat, sondern er hatte eine Erde der Lebendigen im Sinn, welche der Tod nicht betreten hat, auf welcher der Weg der Sünder nicht beschritten worden ist, welche keine Fußspur des Bösen in sich aufgenommen, welche der Sämann des Unkrauts nicht mit dem Pflug der Bosheit zerrissen hat, welche nicht Disteln und Dornen erzeugt, auf welcher das Wasser der Ruhe und der Ort des frischen Grüns sich befindet und die vierfach getheilte Quelle, und der von dem Gott aller Dinge gepflegte Weinstock, und was uns sonst von der göttlichen Lehre der Schrift durch Gleichnisse genannt und bezeichnet wird. Wenn wir nun also die Erde droben, welche über den Himmeln geschaut wird, verstanden haben, auf welcher die Stadt des Königs erbaut ist, und über welche die herrlichen Dinge gepredigt wurden, wie der Prophet sagt, so wird uns begründeter Weise die Ordnung und Aufeinanderfolge der Seligkeiten nicht mehr befremden. Denn es wäre meiner

ἤν, οἶμαι, ταύτην ⁵ἐν εὐλογίαις προκεῖσθαι ταῖς ἐλπίσι τὴν γῆν τοῖς ἁρπαγησομένοις, καθώς φησιν ὁ ἀπόςολος, ἐν νεφέλαις εἰς ἀπάντησιν τοῦ κυρίου εἰς ἀέρα, καὶ οὕτως μέλλουσι πάντοτε σὺν κυρίῳ ἔσεσθαι. Τίς οὖν ἔτι χρεία τῆς κάτω γῆς, οἷς ἡ ζωὴ μετάρσιος ἐν ἐλπίσιν ἐςίν; ἁρπαγησόμεθα γὰρ ἐν νεφέλαις εἰς ἀπάντησιν τοῦ κυρίου εἰς ἀέρα, καὶ οὕτως πάντοτε σὺν κυρίῳ ἐσόμεθα. Ἀλλ᾽ ἴδωμεν τίνος ἀρετῆς γέρας ἡ ἐκείνης τῆς γῆς κληρονομία πρόκειται. Μακάριοι γάρ, φησίν, οἱ πραεῖς, ὅτι αὐτοὶ κληρονομήσουσι τὴν γῆν. Τί τὸ πρᾶον; καὶ περὶ τί τὸ πρᾶον μακαρίζει ὁ λόγος; οὐ γάρ μοι δοκεῖ πάντα ἐπίσης ἀρετὴν οἴεσθαι δεῖν, ὅσα ἂν ἐν πραότητι γίνεται, εἰ τὸ ἠρεμαῖόν τε καὶ βραδὺ μόνον διὰ τῆς λέξεως ταύτης σημαίνοιτο. Οὔτε γὰρ ἐν δρομεῦσιν ὁ πρᾶος ἀμείνων τοῦ ἐπισπεύδοντος, οὔτε ὁ δυσκίνητος ἐν πυκτικῇ τὸν κατὰ τοῦ ἐναντίου ςέφανον αἴρεται, κἂν τρέχωμεν πρὸς τὸ βραβεῖον τῆς ἄνω κλήσεως, ἐπιτείνειν ὁ Παῦλος συμβουλεύει τὸ τάχος, λέγων, Οὕτω τρέχετε, ἵνα καταλάβητε· ἐπεὶ καὶ αὐτὸς διὰ σφοδροτέρας ἀεὶ τῆς κινήσεως τοῦ πρόσω εἴχετο, τῶν ὀπίσω λήθην ποιούμενος, καὶ πυκτεύων εὐκίνητος ἦν. Διεώρα γὰρ τοῦ ἀνθεςῶτος τὴν προςβολήν, καὶ περὶ τὴν βάσιν ἀσφαλὴς ⁶ὤν, καὶ ταῖς χερσὶ καθωπλισμένος, οὐ κατὰ κενοῦ τινος καὶ ἀνυποςάτου διεῤῥίπτει τὸ περὶ τὰς χεῖρας ὅπλον, ἀλλὰ τῶν καιρίων τοῦ προςπαλαίοντος ἥπτετο, κατ᾽ αὐτοῦ τοῦ σώματος τὰς πληγὰς φέρων. Βούλει γνῶναι τοῦ Παύλου τὴν πυκτικήν; ἴδε τὰς ὠτειλὰς τοῦ ἀνταγωνιζομένου, ἴδε τὰ ὑπώπια τοῦ ἀντιπάλου, ἴδε τὰ ςίγματα τοῦ ἡττηθέντος. Πάντως δὲ οὐκ ἀγνοεῖς τὸν ἀντίπαλον τὸν διὰ τῆς σαρκὸς προςπαλαίοντα, ὃν ὑπωπιάζει διὰ τῆς πυκτικῆς, ἀμύσσων τοῖς ὄνυξι τῆς ἐγκρατείας, οὗ νεκροῖ τὰ μέλη λιμῷ καὶ δίψει καὶ ψύχει καὶ γυμνότητι, ᾧ τὰ ςίγματα τοῦ κυρίου ἐπιβάλλει, ὃν νικᾷ διὰ τοῦ δρόμου κατόπιν ἑαυτοῦ καταλιπών, ὡς ἂν μὴ ἐπισκοτοῖτο τὰς ὄψεις τοῦ ἀντιπάλου προτρέχοντος. Εἰ οὖν ὀξὺς καὶ εὐκίνητος τὲν

---
5) ἐν fehlt bei M. — 6) M. ἦν.

Meinung nach unwahrscheinlich daß diese Erde im Segen versprochen sei den Hoffnungen derer welche, wie der Apostel sagt, in den Wolken entgegengerückt werden sollen dem Herrn in der Luft, und so mit dem Herrn sein allezeit. Was haben wir also noch Noth der unteren Erde, wenn wir ein Leben in den Höhen zu hoffen haben? Denn wir werden dahingerückt werden in den Wolken, dem Herrn entgegen in der Luft, und werden so mit dem Herrn sein allezeit. Sehen wir aber doch zu als welcher Tugend Preis der Besitz jener Erde versprochen ist. Selig, heißt es, sind die Sanftmüthigen, denn sie werden das Erdreich besitzen. Was ist die Sanftmuth und weßhalb preist das Wort des Herrn die Sanftmuth selig? Denn mir scheint nicht Alles in gleicher Weise als Tugend gelten zu dürfen was mit Sanftmuth geschieht, wenn mit diesem Ausdruck allein die Ruhe und Langsamkeit bezeichnet werden soll. Denn weder unter Läufern ist der Sanftmüthige besser als der welcher eilt, noch gewinnt im Faustkampf der Schwerfällige den Siegeskranz vor seinem Gegner, und wenn wir nach dem Preis unserer himmlischen Berufung laufen, räth Paulus die Schnelligkeit anzuspornen, mit den Worten, Laufet so daß ihr es ergreifet! Er selbst strebte ja auch immer in rascherer Bewegung vorwärts, indem er das was er hinter sich ließ der Vergessenheit übergab, und war voll Regsamkeit im Kampfe. Denn er suchte den Angriff des Gegners zu durchschauen, und stand festen Fußes, und mit gerüsteten Händen und focht nicht mit der Waffe seiner Hände gegen etwas Leeres und Nichtiges, sondern traf die rechten Stellen und den Körper des Gegners selbst mit seinen Stretchen. Willst du Paulus Kampfgeschick kennen lernen, so blicke auf die Wunden und Beulen seines Gegners, blicke auf die Schmarren dessen den er besiegt hat. Ohne Zweifel kennst du den Gegner, der durch das Fleisch widerkämpft, welchen er mit der Kraft seiner Faust trifft, und mit den Nägeln der Enthaltsamkeit zerfleischt, dessen Glieder er durch Hunger und Durst und Kälte und Blöße abtödtet, dem er die Wundenmale des Herrn schlägt, welchen er im Laufe besiegt und hinter sich läßt, damit sein Antlitz nicht verdunkelt werde, wenn der Feind ihm

<small>Psalm. 18, 36.</small> τοῖς ἀγῶσιν ὁ Παῦλος, καὶ ὁ Δαβὶδ πλατύνει τὰ διαβήματα τοῖς ἐχθροῖς ἐπιτρέχων, καὶ ὁ νυμφίος ἐν τῷ
<small>Cantic. 2, 8.</small> ᾄσματι δορκάδι κατὰ τὸ εὐκίνητον ὁμοιοῦται, ὄρη διαπηδῶν καὶ βουνοῖς ἐφαλλόμενος, καὶ πολλὰ τοιαῦτα ἔςιν εἰπεῖν ἐν οἷς προτιμότερον εὑρίσκεται τῆς πραότητος τὸ κατὰ τὴν κίνησιν τάχος, πῶς ἐνταῦθα ἐν κα-
D τορθώματος εἴδει μακαρίζει τὸ πρᾶον ὁ λόγος; μακάριοι γὰρ, φησὶν, οἱ πραεῖς, ὅτι αὐτοὶ κληρονομήσουσι τὴν γῆν, ἐκείνην πάντως τὴν γῆν τὴν τῶν καλῶν εὔφορον γεννημάτων, τὴν τῷ ξύλῳ τῆς ζωῆς κομῶσαν, τὴν ταῖς πηγαῖς τῶν πνευματικῶν χαρισμάτων κατάῤῥυτον, ἐφ᾽ ἧς ἡ ἄμπελος ἡ ἀληθινὴ βλαςάνει, ἧς γεωργὸν τὸν πατέρα
<small>oann. 14, 8.</small> τοῦ κυρίου ἀκούομεν. Ἀλλ᾽ ἔοικεν τοιοῦτόν τι φιλοσοφεῖν ὁ λόγος, ὅτι πολλὴ πρὸς τὴν κακίαν ἐςὶν ἡ εὐκολία, καὶ ὀξύῤῥοπον ἐπὶ τὸ χεῖρον ἡ φύσις. Καθάπερ [7] γὰρ τὰ βαρέα τῶν σωμάτων πρὸς μὲν τὰ ἄνω παντάπασιν
<small>p. 776.</small> ἀκίνητα μένει, εἰ δέ τινος ἀκρωρείας ὑψηλῆς ἐπὶ τὸ
A πρανὲς ἀποσεισθείη, τοσούτῳ ῥοίζῳ πρὸς τὸ ὑποκείμενον φέρεται, τοῦ οἰκείου βάρους τὴν φορὰν ἐπιτείνοντος, ὡς ὑπὲρ λόγον εἶναι τὸ τάχος. Ἐπεὶ οὖν χαλεπόν ἐςιν ἡ ἐν τούτοις ὀξύτης, μακαριςὸν ἂν εἴη πάντως τὸ ἐξ ἀντιςρόφου νοούμενον. Τοῦτο δέ ἐςι πραότης, ἡ πρὸς τὰς τοιαύτας τῆς φύσεως ὁρμὰς βραδεῖά τε καὶ δυςκίνητος ἕξις. Καθάπερ γὰρ τὸ πῦρ, ἀεικίνητον τὴν φύσιν ἐπὶ τὰ ἄνω ἔχον, ἀκίνητόν ἐςι κατὰ τὴν ἐναντίαν φοράν, τὸν αὐτὸν τρόπον καὶ ἡ ἀρετὴ, πρὸς τὰ ἄνω καὶ ὑπερκείμενα
B ὀξεῖά τις οὖσα καὶ οὐχ ὑφιεῖσά ποτε τῆς ταχύτητος, πεπέδηται πρὸς τὴν ἐναντίαν ὁρμήν. Οὐκοῦν ἐπειδὴ πλεονάζει κατὰ τὴν φύσιν ἡμῶν ἡ πρὸς τὰ κακὰ ταχύτης, καλῶς τὸ ἐν τοῖς τοιούτοις ἠρεμοῦν μακαρίζεται. Τὸ γὰρ ἡσύχιον ἐν τούτοις τῆς πρὸς τὰ ἄνω κινήσεως μαρτυρία γίνεται. Κρεῖττον δ᾽ ἂν εἴη δι᾽ αὐτῶν τῶν κατὰ τὸν βίον

---

7) γὰρ fehlt in den Ausg.

voraus ist. War also Paulus rasch und gewandt in seinen Kämpfen, und erweitert David seine Schritte, wenn er den Feinden zum Angriff entgegenstürzt, und wird der Bräutigam in dem hohen Liede an Raschheit der Gazelle verglichen, hüpfend auf den Bergen, und springend auf den Hügeln, und können viele derartige Stellen angeführt werden worin die Schnelligkeit der Bewegung als der Sanftmuth vorzuziehen erfunden wird, wie kommt es daß das Wort des Herrn sie hier wie einen sittlichen Vorzug selig preist? Denn, heißt es, **selig sind die Sanftmüthigen, denn sie werden das Erdreich besitzen,** jene Erde ohne Zweifel, welche herrliche Früchte bringt, welche vom Baume des Lebens grünt, welche durchströmt ist von den Quellen der geistlichen Gnadengaben, auf welcher der wahre Weinstock sproßt, welchen, wie wir hören, der Vater des Herrn baut. Mir scheint das Wort etwa diese Lehre auszusprechen, daß der Abweg zum Bösen sehr leicht, und die Natur ein Ding sei was sich dem Schlimmeren schnell zuneige; denn sie bleibt ohne alle Bewegung nach Oben gleichwie die schweren Körper, welche hingegen, wenn sie von einer hohen Bergspitze jäh hinabgeschleudert werden, weil die Schwere die Schnelligkeit beschleunigt, mit solcher Gewalt in die Tiefe stürzen daß die Schnelligkeit nicht geschildert werden kann. Weil diese Schnelligkeit nun ein böses Ding ist, so darf wohl sicherlich das Gegentheil davon als ein Glück zu preisen sein. Dieses Gegentheil aber ist Sanftmuth, diejenige Verfassung welche langsam und schwer zu solchen heftigen Erregungen der Natur gebracht werden kann. Denn gleichwie das Feuer, welches seiner Natur nach in fortwährender Bewegung nach Oben strebt, ohne Trieb nach dem entgegengesetzten Weg ist, eben so strebt die Tugend mit lebendiger Kraft nach Oben und dem was über uns liegt, ohne je von ihrer Schnelligkeit einzubüßen, ist aber nach der entgegengesetzten Richtung zu streben gehindert. Da nun also in unserer Natur die Schnelligkeit im Abfall zum Bösen sehr groß ist, so wird die Ruhe in dieser Beziehung mit Recht selig gepriesen; denn diese Langsamkeit wird zum Zeugniß der nach Oben gerichteten Bewegung. Es dürfte aber wohl besser sein durch aus dem Leben gegriffene Beispiele selbst das Verständniß deutlich zu

ὑποδειγμάτων σαφηνίσαι τὸν λόγον. Διπλῆ τῆς ἑκάςου προαιρέσεώς ἐςιν ἡ κίνησις, κατ᾽ ἐξουσίαν πρὸς τὸ δοκοῦν προϊοῦσα, ἔνθεν πρὸς σωφροσύνην, ἐκεῖθεν πρὸς τὸ ἀκόλαςον. Ὁ δ᾽ ἐπὶ μέρους εἴρηται τοῦ κατὰ τὴν ἀρετὴν καὶ κακίαν εἴδους, τοῦτο καὶ ἐπὶ παντὸς νοείσθω. Σχίζεται γὰρ πάντως πρὸς τὰς ἐναντίας ὁρμὰς τὸ ἀνθρώπινον ἦθος, ἢ θυμοῦ πρὸς ἐπιεικείαν ἀντιδιαιρουμένου, ἢ τύφου πρὸς μετριότητα, ἢ φθόνου πρὸς εὔνοιαν, ἢ δυσμενείας πρὸς ἀγαπητικὴν καὶ εἰρηνικὴν συνδιάθεσιν. Ἐπειδὴ τοίνυν ὑλώδης μὲν ὁ ἀνθρώπινος βίος, περὶ δὲ τὰς ὕλας τὰ πάθη, πᾶν δὲ πάθος ὀξεῖαν ἔχει καὶ ἀκατάσχετον τὴν ὁρμὴν πρὸς τὴν ἐκπλήρωσιν τοῦ θελήματος (βαρεῖα γὰρ καὶ κατωφερὴς ἡ ὕλη), διὰ τοῦτο μακαρίζει ὁ κύριος, οὐ τοὺς ἔξω πάθους ἐφ᾽ ἑαυτῶν βιοτεύοντας (οὐ γὰρ δυνατόν ἐςιν ἐν ὑλώδει ζωῇ τὸν ἄϋλον καθ᾽ ὅλου καὶ ἀπαθῆ κατορθωθῆναι βίον), ἀλλὰ τὸν ἐνδεχόμενον τῆς ἀρετῆς ὅρον ἐν τῇ διὰ σαρκὸς ζωῇ τὴν πραότητα λέγει, καὶ ἱκανὸν εἰς μακαρισμόν, τὸ πρᾶον εἶναί φησιν. Οὐ γὰρ καθόλου τὴν ἀπάθειαν νομοθετεῖ τῇ ἀνθρωπίνῃ φύσει. Οὐδὲ γὰρ δικαίου νομοθέτου τὸ ταῦτα κελεύειν ὅσα ἡ φύσις οὐ δέχεται (τὸ γὰρ τοιοῦτον ὅμοιόν ἐςιν ὥσπερ ἂν εἴ τις τὰ ἔνυδρα μετοικίζοι πρὸς τὸν ἐναέριον βίον, ἢ τὸ ἔμπαλιν ἐπὶ τὸ ὕδωρ ὅσα τῷ ἀέρι ἐμβιοτεύει)· ἀλλὰ τῇ οἰκείᾳ καὶ κατὰ φύσιν δυνάμει πρόσφορον εἶναι προςήκει τὸν νόμον. Διὰ τοῦτο τὸ μέτριόν τε καὶ πρᾶον ὁ μακαρισμός, οὐ τὸ παντάπασιν ἀπαθὲς ἐγκελεύεται· τὸ μὲν γὰρ ἔξω τῆς φύσεως, τὸ δὲ δι᾽ ἀρετῆς κατορθούμενον. Εἰ οὖν τὸ ἀκίνητον πρὸς ἐπιθυμίαν ὁ μακαρισμὸς ὑπετίθετο, ἀνόνητος ἂν ἦν τῷ βίῳ καὶ ἄχρηςος ἡ εὐλογία. Τίς γὰρ ἂν τοῦ τοιούτου καθίκοιτο σαρκὶ καὶ αἵματι συνεζευγμένος; νυνὶ δέ φησιν οὐ τὸν ἐπιθυμήσαντα κατά τινα συντυχίαν εἶναι κατάκριτον, ἀλλὰ τὸν ἐκ

machen. Doppelt ist die Bewegung des Willens jedes Einzelnen, die frei waltend zum Entschluß vorschreitet, hier eine zu maßvollem dort eine zu ausgelassenem und rücksichtslosem Handeln. Was aber im Besondern von dem Wesen der Tugend und der Schlechtigkeit gesagt ist, das mag man auch vom Ganzen annehmen. Denn das Gemüth des Menschen spaltet sich ganz und gar nach den entgegengesetzten Bestrebungen, indem sich Zorn der Billigkeit, Hoffahrt der Bescheidenheit, Neid dem Wohlwollen, feindseliger Haß liebevoller und friedlicher Stimmung gegenübersteUt. Da nun das menschliche Leben ein materiales ist, die Leidenschaften aber sich um die Materie bewegen, ferner jede Leidenschaft einen heftigen und unaufhaltsamen Trieb zur Erfüllung ihres Wunsches hat (schwer nämlich und nach Unten strebend ist die Materie), darum preist der Herr selig, nicht die welche außerhalb des Gebiets der Leidenschaft für sich leben (denn es ist unmöglich in der Materie das völlig immateriale und leidenschaftslose Leben zur Durchführung zu bringen), sondern er bezeichnet mit der Sanftmuth den im fleischlichen Leben möglichen Grad von Tugend, und spricht es aus daß die Sanftmuth zur Erlangung der Seligkeit geschickt und ausreichend sei. Nicht völlige Leidenschaftslosigkeit schreibt er der menschlichen Natur als Gesetz vor. Denn kein gerechter Gesetzgeber würde befehlen was die Natur nicht zu leisten vermag (dies wäre ja ähnlich wie wenn man die Wassergeschöpfe in das Leben an der Luft, oder umgekehrt was in der Luft lebt ins Wasser versetzen wollte); sondern das Gesetz muß der innewohnenden und natürlichen Kraft entsprechend sein. Darum stellt uns die Seligpreisung Maßhalten und Sanftmuth, keineswegs aber völlige Leidenschaftslosigkeit, als Gebot auf; denn Dies liegt außerhalb der Grenzen der menschlichen Natur, Jenes aber ist eine That der Tugend. Würde uns die Seligpreisung also unbewegliche Festigkeit gegen die Begierde ans Herz legen, so würde ihr Segen für das Leben ohne Nutzen und Anwendung sein; denn wer würde so lange er an Fleisch und Blut gekettet ist Solches erreichen können? So erklärt sie aber nicht denjenigen welcher zufällig einmal begehrlich gewesen ist, sondern den der mit Vorbedacht sich die Leidenschaft zu-

προνοίας τὸ πάθος ἐπισπασάμενον. Τὸ μὲν γὰρ ἐγγενέσθαι ποτὲ τοιαύτην ὁρμὴν ἡ συγκεκραμένη τῇ φύσει πολλάκις ἀσθενεία καὶ παρὰ γνώμην παρασκευάζει, τὸ δὲ μὴ χειμάῤῥου δίκην παρενεχθῆναι τῇ τοῦ πάθους ὁρμῇ, ἀλλ' ἀνδρικῶς πρὸς τὴν τοιαύτην διάθεσιν ϛῆναι, καὶ τοῖς λογισμοῖς τὸ πάθος ἀπώσασθαι, τοῦτο τῆς ἀρετῆς ἔργον ἐϛίν. Μακάριοι τοίνυν οἱ μὴ ὀξύῤῥοποι πρὸς τὰς ἐμπαθεῖς τῆς ψυχῆς κινήσεις, ἀλλὰ κατεϛαλμένοι τῷ λόγῳ, ἐφ' ὧν ὁ λογισμὸς καθάπερ τις χαλινὸς ἀναϛομῶν τὰς ὁρμὰς οὐκ ἐᾷ τὴν ψυχὴν πρὸς ἀταξίαν ἐκφέρεσθαι. Μᾶλλον δ' ἄν τις ἐπὶ τοῦ κατὰ τὸν θυμὸν πάθους τὸ τοιοῦτον ἴδοι, ὅπως ἐϛὶ μακαριϛὸν ἡ πραότης. Ἐπειδὰν γὰρ [8]ἦ λόγος, ἢ πρᾶξις, ἤ τις ὑπόνοια τῶν ἀηδεϛέρων τὴν τοιαύτην ἀνακινήσῃ νόσον, καὶ περιζέσῃ τῇ καρδίᾳ τὸ αἷμα, καὶ διαναϛῇ πρὸς ἄμυναν ἡ ψυχὴ, καθάπερ οἱ μῦθοι διὰ φαρμακοποσίας τινὸς εἰς ἀλόγων μορφὰς ἀλλοιοῦσι τὴν φύσιν, οὕτως ἔϛιν ἐξαίφνης ἰδεῖν σῦν, ἢ κύνα, ἢ πάρδαλιν, ἢ ἄλλο τι τῶν τοιούτων θηρίων ἐκ τοῦ θυμοῦ τὸν ἄνδρα γενόμενον. Ὕφαιμος ὀφθαλμὸς, θρὶξ ἐϛαμένη καὶ ἐπιφρίσσουσα, φωνὴ τραχεῖα καὶ ἐποξυνομένη τοῖς ῥήμασιν, γλῶσσα τῷ πάθει νεναρκηκυῖα καὶ οὐχ ὑπηρετοῦσα ταῖς ἔνδον ὁρμαῖς, χείλη πεπηγότα καὶ οὐ διαρθροῦντα τὸν λόγον, οὔτε περιϛέλλοντα τῷ ϛόματι τὴν ἐγγενομένην ὑπὸ τοῦ πάθους ὑγρότητα, ἀλλ' ἀσχημόνως τὸν ἀφρὸν τῇ φωνῇ συνεκπτύοντα, τοιαῦται αἱ χεῖρες, τοιοῦτοι οἱ πόδες, τοιαύτη πᾶσα τοῦ σώματος ἡ διάθεσις, ἑκάϛου τῶν μελῶν συνδιατιθεμένου τῷ πάθει. Εἰ οὖν ὁ μὲν τοιοῦτος εἴη, ὁ δὲ πρὸς τὸν μακαρισμὸν βλέπων διὰ τῶν λογισμῶν καταπραΰνοι τὴν νόσον, ἐν καθεϛῶτι τῷ βλέμματι καὶ ἠρεμαίᾳ τῇ φωνῇ, καθάπερ τις ἰατρὸς ἐκ φρενίτιδος ἀσχημονοῦντα θεραπεύων τῇ τέχνῃ, ἆρ' οὐχὶ καὶ αὐτὸς ἐρεῖς ἀντιπαραθεὶς τοῦτο ἐκείνῳ, ὅτι ἐλεεινὸς μὲν καὶ

---

8) M. ἐπειδὰν γὰρ λόγος, ἢ πρᾶξίς τις ἢ ὑπόνοια.

gezogen für verdammenswerth. Denn daß uns zuweilen ein solch begehrlicher Drang ankommt, das bewirkt oftmals die der Natur beigemischte Ohnkraft auch gegen unseren Willen; allein daß wir nicht in dem Sturz der Leidenschaft wie ein Wildbach fortgerissen werden, vielmehr männlich gegen eine solche Stimmung Stand halten, und durch Vernunftgründe die Leidenschaft zurücktreiben, das ist das Werk der Tugend. Selig also sind die welche sich nicht schnell den leidenschaftlichen Bewegungen der Seele hingeben, sondern welchen die Besonnenheit Ruhe giebt, deren Begierden die Vernunft wie ein Zügel hemmt und die Seele nicht zur Unordnung durchgehen läßt. In noch höherem Grade aber dürfte man an der Leidenschaft des Zornes ersehen ein wie seliges Gut die Sanftmuth ist. Denn wenn ein Wort, oder eine Handlung, oder ein schlimmer Verdacht diese Krankheit erregt hat, und das Blut um das Herz in heftige Wallung gekommen ist, und die Seele zur Rache aufsteht, da kann man so wie die Fabeln durch einen Zaubertrank die Natur in Gestalten unvernünftiger Thiere sich verwandeln lassen, den Menschen durch den Zorn plötzlich zum Eber, oder Hund, oder Panther, oder ein ähnliches wildes Thier geworden sehen. Ein blutunterlaufenes Auge, emporgerichtetes und sich sträubendes Haar, eine rauhe und vom Sprechen immer noch mehr geschärfte Stimme, eine von der Leidenschaft gelähmte und der inneren Aufregung den Dienst versagende Zunge, unbewegliche und die Rede nicht artikulierende Lippen, welche die von der leidenschaftlichen Erregung entstehende Feuchtigkeit im Munde nicht festhalten, sondern häßlicher Weise den Geifer mit den Worten zugleich aussprudeln, so die Hände, so die Füße, so die Verfassung des ganzen Körpers, indem jedes Glied von der Leidenschaft zugleich in Mitaufregung versetzt wird. Wenn diese nun so sich darstellt, hingegen derjenige welcher auf die Seligkeit sein Augenmerk gerichtet hält durch die Mittel der Vernunft die Krankheit beschwichtigt, in festem Blick und ruhiger Stimme, gleichwie ein Arzt welcher mit seiner Kunst einen sich wild gebärdenden Wahnsinnigen behandelt, wirst du dann nicht auch selbst im Vergleich dieses Zustandes mit jenem erklären daß jener einem Thier gleichende Mensch ein bedauerns- und verabscheuenswerther

βδελυκτὸς ὁ θηριώδης ἐκεῖνος, μακαριςὸς δὲ ὁ πραῢς ὁ τῇ τοῦ πέλας κακίᾳ μὴ συνδιαςρέψας τὸ εὔσχημον; Καὶ ὅτι πρὸς τοῦτο μάλιςα τὸ πάθος ὁ λόγος βλέπει, δῆλόν ἐςιν ἐκ τοῦ μετὰ τὴν ταπεινοφροσύνην νομοθετῆσαι ἡμῖν τὴν πραότητα. Ἔοικε γὰρ ἔχεσθαι τοῦ ἑτέρου τὸ ἕτερον, καὶ οἷον μητήρ τις εἶναι τῆς κατὰ τὸ πρᾷον ἕξεως ἡ τῆς ταπεινοφροσύνης κατάςασις. Εἰ γὰρ ὑφέλοις τοῦ ἤθους τὸν τῦφον, καιρὸν οὐκ ἔχει τὸ κατὰ θυμὸν ἐγγενέσθαι πάθος. Ὕβρις γὰρ καὶ ἀτιμία τῆς τοιαύτης ἀῤῥωςίας τοῖς ὀργισθεῖσιν αἰτία γίνεται. Ἀτιμία δὲ οὐχ ἅπτεται τοῦ ἑαυτὸν [9]ἐν ταπεινοφροσύνῃ παιδαγωγήσαντος. Εἰ γάρ τις κεκαθαρμένον ἔχοι τὸν λογισμὸν ἐκ τῆς ἀνθρωπίνης ἀπάτης, καὶ βλέποι τὸ οὐτιδανὸν τῆς φύσεως ᾗ συγκεκλήρωται, ἀφ' οἵας ἀρχῆς τὴν σύςασιν ἔχει, καὶ εἰς ὅ τι φέρεται τέλος τό [10]τε βραχὺ καὶ ὠκύμορον τῆς τῇδε ζωῆς, καὶ τὸν συνεζευγμένον τῇ σαρκὶ ῥύπον, καὶ τὸ πενιχρὸν τῆς φύσεως τὸ μὴ εἶναι αὐτὴν αὐτάρκη δι' ἑαυτῆς πρὸς τὴν ἰδίαν σύςασιν, εἰ μὴ τῇ περιουσίᾳ τῶν ἀλόγων τὸ ἐνδέον ἀναπληρώσειεν, λύπας τε πρὸς τούτοις καὶ πένθη καὶ συμφοράς, τάς τε πολυτρόπους τῶν νοσημάτων ἰδέας αἷς ὑπόκειται ἡ ἀνθρωπίνη ζωή, ὧν οὐκ ἔςιν ὅςτις ἃ φύσεως ἀτελής ἐςι καὶ ἐλεύθερος. Ταῦτα δι' ἀκριβείας κεκαθαρμένῳ τῷ τῆς ψυχῆς ὀφθαλμῷ βλέπων οὐκ ἂν ῥᾳδίως πρὸς τὰς τῶν τιμῶν ἐλλείψεις ἀγανακτήσειεν, τὸ ἐναντίον μὲν οὖν ἀπάτην ἡγήσεται τὴν ἐπί τινι προςαγομένην αὐτῷ παρὰ τοῦ πέλας τιμήν, οὐκ ὄντος ἡμῖν ἐν τῇ φύσει τοιούτου τινὸς ὃ δύναται τὴν πρὸς τὸ τίμιον κοινωνίαν ἔχειν, εἰ μὴ κατὰ ψυχὴν μόνον, ἧς ἡ τιμὴ οὐκ ἀπὸ τῶν κατὰ τὸν κόσμον τοῦτον ἐπιζητουμένων συνίςαται. Τὸ γὰρ ἐπὶ πλούτῳ κομπάζειν, ἢ γένει σεμνύνεσθαι, ἢ πρὸς δόξαν ὁρᾶν, ἢ τὸ δοκεῖν ὑπὲρ τὸν πέλας εἶναι, δι' ὧν αἱ ἀνθρώπιναι πληροῦνται τιμαί· ταῦτα πάντα καθαίρεσις τῆς ψυχικῆς τιμῆς καὶ ὄνειδος γίνονται, ὡς μὴ ἂν ἑλέσθαι τὸν λελογισμένον τοιούτῳ τινὶ τὸ καθα-

---

9) ἐν fehlt in den Ausg. — 10) τε fehlt in den Ausg.

sei, hingegen selig zu preisen der Sanftmüthige, welcher sein geziemendes und sittsames Wesen von der Untugend seines Nächsten nicht mit verkehren läßt? Und daß sich das Wort des Herrn hauptsächlich auf diese Leidenschaft bezieht, geht daraus deutlich hervor daß er nach der Demuth uns die Sanftmuth zum Gesetz gemacht hat; denn Eins scheint mit dem Andern zusammenzuhangen, und die Demuth gleichsam Mutter der Sanftmuth zu sein. Nimmst du die Hoffahrt aus deinem Herzen, so hat die Leidenschaft keine Gelegenheit sich dort festzusetzen; denn Uebermuth und Beschimpfung gewähren die Veranlassung zur Krankheit des Zorns; Beschimpfung aber übt keinen Einfluß auf den welcher sich in Demuth geübt und erzogen hat. Denn wenn Jemand einen von dem menschlichen Trugwerk reinen und geklärten Verstand hat und seinen Blick richtet auf die Nichtigkeit der Natur welche ihm zu Theil geworden ist, und sieht von welchem Anfang sie ihre Existenz hat, und in welches Ende die Kürze und schnelle Hinfälligkeit dieses Lebens verläuft, und welcher Schmuz mit dem Fleische verbunden ist, und die Armseligkeit der Natur, daß sie ohne Kraft ist ihre Existenz durch sich selbst zu fristen, wenn sie nicht durch den Reichthum der unvernünftigen Thiere das Fehlende ergänzt, dazu Schmerzen, und Trauer, und Mißgeschick, und die vielfachen Arten von Krankheiten, welchen das menschliche Leben unterworfen ist, von welchen Dingen von Natur Niemand verschont und frei sein kann, — wenn er also dieses mit dem klaren Auge der Seele aufmerksam betrachtet, so wird er wohl nicht leicht in Unmuth gerathen darüber daß die Ansprüche seines Ehrgeizes nicht erfüllt werden, im Gegentheil, er wird die ihm von seinem Nächsten aus irgend welcher Rücksicht dargebrachte Ehre für Trug halten, weil unsere Natur nichts derartiges besitzt was Gemeinschaft mit der Ehre haben kann, es wäre denn allein in Bezug auf unsere Seele, deren Ehre aber nicht in den Dingen besteht nach welchen man in dieser Welt strebt. Denn mit seinem Reichthum prahlen, oder mit seinem Herkommen sich brüsten, oder auf Ruhm sehen, oder sich über seinen Nächsten erhaben dünken, Dinge in welchen die menschlichen Ehren sich erfüllen, dies Alles wird zu einem Ruin und Schimpf der Ehre der Seele, so daß der einsichtsvolle Mensch

ρὸν τῆς ψυχῆς καταμολύνεσθαι. Τὸ δὲ οὕτως ἔχειν οὐδὲν ἕτερον ἢ ἐν ἕξει βαθείᾳ τῆς ταπεινοφροσύνης ἐςὶν εἶναι, ἧς κατορθωθείσης οὐδεμίαν εἴςοδον ὁ θυμὸς κατὰ τῆς ψυχῆς ἕξει. Τούτου δὲ μὴ παρόντος ὁ ἤρεμός τε καὶ ἡσύχιος κατορθοῦται βίος, ὅπερ οὐδὲν ἕτερον εἰ μὴ πραΰτης ἐςὶν, ἧς τὸ πέρας μακαρισμὸς καὶ οὐρανίας γῆς κληρονομία ἐν Χριςῷ Ἰησοῦ, [11] τῷ κυρίῳ ἡμῶν ᾧ ἡ δόξα καὶ τὸ κράτος εἰς τοὺς αἰῶνας τῶν αἰώνων. Ἀμήν.

ΛΟΓΟΣ γ'.

Μακάριοι οἱ πενθοῦντες, ὅτι αὐτοὶ παρακληθήσονται.

Οὔπω τῆς κορυφῆς τοῦ ὄρους ἐπιβεβήκαμεν, ἀλλ' ἔτι κατὰ τὴν ὑπώρειαν τῶν νοημάτων ἐσμὲν, εἰ καὶ δύο τινὰς ἤδη παρωδεύσαμεν λόφους, ἐπὶ τὴν μακαριςὴν πτωχείαν καὶ τὴν ἀνωτέρω ταύτης πραότητα διὰ τῶν μακαρισμῶν ἀναχθέντες, μεθ' οὓς προςάγει τοῖς ὑψηλοτέροις ἡμᾶς ὁ λόγος, καὶ τρίτον ἡμῖν ἐφεξῆς ὕψωμα διὰ τῶν μακαρισμῶν ἀναδείκνυσι, πρὸς ὃ χρὴ πάντως ἀναδραμεῖν ὄκνον ἀποθεμένους πάντα καὶ τὴν εὐπερίςατον ἁμαρτίαν, καθὼς φησιν ὁ ἀπόςολος, ὡς ἂν κοῦφοι καὶ εὐςαλεῖς ἐπὶ τῆς ἄκρας γενόμενοι καθαρωτέρῳ τῷ τῆς ἀληθείας φωτὶ διὰ τῆς ψυχῆς προςπελάσαιμεν. Τί τοίνυν ἐςὶ τὸ λεγόμενον; *Μακάριοι οἱ πενθοῦντες, ὅτι αὐτοὶ παρακληθήσονται.* Γελάσει πάντως ὁ πρὸς τὸν κόσμον βλέπων, καὶ λέξει ταῦτα καταχλευάζων τὸν λόγον· Εἰ μακαρίζονται κατὰ τὸν βίον οἱ ἐν πάσῃ συμφορᾷ δαπανώμενοι, ἄθλιοι κατὰ τὸ ἀκόλουθόν εἰσιν πάντως οἷς ἄλυπός τε καὶ ἀπήμων ἐςὶν ἡ ζωή· καὶ οὕτω τὰ εἴδη τῶν συμφορῶν ἐξαριθμούμενος πλεονάσει τὸν γέλωτα, τὰ τῆς χηρείας κακὰ καὶ τὴν τῆς ὀρφανίας ταλαιπωρίαν ὑπ' ὄψιν ἄγων, τὰς ζημίας, τὰ

---

11) Die Worte τῷ κυρίῳ ἡμῶν fehlen in den Ausg.

mit etwas Derartigem die Reinheit derselben nicht beflecken wollen wird. So aber gesonnen sein ist nichts Anderes als sich in dem Zustand tiefer Demuth befinden, nach deren Befestigung der Zorn keinen Eingang mehr in die Seele haben wird. Ist dieses aber nicht mehr der Fall, dann wird ein ruhiges und stilles Leben die Folge sein, und dies ist nichts Anderes als Sanftmuth, deren Ende Seligkeit und Besitz der himmlischen Erde sein wird, in Christo Jesu, unserem Herrn, welchem gehört die Herrlichkeit und die Macht, von Ewigkeit zu Ewigkeit. Amen.

Dritte Rede.

Selig sind die da Leid tragen, denn sie sollen getröstet werden.

Noch haben wir den Gipfel des Berges nicht erstiegen, sondern befinden uns noch unter der Höhe der Gedanken, wenn wir auch zwei Hügel bereits überschritten haben, durch die Seligpreisungen hinaufgeführt zur seligen Armuth und zu der höher liegenden Sanftmuth, nach welchen uns das Wort des Herrn nun dem noch Erhabeneren entgegenleitet, und uns in seinen Seligpreisungen weiterhin eine dritte Anhöhe sehen läßt, welche wir durchaus ersteigen müssen, ablegend alles Zaudern und die uns leicht umstrickende Sünde, wie sie der Apostel nennt, auf daß wir leicht und ungehindert auf die Spitze gelangen und mit der Seele uns dem reineren Licht der Wahrheit nähern. Wie lautet also die Rede? Selig sind die da Leid tragen, denn sie sollen getröstet werden. Jedenfalls wird der welcher die Welt ansieht lächeln, und mit Spott gegen das Wort des Herrn so sprechen: Wenn diejenigen in ihrem Leben selig gepriesen werden welche von aller Art von Unglück abgequält werden, so folgt jedenfalls daß diejenigen unglücklich sind deren Leben ohne Schmerz und Leiden ist; und wird sein Gelächter nur steigern, indem er die verschiedenen Arten von Unglück aufzählt, die Leiden des Wittwenstandes und das Unglück des Verwaistseins vor Augen führt,

ναυάγια, τὰς ἐκ πολέμων αἰχμαλωσίας, τὰς ἀδίκους ἐν δικαςηρίῳ κρίσεις, μεθορισμούς τε καὶ δημεύσεις καὶ ἀτιμίας, τάς τε συμφορὰς τὰς ἐκ τῶν νόσων, οἷον πηρώσεις τε καὶ ἀκρωτηριασμοὺς, καὶ τὴν παντοδαπὴν τοῦ σώματος λώβην, καὶ εἴ τι τοῖς ἀνθρώποις κατὰ τὸν βίον τοῦτον συνίςαται πάθος, ἢ σώματος ἢ ψυχῆς ἁπτόμενον, πάντα τῷ λόγῳ διεξελείσεται δι᾿ ὧν, ὡς οἴεται, καταγέλαςον ἀποδείξει τὸν τοὺς πενθοῦντας μακαρίζοντα λόγον. Ἡμεῖς δὲ μικρὰ φροντίσαντες τῶν μικροψύχως τε καὶ ταπεινῶς ἀναθεωρούντων τὰ θεῖα νοήματα, ὡς ἔςι δυνατὸν, κατιδεῖν τὸν ἐγκείμενον τῷ εἰρημένῳ διὰ βάθους πλοῦτον ἐπιχειρήσωμεν, ὅπως ἂν φανερὸν καὶ διὰ ¹τούτου γένοιτο πόσον ἐςὶ τὸ διάφορον τῆς σαρκίνης τε καὶ χοϊκῆς διανοί ; πρὸς τὴν ὑψηλήν τε καὶ ἐπουράνιον.

Ἔςι μὲν οὖν ἐκ τοῦ προχείρου μακαριςὸν ὑπολαβεῖν ἐκεῖνο τὸ πένθος, τὸ ἐπὶ πλημμελήμασι καὶ ἁμαρτίαις γινόμενον, κατὰ τὴν τοῦ Παύλου περὶ τῆς λύπης διδασκαλίαν, τοῦ φήσαντος μὴ ἓν εἶναι λύπης εἶδος, ἀλλὰ τὸ μὲν κοσμικὸν, τὸ δὲ κατὰ θεὸν ἐνεργούμενον, καὶ τῆς μὲν κοσμικῆς λύπης θάνατον εἶναι τὸ ἔργον, τὴν δὲ ἑτέραν σωτηρίαν ἐκ μετανοίας τοῖς λυπουμένοις ἐργάζεσθαι. Τῷ ὄντι γὰρ οὐκ ἔξω τοῦ μακαρίζεσθαι τὸ τοιοῦτον τῆς ψυχῆς πάθος ἐςὶν, ὅταν ἐν αἰσθήσει γενομένη τοῦ χείρονος τὸν ἐν κακίᾳ βίον ἀπολοφύρηται. Καθάπερ γὰρ ἐπὶ τῶν σωματικῶν ἀῤῥωςημάτων οἷς ἂν πάρετον ἐξ ἐπηρείας τινὸς γένηταί τι μέρος τοῦ σώματος σημεῖον τοῦ νενεκρῶσθαι τὸ παρείμενον ἡ ἀναλγησία γίνεται, εἰ δὲ κατά τινα τέχνην ἰατρικὴν ἡ ζωτικὴ πάλιν αἴσθησις ἐπαναχθείη τῷ σώματι, χαίρουσιν ἤδη πονοῦντος τοῦ μέρους αὐτός τε ὁ κάμνων καὶ οἱ τὴν θεραπείαν προσάγοντες, τεκμηρίῳ χρώμενοι τοῦ πρὸς ὑγίειαν τρέψαι τὸ πάθος, τὸ ἐν αἰσθήσει τῶν δριμυσσόντων ἤδη γενέσθαι τὸ μέλος, οὕτως ἐπειδὰν, καθώς φησιν ὁ ἀπόςολος, ἀπηλγηκότες τινὲς παραδῶσιν ²ἑαυτοὺς τῷ καθ᾿ ἁμαρτίαν βίῳ, νεκροί τινες

---
1) M. τοῦτο. — 2) ἑαυτοὺς steht in den Ausg. hinter βίῳ.

die Verluste, die Schiffbrüche, die Kriegsgefangenschaften, die ungerechten richterlichen Urtheile, die Verbannungen und Güterconfiskationen und Verlust der bürgerlichen Rechte und Ehren, ferner das Unglück was aus den Krankheiten entsteht, als Lähmungen und Verstümmelungen, und die vielerlei Arten von körperlichen Verletzungen und Schäden, und was in diesem Leben sonst noch für Leid sich gegen die Menschen feindlich verschwört, sei es daß es den Körper, sei es daß es die Seele trifft, Alles wird er aufzählen wodurch er, wie er meint, den Ausspruch welcher die Leidtragenden selig preist als lächerlich darstellen könnte. Wir aber wollen auf die welche die göttlichen Gedanken mit Kleinmuth und niedrigem Sinn betrachten wenig achten, und soweit es möglich ist, den in der Tiefe des Ausspruchs liegenden Reichthum uns zur Anschauung zu bringen versuchen, damit auch hierdurch deutlich werde, welcher Unterschied stattfindet zwischen dem fleischlichen und irdischen, und dem erhabenen und himmlischen Denken.

Man kann also gleich zunächst jenes Leid für ein seligzupreisendes annehmen welches auf Grund von Vergehen und Sünden entsteht, nach der Lehre des Paulus über die Traurigkeit, welcher sagt daß es nicht blos eine Art von Traurigkeit gebe, sondern eine weltliche, und eine göttlich gewirkte, und der Traurigkeit der Welt Werk sei der Tod, die andere aber schaffe den Traurigen Heil durch die Reue. In Wahrheit nämlich ist dieses Leiden der Seele, wenn sie das Böse gemerkt hat und nun das Leben in Schlechtigkeit bejammert, von der Seligpreisung nicht auszuschließen. Denn gleichwie bei den körperlichen Krankheiten, durch welche in Folge irgend welcher Verletzung ein Theil des Körpers erlahmt, die Schmerzlosigkeit ein Anzeichen ist daß das erschlaffte Glied abgestorben ist, und dagegen, wenn durch ärztliche Kunst das Lebensgefühl in den Körper zurückgeführt worden ist, sowohl der Kranke selbst als die welche ihn ärztlich behandeln und pflegen sich über den bereits schmerzenden Theil freuen, weil sie den Umstand daß das Glied nun die stechenden Schmerzen spürt als ein Zeichen betrachten daß die Krankheit sich der Genesung zuwendet, so giebt es auch welche die, nachdem sie, wie der Apostel sagt, stumpfsinnig geworden sind, sich dem sündigen Leben er-

ὄντως καὶ πάρετοι τοῦ κατ' ἀρετὴν βίου γενόμενοι οὐδεμίαν ἔχουσιν ὧν ποιοῦσιν τὴν αἴσθησιν, εἰ δὲ καθάψαιτό τις αὐτῶν ὁ ἰατρεύων λόγος, οἷον διά τινων θερμῶν τε καὶ διακαιόντων φαρμάκων, λέγω [3]δὴ τῶν σκυθρωπῶν τῆς μελλούσης κρίσεως ἀπειλῶν, καὶ διὰ βάθους τὴν καρδίαν τῷ φόβῳ τῶν προσδοκωμένων δριμύξειεν, γεέννης φόβον καὶ πῦρ μὴ σβεννύμενον καὶ ἀτελεύτητον σκώληκα καὶ βρυγμὸν ὀδόντων καὶ κλαυθμὸν ἀδιάλειπτον καὶ σκότος ἐξώτερον καὶ ἅπαντα τὰ τοιαῦτα οἷόν τινα θερμὰ καὶ δριμέα φάρμακα τῷ νεναρκηκότι διὰ τῶν καθ' ἡδονὴν παθημάτων ἐντρίβων καὶ ἀναθάλπων, εἰς αἴσθησίν [4]τε αὐτὸν ἀγάγοι τοῦ ἐν ᾧ ἦν βίου, μακαριστὸν αὐτὸν [5]ἀπεργάσεται, τὴν ὀδυνηρὰν αἴσθησιν τῇ ψυχῇ ἐμποιήσας.

1 Cor. 5,1.

Καθάπερ καὶ ὁ Παῦλος τὸν τῇ κοίτῃ τοῦ πατρὸς ἐπιλυσσήσαντα μέχρις ἐκείνου μασίζει τῷ λόγῳ ἕως ἂν ἀναισθήτως εἶχεν τῆς ἁμαρτίας· ἐπεὶ δὲ καθίκετο τοῦ ἀνδρὸς ἡ τῆς ἐπιπλήξεως ἰατρεία, ὡς ἤδη μακάριον διὰ τοῦ πένθους γενόμενον παρακαλεῖν ἄρχεται, ἵνα μὴ τῇ

2 Cor. 2,7.

περισσοτέρᾳ λύπῃ, φησί, καταποθῇ ὁ τοιοῦτος! Ἔσω δὲ καὶ τοῦτο ἡμῖν τὸ νόημα πρὸς τὴν προκειμένην τοῦ μακαρισμοῦ θεωρίαν εἰς τὸν κατ' ἀρετὴν βίον οὐκ ἄχρηστον, διὰ τὸ πλεονάζειν πως ἐν τῇ φύσει τῶν ἀνθρώπων τὴν ἁμαρτίαν· ταύτης δὲ φάρμακον τὸ ἐκ μετανοίας πένθος ἀποδέδεικται. Ἀλλά μοι δοκεῖ βαθύτερόν τι τῶν εἰρημένων ὑποσημαίνειν ὁ λόγος ἐν τῇ παρατατικῇ τοῦ πένθους ἐνεργείᾳ, ἄλλο τι παρὰ τοῦτο νοεῖν ὑφηγούμενος. Εἰ γὰρ μόνην τὴν ἐπὶ τῷ πλημμελήματι μεταμέλειαν ἐπεδείκνυεν, ἀκολουθότερον ἂν ἦν τοὺς πενθήσαντας μακαρίζεσθαι, οὐ τοὺς εἰσαεὶ πενθοῦντας· ὡς ἐπὶ ὑποδείγματος συγκρίσει τῆς ἐν τῇ νόσῳ διαγωγῆς τοὺς θεραπευθέντας μακαρίζομεν, οὐ τοὺς εἰσαεὶ θεραπευομένους. Ἡ γὰρ παράτασις τῆς θεραπείας καὶ τὸ τῆς ἀρρωστίας διηνε-

---

3) M. δέ. — 4) τε fehlt in den Ausg. — 5) M. ἀπεργάσηται.

geben, und so in Wahrheit zu Todten und Erlahmten für das tugendhafte Leben geworden, keine Empfindung mehr für das haben was sie thun, wenn aber ein heilkräftiges Wort sie erfaßt, zum Beispiel mit gewissen heißen und durch und durch brennenden Mitteln, ich meine mit den schreckensvollen Drohungen des zukünftigen Gerichts, und das Herz gründlich durchbohrt und ätzt mit der Furcht vor dem was sie einst zu gewärtigen haben, indem es den Schrecken der Hölle, und das Feuer was nicht verlischt, und den Wurm welcher nicht stirbt, und das Klappern der Zähne, und das Geheul ohne Ende, und die Finsterniß von Außen, und alles Derartige als heiße und ätzende Heilmittel dem durch die Leidenschaften der Lust Stumpfgewordenen einreibt und einschärft, und ihn dadurch zum Gefühl des Lebens in welchem er sich befindet bringt, so wird es dadurch daß es schmerzliche Empfindung in die Seele gebracht hat ihn zu einem Seligzupreisenden machen. Wie auch Paulus den welcher sich in wüthiger Lust an dem Lager seines Vaters vergangen hatte so lange mit seiner Rede geißelt als er sich unempfindlich gegen die Sünde verhielt, nachdem aber die Heilkraft der Züchtigung den Mann erfaßt hatte, ihn wie einen welcher durch die Traurigkeit bereits selig geworden zu trösten beginnt, damit er durch das Uebermaß des Schmerzes, wie er sich ausdrückt, nicht verschlungen werde. Also auch diese Erkenntniß soll uns bei der gegenwärtigen Betrachtung der Seligpreisungen für das Leben in der Tugend nicht unnützlich sein, weil die Sünde in der Natur des Menschen fast im Uebermaß vorhanden ist. Als ihr Heilmittel ist die aus der Reue entstehende Traurigkeit nachgewiesen worden. Indessen glaube ich daß das Wort des Herrn noch etwas Tieferes als das was gesagt ist in der dauernden Wirksamkeit des Leidtragens andeuten und uns auf einen anderen Gedanken hinleiten will. Denn wenn er allein die Reue über begangene Schuld meinte, so wäre es richtiger diejenigen selig zu preisen welche Leid getragen haben, nicht die welche immerwährend Leid tragen, wie wir mit beispielweisem Vergleich des Lebens in Krankheit die Geheilten glücklich preisen, nicht aber die welche immerfort unter ärztlicher Behandlung stehen. Denn die Fortdauer dieser Behandlung weist zugleich auf die

13*

κὲς συνενδείκνυται. Καὶ ἄλλως δέ μοι δοκεῖ καλῶς ἔχειν μὴ τῷ τοιούτῳ μόνῳ νοήματι τίθεσθαι, ὡς τοῦ λόγου τοῖς ἐφ' ἁμαρτίαις πενθοῦσιν τὸν μακαρισμὸν νέμοντος. Πολλοὺς γὰρ εὑρήσομεν ἀκατηγόρητον ἐσχηκότας τὸν βίον, καὶ ὑπ' αὐτῆς τῆς θείας φωνῆς μεμαρτυρημένον ἐπὶ παντὶ τῷ βελτίονι. Ποία γὰρ πλεονεξία τοῦ Ἰωάννου; ποία εἰδωλολατρεία τοῦ Ἡλίου; τί μικρὸν ἢ μεῖζον κατὰ τὸν βίον ἐκείνων οἶδεν ἡ ἱστορία πλημμέλημα; Τί οὖν; ἆρα ἔξω τῆς μακαριότητος εἶναι ὁ λόγος αὐτοὺς ὑποθήσεται, τοὺς μήτε τὴν ἀρχὴν νενοσηκότας, μήτε τοῦ φαρμάκου τούτου, λέγω [6] δὴ τοῦ ἐκ μετανοίας πένθους, εἰς χρείαν ἐλθόντας; Ἢ ἄτοπον [7] ἂν εἴη τοὺς τοιούτους τῆς θείας μακαριότητος ἀποβλήτους οἴεσθαι, ὅτι μήτε ἥμαρτον, μήτε πένθει τὴν ἁμαρτίαν ἰάσαντο, ἢ οὕτω γ' ἂν εἴη τὸ ἁμαρτάνειν τοῦ ἀναμαρτήτως ζῆν προτιμότερον, εἰ μόνοις τοῖς μετανοοῦσιν ἡ τοῦ παρακλήτου χάρις ἀποκεκλήρωται. Μακάριοι γὰρ, φησὶν, οἱ πενθοῦντες, ὅτι αὐτοὶ παρακληθήσονται. Οὐκοῦν ὡς ἔστι δυνατὸν ἑπόμενοι, καθώς φησιν ὁ Ἀμβακοὺμ, τῷ ἐπὶ τὰ ὑψηλὰ ἐπιβιβῶντι πάλιν τὴν ἐγκειμένην διάνοιαν τοῖς εἰρημένοις ἀναζητήσωμεν, ὡς ἂν μάθοιμεν ποίῳ πένθει πρόκειται ἡ τοῦ πνεύματος τοῦ ἁγίου παράκλησις. Σκοπήσωμεν τοίνυν ἐν τῇ ἀνθρωπίνῃ ζωῇ τί ποτε πρῶτον αὐτὸ τὸ πένθος ἐστὶν, καὶ ἐπὶ τίσιν συνίσταται. Οὐκοῦν πρόδηλον ἅπασιν τὸ τοιοῦτον, ὅτι πένθος ἐστὶ σκυθρωπὴ διάθεσις τῆς ψυχῆς ἐπὶ στερήσει τινὸς τῶν καταθυμίων συνισταμένη, ὅπερ ἐπὶ τῶν ἐν εὐθυμίᾳ διαβιούντων συνίστασθαι χώραν οὐκ ἔχει. Οἷον, εὐπραγεῖ τις κατὰ τὸν βίον, πάντα κατὰ ῥοῦν αὐτῷ διὰ τῶν ἡδέων τὰ πράγματα φέρεται, τῇ γαμετῇ ἐπευφραίνεται, τοῖς παισὶν ἐπαγάλλεται, διὰ τῆς τῶν ἀδελφῶν συμμαχίας ὠχύρωται, σεμνὸς κατὰ τὴν ἀγοράν, τίμιος τοῖς δυναστεύουσιν, φοβερὸς τοῖς ἀντιτεταγμένοις, ἀκαταφρόνητος τοῖς ὑποχειρίοις, φίλοις εὐπρόσιτος, πλούτῳ κομῶν, ἁ-

---

6) M. δὲ. — 7) ἂν fehlt in den Ausg.

stetige Dauer der Krankheit. Aber auch aus einem anderen Grunde scheint es mir richtig das Wort des Herrn nicht allein so aufzufassen, und zu behaupten daß er denen welche ob ihrer Sünden Leid tragen die Seligkeit zuspreche. Denn wir werden viele finden welche ein unsträfliches und solches Leben führten dem selbst das Zeugniß der Stimme Gottes für jede Tugend nicht fehlte. War in Johannes eine Spur von Geiz? eine Spur von Götzendienst in Elias? Was kennt die Geschichte für ein kleineres oder größeres Vergehen in ihrem Leben? Wie nun? Wird etwa das Wort des Herrn sie von der Seligkeit ausschließen, sie, die überhaupt weder in Krankheit verfallen sind, noch dieses Heilmittels, ich meine der aus der Reue entstehenden Traurigkeit, je Noth gehabt haben? Entweder wäre es abgeschmackt von solchen Menschen anzunehmen daß sie von der göttlichen Seligkeit ausgeschlossen seien, darum weil sie weder gesündigt, noch durch Leidtragen die Sünde wieder gut gemacht und geheilt hätten, oder das Sündigen würde auf diese Weise besser sein als ohne Sünde zu leben, wenn nur den Bereuenden die Gnade des Trösters beschieden ist. Denn, heißt es, Selig sind die da Leid tragen, denn sie werden getröstet werden! Wir wollen also nach Möglichkeit dem folgen welcher, wie Hababuk sagt, auf die Höhen führt, und wiederum den in den Worten liegenden Sinn ausfindig zu machen suchen, damit wir erfahren welcher Art von Trauer der Trost des heiligen Geistes bestimmt ist. Betrachten wir demnach zuerst im menschlichen Leben was die Traurigkeit an sich ist, und woraus sie entsteht. Da ist denn Allen das klar daß die Traurigkeit eine trübe Stimmung der Seele ist, welche ihren Ursprung in dem Verlust eines uns theuren und lieben Gegenstandes hat. Diese hat keine Gelegenheit bei denen einzutreten welche in Fröhlichkeit ihr Leben hinbringen. Zum Beispiel, es geht Einem wohl im Leben, alle Angelegenheiten gehen ihm nach Wunsch und wie von selbst, er hat Freude an seiner Gattin, ist stolz auf seine Kinder, er hat in seinen Brüdern einen schützenden Beistand, er ist geachtet im öffentlichen Leben, geehrt bei den Machthabern, bei seinen Untergebenen wohl in Achtung, Freunden zugänglich, in der Fülle des Reichthums genußfähig, behaglich, ohne Veranlassung zur

πολαυςικὸς, ἡδὺς, ἄλυπος, σθεναρὸς τῷ σώματι, πάντα
ἔχων ὅσα τίμια κατὰ τὸν κόσμον τοῦτον εἶναι δοκεῖ, ὁ
τοιοῦτος πάντως ἐν εὐφροσύνῃ ⁸βιώσεται, ἑκάςῳ τῶν παρόντων ἐπιγαννύμενος. Εἰ δέ τις μεταβολὴ τῆς εὐημερίας
ταύτης καθάψετο, ἢ διάζευξιν τῶν φιλτάτων, ἢ ζημίαν
τῶν προςόντων, ἢ τινα πήρωσιν τῆς σωματικῆς εὐκληρίας

p. 783. ἐκ πονηρᾶς τινος συντυχίας ἐπάγουσα, τότε τῇ ὑπεξαιρέ-
A σει τοῦ εὐφραίνοντος ἡ ἐναντία διάθεσις γίνεται, ἣν πένθος προςαγορεύομεν. Οὐκοῦν ἀληθὴς ὁ ἀποδεδομένος
περὶ αὐτοῦ λόγος, ὅτι πένθος ἐςὶν αἴσθησίς τις ἀλγεινὴ
τῆς τῶν εὐφραινόντων ςερήσεως. Εἰ δὴ νενόηται ἡμῖν
τὸ ἀνθρώπινον πένθος, γενέσθω τις ὁδηγία τῶν ἀγνοουμένων τὰ πρόδηλα, ὡς ἂν φανερὸν γένοιτο τί τὸ μακα-
ριζόμενόν ἐςι πένθος ᾧ ἐπακολουθεῖ ἡ παράκλησις. Εἰ
γὰρ ἡ τῶν προςόντων ἀγαθῶν ςέρησις ἐνταῦθα τὸ πέν-
B θος ποιεῖ, οὐκ ἂν δέ τις τοῦ ἀγνοουμένου τὴν ζημίαν
⁹ἀπολοφύροιτο, γνῶναι προςήκει πρότερον αὐτὸ τὸ ἀγαθὸν ὅ τι ποτέ ἐςι κατὰ ἀλήθειαν, εἶθ᾽ οὕτως τὴν ἀνθρωπίνην φύσιν κατανοῆσαι· διὰ γὰρ ¹⁰τούτου συμβήσε-
ται τὸ μακαριζόμενον πένθος κατορθωθῆναι. Οἷον γὰρ
ἐςιν ἐπὶ τῶν ἐν σκότῳ βιοτευόντων, ὅταν ὁ μὲν ἐντεχθῇ
τῷ ζόφῳ, ὁ δὲ τῇ ἀπολαύσει τοῦ ἔξω φωτὸς συνειθισ-
μένος ἐξ ἐπηρείας τινὸς κατάκλειςος γένηται, οὐχ ὁμοίως
ἀμφοτέρων ἡ τῶν παρόντων καθάπτεται συμφορὰ (ὁ μὲν
γὰρ εἰδὼς οὗ ἐξέρηται βαρεῖαν ποιεῖται τοῦ φωτὸς τὴν
C ζημίαν, ὁ δὲ μηδὲ ὅλως ἐγνωκὼς τὴν τοιαύτην χάριν ἀλύ-
πως διαβιώσεται, διὰ τὴν συντροφίαν τοῦ ζόφου μηδενὸς
ἐκπεπτωκέναι τῶν ἀγαθῶν λογιζόμενος, ἐκ δὲ τούτου τὸν
μὲν ἡ ἐπιθυμία τῆς τοῦ φωτὸς ἀπολαύσεως εἰς πᾶσαν
ἄξει μηχανὴν καὶ ἐπίνοιαν τοῦ πάλιν ἰδεῖν οὗ ἐξ ἐπηρείας ἀπεςερήθη, ὁ δὲ καταγηράσει τῷ ζόφῳ διαβιῶν,
διὰ τὸ μὴ ἐγνωκέναι τὸ βέλτιον ἀγαθὸν ἑαυτῷ τὸ παρὸν

---

8) βιώσεται fehlt in den Ausg. — 9) M. ἀπολοφύραιτο. — 10) M.
τοῦτο.

Mißstimmung, von kräftigem Körper, im Besitz von Allem was in dieser Welt für werthvoll gilt, — ein Solcher wird in Frohsinn und heiterem Genusse aller Dinge leben welche die Gegenwart bietet. Trifft ihn aber ein Wechsel dieser guten Tage, und führt entweder eine Trennung von denen welche ihm die Liebsten sind, oder Verlust seiner Habe, oder eine Verletzung seiner Körperkraft und Gesundheit durch irgend welchen bösen Zufall herbei, dann tritt mit Hinwegnahme dessen was ihn erfreute die entgegengesetzte Stimmung ein, welche wir Traurigkeit nennen. Es ist also die davon gegebene Erklärung wahr, daß Traurigkeit ein schmerzliches Gefühl der Beraubung dessen sei was uns erfreut. Wissen wir nun was die menschliche Traurigkeit ist, so soll uns nun das was klar ist auf das hinleiten was uns noch unverständlich ist, auf daß deutlich werde was das seliggepriesene Leidtragen sei, welchem die Verheißung folgt. Wenn nämlich die Beraubung der Güter des gegenwärtigen Lebens hier das Leidtragen bewirkt, Niemand aber wohl den Verlust einer Sache beklagen dürfte welche er nicht kennt, so muß man folglich erst das Gut selbst kennen und wissen worin es in Wahrheit besteht, und dann so die menschliche Natur in Betrachtung ziehen; denn dadurch wird es uns gelingen die selige Traurigkeit zu erreichen. Denn wie es mit denen der Fall ist welche in der Finsterniß leben daß, wenn der Eine in Blindheit geboren, der Andere, welcher an den Genuß des äußeren Lichts gewöhnt gewesen war, in Folge irgend welcher Verletzung eingesperrt worden ist, das gegenwärtige Mißgeschick nicht beide in gleicher Weise affizirt (denn der Eine weiß wessen er beraubt ist und empfindet den Verlust des Lichtes schwer, während der Andere, welcher diese Gnadengabe überhaupt gar nicht kennt, ohne Trauer sein Leben hinbringen wird, bedenkend daß ihm durch das angeborene und gewohnte Dunkel kein Gut entgangen sei; und aus diesem Grunde wird das Verlangen nach dem Genuß des Lichtes den Einen auf alle Mittel und Wege führen, um dasjenige wieder zu sehen dessen er in Folge seiner Verletzung verlustig gegangen war, während der Andere, weil er den besseren Zustand nicht kennt, den ihm beschiedenen gegenwärtigen als einen für ihn guten halten, und in ununterbrochener Finsterniß

κρίνων)· οὕτω καὶ ἐπὶ τοῦ προκειμένου νοήματος ὁ τὸ
ἀληθῶς ἀγαθὸν κατιδεῖν ἰσχύσας, ἔπειτα τὴν πτωχείαν
τῆς ἀνθρωπίνης φύσεως κατανοήσας, ἐν συμφορᾷ τὴν ψυ
χὴν πάντως ἕξει, τῷ μὴ εἶναι ἐν τῷ ἀγαθῷ ἐκείνῳ τὸν
παρόντα βίον πένθος ποιούμενος. Οὐκοῦν οὐ τὴν λύπην
μοι δοκεῖ μακαρίζειν ὁ λόγος, ἀλλὰ τὴν εἴδησιν τοῦ ἀγα
θοῦ, ᾗ τὸ τῆς λύπης πάθος ἐπισυμβαίνει, διὰ τὸ μὴ πα
ρεῖναι τῷ βίῳ τὸ ζητούμενον. Ἀκόλουθον τοίνυν ἐξετά
σαι τί ποτε ἄρα ἐστὶν ἐκεῖνο τὸ φῶς ᾧ τὸ ζοφῶδες τοῦτο
τῆς ἀνθρωπίνης φύσεως σπήλαιον ἐν τῷ παρόντι βίῳ οὐ
καταυγάζεται. Ἢ τάχα οὐ πρὸς τὸ ἀνήνυτόν τε καὶ ἀκα
τάληπτον ἡ ἐπιθυμία βλέπει; Τίς γὰρ ἐν ἡμῖν λογισμὸς
τοιοῦτος ὡς ἀνιχνεῦσαι τοῦ ζητουμένου τὴν φύσιν; τίς ἐξ
ὀνομάτων τε καὶ ῥημάτων σημασία τοιαύτη ὡς ἀξίαν ἡμῖν
ἔννοιαν τοῦ ὑπερκειμένου φωτὸς ἐμποιῆσαι; πῶς ὀνομά
σω τὸ ἀθέατον; πῶς παραστήσω τὸ ἄϋλον; πῶς δείξω
τὸ ἀειδές; πῶς διαλάβω τὸ ἀμέγεθες, τὸ ἄποσον, τὸ
ἄποιον, τὸ ἀσχημάτιστον; τὸ μήτε τόπῳ, μήτε χρόνῳ εὑ
ρισκόμενον; τὸ ἐξώτερον παντὸς περασμοῦ καὶ πάσης
ὁριστικῆς φαντασίας; οὗ ἔργον ζωὴ καὶ ἡ πάντων τῶν
κατὰ τὸ ἀγαθὸν νοουμένων ὑπόστασις; περὶ ὃ πᾶν ὑψη
λὸν νόημά τε καὶ ὄνομα θεωρεῖται, θεότης, βασιλεία,
δύναμις, ἀϊδιότης, ἀφθαρσία, χαρά τε καὶ [11] ἀγαλλίασις,
καὶ πᾶν ὅτιπέρ ἐστιν ἐν ὕψει νοούμενόν τε καὶ λεγόμενον;
πῶς τοίνυν ἔστιν καὶ διὰ ποίων λογισμῶν τὸ τοιοῦτον ἡ
μῶν ἀγαθὸν ὑπ' ὄψιν ἐλθεῖν, τὸ θεώμενον καὶ μὴ βλε
πόμενον; τὸ πᾶσι τοῖς οὖσι τὸ εἶναι παρεχόμενον, αὐτὸ
δὲ ἀεὶ ὂν καὶ τοῦ γενέσθαι οὐ προσδεόμενον; Ἀλλ' ὡς
ἂν μὴ μάτην ὁ λόγος κάμνοι τοῖς ἀχωρήτοις ἑαυτὸν ἐπε
κτείνων, τῶν μὲν ὑπερκειμένων ἀγαθῶν τὴν φύσιν, ὡς
ἀμήχανον ὂν τὸ τοιοῦτον ὑπὸ κατάληψιν ἐλθεῖν, πολυ
πραγμονοῦντες παυσώμεθα, τοσοῦτον μόνον ἐκ τῶν ζητη

---

11) M. ἀγαλλίαμα.

bis zum Greisenalter weiterleben wird), derselbe Fall ist es auch mit dem was wir gegenwärtig bedenken, und wer im Stande ist das wahrhaft Gute zu erkennen, und dann die Armseligkeit der menschlichen Natur betrachtet, der wird in seiner Seele jedenfalls unglücklich werden, und Leid tragen daß das gegenwärtige Leben sich nicht in jenem Zustande der Vollkommenheit befindet. Sonach scheint mir das Wort des Herrn nicht sowohl den Schmerz selig zu preisen, sondern die Erkenntniß des Guten, welche von der Leidenschaft des Schmerzes betroffen wird, weil das sehnlich Erstrebte in dem Leben nicht vorhanden ist. Demzufolge steht also zu untersuchen, worin nun jenes Licht besteht durch welches im gegenwärtigen Leben diese finstere Höhle der menschlichen Natur nicht erleuchtet wird. Oder geht das Verlangen vielleicht nicht auf etwas Unerfüllbares und Unbegreifliches? Denn welcher Gedanke in uns ist von der Kraft daß er die Natur dessen wonach wir streben zu erforschen vermöchte? welcher Name und Ausdruck hat eine solche Bedeutung daß er uns eine würdige Vorstellung von dem allerhabenen Lichte beibrächte? wie soll ich das Unsichtbare nennen? wie das Immateriale beweisen? wie das Gestaltlose vor Augen führen? wie erfassen das was ohne Größe, ohne Quantität, ohne Qualität, was formlos ist und sich weder in der Zeit, noch im Raume auffinden läßt, was über alle Schranke und alle begrenzende Vorstellung hinausliegt? dessen Wirken Leben und Gewährung alles Guten was nur gedacht werden kann ist? an dem wir jeden erhabenen Gedanken und Namen haften sehen, Gottheit, Königthum, Kraft, Ewigkeit, Unvergänglichkeit, Freude und Lust, und alles was man nur Erhabneres denkt und nennt? auf welche Weise also, und vermittelst welcher Gedanken ist es möglich eine solche Vollkommenheit sich vor Augen zu führen, welche man wohl schaut, aber nicht sieht, welche allem was ist das Dasein gewährt, selbst aber ewig ist und des Werdens nicht bedarf? Damit meine Rede nicht vergeblich sich abmühe das Unerfaßliche zu erreichen, so wollen wir ablassen die Natur der allerhabenen Vollkommenheiten zu erforschen zu suchen, da ein solches Wesen unmöglicher Weise begriffen werden kann, nachdem wir aus der bisherigen Untersuchung allein diesen Gewinn gezogen

θέντων κερδάναντες ὅσον δι' αὐτοῦ τοῦ μὴ δυνηθῆναι κατιδεῖν τὸ ζητούμενον ἔννοιάν τινα τοῦ μεγέθους τῶν ζητουμένων ἀνατυπώσασθαι. Ὅσῳ δὲ τῆς γνώσεως ἡμῶν ὑψηλότερον εἶναι τὸ ἀγαθὸν τῇ φύσει πιςεύομεν, τοσούτῳ μᾶλλον τὸ πένθος [12] ἑαυτοῖς ἐπιτείνωμεν, ὅτι τοιοῦτόν ἐςι καὶ τοσοῦτον τὸ ἀγαθὸν οὗ διεζευγμένοι τυγχάνομεν, ὡς μηδὲ τὴν γνῶσιν αὐτοῦ χωρεῖν δύνασθαι. Τούτου μέντοι τοῦ ὑπεραίροντος πᾶσαν δύναμιν καταληπτικὴν ἐν μετουσίᾳ ποτὲ ἦμεν οἱ ἄνθρωποι, καὶ τοσοῦτον ἦν ἐν τῇ φύσει ἡμῶν ἐκεῖνο τὸ ἀγαθὸν τὸ ὑπὲρ πᾶν νόημα, ὡς ἄλλο ἐκεῖνο τὸ ἀνθρώπινον εἶναι δοκεῖν, τῇ ἀκριβεςάτῃ ὁμοιώσει κατὰ τὴν εἰκόνα τοῦ πρωτοτύπου μεμορφωμένον. Ἃ γὰρ νῦν περὶ ἐκείνου ςοχαςικῶς θεωροῦμεν, ταῦτα πάντα καὶ περὶ τὸν ἄνθρωπον ἦν, [13] ἀφθαρσία τε καὶ μακαριότης, καὶ τὸ αὐτοκρατὲς καὶ τὸ ἀδέσποτον, τό τε ἄλυπον καὶ ἀπραγμάτευτον τῆς ζωῆς, καὶ ἡ ἐν θειοτέροις διαγωγὴ, καὶ τὸ γυμνῇ τε καὶ καθαρᾷ παντὸς προκαλύμματος τῇ διανοίᾳ πρὸς τὸ ἀγαθὸν βλέπειν. Ταῦτα γὰρ πάντα δι' ὀλίγων ῥημάτων ὁ τῆς κοσμογενείας ἡμῖν ὑπαινίττεται λόγος, κατ' εἰκόνα θεοῦ λέγων πεπλάσθαι τὸν ἄνθρωπον, καὶ ἐν τῷ παραδείσῳ ζῆν, καὶ τῶν ἐκεῖ πεφυτευμένων κατατρυφᾶν. Τῶν δὲ φυτῶν ἐκείνων καρπὸς ζωὴ καὶ γνῶσις καὶ τὰ τοιαῦτά ἐςιν. Εἰ δὲ ταῦτα ἐν ἡμῖν ἦν, πῶς οὐχ ἔςι διὰ συγκρίσεως ἀντιπαραθεωροῦντα τῇ τότε μακαριότητι τὴν παροῦσαν νῦν ἀθλιότητα μὴ ἐπιςενάζειν τῇ συμφορᾷ; τὸ ὑψηλὸν τεταπείνωται, τὸ κατ' εἰκόνα τοῦ ἐπουρανίου γενόμενον [14] ἀπεγαιώθη, τὸ βασιλεύειν τεταγμένον κατεδουλώθη, τὸ εἰς ἀθανασίαν κτισθὲν κατεφθάρη θανάτῳ, τὸ ἐν τρυφῇ τοῦ παραδείσου διάγον εἰς τὸ νοσῶδες καὶ ἐπίπονον τοῦτο μετῳκίσθη χωρίον, τὸ τῇ ἀπαθείᾳ σύντροφον τὸν ἐμπαθῆ καὶ ἐπίκηρον ἀντηλλάξατο βίον, τὸ ἀδέσπο-

---

12) M. ἐν αὐτοῖς. — 13) M. ἀφθαρσίᾳ τε καὶ μακαριότητι. — 14) M. ἀπεγεώθη.

haben daß wir eben darum weil wir den Gegenstand derselben nicht zu erkennen vermochten, uns auch keine Vorstellung von der Größe desselben gemacht haben. Um wie viel erhabener jedoch über unserer Erkenntniß nach unserem Glauben das seiner Natur nach Gute steht, zu um so größerer Ausdehnung und Geltung wollen wir für uns die Traurigkeit bringen; weil das Gut von welchem wir getrennt sind ein solches und so großes ist daß unsere Erkenntniß es nicht einmal zu fassen vermag. Allerdings waren wir Menschen einst dieses alle Kraft des Begriffs übersteigenden Gutes theilhaftig, und es war in unserer Natur in solcher Mächtigkeit vorhanden daß jenes Menschengeschlecht ein anderes zu sein schien, weil es mit schärfster Aehnlichkeit nach dem Bilde seines Originals gestaltet war. Denn was wir jetzt auf dem Wege der Vermuthung an diesem erblicken, das besaß der Mensch Alles auch, Unvergänglichkeit und Seligkeit, er herrschte unumschränkt selbst und gehorchte keinem anderen Herrn, er besaß ein durch keinen Schmerz noch Mühsal gestörtes Leben, er weilte in mehr göttlichen Regionen, und hatte die Macht mit nacktem und von jeder Hülle reinem Geistesblick zu dem Allguten aufzuschauen. Denn das deutet uns alles in wenigen Worten die Erzählung von der Welterschaffung an, welche sagt daß der Mensch nach dem Ebenbilde Gottes gebildet worden sei, und im Paradiese lebte und in dem Genusse dessen was dort gepflanzt war sich es wohl sein ließ. Die Frucht jener Gewächse aber ist Leben und Erkenntniß, und was dem sonst ähnlich ist. Besaßen wir also diese Güter, wie ist es dann möglich daß wir im vergleichenden Hinblick auf das jetzt gegenwärtige Mühsal gegenüber der damaligen Glückseligkeit unser Unglück nicht beseufzen? Das Erhabene ist erniedrigt, das nach dem Ebenbilde des Himmlischen Gemachte zu Erde geworden, was mit königlicher Macht zu herrschen bestimmt war ist in Knechtschaft gekommen, was zur Unsterblichkeit geschaffen war ist durch den Tod vernichtet, was im Paradiese sich aufhielt ist in dieses von Krankheit und Mühsal heimgesuchte Land versetzt worden, was mit der Freiheit von Leid und Leidenschaft verbunden war hat das der Herrschaft dieser unterworfene und hinfällige Leben dafür eingetauscht, was keinem fremden

τόν τε καὶ αὐτεξούσιον νῦν ὑπὸ τοιούτων καὶ τοσούτων κακῶν κυριεύεται ὡς μηδὲ ῥᾴδιον εἶναι τοὺς τυράννους ἡμῶν ἀπαριθμήσασθαι. Ἕκαςον γὰρ τῶν ἐν ἡμῖν παθῶν, ὅταν ἐπικρατήσῃ, δεσπότης τοῦ δουλωθέντος γίνεται, καὶ καθάπερ τις τύραννος καταλαβὼν τῆς ψυχῆς τὴν ἀκρόπολιν δι' αὐτῶν τῶν ὑποχειρίων κακοῖ τὸ ὑπήκοον, ὑπηρέταις τοῖς ἡμετέροις λογισμοῖς πρὸς τὸ δοκοῦν ἑαυτῷ καταχρώμενος. Οὕτως ὁ θυμός, οὕτως ὁ φόβος, ἡ δειλία, τὸ θράσος, τὸ κατὰ λύπην τε καὶ τὸ καθ' ἡδονὴν πάθος, μῖσος, [15] ἔρως, ἀνέλεος, ἀπήνεια, φθόνος, κολακεία, μνησικακία τε καὶ ἀναλγησία, καὶ πάντα τὰ κατὰ τὸ ἐναντίον ἐν ἡμῖν νοούμενα πάθη, τυράννων ἐςί τινων καὶ δεσποτῶν ἀπαρίθμησις, τῶν πρὸς τὸ ἴδιον κράτος τὴν ψυχὴν οἷόν τινα δορυάλωτον καταδουλούντων. Εἰ δέ τις καὶ τὰς περὶ τὸ σῶμα συμφορὰς ἀναλογίζοιτο, τὰς τῇ φύσει ἡμῶν συμπεπλεγμένας τε καὶ [16] συντρεφομένας, τὰς ποικίλας λέγω καὶ πολυτρόπους τῶν νοσημάτων ἰδέας, ὧν πάντων τὸ κατ' ἀρχὰς ἀπείρατον ἦν τὸ ἀνθρώπινον, πολὺ μᾶλλον πλεονάσει τὸ δάκρυον, ἐκ παραλλήλου θεωρῶν ἀντὶ τῶν ἀγαθῶν τὰ λυπηρά, καὶ ἀντιπαρατιθεὶς τὰ κακὰ τοῖς βελτίοσιν. Τοῦτο οὖν ἔοικεν ἐν ἀποῤῥήτῳ διδάσκειν ὁ μακαρίζων τὸ πένθος, τὸ πρὸς τὸ ἀληθινὸν ἀγαθὸν τὴν ψυχὴν βλέπειν, [17] καὶ μὴ τῇ παρούσῃ ἀπάτῃ τοῦ βίου καταβαπτίζεσθαι· οὐ γὰρ ἔςιν οὔτε ἀδακρυτὶ ζῆν τὸν ἐπεσκεμμένον δι' ἀκριβείας τὰ πράγματα, οὔτε [18] μὴ ἐν λυπηροῖς εἶναι νομίζειν τὸν ταῖς βιωτικαῖς ἡδοναῖς ἐμβαθύνοντα. Καθάπερ ἐπὶ τῶν ἀλόγων τὸ τοιοῦτον ἔςιν ἰδεῖν, οἷς ἐλεεινὴ μὲν ἡ τῆς φύσεώς ἐςι κατασκευὴ (τί γὰρ ἐλεεινότερον τῆς τοῦ λόγου ςερήσεως;), αἴσθησις δὲ τῆς συμφορᾶς αὐτοῖς οὐδεμία, ἀλλὰ κατά τινα ἡδονὴν κἀκείνοις ἡ ζωὴ διεξάγεται, καὶ ὁ ἵππος γαυριᾷ, καὶ ὁ ταῦρος κονίζεται, καὶ ὁ σῦς φρίσσει τὴν λοφιάν,

---

15) M. ἔρις. — 16) M. συςρεφομένας. — 17) M. μηδέ. — 18) μὴ fehlt in den Ausg.

Gebot unterworfen und von selbständiger Macht war wird nun
von so vielen und so großen Uebeln tyrannisirt daß es nicht einmal
leicht sein möchte unsere Tyrannen alle aufzuzählen. Denn jegliche
Leidenschaft in uns wird, wenn sie die Oberhand gewinnt, zur
Herrin über ihren Sclaven, und indem sie wie ein Machthaber
der Burg der Seele sich bemächtigt, kränkt und beschädigt sie durch
die eigenen Unterthanen die welche ihr gehorchen, indem sie sich
unserer Vernunft als Schergen ihrer Willkühr bedient. So bilden
der Zorn, so die Furcht, die Feigheit, die Keckheit, die Leidenschaft
des Schmerzes und der Lust, Haß, Liebe, Mitleidslosigkeit, un=
menschliche Härte, Neid, Schmeichelei, Rachsucht und Gleichgil=
tigkeit, sammt allen den ihnen entgegengesetzten Leidenschaften in
uns, eine Schaar von Tyrannen und Herren, welche die Seele wie
einen Kriegsgefangenen geknechtet ihrer Macht unterwerfen wollen.
Wollte man aber auch die Zufälle welchen der Körper ausgesetzt
ist, und welche mit unserer Natur verwachsen sind, in Anschlag
bringen, ich meine die verschiedenen und mannichfaltigen Krank=
heitsarten, von welchen allen das anfängliche Menschengeschlecht
unangefochten war, so wird man seine Zähren noch reichlicher
strömen lassen, wenn man an Stelle der Güter die traurigen
Gaben des Unglücks erblickt, und den Uebeln die besseren Zustände
vergleichend gegenüberstellt. Diese Art von Traurigkeit scheint
also der Herr mit seiner Seligpreisung im Geheimen anzudeuten,
welche darin besteht daß die Seele ihren Blick auf das wahrhafte
Gut gerichtet hält, und in den Trug des gegenwärtigen Lebens
sich nicht hinabziehen läßt; denn wer die Dinge aufmerksam be=
trachtet hat, der kann nicht ohne Thränen leben, noch vermag er
von dem welcher in den Lüsten des Lebens versinkt zu glauben
daß er sich nicht in einem traurigen Zustand befindet. Gleichwie
wir an den unvernünftigen Thieren diese Wahrnehmung machen
können, deren natürliche Begabung und Ausstattung eine er=
barmenswerthe ist (denn was ist erbarmenswerther als der Mangel
der Vernunft?), die aber gleichwohl ihr Mißgeschick nicht fühlen,
sondern ihr Leben ebenfalls in vergnüglicher Lust hinbringen (denn
das Pferd hat seinen muthigen Stolz, der Stier wälzt sich im
Staube, und der Eber sträubt seinen borstigen Nacken, die jungen

καὶ οἱ σκύλακες παίζουσι, καὶ διασκιρτῶσιν οἱ μόσχοι, καὶ ἕκαϛον τῶν ζώων ἔϛιν ἰδεῖν διά τινων τεκμηρίων τὴν ἡδονὴν ἐνδεικνύμενον, οἷς εἴ τις κατανόησις ἦν τῆς τοῦ λόγου χάριτος, οὐκ ἂν τὸν κωφὸν αὐτῶν καὶ ταλαίπωρον βίον ἐν ἡδονῇ διετίθεντο, — οὕτως καὶ ἐπὶ τῶν ἀνθρώπων οἷς οὐδεμία τῶν ἀγαθῶν ἐϛι γνῶσις ὧν ἡ φύϛις ἡμῶν ἀπεϛέρηται· τούτοις καθ᾽ ἡδονὴν ἡ τῆς παρούσης ζωῆς διαγωγή. Ἀκολουθεῖ δὲ τῷ τοῖς παροῦσιν ἥδεσθαι τὸ μὴ ζητεῖν τὰ βελτίω· ὁ δὲ μὴ ζητῶν οὐκ ἂν εὕροι τὸ μόνοις [19] τοῖς ζητοῦσι [20] παραγινόμενον. Οὐκοῦν διὰ τοῦτο ὁ λόγος μακαρίζει τὸ πένθος, οὐ δι᾽ ἑαυτὸ κρίνων εἶναι μακάριον, ἀλλὰ διὰ τὸ ἐξ ἐκείνου [21] παραγινόμενον. Δείκνυσι δὲ τοῦ λόγου ἡ συζυγία [22] ὅτι διὰ τὴν πρὸς τὴν παράκλησιν ἀναφορὰν τὸ πενθεῖν ἐϛι μακάριον. Μακάριοι γάρ, φησίν, οἱ πενθοῦντες, καὶ οὐκ ἔϛησεν ἐν τούτῳ τὸν λόγον, ἀλλὰ προςέθηκεν, Ὅτι αὐτοὶ παρακληθήσονται. Ὅ μοι δοκεῖ προκατανενοηκὼς ὁ μέγας Μωϋσῆς (μᾶλλον δὲ ὁ ἐν ἐκείνῳ ταῦτα διατάσσων λόγος) ἐν ταῖς μυϛικαῖς τοῦ πάσχα παρατηρήσεσιν ἄζυμον μὲν αὐτοῖς ἄρτον ἐν ταῖς ἑορτασίμοις ἡμέραις νομοθετῆσαι, ὄψον δὲ τῇ βρώσει πικρίδας ποιήσασθαι, ὡς ἂν διὰ τῶν τοιούτων μάθοιμεν αἰνιγμάτων ὅτι οὐκ ἔϛι τῆς μυϛικῆς ἐκείνης ἑορτῆς μετασχεῖν ἄλλως, εἰ μὴ αἱ πικρίδες τοῦ βίου τούτου τῇ ἁπλῇ καὶ ἀζύμῳ ζωῇ ἑκουσίως καταμιγνύοιντο. Διὰ τοῦτο καὶ ὁ μέγας Δαβίδ, καίτοι τὸ ἀκρότατον τῆς ἀνθρωπίνης εὐκληρίας μέτρον, λέγω δὴ τὴν βασιλείαν, περὶ ἑαυτὸν βλέπων, δαψιλῶς ἐπιβάλλει τῶν πικρίδων τῇ ἑαυτοῦ ζωῇ ϛενάζων ἐν οἰμωγῇ καὶ θρηνῶν τὴν παράτασιν τῆς ἐν σαρκὶ παροικίας, καί, ἐκλείπων ὑπὸ τῆς τῶν μειζόνων ἐπιθυμίας, φησίν, Οἴμοι ὅτι ἡ παροικία μου ἐμακρύνθη. Ἑτέρωθι δὲ πρὸς τὸ κάλλος τῶν θείων σκηνωμάτων ἀτενὲς ἀποβλέπων [23] ἐκλείπειν ὑπὸ τῆς ἐπιθυμίας φησί, τὸ ἐν ἐσχάτοις ἐκεῖ τετάχθαι

---

19) τοῖς fehlt in den Ausg. — 20) M. παραγενόμενον. — 21) M. παραγενόμενον. — 22) M. ὅτι τῆς πρὸς τ. π. ἀναφορᾶς τὸ πενθεῖν αὐτοῖς ἐϛι μακάριον. — 23) M. ἐκλιπεῖν.

Hunde spielen, die Kälber springen, kurz man kann an jeglichem Thiere sehen wie es durch gewisse Merkmale sein Vergnügen zu erkennen giebt), wohingegen, hätten sie Erkenntniß von der Gnadengabe der Vernunft, sie in Bezug auf dieses stumpfe und elende Leben schwerlich zum Vergnügen gestimmt werden würden), — eben so steht es auch mit den Menschen welche keine Erkenntniß derjenigen Güter haben welcher unsere Natur verlustig gegangen ist: sie bringen ihr gegenwärtiges Leben in Lust hin. Die natürliche Folge aber der Lust an der Gegenwart ist daß man das Vollkommenere nicht aufsucht; wer aber nicht sucht, der wird auch wohl nicht finden was nur denen zu Theil werden kann die danach suchen. Also deßhalb preist der Herr die Traurigkeit selig, nicht weil er sie an sich für etwas Seliges hielte, sondern um dessen willen was uns aus ihr zu Theil wird. Der im Zusammenhang stehende zweite Satz des Ausspruchs zeigt aber daß das Leidtragen rücksichtlich des Trostes ein seliges sei. Denn er sagt, **Selig sind die da Leid tragen,** und beendet damit nicht seine Rede, sondern fügt noch hinzu, **denn sie werden getröstet werden.** Dies scheint mir der große Moses schon früher im Sinne gehabt (oder vielmehr das in ihm diese Anordnung treffende Wort) und darum bei den mystischen Beobachtungen des Paschas ungesäuertes Brot zur Speise an den Fasttagen, und als Zukost bittren Lattich geboten zu haben, damit wir durch solche Gleichnisse lernen daß man an jenem mystischen Feste auf keine andere Weise Theil nehmen kann als wenn der bittere Lattich dieser Zeit dem einfältigen und ungesäuerten Leben aus freiem Antrieb zugemischt wird. Deßhalb fügt auch der große David, obgleich er das höchste Maß des menschlichen Glücks, nämlich die Königskrone, in seinen Händen sah, seinem Leben reichlich von dem Bitterlattich zu, und beseufzt wehklagend und beweint die lange Dauer des Wohnens im Fleische, und vor Sehnsucht nach dem Erhabeneren vergehend spricht er, **Wehe mir, daß sich mein Wohnen in die Länge gezogen hat!** An einer anderen Stelle aber, wo er seine Augen auf die Schönheit der himmlischen Hütten gerichtet hält, sagt er auch, er vergehe vor Sehnsucht, und zieht es vor dort unter die Letzten gestellt zu sein als

τοῦ πρωτεύειν ἐν τοῖς παροῦσιν προτιμότερον ἑαυτῷ κρίνων. Εἰ δέ τις ἀκριβέςερον κατανοῆσαι βούλοιτο τοῦ μακαριζομένου τούτου πένθους τὴν δύναμιν, ἐπισκεψάσθω [24] ἐν τῷ κατὰ τὸν Λάζαρον καὶ τὸν πλούσιον διηγήματι, ἐν ᾧ γυμνότερον τὸ τοιοῦτον ἡμῖν σαφηνίζεται. Μνήσθητι γὰρ, φησὶν ὁ Ἀβραὰμ πρὸς τὸν πλούσιον, ὅτι ἀπέλαβες τὰ ἀγαθά σου ἐν τῇ ζωῇ σου, ὁμοίως δὲ καὶ ὁ Λάζαρος τὰ κακά· διὰ τοῦτο οὗτος μὲν παρακαλεῖται, σὺ δὲ ὀδυνᾶσαι. Ἔοικε γὰρ, ἐπειδὴ τῆς ἀγαθῆς τοῦ Θεοῦ περὶ τὸν ἄνθρωπον οἰκονομίας ἀπέςησεν ἡμᾶς ἡ ἀβουλία, μᾶλλον δὲ ἡ κακοβουλία. Τοῦ γὰρ θεοῦ ἀμιγὲς τοῦ κακοῦ τὸ ἀγαθὸν ἐν τῇ ἀπολαύσει ἡμῶν νομοθετήσαντος, καὶ καταμιγνύναι τῷ καλῷ τὴν τοῦ κακοῦ πεῖραν ἀπαγορεύσαντος, ἐπειδὴ ἡμεῖς ὑπὸ λαιμαργίας ἑκουσίως τοῦ ἐναντίου ἐνεφορήθημεν, λέγω δὲ τῆς τοῦ θείου λόγου παρακοῆς, ἀπογευσάμενοι, διὰ τοῦτο χρὴ πάντως ἐν ἀμφοτέροις γενέσθαι τὴν ἀνθρωπίνην φύσιν, καὶ μετασχεῖν ἐν μέρει τοῦ τε λυποῦντος καὶ τοῦ εὐφραίνοντος. Δύο δὲ ὄντων βίων, καὶ διπλῆς τῆς ζωῆς καθ' ἑκάτερον τῶν βίων ἰδιαζόντως θεωρουμένης, ὡσαύτως δὲ καὶ εὐφροσύνης διπλῆς, τῆς μὲν ἐν τῷ βίῳ τούτῳ, τῆς δὲ ἐν τῷ κατ' ἐλπίδας ἡμῖν προκειμένῳ, μακαριςὸν ἂν εἴη τὴν τῆς εὐφροσύνης μοῖραν τοῖς ἀληθινοῖς ἀγαθοῖς εἰς τὸν ἀΐδιον ἀποθέσθαι βίον, τῆς δὲ λύπης ἐκπληρῶσαι τὴν λειτουργίαν ἐν τῇ βραχείᾳ ταύτῃ καὶ προσκαίρῳ ζωῇ, ζημίαν ποιούμενον οὐ τὸ ςερηθῆναί τινος τῶν κατὰ τὸν βίον τοῦτον ἡδέων, ἀλλὰ τὸ διὰ τῆς ἀπολαύσεως τούτων ἐν ἀποπτώσει τῶν ἀμεινόνων γενέσθαι. Οὐκοῦν εἰ μακαριςόν ἐςιν τὸ ἐν τοῖς ἀπείροις αἰῶσιν ἀτέλεςόν τε καὶ εἰς ἀεὶ παρατεινομένην τὴν εὐφροσύνην ἔχειν, δεῖ δὲ πάντως γεύσασθαι καὶ τῶν ἐναντίων τὴν ἀνθρωπίνην φύσιν, οὐκέτι χαλεπόν ἐςι συνιδεῖν τοῦ λόγου τὸ βούλημα διὰ τί μακάριοι οἱ νῦν πενθοῦντες· αὐτοὶ γὰρ εἰς τοὺς ἀπείρους αἰῶνας παρακληθήσονται. Ἡ δὲ παράκλησις

---

24) M. ἑαυτῷ ἐν τῷ.

jetzt hier zu den Ersten zu zählen. Will aber Jemand die Kraft dieser selig gepriesenen Traurigkeit noch genauer kennen lernen, der denke über die Erzählung von Lazarus und dem Reichen nach, in welcher uns diese Lehre in unverhüllterer Gestalt deutlich gemacht wird. Erinnere dich, spricht nämlich Abraham zu dem Reichen, daß du dein Gutes in deinem Leben empfangen hast, eben so wie Lazarus das Böse; darum wird dieser getröstet, du aber wirst gepeinigt. Denn das ist billig, nachdem uns die Thorheit, oder vielmehr der böse Rath, dem guten Vorhaben Gottes mit den Menschen fern gerückt hat. Denn nachdem Gott das Gute ohne alle Beimischung des Schlechten uns zu genießen befohlen, und mit dem Guten das Böse zu kosten verboten hatte, so muß, da wir in unserer Gier aus freiem Entschluß das Gegentheil, das ist den Ungehorsam gegen das Wort Gottes, gekostet und uns darin übernommen haben, aus diesem Grunde die menschliche Natur auch beiden angehören, und somit abwechselnd ihren Theil bekommen an dem was Schmerz und an dem was Fröhlichkeit bringt. Da es nun zwei Leben giebt, und eine zwiefache Art von Existenz, die eine in diesem, die andere in jenem, sich beobachten läßt, da ingleichen es ferner auch eine doppelte Art von Freude giebt, die in diesem gegenwärtigen, und die in dem von uns gehofften Leben, so kann man es wohl Seligkeit nennen, wenn man den Antheil an Freude für die wahrhaften Güter bis in das ewige Leben aufspart, und in diesem kurzen und vergänglichen Leben hingegen seine ihm auferlegte Leistung an dem Leid abträgt, indem man nicht das als einen Verlust ansieht daß man in diesem Leben der Freuden verlustig geht, sondern das daß man durch den Genuß derselben sich den Verlust der höheren Güter zuzieht. Wenn es demnach als Seligkeit zu preisen ist in den unendlichen Ewigkeiten im Besitz unbegrenzter und immerdauernder Freude zu sein, ferner aber auch die menschliche Natur das Entgegengesetzte kosten muß, so ist es keine Schwierigkeit mehr den Sinn des Ausspruchs zu verstehen, und warum diejenigen welche jetzt Leid tragen selig sind; denn sie sollen ja bis in die unendlichen Ewigkeiten getröstet werden. Der Trost aber entspringt aus der Gemeinschaft mit dem Tröster; denn

ἐκ τῆς τοῦ παρακλήτου μετουσίας γίνεται· ἰδία γὰρ τοῦ πνεύματος ἐνέργεια ἡ τῆς παρακλήσεως χάρις ἐςίν· ἧς καὶ ἡμεῖς ἀξιωθείημεν χάριτι τοῦ κυρίου ἡμῶν Ἰησοῦ Χριςοῦ, ᾧ ἡ δόξα εἰς τοὺς αἰῶνας τῶν αἰώνων. Ἀμήν.

ΛΟΓΟΣ δ'.

D *Μακάριοι οἱ πεινῶντες καὶ διψῶντες τὴν δικαιοσύνην, ὅτι αὐτοὶ χορτασθήσονται.*

Τοὺς ςομαχοῦντας καὶ κακοσίτους φασὶν οἱ τῆς ἰατρικῆς ἐπιςήμονες πονηρῶν τινων χυμῶν τε καὶ περιττωμάτων ἐπὶ τὴν ἄνω γαςέρα συῤῥέντων ἀεὶ δοκεῖν πλήρεις τε καὶ διακορεῖς εἶναι, καὶ διὰ τοῦτο πρὸς τὴν ὠφέλιμον p. 789. τροφὴν ἀλλοτρίως ἔχειν, τῆς φυσικῆς αὐτοῖς ὀρέξεως ἐν A τῇ νόθῳ πλησμονῇ μαρανθείσης· εἰ δέ τις αὐτοῖς ἐξ ἰατρικῆς ἐπιμέλεια προσαχθείη, διά τινος τμητικῆς φαρμακοποσίας ἀποκλυσθέντων τῶν ἐναπειλημμένων ταῖς τοῦ ςομάχου κοιλότησιν, οὕτως συμβαίνειν, τοῦ ἀλλοτρίου μηκέτι διοχλοῦντος τὴν φύσιν τῆς ὠφελούσης τε καὶ τροφίμου βρώσεως, αὐτοῖς ἐπανιέναι τὴν ὄρεξιν, καὶ τοῦτο τῆς ὑγιείας εἶναι σημεῖον, τὸ μηκέτι κατηναγκασμένως, ἀλλὰ B μετ' ἐπιθυμίας τε καὶ ὁρμῆς τὴν βρῶσιν προσίεσθαι. Τί οὖν μοι βούλεται τὸ προοίμιον; Ἐπειδὴ προϊὼν δι' ἀκολουθίας ὁ πρὸς τὰ ὑψηλότερα τῆς τῶν μακαρισμῶν κλί-
Psalm. μακος χειραγωγῶν ἡμᾶς λόγος, ὁ κατὰ τὴν τοῦ προφήτου 84, 5. φωνὴν τὰς καλὰς ἀναβάσεις ἐν τῇ καρδίᾳ ἡμῶν διατιθέμενος, τοιαύτην ἡμῖν μετὰ τὰς προδιανυσθείσας ἀνόδους τετάρτην προδείκνυσιν ἄλλην ἀνάβασιν, λέγων, Μακάριοι οἱ πεινῶντες καὶ διψῶντες τὴν δικαιοσύνην, ὅτι αὐτοὶ χορτασθήσονται, καλῶς ἔχειν οἶμαι τὸ διακορές τε καὶ ¹ πλήσμιον τῆς ψυχῆς ἐκκαθάραντας, ὡς ἔςι δυνατόν, τῆς C τοιαύτης βρώσεώς τε καὶ πόσεως τὴν μακαριςὴν ὄρεξιν ἡμῖν αὐτοῖς ἐμποιῆσαι· οὔτε γὰρ ἰσχύσαι δυνατὸν ἐςι τὸν ἄνθρωπον μὴ τῆς ἀρκούσης τροφῆς ὑποςηριζούσης τὴν

---

1) 𝔐. πλησμονικὸν.

die Gnadenspende des Trostes ist die dem heiligen Geiste eigenthümliche Wirksamkeit. Mögen auch wir ihrer für würdig erachtet werden, durch die Gnade unseres Herrn Jesu Christi, welchem gehört die Herrlichkeit bis in Ewigkeit. Amen.

Vierte Rede.

Selig sind die da hungert und dürstet nach der Gerechtigkeit, denn sie sollen satt werden.

Von den an der Verdauung und Mangel an Eßlust Leidenden sagen die der Heilkunst Kundigen daß sie in Folge eines Zusammenflusses schlechter Säfte und Ausscheidungen nach dem Magen sich immer voll und satt vorkämen, und deßhalb, weil ihr natürlicher Appetit durch die krankhafte scheinbare Uebersättigung verkümmert werde, eine Abneigung gegen die ihnen dienliche Nahrung besäßen; wenn ihnen jedoch eine ärztliche Behandlung zu Theil würde, so daß vermittelst eines scharfen Heiltrankes das in den Höhlungen des Magens Enthaltene ausgespült wird, dann trete der Fall ein daß, weil der fremde Stoff die Natur nun nicht mehr belästigt, ihnen der Appetit nach dienlicher und nahrhafter Speise zurückkehre, und es sei dabei dies ein Zeichen der Genesung, daß man nicht ferner mit Zwang, sondern mit Lust und Begierde die Nahrung zu sich nimmt. Was will nun diese Einleitung? Da das in richtiger Folge vorschreitende göttliche Wort, welches uns den höheren Stufen der Seligkeit zuführt, und welches nach dem Ausspruch des Propheten schöne Leitern in unseren Herzen aufstellt, uns nach den bereits vorher überschrittenen Stufen nunmehr eine andere vierte sehen läßt, und sagt, Selig sind die da hungert und dürstet nach der Gerechtigkeit, denn sie sollen satt werden, so scheint es mir gut zu sein die Sattheit und Ueberfüllung der Seele nach Kräften auszuräumen, und uns dadurch ein solch seliges Verlangen nach solcher Speise und Trank zu bewirken; denn es ist unmöglich daß der Mensch Kraft besitzt, wenn nicht die hinreichende Nahrung seine Stärke aufrecht erhält,

δύναμιν, οὔτε δίχα τοῦ φαγεῖν ἐμπλησθῆναι τροφῆς, οὔτε τραφῆναι χωρὶς ὀρέξεως. Ἐπεὶ οὖν ἀγαθόν τι κατὰ τὴν ζωήν ἐςιν ἡ δύναμις, αὕτη δὲ τῷ ἀρκοῦντι συντηρεῖται κόρῳ, ὁ δὲ κόρος διὰ βρώσεως γίνεται, τὸ δὲ φαγεῖν ἐξ ὀρέξεως, μακαριςὸν ἂν εἴη τοῖς ζῶσιν ἡ ὄρεξις, ἀρχή τε καὶ αἰτία τῆς ἐν ἡμῖν γινομένη δυνάμεως. Ὥσπερ δὲ κατὰ τὴν ²αἰσθητὴν τροφὴν οὐ τῶν αὐτῶν πάντες ἐφίενται, ἀλλὰ μερίζεται πολλάκις πρὸς τὰ εἴδη τῶν ἐδωδίμων ἡ τῶν μετεχόντων ἐπιθυμία, καὶ ὁ μέν τις ἐπιτέρπεται τοῖς γλυκαίνουσιν, ἄλλος πρὸς τὰ δριμύσσοντά τε καὶ θερμαίνοντα τὴν ὁρμὴν ἔχει, ἕτερος δὲ τοῖς ἀλμώδεσιν, καὶ ἄλλος τοῖς παραςύφουσιν ἥδεται, συμβαίνει δὲ πολλάκις μὴ κατὰ τὸ λυσιτελοῦν ἐγγίνεσθαι τὴν ὁρμὴν ἑκάςῳ τῆς βρώσεως (κατὰ γάρ τινα κράσεως ἰδιότητα πρός τι πάθος ἐπιρρεπῶς τις ἔχων τρέφει τὴν νόσον τῇ τῶν ³καταλλήλων βρωμάτων ποιότητι, εἰ δὲ πρὸς τὰ ὠφελοῦντα τὴν ὁρμὴν σχοίη, πάντως ἐν ὑγιείᾳ βιώσεται, τῆς τροφῆς αὐτῷ συντηρούσης τὴν εὐεξίαν), οὕτως καὶ ἐπὶ τῆς ψυχῆς τροφῆς οὐ πάντων πρὸς τὸ αὐτὸ ῥέπουσιν αἱ ἐπιθυμίαι. Οἱ μὲν γὰρ δόξης, ἢ πλούτου, ἤ τινος κοσμικῆς περιφανείας ὀρέγονται, ἄλλοις περὶ τὴν τράπεζαν ἄσχολός ἐςιν ἡ ὄρεξις, ἕτεροι τὸν φθόνον ὥς τι δηλητηριώδη τροφὴν προθύμως ἀναλαμβάνουσιν· εἰσὶν δέ τινες οἷς τὸ τῇ φύσει καλὸν ἐν ὀρέξει γίνεται. Φύσει δὲ καλὸν ἀεὶ καὶ πᾶσιν ⁴τοιοῦτόν ἐςιν ὃ μὴ ἄλλου τινὸς ἕνεκέν ἐςιν αἱρετόν, ἀλλ' αὐτὸ δι' ἑαυτὸ ἐπιθυμητόν, ἀεὶ ὡσαύτως ἔχον, καὶ οὐδέποτε ἀμβλυνόμενον κόρῳ. Διὰ τοῦτο μακαρίζει ὁ λόγος οὐ τοὺς ἁπλῶς πεινῶντας, ἀλλ' οἷς πρὸς τὴν ἀληθῆ δικαιοσύνην ἡ ἐπιθυμία τὴν ῥοπὴν ἔχει. Τίς οὖν ἡ δικαιοσύνη; τοῦτο γὰρ οἶμαι δεῖν πρότερον ἀνακαλυφθῆναι διὰ τοῦ λόγου, ὡς ἂν τοῦ κατ' αὐτὴν κάλλους φανερωθέντος οὕτως ἐν ἡμῖν κινηθείη πρὸς τὴν ὥραν τοῦ φανέντος ἡ ὄρεξις· οὐδὲ γάρ ἐςι δυνατὸν

---

2) Μ. αἰσθητὴν ταύτην τὴν τροφὴν ἔχομεν, οὐ. — 3) Μ. κατ' ἀλλήλων. — 4) Μ. τοῦτό.

noch daß er ohne Essen der Speise voll werden, oder ohne Verlangen danach genährt werden kann. Da nun die Stärke etwas Gutes im Leben ist, diese aber durch die ausreichende Sättigung bewahrt wird, die Sättigung aber durch Essen geschieht, das Essen aber in Folge von Eßlust, so dürfte die Eßlust den Lebendigen als ein selig Ding zu preisen sein, welche zu einem Anfang und einer Ursache der Stärke in uns wird. Wie es aber mit dieser sinnlichen Speise geht, daß nicht Alle nach der gleichen verlangt, sondern daß die Begierde der Tischgäste sich oft nach den Arten der Speisen theilt, und der Eine sich an den süßen ergötzt, ein Anderer nach den scharfen und hitzigen Verlangen trägt, wieder ein Anderer an salzigen, und ein Vierter an sauren sich vergnügt, daß es aber sich oft trifft daß das Verlangen nach Speise nicht Jedem gerade ersprießlich ist (denn wenn Jemand nach der Eigenthümlichkeit der Säftemischung seines Körpers zu einem Leiden hinneigt, so nährt er die Krankheit durch die Qualität der ihr angemessenen Nahrungsmittel, während, wenn er nach denen welche ihm dienlich sind Verlangen trüge, er durchaus in Gesundheit leben würde, weil die Nahrung ihm sein Wohlbefinden aufrecht erhielte), so neigen sich bei der Speise der Seele nicht Aller Begierden dem Gleichen zu. Die Einen verlangt nach Ruhm, oder Reichthum, oder nach einer glänzenden weltlichen Stellung, Anderer Neigung beschäftigt sich mit der Tafel, noch Andere nehmen den Neid wie eine giftige Speise mit Lust zu sich, endlich giebt es auch solche die nach dem wahrhaften und seiner Natur nach Guten trachten. Das seiner Natur nach Gute ist aber allezeit und für Alle dasjenige wonach man nicht um eines Anderen Willen greift, sondern was um seiner selbst Willen erstrebt wird, was immer sich gleich bleibt und niemals durch Sättigung seinen Reiz verliert. Darum preist das Wort des Herrn nicht die einfach Hungernden selig, sondern diejenigen deren Verlangen sich der wahren Gerechtigkeit zuneigt. Welche Gerechtigkeit ist das nun? Denn dies, glaube ich, müssen wir durch unsere Rede zunächst klar machen, damit wenn ihre Schönheit enthüllt sein wird, so in uns die Begierde nach der Lieblichkeit des Enthüllten rege gemacht werde. Denn es ist ein unmöglich Ding nach Etwas zu begehren

πρὸς τὸ μὴ φαινόμενον ἐπιθυμητικῶς ἔχειν, ἀλλ' ἀργή πως ἐπὶ τὸ ἄγνωςόν ἐςιν ἡ φύσις ἡμῶν καὶ ἀκίνητος, εἰ μὴ δι' ἀκοῆς ἢ ὄψεως ἔννοιάν τινα τοῦ ἐπιθυμητοῦ λάβοι. Φασὶ τοίνυν τῶν ἐξητακότων τὰ τοιαῦτά τινες δικαιοσύνην εἶναι ἕξιν ἀπονεμητικὴν τοῦ ἴσου καὶ τοῦ κατ' ἀξίαν ἑκάςῳ. Οἷον εἴ τις χρημάτων διανομῆς γένοιτο κύριος, ὁ πρὸς τὸ ἴσον βλέπων καὶ συμμετρῶν τῇ χρείᾳ τῶν μετεχόντων τὴν δόσιν δίκαιος λέγεται· καὶ εἴ τις τοῦ κρίνειν τὴν ἐξουσίαν λαβὼν μὴ πρὸς χάριν τινὰ καὶ ἀπέχθειαν τὴν ψῆφον φέροι, ἀλλὰ τῇ φύσει τῶν πραγμάτων ἑπόμενος τιμωροῖ τό τε τοὺς ἀξίους καὶ τὴν σώζουσαν ψῆφον πρὸς τοὺς ἀνευθύνους φέροι, καὶ τῶν λοιπῶν ἀμφισβητημάτων ἐν ἀληθείᾳ ποιοῖτο τὴν κρίσιν, καὶ οὗτος δίκαιος λέγεται· καὶ ὁ τοὺς φόρους τοῖς ὑποχειρίοις τάσσων, ὅταν σύμμετρον ἐπιβάλῃ τῇ δυνάμει τὸν φόρον, καὶ οἰκίας δεσπότης, καὶ πόλεως ἄρχων, καὶ ἐθνῶν βασιλεὺς, εἰ καταλλήλως ἡγοῖτο τῶν ὑποτεταγμένων ἕκαςος τούτων, μὴ ὁρμαῖς ἀλόγοις ὑπ' ἐξουσίας κινούμενος, ἀλλ' εὐθύτητι τὸ ὑπήκοον κρίνων, καὶ πρὸς τὰς προαιρέσεις τῶν ὑποχειρίων τῇ γνώμῃ συναρμοζόμενος, — πάντα τὰ τοιαῦτα τῷ λόγῳ τῆς δικαιοσύνης ἀνατιθέασιν οἱ τῇ τοιαύτῃ ἕξει τὸ δίκαιον ὁριζόμενοι. Ἐγὼ δὲ πρὸς τὸ ὕψος βλέπων τῆς θείας νομοθεσίας πλέον τι τῶν εἰρημένων ἐν τῇ δικαιοσύνῃ ταύτῃ νοεῖσθαι ςοχάζομαι. Εἰ γὰρ κοινὸς μὲν πρὸς πᾶσαν τὴν ἀνθρωπίνην φύσιν ὁ σωτήριος λόγος, οὐ παντὸς δέ ἐςιν ἀνθρώπου τὸ ἐν τοῖς εἰρημένοις εἶναι (ὀλίγων γὰρ τὸ βασιλεύειν, τὸ ἄρχειν, τὸ δικάζειν, τὸ ἐν ἐξουσίᾳ χρημάτων, ἤ τινος ἄλλης οἰκονομίας γενέσθαι), τὸ δὲ πλῆθος ἐν τοῖς ὑποχειρίοις τε καὶ οἰκονομουμένοις ἐςὶν, πῶς ἄν τις δέξαιτο τὴν ἀληθῆ δικαιοσύνην ἐκείνην

was wir nicht sehen, und unsere Natur verhält sich dem Unbekannten gegenüber gewissermaßen träge und regungslos, so lange sie nicht durch Gehör oder Gesicht eine Vorstellung von dem worauf sie ihr Begehren richten soll empfangen hat. Da behaupten also Einige die diese Dinge einer eingehenderen Untersuchung unterworfen haben, Gerechtigkeit sei die Eigenschaft das zuzutheilen was billig ist und einem Jeden nach Verdienst zukommt. Zum Beispiel, wenn Jemand bevollmächtigt wird Geld zu vertheilen, so wird der welcher sein Augenmerk dabei auf die gleiche und billige Vertheilung gerichtet hält und die Gabe nach dem Bedürfniß der Empfänger abmißt, gerecht genannt; und wenn Jemand richterliche Macht empfängt, und nicht nach Gunst und Haß entscheidet, sondern, der Natur der Dinge folgend, die Schuldigen bestraft und die Unschuldigen freispricht, und die Entscheidung sonstiger Streithändel so trifft wie es die Wahrheit fordert, so wird auch der gerecht genannt werden; und wer den Unterthanen die Steuern anordnet, wird, wenn er die Abgabe in richtigem Verhältniß zur Kraft auferlegt, und eben so ein Hausherr, der Gebieter einer Stadt, ein König über Nationen, wenn ein Jeder von ihnen über die ihm Untergebenen in entsprechender Weise sein Herrscheramt ausübt, und nicht, bethört von seiner Machtstellung, sich von unvernünftigen Gelüsten bewegen läßt, sondern mit ehrlicher Geradheit über die ihm Untergebenen das Richteramt vollzieht und seine Entschließungen in richtigen Einklang mit deren Wünschen zu bringen weiß, — all Dieses legen diejenigen in den Begriff der Gerechtigkeit welche diesem Verfahren das Prädicat gerecht zuerkennen. Wenn ich aber meinen Blick auf die Höhe des göttlichen Gesetzes richte, so komme ich auf die Vermuthung daß außer dem Gesagten noch Etwas mehr unter dieser Gerechtigkeit verstanden werde. Denn wenn die Rede des Heilandes sich gemeinsam auf die gesammte menschliche Natur bezieht, es aber nicht allen Menschen gegeben ist sich unter den Genannten zu befinden (denn Wenige sind Könige, obere Staatsbeamte, Richter, Wenige haben über vieles Geld zu verfügen, oder gelangen zu irgend welcher anderen Verwaltung), vielmehr die große Menge aus Unterthanen und Regierten besteht, wie sollte man

εἶναι ἢ μὴ πᾶσι πρόκειται ὁμοτίμως τῇ φύσει; εἰ γὰρ ὁ σκοπὸς τῷ δικαίῳ κατὰ τοὺς ἔξωθεν λόγους τὸ ἴσον ἐςὶν, ἡ δὲ ὑπεροχὴ τὸ ἄνισον ἔχει, οὐκ ἔςι τὸν ἀποδεδομένον τῆς δικαιοσύνης λόγον ἀληθῆ νομίσαι, εὐθὺς τῷ κατὰ τὸν βίον ἀνίσῳ διελεγχόμενον. Τίς οὖν ἡ δικαιοσύνη ἡ εἰς πάντας φθάνουσα, ἧς ἡ ἐπιθυμία κοινὴ πρόκειται παντὶ τῷ κατὰ τὴν εὐαγγελικὴν τράπεζαν βλέποντι, κἂν πλούσιός τις ᾖ, κἂν πένης, κἂν δουλεύῃ, κἂν κυριεύῃ, κἂν εὐπατρίδης, κἂν ἀργυρώνητος, οὐδεμιᾶς περιςάσεως οὔτε πλεοναζούσης, οὔτε ὑποςελλούσης τοῦ δικαίου τὸν λόγον; Εἰ γὰρ ἐν μόνῳ τῷ προήκοντι κατ᾽ ἐξουσίαν τινὰ καὶ ὑπεροχὴν τὸ τοιοῦτον εὑρίσκοιτο, πῶς δίκαιος ὁ τῷ πυλῶνι τοῦ πλουσίου παρεῤῥιμμένος Λάζαρος, ὁ μηδεμίαν ὕλην πρὸς τὴν τοιαύτην δικαιοσύνην ἔχων, οὐκ ἀρχήν, οὐκ ἐξουσίαν, οὐκ οἶκον, οὐ τράπεζαν, οὐκ ἄλλην τινὰ πρὸς τὸν βίον παρασκευὴν δι᾽ ἧς ἔςι τὴν δικαιοσύνην ἐκείνην ἐργάζεσθαι; εἰ γὰρ ἐν τῷ ἀρχεῖν, ἢ διανέμειν, ἤ τι ὅλως οἰκονομεῖν τὸ δίκαιόν ἐςιν εἶναι, ὁ μὴ ὢν ἐν ἐκείνοις ἔξω τοῦ δικαίου πάντως ἐςίν. Πῶς οὖν ἀξιοῦται τῆς ἀναπαύσεως ὁ μηδὲν ἐσχηκὼς τούτων δι᾽ ὧν ἡ δικαιοσύνη κατὰ τὸν τῶν πολλῶν λόγον χαρακτηρίζεται; οὐκοῦν ζητητέα ἡμῖν ἡ δικαιοσύνη ἐκείνη ἧς ὁ ἐπιθυμήσας ἐν ἐπαγγελίᾳ τὴν ἀπόλαυσιν ἔχει. Μακάριοι γάρ, φησίν, οἱ πεινῶντες [5] καὶ διψῶντες τὴν δικαιοσύνην, ὅτι αὐτοὶ χορτασθήσονται. Πολλῶν καὶ παντοδαπῶν προκειμένων εἰς μετουσίαν, ἐφ᾽ ἃ ἡ ἀνθρωπίνη φύσις τὴν ὀρεκτικὴν ὁρμὴν ἔχει, πολλῆς ἡμῖν χρεία τῆς ἐπιςήμης, ὥστε ἡμῖν διακρίνειν ἐν τοῖς τοιούτοις ἐδωδίμοις τὸ τρόφιμόν τε καὶ δηλητήριον, ὡς ἂν μὴ τὸ δοκοῦν ὑπὸ τῆς ψυχῆς ἐν τροφῆς μέρει παραλαμβάνεσθαι θάνατον ἡμῖν καὶ διαφθορὰν ἀντὶ τῆς ζωῆς ἐνεργήσειεν. Οὐκ ἄκαιρον δὲ ἴσως διά τινος ἑτέρου τῶν κατὰ τὸ εὐαγγέλιον ζητου-

---

5) καὶ διψῶντες fehlt in den Ausg.

da zu der Annahme kommen daß die wahre Gerechtigkeit jene sei zu welcher nicht Allen von Natur der gleiche Zutritt erlaubt ist? Denn wenn nach den Behauptungen derer welche außerhalb der christlichen Kirche stehen der Gerechte die Gleichheit zum Ziele hat, die Auszeichnung aber mit Ungleichheit verbunden ist, so kann man die von der Gerechtigkeit gegebene Definition nicht für eine wahre halten, sofern sie sich ja sofort durch die Ungleichheit im Leben widerlegt. Welches ist also die Gerechtigkeit welche auf Alle paßt? nach welcher das gemeinsame Verlangen eines jeden steht welcher auf den Tisch des Evangeliums blickt, gleichviel ob Jemand reich oder arm ist, ob er ein Knecht oder ein Herr, ob er von Adel oder ein für Geld erkaufter Sclave, dergestalt daß kein Verhältniß den Begriff von Gerecht weder erweitert, noch beschränkt? Denn wenn sie allein bei dem welcher uns an Macht und vornehmer Stellung voraus ist angetroffen wird, wie ist dann der vor der Thüre des Reichen verachtet daliegende Lazarus ein Gerechter, dem alle Unterlage für eine solche Gerechtigkeit abgeht, Herrschaft, Macht, ein Haus, ein Tisch, kurz jede Ausstattung für das Leben wodurch man jene Gerechtigkeit ausüben kann? Denn wenn die Gerechtigkeit von dem Herrschen, oder Austheilen, oder überhaupt von irgend welcher Verwaltung bedingt sein kann, so muß nothwendiger Weise derjenige welcher nicht in jener Lage sich befindet außerhalb der Gerechtigkeit stehen. Mit welchem Recht wird nun der welcher Nichts von dem hat wodurch nach der Ansicht der Menge die Gerechtigkeit sich kennzeichnet der Erquickung gewürdigt? Wir müssen also die Gerechtigkeit aufsuchen deren Genuß dem versprochen ist welcher nach ihr Verlangen trägt. Denn, heißt es, **selig sind die da hungert und dürstet nach der Gerechtigkeit, denn sie sollen satt werden!** Wenn uns Viel und von allerlei Art zu unserem Gebrauch vorliegt, wonach die menschliche Natur begehrt, so haben wir große Einsicht nöthig um unter diesen Speisen das zu unterscheiden was zur Nahrung dienlich und was schädlich ist, damit nicht etwa das was die Seele an Nahrungs Statt aufnehmen zu können scheint uns Tod und Verderben an Stelle des Lebens wirke. Vielleicht ist es nicht unpassend das Verständniß hierüber durch eine

μένων τὴν περὶ τούτου διαρθρῶσαι διάνοιαν. Ὁ κατὰ πάντα κοινωνήσας ἡμῖν χωρὶς ἁμαρτίας, καὶ συμμετασχὼν ἡμῖν τῶν αὐτῶν παθημάτων, τὴν πεῖναν οὐκ ἔκρινεν ἁμαρτίαν, οὐδὲ ἀπώσατο τῆς ἑαυτοῦ πείρας τὸ κατ᾽ αὐτὴν πάθος, ἀλλ᾽ ἐδέξατο τὴν ὀρεκτικὴν ὁρμὴν τῆς φύσεως τὴν ἐπὶ τῇ τροφῇ γινομένην. Ἄσιτος γὰρ τεσσαράκοντα ἡμερῶν διαμείνας ὕςερον ἐπείνασεν· ἔδωκε γὰρ ὅτε ἐβούλετο τῇ φύσει καιρὸν τὰ ἑαυτῆς ἐνεργῆσαι. Ἀλλ᾽ ὁ τῶν πειρασμῶν εὑρετὴς, ὅτε ἔγνω τὸ κατὰ πεῖναν πάθος καὶ ἐν ἐκείνῳ γενόμενον, συνεβούλευσε λίθοις τὴν ὄρεξιν δεξιώσασθαι, τοῦτο δέ ἐςι τὸ παρατρέψαι τὴν ἐπιθυμίαν ἐκ τῆς κατὰ φύσιν τροφῆς ἐπὶ τὰ ἔξω τῆς φύσεως. Εἰπὲ γὰρ, φησὶν, ἵνα οἱ λίθοι οὗτοι ἄρτοι γένωνται. Τί γὰρ ἠδίκησεν ἡ γεωργία; τίνος δὲ χάριν ἐβδελύχθη τὰ σπέρματα, ὡς τὴν ἀπὸ τούτων ἀτιμασθῆναι τροφήν; τί δὲ καταγινώσκεται ἡ τοῦ δημιουργοῦ σοφία, ὡς οὐ δεόντως διὰ τῶν σπερμάτων τὸ ἀνθρώπινον τρέφουσα; εἰ γὰρ ὁ λίθος εἰς τροφὴν οἰκειότερος νῦν ἀναφαίνεται, ἄρα τῆς δεούσης περὶ τὴν ἀνθρωπίνην ζωὴν προμηθείας ἡ τοῦ θεοῦ σοφία διήμαρτεν. Εἰπὲ ἵνα οἱ λίθοι οὗτοι ἄρτοι γένωνται. Ταῦτα λέγει μέχρι τοῦ νῦν τοῖς ὑπὸ τῆς ἰδίας πειραζομένοις ὀρέξεως, καὶ λέγων ὡς ἐπὶ τὸ πολὺ πείθει [6]ἐκ λίθων σιτοποιεῖσθαι τοὺς πρὸς αὐτὸν βλέποντας. Ὅταν γὰρ ἐκβαίνῃ τοὺς ἀναγκαίους ὅρους τῆς χρείας ἡ ὄρεξις, τί ἄλλο καὶ οὐχὶ διαβόλου ἐςὶ συμβουλὴ, τοῦ τότε τὴν ἐκ σπερμάτων παραγραφομένου τροφὴν, καὶ ἐπὶ τὰ ἔξω τῆς φύσεως προκαλουμένου τὴν ὄρεξιν; Ἐκ λίθων ἐσθίουσιν οἱ τὸν τῆς πλεονεξίας ἄρτον παρατιθέμενοι, οἱ τὰς πολυταλάντους [7]τε καὶ φλεγμαινούσας τραπέζας ἑαυτοῖς ἐξ ἀδικιῶν ἑτοιμάζοντες, ὧν ἡ παρασκευὴ τῶν δείπνων πομπή τίς ἐςι μεμηχανημένη πρὸς ἔκπληξιν, ἔξω τῶν ἀναγκαίων τῇ ζωῇ [8]παρεμπίπτουσα. Τί γὰρ κοινὸν ἔχει πρὸς τὴν τῆς φύσεως χρείαν ἡ ἄβρωτος ὕλη τοῦ ἀργύρου, ἐν βαρεῖ τε καὶ δυσβαςάκτῳ προτιθεμένη

---

6) M. ἐπί. — 7) τε fehlt in den Ausg. — 8) M. παραπίπτουσα.

anderweitige dem Evangelium entnommene Frage ins Klare zu setzen. Der welcher Alles mit Ausnahme der Sünde mit uns getheilt und mit uns dieselben Affecte angenommen hat, der hat den Hunger für keine Sünde erachtet und es nicht von sich abgewiesen sich auch seinem Affecte zu unterziehen, sondern hat das Verlangen der Natur nach Nahrung angenommen. Nachdem er vierzig Tage gefastet hatte, hungerte ihn nachher; denn er gab der Natur, wann er wollte, Gelegenheit das Ihrige zu wirken. Als aber der Erfinder der Versuchungen sah daß der Affect des Hungers auch in ihm auftrat, gab er den Rath dem Appetit mit Steinen zu begegnen, das heißt die Begierde von der natürlichen Nahrung nach der außernatürlichen zu verkehren. Denn, sagt er, Sprich daß diese Steine Brote werden. Was hat denn der Ackerbau verbrochen? warum sind die Körner verworfen worden, daß die von ihnen bereitete Nahrung mißachtet wird? Was beschuldigt man die Weisheit des Schöpfers als ob sie in nicht ausreichendem Maße das Menschengeschlecht durch das Korn nährte? Denn wenn gegenwärtig der Stein zur Nahrung passender erscheint, so hat also die Weisheit Gottes der nöthigen Fürsorge für das menschliche Leben ermangelt. Sprich daß diese Steine Brote werden! So spricht er noch jetzt zu denen welche von ihrer Eßlust versucht werden, und beredet durch seine Worte die zu ihm Aufblickenden meistentheils dazu aus Steinen sich Speise zu bereiten. Denn wenn der Appetit die Grenzen der Nothdurft überschreitet, was Anderes ist dies als ein Rath des Teufels der damals die aus Korn bereitete Nahrung verachtete, und die Eßlust auf außernatürliche Dinge zu reizen und hinzulenken versuchte? Aus Steinen nehmen sie ihre Nahrung welche sich das Brot des Geizes aufsparen, ferner die welche die schweres Geld kostenden und üppigen Mahlzeiten sich aus ungerechten Handlungen herrüsten, deren Tafelgepränge eine Schaustellung ist, ersonnen um in Staunen zu versetzen, und für das Leben über die Grenze der Nothwendigkeit hinausgehend. Was hat denn zu schaffen mit der Nothdurft der Natur der ungenießbare Stoff des Silbers, ausgestellt auf seinem schweren und kaum zu tragenden Fußgestelle?

τῷ ϛαθμῷ; Τί ἐϛι τὸ τῆς πείνης πάθος; οὐχὶ τοῦ ἐνδέοντος ἔφεσις; διαπνευσθείσης γὰρ τῆς δυνάμεως πάλιν ἀναπληροῦται τὸ λεῖπον τῇ καταλλήλῳ προςθήκῃ. Ἄρτος γάρ ἐϛιν ἢ ἄλλο τι τῶν ἐδωδίμων οὗ ἡ φύσις ἐφίεται. Εἰ οὖν τις προςαγάγοι χρυσίον ἀντὶ [9]τοῦ ἄρτου τῷ ϛόματι, ἆρα θεραπεύει τὴν ἔνδειαν; Ὅταν οὖν τὰς ἀβρώτους τις ὕλας πρὸ τῶν ἐδωδίμων ἐπιζητῇ, ἐν λίθοις ἄντικρυς ἔχει τὴν ἀσχολίαν, ἄλλο ζητούσης τῆς φύσεως ἐν ἄλλῳ καταγινόμενος. Λέγει ἡ φύσις διὰ τοῦ κατὰ τὴν πεῖναν πάθους μονονουχὶ φωνὴν ἀφιεῖσα τὸ ἐν χρείᾳ νῦν εἶναι βρώσεως διὰ τὸ δεῖν ἀντεισαγαγεῖν πάλιν τῷ σώματι τὸ διαπνευσθὲν τῆς δυνάμεως, σὺ δὲ οὐκ ἀκούεις τῆς φύσεως· οὐ γὰρ ὃ ζητεῖ δίδως, ἀλλ' ὅπως ἂν πολύ σοι γένοιτο τοῦ ἀργύρου τὸ ἄχθος ἐπὶ τῆς τραπέζης φροντίζεις, καὶ τοὺς χαλκευτὰς τῆς ὕλης ἀναζητεῖς, καὶ τὴν [10]τορείαν τῶν ἐγγλυφομένων ταῖς ὕλαις εἰδώλων περιεργάζῃ, ὅπως ἂν δι' ἀκριβείας τοῖς γλύμμασι τὰ πάθη τε καὶ τὰ ἤθη διὰ τῆς τέχνης εἰσενεχθείη, ὡς ἐπιγνῶναί τε τὸν θυμὸν τοῦ ὁπλίτου ὅταν τὸ ξίφος πρὸς τὴν σφαγὴν ἀνατείνηται, καὶ τὴν ἀλγηδόνα τοῦ τραυματίου ὅταν πρὸς τὴν καιρίαν συνεϛαλμένος οἰμώζειν δόξῃ διὰ τοῦ σχήματος, καὶ τὴν ὁρμὴν τοῦ θηρεύοντος, καὶ τοῦ θηρίου τὴν ἀγριότητα, καὶ ὅσα ἄλλα διὰ τῆς τοιαύτης περιεργίας ἐν ταῖς ἐπιτραπεζίοις ὕλαις φιλοτεχνοῦσιν οἱ μάταιοι. Πιεῖν ἡ φύσις ἐζήτησεν, σὺ δὲ τοὺς πολυταλάντους τρίποδας εὐτρεπίζεις, πλυνούς τε καὶ κρατῆρας καὶ ἀμφορέας, καὶ ἄλλα μυρία, μηδὲν ἔχοντα πρὸς τὴν ἐπιζητουμένην χρείαν κοινόν. Ἆρα οὐχὶ φανερῶς ἀκούεις δι' ὧν ποιεῖς τοῦ πρὸς τὸν λίθον σοι συμβουλεύοντος βλέπειν; Τί δ' ἂν τις τὰ λοιπὰ τῆς λιθώδους ταύτης διεξίοι τροφῆς, τὰ αἰσχρὰ θεάματα, τὰ ἐμπαθῆ ἀκροάματα, δι' ὧν ὁδοποιοῦσιν ἑαυτοῖς τὴν τῶν κακῶν ἀκολουθίαν, τοῖς ὑπεκκαύ-

---

9) τοῦ fehlt in den Ausg. — 10) M. ἰϛορίαν.

Worin besteht der Affect des Hungers? Nicht in dem Verlangen nach dem was mangelt? Denn wenn die Kraft verraucht ist, wird das was fehlt durch entsprechenden Zuwachs wiederergänzt. Brot ist es ja, oder etwas anderes Eßbares, wonach die Natur verlangt. Wollte demnach Jemand Gold anstatt Brot dem Munde zuführen, hilft er dann dem Mangel ab? Wenn man also nach ungenießbaren Stoffen anstatt der Nahrungsmittel strebt, so müht man sich geradezu mit Steinen, weil man sich mit einem Anderen abgiebt als wonach die Natur verlangt. Die Natur läßt durch den Affect des Hungers gleichsam ihre Stimme vernehmen und spricht es aus daß sie jetzt das Bedürfniß nach Nahrung habe, weil der verrauchte Theil von Kraft dem Körper wiederum zugeführt werden müsse: du aber hörst nicht auf die Natur, denn du giebst nicht was sie verlangt, sondern denkst darauf wie dir nur eine recht große Last von Silber auf den Tisch beschafft werden möge, suchst die Schmiede für den Stoff auf und mühst dich eifrig um die Ciselierung der auf den Stoffen eingearbeiteten Götzenbilder, damit auf die in getriebener Arbeit dargestellten Bilder die Leidenschaften und der Character durch die Kunst mit Genauigkeit übertragen werden, so daß man den zornigen Muth des schwerbewaffneten Kriegers erkennt, wenn das Schwert zum tödtlichen Schlage ausholt, und den Schmerz des Verwundeten, wenn er bei dem Todesstoße entmuthigt und hoffnungslos, wie seine Miene und Haltung es ausdrückt, zu wehklagen scheint, und das Ungestüm des Jägers und die Wildheit des Thieres, und was sonst die eitlen Menschen auf den zu Tafelaufsätzen dienenden Stoffen mit solch unnützem Fleiß kunstvoll herstellen lassen. Zu trinken verlangt die Natur, du aber läßt kostbare Dreifüße und Spülnäpfe und Mischbowlen, und Henkelkrüge, und tausenderlei Anderes was mit der geheischten Befriedigung des Bedürfnisses nichts gemein hat herrichten. Gehorchst du nicht offenbar durch das was du thust dem der dir räth deine Blicke auf den Stein zu richten? Was soll aber Jemand noch die übrigen Arten von dieser Steinspeise aufzählen, die schändlichen Schauspiele, die leidenschaftlichen Declamationen und Musikaufführungen, durch welche sie sich für später nachfolgende Uebel den Weg bahnen, indem sie mit den

μασι τῆς ἀκολασίας τὴν τροφὴν ἐπαρτύοντες; αὕτη τοῦ ἀντικειμένου περὶ τῆς τροφῆς ¹¹ἐςιν ἡ συμβουλὴ, ταῦτα διὰ τοῦ πρὸς τοὺς λίθους βλέπειν ἀντὶ τῆς νενομισμένης τοῦ ἄρτου χρήσεως ὑποτίθεται. Ἀλλ᾿ ὁ τῶν πειρασμῶν καθαιρέτης οὐχὶ τὴν πεῖναν ἐξορίζει τῆς φύσεως ὡς κακῶν αἰτίαν, ἀλλὰ τὴν περιεργίαν τὴν ἐκ συμβουλῆς τοῦ ἀντικειμένου συνεισιοῦσαν τῇ χρείᾳ μόνην ἀποπεμψάμενος ἀφῆκεν τοῖς ἰδίοις ὅροις οἰκονομεῖσθαι τὴν φύσιν. Ὥσπερ γὰρ οἱ διηθοῦντες τὸν οἶνον οὐκ ἀτιμάζουσιν αὐτοῦ τὸ χρήσιμον διὰ τὴν καταμιχθεῖσαν ἄχνην αὐτῷ, ἀλλὰ τῷ ¹²ἠθμῷ τὰ περιττὰ διακρίναντες τοῦ καθαροῦ τὴν χρῆσιν οὐκ ἀποβάλλουσιν, οὕτως ὁ θεωρητικός τε καὶ διακριτικὸς τῶν ἀλλοτρίων τῆς φύσεως λόγος τῇ λεπτότητι τῆς ἀκριβοῦς θεωρίας τὴν μὲν πεῖναν ὡς συντηρητικὴν οὖσαν τῆς ζωῆς ἡμῶν οὐκ ἐξώρισεν, τὰς δὲ συμπλεκομένας τῇ χρείᾳ περιεργίας διήθησέν τε καὶ ἀπέρριψεν, εἰπὼν ἐκεῖνον εἰδέναι τρόφιμον ἄρτον ὃς τῷ ῥήματι τοῦ θεοῦ πρὸς τὴν φύσιν ᾠκείωται. Εἰ οὖν ἐπείνασεν ὁ Ἰησοῦς, μακαριςὸν ἂν εἴη τὸ πεινᾶν, ὅταν κατὰ μίμησιν ἐκείνου ἐνεργῆται καὶ ἐν ἡμῖν. Εἰ τοίνυν ἔγνωμεν τί ἐςιν οὗ πεινᾷ ¹³ὁ κύριος, γνωσόμεθα πάντως τοῦ μακαρισμοῦ τοῦ νῦν ἡμῖν προκειμένου τὴν δύναμιν. Ποῖα οὖν ἐςιν ἡ βρῶσις ἧς ὁ Ἰησοῦς τὴν ἐπιθυμίαν οὐκ ἐπαισχύνεται; Φησὶ πρὸς τοὺς μαθητὰς, μετὰ τὸν πρὸς τὴν Σαμαρεῖτιν διάλογον ὅτι, Ἐμὸν βρῶμά ἐςιν ἵνα ποιῶ τὸ θέλημα τοῦ πατρός μου. Φανερὸν δὲ τοῦ πατρός ἐςι τὸ θέλημα, ὃς πάντας ἀνθρώπους θέλει σωθῆναι καὶ εἰς ἐπίγνωσιν ἀληθείας ἐλθεῖν. Οὐκοῦν εἰ ἐκεῖνος ὀρέγεται τοῦ ἡμᾶς σωθῆναι, καὶ τροφὴ αὐτοῦ γίνεται ἡ ἡμετέρα ζωὴ, μεμαθήκαμεν εἰς ὅ τι χρηςέον ἂν εἴη τῇ τοιαύτῃ τῆς ψυχῆς διαθέσει. Τί οὖν τοῦτό ἐςι; Πεινάσωμεν τὴν ἑαυτῶν σωτηρίαν, διψήσωμεν τοῦ θείου θελήματος, ὅπερ ἐςὶ τὸ ἡμᾶς σωθῆναι. Πῶς οὖν ἔςι τὴν τοιαύτην ἡμῖν

---

11) M. ἐςὶ συμβουλὴ. — 12) M. ἰθμῷ. — 13) ὁ fehlt bei M., obgleich es in der Ausg. von 1615. sich vorfindet.

Reizmitteln der Zügellosigkeit die Speise würzen? Das ist der Rath des Feindes über die Speise; Solches giebt er uns an die Hand dadurch daß er uns unsere Blicke auf die Steine richten heißt, anstatt des herkömmlichen Gebrauchs des Brotes. Aber der welcher den Versuchungen ein Ende macht, der verbannt den Hunger nicht aus der Natur als Ursache des Bösen, sondern er weist nur das Unnütze und Ueberflüssige, welches sich auf den Rath des Feindes zugleich mit dem Nöthigen Eingang verschafft, zurück und überläßt der Natur sich innerhalb ihrer Grenzen zu regieren. Denn gleichwie diejenigen welche den Wein durchseihen darum nicht seinen Nutzen verachten weil er mit Hefen vermischt ist, sondern vermittelst des Seihers das nicht dazu Gehörige ausscheiden und den so geläuterten zu benutzen nicht verschmähen, so hat auch das scharfblickende und das Fremdartige aus der Natur ausscheidende Wort des Herrn durch den Scharfsinn seiner gründlichen Erkenntniß den Hunger als einen Erhalter unseres Lebens nicht verbannt, aber den mit der Nothdurft sich verflechtenden unnützen Ueberfluß abgeseihet und fortgeworfen, wenn er sagte daß er jenes Brot als das Nahrung gebende kenne welches durch das Wort Gottes der Natur angewiesen und zu eigen gegeben sei. Hat also Jesus gehungert, so kann das Hungern wohl selig gepriesen werden, wenn es in Nachahmung seines Hungerns auch in uns gewirkt wird. Haben wir demnach erkannt was das ist wonach den Herrn hungert, so werden wir nothwendiger Weise auch die Bedeutung der uns jetzt vorliegenden Seligkeit erkennen. Welches ist also die Speise nach welcher zu begehren Jesus sich nicht schämt? Er spricht zu den Jüngern nach der Unterredung mit der Samariterin, **Meine Speise ist daß ich thue den Willen meines Vaters.** Offenbar aber ist der Wille des Vaters der daß er will daß alle Menschen gerettet werden und zur Erkenntniß der Wahrheit kommen. Verlangt also Jener danach daß wir gerettet werden und ist unser Leben seine Speise, so haben wir damit gelernt welche Anwendung wir von diesem Zustand der Seele machen sollen. Welche ist nun diese? Laßt uns hungrig sein nach unserer Rettung und dürsten nach dem Willen Gottes, welcher der ist daß wir gerettet werden. Wie wir uns

κατορθωθῆναι πεῖναν, νῦν παρὰ τοῦ μακαρισμοῦ μεμαθήκαμεν. Ὁ γὰρ τὴν δικαιοσύνην τοῦ θεοῦ ποθήσας εὗρεν τὸ ἀληθῶς ὀρεκτόν· οὐ τὴν ἐπιθυμίαν οὐχ ἑνὶ τρόπῳ τῶν κατὰ τὴν ὄρεξιν ἐνεργουμένων ἐπλήρωσεν. Οὐ γὰρ μόνον ὡς βρῶσιν τὴν τοῦ δικαίου μετουσίαν ἐπόθησεν· ἡμιτελὴς γὰρ ἂν ἦν ἐπὶ ταύτης μόνης τῆς διαθέσεως ςᾶσα ἡ ὄρεξις. Νυνὶ δὲ καὶ πότιμον τὸ ἀγαθὸν τοῦτο ἐποίησεν, ἵνα τὸ ἔνθερμόν τε καὶ διακαὲς τῆς ἐπιθυμίας τῷ πάθει τῆς δίψης ἐνδείξηται. Ξηροὶ γὰρ τρόπον τινὰ καὶ φλογώδεις ἐν τῷ καιρῷ τοῦ δίψους γινόμενοι ὡς θεραπευτικὸν τῆς τοιαύτης διαθέσεως τὸ ποτὸν μεθ᾽ ἡδονῆς προςφερόμεθα. Ἐπεὶ οὖν μία μὲν τῷ γένει ἡ ὄρεξις ἐπὶ βρώσεώς τε καὶ πόσεως, [14] διάφορος δὲ ἡ πρὸς ἑκάτερον τούτων διάθεσις, ὡς ἂν τὸ ἀκρότατον τῆς πρὸς τὸ ἀγαθὸν ἐπιθυμίας ὁ λόγος ἡμῖν νομοθετήσειεν, μακαρίζει τοὺς τὰ δύο ταῦτα πρὸς τὴν δικαιοσύνην πάσχοντας, τὴν πεῖνάν τε καὶ τὴν δίψαν, ὡς ἱκανοῦ ὄντος τοῦ ποθουμένου πρὸς ἑκατέραν ἁρμοσθῆναι καταλλήλως τὴν ὄρεξιν, καὶ ςερρὰν μὲν τῷ πεινῶντι [15] γενέσθαι τροφήν, πότιμον δὲ τῷ διψητικῶς ἐφελκυσαμένῳ τὴν χάριν. Μακάριοι οἱ πεινῶντες καὶ διψῶντες τὴν δικαιοσύνην, ὅτι αὐτοὶ χορτασθήσονται. Ἆρ᾽ οὖν τὸ μὲν πρὸς τὴν δικαιοσύνην ὀρεκτικῶς ἔχειν μακαριςὸν, εἰ δέ τις πρὸς τὴν σωφροσύνην, ἢ τὴν σοφίαν, ἢ τὴν φρόνησιν, ἢ εἴ τι ἄλλο τῆς ἀρετῆς εἶδός ἐςιν, ὁμοίως ἔχει, τοῦτον οὐ μακαρίζει ὁ λόγος; Ἀλλὰ τοιοῦτόν τινα τάχα νοῦν τὸ λεγόμενον ἔχει. Ἓν τῶν κατ᾽ ἀρετὴν νοουμένων ἡ δικαιοσύνη ἐςίν. Συνήθως δὲ πολλάκις ἡ θεία γραφὴ διὰ τῆς τοῦ μέρους μνήμης περιλαμβάνει τὸ ὅλον, ὡς ὅταν τὴν θείαν φύσιν δι᾽ ὀνομάτων τινῶν ἑρμηνεύῃ. Λέγει γὰρ, Ἐγὼ κύριος, ὡς ἐκ προςώπου τοῦ θεοῦ ἡ προφητεία, τοῦτό μοι ὄνομα αἰώνιον· καὶ μνημόσυνον γενεῶν γενεαῖς· καὶ πάλιν ἑτέρωθί φησιν,

---

14) M. διάφορον. — 15) M. γίνεσθαι.

nun diesen Hunger bewirken können, das haben wir von der Seligpreisung erfahren. Denn wer sich nach der Gerechtigkeit Gottes sehnt, der hat das gefunden wonach man in Wahrheit Verlangen tragen muß. Die Begierde danach stillt er nicht nur nach einer der beiden Seiten hin nach welchen der Appetit in uns wirkt, sofern ihn nicht bloß zum Essen nach der Gewährung der Gerechtigkeit verlangt; würde doch, wenn bei diesem Zustand allein das Begehren stehen bliebe, es nur ein halbvollkommenes sein. So aber hat er dieses Gut auch trinkbar gemacht, auf daß die Hitze und das Feuer der Begierde durch den Affect des Durstes angedeutet würde. Denn wenn wir zur Zeit des Durstes gedörrt sind und brennen, dann nehmen wir mit Lust den Trank zur Beseitigung dieses Zustandes. Ist nun wohl der Art nach das Begehren nach Speise und das Begehren nach Trank ein und dasselbe, verschieden aber der Zustand welcher jenem von dem welcher diesem entspricht, so preist das Wort des Herrn, um die höchste Begierde nach dem Guten uns zum Gesetz zu machen, diejenigen selig welche beides, nämlich Hunger und Durst nach der Gerechtigkeit empfinden, sofern das Ersehnte geeignet ist beiderlei Begehren passend zu entsprechen, sowohl eine feste Speise zu werden für den welchen hungert, als ein Trank für den welcher durstig die Gnade in sich zieht. Selig sind die da hungert und dürstet nach der Gerechtigkeit, denn sie sollen satt werden! Also ist es wohl selig zu preisen daß man nach der Gerechtigkeit Begehren trägt, wenn aber Jemand ein Gleiches thut mit der Besonnenheit, mit der Weisheit, oder mit der Klugheit, oder was sonst für Arten der Tugend es noch giebt, den preist wohl das Wort des Herrn nicht selig? Der Ausspruch hat vielleicht folgenden Sinn. Ein Attribut der Tugend ist die Gerechtigkeit. Oft aber pflegt die göttliche Schrift durch Erwähnung des Theils das Ganze mitzuumfassen, wie zum Beispiel wenn sie die Natur Gottes durch den einen oder anderen Namen erklärt. Denn der Prophet sagt gleichsam aus der Person Gottes heraus, Ich, der Herr, das ist mein ewiger Name, und ein Gedächtniß den Geschlechtern der Geschlechter; und wiederum an einer anderen Stelle heißt es, Ich bin der ich bin; und

Ἐγώ εἰμι ὁ ὤν· καὶ ἐν ἑτέρῳ ὅτι, Ἐλεήμων εἰμί. Καὶ μυρίοις ἄλλοις ὀνόμασιν τοῖς τὸ ὑψηλόν τε καὶ θεοπρεπὲς διασημαίνουσιν οἶδεν ὀνομάζειν αὐτὸν ἡ ἁγία γραφὴ, ὥςτε διὰ τούτων μαθεῖν ἀκριβῶς ὅτι, ὅταν ἕν τι εἴπῃ, πᾶς ὁ τῶν ὀνομάτων κατάλογος κατὰ τὸ σιωπώμενον τῷ ἑνὶ συνεκφωνεῖται. Οὐ γὰρ ἐνδέχεται, ἐὰν κύριος λέγηται, μὴ καὶ τὰ ἄλλα εἶναι, ἀλλὰ πάντα δι' ἑνὸς ὀνόματος ὀνομάζεται. Διὰ τούτων οὖν μεμαθήκαμεν ὅτι διὰ μέρους τινὸς πολλὰ περιλαμβάνειν οἶδεν ὁ θεόπνευςος λόγος. Οὐκοῦν καὶ ἐνταῦθα τὴν δικαιοσύνην τοῖς μακαριςῶς πεινῶσιν προκεῖσθαι ὁ λόγος εἰπὼν πᾶν εἶδος ἀρετῆς διὰ ταύτης [16] ὑποσημαίνει, ὡς ἐπίσης μακαριςὸν εἶναι τὸν καὶ φρόνησιν, καὶ ἀνδρείαν, καὶ σωφροσύνην πεινῶντα, καὶ εἴ τι ἕτερον ἐν τῷ αὐτῷ τῆς ἀρετῆς λόγῳ καταλαμβάνεται. Οὐδὲ γὰρ ἐςι δυνατὸν ἕν τι τῆς ἀρετῆς εἶδος τῶν λοιπῶν διεζευγμένον αὐτὸ καθ' ἑαυτὸ τελείαν τὴν ἀρετὴν εἶναι. Ὧι γὰρ ἂν μὴ συνθεωρῆταί τι τῶν κατὰ τὸ ἀγαθὸν νοουμένων, ἀνάγκη πᾶσα τὸ ἀντιδιαςελλόμενον ἐπ' αὐτοῦ χώραν ἔχειν· ἀντιδιέςηκε δὲ τῇ σωφροσύνῃ μὲν τὸ ἀκόλαςον, τῇ φρονήσει δὲ ἡ ἀφροσύνη, καὶ ἑκάςῳ τῶν πρὸς τὸ κρεῖττον ὑπειλημμένων [17] ἔςι τι πάντως τὸ ἐκ τοῦ ἐναντίου νοούμενον. Εἰ οὖν μὴ πάντα τῇ δικαιοσύνῃ συνθεωροῖτο, ἀμήχανον ἂν εἴη τὸ λειπόμενον ἀγαθὸν εἶναι. Οὐκ ἂν γάρ τις εἴποι ἄφρονα δικαιοσύνην, ἢ θρασεῖαν, ἢ ἀκόλαςον, ἢ ἄλλο τι τῶν ἐν κακίᾳ θεωρουμένων. Εἰ δὲ παντὸς τοῦ χείρονος ἀμιγὴς ὁ τῆς δικαιοσύνης λόγος ἐςὶν, ἅπαν ἐν ἑαυτῷ πάντως τὸ ἀγαθὸν περιείληφεν· ἀγαθὸν δὲ πᾶν τὸ καὶ ἀρετὴν θεωρούμενον. Οὐκοῦν πᾶσα ἀρετὴ τῷ ὀνόματι τῆς δικαιοσύνης ἐνταῦθα διασημαίνεται· ἧς τοὺς πεινῶντάς τε καὶ διψῶντας μακαρίζει ὁ λόγος, τὴν πλησμονὴν αὐτοῖς τῶν ἐπιθυμουμένων ἐπαγγελλόμενος. Μακάριοι γὰρ, φησὶν, οἱ πεινῶντες καὶ διψῶντες τὴν δικαιοσύνην,

---

16) M. ἀποσημαίνει. — 17) M. ἐςί.

wiederum an einer anderen, Ich bin barmherzig. So weiß die heilige Schrift mit unzähligen anderen Namen, welche seine Erhabenheit und Göttlichkeit bezeichnen, ihn zu nennen, so daß wir hieraus deutlich lernen daß, wenn sie einen Namen nennt, in dem einen stillschweigend zugleich auch alle übrigen mitausgesprochen werden. Denn es ist unmöglich daß, wenn er Herr genannt wird, er nicht zugleich auch das ist was die übrigen Benennungen besagen; vielmehr werden alle durch eine ausgedrückt. Hieraus haben wir also gelernt daß die göttliche Schrift durch einen Theil Vieles zusammenzufassen gewohnt ist. Wenn daher auch hier das Wort des Herrn denen die selig hungern wollen die Gerechtigkeit als den Gegenstand dieses Hungers nennt, so bezeichnet es mit ihr jede Art von Tugend, so daß in gleichem Maße selig zu preisen ist der den nach Klugheit, nach männlicher Standhaftigkeit, und nach Mäßigung hungert, und nach Allem, was man sonst unter demselben Begriff von Tugend noch zusammenbegreift. Denn unmöglich kann eine Art von Tugend losgetrennt von den übrigen für sich allein die vollkommene Tugend ausmachen. Woran sich irgend welcher Begriff des Guten nicht mit auffinden lassen sollte, an dem muß ganz nothwendiger Weise das Gegentheil davon eine Stelle einnehmen; der Mäßigung steht aber die Zügellosigkeit gegenüber, der Klugheit die Thorheit, und jedem einzelnen Begriff von etwas Gutem steht nothwendig ein anderer gegensätzlich gegenüber. Sieht man nun an der Gerechtigkeit nicht alle Eigenschaften zusammen, so dürfte wohl unmöglich an Stelle der fehlenden etwas Gutes vorhanden sein; denn Niemand wird von der Gerechtigkeit sagen wollen daß sie unsinnig, oder frech, oder zügellos sei, oder sonst welche böse Eigenschaft mit sich verbinde. Ist nun aber der Begriff von Gerechtigkeit unvermischt und frei von allem Bösen, so umfaßt er nothwendiger Weise in sich alles Gute; gut aber ist Alles was man mit dem Begriff von Tugend verbindet. Sonach wird hier mit dem Namen der Gerechtigkeit jede Art von Tugend bezeichnet, und das Wort des Herrn preist diejenigen selig welche nach dieser hungert und dürstet, und verspricht ihnen Erfüllung ihrer Wünsche. Denn, heißt es, Selig sind die da hungert und dürstet

15*

ὅτι αὐτοὶ χορτασθήσονται. Τὸ δὲ λεγόμενον τοιοῦτόν μοί τινα νοῦν ἔχειν δοκεῖ. Οὐδὲν τῶν καθ᾽ ἡδονὴν ἐν τῷ βίῳ σπουδαζομένων πλήσμιον γίνεται τοῖς σπουδάζουσιν, ἀλλὰ, καθώς φησί που δι᾽ αἰνίγματος ἡ σοφία, πίθος τετρημένος ἐςὶν ἡ περὶ τὰς ἡδονὰς ἀσχολία, ᾧ πάντοτε κατὰ σπουδὴν ἐπαντλοῦντες ἀπλήρωτόν τινα καὶ ἀνήνυτον ἐπιδεικνῦνται σκόπον οἱ περὶ ταῦτα σπουδάζοντες, ἐγχέοντες μὲν ἀεί τι τῷ βυθῷ τῆς ἐπιθυμίας καὶ τὸ πρὸς ἡδονὴν ἐπεμβάλλοντες, εἰς κόρον δὲ τὴν ἐπιθυμίαν οὐκ ἄγοντες. Τίς ἔγνω τῆς φιλαργυρίας ὅρον διὰ τοῦ προςγενέσθαι τοῖς φιλαργυροῦσι τὸ σπουδαζόμενον; τίς δοξομανῶν ἔληξεν ἐν τῷ τυχεῖν ὧν ἐσπούδαζεν; Ὁ δὲ τὴν ἡδονὴν [18] ἐκπληρώσας ἐν ἀκροάμασιν ἢ θεάμασιν, ἢ τῇ περὶ γαςέρα καὶ μετὰ γαςέρα μανίᾳ καὶ λύσσῃ, τί εὗρεν ἐκ τῆς ἀπολαύσεως αὐτῷ ταύτης περιγενόμενον; οὐ πάσης ἡδονῆς εἶδος τῆς διὰ σώματος ἐκπληρουμένης ὁμοῦ τῷ προςπελάσαι παρίπταται, οὐδὲ πρὸς τὸ βραχύτατον τοῖς ἁψαμένοις αὐτῆς παραμενούσης; Τοῦτο τοίνυν τὸ ὑψηλὸν δόγμα παρὰ τοῦ κυρίου μανθάνομεν, ὅτι μόνη ἡ κατ᾽ ἀρετὴν ἡμῖν ἐγγινομένη σπουδὴ πάγιόν τί ἐςι καὶ ἐνυπόςατον. Ὁ γάρ τι τῶν ὑψηλῶν κατορθώσας, οἷον σωφροσύνην, ἢ μετριότητα, ἢ τὴν πρὸς τὸ θεῖον εὐσέβειαν, ἢ ἄλλο τι τῶν ὑψηλῶν τε καὶ εὐαγγελικῶν διδαγμάτων, οὐ παροδικὴν ἐφ᾽ ἑκάςῳ τῶν κατορθωμάτων καὶ ἄςατον τὴν εὐφροσύνην ἔχει, ἀλλ᾽ ἐνιδρυμένην καὶ διαμένουσαν, καὶ παντὶ συμπαρατεινομένην τῷ τῆς ζωῆς διαςήματι. Διὰ τί; ὅτι ταῦτα μὲν ἔξεςι διὰ παντὸς ἐνεργεῖν, καὶ οὐδεὶ ἐςι καιρὸς ἐν παντὶ τῷ τῆς ζωῆς διαςήματι τῆς ἀγαθῆς κόρον ἐμποιῶν ἐνεργείας. Ἥ τε γὰρ σωφροσύνη καὶ καθαρότης, καὶ τὸ ἐν παντὶ ἀγαθῷ ἀμετάπτωτον, καὶ τὸ πρὸς τὸ κακὸν ἀκοινώνητον ἀεὶ ἐνεργεῖται, ἕως ἄν τι πρὸς ἀρετὴν βλέπῃ, καὶ συμπαρατεινομένην ἔχει τῇ ἐνερ-

[18] M. ἐκπλήσας.

nach der Gerechtigkeit, denn sie sollen satt werden! Der Ausspruch hat aber, wie ich glaube, etwa folgenden Sinn. Nichts von dem was man in dem Leben um der Lust willen erstrebt gewährt denen welche es erstreben Sättigung, sondern die Hingabe an die Lüste ist, wie irgend wo die Weisheit sich bildlich ausdrückt, ein durchlöchert Faß; in dieses schöpft man immer mit allem Eifer ein, aber die welche das thun geben ein zweckloses und kein Ende findendes Sichabmühen in diesem Streben an sich kund, und schütten wohl immer von Neuem Etwas in den Abgrund ihrer Begierde und werfen weiter dazu was ihrer Lust dienen könnte, bringen aber die Begierde nimmermehr zum Sattwerden. Wer hat ein Ziel des Geldgeizes kennen gelernt was dadurch errungen worden wäre daß der Geizige das erlangte wonach er strebte? Welcher Ruhmsüchtige hat in der Erfüllung seiner Wünsche eine Ruhe seines Ehrgeizes gefunden? Wer dem Vergnügen gefröhnt hat in Conzerten und Schauspielen und mit der wahnsinnigen Leidenschaft des Bauches und der Lust die ihr zu folgen pflegt, was fand der nach dem Genuß ihm noch übrig geblieben? Verfliegt nicht jede Art von körperlicher Lust alsbald nachdem man sich ihr genähert hat, ohne auch nur die kürzeste Zeit zu verweilen bei denen welche nach ihr gegriffen haben? Wir empfangen also diese erhabene Lehre von dem Herrn, daß nur das Streben nach Tugend eine Festigkeit und Beständigkeit gewährt. Denn wer eine der erhabenen Eigenschaften errungen hat, zum Beispiel Mäßigung, oder Bescheidenheit, oder Gottesfurcht, oder sonst eine andere der erhabenen Tugenden von welchen uns das Evangelium lehrt, der hat an jeder dieser sittlichen Errungenschaften nicht eine vorübergehende und unbeständige, sondern eine feste und dauernde Freude, welche sich über die ganze Dauer des Lebens mit erstreckt. Warum? darum weil man Solches zu aller Zeit wirken kann, und es in der ganzen Ausdehnung des Lebens keine Zeit giebt welche dieses guten Wirkens eine Sättigung brächte. Denn die Mäßigung und die Lauterkeit des Herzens, und die unwandelbare Festigkeit im Guten, und die Feindschaft mit dem Bösen, werden immer fort gewirkt und ausgeübt, so lange man nur auf die Tugend blickt, und bringen die Freude mit

γεία τὴν εὐφροσύνην. Ἐπὶ δὲ τῶν ταῖς ἀτόποις ἐπιθυμίαις [19] ἐκκεκαυμένων, κἂν διὰ παντὸς αὐτοῖς ἡ ψυχὴ βλέπῃ πρὸς τὸ ἀκόλαςον, ἀλλ᾽ οὐκ ἀεὶ τὸ ἥδεσθαι πάρες:ιν. Τήν τε γὰρ περὶ τὴν βρῶσιν λιχνείαν ὁ κόρος ἔςησεν, καὶ ἡ τοῦ πίνοντος ἡδονὴ συγκατεσβέσθη τῇ δίψῃ, καὶ τὰ ἄλλα κατὰ τὸν αὐτὸν τρόπον καὶ χρόνου τινὸς χρῄζει καὶ διαλείμματος, ὥστε [20] μαρανθεῖσαν ἀπὸ τῆς πλησμονῆς πάλιν ἀνακαινισθῆναι τὴν τοῦ ἡδύνοντος ὄρεξιν. Ἡ δὲ τῆς ἀρετῆς κτῆσις, οἷς ἂν ἅπαξ βεβαίως ἐνιδρυθῇ, οὐ χρόνῳ μετρεῖται, οὔτε κόρῳ περιορίζεται, ἀλλὰ πάντοτε

D τοῖς κατ᾽ αὐτὴν ζῶσιν ἀκραιφνῆ τε καὶ νεαρὰν καὶ ἀκμάζουσαν τῶν ἰδίων ἀγαθῶν παρέχει τὴν αἴσθησιν. Διὸ τοῖς ταῦτα πεινῶσιν ὁ θεὸς λόγος τὴν πλησμονὴν ἐπαγγέλλεται, πλησμονὴν ἐξάπτουσαν κόρῳ τὴν ὄρεξιν, οὐκ ἀμβλύνουσαν. Τοῦτο οὖν ἐςιν ὃ διδάσκει ἐκ τοῦ ὑψηλοῦ

p. 798. τῶν νοημάτων ὅρους διαλεγόμενος, [21] τὸ μηδενὶ τοιούτῳ
A τὴν ἐπιθυμίαν ἡμῶν προσασχολεῖν οὗ μηδὲν πρόκειται τοῖς σπουδάζουσι πέρας, ἐν οἷς ματαία τε καὶ [22] ἀνόητός ἐςιν ἡ σπουδή, καθάπερ τοῖς τῇ κορυφῇ τῆς ἑαυτῶν σκιᾶς ἐπιτρέχουσιν, οἷς ὁ δρόμος ἐπὶ τὸ ἀνήνυτον φέρεται, [23] ἰσοτάχως ἀεὶ τοῦ διωκομένου ὑπεξιόντος τῷ ἐπιτρέχοντι, — ἀλλ᾽ ἐκεῖ τρέψαι τὴν ὄρεξιν ἐν οἷς ἡ σπουδὴ κτῆμα τοῦ σπουδάζοντος γίνεται. Ὁ γὰρ τῆς ἀρετῆς ἐπιθυμήσας κτῆμα ἴδιον ποιεῖται τὸ ἀγαθόν, ἐν ἑαυτῷ βλέπων ὃ ἐπεθύμησεν. Μακάριος οὖν ὁ πεινάσας τὴν σωφρο-

B σύνην· ἐμπλησθήσεται γὰρ τῆς καθαρότητος. Ἡ δὲ πλησμονή, καθὼς εἴρηται, οὐκ ἀποςροφήν, ἀλλ᾽ ἐπίτασιν ποιεῖ τῆς ὀρέξεως, καὶ συναύξεται ἀλλήλοις κατὰ τὸ ἴσον ἀμφότερα. Τῇ τε γὰρ ἐπιθυμίᾳ τῆς ἀρετῆς ἡ τοῦ ἐπιθυμηθέντος κτῆσις ἐπηκολούθησεν, καὶ τὸ ἐγγενόμενον ἀγαθὸν ἄπαυςον τὴν εὐφροσύνην τῇ ψυχῇ συνεισήνεγκε. Τοιαύτη γὰρ ἡ τοῦ ἀγαθοῦ τούτου φύσις ἐςὶν, ὡς μὴ ἐ

---

19) M. ἐκκεχυμένων. — 20) M. μαρανθείσης ἀπὸ τῆς ἡδονῆς καὶ τῆς πλησμονῆς πάλιν ἀνακληθῆναι. — 21) M. τῷ. — 22) M. ἀνόη

sich welche so lange währt als dieses Wirken selbst. Denen hingegen welche von thörichten Begierden entbrannt sind steht die Freude keineswegs immer zur Seite, wenn die Seele auch immerfort ihre Blicke auf die maß- und zügellose Lust gerichtet hält. Denn der Schwelgerei im Essen setzt die Sättigung ihre Grenze, und die Lust des Trinkenden erlöscht zugleich mit dem Durste, und in derselben Weise hat alles Uebrige eine gewisse Zeit und Unterbrechung nöthig daß das erloschene Verlangen des Vergnügungssüchtigen von der Uebersättigung wieder neu erwacht. Der Besitz der Tugend hingegen, bei welchen er einmal fest begründet ist, unterliegt nicht dem Maße der Zeit, noch setzt ihm Sättigung eine Schranke, sondern er gewährt denen welche in ihm leben allezeit einen reinen und neuen und vollen Genuß ihrer Güter. Deßhalb verspricht das Gottwort denen welche danach hungert Sättigung, eine Sättigung welche das Verlangen entzündet, nicht schwächt und abstumpft. Das ist es also was es von dem erhabenen Berge der Gedanken lehrt und bespricht, daß wir nämlich unsere Begierde auf Nichts richten und haften lassen sollen wovon für die danach Ringenden kein Ziel in Aussicht steht, denn ihr Streben ist ein eitles und nutzloses, wie es derer ist welche dem Haupte ihres Schattens nachlaufen und einen Lauf unternehmen welcher zu keinem Ende führt, weil das Verfolgte stets mit gleicher Schnelligkeit dem Nachlaufenden entwischt, — sondern daß man dorthin sein Verlangen richtet wo das Erstrebte zum Besitzthum des Erstrebenden wird. Denn wer nach der Tugend begierig ist, der macht das Gute zu seinem Besitzthum indem er in sich selbst die Augen auf das gerichtet hält wonach er begehrt. Selig also ist wen nach Mäßigung hungert, denn er wird mit der Lauterkeit erfüllt werden. Die Sättigung aber bewirkt nicht Abkehrung, sondern Steigerung des Begehrens, und das Eine nimmt mit dem Anderen in gleichem Verhältniß zu. Der Begierde nach Tugend folgt der Erwerb des Begehrten, und das in die Seele aufgenommene Gut trägt zugleich endlose Freude in sie hinein. Denn die Natur dieses Gutes ist derartig daß es nicht bloß in der Gegenwart den

τος. Doch hat die Ausg. von 1615. ἀνόνητος. — 23) M. εἰς ἐκεῖνο ἀεὶ ταχέως τοῦ.

τῷ παρόντι μόνον καταγλυκαίνειν τὸν ἀπολαύοντα, ἀλλ᾽ ἐν πᾶσι τοῖς τοῦ χρόνου μέρεσιν ἐνεργὸν παρέχειν τὴν εὐφροσύνην. Καὶ γὰρ ἡ μνήμη τῶν ὀρθῶς βεβιωμένων εὐφραίνει τὸν κατορθώσαντα, καὶ ἡ ἐν τῷ παρόντι ζωή, ὅταν δι᾽ ἀρετῆς διεξάγηται, καὶ ἡ τῆς ἀντιδόσεως προσδοκία, ἣν οὐκ ἄλλην εἶναί τινα ὑπολαμβάνω ἢ αὐτὴν πάλιν τὴν ἀρετήν, ἣ καὶ ἔργον ἐςὶν τῶν κατορθούντων καὶ γέρας ἐπὶ τοῖς κατορθώμασι γίνεται. Εἰ δὲ χρή τινος καὶ τολμηροῦ καθάψασθαι λόγου, δοκεῖ τάχα μοι διὰ τοῦ κατὰ τὴν ἀρετήν τε καὶ δικαιοσύνην λόγου ἑαυτὸν προτιθέναι τῇ ὀρέξει τῶν ἀκουόντων ὁ κύριος, ὃς ἐγενήθη ἡμῖν σοφία ἀπὸ θεοῦ, δικαιοσύνη τε καὶ ἁγιασμός, καὶ ἀπολύτρωσις, ἀλλὰ καὶ ἄρτος ἐξ οὐρανοῦ καταβαίνων, καὶ ὕδωρ ζῶν· οὗ διψῆν ὁμολογεῖ [24] καὶ ὁ μέγας Δαβὶδ ἔν τινι ψαλμῳδίᾳ τὸ μακαριςὸν τοῦτο τῆς ψυχῆς πάθος τῷ θεῷ προσφέρων, ἐν οἷς φησιν, Ἐδίψησεν ἡ ψυχή μου πρὸς τὸν θεὸν τὸν ἰσχυρόν, τὸν ζῶντα, πότε ἥξω καὶ ὀφθήσομαι τῷ προσώπῳ τοῦ θεοῦ; ὃς μοι δοκεῖ τῇ δυνάμει τοῦ πνεύματος προπαιδευθεὶς τὰ μεγαλοφυῆ ταῦτα τοῦ κυρίου διδάγματα, καὶ τὴν πλησμονὴν τῆς τοιαύτης ὀρέξεως ἑαυτῷ προςειπεῖν. Ἐγὼ γάρ, φησίν, ἐν δικαιοσύνῃ ὀφθήσομαι τῷ προσώπῳ σου, χορτασθήσομαι ἐν τῷ ὀφθῆναί μοι τὴν δόξαν σου. Αὕτη οὖν ἐςι κατά γε τὸν ἐμὸν λόγον ἡ ἀληθὴς ἀρετή, τὸ ἀμιγὲς τοῦ χείρονος ἀγαθόν, περὶ ὃ πᾶν νόημα τῶν πρὸς τὸ κρεῖττον νοουμένων καταλαμβάνεται, αὐτὸς ὁ θεὸς λόγος, ἡ τοὺς οὐρανοὺς καλύψασα ἀρετή, καθὼς ὁ Ἀμβακοὺμ διεξέρχεται, καὶ καλῶς οἱ ταύτην τοῦ θεοῦ τὴν δικαιοσύνην πεινῶντες ἐμακαρίσθησαν. Τῷ ὄντι γὰρ ὁ γευσάμενος τοῦ κυρίου, καθὼς ἡ ψαλμῳδία λέγει, τοῦτ᾽ ἔςιν ὁ ἐν ἑαυτῷ δεξάμενος τὸν θεόν, πλήρης γίνεται οὗ ἐδίψησέν τε καὶ ἐπείνασεν, κατὰ τὴν ὑπόσχεσιν τοῦ εἰπόντος ὅτι, Ἐγὼ καὶ ὁ πατὴρ ἐλευσόμεθα, καὶ μονὴν παρ᾽ αὐτῷ ποιήσομεν, τοῦ ἁγίου πνεύματος δηλονότι προενοικήσαντος. Οὕτω μοι δοκεῖ

---

24) Die Worte καὶ ὁ μέγας fehlen in den Ausg.

Genuß des Besitzenden versüßt, sondern zu allen Zeiten die Freude
wirksam erhält. Denn sowohl das Bewußtsein recht gewandelt zu
haben macht den fröhlich welcher diesen Wandel geführt hat, als
auch das gegenwärtige Leben, sobald es ein tugendhaftes ist, als
auch die Erwartung der Wiedervergeltung, welche meiner Ansicht
nach nichts Anderes sein wird als wiederum die Tugend selbst,
welche sowohl Werk derer ist die recht handeln als zum Preis für
die guten Handlungen wird. Soll man aber ein kühnes Wort
wagen, so glaube ich, daß vielleicht der Herr, wenn er von Tugend
und Gerechtigkeit spricht, sich selbst als den Gegenstand des Begehrens für seine Zuhörer hinstellt, er welcher uns gemacht ist
von Gott zur Weisheit, und zur Gerechtigkeit, und zur Heiligung,
und zur Erlösung, aber auch zum Brot, was vom Himmel herab-
steigt, und zum lebendigen Wasser, wonach auch der große David
in einem Psalm zu dürsten gesteht, indem er diesen seligen Schmerz
seiner Seele Gott mit diesen Worten darbringt: Meine Seele
dürstet nach Gott, dem starken, dem lebendigen; wann
werde ich dahin kommen, und von dem Antlitz Gottes
geschaut werden? Ich glaube daß er, durch die Kraft des
Geistes im Voraus betraut mit diesen erhabenen Lehren des
Herrn, sich die Erfüllung dieses Verlangens vorherverkündigte.
Denn, sagt er, Ich werde von deinem Antlitz geschaut
werden in Gerechtigkeit, ich werde satt werden in
dem Anschauen deiner Herrlichkeit! Das ist also nach
meiner Meinung die wahre Tugend, das mit keinem Bösen vermischte Gute, an welchem man alles das wahrnimmt was man
unter „gut" versteht, das Gottwort selbst, die die Himmel be-
deckende Vollkommenheit, wie Habakuk auseinandersetzt, und mit
Recht werden die welche nach dieser Gerechtigkeit Gottes hungern
selig gepriesen. Denn in Wahrheit wird der welcher den Herrn
gekostet hat, wie der Psalm sagt, das heißt welcher Gott in sich
selbst aufgenommen hat, erfüllt und satt von dem wonach ihn
gedürstet und gehungert hat, nach dem Versprechen dessen der
gesagt hat, Ich und der Vater werden kommen, und
werden Wohnung bei ihm machen, wenn nämlich der
heilige Geist vorher dort eingezogen sein wird. So scheint mir

καὶ Παῦλος ὁ μέγας, ὁ τῶν ἀποῤῥήτων ἐκείνων καρπῶν τῶν ἐκ τοῦ παραδείσου ἀπογευσάμενος, καὶ πλήρης ὧν ἐγεύσατο εἶναι καὶ ἀεὶ πεινῶν. Καὶ γὰρ πεπληρῶσθαι τοῦ ποθουμένου ὁμολογεῖ λέγων, Ζῇ δὲ ἐν ἐμοὶ Χριςὸς, καὶ ὡς πεινῶν ἀεὶ τοῖς ἔμπροσθεν ἐπεκτείνεται λέγων, Οὐχ ὅτι ἤδη ἔλαβον ἢ ἤδη τετελείωμαι, τρέχω δὲ [25] εἰ καὶ καταλάβω. Δεδόσθω γὰρ ἡμῖν κατ' ἐξουσίαν ὑποθετικῶς εἶναί τι λέγειν ὃ ἡ φύσις οὐκ ἔχει. Καθάπερ [26] τοίνυν ἐπὶ τῆς αἰσθητῆς βρώσεως, εἰ μηδὲν περιττωματικῶς τῶν εἰς τροφὴν λαμβανομένων ἐξεποιεῖτο, ἀλλὰ τὸ ὅλον εἰς προςθήκην τοῦ σωματικοῦ ὕψους ἀνελαμβάνετο, εἰς πολὺ ἂν ὕψος ἐπήρθη τὰ σώματα, τῆς καθ' ἡμέραν τροφῆς δι' ἑαυτῆς ἐπαυξούσης τὸ μέγεθος, οὕτως ἡ δικαιοσύνη ἐκείνη, καὶ πᾶσα ἡ μετ' αὐτῆς ἀρετὴ, ἐπειδὴ οὐκ [27] ἀποποιεῖται ἐσθιομένη κατὰ τὸν νοητὸν τῆς βρώσεως τρόπον, ὑψηλοτέρους ἀεὶ ποιεῖ δι' ἑαυτῆς τοὺς μετέχοντας, πάντοτε τῇ παρ' ἑαυτῆς προςθήκῃ τὸ μέγεθος αὔξουσα. Οὐκοῦν εἰ νενόηται ἡμῖν ἡ μακαριςὴ πεῖνα, πᾶσαν τὴν ἀπὸ κακίας πληθωρὰν ἐμέσαντες πεινάσωμεν τὴν δικαιοσύνην τοῦ θεοῦ, ἵνα καὶ εἰς πλησμονὴν αὐτῆς ἔλθωμεν, ἐν Χριςῷ Ἰησοῦ τῷ κυρίῳ ἡμῶν, ᾧ ἡ δόξα [28] καὶ τὸ κράτος εἰς τοὺς αἰῶνας τῶν αἰώνων. Ἀμήν.

ΛΟΓΟΣ ε'.

Μακάριοι οἱ ἐλεήμονες, ὅτι αὐτοὶ ἐλεηθήσονται.

Τάχα τι τοιοῦτόν ἐςιν ὃ διά τινος ὀπτασίας ὁ Ἰακὼβ δι' αἰνίγματος ἐπαιδεύθη, κλίμακα ἰδὼν ἀπὸ γῆς ἐπὶ τὸ οὐράνιον ὕψος διήκουσαν, καὶ τὸν θεὸν ἐπ' αὐτῆς ἐςηριγμένον, οἷον δὴ νῦν καὶ ἡμῖν ἡ διὰ τῶν μακαρισμῶν διδασκαλία ποιεῖ, ἀεὶ πρὸς τὰ ὑψηλότερα τῶν νοημάτων τοὺς δι' αὐτῆς ἀνιόντας ἐπαίρουσα. Καὶ γὰρ ἐκεῖ τῷ

---

25) M. ἵνα καταλάβω. — 26) M. γὰρ. — 27) M. ἐκποιεῖται. — 28) Die Worte καὶ τὸ κράτος fehlen in den Ausg.

auch der große Paulus, der jene geheimnißvollen Früchte aus dem Paradiese gekostet hatte, auch voll von dem zu sein was er gekostet, und dennoch immer danach hungernd. Denn er gesteht ein daß er Erfüllung dessen gefunden was er ersehnte, in den Worten: Es lebt aber in mir Christus, und wenn er wie einer der immer hungert und nach dem Verlangen trägt was vor ihm ist sagt, Nicht daß ich es schon ergriffen habe, oder schon vollkommen sei, ich jage ihm aber nach, ob ich es auch ergreife. Man mag uns gestatten Etwas annahmsweise als möglich hinzustellen was in Wirklichkeit nicht vorkommt. Gleichwie bei der sinnlichen Speise, wenn Nichts von dem was zur Nahrung eingenommen wird als Abgang wieder ausgeführt, sondern Alles zum Wachsthum der Körpergröße verwendet würde, die Körper zu einer gewaltigen Höhe aufschießen würden, sofern die tägliche Nahrung durch sich der Größe immer weiteren Zuwachs gewährte, so macht auch jene Gerechtigkeit, und mit ihr jede Tugend, da sie ob der geistigen Art der Speise genossen nicht ausgeführt wird, die welche sie zu sich nehmen durch sich immer erhabener, und mehrt allezeit durch ihren Zuwachs die Größe. Haben wir also den seliggepriesenen Hunger verstanden, so laßt uns alle uns vom Bösen gewordene krankhafte Beschwerung von uns speien, und uns hungern nach der Gerechtigkeit Gottes, damit auch wir ihrer voll und satt werden, in Christo Jesu unserem Herrn, dem die Herrlichkeit und die Kraft gehört in alle Ewigkeiten. Amen.

Fünfte Rede.

Selig sind die Barmherzigen, denn sie werden Barmherzigkeit erlangen.

Vielleicht ist das worüber Jakob durch ein Traumgesicht im Gleichniß Belehrung erhielt, als er eine Leiter sah welche von der Erde bis zum Himmel reichte, und Gott darauf stehend, etwas Aehnliches mit dem was die Belehrung über die Seligkeiten jetzt auch uns anthut, indem sie die an ihr Hinaufsteigenden zu immer erhabeneren Gedanken emporhebt. Denn meiner Ansicht nach

πατριάρχῃ τὸν κατ' ἀρετὴν οἶμαι βίον τῷ εἴδει τῆς κλί-
μακος διατυποῦσθαι, ὡς ἂν αὐτός τε μάθοι καὶ τοῖς μετ'
αὐτὸν ὑφηγήσαιτο ὅτι οὐκ ἔξιν ἄλλως πρὸς τὸν θεὸν ὑψω-
θῆναι, μὴ ἀεὶ πρὸς τὰ ἄνω βλέποντα, καὶ τὴν τῶν ὑψηλῶν ἐπιθυμίαν ἄληκτον ἔχοντα, ὡς μὴ ἀγαπᾶν ἐπὶ τῶν
ἤδη κατορθωθέντων μένειν, ἀλλὰ ζημίαν ποιεῖσθαι, εἰ
τοῦ ὑπερκειμένου μὴ ἅψαιτο. Καὶ ἐνταῦθα οὖν ὕψος
τῶν ἐπ' ἀλλήλων μακαρισμῶν αὐτῷ προσεγγίζειν τῷ θεῷ
παρασκευάζει, τῷ ἀληθῶς μακαρίῳ καὶ πάσης ἐπεςηριγ-
μένῳ μακαριότητος. Πάντως δέ, ὡς τῷ σοφῷ διὰ σοφίας καὶ διὰ καθαρότητος τῷ καθαρῷ προσεγγίζομεν,
οὕτω καὶ τῷ μακαρίῳ διὰ τῆς ὁδοῦ τῶν μακαρισμῶν οἰ-
κειούμεθα. Θεοῦ γὰρ ὡς ἀληθῶς ἴδιον ἡ μακαριότης
ἐςίν· διὸ καὶ ἐπεςηρίχθαι τῇ τοιαύτῃ κλίμακι ὁ Ἰακὼβ τὸν
θεὸν διηγήσατο. Ἡ οὖν τῶν μακαρισμῶν μετουσία οὐδὲν ἄλλο εἰ μὴ θεότητος κοινωνία ἐςίν, πρὸς ἣν ἡμᾶς
ἀνάγει διὰ τῶν λεγομένων ὁ κύριος. Δοκεῖ οὖν μοι θεο-
ποιεῖν τρόπον τινὰ διὰ τῆς εἰς τὸ ἀκόλουθον προκειμένης τοῦ μακαρισμοῦ ὑφηγήσεως τὸν ἀκούοντά τε καὶ συν-
ιέντα τοῦ λόγου. Μακάριοι γάρ, φησίν, οἱ ἐλεήμονες,
ὅτι αὐτοὶ ἐλεηθήσονται. Οἶδα πολλαχοῦ τῆς θείας γραφῆς τῷ ὀνόματι τοῦ ἐλεήμονος τοὺς ἁγίους ἄνδρας τὴν
θείαν δύναμιν προςκαλουμένους· οὕτως ὁ Δαβὶδ ἐν ταῖς
ὑμνῳδίαις, οὕτως Ἰωνᾶς ἐν τῇ καθ' ἑαυτὸν προφητείᾳ,
οὕτως ὁ μέγας Μωϋσῆς ἐν πολλοῖς τῆς νομοθεσίας κα-
τονομάζει τὸ θεῖον. Εἰ οὖν πρέπουσα τῷ θεῷ ἡ προς-
ηγορία τοῦ ἐλεήμονος, τί ἄλλον [1] ἢ οὐχὶ θεόν σε προςκαλεῖται γενέσθαι ὁ λόγος, οἱονεὶ μορφωθέντα τῷ τῆς θεότητος ἰδιώματι; Εἰ γὰρ ἐλεήμων [2] μὲν ὁ θεὸς παρὰ τῆς
θεοπνεύςου γραφῆς ὀνομάζεται, τὸ δὲ ἀληθῶς μακαριςὸν
ἡ θεότης ἐςί, φανερὸν ἂν εἴη τὸ ἐκ τοῦ ἀκολούθου νοούμενον, ὅτι κἂν ἄνθρωπός τις ὢν ἐλεήμων γένηται, τῆς
θείας ἀξιοῦται μακαριότητος, ἐν ἐκείνῳ γενόμενος ᾧ τὸ
θεῖον κατονομάζεται. Ἐλεήμων ὁ κύριος καὶ δίκαιος, καὶ

---

1) M. καὶ. — 2) μὲν fehlt bei M.

stellte sich auch dort dem Patriarchen das tugendhafte Leben in Gestalt einer Leiter dar, damit er selbst erfahren und seinen Nach= kommen erzählen möchte daß man zu Gott auf keine andere Weise erhöht werden könne als wenn man den Blick stets nach Oben gerichtet hält, und in nimmer ruhendem Verlangen nach dem Er= habenen bleibt, so daß man sich nicht begnügt bei dem was man bereits Gutes gewirkt hat stehen zu bleiben, sondern es für einen Verlust ansieht nicht auch das zu erreichen was noch darüber steht. Hier nun läßt uns die Höhe der über einander emporsteigenden Seligkeiten Gott selbst nahe kommen, dem wahrhaft seligen und über aller Seligkeit stehenden. Wie wir aber uns dem Weisen durch Weisheit und dem Reinen durch Reinheit nahe bringen, so treten wir jedenfalls auch auf dem Wege der Seligkeiten mit dem Seligen in näheres Verhältniß. Denn in Wahrheit ist die Seligkeit Gottes Eigenthum, und darum erzählt auch Jakob daß Gott auf dieser Leiter gestanden habe. Es ist also der Genuß der Seligkeiten nichts Anderes als Gemeinschaft mit Gott, zu welcher uns der Herr durch seine Worte emporführt. Er scheint mir demnach durch die im ferneren Zusammenhang vorgebrachte An= leitung zur Seligkeit den seine Rede Vernehmenden und Ver= stehenden gewissermaßen zu Gott zu machen. Denn, sagt er, **Selig sind die Barmherzigen, denn sie werden Barm= herzigkeit erlangen.** Ich weiß daß an vielen Stellen der heiligen Schrift die heiligen Männer mit dem Ausdruck „barm= herzig" die Macht Gottes anrufen. So nennt David in seinen Gesängen, so Jonas in seiner Weissagung, so der große Moses Gott an vielen Stellen des Gesetzes. Wenn also der Name „barmherzig" Gott zukommt, fordert dich denn der Ausspruch zu etwas Anderem auf als eben zu Gott zu werden und dich gleich= sam nach dem der Gottheit eigenen Wesen zu gestalten? Denn wenn Gott von der von ihm eingegebenen Schrift barmherzig ge= nannt wird, Gott aber der wahrhaft selig zu preisende ist, dann dürfte die daraus sich ergebende Folgerung einleuchtend sein daß, wenn Jemand, obgleich er nur Mensch ist, barmherzig wird, er der göttlichen Seligkeit gewürdigt wird, weil er in das Prädicat Gottes eintritt. Barmherzig ist der Herr und gerecht,

ὁ θεὸς ἡμῶν ἐλεεῖ. Πῶς οὖν οὐ μακάριον ἐκεῖνο κληθῆναι καὶ γενέσθαι τὸν ἄνθρωπον ᾧπερ ὁ θεὸς ἐκ τοῦ ποιεῖν ὀνομάζεται; Ἀλλὰ τὸ μὲν ζηλοῦν τὰ μείζονα τῶν χαρισμάτων συμβουλεύει διὰ τῶν ἰδίων λόγων καὶ ὁ θεῖος ἀπόςολος, ἡμῖν δὲ σκοπός ἐςιν, οὐχ ὅπως ἀναπεισθείημεν τῶν καλῶν ὀρέγεσθαι (τοῦτο γὰρ αὐτομάτως ἔγκειται τῇ ἀνθρωπίνῃ φύσει, τὸ πρὸς τὸ καλὸν ἐπιῤῥεπῶς ἔχειν), ἀλλ᾽ ὅπως ἂν μὴ ³διαμάρτοιμεν τῆς τοῦ καλοῦ κρίσεως. Ἐν τούτῳ γὰρ μάλιςα τῷ μέρει πλημμελεῖται ἡμῶν ἡ ζωή, ἐν τῷ μὴ δύνασθαι ἀκριβῶς συνιέναι τί τὸ φύσει καλόν, καὶ τί τὸ δι᾽ ἀπάτης τοιοῦτον ὑπονοούμενον. Εἰ γὰρ γυμνὴ προέκειτο ἡ κακία τῷ βίῳ, καὶ μή τινι καλοῦ φαντασίᾳ προσκεχρωσμένη, οὐκ ἂν ηὐτομόλησεν πρὸς αὐτὴν τὸ ἀνθρώπινον. Οὐκοῦν συνέσεως ἡμῖν χρεία, πρὸς τὴν τοῦ προκειμένου ῥητοῦ κατανόησιν, ὡς ἂν διδαχθέντες τὸ ἀληθινὸν τοῦ ἐγκειμένου νοήματος κάλλος κατ᾽ αὐτὸ μορφωθείημεν. Ὥσπερ γὰρ ἡ περὶ τὸ θεῖον ὑπόληψις ἔγκειται μὲν πᾶσι φυσικῶς τοῖς ἀνθρώποις, ἐν δὲ τῇ ἀγνοίᾳ τοῦ ἀληθῶς ὄντος θεοῦ ἡ περὶ τὸ σπουδαζόμενον γίνεται διαμαρτία (⁴τοῖς μὲν γὰρ ἡ ἀληθὴς θεότης ἐςὶ σεβάσμιος, ἡ ἐν πατρὶ καὶ υἱῷ καὶ ἁγίῳ πνεύματι θεωρουμένη, οἱ δὲ πρὸς ἀτόπους ὑπονοίας ἐπλανήθησαν, ἐν τῇ κτίσει τοιοῦτον ὑπονοοῦντες, καὶ διὰ τοῦτο ἡ ἐν ὀλίγῳ τῆς ἀληθείας παρατροπὴ τῇ ἀσεβείᾳ τὴν πάροδον ⁵ἔδωκεν), οὕτω καὶ ἐπὶ τοῦ προκειμένου νοήματος, εἰ μὴ καταλάβοιμεν τὴν ἀληθῆ διάνοιαν, οὐκ ἐν ὀλίγῳ γένοιτο ἂν ἡμῖν ἡ ζημία τῆς ἀληθείας παρασφαλεῖσιν. Τί τοίνυν ἐςὶν ὁ ἔλεος, καὶ περὶ τί ἐνεργούμενος; καὶ πῶς μακάριος ὁ ἀντιλαμβάνων ὃ δίδωσιν; μακάριοι γὰρ, φησίν, οἱ ἐλεήμονες, ὅτι αὐτοὶ ἐλεηθήσονται. Ἡ μὲν οὖν πρόχειρος τοῦ ῥητοῦ διάνοια πρὸς τὸ φιλάλληλόν τε καὶ συμπαθὲς προσκαλεῖται τὸν ἄνθρωπον, διὰ τὸ ἄνισόν τε καὶ ἀνώμαλον τῶν τοῦ βίου πραγμάτων οὐ πάντων ἐν τοῖς ὁμοί-

---

3) 𝔐. ἁμάρτοιμεν. — 4) 𝔐. οἷς. — 5) 𝔐. δέδωκεν.

und Gott erbarmt sich unserer. Wie sollte es also nicht Seligkeit sein wenn der Mensch so heißt und das wird wovon Gott, weil er so handelt, seinen Namen trägt? Es räth ja der göttliche Apostel durch seine eigenen Worte nach den größeren Gnadengaben eifrig zu streben; wir aber haben die Absicht, nicht uns zu überzeugen daß wir nach dem Guten Verlangen zu tragen haben (denn das liegt von selbst schon in der menschlichen Natur, sich dem Guten zuzuneigen), sondern dahin daß wir in dem Urtheil über das was gut ist nicht fehl gehen. Denn in diesem Punct versündigt unser Leben sich am Meisten, daß es nämlich nicht genaue Einsicht darüber zu gewinnen vermag, was das wirkliche und seinem Wesen nach Gute, und was das nur dem trügerischen Scheine nach Gute sei. Wenn das Böse dem Leben in aller Nacktheit vor Augen läge und mit keinem Schein des Guten übertüncht wäre, so würde das Menschengeschlecht nicht unter sein Panier übergelaufen sein. Wir haben also Einsicht nöthig um den vorliegenden Ausspruch zu verstehen, damit wir, belehrt über die wahre Schönheit des darin liegenden Gedankens, uns selbst nach ihr zu gestalten vermögen. Denn gleichwie der Glaube an die Gottheit von Natur in allen Menschen liegt, und ihr Streben in der Unkenntniß über den der wahrhaft Gott ist fehlt (denn ein Theil verehrt die wahre Gottheit, welche in Vater, Sohn und heiligem Geist auftritt, der andere ist in seinem Glauben auf thörichte Abwege gerathen, meint daß er in der Kreatur sei, und so ist es gekommen daß eine geringe Abweichung von der Wahrheit der Gottlosigkeit Thür und Thor geöffnet hat), so dürfte uns auch bei vorliegendem Gedanken, wenn wir nicht den wahren Sinn davon erfassen, durch unser Abirren von der Wahrheit kein geringer Schaden erwachsen. Was ist nun Barmherzigkeit und worin besteht ihr Wirkungskreis? und inwiefern ist der das was er selbst giebt Wiederempfangende selig? Denn, heißt es, Selig sind die Barmherzigen, denn sie werden Barmherzigkeit erlangen! Der zunächst uns entgegentretende Sinn des Ausspruchs fordert den Menschen zur gegenseitigen Liebe und Mitgefühl auf, da wegen der Ungleichheit und des Mißverhältnisses der Dinge im Leben nicht Alle in gleicher Lage sich befinden, weder

οις βιοτευόντων, οὔτε κατὰ τὴν ἀξίαν, οὔτε κατὰ τὴν τοῦ σώματος κατασκευὴν, οὔτε κατὰ τὴν λοιπὴν περιουσίαν. Μεμέρισαι γὰρ ὡς τὰ πολλὰ διὰ τῶν ἐναντίων ὁ βίος, δουλείᾳ καὶ κυριότητι, πλούτῳ καὶ πενίᾳ, δόξῃ καὶ ἀτιμίᾳ, σαθρότητι σώματος καὶ εὐεξίᾳ, καὶ πᾶσι τοῖς τοιούτοις διασχιζόμενος. Ὡς ἂν οὖν εἰς ἴσον ἔλθοι τῷ πλεονεκτοῦντι τὸ ὑςερούμενον, καὶ ἀναπληρωθείη τὸ [6] λεῖπον τῷ περισσεύοντι, νομοθετεῖ τοῖς ἀνθρώποις ἐπὶ τῶν καταδεεςέρων τὸ ἔλεον· οὐ γὰρ ἔςιν ἄλλως πρὸς θεραπείαν τῆς συμφορᾶς τοῦ πέλας ὁρμῆσαι, μὴ ἐλέου τὴν ψυχὴν πρὸς τὴν τοιαύτην ὁρμὴν ἐκμαλάξαντος· ἐκ γὰρ τοῦ ἐναντίου τῇ ἀπηνείᾳ νοεῖται ὁ ἔλεος. Ὡς οὖν ὁ ἀπηνής τε καὶ ἄγριος ἀπροσπέλαςός ἐςι τοῖς [7] προςεγγίζουσιν, οὕτως ὁ συμπαθής τε καὶ ἐλεήμων κατακίρναταί πως τῇ διαθέσει πρὸς [8] τὸν δεόμενον, [9] ἐκεῖνο τῷ λυπουμένῳ γινόμενος ὃ ἐπιζητεῖ ἡ ἀνιωμένη διάνοια. Καὶ ἔςιν ὁ ἔλεος, ὡς ἄν τις ὅρῳ περιλαβὼν ἑρμηνεύσειεν, ἑκούσιος λύπη ἐπ' ἀλλοτρίοις κακοῖς συνιςαμένη. Εἰ δὲ οὐκ ἀκριβῶς τὴν διάνοιαν αὐτοῦ παρεςήσαμεν, τάχα ἂν ἄλλῳ λόγῳ διερμηνευθείη σαφέςερον· ἔλεός ἐςιν ἐπὶ τῶν δυσφορούντων ἐπί τισιν ἀνιαροῖς ἀγαπητικὴ συνδιάθεσις. Ὥσπερ γὰρ τὸ ἀπηνές τε καὶ θηριῶδες ἀπὸ τοῦ μίσους τὰς ἀφορμὰς ἔχει, οὕτω ἐκφύεταί πως τῆς ἀγάπης ὁ ἔλεος, οὐκ ἂν [10] γινόμενος εἰ μὴ ἐκ ταύτης [11] τὴν ἀρχὴν ἔσχεν. Καὶ εἴ τις ἀκριβῶς ἐξετάσειε τὸ τοῦ ἐλέου ἰδίωμα, ἐπίτασιν εὑρήσει τῆς ἀγαπητικῆς διαθέσεως τῷ κατὰ τὴν λύπην πάθει [12] συνεζευγμένην. Ἡ μὲν γὰρ τῶν καλῶν κοινωνία πᾶσιν ὁμοίως, καὶ ἐχθροῖς καὶ φίλοις, σπουδάζεται, τὸ δὲ τῶν ἀνιαρῶν κοινωνεῖν ἐθέλειν μόνον ἴδιον τῶν τῇ ἀγάπῃ κεκρατημένων ἐςίν. Ἀλλὰ μὴν πάντων ὡμολόγηται τῶν κατὰ τὸν βίον τοῦτον ἐπιτηδευμένων ἡ ἀγάπη τὸ κράτιςον εἶναι, ἐπίτασις δὲ ἀγάπης ὁ ἔλεος,

---

6) M. λειπόμενον. — 7) M. ἐγγίζουσιν. — 8) M. τό. — 9) M. ἐκείνῳ. Im Folgenden haben die Ausg. γενόμενος anstatt γινόμενος. — 10) M. γενόμενος. — 11) Die Worte τὴν ἀρχὴν ἔσχεν fehlen in den Ausg. — 12) M. συμμεμιγμένην.

in Bezug auf äußeres Ansehen, noch in Bezug auf Leibesbeschaffenheit, noch in Bezug auf das sonstige Wohlbefinden. Denn das Leben trennt sich in den meisten Stücken durch die Gegensätze, Knechtschaft und Herrschaft, Reichthum und Armuth, Ruhm und Verachtung, Gebrechlichkeit des Körpers und Gesundheit, und ist durch alle solche Verhältnisse geschieden. Damit nun also der beeinträchtigte Theil in gleiches Verhältniß komme mit dem der im Vortheil steht, und durch den Ueberfluß der Mangel ergänzt werde, gebietet der Herr den Menschen Barmherzigkeit gegen die Geringeren; denn auf keine andere Weise vermag man das Unglück des Nächsten zu heilen als wenn die Barmherzigkeit die Seele zu solchem Vorsatze erweicht hat. Denn der Härte steht die Barmherzigkeit entgegen. Wie nun der Harte und Wilde für die welche an ihn herantreten unnahbar ist, so vermischt sich der Mitleidige und Barmherzige in seinem Gefühl gewissermaßen mit dem Bedürftigen und wird für den Betrübten das wonach sein gepeinigtes Herz verlangt. Es ist die Barmherzigkeit, wie man es durch nähere Bestimmung erklären dürfte, ein freiwilliges Leid das seinen Ursprung in fremdem Unglück hat. Haben wir ihre Bedeutung damit nicht genau hingestellt, so möchte sie vielleicht durch eine andere Definition deutlicher erklärt werden können: Barmherzigkeit ist eine theilnehmende der Liebe angehörige Stimmung gegen die welche an irgend welchem Ungemach schwer tragen. Denn wie die Härte und Wildheit von dem Haß ausgeht, so sprießt aus der Liebe gewissermaßen die Barmherzigkeit hervor, und würde nimmer ins Leben treten wenn sie nicht aus dieser ihren Ursprung nähme. Wenn Jemand das eigenthümliche Wesen der Barmherzigkeit genau untersuchen wollte, so würde er eine gesteigerte der Liebe angehörige Stimmung entdecken welche mit dem Affect der Traurigkeit verbunden ist. Denn am Glücke Theil zu nehmen streben Alle, Feinde und Freunde, in gleicher Weise, aber Ungemach theilen will allein der welcher von der Liebe beherrscht ist. Nun ist aber die Liebe eingestandener Maßen von allen Bestrebungen des Lebens die mächtigste, eine Steigerung der Liebe aber ist die Barmherzigkeit, sonach ist also der in solcher

κυρίως ἄρα μακαριςὸς ὁ ἐν τῇ τοιαύτῃ διαθέσει τὴν ψυχὴν ἔχων, ὡς τοῦ ἀκροτάτου κατὰ τὴν ἀρετὴν ἐφαπτόμενος. Καὶ μηδεὶς ἐν μόναις ταῖς ὕλαις τὴν ἀρετὴν θεωρείτω (οὕτω γὰρ ἂν οὐ [13] παντὸς εἴη κατόρθωμα τὸ τοιοῦτον, πλὴν τοῦ δύναμίν τινα πρὸς εὐποιΐαν ἔχοντος), ἀλλά μοι δοκεῖ δικαιότερον ἐν προαιρέσει τὸ τοιοῦτον βλέπειν. Ὁ γὰρ θελήσας τὸ ἀγαθὸν μόνον, κωλυθεὶς δὲ πρὸς τὸ καλὸν τῷ μὴ δύνασθαι, κατ᾽ οὐδὲν ἐλαττοῦται [14] τῇ τῆς ψυχῆς διαθέσει τοῦ διὰ τῶν ἔργων τὴν γνώμην δείξαντος. Ὅσον μὲν οὖν κέρδος ἐςὶ τῷ βίῳ, εἰ πρὸς τοῦτό τις [15] ἐκλαμβάνοι τοῦ μακαρισμοῦ τὴν διάνοιαν, περιττὸν ἂν εἴη διεξιέναι, φανερῶν ὄντων καὶ τοῖς κομιδῇ νηπίοις τῶν ἐκ τῆς συμβουλῆς ταύτης τῷ βίῳ κατορθουμένων. Εἰ γὰρ πᾶσι καθ᾽ ὑπόθεσιν ἡ τοιαύτη τῆς φυγῆς ἐγγένοιτο πρὸς τὸ ἐλαττούμενον σχέσις, οὐκέτ᾽ ἂν εἴη τὸ ὑπερέχον καὶ ἐλαττούμενον, οὐκέτι πρὸς τὰ ἐναντία τῶν ὀνομάτων ὁ βίος διενεχθήσεται, οὐκ ἀνιάσει πενία τὸν ἄνθρωπον, οὐ ταπεινώσει δουλεία, οὐ λυπήσει ἀτιμία· πάντα γὰρ ἔςαι πᾶσι κοινά, καὶ ἰσονομία καὶ ἰσηγορία τῷ βίῳ τῶν ἀνθρώπων [16] ἐμπολιτεύσεται, ἑκουσίως τοῦ περισσεύοντος πρὸς τὸ λεῖπον ἐξισουμένου. Εἰ δὲ τοῦτο γένοιτο, οὐκέτ᾽ ἂν ὑπολειφθείη τις ἀπεχθείας ὑπόθεσις, ἀργὸς ὁ φθόνος, νεκρὸν τὸ μῖσος, ὑπερόριος ἡ μνησικακία, τὸ ψεῦδος, ἡ ἀπάτη, ὁ πόλεμος (ἅπερ [17] ἔκγονα πάντα τῆς τοῦ πλείονος ἐπιθυμίας ἐςίν)· ἐκείνης δὲ τῆς ἀσυμπαθοῦς διαθέσεως ἐξορισθείσης συνεκβάλλεται πάντως οἷόν τινι πονηρᾷ ῥίζῃ τὰ τῆς κακίας βλαςήματα, τῇ δὲ τῶν πονηρῶν ὑπεξαιρέσει ὁ τῶν ἀγαθῶν κατάλογος ἀντεισέρχεται, εἰρήνη καὶ δικαιοσύνη, καὶ πᾶσα τῶν πρὸς τὸ κρεῖττον νοουμένων ἀκολουθία. Τί τοίνυν ἂν εἴη μακαριςότερον [18] τοῦ οὕτω τὸν βίον ἔχειν, οὐκέτι μοχλοῖς καὶ [19] κλείθροις τὴν ἀσφάλειαν τῆς ζωῆς ἡμῶν πιςευόντων, ἀλλ᾽ ἐν ἀλλήλοις ἠσφαλισμένων; Ὥς-

---

13) M. πάντως. — 14) τῇ fehlt in den Ausg. — 15) M. ἐκλαμβάνει. — 16) M. ἐμπολιτεύεται· ἑκουσίως τοῦ πολιτεύοντος. — 17) M. ἔγγονα πάντα τῇ τοῦ πλ. ἐπιθυμίᾳ. — 18) M. τὸ. — 19) M. λίθοις.

Seelenstimmung Befindliche ganz eigentlich selig zu preisen, weil
er die höchste Spitze der Tugend erreicht hat. Niemand sehe aber
in den bloßen Stoffen und Mitteln der Tugend diese selbst (denn
sonst würde Niemand darin es zu einer Tüchtigkeit bringen, außer
wer eine Möglichkeit zum Wohlthun in den Händen hätte), sondern mir erscheint es richtiger sie in dem Willen zu erblicken.
Denn wer das Gute allein will, aber am Guten verhindert wird
dadurch daß er nicht kann, der ist in seiner Seelenverfassung um
Nichts geringer als der welcher durch die Werke seine Gesinnung
kundgethan hat. Wie groß demnach der Gewinn für das Leben
sein würde, wenn man den Sinn von Seligkeit dahin auffaßt,
dürfte überflüssig sein näher zu erörtern, da auch den ganz Be-
schränkten deutlich sein wird was sich aus diesem Rath für das
Leben für Vortheile ergeben müssen. Denn wenn beispielsweise
Alle ein solches Verhalten gegen die geringer Gestellten annehmen,
so gäbe es kein Vornehm und Gering mehr, so würde das Leben
sich nicht mehr nach einander entgegenstehenden Benennungen
scheiden, würde Armuth den Menschen nicht mehr drücken, Knechtschaft ihn nicht mehr erniedrigen, Verachtung ihn nicht mehr
kränken; denn Alles würde gemeinsam sein; gleiches Gesetz und
gleiche Berechtigung würden im Leben der Menschen herrschen,
weil sich der Ueberfluß gegen den Mangel von selbst ausgleichen
würde. Wäre dies aber der Fall, so würde keine Veranlassung
zu Feindschaft mehr übrig sein, der Neid würde feiern, der Haß
gestorben sein, verbannt die Rachsucht, die Lüge, der Betrug, der
Krieg (was alles Kinder der Begierde nach dem Mehr sind); und
ist erst jener Zustand der Mitleidslosigkeit verbannt, dann werden
mit ihr gleich wie einer bösen Wurzel auch die Keime der Bosheit
ausgerissen; mit der Hinwegnahme des Bösen aber zieht dafür
alles Gute ein soviel man dessen nur aufzuzählen vermag, Frieden
und Gerechtigkeit und das ganze Gefolge dessen was man unter
dem Wort Gut versteht. Was dürfte also seliger zu preisen sein,
als ein solches Leben zu führen, wo wir nicht mehr Riegeln und
Schlössern die Sicherheit unseres Lebens anvertrauen, sondern
unsere gegenseitige Sicherheit in einander haben? Denn gleichwie

περ γὰρ ὁ ἀπηνής τε καὶ θηριώδης δυσμενεῖς ἑαυτῷ τοὺς τῆς ἀγριότητος πεπειραμένους ποιεῖ, οὕτως ἐκ τοῦ ἐναντίου εὖνοι ἅπαντες τῷ ἐλεοῦντι γινόμεθα, φυσικῶς τοῖς μετέχουσι τοῦ ἐλέου τὴν ἀγάπην ἐντίκτοντος. Οὐκοῦν ἐςιν ὁ ἔλεος, ὥς γε ὁ λόγος ὑπέδειξεν, εὐνοίας πατὴρ, ἀγάπης ἐνέχειρον, σύνδεσμος πάσης φιλικῆς διαθέσεως· τῆς δὲ ἀσφαλείας ταύτης τί ἂν ἐπινοηθείη κατὰ τὴν ζωὴν ὀχυρώτερον; Ὥςε εἰκότως ὁ λόγος μακαρίζει τὸν ἐλεήμονα, τοσούτων ἀγαθῶν τῷ ὀνόματι τούτῳ ἐμφαινομένων.

B Ἀλλὰ τὸ μὲν βιωφελῆ τὴν τοιαύτην συμβουλὴν εἶναι παντός ἐςι μὴ ἀγνοῆσαι· ἐμοὶ δὲ δοκεῖ πλέον τι τῶν ἐκ τοῦ προχείρου νοουμένων τῇ τοῦ μέλλοντος ἐκλήψει δι' ἀποῤῥήτων παραδηλοῦν ἡ διάνοια. Μακάριοι γὰρ, φησὶν, οἱ ἐλεήμονες, ὅτι αὐτοὶ ἐλεηθήσονται· ὡς ὕςερον ἀποκειμένης τοῖς ἐλεοῦσι τῆς κατὰ τὸν ἔλεον ἀντιδόσεως. Οὐκοῦν ὡς ἂν οἷοί τε ὦμεν τὴν εὔληπτον ταύτην καὶ ἐκ τοῦ προχείρου τοῖς πολλοῖς εὑρισκομένην καταλιπόντες διάνοιαν πρὸς τὸ ἐσώτερον τοῦ καταπετάσματος διακύψαι

C τῷ λόγῳ κατὰ τὸ δυνατὸν ἐγχειρήσωμεν. Μακάριοι οἱ ἐλεήμονες, ὅτι αὐτοὶ ἐλεηθήσονται. Ἔςι μὲν οὖν τι καὶ δογμάτων ὑψηλότερον ἐν τῷ λόγῳ μαθεῖν, ὅτι πάντων [20] τῶν ἀγαθῶν τὰς ἀφορμὰς ὁ κατ' εἰκόνα ἑαυτοῦ ποιήσας τὸν ἄνθρωπον τῇ φύσει τοῦ πλάσματος ἐναπέθετο, ὡς μηδὲν ἡμῖν τῶν καλῶν ἔξωθεν ἐπεισκρίνεσθαι, ἀλλ' ἐφ' ἡμῖν [21] ἔχειν εἶναι ὅπερ βουλόμεθα, οἷον ἐκ ταμείου τινὸς προχειριζομένους τὸ ἀγαθὸν ἐκ τῆς φύσεως. Ἀπὸ μέρους γὰρ περὶ τοῦ παντὸς διδασκόμεθα, ὅτι οὐκ ἔςιν

D ἄλλως τινὰ τῶν κατ' ἐπιθυμίαν τυχεῖν, μὴ αὐτὸν ἑαυτῷ τὸ ἀγαθὸν χαριζόμενον. Διό φησί που πρὸς τοὺς [22] ἀκούειν δυναμένους ὁ κύριος ὅτι, Ἡ βασιλεία τοῦ θεοῦ ἐντὸς [23] ὑμῶν ἐςι, καὶ ὅτι, Πᾶς ὁ αἰτῶν λαμβάνει, καὶ ὁ ζητῶν εὑρίσκει, καὶ τῷ κρούοντι ἀνοιγήσεται· ὡς καὶ τὸ λαβεῖν τὸ ποθούμενον, καὶ τὸ εὑρεῖν τὸ ζητούμενον, καὶ τὸ

---

20) τῶν fehlt in den Ausg. — 21) ἔχειν fehlt in den Ausg. — 22) M. ἀκούοντας ὁ κύριος. — 23) M. ἡμῖν.

der Harte und Wilde sich die zu Feinden macht welche seine Herzlosigkeit erfahren haben, so werden wir im Gegentheil alle gegen den Barmherzigen Wohlwollen gewinnen, insofern die Barmherzigkeit naturgemäß Liebe in denen erzeugt welche sie erfahren. Es ist also, wie meine Darlegung gezeigt hat, die Barmherzigkeit eine Mutter des Wohlwollens, ein Pfand der Liebe, ein Band für jegliches Verhältniß der Liebe, und was ließe sich wohl Festeres in diesem Leben denken als diese Art von Sicherheit? Daher preist das Wort des Herrn mit Recht den Barmherzigen selig, wenn in diesem Namen so viele Güter zu Tage treten. Daß dies ein für das Leben nützlicher Rath sei, kann Niemand verkennen; mir scheint jedoch der Sinn durch die Fassung in der zukünftigen Zeit im Geheimen etwas mehr zu offenbaren als uns auf den ersten Anblick in die Gedanken kommt. Denn, heißt es, **Selig sind die Barmherzigen, denn sie werden Barmherzigkeit erlangen**; gleich als ob späterhin den Barmherzigen die Wiedervergeltung aufgespart wäre. Lassen wir also so gut wir können dieses leichte und für die Mehrzahl der Menschen ohne Schwierigkeit auffindbare Verständniß bei Seite, und versuchen wir nach Kräften mit unserem Geiste hinter den Vorhang zu blicken. **Selig sind die Barmherzigen, denn sie werden Barmherzigkeit erlangen!** Es ist also in dem Ausspruche noch eine höhere Lehre zu gewinnen, nämlich die daß der welcher den Menschen nach seinem Ebenbilde geschaffen hat die Anfänge und Keime zu allen Gütern in die Natur seines Geschöpfs niedergelegt hat, so daß nichts Gutes von Außen in uns hineingelangt, sondern Alles was wir zu besitzen wünschen in unserer Gewalt ist, und wir wie aus einer Vorrathskammer das Gute aus der eigenen Natur hervorholen. Denn von dem Theil werden wir über das Ganze belehrt, daß Niemand auf eine andere Weise das was er wünscht erlangen kann, außer wenn er sich selbst das Gute spendet. Darum spricht der Herr irgendwo zu denen welche es verstehen können, Das Reich Gottes ist in euch, und jeder der bittet empfängt, und wer sucht findet, und wer klopft, dem wird aufgethan werden, so daß es auch bei uns steht, wenn wir wollen, und von unserem Entschluß

ἐντὸς τῶν ἐπιθυμουμένων γενέσθαι ἐφ' ἡμῖν εἶναι, ὅταν βουλώμεθα, καὶ τῆς ἡμετέρας ἐξηρτῆσθαι γνώμης. Ὧι κατὰ τὸ ἀκόλουθον συγκατασκευάζεται καὶ τὸ ἐξ ἐναντίου νοούμενον, ὅτι καὶ ἡ πρὸς τὸ χεῖρον ῥοπὴ μηδεμιᾶς ἔξωθεν βιαζομένης ἀνάγκης ἐγγίνεται, ἀλλ' ὁμοῦ τὸ ἑλέσθαι τὸ κακὸν ὑφίσταται, τότε εἰς γένεσιν [24] παραγόμενον ὅταν ἑλώμεθα· αὐτὸ δὲ ἐφ' ἑαυτοῦ κατ' ἰδίαν ὑπόςασιν ἔξω προαιρέσεως οὐδαμοῦ τὸ κακὸν εὑρίσκεται κείμενον. Ἐκ δὲ τούτων ἡ αὐτοκρατής τε καὶ αὐτεξούσιος δύναμις, ἣν ἐνετεκτήνατο τῇ φύσει τῶν ἀνθρώπων ὁ τῆς φύσεως κύριος, σαφῶς ἐπιδείκνυται, διὰ τοῦ πάντα τῆς προαιρέσεως τῆς ἡμετέρας ἠρτῆσθαι, εἴτε ἀγαθά, εἴτε χείρονα, τὴν δὲ θείαν κρίσιν ἀδεκάςῳ καὶ [25] δικαίᾳ ψήφῳ τοῖς κατὰ τὴν ἡμετέραν πρόθεσιν ἑπομένην ἐκεῖνο νέμειν ἑκάςῳ ὅπερ ἂν ἑαυτῷ τις [26] προπαρασχόμενος τύχῃ, τοῖς μὲν, καθώς φησιν ὁ ἀπόςολος, καθ' ὑπομονὴν ἔργου ἀγαθοῦ δόξαν καὶ τιμὴν ζητοῦσι ζωὴν αἰώνιον, τοῖς δὲ ἀπειθοῦσι μὲν τῇ ἀληθείᾳ, πειθομένοις δὲ τῇ ἀδικίᾳ, ὀργὴν καὶ θλίψιν, καὶ πάντα ὅσα τῆς σκυθρωπῆς ἀντιδόσεως ἐςὶν ὀνόματα. Ὥσπερ γὰρ τὰ ἀκριβῆ τῶν κατόπτρων τοιαύτας δείκνυσι τὰς τῶν προσώπων ἐμφάσεις, οἷάπερ ἂν τὰ πρόσωπα ᾖ, φαιδρὰ μὲν τῶν φαιδρυνομένων, κατηφῆ δὲ τῶν σκυθρωπαζόντων, καὶ οὐκ ἄν τις αἰτιάσαιτο τὴν τοῦ κατόπτρου φύσιν, εἰ σκυθρωπὸν ἐμφανείη τὸ ἀπεικόνισμα τοῦ πρωτοτύπου διὰ κατηφείας συμπεπτωκότος, οὕτω καὶ ἡ δικαία τοῦ θεοῦ κρίσις ταῖς ἡμετέραις διαθέσεσιν ἐξομοιοῦται, οἷάπερ ἂν τὰ παρ' ἡμῶν ᾖ, τοιαῦτα ἡμῖν ἐκ τῶν ἰδίων [27] ἀντιπαρέχουσα. Δεῦτε, φησίν, οἱ εὐλογημένοι, καί, Πορεύεσθε οἱ κατηραμένοι. Μή τις ἀνάγκη τῶν ἔξωθεν ἐπὶ τούτων ἐςὶν, τοῖς δεξιοῖς μὲν τὴν γλυκεῖαν φωνήν, τοῖς δὲ [28] σκαιοῖς τὴν σκυθρωπὴν ἀποκληροῦσα; οὐχ οὗτοι μὲν δι' ὧν ἐποίησαν ἔσχον τὸν ἔλεον, οἱ δὲ τῷ πρὸς τοὺς ὁμοφύλους ἀπηνῶς ἔχειν ἀπηνὲς ἑαυτοῖς τὸ θεῖον ἐποίησαν; Οὐκ ἐλέησεν τὸν τῷ πυλῶνι

---

24) M. παραγενόμενον. — 25) M. δικαίῳ ψήφῳ τῆς κατά. — 26) M. παρεχόμενος. — 27) M. παρέχουσα. — 28) M. ἀριςεροῖς.

abhängt, zu erlangen was wir ersehnen, und zu finden was wir suchen, und zu gewinnen wonach wir Verlangen tragen. Dadurch wird folgerichtig zugleich der Beweis für das Gegentheil geliefert, nämlich daß auch die Neigung zum Bösen, ohne daß eine Nöthigung von Außen ihren Zwang geltend machte, in uns entsteht, und das Böse sofort mit dem Wollen existiert, und somit dann ins Dasein tritt, wenn wir es wollen; wohingegen das Böse außerhalb des Willens in besonderer Existenz für sich nirgends aufgefunden wird. Hieraus erweist sich aber deutlich die Selbständigkeit und freie Macht des Willens welche der Herr der Natur in die Natur der Menschen gelegt hat, deßhalb weil Alles von unserem Willen abhängig ist, sei es Gutes, oder Böses, und daß das Gericht Gottes mit unbestechlichem und gerechtem Spruch unsere vorsätzlichen Thaten verfolgt und einem Jeden das zertheilt was er sich gerade vorher schon selbst gewährt hatte, den Einen, wie der Apostel sagt, die da trachten nach Preis und Ehre im guten Werke auszuharren, das ewige Leben, denen aber welche nicht der Wahrheit, aber der Ungerechtigkeit gehorchen, Zorn und Pein, und alles was man sonst als Stücke der traurigen Wiedervergeltung hernennt. Denn gleichwie die genauen Spiegel so die Gesichter wiedergeben wie sie eben sind, heitere wenn sie heiter sind, niedergeschlagen wenn sie traurig sind, und Niemand die Natur des Spiegels wird beschuldigen wollen, wenn in ihm das Abbild des wegen Niedergeschlagenheit schlaff zusammengefallenen Originals finster erscheint, so gleicht auch das gerechte Urtheil Gottes unserer Beschaffenheit, und von welcher Art das ist was von uns gethan wird, solches gewährt es uns seinerseits wieder von dem worüber es selbst verfügt. Kommt her, spricht er, ihr Gesegneten!, Gehet fort, ihr Verfluchten! Waltet hier etwa eine äußere Nothwendigkeit, welche denen zur Rechten die süße Stimme, denen zur Linken die zürnende zuerkennt? Haben diese nicht durch das was sie gethan die Barmherzigkeit erlangt, jene aber dadurch daß sie hartherzig gegen ihres Gleichen waren Gott hartherzig gegen sie selbst gemacht? Der in seinen Schwelgereien

προςταλαιπορούντα πτωχὸν ὁ ταῖς τρυφαῖς διακεχυμένος πλούσιος· διὰ τοῦτο ἑαυτῷ ἀποκόπτει τὸν ἔλεον, ἐλεηθῆναι δεόμενος καὶ οὐκ ἀκουόμενος, οὐχ ὅτι ζημίαν ἔφερε μία ῥανὶς εἰς τὴν μεγάλην τοῦ παραδείσου πηγήν, ἀλλ᾽ ὅτι ἡ τῆς ἐλεημοσύνης ῥαγὼν ἀμίκτως ἔχει πρὸς τὴν ἀπήνειαν. Τίς γὰρ κοινωνία φωτὶ πρὸς σκότος; Οἷα, φησὶν, ἂν σπείρῃ ὁ ἄνθρωπος, τοιαῦτα καὶ θερίσει, ὅτι ὁ σπείρων εἰς τὴν σάρκα ἐκ τῆς σαρκὸς θερίσει φθοράν, ὁ δὲ σπείρων εἰς τὸ πνεῦμα ἐκ τοῦ πνεύματος θερίσει ζωὴν αἰώνιον. Σπορὰν οἶμαι τὴν ἀνθρωπίνην εἶναι προαίρεσιν, θέρος δὲ τὴν ἐπὶ τῇ προαιρέσει ἀντίδοσιν. Πολύχους ὁ τῶν ἀγαθῶν ςάχυς τοῖς τοιαύτην ἑλομένοις σπορὰν, ἐπίπονος ἡ ἀκανθολογία τοῖς [29] τὰ ἀκανθώδη σπέρματα καταβαλλομένοις τῷ βίῳ. Χρὴ γὰρ πάντως αὐτὸ θερίσαι τινὰ ὅπερ ἔσπειρεν, καὶ οὐκ ἔςιν ἄλλως. Μακάριοι οἱ ἐλεήμονες, ὅτι αὐτοὶ ἐλεηθήσονται. Τίς ἂν διεξέλθοι λόγος ἀνθρώπινος τὸ βάθος τῶν ἐγκειμένων νοημάτων τῷ λόγῳ; Τὸ γὰρ ἀπόλυτόν τε καὶ ἀόριςον τῆς φωνῆς δίδωσί τι καὶ πλέον τῶν εἰρημένων περιεργάζεσθαι, [30] τῷ μὴ προςθῆναι τίνες εἰσὶν εἰς οὓς ἐνεργὸν εἶναι προςήκει τὸν ἔλεον, ἀλλ᾽ ἁπλῶς εἰπεῖν ὅτι μακάριοι οἱ ἐλεήμονες. Τάχα γὰρ ἡμῖν τοιοῦτόν τι διὰ τῶν εἰρημένων ὁ λόγος αἰνίττεται, ὡς ἀκολουθεῖν τῷ μακαρίῳ πένθει τὴν τοῦ ἐλέους διάνοιαν. Καὶ γὰρ ἐκεῖ μακαριςὸς ἦν ὁ τὸν τῇδε βίον ἐν πένθει ποιούμενος, καὶ [31] ἐνταῦθά μοι δοκεῖ τὴν ἴσην ὁ λόγος ὑποσημαίνειν διδασκαλίαν. Ὡς γὰρ ἐπὶ τῶν ἀλλοτρίων διατιθέμεθα συμφορῶν, ὅταν τινὲς τῶν ἐπιτηδείων ἡμῖν ἀβουλήτοις τισὶ συνενεχθῶσι λύπαις, ἢ πατρῴας [32] ἑςίας ἐκπεπτωκότες, ἢ ἐκ ναυαγίου περισωθέντες γυμνοὶ, ἢ πειραταῖς ἢ λῃςαῖς ὑποχείριοι γεγονότες, ἢ δοῦλοι ἐξ ἐλευθέρων, ἢ αἰχμάλωτοι ἐξ εὐδαιμόνων, ἢ ἄλλο τι τοιοῦτον ἀντιλαβόντες κακὸν, οἱ τέως ἐν εὐκληρίᾳ τινὶ [33] κατὰ τὸν βίον ἐξεταζόμενοι, ὡς τοίνυν ἐπὶ

---

29) τὰ fehlt bei M. — 30) M. τὸ. — 31) M. ἔνθά μοι. — 32) M. οἰκίας ἐκπεπτωκότες, ἢ ναυαγίου. — 33) κατὰ fehlt in den Ausg.

aufgehende Reiche erbarmte sich nicht des Armen der vor seiner Thüre litt, und dadurch schneidet er sich die Barmherzigkeit ab, wo er bittet daß man sich seiner erbarmen möge, und kein Gehör findet, nicht weil ein Tropfen dem großen Quell des Paradieses Verlust brächte, sondern weil die Thräne des Erbarmens sich nicht vermischt mit der Hartherzigkeit. Denn was für eine Gemeinschaft hat das Licht mit der Finsterniß? Was der Mensch säet, solches wird er auch ernten, weil wer in das Fleisch säet, aus dem Fleische ernten wird Verderben, wer aber in den Geist säet, aus dem Geiste das ewige Leben ernten wird. Der Same ist meiner Meinung nach der menschliche Wille; die Ernte aber ist die Gegengabe auf den Willen. Reich ist die Aehre der Güter für die welche diese Saat gewählt haben, mühevoll das Sammeln der Dornen für die welche den Samen dazu in ihrem Leben ausgestreut haben. Durchaus muß Einer das ernten was er gesäet hat und eine andere Möglichkeit giebt es nicht. Selig sind die Barmherzigen, denn sie werden Barmherzigkeit erlangen. Welche menschliche Rede vermöchte die Tiefe der in diesem Worte liegenden Gedanken zu ergründen? Denn das Absolute und Unbestimmte des Ausdrucks giebt noch Etwas mehr zu bedenken als das was gesagt ist, weil nicht hinzugesetzt wird wer diejenigen sind gegen welche die Barmherzigkeit ihre Thätigkeit ausüben soll, sondern er einfach nur ausspricht daß die Barmherzigen selig sind. Vielleicht nämlich will uns die Rede des Herrn durch das Gesagte etwa das andeuten daß der Sinn von Barmherzigkeit dem seligen Leidtragen entspreche. Denn auch dort war der selig gepriesen welcher das irdische Leben in Leid hinbringt, und hier scheint mir das Wort die gleiche Lehre anzudeuten. Denn wie bei fremdem Unglück unser Gefühl erregt wird, wenn nahe Freunde von für uns traurigen Unglücksfällen betroffen werden, entweder von ihrem väterlichen Herd vertrieben werden, oder das nackte Leben aus einem Schiffbruch retten, oder Räubern zur See oder zu Land in die Hände fallen, oder Knechte aus Freien werden, oder Gefangene aus wohlhabenden und glücklichen Menschen, oder wenn sie sonst ein anderes Mißgeschick

τούτων ἀλγεινή τις γίνεται ταῖς ψυχαῖς ἡμῶν ἡ συνδιάθεσις, τάχα πολὺ μᾶλλον ἐφ᾽ ἡμῶν αὐτῶν [34] εὐκαιρότερον ἂν εἴη τὴν τοιαύτην [35] ἀνακινεῖσθαι διάνοιαν ἐπὶ τῇ παρ᾽ ἀξίαν τοῦ βίου [36] μεταβολῇ. Ὅταν γὰρ λογισώμεθα τίς ἡ λαμπρὰ ἡμῶν οἰκία ἧς ἐκπεπτώκαμεν, πῶς ὑπὸ τοῖς ληςαῖς γεγόναμεν, πῶς [37] ἐν τῷ βυθῷ τοῦ τῇδε βίου καταβυθισθέντες ἀπεγυμνώθημεν, οἵους καὶ ὅσους δεσπότας ἀντὶ τῆς ἐλευθερίας τε καὶ αὐτονόμου διαγωγῆς ἐπεσπασάμεθα, πῶς τὸ μακαριςὸν τῆς ζωῆς θανάτῳ καὶ φθορᾷ διεκόψαμεν, ἆρα δυνατόν, εἰ ταύτας λάβοιμεν [38] τὰς ἐννοίας, ἀλλοτρίαις συμφοραῖς προσασχολεῖσθαι τὸν ἔλεον, καὶ οὐκ αὐτὴν [39] περὶ αὐτὴν ἐλεεινῶς τὴν ψυχὴν διατίθεσθαι, λογιζομένην ἅ τε εἶχεν ὧν τε ἐκπέπτωκεν; Τί γὰρ τῆς αἰχμαλωσίας ταύτης ἐλεεινότερον; Ἀντὶ τῆς ἐν τῷ παραδείσῳ τρυφῆς τὸ νοσῶδες τοῦτο καὶ ἐπίπονον χωρίον ἐν τῇ ζωῇ κεκληρώμεθα, ἀντὶ τῆς ἀπαθείας ἐκείνης τὰς μυρίας τῶν παθημάτων ἀντειλήφαμεν κῆρας, ἀντὶ τῆς ὑψηλῆς ἐκείνης διαγωγῆς τὰς μυρίας τῶν παθημάτων ἀντειλήφαμεν κῆρας, ἀντὶ τῆς ὑψηλῆς διαγωγῆς καὶ τῆς μετὰ τῶν ἀγγέλων ζωῆς τοῖς θηρίοις τῆς γῆς συνοικεῖν κατεκρίθημεν, τοῦ ἀγγελικοῦ τε καὶ ἀπαθοῦς τὸν κτηνώδη βίον ἀνταλλαξάμενοι. Τοὺς πικροὺς τῆς ζωῆς ἡμῶν τυράννους, τοὺς λυσσῶντας καὶ ἀγριαίνοντας δεσπότας, τίς ἂν ῥᾳδίως ἀριθμῷ περιλάβοι; πικρὸς δεσπότης ὁ θυμός, τοιοῦτος ἄλλος ὁ φθόνος, τὸ μῖσος, τὸ καθ᾽ ὑπερηφανίαν πάθος· λυσσώδης τις καὶ ἄγριος τύραννος ὡς ἀργυρωνήτων κατατρυφῶν ὁ ἀκόλαςός ἐςι λογισμός, ὁ πρὸς τὰς ἐμπαθεῖς τε καὶ ἀκαθάρτους ὑπηρεσίας ἐξανδραποδίζων τὴν φύσιν· ἡ δὲ τῆς πλεονεξίας τυραννίς, τίνα οὐ παρέρχεται πικρίας ὑπερβολήν; ἡ τὴν ἀθλίαν δουλωσαμένη ψυχὴν ἀεὶ τὰς ἀπλήςους αὐτῆς ἐπιθυμίας πληροῦν ἀναγκάζει, πάντοτε δεχομένη καὶ οὐδέποτε πληρουμένη, οἷόν τι πολυκέφαλον θηρίον μυρίοις ςόμασι τῇ ἀπληρώτῳ γαςρὶ

---

34) M. εὔκαιρον. — 35) M. ἀνακεῖσθαι. — 36) M. βολῇ. — 37) ἐν fehlt in den Ausg. — 38) τὰς fehlt in den Ausg. — 39) περὶ αὐτὴν fehlt in den Ausg.

dieser Art trifft, während bisher ihr Lebensloos für ein glückliches galt, wie also bei solchen Anlässen in unseren Seelen ein gewisses schmerzliches Mitgefühl entsteht, so dürfte es vielleicht noch viel mehr an der Zeit sein daß für uns selbst ein solches Gefühl angeregt wird wegen des unverdienten Wechsels unserer Lebenslage. Denn wenn wir bedenken aus welcher herrlichen Heimath und von welchem Herde wir vertrieben worden, wie wir unter die Räuber gefallen sind, wie wir in den Abgrund dieses Lebens versenkt und entblößt worden sind, was für und wie viele Herren wir an Stelle der Freiheit und Unabhängigkeit uns zugezogen haben, wie wir die Seligkeit des Lebens durch den Tod und Verderben zerstört haben, ist es möglich daß, wenn wir solche Gedanken fassen, wir unsere Barmherzigkeit sich mit fremdem Unglück beschäftigen lassen, und daß die Seele nicht um sich selbst barmherzig gestimmt werde, wenn sie bedenkt was sie besitzt und was sie verloren hat? Denn was ist erbarmungswürdiger als diese Gefangenschaft? An Stelle des schwelgerischen Ueberflusses im Paradiese haben wir dieses kranke und mühenreiche Land in unserem Leben beschieden erhalten; an Stelle jener Freiheit von aller Leidenschaft haben wir die tausendfältigen Loose der Leiden erhalten; an Stelle jenes erhabenen Zusammenlebens mit den Engeln sind wir verdammt worden mit den Thieren der Erde zusammenzuwohnen, haben für das engelische und leidenschaftslose Leben das thierische Leben eingetauscht. Die schlimmen Tyrannen unsers Lebens, die Wütheriche und wilden Despoten, wer vermöchte sie wohl leicht in einer Zahl zusammenzufassen? Ein schlimmer Despot ist der Zorn, ein anderer solcher der Neid, der Haß, die Leidenschaft des Hochmuths; ein wüthiger und wilder Tyrann, der gleichwie an gelderkauften Sclaven seine höhnende Lust ausläßt, ist der zügellose Gedanke, welcher die Natur zum unreinen Dienst der Leidenschaft knechtet; die Tyrannei der Habsucht aber, welches noch so große Maß von Trübsal überschreitet sie nicht? sie, welche die unglückliche Seele zur Sclavin macht, und sie ewig ihre unersättlichen Begierden zu erfüllen zwingt, immer fort nehmend und nimmer gesättigt, wie ein vielköpfiges Unthier welches

D τὴν τροφὴν παραπέμπον, ἧ οὐδείς ποτε τοῦ κερδαίνειν γίνεται κόρος, ἀλλὰ τὸ ἀεὶ λαμβανόμενον ὕλη καὶ ὑπέκκαυμα τῆς τοῦ πλείονος ἐπιθυμίας καθίςαται. Τίς τοίνυν τὸν δύςηνον τοῦτον βίον κατανοήσας ἀνηλεῶς καὶ ἀπηνῶς πρὸς τὰς τοιαύτας συμφορὰς διατίθεται; Ἀλλ᾽ αἴτιον [40]τοῦ μὴ ἐλεεῖν ἡμᾶς αὐτοὺς ἐν ἀναισθησίᾳ τῶν κακῶν εἶναι· οἷόν τι πάσχουσιν οἱ ἐκ μανίας παράφοροι, ὧν ἡ ὑπερβολὴ τοῦ κακοῦ καὶ τὴν αἴσθησιν ὧν πάσχουσιν προςαφῄρηται. Εἰ τοίνυν τις ἑαυτὸν ἐπιγνοίη, οἷός

p. 808. τε πρότερον ἦν, καὶ οἷος ἐπὶ τοῦ παρόντος ἐςὶν (φησὶ δέ
A
Proverb. που καὶ ὁ Σολομῶν ὅτι οἱ ἑαυτῶν ἐπιγνώμονες σοφοί),
13, 10. οὐδέποτε ἐλεῶν [41]ἑαυτὸν ὁ τοιοῦτος παύσεται, τῇ δὲ τοιαύτῃ τῆς ψυχῆς διαθέσει καὶ ὁ θεῖος ἔλεος κατὰ τὸ εἰκὸς ἀκολουθήσει. Διό φησιν, Μακάριοι οἱ ἐλεήμονες, ὅτι αὐτοὶ ἐλεηθήσονται· αὐτοὶ οὐχὶ ἕτεροι, ἐν τούτῳ γὰρ σαφηνίζει τὸ [42]νόημα, ὡς ἂν εἴ τις [43]λέγοι, Μακάριόν ἐςι τὸ ἐπιμελεῖσθαι τῆς σωματικῆς ὑγιείας· ὁ γὰρ ἐπιμελούμενος αὐτὸς ἐν ὑγιείᾳ βιώσεται. Οὕτως ὁ ἐλεήμων ἐςὶ μακαριςὸς, ὅτι ὁ καρπὸς τοῦ ἐλέου ἴδιον κτῆμα τοῦ ἐλε-
B οῦντος γίνεται, εἴτε κατὰ τὸν νῦν ἡμῖν εὑρεθέντα λόγον, εἴτε κατὰ τὸν προεξητασμένον, τὸν ἐπὶ τῶν ἀλλοτρίων λέγω συμφορῶν δεικνῦντα τῆς ψυχῆς τὴν συμπάθειαν· ἀγαθὸν γὰρ ὁμοίως ἑκάτερον, τό τε ἑαυτὸν ἐλεεῖν κατὰ τὸν εἰρημένον τρόπον, καὶ τὸ συμπάσχειν ταῖς δυςπραγίαις τῶν πέλας, διότι τὸ δίκαιον τῆς θείας κρίσεως τὴν ἐπὶ τῶν καταδεεςέρων τοῦ ἀνθρώπου προαίρεσιν ἐπὶ τῆς ὑπερεχούσης [44]δείκνυσιν ἐξουσίας, ὥςε τρόπον τινὰ ἑαυτοῦ δικαςὴν εἶναι τὸν ἄνθρωπον, ἑαυτῷ τὴν ψῆφον ἐν τῇ τῶν [45]ὑποδεεςέρων φέροντα κρίσει. Ἐπειδὴ τοίνυν
C πεπίςευται, καὶ ἀληθῶς πεπίςευται, πᾶσαν παραςήσασθαι τὴν ἀνθρωπίνην φύσιν τῷ βήματι τοῦ Χριςοῦ, ἵνα κομίσηται ἕκαςος τὰ διὰ τοῦ σώματος, πρὸς ἃ ἔπραξεν,

---

40) M. τό. — 41) ἑαυτὸν fehlt in den Ausg. — 42) M. ὄνομα. — 43) M. λέγει. — 44) M. δείκνυται. — 45) M. ὑπηκόων.

durch tausendfache Mäuler dem nimmer zu füllenden Bauche seine Nahrung zuführt? welche niemals zur Sättigung am Gewinnst gelangt, und für welche vielmehr das immer neu Gewonnene zu einem Nahrungsstoff und Reizmittel der Gier nach Mehr wird? Wer wird also in Anbetracht dieses jammervollen Lebens mitleidslos und hartherzig gegen solches Unglück gestimmt sein? Aber die Ursache weßhalb wir kein Erbarmen haben liegt darin daß wir selbst unempfindlich gegen das Böse sind; wie es etwa den Wahnsinnigen geht, denen der überwiegende Einfluß ihres Uebels das Gefühl des Leidens auch noch hinweggenommen hat. Wenn also Einer erkennt was er vorher war, und was er in der Gegenwart ist (es sagt aber Salomo irgendwo daß die welche sich selbst erkennen weise sind), der wird Mitleid und Erbarmen zu fühlen nimmer aufhören, und dieser Verfassung seiner Seele wird auch natürlich das göttliche Erbarmen nachfolgen. Darum spricht er, **Selig sind die Barmherzigen, denn sie werden Barmherzigkeit erlangen**, sie selbst, keine Anderen; denn darin macht er den Gedanken deutlich, wie wenn man sagte, Selig ist es für die Gesundheit des Leibes Sorge zu tragen. Denn wer dafür Sorge trägt, der wird auch selbst in Gesundheit leben. So ist der Barmherzige selig, weil die Frucht der Barmherzigkeit zum eigenen Besitzthum des Barmherzigen wird, sei es nun in der von uns jetzt gefundenen Weise, oder in der früher erörterten, wonach man nämlich ein Mitgefühl der Seele bei fremdem Unglück sehen läßt. Denn Beides ist in gleicher Weise gut, mit sich selbst in der bezeichneten Weise Erbarmen hegen, und Mitgefühl bei dem Mißgeschick des Nächsten haben, darum weil die Gerechtigkeit des göttlichen Gerichts den Willen und die Gesinnung des Menschen gegen die Geringeren zu der der allerhabenen Gewalt macht, so daß gewissermaßen ein jeder Mensch sein eigener Richter ist, und in der Weise wie sein Urtheil gegen die Geringeren beschaffen ist sich selbst sein Urtheil spricht. Da es nun der Glaube ist, und zwar ein Glaube der nicht trügt, daß die gesammte menschliche Natur vor Christi Richterstuhl treten werde, auf daß ein Jeglicher das Verdienst seines Leibes davon-

εἴτε ἀγαθὸν, εἴτε φαῦλον, [46] τάχα, κἂν τολμηρὸν εἰπεῖν ᾖ, δυνατόν ἐςι τὰ ἀπόρρητα καὶ ἀθέατα λογισμῷ λαβεῖν, καὶ ἤδη τὸ μακάριον τῆς ἀντιδόσεως τῶν ἐλεουμένων κατανοῆσαι. Ἡ γὰρ ἐγγινομένη ταῖς ψυχαῖς εὔνοια πρὸς τοὺς τὸν ἔλεον ἐπιδεικνυμένους παρὰ τὸν βίον ἐν τῇ ζωῇ εἰςαεὶ κατὰ τὸ εἰκὸς παραμένει τοῖς μετεσχηκόσι τῆς χάριτος. Τί οὖν εἰκὸς ἐν τῷ καιρῷ τῆς ἐξετάσεως, εἰ ἐπιγνωσθείη παρὰ τῶν εὖ πεπονθότων ὁ εὐεργέτης, ὅπως διατεθήσεται τὴν [47] ψυχὴν ταῖς εὐχαρίςοις φωναῖς, ἐπὶ τοῦ κριτοῦ πάσης τῆς κτίσεως εὐφημούμενον; ἆρά τινος ἄλλου μακαρισμοῦ προςδεηθήσεται ὁ ἐν τοσούτῳ θεάτρῳ ἐπὶ τοῖς ἀρίςοις ἀνακηρυττόμενος; Τὸ γὰρ παρεῖναι τοὺς εὖ πεπονθότας ἡ τοῦ εὐαγγελίου διδάσκει φωνὴ ἐν τῇ πρὸς τοὺς δικαίους καὶ τῇ πρὸς τοὺς ἁμαρτωλοὺς τοῦ βασιλέως κρίσει. Πρὸς ἀμφοτέρους γὰρ τῷ δεικτικῷ χρῆται [48] λόγῳ, οἱονεὶ δακτύλῳ τὸ [49] ὑποκείμενον γνωρίσας, Ἐφ' ὅσον ἐποιήσατε ἑνὶ τούτων τῶν ἀδελφῶν μου τῶν ἐλαχίςων. Τὸ γὰρ Τούτων εἰπεῖν τὴν τῶν εὐπεπονθότων παρουσίαν ἐνδείκνυται. Νῦν μοι λεγέτω ὁ τὴν ἄψυχον ὕλην τῶν χρημάτων προτιμῶν τῆς μελλούσης μακαριότητος, ποία χρυσίου λαμπρότης τοιαύτη, τίνες τῶν [50] πολυτιμήτων λίθων αὐγαί, τίς ἐξ ἐνδυμάτων κόσμος τοιοῦτος, οἷον ἐκεῖνο τὸ ἀγαθὸν ἡ ἐλπὶς ὑποτίθεται; ὅταν ὁ βασιλεύων τῆς κτίσεως ἑαυτὸν ἀνακαλύψῃ τῇ ἀνθρωπίνῃ φύσει ἐπὶ τοῦ ὑψηλοῦ θρόνου μεγαλοπρεπῶς προκαθήμενος; ὅταν ὀφθῶσι περὶ αὐτὸν αἱ ἀναρίθμητοι μυριάδες τῶν ἀγγέλων, καὶ δὴ ὅταν ἐν ὀφθαλμοῖς γένηται πάντων [51] ἡ ἀπόρρητος τῶν οὐρανῶν βασιλεία, καὶ ἀναδειχθῇ πάλιν ἐκ τοῦ ἐναντίου τὰ φοβερὰ κολαςήρια; ἐν μέσῳ δὲ τούτων πᾶσα ἡ ἀνθρωπίνη φύσις, τῶν ἀπὸ πρώτης κτίσεως καὶ μέχρι τῆς τοῦ παντὸς συμπληρώσεως γεγονότων,

---

46) Die bisher völlig verdorbene Stelle lautet bei M. so: φαῦλον· τάχ. καὶ τολμηρὸν εἰπεῖν· εἰ δυνατόν. — 47) M. ψυχὴν ἐπὶ ταῖς εὐχαρίςοις φωναῖς, ἐπὶ θεοῦ πάσης. — 48) λόγῳ fehlt in den Ausg. — 49) M. ὑπερκείμενον. — 50) M. πολυτιμίτων. — 51) ἡ fehlt in den Ausg.

trage, je nachdem er gehandelt, gut oder schlecht, so ist es vielleicht möglich, wenn es auch kühn ist es auszusprechen, die unaussprechlichen und nicht zu schauenden Geheimnisse durch den Gedanken zu erfassen, und jetzt schon die Seligkeit der Wiedervergeltung die denen welche Barmherzigkeit üben zu Theil werden wird zu erkennen. Denn das in den Gemüthern entstehende Wohlwollen gegen diejenigen welche Barmherzigkeit zeigen verbleibt natürlicher Weise so lange man lebt immerfort denen welchen der Liebesdienst zu Theil geworden ist. Wenn demnach von denen welche Gutes empfangen haben ihr Wohlthäter zur Zeit der Prüfung wiedererkannt wird, was wird dann dieser wohl in seinem Herzen fühlen, wenn er vor dem Richter aller Kreatur mit den Stimmen des Dankes gepriesen wird? Wird der etwa noch einer anderweitigen Seligkeit bedürfen welcher vor einer so gewaltigen Versammlung um der besten Werke willen wie durch Heroldsruf verherrlicht wird? Denn daß die welche Wohlthaten empfingen zugegen sind lehrt die Stimme des Evangeliums in dem Gericht des Königs über die Gerechten und über die Sünder. Auf beide deutet er hin, und macht gleichsam mit dem Finger die Sache bemerklich wenn er sagt, **Was ihr gethan habt einem unter diesen meinen geringsten Brüdern**; denn der Umstand daß er *diesen* sagt weist auf die Anwesenheit derer hin welchen Wohlthaten zu Theil geworden sind. Nun sage mir der welcher die seelen= und leblose Materie höher stellt als die Schätze der zukünftigen Seligkeit, welcher Glanz des Goldes, welches Edelgesteins Strahlen, welcher Schmuck von Gewändern kommt jenem Gut nahe welches die Hoffnung uns erwarten heißt? wann der König der Kreatur sich der menschlichen Natur enthüllen und in der Größe seiner Herrlichkeit auf dem erhabenen Stuhle den richterlichen Vorsitz nehmen wird? wann um ihn geschaut werden die zahllosen Tausende und aber Tausende der Engel? und wann nun endlich das Geheimniß des Himmelreichs vor Aller Augen offen liegen wird, und umgekehrt von der anderen Seite her die schreckenvollen Strafen verkündigt werden? in Mitten dieser Dinge die gesammte menschliche Natur derer welche von dem Anfang der Erschaffung an bis zum Abschluß des Alls ge=

φόβῳ τε καὶ ἐλπίδι τῶν μελλόντων ἐξῄκῃ μετέωρος, τῇ ἐφ' ἑκάτερα τῶν προςδοκωμένων ἐκβάσει κραδαινομένη πολλάκις, καὶ τῶν ἀγαθῇ συνειδήσει συνεζηκότων ἀπιςούντων τῷ μέλλοντι, ὅταν ἑτέρους ἴδωσιν ὑπὸ τοῦ πονηροῦ [52] συνειδότος εἰς τὸ σκυθρωπὸν ἐκεῖνο σκότος ὥσπερ ὑπό τινος δημίου καθελκομένους; Ἐὰν οὗτος ἐν εὐφήμοις τε καὶ εὐχαρίςοις ταῖς παρὰ τῶν εὖ πεπονθότων φωναῖς λαμπρὸς τῇ παρῥησίᾳ τῷ κριτῇ παρὰ τῶν ἔργων προςαγάγηται, [53] ἆρα κατὰ τὸν ὑλώδη πλοῦτον [54] τὴν εὐκληρίαν ἐκείνην εἶναι λογίσεται; [55] ἆρα δέξεται ἀντὶ τῶν ἀγαθῶν ἐκείνων ὄρη πάντα καὶ πεδία καὶ νάπας καὶ θάλασσαν εἰς χρυσὸν αὐτῷ μεταποιηθέντα γενέσθαι; Ὁ δὲ ἀκριβῶς σφραγῖσι καὶ κλείθροις καὶ σιδηροδέτοις πύλαις καὶ ὀχυροῖς κρυπτηρίοις τὸν [56] μαμωνᾶν κατακρύψας, καὶ πάσης ἐντολῆς τὸ ἀποκεῖσθαι αὐτῷ συγκεχωσμένην ἐν τῷ κρυπτῷ τὴν ὕλην προτιμώτερον κρίνας, ἐὰν ἐπὶ τὸ σκοτεινὸν πῦρ ἐπὶ κεφαλὴν κατασύρηται, πάντων αὐτῷ τὸ ἀπηνὲς καὶ ἀνήμερον προφερόντων τῶν κατὰ τὴν ζωὴν ταύτην πεπειρασμένων, καὶ λεγόντων, Μνήσθητι ὅτι ἀπέλαβες [57] τὰ ἀγαθά σου ἐν τῇ ζωῇ σου· συναπέκλεισας ἐν τοῖς ὀχυρώμασι τοῦ πλούτου τὸν ἔλεον· [58] κατέλιπες ὑπὲρ γῆς τὴν εὐσπλαγχνίαν· οὐκ ἐκομίσω πρὸς τὸν τῇδε βίον τὴν φιλανθρωπίαν· οὐκ ἔχεις ὃ μὴ ἔσχες· οὐχ εὑρίσκεις ὃ μὴ ἀπέθου· οὐ συνάγεις ὃ μὴ ἐσκόρπισας· οὐ [59] θερίσεις ὧν οὐ κατεβάλου τὰ σπέρματα· ἄξιόν σοι τῆς σπορᾶς τὸ θέρος· πικρίαν ἔσπειρας, δρέπου τὰ δράγματα· τὸ ἀνηλεὲς ἐτίμησας, ἔχε ὅπερ ἠγάπησας· οὐκ εἶδες συμπαθῶς, οὐκ ὀφθήσῃ ἐλεεινῶς· περιεῖδες θλιβόμενον, περιοφθήσῃ ἀπολυμένος· ἔφυγες τὸν ἔλεον, φεύξεταί σε ὁ ἔλεος· ἐβδελύξω τὸν πτωχόν, βξελύξεταί σε ὁ διὰ σὲ πτωχεύσας· εἰ ταῦτα καὶ τὰ τοιαῦτα λέγοιτο, ποῦ τὸ χρυσίον; ποῦ τὰ λαμπρὰ σκεύη; ποῦ ἡ ἐπιβεβλημένη τοῖς θησαυροῖς διὰ τῶν σφραγίδων ἀσφάλεια; ποῦ οἱ ταῖς

---

52) M. συνειδότες. — 53) M. ἄρα. — 54) τὴν fehlt in den Ausg. — 55) M. ἄρα. — 56) M. μαμωνὰν. — 57) τὰ fehlt in den Ausg. — 58) M. καὶ κατέλιπες. — 59) M. θεριεῖς.

boren gewesen sind, zwischen Furcht und Hoffnung gespannt auf das was kommen soll dastehen wird, oftmals erzitternd bei dem Gedanken an die zwiefache Möglichkeit des Ausgangs ihrer Erwartungen, und wo sogar die welche mit einem guten Gewissen gelebt haben der Zukunft mißtrauen, wenn sie sehen wie Andere von dem bösen Gewissen in jene trauervolle Finsterniß wie von einem Henker fortgeschleppt werden? Wenn dieser unter den glückverheißenden Zurufen des Dankes derer welche von ihm Wohlthaten empfangen haben leuchtend in dem Recht welches seine Werke ihm geben vor den Richter geführt wird, wird er dann wohl jenes Glück nach dem materialen und irdischen Reichthum messen können? wird er wohl, wenn ihm der Besitz von allen Gebirgen und Ebenen, Waldschluchten und Meer, in Gold verwandelt versprochen würde, ihn anstatt jener Güter annehmen? Wer aber sorgfältig hinter Siegeln und Schlössern und eisenbeschlagenen Thüren und in wohlbefestigten Verstecken den Mammon verbirgt, und es höher als jedes Gebot erachtet sein irdisches Gut im Verborgenen eingescharrt zu haben, wenn der zu dem Feuer der Finsterniß kopfüber hingeschleppt wird, und ihm Alle seine Härte und Unmenschlichkeit vorwerfen welche sie in diesem Leben von ihm erfahren haben, und sprechen, Erinnere dich daß du dein Gutes empfangen hast in deinem Leben! du hast in den festen Schränken des Reichthums die Barmherzigkeit mit eingeschlossen, hast auf Erden das Mitleid zurückgelassen und hast in dieses Leben die Menschenliebe nicht mitgebracht; du hast nicht was du nicht hattest; du findest nicht was du nicht zurückgelegt hast; du sammelst nicht was du nicht ausgestreut hast; du wirst nicht ernten wovon du keinen Samen gestreut hast; deiner Saat würdig ist deine Ernte; du hast Härte gesäet, schneide deine Garben; du hast Unbarmherzigkeit in Ehren gehalten, besitze was du werth hieltest; dein Blick war ohne Mitleid, du wirst nicht mit Erbarmen angesehen werden; du übersahst den Gepeinigten, man wird dich übersehen in deinem Verderben; du flohst das Erbarmen, das Erbarmen wird dich fliehen; du hast den armen Bettler verachtet, es wird dich verachten der durch dich zum Bettler geworden ist: — wenn solche und derartige Reden fallen, wo ist da das

νυκτεριναῖς φυλακαῖς ⁶⁰ἐπιτεταγμένοι κύνες, ⁶¹ἡ πρὸς τοὺς ἐπιβουλεύοντας τῶν ὅπλων παρασκευὴ, ἡ ἐν τοῖς βιβλίοις ἀναγεγραμμένη ⁶²τοῦ πλούτου σημείωσις; Τί ταῦτα πρὸς τὸν κλαυθμὸν καὶ ⁶³τὸν βρυγμὸν τῶν ὀδόντων; τίς καταυγάσει τὸ σκότος; τίς κατασβέσει τὴν φλόγα; τίς ἀποςρέψει τὸν ἀτελεύτητον σκώληκα; Οὐκοῦν νοήσωμεν, ἀδελφοὶ, τὴν τοῦ κυρίου φωνὴν, ἐν ὀλίγῳ τοσαῦτα περὶ τῶν μελλόντων παιδεύουσαν, καὶ γενώμεθα ἐλεήμονες, ἵνα γενώμεθα διὰ ⁶⁴τούτου μακάριοι, ἐν Χριςῷ Ἰησοῦ, τῷ κυρίῳ ἡμῶν, ᾧ ἡ δόξα καὶ τὸ κράτος εἰς τοὺς αἰῶνας τῶν αἰώνων. Ἀμήν.

ΛΟΓΟΣ ς΄.

Μακάριοι οἱ καθαροὶ τῇ καρδίᾳ, ὅτι αὐτοὶ τὸν θεὸν ὄψονται.

Ὅπερ παθεῖν εἰκὸς τοὺς ἔκ τινος ὑψηλῆς ἀκρωρείας εἰς ἀχανές τι κατακύπτοντας πέλαγος, τοῦτό μοι πέπονθεν ἡ διάνοια ἐκ τῆς ὑψηλῆς τοῦ κυρίου φωνῆς οἷον ἀπό τινος κορυφῆς ὄρους εἰς τὸ ἀδιεξίτητον τῶν νοημάτων βλέπουσα βάθος. Καθάπερ γὰρ ἐν πολλοῖς τῶν παραθαλασσίων ἔςιν ἰδεῖν ὄρος ἡμίτομον, κατὰ τὸ παράλιον μέρος ἀπὸ κορυφῆς ἐπὶ τὸ βάθος δι' εὐθείας ἀπεξεσμένον, οὗ κατὰ τὸ ἄνω πέρας ἄκρα τις προβεβλημένη πρὸς τὸν βυθὸν ἐπινένευκεν, ὅπερ οὖν παθεῖν εἰκὸς τὸν ἀπὸ τῆς τοιαύτης σκοπιᾶς ἐκ πολλοῦ τοῦ ὕψους ἐπὶ τὴν ἐν τῷ βάθει διακύπτοντα θάλατταν, οὕτως ἰλιγγιᾷ μου νῦν ψυχὴ ἐν τῇ μεγάλῃ ταύτῃ τοῦ κυρίου φωνῇ γενομένη μετέωρος. Μακάριοι οἱ καθαροὶ τῇ καρδίᾳ, ὅτι αὐτοὶ ¹τὸν θεὸν ὄψονται. Θεὸς πρόκειται τοῖς τὴν καρδίαν ἐκκαθαρθεῖσι τὸ θέαμα, ²θεὸς, ὃν οὐδεὶς ἑώρακε πώποτε, καθώς φησιν Ἰωάννης ὁ μέγας, ἐπιψηφίζει δὲ καὶ Παῦ-

---

60) M. ἐπιτετευγμένοι. — 61) M. καί. — 62) τοῦ πλούτου fehlt in den Ausg. — 63) M. τῶν. — 64) M. τοῦτο.

1) Beide Pariser Ausg. haben den Druckfehler τῶν. — 2) M. Θεὸν οὐδεὶς.

Gold, wo die glänzenden Geräthe, wo die durch die Siegel auf die Schätze gelegte Sicherheit, wo die mit dem nächtlichen Wachtdienst betrauten Hunde, die gegen die lauernden Nachsteller bereit gelegten Waffen, die in den Büchern eingetragene Ziffer der Betragshöhe deines Reichthums? Was ist das gegenüber dem Geheul und Zähneklappen? Wer wird die Finsterniß erhellen? wer die Flamme auslöschen? wer den ewig nagenden Wurm entfernen? Beherzigen wir also, Brüder, das Wort des Herrn, welches uns über die Zukunft in wenigen Worten so reich belehrt, und werden wir barmherzig, auf daß wir dadurch selig werden, in Christo Jesu, unserm Herrn, dem gehört die Herrlichkeit und die Kraft in alle Ewigkeit. Amen.

Sechste Rede.

Selig sind die reinen Herzens sind, denn sie werden Gott schauen.

Wie es wahrscheinlich denen ergeht welche von einem hohen Bergesgipfel auf ein weites Meer herabblicken, so ergeht es meinem Geist, indem er von dem erhabenen Ausspruch des Herrn wie von einem Bergesgipfel in die unergründliche Tiefe der Gedanken blickt. Denn gleichwie an vielen am Meere gelegenen Orten man ein in der Mitte abgespaltenes Gebirge sehen kann, welches auf der dem Meer zugekehrten Seite vom Gipfel bis zur Tiefe gerade abgehauen ist, und auf dessen oberem Ende eine hervorspringende Spitze über dem Abgrund überhängt, — was also wahrscheinlicher Weise dem begegnen wird welcher von diesem warteähnlichen Aussichtspunkt aus dieser gewaltigen Höhe auf das Meer in der Tiefe herniederschaut, ebenso schwindelt jetzt meine Seele, emporgehoben auf dieses große Wort des Herrn, Selig sind die reinen Herzens sind, denn sie werden Gott schauen! Gott ist denen zu schauen verheißen welche ihr Herz gereinigt haben werden, Gott, welchen Niemand je gesehen hat, wie der große Johannes sagt, und der tiefsinnige

λος ὁ ὑψηλὸς τὴν διάνοιαν εἰπὼν ὅτι, Ὃν εἶδεν οὐδεὶς ἀνθρώπων, ³οὐδὲ ἰδεῖν δύναται. Αὕτη ἐςὶν ἡ λεία καὶ ἀπότομος πέτρα ἡ μηδεμίαν ἐφ᾽ ἑαυτῆς τῶν νοημάτων βάσιν ὑποδεικνύουσα, ἣν καὶ ὁ Μωϋσῆς ὡσαύτως ἀπρόςιτον τοῖς καθ᾽ ἑαυτὸν δόγμασιν ἀπεφήνατο, ὡς μηδαμοῦ δύνασθαι προςβῆναι ἡμῶν τὴν διάνοιαν, πάσης ἀντιλήψεως ⁴ἀποξεσθείσης διὰ τῆς ἀποφάσεως. Οὐκ ἔςι γὰρ, φησὶν, ὅςτις ὄψεται κύριον καὶ ζήσεται. Ἀλλὰ μὴν ⁵ἡ αἰώνιος ζωὴ τὸ ἰδεῖν ἐςι τὸν θεόν. Τοῦτο δὲ ἀμήχανον οἱ ςῦλοι τῆς πίςεως Ἰωάννης καὶ Παῦλος καὶ Μωσῆς διορίζονται. Ὁρᾷς τὸν ⁶ἴλιγγον ᾧ ⁷ἡ ψυχὴ πρὸς τὸ βάθος τῶν ἐν τῷ λόγῳ θεωρουμένων συνέλκεται; Εἰ ζωὴ ὁ θεός, ὁ μὴ ἰδὼν αὐτὸν τὴν ζωὴν οὐ βλέπει. Τὸ μὴ δύνασθαι ἰδεῖν θεὸν οἱ θεοφόροι τῶν προφητῶν τε καὶ ἀποςόλων διαμαρτύρονται. Εἰς τί τοῖς ἀνθρώποις ἡ ἐλπὶς περιίςαται; Ἀλλ᾽ ὑποςηρίζει καταπίπτουσαν τὴν ἐλπίδα ὁ κύριος, καθάπερ ἐπὶ τοῦ Πέτρου ἐποίησεν κινδυνεύοντος βυθισθῆναι, πάλιν ἐπὶ ςεῤῥοῦ ⁸τε καὶ ἀντιτύπου ςήσας τοῦ ὕδατος. Εἰ τοίνυν ἔλθῃ καὶ ἐφ᾽ ἡμᾶς ἡ τοῦ λόγου χεὶρ, καὶ ἀςατοῦντας ἐν τῷ βυθῷ τῶν θεωρημάτων ἐπὶ ⁹ςαθεροῦ νοήματος καταςήσειεν, ἔξω τοῦ φόβου ¹⁰ἐσόμεθα, ἰσχυρῶς τοῦ χειραγωγοῦντος ἡμᾶς λόγου περιδραξάμενοι. Μακάριοι γὰρ, φησὶ, ¹¹οἱ καθαροὶ τῇ καρδίᾳ, ὅτι αὐτοὶ τὸν θεὸν ὄψονται. Ἡ μὲν οὖν ἐπαγγελία τοσαύτη ὡς παριέναι τὸν ἀκρότατον τῆς μακαριότητος ὅρον. Τί γὰρ ἄν τις μετὰ τὸ τοιοῦτον ἀγαθὸν ἄλλο ποθήσειεν, πάντα ἔχων ἐν ¹²τῷ ἑωραμένῳ; Τὸ γὰρ ἰδεῖν ταὐτὸν σημαίνει τῷ σχεῖν ἐν τῇ τῆς γραφῆς συνηθείᾳ· καθάπερ τὸ, Ἴδοις τὰ ἀγαθὰ Ἱερουσαλήμ, ἀντὶ τοῦ Εὕροις τοῦ λόγου σημαίνοντος, καὶ τὸ, Ἀρθήτω ὁ ἀσεβὴς, ἵνα μὴ ἴδῃ τὴν δόξαν κυρίου, διὰ τοῦ μὴ ἰδεῖν τὸ μὴ μετασχεῖν τοῦ προφήτου δηλοῦντος. Οὐκοῦν ὁ τὸν θεὸν ἰδὼν πᾶν ὅπερ ἐςὶν ἐν

---

3) M. οὔτε. — 4) M. ἀποξυσθείσης. — 5) ἡ fehlt in den Ausg. —
6) M. ἴλιγμον. — 7) ἡ fehlt in den Ausg. — 8) τε fehlt in den Ausg. —

Paulus mit den Worten bestätigt, Welchen kein Mensch gesehen hat, noch sehen kann. Das ist der glatte und jähe Fels welcher keine Stelle zeigt auf welchem die Gedanken zu fußen vermöchten, und welchen auch Moses in gleicher Weise in seinen Lehren als unzugänglich bezeichnet hat, so daß unser Geist nirgends zu ihm Zugang gewinnen kann weil durch diese Verneinung jede Stelle wo er haften könnte abgehauen ist. Denn er spricht, Niemand kann den Herrn sehen und leben. Nun ist aber Gott sehen das ewige Leben; daß jenes aber unmöglich sei, behaupten die Pfeiler des Glaubens, Johannes, Paulus und Moses. Siehst du den Schwindel von welchem die Seele zur Tiefe der in dem Worte liegenden Betrachtungen mit hinabgezogen wird? Wenn Gott Leben ist, so sieht der welcher ihn nicht sieht das Leben nicht. Daß man Gott nicht sehen kann, bezeugen die göttlichen Propheten und Apostel. Wohin geräth die Hoffnung der Menschen? Doch der Herr stützt sie bei ihrem Sinken, gleichwie er es mit Petrus that, als er in Gefahr war unterzusinken, und er ihn wieder auf harte und feste Fläche des Wassers stellte. Wenn also auch zu uns die Hand des Gotteswortes käme, und uns, die wir über dem Abgrund der Betrachtungen unsicheren Fußes stehen, auf feste Erkenntniß stellen wollte, so würden wir die Hand des uns führenden Gotteswortes fest umklammern und außer Furcht sein. Denn, heißt es, Selig sind die reinen Herzens sind, denn sie werden Gott schauen! Die Verheißung ist also so groß daß sie über die äußerste Grenze der Seligkeit hinausgeht. Denn was für ein anderes Gut sollte wohl nach diesem so erhabenen der sich noch wünschen der Alles in dem hat den er gesehen hat? Sehen nämlich ist nach dem Gebrauch der Schrift gleichbedeutend mit haben; wie mit dem, Du sehest das Glück Jerusalems, die Schrift sagen will, Du findest es, und der Prophet in dem, Möge hinweggenommen werden der Gottlose, damit er die Herrlichkeit des Herrn nicht sehe! mit dem Nicht sehen das Nicht Theil haben meint. Wer also Gott gesehen hat, der ist durch das Sehen in den Besitz aller

---

9) M. θατέρου. — 10) M. γενόμεθα. — 11) οἱ fehlt in der zweiten, οἱ καθαροὶ in der ersten Pariser Ausg. — 12) τῷ fehlt in den Ausg.

ἀγαθῶν καταλόγῳ διὰ τοῦ ἰδεῖν ἔσχε, τὴν ἀτελεύτητον ζωὴν, τὴν ἀΐδιον ἀφθαρσίαν, τὴν ἀθάνατον μακαριότητα, τὴν ἀτελεύτητον βασιλείαν, τὴν ἄληκτον εὐφροσύνην, τὸ B ἀληθινὸν φῶς, τὴν πνευματικὴν καὶ γλυκεῖαν [13] τροφὴν, τὴν ἀπρόσιτον δόξαν, τὸ διηνεκὲς ἀγαλλίαμα, τὸ πᾶν ἀγαθόν. Τὸ μὲν οὖν κατ' ἐλπίδα προκείμενον ἐν τῇ μακαριότητος ἐπαγγελίᾳ τοιοῦτόν τε καὶ τοσοῦτον. Ἐπεὶ δὲ ὁ τρόπος τοῦ ἰδεῖν διὰ τοῦ καθαρὸν γενέσθαι τῇ καρδίᾳ προδέδεικται, ἐν τούτῳ μοι πάλιν ἰλιγγιᾷ ἡ διάνοια, μὴ ἄρα τῶν ἀμηχάνων τε καὶ ὑπερβαινόντων τὴν φύσιν ἡμῶν ἡ καθαρότης τῆς καρδίας ἐςίν. Εἰ γὰρ διὰ [14] τούτου ὁ θεὸς ὁρᾶται, Μωσῆς [15] δὲ οὐκ εἶδεν, καὶ Παῦλος τὸ μήτε ἑαυτὸν, μήτε ἄλλον τινὰ δύνασθαι ἰδεῖν διωρίσατο, ἀδύνατον ἔοικέ τι εἶναι τὸ τῷ μακαρισμῷ νῦν ὑπὸ τοῦ λόγου προC κείμενον. Τί οὖν ἡμῖν τὸ κέρδος ἐκ τοῦ γνῶναι πῶς ὁ θεὸς ὁρᾶται, εἰ τὸ δυνατὸν τῇ ἐπινοίᾳ μὴ πρόςεςιν; ὅμοιον γὰρ τὸ τοιοῦτον, ὥσπερ ἂν εἴ τις μακάριον εἶναι λέγοι [16] τὸ ἐν οὐρανῷ γενέσθαι, ὅτι ἐκεῖ κατόψεται τὰ ἐν τῷ βίῳ μὴ καθορώμενα. Εἰ γάρ τις ἦν μηχανὴ τῆς ἐπὶ τὸν οὐρανὸν πορείας διὰ τοῦ λόγου προδεικνυμένη, τὸ μαθεῖν ὅτι μακαριςόν ἐςι τὸ ἐν ἐκείνῳ γενέσθαι χρήσιμον ἂν ἦν τοῖς ἀκούουσιν· ἕως δ' ἂν τὸ κατὰ τὴν ἄνοδον ἀμήχανον ᾖ, τί φέρει κέρδος ἡ γνῶσις τῆς μακαριότητος τῆς οὐρανίας, λυποῦσα μόνον τοὺς μεμαθηκότας οἵων διὰ τὸ D ἀδύνατον τῆς ἀνόδου ἀπεςερήμεθα; Ἆρ' οὖν ἔξω τῆς φύσεως ἡμῶν ὁ κύριος ἐγκελεύεται, καὶ ὑπερέβη τὰ μέτρα τῆς ἀνθρωπίνης δυνάμεως τῷ μεγαλείῳ τοῦ ἐπιτάγματος; Οὐκ ἔςι ταῦτα. Οὔτε γὰρ πτηνοὺς γενέσθαι κελεύει οἷς τὸ πτερὸν οὐκ ἐνέφυσεν, οὐδὲ ὑπὸ [17] τὸ ὕδωρ ζῆν οἷς τὸν χερσαῖον ἀπεκλήρωσε βίον. Εἰ οὖν ἐν πᾶσι τοῖς ἄλ-

---

13) M. φωνὴν, ἀπρόσιτον. — 14) M. τοῦτο. — 15) M. δὲ καὶ Παῦλος οὐκ ἴδον, τὸ μήτε αὐτὸν. — 16) M. τῷ. — 17) τὸ fehlt in den Ausg.

Güter gekommen welche man nur immer aufzuzählen vermag, in
den Besitz des unendlichen Lebens, der ewigen Unwandelbarkeit,
der unsterblichen Seligkeit, des unendlichen Reichs, der Freude
ohne Aufhören, des wahrhaftigen Lichts, der geistlichen und süßen
Speise, der unnahbaren Herrlichkeit, des immerwährenden Jubels,
alles dessen was gut ist. So beschaffen und so viel ist also das
was in der Verheißung der Seligkeit unserer Hoffnung geboten
wird. Da aber die Art und Weise wie man zu dem Schauen ge=
langen könne durch den Beisatz, daß man reinen Herzens werde, im
Voraus bezeichnet ist, so schwindelt mir wiederum hiebei der Geist,
bedenkend ob nicht die Reinheit des Herzens vielleicht etwas Un=
mögliches und über die menschliche Natur hinausgehendes sei.
Denn wenn man dadurch dazu gelangt Gott zu sehen, Moses
aber ihn nicht gesehen, und Paulus ausgesprochen hat daß weder
er selbst, noch ein Anderer ihn sehen könne, so erscheint das als
eine Unmöglichkeit was von dem Worte des Herrn als Bedingung
für Erlangung der Seligkeit hingestellt ist. Was gewinnen wir
also aus der Erkenntniß der Art und Weise wie man Gott schauen
kann, wenn dem Mittel dazu zu gelangen die Möglichkeit fehlt?
Das würde so sein wie wenn Einer sagen wollte, die Seligkeit
bestehe darin daß man in den Himmel kommt, weil man dort das
schaut was man in dem Leben nicht schauen kann. Denn wäre
uns von dem Worte des Herrn ein Mittel die Reise nach dem
Himmel zu bewerkstelligen angegeben, so würde es zu erfahren
daß es Seligkeit sei in ihn zu gelangen denen frommen welche es
hören; so lange aber die Unmöglichkeit dort hinaufzusteigen be=
steht, was bringt da die Erkenntniß der himmlischen Seligkeit für
Gewinn, da sie die welche wissen welcher Güter wir durch die
Unmöglichkeit dort hinaufzusteigen beraubt sind nur betrübt? For=
dert uns also der Herr auf die Grenzen unserer Natur zu über=
schreiten, und gieng er mit seinem erhabenen Gebot über die
Schranken der menschlichen Kraft hinaus? Mit Nichten. Er be=
fiehlt weder denen Vögel zu werden welchen er keine Schwingen hat
wachsen lassen, noch unter dem Wasser zu leben denen er das Loos
beschieden hat auf dem festen Lande zu leben. Wenn nun in allem

p. 813. λοις πρόσφορός ἐςι τῇ δυνάμει τῶν δεχομένων ὁ νόμος,
A καὶ οὐδὲν ὑπὲρ τὴν φύσιν βιάζεται, καὶ τοῦτο πάντως ἐκ
τοῦ ἀκολούθου ¹⁸ νοήσωμεν, μὴ ἀπ᾽ ἐλπίδος εἶναι τὸ διὰ
τοῦ μακαρισμοῦ προδεικνύμενον, ἀλλὰ καὶ τὸν Ἰωάννην
καὶ τὸν Παῦλον καὶ τὸν Μωσέα, καὶ εἴ τις ἄλλος κατ᾽
ἐκείνους ἐςὶ, μὴ ἐκπεπτωκέναι τῆς ὑψηλῆς ταύτης μακαριότητος, τῆς ἐκ τοῦ ἰδεῖν τὸν θεὸν προςγινομένης, ¹⁹ μήτε
2 Tim. τὸν εἰπόντα ὅτι, Ἀπόκειταί μοι ὁ τῆς δικαιοσύνης ςέφα-
4, 8.
Joann. νος, ὃν ἀποδώσει μοι ὁ δίκαιος κριτὴς, μήτε τὸν ἐπὶ τὸ
21, 20
B ςῆθος ²⁰ ἀναπεπτωκότα τοῦ Ἰησοῦ, μήτε τὸν ἀκηκοότα
παρὰ τῆς θείας φωνῆς ὅτι, Ἔγνων σε παρὰ πάντας. Εἰ
Exod.
33, 17. οὖν ἐκεῖνοι παρ᾽ ὧν ὑπὲρ δύναμιν ἡ τοῦ θεοῦ κατανόησις εἶναι κεκήρυκται μακαριςοὶ εἶναι οὐκ ἀμφιβάλλονται,
ἡ δὲ μακαριότης ²¹ ἐκ τοῦ ἰδεῖν τὸν θεόν ἐςιν, τοῦτο δὲ
ἐκ τοῦ καθαρὸν τῇ καρδίᾳ γενέσθαι, ἆρα οὐκ ἀδύνατος
τῆς καρδίας ἡ καθαρότης, δι᾽ ἧς ἔςι γενέσθαι μακάριον.
Πῶς οὖν ἔςι καὶ τοὺς κατὰ Παῦλον ἀληθῆ λέγειν φῆσαι,
ὑπὲρ τὴν δύναμιν ἡμῶν ²² ἀποφαινομένους εἶναι τὴν τῶ
C θεοῦ κατανόησιν, καὶ τὴν τοῦ κυρίου φωνὴν μὴ ἀντιδογ-
ματίζειν ἐκείνοις, ἐν καθαρότητι ὀφθήσεσθαι τὸν θεὸν
²³ ὑπισχνουμένην; Δοκεῖ ²⁴ δέ μοι καλῶς ἔχειν περὶ ²⁵ τούτων χρῆναι διὰ βραχέων πρῶτον διαλαβεῖν, ὡς ἂν καθ᾽
ὁδὸν γένοιτο ἡμῖν ²⁶ ἡ περὶ τὸ προκείμενον θεωρία. Ἡ
θεία φύσις αὐτὴ καθ᾽ αὑτὴν ὅ τι ποτὲ κατ᾽ οὐσίαν ἐςὶ
πάσης ὑπέρκειται καταληπτικῆς ἐπινοίας, ἀπρόσιτος καὶ
ἀπροςπέλαςος οὖσα ταῖς ςοχαςικαῖς ἐπινοίαις, καὶ οὔπω
τις ἀνθρώποις πρὸς τὴν τῶν ²⁷ ἀλήπτων κατανόησιν ἐξεύ-
ρηται δύναμις, οὐδέ τις ἔφοδος καταληπτικὴ τῶν ἀμη-
D χάνων ἐπενοήθη. Διὸ καὶ ἀνεξιχνιάςους τὰς ὁδοὺς αὐτοῦ
ὁ μέγας ὀνομάζει ἀπόςολος, σημαίνων διὰ τοῦ λόγου τὸ
Rom. ἀνεπίβατον εἶναι λογισμοῖς τὴν ὁδὸν ἐκείνην ἣ πρὸς τὴν
11, 33.
γνῶσιν τῆς θείας οὐσίας ἄγει, ὡς οὔπω τινὸς τῶν προω-

---

18) M. νοήσομεν. — 19) M. μηδὲ τὸ. — 20) M. ἀναπεσόντα. —
21) M. εἰς τὸ. — 22) M. ὑποφαινομένους. — 23) M. ὑπισχομένην.
— 24) δέ fehlt in den Ausg. — 25) M. τούτου χρ. δ. βραχ. πρῶτον λαβεῖν. — 26) M. περὶ τ. πρ. ἡ θεωρία. — 27) M. ἐκλήπτων.

Uebrigen das Gebot der Kraft derer welche es empfangen entsprechend ist, und zu Nichts zwingt was über die Natur hinausgeht, so wollen wir auf Grund dessen auch durchaus erkennen daß wir an dem nicht verzweifeln dürfen was uns durch die Seligpreisung in Aussicht gestellt wird, daß vielmehr auch Johannes und Paulus und Moses, und wer sonst ihnen ähnlich ist, dieser erhabenen Seligkeit nicht verlustig gegangen sind welche aus dem Schauen Gottes erwächst, weder der welcher gesagt hat, **Mir ist aufbewahrt die Krone der Gerechtigkeit, welche mir der gerechte Richter geben wird**, noch der welcher an der Brust Jesu gelegen hatte, noch der welcher von der Stimme Gottes die Worte vernommen hatte, **Ich habe dich erkannt vor Allen**. Wenn demnach nicht gezweifelt wird daß jene von denen das Anschauen Gottes als ein über unsere Kraft hinausgehend Ding gepredigt worden ist selig sind, die Seligkeit aber aus dem Schauen Gottes kommt, dieses aber daraus daß man reinen Herzens wird, so ist also die Reinheit des Herzens, wodurch wir selig zu werden vermögen, keine Unmöglichkeit. Wie kann man also sagen daß Paulus die Wahrheit spricht, wenn er erklärt daß Gott zu schauen über unsere Kraft gehe, und daß die Stimme des Herrn nichts dem Entgegengesetztes lehre, wenn sie verspricht daß Gott in der Reinheit geschaut werden solle? Mir scheint es passend zu sein erst hierüber eine kurze Auseinandersetzung zu geben, damit die Betrachtung der Hauptfrage auf geordnetem Wege von uns unternommen werden kann. Was die göttliche Natur an sich selbst ihrem Wesen nach ist, das liegt über unser Fassungsvermögen hinaus, sofern sie allen Vermuthungen unzugänglich und unnahbar ist, und von den Menschen noch keine Möglichkeit entdeckt worden ist, das Unbegreifliche zu erkennen, noch ein Mittel ersonnen das was sich unseren Fähigkeiten entzieht zu fassen. Deßhalb nennt auch der große Apostel seine Wege unerforschlich, und deutet durch dies Wort an daß jener Weg welcher zur Erkenntniß des göttlichen Wesens führt von unseren Gedanken nicht betreten werden kann, weil noch keiner von denen welche den Weg des Lebens vor uns gegangen sind nur eine Spur

δευκότων τὸν βίον ἴχνος τι καταληπτικῆς ἐπινοίας σημαινομένου τῇ γνώσει τοῦ ὑπὲρ γνῶσιν πράγματος. Τοιοῦτος δὲ ὢν κατὰ τὴν φύσιν ὁ ὑπὲρ πᾶσαν φύσιν ἄλλῳ λόγῳ καὶ ὁρᾶται καὶ καταλαμβάνεται, ὁ ἀόρατός τε καὶ [28] ἀκατάληπτος. Πολλοὶ δὲ οἱ τῆς τοιαύτης κατανοήσεως τρόποι. Ἔςι γὰρ καὶ διὰ τῆς ἐμφαινομένης τῷ παντὶ σοφίας τὸν ἐν σοφίᾳ πάντα πεποιηκότα ςοχαςικῶς ἰδεῖν, καθάπερ καὶ ἐπὶ τῶν [29] ἀνθρωπίνων δημιουργημάτων ὁρᾶται τρόπον τινὰ τῇ διανοίᾳ ὁ δημιουργὸς τοῦ προκειμένου κατασκευάσματος, τὴν τέχνην τῷ ἔργῳ ἐναποθέμενος, ὁρᾶται δὲ οὐχ ἡ φύσις τοῦ τεχνιτεύσαντος, ἀλλὰ μόνον ἡ τεχνικὴ ἐπιςήμη ἣν ὁ τεχνίτης τῇ κατασκευῇ ἐναπέθετο, οὕτω καὶ πρὸς τὸν ἐν τῇ κτίσει βλέποντες κόσμον ἔννοιαν οὐ τῆς οὐσίας, ἀλλὰ τῆς σοφίας τοῦ [30] τὰ πάντα σοφῶς πεποιηκότος ἀνατυπούμεθα. Κἂν τῆς ἡμετέρας ζωῆς τὴν αἰτίαν λογισώμεθα, ὅτι οὐκ ἐξ ἀνάγκης, ἀλλ᾽ ἐξ ἀγαθῆς προαιρέσεως ἦλθεν εἰς τὸ κτίσαι τὸν ἄνθρωπον, πάλιν καὶ διὰ τούτου τοῦ τρόπου καθεωρακέναι λέγομεν τὸν θεόν, τῆς ἀγαθότητος, οὐ τῆς οὐσίας ἐν περινοίᾳ γενόμενοι. Οὕτω καὶ τὰ ἄλλα πάντα, ὅσα πρὸς τὸ κρεῖττόν τε καὶ ὑψηλότερον ἀνάγει τὴν ἔννοιαν, θεοῦ κατανόησιν τὰ τοιαῦτα κατονομάζομεν, ἑκάςου τῶν ὑψηλῶν νοημάτων τὸν θεὸν ἡμῖν εἰς ὄψιν ἄγοντος. Ἡ γὰρ δύναμις, καὶ ἡ καθαρότης, καὶ τὸ ὡσαύτως ἔχειν, καὶ τὸ ἀμιγὲς τοῦ ἐναντίου, καὶ πάντα τὰ τοιαῦτα, θείας τινὸς καὶ ὑψηλῆς [31] ἐννοίας ἐντυποῖ ταῖς ψυχαῖς τὴν φαντασίαν. Οὐκοῦν δείκνυται διὰ τῶν εἰρημένων πῶς καὶ ὁ κύριος ἀληθεύει, ὀφθήσεσθαι τὸν θεὸν [32] τοῖς καθαροῖς τὴν καρδίαν ἐπαγγειλάμενος, καὶ ὁ Παῦλος οὐ ψεύδεται, μήτε ἑωρακέναι τινὰ τὸν θεόν, μήτ᾽ ἰδεῖν δύνασθαι διὰ τῶν [33] ἰδίων λόγων ἀποφηνάμενος· ὁ γὰρ τῇ φύσει ἀόρατος ὁρατὸς ταῖς ἐνεργίαις γίνεται, ἔν τισι τοῖς περὶ αὐτὸν [34] ἰδιώμασι καθορώμενος. Ἀλλ᾽ οὐ πρὸς τοῦτο βλέπει μόνον τοῦ μα-

---

28) M. ἀπερίγραπτος. — 29) M. ἀνθρώπων. — 30) M. κατὰ πάντα. — 34) Die Ausg. von 1615. hat den gewöhnlichen Druckfehler εὐ-

eines die Erkenntniß des über die Erkenntniß hinausliegenden Gegenstandes begreiflich machenden Mittels andeutet. Während aber der welcher alle Natur überragt seiner Natur nach so beschaffen ist, wird er, der Unsichtbare und Unbegreifliche, dennoch auf andere Weise sowohl geschaut als auch begriffen. Es giebt aber viele Wege dieses Schauens und Erkennens. Denn man kann den welcher in seiner Weisheit alle Dinge gemacht hat muthmaßend auch erblicken durch die in dem All uns sichtbar entgegentretende Weisheit. Gleichwie auch bei menschlichen Werken der Verfertiger des vorliegenden Erzeugnisses gewissermaßen geistig gesehen wird, weil er seine Kunst in dem Werke niedergelegt hat, nicht aber die Natur des verfertigenden Künstlers gesehen wird, sondern nur das künstlerische Geschick was er in seiner Schöpfung niedergelegt hat, so prägen wir uns auch beim Anblick der in der Schöpfung bestehenden Ordnung eine Vorstellung ein, nicht von dem Wesen, aber von der Weisheit dessen der das All weise geschaffen hat. Und wenn wir die Ursache unseres Lebens bedenken, daß er nicht aus Nothwendigkeit, sondern aus gutem Willen dazu schritt den Menschen zu schaffen, so sagen wir daß wir auch auf diesem Wege Gott gesehen haben, wenn schon wir eben nur zum Erkennen seiner Güte, nicht seines Wesens, gekommen sind. So nennen wir auch alles Andere was den Geist zum Besseren und Erhabeneren emporführt Erkenntniß Gottes, weil jeder erhabene Gedanke uns Gott vor Augen führt. Denn die Kraft, und die Lauterkeit, und die Unveränderlichkeit, und die Freiheit von dem Gegentheiligen, und alles Derartige, prägt den Seelen das Bild einer göttlichen und erhabenen Vorstellung ein. Das Gesagte beweist also inwiefern sowohl der Herr die Wahrheit spricht, wenn er denen die reinen Herzens sind verheißt daß sie Gott schauen sollen, als auch Paulus nicht lügt, wenn er seinerseits erklärt daß Niemand Gott gesehen hat, noch sehen kann; denn der seiner Natur nach Unsichtbare wird durch sein Wirken sichtbar, und läßt sich in einzelnen ihn umgebenden Eigenschaften erkennen. Allein nicht bloß darauf geht der Sinn der Seligpreisung, daß der Wir=

νοίας. — 82) M. τοῖς καρδίαν ἔχουσι καθαράν. — 83) M. οἰκείων. — 84) ἰδιώμασι fehlt in den Ausg.

καρισμοῦ ἡ διάνοια, τὸ ἔκ τινος ἐνεργείας τὸν ἐνεργοῦντα δύνασθαι τοιοῦτον ἀναλογίσασθαι· γένοιτο γὰρ ἂν ἴσως καὶ τοῖς τοῦ αἰῶνος τούτου σοφοῖς διὰ τῆς τοῦ κόσμου εὐαρμοςίας ἡ τῆς ὑπερκειμένης σοφίας τε καὶ δυνάμεως κατανόησις. Ἀλλ' ἕτερόν μοι δοκεῖ ἡ τοῦ μακαρισμοῦ μεγαλοφυΐα τοῖς δυναμένοις δέξασθαι κατιδεῖν τὸ ποθούμενον τὴν συμβουλὴν ὑφηγεῖσθαι· τὸ δέ μοι παραςὰν νόημα δι' ὑποδειγμάτων σαφηνισθήσεται. Ἀγαθόν τι κατὰ τὸν ἀνθρώπινόν ἐςιν βίον ὑγίεια τοῦ σώματος· ἀλλὰ μακάριον οὐ τὸ εἰδέναι μόνον τῆς ὑγιείας τὸν λόγον, ἀλλὰ τὸ ἐν ὑγιείᾳ ζῆν. Εἰ γάρ τις ἐγκώμια διεξιὼν τῆς ὑγιείας τὴν νοσώδη καὶ κακόχυμον αἱροῖτο τροφὴν, τί τῶν ἐγκωμίων τῆς ὑγιείας ἀπώνατο ταῖς ἀρρωςίαις ἐπιτριβόμενος; Οὕτω τοίνυν νοήσωμεν καὶ τὸν προκείμενον λόγον, ὅτι οὐ τὸ γνῶναί τι περὶ θεοῦ μακάριον ὁ κύριος εἶναί φησιν, ἀλλὰ τὸ ἐν ἑαυτῷ σχεῖν τὸν θεόν. Μακάριοι γὰρ, [35]φησὶν, οἱ καθαροὶ τῇ καρδίᾳ, ὅτι αὐτοὶ τὸν θεὸν ὄψονται. Οὐ γάρ μοι δοκεῖ ὡς ἀντιπρόςωπόν η θέαμα τὸν θεὸν προτιθέναι τῷ κεκαθαρμένῳ τὸν τῆς ψυχῆς ὀφθαλμὸν, ἀλλὰ τοῦτο τάχα ἡ τοῦ ῥητοῦ μεγαλοφυΐα ἡμῖν ὑποτίθεται ὃ καὶ πρὸς ἑτέρους ὁ λόγος γυμνότερον παρίςησιν, ἐντὸς [36]ἡμῶν εἶναι τὴν βασιλείαν τοῦ θεοῦ εἰπὼν, ἵνα διδαχθῶμεν ὅτι ὁ πάσης [37]κακίας καὶ ἐμπαθοῦς διαθέσεως τὴν ἑαυτοῦ καρδίαν ἀποκαθήρας ἐν τῷ ἰδίῳ κάλλει τῆς θείας φύσεως καθορᾷ τὴν εἰκόνα. Καί μοι δοκεῖ δι' ὀλίγων ὧν εἶπεν τοιαύτην συμβουλὴν περιέχειν ὁ λόγος ὅτι, Ὦ ἄνθρωποι, ὅσοις ἔςι τις ἐπιθυμία τῆς τοῦ ὄντως ἀγαθοῦ θεωρίας, ἐπειδὰν [38]ἀκούσητε ὑπὲρ τοὺς οὐρανοὺς ἐπῆρθαι τὴν θείαν μεγαλοπρέπειαν, καὶ τὴν δόξαν αὐτῆς ἀνερμήνευτον εἶναι, καὶ τὸ κάλλος ἄφραςον, καὶ τὴν φύσιν ἀχώρητον, μὴ ἐκπίπτετε εἰς ἀνελπιςίαν τοῦ μὴ δύνασθαι κατιδεῖν τὸ ποθούμενον. Τὸ γάρ σοι χωρητὸν τῆς τοῦ θεοῦ κατανοήσεως μέτρον

---

35) φησὶν fehlt in den Ausg. — 36) M. ὑμῶν. — 37) M. τῆς κτίσεως καὶ ἐμπαθοῦς. — 38) Die erste Pariser Ausg. hat störender Weise ἀκούσηται und im Folgenden ἐκπίπτεται.

kende aus irgend einem Wirken als solcher ermittelt und erkannt werden könne; denn es möchte ja vielleicht auch den Weisen dieser Welt durch die harmonische Ordnung der Welt die Erkenntniß der allerhabenen Weisheit und Macht vermittelt werden. Vielmehr scheint mir die erhabene Seligpreisung denen die fähig sind das Ersehnte zu schauen etwas Anderes rathend an die Hand zu geben; was mir darüber eingefallen ist, soll durch Beispiele klar gemacht werden. Ein Gut im menschlichen Leben ist Gesundheit des Körpers; aber es ist nicht bloß die Kenntniß davon was Gesundheit seinem Begriff nach ist ein Glück, sondern vielmehr der Umstand daß man in Gesundheit lebt. Denn wenn Einer, nachdem er alles Schöne und Gute der Gesundheit auseinandergesetzt hat, doch nach den ungesunden und böse Säfte erzeugenden Speisen greift, was hat er dann, von Krankheiten aufgerieben, von dem Schönen und Guten der Gesundheit was er pries für Vortheil gehabt? Betrachten wir in dieser Weise auch die vorliegende Sache, daß nämlich der Herr nicht sagt es sei Seligkeit Etwas von Gott zu wissen, sondern daß man Gott in sich trägt. Denn, sagt er, **Selig sind die reinen Herzens sind, denn sie werden Gott schauen.** Denn ich glaube nicht daß er damit Gott denen welche ein geläutertes Auge der Seele haben als einen Anblick von Angesicht zu Angesicht verheißt, sondern seine erhabene Rede lehrt uns vielleicht das was er in unverhüllterer Gestalt auch Anderen hinstellt, wo er sagt, daß das Reich Gottes in uns ist, auf daß wir lernen daß der welcher sein Herz von allem Bösen und aller Leidenschaft gereinigt hat in seiner eigenen Schönheit das Abbild der göttlichen Natur schaut. Ich glaube, es schließt in den wenigen Worten jener Ausspruch folgenden Rath ein: Ihr Menschen, so viel eurer das wahrhafte Gut zu schauen begehren, wenn ihr vernehmt daß die Majestät Gottes hoch über den Himmeln thront, und daß ihre Herrlichkeit unbeschreiblich ist und unaussprechlich ihre Schönheit, und unbegreiflich ihre Natur, verfallt nicht in Hoffnungslosigkeit welche verzweifelt das Ersehnte schauen zu können! Das deiner Fassungskraft entsprechende Maaß der Erkenntniß Gottes ist in dir, da der

ἐν σοί ἐςιν, οὕτω τοῦ πλάσαντός σε τὸ τοιοῦτον ἀγαθὸν
D εὐθὺς τῇ φύσει κατουσιώσαντος· τῶν γὰρ τῆς ἰδίας φύσεως ἀγαθῶν ὁ θεὸς ἐνετύπωσε τῇ σῇ κατασκευῇ τὰ μι-
μήματα, οἷόν τινα κηρὸν σχήματι γλυφῆς προτυπώσας.
Ἀλλ' ἡ κακία τῷ θεοειδεῖ χαρακτῆρι περιχυθεῖσα ἄχρηςον ἐποίησέ σοι τὸ ἀγαθὸν, ὑποκεκρυμμένον τοῖς αἰσχροῖς
προκαλύμμασιν. Εἰ οὖν ἀποκλύσειας πάλιν δι' ἐπιμελείας βίου τὸν ἐπιπλασθέντα τῇ καρδίᾳ σου ῥύπον, ἀνα-
λάμψει σοι τὸ θεοειδὲς κάλλος. Ὥςπερ ἐπὶ τοῦ σιδήρου
γίνεσθαι πέφυκεν, ὅταν δι' ἀκόνης τοῦ ἰοῦ γυμνωθῇ ὁ
πρὸ ὀλίγου μέλας, αὐγάς τινας [39] ἀφ' ἑαυτοῦ πρὸς τὸν
p. 816. ἥλιον ςίλβων καὶ λαμπηδόνας ἐκδίδωσιν, οὕτως καὶ ὁ ἔν-
A δον ἄνθρωπος, ὃν καρδίαν ὀνομάζει ὁ κύριος, ἐπειδὰν
ἀποξύσηται τὸν ἰώδη ῥύπον τὸν διὰ τοῦ πονηροῦ εὐρῶτος ἐπανθήσαντα τῇ μορφῇ, πάλιν ἀναλήψεται τὴν πρὸς
τὸ ἀρχέτυπον ὁμοιότητα, καὶ ἀγαθὸς ἔςαι. Τὸ γὰρ ἀγαθῷ ὅμοιον ἀγαθὸν πάντως. Οὐκοῦν ὁ ἑαυτὸν βλέπων ἐν
ἑαυτῷ τὸ ποθούμενον βλέπει, καὶ οὕτω γίνεται μακάριος
ὁ καθαρὸς τῇ καρδίᾳ, ὅτι πρὸς τὴν ἰδίαν καθαρότητα
βλέπων ἐν τῇ εἰκόνι καθορᾷ τὸ ἀρχέτυπον. Ὥςπερ γὰρ
οἱ ἐν κατόπτρῳ ὁρῶντες τὸν ἥλιον, κἂν μὴ πρὸς αὐτὸν
B τὸν οὐρανὸν ἀποβλέψωσιν ἀτενὲς, οὐδὲν ἔλαττον ὁρῶσι
τὸν ἥλιον ἐν τῇ τοῦ κατόπτρου αὐγῇ τῶν πρὸς αὐτὸν
ἀποβλεπόντων τοῦ ἡλίου τὸν κύκλον, οὕτω, φησὶ, καὶ
ὑμεῖς, κἂν ἀτονῆτε πρὸς κατανόησιν [40] τοῦ ἀπροςίτου φωτὸς,
ἐὰν ἐπὶ τὴν ἐξ ἀρχῆς ἐγκατασκευασθεῖσαν ὑμῖν χάριν τῆς
εἰκόνος ἐπαναδράμητε, ἐν ἑαυτοῖς τὸ ζητούμενον ἔχετε.
Καθαρότης γὰρ, [41] καὶ ἀπάθεια, καὶ κακοῦ παντὸς ἀλλοτρίωσις, ἡ θεότης ἐςίν. Εἰ οὖν ταῦτα ἐν σοί ἐςι, θεὸς
πάντως ἐν σοί ἐςιν. Ὅταν οὖν ἀμιγὴς πάσης κακίας, καὶ
πάθους ἐλεύθερος, καὶ παντὸς κεχωρισμένος μολύσματος
C ὁ ἐν σοὶ λογισμὸς ᾖ, μακάριος εἶ τῆς ὀξυωπίας, ὅτι τὸ
τοῖς μὴ καθαρθεῖσιν ἀθέατον ἐκκαθαρθεὶς κατενόησας,
καὶ τῆς ὑλικῆς ἀχλύος τῶν τῆς ψυχῆς ὀμμάτων ἀφαιρε-

---

39) M. ἐφ' ἑαυτοῦ. — 40) τοῦ ἀπροςίτου fehlt in den Ausg. —
41) καὶ fehlt in den Ausg.

welcher dich gebildet dieses Gut alsbald mit deiner Natur verschmolzen hat; denn Gott hat die Nachahmungen der Güter seiner eigenen Natur in deinem Wesen eingeprägt und gleichsam wie ein Wachssiegel durch die Figur des Stempelschnittes schon vorher ausgedrückt. Allein das Böse, was sich um die gottähnliche Gestalt herumlegte, hat dir das Gut zu Nichte gemacht, welches nun unter häßlichen Ueberdeckungen verborgen liegt. Wenn du nun den Schmuz welcher dein Herz überzogen hat durch einen sorgfältigen Wandel wieder abspülen wolltest, so würde dir deine göttliche Schönheit wiederaufstrahlen. Wie es beim Eisen der Fall zu sein pflegt, wenn das was soeben noch schwarz war durch den Schleifstein von dem Roste befreit wird und nun von sich Strahlen gegen die Sonne wirft und funkelt, so wird auch der innere Mensch, welchen der Herr Herz nennt, wenn er den Rostschmuz, welcher durch die Moderfäulniß des Bösen seine Gestalt überzogen hat, abgeschabt haben wird, die Aehnlichkeit mit seinem Urbilde wieder erlangen und gut sein. Denn was dem Guten gleicht, ist ohne Zweifel gut. Wer also sich selbst sieht, der sieht in sich das Ersehnte, und so wird der welcher reinen Herzens ist selig, weil er im Anblick seiner eigenen Lauterkeit in dem Abbild das Urbild schaut. Denn gleichwie die welche in einem Spiegel die Sonne sehen, auch wenn sie nicht zum Himmel selbst unverwandt aufschauen, um Nichts minder die Sonne in dem Glanz des Spiegels sehen als die welche auf die Sonnenscheibe selbst blicken, so, spricht er, habt auch ihr, obgleich ihr zu schwach seid um das unnahbare Licht erkennen zu können, wenn ihr zu der von Anfang euch anerschaffenen Schönheit des Ebenbildes zurückkehrt, das Gesuchte in euch selbst! Denn Lauterkeit, und Freiheit von Leidenschaft, und Lossagung von allem Bösen ist Gott. Ist dies nun in dir, so ist nothwendiger Weise Gott in dir. Wenn demnach dein Denken mit nichts Bösem gemischt, und frei von Leidenschaft, und jeder Besudelung fremd ist, dann bist du selig ob deines scharfen Gesichts, weil du als ein Geläuterter das für Nichtgeläuterte Unsichtbare erblickt hast, und, nachdem von den Augen der Seele das materiale Dunkel hinweggenommen, in

θείσης ἐν καθαρᾷ τῇ τῆς καρδίας αἰθρίᾳ τηλαυγῶς βλέπεις τὸ μακάριον θέαμα. Τοῦτο δέ ἐςι τί; [42] ἡ καθαρότης, ὁ ἁγιασμὸς, ἡ ἁπλότης, πάντα τὰ τοιαῦτα τὰ φωτοειδῆ τῆς θείας φύσεως ἀπαυγάσματα δι' ὧν ὁ θεὸς ὁρᾶται. Ἀλλὰ τὸ μὲν ταῦτα οὕτως ἔχειν ἐκ τῶν εἰρημένων οὐκ ἀμφιβάλλομεν. Ἔτι δὲ ἡμῖν ὁ λόγος τὸ ἐξ ἀρχῆς ἀπο-
D ρηθὲν ἐπὶ τῆς αὐτῆς ἀμηχανίας βλέπει. Ὡς γὰρ ὁ ἐν οὐρανῷ γενόμενος ἐν μετουσίᾳ τῶν οὐρανίων θαυμάτων ἐςὶν, ὁ δὲ τῆς ἀνόδου τρόπος ἀμήχανος [43] ὢν οὐδὲν ἡμῖν τῶν διωμολογημένων κέρδος ποιεῖ, οὕτως ἐκ τοῦ καθαρθῆναι τὴν καρδίαν τὸ μακάριον γενέσθαι οὐκ ἀμφιβάλλεται, τὸ δ' ὅπως ἄν τις αὐτὴν τῶν μολυνθέντων ἀποκαθάρειεν ἴσον ἀντικρὺς εἶναι δοκεῖ τῆς ἐπὶ τὸν οὐρανὸν ἀναβάσεως. Ποία τοίνυν κλίμαξ τοῦ Ἰακὼβ, ποῖον εὑρε-
p. 817. θήσεται πύρινον ἅρμα καθ' ὁμοιότητα τοῦ τὸν προφήτην
A Ἠλίαν πρὸς οὐρανὸν ἀνυψώσαντος, ᾧ πρὸς τὰ ἄνω θαύματα ἡ καρδία ἡμῶν ἐπαρθεῖσα τὸ γήϊνον τοῦτο βάρος ἀποτινάξεται; Εἰ γάρ τις ἐν περινοίᾳ γένοιτο τῶν ἀναγκαίων τῆς ψυχῆς παθημάτων, ἄπορον οἰήσεται καὶ ἀμήχανον τὴν τῶν συνεζευγμένων κακῶν ἀναχώρησιν. Εὐθὺς ἐκ πάθους ἡμῖν ἡ γένεσις ἄρχεται, καὶ διὰ πάθους ἡ αὔξησις πρόεισιν, καὶ εἰς τὸ πάθος ἡ ζωὴ καταλήγει· [44] ἀνακέκραταί πως τὸ κακὸν πρὸς τὴν φύσιν διὰ τῶν ἐξ
B ἀρχῆς παραδεξαμένων τὸ πάθος, τῶν διὰ τῆς παρακοῆς εἰσοικισαμένων τὴν νόσον. Ὥσπερ δὲ τῇ διαδοχῇ τῶν ἐπιγινομένων καθ' ἕκαςον εἶδος τῶν ζώων ἡ φύσις συνδιεξέρχεται, ὡς ταὐτὸν εἶναι τὸ γενόμενον κατὰ τὸν τῆς φύσεως λόγον [45] τῷ ἐξ οὗ γέγονεν, οὕτως ἐξ ἀνθρώπου ἄνθρωπος γίνεται, ἐξ ἐμπαθοῦς ἐμπαθὴς, ἐξ ἁμαρτωλοῦ τοιοῦτος. Οὐκοῦν συνυφίςαται τρόπον τινὰ τοῖς γινομένοις ἡ ἁμαρτία, συναποτικτομένη τε καὶ συναύξουσα, καὶ τῷ τῆς ζωῆς ὅρῳ συγκαταλήγουσα. Ἀλλὰ δυσεπιτευκτον ἡμῖν εἶναι τὴν ἀρετὴν μυρίοις ἱδρῶσι καὶ πόνοις

---

42) ἡ fehlt in den Ausg. — 43) M. ὧν. — 44) M. καὶ ἀνακέκραται. — 45) M. τοῦ.

reiner Aetherklarheit des Herzens den seligen Anblick ungetrübt vor dir hast. Was ist dies aber für ein Anblick? Es ist die Lauterkeit, die Heiligung, die Einfalt, es sind alle diese leuchtenden Abstrahlungen der göttlichen Natur wodurch Gott gesehen wird. Doch, wir zweifeln nach dem Gesagten nicht daß sich dieses so verhält. Unsere Untersuchung erblickt aber die anfängliche Frage noch in derselben ungelösten Schwierigkeit. Denn gleichwie der welcher in den Himmel kommt sich in dem Genuß der himmlischen Wunder befindet, aber die Unmöglichkeit dort hinaufzusteigen uns keinen Gewinn dessen bringt worüber unter uns gar kein Zweifel obwaltet, so zweifeln wir nicht daß aus der Reinigung des Herzens die Seligkeit entspringt, wie man aber dasselbe von seinen Besudelungen reinigen könne, damit scheint es sich offenbar ähnlich zu verhalten wie mit dem Hinaufsteigen in den Himmel. Was für eine Jakobsleiter also, was für ein Feuerwagen, ähnlich dem welcher den Propheten Elias zum Himmel emporgeführt hat, wird sich auffinden lassen, auf welchem unser Herz zu den Wundern da droben sich emporheben und diese irdische Schwere von sich abschütteln wird? Denn wenn man an die Verkettung der Leiden denkt, so wird man es für ganz und gar unmöglich halten den eins mit dem andern zusammenhängenden Uebeln zu entgehen. Mit Leiden beginnt gleich unsere Geburt, unser Wachsthum schreitet durch Leiden vorwärts, und im Leiden endet das Leben; es ist das Leiden gewissermaßen mit unserer Natur gemischt, durch die welche von Anfang die Leidenschaft in sich aufgenommen und durch den Ungehorsam der Krankheit Eingang verschafft haben. Wie aber die Natur durch die Nachfolge des neuen Zuwachses in jeder Art von lebenden Geschöpfen mit vorwärts schreitet, dergestalt daß nach ihrem eigenen Gesetz das Geborene dasselbe mit dem ist aus welchem es entstanden ist, so wird auch aus einem Menschen ein Mensch, aus einem den Leidenschaften Unterworfenen ein den Leidenschaften Unterworfener, und aus einem Sündhaften wieder ein solcher. Sonach entsteht die Sünde gewissermaßen zugleich mit denen welche in das Leben eintreten, wird zugleich mitgeboren und wächst mit auf und endet mit an der Grenze des Lebens. Daß aber die Tugend ein schwer zu erlangendes Gut sei, welches sich

σπουδῇ καὶ καμάτῳ μόγις κατορθουμένην, πολλαχῇ παρὰ τῆς θείας γραφῆς ἐδιδάχθημεν, τεθλιμμένην καὶ διὰ ςενοῦ προϊοῦσαν τὴν ὁδὸν τῆς βασιλείας ἀκούσαντες, πλατεῖαν ⁴⁶ δὲ καὶ κατάντη καὶ ἐπίδρομον, τὴν διὰ κακίας τὸν βίον ἐπὶ τὴν ἀπόλειαν ἀπάγουσαν. Οὐ μὴν καθόλου ἀμήχανον τὴν ὑψηλὴν ζωὴν ἡ γραφὴ διωρίσατο, ἡ τοσούτων ἀνδρῶν ἐν ταῖς ἱεραῖς βίβλοις ἐκθεμένη τὰ θαύματα. Ἀλλ' ἐπειδὴ διπλῆς οὔσης τῆς διανοίας ἐν τῇ τοῦ ἰδεῖν τὸν θεὸν ἐπαγγελίᾳ, μιᾶς μὲν τοῦ γνῶναι τὴν τοῦ παντὸς ὑπερκειμένην φύσιν, ἑτέρας δὲ τοῦ ἀνακραθῆναι πρὸς αὐτὸν διὰ τῆς κατὰ τὴν ζωὴν καθαρότητος, τὸ μὲν πρότερον τῆς κατανοήσεως εἶδος ἀμήχανον εἶναι ἡ τῶν ἁγίων φωνὴ διορίζεται, τὸ δὲ δεύτερον ὑπισχνεῖται τῇ ἀνθρωπίνῃ φύσει διὰ τῆς παρούσης διδασκαλίας ὁ κύριος εἰπών, Μακάριοι οἱ καθαροὶ τῇ καρδίᾳ, ὅτι αὐτοὶ τὸν θεὸν ὄψονται. Τὸ δ' ὅπως ἔςι καθαρὸν γενέσθαι, διὰ πάσης σχεδὸν τῆς εὐαγγελικῆς διδασκαλίας ἔξεςί σοι τὸ τοιοῦτον μαθεῖν. Τοῖς γὰρ ἐφεξῆς ἐπιδραμὼν παραγγέλμασιν σαφὲς εὑρήσεις τὸ τῆς καρδίας καθάρσιον. Εἰς δύο γὰρ διελὼν τὴν κακίαν, τήν τε διὰ τῶν ἔργων καὶ τὴν ἐν νοήμασιν συνιςαμένην, πρότερον μὲν διὰ τοῦ ἀρχαίου νόμου τὴν διὰ τῶν ἔργων φανερουμένην ἀδικίαν ἐκόλασεν, νυνὶ δὲ περὶ τὸ ἕτερον τῆς ἁμαρτίας εἶδος βλέπειν τὸν νόμον ἐποίησεν, οἱ τι ἔργον τὸ πονηρὸν τιμωρούμενος, ἀλλ' ὅπως ἂν μηδὲ τὴν ἀρχὴν γένοιτο τὸ ⁴⁷ κακὸν προμηθούμενος. Τὸ γὰρ τῆς προαιρέσεως ἐξελεῖν τὴν κακίαν ἐκ πολλοῦ τοῦ περιόντος ἐςὶν ἀλλότριον τῶν πονηρῶν ἔργων τὸν βίον ἐργάσασθαι. Πολυμεροῦς δὲ καὶ πολυειδοῦς τῆς κακίας οὔσης, ἑκάςῳ τῶν ἀπηγορευμένων ἰδίαν τὴν διὰ τῶν παραγγελμάτων θεραπείαν ἀντέθηκεν· καὶ ἐπειδὴ πρόχειρον ὡς ἐπὶ πολὺ παρὰ πάντα τὸν βίον τὸ κατὰ τὴν ὀργὴν ἐςιν ἀρρώςημα, ἐκ τοῦ μᾶλλον ἐπικρατοῦντος τῆς θεραπείας ἄρχεται, τὸ ἀόργητον ἐν πρώτοις νομοθετήσας. Ἐδιδάχθης, φησί, παρὰ τοῦ ἀρχαιοτέρου νόμου τὸ

---

46) M. τε. — 47) κακὸν fehlt in der Ausg. v. 1615., τὸ κακὸν in der Ausg. v. 1638.

durch tausend und aber tausend Mühen und Anstrengungen, durch
Eifer und Arbeit kaum gewinnen läßt, das wissen wir aus vielen
Stellen der göttlichen Schrift, und wir vernahmen daß der Weg
zum Reich eng und schmal sei, breit dagegen und leicht und be=
treten der welcher durch Schlechtigkeit das Leben dem Verderben
entgegenführt. Dennoch erklärt die Schrift das erhabene Leben
nicht für ganz und gar unmöglich, wenn sie uns in den heiligen
Büchern die Wunder so vieler Männer erzählt. Allein wenn in
der Verheißung daß man Gott schauen werde ein zwiefacher Sinn
liegt, einmal der daß man das über dem All thronende Wesen er=
kennen werde, dann zweitens daß man durch die Reinheit des Le=
bens mit ihm sich vermischen werde, so erklärt die Stimme der
Heiligen wohl die erste Art des Schauens für unmöglich, die
zweite hingegen verspricht der Herr der menschlichen Natur durch
die gegenwärtige Belehrung, indem er sagt, **Selig sind die
reinen Herzens sind, denn sie werden Gott schauen!**
Auf welche Weise man aber rein werden könne, darüber belehrt
dich beinahe das ganze Evangelium; denn wenn du die folgenden
Aussprüche überliest, so wirst du das Reinigungsmittel des
Herzens deutlich entdecken. Indem der Herr nämlich das Böse
zwiefach theilt, in solches was durch die Werke, und solches was
in den Gedanken sein Entstehen hat, züchtigt er ersteres, nämlich
die Missethat welche sich in den Werken zu erkennen giebt durch
das alte Gesetz, läßt aber nun das Gesetz auf die andere Art von
Sünde sich beziehen, und straft nicht die böse That, sondern trifft
Fürsorge daß überhaupt gar kein Böses geschehe. Denn das Böse
aus dem Willen entfernen heißt das Leben von der großen Menge
der bösen Thaten abziehen. Bei der vielfachen Verschiedenheit des
Bösen aber stellt er jedem Verbotenen durch seine Vorschriften sein
besonderes Heilverfahren gegenüber, und da die Krankheit des
Zorns eine solche ist in welche man meist das ganze Leben hin=
durch mit Leichtigkeit verfällt, so beginnt er mit der Heilung dessen
was die größere Macht und Verbreitung hat, und stellt das Gebot
sich vom Zorn frei zu halten oben an. Du hast gehört, spricht er,
von dem älteren Gesetz, **Du sollst nicht tödten**, lerne jetzt den

μὴ φονεῦσαι, νῦν μάθε τὸ χωρίσαι τῆς ψυχῆς τὴν κατὸ τῶν ὁμοφύλων ὀργήν· οὐ γὰρ καθόλου τὴν ὀργὴν ἀπεῖπεν (ἔςι γὰρ καὶ ἐπὶ καλῷ ποτε τῇ τοιαύτῃ τῆς ψυχῆς χρήσασθαι ὁρμῇ), ἀλλὰ τὸ πρὸς τὸν ἀδελφὸν ὀργιςικῶς ποτε σχεῖν ἐπὶ μηδενὶ ἀγαθῷ, τοῦτο ἡ παραγγελία κατέσβεσεν. Πᾶς γὰρ ὁ [48] ὀργιζόμενος, φησί, τῷ ἀδελφῷ αὐτοῦ εἰκῆ. Ἡ γὰρ προςθήκη τοῦ Εἰκῆ δείκνυσι τὸ εὔκαιρον πολλάκις τῆς τοῦ θυμοῦ χρήσεως, ὅταν ἐπὶ τῇ κολάσει τῆς ἁμαρτίας ζέσῃ τὸ πάθος. Τοῦτο τὸ εἶδος τῆς ὀργῆς τῷ Φινεὲς ὁ τῆς γραφῆς λόγος [49] προςεμαρτύρησεν, ὅτε τῇ σφαγῇ τῶν παρανομούντων τὴν κατὰ τοῦ λαοῦ κινηθεῖσαν [50] ἀγανάκτησιν τοῦ θεοῦ ἱλεώσατο. Πάλιν μεταβαίνει τῇ θεραπείᾳ πρὸς τὰ διὰ τῆς ἡδονῆς πλημμελούμενα, καὶ τῆς μοιχείας τὴν ἄτοπον ἐπιθυμίαν ἐξαιρεῖ τῆς καρδίας διὰ τοῦ παραγγέλματος. Οὕτω καὶ τὰ καθ᾽ ἕκαςον πάντα εὑρήσεις ἐν τοῖς ἐφεξῆς διορθοῦντα τὸν κύριον, πρὸς ἕκαςον τὸν τῆς κακίας εἰδῶν ταῖς νομοθεσίαις ἱςάμενον. Κωλύει τὸ ἄρχειν ἀδίκων χειρῶν διὰ [51] τοῦ μηδὲ ἀμύνεσθαι συγχωρῆσαι. Ὑπερορίζει τὸ κατὰ πλεονεξίαν πάθος διὰ τοῦ [52] προςαποδύνεσθαι τῷ ἀφελομένῳ καὶ τὸ ὑπολειφθὲν προςτάξαι. Θεραπεύει τὴν δειλίαν καταφρονητικῶς πρὸς τὸν θάνατον ἔχειν [53] ἐγκελευσάμενος· καὶ ὅλως δι᾽ ἑκάςου τῶν παραγγελμάτων εὑρήσεις ἀρότρου δίκην τὸν [54] ἀνατμητικὸν λόγον τὰς πονηρὰς τῶν ἁμαρτιῶν ῥίζας ἐκ τοῦ βάθους τῆς καρδίας ἡμῶν ἀνορύσσοντα, δι᾽ ὧν ἔςι τῆς ἀκανθώδους καθαρθῆναι καρποφορίας. Οὐκοῦν δι᾽ ἀμφοτέρων [55] εὐεργετεῖ τὴν φύσιν, οἷς τε τὸ ἀγαθὸν ἐπαγγέλλεται, οἷς τε τὴν πρὸς τὸ προκείμενον διδασκαλίαν ἡμῖν ὑποτίθεται. Εἰ δὲ ἐπίπονος τῶν ἀγαθῶν σπουδὴ σοι νομίζεται, σύγκρινον τῷ ἐναντίῳ βίῳ, καὶ εὑρήσεις ὅσῳ ἐπιπονοτέρα ἐςὶν ἡ κακία, εἰ μὴ πρὸς τὸ παρὸν, ἀλλὰ πρὸς τὸ μετὰ [56] τοῦτο βλέποις. Ὁ γὰρ [57] γεέννης

---

48) 𝔐. ὀργιζόμενος τῷ ἀδελφῷ ἐκ τοῦ εἰκῆ. — 49) 𝔐. προεμαρτύρησεν. — 50) 𝔐. ἀπειλήν. — 51) 𝔐. τὸ. — 52) 𝔐. πρὸς τὸ ἀποδύνεσθαι. — 53) 𝔐. ἐκκελευόμενος. — 54) 𝔐. ἀροτριακὸν. — 55) 𝔐. εὐεργετεῖται. — 56) 𝔐. ταῦτα. — 57) 𝔐. γεέννας.

Zorn gegen deine Nächsten aus der Seele scheiden. Er verbietet den Zorn nicht ganz und gar (denn wir können zuweilen auch einen Gebrauch zum Guten von diesem Trieb der Seele machen), sondern je gegen seinen Bruder Zorn zu fassen zu keinem guten Zwecke, das verwirft sein Gebot. Denn er sagt, **Jeder der mit seinem Bruder zürnt ohne Grund.** Der Zusatz des „ohne Grund." giebt Beweis für den oft angemessenen Gebrauch des Zorns, wenn diese Leidenschaft zur Züchtigung der Sünde auflodert. Diese Art des Zorns bezeugt die Schrift von Phinees, da wo er durch die Tödtung der Frevelnden den gegen sein Volk rege gewordenen göttlichen Unwillen besänftigte. Dann geht er in der Heilung wiederum über zu den Versündigungen durch die Lust, und reißt durch sein Verbot die frevelhafte Begierde auf Ehebruch aus dem Herzen. So wirst du den Herrn auch alles Uebrige im Folgenden ordnend finden, indem er jeder Art von Schlechtigkeit durch seine Gebote entgegentritt. Er verbietet die Hände zuerst zum Unrecht aufzuheben dadurch daß er nicht einmal gestattet daß man sich vertheidigt. Er verbannt die Leidenschaft des Geizes durch den Befehl dem welcher uns beraubt hat auch noch das Uebriggelassene hinzugeben und von uns zu thun. Er heilt die Furchtsamkeit, indem er gebietet den Tod zu verachten, und so wirst du überhaupt finden daß das scharf wie ein Pflug einschneidende Gotteswort durch jede seiner Vorschriften, durch welche wir von der Dornenfrucht gereinigt werden können, die bösen Wurzeln der Sünden aus der Tiefe unseres Herzens ausgräbt. Durch Beides wird er zum Wohlthäter an der Natur, sowohl dadurch daß er das Gute verheißt, als dadurch daß er uns über den Weg belehrt zu diesem vorgehaltenen Ziel zu gelangen. Erscheint dir der Eifer nach den Gütern mühevoll, so stelle einen Vergleich mit dem entgegengesetzten Lebenswandel an, und du wirst finden wie viel mehr Mühsal das Böse bereitet, wenn du deine Augen nicht auf die Gegenwart, sondern auf das was nachher kommt richtest. Denn wer von der Hölle gehört hat, der wird nicht mehr mit

ἀκούσας οὐκέτι πόνῳ τινὶ καὶ σπουδῇ τῶν κατὰ τὴν
ἁμαρτίαν ἡδονῶν χωρισθήσεται, ἀλλ' ἀρκέσει μόνος ὁ φόβος τοῖς λογισμοῖς ἐγγενόμενος ἐξορίσαι τὰ πάθη. Μᾶλλον δὲ καλῶς ἔχει [58] τὸ τῷ σιωπωμένῳ συνυπακουόμενον
κατανοήσαντας σφοδροτέραν ἐντεῦθεν τὴν ἐπιθυμίαν λαβεῖν. Εἰ γὰρ μακάριοι οἱ καθαροὶ τῇ καρδίᾳ, ἐλεεινοὶ
πάντως οἱ κατερῥυπωμένοι τὸν νοῦν, ὅτι πρὸς τὸ τοῦ ἀντικειμένου πρόσωπον βλέπουσιν. Καὶ εἰ αὐτὸς ὁ θεῖος
χαρακτὴρ τῷ κατ' ἀρετὴν ἐντυποῦται βίῳ, δῆλον ὅτι ἡ
κατὰ κακίαν ζωὴ μορφὴ καὶ πρόσωπον τοῦ ἀντικειμένου
γίνεται. Ἀλλὰ μὴν εἰ κατὰ διαφόρους ἐπινοίας ὁ θεὸς
ἑκάςῳ τῶν κατὰ τὸ ἀγαθὸν νοουμένων ἐπονομάζεται,
φῶς, καὶ ζωὴ, καὶ ἀφθαρσία, καὶ ὅσα τοῦ τοιούτου γένους ἐςὶν, πάντως ἐκ τοῦ ἀντιςρόφου τὸ [59] ἑκάςῳ τούτων
ἀντικείμενον [60] ὁ τῆς κακίας εὑρετὴς ὀνομασθήσεται, σκότος, καὶ θάνατος, καὶ φθορὰ, καὶ ὅσα τούτοις ὁμογενῆ
καὶ ὁμόφυλα. Οὐκοῦν μαθόντες διὰ τίνων ἥ τε κακία καὶ
ὁ κατ' ἀρετὴν μορφοῦται βίος, ἐξουσίας ἡμῖν πρὸς ἑκάτερον τούτων κατὰ τὸ αὐτεξούσιον τῆς προαιρέσεως προκειμένης, φύγωμεν τὴν τοῦ διαβόλου μορφὴν, ἀποθώμε-
θα τὸ πονηρὸν προσωπεῖον, ἀναλάβωμεν τὴν θείαν εἰκόνα, γενώμεθα καθαροὶ τῇ καρδίᾳ, ἵνα γενώμεθα μακάριοι, τῆς θείας εἰκόνος ἐν ἡμῖν μορφωθείσης, διὰ τῆς
καθαρᾶς πολιτείας, ἐν Χριςῷ Ἰησοῦ τῷ κυρίῳ ἡμῶν, ᾧ ἡ
δόξα [61] καὶ τὸ κράτος εἰς τοὺς αἰῶνας τῶν αἰώνων. Ἀμήν.

ΛΟΓΟΣ ζ'.

*Μακάριοι οἱ εἰρηνοποιοί, ὅτι αὐτοὶ υἱοὶ θεοῦ
κληθήσονται.*

Τῆς ἱερᾶς τοῦ μαρτυρίου σκηνοπηγίας, ἣν κατὰ τὸν
ἐν τῷ ὄρει παρὰ τοῦ θεοῦ δειχθέντα τύπον ὁ νομοθέτης
τοῖς Ἰσραηλίταις κατεσκευάσατο, πάντα μὲν ἅγιά τε καὶ
ἱερὰ καθ' ἕκαςον ἦν ὅσα τῷ περισχοινίσματι κατὰ τὸ
ἐντὸς περιείληπτο, τὸ δὲ ἐνδότατον ἐν τούτοις ἄδυτόν τε

---

58) τὸ fehlt in den Ausg. — 59) M. ἑκάςου. — 60) M. τῷ τῆς κακίας εὑρέτῃ. — 61) Die Worte καὶ τὸ κράτος fehlen in den Ausg.

Mühe und Anstrengung sich von den sündigen Lüsten trennen, sondern die in seinen Gedanken rege gewordene Furcht allein schon wird genügen die Leidenschaften zu verbannen. Noch besser ist es wenn man sein Augenmerk auf dasjenige richtet was man im Stillen mit heraushört, und dadurch ein noch heftigeres Verlangen gewinnt. Denn wenn diejenigen welche reinen Herzens sind selig sind, so sind jedenfalls diejenigen elend welche unsauberen Sinnes sind, denn sie blicken auf das Antlitz des Widersachers, und wenn sich in dem tugendhaften Leben das Bild Gottes ausprägt, so gewinnt das Leben im Bösen offenbar Gestalt und Antlitz des Widersachers. Wird nun aber Gott nach verschiedenen Beziehungen hin nach Allem was man mit dem Begriff von Gut verbindet benannt, Licht, und Leben, und Unvergänglichkeit, und was sonst der Art ist, so wird im Gegentheil das was jeder einzelnen dieser Eigenschaften entgegengesetzt ist zum Namen des Erfinders des Bösen dienen, Finsterniß, und Tod, und Verderben, und Alles was dem ähnlich und gleichartig ist. Haben wir also gelernt wodurch das böse und das tugendhafte Leben zur Gestaltung kommt, so wollen wir, da uns nach der Selbständigkeit unseres Willens der Weg zu dem einen wie zu dem anderen völlig freisteht, die Gestalt des Teufels fliehen, ablegen die Larve des Bösen, und das Ebenbild Gottes wieder annehmen, wollen reinen Herzens werden, damit wir, nachdem das Ebenbild Gottes in uns Gestaltung gewonnen haben wird, selig werden mögen durch den reinen Wandel in Christo Jesu, unserem Herrn, dem die Herrlichkeit und die Macht gehört bis in alle Ewigkeit. Amen.

Siebente Rede.

Selig sind die Friedfertigen, denn sie werden Gottes Kinder heißen.

Von dem heiligen Zelte des Zeugnisses, welches der Gesetzgeber an der von Gott bezeichneten Stelle auf dem Berg den Israeliten errichtete, war alles und jedes Stück heilig und geweiht was innerhalb der Umzäunung eingeschlossen war, der in der innersten Mitte davon liegende Theil aber war das nicht

καὶ ἄβατον ἦν, ἅγιον ἁγίων λεγόμενον, δεικνύσης, οἶμαι, τῆς ἐπιτατικῆς ταύτης ὀνοματοποιΐας τὸ μὴ κατὰ τὸ ὁμότιμον τοῖς ἄλλοις μετέχειν κἀκεῖνο τῆς ἁγιότητος, ἀλλ᾽ ὅσον διέφερεν τοῦ κοινοῦ καὶ βεβήλου τὸ ἀφιερωμένον C καὶ ἅγιον, τοσοῦτον ἐκεῖνο τὸ ἄδυτον τῶν περὶ αὐτὸ ἁγίων ἱερώτερόν τε καὶ καθαρώτερον εἶναι. Οἶμαι τοίνυν ἐγὼ κατὰ τὸν αὐτὸν τρόπον τῶν ἐν τῷ ὄρει τούτῳ προδειχθέντων ἡμῖν μακαρισμῶν πάντα μὲν ἱερά τε καὶ ἅγια καθ᾽ ἕκαςον εἶναι ὅσα προλαβὼν ὁ θεῖος κατεσκεύασε λόγος, τὸ δὲ νῦν τῇ θεωρίᾳ προκείμενον ἄδυτον ὡς ἀληθῶς καὶ ἅγιον ἁγίων εἶναι. Εἰ γὰρ τὸ ἰδεῖν τὸν θεὸν ὑπερβολὴν ἐν τῷ ἀγαθῷ οὐκ ἔχει, τὸ υἱὸν γενέσθαι θεοῦ ὑπὲρ πᾶσαν εὐκληρίαν πάντως ἐςίν. Ποία γὰρ ῥημάτων ἐπίνοια, τίς ἐξ ὀνομάτων σημασία τῆς τηλικαύτης ἐπαγγελίας τὴν δωρεὰν περιλήψεται; Ὅπερ ἄν τις [1] ἐντᾰθεὶς τῇ διανοίᾳ [2] νοήσει, ὑπὲρ ἐκεῖνο πάντως ἐςὶ τὸ δηλούμενον· ἐὰν ἀγαθὸν, ἢ τίμιον, ἢ ὑψηλὸν ὀνομάσῃς τὸ κατὰ τὸν μακαρισμὸν τοῦτον δι᾽ ἐπαγγελίας προκείμενον, πλέον ἢ κατὰ τὴν ἔμφασιν τῶν ὀνομάτων ἐςὶ [3] τὸ δηλούμενον· ὑπὲρ εὐχὴν ἡ ἐπιτυχία, ὑπὲρ ἐλπίδα τὸ δῶρον, ὑπὲρ τὴν φύσιν ἡ χάρις. Τί ἐςιν ἄνθρωπος ὡς πρὸς τὴν θείαν φύσιν κρινόμενος; τίνος εἴπω [3] τῶν ἁγίων φωνὴν, δι᾽ ἧς ἐξευτελίζεται τὸ ἀνθρώπινον; κατὰ τὸν Ἀβραὰμ γῆ καὶ σποδὸς, κατὰ τὸν Ἡσαΐαν χόρτος, κατὰ τὸν Δαβὶδ οὐδὲ χόρτος, ἀλλ᾽ ἐοικὸς χόρτῳ (ὁ μὲν γὰρ λέγει, Πᾶσα σὰρξ χόρτος, οὗτος δέ φησιν, Ἄνθρωπος ὡσεὶ χόρτος), κατὰ τὸν Ἐκκλησιαςὴν ματαιότης, κατὰ τὸν Παῦλον ταλαιπωρία. Οἷς γὰρ ἑαυτὸν ὁ ἀπόςολος κατωνόμασεν, τούτοις ἅπαν κατοικτίζεται τὸ ἀνθρώπινον. Ταῦτα ὁ ἄνθρωπος. Ὁ δὲ θεὸς τί; Πῶς εἴπω τὸ τί ᵟ μήτε ἰδεῖν δυνατὸν, μήτε ἀκοῇ χωρῆσαι, μήτε καρδίᾳ λαβεῖν; Ποίαις φωναῖς ἐξαγγείλω τὴν φύσιν; τί εὕρω τοῦ ἀγαθοῦ τούτου ἐν τοῖς γινωσκομένοις ὑπόδειγμα; ποίας καινοτομήσω φωνὰς πρὸς τὴν τοῦ ἀφράςου τε καὶ ἀνεκφω-

---

1) ἐντᾰθεὶς fehlt in den Ausg. — 2) M. νοήσῃ. — 3) τὸ fehlt in der Ausg. v. 1615. — Im Folgenden haben beide Ausg. den Druckfehler τὸν ἁγίων φωνὴν für τῶν ἁγίων φ.

zu betretende Allerheiligste; welche steigernde Benennung meiner Meinung nach zeigt daß jener Theil nicht den gleichen Grad von Heiligkeit mit den übrigen besitze, sondern in welchem Maße das Geweihte und Heilige von dem Gewöhnlichen und nicht Geweihten sich unterscheide, in solchem Maße sei jenes Allerheiligste heiliger und reiner als die es umgebenden geweihten Theile. Auf dieselbe Weise glaube ich also auch daß von den auf diesem Berge uns vordem geoffenbarten Seligkeiten wohl alle die eine wie die andere geweiht und heilig seien, so viel ihrer die göttliche Rede im Früheren aufstellte, daß aber was jetzt der Betrachtung vorliegt in Wahrheit die geheimste, von Niemand zu betretende Tempelstelle, und das Allerheiligste sei. Denn wenn es kein höheres Gut giebt als Gott zu schauen, so übertrifft es alles Glück Gottes Kind zu werden. Denn welche Wörter können erdacht werden, und welche Bedeutung der Namen reicht aus, das Geschenk einer so großen Verheißung zu umfassen? Zu welchem Gedanken man sich auch im Geiste emporheben wird, immer ist das was du damit deutlich machen willst erhabener als das was du denkst; wenn du die Verheißung dieser Seligkeit eine gute, eine köstliche, oder eine erhabene nennen willst, so übersteigt das damit Gemeinte dennoch die Bedeutung deiner Worte; über das Gebet geht die Gewährung, über die Hoffnung das Geschenk, über die Natur die Gnade. Was ist der Mensch verglichen mit der göttlichen Natur? Welchen heiligen Ausspruch, wodurch das Menschengeschlecht gering gemacht wird, soll ich anführen? Nach Abraham ist er Erde und Asche, nach Esaias Heu, nach David nicht Gras, sondern ähnlich dem Gras (denn jener sagt, **Alles Fleisch ist Heu**, dieser hingegen, **Der Mensch ist wie Gras**), nach dem Prediger Eitelkeit, nach Paulus Elend; denn mit welchen Namen der Apostel sich selbst nennt, mit diesen bejammert er das gesammte Menschengeschlecht. Das ist also der Mensch. Was ist aber Gott? Wie soll ich dieses Was bezeichnen, welches man weder sehen kann, noch mit dem Ohr erfassen, noch durch sein Herz ergreifen? Mit welchen Worten soll ich seine Natur aussprechen? Was finde ich für ein Gleichniß und Beispiel dieses Gutes unter den Dingen welche man kennt? Was für neue Wörter soll ich schaffen zur Bezeich=

νήτου σημασίαν; Ἤκουσα τῆς θεοπνεύσου γραφῆς μεγάλα περὶ τῆς ὑπερκειμένης φύσεως διεξιούσης, ἀλλὰ τί ταῦτα πρὸς αὐτὴν τὴν φύσιν; ὅσον γὰρ ἐγὼ ἐχώρουν δέξασθαι, τοσοῦτον εἶπεν ὁ λόγος, οὐχ ὅσον ἐςὶ τὸ δηλούμενον. Ὡς γὰρ οἱ ἀναπνέοντες τὸν ἀέρα κατὰ τὴν ἐν ἑαυτῷ ἕκαςος εὐρυχωρίαν ὁ μὲν πλεῖον, ὁ δὲ ἔλαττον τοῦ ἀέρος ἀνέλαβεν, οὐ μὴν ὁ πολὺν ἐν ἑαυτῷ κατασχὼν τὸν ἀέρα ἅπαν τὸ ςοιχεῖον ἐντὸς ἑαυτοῦ πεποίηται, ἀλλὰ καὶ οὗτος ἔλαβεν ἐκ τοῦ ὅλου ὅσον ἠδύνατο, καὶ τὸ ὅλον ὅλον ἐςὶν, οὕτως καὶ αἱ τῆς ἁγίας γραφῆς θεολογίαι, αἱ παρὰ τῶν τῷ ἁγίῳ πνεύματι θεοφορουμένων ἡμῖν ἐκτεθεῖσαι, πρὸς μὲν τὸ ἡμέτερον τῆς διανοίας μέτρον ὑψηλαὶ καὶ μεγάλαι καὶ ὑπὲρ πᾶν εἰσι μέγεθος, τοῦ δὲ ἀληθινοῦ μεγέθους οὐ προςαπτόμεναι. Τίς ἐμέτρησε, φησὶ, τὸν οὐρανὸν σπιθαμῇ, καὶ τῇ χειρὶ τὸ ὕδωρ, καὶ πᾶσαν τὴν γῆν δρακί; Ὁρᾷς τὴν μεγαλοφυΐαν τοῦ τὴν ἄφραςον διαγράφοντος δύναμιν; ἀλλὰ τί ταῦτα πρὸς τὸ ὄντως ὄν; Μέρος γάρ τι τῆς θείας ἐνεργείας ἐν ταῖς τοιαύταις μεγαληγορίαις ὁ προφητικὸς ἐνεδείξατο λόγος, αὐτὴν δὲ τὴν δύναμιν ἀφ' ἧς ἡ ἐνέργεια, ἵνα μὴ εἴπω τὴν φύσιν, ἀφ' ἧς ἡ δύναμις, οὔτε εἶπεν, οὔτε ἐμέλησεν, ἀλλὰ καὶ καθάπτεται τῷ λόγῳ τῶν ςοχασμοῖς τισι τὸ θεῖον ἀπεικονιζόντων, ὡς ἐκ προςώπου τοῦ θεοῦ τὸ τοιοῦτον διεξιών· Τίνι με ὡμοιώσατε; λέγει κύριος. Τὴν ἴσην δὲ συμβουλὴν καὶ ὁ Ἐκκλησιαςὴς τοῖς ἰδίοις ἐγκατατίθεται λόγοις, Μὴ σπεύσῃς ἐξενεγκεῖν ῥῆμα πρὸ προςώπου τοῦ θεοῦ, ὅτι ὁ θεὸς ἐν τῷ οὐρανῷ ἄνω, καὶ σὺ ἐπὶ τῆς γῆς κάτω, δεικνὺς, οἶμαι, διὰ τῆς τῶν ςοιχείων πρὸς ἄλληλα διαςάσεως ὅσῳ τῷ μέτρῳ ἡ θεία φύσις τῶν λογισμῶν τῶν γηΐνων ὑπερανέςηκεν. Τούτῳ μέν τοι τῷ τοιούτῳ

---

4) Das zweite ὅλον fehlt in den Ausg. u. Handschriften. — 5) M. τοι. — 6) M. ἐμέλλησεν. — 7) πρὸ fehlt in den Ausg. — 8) τῶν fehlt in den Ausg.

nung dessen was unsagbar und unaussprechlich ist? Wohl habe
ich von der göttlichen Schrift große Dinge von der über dem All
thronenden Natur erzählen hören, aber was will das im Vergleich
zu dieser Natur selbst? So viel ich zu fassen im Stande war, so
viel sprach das göttliche Wort aus, nicht aber so viel als das ist
was erklärt werden soll. Denn gleichwie die welche die Luft ath=
men, ein Jeder entsprechend seiner größeren oder geringeren Auf=
nahmefähigkeit, der Eine mehr, der Andere weniger Luft einzieht,
der aber welcher viel Luft in sich aufgenommen hat doch keines=
wegs damit das ganze Element in sich trägt, sondern einerseits
dieser eben nur so viel aus dem Ganzen entnommen hat als er
vermochte, andererseits das Ganze ein Ganzes ist, so sind auch
die in der heiligen Schrift enthaltenen Belehrungen über Gott,
welche uns von Männern die mit dem heiligen Geiste erfüllt
waren mitgetheilt werden, gegenüber dem Maß unseres Verstandes
erhaben, groß und über jegliche Größe hinaus, ohne gleichwohl
die wahrhafte Größe zu erreichen. **Wer hat, heißt es, den
Himmel mit der Spanne gemessen, und mit der
Hand das Wasser, und die ganze Erde mit der
Fläche der Hand?** Du fühlst die majestätische Erhabenheit
dessen der die unnennbare Macht beschreiben will. Was ist das
aber gegenüber dem was wirklich ist? Denn das Wort des Pro=
pheten macht in solchen erhabenen Aussprüchen nur einen Theil
der Kraft Gottes deutlich, die Macht selbst aber von der diese
Kraft ist, um nicht zu sagen die Natur von der die Macht ist, die
sprach er damit weder aus, noch wollte er sie aussprechen, sondern
er tadelt in seiner Rede sogar diejenigen welche durch Vermuthun=
gen ein Bild von der Gottheit entwerfen, indem er wie aus der
Person Gottes heraus also spricht: **Mit wem habt ihr mich
verglichen? spricht der Herr.** Den gleichen Rath legt
auch der Prediger in seine Worte, **Sei nicht schnell zu brin=
gen eine Rede vor das Antlitz Gottes; denn Gott
ist im Himmel oben, und du bist auf der Erde hier
unten!** und will, wie ich glaube, durch die Entgegenstellung der
beiden Weltkörper zeigen um wie viel die göttliche Natur die irdi=
schen Gedanken überragt. Zu diesem so beschaffenen und so erha-

καὶ τοσούτῳ πράγματι, ὃ οὔτε ἰδεῖν ἔςιν, οὔτε ἀκοῦσαι, οὔτε λογίσασθαι, ὃ ἀντ᾽ οὐδενὸς ἐν τοῖς οὖσι λελογισμένος ἄνθρωπος, ἡ σποδὸς, ὁ χόρτος, ἡ ματαιότης, οἰκειοῦται εἰς υἱοῦ τάξιν παρὰ τοῦ θεοῦ τῶν ὅλων προςλαμβανόμενος. Τί τῆς χάριτος ταύτης ἔςιν εὑρεῖν εἰς εὐχαριςίαν ἐπάξιον; ποίαν φωνὴν, ποίαν διάνοιαν, ποίαν ἐνθυμήσεως κίνησιν, δι᾽ ἣν τὴν τῆς χάριτος ὑπερβολὴν ἀνυμνήσει; Ἐκβαίνει τὴν ἑαυτοῦ φύσιν ὁ ἄνθρωπος, ἀθάνατος ἐκ θνητοῦ, καὶ ἐξ ἐπικήρου ἀκήρατος, καὶ ἐξ ἐφημέρου ἀΐδιος, καὶ τὸ ὅλον θεὸς ἐξ ἀνθρώπου γινόμενος. Ὁ γὰρ θεοῦ υἱὸς γενέσθαι ἀξιωθεὶς ἕξει πάντως ἐν ἑαυτῷ τοῦ πατρὸς τὸ ἀξίωμα, καὶ πάντων γίνεται τῶν πατρικῶν ἀγαθῶν κληρονόμος. Ὦ τῆς μεγαλοδωρεᾶς τοῦ πλουσίου δεσπότου· ὢ τῆς πλατείας παλάμης· ὢ τῆς μεγάλης χειρός· ἡλίκα τῶν ἀποῤῥήτων θησαυρῶν τὰ χαρίσματα· εἰς τὸ ὁμότιμον ἑαυτῷ σχεδὸν τὴν ἐξ ἁμαρτίας ἀτιμωθεῖσαν φύσιν ὑπὸ φιλανθρωπίας ἄγει. Εἰ γὰρ ὅσπερ αὐτός ἐςι κατὰ τὴν φύσιν, τούτου τὴν οἰκειότητα τοῖς ἀνθρώποις χαρίζεται, τί ἄλλο ἢ οὐχὶ ὁμοτιμίαν τινὰ διὰ τῆς συγγενείας κατεπαγγέλλεται; Τὸ μὲν οὖν ἔπαθλον τηλικοῦτον, ὁ δὲ ἆθλος τίς; Ἐὰν εἰρηνοποιήσῃ, φησὶ, τῇ τῆς υἱοθεσίας χάριτι ςεφανωθήσῃ. Ἐμοὶ δοκεῖ καὶ τὸ ἔργον [9] αὐτὸ ἐφ᾽ ᾧ τὸν τοσοῦτον μισθὸν ἐπαγγέλλεται ἕτερον δῶρον εἶναι. Τί γὰρ εἰς ἀπόλαυσιν τῶν κατὰ τὸν βίον σπουδαζομένων τῆς εἰρηνικῆς ἐςι τῆς ἀνθρώποις γλυκύτερον ζωῆς; Ὅ τιπερ ἂν εἴπῃς τῶν ἡδέων τῶν κατὰ τὴν ζωὴν, εἰρήνης χρῄζει [10] πρὸς τὸ εἶναι ἡδύ. Εἰ γὰρ πάντα εἴη ὅσα κατὰ τὸν βίον τετίμηται, πλοῦτος, εὐεξία, γαμετὴ, παῖδες, οἰκία, [11] γένος, ὑπηρέται, φίλοι, γῆ, θάλασσα, τοῖς οἰκείοις ἑκάτερα πλουτίζουσα, παράδεισοι, θῆραι, λουτρὰ, παλαίςραι, γυμνάσια, τρυφητήριά τε καὶ ἡβητήρια, καὶ πάντα ὅσα ἔςι τῆς ἡδονῆς ἐφευρήματα,

---

9) αὐτὸ fehlt in den Ausg. — Für ἐφ᾽ ᾧ hat die erste Pariser Ausg. mit einigen Handschriften ἐφ᾽ ὅ. — 10) πρὸς fehlt in den Ausg. — 11) R. γονεῖς.

benen Wesen also, welches man weder sehen, noch hören, noch denken kann, wird der Mensch, welcher unter den Dingen für Nichts gerechnet wird, diese Asche, dies Gras, diese Eitelkeit, in nächstes Verhältniß gebracht und von dem Gott aller Dinge an Sohnes Stelle angenommen. Was kann man wohl auffinden was einen würdigen Dank für solche Gnade abgäbe? Welches Wort, welchen Gedanken, welche Regung des Herzens, wodurch er die Ueberschwenglichkeit der Gnade preisen und verherrlichen könnte? Es schreitet der Mensch aus seiner Natur heraus, und wird aus einem Sterblichen ein Unsterblicher, aus einem Vergänglichen ein Unvergänglicher, aus einem Zeitlichen ein Ewiger, und überhaupt aus einem Menschen wird er Gott. Denn wer gewürdigt worden ist Gottes Kind zu werden, der wird jedenfalls die Würde des Vaters auf sich selbst übertragen erhalten, und wird Erbe aller väterlichen Güter. O der herrlichen Gabe des reichen Herrn! O der weiten und großen Hand! Wie groß sind die Gnadenspenden seiner geheimen Schätze! Er führt in seiner Güte die von der Sünde geschändete Natur beinahe zu gleicher Ehre mit sich selbst. Denn wenn er den Menschen die Verwandtschaft mit dem was er selbst seiner Natur nach ist spendet, was verheißt er denn Anderes als einen auf der Verwandtschaft begründeten Stand gleicher Ehre? Der Kampfpreis ist also ein so herrlicher: welcher Art ist nun der Kampf? Wenn du friedfertig bist, spricht er, so sollst du die Gnadenkrone der Kindschaft erhalten. Mir scheint sogar das Werk um welches er so hohen Lohn verspricht selbst ein neues Geschenk zu sein. Denn was ist süßer für die Menschen zum Genuß der Dinge nach welchen man im Leben strebt als das friedliche Leben? Was du auch immer von angenehmen Dingen im Leben nennen magst, um angenehm zu sein bedürfen sie des Friedens. Denn wäre auch alles das vorhanden was im Leben Werth und Geltung hat, Reichthum, gute Gesundheit, ein Weib, Kinder, ein Haus, Familie, Diener, Freunde, Erde und Meer, beide mit den Spenden ihres Reichthums, Gärten, Jagden, Bäder, Ringplätze, Uebungsschulen, Orte der Schwelgerei und Jugendlust, sammt allen Erfindungen

προςκείσθω τούτοις τὰ ἡδέα θεάματα καὶ τὰ μουσικὰ ἀκροάματα, καὶ εἴ τι ἄλλο δι᾽ οὗ τοῖς τρυφῶσιν ὁ βίος ἡδύνεται, — εἰ ταῦτα μὲν εἴη πάντα, τὸ δὲ τῆς εἰρήνης ἀγαθὸν μὴ παρῇ, τί κέρδος ἐκείνων, πολέμου τῶν ἀγαθῶν τὴν ἀπόλαυσιν ἐπικόπτοντος; Οὐκοῦν ἡ εἰρήνη αὐτή τε ἡδεῖά ἐςι τοῖς μετέχουσι καὶ πάντα καταγλυκαίνει τὰ ἐν τῷ βίῳ τιμώμενα. Ἀλλὰ κἄν τινα συμφορὰν κατὰ τὸ ἀνθρώπινον ἐν εἰρήνῃ πάθωμεν, ἀγαθῷ τὸ κακὸν συγ-
B κεκραμμένον ῥᾷον τοῖς πεπονθόσι γίνεται. Πολέμου δὲ τὴν ζωὴν συνέχοντος, ἀναισθητοῦμεν τρόπον τινὰ πρὸς τὰς τοιαύτας τῶν λυπηρῶν ἀφορμάς· ὑπερβάλλει γὰρ ταῖς ἀλγηδόσι τὰ καθ᾽ ἕκαςον ἡ κοινὴ συμφορά. Καὶ ὥσπερ οἱ ἰατροὶ περὶ τῶν σωματικῶν λέγουσι παθημάτων, εἰ δύο [12] κατὰ ταὐτὸν ἐν ἑνὶ σώματι πόνοι συμπέσοιεν, τοῦ ὑπερβάλλοντος μόνου τὴν αἴσθησιν γίνεσθαι, λανθάνειν δέ πως τοῦ ἐλάττονος κακοῦ τὴν ἀλγηδόνα, τῇ [13] ὑπερβολῇ τοῦ ἐπικρατοῦντος ἐκκλεπτομένην, οὕτω τὰ τοῦ πο-
C λέμου κακὰ τοῖς ἀλγεινοῖς ὑπερβάλλοντα πρὸς τὰς ἰδίας συμφορὰς ἀναισθήτως ἔχειν τοὺς καθ᾽ ἕκαςον παρασκευάζει. Εἰ δὲ πρὸς τὴν τῶν κακῶν τῶν ἰδίων αἴσθησιν ἀποναρκᾷ πως ἡ ψυχὴ, τοῖς κοινοῖς τοῦ πολέμου κακοῖς ἐκπεπληγμένη, πῶς τῶν ἡδέων αἴσθησιν [14] ἕξει; Ὅπλα, καὶ ἵπποι, καὶ τεθηγμένος σίδηρος, καὶ σάλπιγξ ἠχοῦσα, καὶ φάλαγγες τοῖς δόρασι φρισσοῦσαι, καὶ ἀσπίδες συνερειδόμεναι, καὶ κράνη τοῖς λόφοις φοβερῶς ἐπινεύοντα, συμπτώσεις, ὠθισμοὶ, συμπλοκαὶ, μάχαι, ἀνδροκτασίαι, φυγαὶ, διώξεις, οἰμωγαὶ, ἀλαλαγμοὶ, γῆ τοῖς αἵμασιν ὑγραι-
D νομένη, νεκροὶ πατούμενοι, τραυματίαι καταλειπόμενοι, καὶ πάντα ὅσα τοῖς πικροῖς ἐςι τοῦ πολέμου συμπτώμασιν [15] θεάματα καὶ διηγήματα, — ἆρα ὁ ἐν τούτοις ὢν [16] σχολάσει ποτὲ πρὸς τὴν τοῦ εὐφραίνοντος μνήμην τὸν λογισμὸν [17] ἐπικλῖναι; εἰ δέ που καὶ ὑποδράμοι τὴν ψυ-

---

12) M. κατ᾽ αὐτόν. — 13) M. ἐπιβολῇ. — 14) M. ἕξει; ποῖ ὅπλα. — 15) θεάματα καὶ διηγήματα fehlt in den Ausg. — 16) M. σχέσει. — 17) M. ὑποκλῖναι.

des Vergnügens, dazu sollen kommen die genußreichen Schauspiele und die musikalischen Unterhaltungen, und alles Andere woburch denen die herrlich und in Freuden leben das Leben versüßt wird: wenn dieses Alles vorhanden wäre, aber das Gut des Friedens fehlte, wenn Krieg den Genuß der Güter beeinträchtigte was hätte man für Gewinn von jenen Dingen? Dieser Frieden also ist eben so lieblich für die welche ihn genießen als er auch Alles worauf man in dem Leben Werth legt versüßt. Ja, selbst wenn uns ein Mißgeschick in dem Frieden trifft, wie es das Loos des Menschen mit sich bringt, so ist das Uebel mit Gutem gemischt, und wird dadurch leichter für die welchen es zugestoßen ist; wenn dagegen Krieg das Leben bedrängt, so sind wir gewissermaßen unempfindlich für solche Veranlassungen zu Traurigkeit; denn das gemeinsame Mißgeschick übertrifft an Schmerz das des Einzelnen. Und wie die Aerzte über körperliche Leiden sich dahin aussprechen daß, wenn zwei Krankheiten auf einmal in einem Körper auftreten, man nur von der stärkeren Empfindung habe, der Schmerz des minderen Uebels hingegen in das Unmerkbare zurücktrete, und durch das Uebermaß des stärkeren verdeckt werde, so bewirken auch die Uebel des Krieges, welche an Schmerzlichem das Mißgeschick des Einzelnen überwiegen, daß man gegen dieses unempfindlich bleibt. Wenn aber die Seele gegen die eigenen Uebel in ihrem Gefühl gewissermaßen stumpf ist, weil sie durch die gemeinsamen Uebel des Krieges in Schrecken gesetzt ist, wie soll sie dann eine Empfindung des Angenehmen gewinnen? Waffen, und Pferde, und gewetztes Eisen, und Trompetengetön, und von Lanzen starrende Phalangen, und Schilder an Schilder gelehnt, und schreckenvoll mit den Büschen nickende Helme, Zusammenstoß, Gedränge, Handgemenge, Schlachten, Metzeleien, Fluchten, Verfolgungen, Wehklagen, Siegesgeschrei, von den Blutbächen genetzte Erde, zertretene Leichen, verlassene Verwundete, und alle Schauspiele und Schilderungen welche den jammervollen Ereignissen des Krieges zugehören, — wird also der welcher sich inmitten dieser befindet wohl je Muße haben seine Gedanken auf eine fröhliche und heitere Erinnerung hinzulenken? Gesetzt aber es wandelte die Seele eine Erinnerung an=

χὴν μνήμῃ τῶν ἡδίςων τινὸς, οὐχὶ προςθήκη γίνεται συμφορᾶς ἐν τῷ τῶν κινδύνων καιρῷ ἡ τῶν φιλτάτων ὑπόμνησις τὸν λογισμὸν ὑπελθοῦσα; Οὐκοῦν ὁ μισθόν σοι διδοὺς, εἰ τῶν κατα πόλεμον κακῶν χωρισθείης, δύο σοι κεχάριςαι δωρεάς. Ἕν μὲν γάρ ἐςι δῶρον τὸ ἔπαθλον, ἕτερον δὲ δῶρον αὐτὸς ὁ ἆθλος. Ὥςτε καὶ εἰ μηδὲν τῷ τοιούτῳ κατ᾽ ἐλπίδα [18] προέκειτο, αὐτὴ δι᾽ ἑαυτὴν ἡ εἰρήνη πάσης ἂν ἦν τοῖς γε νοῦν ἔχουσι προτιμοτέρα σπουδῆς. Ἐν τούτῳ τοίνυν ἔςι τὴν τῆς φιλανθρωπίας ὑπερβολὴν ἐπιγνῶναι, ὅτι τὰς ἀγαθὰς ἀντιδόσεις οὐ πόνοις καὶ ἱδρῶσιν, ἀλλ᾽ εὐπαθείαις τρόπον τινὰ καὶ θυμηδίαις κεχάριςαι, εἴπερ τὸ κεφάλαιον τῶν εὐφραινόντων ἡ εἰρήνη ἐςὶν, ἣν τοσαύτην ἑκάςῳ παρεῖναι βούλεται ὡς μὴ μόνον αὐτὸν ἕκαςον ἔχειν, ἀλλ᾽ ἐκ πολλοῦ τοῦ περιόντος καὶ τοῖς μὴ ἔχουσι νέμειν. Μακάριοι γὰρ, φησὶν, οἱ εἰρηνοποιοί. Εἰρηνοποιὸς δέ ἐςιν ὁ εἰρήνην διδοὺς ἄλλῳ οὐκ ἂν δέ τις ἑτέρῳ [19] παράσχοι ὃ μὴ αὐτὸς ἔχοι. Βούλεται τοίνυν πρότερον εἶναί σε πλήρη τῶν τῆς εἰρήης καλῶν, εἶθ᾽ οὕτως ὀρέγειν τοῖς ἐνδεῶς ἔχουσι τοῦ τοιούτου κτήματος. Καὶ μὴ λίαν τὴν διὰ βάθους θεωρίαν περιεργαζέσθω ὁ λόγος· αὔταρκες γὰρ ἡμῖν εἰς ἀγαθοῦ κτῆσιν καὶ τὸ πρόχειρον νόημα. Μακάριοι οἱ εἰρηνοποιοί. Πολλῶν ἀρρωςημάτων θεραπείαν ὁ λόγος ἐν ὀλίγῳ χαρίζεται, διὰ τῆς [20] περιληπτικῆς ταύτης καὶ γενικωτέρας φωνῆς [21] ἐμπεριλαβὼν τὰ καθ᾽ ἕκαςον. Τί ἐςιν ἡ εἰρήνη πρῶτον νοήσωμεν. Τί ἄλλο ἢ ἀγαπητική τις πρὸς τὸ ὁμόφυλον συνδιάθεσις; Τί οὖν ἐςι τὸ ἐξ ἐναντίου τῇ ἀγάπῃ νοούμενον; μῖσος, ὀργὴ, θυμὸς, φθόνος, μνησικακία, ὑπόκρισις, ἡ κατὰ πόλεμον συμφορά. Ὁρᾷς ὅσων καὶ οἵων ἀρρωςημάτων ἀντιφάρμακόν ἐςιν ἡ μία φωνή. Ἡ γὰρ εἰρήνη κατὰ τὸ ἴσον ἑκάςῳ τῶν εἰρημένων ἀντικαθίςαται, καὶ ἀφανισμὸν ποιεῖ τοῦ κακοῦ τῇ ἑαυτῆς παρ-

---

18) M. πρόσκειτο. — 19) M. παράσχοιτο, ὃ μὴ αὐτὸς ἔχειν. — 20) M. περιλήψεως. — 21) M. ἐκπεριλαβὼν.

genehmster Art an, wird da nicht zur Zeit der Gefahren der den
Geist beschleichende Gedanke an das was ihm am theuersten ist
zu einem Zuwachs für das Unglück? Wer dir also Belohnung
gewährt, wenn du dich von den Uebeln des Krieges fern hältst,
der hat dich mit zwei Geschenken begnadigt. Ein Geschenk nämlich
ist der Kampfpreis, das andere ist der Kampf selbst. Wenn daher
auch die Hoffnung Nichts dafür zu erwarten hätte, so würde doch
der Frieden an und für sich selbst für die Einsichtsvolleren höher
als alles andere Streben anzuschlagen sein. Hierin also läßt sich
die Ueberschwenglichkeit der Güte erkennen, daß sie ihre guten
Gegengaben gnadenvoll nicht an Schweiß und Mühen, sondern
gewissermaßen an Wohlergehen und behaglichen Lebensgenuß gebunden hat, sofern ja die Hauptsache von dem was Freude bringt
der Frieden ist; und diesen will sie bei einem Jeden in dem Grade
vorhanden sehen, daß er nicht bloß ihn selbst für sich allein besitzt,
sondern ihn auch denen welche ihn nicht haben reichlich auszu-
theilen vermag. Denn, sagt er, Selig sind die Friedfer=
tigen! Ein Friedfertiger aber ist wer einem Anderen Frieden
giebt; schwerlich aber würde man einem Anderen ihn geben, hätte
man ihn selbst nicht. Er will demnach daß du zuerst selbst erfüllt
seiest von den Segnungen des Friedens, und dann so denen die
an diesem Gute darben davon darreichest. Mag aber unsere Untersuchung sich nicht allzusehr in tiefere Betrachtung versenken;
denn für uns reicht zum Erwerb des Gutes auch die zunächst liegende Auffassung hin. Selig sind die Friedfertigen!
Das Gotteswort spendet uns Heilung von vielen Krankheiten in
wenigen Silben, indem es in diesem umfassenden und allgemeineren Ausspruch alles Einzelne zusammen begreift. Betrachten
wir zunächst was der Frieden ist. Was ist er Anderes als ein
Verhalten der Liebe zu seinem Nächsten? Was ist nun das was
der Liebe entgegensteht? Das ist Haß, Zorn, Erbitterung, Neid,
Rachsucht, Heuchelei, kriegerischer Zusammenstoß. Du siehst wie
vieler und welcher Krankheiten heilkräftiges Gegenmittel dieses
eine Wort ist. Denn der Frieden tritt jedem Einzelnen von dem
was ich aufgezählt habe in gleicher Weise feindlich entgegen, und
bewirkt durch sein Kommen Vernichtung des Bösen. Gleichwie

Gregor. IV.

ουσίᾳ. Ὡς γὰρ ὑγιείας ἐπιλαβούσης ἡ νόσος ἐξαφανίζεται, καὶ φωτὸς φανέντος οὐχ ὑπολείπεται σκότος, οὕτως καὶ τῆς εἰρήνης ἐπιφανείσης λύεται πάντα τὰ ἐκ τοῦ ἐναντίου συνιςάμενα πάθη. Τοῦτο δὲ ὅσον ἐςὶν ἀγαθὸν οὐδὲν οἶμαι χρῆναι διεξιέναι τῷ λόγῳ αὐτός· σὺ κατὰ σεαυτὸν [22] ἐπιλόγισαι οἷος ὁ βίος τῶν ἀλλήλους δι᾽ ὑποψίας καὶ μίσους ἐχόντων. Ὧν δυςαντητοὶ μὲν αἱ συντυχίαι, βδελυκτὰ δὲ αὐτοῖς τὰ ἀλλήλων πάντα, ἄφθογγα δὲ τὰ ςόματα καὶ ἀπεςραμμένα τὰ βλέμματα, καὶ ἀκοὴ πεφραγμένη τῇ τοῦ μισοῦντος καὶ μισουμένου φωνῇ. Πᾶν δὲ φίλον ἑκατέρῳ αὐτῶν ὃ τῷ ἑτέρῳ μὴ φίλον, καὶ ἐκ τοῦ ἐναντίου πᾶν ἐχθρὸν καὶ πολέμιον ὃ τῷ δυςμενεῖ καταθύμιον. Ὥςπερ τοίνυν τὰ εὐώδη τῶν ἀρωμάτων τῆς ἰδίας εὐπνοίας τὸν παρακείμενον ἀέρα πλήρη ποιεῖ, οὕτω σοι βούλεται κατὰ περιουσίαν πλεονάζειν τῆς εἰρήνης τὴν χάριν, ὥςτε τὸν σὸν βίον θεραπείαν εἶναι τῆς ἀλλοτρίας νόσου. Ὅσον δὲ τὸ τοιοῦτόν ἐςιν ἀγαθὸν ἀκριβέςερον ἂν ἐπιγνοίης, ἑκάςου τῶν ἐκ τῆς δυςμενοῦς προαιρέσεως ἐγγινομένων τῇ ψυχῇ παθημάτων τὰς συμφορὰς λογιζόμενος. Τίς ἂν διεξέλθοι πρὸς ἀξίαν τῆς ὀργῆς τὰ πάθη; τίς ὑπογράψει λόγος τὴν ἀσχημοσύνην τῆς τοιαύτης νόσου; Ὁρᾷς τὰ τῶν δαιμονούντων πάθη τοῖς ὑπὸ θυμοῦ κεκρατημένοις ἐπιφαινόμενα. Λόγισαι [23] παρ᾽ ἄλληλα τοῦ τε δαίμονος καὶ τοῦ θυμοῦ τὰ συμπτώματα, καὶ τίς ἐν τούτοις ἡ διαφορά. Ὕφαιμος καὶ διάςροφος τῶν δαιμονούντων ὀφθαλμός, παράφορος ἡ γλῶσσα, τραχὺ τὸ φθέγμα, ὀξεῖα καὶ ὑλακώδης ἡ φωνή, κοινὰ ταῦτα καὶ τοῦ θυμοῦ καὶ τοῦ δαίμονος. Κλόνος κεφαλῆς, χειρῶν ἔμπληκτοι κινήσεις, βρασμὸς ὅλου τοῦ σώματος, ἄςατοι πόδες, μία τῶν δύο νοσημάτων ἡ διὰ τῶν τοιούτων ὑπογραφή. Τοσοῦτον μόνον παρήλλακται τοῦ ἑτέρου τὸ ἕτερον ὅσον τὸ μὲν ἑκούσιον εἶναι κακόν, τὸ δὲ ἀβουλήτως προςπίπτειν οἷς ἂν ἐγγίνηται. Τὸ δὲ κατ᾽ ἰδίαν ὁρμὴν ἐν συμφορᾷ γενέςθαι τοῦ παρὰ γνώμην παθεῖν ὅσον ἐλεεινότερον; Καὶ

---

22) M. ἐπιλελόγισαι. — 23) M. παράλληλα.

nämlich, wenn Genesung eintritt, die Krankheit verschwindet, und, wenn das Licht erscheint, keine Finsterniß bleibt, so werden, wenn der Frieden aufgeht, auch alle aus seinem Gegentheile entspringenden Leidenschaften zerstört. Ein wie großes Gut aber dies ist, glaube ich für meine Person nicht nöthig zu haben weiter auszuführen: bedenke du bei dir selbst was diejenigen für ein Leben führen welche gegen einander Argwohn und Haß hegen, deren Begegnungen voll Widerwärtigkeit sind, und die an einander gegenseitig Alles verabscheuen; lautlos ist ihr Mund, abgewendet ihr Blick, und die Ohren des Hassenden sind verschlossen der Stimme des Gehaßten; jedem von beiden ist dasjenige lieb was dem Anderen nicht lieb ist, und im Gegentheil alles feindselig und zu bekämpfen was dem Feinde angenehm ist. Wie nun die duftenden Spezereien mit ihrem Wohlgeruche die sie umgebende Luft erfüllen, so will er daß dir die Gnade des Friedens in reichstem Maße bescheert werde, auf daß dein Leben eine Heilung für fremde Krankheit sei. Ein wie großes Gut dieses aber ist, das dürftest du noch genauer erkennen, wenn du das Unglück der aus einem feindseligen Willen der Seele erwachsenden Leiden in Betracht ziehest. Wer vermöchte wohl würdig die leidenschaftlichen Ausbrüche des Zorns zu beschreiben? welche Rede die Häßlichkeit dieser Krankheit zu schildern? Du siehst an den vom Zorn Erfaßten die gewaltsamen Zufälle solcher die von bösen Geistern besessen sind hervortreten. Betrachte die Erscheinungen welche der Dämon und welche der Zorn hervorruft neben einander, welcher Unterschied findet zwischen ihnen statt? Blutunterlaufen und verkehrt ist das Auge der Besessenen, unbeholfen ihre Zunge, rauh die Sprache, scharf und bellend die Stimme, dies sind Dinge welche der Zorn und das Besessensein mit einander gemein haben. Schütteln des Kopfes, unsinnige Bewegungen der Hände, Erschütterung des ganzen Körpers, Unsicherheit der Füße, diese eine Schilderung paßt auf die beiden Krankheiten. Nur insofern unterscheidet sich die eine von der anderen, daß die eine ein freiwillig zugezogenes Uebel ist, die andere aber unfreiwillig ihre Opfer befällt. Um wie viel bejammernswerther aber ist es nach eigenem Willenstrieb in Unglück zu verfallen als gegen sein Wollen solches zu erleiden? Wer die

τὴν μὲν ἐκ δαίμονος νόσον ὁ ἰδὼν πάντως ἠλέησε, τὴν δὲ ἐκ θυμοῦ παραφορὰν ὁμοῦ τε εἶδεν καὶ ἐμιμήσατο, ζημίαν [24]κρίνων τὸ μὴ ὑπερβάλλεσθαι τῷ καθ᾽ ἑαυτὸν πάθει τὸν προνοσήσαντα. Καὶ ὁ μὲν δαίμων ςρεβλῶν τοῦ ἐμπαθοῦς τὸ σῶμα μέχρις ἐκείνου τὸ κακὸν ἵςησι, κατὰ τοῦ ἀέρος εἰκῇ διαῤῥίπτων τοῦ μεμηνότος τὰς χεῖρας· ὁ δὲ τοῦ θυμοῦ δαίμων οὐκ ἀργὰς ποιεῖ τὰς κινήσεις τοῦ σώματος. Ἐπειδὰν γὰρ ἐπικρατήσῃ τὸ πάθος, καὶ ὑπερ-

D ζέσῃ τὸ περικάρδιον αἷμα, τῆς μελαίνης χολῆς, ὥς φασιν, ἐκ τῆς θυμώδους διαθέσεως ἁπανταχῇ κατασπαρείσης τῷ σώματι, τότε ὑπὸ τῶν ἔνδοθεν συνθλιβομένων ἀτμῶν ςενοχωρεῖται πάντα τὰ περὶ τὴν κεφαλὴν αἰσθητήρια. Ὀφθαλμοὶ μὲν [25]ὑπὲρ τὴν τῶν βλεφάρων περιγραφὴν ἐξωθοῦνται, ὕφαιμόν τι καὶ δρακοντῶδες πρὸς τὸ λυποῦν ἀτενίζοντες· ἄσθματι δὲ τὰ σπλάγχνα συνέχεται, [26]διοιδοῦσι δὲ κατὰ τοῦ αὐχένος αἱ φλέβες, καὶ ἡ γλῶσσα παχύνεται, καὶ ἡ φωνὴ ςενουμένης τῆς ἀρτηρίας [27]ἀκουσίως ὀξύνεται, καὶ τὰ χείλη τῇ ὑποσπορᾷ τῆς ψυχρᾶς ἐκείνης

p. 826. χολῆς πήγνυται καὶ περιμελαίνεται, καὶ δυσκίνητα γίνεται
A πρὸς τὴν κατὰ φύσιν διαςολὴν καὶ ἐπίμυσιν, ὡς μηδὲ τὸν πτύελον ἐν τῷ ςόματι πλεονάζοντα περικρατεῖν δύνασθαι, ἀλλὰ [28]συνεκβάλλειν τοῖς ῥήμασι τοῦ βεβιασμένου φθόγγου τὸν ἀφρὸν παραπτύοντος. Τότε τοίνυν καὶ τὰς χεῖρας ἔςιν ἰδεῖν ἀνακινουμένας ὑπὸ τῆς νόσου, καὶ τοὺς πόδας ὡςαύτως. Κινεῖται δὲ τὰ μέλη ταῦτα οὐκέτι μάτην, καθάπερ ἐπὶ τῶν δαιμονούντων γίνεται, ἀλλ᾽ ἐπὶ κακῷ τῶν ἀλλήλοις διὰ τῆς νόσου συμπλεκομένων. Εὐ-

B θὺς γὰρ πρὸς τὰ καίρια τῶν αἰσθητηρίων αἱ ὁρμαὶ τῶν ἀλλήλους πληττόντων γίνονται. Εἰ δέ που [29]προςεγγίσειεν ἐν τῇ συμπλοκῇ τὸ ςόμα τῷ σώματι, οὐδὲ οἱ ὀδόντες ἄπρακτοι μένουσιν, ἀλλ᾽ ἐμφύονται θηρίου δίκην οἷς ἂν ἐμπελάσωσι. Καὶ τίς ἂν τὰ καθ᾽ ἕκαςον εἴποι κακὰ, ὅσα ἐκ τοῦ θυμοῦ τὴν γένεσιν ἔχει; Ὁ τοίνυν κωλύων τὴν

---

24) M. ἐκκρίνων. — 25) M. ὑπὸ. — 26) M. διοίσουσι. — 27) M. ἑκουσίως. — 28) M. συνεκβαλεῖν. — 29) M. προςεγγίσει ἐν (ἂν hat die Ausg. v. 1615.) τῇ.

vom bösen Geiste veranlaßte Krankheit sieht, wird gewiß Erbarmen fühlen. Die aus Zorn entspringende Verrücktheit aber sieht man und ahmt sie sofort nach, indem man es für eine Beeinträchtigung hält durch seine eigene Leidenschaftlichkeit nicht dem es zuvorzuthun an welchem die Krankheit zuerst auftrat. Wenn der böse Geist den Körper des Leidenden verkrümmt, so beschränkt er das Uebel darauf daß er die Hände des Rasenden absichtslos in der Luft umherschleudert, der böse Geist des Zorns aber bewirkt keine zwecklosen Bewegungen des Körpers. Denn wenn die Leidenschaft zu ihrer Stärke gekommen ist, und das Herzblut übersiedet, weil, wie man behauptet, in Folge der zornigen Stimmung die schwarze Galle im Körper nach allen Richtungen sich verbreitet hat, dann werden alle am Kopf liegenden Sinneswerkzeuge durch die inwendig gestopften Dünste zusammengepreßt. Die Augen werden über den Umkreis der Wimpern herausgetrieben, und schauen blutig und schlangengiftig nach dem was Kränkung bringt, die Eingeweide werden durch die Beklemmung zusammengeschnürt, die Adern am Hals schwellen an, die Zunge wird dick, und die Stimme verschärft sich unwillkührlich, weil die Luftröhre sich verengt, die Lippen werden in Folge jener Gallenergießung starr und nehmen eine schwärzliche Färbung an, und werden ungefüg zu ihrer natürlichen Oeffnung und Schließung, so daß sie nicht einmal den überströmenden Speichel im Munde festzuhalten vermögen, sondern mit den Worten herausschleudern, und der gewaltsam hervorgepreßte Ton den Geifer zugleich aussprudelt. Da kann man nun sehen wie von der Krankheit die Hände sich recken und hin und herbewegt werden, und ebenso die Füße. Diese Glieder sind aber nicht mehr in einer zwecklosen Bewegung begriffen, wie es bei den Besessenen der Fall ist, sondern zum gegenseitigen Unheil der durch die Krankheit Zusammengehetzten; denn die Absichten der sich Schlagenden richten sich sogleich auf die empfindlichen Theile der Sinneswerkzeuge. Nähert aber vielleicht bei dem Ringen Einer den Mund dem Körper des Anderen, so bleiben auch die Zähne nicht unthätig, sondern beißen sich nach wilder Thiere Art an jeder Stelle ein der sie sich genähert haben. Doch wer soll alles Unheil im Einzelnen aufführen was in dem

τοιαύτην ἀσχημοσύνην εἰκότως ἂν μακαριςός τε καὶ τίμιος ἐκ τῆς μεγίςοις εὐεργεσίας ὀνομάζοιτο. Εἰ γὰρ
σωματικῆς τινος ἀηδίας χωρίσας τὸν ἄνθρωπον τίμιος
διὰ τῆς τοιαύτης εὐποιΐας ἐςὶ, πόσῳ μᾶλλον ὁ τὴν ψυχὴν τῆς νόσου ταύτης ἐλευθερώσας ὡς εὐεργέτης τοῦ βίου
παρὰ τοῖς νοῦν ἔχουσιν νομισθήσεται; ὅσον γὰρ κρείττων
ἡ ψυχὴ τοῦ σώματος, τοσούτῳ τιμιώτερος τῶν τὰ σώματα
θεραπευόντων ὁ τὰς ψυχὰς ἐξιώμενος. Καὶ μηδεὶς οἰέσθω τῶν ἐκ τοῦ μίσους ἐνεργουμένων κακῶν τὴν κατὰ
τὸν θυμὸν ἀηδίαν οἴεσθαί με χαλεπωτάτην εἶναι. Δοκεῖ μοι τὸ κατὰ τὸν φθόνον καὶ τὴν ὑπόκρισιν πάθος
πολλῷ χαλεπώτερον τοῦ μνημονευθέντος εἶναι, ὅσῳ καὶ
δεινότερον τοῦ προδήλου τὸ κεκρυμμένον [30] κακόν. Καὶ
γὰρ τῶν κυνῶν τούτους πλέον διευλαβούμεθα ὧν οὔτε
ὑλακὴ τὸν θυμὸν προμηνύει, οὔτε [31] ἡ κατὰ τὸ πρόσωπον
ἔφοδος, ἀλλ᾽ [32] ἐν πράῳ τε καὶ ἡμέρῳ τῷ σχήματι τὸ
ἀπροόρατόν τε καὶ ἀπερίσκεπτον ἡμῶν ἐπιφυλάττουσι·
τοιοῦτόν ἐςι τὸ κατὰ τὸν φθόνον καὶ τὴν ὑπόκρισιν πάθος, οἷς ἔνδοθεν μὲν ἐν τῷ βάθει τῆς καρδίας τὸ μῖσος
οἷόν τι πῦρ κατὰ τὸ λεληθὸς [33] ὑποτύφεται, τὸ δὲ φαινόμενον τῇ ὑποκρίσει κατασχηματίζεται πρὸς τὸ φίλον.
Ὥσπερ δὲ εἰ πῦρ ἀχύροις ὑποκρυφθείη, τέως μὲν ἔνδοθεν διασμύχει τῇ καύσει τὰ παρακείμενα, φλὸξ δὲ κατὰ
τὸ φαινόμενον οὐκ ἐκδίδοται, ἀλλὰ δριμύς τις καπνὸς
βιαίως ἔνδοθεν συνθλιβόμενος διεξέρχεται, εἰ δέ τινος
[34] τύχοι διαπνοῆς, τότε εἰς λαμπράν τε καὶ ἔκδηλον ἀνα-
ῤῥιπίζεται φλόγα, οὕτω καὶ ὁ φθόνος διεσθίει μὲν ἔνδοθεν τὴν καρδίαν, πυρὸς δίκην οἷον ἀχύρων πεπιλημένων
τινὰ [35] θημῶνα. Καὶ κρύπτει μὲν ὑπ᾽ αἰσχύνης τὴν νόσον, οὐ μὴν δυνατός ἐςιν εἰς τὸ παντελὲς ἐπικρύψασθαι
ἀλλ᾽ οἷόν τις καπνὸς δριμὺς ἐκ τοῦ φθόνου πικρία τοῖς
περὶ τὸ σχῆμα συμπτώμασιν ἐνδιαφαίνεται. Εἰ δέ τι
συμφορὰ τοῦ φθονουμένου προσάψαιτο, τότε φανεροῖ τὴ
νόσον, ἐν εὐφροσύνῃ τε καὶ ἡδονῇ τὴν ἐκείνου λύπην ποι-

---

30) κακὸν fehlt in den Ausg. — 31) ἡ fehlt in den Ausg. — 32) M.
εὐπράῳ. — 33) M. ὑποτρέφεται. — 34) M. τύχῃ. — 35) M. χημῶνι

Zorn seinen Ursprung hat? Wer also solches häßliche Gebahren hindert, der dürfte auf Grund der größten Wohlthat mit Recht wohl selig und werth zu nennen sein. Wenn schon der welcher den Menschen von einer leiblichen Unanehmlichkeit befreit hat ob dieser Wohlthat von uns werth gehalten zu werden verdient, um wie viel mehr wird der welcher die Seele von solcher Krankheit erlöst bei den Einsichtsvollen für einen Wohlthäter der menschlichen Gesellschaft gelten? Denn wie viel besser die Seele ist als der Leib, um so viel höher zu achten ist der welcher die Seelen heilt als die welche den Leibern die Gesundheit wiedergeben. Niemand mag jedoch wähnen daß ich von den durch den Haß bewirkten Uebeln das Leiden des Zorns für das schlimmste halte. Mir scheint die Leidenschaft des Neids und die Falschheit weit schlimmer als die eben besprochene zu sein, in dem Grade als das verborgene Uebel mehr zu fürchten ist als das offen daliegende. Nehmen wir uns ja auch vor den Hunden mehr in Acht welche durch kein Gebell ihren Zorn verrathen, noch von vorne uns anfallen, sondern welche unter dem Schein der Sanftmuth und Zahmheit auf unsere Unvorsichtigkeit und Sorglosigkeit lauern. So verhält es sich auch mit der Leidenschaft des Neides und der tückischen Heuchelei, durch welche innewendig in der Tiefe des Herzens der Haß wie ein Feuer heimlich im Glimmen erhalten wird, während die äußere Erscheinung durch die Heuchelei die Maske der Freundlichkeit aufgedrückt erhält. Wie aber, wenn Feuer unter Spreu verborgen worden ist, es wohl zunächst durch den Brand seine Umgebung versengt, die Flamme aber nicht offen herausbricht, sondern nur einen scharfen Rauch, welcher inwendig gewaltsam zusammengepreßt wird, hervorsendet, der jedoch, wenn ein Luftzug hinzutritt, dann zur hellen und lichten Flamme angefacht wird, so frißt auch der Neid inwendig am Herzen, wie das Feuer an einem dichten Spreuhaufen, und verbirgt anfangs vor Scham die Krankheit, ist aber dennoch nicht im Stande sie gänzlich zu verbergen, sondern wie ein scharfer Rauch tritt die Bitterkeit aus ihm in den Symptomen der Geberden zu Tage; trifft aber die Beneideten ein Unglücksfall, dann zeigt er die Krankheit offen, indem er den Schmerz des Anderen

ούμενος. Κατηγορεῖται δὲ τὰ κρυπτὰ τοῦ πάθους, ἕως
ἂν λανθάνειν δοκῇ, διὰ τῶν φανερῶν τεκμηρίων περὶ τὸ
πρόςωπον. Τὰ γὰρ ἐπιθανάτια τῶν ἀπεγνωσμένων σημεῖα, ταῦτα τοῦ διὰ φθόνου ἐκτετηκότος πολλάκις γίνεται, ὀφθαλμοὶ [36] σκληροί, κατεσκληκόσι τοῖς βλεφάροις
ἐγκοιλαινόμενοι, ὀφρῦς συμπεπτωκυῖα, ὀξέα τῶν σαρκῶν
ἐν τόπῳ διαφαινόμενα. Ἡ δὲ αἰτία τῆς νόσου τίς; τὸ
ἐν [37] εὐθυμίᾳ ζῆν ἀδελφὸν, ἢ οἰκεῖον, ἢ γείτονα. Ὢ και-
νῶν ἀδικημάτων, ἔγκλημα ποιεῖσθαι τὸ [38] μὴ δυςυχεῖν
ἐκεῖνον οὗ ταῖς εὐπραγίαις ἀλγύνεται, οὐκ ἐξ ὧν αὐτός
τι πέπονθε παρ' αὐτοῦ [39] κακῶν τὴν ἀδικίαν κρίνων, ἀλλ'
ἐξ ὧν ἐκεῖνος ἀδικῶν οὐδὲν ἐν τοῖς καταθυμίοις ἐςί. Τί
πέπονθας, ὦ δείλαιε, πρὸς αὐτὸν εἴποιμι ἄν· ἀντὶ τίνος
ἐκτέτηκας, πικρῷ τῷ ὀφθαλμῷ τὰς εὐπραγίας ὑποβλέ-
πων τοῦ γείτονος; τί ἐγκαλεῖν ἔχεις, εἰ εὐπρεπὴς ἐκεῖνος
τῷ σώματι, εἰ λόγῳ κεκόσμηται, εἰ τῷ γένει τὸ πλέον
ἔχει, εἴ τινος ἀρχῆς ἐπιβὰς λαμπρὸς ἐπὶ τῆς ἀξίας ὁρᾶται, εἰ χρημάτων αὐτῷ τις εὐπορία προςγέγονεν, εἰ σεμνὸς ἐν λόγοις διὰ τὴν φρόνησιν, εἰ περίβλεπτος τοῖς πολλοῖς ἐξ εὐεργεσίας ἐςὶν, εἰ παισὶν ἐπαγάλλεται, εἰ γαμετῇ
εὐφραίνεται, εἰ ταῖς τοῦ οἴκου προςόδοις λαμπρύνεται;
Διὰ τί σοι ταῦτα καθάπερ ἀκίδες βελῶν κατὰ τῆς καρδίας ἐμπίπτουσι; συγκροτεῖς τὰς παλάμας, τοὺς δακτύλους συμπλέκεις, ἀδημονεῖς τοῖς λογισμοῖς, βύθιόν τι καὶ
ὀδυνηρὸν ὑποςένεις, ἀηδής σοι ἡ τῶν προςόντων ἀπόλαυσις, πικρὰ ἡ τράπεζα, κατηφὴς ἡ [40] ἑςία, ἕτοιμον τὸ οὖς
πρὸς τὴν τοῦ εὐπράττοντος διαβολὴν, εἰ δέ τι τῶν δεξιῶν λέγοιτο, βέβυςαι ἡ ἀκοὴ πρὸς τὸν λόγον. Καὶ οὕτω
τὴν ψυχὴν διακείμενος τί περιςέλλεις τῇ ὑποκρίσει τὴν
νόσον; πῶς σοι τὸ τῆς φιλίας προςωπεῖον διὰ τῆς κατε-
σχηματισμένης εὐνοίας ἐπιμορφίζεται; τί [41] δεξιοῖ ταῖς

---

36) M. ξηροί. — 37) M. ἀθυμίᾳ. — 38) μὴ fehlt in den Ausg. —
39) So die erste Pariser Ausg. und ein Theil der besseren Handschriften; die
zweite hat κακόν. — 40) M. αἰτία. — 41) M. δεξιοῖς.

mit Freude und Vergnügen aufnimmt. Das geheime Leiden verräth sich also, so lange es verborgen zu sein glaubt, durch die deutlichen Zeichen auf dem Gesicht. Die Todesanzeichen nämlich, welche man an solchen die man aufgegeben hat beobachtet, sind oft auch die Zeichen eines vom Neid Verzehrten: starre Augen welche tief in der Höhlung der gedörrten Lider liegen, zusammengezogene Augenbrauen, und Knochen welche an Stelle des Fleisches hervortreten. Was ist aber die Ursache der Krankheit? Es ist die daß ein Bruder, ein Verwandter, oder ein Nachbar in behaglichem Glück lebt. O des neuen Unrechts, das zum Vorwurf zu machen daß jener, dessen Wohlergehen dem Neidischen Schmerz bereitet, nicht unglücklich ist! nicht darin daß ihm selbst von Jenem irgend ein Leid widerfahren ist entdeckt er das Unrecht, sondern darin daß Jener, ohne durch ein Unrecht zu kränken, in den angenehmen Verhältnissen sich befindet. Was ist dir, o Armer, widerfahren, möchte ich zu ihm sprechen, und wofür zehrtest du dich ab, indem du mit giftigem Auge das Glück deines Nachbars ansahst? Was kannst du ihm zum Vorwurf machen, wenn er von Körper wohlgebildet ist, wenn ihn Beredtsamkeit ziert, wenn er an Familie dir voraus ist, wenn er in ein Amt eingetreten ist und nun im Glanze seiner Würde auftritt, wenn ihm ein reicher Geldbesitz zu Theil geworden ist, wenn in seinen Reden wegen seiner Klugheit bewußte Würde sich zeigt, wenn er wegen seiner Wohlthätigkeit von der Menge geachtet ist, wenn er auf seine Kinder stolz ist, wenn er sich seiner Gattin freut, wenn er Glanz hat von den Einkünften des Hauses? Weßhalb bohrt dir sich dieses Alles wie Pfeilspitzen in dein Herz? Du schlägst die Hände zusammen, du faltest die Finger in einander, du ängstigst dich in deinen Gedanken, du seufzest tief und schmerzlich auf, ohne Freude ist für dich der Genuß dessen was du hast, verbittert dein Tisch, traurig dein Heerd, dein Ohr bereitwillig für die Verleumbung des Glücklichen, aber wenn etwas Gutes gesprochen wird, dann ist das Ohr gegen die Rede verstopft. Und was verhüllst du in diesem Seelenzustande durch Heuchelei deine Krankheit? mit welchem Recht legst du dir voll gemachten Wohlwollens die Maske der Freundschaft an? Was begrüßest du mit glückan=

εὐφήμοις προσηγορίαις χαίρειν καὶ ὑγιαίνειν ἐγκελευόμενος, τὰ [42] δὲ ἐναντία δι' ἀποῤῥήτων κατὰ ψυχὴν ἐπαρώμενος; τοιοῦτος ὁ Κάϊν ὁ τῇ εὐδοκιμήσει τοῦ Ἀβὲλ ἐπιλυσσήσας, [43] ᾧ φθόνος μὲν ἔνδοθεν τὸν [44] φόνον ἐνεκελεύετο, ἡ δὲ [45] ὑπόκρισις δήμιος [46] ἐγίνετο· φίλον γάρ τι καὶ προσήγορον ὑπελθὼν σχῆμα τῆς τῶν γονέων συμμαχίας πόρρωθεν αὐτὸν ἐπὶ τὸ πεδίον προήγαγεν, εἶθ' οὕτως ἐξεκάλυψε τῷ φόνῳ τὸν φθόνον. Ὁ τοίνυν τὴν τοιαύτην νόσον ἐκβάλλων τῆς ἀνθρωπίνης ζωῆς, καὶ εὐνοίᾳ τε καὶ εἰρήνῃ συνδεσμῶν τὸ ὁμόφυλον, καὶ εἰς φιλικὴν ὁμοφωνίαν τοὺς ἀνθρώπους ἄγων, ἆρ' οὐχὶ θείας ὄντως δυνάμεως ἔργον ποιεῖ, τὰ μὲν κακὰ τῆς ἀνθρωπίνης φύσεως [47] ὑπερορίζων, ἀντεισάγων δὲ τὴν τῶν ἀγαθῶν κοινωνίαν; Διὰ τοῦτο υἱὸν θεοῦ τὸν εἰρηνοποιὸν ὀνομάζει, ὅτι μιμητὴς γίνεται τοῦ ἀληθινοῦ [48] υἱοῦ ὁ ταῦτα τῇ ζωῇ τῶν ἀνθρώπων χαριζόμενος. Μακάριοι τοίνυν οἱ εἰρηνοποιοί, ὅτι αὐτοὶ υἱοὶ θεοῦ κληθήσονται. Τίνες οὗτοι; οἱ μιμηταὶ τῆς θείας φιλανθρωπίας, οἱ τὸ ἴδιον τῆς θείας ἐνεργείας ἐπὶ τοῦ ἰδίου δεικνύντες βίου. Ἀναιρεῖ καθόλου καὶ εἰς τὸ μὴ ὂν περιΐστησιν ὁ τῶν ἀγαθῶν εὐεργέτης καὶ κύριος πᾶν ὅσον ἐςὶ τοῦ ἀγαθοῦ ἔκφυλόν τε καὶ ἀλλότριον· ταύτην νομοθετεῖ καὶ σοὶ τὴν ἐνέργειαν, ἐκβάλλειν τὸ μῖσος, καταλύειν τὸν πόλεμον, ἀφανίζειν τὸν φθόνον, ἐξορίζειν τὴν μάχην, ἀναιρεῖν τὴν ὑπόκρισιν, κατασβεννύειν ἔνδοθεν τὴν ὑποσμύχουσαν ἐν τῇ καρδίᾳ μνησικακίαν, ἀντεισάγειν δὲ ἀντὶ τούτων ὅσα τῇ ὑπεξαιρέσει τῶν ἐναντίων [49] ἀντικαθίζαται. Ὡς γὰρ τῇ τοῦ σκότους ὑποχωρήσει τὸ φῶς ἐπιγίνεται, οὕτω καὶ ἀνθ' ἑκάςου τούτων ὁ τοῦ πνεύματος καρπὸς ἀντεισέρχεται, ἀγάπη, χαρά, εἰρήνη, χρηςότης, μακροθυμία, ἅπας ὁ τῷ ἀποςόλῳ κατειλεγμένος τῶν ἀγαθῶν ἀριθμός. Πῶς οὖν οὐ μακάριος ὁ τῶν θείων δωρεῶν διανομεύς, ὁ μιμητὴς τῶν τοῦ θεοῦ χαρισμάτων, ὁ τῇ θείᾳ μεγαδωρεᾷ τὰς ἰδίας ἐξομοιῶν εὐποιΐας; Τάχα

---

42) δὲ fehlt in den Ausg. — 43) M. ὁ φθόνος. — 44) M. φθόνον. — 45) M. ὑπόθεσις. — 46) M. γίνεται. — 47) M. περιορίζων. — 48) M. θεοῦ. — 49) M. ἀντικάθηται.

wünschenden Ausdrücken, und heißest wohl und gesund zu bleiben, während du geheim im Herzen das Gegentheil davon anwünschest? So war Kain, der in Wuth gerieth weil Abel Wohlgefallen fand, und den der innewendige Neid zum Mord trieb, wobei die Heuchelei den Scharfrichter machte; denn indem er eine freundliche und wohlwollende Miene annahm, führte er ihn weit fort von den ihn schützenden Eltern auf das Feld hinaus, und so hat er dann durch den Mord seinen Neid enthüllt. Wer also diese Krankheit aus dem menschlichen Leben verbannt, und durch Wohlwollen und Frieden die Nebenmenschen verbindet und die Menschen zu freundlicher Eintracht führt, thut denn der nicht ein Werk wahrhaft göttlicher Kraft, indem er die Uebel aus dem Menschenleben verbannt, und dafür die Gemeinschaft des Guten einführt? Deßhalb nennt er den Friedfertigen Gottes Kind, weil der ein Nachahmer des wahrhaftigen Sohnes wird welcher dem Leben der Menschen solche Gaben spendet. **Selig sind also die Friedfertigen, weil sie Gottes Kinder heißen werden!** Wer sind diese? Es sind die welche die Güte Gottes nachahmen, welche das Gott eigenthümliche Wirken in ihrem eigenen Leben zeigen. Der Geber und Herr des Guten vertilgt und vernichtet überhaupt Alles was dem Guten fremd ist und widerstrebt. Diese Wirksamkeit schreibt er auch dir vor, zu verbannen den Haß, zu beendigen den Krieg, zu vertilgen den Neid, zu entfernen den Kampf, zu vernichten die Heuchelei, innewendig auszulöschen die im Herzen glimmende Rachsucht, und an Stelle dessen Alles hereinzuführen was durch die Hinwegnahme seines Gegentheils in das Dasein tritt. Denn gleichwie mit der Entfernung der Finsterniß das Licht folgt, so kehrt auch an Stelle alles dessen was ich im Einzelnen aufgezählt habe die Frucht des Geistes ein, Liebe, Freude, Frieden, Güte, Langmuth, kurz die ganze Zahl der vom Apostel aufgeführten Güter. Wie sollte also der Vertheiler der göttlichen Gaben, der Nachahmer der Begnadigungen Gottes, der welcher mit seinen eigenen Wohlthaten es der reichen Güte Gottes gleichthut, nicht selig sein? Vielleicht bezieht sich aber die

δὲ οὐ πρὸς τὸ ἀλλότριον ἀγαθὸν μόνον ὁ μακαρισμὸς βλέπει, ἀλλ᾽ οἶμαι κυρίως εἰρηνοποιὸν χρηματίζειν τὸν τὴν ἐν ἑαυτῷ ςάσιν τῆς σαρκὸς καὶ τοῦ πνεύματος καὶ τὸν ἐμφύλιον τῆς φύσεως πόλεμον εἰς εἰρηνικὴν συμφωνίαν ἄγοντα, ὅταν μηκέτι ἐνεργὸς ᾖ ὁ τοῦ σώματος νόμος, ὁ ἀντιςρατευόμενος τῷ νόμῳ τοῦ νοός, ἀλλ᾽ ὑποζευχθεὶς τῇ κρείττονι βασιλείᾳ ὑπηρέτης [50] γίνηται τῶν θείων ἐπιταγμάτων. Μᾶλλον δὲ μὴ τοῦτο νομίσωμεν συμβουλεύειν τὸν λόγον, τὸ ἐν δυάδι νοεῖσθαι τῶν κατωρθωκότων τὸν βίον, ἀλλ᾽ ἐπειδὰν ἐξαιρεθῇ τοῦ ἐν ἡμῖν φραγμοῦ τὸ μεσότοιχον τῆς κακίας, εἷς οἱ δύο τῇ πρὸς τὸ κρεῖττον [51] ἀνακράσει συμφυέντες γίνονται. Ἐπειδὴ τοίνυν ἁπλοῦν τὸ θεῖον καὶ ἀσύνθετον καὶ ἀσχημάτιςον εἶναι πεπίςευται, ὅταν [52] καὶ τὸ ἀνθρώπινον διὰ τῆς τοιαύτης εἰρηνοποιΐας ἔξω τῆς κατὰ τὴν διπλῆν συνθέσεως γένηται, καὶ ἀκριβῶς εἰς τὸ ἀγαθὸν ἐπανέλθῃ, ἁπλοῦν τε καὶ ἀσχημάτιςον καὶ ὡς ἀληθῶς ἓν γενόμενον, ὡς ταὐτὸν εἶναι τῷ κρυπτῷ τὸ φαινόμενον, καὶ τῷ φαινομένῳ τὸ κεκρυμμένον, τότε ἀληθῶς κυροῦται ὁ μακαρισμὸς, καὶ λέγονται κυρίως οἱ τοιοῦτοι υἱοὶ θεοῦ, μακαρισθέντες κατὰ τὴν ἐπαγγελίαν τοῦ κυρίου ἡμῶν Ἰησοῦ Χριςοῦ, ᾧ ἡ δόξα [53] καὶ τὸ κράτος εἰς τοὺς αἰῶνας τῶν αἰώνων. Ἀμήν.

ΛΟΓΟΣ η΄.

Μακάριοι οἱ δεδιωγμένοι ἕνεκεν δικαιοσύνης, ὅτι αὐτῶν ἐςιν ἡ βασιλεία τῶν οὐρανῶν.

[1] Τί τὸ τῆς ὀγδόης παρὰ τῷ προφήτῃ μυςήριον, τῆς ἐν δύο ψαλμῳδίαις προτεταγμένης, τί δὲ ὁ [2] καθαρισμὸς, καὶ ἡ τῆς περιτομῆς νομοθεσία, κατὰ τὴν ὀγδόην ἀμφότερα τῷ νόμῳ παρατηρούμενα; Τάχα τι συγγενὲς ὁ ἀριθ-

50) M. γίνεται. — 51) M. ἀνακρίσει. — 52) M. καὶ [ἐπὶ] τὸ ἀνθρ. — 53) καὶ τὸ κράτος fehlt in den Ausg.

1) Die beiden Pariser Ausg. geben den Anfang so: Ἡ μὲν τάξις τῆς ὑψηλῆς τῶν μαθημάτων διδασκαλίας, ἐπὶ τὸν ὄγδοον ἄγει βαθμὸν τὴν παροῦσαν τοῦ ῥητοῦ θεωρίαν· ἐγὼ δὲ καλῶς ἔχειν φημὶ πρῶτον ἐκεῖνο κατανοῆσαι τῷ λόγῳ, τί u. f. w. — 2) M. μακαρισμὸς.

Seligpreisung nicht blos auf fremdes Wohl, sondern ich meine daß ganz eigentlich der den Namen eines Friedfertigen führt welcher den in seinem Innern bestehenden Haber zwischen dem Fleisch und dem Geiste, und den inneren Krieg der Natur zu friedlicher Eintracht führt, wo dann das Gesetz des Leibes, welches dem Gesetz des Geistes feindlich gegenübersteht, nicht ferner in Kraft ist, sondern der besseren Herrschaft unterworfen zum vollstreckenden Diener der göttlichen Gebote wird. Noch richtiger gesprochen, mögen wir nicht glauben daß uns das Gotteswort das rathen wolle daß das Leben der Tugendhaften als auf einem zwiefachen Verhältniß beruhend aufzufassen sei, sondern wenn die Scheidewand des Bösen aus unserer Umhegung hinweggenommen sein wird, dann werden die beiden zu einem Besseren sich vermischen und zusammenwachsen und Eins werden. Da nun nach unserem Glauben das Göttliche einfach und nicht zusammengesetzt und ohne Gestaltung ist, so tritt, wann die Menschheit durch solche Friedenstiftung die Zusammensetzung aus einem Zwiefachen aufgegeben haben und zu dem wahrhaft Guten zurückgekehrt, und einfach und gestaltlos und in Wahrheit Eins geworden sein wird, dergestalt daß das was zur Erscheinung kommt ein und dasselbe ist mit dem was verborgen ist, und das Verborgene mit dem was zur Erscheinung kommt, dann tritt die Seligpreisung wirklich in Kraft, und die so sind werden eigentlich und mit Recht Gottes Kinder genannt werden, und werden selig sein nach der Verheißung unseres Herrn Jesu Christi, welchem die Herrlichkeit und die Kraft gehört bis in alle Ewigkeit. Amen.

Achte Rede.

Selig sind die um Gerechtigkeit willen verfolgt werden, denn das Himmelreich ist ihr.

Welches ist bei dem Propheten das Geheimniß des achten Tages, welcher in der Ueberschrift zweier Psalmen erwähnt ist, und was ist die Reinigung und das Gebot der Beschneidung, welche beide nach dem Gesetz auf den achten Tag beobachtet wer-

μὸς οὗτος πρὸς τὴν ὀγδόην ἔχει μακαριότητα, ἥ τις ὥσπερ κορυφὴ τῶν μακαρισμῶν πάντων ἐπὶ τοῦ ἀκροτάτω κεῖται τῆς ἀγαθῆς ἀναβάσεως. Ἐκεῖ τε γὰρ ὁ προφήτης τὴν ἀναςάσιμον ἡμέραν τῷ τῆς ὀγδόης αἰνίγματι διασημαίνει, καὶ ὁ καθαρισμὸς τὴν ἐπὶ τὸ καθαρόν τε καὶ κατὰ φύσιν ἐπάνοδον τοῦ μολυνθέντος ἀνθρώπου ἐνδείκνυται, καὶ ἡ περιτομὴ τὴν τῶν νεκρῶν δερμάτων ἀποβολὴν ἑρμηνεύει, ἃ μετὰ τὴν παρακοὴν τῆς ζωῆς γυμνωθέντες ἐνεδυσάμεθα, καὶ ἐνταῦθα ἡ ὀγδόη μακαριότης τὴν εἰς τοὺς οὐρανοὺς ἀποκατάςασιν ἔχει τῶν εἰς δουλείαν μὲν ἐκπεσόντων, ἐπὶ βασιλείαν δὲ πάλιν ἐκ τῆς δουλείας ἀνακληθέντων. Μακάριοι γὰρ, φησὶν, οἱ δεδιωγμένοι ἕνεκα ³δικαιοσύνης, ὅτι αὐτῶν ἐςιν ἡ βασιλεία τῶν οὐρανῶν. Ἰδοὺ τὸ πέρας τῶν κατὰ θεὸν ἀγώνων, τὸ τῶν πόνων γέρας, τὸ τῶν ἱδρώτων ἔπαθλον, τὸ τῆς ἐν τοῖς οὐρανοῖς βασιλείας ἀξιωθῆναι. Οὐκέτι περὶ τὸ ἄςατόν τε καὶ ἀλλοιούμενον ἡ τῆς εὐκληρίας ἐλπὶς διαπλανᾶται. Ὁ γὰρ περίγειος χῶρος τῶν τρεπομένων τε καὶ ἀλλοιουμένων ἐςὶ, τῶν δὲ κατὰ τὸν οὐρανὸν φαινομένων τε καὶ κινουμένων οὐδὲν ⁴τοιοῦτον ἐπιγινώσκομεν ὡς μὴ κατὰ τὰ αὐτὰ καὶ ὡσαύτως ἔχειν, ἀλλ' εἱρμῷ καὶ τάξει καὶ ἀκολουθίᾳ πρὸς τὸν ἴδιον δρόμον πάντα κατὰ τὸν οὐρανὸν ⁵διεξάγεται. Ὁρᾷς τοίνυν τῆς δωρεᾶς τὴν ὑπερβολήν; ὅτι οὐκ ἐν τοῖς τρεπομένοις τὸ μέγεθος τῆς ἀξίας χαρίζεται, ὡς ἂν ⁶μή τις μεταβολῆς φόβος τὰς χρηςοτέρας ἐλπίδας παραλυπήσειεν, ἀλλ' οὐρανῶν μὲν βασιλείαν εἰπὼν δείκνυσι τὸ ἀμετάβλητον καὶ ἀεὶ ὡσαύτως ἔχον τῆς κατ' ἐλπίδα προκειμένης ἡμῖν δωρεᾶς. Ὃ δέ μοι διαπορεῖν ἐκ τῶν εἰρημένων ἐπέρχεται, τοῦτό ἐςιν, πρῶτον μὲν, ὅτι ⁷τὸ πτωχεῦσαι τῷ πνεύματι τοῖς ἕνεκεν αὐτοῦ διωχθεῖσιν εἰς ἴσον ⁸ἄγει, ἑκατέροις τὸ γέρας προθείς (ὧν γὰρ τὸ ἔπαθλον τὸ αὐτὶ, τούτων δηλαδὴ καὶ οἱ ἀγῶνες ἴσοι)· ἔπειτα δὲ, πῶς τοὺς δεξιοὺς ἀπὸ τῶν εὐωνύμων διακρίνας προςκαλεῖται

---

3) M. ἐμοῦ. — 4) M. τούτων. — 5) M. διεξέρχεσθαι. — 6) M. εἴ τις. — 7) M. τῷ. — 8) M. ἄγειν ἑκατ. τὸ γέρας προςτίθησιν;

den? Vielleicht hat diese Zahl eine verwandtschaftliche Beziehung zur achten Seligkeit, welche gleichsam als die Spitze aller Seligkeiten auf dem höchsten Punkte der Stufenleiter der Güter steht. Denn dort bezeichnet der Prophet mit dem Gleichniß des achten Tages den Tag der Auferstehung, die Reinigung bedeutet die Rückkehr des besudelten Menschen zur Lauterkeit und zum naturgemäßen Zustande, und die Beschneidung deutet auf die Abwerfung der todten Häute, welche wir, nachdem wir ungehorsam gewesen, und des Lebens blos geworden, angezogen haben, und hier enthält nun die achte Seligpreisung die Wiedereinsetzung in den Himmel derer welche in die Knechtschaft verfallen waren, nun aber aus der Knechtschaft in das Reich wieder zurückgerufen worden sind. Denn, sagt er, **Selig sind die um Gerechtigkeit willen verfolgt werden, denn das Himmelreich ist ihr!** Siehe, das ist das Ende der Kämpfe um Gott, das Ehrentheil für die Mühen, der Siegespreis für die Anstrengungen: des Himmelreichs für würdig erachtet zu werden! Die Hoffnung auf dein Glück irrt nicht mehr um das was unsicher und wechselvoll ist umher; denn das irdische Land ist das Land der Wechsel und Veränderungen, unter den Erscheinungen und Bewegungen am Himmel aber sehen wir nichts der Art das sich nicht stät und gleichmäßig verhielte, wir sehen vielmehr daß am Himmel Alles nach Zusammenhang, Ordnung und folgerichtigem Verhältniß seinen Lauf erfüllend sich vollzieht. Siehst du also die Ueberschwenglichkeit der Gabe? Denn nicht in dem was dem Wechsel unterworfen ist spendet er den hohen Preis, auf daß keine Furcht vor Veränderung die besseren Hoffnungen trübe, sondern er deutet, indem er vom Himmelreich spricht, auf das Unveränderliche und immer sich gleich Bleibende des Geschenks welches unserer Hoffnung in Aussicht gestellt ist. Was ich aber als noch dunkel in Erörterung ziehen will ist dieses: erstlich, daß der Herr das Geistlich arm sein zu gleicher Würde führt wie die welche um seinetwillen verfolgt werden, und beiden den Preis verspricht (denn für welche der gleiche Siegespreis da ist, deren Kämpfe müssen offenbar dieselben sein), ferner wie er die Rechten von den Linken scheidend sie zum Himmelreich beruft, während er doch andere Veran-

πρὸς τὴν τῶν οὐρανῶν βασιλείαν, ἄλλας τῆς τοιαύτης τιμῆς τὰς αἰτίας λέγων. Τὸ γὰρ συμπαθές τε καὶ μεταδοτικὸν καὶ φιλάλληλον ἐκεῖ προφέρων οὐδαμοῦ μέμνηται οὔτε τῆς πνευματικῆς πτωχίας, οὔτε τῆς ἕνεκεν ἐκείνου διώξεως, καί τοι πολὺ δοκεῖ κατὰ τὸ πρόχειρον τῆς διανοίας ἀπ' ἀλλήλων ταῦτα διακεκρίσθαι. Τί γὰρ κοινωνεῖ τὸ πτωχεῦσαι τῷ διωχθῆναι; ἢ ταῦτα πάλιν τίνα συμφωνίαν ἔχει πρὸς τὰ τῆς ἀγαπητικῆς συμπαθείας ἀποτελέσματα; Ἔθρεψέ τις τὸν δεόμενον, ἢ τὸν γυμνὸν περιέβαλεν, ἢ ⁹ςέγῃ τὸν ὁδίτην ἐδεξιώσατο, ἢ ἀσθενοῦντι καὶ κατακλείςῳ τὴν ἐνδεχομένην θεραπείαν προςήγαγεν, τί ταῦτα πρὸς τὸ πτωχεῦσαι καὶ διωχθῆναι κοινὸν ἔχει, κατὰ τὸν τοῦ ἐπιτηδεύματος λόγον; Οὗτος ἀλλοτρίας συμφορὰς θεραπεύει, ἐκείνων δὲ ἑκάτερος, ὅ τε πτωχεύων καὶ ὁ διωκόμενος, τῶν θεραπευόντων προςδέεται. Ἀλλὰ τὸ πέρας ἐπὶ πάντων ἴσον. Ὁμοίως γὰρ εἰς οὐρανὸν ἄγει τὸν πτωχεύσαντα τῷ πνεύματι, καὶ τὸν ἕνεκεν αὐτοῦ διωχθέντα, καὶ τοὺς τὸ συμπαθὲς ἐπιδειξαμένους πρὸς τὸ ὁμόφυλον. Τί οὖν φαμεν πρὸς ταῦτα; ὅτι ἔχεται ἀλλήλων τὰ πάντα πρὸς τὸν ἕνα σκοπὸν συννενευκότα καὶ συμπνέοντα. Ἥ τε γὰρ πτωχεία πρὸς μετανάςασιν εὔκολος, καὶ ἡ φιλοπτωχεία τῆς πτωχείας οὐκ ἠλλοτρίωται. Ἀλλά μοι δοκεῖ καλῶς ἔχειν πρότερον τὸν παρόντα λόγον ἀναζητῆσαι, εἶθ' οὕτω τὴν ἐν τοῖς ἐξητασμένοις συμφωνίαν καὶ τὸν νοῦν ἐπισκέψασθαι. Μακάριοι οἱ δεδιωγμένοι ἕνεκεν δικαιοσύνης. Πόθεν δεδιωγμένοι, καὶ παρὰ τίνος; Ὁ μὲν οὖν πρόχειρος λόγος τὸ τῶν μαρτύρων ἡμῖν ὑποδείκνυσι ςάδιον, καὶ τὸν τῆς πίςεως δρόμον ὑποσημαίνει. Ἡ γὰρ δίωξις τὴν σύντονον τοῦ τρέχοντος περὶ τὸ τάχος σπουδὴν ἑρμηνεύει, μᾶλλον δὲ καὶ τὴν ἐν τῷ τρέχειν νίκην ὑποσημαίνει. Οὐ γὰρ ἔςιν ἑτέρως νικῆσαι τρέχοντα, μὴ κατόπιν καταλιπόντα ἑαυτοῦ τὸν συντρέχοντα. Ἐπεὶ οὖν ὅ τε πρὸς τὸ βραβεῖον τῆς ἄνω κλήσεως τρέχων καὶ ὁ διὰ τὸ βραβεῖον διωκόμενος παρὰ τοῦ ἐχ-

---

9) Ausg. u. Handschriften haben ςεγητὸν ὁδ.

lassungen zu solcher Ehrenverleihung aufführt. Denn während er dort das Mitleid und die mittheilsame Freigebigkeit und die Nächstenliebe vorbringt, thut er nirgends der geistlichen Armuth und der Verfolgung um seinetwillen Erwähnung, und doch scheint es, wie man die Sache zunächst verstehen muß, daß diese Dinge weit von einander abliegen. Denn was hat das Armsein mit dem Verfolgtwerden gemein? oder wie stimmt dieses wiederum zu dem Wirken des liebreichen Mitleids? Es hat Einer dem Darbenden Nahrung gespendet oder den Nackten bekleidet, oder den Wanderer unter sein Dach aufgenommen, oder einem Kranken und im Gefängniß Eingesperrten die mögliche Pflege angedeihen lassen: was hat dieses Alles in seinem Wirken und Wesen mit dem Geistlich arm sein und dem Verfolgt werden gemein? Dieser heilt und pflegt fremdes Unglück, jene Beiden dagegen, der Arme und der Verfolgte, bedürfen derer welche heilen und pflegen, und doch ist das Ende bei Allen das gleiche: Er führt in gleicher Weise in den Himmel den der geistlich arm ist, und den der um seinetwillen verfolgt worden ist, und die welche gegen den Nächsten Mitleid gezeigt haben. Was sagen wir also hiezu? Wir sagen daß dieses Alles unter sich zusammenhängt und zu dem einen Ziel sich vereinigt und verbindet. Denn die Armuth ist leicht umzusiedeln, und die Liebe zur Armuth ist der Armuth nicht fremd. Mir scheint es indessen passend zu sein zuerst den vorliegenden Ausspruch in Untersuchung zu ziehen, und so dann unsere Aufmerksamkeit auf die Uebereinstimmung und Bedeutung welche in dem was Gegenstand der Untersuchung war liegt zu richten. Selig sind die um Gerechtigkeit willen verfolgt werden! Woher verfolgt, und von wem? Das vorliegende Wort also deutet auf die Laufbahn der Märtyrer und den Kampfeslauf des Glaubens; denn die Verfolgung läßt auf die angestrengte Bemühung des Laufenden schnell zu sein schließen, oder deutet vielmehr auf den Sieg im Laufen. Denn der Laufende vermag auf keine andere Weise zu siegen, als wenn er den der mit ihm im Laufen wetteifert hinter sich läßt. Da nun der sowohl welcher nach dem Siegespreis der Berufung

θροῦ ἐπίσης ἔχουσι κατὰ νώτου, ὁ μὲν τὸν διαμιλλώμενον, ὁ δὲ τὸν διώκοντα (οὗτοι δέ εἰσιν οἱ τὸν μαρτυρίου δρόμον ἀνύοντες, ἐν τοῖς ὑπὲρ τῆς εὐσεβείας ἀγῶσι διωκόμενοι καὶ οὐ καταλαμβανόμενοι), ἔοικε τὸ κεφάλαιον τῆς κατ᾽ ἐλπίδα προκειμένης μακαριότητος οἷόν τινα ςέ-
D φανον ἐν τελευταίοις προτεθεικέναι [10] ὁ λόγος. Μακάριον γὰρ ὡς ἀληθῶς τὸ ἕνεκεν τοῦ κυρίου διώκεσθαι. Διὰ τί; ὅτι τὸ παρὰ τοῦ κακοῦ ἐκδιώκεσθαι αἴτιον [11] τοῦ ἐν τῷ ἀγαθῷ γενέσθαι καθίςαται. Ἡ γὰρ τοῦ πονηροῦ ἀλλοτρίωσις τῆς πρὸς τὸ ἀγαθὸν οἰκειώσεως ἀφορμὴ γίνεται· ἀγαθὸν δὲ, καὶ παντὸς ἀγαθοῦ ἐπέκεινα, αὐτὸς ὁ κύριος, πρὸς ὃν ἀνατρέχει ὁ διωκόμενος. Οὐκοῦν μακάριος ὡς ἀληθῶς ὁ συνεργῷ τῷ ἐχθρῷ πρὸς τὸ ἀγαθὸν χρώμενος. Ἐπειδὴ γὰρ ἐν μεθορίῳ κεῖται τοῦ ἀγαθοῦ καὶ τοῦ χεί-
p. 832. ρονος ἡ ἀνθρωπίνη ζωή, ὥσπερ ὁ τῆς ἀγαθῆς τε καὶ ὑψη-
A λῆς ἐλπίδος ἀπολισθήσας ἐν τῷ βαράθρῳ γίνεται, οὕτως ὁ τῆς ἁμαρτίας [12] ἀποικισθεὶς καὶ τῆς φθορᾶς ἀλλοτριωθεὶς δικαιοσύνην τε καὶ ἀφθαρσίαν μετέρχεται. Ὥστε τῆς παρὰ τῶν τυράννων γινομένης κατὰ τῶν μαρτύρων διώξεως τὶ μὲν εἶδος κατὰ τὸ προχείρως φαινόμενον ἀλγεινὸν εἶναι τῇ αἰσθήσει, ὁ δὲ σκοπὸς τῶν γινομένων ὑπερβαίνει πᾶσαν μακαριότητα. Κρεῖττον δ᾽ ἂν εἴη δι᾽ ὑποδειγμάτων ἡμᾶς τοῦ λόγου κατιδεῖν τὴν διάνοιαν. Τίς οὐκ οἶδεν ὅσῳ τοῦ ἀγαπᾶσθαι τὸ ἐπιβουλεύεσθαι χαλε-
B πώτερον κέκριται; τοῦτο μέν τοι πολλάκις τὸ δοκοῦν χαλεπὸν καὶ τῆς κατὰ τὸν βίον τοῦτον εὐκληρίας πολλοῖς αἴτιον γίνεται, οἷον [13] ἡ περὶ τὸν Ἰωσὴφ ἱςορία ἐνδείκνυται, ὃς ἐπιβουλευθεὶς παρὰ τῶν ἀδελφῶν, καὶ τῆς μετ᾽ αὐτῶν συνδιαγωγῆς ἀπελαθείς, διὰ τῆς πράσεως βασιλεὺς ἀνεδείχθη τῶν ἐπιβουλευκότων, οὐκ ἂν ἴσως προελθὼν ἐπὶ τὸ τηλικοῦτον ἀξίωμα, μὴ τοῦ φθόνου [14] τῶν ἀδελφῶν διὰ τῆς ἐπιβουλῆς ἐκείνης τὴν βασιλείαν ὁδοποιήσαντος. Ὥσπερ τοίνυν, εἴ τις τοῦ μέλλοντος τὴν γνῶ-

---

10) M. λόγοις. — 11) τοῦ fehlt in den Ausg. — 12) M. ἀπῳκισθεὶς. — 13) M. οἷον περὶ τοῦ Ἰωσὴφ ὁ λόγος. — 14) τῶν ἀδελφῶν fehlt in den Ausg.

nach Oben läuft als der welcher um des Siegerpreises willen von dem Feinde verfolgt wird in gleicher Weise der Eine den Mitkämpfer, der Andere den Verfolger im Rücken haben (dies sind aber die welche die Laufbahn des Märtyrerthums vollenden, in den Kämpfen um die Gottseligkeit verfolgt und nicht eingeholt), so cheint es daß das Wort des Herrn in dem letzten Theile das Hauptstück der der Hoffnung verheißenen Seligkeit wie eine Krone hingestellt hat; denn selig ist es in Wahrheit um des Herrn willen verfolgt zu werden. Warum? Weil die Verfolgung von dem Bösen die Ursache der Erlangung des Guten ist. Die Lossagung von dem Bösen wird zum Anfangspunkt der Erwerbung des Guten; das Gute aber, und zwar ein Gut was über alle Güter hinaus liegt, ist der Herr selbst, nach welchem der Verfolgte läuft. Selig ist also in Wahrheit wer den Feind als Helfer zum Guten hat. Denn da das menschliche Leben auf der Grenzscheide des Guten und Schlechten liegt, so gelangt der welcher sich von der Sünde entfernt und von dem Verderben losgesagt hat zu Gerechtigkeit und Unvergänglichkeit, gleichwie der welcher von der Bahn der herrlichen und erhabenen Hoffnung abgleitet in den Abgrund geräth. Sonach erscheint die von den Gewalthabern geübte Verfolgung der Märtyrer auf den ersten Anschein schmerzlich für das Gefühl, das Ziel aber von dem was geschieht übersteigt alle Seligkeit. Doch es ist vielleicht besser wenn wir durch Beispiele den Sinn der Rede uns zum Verständniß bringen. Wer weiß nicht für wie viel schlimmer es gilt von tückischen Nachstellungen verfolgt als geliebt zu werden? In der That wird aber diese scheinbare Gefahr für Viele oftmals auch zur Ursache großen Glücks in diesem Leben, wie die Erzählung von Joseph zeigt, dem von seinen Brüdern nachgestellt, der von dem Verkehr mit ihnen ausgeschlossen worden war, und dann durch den Verkauf zum König wurde über die welche ihm nachgestellt hatten, während er vielleicht nie zu solcher Würde gelangt wäre, wenn nicht der Neid durch jene Nachstellung den Weg zur Herrschaft gebahnt hätte. Gleichwie also, wenn Jemand der Zukunft kundig dem Joseph vorhergesagt hätte, Trotz der Nach-

σιν ἔχων προεῖπεν τῷ Ἰωσὴφ ὅτι, Ἐπιβουλευθεὶς μακάριος ἔσῃ, οὐκ ἂν ἐκ τοῦ προχείρου πιθανὸς ἔδοξε τῷ ἀκούοντι, πρὸς τὸ παραχρῆμα λυπηρὸν ὁρῶντι (οὐ γὰρ ἂν ᾠήθη δυνατὸν εἶναι κακῆς προαιρέσεως ἀγαθὸν ἀναδειχθῆναι τὸ πέρας), οὕτω δὴ καὶ ἐνταῦθα ὁ [15] παρὰ τῶν τυράννων τοῖς πιςοῖς ἐπαγόμενος διωγμὸς, πολὺ κατὰ τὴν αἴσθησιν τὸ ἀλγεινὸν ἔχων, δυσπαράδεκτον ποιεῖ τοῖς σαρκωδεςέροις τὴν διὰ τῶν ἀλγεινῶν αὐτοῖς προκειμένην τῆς βασιλείας ἐλπίδα, ἀλλ' ὁ κύριος τὸ σαθρὸν [16] ὑπερειδὼν τῆς φύσεως προαναφανεῖ τοῖς ἀσθενεςέροις οἷόν ἐςι τῆς ἀγωνίας τὸ πέρας, ἵνα τῇ τῆς βασιλείας ἐλπίδι τὴν πρόςκαιρον τῶν ἀλγεινῶν αἴσθησιν εὐκόλως καταπαλαίσωσιν. Διὰ τοῦτο χαίρει ὁ μέγας Στέφανος κύκλῳ [17] καταλευόμενος, καὶ οἷόν τινα δρόσον ἡδεῖαν προθύμως τῷ σώματι δέχεται τὰς ἐπαλλήλους τῶν λίθων νιφάδας, καὶ εὐλογίαις τοὺς μιαιφονοῦντας ἀμείβεται, μὴ ςῆναι τὴν ἁμαρτίαν τούτοις [18] αὐτὸς ἐπευχόμενος, ἐπειδὴ καὶ τῆς ἐπαγγελίας ἤκουσε, καὶ τὴν ἐλπίδα τοῖς φαινομένοις εἶδε συμβαίνουσαν. Ἐν βασιλείᾳ γὰρ οὐρανῶν τοὺς ἕνεκεν τοῦ κυρίου δεδιωγμένους ἀκούσας [19] γενήσεσθαι, εἶδε τὸ προςδοκώμενον ἐν ᾧ ἐδιώκετο. Τρέχοντι γὰρ αὐτῷ διὰ τῆς ὁμολογίας τὸ ἐλπιζόμενον δείκνυται, οὐρανὸς ἀνοιγόμενος, ἡ θεία δόξα πρὸς τὸν ἀγῶνα τοῦ τρέχοντος ἐκ τῆς ὑπερκοσμίου λήξεως κατακύπτουσα, αὐτὸς ὁ ἐν τοῖς ἀγῶσιν ὑπὸ τοῦ ἀθλητοῦ μαρτυρούμενος. Ἡ γὰρ τοῦ ἀγωνοθέτου ςάσις τὴν πρὸς τὸν ἀγωνιζόμενον συμμαχίαν παραδηλοῖ δι' αἰνίγματος, ὡς ἂν διὰ τούτου μάθοιμεν τὸν αὐτὸν εἶναι καὶ τὸν διατιθέντα τοὺς ἄθλους καὶ τὸν κατὰ τῶν ἀντιπάλων τοῖς ἰδίοις ἀγωνιςαῖς συνιςάμενον. Τί τοίνυν ἂν εἴη [20] μακαριςότερον τοῦ διὰ τὸν κύριον δεδιωγμένου, ᾧ ὑπάρχει συναγωνιςὴν τὸν ἀγωνοθέτην ἔχειν; οὐδὲ γὰρ τῶν εὐκόλων ἐςὶν, τάχα δὲ καὶ καθάπαξ ἀδύνα-

---

15) παρα fehlt in den Ausg. — 16) M. ὑπεριδὼν. Die erste Pariser Ausg. hat ὑπερίδων. — 17) M. καταλιθαζόμενος. — 18) Ausg. u.

stellungen wirst du ein Glückseliger werden! er bei dem welcher dies hörte nicht sofort Glauben gefunden haben würde, weil dieser die nächste Gegenwart trüb sah (denn schwerlich hätte er es für möglich gehalten daß böser Wille ein gutes Ende haben würde), so hat wohl auch hier die von den Gewalthabern über die Gläubigen verhängte Verfolgung für die sinnliche Empfindung vielerlei Schmerzliches, und macht dadurch den fleischlicher Gesinnten die durch die schmerzlichen Peinigungen in Aussicht gestellte Hoffnung auf das Himmelreich zu einer schwer annehmbaren, aber der Herr stützt die Gebrechlichkeit der Natur, und wird den Schwächeren vorher offenbaren welches das Ende des Kampfes ist, damit sie durch die Hoffnung auf das Reich die zeitliche Empfindung der Leiden leicht niederkämpfen können. Deßhalb freut sich der große Stephanus wie sie einen Kreis um ihn schlossen und er gesteinigt wurde, und empfängt wie einen lieblichen Thau auf seinen Körper die Flocken des dichten Steinregens, und vergilt den Mördern mit Segnungen, indem er selbst betet daß die Sünde an diesen nicht haften möge; denn er hatte auch die Verheißung vernommen, und sah daß seine Hoffnung in Uebereinstimmung mit dem war was ihm erschien. Denn nachdem er gehört hatte daß die welche um des Herrn willen verfolgt werden in das Himmelreich kommen sollen, sah er nun das Erwartete noch während seiner Verfolgung. Während er sein Zeugenthum durchläuft, wird ihm der Gegenstand seiner Hoffnungen geoffenbart, der sich öffnende Himmel, die göttliche Herrlichkeit, welche aus der überweltlichen Region herabblickt auf den Kampf des Laufenden, er selbst für welchen in den Kämpfen von dem Ringer Zeugniß abgelegt wird! Denn der Standpunct des Kampfordners deutet bildlich auf den Beistand welcher dem Kämpfenden zu Theil wird, auf daß wir lernen daß der welcher die Kämpfe anordnet mit dem eine Person ist welcher mit seinen Kämpfern gegen die Widersacher in die Schranken tritt. Was möchte also wohl mehr selig zu preisen sein als der welcher um des Herrn willen verfolgt wird, dem es bescheert ist den Kampfesordner zum Mitkämpfer zu haben? Denn es ist schwer, ja

---

Handschriften geben αὐτοῖς. — 19) M. γενέσθαι. — 20) M. μακαριώτερον.

τον, τῶν κατὰ τὴν ζωὴν ταύτην ἡδέων τὸ μὴ φαινόμενον ἀγαθὸν προτιμῆσαι τῶν φαινομένων, ὥςτε ῥᾳδίως ἑλέσθαι τινὰ ἢ τῆς [21]ἑςίας ἐξοικισθῆναι, ἢ γαμετῆς καὶ παίδων, ἀδελφῶν τε καὶ γονέων, καὶ ὁμηλίκων, καὶ πάντων τῶν κατὰ τὸν βίον ἡδέων ἔξω γενέσθαι, μὴ αὐτοῦ τοῦ κυρίου συνεργοῦντος πρὸς τὸ ἀγαθὸν τῷ κατὰ [22]πρόθεσιν κλητῷ γεγονότι. Ὃν γὰρ προγινώσκει, καθώς φησιν ὁ ἀπόςολος, τοῦτον καὶ προορίζει, καὶ καλεῖ, καὶ δικαιοῖ, καὶ δοξάζει. Ἐπειδὴ τοίνυν συμφύεταί πως ἡ ψυχὴ διὰ τῶν σωματικῶν αἰσθήσεων πρὸς τὰ ἡδέα τοῦ βίου, καὶ τῇ εὐχροίᾳ τῆς ὕλης διὰ τῶν ὀφθαλμῶν ἐπιτέρπεται, καὶ τῇ ἀκοῇ πρὸς τὰ ἡδέα τῶν ἀκροαμάτων τὴν ῥοπὴν ἔχει, τῇ τε ὀσφρήσει καὶ τῇ γεύσει καὶ τῇ ἁφῇ, καθὸ πέφυκεν οἰκείως ἔχειν ἑκάςῃ συνδιατίθεται, διὰ τοῦτο οἷόν τινι ἥλῳ πρὸς τὰ ἡδέα τοῦ βίου τῇ αἰσθητικῇ δυνάμει [23]προσηλωμένη δυσαποσπάςως ἔχει τούτων οἷς συνεφύη προςκολλωθεῖσα, καὶ κατὰ τὰς χελώνας καὶ τοὺς κοχλίας οἷόν τινι ὀςρακίνῳ καλύμματι ἐνδεδεμένη δυσπόρευτός ἐςιν πρὸς τὰς τοιαύτας κινήσεις, ὅλον συνεπισυρομένη τοῦ βίου τὸ ἄχθος· διὸ καὶ ἅλωτος γίνεται ἡ οὕτως ἔχουσα τοῖς διώκουσι πρὸς δημεύσεως ἀπειλὴν, ἢ [24]ζημίας τινὸς ἄλλου τῶν κατὰ τὴν ζωὴν ταύτην σπουδαζομένων, εὐχερῶς ἐνδιδοῦσα καὶ ὑπόχειρος γινομένη τῷ διώκοντι. Ἀλλ' ἐπειδὰν ὁ ζῶν λόγος, καθώς φησιν ὁ ἀπόςολος, ὁ ἐνεργὸς καὶ τμητικὸς ὑπὲρ πᾶσαν μάχαιραν δίςομον, ἐντὸς γένηται τοῦ ἀληθῶς παραδεξαμένου τὴν πίςιν, καὶ διατέμῃ τὰ κακῶς συμπεφυκότα, καὶ τὰ τῆς συνηθείας δεσμὰ διακόψῃ, τότε καθάπερ τι ἄχθος τῇ ψυχῇ συνδεδεμένον τὰς κοσμικὰς ἡδονὰς οἷόν τις δρομεὺς τῶν ὤμων ἀποσεισάμενος κοῦφος καὶ εὐσαλὴς τὸ τῶν ἀγώνων ςάδιον διεξέρχεται, χειραγωγῷ πρὸς τὸν δρόμον αὐτῷ τῷ ἀγωνοθέτῃ χρώμενος. Οὐ γὰρ ὅσα κατέλιπεν βλέπει, ἀλλ' ὅσα μετέρχεται· οὐδὲν πρὸς τὸ κατόπιν ἡδὺ

---

21) M. οἰκίας. — 22) M. πρόςθεσιν. — 23) M. προςκολλωμένη. — 24) Die Ausg., so wie fast alle Handschriften, geben ζημίαν, ἤ τινος.

vielleicht ganz unmöglich, das unsichtbare Gut den sichtbaren Annehmlichkeiten dieses Lebens vorzuziehen, so daß man sich leicht wollte aus seinem Haus vertreiben lassen, oder Weib und Kinder, Geschwister, Eltern, Jugendgespielen, und alle Annehmlichkeiten dieses Lebens verlieren, außer wenn der Herr selbst dem zum Erlangen des Guts beisteht welcher nach seinem Willen dazu berufen ist. Denn wen er vorher erkennt, wie der Apostel sagt, den verordnet er auch vorher, und ruft, und bewährt, und verherrlicht ihn. Da nun die Seele durch die körperlichen Sinne mit den Annehmlichkeiten des Lebens gewissermaßen verwachsen ist, sich an dem schönen Aussehen der Materie vermittelst der Augen ergözt, durch das Gehör sich zu musikalischen Genüssen hingezogen fühlt, und durch Geruch und Geschmack und den Tastsinn so mitaffiziert wird wie es die Eigenthümlichkeit jeder dieser Sinne mit sich bringt, so ist sie deßhalb durch die sinnliche Kraft wie mit einem Nagel an die Annehmlichkeiten des Lebens festgeschmiedet, und schwer von dem loszureißen womit sie verniedet und verwachsen ist, und nach Art der Schildkröten und Schnecken wie in eine Schalenhülle eingebunden, so daß sie nur schwer zu solchen Bewegungen vorwärts gelangen kann, weil sie die ganze Last des Lebens zugleich mit sich fortschleppt. Daher kommt es auch daß sie in diesem Zustand von den Verfolgern auch leicht gefangen wird, und sich auf die Drohung einer Vermögenseinziehung, oder die Verluste irgend einer anderen Sache worauf in diesem Leben Werth gelegt wird, sich ohne Schwierigkeit dem Verfolger ergiebt und in die Hände liefert. Wenn aber das lebendige Wort, welches, wie der Apostel sagt, kräftig ist und schärfer als irgend ein zweischneidig Schwert, in demjenigen eingedrungen sein wird welcher den Glauben wahrhaft in sich aufgenommen hat, und das unheilsvoll Verwachsene und die Banden der Gewohnheit zerhauen haben wird, dann durcheilt er, nachdem er die weltlichen Lüste gleich einer der Seele aufgebundenen Last wie ein Läufer von seinen Schultern abgeworfen hat, leicht und ohne Beschwerde die Kampfeslaufbahn, und hat den Kampfesordner selbst zum Führer bei dem Laufe. Denn er schaut nicht nach dem was er hinter sich gelassen, sondern nach dem was er erreichen will; er

τὸν ὀφθαλμὸν ἐπιςρέφει, ἀλλὰ πρὸς τὸ προκείμενον ἀγαθὸν ἵεται· οὐδὲ τῇ ζημίᾳ τῶν γηΐνων ἀλγύνεται, ἀλλὰ τῷ κέρδει τῶν ἐπουρανίων ἀγάλλεται· διὰ τοῦτο πᾶν κολαςηρίων εἶδος ὡς ἀφορμὴν καὶ συνέργειαν τῆς προκειμένης χαρᾶς ἑτοίμως δέχεται, τὸ πῦρ, ὡς τῆς ὕλης καθάρσιον, τὸ ξίφος, ὡς διαιρετικὸν τῆς πρὸς τὰ ὑλώδη καὶ σάρκινα τοῦ νοῦ συμφυΐας, πᾶσαν πόνων τε καὶ ἀλγημάτων ἐπίνοιαν ὡς τοῦ πονηροῦ δηλητηρίου τοῦ κατὰ τὴν ἡδονὴν ἀντιφάρμακον οὖσαν, προθύμως δέχεται. Καθάπερ οἱ περιττωματικοὶ καὶ χολώδεις ἑτοίμως σπῶσι τῆς πικρᾶς ἀντιδόσεως, ὡς ἂν δι' ἐκείνης τὸ νοσοποιὸν αἴτιον ἀποκλυσθείη, οὕτω δέχεται ὁ παρὰ τοῦ ἐχθροῦ διωκόμενος καὶ πρὸς τὸν θεὸν φεύγων τὴν τῶν ἀλγεινῶν εἰσβολὴν σβεςήριον οὖσαν τῆς καθ' ἡδονὴν ἐνεργείας· οὐκ ἔςι γὰρ ἡσθῆναι τὸν ἀλγυνόμενον. Ἐπεὶ οὖν δι' ἡδονῆς εἰσῆλθεν ἡ ἁμαρτία, διὰ [25] τοῦ ἐναντίου πάντως ἐξελαθήσεται. Οὐκοῦν οἱ διώκοντες διὰ τὴν εἰς τὸν κύριον ὁμολογίαν, καὶ τὰ δυςβάςακτα τῶν κολαςηρίων ἐπινοοῦντες, ἰατρείαν τινὰ ταῖς ψυχαῖς διὰ τῶν πόνων προςάγουσι, ταῖς τῶν ἀλγεινῶν προςβολαῖς τὴν καθ' ἡδονὴν θεραπεύοντες νόσον. Οὕτω δέχεται τὸν ςαυρὸν ὁ Παῦλος, τὸ ξίφος Ἰάκωβος, τοὺς λίθους Στέφανος, τὸν ἐπὶ [26] κεφαλῆς ἀνασκολοπισμὸν ὁ μακάριος Πέτρος, πάντες οἱ μετὰ ταῦτα τῆς πίςεως ἀγωνιςαὶ τὰς πολυτρόπους τῶν κολαςηρίων ἰδέας, θηρία, βάραθρα, πυρκαϊὰς, τὰς [27] ἐν τῷ κρυμῷ πήξεις, τὰς τῶν πλευρῶν ἀποσαρκώσεις, τὰς τῶν κεφαλῶν [28] περιηλώσεις, τὰς τῶν ὀμμάτων ἀποβολὰς, τὰς τῶν δακτύλων ἀποκοπὰς, [29] τὰς ἐφ' ἑκάτερα παντὸς τοῦ σώματος διὰ τῶν σκελῶν ῥήξεις, τὰς διὰ τοῦ λιμοῦ τηκεδόνας, πάντα ταῦτα καὶ τὰ τοιαῦτα ὡς καθάρσια τῆς ἁμαρτίας οἱ ἅγιοι μετ' εὐφροσύνης προςίεντο, ὡς ἂν μηδὲν ἴχνος [30] κακίας τῇ καρδίᾳ διὰ τῆς ἡδονῆς ἐγγινόμενον ὑπολειφθείη, τῆς ἀλγεινῆς ταύτης καὶ δριμείας αἰσθήσε-

---

25) M. τοῦτο. — 26) M. κεφαλὴν. — 27) M. τὰς τῶν κρυμῶν

wendet das Auge nicht nach dem Genuß zurück welchen er im Rücken hat, sondern er strebt dem vor ihm liegenden Gute entgegen; er empfindet auch keinen Schmerz über den Verlust des Irdischen, sondern er freut sich am Gewinn des Himmlischen und nimmt deßhalb alle Art von Züchtigung als eine Quelle und Hilfe zu der ihm in der Zukunft winkenden Freude gern an, das Feuer, das von der Materie läutert, das Schwert, welches die Verwachsung des Geistes mit dem Materialen und Fleischlichen trennt, alle nur denkbare Art von Mühsal und Schmerzen nimmt er als ein Gegenmittel gegen das verderbenschwangere Böse der Lust an. Gleichwie die welche voll unreiner Säfte und voll Galle sind gern von der bitteren Arznei hinunterschlucken, damit dadurch die Veranlassung der Krankheit ausgespült werde, so nimmt auch der von dem Feind Verfolgte und zu Gott Fliehende den Angriff der Leiden auf, als ein Mittel die Kraft der Lust zu dämpfen; denn wer Schmerzen hat kann keine Lust empfinden. Da nun durch die Lust die Sünde in das Leben gekommen ist, so wird sie nothwendiger Weise durch das Gegentheil auch ausgetrieben werden müssen. Welche also um des Bekenntnisses des Herrn willen Verfolgung üben, und kaum erduldbare Peinigungen erfinden, diese lassen durch die Leiden den Seelen eine Art von ärztlicher Pflege angedeihen und heilen mittelst der Schmerzen die Krankheit der Lust. So nimmt Paulus das Kreuz an, Jakobus das Schwert, Stephanus die Steinigung, der selige Petrus die Kreuzigung mit dem Kopf nach Unten, alle späteren Glaubenskämpfer die mannichfachen Arten von Martern, wilde Thiere, Felsenschlünde, Scheiterhaufen, Erstarren im Frost, Abschinden des Fleisches von der Brust, Umnagelung des Hauptes, Verlust der Augen, Abhauen der Finger, Zerreißung des ganzen Leibes in zwei Stücke zwischen die Schenkel hindurch, Verzehrung durch Hunger, alles dieses und dem Aehnliches haben die Heiligen als Mittel der Reinigung von der Sünde mit Freudigkeit über sich ergehen lassen, auf daß keine Spur des Bösen von der Lust in dem Herzen übrig bliebe,

---

πήξεις. — 28) M. περικυκλώσεις. — 29) M. τὰς τῶν ἐφ' ἑκάτερα τοῦ σώματος. — 30) κακίας fehlt in den Ausg.

ὡς πάντας τοὺς καθ' ἡδονὴν ἐγγινομένους τῇ ψυχῇ τύπους ἐξαλειφούσης. Μακάριοι τοίνυν οἱ δεδιωγμένοι ἕνεκεν ἐμοῦ. Τοῦτο δὲ τοιοῦτόν ἐςιν (ὡς ἂν καὶ τὸν ἕτερον λόγον κατανοήσωμεν) ὡς, εἴ τις τῇ ὑγιείᾳ λόγον δοίη, [31] εἴποι ἂν κἀκείνη ὅτι, Μακάριοι οἱ ἀπὸ τῆς νόσου κεχωρισμένοι ἕνεκεν ἐμοῦ· ἡ γὰρ τῶν λυπηρῶν ἀλλοτρίωσις τὸ ἐν ἐμοὶ γενέσθαι τοὺς ποτὲ νενοσηκότας παρασκευάζει.

B Οὕτως ἀκούσωμεν τῆς φωνῆς, ὡς αὐτῆς τῆς ζωῆς ἡμῖν τὸν τοιοῦτον μακαρισμὸν ἐμβοώσης, Μακάριοι οἱ δεδιωγμένοι ὑπὸ τοῦ θανάτου ἕνεκεν ἐμοῦ· [32] ἢ ὡς τὸ φῶς λέγοι ὅτι, [33] Μακάριος ὁ δεδιωγμένος ὑπὸ τοῦ σκότους ἕνεκεν ἐμοῦ. Ὁμοίως καὶ ἡ δικαιοσύνη, καὶ ὁ ἁγιασμός, καὶ ἡ ἀφθαρσία, καὶ ἡ ἀγαθότης, καὶ πᾶν νόημα τῶν πρὸς τὸ κρεῖττον νοουμένων τε καὶ λεγομένων. Ὁ κύριος ὢν καθὸ νοεῖται κατ' ἐκεῖνό σοι λέγειν νομιζέσθω ὅτι, Μακάριός ἐςι πᾶς ὁ παντὸς ἐναντίου πράγματος ἀπελαυνόμενος, φθορᾶς, σκότους, ἁμαρτίας, ἀδικίας, πλεονεξίας,

C ἑκάςου τῶν [34] ἀντιδιαςελλομένων τοῖς κατὰ τὴν ἀρετὴν λόγοις πράγμασί τε καὶ νοήμασι. Τὸ γὰρ ἔξω τῶν κακῶν γενέσθαι ἐντός ἐςι τῶν ἀγαθῶν καταςῆναι. Ὁ ποιῶν

Joann. 8, 34. τὴν ἁμαρτίαν, φησὶν ὁ κύριος, δοῦλός ἐςι τῆς ἁμαρτίας. Οὐκοῦν ὁ ἀποςὰς ᾧ ἐδούλευσεν ἐλευθεριάζει τῷ ἀξιώματι· τὸ δὲ ἀκρότατον τῆς ἐλευθερίας εἶδος τὸ αὐτεξούσιόν ἐςι γενέσθαι· ἡ δὲ τῆς βασιλείας ἀξία ὑπερκειμένην ἑαυτῆς τινα τυραννίδα οὐκ ἔχει. Οὐκοῦν εἰ αὐτεξούσιός ἐςιν ὁ τῆς ἁμαρτίας ἀλλότριος, ἴδιον δὲ βασιλείας ἐςὶ τὸ αὐτοκρατές τε καὶ ἀδέσποτον, ἀκολούθως μακαρίζε-

D ται ὁ ἀπὸ τοῦ κακοῦ διωκόμενος, ὡς τῆς ἐκεῖθεν διώξεως τὴν βασιλικὴν ἀξίαν αὐτῷ προξενούσης. Μὴ οὖν ἀχθεσθῶμεν, ἀδελφοί, τῶν γηΐνων ἀπελαυνόμενοι· ὁ γὰρ ἐντεῦθεν μεταςὰς ἐν τοῖς κατ' οὐρανὸν βασιλείοις αὐλίζεται. Δύο ταῦτά ἐςι ςοιχεῖα ἐν τῇ τῶν ὄντων κτίσει πρὸς διαγωγὴν τῆς λογικῆς φύσεως μεμερισμένα, ἥ γῆ τε

---

31) M. εἴπῃ. — 32) ἢ fehlt in den Ausg.; eben so das folgende ὅτι. — 33) M. μακάριοι οἱ δεδιωγμένοι. — 34) M. διαςελλομένων.

und dieses grause und heftige Schmerzgefühl alle durch die Lust der Seele eingedrückten Male auslösche. **Selig sind also die welche um meinetwillen verfolgt werden!** Das ist aber (um auch die andere Bedeutung uns vor die Augen zu führen) ähnlich wie wenn, wollte Jemand der Gesundheit Sprache geben, auch diese spräche, Selig sind die um meinetwillen von der Krankheit Befreiten! Denn die Entfernung dessen was Leiden und Schmerz verursacht bewirkt daß die früher Erkrankten sich nun in mir befinden. So wollen wir auf die Stimme hören, als ob uns das Leben selbst diese Seligpreisung zuriefe: Selig sind die von dem Tod um meinetwillen Verfolgten! oder wie das Licht sprechen würde: Selig ist der von der Finsterniß um meinetwillen Verfolgte! So ähnlich auch die Gerechtigkeit, und die Heiligung, und die Unverderbtheit, und die Güte, und jeder Begriff dessen was man als Gutes denkt und nennt. Entsprechend der Weise wie man sich den Herrn denkt nimm an daß er zu dir sagt, Selig ist jeder der allem Gegentheiligen fern gerückt wird, dem Verderben, der Finsterniß, Sünde, Ungerechtigkeit, Geiz, von jeglichem was den Begriffen von tugendhaften Handlungen und Gedanken entgegengesetzt ist; denn aus dem Bösen herauskommen heißt sich im Guten befinden. **Wer die Sünde thut,** spricht der Herr, **ist ein Knecht der Sünde.** Wer also von dem abfällt dessen Knecht er war, der ist seiner Geltung nach ein Freier; die höchste Freiheit besteht darin, sein eigener Herr zu sein, die Königswürde aber überragt keine Herrschergewalt. Ist nun also der der Sünde Entfremdete sein eigener Herr, und ist dem Königthum ferner Selbständigkeit und Unabhängigkeit eigen, so wird folglich auch der glücklich gepriesen werden müssen welcher von dem Bösen verfolgt wird, weil die Verfolgung von daher ihm die königliche Würde verschafft. Laßt uns also, Brüder, kein Bedauern darüber empfinden, wenn wir von dem was irdisch ist vertrieben werden! Denn wer von hier hinweggeführt wird, der wohnt in dem himmlischen Königssitz. Das sind die beiden Urkörper, welche bei Erschaffung der Dinge zu Wohnstätten der vernunftbegabten Kreatur

καὶ ὁ οὐρανός. Τόπος τῶν διὰ σαρκὸς εἰληχότων τὴν ζωὴν ἡ γῆ, ὁ δὲ οὐρανὸς τῶν ἀσωμάτων. Ἀνάγκη τοίνυν πάντως εἶναί που τὴν ἡμετέραν ζωήν. Ἐὰν μὴ διωχθῶ- μεν ἀπὸ τῆς γῆς, τῇ γῇ πάντως ἐναπομένομεν· ἐὰν ἐν- τεῦθεν ἀπέλθωμεν, ἐπὶ τὸν οὐρανὸν μετοικησόμεθα. Ὁ- ρᾷς εἰς ὅ τι φέρει ὁ μακαρισμός, διὰ τοῦ δοκοῦντος λυπη- ροῦ τοῦ τοσούτου σοι ἀγαθοῦ γινόμενος πρόξενος; ὅπερ νοήσας, φησὶ καὶ ὁ ἀπόστολος ὅτι, Πᾶσα παιδεία πρὸς μὲν τὸ παρὸν οὐ δοκεῖ χαρᾶς εἶναι, ἀλλὰ λύπης· ὕστερον δὲ καρπὸν εἰρηνικὸν τοῖς δι' αὐτῆς γεγυμνασμένοις ἀπο- δίδωσι δικαιοσύνης. Οὐκοῦν τῶν προσδοκωμένων καρπῶν ἄνθος ἡ θλίψις ἐστίν· διὰ τὸν καρπὸν οὖν καὶ τὸ ἄνθος δρεψώμεθα. Διωχθῶμεν ἵνα δράμωμεν· δραμόντες δὲ οὐκ εἰκῇ δραμούμεθα, ἀλλὰ πρὸς τὸ βραβεῖον ἡμῶν τῆς ἄνω κλήσεως ὁ δρόμος ἔσω· οὕτω δράμωμεν, ἵνα καταλάβω- μεν. Τί τὸ καταλαμβανόμενον; τί τὸ βραβεῖον; τίς ὁ στέφανος; οὔ μοι δοκεῖ ἄλλο τι εἶναι παρ' αὐτὸν τὸν κύ- ριον ἕκαστον τῶν ἐλπιζομένων. Αὐτὸς γὰρ ἐστι καὶ ἀγω- νοθέτης τῶν ἀθλούντων καὶ στέφανος τῶν νικώντων· ἐκεῖ- νος ὁ διανέμων τὸν κλῆρον, ἐκεῖνος ὁ ἀγαθὸς κλῆρος· ἐκεῖνος ἡ ἀγαθὴ μερίς, ἐκεῖνος ὁ τὴν μερίδα σοι χαριζό- μενος· ἐκεῖνος ὁ πλουτίζων, ἐκεῖνος ὁ πλοῦτος· ὁ δεικνύς σοι τὸν θησαυρόν, καὶ θησαυρός σοι γινόμενος· ὁ εἰς ἐπιθυμίαν σε τοῦ καλοῦ μαργαρίτου ἄγων, καὶ ὤνιός σοι τῷ καλῶς [35]ἐμπορευομένῳ προκείμενος, Ἵνα οὖν [36]ἐκεῖ- να κτησώμεθα [37]ταῦτα ἀποκτησώμεθα, ὥσπερ ἐπ' ἀγορᾶς ὧν ἔχομεν [38]ἀντικαταλάσσομεν ὃ οὐκ ἔχομεν. Μὴ λυπη- θῶμεν τοίνυν διωκόμενοι, μᾶλλον δὲ καὶ εὐφρανθῶμεν, ὅτι διὰ [39]τοῦ διώκεσθαι ἀπὸ τῶν τῇ γῇ τιμίων πρὸς τὸ οὐράνιον ἀγαθὸν συνελαυνόμεθα, κατὰ τὸν ἐπαγγειλάμε-

---

35) M. συμπορευομένῳ. — 36) M. ἐκεῖνο. — 37) Die Worte ταῦτα ἀποκτησώμεθα fehlen in den Ausg. — 38) M. ἀντικαταλάσσωμεν. — 39) M. τό.

zertheilt worden sind, die Erde und der Himmel. Der Ort für die welchen das Leben im Fleische zu Theil geworden ist die Erde, der Himmel für die körperlosen Wesen. Somit muß unser Leben jedenfalls irgendwo sein. Werden wir von der Erde nicht vertrieben, so bleiben wir nothwendiger Weise auf der Erde: gehen wir von hier fort, so werden wir nach dem Himmel übergeführt werden. Du siehst wohin die Seligkeit führt, indem sie dir durch die scheinbare Betrübniß zur Vermittlerin so großen Gutes wird! Dies hat der Apostel im Auge, wenn er sagt, Alle Züchtigung dünkt für die Gegenwart uns keine Freude zu sein, sondern Traurigkeit; aber nachher giebt sie eine friedsame Frucht der Gerechtigkeit denen die dadurch geübt sind. Der erwarteten Früchte Blüthe also ist das Drangsal; darum müssen wir um der Frucht willen auch die Blüthe pflücken. Laßt uns Verfolgung erleiden, auf daß wir laufen! Wenn wir aber laufen, wollen wir nicht aufs Ungewisse laufen, sondern unser Lauf soll dem Siegespreis der Berufung nach Oben zugerichtet sein; wir) wollen so laufen daß wir erfassen! Was ist das was erfaßt werden soll? was ist der Siegespreis? was ist es für ein Kranz? Ich glaube, mag man hoffen was man will, das Gehoffte ist nichts Anderes als der Herr selbst. Denn er selbst ist sowohl Kampfordner für die welche im Kampfe stehen, als auch Kranz für die Siegenden. Er ist der welcher die Erbschaft vertheilt, er ist die gute Erbschaft; er ist der gute Theil, er ist der den guten Theil spendet; er ist der reich macht, er ist der Reichthum; der welcher dir den Schatz zeigt und dir auch zum Schatze wird, der dich zur Begierde nach der schönen Perle führt, und dir auch Hoffnung giebt von dir, wenn du in rechter Weise bietest, käuflich erworben zu werden. Damit wir also Jenes uns erwerben laßt uns Dieses verlieren, wie wir auf dem Markte für das was wir haben dasjenige eintauschen was wir nicht haben! Laßt uns also nicht traurig sein weil wir verfolgt werden, sondern vielmehr uns freuen weil wir durch die Verfolgung von dem was auf Erden hochgehalten wird nach dem himmlischen Gut hingedrängt werden, nach dem Worte dessen welcher verheißen hat daß diejenigen selig seien

Dνον μακαρίους εἶναι τοὺς δεδιωγμένους ἕνεκεν αὐτοῦ, ὅτι αὐτῶν ἐςιν ἡ βασιλεία τῶν οὐρανῶν, χάριτι τοῦ κυρίου ἡμῶν Ἰησοῦ Χριςοῦ, ὅτι αὐτῷ ἐςιν ἡ δόξα καὶ τὸ κράτος εἰς τοὺς αἰῶνας τῶν αἰώνων. Ἀμήν.

welche um seinetwillen verfolgt worden sind, weil ihrer das Himmelreich sei, durch die Gnade unseres Herrn Jesu Christi; denn ihm gebührt die Herrlichkeit und die Kraft bis in alle Ewigkeit. Amen.

Druck von Breitkopf und Härtel in Leipzig.